让法律被信仰

中国宏观调控法基本问题研究

以改革开放40年政策法律分析为视角

董玉明 著

法律出版社
LAW PRESS · CHINA

自　序

对中国而言,2018 年和 2019 年是一个重要的历史节点,因为 2018 年是中国改革开放 40 周年,2019 年是中华人民共和国成立 70 周年。在党中央的领导下,前 30 年完成了由新民主主义社会向社会主义社会的历史性转变,并积极探索了社会主义事业发展,使中国人民站了起来;后 40 年,以经济体制改革为导向,中国的经济和社会发生了深刻的变化,使中国人民富了起来。在国家隆重纪念改革开放和中华人民共和国成立日之时,每一个经历过共和国建设和改革的人,也应当纪念,并有责任对自己专业领域所涉及的问题予以思考、总结并提出完善建议。本著作所涉及的宏观调控及宏观调控法问题,是我在 1997 年开始招收经济法学专业研究生时确定的一个研究方向,从那时起,至今已经 21 年。21 年来,我和我的历届 78 名学术型研究生,结合中国改革发展需要,对中国宏观调控及其法治问题进行了广泛的探讨,提出了自己的观点。所思所想虽有许多不足之处,甚至有些观点不被一些人接受,但总体上说,把握住了正确的政治方向,坚持了社会主义法治的基本原则,为中国宏观调控及其法治的学术研究做出了自己应有的贡献。

我始终认为,对中国宏观调控及其法治的研究,在诸如产业指导、财政调控、金融调控等方面,虽然有一些技术层面的政策工具源自对西方经济学理论及其实践经验的借鉴和教训的吸取,但从政治法律层面来看,无论怎样改革发展,中华人民共和国成立以来,国家的一些根本性制度和核心思想理念是不能改变的,必须继承下来,发扬光大。这主要包括中国共产党的统一领导、人民代表大会等基本国家政治制度、以国家发展规划纲要为导向的经济运行模式等。特别是毛泽东思想中最核心的为人民服务的思想传统,邓小平理论中关于改革开放坚持“四项基本原则”、必须走共同富裕的社会主义道路的论述。如果这些根本制度和指导思想因为种种原因改变了,并导致贫富两极分化,那么中国的改革发展将意味着失败,经济将被资本利益集团所把持,社会将陷入混乱,甚至出现分裂,并沦为西方资本主义国家的附庸。而在此方面,宏观调控及其法治负有重大职责。值得欣慰的是,自党的十八大以来,以习近平为核心的党中央,面对国内外各种错误思潮的兴起,拨乱反正,坚持走中国特色社会主义发展道路,在从严治党的同时,重新树立起党中央在宏观调控及其法治领域的统一领导权,排除各种干扰,强化“四个意识”,坚持为人民做好事,干实事,赢得了广大人民群众的拥护,实乃国家之幸,人民之幸!作为一名党和国家培养起来的、一直处于科研教学一线的宏观调控法理论研究和教育工作者,我是衷心拥护的。

如果从法学专业角度分析,中国法学界对宏观调控及其法治的研究,主要集中于部门经济法领域,是经济法学的主要研究对象。为此,中国经济法学界围绕宏观调控法的理论和实践问题进行了大量的研究,既包括对中国宏观调控法基本理论的构造性研究,也包括对改革实践的回应性研究。这些研究在一定程度上为中国宏观调控及其法治提供了理论支撑；但限于部门法研究的局限性，与中国宏观调控及其法治的实际运行之间存在一定差距。这是因为，1992 年中国开始实施社会主义市场经济体制之时，中国的社会主义市场经济体制就被定位于宏观调控下的市场经济体制，并且，实行社会主义市场经济，加强和完善宏观调控被宪法确认。与此同时，就社会发展事业而言，国家单列社会发展规划及计划意味着，总体来说，社会发展事业是不适用市场机制的，国家必须担负起社会公共事业管理和服务的调控职责。由此，中国的宏观调控及其法治按照国民经济和社会发展规划的总体制度安排，实际上包括两部分：一是以市场为基础的对国民经济发展的调控；二是以社会发展为基础的社会事业发展调控。而且，随着中国进入新时代，有关社会发展调控的任务会越来越重。因此，单单从经济法学角度研究宏观调控及其法治问题是不够的，对宏观调控及其法治的研究应当是所有法学领域法学界学者共同的研究任务，必须打破部门法界限，才能为宏观调控及其法治提供全面的理论支持。

这部著作的导论部分主要是提出问题并阐述研究的背景；理论研究部分，系作者 20 多年来对宏观调控及其法治基本问题的所思所想；政策法律实践研究部分，针对宏观调控法研究中从未系统整理过相关政策和法律，存在"只见森林，不见树木"的问题，依据作者对宏观调控和宏观调控法的定位，结合中国宏观调控及其法治的实践，较全面地梳理了各领域相关法律法规及政策并进行了简要评析；在最后，作者以附录形式提出了《中华人民共和国宏观调控法纲要（学者建议稿）》。这部著作是作者对中华人民共和国成立 70 周年和改革开放 40 周年的献礼之作，也是作者承担的国家社科基金项目"经济新常态下中国经济法的回应性研究"的阶段性成果。由于作者的水平有限，疏漏之处难免，欢迎读者提出批评意见。

董玉明

2018 年 12 月 31 日

目录

第三篇　宏观调控制度梳理及评析

导　论

一

自1978年党的十一届三中全会以来，中国的改革开放经过了40年发展。在这一波澜壮阔的发展历程中，在历届中共中央的统一领导下，从1978年到1992年的14年间，经历了经济体制改革的探索期。从1993年起到2018年，适应社会主义市场经济发展，实施宏观调控下的市场经济体制，又走过了25年的发展历程。25年来，“宏观调控”一词逐渐地由官方文件的表述进入各类企业和事业单位的决策，进入平常百姓的视野，它不仅已成为国家发展战略的一个关键词，也关乎百姓切身利益的实现。然而，当涉及宏观调控是什么，中国为什么在发展市场经济的同时需要宏观调控，以及宏观调控究竟应当怎么做等基本问题时，有些人错误地使用了“宏观调控”一词，这方面比较突出的表现就是，在地方党政机关的许多政策文件中，经常会把自己视为宏观调控权的权力主体，并强调要加强“宏观调控”。而在法学界的研究中,有学者从分权角度认为,地方政府也应有宏观调控权,进而模糊了宏观调控及其法治的概念。

在目前,更令人担忧的是,有人甚至把发展市场经济与国家的宏观调控对立起来。一些人认为,既然要发展市场经济,就不应该有国家的宏观调控。甚至有人幼稚地认为,“宏观调控”一词在国外没有,在中国也不应该有。持此观点的人往往把改革中出现的有的党政机关及其官员严重的甚至是“塌方式的系统腐败”怪罪于宏观调控,他们从西方市场教旨主义的立场出发,主张经济活动中的一切行为均应由市场自由地决定,自然地发展,为此,面临经济新常态应当树立“去宏观调控”的思维;而另一些人则针对国内外市场经济发展中出现的种种问题提出,要强化国家的宏观调控,甚至提出中国的改革应回归到原来的计划经济体制。对此,虽然党的十八大报告已经有了一个明确的答案,即“在改革开放三十多年一以贯之地接力探索中,我们坚定不移高举中国特色社会主义伟大旗帜,既不走封闭僵化的老路、也不走改旗易帜的邪路。中国特色社会主义道路,中国特色社会主义理论体系,中国特色社会主义制度,是党和人民九十多年奋斗、创造、积累的根本成就,必须倍加珍惜、始终坚持、不断发展”。然而,在目前的媒体和相关研究成果中仍然看到涉及宏观调控及其法治的种种不同意见和争论。而在地方贯彻执行宏观调控政策和法律时,也出现了诸多贯彻不力的现象。观望者有之,表面口号拥护,但实际行动打折扣者有之,致使国家出台的许多宏观调控政策法律得不到切实的执行。在此背景下,有必要从学术角度,实事求是地结合中国改革发展中所面临的问题,并结合新形势和新任务,对中国宏观调控与中国宏观调控法的基础理论和实践问题,从概念释义、基本理论与原理、政策实施历程及法律制度建设与完善角度加以系统地阐述、分析与论证。这既是深化改革实践中必须把握好的关系中国今后改革成败的重大实践问题,也是当前中国社会科学研究面临的重大课题。

二

如果从制度建设角度分析,中国宏观调控概念的提出及其制度安排与实施,有自己的鲜明特色。从其确立之初,中国就明确地向世人宣布,中国的改革开放是中国社会主义建设事业的自我完善过程,并不是对以往社会主义根本制度的否定。据此,在发展市场经济的同时,加强宏观调控,更好地发挥政府的作用,也当然是中国社会主义制度完善的重要组成部分。从该制度确立与逐步完善过程来看,既有对市场经济国家经验的借鉴和对其教训的吸取,也有对以往社会主义制度的继承和发展。

从对市场经济国家的经验借鉴和教训的吸取来看,市场经济学中的"市场失灵"理论、"政府失灵"理论、公共物品(产品)理论、公共财政政策理论、金融货币政策理论、经济周期理论、宏观经济的合成谬误理论等,是中国实施宏观调控及其法治治理的重要理论基础。而西方市场经济国家基于宏观调控不力所导致的数次经济危机中的深刻教训,则从反面给中国发展市场经济必须加强宏观调控提供了一个吸取教训的样板。但需要清醒认识的是,在西方市场经济国家,无论何种宏观调控或国家干预,其目的总体上是为维护其所倡导的资本主义基本经济和政治制度服务的。

然而,中国的宏观调控并没有完全照搬西方的发展模式,中国的宏观调控继承了中华人民共和国成立以来所确认的中国社会主义事业发展的一些根本性的制度或因素。其一,中国的宏观调控是在中国共产党,特别是中共中央的统一领导下,组织和团结全国力量发展社会主义市场经济的。离开了中国共产党统一的和坚强的领导,中国的市场经济不会发展到今天,也不会取得今天这样的辉煌成就。因此,在研究中国宏观调控及其法治问题时,虽然中央政府及其职能部门在宏观调控中充当着重要的角色,但绝不能像西方那样,仅仅把宏观调控视为政府专业职能部门的行政经济行为或行政事务。其二,中国的宏观调控是中国社会主义制度下,国家负有组织管理国民经济和社会发展职责的重要体现。其三,在管理模式与管理体制上,结合中国国情,中国实施了以发展规划及计划为导向,以财政税收政策和金融货币政策为两翼,以其他宏观调控相协调配合的综合宏观调控模式或体制。同时,中国的宏观调控还注意到了市场价格机制确立和资源环境保护对整个市场经济发展的基础性作用,注意到了政府在公共产品管理与服务中的应有职责。因此,中国的宏观调控模式不同于西方市场经济国家的以资本为中心的单一的调控模式,或以金融调控为主的调控模式,或以财政税收调控为主的调控模式,或以产业规划指导为主的调控模式。如果从国民经济和社会发展规划及其计划而言,中国的宏观调控,不仅要考虑经济发展问题,更要考虑社会发展问题。因此,对中国宏观调控概念的理解,不能仅仅从财政政策和金融货币政策两个方面予以狭义的理解,应当从广义角度理解中国的宏观调控更为恰当,更符合实际。其四,基于中国发展的市场经济是社会主义的市场经济,因而,中国的宏观调控就不能仅仅从资本利益角度考虑宏观调控,要以保障全国人民的根本利益为基本出发点,不忘初心,坚持为人民服务的根本宗旨,坚持走共同富裕的道路,坚持使改革的成果由全国人民共享的基本原则,只有这样,才能保持社会主义市场经济发展的正确方向,不犯颠覆性的错误。

以上分析表明,中国的宏观调控具有自己鲜明的特色,是具有中国特色社会主义制度的标志性的创新成果。该项成果的运用已经使中国的发展居于世界前列,形成了中国独特的发展模式,为世人所瞩目。尽管其还有许多不完善之处,也存在一些问题,但其中的道路自信、理论自信、制度自信和文化自信是不言而喻的。现在的问题是,随着中国经济的发展与国际经济地位的大幅提升,中国在国际事务中的话语权越来越重,中国所需要承担的国际义务也越来越多。特别是自 2008 年世界性金融危机爆发以来,作为世界第二大经济体和贸易国,在新的国际经济规则需要重塑时,需要中国发挥越来越多的作用。在此背景下,在既有国际经济规则基础上,中国如何积极参与国际宏观调控事务,引领世界发展潮流,也是中国进一步发展中面临国内国际两个市场需要协调解决的新问题。为此,通过对中国宏观调控经验及存在问题的总结,提出今后的实践对策,才是正确的理论和实践选择。据此,在积极推进"市场决定"各项措施的同时,为全面实现小康社会,实现中华民族的伟大复兴并使社会主义事业继续往前推进,宏观调控不是要取消或削弱,而是应更好地发挥它对国民经济和社会发展中的政策与法律引导作用,才是理论与实务研究及其实践的正路所在。为此,对于十八届三中全会以来,中共中央提出的实施区间调控、精准调控以及参与国际经济调控等新方式、新方法及其实践,学术界理应予以积极的回应。

三

按照马克思主义经济基础决定上层建筑的基本原理,经济和社会的变革必然会反映到政治与法律领域。随着社会主义市场经济的发展,宏观调控需要法律的保障。为此,在中国决定实施社会主义市场经济体制之初,根据市场经济的法制和法治原理,为了使市场经济和宏观调控在法律上得到保障,根据中共十四大报告提出的发展社会主义市场经济的政策安排,第八届全国人民代表大会第一次会议于 1993 年 3 月 29 日通过了《中华人民共和国宪法修正案》。该修正案第 7 条将原来的"国家在社会主义公有制基础上实行社会主义计划经济。国家通过经济计划的综合平衡和市场调节的辅助作用,保证国民经济按比例地协调发展","禁止任何组织或者个人扰乱社会经济秩序,破坏国家经济计划"修改为"国家实行社会主义市场经济","国家加强经济立法,完善宏观调控。国家依法禁止任何组织或者个人扰乱社会经济秩序"。该修正案从宪法高度为国家推行社会主义市场经济,实施宏观调控提供了宪法依据。与此同时,经过20多年的运行,在2012年党的十八大上对《中国共产党党章》进行修订时,在党章总纲中,增加了"中国共产党领导人民发展社会主义市场经济。毫不动摇地巩固和发展公有制经济,毫不动摇地鼓励、支持、引导非公有制经济发展。发挥市场在资源配置中的基础性作用,建立完善的宏观调控体系"的阐述。而在2017年党的十九大修改的最新党章中,则表述为"中国共产党领导人民发展社会主义市场经济。毫不动摇地巩固和发展公有制经济,毫不动摇地鼓励、支持、引导非公有制经济发展。发挥市场在资源配置中的决定性作用,更好发挥政府作用,建立完善的宏观调控体系。"笔者认为,这三个重要文件从国家最高层次肯定了宏观调控的重要地位和作用,是中国宏观调控法治的最高依据,也是其他经济立法及其法治所不具备的。

根据2011年10月国务院新闻办公室公布的《中国特色社会主义法律体系》白皮书,截至2011年8月底,除宪法规定外,在有效的法律和行政法规中,有相当的法律和行政法规体现了国家的宏观调控职能,其主要包括:对经济活动实施宏观调控和管理的预算法、价格法、中国人民银行法;不断健全税收制度的企业所得税法、个人所得税法、车船税法、税收征收管理法等法律,以及增值税暂行条例、消费税暂行条例、营业税暂行条例、城市维护建设税暂行条例等行政法规;对金融行业的安全运行实施监督管理的银行业监督管理法、反洗钱法等法律;保障农业发展和国家粮食安全的农业法、种子法、农产品质量安全法等法律;对重要行业实施监督管理和产业促进的铁路法、公路法、民用航空法、电力法等法律;规范重要自然资源的合理开发和利用的土地管理法、森林法、水法、矿产资源法等法律;促进能源有效利用和可再生能源开发的节约能源法、可再生能源法、循环经济促进法、清洁生产促进法等法律。以确立社会主义市场经济条件下的对外贸易体制,规范对外贸易经营者的权利和义务,健全货物进出口、技术进出口和国际服务贸易管理制度,建立具有中国特色的对外贸易调查制度和对外贸易促进体制,并根据世界贸易组织规则完善贸易救济制度以及海关监管和进出口商品检验检疫制度,确立以统一、透明的对外贸易制度为目的的对外贸易法。此外,还有社会法中的就业促进法、社会保险法。另外,中国依法作出的有关财税、金融、外汇、投资等体制改革的政策,是建立与社会主义市场经济相适应的宏观管理体系的重要指导性文件,也体现了国家的宏观调控职能①。而在涉及科教文卫体等各项社会事业发展的立法中,除将宏观调控的政策和工具应用于其立法中外,还存在一些特殊的调控法律制度安排。

上述这些现行有效的法律、行政法规及政策性文件,虽然没有被冠以"宏观调控"或"宏观调控法"的名称,但是,它们是研究中国宏观调控法的实践依据。法学理论界在此基础上抽象出中国宏观调控法的基础理论和实践对策研究成果,其所研究的理论与实践对策成果,又会反过来推进相关法律、行政法规和政策的进一步完善,或立,或改,或废。这符合马克思主义理论联系实际的科学研究方法,符合人类"由实践到理论,再由理论到实践"的科学认识世界、改造世界的哲学原理。

四

2008年世界经济危机以来,西方市场经济国家的经济运行进入了一个重大的调整期。为此,理论界提出了经济新常态理念,并被官方和

① 《中国特色社会主义法律体系》白皮书(2011)。

媒体接受。[①] 而在中国,2012 年以来,随着经济增长的下滑并出现资源与环境生态制约"瓶颈"的情况下,也进入了以"降速度、调结构、寻找新的创新驱动力和社会稳定和谐"为标志的,以提升经济质量为目标的经济新常态阶段。为此,党的十八届三中、四中全会及时提出了"以市场为决定配制社会经济资源"、"完善宏观调控"以及"全面实现依法治国"发展战略和深化改革的发展方向。在此背景下,实现宏观调控层面的法治治理至关重要。这是因为,鉴于宏观调控在国家治理中处于高阶位的地位,如果宏观调控不能实现法治治理,就会严重影响"以市场为决定配制社会经济资源"、"完善宏观调控"以及"全面实现依法治国"发展战略目标的实现。为此,必须在理论上加强宏观调控法的基础理论研究,以便为改革实践及时地提供理论支持。与此同时,在宏观调控立法实践方面,针对现实立法中存在的立法空白、部门立法倾向、多头立法倾向,以及阻碍市场经济发展等问题,完善宏观调控立法,完善宏观调控法体系,并使其有效地发挥作用,为市场经济发展保驾护航,是当前及今后宏观调控法治建设的重要任务,也是宏观调控及其宏观调控法理论和实际工作者的重大历史使命。

---

① 自 2008 年世界经济危机以来,"新常态"一词已成为西方媒体描述经济现象的常用词。2010 年太平洋投资管理公司(PLMCO)首席执行官埃里安在其著名的《驾驭工业化国家的新常态》报告中,首次正式用新常态概念来诠释危机后世界经济的新特征。时隔四年,他又做了进一步的阐释,即新常态主要是指西方发达经济体在危机过后将陷入长期疲软、失业率高的状态。而造成这一状况的直接原因是超高的杠杆比率、过度负债、不负责任地承担高风险和信贷扩张等因素。为此,发达经济体要消化这些负面冲击需要较长时期,而且,决策当局因循守旧的经济政策,也会使这种新常态长期化。目前在美国,新常态概念已被官方认可。例如,2013 年 12 月美国劳动统计局(BLS)即发布了《2022 年的美国经济:通向新常态》的预测报告。参见李扬、张晓晶:《"新常态":经济发展的逻辑与前景》,载《经济研究》2015 年第 5 期。

五

就中国的法学教育与科研而言,1993 年国家开始实施宏观调控以来,有关宏观调控法教学与科研工作一直成为经济法学界的一项基本任务。在本科教学中,宏观调控法是法学核心课程经济法学教学中的重要组成部分。在硕士与博士研究生的培养中,宏观调控法是经济法学专业的重要方向之一,但往往被财税法或金融法方向替代。每年的中国经济法学研究会年会均把宏观调控法列为重要研究议题之一,发表了相当数量的研究宏观调控法基础理论和实务的论文,出版了若干专门研究宏观调控法的著作,①为推动中国宏观调控法制建设做出了应有的贡献。但是,由于至今未推出一部专门论述中国宏观调控法的基础问题的论著,使经济法学界对宏观调控法的整体研究水平受到影响。相关研究成果对于宏观调控法制的实践影响力也相对有限。为此,在隆重纪念中国改革开放 40 周年、喜迎中华人民共和国成立 70 周年的重要历史节点,紧密结合党的十八届四中全会及十九大提出推进全面依法治国、实现国家法治治理的要求,全面总结中国宏观调控的理论和实践问题,推出一部系统阐述中国宏观调控法基本问题的专著,对于完善中国宏观调控法及中国经济法学的基本理论无疑具有相应的学术价值和实践指导意义。

在笔者所在的经济法学学科点,自 1996 年经教育部学位办审批设立经济法学硕士点以来,即将宏观调控法作为一个重要的研究方向,并由笔者负责且一直坚持至今。到目前为止,已经培养 21 届 78 名宏观调控法方向学术型硕士研究生,其中,前几届研究生已经成长为相关高校的骨干教师或实务界的业务骨干。20 余年来,宏观调控法方向研究生

① 例如,2002 年由方正出版社出版了漆多俊教授主编的《宏观调控法研究》,2005 年厦门大学出版社出版了卢炯星教授主编的《宏观经济法》。

的培养,与宏观调控法制建设的进程相伴而生,既有基础理论的研究,也有针对实践问题,结合经济法学与宏观调控法基本理论的对策性研究,凝结了师生的辛勤汗水。在艰苦的研究当中,深感研究宏观调控法的不易。鉴于宏观调控法所涉及问题的复杂性,既要遵守传统法学的研究范式,又要以开放和积极回应的心态,借用政治学、经济学、管理学、社会学甚至自然科学的方法综合地研究宏观调控法问题,虽然研究过程较之研究其他法律问题难得多,但是,一旦经历了整个科研过程,便会感到收获颇丰。

通过对中国宏观调控法多年的研究,笔者深深感到,中国宏观调控法制建设的难度远远超出了部门经济法所能承受的能力,许多问题涉及国家宪治的完善以及各部门法之间的协调,如果中国宏观调控法不完善,其影响的不仅是部门经济法,而且会影响整个国家法治建设的进程。因此,笔者认为,所谓国家的法治治理,必须首先要实现宏观调控领域的法治治理,才能保证其他法律领域法治治理的有效性。换句话说,如果形象比喻,宏观调控领域的法治实际上就是中国法治实现的一个“总开关”,如果这个“总开关”做不到法治治理,其他领域的法治就会受到极大的影响。而要把握好这一“总开关”,绝不仅仅是讲清楚政府与市场的关系就能万事大吉,更重要的是必须促进执政党在宏观调控中依法执政;必须促进国家权力机关依法履行好宏观调控的立法权和执法监督权,履行好对发展规划及计划、财政预算、税收调节和金融货币政策实施的审议权、审批权和监督权;必须促进政协和各民主党派及社会各界依法参政;必须促进市场主体能够按照宏观调控政策法律的指引,将国家发展战略与自己的市场决策与行为相结合;必须促进政府对社会公共产品负起管理和服务的国家责任;必须促进社会公众更多地参与对宏观调控政策和法律措施的讨论和监督。只有这样,才能使中国的宏观调控及其法治发挥其应有的作用。

目前呈现的是笔者多年来研究宏观调控法的基本理论和实践问题

的成果，也是笔者所在的省级重点建设学科——经济法学学科建设的组成部分，还是笔者所承担的国家社科基金项目“经济新常态下中国经济法的回应性研究”的阶段性成果。现成果主要阐述和论证中国宏观调控法所涉及的基础理论和实践问题，并力求以马列主义、毛泽东思想、邓小平理论、科学发展观以及习近平新时代中国特色社会主义思想为指导，以马克思主义的唯物主义和辩证法为主要方法，运用语义解释法、历史分析法、比较研究法和政策及立法实证分析的方法，实事求是地探讨与具有中国特色的社会主义市场经济建设相适应的中国宏观调控及其法治的基本理论和实践问题，并提出相应的理论完善和实践建议。

除导论外，本著作共包括四篇三十章内容。其中，第一篇第一章和第二章是对宏观调控基本问题的论证研究，主要是对宏观调控进行概念释义和基本理论和实践问题的阐述。第二篇第三章至第十章是对宏观调控法基本理论问题的探讨，包括对宏观调控法的释义、中国宏观调控法调整对象的类型分析、中国宏观调控法的地位与重要性、中国宏观调控的权力(权利)与责任、中国宏观调控法的体系构建、宏观调控法奖励激励和惩罚、宏观调控的政策思想渊源、宏观调控法制与法治政策的形成与完善问题进行了研究。第三篇第十一章至第二十九章是对既有各项宏观调控基本法律规定及相关政策制度的归纳梳理和简要评析，从中展示了中国宏观调控法所涵盖的十九个方面的政策与立法概况，包括对宏观调控基础法律制度的完善、价格调控法律制度的完善、发展规划及计划调控法律制度的完善、产业发展调控法律制度的完善、行业调控法律制度的完善、财政调控法律制度的完善、税收调控法律制度的完善、金融调控法律制度的完善、对外经济调控法律制度的完善、自然资源调控法律制度的完善能源调控法律制度的完善、环境调控法律制度的完善、科技事业调控法律制度的完善、教育事业调控法律制度的完善、文化事业调控法律制度的完善、卫生事业调控法律制度的完善、体育事业调控法律制度的完善、就业与社会保障调控法律制度的完善、国家经济安全调控法律制度的完善、政策及立法状况的梳理和简要评析。第四篇第三十章新时代背景下宏观调控法的完善,在对改革开放40年中国宏观调控及其法治历史经验总结的基础上,结合对新时代宏观调控及其法治面临的形势和任务的分析,对中国宏观调控及其法治的完善提出了对策建议,最后形成了《中华人民共和国宏观调控法纲要(学者建议稿)》。

笔者认为,以上三十个方面的研究,能够基本反映中国宏观调控法制建设所涉及的基本理论和实践问题。但需要说明的是,在对既有制度阐述时,笔者主要根据全国人大网公布的法律文件为依据进行梳理和分析。如果涉及全国人民代表大会及其常务委员会立法缺位的章节,则采用了国务院颁发的行政法规、国务院所属职能部门颁发的规章及相关政策文件,其主要体现在对发展规划及计划调控和产业发展调控法律制度完善部分的阐述。相关资料收集分析的截止时间为2018年12月31日。由于出版时间延后,部分资料检索时间截止于2019年3月15日,尽管如此,本著作也只是对基本问题的阐述,读者可以从中大致了解中国宏观调控及其法治的基本状态。

本著作可作为宏观调控决策机关、立法机关及管理部门实践的参考,也可作为社会各界及公民了解、研究中国宏观调控法理论与制度实践的参考,还可作为各高校法学、经济法学专业及相关经济管理专业进行宏观调控及宏观调控法研究生教学科研的重要参考。

由于笔者的水平与能力有限,本书的内容设计及论证尚存在许多不足之处,敬请读者予以批评指正。笔者也希望更多的学者和实务部门的同志参与到对中国宏观调控及其法治问题的研究之中。

第一篇　宏观调控基本问题

第一章　宏观调控释义

第一节　宏观调控概念探析

一、相关词义的理论解读

（一）“宏观”一词的认识论属性

在日常社会生产与生活中，“宏观”一词与“微观”一词相对应，被大量使用。其中，所谓“宏”即指“大”或“宏大”；所谓“观”，即指“观察”。据此，“宏观”即指人类从大的或总体的、整体的方面对事物的观察与思考。而与之相反，所谓“微观”即指人类从“小的方面”或个体的或局部的方面对事物的观察与思考。因此，人们在使用“宏观”这一提法时，往往是人们对总体与局部、整体与个体、全局利益与个别利益的思维认识判断及其行为和效果相对地运用的。例如，当人们从总体上或全局上谈论某一问题时，经常会引用“宏观”一词，讲宏观上如何。因此，人们在认识或分析某一问题时，只要存在“宏观”与“微观”的对立统一关系,就会有一个“宏观关系”和“微观关系”的合理处理问题,并且,通常是宏观对微观具有指导意义。因而,在纷繁复杂的大千世界,人们只有把握了宏观上的发展趋势,才更有利于微观事物的发展。由此看来,有关“宏观”一词的理解,首先具有哲学上的认识论意义,属于认识科学的范畴,是人类主观世界对客观事物发展规律的把握,并且,这种把握越符合经济和社会发展,越有利于人类的共同发展。

与此同时,人们在现实经济和社会实践中,并非仅仅处于“宏观”与“微观”的“二元结构”状态,在对复杂经济与社会关系或现象的认识和问题处理上,往往还存在一个“中观”领域。所谓“中观”领域,是指介于“宏观”和“微观”之间的,并且起着“承上启下”或“上传下达”功能的领域。一般而言,当“宏观”的认识或指引不能直接传达到“微观”领域时,即有了中观领域存在的必要性。但是,从人类思维科学和经济与社会实践看,中观领域或中观思维并非仅仅是“上传下达”,它也有自己独立的一面,即它可以在宏观认识与指引之下,结合中观领域的实际情况,作出自己独立的判断,并付诸行动。

笔者认为,作为一种对人类认识论和人类对经济与社会实践活动的基本判断,相对于“微观”及“中观”的“宏观”现象,自古有之,始终存在于人类的经济和社会发展之中,并且有在各个领域日益细化的倾向。这说明,人类对于任何事物的存在与发展规律,均有一个首先从宏观上的认识把握问题,否则就会迷失前进的方向。

(二)宏观调控的实践属性

以上分析表明,“宏观”一词属于认识科学范畴,但是,人们在对事物予以宏观认识的基础上,必然会将既有的认识付诸行动。其中,“调控”即是对宏观现象认识基础上,具体行动或行为方式的理论概括与描述。因此,当“宏观”与“调控”一词组合时,“宏观”一词解读的是认识问题，而“调控”作为一个动词，表明了宏观认识指导下的行动。对此，《现代汉语词典》将“调控”作为动词，解释为“调节控制”。而所谓“调节”的含义是“从数量上或程度上调整，使（事物的发展）适合要求”。所谓“控制”的含义则被解释为：一是掌握住（某事物）不使任意活动或越出范围；二是使（事物）处于自己的占有、管理或影响之下。① 据此，与“宏观”一词的应用相比，“宏观调控”一词的应用更具有实践意义，它是人类对事物从认识到实践规律的高度抽象概括。

（三）宏观调控与宏观管理

在社会实践中，“宏观调控”一词与“宏观管理”一词经常被大量混用，以至于常常使人们将两者等同。要搞清这一基本理论问题，关键要搞清楚“调控”与“管理”两词之间的关系。关于“调控”一词已如上述，而“管理”一词的一般含义：一是指负责某项工作使顺利进行，如管理财务/管理国家大事；二是保管和料理，如管理图书/公园管理处；三是照管并约束（人或动物），如管理罪犯/管理牲口。② 据此，“管理”的范围比“调控”的范围要大，“调控”应属于“管理”的一种方式。但是，基于“调控”体现为一种“从数量上或程度上调整，使适合要求”的特定属性，便具有了特定的含义。因此，笔者认为，“宏观管理”的应用范围要比“宏观调控”范围要大，而“宏观调控”一词，作为一种管理的具体方式，应当仅限于涉及对事物在数量上或程度上调节或控制时的应用。

从中国改革开放以来的经济和社会实践来看，区分宏观调控与宏观管理具有重要的实践意义。因为作为国家对经济和社会的宏观管理一直存在，它是国家的基本职责。但是，作为一种国家的宏观调控，它着重强调的是国家运用宏观调控工具或手段对国民经济和社会发展的间接

---

① 中国社会科学院语言研究所词典编辑室编：《现代汉语词典》（第5版），商务印书馆2007年版，第783页、第1353页。（括弧内容系作者加注）

② 同上书，第505页。

引导或间接性管理,以区别于传统的直接管理,是政府转变职能的重要体现。在宏观调控管理模式下,国家对企业和个人的经济和社会行为并不直接规定应该做什么或怎样做,而是通过宏观调控政策和法律的引导以及对中介力量的直接规制,①促使各企业、各事业单位、各社会团体和个人在经济和社会活动中自主选择应该做什么或怎样做。所以,在国家宏观管理之下存在直接管理和间接管理两种基本方式,其中,宏观调控主要属于间接管理的典型形态。

二、宏观调控概念的界定

(一)市场经济范畴下的宏观调控

如上所述,宏观调控概念及其含义可以按照宏观调控的词义作一般性理解。但自改革开放以来,在中国经济和社会生活中所大量提及的宏观调控,是指在市场经济体制下的宏观调控,即市场经济范畴下的宏观调控。这就是笔者在本著作中所要研究的宏观调控。

市场经济是一种以市场为基础配置社会与经济资源的经济体制。迄今为止,人类对社会经济资源的配置方式大致有两种基本方式,即行政计划的配置方式和市场的配置方式。其中,行政计划的配置方式是运用国家行政权力或公权力,对经济与社会资源的组织和分配,即由国家从宏观管理角度实现对社会经济资源的直接组织和分配。而所谓市场的配置则是指为满足人类对市场消费的需求,基于市场主体私

---

① 在市场经济条件下,按照宏观调控的运行机制,国家的宏观调控措施通过对中介力量的强制实现对市场主体相关行为的引导。如在金融调控中,国家对银行存贷利率的调节,对于处于金融调控中介地位的商业银行而言是直接的管理,对之,相关的商业银行必须执行,但是,它不是金融调控的目的所在,其目的是引导企业或个人的存贷行为,而企业或个人是否在商业银行按照国家利率的调节做出相应的存贷行为选择,则完全由自己做出决定,因而,国家有关利率调节的宏观调控对于企业和个人存贷行为的管理体现为间接管理的属性。

权利行使的商品交易的社会和经济资源配置方式，即由社会微观市场主体之间按照市场价格调节自主交易，以达到社会经济资源配置的合理性。

从人类社会发展的历史来看，古代的奴隶社会、封建社会，基于其自然经济的基本属性，商品经济不发达，因而，国家行政计划或国家法律保障与授权下的行政计划配置是主要的方式。在封建社会后期以及资本主义自由经济时期的近代社会，随着商品经济的大力发展，市场的配置方式在法律保障之下逐渐取得了主导的地位。在此情况下，国家的行政配置除保持必要的权力外，基本上让位于市场，处于“守夜人”的地位。但发展到现代社会以后，基于“市场失灵”的出现、①世界性经济危机的阶段性爆发②，以及经济发展后公共需求的普遍增长，在保持市场配置社会经济资源基础地位的同时，出现了以国家间接调节为主、直接控制为辅的宏观调控模式，即现代市场经济模式。这种模式的基本点是：通过国家的战略和政策及发展目标的引导，克服市场的失灵，保障市场经济健康的和可持续性的发展。

与此同时，就社会主义制度的发展而言，从1917年苏联社会主义国家诞生开始，各社会主义国家按照马克思的早期设想，在消灭私有制的基础上，国家具有组织管理国民经济和社会发展、满足人民群众日益增

---

①　市场经济的理论和实践表明，市场失灵是市场本身所无法克服的现象，其主要表现：一是基于市场微观主体对市场总体情况不清而盲目投资所导致的投资失败及其经济与社会资源的浪费；二是基于市场微观主体的趋利性所导致的对社会的危害；三是从市场主体行为的效果来看，有正效应和负效应之分，在负效应方面，会形成“外部不经济”现象，进而给社会造成危害；四是基于市场生产、经营、服务者与消费者之间存在客观的信息不对称问题，导致消费者权益受损；五是市场竞争的必然结果是导致垄断现象的发生，而垄断又会破坏市场机制。

②　20世纪以来，先后发生过三次大的经济危机：第一次为1929年爆发的世界性经济危机；第二次为1998年爆发的亚洲金融危机，该次危机造成世界局部性经济危机；第三次是2008年基于美国次贷金融危机导致的全球性经济危机。这些危机的共同特点是：先是由证券市场或银行业等虚拟经济发生危机，进而引发整体的实体经济出现危机，并导致经济发展停滞、大量企业纷纷倒闭、劳动者失业、进出口贸易受阻等。

长的物质和文化需求的职能。因此,取得政权后的社会主义国家均实行了对社会经济资源的行政计划配置体制,即国家的宏观管理或管制,并在短时期内取得了巨大的成就。但是,进入20世纪80年代以后,随着传统的行政计划配置体制弊端的出现,各国均不同程度地实施了市场化改革,即经济体制改革。就中国社会主义事业的发展而言,从1949年,到实施改革开放的前30年,基本上实施了行政计划体制,[①]对社会经济资源的配置实施国家的宏观管理或管制。改革开放之后,在承认商品经济的基础上,逐步扩大企业自主权,确认市场主体的独立地位,发展商品经济。至1993年起,正式确立发展社会主义市场经济,并同时实施了以间接管理为主的宏观调控,至今走过了25年的历程。但值得强调的是:中国所确立的市场经济体制与西方国家一直倡导的市场经济的本质区别在于,它是将市场经济体制与社会主义制度相结合的市场经济,是宏观调控指导下的市场经济。中国所确立的这种经济与社会的管理模式前无古人,是一项开创性的事业。与此同时,对于借鉴西方市场经济调控理论和实践经验的宏观调控而言,在许多方面与世界各国的通行理解和做法保持了一致性,体现了现代市场经济的基本要求,体现了中国市场经济与世界经济的接轨。

总之,国家对经济与社会发展宏观调控是现代市场经济的特有范畴,只要实施市场经济,就存在宏观调控。在中国传统的计划经济时期,不存在宏观调控。在中国实施市场经济体制以来,宏观调控应当是与国家对经济和社会进行直接宏观管理(如对市场的直接规制和对社会公共资源的行政计划管理)相区别的一种主要通过政策与法律引导的间接管理方式。

---

① 基于中国人口众多、地域广袤、各地文化和经济发展水平的差异属性,中国的行政计划体制与国外实施的计划体制有一定的区别,即中国在实行计划经济体制时,一直保留一定的地方自主权和农村的集贸市场。因此,并非人们常说的高度集中的计划经济体制。

（二）市场经济条件下宏观调控概念的界定

从1993年起，随着中国社会主义市场经济体制的正式确立，学界对宏观调控的概念，从各自的理解出发，作出了种种的研究和界定，其主要来自经济学界和经济法学界的研究。许多学者认为，在西方经济学研究中，“宏观调控”一词属于市场经济范畴，并常常被称为“国家干预”。在中国，计划经济时期没有“宏观调控”一说。自党的十四大提出建立社会主义市场经济体制的目标后，中国的经济学界和法学界开始大量使用“宏观调控”这一概念，也有学者在表述时使用“宏观经济调控”，[①]并将二者等同对待。但是，对于宏观调控的内涵，在中国学界至今尚没有形成一致的看法。[②] 严格来讲，对宏观调控这一概念，应当从两个方面进行理解：一种理解是对宏观经济进行调控，与微观经济无关；另一种理解是从宏观层次上对经济运行进行调控，既调控宏观经济，也调控微观经济。[③]

有学者认为，在市场经济条件下，与宏观调控相联系的“宏观”一词具有特定的含义。它源于宏观经济学理论，特指人们从国家角度对一国

---

① 如有学者认为，宏观调控，即国家或政府运用一定的经济政策（主要是财政政策、货币政策）对宏观经济总量（总供给和总需求）进行调节以趋近经济目标的行为过程，是现代市场经济发展的必然要求，是国家的经济职能在宏观经济领域的体现。参见匡家在：《转轨条件下宏观调控的目标次序》，载《中央财经大学学报》2004年第3期。宏观调控是指在市场经济条件下，以中央政府为主的国家各级政府，为了保证整个国民经济持续快速健康地发展并取得较好的宏观效益，主要运用间接手段，对一定范围内经济总体的运行进行引导和调节的过程。参见李兴山主编：《宏观经济运行与调控》，中共中央党校出版社2002年版，第3页。宏观调控是国家站在全社会的总体立场上对宏观的经济运行所实施的调节和控制。参见张守文：《宏观调控权的法律解析》，载《北京大学学报》2001年第43期。

② 如王惠忠、庄卫民主编：《宏观经济调控》，立信会计出版社1995年版；李一鸣、罗永明主编：《宏观经济调控研究》，西南财经大学出版社2006年版；吴亚卓、吴英杰主编：《宏观经济调控研究》，北京邮电大学出版社2005年版；袁永新主编：《宏观经济运行与调控》，经济科学出版社2005年版。

③ 刘振彪：《国家宏观调控演变》，湖南人民出版社2004年版，第5页。

经济生活中总量问题的认识和把握。这些总量问题既包括国民生产总值、国内生产和国民收入之类的总量问题,又包括货币的供给与需求、国家预算的收入与支出、结余与赤字、社会商品服务的总供给与总需求、对外贸易的出口与进口、外汇收支的顺差与逆差和资本的流出与流入之类的总量及其对比关系问题。而"调控"一词则是"调节"(adjust)和"控制"(control)的总称。据此,宏观调控就是对上述总量与对比关系中存在的均衡与失衡、协调与失调、有序与无序、匹配与排斥等问题,围绕经济增长、充分就业、结构优化、经济稳定和总量平衡的根本目标进行的调节和控制。①

此外,有关在宏观调控概念上作狭义和广义的不同理解和界定,值得关注。其中,狭义的观点是按照西方经济学流行的观点,把宏观调控仅限定于政府为实现国民经济发展中的总量上的供需平衡,通过制定宏观调控政策,并运用宏观调控手段,对市场行为的调节和控制。以樊纲为代表的学者认为:"宏观调控不是指经济计划,也不是指产业政策和收入政策,而是指通过政府支出与货币供给政策,对经济运行总量关系进行的调节。"②而广义的观点则认为:"宏观经济管理(指宏观调控——笔者注),即是对影响国民经济整体或全局的各种问题采取相应的政策措施,以促进国民经济的'稳定'、'均衡'和有效增长。"③特别是,随着科学发展观的提出,有观点认为:"科学发展观为宏观调控的功能赋予了崭新的内涵。宏观调控不仅要促进经济增长,还要推动经济社会的协调发展,促进人的全面发展,促进人与自然的和谐。"④发展至今,学术界基本

① 李长健:《论宏观调控与宏观调控法的理论基础》,载《经济师》2005 年第 5 期。

② 樊纲、张曙光、王利民:《双轨过渡与"双轨调控"(上)——改革以来我国宏观经济波动特点研究》,载《经济研究》1993 年第 10 期。

③ 郭树清:《发展中国的宏观经济管理》,载《改革》1993 年第 4 期。

④ 李德水:《完善宏观调控体系——学习十六届三中全会决定的体会》,载《中国信息报》2003 年 11 月 3 日,第 1 版。

上把宏观调控概念归纳为广义论、狭义论和特色论三种不同的观点，[①]这些对宏观调控内涵的不同观点，直接影响着宏观调控体系的制度设计与研究。对此，笔者采纳广义的观点，并认为，采纳广义的观点才符合中国实施社会主义市场经济体制25年来宏观调控的实际。

笔者认为，上述有关宏观调控概念的研究，一方面，借鉴了西方经济学中的定义和市场经济实践；另一方面，也根据中国的实践和新形势的要求进行了新的阐述。但是，均存在一些不足之处。理论上对市场经济条件下宏观调控概念的界定，应当全面反映宏观调控这一现象存在和运行所包含的基本要素。为此，笔者结合上述学者的研究及本人对中国25年来宏观调控及其法治实践的观察与思考，将市场经济条件下宏观调控的概念界定为：国家的宏观管理机关或机构为实现宏观调控目标，在制定国家发展战略和政策的基础上，应用宏观调控工具对国民经济和社会发展活动进行调节与控制活动的总称。该概念之界定，按照中国宏观调控活动形成的逻辑结构及其关系分别包含了宏观调控的六大要素，即管理要素、目标要素、战略与政策要素、工具或手段要素、对象要素、调节与控制要素。其中，管理要素是宏观调控的起点，调节与控制要素是宏观调控的基本方式，而其他要素则反映了宏观调控由决策到实施的必备要素或所涉及的基本问题。以下将对此予以具体的分析和释义。

---

① 广义论者把政府针对市场失灵采取的措施都纳入宏观调控范畴，将宏观调控与政府干预视为等同；狭义论者则直接套用西方经济学理论框架，将宏观调控直接对应为宏观经济政策，认为只有针对总需求的财政政策和货币政策才是宏观调控的本质要义所在，反对将规划和行政手段纳入宏观调控体系，反对将结构调整作为宏观调控目标；而特色论者认为，不能套用源于西方成熟市场经济的经济学理论来简单解释中国的宏观调控，这一行为和概念是中国本土经济转型衍生的实践探索和理论总结，目标和手段都具有中国本土特色。参见张勇：《广义论、狭义论与特色论：中国宏观调控认知分歧与方法论反思》，载《新视野》2016年第4期。

第二节　宏观调控中的国家管理机关

一、关于中央政府及其职责

在市场经济条件下,要实施国家的宏观调控,就要首先明确应当由哪些国家机关代表国家实施宏观调控。从世界各国的宏观调控实践来看,中央政府及其职能部门显然成为担当宏观调控职责的主要国家管理机关。因此,人们在谈论市场经济关系时,往往把处理好政府与市场的关系,作为判断市场经济发展状况或程度的主要议题。对此,笔者认为,这主要是因为,从目前世界各国的政体来看,各国的宪法和法律均授予了中央政府履行具体的经济和社会管理的职权,以及中央政府可以根据经济和社会发展形势的变化行使自由裁量权。其主要原因在于,中央政府在进行全社会经济与社会运行监测与管理的基础上,无疑能够比较全面地掌握着全局性的信息。而中央政府长期宏观调控实践经验的积累,尤其是综合性管理部门经济和社会调控经验的积累以及其集中拥有宏观调控信息和专门人才的优势,使中央政府在宏观调控战略与政策的决策和实施上,拥有比较优势。然而,由于中央政府始终处于宏观调控具体实践的第一线,因此,中央政府及其职能机关如果存在决策的失误、权力的滥用或怠于行使的情形,必然会导致国家利益、社会利益和市场主体利益的丧失。所以,所谓处理好政府与市场的关系,主要指的是对中央政府及其职能机关权力的禁止、限制,以及对政府调控和市场调节边际的确定。对此,通说认为,其基本原则是:凡是由市场能够解决的问题,即应当按照宏观调控的要求交由市场解决,由市场决定;只有市场解决不好,或市场不能解决的问题,才交由政府以行政计划配置的方式予以解决。若按照市场经济物品(或产品)理论予以理解,私人物品(产品)的需求和供给属于市场范畴,应当交由市场调节,对之,政府仅负责予以市场监管;对于公共物品(或产品)的需求,则不适用市场原则,应当由中央政府及其职能机关通过履行公共管理与服务职责,实施行政计划配置;而对于属于准公共物品(或产品)的部分,则可以部分地实施市场化原则,并辅之以政府行政计划的保障。

然而,与西方市场经济的自发形成过程不同,中国的市场经济是政府推进型的市场经济,因此,中央政府及其职能机关的职责首先是要对经济发展中哪些经济活动实施市场机制予以明确的规范,即市场准入。只有中央政府及其职能机关通过制定政策和法律允许以市场的形式配置社会经济资源时,才会出现相应的市场经济。对此,改革开放以来,经济活动中涉及的日常消费品已经商品化,实施市场的自由交易;对于生产要素中涉及的劳动力、生产资料、资金、技术和信息等也大部分实施了市场化改革,①从而,为市场经济发展奠定了相应的基础。但是,对于那

① 例如,煤电定价矛盾即反映了经济运行中市场与计划的矛盾,即对于煤炭交易,国家已经在20世纪90年代中期实施了市场化改革,但是,对于其下游产品的电力价则实施计划价,进而引发了煤电交易的困难,致使每年的煤电定价出现障碍时,不得不由国家发展改革委出面协调,或在基于电力供应紧张,影响国民经济整体发展时,在行政和政治双重压力下,迫使煤炭企业不得不让出利益。对此,至2009年年底,国家发展改革委发布《关于完善煤炭运需衔接工作的指导意见》,该意见决定取消煤电行业关于电煤供应的衔接会或订货会,从2010年开始完全由市场来决定煤电价格。但有关的实施效果如何,仍有待观察和评估。对此,《新京报》以《发改委:国有煤企不得带头涨价》为题报道:2010年1月,国内的煤炭企业与电力企业等签订了2010年度的重点煤炭合同,大部分煤炭企业涨价幅度均在30元/吨至40元/吨,进而导致1季度火电全行业亏损。为此,发改委价格司上周末下发文件要求神华、中煤、同煤、晋煤等多家国有煤炭企业维持煤炭价格稳定,不得带头涨价;有关煤炭企业如果不听劝诫,擅自提高合同煤价,国家发展改革委将按《价格法》有关规定予以查处。这也是2010年以来发改委首次发文直接干预煤炭价格。文件要求:一是年度合同煤价不能变,已涨价的煤炭企业要在6月底前退回;二是国有煤炭企业、行业龙头企业要带头保持市场煤价基本稳定,不能带头涨价。参见钟晶晶:《发改委:国有煤企不得带头涨价》,载新浪财经:http://finance.sina.com.cn/chanjing/cyxw/20100628/08058190451.shtml,最后访问日期:2018年5月10日。

些属于关系国计民生和国家安全的重要领域,中央政府及其职能机关仍然拥有实施严格控制的市场准入权。并且,根据西方市场经济国家的宏观调控经验与教训,对于一些经济领域的调控,可以根据经济形势的发展变化,或实施自由市场原则交由市场调节,即私有化或市场化;或实施国家的严格市场准入与监管,即公有化或国有垄断经营。两者交替进行,反映了基于经济效率、公共利益保护和国家经济安全原则下的政府与市场关系的博弈与变化。①

二、执政党及其国家权力机关的职责

根据现行世界各国宪法所确立的国家政体,政府通过由民选的执政党负责组阁,并对国家的权力机关负责。除非有宪法和法律的特别授权,中央政府有关宏观调控的重大决策,只有通过国家权力机关(议会)批准以后,才能组织实施。因此,一国执政党宏观调控的政策取向,往往影响着其执政后的政府行为,而国家权力机关对于中央政府提出的解决宏观经济和社会运行中的方案是否予以批准,决定了政府实施宏观调控的程度、方式和方法。据此,执政党及其国家的权力机关是实施宏观调

---

① 例如,美国在发生金融危机的2008年之前,遵循市场自由原则,政府依法对银行业实施了较宽松的市场准入的宏观调控政策,进而导致了2008年起金融次贷危机,其结果不仅使美国大量银行倒闭,影响了美国整体经济和社会发展,而且引发了世界性的经济危机。在此情况下,一方面,美国政府及时实施了出资7000亿美元的救市措施;另一方面,开始对银行业的市场准入和市场行为实施严格的监管。据新华网华盛顿2010年6月25日电(记者刘洪)经过长达21小时的马拉松式谈判,美国参众两院25日清晨最终就各自版本的金融监管改革方案达成一致。根据最终草案,美国将把监管触角伸到金融市场的各个角落,清除导致目前危机的各种"系统性风险"。今后大至大金融机构的运作、并购,小至抵押贷款的发放、信用评级的制定以及各种衍生工具的交易等,都将列入监管之列。此外,美国政府还将对资产超过500亿美元的银行和100亿美元的对冲基金征收特别税,预计未来10年可收税190亿美元。参见刘洪:《美国参众两院就金融监管改革最终草案达成一致》,载新浪财经:http://finance.sina.com.cn/roll/20100626/07433367269.shtml,最后访问日期:2018年5月10日。

控的国家机构或机关。其职责主要围绕两个方面展开：一方面，通过调研和权力的行使，保证宏观调控的战略、政策及相关法律法规的制定，能够符合本国国情，反映民意，具有方向上的正确性；另一方面，一旦通过法定程序，形成决定、决议或法律，即负有监督中央及各级政府或有关社会机构执行的职责。

值得强调的是，不同于西方国家的多党或两党制，中国社会主义的政治体制决定了中国共产党是全中国各项事业发展的领导核心。它作为唯一的执政党，对于宏观调控战略、政策的制定和保障实施，处于统领全局、统一领导的法律地位，是宏观调控的领导机关。为此，中央政府及其职能部门的重大宏观调控决策必须服从党中央的决策，并且，在重大决策上经过其批准后才能组织实施。而在国家政体方面，中国实行“议行合一”的人民代表大会制度，为此，由中共中央单独提出，或由中共中央和国务院共同提出的发展规划与立法建议，必须通过人民代表大会或其常务委员会的审议、批准后，才能由政府或相关机构组织实施，并由其负责监督。因此，在中国，中国共产党的中共中央机关和全国人大及其常委会是宏观调控的重要管理机关，其主要职责是负责宏观调控政策与法律的决策、审议、审批和监督实施。事实上，改革开放以来，如果没有中共中央有关发展社会主义市场经济的全局决策，没有全国人民代表大会及其常务委员会对国务院及其相关部门实施宏观调控的法律授权，①以及对相关宏观调控决策的审议与批准，也就没有中国市场经济的发

① 对此，1985 年 4 月 19 日第六届全国人民代表大会第三次会议通过《关于授权国务院在经济体制改革和对外开放方面可以制定暂行的规定或者条例的决定》。根据该决定，为了保障经济体制改革和对外开放工作的顺利进行，第六届全国人民代表大会第三次会议决定：授权国务院对于有关经济体制改革和对外开放方面的问题，必要时可以根据宪法，在同有关法律和全国人民代表大会及其常务委员会的有关决定的基本原则不相抵触的前提下，制定暂行的规定或者条例，颁布实施，并报全国人民代表大会常务委员会备案。经过实践检验，条件成熟时由全国人民代表大会或者全国人民代表大会常务委员会制定法律。

展，也不存在中央政府及其职能部门的宏观调控权。

与此同时，在中国，除中国共产党处于长期执政党地位外，还有作为参政党的八个民主党派，即中国国民党革命委员会、中国民主同盟、中国民主建国会、中国民主促进会、中国农工民主党、中国致公党、九三学社、台湾民主自治同盟。这八个民主党派作为参政党负有对中国共产党监督与参政议政的职责。为此，中共中央有关宏观调控方面的重大决策均要征求民主党派党中央的意见建议。而对于国务院及其部门的宏观调控决策及制度安排，它们也具有参政议政的职责。因此，在中国共产党的统一领导下，各民主党派中央是宏观调控决策的重要参政议政者和监督者，体现了鲜明的中国政治协商特色。从民主党派履职的主要法定途径看，一是依法独立提出参政议政意见和建议；二是作为人民政协组织的独立界别，通过政协组织平台建言献策。

三、其他社会机构及其职责

在当代社会，随着政府职能的社会化，相关的国家级非政府机构或社会团体和社会机构往往充当着国家代表人的角色。其主要表现形式有二：一是虽然不属于法律明确规定的政府机关，但属于政府依法设立的直属机构，而这些机构事实上承担着某一项国家经济或社会事务的管理或协调职能，因而，其在宏观调控战略与政策的决策和实施中，具有了宏观调控主体的地位和作用；二是一些社会团体或社会机构，虽然不具有国家机关的地位，但是，作为国家级的学会、协会或代表一方利益的团体机构，也在宏观调控政策的制定和实施中具有法律授权的职责。例如，在一些国家，全国性的工会组织作为代表劳工利益的团体，在宏观调控决策中具有重要的地位和作用，因此，全国性工会组织出台的有关旨在保护劳工利益方面的政策和规定应当是宏观调控政策与措施的组成部分。又如，在美国，美联储虽然不属于美国政府的一个机构，但是，谁也不否认它在美国金融货币政策制定和实施中的法律地位和作用。

在中国,作为国务院直属事业单位的银行保险监督管理委员会、证券监督管理委员会,以及国务院直属特设机构、国务院国有资产监督管理委员会等,在金融业和国有资产运行的监管和调控中,充当宏观调控的调控主体角色,是发展市场经济的组成部分。而作为人民群团组织的全国总工会、妇联和共青团组织,是代表全国工人、妇女儿童和青年利益,参与宏观调控决策和实施的重要主体。此外,一些国家级的学会、专业协会也具有类似的地位和作用,如中国法学会。

从各社会机构在宏观调控中的职责表现来看,主要表现在三个方面:一是代表社会群体利益,参与宏观调控的决策;二是代表国家就某一方面或领域的宏观调控决策发表意见和建议;三是通过制定旨在规范内部企业或行业行为的各类准则,指导相关行业的企业、组织及个人的行为。

四、中观管理机构及其职责

有关"中观"问题的一般理解,如上所述。但在市场经济条件下,中观经济有其特定的含义,它是指介于宏观经济与微观经济之间的中间经济领域,通常包括地区经济、经济区域、行业经济、部门经济以及企业集团经济等。其中,地区经济是以国家行政区划为基础的,一定行政区域范围内的经济活动的总称。而经济区域是指按照经济与社会生产与需求要素的密切联系所形成的地区之间的联合体。从经济与社会实践来看,一定的地区经济中必定存在其管辖范围内的经济区域,但经济区域的形成又往往会突破行政区划的界限。行业与部门经济是在国民经济行业或部门划分的基础上所形成的联系相关微观经济主体的社会组织,其中,行业标准之下,称为行业经济,而在部门划分标准下,则称为部门经济,但市场经济条件下,更适合担当社会角色的是行业组织,其代表性机构是行业协会组织。至于企业集团则是指依法设立的,以资本联合为基础,由众多企业联合组成的企业形态。① 通常而言,企业集团应当由核心层企业和相关企业所组成,而核心层企业往往代表了企业集团所主要从事的行业。

按照"中观经济"原理,中观经济主体不能成为宏观调控的主体,它们也不应具有宏观调控权,它们是宏观调控的直接对象。在宏观调控运行中,中观经济主体只负有贯彻执行宏观调控政策与法律的责任或义务,同时,其可以依法行使对本地区、本区域、本行业、本部门以及本集团企业内部的相对独立的经济调控权。但是,当这些地区、区域、行业、部门或集团企业所代表的利益或其经济活动依法处于国家经济的垄断或优势地位时,其所做出的经济与社会调控政策、法律及其措施,事实上代表了国家利益或全社会利益,因而,其所行使的中观经济调控权,则事实上取得了宏观调控权的地位,其经济与社会调控权的宏观调控属性或得到了国家中央机关的明确授权与许可,或得到了其默许。在此情况下,相关中观经济主体的经济调控代表了国家利益,并事实上成为宏观调控的国家管理机关或机构,履行着宏观调控的职责。②

综上所述,在市场经济条件下,宏观调控是国家的一项基本职责。在该职责的履行过程中虽然中央政府充当着重要的角色,但其并非仅仅是政府的行政行为。就中国的现实情况而言,宏观调控是在中共中央统

---

① 根据国家工商行政管理局1998年4月6日出台的《企业集团登记管理暂行规定》(工商企字〔1998〕第59号)第3条的规定,企业集团是指以资本为主要联结纽带的母子公司为主体,以集团章程为共同行为规范的母公司、子公司、参股公司及其他成员企业或机构共同组成的具有一定规模的企业法人联合体。企业集团不具有企业法人资格。第4条规定,企业集团由母公司、子公司、参股公司以及其他成员单位组建而成。事业单位法人、社会团体法人也可以成为企业集团成员。母公司应当是依法登记注册,取得企业法人资格的控股企业。子公司应当是母公司对其拥有全部股权或者控股权的企业法人;企业集团的其他成员应当是母公司对其参股或者与母子公司形成生产经营、协作联系的其他企业法人、事业单位法人或者社会团体法人。

② 例如,山西作为中国的煤炭大省,其对煤炭市场发展的经济调控事实上代表了国家对煤炭市场进行宏观调控的方向,具有宏观调控的意义。对此,山西省对煤炭市场调节的措施,需得到中央的批准或认可才能得以实施,并根据实施的效果被国家推广到全国。

一领导下，在国家权力机关审议、批准或法律授权基础上，由国务院及其职能部门或相关组织共同履行职责的行为。而对于地方党政机关、区域性经济组织、行业或部门经济组织及企业集团而言，总体上没有宏观调控权，但在中央明确授权情况下，其经济调控所涉及的对象或内容在全国具有优势时，其经济调控权的行使具有宏观调控的意义。

第三节　宏观调控的目标定位

宏观调控的目标，是指宏观调控所要达到的目的所在。它是市场经济条件下国家进行宏观调控的逻辑起点。从整个国家经济与社会发展的目标来看，国家发展的总目标由国家的性质和政体所决定。在中国，作为社会主义国家，其总的发展目标就是在中国共产党的领导下，把中国建设成民族独立、繁荣富强的社会主义现代化强国。这一目标，在中华人民共和国成立初期如此，在今天的改革开放时期如此，在未来的社会主义事业发展中也会如此。但要达到这一宏伟目标，需要诸多的具体目标的实践努力。其中，在当前市场经济发展中的宏观调控目标即是实现宏伟目标的阶段性目标。而且，按照市场经济原理和实践，其具有专业性或专门性的科学属性。概言之，其包括基本目标和具体目标两个方面。

一、宏观调控的基本目标分析

按照市场经济宏观调控的基本理论及其运行实践，现代宏观调控的基本目标包括实现经济总量平衡和不断满足社会需求两个方面。

（一）实现经济总量的平衡

所谓实现经济总量的平衡，是指通过实现社会经济总需求和总供给的平衡,使全社会经济与社会资源实现有效配置,以避免生产与经济资源的浪费。因为从市场经济的运行逻辑分析,市场运行的起点在于有效的社会需求,即社会的消费,①然后,全社会的生产活动,除非其生产与消费模式为以产定销或以资源定产定销以外,②基本上生产、经营与服务企业应当按照社会消费的需求来组织相应的生产、经营和服务活动,这样才能使其生产的产品、经营的商品和提供的服务实现商品价值的交换,并从中获取利益,否则,即不会实现经济社会资源的有效配置,并形成经济社会资源的浪费。而从市场经济的发展历史来看,虽然在某些时候会个别地出现供不应求的现象,但是,总体上说,基于处于微观地位的生产者、经营者和服务者,对整个经济社会运行信息存在盲目性,因而,导致经济运行通常会出现供过于求或生产过剩的现象,这就需要通过宏观调控政策和法律来扩大社会需求,或拟制需求的措施,来达到总需求和总供给的平衡。③ 对此,当前进行的供给侧结构性改革即体现了这方面的突出问题。此外,所谓的平衡,不仅体现在总体的量的方面的平衡,更复杂的是需要在结构上取得平衡,这就需要国家通过一定的宏观调控政策和法律调整产业与产品结构,以解决企业生产、经营与服务中的过剩或短缺的问

---

① 这里的消费不仅限于居民个人的日常生活消费,还应包括企业的生产消费和来自政府和社会的公共消费。

② 以产定销和以资源定产定销是市场配置社会经济资源的特殊形态,其中,以产定销的市场交易前提是市场中生产、经营或服务的垄断性。在此情况下,市场的需求(消费)对产品没有选择的余地,市场商品或服务的价格完全由供方决定,因而,是市场调控政策和法律所竭力禁止的,但是,在符合公共利益或国家利益的前提下,存在合理垄断问题,即反垄断除外。而以资源定产定销则反映了生产某种产品或提供某种服务的资源稀缺性或唯一性,在此情况下,相关的生产、经营与服务受制于资源的供给量,进而影响消费的有效需求,并使市场机制无法发挥应有的作用。

③ 市场经济运行的需求不足现象是由于市场机制能够较大地激活市场的供给,使市场上的商品出现大量剩余,进而引发经济危机。此外,供给与需求在总量平衡的情况下,仍然存在供给与需求之间在结构上的失衡,进而出现商品交易无法实现的现象。正因为这样,1929 年世界经济危机后出现的以凯恩斯主义为代表的宏观经济理论普遍认为,解决经济发展中的生产过剩与需求不足问题,是政府实施宏观调控(或政府干预、参与经济)的主要任务,处于常态地位,而出现供给不足则属于非常态现象。

题,以便提高经济运行的质量,达到社会需求与社会供给在结构上的平衡。

然而,从经济运行的实际情况看,平衡是暂时的,是对经济现象的静止状态的描述,不平衡才是永恒的状态,是经济运行的动态表现,是市场经济运行矛盾的基本表现。市场经济运行总是一种由不平衡到平衡,再到不平衡,而后又再到平衡的周而复始的运动过程,正因为这样,市场经济的经济学被称为“不平衡的经济学”。与此同时,笔者认为,市场经济理论与实践的这一总目标,与社会主义事业发展所提倡的“不断满足人民群众日益增长的物质和文化需要”的总目标,客观上存在异曲同工的效果,只不过按照阶级分析的观点分析,所满足需求的对象不同而已,从而体现了其本质的不同。

(二)不断满足社会公共需求

人类社会发展的历史表明,在人类追求个体发展的同时,总有一些属于公共的事务需要通过国家这一公共组织体来组织实施,如发展交通运输事业、国防事务等。并且,随着经济的发展,许多原来属于私益性质的事务,日益成为社会公共需求,而一些事业的发展又往往与整个国家民族素质的提高密切相关,如科技、教育、文化、医疗、体育事业的发展即是如此。而事实上,经济发展不是单纯地为经济发展而发展,经济发展的落脚点应当体现在社会公共需求的日益满足方面,甚至有些方面被演化为现代国家的公共福利。对此,如果按照狭义的宏观调控理解,这部分的国家管理本不属于宏观调控的范畴,但是,随着经济与社会联系的日益密切,基于公共财政理论的提出和实践,广义的宏观调控日益被人们普遍地接受。而广义下的宏观调控包含了国家对社会发展事务的调控。正因如此,笔者对宏观调控采用广义说,并从广义的角度来探讨中国宏观调控的理论和实践问题。

与此同时,笔者将不断满足社会公共需求作为中国当今宏观调控的基本目标的实践依据还在于,中国宏观调控的基本手段之一是国民经济和社会发展规划及计划的制订和实施。社会发展规划及计划的制订和实施，与国民经济规划及计划的制订和实施相比，虽然存在密切联系，但却是一个独立的范畴，它们共同纳入宏观调控体系，并被确认为中央及各级政府的基本职责。

二、宏观调控的经济发展目标

按照宏观调控的基本原理和实践，关于宏观调控的经济发展目标问题，国际上普遍采用的目标具有一致性，中国也采纳之，即经济增长、充分就业、物价稳定和国际收支平衡。

（一）经济增长

按照经济增长理论，要使一国国民经济和社会得到发展，首先就必须使经济的发展保持一定的增长速度。它是整个经济和社会发展的物质基础。通常而言，经济的增长有两个基本的指标：一是指国民生产总值，即 GDP。它反映了一定时期国民生产的总量水平，即总投资、总收益，其也是一定时期一国所拥有的国民财富的总称。① 二是指国民收入，它反映了一定时期国

---

① 按照国际通行的国民经济账户原理，GDP 是指一国或一地区国内生产总值。它是指一个国家或地区领土范围内，本国居民和外国居民在一定时期内所生产和提供的最终产品（货物和服务）价值之和。国内生产总值可以从国民经济运行的不同角度加以观察和计量。从生产角度看，它是国民经济各部门总产出减去中间消耗后的增加值之和；从分配角度看，它是这些部门中劳动者收入、税金、利润和固定资产折旧等项价值之和；从使用角度看，它是最终使用于消费、固定资产投资、增加库存与净出口的商品和服务的总和。GDP 加上国外净要素收入即构成国民生产总值（GNP），其中，国外净要素收入是指一个国家或地区的居民在国外从事投资和提供服务所取得的要素收入与外国国民到这个国家或地区从事投资和提供服务所取得的要素收入之间的差额，它在内容上主要包括企业收入（利润、投资利息、股息）、劳动报酬和财产收入三部分。参见魏杰主编：《经济学》（上），高等教育出版社 1995 年版，第 500 页。

民生产总值减掉成本以后的实际收益增加额。① 从国民生产总值的增长途径来看，主要是依靠投资取得，但是，以货币形式或资本形态的投资，必须通过转化为以实体形态体现的物质，才能算作真正的经济增长。这样，经济的增长就受到人力、物力、财力的制约和影响。为此，各国的经济增长速度必须有一个适度的选择，才不至于给资源和环境承载力形成较大的压力。当前，一些经济发达的国家，由于其经济实力的雄厚，经济增长速度控制在2% ~3% 即可。甚至有人认为，人类的发展已经超出了地球承载能力的极限，进而提出了“增长的极限”的重大命题。② 但是，对多数发展中国家来说，要赶上发达国家的经济水平，经济增长就要保持一个较快的速度。对此，中国改革开放以来，所选择的经济增长速度基本在6% ~8%。

（二）充分就业

国民经济发展的第二个目标是保证一国依法具有劳动能力的国民的充分就业。③ 因为，只有依法让有劳动能力且愿意参加劳动的公民能够就业，才能保证生产、经营和服务的供给有劳动力的保障，也才能使劳

---

① 国民收入可分为广义的国民收入和狭义的国民收入。其中，广义的国民收入是指国民生产总值（GNP）中减去固定资产折旧的部分，即国民生产净值（NNP）；而狭义的国民收入（NI）是指在国民生产净值基础上，再减去间接税（扣除掉政府补贴）的结果。无论是广义的国民收入，还是狭义的国民收入，均反映了一定时期，一国或一地区经济的实际增长量。参见魏杰主编：《经济学》（上），高等教育出版社1995 年版，第502 ~503 页。

② ［美］德内拉·梅多斯、乔根·兰德斯、丹尼斯·梅多斯：《增长的极限》，李涛、王智勇译，机械工业出版社2015 年版，第12 ~13 页。

③ 在实际计算劳动力就业时，世界各国均以法定的劳动能力为基础。例如，中国现行法律规定，公民的法定劳动能力，除法律有特别规定外，以16 周岁为最低就业年龄，而公民劳动能力的丧失则以法律确定的退休年龄为准（其中，属于工人身份者为男55 周岁，女50 岁；属于干部身份者，男60 岁，女55 岁）。并且，根据经济形势的发展会有所调整。而事实上，在达到退休年龄时，虽然在法律上劳动者已经丧失了劳动能力，但是，他们（她们）还具有实际的劳动能力。为此，各单位可以根据实际情况予以返聘，这部分劳动者除依法领取退休金外，还可以根据与单位签订的劳动合同获得相应的劳动报酬。但在计算失业劳动者时，其不在计算范围之内。

动者通过自己的劳动获得应有的收益,以维持和不断提高自身的生活水平,并维持整个社会经济秩序的稳定。因此,保证本国国民能够充分就业,就成为国家发展经济的一项重要职责。其中,这里的充分就业,并非是保障所有的劳动者都能够就业。按照国际标准,只要劳动者失业率控制在5%以内,都算作充分就业。此外,所谓充分就业,也不能简单地理解为只要劳动者有工作做,就算充分就业。笔者认为,充分就业应当将劳动者所具有的一定教育背景下的劳动技能及其劳动兴趣相结合,才能够算作充分就业。另外,就其劳动的属性而言,也不是传统意义上的只有在某一单位或企业获得工作机会才视为就业,不依托某一单位的自主劳动,并有较稳定的收入来源,只要在有关国家机关进行登记者,也算作就业。从世界各国实现充分就业的情况来看,一些人口较少或处于人口负增长的国家,实现充分就业并非是难事,甚至基于本国劳动力的不足,需要大量的外国劳动者予以补充;然而,对于像中国这样的大国,人口众多,劳动力数量庞大,就使宏观调控实现充分就业目标成为一件难事,也是关系民生的头等大事。目前,中国每年需要解决近1000万名劳动力就业,并且,其还不包括农村劳动力的转移。① 因此,在中国,实现劳动力的充分就业有相当的难度。从改革开放以来的情况看,中国目前的劳动力市场基本上处于需方市场的状态,而且,还存在结构性障碍。为此,中国要达到劳动力充分就业的目标,应当从几个方面进行努力,才能收到成效:一是大力发展生产力,特别是大力发展中小微型企业,以便为劳动者创造更多的就业机会;②二是大力发展教育事业,科学合理地发展

---

① 有关农村劳动力的转移是基于农村人均耕地的减少以及城市化步伐的加快而引发的。在中国,基于农村劳动力的进城务工,形成了庞大的“农民工”队伍,这些农民工亦工亦农,农闲时务工,农忙务农,他们一方面为城市建设做出了贡献,但另一方面,也给城市的就业和管理带来了压力,为此,中国农村劳动力的转移的最佳途径应当是“离土不离乡”。但在国家宏观调控的充分就业目标实现中,其不在计算之内。

② 各国经济发展的实践表明,大企业所容纳的劳动力极其有限。为此,大量的劳动力就业需要发展中小微型企业予以解决。为此,各国为促进本国或本地区劳动力的充分就业,均制定了相应的政策和法律,以通过促进中小微型企业的发展来解决劳动力的就业问题。

教育事业,使劳动者具有基本的劳动素质,并尽可能地学有所长、学以致用;三是实施人才战略,以解决劳动力就业的结构性问题;四是实施劳务输出战略,通过向别国提供劳务服务人员来解决本国的劳动力就业问题。

然而,以上状况正在发生变化,由于多年实施计划生育政策,个别地区开始逐步进入老龄化状态,导致今后中国市场经济发展中的劳动力存在潜在的匮乏问题。为此,党的十八届三中全会作出了放开二孩的宏观调控决策,国家制定实施的《人口与计划生育法》也进行了相应的修改,这一决策和法律的实施,对于今后的劳动力就业促进会产生重大的影响。①

(三)物价稳定

宏观调控中的物价稳定是指价格总水平的稳定。它是指一定期限内,一国范围内的所有商品价格经加权平均后的总水平。② 从市场经济发展的规律来看,价格总水平总是处于一个不断增长的态势。但是,如果其增长的幅度超过合理的范围,就会引发严重的通货膨胀,进而导致社会的不安定。为此,按照国际标准,价格总水平应当稳定在5%的增长幅度以内,才符合市场经济发展的要求,并不至于引发经济危机。此外,国家对于物价的调控还包括对基于关系民众生活个别商品或区域性

---

① 2015年12月27日第十二届全国人民代表大会常务委员会第十八次会议通过《关于修改〈中华人民共和国人口与计划生育法〉的决定》,对《人口与计划生育法》进行了修正。第18条规定,国家提倡一对夫妻生育两个子女。符合法律、法规规定条件的,可以要求安排再生育子女。具体办法由省、自治区、直辖市人民代表大会或者其常务委员会规定。少数民族也要实行计划生育,具体办法由省、自治区、直辖市人民代表大会或者其常务委员会规定。夫妻双方户籍所在地的省、自治区、直辖市之间关于再生育子女的规定不一致的,按照有利于当事人的原则适用。

② 在市场经济条件下,商品的价格有单个商品的价格、同类商品价格和价格总水平之分。其中,单个商品的价格由市场竞争自由形成;同类商品价格则受到行业政策的影响;价格总水平则属于宏观调控的范畴。对此,国家可以通过对价格总水平增长的调节,保持整个市场物价的稳定,并引导行业商品价格和单个商品价格的形成。如国家可以采取对作为商品价格组成部分的流转税的调节,使单个商品或同类商品的价格上涨或降低。

普遍价格的过度上涨负有调控的职责。① 据此,国家物价部门有必要在对全国商品价格水平实施监测的基础上,采取必要的宏观调控措施,控制市场物价,使国民经济得到平稳的发展。

值得强调的是,在物价稳定中,有关农产品的物价稳定是一个特殊的问题。由于迄今为止,科学技术的进步仍然未彻底改变农产品的收获在相当程度上受自然因素的影响。在遭受自然灾害时,市场上的农产品处于稀缺状态,会使农产品价格陡然上升;而在风调雨顺时,农产品处于剩余状态,农产品价格又会基于市场交易的"物以稀为贵"的规律而陡然下降,进而导致农民处于"增产不增收"的不利状态。该两种情形造成的农产品(特别是对于公众的必需品,如粮食、肉类、蛋类、蔬菜等产品)价格的波动会直接影响社会的稳定。因此,世界各国政府在实施宏观调控时,均对农产品市场的价格变动给予特别的关注,通过采取国家收购储备、对城市居民或农民的价格补贴、对市场价格予以直接干预等措施:一方面,通过稳定农产品市场价格达到稳定社会之目的;另一方面,也可以起到保护农业生产者积极性的作用。对此,中国作为一个农业大国、人口大国和自然灾害频繁的大国,高度重视对农产品的宏观调控,把农产品的供给牢牢地掌握在自己手中,是宏观调控的首要任务,一刻也不得放松。

(四)国际收支平衡

市场经济是对外开放的经济。因此,根据国民经济和社会发展的需要,积极开展进出口对外贸易活动,是国民经济发展的必然之举。因而,产生了对外贸易的收支平衡问题。在宏观调控经济目标体系中,之所以将国际收支平衡列为一项重要的发展目标,其原因主要体现在两个方面:一是对外贸易收支如果出现不平衡,将会直接影响国民经济总量的平衡;二是

① 对此,2008 年以来,先后发生诸如猪肉、方便面等涨价影响民众生活的事例,对此,国家及时采取了宏观调控措施,而对于备受争议的房地产市场价格的过度上涨,国家先后出台各项宏观调控政策和措施,以希望达到控制房地产价格上涨的目的。

各国均强调其本国国民经济的平衡。因此,在国与国之间的贸易交往之中,也强调了贸易往来的大体平衡,解决的办法是做到尽可能地避免国与国之间贸易的过度顺差或过度逆差,并为了避免该现象的出现,可以采取诸如反倾销、进出口行政许可等措施。而通过国家之间货币汇率的调节,促使贸易收支平衡则是其重要的调控措施。由此看来,所谓国际收支平衡,表面上看,主要表现为以对外贸易的进出口平衡为基础的收支平衡,但其实质上最终的目的是要为保持整个国民经济的总量平衡服务的。此外,国际收支的平衡还表现在非贸易领域国际结算与收支的大体平衡。

改革开放以来,特别是2001年中国"入世"以来,中国的对外贸易迅速扩大,如今已经成为世界第二大贸易进出口国,在世界贸易体系中占有重要的地位。国民经济发展对外贸的依存度日益提高。由于对外贸易出口的需求市场在国外,属于本国政策和法律所无法控制的领域,具有较大的经济风险。因此,一旦国外遭遇经济危机,市场需求大量萎缩,将会导致国内出口生产的失败,工厂、企业倒闭,劳动者失业,并影响整体经济和社会的发展,对此,2008年发生的世界金融危机对中国经济的影响即是一个典型的例子。另外,如果中国对一些国家的国际贸易长期处于顺差状态,也会遭遇这些国家的抵制,如中美之间发生贸易战的原因就是如此。为此,笔者认为,实现国际收支平衡目标,还是要立足于本国整体经济的平衡和推进,将对外贸易和相关的国际收支活动控制在适度的范围之内是最佳的路径选择。

上述四大目标是目前国际上公认的宏观调控的经济目标,即狭义宏观调控定义下的宏观调控目标。按照宏观调控的基本理论和实践,它们之间的关系并非具有一致性。其中,通说认为,经济增长与充分就业之间具有一致性,因为,只有经济增长,才能创造更多的就业机会,解决劳动力就业问题;但是,保持物价稳定则对经济增长具有制约作用,进而会影响就业。为此,在考虑宏观调控经济发展目标时,必须综合地考虑这些目标实现在数量和结构控制上的协调。对此,参照国际惯例,结合中国自己的国情,相关宏观经济调控的指标控制分别为:经济增长率8%

左右(其中,固定投资增长率为25%,约1/4)、劳动力失业率为5%以内、物价总水平增长率5%以内、国际收支增长及进出口总额大致平衡。

三、宏观调控目标在社会领域扩展的探讨

在经济学领域,对于宏观调控经济发展的四大目标的定位具有共识性,它们也是国际上评价一个宏观调控成效的重要指标。但是,当宏观调控的领域扩展到社会发展领域时,有关宏观调控在社会发展领域的目标如何定位却鲜有人探讨。对此,有学者认为,应当通过对宏观调控目标的重新解读来使其包含社会发展属性,①笔者也对宏观调控目标在社会领域的扩展问题进行了探讨。② 笔者认为,依据中国国情,在宏观调控目标体系中,社会发展目标应当单列,这是由中国所制定的社会发展规划及计划和国民经济发展规划及计划并行单列的宏观调控体制所决定的。为此,参照国际社会发展评价标准,结合中国国情,按照其重要性程度概括为以下几点:

(一)解决贫困和弱势群体的物质和社会需求

人类发展的历史表明,"吃、穿、住、用、行"始终是人类生存和发展

---

① 例如,有学者认为,围绕科学发展观的要求,对新形势下,宏观调控的目标应进行新的解读。(1)以人为本的全面协调可持续发展。因为单纯的经济增长、GDP的攀升已不能作为我们今天的宏观调控目标了,它没有把人类为了追求这个数字所付出的自然代价核算在内,目前,国际上衡量经济发展的指标体系,除GDP外,还有产业构造、就业构造、投资率、收入分配的公平度、贫困率、人口增长率、城市化率、识字率及就学率、平均寿命、环境、社会政治权利、人类发展等指标。(2)社会保障体系的建立健全。市场经济是一种高风险经济,政府的任务应该是为强者提供前进的动力,为弱者提供庇护所……为此,"充分就业"应改为"社会保障体系的建立健全"。(3)物价稳定应当改为"社会稳定"。(4)应把"国际收支平衡"改为"国与国之间关系的协调"。(5)中间组织的合理合法经营(指法人和民间组织)。参见解安、吴练达:《我国宏观调控内容的政治学分析》,载《学术界》2005年第3期。

② 董玉明:《论宏观调控的目标定位》,载吴志攀主编:《经济法学》(第11卷),北京大学出版社2015年版,第129~135页。

所面临的基本问题。在市场经济条件下,富裕阶层人群的这些基本需求通过市场机制的作用即可较好地予以解决,国家的责任仅在于引导其合理的消费。然而,对于那些基于自然的或社会的各种因素,长期或暂时处于贫困状态的群体而言,除由社会力量主动地予以慈善性帮助外,国家具有满足其基本需求的责任。否则,即会造成社会的不安定。为此,国家必须在发展市场经济中通过社会发展政策,确定对贫困民众群体的财政与其他援助性制度,以解决贫困民众群体的基本生存问题。其中,这里的制度设计既包括政府的援助性制度和基本的社会保障制度的建立,也包括对社会力量的动员性的促进性制度的建立。

与此同时,在市场经济发展与社会变革之中,强势利益群体与弱势利益群体总是相对地存在。例如,消费者与经营者相比,通常处于弱势地位;非垄断企业与垄断企业相比,通常处于弱势地位;失业者与就业者相比,处于弱势地位;等等。从经济实践来看,处于弱势一方的群体,其所遭遇的不仅仅是一时或长期经济利益的丧失,更多的是其人格尊严和社会地位的丧失,因而,弱势群体一旦聚合,便会形成一股反社会力量。因此,有关解决社会弱势群体的问题已经超出了经济问题的范畴,是市场力量所不能及的。必须将其纳入国家社会发展政策范畴,综合地予以考虑,才能有效地解决。

值得强调的是,党的十八大以来,以习近平为核心的党中央向全社会发起了精准脱贫攻坚战。按照政策要求,到 2020 年,中国将按照现有标准消灭贫困县和贫困人口。但是,贫困问题是一个相对的概念,目前提出的目标是针对现有贫困标准而言的。在初步解决贫困的基础上,2020 年后,一些人还会处于相对贫困状态,甚至会因病返贫、因遭受自然灾害返贫、因失业返贫、因就学返贫。因此,解决贫困和弱势群体的物质和社会需求,应当是中国的一项长期宏观调控目标。

(二)自然与环境保护目标的实现

在当代社会,基于环境问题对人类生存发展的影响已经由局部扩展到全球领域。从国民经济发展角度讲,虽然环境因素已经成为当代经济发展必须考虑的因素,并且出现了专门的环境保护产业,但是,基于市场主体经济行为的“外部不经济”现象的客观存在,因而,单依靠市场的力量,是无法解决环保问题的,必须依靠国家法律的强制力,才能推进环保目标的实现。与此同时,基于一些自然资源的枯竭所带来的严重问题的解决,其原理与之相同。若从自然与环境保护与社会发展的关系来分析,自然与环境保护目标的实现也同样超出了国民经济的范畴,它已经成为全社会的或全球性的运动,①必须动员全社会的力量才能最大限度

① 国际性环境保护运动,是指声势浩大、影响深远、有许多国家和国际环保组织和群众参加的、具有国际性的环境保护运动。迄今为止,共经历了 1972 年、1992 年、2002 年、2009 年四次高潮。其中,以世界八大公害事件的发生、美国卡尔逊女士发表《寂静的春天》(1962 年)和罗马俱乐部发表《增长的极限》(1970 年),以及发达国家的“地球日”大游行为背景,1972 年在瑞典首都斯德哥尔摩召开联合国人类环境会议,113 个国家的代表以及各主要国际组织的代表共 1200 人参加会议。通过《人类环境宣言》《人类环境行动》和关于环境工作的 4 项决议使环境问题开始纳入国际问题范畴。环境工作已经成为联合国的一项常规性工作,出现众多的民间组织,环境保护与经济发展的矛盾日益突出,在联合国环境规划署等国际组织和世界自然保护联盟等非政府组织的推动下,1990 年 2 月 22 日全球 141 个国家的 2 亿多人举行声势浩大的纪念“地球日”群众活动,一起发出“为了孩子而保护环境”的呼声,并因此而促成了一个新的“地球日国际组织”的产生,一年一度的“地球日”活动已经发展成为 100 多个国家共同参与的全球性的纪念活动。1992 年 6 月,联合国环境与发展会议在巴西里约热内卢召开,有 183 个国家和地区代表、联合国下属的 70 多个国际组织代表、500 多个非政府组织代表,以及 102 位国家元首和政府首脑,共计 2 万人参加会议。会议通过、签署了《里约环境与发展宣言》《21 世纪议程》《气候变化框架公约》《生物多样性公约》《关于森林问题的原则声明》5 个体现可持续发展新思想、贯彻可持续发展战略的文件。以纪念人类环境会议 30 周年,里约会议 10 周年为背景,2002 年 8 月 26 日 ~9 月 4 日,在南非约翰内斯堡举行联合国可持续发展世界首脑或政府首脑会议,即第二届地球首脑会议,192 个政府、104 位国家元首或政府首脑、5000 多个非政府组织、2000 多个媒体组织出席会议。会议通过《约翰内斯堡可持续发展承诺》之政治宣言和《可持续发展实施计划》,形成了 220 多项“伙伴关系倡议”,突出强调了可持续发展的三个支柱,即经济增长、社会发展和环境保护。世界气候变暖问题日益严重,气候科学家们表示全球必须停止增加温室气体排放,并且在 2015 年到 2020 年间开始减少排放。《联合国气候变化框架公约》已经进行 14 次会议,但节能减排遭受阻力,需要有法律约束力的突破。《联合国气候变化框架公约》第 15 次大会在哥本哈根召开,90 多位国家首脑或政府首脑出席,192 个国家的环境部长出席。集中讨论涉及的关键问题:(1)工业化国家的温室气体减排额是多少?(2)像中国、印度这样的主要发展中国家,应如何控制温室气体的排放?(3)如何资助发展中国家减少温室气体排放、适应气候变化带来的影响?(4)如何管理这笔资金?但这次会议未取得实质性成果。

地遏制自然与环境保护中的突出问题。因为好的环境，不管是富人还是穷人，人人享有之；而污染严重的环境也同样人人受其害。这使传统意义上自然与环境保护的纯技术性、经济性问题演变为一个泛政治化、泛社会化的问题，为此，必须将其纳入社会发展目标，由国家通过政府强有力的干预，才能实现既定的自然资源与环境保护目标。对此，当务之急是需要解决节能减排问题。而在此方面，中国作为世界上的生产与消费大国之一，面临着巨大的压力。为此，2018 年 6 月 16 日，中共中央、国务院发布《关于全面加强生态环境保护 坚决打好污染防治攻坚战的意见》，该意见明确，到 2020 年，生态环境质量总体改善，主要污染物排放总量大幅减少，环境风险得到有效管控，生态环境水平同全面建成小康社会目标相适应。

（三）各项社会事业的不断推进

按照市场经济原理，国民经济发展的直接效果并非仅体现在对各项宏观调控经济目标任务的完成，其落脚点应当表现在民众生活水平的不断提高和各项社会事业的不断进步。其中，按照国际标准，一国“科学、教育、文化、卫生、体育”事业的繁荣和发展是其重要的标志。换言之，在国际上，“科学、教育、文化、卫生、体育”事业的发达程度往往是判断某一国家或地区属于发达国家或不发达国家的重要依据。从宏观调控角度分析，作为一项基本的社会发展目标的实现，其基本途径主要表现在：一是通过财政预算支出的合理分配，对“科学、教育、文化、卫生、体育”事业发展在总量或结构上予以财政税收支持；二是对于“科学、教育、文化、卫生、体育”事业发展与市场衔接的部分，或直接的市场行为，予以产业上的宏观引导或控制。与此同时，各项社会事业的发展，从理论上讲，往往还具有全民福利的性质，关系到人民的幸福。因此，在国民经济发展的基础上，国家可以根据经济发展的程度，不断地提高社会事业发展的程度。这在政策和立法上通常被表述为：随着经济增长，某一项事业投资也随之不断地增长，或某项事业的发展水平不低于经济增长的发展水平。

（四）民主法治的不断进步

基于市场经济的多元化特点，市场经济的民主法治属性是其基本的特点。正因为这样，市场经济才被视为“法制经济”或“法治经济”。① 但是，要实现市场经济的民主法治，就要通过制定相关的社会政策使各种利益代表有自由表达自己要求的平台和机会，并且，在法定程序范围内，经过利益博弈后，通过立法，稳定经济和社会秩序，促进经济与社会的和谐发展。从此意义上讲，对于市场经济的民主法治问题的理解，不能简单地仅从传统的上层建筑理论或法律保障理论角度理解，应当从市场经济运行的基本要素角度来理解。然而，民主法治的形成涉及政府、企业与民众科学民主意识的把握、全社会民主协商法制环境的形成、与本国国家政体与法制传统一致的法律体系与实施体制②的完善等基本社会

---

① 在实践中，市场经济是法制经济或市场经济是法治经济两个提法经常出现混用。但按照法学原理，该两个提法有很大的不同，其中，市场经济是法制经济的提法，侧重于市场经济法律制度的建设，其重点强调的是立法，即做到有法可依；而市场经济是法治经济的提法，则侧重于对已经制定的法律的执行力。对此，经过近 40 年的改革开放，与市场相适应的法律制度已经基本建立，做到了“有法可依”。现在的问题是如何严格执法，为此，党的十八大以来，国家提出了法治治理问题。因此，在当前及今后，更强调的是市场经济的法治属性。

② 在市场经济条件下，市场经济的法制属性在世界范围内的认识是一致的。但是，在实现法制的过程中，基于各国政体和法制传统的不同，各自实现法制目标的路径不尽相同。在西方资本主义政体之下，实施政党轮替下的“三权分立”政体，或君主立宪制，而在法制传统上则有崇尚法律主义，并以成文法为主的大陆法系和采用实用主义和以判例法为主的英美法系之分，进而形成了实现法制的不同路径。而在中国社会主义条件下，其政体表现为中国共产党领导下的议行合一的人民代表大会制度，法制的实施传统借鉴德、日及中华人民共和国成立后受苏联法制的影响，基本上为大陆法系体制。与此同时，中国历史上注重道德教化的传统，使中国的法制建设十分注重法制与道德力量的结合，即将“依法治国”和“以德治国”相结合。这说明，在实现市场经济法制化过程中，中国不能照搬西方法制，中国在市场经济法制建设中，应有自己的路径选择。

问题。对此,一些发达国家的现代市场经济已经走过了近200多年的发展历史,民主法治已经成为国家与社会处理经济与社会事务的共识及行为惯例。但在中国,民主法治目标的实现还需要一个长期的历史过程。为此,有必要将其确定为社会发展目标之一,予以有序地不断推进。目前,通过几轮普法、政府依法行政措施的实施以及民事法律制度的完善,取得了相当的成效。但是,无论从经济立法,还是从守法、执法、司法及法律监督角度分析,仍有相当的距离,需要不断地努力。

值得强调的是,随着国际经济形势的日益复杂化和互联网的普及,国家越来越多地强调经济安全,它包括资源利用安全、生态环境安全、金融安全、粮食食品安全、网络安全、生产安全等,从而使经济安全成为宏观调控的重要目标。

第四节　国家发展战略和政策

在明确宏观调控目标基础上,按照宏观调控运行的基本路径,需要制定国家发展战略和相关的政策,它关系宏观调控的路线、方针和具体的发展方向,是宏观调控的基本要素。

一、关于国家发展战略

(一)"战略"一词之起源

目前的研究成果表明,首先,"战略"一词源自希腊语 strategos,现英文为 strategy,其词义为"将军或指挥官",含义是"指挥军队的才干""将军的艺术"。其次,"战略"一词的另一种解释是源于古希腊语的"诡计"一词,其含义与中国古代《孙子兵法》中"兵者,诡道也"的含义相近。至19世纪,德国军事理论家克劳塞维茨认为"战略是为了战争的目的运用战斗的学问”,它包括适应战争目的的战略目标和战争计划,达到这一目标的行动措施、战局方案和战斗部署。由此可见,“战略”一词,最早起源于军事科学。[①] 对此,现代汉语词典在解释“战略”一词时,也首先将其解释为“指导战争全局的计划和策略”。[②] 第二次世界大战后,“战略”一词开始广泛地运用于政治、经济、科技、教育等领域。

(二)“战略”一词之管理学和经济学演进

发展至今,“战略”一词已成为管理学的一个基本范畴。它是指在一定时期内贯穿整个管理系统的决策,或是各项活动的指导思想,以及在它指导下的、关系全局发展的重大谋划。战略管理主要涉及一定组织或者个人长期发展的重要活动的组织与实施问题。战略管理理论研究涉及战略的层次、战略管理过程、战略形势分析、战略决策、战略实施与控制等基本内容。并且,研究结果表明,战略的研究、决策和实施真正体现了管理思想的精髓,即通过能动的管理活动改变组织的生存条件,使组织的活动更有效,使人们生活得更美好。[③] 在现代市场经济条件下,由于如前所述的经济与社会发展的层次涉及宏观、中观和微观三个层次,而其管理也分别涉及这三个层次的管理问题。因此,笔者认为,有关战略的研究、决策与实施也分别涉及宏观、中观和微观领域发展战略的研究、决策与实施问题。据此,在现代社会,战略问题的研究、制定与实施并非仅仅是政府的事,企业管理也有一个战略问题。

此外,有论著指出,最早把“发展”与“战略”组合起来构成“发展战略”概念的学者,首推美国耶鲁大学的经济学教授赫希曼先生,他于

---

① 参见席酉民主编:《经济管理基础》,高等教育出版社 1998 年版,第 204 页;吴殿廷主编:《区域经济学》,科学出版社 2003 年版,第 386 页。

② 中国社会科学院语言研究所词典编辑室编:《现代汉语词典》(第 2 版),商务印书馆 1983 年版,第 1453 页。

③ 参见席酉民主编:《经济管理基础》,高等教育出版社 1998 年版,第 204 ~222 页。

1958 年在《经济发展战略》一书中，首先使用了“发展战略”的概念，首次把经济发展提到战略地位的高度，并把经济发展与社会发展紧密联系起来，以重点探讨发展中国家如何利用自己的潜力、资源与环境，谋求区域经济社会发展的宏观策划。此后，西方经济学者构建了“发展经济学”，以专门研究发展中国家发展中面临的各种问题。① 由此便引发出区域发展战略问题。其中，所谓区域，既包括就全球经济与社会发展而言的一国或多国之区域发展战略问题，②也包括一国国内的区域发展战略问题。而所谓区域发展战略就是根据区域发展条件、进一步发展要求和发展目标所做出的高层次的全局性的“宏观”谋划。③ 在 20 世纪 70 年代末，一些从事世界经济与地理研究的学者从国外引进了“发展战略”的概念。至 20 世纪 80 年代初，中国著名经济学家于光远先生率先提出了学界应研究“经济社会发展战略”的倡议，④进而得到了各方面的积极响应。从此，中国掀起了发展战略研究和实践的热潮，一直至今。

（三）宏观调控下的国家发展战略

宏观调控下的国家发展战略属于市场经济条件下的、与宏观调控活动紧密联系的国家发展战略。它是以国家这一特定区域为基础，根据各国国情所制定的国家发展战略。按照宏观调控的原理，国家发展战略原

---

① 参见吴殿廷主编：《区域经济学》，科学出版社 2003 年版，第 387 页。对此，笔者认为，虽然西方经济学对经济发展战略的研究首先是从发展中国家开始的，但是，事实上，即使是发达国家也存在其发展战略的谋划问题。

② 对此，世界经济发展已经形成若干具有区域特征的区域经济发展战略指导之下的经济，如欧盟区域发展战略指导之下的欧盟各国之经济运行。

③ 参见吴殿廷主编：《区域经济学》，科学出版社 2003 年版，第 387 页。这里的“宏观”谋划是指国家从宏观经济角度对于区域经济和社会发展的谋划，是国家发展战略的组成部分。但是，笔者认为，在一国特有的经济管理体制之下，并不排除各地区在与国家宏观发展战略保持一致的情况下，结合本地区的实际，从中观经济角度对于本地区经济与社会发展战略的独立决策，这一点对于像中国这样的大国，尤其重要。

④ 于光远：《经济、社会发展战略——一个应该研究的重要问题》，中国社会科学出版社 1982 年版，第 1 ~8 页。

则上应当按照国民经济和社会发展的目标予以设计。首先，在国家发展的战略方面，它是指在国家体制既定的情况下，对一定时期内国家发展的路线、方针和方略的确定，其极具有宏观意义。其中，国家发展战略既包括国家发展的总路线、总方针和总的方略，例如，建设民主、繁荣、富强的现代化社会主义国家，一直是中华人民共和国成立以来，国家发展的总路线和总方针。而今，“依法治国，建设社会主义法治国家”的发展战略，已经被中国的宪法确认。其次，它也包括国家某个历史时期或某个领域的发展战略的设计，如确立发展社会主义市场经济，实施对外开放，是中国针对国家发展仍处于社会主义初级阶段的特点所确立的阶段性国家发展战略，而长期地实施“计划生育”则是根据中国国情所做出的在人口管理领域的国家发展战略。如果按照国民经济和社会发展规划来理解，五年规划的确立需有五年期国家发展战略的设计，十年及十年以上的规划设计，需有相应的国家战略设计。由此可看出，国家战略的设计并非受以年度为主的宏观经济调控目标所制约，而以年度为主的宏观经济调控目标又往往是为实现国家发展战略服务的，尤其对中期与长期的国家发展战略而言，更是如此。据此，宏观调控下的国家发展战略，作为宏观调控的一个基本要素，主要表现为与宏观调控基本目标的衔接。从中国目前的表现形态来看，主要体现在国民经济和社会发展五年规划或十年规划、各项专项规划和区域发展规划之中。

在当前，国家“十三五规划”正在实施，国家最高的发展战略定位就是到 2020 年全面实现小康社会，而经济的阶段性状况是进入了经济新常态。在此情况下，中国的经济发展将更趋向于稳定发展的战略选择，即通过减速度、调结构、寻找新的驱动力、强化社会保障和和谐稳定，并保持资源环境的持久性等措施，达到新的发展战略目标。使经济发展的成果更多地在社会成员之间共享。为此，按照党中央的部署，在现阶段，重点要做好科教兴国战略、人才强国战略、创新驱动发展战略、乡村振兴战略、区域协调发展战略、可持续发展战略、军民融合发展战略的制定和实施。

二、关于宏观调控政策

(一)宏观调控政策的含义与基本特征

在现代社会,政策的本意是指国家或政党为实现一定历史时期的路线而制定的行动准则。① 该政策含义说明,对政策理解的要点:一是制定政策的主体是国家或政党;二是制定政策的目的是实现一定历史时期的路线,该要点同时说明政策总是与一定历史时期相联系的,具有时效性特点;三是政策是一种可以起到约束人们行为的行为准则,而作为一种行为准则,与道德约束、法律约束一样,具有规则属性。它可以为人们的经济社会实践提供判断是非的基本标准。然而,笔者所要研究的宏观调控政策是国家政策的一种表现形式,具有政策的一般属性。但是,这种宏观调控政策与一般政策相比,应当具有自己的特征。对此,笔者进行如下探讨:

1. 宏观调控政策制定主体的特定性

如上所述,现代社会政策制定的主体是国家或政党。但是,无论是国家还是政党均是一种抽象的理论概括。必须把国家或政党具体化才具有实际意义。所谓的具体化,就是要把能够代表国家或政党制定和实施宏观调控的具体机关、机构或组织落实到相关的单位。对此,由于各国体制不同而不尽相同。其中,中国的情况已如前述,在此不再赘述。需要说明的有两点:一是由于中国共产党在中国处于领导全国各项事业发展的核心地位,是唯一的执政党。国家的所有事业发展均应在党的统一领导下进行,不能脱离党的领导。因此,在中国经济和社会实践中,党和国家实际上处于一体地位,实施的是"党国一体"的政治与经济体制。

---

① 中国社会科学院语言研究所词典编辑室编:《现代汉语词典》(第5版),商务印书馆2007年版,第1741页。

所以，国家制定的宏观调控政策常常被称为党和国家的政策。实践中典型的表现形式是，除由中共中央单独发文表明相关宏观调控政策外，[①]常常由中共中央和国务院联合发布有关政策性文件。在此种情况下，党的政策即是国家的政策，同理，国家的政策也是党的政策。二是在中国现阶段，除中国共产党以外，还存在履行参政议政的八个民主党派组织，这种政党制度具有中国特色，是中国共产党领导下的多党合作制政治制度的体现。在该政治体制下，各民主党派在宏观调控政策的制定过程中，虽然不是政策的制定者，但是，他们是政策出台的必要参与者。[②] 为此，中共中央在出台重大的宏观调控政策时，需要征求各民主党派的意见，已成为一个必经的程序，而各民主党派根据自己党派成员分布的特点，[③]经过认真调查研究后所提出的有关宏观调控方面的政策建议，通常会得到中共中央的尊重，并尽量地被吸收到所出台的宏观调控政策文件之中。这就要求，各民主党派应当具备协助中共中央制定好宏观调控政策的能力，有必要的调研经费和机制的保障，只有这样，才能履行好参政党参政议政的职能。

2. 宏观调控政策目标的特定性

如上所述，政策的一般属性之一是：制定政策的目的是实现一定历史时期的路线。具体到宏观调控政策而言，这种实现一定历史时期的路

---

① 此方面典型的表现是：改革开放以来，中共中央每年年初或年末基本上均出台一个“一号文件”，专门就农业发展问题发表政策意见，成为指导全国农业工作的行为准则。这已成为中国农业宏观调控的一项惯例。

② 在中国的宏观调控政策制定阶段，按照法律规定，任何人、任何组织均可以参与其中，发表自己的意见，但是，并非是一项法定的义务。然而，对于依法定程序必须发表意见和建议者则为必要参与者。对此，根据宪法基本规定及中国政党制度的特点，民主党派参与国家宏观调控政策的制定过程，是其参政议政职能的体现，应当是一项基本的职责。其既是义务，也是权利。

③ 中国民主党派的成员结构，根据历史特点及现实要求，不同党派发展成员有其特定的分工，如中国民主同盟和九三学社的成员主要是教育界的教师，农工民主党的成员则主要是医疗卫生界的医生，民建和民进则主要是经济界人士。因而，他们各自代表的利益要求有所不同，在国家宏观调控决策过程中，其参政议政所反映的意见和要求应当体现本党派成员结构组成的特点。

线的具体化，就是使宏观调控政策的制定符合三个方面的要求：一是要符合党和国家在一定历史时期所确立的总方针、总路线。例如，改革开放以来，以经济建设为中心，大力发展商品经济，实施改革开放，就是改革开放时期的总方针、总路线。为此，宏观调控政策必须坚持和体现这一根本要求。二是要符合宏观调控基本目标和国家战略的要求。三是以国民经济和社会发展规划期为基点，确定相应的宏观调控政策，使宏观调控政策体现出不同规划期的目标特点，既有五年规划期的政策目标，也有体现年度计划实施中的具体调控政策，还有针对特殊时期、特殊事件的发生、在处理国民经济和社会发展中的特殊问题时的相关政策的制定和实施。在此方面，为解决中国国民经济和社会发展中所遭遇的特殊问题，国家先后出台的"职工下岗再就业政策"、①"农民工进城务工政策"、②"国有企业职工内部退养政策"、③医疗改革政策、④教

---

① 20世纪90年代，针对国有企业的大规模改制，国家实施了国有企业职工的下岗再就业政策。其基本做法是对于下岗职工，除允许其自谋职业外，国家对"40/50"人员提供公益岗位，并且，为保障下岗职工生活不受大的影响，实施了下岗职工的生活补贴政策。

② 农民工进城务工政策是针对农民进城打工制定的一系列旨在为保护农民工利益的政策。例如，针对建筑企业普遍拖欠农民工工资的现象，专门制定了有关保证金制度；又如，针对农民工进城后子女上学难问题，制定了有利于农民工子女在城市上学，以及对农村留守儿童的教育优惠政策。

③ 国有企业职工内部退养政策，是针对国有企业改革增效减员的需要而实施的一项特殊政策，按照有关政策，国有企业职工达到一定年龄，可以申请内部退养的政策。在退养期间，可以从企业获得基本工资和社会保障的待遇，直至正式退休。在内退期间，不再参与企业的工作，但是，可以依照有关政策和法律，与其他单位发生劳动关系。

④ 中国的医疗改革起始于20世纪90年代末，其基本方向是实施市场化改革。但是，这项改革导致了大众的"看病难"问题，同时，在医疗资源的配置上，多集中于大城市，忽略了农村医疗的改革。为此，2009年实施了新的医疗改革方案。基本要旨是使百姓的基本医疗保障回归于主要靠政府的财政帮助，而对于保健型医疗可以实施市场化的改革，允许私营医院的开办，为医疗便民，允许私人诊所的开办，对于农村则实施了农村的基本社会保障，同时，开始实施对医疗及其相关的医药和医疗器材产业的严格的监管措施，以及对重大医疗突发事件的法律应对措施。

育改革政策、[1]社会保障政策，[2]以及2009年实施的“保增长、保就业、保民生”政策等，[3]均体现了宏观调控政策目标的特定性。

3. 宏观调控政策的相机抉择性

基于国民经济和社会发展处于动态的现实，在宏观调控政策制定和实施过程中常常会面临一些不确定因素，从而使宏观调控政策必须根据现实中发生的变化，对既有的调控政策加以调整，这种宏观调控政策的变更特性，被称为宏观调控政策的相机抉择性或变异性特征。该特征是宏观调控政策灵活性的体现。与此同时，它也决定了宏观调控政策的制定应当采取原则性规定的策略，以便为政策执行中的及时调整留有余地。因此，在制定宏观调控政策时，有必要先对所要制定的政策进行广泛的论证或实施专家评估制度。在政策实施的中期和终期，应当对政策的执行状况进行绩效评价，以便为当期调整或下期制定更加可行的新的调控政策提供依据或参考。在这方面，最典型的实例是2008年有关宏观调控政策的急剧变化。在2008年年初，国家根据国民经济和社会发展运行处于膨胀状态的实际情况，实施了紧缩性的财政政策。但在运行中出现世界金融危机对中国经济的影响，大量涉外企业倒闭，并引发了劳动者失业数量猛增，为此，国家于当年年底前及时调整了宏观调控政策，变紧缩性财政政策为扩张性财政政策，以适应世界经济形势的变化对中国的影响。为此，中央政府及时地投资4万亿元，并带动全国投资

---

① 与医疗改革一样，有关中国教育的改革亦起始于20世纪90年代，除保障基本的义务教育外，在非义务教育领域则实施了市场化、产业化的尝试，但其结果是导致了百姓的“上学难”的普遍存在。为此，国家在制定新的教育改革与发展规划时，重新强调了教育的公益属性，并支持民间办学力量的发展。要求政府教育投资比例达到GDP的4%，完全实现了义务教育阶段的免费制度。

② 在市场经济条件下，社会保障是其重要的组成部分。为此，中国实施了旨在为民众提供基本社会保障的制度，主要包括基本医疗保障、基本失业保障、基本养老保障等内容。

③ 2008年美国爆发的金融危机直接导致了世界性经济危机的爆发，同时，也影响了中国2009年经济发展目标的实现，为此，中国政府实施了一系列旨在“保增长、保就业、保民生”的政策措施，如国家通过实施扩张性财政政策和金融政策刺激社会需求的增长。

16 万亿元，以便用于救市，从而体现了宏观调控政策的相机抉择性。

4. 宏观调控政策的法律属性

依传统的法学原理，政策和法律是国家调节社会关系的两种不同的规则形态。其中，政策往往具有灵活性、阶段性特征，而法律则主要调整稳定的社会关系；并且，在法治实践中，将行之有效的政策上升到法律的高度，使人们长期遵守执行，也体现了由政策到法律的一般发展路径。然而，在现代法治社会和市场经济的双重条件下，政策与法律之间泾渭分明的界限被打破，使经济与社会政策具有了法律属性。而在中国的宏观调控及其法治实践中，实证分析表明，宏观调控政策与法律大量重叠。正因为这样，中国的宏观调控法及其经济法具有鲜明的政策法属性，尤其是产业政策法更是如此。① 其基本理由：一是在依法治国大背景下，宏观调控政策的出台必须依法制定。制定宏观调控政策的主体必须依照宪法和法律的授权才有资格出台相应的宏观调控政策，且应当于法有据，不得与既有的宪法、法律和行政法规相冲突。二是宏观调控政策文件中通常会对某一方面的立法提出任务要求。例如，2018 年 1 月 2 日，中共中央、国务院出台的《关于实施乡村振兴战略的意见》（中央一号文件）即提出了“系统总结农村土地征收、集体经营性建设用地入市、宅基地制度改革试点经验，逐步扩大试点，加快土地管理法修改，完善农村土地利用管理政策体系”，“研究制定农村集体经济组织法，充实农村集体产权权能”，以及“推动出台非存款类放贷组织条例”等立法要求。三是宏观调控政策成为地方立法的依据，体现了地方对宏观调控措施的法治保障。例如，根据国家有关扶贫政策，山西省结合自己的省情，于 2017 年 12 月 1 日，由山西省第十二届人民代表大会常务委员会第四十二次会议表决通过了《山西省农村扶贫开发条例》，从扶贫对象的认定、实施

① 参见姜昕、杨临宏：《产业政策法》，中国社会科学出版社 2008 年版，第 18 ~20 页。

的扶贫措施到扶贫资金和项目的内容都作了规定。

(二)宏观调控的典型政策分析

1. 产业政策

产业政策,是指政府通过相应的政策手段,对资源配置和利益分配进行干预,对企业行为进行某种限制或诱导,从而对产业发展的方向施加影响的一系列政策。① 或者,产业政策可以被认为,是指国家按照产品或服务的不同类别,对具有相同或近似功能的产业进行科学归类的基础上,针对不同产业在国民经济发展中的地位和作用所制定的相关产业发展的准则。根据各国产业政策的实施情况,产业政策的表现形态主要分为两类:第一类是法律法规等带有强制性的规制条款,企业必须执行;第二类是带有激励性的政策和法律,对于相应的企业给予某些利益引导,鼓励企业按照国家产业政策的引导发展。因此,产业政策是市场经济条件下特有的宏观调控政策,是国家调控市场主体和市场行为,引导市场主体生产、经营与服务决策及行动的基本依据。目前,中国根据国民经济和社会发展的实际,结合国际通行的标准,将产业划分为第一产业、第二产业和第三产业,并从总体上确定了它们各自发展的方向。其中,第一产业指直接从自然界获取物质产品的产业,主要指农业;第二产业指各类对物质产品进行加工的工业;第三产业指各类服务业。按照中国国情,20 世纪 90 年代中国出台了相关的产业指导政策,总的原则是:对于第一产业而言,作为国民经济发展的基础,必须予以巩固和加强;对于第二产业而言,基于其技术性较强、技术更新较快的特点,采取了不断适时地进行结构调整的政策;而对于在中国处于相对较弱,且代表了经济发达程度标志和第二产业调整后主要解决劳动力就业的第三产业,则

---

① 参见汪同三、齐建国:《产业政策与经济增长》,社会科学出版社 1996 年版,第 16 页。

制定了长期鼓励发展的政策。

除以上总的产业政策外,按照市场经济规律,作为国家调节市场的主要调控政策,产业政策的类别还包括产业组织政策、①优化产业结构调整政策、②产业技术政策③等。而为了重点促进某类产业的发展,国家还出台了支持支柱产业发展的政策、④支持战略性产业发展的政策⑤,以及振兴某类产业发展的政策⑥等。

从国家产业政策实施的措施来看,对某类产业的禁止与限制性政策辅之以相关的行政强制措施;而对于鼓励发展的产业,则往往辅之以相关的财政、税收及金融优惠措施。相关的产业政策措施则通过政府颁发的产业指导目录或产品目录的形式予以体现。

2. 财政政策与金融政策

在宏观调控政策体系中,财政政策与金融政策被称为宏观调控政策的"两翼",被世界各国的宏观调控实践经常采用。其中,所谓财政政策是指为实现宏观调控目标,针对国民经济和社会发展运行中的不同情况,通过财政调控手段的有效实施,使经济运行达到总供给和总需求平衡的专门政策。通常情况下,有扩张性财政政策、紧缩性财政政策和中性财政政策之分。当经济处于需求或供给不足时,宜采用扩张性财政政

---

① 产业组织政策,是指国家有关企业组织形态及其企业关系方面的政策,如企业垄断政策。

② 产业结构调整政策,是指国家制定的专门针对优化产业布局、解决产业剩余和产业短缺方面问题的政策。

③ 产业技术政策,是指国家制定的旨在促进技术进步的相关政策,包括产业技术结构的选择和开发政策与促进资源向技术开发领域投入的政策。

④ 支持支柱产业政策,是指国家对于那些通过自身发展能够带动相关产业发展的产业发展支持政策,如汽车产业发展政策、房地产业发展政策、文化产业发展政策等。

⑤ 支持战略性产业发展政策,是指国家对那些自身发展对实现国家发展战略具有重要意义的产业发展的特殊支持政策。

⑥ 产业振兴政策,是指国家为尽快促进某类产业的发展,以便带动整个国民经济发展的产业所实施具有阶段性意义的政策。例如,中国在 2009 年至 2010 年先后出台了十大产业振兴规划。

策,并通过减少税收、增加政府投资等手段,以达到扩大需求之目的;当经济处于需求过度膨胀时,则宜采用紧缩性财政政策,并通过增加税收、减少政府投资等手段,以达到遏制需求之目的;当经济处于供需基本平衡时,则需要采用稳定的财政政策,即中性财政政策。所谓金融调控政策,也被称为货币政策,它是为实现宏观调控目标,针对国民经济和社会发展运行中的不同情况,通过金融调控手段的有效实施,使经济运行达到总供给和总需求平衡的专门政策。它与财政调控政策一样,也包括扩张性金融政策、紧缩性金融政策和中性金融政策三类。其运用的原理与财政政策相同,不同点在于:一是金融调控手段主要通过在货币发行总量控制的基础上,运用利率、汇率、银行存款准备金、银行再贴现,以及公开市场业务等专门手段予以调节;二是与财政调控手段的直接效果相比,金融调控手段的实施并非直接对市场主体产生作用,它必须通过金融机构之中间组织对金融调控政策的坚决执行以及对市场主体的影响,才能发挥效果,因而,其具有效果滞后性的特点;三是基于货币稳定对一国经济和社会的稳定具有重要的意义,因而,对金融调控措施的出台应当持审慎的态度,应当把保持币值的稳定或基本稳定作为制定金融调控政策和实施金融调控措施的基本前提。为此,金融调控政策的制定和相关措施的实施必须与财政政策的制定和相关措施的实施相互搭配,才能取得应有的效果。而在此方面,根据各国宏观调控的实践,形成了一些较为固定的模式,具有较强的专业性。它要求在宏观调控政策制定和实施中,财政部门和金融部门不能各自为战,必须通力协作。

3. 财政政策与金融政策的搭配

关于在宏观经济运行中,财政部门和金融部门的协作主要体现在各自在制定财政政策和货币政策上的相互协作之上。对此,根据宏观经济原理和实践,有关财政政策与货币政策配合的一般模式表现为:(1)双松政策。即当社会总需求严重不足,生产资源大量闲置,解决失业和刺激经济增长成为宏观调控的首要目标时,适宜采取以财政政策为主的

"双松"财政货币政策配合模式。财政可扩大支出或降低税率,扩大有效需求,以刺激经济增长。但这可能会产生"挤出效应",[①]这时,若中央银行采取扩张性的货币政策,增加货币供应量,降低市场利率,则会更有效地实现调节目标。(2)双紧政策。即当社会总需求极度膨胀,社会总供给严重不足和物价大幅度攀升,以致通货膨胀成为首要调控目标时,适宜采取双紧或适度从紧的财政政策与货币政策配合模式。财政通过削减政府支出,提高税率等方式压缩社会总需求。同时,中央银行采取紧缩货币政策,减少货币供应量,调高利率,抑制投资和消费支出,两者相互配合使用,可对经济产生有利的紧缩作用。(3)"紧财松货"政策。当政府开支过大,物价基本稳定,经济结构合理,但企业投资并不十分旺盛,经济也非过度繁荣,促使经济较快增长成为经济运行的主要目标时,适宜采取"紧财政、松货币"的配合模式。其中,紧的财政政策可以减少财政开支抑制总需求;松的货币政策能使利率下降,以刺激私人投资。这种组合适宜在财政赤字较大,而经济处于轻度衰退时采用。(4)"松财紧货"政策。当社会运行表现为通货膨胀与经济停滞并存,产业结构和产品结构失衡,治理"滞胀"、刺激经济增长成为政府调节经济的首要目标时,适宜采取松的财政政策和紧的货币政策配合模式。紧的货币政策有助于抑制通货膨胀,但为了不造成经济的进一步衰退,有必要实施减税和增加财政支出等扩张性财政政策配合,同时,还应当发挥财政政策的结构调节功能,优化产业结构和产品结构,促进经济增长、缓解滞胀。[②]

以上宏观调控原理进一步说明了宏观调控政策的专业性特点。并

① 挤出效应(crowding out effect)指一个相对平面的市场上,由于供应、需求有新的增加,导致部分资金从原来的预支中挤出,而流入到新的商品中。就政府调控行为而言,挤出效应是指基于政府支出增加所引起的私人消费或投资降低的效果。

② 参见邓子基主编:《财政学》(第2版),高等教育出版社2005年版,第371~372页。

且,宏观调控政策的制定与国家战略的制定相比,其针对性极强。此外,根据国民经济和社会发展的中期或年度所遭遇的经济和社会发展情况,宏观调控政策还包括:价格政策、资源利用与环保政策、国民收入分配政策、对外贸易政策、社会保障政策、区域经济发展政策以及社会发展各领域的政策等。

第五节 宏观调控工具或手段

宏观调控工具,是指在既定宏观调控战略或政策确定的前提下,宏观调控机关可以采用何种手段对国民经济和社会发展活动进行调控,以达到宏观调控的国民经济和社会发展目标。与宏观调控政策相同,其同样具有专业性。按照宏观调控原理和实践,总体上说,可包括经济手段、必要的行政手段和法律手段。以下作一总的论述。

一、经济手段

(一)经济手段含义和基本特征

在宏观调控中,经济手段的运用是基本的和主要的方面。宏观调控经济手段,是指为实现宏观调控目的,宏观调控职能部门对国民经济和社会活动中经济变量的调节。其基本特征表现为:一是经济手段的运用针对的是处于不断运行着的动态国民经济和社会发展活动,为此,经济管理理论将其称为“过程性管理”;二是经济手段的运用侧重于对经济变量关系的调节,既包括对供需数量的调节,也包括经济结构比例关系的调节;三是经济手段以激励、引导为主,惩罚为辅,①进而体现了宏观调控间接调控的鲜明特点。

(二)经济手段的典型形态

在宏观调控中,典型形态的经济手段表现为价格调节和税率、利率、汇率手段的运用,即"一价三率"。其中,价格调节是指国家通过对市场价格的确认、指导或强制定价干预,对市场行为或活动的影响。税率的调节是国家运用税收手段,通过对不同税种税率高低的调节,达到对市场经济行为的调节。例如,当经济处于需求过旺时,国家可以采取提高税率、增加税收的办法来遏制企业和居民的需求;反之,当经济处于需求不旺时,国家可以采取降低税率、减少税收的办法来促进企业和居民需求的增长。利率的调节是国家通过对银行存款或贷款利率的提高或降低,达到对市场经济行为的引导。汇率调节是指通过对本国货币与外国货币兑换率的调节达到对外汇市场交易行为和对外贸易行为或活动的调节。而基于这些经济手段的调节所带来的后果,对于经济利益而言,具有此消彼长的特点,因而,在经济领域将其形象地称为"经济杠杆"。

二、必要的行政手段

(一)行政手段的必要性分析

宏观调控行政手段,是指为实现宏观调控目的,政府利用行政公权

---

① 经济手段运用中,惩罚措施的典型形态是罚款。但由于罚款具有强制性,并由政府行政机关予以执行,因而,其又具有行政手段的属性。据此,罚款既是经济手段,也是行政手段,两者存在竞合现象。笔者认为,在宏观调控中,罚款的目的主要还是促使市场主体按照国家宏观调控的引导决策自己的行为,因此,其客观上虽然形成行政处罚的效果,但是,主观上还是为了保证国家宏观调控目标的实现,据此,其经济手段的价值倾向性更强。

力对国民经济和社会发展活动的强制性干预及控制。其基本特点表现为自上而下的命令与服从。中国在计划经济时期,基于政府、企业及个人的一体化状态,企业与个人成为政府的附属物,因此,国民经济与社会管理处于行政管理状态,致使行政手段处于主导地位。其实施效果,有利有弊。① 其中,最大的弊端是压抑了企业和劳动者的创新与活力。为此,在改革开放以来,一直强调尽量限制政府行政手段,并将其限定在必要的范围之内。笔者认为,所谓"必要"应当理解为:一是在市场经济运行中,由于确立了企业和劳动者个人的经济自主权,因而,经济活动中的企业和劳动者个人,以及市场经济条件下微观领域的消费、生产、经营和服务活动的决策权及其经济行为,均按照意思自治原则,由市场主体根据市场行情自我选择,或经过协商谈判确定,以确立市场配置社会经济资源的基础的或决定性地位。对此,国家(政府)将主要依靠上述的经济手段予以调节和引导。二是政府对于企业和劳动者及消费者的行政干预,仅限于市场不能或市场引导无效。三是政府采取的行政手段具有时效性,一旦满足采取行政手段的条件消失,政府的行政手段即应退出市场。四是在建立社会主义市场经济秩序方面,国家(政府)仍然负有运用行政手段之必要,以履行国家与政府的职责。

从改革开放40年来的发展情况看,基于中国的改革,尤其是城市与企业的改革主要是一种自上而下的政府推进型的改革,②因此,在改革的初期,运用政府的行政权力推进改革不可避免,这其中也包括政府对于自身原来拥有的行政权力的放弃及对市场力量的培育。但随着市场经济秩序的逐步完善,政府的许多行政权力逐步退出市场领域,行政手

① 改革开放以来,多数学者对于行政手段持批评态度,但笔者认为,行政手段的优点至少有二:一是尽管人们对于行政效率一直持怀疑甚至批评的态度,但是行政手段的强制性实施可以在短时间内集中各方面力量办大事的事实也不可否认;二是行政手段在建立经济和社会秩序方面的作用不可否认。

② 对此,中国的农村改革有所不同,起源于安徽凤阳县的农民自发的农村土地承包制体现了农村土地经营改革自下而上的特点。

段应逐渐弱化，让政府行政手段的行使被限制在必要的范围之内，并十分强调政府实施行政手段的依法性，使政府由原来的“全能政府”向“有限政府、服务政府、法治政府”转变。政府的行政职能被限定在“经济调控、市场监督、公共服务和公共管理”四个方面。然而，这一历史性政府职责的转变并不平衡。经过40年的改革开放，在一些发达地区，政府职能的转变基本到位；但在一些不发达或欠发达地区，政府推进市场经济发展的职能未能很好地转变，另外，不同地区之间政府间的相互竞争和攀比也是形成政府对市场干预过多的主要原因。

（二）宏观调控行政手段的典型形态

1. 市场准入

市场准入，是政府为履行经济和社会调节之职责，有必要对市场主体介入市场的领域，通过行政审批的前置程序和工商行政登记之必要环节实施行政许可，以确立起应有的市场秩序。具体来说，属于宏观调控政策与法律明文规定禁止的领域，市场主体不得介入，否则，将被严惩，甚至以经济犯罪予以查处；属于宏观调控政策与法律规定限制进入的市场领域，只有符合法定条件时，才允许市场准入；只有属于国家宏观调控政策与法律规定可以完全放开的市场领域，市场主体才可以在符合法定条件情况下，经登记许可进入市场领域。就目前而言，绝大部分市场领域处于完全放开的市场领域，而被禁止或限制的市场领域则参照国际共识和中国国情作出规定，前者如对贩卖毒品行为的禁止，后者如对文化市场领域传播色情作品的禁止或限制。此外，在国民经济运行过程中，国家根据技术发展和产能情况会对处于落后淘汰状态的生产技术或产能处于过剩的市场准入行为作出禁止或限制性规定。

2. 市场监督或监管

一旦企业取得政府的生产、经营或服务许可，企业在营业执照范围内如何根据市场需求组织生产、经营或服务是企业自主选择的事，政府不得干涉。但是,政府对于市场运行情况负有检测、监督或监管的责任。当企业基于"外部不经济"出现危害社会的行为,并在政府警示情况下,不能自行纠正时,即有必要通过政府采取强有力的行政措施予以制止和纠正。这种情况主要包括:一是企业的生产、经营或服务行为严重地危及社会大众的生命健康和安全,如食品安全、生产安全等;二是相同或相近企业存在的经济风险危及整个国民经济的安全运行或社会的安定,如针对金融业的经营风险所实施的由专门银保监会和证监会监管;三是由个别企业发生的突发事件导致国家和政府对整个行业企业的集中整治,如矿山企业发生重特大安全事故后,对矿山企业安全问题的全行业整治;四是鉴于中国国有企业的特殊性,为了防止国有资产的流失,保证国有资产经营能够保值增值,国家对国有企业的生产、经营和服务活动实施专门的监管制度,为此,国务院专门颁发了《企业国有资产监督管理暂行条例》。

《企业国有资产监督管理暂行条例》于2003年5月13日国务院第8次常务会议讨论通过,国务院2003年5月27日第378号令公布,自公布之日起施行,根据2011年1月8日《国务院关于废止和修改部分行政法规的决定》修订。① 修改后该条例共8章46条。除总则、附则外,就国有资产监督管理机构、企业负责人管理、企业重大事项管理、企业国有资产管理、企业国有资产监督,以及法律责任进行了规定。该条例立法的目的是,建立适应社会主义市场经济需要的国有资产监督管理体制,进一步搞好国有企业,推动国有经济布局和结构的战略性调整,发展和壮大

① 为进一步深入贯彻依法治国基本方略,维护社会主义法制统一,全面推进依法行政,国务院在对行政法规进行过4次全面清理的基础上,根据经济社会发展和改革深化的新情况、新要求,再次对截至2009年年底现行的行政法规共691件进行了全面清理。以明显不适应社会主义市场经济和社会发展要求为由,删除《企业国有资产监督管理暂行条例》第27条,即"所出资企业中的国有独资企业、国有独资公司经国务院批准,可以作为国务院规定的投资公司、控股公司,享有公司法第十二条规定的权利;可以作为国家授权投资的机构,享有公司法第二十条规定的权利。"

国有经济,实现国有资产保值增值。国有及国有控股企业、国有参股企业中的国有资产的监督管理,适用该条例。金融机构中的国有资产的监督管理,不适用该条例。条例所称企业国有资产,是指国家对企业各种形式的投资和投资所形成的权益,以及依法认定为国家所有的其他权益。国有及国有控股企业、国有参股企业的组织形式、组织机构、权利和义务等,依照《公司法》等法律、行政法规和本条例的规定执行。国有及国有控股企业、国有参股企业中中国共产党基层组织建设、社会主义精神文明建设和党风廉政建设,依照《中国共产党章程》和有关规定执行。国有及国有控股企业、国有参股企业中工会组织依照《工会法》和《中国工会章程》的有关规定执行。国务院国有资产监督管理机构,省、自治区、直辖市人民政府可以依据本条例制定实施办法。本条例施行前制定的有关企业国有资产监督管理的行政法规与本条例不一致的,依照本条例的规定执行。政企尚未分开的单位,应当按照国务院的规定,加快改革,实现政企分开。政企分开后的企业,由国有资产监督管理机构依法履行出资人职责,依法对企业国有资产进行监督管理。

在资产产权和基本规定方面,《企业国有资产监督管理暂行条例》规定,企业国有资产属于国家所有。国家实行由国务院和地方人民政府分别代表国家履行出资人职责,享有所有者权益,权利、义务和责任相统一,管资产和管人、管事相结合的国有资产管理体制。国务院代表国家对关系国民经济命脉和国家安全的大型国有及国有控股、国有参股企业,重要基础设施和重要自然资源等领域的国有及国有控股、国有参股企业,履行出资人职责。国务院履行出资人职责的企业,由国务院确定、公布。省、自治区、直辖市人民政府和设区的市、自治州级人民政府分别代表国家对由国务院履行出资人职责以外的国有及国有控股、国有参股企业履行出资人职责。其中,省、自治区、直辖市人民政府履行出资人职责的国有及国有控股、国有参股企业,由省、自治区、直辖市人民政府确定、公布,并报国务院国有资产监督管理机构备案;其他由设区的市、自治州级人民政府履行出资人职责的国有及国有控股、国有参股企业，由设区的市、自治州级人民政府确定、公布，并报省、自治区、直辖市人民政府国有资产监督管理机构备案。国务院，省、自治区、直辖市人民政府，设区的市、自治州级人民政府履行出资人职责的企业，统称所出资企业。国务院，省、自治区、直辖市人民政府，设区的市、自治州级人民政府，分别设立国有资产监督管理机构。国有资产监督管理机构根据授权，依法履行出资人职责，依法对企业国有资产进行监督管理。企业国有资产较少的设区的市、自治州，经省、自治区、直辖市人民政府批准，可以不单独设立国有资产监督管理机构。各级人民政府应当严格执行国有资产管理法律、法规，坚持政府的社会公共管理职能与国有资产出资人职能分开，坚持政企分开，实行所有权与经营权分离。国有资产监督管理机构不行使政府的社会公共管理职能，政府其他机构、部门不履行企业国有资产出资人职责。国有资产监督管理机构应当依照本条例和其他有关法律、行政法规的规定，建立健全内部监督制度，严格执行法律、行政法规。发生战争、严重自然灾害或者其他重大、紧急情况时，国家可以依法统一调用、处置企业国有资产。所出资企业及其投资设立的企业，享有有关法律、行政法规规定的企业经营自主权。国有资产监督管理机构应当支持企业依法自主经营，除履行出资人职责以外，不得干预企业的生产经营活动。所出资企业应当努力提高经济效益，对其经营管理的企业国有资产承担保值增值责任。所出资企业应当接受国有资产监督管理机构依法实施的监督管理，不得损害企业国有资产所有者和其他出资人的合法权益。①

在国有资产监督管理机构方面，《企业国有资产监督管理暂行条例》规定，国务院国有资产监督管理机构是代表国务院履行出资人职责、负责监督管理企业国有资产的直属特设机构。省、自治区、直辖市人民

① 《企业国有资产监督管理暂行条例》第 4 ~11 条。

政府国有资产监督管理机构,设区的市、自治州级人民政府国有资产监督管理机构是代表本级政府履行出资人职责、负责监督管理企业国有资产的直属特设机构。上级政府国有资产监督管理机构依法对下级政府的国有资产监督管理工作进行指导和监督。国有资产监督管理机构的主要职责是:依照《公司法》等法律、法规,对所出资企业履行出资人职责,维护所有者权益;指导推进国有及国有控股企业的改革和重组;依照规定向所出资企业派出监事会;依照法定程序对所出资企业的企业负责人进行任免、考核,并根据考核结果对其进行奖惩;通过统计、稽核等方式对企业国有资产的保值增值情况进行监管;履行出资人的其他职责和承办本级政府交办的其他事项。国务院国有资产监督管理机构除该规定职责外,可以制定企业国有资产监督管理的规章、制度。国有资产监督管理机构的主要义务是:推进国有资产合理流动和优化配置,推动国有经济布局和结构的调整;保持和提高关系国民经济命脉和国家安全领域国有经济的控制力和竞争力,提高国有经济的整体素质;探索有效的企业国有资产经营体制和方式,加强企业国有资产监督管理工作,促进企业国有资产保值增值,防止企业国有资产流失;指导和促进国有及国有控股企业建立现代企业制度,完善法人治理结构,推进管理现代化;尊重、维护国有及国有控股企业经营自主权,依法维护企业合法权益,促进企业依法经营管理,增强企业竞争力;指导和协调解决国有及国有控股企业改革与发展中的困难和问题。国有资产监督管理机构应当向本级政府报告企业国有资产监督管理工作、国有资产保值增值状况和其他重大事项。①

在企业负责人管理方面,《企业国有资产监督管理暂行条例》规定,国有资产监督管理机构应当建立健全适应现代企业制度要求的企业负责人的选用机制和激励约束机制。国有资产监督管理机构依照有关规

① 《企业国有资产监督管理暂行条例》第12~15条。

定,任免或者建议任免所出资企业的企业负责人:任免国有独资企业的总经理、副总经理、总会计师及其他企业负责人;任免国有独资公司的董事长、副董事长、董事,并向其提出总经理、副总经理、总会计师等的任免建议;依照公司章程,提出向国有控股的公司派出的董事、监事人选,推荐国有控股的公司的董事长、副董事长和监事会主席人选,并向其提出总经理、副总经理、总会计师人选的建议;依照公司章程,提出向国有参股的公司派出的董事、监事人选。国务院,省、自治区、直辖市人民政府,设区的市、自治州级人民政府,对所出资企业的企业负责人的任免另有规定的,按照有关规定执行。国有资产监督管理机构应当建立企业负责人经营业绩考核制度,与其任命的企业负责人签订业绩合同,根据业绩合同对企业负责人进行年度考核和任期考核。国有资产监督管理机构应当依照有关规定,确定所出资企业中的国有独资企业、国有独资公司的企业负责人的薪酬;依据考核结果,决定其向所出资企业派出的企业负责人的奖惩。①

在企业重大事项管理方面,《企业国有资产监督管理暂行条例》规定,国有资产监督管理机构负责指导国有及国有控股企业建立现代企业制度,审核批准其所出资企业中的国有独资企业、国有独资公司的重组、股份制改造方案和所出资企业中的国有独资公司的章程。国有资产监督管理机构依照法定程序决定其所出资企业中的国有独资企业、国有独资公司的分立、合并、破产、解散、增减资本、发行公司债券等重大事项。其中,重要的国有独资企业、国有独资公司分立、合并、破产、解散的,应当由国有资产监督管理机构审核后,报本级人民政府批准。国有资产监督管理机构依照法定程序审核、决定国防科技工业领域其所出资企业中的国有独资企业、国有独资公司的有关重大事项时,按照国家有关法律、规定执行。国有资产监督管理机构依照公司法的规定,派出股东代表、

① 《企业国有资产监督管理暂行条例》第16~19条。

董事,参加国有控股的公司、国有参股的公司的股东会、董事会。国有控股的公司、国有参股的公司的股东会、董事会决定公司的分立、合并、破产、解散、增减资本、发行公司债券、任免企业负责人等重大事项时,国有资产监督管理机构派出的股东代表、董事,应当按照国有资产监督管理机构的指示发表意见、行使表决权。国有资产监督管理机构派出的股东代表、董事,应当将其履行职责的有关情况及时向国有资产监督管理机构报告。国有资产监督管理机构决定其所出资企业的国有股权转让。其中,转让全部国有股权或者转让部分国有股权致使国家不再拥有控股地位的,报本级人民政府批准。所出资企业投资设立的重要子企业的重大事项,需由所出资企业报国有资产监督管理机构批准的,管理办法由国务院国有资产监督管理机构另行制定,报国务院批准。国有资产监督管理机构依照国家有关规定组织协调所出资企业中的国有独资企业、国有独资公司的兼并破产工作,并配合有关部门做好企业下岗职工安置等工作。国有资产监督管理机构依照国家有关规定拟订所出资企业收入分配制度改革的指导意见,调控所出资企业工资分配的总体水平。国有资产监督管理机构可以对所出资企业中具备条件的国有独资企业、国有独资公司进行国有资产授权经营。被授权的国有独资企业、国有独资公司对其全资、控股、参股企业中国家投资形成的国有资产依法进行经营、管理和监督。被授权的国有独资企业、国有独资公司应当建立和完善规范的现代企业制度,并承担企业国有资产的保值增值责任。①

在企业国有资产管理方面,《企业国有资产监督管理暂行条例》规定,国有资产监督管理机构依照国家有关规定,负责企业国有资产的产权界定、产权登记、资产评估监管、清产核资、资产统计、综合评价等基础管理工作。国有资产监督管理机构协调其所出资企业之间的企业国有

① 《企业国有资产监督管理暂行条例》第20~28条。

资产产权纠纷。国有资产监督管理机构应当建立企业国有资产产权交易监督管理制度,加强企业国有资产产权交易的监督管理,促进企业国有资产的合理流动,防止企业国有资产流失。国有资产监督管理机构对其所出资企业的企业国有资产收益依法履行出资人职责;对其所出资企业的重大投融资规划、发展战略和规划,依照国家发展规划和产业政策履行出资人职责。所出资企业中的国有独资企业、国有独资公司的重大资产处置,需由国有资产监督管理机构批准的,依照有关规定执行。①

在企业国有资产监督方面,《企业国有资产监督管理暂行条例》规定,国务院国有资产监督管理机构代表国务院向其所出资企业中的国有独资企业、国有独资公司派出监事会。监事会的组成、职权、行为规范等,依照《国有企业监事会暂行条例》的规定执行。地方人民政府国有资产监督管理机构代表本级人民政府向其所出资企业中的国有独资企业、国有独资公司派出监事会,参照《国有企业监事会暂行条例》的规定执行。② 国有资产监督管理机构依法对所出资企业财务进行监督,建立和完善国有资产保值增值指标体系,维护国有资产出资人的权益。国有及国有控股企业应当加强内部监督和风险控制,依照国家有关规定建立健全财务、审计、企业法律顾问和职工民主监督等制度。所出资企业中的国有独资企业、国有独资公司应当按照规定定期向国有资产监督管理机构报告财务状况、生产经营状况和国有资产保值增值状况。③

在法律责任方面,《企业国有资产监督管理暂行条例》规定,国有资产监督管理机构不按规定任免或者建议任免所出资企业的企业负责人,

---

① 《企业国有资产监督管理暂行条例》第29~32条。

② 根据2019年3月2日国务院《关于修改部分行政法规的决定》(国务院令709号),该条予以删除。

③ 《企业国有资产监督管理暂行条例》第33~36条。

或者违法干预所出资企业的生产经营活动，侵犯其合法权益，造成企业国有资产损失或者其他严重后果的，对直接负责的主管人员和其他直接责任人员依法给予行政处分；构成犯罪的，依法追究刑事责任。所出资企业中的国有独资企业、国有独资公司未按照规定向国有资产监督管理机构报告财务状况、生产经营状况和国有资产保值增值状况的，予以警告；情节严重的，对直接负责的主管人员和其他直接责任人员依法给予纪律处分。国有及国有控股企业的企业负责人滥用职权、玩忽职守，造成企业国有资产损失的，应负赔偿责任，并对其依法给予纪律处分；构成犯罪的，依法追究刑事责任。对企业国有资产损失负有责任受到撤职以上纪律处分的国有及国有控股企业的企业负责人，5 年内不得担任任何国有及国有控股企业的企业负责人；造成企业国有资产重大损失或者被判处刑罚的，终身不得担任任何国有及国有控股企业的企业负责人。①

上述条例的规定，为国有资产的监督管理提供了基本的法规依据。但是，作为一个暂行条例，还需要经过实践予以完善。

3. 行政处罚与问责制

由于宏观调控主要由地方政府的行政机关或机构负责实施，因此，赋予中央政府调控机关或机构行政处罚权是十分必要的。特别是近几年来实施的行政"问责制"，对于保障宏观调控法律和政策的贯彻执行起到了较好的作用。但是，若从宏观调控及经济法角度理解，这种处罚不是为处罚而处罚，更多的是一种警示的意义。因为在现实的宏观经济活动中，经济违法后所形成的损害后果，往往通过行政处罚是不能挽回实际经济损失的；并且，行政处罚权设置过度，也容易引发政府权力的滥用。

① 《企业国有资产监督管理暂行条例》第 37 ~40 条。

(三)行政手段实施中的法律救济

在行政手段的实施中,为了防止政府行政权力的滥用,依据世界各国之立法通例,设置国家与政府的行政补偿与赔偿制度具有重要意义。其中,所谓的行政补偿是指在政府宏观调控行政强制措施合理的基础上,对于因政府行政措施的实施,给市场主体造成相应的经济损失时的合理补偿。中国改革开放以来,该制度首创于国家对外资企业予以收归国有后的合理补偿,并被延伸到对国内企业的补偿。在实践中,其主要表现为:基于国家产业政策的调整,对已经获得合法生产、经营或服务资格的企业,因实施国家强制性产业政策措施所遭受的合理损失的补偿;所谓赔偿制度则是基于政府行政手段的滥用,而给行政相对人造成经济损失后,由行政相对人依法通过行政复议或行政诉讼活动而获得的经济赔偿。所以,行政手段实施中出现的行政补偿与行政赔偿之间有本质的不同。而从实践情况看,对于行政补偿问题,国家或政府在准备以实施行政手段保证宏观调控目标时,即应在制定法律或政策时考虑到行政补偿问题,并应做到信息公开,以便行政相对人通过常规的行政程序得到补偿;而对于行政赔偿问题,则具有不确定性,即只有在确实存在政府行政权力滥用,且行政相对人依法提起行政复议或行政诉讼时,才有可能实现行政赔偿之目的。因此,行政补偿具有必要性,是政府采取宏观调控措施的应有职责。而就行政赔偿而言,则取决于被侵害主体的主动意愿。

三、法律手段

(一)法律手段单列的实践意义

宏观调控法律手段,是指为了实现宏观调控目的,规范和引导宏观调控行为,宏观调控职能部门依照《立法法》规定,通过立法确认宏观调控主体法律地位、管理体制、职责权限、管理制度和法律责任的法律调整方式。市场经济是法制经济,因而,在宏观调控中,国家需要运用法律手段来调节和控制国民经济和社会发展活动。这里的法律不是理论上讲的法律,而是按照各国法律体制,由国家立法机关制定,并由国家强制力保证实施的法律。该法律既包括实体法,也包括程序法。从中国现行的法律体制看,按照《立法法》之规定,主要包括宪法、由全国人民代表大会及其常务委员会制定颁发的法律(狭义的法律)、由国务院制定颁发的行政法规、由国务院所属的部、委、局制定颁发的全国性规章、由地方人民代表大会及其常务委员会制定的地方性法规,以及由地方政府制定颁发的地方性规章。① 其中,就宏观调控而言,其立法形态主要表现为法律、行政法规和全国性规章。与此同时,有了相关的立法,还必须保证所立之法能够有效地实施,为此,一切旨在促使法律能够贯彻实施的手段均在法律手段之列。例如,立法后的普法宣传、行政执法机制的建立、司法机制的建立、对法律实施情况的监督等。因此,法律手段的运用具有重要的实践意义。它从法律角度为宏观调控的实践提供了判断是非的标准。

在宏观调控中,法律手段之所以予以单列是因为与经济手段和行政手段相比,法律手段有其独特的实践功能。一是法律所调整的经济和社会关系应当是一种稳定的或相对稳定的关系,因而,为维护宏观调控的基本秩序,非法律手段之强制,才能得以奏效;二是完全意义上的法律手段的运用,不仅通过实体法的形式规范宏观调控关系中各法律主体的法

① 按照《立法法》和《宪法》规定,地方性法规和地方性规章的立法权限,仅限于省级人民代表大会及其常务委员会、政府,省府所在地的人民代表大会及其常务委员会和政府,地市级的市的人民代表大会及其常务委员会和政府,才具有立法权。为此,全国范围内所有的县级人民代表大会及其常务委员会和政府均没有立法权。若从宏观调控角度分析,由于地方没有宏观调控权,因而,地方性法规和规章与国家宏观调控的关系表现为对国家宏观调控法律和政策的贯彻执行。因此,地方性法规和规章是落实国家宏观调控措施的重要手段。

律地位及其权力(权利)与责任(义务),而且,通过程序法的形式保障宏观调控决策程序的正当性,保障宏观调控措施的有效实施;三是就宏观调控法而言,与传统的法律主要体现在对现有经济社会关系的保障功能不同,其通过立法促进国民经济和社会的发展,成为宏观调控法的一个鲜明的特色。①

与此同时,从宏观调控的实践情况来看,中国宏观调控法律手段的形态包括两种基本形式:一是按照严格的立法程序,所出台的上述法律文件,需要先纳入立法机关的立法计划,并经过相关部门的起草、审议、修改草案,直至有权立法机关批准后才能颁布实施,其立法的周期,除个别为1年外,少则3年,多则5年,甚至10年或更长的时间。二是为保障已立之法的有效实施,或保障宏观调控政策的执行,需要由获得法律授权的机关、机构甚至企业制定颁发的具有法律效力的规范性文件来予以具体落实,如国民经济和社会发展规划及计划,政府有关部门出台的涉及行政、经济和社会事务的规范性文件,企业和事业单位出台的发展规划及其章程或规章制度等。

(二)法律手段对经济手段和行政手段的制约

按照市场经济原理,国家在实施宏观调控中,任何手段的运用均离不开法律的制约。因此,经济手段和行政手段的运用也不能处于"脱法"的状态。换句话说,国家或政府在宏观调控中,即使对经济手段或行政手段的独立运用,也不能脱离法律所确定的基本框架。对此,就经济手段而言,法律的作用在于:在赋予相关宏观调控主体可以实施经济手段权力的同时,主要从程序法角度,保障其决策的正确性,至于宏观调控

① 在中国经济法立法实践中,"促进类"立法是有别于"管理类"立法的一类立法形态。该种立法主要是通过立法,以激励的方式,促进某种社会经济关系的生成和发展。典型的立法如《中小企业发展促进法》《就业促进法》《循环经济促进法》等。对此,笔者将专门阐述。

主体在法律授权范围内,如何对经济变量进行调控,则属于宏观调控主体的自由裁量权的范畴。若按照管理学原理,这部分管理属于过程性管理,宜运用经济手段予以调节。而就行政手段的运用而言,基于行政手段的实施被限定在必要的范围之内,且极容易导致政府权力的滥用,出现“政府失灵”。为此,法律手段对行政手段的制约,主要是实施对“政府干预经济与社会的国家干预”,并同时赋予市场主体法律救济的权利,以保障政府行政手段实施的正当性和合理性。从此意义上讲,法律手段又涵盖着经济手段和行政手段,只不过经济手段或行政手段实施中,经济手段的灵活性或行政手段的指令性、强制性特色更加明显而已。

第六节　国民经济和社会发展活动

国民经济和社会发展活动是宏观调控的调控对象。对国民经济和社会发展活动范围的界定,对于确定宏观调控的作用发挥领域具有重要的实际意义。在中国,有关国民经济和社会发展活动范围的基本划分依据,来源于国民经济和社会发展规划及计划中有关国民经济规划与计划和社会发展规划及计划的基本划分,并且,在此基础上形成了对不同活动的分别统计分析。与此同时,对国民经济和社会发展活动,也可以按照市场经济有关物品(产品)划分的基本理论予以理解。

一、关于国民经济活动

国民经济活动的范畴主要是指与农业、工业、商业、建筑业、服务业等经济部门的生产、经营和服务有关的活动。在市场经济活动中,这些部门、行业和企业及其他经济组织的活动,按照市场的消费需求、国家的规划及计划安排及相关的宏观调控产业政策和措施组织其各自的生产、经营和服务活动。若从市场经济原理来分析,国民经济活动的产业属性明显,其活动的原则基本上是以营利为目的的。该活动的展开以市场总需求和总供给的关系处理为基础,其核心问题是要解决生产、经营和服务什么,如何根据市场的需求来组织生产、经营和服务目标的实现,以及在获利之后如何对社会剩余或增长的财富进行公平、合理的分配。

就国家对国民经济活动的宏观调控而言,集中体现在四个方面:一是对生产、经营和服务活动的部门、产业、行业进行统一的归类,以便于国家对经济活动的统计分析和宏观调控政策的制定;二是统一国民经济的会计与统计核算标准与体系,以便于经济主体之间的交易核算及国家的宏观管理;三是通过经济立法或政策指引,提供各产业、行业及企业的市场准入与退出的基本条件及基本规则,以便协调和控制相关市场的规模和结构;四是在对市场运行进行检测的基础上,根据市场运行情况及国民经济形势的变化,相机抉择地出台宏观调控政策,并运用宏观调控手段对国民经济的运行情况进行调节与控制。

二、关于社会发展活动

广义的社会发展活动涵盖国民经济活动。但在市场经济条件下,社会发展活动应当是指属于公共物品或具有公共服务性质的活动。对此,可以将其称为狭义的社会发展活动。因此,判断是否属于社会发展活动可参考的标准:一是该社会发展活动属于社会公共需要的范畴,以区别于国民经济领域或市场领域的私人需求。二是社会发展活动所依托的资金来源的主渠道首先是财政资金的支持,其次是来自社会的各类捐助。为此,有关社会发展活动的公共消费支出必须纳入财政预算并接受财政监督和国家审计监督。三是社会发展活动的目的体现了公益性和非营利性，其强调的是社会效益，而非经济效益。四是在满足社会发展活动基本需求的基础上，更多的资金支持带有社会福利的性质。对此，发展中国家的公共政策多立足于满足社会发展活动的基本需求；而对于发达国家来说，其对于社会发展活动的需求满足则在相当程度上带有社会福利的性质，并受福利经济学①的理论指导。这也是其成为发达国家的重要标志之一。

对照以上理论，政府及其他国家机关的公共事务服务、国防事业的发展、科教文卫体事业的发展、社会保障事业的发展，以及民主与法制建设等均属于典型形态的社会发展活动。而在中国的国民经济和社会发展活动中，有关社会发展活动的规划及计划所涉及的内容也大致围绕着这些基本的方面予以规划或计划调控。

三、社会发展活动中的产业和产业化问题

按照市场经济理论，基于准公共产品的存在，在国家财政力量不足或基于提高公共产品或服务的使用效率，并解决公众消费公共产品或服

① 福利经济学(welfare economics)是现代经济学的一个重要分支。西方经济学家对福利经济学下过各种各样的定义。早期的福利经济学家把福利经济学说成是研究社会幸福及其变化的经济原因的科学。福利经济学的代表人物之一庇古(A. C. Pigou)认为，福利经济学“研究增进世界的或某一国家的经济福利的主要影响”。后来的福利经济学家多从另一角度给福利经济学下定义。英国经济学家李特尔(L. M. D. Little)认为，“最好是把福利经济学看成是研究经济体系的一种形态比另一种形态是好还是坏，以及一种形态是否应当转变为另一种形态的问题”。美国著名经济学家萨缪尔森(Paul A. Samuelson)给福利经济学下的定义是：福利经济学是一门关于组织经济活动的最佳途径、收入的最佳分配以及最佳的税收制度的学科。对此，我国有学者认为：福利经济学是从资源配置和国民收入这两个方面来研究市场经济国家实现最大的社会福利所需要具备的条件以及为了增进社会福利所应当采取的政策措施的经济学的一个分支。参见谭军、孙月平：《应用福利经济学》(第2版)，经济管理出版社2016年版，第1~2页。

务的"拥挤点"问题,①在相关社会事业发展中,存在一个产业或产业化的问题。所谓社会发展活动的产业,即是指将社会发展的某一领域直接定位于国民经济活动产业的组成部分,以便纳入国家对该产业的统一规划或计划之中。例如,在当前大力提倡发展文化产业的形势下,国家把文化事业发展中与市场密切联系的部分分别定位于第二产业(加工业)或第三产业(服务业)的范畴。在此情况下,被直接定性为第二产业或第三产业的文化活动,如动漫产业,将主要依靠市场机制予以调节,并辅之以宏观调控政策的指引和财政支持;所谓社会活动的产业化,即是指虽然该社会发展活动主要是一种公益性的社会事业活动,但是,其本身活动的开展存在与市场的结合点。在此情况下,对于与市场有关联的部分,可以实施产业化的政策指引,以发挥其相应的经济效益。此方面典型的例子是有关高等学校的"产学研结合问题"。笔者认为,社会发展活动的产业化部分属于国民经济活动和社会发展活动的交叉领域,就国民经济活动而言,社会发展活动的产业化部分反映了社会发展活动的部分领域有其经济价值的一面,并且在某些领域具有经济上的带动、创新或示范性的特殊价值,可以纳入国民经济活动的范畴,以经济原理来指导其实践;而就社会发展活动而言,具有产业化属性的领域,只有和市场

---

① 按照经济学的公共物品理论,公共物品的消费不具有私人占有性质,因而不需要市场化,应当运用计划机制予以配置。但在存在公共物品消费不足的情况下,出现"拥挤点",为此,需要通过市场机制减缓拥挤。具体地说,在准公共物品的消费中,存在一个"拥挤"。即当消费者的数目增加到该拥挤点之前,每增加一个消费者的边际成本是零;而达到该点之后,每增加一个消费者的边际成本开始上升;当达到容量的最大限制时,增加额外消费者的边际成本趋于无穷大。其中,"俱乐部经济理论"对准公共物品的拥挤性进行了分析。该理论认为消费同一社区的公共物品的消费者为同一俱乐部的"成员",其中每个成员对于该俱乐部范围内的既定数量与质量的公共物品的消费效用都是其他成员消费该公共物品的函数。帕累托最优条件要求:俱乐部的任何成员在其消费公共物品时所获得的收益必须大于或至少等于它使用其他成员所负担的边际成本总额。由于人们对于公共物品的购买方式异于私人物品,在自利原则驱使下,消费者总是希望不断地扩大公共物品的范围,以便免费或者少付费来享受更多的社会福利。这种"搭便车"的消费心理造成了对消费的一种福利"刚性"。这种福利刚性在福利国家和社会主义国家普遍存在。

或企业行为实现有效的结合，才能使其事业本身得到符合社会发展需求的健康发展(如职业教育)。与此同时，从社会发展活动某一领域或部门管理出发，对某一社会事业部门的产业或产业化管理，可以进行进一步的细化，例如，中国体育界在对体育产业进行研究和政策指导时，即把体育产业划分为主体产业和相关产业。其中，体育主体产业是指以竞技体育和社会(大众)体育为基础的体育竞技表演、联赛以及面对社会公众的体育服务业；而体育相关产业则是指围绕体育本体产业发展而带动的体育服装加工业、体育器材业、广告业、旅游业以及餐饮业、旅店业、交通业等产业。这样的细化有利于反映体育产业对国民经济的整体贡献。①

改革开放以来，中国对社会发展活动的产业及产业化问题的提出是在20世纪90年代初期，②至90年代后期，曾先后将教育、医疗、体育产业视为国民经济新的增长点对待。但经过几年的改革运行，出现了民众"上学难、就医难、住房难"等突出的社会问题，致使中国在社会发展领域的产业及产业化改革遭遇失败。尤其是教育产业问题，政府先是积极倡导，后又全盘否定，并以产学研结合替代之。总结经验教训，无论是定位于产业，还是实施产业化政策，均不能动摇社会发展活动的基本的事业性或公益属性，不能将政府该做的事推给市场去解决。如果由于实施产业政策使相关的社会发展事业均为追逐经济收益，将会使社会发展活动出现方向性的错误。例如，教育的过度产业化，将可能使教育事业发展背离"教书育人"的根本宗旨；医疗事业的过度产业化，将可能使医疗单位放弃"救死扶伤"的治病救人原则，引发医德丧失问题；文化的过度产业化，将可能会导致精神产品的混乱，引发社会信仰危机；体育的过度

① 参见董玉明、李冰强等:《宏观调控视野下体育政策法规理论和实践问题研究》，法律出版社2012年版，第332页。

② 在国家制定的20世纪90年代产业发展纲要中，即曾经把教育等事业列为第三产业对待，并一直延续至今。

产业化,将可能导致出现体育竞技中的虚假现象,失去其教育意义。这说明,国家在对社会发展活动进行宏观经济调控时,应当以不能否定社会发展活动的本质属性为前提。而就国民经济发展而言,社会发展事业活动的产业或产业化部分应当始终是辅助性的,国家经济增长的主要来源还主要是以农业、工业、建筑业、商业等为主导。国家打造社会发展事业活动的产业或产业化,必须将其控制在适度的范围之内,并符合国民经济和社会发展总目标的要求。

第七节　宏观调控中的调节与控制

如前所述,在宏观调控中,“调控”一词是调节与控制的简称。

一、关于宏观调控中的调节

在宏观调控领域,与一般意义上理解的调节略有不同,即所谓调节是宏观调控机关或机构对国民经济和社会发展活动的协调性活动的简称。对此,笔者认为,依据宏观调控的实践,这里的协调可包括三个方面的基本内容:一是涉及实施间接或直接调控的各调控管理主体之间的协调。通常的做法是某一项宏观调控事项总是会涉及主管部门和相关协助部门关系的协调问题。为此,宏观调控政策或法律在授予某机关主管某项工作时,同时要求其他相关部门在各自职责范围内履行好自己的职责,并对主管部门的工作予以配合。但是,如果遇到调控部门处于相同的行政地位时,则需要通过建立联席会议、信息共享等制度,共享管理资源,共同协调有关事宜,以避免调控工作中的扯皮。二是涉及调控者与被调控者之间关系的协调,即调控者在制定相关宏观调控政策时,必须充分地征求被调控者的意见和要求,以便使所出台的宏观调控政策和法律能够得到有效的执行。三是对于涉及一组或一群相互关联的复杂的经济和社会关系时,宏观调控者的一项重要任务是要协调好利益相关者的关系。据此,宏观调控的调控活动涉及由协调的博弈过程,到协调结果的形成的由"面"及"点"的复杂的协商程序,充分体现了经济法的民主性特征。从协调的结果来看,重在对国民经济和社会活动中,各利益主体激励机制的形成,而非形成行政上的强制性结果,并促使市场经济主体按照宏观调控的政策和法律引导,选择自己的行为。它应是宏观调控的常态。

二、关于宏观调控中的控制

所谓宏观调控中的"控制",是指按照政策或法律的禁止和限制性规定,或经济与社会活动中出现的可能危及国民经济和社会活动安全与公共利益的活动或行为,由国家宏观调控机关所采取的强制性措施。通常情况下,这种强制性措施表现为必要的行政手段,但在特殊情况之下,也可以辅之以政治手段。[①] 与上述调节行为相比,除公认的属于政策法

① 关于政治手段在宏观调控中的运用具有中国社会主义特色。政治手段的运用所依托的实践基础:一是在中国现有的政治体制中,中国共产党作为唯一的执政党居于核心领导地位;二是改革开放以来,党的中心工作就是以经济建设为中心,2004 年以来又高度重视社会的全面发展,从而使经济问题、社会问题演化为政治问题,因而,如何又好又快地发展经济,解决好社会发展的稳定与可持续问题成为党的各级组织所考虑的重点议题,它集中体现在党的各种会议决议文件以及党中央为发展经济所作出的专门政策性规定中,在这些文件的贯彻之中,通过各种途径使全国各民主党派、国家机关、人民团体、企业和事业组织及人民的思想和行动保持与党中央的一致性,从而形成了特有的政治力量。因此,在国家宏观调控中,一方面,高度集中的政治意志和行动为保证实现宏观调控目标奠定了良好的政治基础;另一方面,一旦经济手段、法律手段和必要的行政手段难以奏效时,政治手段的运用将会有效地解决一些问题,例如,2009 年为应对世界性金融危机对中国经济和社会发展的影响,"保增长、保就业、保民生",即是在党中央的统一领导下,把实现"三保"上升到政治高度,并采取了强有力的政治组织措施后,才得以完成的。这一模式被国外称为"中国模式",并获得了越来越多的认可。

律禁止或限制的领域或事项外,宏观调控上讲的"控制"主要解决的是一个"点"的问题,即往往针对某一事件或某类事件的发生所进行的行政干预。它应当是宏观调控的一种非常态状况。因此,一旦通过控制措施的实施使国民经济和社会活动恢复到常态状况时,即应恢复到调节手段的运用。

三、经济转型期对控制手段的限制

由上可见,宏观调控的基本形态是对国民经济和社会活动的调节,而控制手段的运用,除确立基本秩序以外,应当是辅助性的,以便体现宏观调控的间接性管理特点。值得强调的是,在中国由非市场经济体制向市场经济过渡的社会转型时期,政府为实现宏观调控的目的,保护国家利益与社会公共利益,经常运用控制手段应付经济与社会活动中的各种问题,是十分必要的。但随着社会主义市场经济体制的逐步完善,为防止政府自由裁量权的滥用,政府应当尽量少用控制手段。对于宏观调控法制建设而言,有必要完善各项旨在防止政府自由裁量权滥用的法律制度和相应的法律救济制度。为此,党的十八大以来,国家推行了一系列旨在去行政化的措施,其主要包括大幅度减少针对市场主体的行政许可、明确政府的权力和责任清单等,一定程度上制约了政府部门权力的滥用,也为社会各界监督政府依法行政、依法管理经济提供了法治条件。

第二章　宏观调控的基本理论

第一节　市场经济调控理论

市场经济是以市场配置资源为基础的经济体制。按照市场经济的基本理论,在市场充分竞争条件下,市场配置资源的运行过程发生于市场主体之间,按照价值规律自行、自主、自愿且能够平等地进行商品交易。并且,整个市场的运行无需来自外部的政府干预。其基本的理论基础是“市场自由主义”或“经济自由主义”。

然而,基于以下微观领域问题的存在,可能会使市场机制不能正常地运行,需要通过政府的宏观调控来促使市场机制正常运行,以实现资源的有效配置。

一、市场竞争条件的非充分性

按照市场经济理论假设,市场竞争的充分性需要具备三个基本条件:一是市场上的生产、经营和服务主体处于平等的独立地位;二是市场上有足够数量的竞争主体;三是市场竞争主体对市场信息的充分掌握。但事实上,在实际的市场经济运行中,这三个基本条件的实现均存在客观上的障碍。

(一)市场主体平等地位具有相对性,需要宏观调控予以保障

在市场生产、经营和服务主体的独立平等地位方面,基于各市场生产、经营和服务主体在实力上存在差别,会致使民商法形式上的或抽象意义上的平等独立的地位被基于民商主体实力上的差别抵销,即出现变相的不平等或不独立。例如,在大公司与小公司的竞争中,大公司与小公司之间存在事实上的不平等地位,使小公司与大公司之间的竞争处于自然的劣势地位,进而形成事实上的不平等;又如,当某一生产企业所需要的原材料受制于其他企业的专项供给时,便会使该企业处于不独立的地位,这种情况通常存在于上游产品企业对下游产品企业生产经营的实际影响甚至控制。为此,需要国家和政府通过制定宏观调控政策和法律强化市场主体地位的平等性,来弥补这一缺陷。

(二)市场竞争结果的垄断性需要宏观调控予以矫正

市场竞争的规律之一就是优胜劣汰。这一规律所导致的结果是市场上拥有足够数量的企业通过竞争会逐渐减少,进而形成经济垄断,并破坏了市场机制。实践中的情况往往使中小微企业处于竞争不利的地位,需要通过政府出台专门政策和法律,重点扶持中小微企业的发展,以保持市场竞争的态势。与此同时,在国家总体战略实施的过程中,为了实现国民经济和社会发展目标,有必要对一些行业的生产经营与服务活动实施合理的垄断措施,为此,各国的反垄断政策和立法中均存在有关

反垄断的例外或除外的规定。①

（三）市场竞争主体信息的缺位需要宏观调控予以弥补

在激烈的市场竞争中，各市场主体之间的信息往往不会全部公开，特别是在交易谈判过程中，市场竞争主体之间对彼此之间信息掌握得不充分，会直接影响市场主体交易行为的正确选择，进而会影响市场配置资源的合理性和有效性。而这种市场信息的不公开又往往被法律上的商业秘密的保护所掩盖。与此同时，鉴于市场微观主体对宏观市场信息了解的局限性，也可能导致市场主体投资与交易行为的失败。此外，一些产业的发展，基于现代科技水平的有限性，至今仍然受到不确定因素的影响较大，因此，致使其市场竞争无法按照宏观调控的预期，由市场主体自愿地进行投资或交易，例如，农业产业发展对民间资本的吸引以及在政府和社会资本合作（Public-Private Partnership，PPP）项目实施中民间资本介入的徘徊。在此情况下，国家通过宏观调控政策和法律促使市场竞争主体信息的公开，或积极地为市场主体提供宏观信息，引导其对市场投资或交易做出正确的选择，就显得十分重要。

以上分析表明，真实的市场经济运行经常处于不充分竞争状态，为此，政府通过宏观调控政策、法律或措施的实施，创造积极的市场竞争条

---

① 各国反垄断法所规制的市场垄断行为主要有：（1）独占垄断；（2）企业结合；（3）限制竞争协议；（4）独家经销；（5）滥用市场优势行为。反垄断法通常应对这些行为规定严格的禁止措施，但是，在某些特定的经济部门和领域，完全贯彻自由竞争、全面禁止垄断，并不一定符合国民经济发展和社会公共利益的需要，为了实现社会整体效益和维护社会公共利益，各国反垄断法普遍保留对一些垄断和限制竞争行为的除外规定，此即为反垄断法的适用除外制度。其所涉及的主要范围包括：（1）特定的经济部门，如铁路、电力、煤气、军工等具有一定自然垄断性质或特殊性质的公用公益事业部门，由于涉及国民经济的发展和人们的基本生活，不宜实行自由竞争，一般由国家垄断经营；（2）有利于国民经济发展或不损害消费者和社会利益的限制性协议，如《罗马条约》第 85 条第 3 款规定，如果限制性协议、决定和做法有助于改进产品的生产、分配或促进技术、经济的发展，并使消费者在价格、产品或劳务的质量等方面得到一部分的利益，则不受禁止。参见张忠军主编：《经济法》，中国财政经济出版社 2002 年版，第 210 ~214 页。

件,引导市场微观主体之投资和交易行为,不仅是必要的,也是可行的。

二、市场的有效需求和有效供给问题

市场经济运行中的无限需求和有限供给之间的矛盾是市场经济的基本矛盾。因此,市场经济发展的目的,就是要通过有效需求与有效供给的大致平衡达到资源的有效配置。所谓有效需求,是指基于现实人力、物力、财力及科学技术生产水平,所可能实现的需求或消费。所谓有效的供给,则是指基于现实人力、物力、财力及科学技术生产水平,所可能生产出的能够满足人类消费需求的生产供给。若从经济与社会发展的阶段性来考察,有效地供给,首先需要满足的是人类在吃、穿、住、用、行方面的基本生存需求,其次才要满足进一步提升生活质量的需求以及文化方面的发展需求。问题是,仅仅依靠微观的市场运行机制能否解决这一问题?答案是否定的。

一方面,对有效需求而言,除不可能实现的需求之外,即使是正常的需求,按照市场规律,也存在一个需求效益递减的规律,即人们对于某类产品或服务的消费需求总是存在一个临界点,达到此点后需求则不再增长或减少。而消费能力的有限性又制约了新的需求,影响了市场的发展。对此,仅靠微观市场力量的自行调节无法实现,必须通过宏观调控制定有利于需求增长的政策,保持和促进有效的市场需求,才能使市场经济得以发展。

另一方面,在有效供给方面:首先,对整个市场信息掌握得不充分导致微观市场主体投资与交易的盲目性,是市场微观主体所无法解决的,进而导致供给的无效;其次,通常情况下,人、财、物的合理流动会随着供给的有效配置得到合理的流动,但是,基于微观市场主体能力的有限性,往往会使其受阻,必须通过宏观调控力量予以支持,才能得以实现;最后,当供给成为引导需求的因素时,能否起到引导消费需求之目的,也需要宏观调控政策的支持。

三、市场行为的外部不经济问题

基于微观市场主体的市场行为，会对经济和社会发展产生外部效应。市场原理包括正效应和负效应两个方面。在正效应情况下，微观的个别市场行为对经济和社会的发展会起到促进作用；而在负效应情况下，则会对经济和社会发展带来破坏性作用，典型的如环境污染。尤其需要关注的是，这种负效应在相当情况下，并非由单个企业所形成，而是由众多的市场行为所致，具有综合效应。即单个企业的市场负效应并不大，甚至在统计分析中微乎其微。但在众多市场行为的共同作用之下，便形成了对经济和社会发展的负效应。对此，微观市场主体无能力解决，甚至总是充当辩解者的角色。因此，唯有采取宏观调控政策、法律及其措施，才会尽可能地减少其负效应。在此方面，有关环境保护和自然资源保护的问题十分突出。

四、市场行为的不规则性

在市场经济条件下，市场主体行为目的的利益最大化，往往成为解释市场主体行为合理化的重要依据。但是，这种趋利属性也是导致市场主体行为的不规则性，甚至违法犯罪的主要原因。这种不规则行为集中表现在市场竞争中的各类混淆行为，商业贿赂行为，虚假或引人误解的商业宣传行为，侵犯商业秘密行为、不正当有奖销售行为，诋毁商誉行为，网络不正当竞争等不正当竞争行为。对此，实践证明，仅靠市场微观主体的自律是不够的，特别是对于那些短期市场行为尤其起不到多大的作用。因此，必须通过国家的宏观调控、市场规制直至行政干预，才能使市场中的不规则行为得到有效的遏制。

五、市场准入与退出问题

市场经济的基本特征是使市场成为配置社会经济资源的基础或主要手段。它涉及究竟哪些社会经济资源可以商品化和市场化的基本问题,即市场准入问题。在市场经济条件下,大部分与生产、经营和服务相关的要素都可以商品化、市场化,并通过市场买卖交易的形式实现资源的有效配置,其中,涉及生产资料、劳动力、资金、技术、信息等的商品化和市场化问题。但是,并非所有的社会经济资源均需要商品化和市场化:一是属于社会成员应普遍享受的公共产品和服务,本身不存在市场化问题;二是基于道德、文化传统、人类共同的价值理念及法律和政治因素的考量,对一些社会经济资源的配置,有必要实施市场禁止或限制性措施;三是基于公共产品和服务提供存在"拥挤点"而实施的市场化措施,存在公共政策选择问题;四是在市场经济发展中,基于某些资源的稀缺性、不可再生性或出现产能严重过剩时,有必要实施严格的计划管制措施;五是为了维护国家安全和保护本国民族经济,对外国经济力量对本国市场的介入甚至渗透,一国有必要采取通过涉外投资与贸易壁垒措施对之实施禁止或限制。基于这些理由,中央政府或中央授权的地方政府从宏观管理或调控角度对市场实施准入,出台相应的市场负面清单,为市场运行的空间和地域划出必要的界限,有其合理性,这就是为什么现代市场经济是宏观调控下的市场经济的基本理由。

与此同时,在国家政策和法律允许情况下,市场主体可以依法开展相应的生产、经营或服务活动。但是,鉴于市场存在的风险、市场主体经营能力的有限性以及国家与地方产业政策的调整,一些市场主体必然会被淘汰,或自行解散,或与其他市场主体合并,或依法宣告破产。在此情况下,不仅意味着微观市场主体生产、经营与服务的失败,而且,意味着会引发一系列经济与社会现象的发生,如国家与地方税收的丧失、劳动者的失业等。要解决这些问题,单靠微观或中观层面的努力是不够的,必须由国家从宏观层面出台相应的政策和法律予以应对,才不会引发由局部经济或社会危机所导致的整体经济或社会危机的发生。所以,从宏观调控角度分析,所谓宏观调控的市场政策,应当包括市场准入政策、市场竞争(运行)政策和市场退出政策,才算完整。

以上分析表明,在现代市场经济条件下,离不开宏观调控的调节和控制,市场的自由主义是有限的,宏观调控下的市场经济才是科学的市场经济。对此,即使是西方经济学界也逐步地改变了市场自由主义观点,取而代之的是整体主义的思维。即在效率研究中,不仅关注微观领域的经济效率问题,更关注宏观或中观层面的经济效率问题。其具体表现就是提倡以系统的方法和追求产业整体利益最大化的经济分析的整体主义的研究,取代了以微观领域市场个人利益式的经济研究,提出了"卡尔多－希克斯效率标准"。①

但值得强调的是,政府对市场进行的宏观调控的目的不是对市场的否定,而是使市场运行能够更好地发展,为此,政府对市场的调控应当坚持适度、审慎和尽量以引导为主的原则。事实上,发展市场经济本身就是国家和政府发展经济,促进社会发展的一种政策选择,没有国家和政府对市场经济发展模式的选择,市场经济是不可能发展起来的。对此,中国改革开放以来的实践即是一个很好的例证。因此,中国市场经济体制的建立和发展是党和国家宏观发展战略的选择性结果,而社会主义市场经济的健康发展也同样离不开宏观调控的支持。实践中宏观调控政

---

① 卡尔多－希克斯效率,是指第三者的总成本不超过交易的总收益,或者说从结果中获得的收益完全可以对所受到的损失进行补偿,这种非自愿的财富转移的具体结果就是卡尔多－希克斯效率。他们认为,如果那些从社会资源再分配中获利的人获得的利益足够补偿那些从中亏损的人的利益,那么,社会资源的再分配就是有效率的,虽然并没有要求产生实际的补偿。如果实际得到补偿,这个变革就是一个现实的帕累托改善。因此,经济学认为,卡尔多－希克斯有效性标准是潜在的帕累托改进。参见赵宏中、董玉明:《产业法的经济学分析》,武汉理工大学出版社 2015 年版,第 91 页。

策的调整直接影响着市场发展的方向、范围、程度和水平。据此,不管各国政府对经济的干预是否称为"宏观调控",市场经济的发展均离不开国家的调节和控制。那种企图否定宏观调控的观点,不仅在理论上站不住脚,在实践,也是不符合实际的。市场自由是有限的,市场行为必须在政府的管制下,才能有序进行,才符合大众的利益。

第二节　宏观调控相对独立的理论

一、宏观经济的合成谬误理论

按照市场经济理论,市场经济的发展被划分为宏观经济、微观经济和中观经济三个层次。其中,宏观经济就是国家为实现国家总体经济和总体发展战略的需求,对国民经济和社会发展予以调节控制活动的总称。它是宏观调控的理论和实践基础。微观经济则是专指包括企业和居民消费主体在内的微观经济主体的经济活动的总称。而中观经济则是指介于宏观和微观之间的区域经济、行业经济、企业集团经济等活动的总称。① 在经济实践中,毫无疑问的是,许多宏观经济的发展目标,需要通过微观与中观经济的发展来实现。因此,微观经济和中观经济就成了宏观经济的基础。但是,需要注意的是,一国之内的宏观经济不能是微观与中观经济的简单相加,它们相互之间存在相对的独立性。就宏观经济而言,一是一些国家重要的公共基础设施建设需要从国家宏观经济层面予以独立地完成。二是在承认一国统一市场的逻辑条件下,一国经济资源的统一布局安排需要国家从宏观经济运行的合理性角度考虑予

① 张朝尊、陈益寿、黎惠民:《社会主义中观经济学》,成都出版社 1992 年版,绪论。

以独立地完成。三是为了实现国家发展战略目标，国家可以以牺牲微观或中观之局部利益来换取整体国民经济发展的效果。四是从宏观经济与中观经济及微观经济的关联性角度分析，宏观经济与中观经济和微观经济的关系及其效果，可表述为 1 + 1 > 2、3、4……的乘数效应；如果出现了 1 + 1 < 2 的情况，则说明国家的宏观调控出现了失误，甚至是方向性的错误，需要认真检讨并作出调整。在此情况下，那种认为，宏观经济是微观或中观经济的合成就形成了“谬误”。此外，如前所述，在宏观调控工具运用中，无论是财政政策的选择，还是金融货币政策的选择以及两者的搭配，按照宏观经济原理，其均有技术性层面操作的意义，是微观或中观经济层面所无法做到的。因此，为实现宏观经济发展目标，通过宏观调控克服这一谬误，就成为宏观调控的重要理论依据。

二、宏观经济周期理论

经济学通说认为，在市场经济条件下，经济周期理论是宏观经济或宏观调控的一个重要理论基础。该理论的基本要旨是，一国宏观经济的运行总是按照“经济增长—经济繁荣—经济萧条—经济危机”的规律周而复始地运行着。该理论也说明了一国的经济发展有一个阶段性问题的存在。同时，也说明了无论是一国的经济增长、经济繁荣、经济萧条或经济危机均是一个历史时期经济发展必然会经过的阶段，是不以人类的意志为转移的。因此，一国经济处于繁荣期时，不能盲目乐观；而一国处于危机期时，也不必悲观。问题是，应当根据不同时期经济发展的状况，采取不同的政策和措施予以应对。特别是在遭遇经济危机时，当整个市场经济运行不畅时，国家必须实施救市措施，通过“软着陆”，促使经济能够早日渡过危机期，并迎来新一轮的经济增长。这就需要国家运用宏观调控手段的实施，来解决国民经济发展的问题，以尽量避免基于经济危机所带来的社会动荡。为此，经济周期理论就成为宏观调控的重要理论基础。

三、公共产品理论

按照市场经济理论,社会产品被基本划分为公共产品和私人产品两大块。其中,私人产品是指那些对于私人而言,具有独占性的产品。而公共产品则是指那些对于所有社会成员均可以共享的产品。对于私人产品而言,由于具有私人的独占性,因此,需要通过市场机制予以合理地配置。所以,所谓市场调节就是对私人产品的市场配置问题。而对于公共产品而言,由于不具有社会成员的独占性,因此,它需要全体社会成员在公共决策基础上共同委托社会公共机构予以统一计划配置,并提供相应的社会服务。其中,这一社会公共机构的角色通常是由政府来担当的。并且,随着社会的发展,原来意义上的私人产品可能基于社会经济力的增长,由私人产品演化为公共产品,并以社会福利的形式配置于私人。为此,形成了经济福利学。据此,市场经济条件下的一国经济运行实际上包含了两部分基本内容:一部分为针对私人产品的市场调节部分;另一部分为针对公共产品的计划配置部分。它们都是市场经济的组成部分,两者不可偏废。

然而,在市场经济条件下,除公共决策中的专制行为可能会导致决策失误外,即使在民主决策体制下,也存在基于利益关系的腐败情况下的交易收益、道德约束力缺失、个人偏好以及多数规则对个人利益的损害等问题。①

① [美]詹姆斯·M.布坎南、戈登·图洛克:《同意的计算:立宪民主的逻辑基础》,陈金光译,上海人民出版社2017年版,第117~129页。

由此，就会导致公共决策的失误，导致“政府失灵”。[①] 因此，为了保证公共产品配置的有效性，需要对某些公共产品采取市场化措施予以配置，这样，就出现了“准公共产品”。由此，所谓“准公共产品”就是指本应由政府采取计划配置的部分，为了保证该产品合理的配置，采取引进市场机制对之予以生产、经营或服务的产品。从实践来看，这种公共产品的市场化配置主要适用于公用自来水、公用热力及相关公用设施的投资和管理。而在中国，也涉及对科学、教育、文化、卫生、体育等事业的改革问题。但是，需要注意的是，由于从本质上讲“准公共产品”始终具有公共属性，因此，在进行市场化改造时：一是不能完全按照市场机制运行，典型的如，有关价格的确定，在确定企业生产、经营与服务成本的基础上，政府负有定价的责任，而企业从中获取的是长期的微利。二是为了保护大众的利益，政府仍负有以财政或其他有效方式“兜底”的责任。即一旦市场运行出现问题，导致公共安全或大众利益受损时，政府的救济措施必须跟进。三是与私人产品市场运行不同的是，对于准公共产品的市场化运行，由于关系社会大众的利益，因此，对公共产品的市场化运行的监管要相对更为严格。

基于以上分析，有关公共产品、私人产品及准公共产品范畴的界定，需要从宏观经济角度予以科学地把握，才能保证市场秩序的形成。这使公共产品理论成为一国宏观调控政策法律制定的基本依据。

四、非市场因素导致的国家责任理论

在现代市场经济条件下，居民消费力增长、劳动力水平、资本形成与

① “政府失灵”是市场经济学研究的一个基本范畴。按照“政府失灵”理论的假设，基于作为经济人运用政府权力对于市场的介入，必然会产生政府的寻租行为并产生腐败。另外，政府在任期内，为了追求业绩而实施的政绩工程，可能与社会利益发生冲突。因此，总体来说，市场经济学不主张政府对经济的干预。即使属于政府必需干预的事项，也必须予以行政法治的严格限制。

投入机制、生产物质资料条件、技术水平、信息交流与公开程度等，均是影响市场发展必不可少的市场因素，因此，它们是从经济角度研究市场问题所依托的基本分析工具。然而，许多非市场因素的存在对于市场经济发展的影响力是不容忽视的。如果按照马克思主义的基本观点，经济基础决定上层建筑，但属于上层建筑领域的诸多因素也对经济基础具有反作用。其中，最具有代表意义的是一国发展市场经济所依托的政治、文化和社会因素。

首先，就政治与经济的关系而言，众所周知，“政治是经济的集中表现”，因此，作为经济集中表现的一国政治体制、政治意识形态、政治形态表现等，不可能不影响到经济。但目前比较忽略的，一是在市场经济条件下，由于市场主体的多元化所导致的利益多元化，社会各个阶层都应当在政治平台上有自己的利益表达的组织代表，而所谓政治就是在各个利益主体之间寻求利益的平衡。平衡的政治形态有利于经济的发展，不平衡的政治形态可能短期内有利于经济的发展，但长期而言，必然破坏既有的政治平衡，导致利益保护失衡，引发社会动荡，甚至革命。而一旦引发社会动荡甚至革命，国家还怎么能够顺利地发展经济？在此方面，中外历史有很多教训可以吸取。二是谈及政治与经济的关系时，绝不能忘记政治的根本属性在于“为大众服务”或“为人民服务”。为此，政治的社会属性极其明显。单纯从经济角度分析，为促进市场经济发展，国家虽然可以坚持以保护资本利益为基本出发点，实施“资本主义”。但是，由于市场资本的保护，最终必然形成资本集中的效果，因此，保护资本利益与保护大众利益之间是存在矛盾的，这也是人类社会发展中社会主义必然替代资本主义的基本理由。在此情况下，坚持为大众服务的政治与市场经济的资本主义内涵之间存在固有的矛盾，而国家实施坚持为大众服务的社会主义政治方向，必然会对市场经济产生影响。这种直接影响，除保持国家资本的控制力外，对于民间资本和社会资本的干预不可缺少。此外，一国既有的政治体制对市场经济发展的反作用力量巨大,处于绝对优先的地位。在市场经济实践中,常常是经济为政治服务,而不是政治为经济服务。因此,经济发展受政治体制的制约是显而易见的。因此,在经济体制改革后,如果政治体制不改革,就会形成对经济发展的障碍,两者必须相辅相成,才能促进社会的全面发展。为此,那种主张可以在不改革政治体制情况下,通过经济改革促进社会发展的观点是不可取的;而所谓强调经济发展的非政治化则是幼稚的。

其次,就经济和文化的关系而言,虽然都是在发展市场经济,但是,基于各国文化历史传统的长期存在,各国文化对于市场经济的发展也是显而易见的。而事实上,在市场经济学的研究中,十分重视基于民族主义和历史文化传统对各国居民消费习惯不同的影响,并且,这种影响也会带来不同市场的形成和发展。当外来文化与本国文化融合时,又会形成新的发展机遇。目前,中国倡导"一带一路"发展,就是秉承历史上中外文化的融合,重新拾起以中国丝绸文化为中心的世界经济发展之路,以凸显中国文化对引领世界经济发展的应有贡献。而居住在全球的华人继承中华文化的春节传统,所带来的春节文化现象,对中国和所有有华人居住的世界各国市场经济的影响,也是显而易见的。与此相似的是,基于宗教的"圣诞文化"对世界各国经济的影响。正是基于文化对经济有重要影响,现代经济把文化软实力的建设纳入了国家战略发展目标,使文化产业化成为21世纪的一个重要议题和各国经济发展的一个亮点。但是,即使如此,文化与经济毕竟是人类发展的两个不同的范畴。将文化纳入经济范畴考量时,绝不能以损坏文化所代表的一个民族的精神品格为代价;否则,一个丧失了自身民族文化品格的国家,就等同于丧失了这个国家的灵魂。为此,在全球化经济浪潮兴起之时,国家不能为了经济发展盲目地追求文化产业化,否则,会犯颠覆性错误。

最后,就经济和社会因素的关系而言,中国宏观调控中所指的社会发展及其因素,主要是指在国民经济和社会发展中,与国民经济规划及计划相对应的社会发展规划中所包含的社会因素。根据《国民经济和社会发展第十二个五年规划纲要》的表述,其主要包括科教兴国战略和人才强国、建立健全基本公共服务体系、建设资源节约型、环境友好型社会、加强和创新社会管理、推动文化大发展大繁荣(其中包括繁荣文化产业发展)、推进社会主义政治文明建设、加强国防和军队现代化建设等。如果按照通常社会管理的内涵,社会因素主要是指科学、教育、文化、卫生、体育事业、社会保障以及环保和公共福利、法制等事业的发展。这些社会事业的发展是经济发展的最终落脚点,但其本身又不能完全按照经济规律办事,各个社会事业有其自身的发展规律可循。例如,教育事业的发展有教育规律的存在,体育事业的发展有体育事业规律的存在。它们对于经济的影响力主要体现为庞大的公共消费对于宏观或中观经济的影响。因此,它们是宏观调控所必须考虑的重要因素。在微观经济低落时,为保障总体经济的平衡以及国民经济战略目标的实现,国家可以启动公共消费投资,来达到经济增长的目的。

以上分析表明,保障经济发展涉及的非经济因素对市场经济发展的积极影响,并同时克服不利于市场经济发展的非经济因素,通盘考虑社会发展的稳定性,无疑是国家实施宏观调控的一项重要责任。

五、发展经济学理论

发展经济学是现代经济学的一个分支。按照发展经济学原理,发展经济学所要研究的对象和问题,主要是针对国际经济竞争格局,处于不发达或欠发达的发展中国家,如何通过实施赶超战略,有效地组织本国资源并有效地利用国际资源使本国经济尽快摆脱贫困,进入发达国家行列。该原理同样适用于一国体制下,落后地区如何赶超先进地区实现经济发展之目的。但总体来说,属于宏观经济的范畴,发展经济学所提出的许多经济制度和举措则属于宏观调控的范畴,是宏观调控的重要理论基础,至少是阶段性的理论基础。

按照发展经济学原理，一个处于落后状态的国家或地区，如果仅仅囿于自身的资源和市场，按照常规形态发展，是不可能赶上其他发达国家的。为此，就必须发挥国家或政府的整体引导或强化战略和措施，集中力量办大事，促使本国经济力的迅速增长。要调动国内、国外两个市场的作用，为我服务。在此方面，亚洲“四小龙”的迅速崛起具有典型的代表意义。① 而中国经济的迅速崛起，也得益于国家对整体市场经济的有效组织和强力推进。在此历史进程中，以赶超发展、跨越发展、又好又快和可持续发展为标志的国家与地方战略、规划、计划及其政策的实施，起到了积极的作用，使中国用70年的发展走过了西方市场经济国家200多年的路程，创造了中国经济发展的奇迹。在当前，中国虽然自称仍然是发展中国家，但事实上，中国经济的发展水平已经基本接近世界经济先进的行列，到2020年，按照国家的规划部署，中国经济将全面实现小康水平，完成社会主义初级阶段的基本发展目标，完成“两个一百年”中的头一个一百年的奋斗目标。为此，发展经济学是中国宏观调控的重要理论依据。

然而，对于发展经济学也应当予以科学地认识。评价一个国家和地区的发展，经济水平仅仅是一个方面，而且，一个国家或地区的资源和市场总是有限的，如果世界上每一个国家或地区都成为无差别的地区也是不可能的。经济水平的提高并不意味着国家或地区的先进以及人民的幸福，因此，判断一个国家或地区的发展状态时，不能单纯地以经济指标来衡量。特别是当一个国家主要依托国外市场发展时，存在遭受经济侵

① “亚洲四小龙”是指从20世纪60年代开始，亚洲的中国香港、中国台湾、新加坡和韩国推行出口导向型战略，重点发展劳动密集型的加工产业，在短时间内实现了经济的腾飞，一跃成为全亚洲发达富裕的地区。1998年爆发亚洲金融危机，不少国家陷入衰退。这四个成功发展且位于东亚和东南亚的经济体，其极为成功的经济发展过程和经验使其安然渡过危机，是发展经济学研究的典型例子。它们利用发达国家向发展中国家转移劳动密集型产业的机会，吸引外国大量的资金和技术，迅速走上发展道路，成为东亚和东南亚地区的经济火车头之一，国际社会普遍视“亚洲四小龙”为发达国家及地区。

略的危险。另外,当一个国家或地区依据发展经济学原理达到一定经济水平时,就要改变以往的“赶超”与“跨越”发展战略,转而寻求更为妥当的稳定发展和可持续发展战略。由此,对于发展经济学原理的理解,应当予以科学地认识,相机抉择地应用。

六、宏观调控相机抉择理论

按照市场经济原理,不确定性是市场经济学的一个重要范畴。所谓不确定性,是指那些人类预先不可预测的经济现象的发生。为什么会发生不确定性?一是经济规律不像自然规律那样可以准确地予以量化,许多方面处于模糊状态。二是经济现象本身的复杂性,导致人们对经济发展的趋势难以准确地把握。三是对于经济现象,可以包括静态和动态两个方面的考量:一方面,在制度规范范围内的经济现象可作为静态现象予以预测,这是因为,在预先制定制度时,应当对执行制度后的后果有一个大致的预测和评估,特别是对于制度执行后所可能出现的经济风险有一个预先防范的预案;另一方面,由于现实中的经济活动在每日每时地运行着,又表现为一种动态的状态,而动态地发展着的经济在许多方面又使制度设计时所未能考虑到的因素出现。四是即使有制度实施的预测,但是,由于人类主观判断对于既有制度过于自信,因此,往往在经济处于发展高峰时,突然出现了断崖式的经济危机。对此,世界上几次大的经济危机均是由于人类对于既有的市场制度过于自信所造成的。正因如此,经济学,特别是宏观经济学,强调了宏观调控对于经济现象的相机抉择性措施的应用。并且,从经济技术角度考虑,设计了在不同的经济形势下,财政政策、货币政策以及两者政策相互搭配的应用,①以应对经济形势的变化。而在法律层面则是赋予了政府的自由裁量权,即政府

① 对此,笔者在第一章中有较为详尽的阐述。

可以根据经济形势的变化，依法作出宏观经济政策的调整，以应对经济发展中出现的问题。在此方面，尤其以 2008 年世界各国的宏观调控最典型。例如，如前所述的 2008 年中国宏观调控政策的转变及国家一次性投资 4 万亿元，即是一个典型的事例。对此，学界的评价虽然争议较大，[①]但是，这是中国政府相机抉择宏观调控的一次尝试，则是不争的事实。因此，相机抉择是宏观调控的重要理论基础。

第三节　社会主义经济体制改革与宏观调控理论

社会主义是迄今为止人类探索发展模式中与资本主义相互对立的一种人类发展主张。社会主义由空想社会主义者提出，到马克思主义的诞生形成科学社会主义，其中包括马克思主义的政治经济学。按照马克思的先期思想，社会主义应当是在资本主义高度发达，其固有的社会矛盾无法解决的情况下，由工人阶级通过暴力革命后，进入人类社会主义阶段。然而，革命的实践却是在资本主义最薄弱的环节爆发了社会主义革命。苏联、中国及第二次世界大战后的东欧国家，在共产党的领导下，先后取得了社会主义革命的胜利，并形成了社会主义阵营与资本主义阵营对立的冷战局面。并且，这些社会主义国家按照革命导师的理论，在社会主义建设中实施计划经济，一度取得了辉煌的成绩。然而，由于存

---

① 此次政府的大规模投资遭遇到来自经济学界和法学界的批评。其中，经济学界着重于对投资结构安排不合理的批评，即多数的投资均趋向于国有企业或公共建设项目，而没有关注那些破产或濒临破产的私有企业，进而形成了国有企业的垄断和使资金长期无法收回；法学界则认为，这么巨大的投资应该经过人民代表大会常务委员会讨论后才能予以实施，否则存在违宪问题。参见陈云良：《从授权到控权：经济法的中国化路径》，载《政法论坛》2005 年第 2 期。

在一些先前的不足,[①]使社会主义各国的经济发展停滞不前,为此,各国纷纷从本国国情出发开始进行经济体制改革,[②]改革的基本点是承认商品、商品价值规律、承认企业经济的独立主体地位,以及围绕社会主义生产的目的,即不断满足人民群众日益增长的物质和文化需求,组织国民经济生产。

就中国的社会主义经济体制改革而言,中国的经济体制改革是以社会主义初级阶段理论为指导进行改革的。具体的改革历程从 1978 年算起,迄今经过了 40 多年的发展历程。先是从 1978 年至 1992 年经过了 14 年的计划商品经济时期;[③]之后,从 1993 年起,在具有中国特色的社会主义旗帜下,开始实施社会主义市场经济体制,其基本特征是借鉴西方现代市场经济的经验,实施宏观调控下的市场经济,同时,以社会主义的基本制度以及中国共产党的统一领导为政治前提,即社会主义市场经济。这种经济体制的运行极大地促进了中国经济的迅猛发展,使中国一跃成为世界最大的经济体和第二大贸易国,不仅搞活了国内经济,也实现了对外开放的经济目标。但与此同时,也带来了一系列严重的经济和社会问题,其主要表现:一是基于政府投资增长模式扩张所带来的腐败问题;二是"市场失灵"问题严重,贫富差距问题突出;三是经济的迅猛发展导致资源消耗过快,环境压力大;四是随着中国对外经济的发展,中国需要承担起更多的国际责任。尤其是节能减排对中国经济的发展形成较大的压力。为此,中国从 2014 年起宣布进入经济新常态,希望通过稳增长、调结构并寻找新的经济驱动力、强社保、强节能环保、强法治、促和谐等举措解决经济发展新阶段所面临的发展问题。尤其是,特别强调

① 该先前的不足主要表现为基于行政强化与政治手段的运用,往往出现不遵循经济规律的问题,进而出现经济工作的失误。

② 在当时,社会主义经济体制的改革,首先在欧洲的南斯拉夫和匈牙利等国开始,之后波及苏联和中国等属于社会主义阵营的国家。

③ 对此,如果细分,还包括刚开始的计划与市场的"双轨"调节时期。

更多地发挥市场在资源配置中的决定性作用,使市场经济进入新的常态之中。然而,中国目前所倡导的经济新常态能否解决实践中存在的问题,还有待观察。中国的社会主义市场经济之路及其发展模式还需要不断地完善。

值得强调的是,中国实施的市场经济体制,不仅直接定位于宏观调控下的市场经济体制,而且,更为重要的是,它是一种社会主义性质的市场经济,它是市场经济发展历史上前所未有的一种制度创新。而在市场经济之前加上"社会主义",也不仅仅是基于意识形态的一种政治宣言与政治立场的选择,它应当是有具体的经济要素的。那么,这一社会主义的经济要素是什么?笔者认为,按照社会主义的经济原理,公有制为基础、计划经济、按劳分配、实现社会财富的公平分配是其应有内涵所在。为此,只要是坚持社会主义市场经济,私有制就不应当在总体上和全局上的经济领域成为发展经济的主导力量;只要是社会主义市场经济,执政党和国家就必须通过发展规划或计划的手段,掌控整个国家经济和社会发展的方向,其中,也包括对市场发展方向的掌控;只要是社会主义市场经济,就不能使资本主义的按资分配取代社会主义的按劳分配的分配原则;只要是社会主义市场经济,就不能容忍基于"市场失灵"而引发的贫富悬殊状况的存在。而事实上,现代资本主义的发展表明,其也在不同程度上正在朝着社会主义方向发展。其具体表现:一是在社会经济基础方面,随着公共产品范围的逐步扩大,更多的方面在向国有化或社会化方向发展;二是与第一个方面相适应,对于关乎公共产品的合理配置领域,更多地采取了发展规划及计划的配置方式;三是在社会分配领域,对于基于"市场失灵"所造成的分配不公及其贫富悬殊问题,同样受到社会各界的激烈批判,并促使政府不得不采取措施予以解决。正因为如此,就连西方经济学也宣称其所主张的最佳经济体制为"混合经济体制"。正如萨缪尔森所言,当今世界上没有任何一个经济完全属于市场经济(market economy)或指令经济(command economy)之一;相反,所有的社会都是带有市场经济成分和指令经济成分的混合经济(mixed economy),从来没有一个100%的纯粹的市场经济(尽管19世纪的英国也许很接近)。而在今天的美国,大多数决策都是在市场运行中进行的,但政府在监管市场运行方面仍然扮演着重要的角色:政府制定法律来监管经济生活,提供教育和治安等服务,并管制污染等。①

就中国改革开放以来的经济发展状况而言,基于总体上对社会主义初级阶段的基本认识,虽然在改革中,将公有制为基础,修改为以公有制为基础、多种经济成分并存,并允许私有经济的发展,但这并不意味着要彻底改变公有制的基础地位;虽然强调了市场在配置经济和社会资源中的基础地位甚至决定地位,但并未放弃国家发展规划与计划的指导或其在国民经济和社会发展中的引导作用;虽然强调了资本介入分配的地位和作用,但并未放弃坚持按劳分配的社会分配的基础性的经济原则;虽然实施了"让一部分地区和一部分人先富裕起来"的经济政策,但并不意味着允许贫富悬殊现象的持续存在。具体来说,在社会主义市场经济发展中,究竟公有制多一点,还是私有制多一点?究竟是市场多一点,还是计划多一点?究竟是以劳动收入分配为主,还是以资本分配为主?以及贫富悬殊的容忍度边界如何确定?都不能将其绝对化,要反对"一点论",坚持"二点论",甚至"三点论"。

要根据经济和社会发展的阶段性问题,在坚持社会主义发展道路的前提下,相机抉择地予以处理。为此,任何回归到原有的计划经济或推翻现有制度实施西方所倡导的自由市场经济的企图,都是不现实的或不可取的。

最后,还需要特别强调的是,在社会主义体制下,共产党一党执政的特殊政治体制以及社会主义的国家性质,决定了在社会主义条件下,执

---

① [美]保罗·萨缪尔森、威廉·诺德豪斯:《经济学》(第18版),萧琛主译,人民邮电出版社2008年版,第6~7页。

政党和国家本身即具有组织管理国民经济及其社会管理的职能。这种职能是任何其他政党和社会组织所无法替代的。这种职能,一方面决定了社会主义条件下党和国家组织经济建设和社会发展的自觉性和主动性,但另一方面按照执政党必须坚持"为人民服务""为人民谋幸福"的根本宗旨要求,以及国家的一切机关都是人民的机关的性质要求,执政党和国家的任何经济和社会发展决策均必须围绕实现社会主义生产目的来进行,即为满足人民群众日益增长的物质和文化需求的社会主义发展目的来进行。

笔者认为,以上有关社会主义市场经济中社会主义的经济内涵,直接影响着中国的宏观调控,是宏观调控政策与法律制定的政治经济基础。这也是不能直接借用西方经济理论和方法来分析和解读中国宏观调控的基本理由。此外,传统社会主义理论中的社会主义生产目的理论、有计划按比例地发展国民经济的理论以及社会再生产理论,均是中国社会主义宏观调控的重要理论依据。这些传统的社会主义发展经济理论对于中国社会主义市场经济的发展,仍然具有现实的指导意义。

第四节　宏观调控的法治理论

按照法学原理,宏观调控形成了特殊的宏观调控关系,而在法治社会条件下,这种宏观调控关系应当被法律调整,进而产生宏观调控法。并且,宏观调控法是一切涉及宏观调控运行的法律法规的总称。这一原理虽然在理论上说明了市场经济条件下宏观调控法产生发展的必要性和可行性;但是,对宏观调控法及其法治的理解,并非如此简单。在现代社会,宏观调控关系属于复杂性社会关系,对于宏观调控法治,需要澄清一些基本的理论问题。

一、宏观调控法的规范对象涉及一切公共决策部门

当人们谈及市场经济条件下为什么需要宏观调控时,通说认为,主要是基于市场运行存在“市场失灵”。而在谈及为什么需要宏观调控法及其法治时,通说理论认为,主要是基于“政府失灵”的存在。为此,一般认为,宏观调控法的目的就是要规范政府的宏观调控行为,防治政府宏观调控中的“政府失灵”,以区别于同样属于经济法范畴的市场规制法。然而,事实上,实施宏观调控决策与行动的主体却不单单是政府,而且,还包括执政党、国会以及一切具有公共决策职能的部门。就中国的实际情况而言,除中央政府及其宏观调控部门外,执政党党中央的统一领导,人民代表大会及其常务委员会决策权、审议审批权及监督权的行使,司法机关案件审理的政策指导以及有关公共服务机构相关政策规定的出台等,均会影响宏观调控的运行。为此,笔者认为,在中国特定的宏观调控语境下,不仅仅涉及“政府失灵”问题,也会涉及执政党的失灵问题、权力机关的失灵问题、司法机关的失灵问题以及公共服务机构的失灵问题。概而言之,宏观调控法的规制对象可以定位于一切“公共决策”领导机关及其职能部门,其目的是防治“公共决策失灵”。

二、宏观调控法及其法治宗旨重在宏观公共效益的增长

就一般法律的功能价值而言,追求秩序、公平、公正是一切法律及其法治的基本宗旨。对此,宏观调控法及其法治亦然。为此,首先,宏观调控及其法治的目标是要保持既有宏观调控关系的基本秩序,也可以针对现实存在的问题,通过改变既有秩序,建立起新的秩序。而新秩序的建立会涉及宏观调控关系中各调控主体权力(权利)义务关系的调整以及对被调控的市场与社会主体行为的影响。例如,2018 年中央和国家机

关改革方案的出台,就是通过对中央和国家机关设置的调整,对宏观调控职能部门权力义务的重新配置,建立起了新的宏观调控秩序。特别是中共中央相关组织与中央政府相关职能部门的合署办公以及监察委新体制的确立,将会对今后的宏观调控产生重大的影响。其次,在追求公平、公正方面,党的十八大以来,宏观调控法及其政策制度的安排更多地倾斜于社会利益共享的保障,从而体现了宏观调控法的公平、公正性。

然而,在市场经济条件下,宏观调控法的一切秩序、公平、公正价值的实现,必须以国家整体宏观经济效益的实现为经济基础。没有国家整体宏观经济效益的实现,宏观调控法的秩序、公平、公正价值也是难以实现的。为此,宏观调控法及其法治必须按照马克思主义经济基础决定上层建筑的基本原理,把国家整体宏观经济效益的实现作为宏观调控法及其法治的重要宗旨予以确立,也就是把整体宏观的效益放在第一位。只有这样,才能为全社会公平、公正的实现奠定法治基础。因此,在宏观调控法及其法治实现路径选择上,要始终把效益(效率)优先,兼顾公平、公正作为宏观调控法及其法治的战略确定下来,尤其是对于中国这样一个大国而言,更是如此。

但是,在以效益(效率)优先,兼顾公平、公正为基本价值目标时,宏观调控法及其法治在实现国家整体宏观经济效益时,可能会以牺牲地方局部利益或个别群体利益为代价,并发生利益关系的冲突。为此,宏观调控法及其法治治理除必须树立起中央宏观调控的权威外,按照经济合理原则,还必须把握好牺牲地方局部利益或个别群体利益的适度性。对于为实现国家整体宏观经济效益而做出牺牲的地方或群体利益要有相应的补偿性制度安排。而补偿的基本底线应当是保障牺牲地区或群体人民基本生活水平不低于当地生活水平且有切实可行的社会保障。只有这样,国家的宏观调控法及其法治才能获得牺牲地区或群体人民的支持、理解和配合。对此,中国改革开放以来,为了整体利益实施退耕还林法治取得了较好的效果。而今,为实现生态保护目标,推行生态补偿制度,也是这一理论的具体体现。此外,这一理论的应用还涉及产业损害的补偿问题。但在涉及农村土地征收和城市建设居民房屋拆迁补偿过程中,矛盾比较突出,暴力拆迁引发的纠纷案件屡屡发生,法治对策需要完善。

三、宏观调控法及其法治程序正义的局限及其政策弥补

现代法治的一个突出特点,就是为了防止行政部门和司法部门权力的滥用,十分重视宏观调控决策的程序正义,强调以民主决策程序的配置,遏制公共决策中的独断专行。对此,从法学原理角度分析,当然具有合理性、正当性。但是,过度地强调程序正义的结果往往会损害社会实质正义的实现。典型的如,一项立法,特别是像宏观调控法这样关系全局利益实现的法律,其出台要经过立项、起草、论证、审议、表决、通过等必要的复杂程序,时间间隔少则 2 ~3 年,多则 5 年。甚至有些法律草案因争论较大导致议而不决,长期处于搁置状态,这也体现了宏观调控法及其法治程序正义的局限性和法律的滞后性。由于宏观调控所面对的是处于动态变化中的经济关系,国家的宏观调控不会等立法后才对宏观调控关系进行调节。为此,按照法治原理,对于宏观调控法有必要在一定程度上予以法律保留。将对宏观调控的法治治理授权于相关宏观调控部门,由其依职权相机抉择地予以政策性调整,以弥补宏观调控法律供给的不足。这就是宏观调控法具有政策法属性的基本原理。对此,中国改革开放以来的宏观调控法治得到了充分的体现。但是,随着中国法治水平的提高,政策性的规范不能长期处于脱法的状态,应当逐步纳入法律的范畴。宏观调控法的立法也应当逐步改变原则化、框架化的立法模式。这是因为,宏观调控法律毕竟应当是具体的、明确的、具有可操作性的,以成为各宏观调控主体共同遵守的切实可行的规范。

第二篇　宏观调控法的基本问题

第三章　宏观调控法释义

宏观调控法是中国特色社会主义法律体系中的一个特殊的法域或法律形态，体现了具有中国特色的社会主义法律的基本特征。进入改革开放以来，与宏观调控行为相应的宏观调控法已成为中国法律体系的重要组成部分。按照官方公布的《中国特色社会主义法律体系》白皮书的表述，宏观调控法属于部门经济法的范畴。因此，有关宏观调控法的研究、教学成为中国经济法学界的一项重要任务。

按照法学原理，认识宏观调控法需要从其基本的概念及其所调整的社会关系入手。因此，按照法学研究范式，对于中国宏观调控法的概念，可以简要地定义为，宏观调控法是调整宏观调控关系的法律规范的总称。由此，对宏观调控法的理解涉及对宏观调控法的调整对象、法律规范形式（法律渊源）和法律规范集合性问题的基本认识。倘若按照对法律现象全面概念的表述，则中国社会主义宏观调控法是指为了规范宏观调控秩序，实现法治治理目标，促进国民经济和社会发展,调整由宏观调控机关进行宏观调控时所形成的经济及相关社会关系的法律规范的总称。此外,对宏观调控的理解,还涉及对中国实施的法域地理范畴、中国宏观调控法的社会主义性质、中国宏观调控法的法益目标与价值和作用、中国宏观调控法主体等扩展性要素问题的探讨。以下分别论述之。

第一节 中国宏观调控法的法律适用

在当下中国,宏观调控法的法律适用主要涉及:一是中国内地的法律适用;二是"一国两制"体制下香港特区和澳门特区的法律适用;三是中国"飞地"的法律适用;四是中国宏观调控法在国际经济和社会领域的延伸。

一、宏观调控法对中国内地的适用问题

按照国家经济体制改革方案的总体布局,宏观调控权属于中央人民政府的专属权力,地方没有宏观调控权。因此,有关宏观调控法的制定或出台须由全国人民代表大会及其常务委员会或国务院及其职能部门颁发,然后在全国范围内统一组织实施,以保持宏观调控法制的统一。这种制度安排或法律政策符合国家法制(治)统一原则的要求,也便于全国范围内宏观调控法律秩序的形成。

然而,按照《立法法》的规定,鉴于中国的实际国情,在立法结构上采取了"二元结构"的立法模式,即在中央统一法律政策安排框架下,地方可以为落实国家的宏观调控政策和法律,结合本地实际情况,通过出台地方性法规或规章来规范本地的经济和社会发展。对具有本地特色的经济和社会事务,地方可以根据法律授权予以独立地调整。因此,在具体的法治实践中,实际上还包括了各地大量的政策、规范性文件、规划

及计划、实施方案等。对此，学界一些人认为，中国的宏观调控法也存在“二元结构”问题。在实践中，许多地方也经常把自己的地方经济调控行为视为宏观调控，相应出台的地方性法规、规章和规范性文件，也被视为宏观调控法。对此，笔者不能赞成。其基本理由：一是如前所述，地方区域性的经济调控，按照市场经济原理属于中观经济的范畴，体现了明显的地方意志。二是中央的政策文件中，明确宏观调控权属于中央政府的专属权限，①地方没有宏观调控权。在此情况下，如果承认相关的地方性法规和规章以及政策等也是宏观调控法的话，则必然与法制（治）统一原则相抵触，不利于宏观调控法制（治）秩序的形成。三是地方出台地方性法规、规章及规范性文件落实宏观调控政策和法律，不等于说这些落实性的地方性法规、规章及规范性文件都属于宏观调控法的范畴。按照经济法原理，它应当属于区域经济法或中观经济法的范畴。②它可以反映区域经济法制（治）与宏观调控的紧密联系性，但其本身是具有相对独立性的。与此同时，笔者认为，如果国家立法的相关宏观调控法对地方立法或政策有明确授权，则地方之相应立法和政策的制定就明显地具有了宏观调控法的属性，属于宏观调控法的范畴，关键点在于，这一部分地方立法与政策体现的是国家意志，例如，近几年来，为深化经济体制改革，国家频繁地出台了一些宏观调控政策，支持部分区域设立旨在不同目的的国家级的综合配套改革试验区，③明确授权地方“先行

---

① 1993年11月，党的十四届三次会议通过了《中共中央关于建立社会主义市场经济体制若干问题的决定》。该决定提出，宏观经济调控权，包括货币的发行、基准利率的确定、汇率的调节和重要税种税率的调整等，必须集中在中央。这是保证经济总量平衡、经济结构优化和全国市场统一的需要。

② 董玉明：《中观经济的法律调整与经济法的完善》，载《山西大学学报》1998年第3期。

③ 从2005年起，国务院已经先后批准了12个国家综合配套改革的试验区，这些试验区以设立目的为标准可以分为：开发开放的，如上海浦东新区、天津滨海新区、深圳市、厦门市、义乌市；统筹城乡的，包括重庆、成都；“两型”社会建设的，包括武汉城市圈、长株潭城市群；新型工业化道路探索的，包括沈阳经济区；农业现代化的，包括黑龙江省的两大平原；资源型经济转型的，如山西省。

先试”。在此情况下,地方“先行先试”的立法与政策实践,就不能看作地方意志的体现,而是宏观调控的整体部署安排,它体现了国家定点调控的宏观调控新思维和试验性质,即:如果试验成功,则在全国推广实施;反之,如果试验失败,或实践证明在全国没有普遍实施价值,则会予以废止。因此,与这种地方“先行先试”相应的法律和政策的实施,虽然仅仅在某一地方之特定区域实施,但是,它却具有了宏观调控法的属性。

二、“一国两制”体制下宏观调控法的特殊适用问题

自20世纪90年代末期,中国政府对香港地区和澳门地区恢复行使主权,但是,为了保持香港特别行政区和澳门特别行政区的稳定发展,国家对该两特别行政区实施了高度自治的法治体制,即“一国两制”。这就意味着,从法律的一般属性来说,内地所制定的宏观调控法通常情况下并不适用于香港特别行政区和澳门特别行政区,这个意义上的法律主要是指传统意义上的行政法、民商法、刑法及其诉讼法等;但是,如果从宏观调控及其法治分析,内地的宏观调控法对于“一国两制”体制下的香港特别行政区或澳门特别行政区而言,具有明显的政策和法律适用意义。首先,有关“一国两制”政策的出台以及两个特别行政区基本法律的制定,就是宏观调控法的基本范畴,①是宏

---

① 在我国,特别行政区基本法是特别行政区的宪治性文件。1990年4月4日第七届全国人民代表大会第三次会议通过《香港特别行政区基本法》,于1990年4月4日中华人民共和国主席令第26号公布,自1997年7月1日起施行。与此同时,1993年3月31日第八届全国人民代表大会第一次会议通过《澳门特别行政区基本法》,于1993年3月31日中华人民共和国主席令第3号公布,自1999年12月20日起实施。根据香港和澳门地区特别行政区基本法的规定,这两个地区实行高度自治,享有行政管理权、立法权、独立的司法权和终审权。但根据两法第18条规定,全国人大常委会决定宣布战争状态或特别行政区内发生特别行政区政府不能控制的危及国家统一或安全的动乱而决定特别行政区进入紧急状态,中央人民政府可发布将有关全国性法律在特别行政区实施。另外,特别行政区基本法还专章对特别行政区的经济和社会发展予以了充分的授权。对此,笔者认为,中央的授权是宏观调控权在特别行政区的延伸。

观调控法对香港特别行政区与澳门特别行政区适用的基本宪法依据。其次,中央人民政府和地方各级人民政府专门针对港澳特别行政区出台的各项法律政策,直接影响着港澳特别行政区的发展。一方面,相关的法律和政策为港澳同胞回内地投资、建设与获利提供了法律和政策条件;①另一方面,为适应内地政策法律的演变,港澳特别行政区也在积极地调整自己的政策,与内地积极互动。据报道,2015 年香港特别行政区特首梁振英接受新华社专访时明确表示,“面对日益激烈的国际竞争,香港‘逆水行舟,不进则退’”,特区政府发展经济须放弃过时的“积极不干预”思维,“适度有为”地引导和配合企业。梁振英亦透露,政府考虑设立专门机构配合国家“一带一路”发展。②

需要强调的是,上述原理同样适用于我国台湾地区。为促进海峡两岸早日和平统一,中国大陆针对台湾同胞回祖国投资所出台的相关法律和政策,在台湾地区存在相当的影响力。典型的如,为了保护和鼓励台湾同胞投资,促进海峡两岸的经济发展,1994 年 3 月 5 日,第八届全国人民代表大会常务委员会第六次会议通过了《台湾同胞投资保护法》(2016 年9 月3 日第十三届全国人民代表大会常务委员会第二十二次会议进行了修订)。该法施行 24 年来,大批台湾同胞回到祖国大陆从事生

---

① 为维护台湾居民、香港和澳门居民中的中国公民在内地就业的合法权益,加强内地用人单位聘雇台、港、澳人员的管理,根据《劳动法》,1994 年 2 月 21 日劳动和社会保障部出台了《台湾香港澳门居民在内地就业管理规定》,并于 2005 年 6 月 14 日进行了修订。根据该规定,台、港、澳人员在内地就业实行就业许可制度。至 2018 年,为了进一步便利香港、澳门、台湾居民在内地工作生活,促进交往交流,根据国发〔2018〕28 号文精神,人力资源和社会保障部宣布废止了实施 24 年的就业证制度,同时发布了《关于香港澳门台湾居民在内地(大陆)就业有关事项的通知》。按该通知要求,今后在内地(大陆)求职、就业的台港澳人员,可以使用台港澳居民居住证、港澳居民来往内地通行证、台湾居民来往大陆通行证等有效身份证件办理人力资源和社会保障各项业务,以工商营业执照、劳动合同(聘用合同)、工资支付凭证或社会保险缴费记录等作为其在内地(大陆)就业的证明材料。

② 参见《香港:“自由经济制度堡垒”要放弃“积极不干预”政策?》,载新华网:http://www.xinhuanet.com/gangao/2015-08/31/c_128182535.htm,最后访问日期:2016 年 2 月 12 日。

产、经营和服务活动，为祖国经济建设贡献力量，也加强了两岸的互动交流。而两岸共同签署的协议，对于两岸则具有同等的法律效力。

三、中国经济“飞地”的法律适用问题

“飞地”一词系国际法上的一个基本范畴。按照国际法的惯例，一国位于国外的大使馆、领事馆以及拥有本国国籍的航空器、船舶等交通工具，由本国行使主权，并适用本国的政策和法律。近几年来，随着中国经济的迅速崛起，中国的“走出去”战略开始实施。在此情况下，有关在国内外建立“飞地经济”的提法开始出现在中央文件和政府的工作报告之中。① 对此，笔者认为，在国外建立“飞地经济”的措施，显然是宏观调控的一项新的战略举措。而在国外建立“经济飞地”或经济合作区的理由：一是中国开始大举投资国外，为了保护自身利益，需要在他国设立成片集中的开发区或基地。一旦这些开发区或基地建成，对外需要遵守所在国的政策和法律，但对内则需要适用本国的政策和法律予以管理。二是随着中国 40 年的迅速发展，出现了某些资源的枯竭现象，为此，可以借鉴国外经验，到国外寻求“经济飞地”，解决国内的能源与资源短缺问题。由此，国家需要出台专门的宏观调控法满足这一新的发展需求。

---

① “飞地经济”是指发达地区与欠发达地区双方政府打破行政区划限制，把“飞出地”的资金和项目放到行政上互不隶属的“飞入地”的工业基地，通过规划、建设、管理和税收分配等合作机制，从而实现互利共赢的持续或跨越发展的经济模式。党中央、国务院高度重视“飞地经济”发展，国家“十三五”规划纲要明确提出，要创新区域合作机制，通过发展“飞地经济”、共建园区等合作平台，建立互利共赢、共同发展的互助机制。为贯彻落实中央有关文件要求，国家发展改革委、国土资源部、环境保护部、商务部、海关总署、工商总局、质检总局、统计局等八部门联合印发《关于支持“飞地经济”发展的指导意见》(发改地区〔2017〕922 号)，积极支持“飞地经济”发展，进一步提升区域协同发展水平。该文件所指的“飞地经济”指的是国内“飞地经济”的发展。但随着中国“一带一路”倡议的实施，越来越多的国外“飞地经济”产生。

四、中国宏观调控法在国际经济和社会领域的延伸

按照目前的通说，宏观调控法的法域范畴主要是指国内法。但是，在国际经济法领域，随着中国越来越多地参与国际经济事务，中国宏观调控及其法治理念也越来越多地延伸到了国际经济和社会领域，并形成了相应的双边的或多边的协议、协定、决议、宣言等。其具体方式包括：一是国家领导人峰会；二是各国财长、央行行长、外交部部长等部级对话；三是由国际组织主办的区域性论坛所形成的宣言，其中，由中国主办的有三个，即上海经合组织每年举办的会议①，海南三亚博

① 上海合作组织2001年6月15日在上海成立，成员国包括中国、俄罗斯、哈萨克斯坦、吉尔吉斯斯坦、塔吉克斯坦和乌兹别克斯坦。上海合作组织的宗旨是：加强成员国之间的相互信任与睦邻友好；发展成员国在政治、经济、科技、文化、教育、能源、交通、环保及其他领域的有效合作；维护和保障地区的和平、安全与稳定；推动建立民主、公正、合理的国际政治、经济新秩序。"互信、互利、平等、协商、尊重多样文明、谋求共同发展"的"上海精神"是处理成员国相互关系的准则。上海合作组织有两个常设机构，分别是设在北京的秘书处和设在乌兹别克斯坦首都塔什干的地区反恐机构。非常设机构包括元首理事会、政府首脑（总理）理事会、外长理事会、国家协调员理事会及总检察长、国防、经贸、交通、文化、救灾等部门领导人会议。其中，成员国元首理事会是上海合作组织的最高决策机构，每年举行一次会议，就组织内所有重大问题作出决定和指示。成员国政府首脑理事会每年举行一次例会，重点研究组织框架内多边合作的战略与优先方向，解决经济合作等领域的原则和迫切问题，并批准组织年度预算。从2004年开始，上海合作组织启动了观察员机制，当年6月在上海合作组织第四次峰会上，蒙古国获得观察员地位。2005年7月，上海合作组织第五次峰会决定给予巴基斯坦、伊朗、印度观察员地位。此外，上海合作组织与联合国、东盟、独联体等国际或地区组织建立了密切联系。上海合作组织成员国总面积近3018.9万平方公里，约占欧亚大陆面积的3/5；成员国总人口约15亿，约占世界人口的1/4。

鳌亚洲论坛①,由中国牵头的"一带一路"国际组织性活动②;四是中国参加联合国相关组织形成的宏观调控方面的决议、协定等。其中,对中国经济影响最大的是2000年中国"入世"时与WTO签署的中国"入世"

---

① 博鳌亚洲论坛是一个非政府、非营利的国际组织,目前已成为亚洲以及其他大洲有关国家政府、工商界和学术界领袖就亚洲以及全球重要事务进行对话的高层次平台。博鳌亚洲论坛致力于通过区域经济的进一步整合,推进亚洲国家实现发展目标。博鳌亚洲论坛由菲律宾前总统拉莫斯、澳大利亚前总理霍克及日本前首相细川护熙于1998年发起。2001年2月,博鳌亚洲论坛正式宣告成立,它是第一个总部设在中国的国际会议组织。论坛的成立获得了亚洲各国的普遍支持,并赢得了全世界的广泛关注。从2002年开始,论坛每年定期在中国海南博鳌召开年会。博鳌亚洲论坛是在经济全球化进程加快和亚洲区域经济合作迅速发展的背景下成立的。1998年,菲律宾前总统拉莫斯、澳大利亚前总理霍克和日本前首相细川护熙提出建立"亚洲论坛"的构想。在中国政府的大力支持下,26个发起国的代表于2001年2月27日聚会博鳌,宣告成立博鳌亚洲论坛并通过《博鳌亚洲论坛宣言》。江泽民同志出席成立大会,向世界庄严承诺:作为东道国,中国政府将继续为论坛的健康发展提供支持。作为一个非官方、非营利、定期、定址、开放性的国际会议组织,博鳌亚洲论坛以平等、互惠、合作和共赢为主旨,立足亚洲,推动亚洲各国间的经济交流、协调与合作;同时又面向世界,增强亚洲与世界其他地区的对话与经济联系。2004年4月,博鳌亚洲论坛理事会成员达成一致意见,今后,论坛年会将于每年4月的第三个周末定期举行。作为对本地区政府间合作组织的有益补充,博鳌亚洲论坛将为建设一个更加繁荣、稳定、和谐自处且与世界其他地区和平共处的新亚洲做出重要的贡献。

② "一带一路"是"丝绸之路经济带"和"21世纪海上丝绸之路"的简称,2013年9月和10月由中国国家主席习近平分别提出建设"新丝绸之路经济带"和"21世纪海上丝绸之路"的合作倡议。它将充分依靠中国与有关国家既有的双多边机制,借助既有的、行之有效的区域合作平台,"一带一路"旨在借用古代丝绸之路的历史符号,高举和平发展的旗帜,积极发展与沿线国家的经济合作伙伴关系,共同打造政治互信、经济融合、文化包容的利益共同体、命运共同体和责任共同体。2015年3月28日,国家发展改革委、外交部、商务部联合发布了《推动共建丝绸之路经济带和21世纪海上丝绸之路的愿景与行动》。"一带一路"经济区开放后,承包工程项目突破3000个。2015年,中国企业共对"一带一路"相关的49个国家进行了直接投资,投资额同比增长18.2%。2015年,中国承接"一带一路"相关国家服务外包合同金额178.3亿美元,执行金额121.5亿美元,同比分别增长42.6%和23.45%。2016年6月底,中欧班列累计开行1881列,其中回程502列,实现进出口贸易总额170亿美元。2016年6月起,中欧班列穿上了统一的"制服",深蓝色的集装箱格外醒目,品牌标志以红、黑为主色调,以奔驰的列车和飘扬的丝绸为造型,成为丝绸之路经济带蓬勃发展的最好代言与象征。2016年世界自由贸易大会暨博览会于2016年11月8~10日在中国澳门召开,大会的主题是中国自由贸易区战略下的"一带一路"合作机会。第一届"一带一路"国际合作高峰论坛于2017年5月14日至15日在北京举行,是2017年中国重要的主场外交活动,对推动国际和地区合作具有重要意义。

协定。① 并且,按照国际上通行的国际法的效力大于国内法效力的惯例,凡是中国加入的国际协议、协定等,中国即应当在国内予以执行,但中国未签署或虽然签署但对部分内容或条款予以保留的除外。这些协议协定既然对国内有效,且处于政策与法律实施的优先地位,因此,这些经过国际协商形成的文件中的涉及宏观调控的政策或规定,又会反过来影响国内宏观调控及其法治的进程及制度安排。其中,2008 年以来,为应对全球性气候变化,中国强化了对节能减排的调控,就是一个典型的例子。②

---

① 按照中华人民共和国加入 WTO 议定书第 2 条贸易制度的实施(A)统一实施条款规定,第一,WTO 协定和本协议书的规定应适用于中国的全部关税领土,包括边境贸易地区、民族自治地方、经济特区、沿海开放城市、经济技术开发区以及其他在关税、国内税和法规方面已建立特殊制度的地区(统称"特殊经济区");第二,中国应以统一、公正和合理的方式适用和实施中央政府有关或影响货物贸易、服务贸易、与贸易有关的知识产权或外汇管制的所有法律、法规及其他措施以及地方各级政府发布或适用的地方性法规、规章及其他措施(统称为法律、法规及其他措施);第三,中国地方各级政府的地方性法规、规章及其他措施应符合在 WTO 协定和本协定书中所承担的义务;第四,中国应建立一种机制,使个人和企业可据以提请国家主管机关注意贸易制度未统一适用的情况。参见全国人大常委会办公厅公报编辑室:《中国加入世界贸易组织法律文件》(中文本)(上),中国民主法制出版社 2002 年版,第 5 页。

② 中新网 2009 年 8 月 28 日电:第十一届全国人民代表大会常务委员会第十次会议昨天下午在北京闭幕,会议表决通过了《关于积极应对气候变化的决议》。决议内容为六个方面:应对气候变化是中国经济社会发展面临的重要机遇和挑战;应对气候变化必须深入贯彻落实科学发展观;采取切实措施积极应对气候变化;加强应对气候变化的法治建设;努力提高全社会应对气候变化的参与意识与能力;积极参与应对气候变化领域的国际合作。会议认为,工业革命以来,人类活动特别是发达国家工业化过程中的经济活动是造成气候变化的主要人为因素。气候变化是环境问题,但归根到底是发展问题。中国正处于工业化的中期阶段、全面建设小康社会的关键时期,必须按照党的十七大提出的"把建设资源节约型、环境友好型社会放在工业化、现代化发展战略的突出位置"和"加强应对气候变化能力建设,为保护全球气候作出新贡献"的要求,坚定不移地走可持续发展道路,从中国基本国情和发展的阶段性特征出发,采取有力的政策措施,积极应对气候变化。决议要求,要强化节能减排,努力控制温室气体排放。大力推广节能技术和节能产品,改善能源生产和消费结构,鼓励和支持使用洁净煤技术,积极科学地发展水电、风电、太阳能、生物质能等可再生能源,推进核电建设。大力发展循环经济,淘汰落后产能和产品,不断提高资源综合利用效率。实施重点生态建设工程,增强碳汇能力。继续推进植树造林,积极发展碳汇林业,增强森林碳汇功能。采取保护性耕作、草原生态建设等措施,增加农田和草地碳汇。参见《十一届全国人大常委会第十次会议闭幕通过多项决议决定》,载中新网:http://www.chinanews.com/gn/news/2009/08-27/1838270.shtml,最后访问日期:2018 年 5 月 10 日。

需要探讨的是,除国内的宏观调控法外,在国际上是否也存在一个全球性的宏观调控问题?笔者认为,是可以成立的。其基本理由是,从笔者一开始对宏观调控概念的释义来看,“宏观”一词概念的界定,本身具有相对性。如果把全球作为一个宏观意义的整体,那么,就存在一个国际宏观调控政策和法律效力的问题。在此情况下,适用该国际宏观调控政策和法律的国家的宏观调控政策及其法律可以在理论上降格为中观调控政策及其法律。正因如此,党的十八届三中全会会议决议才根据中国积极参与国际经济对话的实践经验,把积极参与国际经济规则的制定作为今后宏观调控的重要的发展战略提了出来。① 其基本的实践依据是,中国已经成为仅次于美国的世界第二大经济体和贸易国,中国将在更多的国际事务中发挥重要的作用,同时,中国也面临着更多地承担国际性的经济和社会义务的形势和任务。

然而,由于在目前,国际经济法的效力在总体上还是要服从于国家主权的制度安排,其强制力有限。因此,宏观调控与宏观调控法的概念依然是成立的。

第二节　中国宏观调控法的政治属性

笔者认为,在给中国宏观调控法下定义时,必须旗帜鲜明地将该法以“社会主义”的关键词给予限制。因此,其全称应为“中国社会主义宏

---

① 十八届三中全会《中共中央关于全面深化改革若干重大问题的决定》提出,宏观调控的主要任务是保持经济总量平衡,促进重大经济结构协调和生产力布局优化,减缓经济周期波动影响,防范区域性、系统性风险,稳定市场预期,实现经济持续健康发展。健全以国家发展战略和规划为导向、以财政政策和货币政策为主要手段的宏观调控体系,推进宏观调控目标制定和政策手段运用机制化,加强财政政策、货币政策与产业、价格等政策手段协调配合,提高相机抉择水平,增强宏观调控前瞻性、针对性、协同性。形成参与国际宏观经济政策协调的机制,推动国际经济治理结构完善。

观调控法”,以表明中国宏观调控法的社会主义性质及其政治属性,使之区别于当代“资本主义”社会条件下的宏观调控法。

近几年来,法学界有的人提出了所谓法律的非政治化问题,明确提出所谓“依法治国”就是要法律人治国,市场经济要全盘西化,搞私有制改革。他们提出只要是政府的宏观调控就会违背客观经济规律并发生错误,由此推论,应该取消政府的宏观调控,进而通过肢解宏观调控法概念之下的财税法、金融法等各个法域,达到取消“宏观调控法”的目的。还有的人提出,在西方语境中,没有宏观调控和宏观调控法这一提法(或法域),因此,中国也不需要宏观调控和宏观调控法。在这样的思想背景下,就不得不在学习和研究宏观调控法时,强调其政治属性,即社会主义法的本质属性。在上一章“宏观调控的基础理论”研究中,笔者已经将社会主义理论作为中国宏观调控的基础理论之一进行了阐述,以下,拟结合中国宏观调控及其法治的特性做进一步分析,探讨坚持宏观调控法政治属性的基本依据。

一、宏观调控法对于坚持社会主义市场经济发展方向负有政治责任

中国在1993年正式提出发展市场经济时,中央文件就明确提出中国所发展的市场经济是社会主义的市场经济,它是中国社会主义制度自我完善的过程,是社会主义建设的组成部分,也是中国共产党对国际社会主义运动的一大探索。这就非常明确地说明,从中国开始进行市场经济改革之时,就已经明确中国的市场经济不是当下西方所倡导的市场经济,即资本主义市场经济,这是中国实行市场经济的一个大前提、大逻辑。为此,在理论和实践探索中,在市场经济之前,加上“社会主义”和“资本主义”这一逻辑前提,其本身就表明了不同的政治立场和政治意识形态,表明了其不同的发展道路。其根本的区别在于,中国的市场经济是在中国共产党党中央统一领导下的,立足于人民幸福,立足于为人

民大众服务,旨在使国家走上全民共同富裕、民主法治和国家强盛的发展道路,即中国特色的社会主义道路。而西方的市场经济则是建立在以资本私有、民主政治基础之上的市场经济。正因如此,作为中国改革开放总设计师的邓小平才在提倡发展市场经济的同时,特别强调了同时要坚持"四项基本原则",即中国搞市场经济必须坚持社会主义道路,必须坚持人民民主专政,必须坚持共产党的领导,必须坚持马列主义、毛泽东思想。①

在以上政治逻辑前提下,中国在提出发展市场经济的同时,又特别强调了"宏观调控下的市场经济"这样重要的命题。那么,为什么要在市场经济之前加上"宏观调控"? 或者将宏观调控作为中国发展市场经

① 邓小平有关坚持四项基本原则的论述,最早见于 1979 年 3 月 30 日在党的理论工作务虚会上的讲话。当时的提法是,在中国实现四个现代化必须坚持社会主义道路,必须坚持无产阶级专政,必须坚持共产党的领导,必须坚持马列主义、毛泽东思想。在阐述了中国为什么要坚持该"四项基本原则"基本理由的同时,他特别强调,中央认为,今天必须反复强调坚持这些基本原则,因为某些人(哪怕只是少数人)企图动摇这些基本原则。这是绝不可许可的。每个共产党员,更不必说每个党的思想理论工作者,绝不允许在这个根本立场上有丝毫动摇。如果动摇了这四项基本原则中的任何一项,那就动摇了整个社会主义事业,整个现代化建设事业。并且认为,这不是小题大做,情况的发展使党不能不这样提出问题。这次讲话之后,直到 1992 年的 13 年间,邓小平在每年的讲话、谈话中,均在强调坚持"四项基本原则"问题。例如,在著名的南方谈话中又特别指出:在整个改革开放的过程中,必须始终注意坚持四项基本原则。十二届六中全会我提出反对资产阶级自由化还要 20 年,现在看来不止 20 年。资产阶级自由化泛滥,后果极其严重。特区搞建设,花了十几年时间才有这个样子,垮起来可是一夜之间啊,垮起来容易,建设就很难,在苗头出现时不注意,就会出事。依靠无产阶级专政保卫社会主义制度,这是马克思主义的一个基本观点。马克思说过,阶级斗争学说不是他的发明,真正的发明是关于无产阶级专政的理论。历史经验证明,刚刚掌握政权的新兴阶级,一般来说,总是弱于敌对阶级,因此要用专政的手段来巩固政权,对人民实行民主,对敌人实行专政,这就是人民民主专政。运用人民民主专政的力量,巩固人民的政权,是正义的事情,没有什么输理的地方。另外,他在多次讲话中强调,四个基本原则关键是坚持社会主义道路,坚持共产党的领导,没有共产党的统一领导,中国就会陷入混乱。社会主义的根本是发展生产力,走共同富裕的道路。他还尖锐地指出,如果中国的改革出现贫富两极分化或出现了一个资产阶级,那么,中国的改革就会失败,就走向了邪路。参见中共中央文献编辑委员会:《邓小平文选》(第 2、3 卷),人民出版社 1993 年版。

济的重要组成部分？笔者认为，加上“宏观调控”不仅仅意味着在社会主义市场经济条件下国家管理经济方式由主要以直接管理为主向间接管理为主转变，而且，更重要的是，市场经济之前加上“宏观调控”后，就赋予了宏观调控把握市场经济发展正确方向的重大政治责任。这是因为，市场经济的发展历史表明，随着市场经济发展中资本要素地位的显著增长，如果对私人与社会资本不加以正确引导和控制，其结果必然导致资本主义市场经济的形成。如果出现这样的后果，中国的市场经济改革就必然失败。按照党的十八大报告的说法，就是犯了“颠覆性”错误。正因如此，在党的十八届三中全会的政治决定中，虽然进一步强调了“市场的决定性作用”，但也同时强调了更好地发挥政府的作用，并“加强和改进宏观调控”。

以上分析表明，在市场经济之前，加上“社会主义”是中国发展市场经济的一个大前提；而在市场经济之前，再加上“宏观调控”也是一个必要的前提，它意味着如何坚持社会主义市场经济发展的政治方向，成为宏观调控及其宏观调控法的一项重要政治责任。即可以这样讲，如何坚持中国社会主义市场经济的正确道路，从经济层面上讲，主要通过宏观调控及宏观调控法来实现。这是具有中国特色的社会主义发展道路的一大特色，是中国发展模式的标志性成果。

与此同时，也应当看到，在改革开放以来的宏观调控及宏观调控法的实践中，也确实出现了比较严重的问题，例如，宏观调控法立法不足，执法不严，宏观调控决策出现失误。但笔者认为，一方面，这是制度建设不足出现的问题，完全可以通过制度改进予以解决；另一方面，也说明了宏观调控及宏观调控法如果不从政治上把关，接受党和人民群众的监督，就会导致市场经济发展出现方向性错误。因此，只有强化宏观调控及宏观调控法的政治属性、政治责任，才是正确的做法。

二、宏观调控法应符合社会主义法律体系构建的基本特征

按照国务院新闻办公室于2011年10月公布的《中国特色社会主义法律体系》白皮书的阐述，中国的宏观调控法并非是一个独立的法律部门，而是属于部门经济法的组成部分。而所谓经济法的定义或在法律体系中的作用，按照白皮书的阐述，“经济法是调整国家从社会整体利益出发，对经济活动实行干预、管理或者调控所产生的社会经济关系的法律规范。经济法为国家对市场经济进行适度干预和宏观调控提供法律手段和制度框架，防止市场经济的自发性和盲目性所导致的弊端”。① 按照此表述，作为经济法的一个下位法或子部门法，宏观调控法的任务就是为国家的宏观调控提供法律手段和制度框架，以防止市场经济的自发性和盲目性所导致的弊端。而作为该社会主义法律体系的一个分支法，应当具有或符合法律体系所具有的基本特征。对此，《中国特色社会主义法律体系》白皮书认为，“各国的历史文化传统、具体国情和发展道路不同，社会制度、政治制度和经济制度不同，决定了各国的法律体系必然具有不同特征。中国特色社会主义法律体系，是新中国成立以来特别是改革开放30多年来经济社会发展实践经验制度化、法律化的集中体现，是中国特色社会主义制度的重要组成部分，具有十分鲜明的特征”。为此，白皮书将中国特色社会主义法律体系的基本特征概括为五个方面：一是中国特色社会主义法律体系体现了中国特色社会主义的本质要求；二是中国特色社会主义法律体系体现了改革开放和社会主义现代化建设的时代要求；三是中国特色社会主义法律体系体现了结构内在统一而又多层次的国情要求；四是中国特色社会主义法律体系体现了继承中国

① 参见2011年10月国务院新闻办公室授权新华社发布的《中国特色社会主义法律体系》白皮书。

法制文化优秀传统和借鉴人类法制文明成果的文化要求;五是中国特色社会主义法律体系体现了动态、开放、与时俱进的发展要求。并且,白皮书认为,构建中国特色社会主义法律体系过程中,中国立法机关坚持中国共产党的领导、人民当家作主、依法治国有机统一,始终围绕国家的工作重心,积极行使立法职权,有计划、有重点、有步骤地开展立法工作,积累了一些宝贵经验,成功走出了一条具有中国特色的立法路子。

以上白皮书的明确阐述充分表明:一是宏观调控法已经成为具有中国特色社会主义法律体系的重要组成部分之一。二是中国宏观调控法的制定和实施,必须符合该法律体系具有的基本特征,具有鲜明的政治属性。其核心是要把“中国共产党的领导、人民当家作主、依法治国”有机地统一起来。三是在宏观调控法的制定和实施中,要把是否具备这些基本特征,是否体现了“中国共产党的领导、人民当家作主、依法治国”有机统一,作为衡量宏观调控法是否符合政治要求的标准。

三、全面推进依法治国,实施国家的法治治理,对宏观调控法提出更高的政治要求

2014 年 10 月 23 日,中国共产党第十八届中央委员会第四次全体会议通过了《中共中央关于全面推进依法治国若干重大问题的决定》,该决定以中国执政党的政治决议形式颁发,在党的历史上是第一次。它表明中国共产党在领导人民发展社会主义市场经济的同时,坚持全面推进依法治国,实施国家法治治理的坚强决心。该决定不仅肯定了法治在中国社会主义事业建设中的规范作用,并且把法治提升到了“引领”的政治高度,这就对包括宏观调控法在内的一切法治建设赋予了重大的历史使命。并且,特别强调依法治国是坚持和发展中国特色社会主义的本质要求和重要保障,是实现国家治理体系和治理能力现代化的必然要求,事关我们党执政兴国,事关人民幸福安康,事关党和国家长治久安。全面建成小康社会、实现中华民族伟大复兴的中国梦,全面深化改革、完善

和发展中国特色社会主义制度,提高党的执政能力和执政水平,必须全面推进依法治国。该决定把“在中国共产党领导下,坚持中国特色社会主义制度,贯彻中国特色社会主义法治理论,形成完备的法律规范体系、高效的法治实施体系、严密的法治监督体系、有力的法治保障体系,形成完善的党内法规体系,坚持依法治国、依法执政、依法行政共同推进,坚持法治国家、法治政府、法治社会一体建设,实现科学立法、严格执法、公正司法、全民守法,促进国家治理体系和治理能力现代化”确定为全面推进依法治国的总目标。将坚持中国共产党的领导、坚持人民主体地位、坚持法律面前人人平等、坚持依法治国和以德治国相结合、坚持从中国实际出发确定为全面推进依法治国必须坚持的基本原则。而关于宏观调控及其法治的论述,主要体现在两处:一是在讲到加强重点领域立法时提到,“加强市场法律制度建设,编纂民法典,制定和完善发展规划、投资管理、土地管理、能源和矿产资源、农业、财政税收、金融等方面法律法规,促进商品和要素自由流动、公平交易、平等使用。依法加强和改善宏观调控、市场监管,反对垄断,促进合理竞争,维护公平竞争的市场秩序。加强军民融合深度发展法治保障”。二是在讲到政府依法全面履行职能时提到,“推进各级政府事权规范化、法律化,完善不同层级政府特别是中央和地方政府事权法律制度,强化中央政府宏观管理、制度设定职责和必要的执法权,强化省级政府统筹推进区域内基本公共服务均等化职责,强化市县政府执行职责”。总之,这些论述不仅把宏观调控法治提到了政治的高度,也为下一步宏观调控法的完善指明了前进的方向。

第三节　中国宏观调控法的法益目标与价值和作用

按照法学原理及立法实践,任何法律的制定首先要解决的是该项法律制定和实施的目的或立法宗旨。并且,一旦立法的目的或宗旨被确立,也就决定了该项法律制定和实施的应有价值和作用。在此基础上,若干相同或相类似的法律就会形成一些共同的法益目标、价值和作用,并成为这一类法律制定和实施的重要理论基础,成为认识该类法律概念的重要扩展性要素。就中国的宏观调控法而言,鉴于它是对某些具有相同属性的计划规划法、产业指导法、财税法、金融调控法等法律分支的一个概括性定义,因此,有关宏观调控法法益目标、价值和作用的正确认识,对于科学地理解中国宏观调控法具有重要的理论和实践意义。

一、对宏观调控法法益目标的分析

按照法益目标的含义,宏观调控法的法益目标是指一部宏观调控法律的制定和实施所要达到的目标目的及其所保护的利益所在。综合中国相关宏观调控立法实践,结合法学和经济法原理,笔者认为,理解中国宏观调控法的法益目标,首先,要明确的是宏观调控法的法益目标应当不同于宏观调控所要达到的目标。两者的基本关系是:宏观调控的目标是实现宏观经济或一国国民经济和社会发展;而宏观调控法的目标是如何通过法律手段和法律制度的配置,为实现宏观调控目标提供一个法治治理的条件和环境,使之规范有序及合理地运行。在此关系中,宏观调控目标是根本,宏观调控法是实现宏观调控目标的手段或机制。其次,鉴于宏观调控法主要属于公法的范畴,宏观调控行为主要涉及公权力的配置和行使问题,并且,这种公权力的行为主要是指政府干预市场的行为,因此,宏观调控法的法益目标就是通过规范政府的宏观调控行为,促使其依法行使宏观调控权力。如果按照经济法的基本原理,与同样属于经济法范畴的市场规制法主要解决“市场失灵”问题不同,宏观调控法主要解决的是“政府失灵”问题。再次,虽然宏观调控行为主要是由政府这一行政主体所实施,但是由于宏观调控行为的经济属性,因而政府在宏观调控时,也不能独断专行,要特别重视听取市场经济主体及社会各界的意见和要求，十分重视通过协商促使市场经济主体及社会各界理解和配合宏观调控政策与法律的实施。因此，在宏观调控法的法益目标上，包含了民主协商的内涵要求，且它不仅仅是程序意义上的，应当是一种实质意义上的协商。对此，有观点认为，宏观调控法重点解决的是参与性和可诉性问题。[①] 从此意义上讲，宏观调控法不仅仅是单纯的公权力配置和行使问题，也十分重视私权利的保障，这是宏观调控法的应有之义，符合经济法以公法为主兼顾私法的法律特征。最后，关于宏观调控法所保护的利益问题，按照经济法原理，它既不是单纯的国家利益，也不是政府利益，更不是社会个体利益，而是社会整体利益，且应当是可持续性的。唯有此，宏观调控法的存在才具有正当性和合理性。

二、对宏观调控法价值的分析

价值的本意是事物的有用性。因此，探讨宏观调控法的价值问题就是探讨宏观调控法存在的合理性和有用性。

关于中国为什么需要宏观调控法？依照前述分析，按照法学基本原理，主要原因在于与宏观调控法相关的宏观调控关系的存在。按照笔者论述，这种关系自从 1993 年中国宣布实施社会主义市场经济以来就已经产生了，就需要相应的法律予以调整。其合理性既来自对西方宏观经济学理念与市场经济实践经验的借鉴，也来自中国对社会主义市场经济的科学定位，还来自对原有的计划直接管理模式予以改革的反思与探索。

笔者认为，关于宏观调控法的有用性问题，宏观调控法除具有一般法所具有的秩序、公平、公正等价值外，在中国社会主义市场经济发展中，其突出的价值集中体现在引领发展、民主协商和促进发展三个方面。

---

① 陈云良：《从授权到控权：经济法的中国化路径》，载《政法论坛》2015 年第 2 期。

首先,在引领发展方面,按照党的十八届四中全会的精神和制度安排,所谓“引领”,主要通过立法的形式加以引领。而立法引领的实质意义在于法律制度的配置及利益关系的调节,既包括对既有合理政策制度安排及其利益关系的确认,也包括新制度的创新及其利益关系的调节和利益的重新分配。由于宏观调控权属于中央的专属权力,因此,用立法来引领宏观调控时,主要涉及中央一级有关宏观调控法方面的立法实践,其既包括对既有立法的修改完善,也包括新的法律的出台,还包括对过时法律的废除。这一立法规律被学界简要地概括为“立、改、废”。一旦有了这些立法,宏观调控就应在法律框架内行使权力,实施法治治理,任何人、任何组织均必须遵守法律规范。与此同时,按照党的十八届四中全会的精神和制度安排,对于执政党而言,党的各级组织及其每一个共产党员还要遵守党内法规或规矩的约束,并且党内法规或规矩对党组织和党员的要求,要比法律更严格。

其次,在民主协商方面,鉴于宏观调控所涉及的问题的重大性和宏观调控法的公共政策与制度属性,因此,有关宏观调控法对宏观调控行为秩序的约束,主要体现在通过程序规定,强化政策与法律形成过程中的专家参与、相关利益主体参与以及通过信息公开化渠道,广泛征求社会各界的意见,以便力求使宏观调控的决策能够在取得最大支持情况下,得以有效地贯彻实施。此外,在宏观调控依法实施时,还可以通过事前评估以及事中和事后的监督,保证宏观调控措施实施的正确性。与此同时,还需要注意的是,基于某些宏观调控措施的实施涉及国家安全和社会稳定,其宏观调控措施的出台需要严格的保密,因此,各国法律均将其作为民主协商之例外,授权特别的部门予以独立行使相关的权利。在此情况下,事先的决策由专业部门独立行使,不存在与社会各界的协商问题,但在事中和事后可以接受社会监督。此方面最典型的如,金融调控中货币政策以及利息、汇率、存款准备金等相关金融调控措施的实施和相关税收税率的调节。但总体来看,从法理角度分析,宏观调控法的民主协商价值体现了现代社会有序民主的价值理念。

最后,在促进发展方面,按照经济法原理,与传统法律主要解决经济存量问题不同,宏观调控法制(法治)主要解决的是一个国家的经济增量问题。因此,总体上讲,宏观调控法属于促进法的类别。其基本特点是宏观调控法对于被调控的市场主体而言,更多的不是强制,而是一种政策性的鼓励、激励和引导,宏观调控法包括了大量的有利于被调控市场主体发展的政策措施。在典型的宏观调控法中,通常不设立针对被调控市场主体的法律责任。典型的如,各国出台的有利于中小企业发展的中小企业促进法等。[①] 对此,中国亦然。

三、对宏观调控法作用的分析

作用的含义是指事物存在与发展的影响力。通常有积极作用和消极作用两个方面。按照辩证唯物主义,对待任何事物均要一分为二,宏观调控法也不例外。中国宏观调控法在社会主义市场经济发展中的积极作用,是显而易见的。从客观上讲,市场经济的属性之一,就是法制经济或法治经济。其本意是指在微观领域应当在国家宪法和法律框架之下,遵守意思自治和契约原则。但是,这不等于说在宏观与中观经济领域,就不讲法制或法治;从主观上讲,要全面推进依法治国,就要实现经济领域全方位的法制化及其法治化。总结以上分析,宏观调控法的积极作用,可以概括为:一是维护宏观调控秩序,其中,包括对宏观调控权力

---

① 例如,在欧盟,颁发有《欧盟小企业宪章》和《欧盟委员会关于微型、中小型企业的定义》规定,以便指导欧盟各国的中小企业立法。在印度,2006 年专门出台了《微型、中小型企业发展法案》。在日本,1963 年即出台了《日本中小企业基本法》并于 1999 年修订,同时,还于 2007 年最终修订颁发《日本关于提高中小企业加工产品基础技术的法律》。在韩国,颁发有《韩国促进大中小企业相生合作的法律》。在越南,于 2001 年颁发了《越南支持中小企业发展政府法令》。参见国家发展和改革委员会中小企业司编:《国外中小企业法律政策汇编》,机械工业出版社 2008 年版,第 1 ~75 页。

主体的授权与限权,以防止其权力的滥用;二是通过有序民主协商刚性制度的建立,保障宏观调控决策的合理性和有效性;三是促进市场经济朝着社会主义的方向健康发展。

如果从消极作用角度分析,宏观调控法的消极作用可能来自两个方面:一是按照法学原理,法律作为调整社会关系的规范有其自身的局限性,解决社会问题的根本在于一个国家道德根基的建立。为此,党的十八届四中全会强调了将依法治国与以德治国相结合,但是,道德的塑造不是一朝一夕的事,面对市场利益的各种诱惑,法律不可能平衡所有的利益关系,特别是处于改革与社会转型期的法律,存在极大的变异性特点,使稳定的法律难以适应飞速发展的经济和社会要求,使既有的法律制度很可能成为阻碍社会前进的保守力量,对此,宏观调控法也不例外。二是从实践层面上看,宏观调控法体现了两个方面的干预,即为克服“市场失灵”授权政府可以干预市场,以及为克服“政府失灵”对政府经济调控行为的限制,或被称为对政府干预的干预。从科学角度讲,任何的干预都是主观对客观事物发展认识基础上的主动行为,但这种主观对客观事物的认识总是会有差距的。干预过度就会出现问题,因此,从科学角度讲,十分强调干预的“适度性”。然而,这种“适度性”的把握有较大的难度。无论是宏观调控对经济的过度干预,还是不干预,都可能打着依法的旗号,对之产生的严重后果,宏观调控法的作用有限,只有事后才能得以调整。这方面典型的例子,在国外,有美国2008年金融危机的例子,[①]而在国内的典型表现是政府对房地产市场调控的受挫和争议。

---

① 笔者认为,2008年美国发生的金融危机,表面上看是由于放松了对次贷的监管所致,实质上是美国一直信奉民商法市场信用制度并放松市场监管所导致的。为此,自危机爆发以来,不得不在实施政府救市措施的同时,加强了金融监管和经济调节的力度。

第四节　中国宏观调控法的调整对象

按照法学原理,任何法律均有其特定的调整对象,即特定的社会关系。它是法律成立的社会基础,特别是部门法构造的社会基础。而社会关系的存在,有些是人类在生产生活中自然形成的关系,有些则是基于特定历史条件下随着新制度的产生而产生的。中国的宏观调控关系就属于后一种关系。中国宏观调控关系的产生源于中国对社会主义市场经济制度和宏观调控下的市场经济体制的选择。这种制度和经济体制选择,如果确切地从 1993 年算起,至今已经运行了 25 年。在这 25 年当中,宏观调控机关依法履行宏观调控职责,并导致宏观调控关系的产生和逐步完善,成为宏观调控法的特有调整对象,也是使宏观调控法理论得以成立的社会基础。为此,没有社会主义市场经济的强力推进,就不会产生宏观调控关系。如果进一步分析,对一个社会关系的理解应主要从社会关系的主体、目标内容和本质特征入手。对此,宏观调控关系亦然。

一、中国宏观调控关系的主体问题

对中国宏观调控关系的主体,可以从领导主体与决策主体、民主协商主体、调控主体、被调控主体四个方面予以理解。

(一)领导与决策主体问题

由于宏观调控事关国家大事,事关国家宏观全局,具有高阶位的特性。因此,宏观调控的决策理应由国家最高决策机关行使,才具有权威性、正当性,才便于全国统一执行。在中国现行政治、行政与法律体制下，行使这一决策权的主体就是中共中央、全国人大常委会和国务院。

首先，作为执政党，中国共产党是全中国人民和各项事业发展的领导核心，为此，中共中央对国家的宏观调控负有首要的决策性职责，对此，《中国共产党党章》有明确的阐述。在实践中，中共中央对宏观调控的决策权主要通过出台宏观调控的政策性文件，以指导国家的宏观调控立法和执法。与此同时，有关宏观调控方面的重要立法也要经过中共中央的批准后才能颁发实施。

其次，作为国家最高权力机关，全国人大及其常委会负责宏观调控法的立法及对立法的执行情况行使监督权，该宏观调控立法对于宏观调控的运行具有决策、规范与引导的意义。

最后，作为国家最高行政机关和主管经济工作的国务院，对于宏观调控的决策具有基础性作用。在宪法和法律授权下，一方面，负有起草相关宏观调控法立法草案和政策的职责；另一方面，可以通过制定行政法规及相关政策指导、规范和引导宏观调控工作。

（二）民主协商主体问题

为了保证宏观调控决策的科学性和有效性，民主协商是重要的法律保障。这种协商体现了人民当家作主的政治属性，应具有广泛性。但是，鉴于宏观调控具有较强的专业属性，使其受到一定的限制。然而，依据宪法和法律规定，一些必要的协商是必需的。从实践来看，其参与的主体协商包括：一是民主党派协商；二是人大代表协商；三是政协委员协商；四是专家协商；五是代表社会相关利益的社会团体和企业协商；六是中央政府有关部门及地方政府协商等。并且，这些协商在相当程度上存在交叉现象。另外，随着互联网技术的社会推广以及人民群众民主法制意识的提高，众多网民的意见和利益相关者的意见，往往通过网络平台对国家的宏观调控及宏观调控法治发声，其社会舆情越来越受到国家的重视，使网民成为参与宏观调控的重要主体。

(三)调控主体问题

在中国目前体制下,调控主体主要包括隶属于国务院的综合调控部门、各职能部门和相关部门。其中,综合调控部门是指国家发展和改革委员会、财政部、中国人民银行、国家工信部、国家商务部;各职能部门是指对宏观调控负有某一单项职能的部门,如国家统计局、国家税务总局等;其他部门是指属于国务院直属的负有宏观调控的职能部门,例如,国资委、银保监会、证监会等。这些部门可以根据中央和国务院政策、全国人大法律及国务院行政法规,通过制定和实施部门规章或规范性文件,落实宏观调控的各项决策。此外,这些部门也是为决策机关提供宏观调控基础数据信息和决策建议的部门。

(四)被调控主体

从立法和实践来看,宏观调控的被调控主体可分为被直接调控主体和被间接调控主体两类。其中,被直接调控主体主要是指地方各级人民政府、各金融机构和相关机构。这是因为,地方政府及其相关部门对于中央的宏观调控而言,是具体的贯彻落实主体。宏观调控的政策与法律必须通过地方政府这一行政载体予以落实。地方政府及其相关部门在宏观调控的决策阶段可以发表自己的意见和建议,一旦政策和法律出台,则必须贯彻落实。对于金融机构而言,中央作出的金融调控政策和法律,各金融机构也必须执行,如存款利率需在国家规定的范围内确定、贷款政策随国家产业政策的调整而调整等,自行的决策权有限。对于被直接调控者,宏观调控法应明确其法律责任。

所谓被间接调控主体,主要是指相关的市场主体,包括消费者、生产者、经营者和服务者。他们是宏观调控政策与法律的最终实施者,但鉴于宏观调控通常对之不予以强制,因此,宏观调控需要与市场主体自己的市场决策相互衔接才能实现。在基于宏观调控措施调整致使被调控的市场主体利益受损时,国家应当予以合理公平的补偿。当被调控的市场主体拒不按照宏观调控措施行事并产生聚合效应时,宏观调控机关可以采取行政强制措施,以保障宏观调控政策和法律的有效实施。正因如此,越来越多的市场主体,特别是企业,高度关注宏观调控政策法律的出台与调整,以便使企业的决策与宏观调控保持一致。

二、中国宏观调控关系的目标和内容定位

任何社会关系的发生均有其特定的目标或目的性及其与其相关的内容。并且,从目标的形成过程来看,大体分三种基本情况:一是基于社会关系主体双方或多方的共同目标发生了社会关系,即横向合同关系,如市场经济条件下的各类合同关系或契约关系。在此类关系中目标和内容的定位是社会关系主体合意或意思自治的结果。二是各类合同关系或契约关系的发生,是为了实现政府某一特定的管理目标,并受到宏观调控法律政策的制约,即纵横结合合同,典型的如由政府主导的PPP项目合同、土地整治合同等。三是基于一定的管理主体为实现管理目标而在管理者和被管理者之间发生的社会关系,即纵向合同,①如企业管理、政府对经济的管理等。在此情况下,社会关系目标与内容的定位则体现了管理者的单方意志。宏观调控关系属于一种管理关系的范畴,并且,其社会关系的目标与内容取决于宏观调控机关所代表的国家意志。然而,由于宏观调控所具有的民主协商与间接性调控特点,使其又不同于一般的管理性的社会关系。即表面上看,宏观调控关系是根据宏观调控决策机关与管理机关的职权而产生的社会关系,但是,从实质上看,由于其行使经济权力时,必须经过民主协商之必要程序,因此,实际上蕴含着与协商者合意的意思。这种合意,不能仅仅是“协而不商”,也不能只

① 该种合同,在行政法上被称为行政合同。

是走走形式。特别是对于最终实施主体来说，由于宏观调控对于市场主体并没有强制性，因此，只有在宏观调控目的与市场主体的目的达成或基本达成一致时，国家的宏观调控目的与措施才能得到市场主体的理解和支持。在宏观调控关系形成过程中，宏观调控目标的确定，绝不能任由决策者肆意妄为，必须与广大人民的意志保持一致，才能行得通。这不仅是一个经济问题，也是一个严肃的政治问题。由此，宏观调控关系及其目的应是在中共中央统一领导下的全民多数意志的合意结果。

关于宏观调控目标相联系的具体内容问题，按照市场经济原理，有狭义和广义之说。狭义的宏观调控，主要是指围绕宏观调控特定目标和国家产业政策、财政政策和货币政策（金融调控政策）与工具选择产生社会关系时所涉及的内容。其集中表现为：经济增长、充分就业、社会物价稳定、国际收支平衡、产业结构调整、财政预算、税收调节、国债调节、财政支出调节、金融调节等。从市场角度分析，则表现为总需求与总供给的大致平衡。广义角度讲，除经济调节的这些内容外，还应包括国家对社会发展的调控内容，如科教文卫体事业与产业发展的公共政策及其措施。在广义宏观调控下，宏观调控所引发的社会关系涵盖了经济和社会发展的各方面。对此，究竟采取哪种观点较为妥当？笔者认为，关键是看国家采取了什么样的宏观调控管理体制或模式。对此，各国有各国不同的国情。例如，美国依托其美元优势主要采取的是金融调控为主的宏观调控模式，因此，美国宏观调控的主要内容就是金融调控；日本的宏观调控模式主要内容是产业调节；而其他很多国家主要为财税调控。而在中国，则采取了以价格调控、资源与环境调控为基础，以国民经济和社会发展规划为牵头，以财政调节与金融调控为两翼，以其他调控为配合的综合调控模式。这种体制模式的形成，既体现了与中国社会主义传统经济管理模式的衔接，也借鉴了西方市场经济调控的经验和教训，形成了独特的中国发展模式，事实证明是符合中国国情的。目前，中国正在实施“十三五”发展规划，党的十八届五中全会已经对之予以了部署安排,从2016年起至2020年,中国的宏观调控将围绕“十三五”规划所确立的宏观调控目标展开。相应地,宏观调控关系的发展及其法律调整,也将围绕发展规划及年度计划的落实予以完善。由此看来,中国宏观调控的目标和内容具有广泛性,对宏观调控应从广义角度予以理解才符合中国实际,由之引起的宏观调控法的调整对象,也应按照《国民经济和社会发展规划》的框架,以国民经济关系和社会发展关系的基本分类予以研究为妥。对此,笔者下一章将予以专门阐述。

第五节 中国宏观调控法的规范形式与集合

按照法学原理,法律定义下的法规规范的总称,反映了一类法律规范形式的集合。因此,认识某一法律的概念,必须把握法律概念相应的规范形式、结构及其集合状态;并且,这种规范一定是现实法治实践中,依照《立法法》所实际运行的法律形态,它们是法律研究的对象或渊源,也被称为法的渊源。由此,对中国宏观调控法概念的理解,也不例外。

一、中国宏观调控法的规范形式

所谓中国宏观调控法的规范形式,就是按照《立法法》所存在的宏观调控法的具体形式。按照中国现行的《立法法》规定,中国现有的法律规范形式共有五种基本形式,即:一是宪法规定;二是全国人大及其常委会颁发的法律;三是国务院颁发的行政法规;四是根据《立法法》授权,有立法权的地方人大常委会制定和实施的地方性法规;五是国务院相关部门制定和实施的全国性规章,以及根据《立法法》授权,有立法权的地方人民政府制定和实施的地方性规章。并且,这五类法律依次形成了上位法与下位法的法律关系,其中,下位法不得与上位法相抵触。这是目前中国任何法律概念成立的法律实践基础。

就宏观调控法而言，基于宏观调控权属于中央专属的政策安排，因此，通说认为，宏观调控法的规范形式主要包括：一是宪法有关宏观调控的规定；二是全国人大及其常委会颁发的与宏观调控有关的法律；三是国务院颁发的与宏观调控有关的行政法规；四是国务院相关部门制定和实施的与宏观调控有关的全国性规章。此外，对于地方性法规和规章而言，通常不认为其有权制定宏观调控法，但是，如果有关宏观调控法以“先行先试”原则特别授权地方立法时，地方人大或政府依照特别授权所出台的地方性法规或规章则具有了宏观调控法的属性。对此，早期的立法有有关特区立法的特别授权；近期的有国家级改革试验区和自贸区立法的特别授权。

此外，按照国家 2011 年公布的《中国特色社会主义法律体系》白皮书的阐述，中国的法律形式还表现为七大法律部门，其中，截至 2010 年，宏观调控法为部门经济法之下一类法的集合或次部门法。其具体的法律表现形式主要包括：第一类，对经济活动实施宏观调控和管理的预算法、价格法、中国人民银行法等对经济活动实施宏观调控和管理的法律；第二类，体现税收调节的企业所得税法、个人所得税法、车船税法、税收征收管理法等法律，以及增值税暂行条例、消费税暂行条例、城市维护建设税暂行条例等行政法规；第三类，保障农业发展和国家粮食安全的农业法、种子法、农产品质量安全法等法律；第四类，对重要行业实施监督管理和产业促进的铁路法、公路法、民用航空法、电力法等法律；第五类，规范重要自然资源的合理开发和利用的土地管理法、森林法、水法、矿产资源法等法律；第六类，促进能源的有效利用和可再生能源开发的节约能源法、可再生能源法、循环经济促进法、清洁生产促进法等法律。这种概括性阐述一方面表明，中国目前尚没有以“宏观调控”命名的法律；另一方面，白皮书所列举的相关法律与宏观调控法的属性比较接近，总体上说，可以属于宏观调控法的范畴，是认识和研究宏观调控法的法律基础。

二、宏观调控法的准规范形式

除以上《立法法》规定的规范形式或渊源外，根据宏观调控实践，还存在一些虽然不属于《立法法》规定之规范形式，但实际上在宏观调控中起着重要规范作用的非规范形式或准规范形式。对此，白皮书的表述是，"中国依法对财税、金融、外汇、投资等体制进行改革，建立了与市场经济相适应的宏观管理体系"。这就实际上把有关宏观调控管理的相关改革政策、措施纳入了宏观调控法的范畴。根据经济法学原理和实践，笔者认为，宏观调控政策、发展规划及计划，以及为落实宏观调控政策和法律，由宏观调控机关制定和实施的规范性文件是目前中国宏观调控法的准规范形式。其中，宏观调控政策体现了经济法的政策法属性，其在实践中有明显的执行力或公认的效力，它对于指导市场经济的发展具有重要的引领性作用。例如，典型性的是中央针对农业发展每年出台的"一号文件"；国家每 5 年制订的发展规划及其年度计划，对引导政府和市场的行为具有法律约束力，是宏观调控的重要依据；而由宏观调控部门为贯彻落实各项宏观调控法和政策所出台的大量的规范性文件（或红头文件），也是宏观调控法的重要表现形式。在宏观调控实践中，正式规范与准规范协调应用，产生叠加效应是宏观调控法的常态，具有中国特色。

三、中国宏观调控法的规范集合问题

按照法学原理，法律规范的集合通常由两部分组成：一是集中体现法律规范特点的法典或法律文件；二是散见于相关法律文件中的相关规定。例如，就民事法律而言，目前实施的《民法总则》①既是集中反映民法原理的法律规范，但属于民法范畴的法律规范还应当包括其他法律文件中的民事法律规范。另外，也不能说《民法总则》中的所有条文都属于民法的范畴，有些规定可能属于其他法律部门研究的对象。例如，根据《民法总则》第 8 条规定，“民事主体从事民事活动，不得违反法律，不得违背公序良俗”。这里所指的“法律”不仅仅是指民事方面的法律，而且也包括其他方面的法律，其中，宏观调控法是民事活动据以开展的重要法律之一，宏观调控法对民事活动有制约和引导作用。

就目前的中国经济法和宏观调控法而言，并没有以“经济法”或“宏观调控法”冠名的法典式的法律规范，为此，经济法学界一直在努力，但一直没有纳入国家立法的范畴。因此，宏观调控的法律规范集合主要表现为相对集中的规定和散见于其他法律文件中的规定。集中者如上述白皮书中所指的预算法、价格法、中国人民银行法，还有中小企业促进法、就业促进法等，对此，在经济法学者看来，它们都是典型的宏观调控法。另外，有关国家经济体制改革和产业结构调整的决定、决议等政策性文件，也具有明显的宏观调控法属性。但是，大量的还是以散见于相关的法律和政策中的有关宏观调控方面的规定。

---

① 为了保护民事主体的合法权益，调整民事关系，维护社会和经济秩序，适应中国特色社会主义要求，弘扬社会主义核心价值观，依据宪法规定，《民法总则》于 2017 年 3 月 15 日，由第十二届全国人民代表大会第五次会议通过，自 2017 年 10 月 1 日起施行。

第四章　中国宏观调控法调整对象的类型分析

根据上一章论述，鉴于中国目前特定的宏观调控管理体制与模式，笔者主张按照国民经济和社会发展规划的制度安排，对中国宏观调控的调整对象予以理解与分析。在本章，拟对其所涉及的基本社会关系予以进一步阐述。

第一节　国民经济调控关系分析

一、关于国民经济与宏观调控

所谓国民经济，是指一国或一地区经济运行或活动的总称。在市场经济条件下，国民经济的管理主要通过国家的宏观调控予以实现。如前所述，按照市场经济原理，宏观调控就是指国家为了实现宏观调控目标，在制定宏观调控政策的基础上，运用宏观调控手段，对宏观经济

(或国民经济)运行的调节和控制活动的总称。按照市场经济原理,在现代市场经济条件下,宏观调控是市场经济特有的范畴,是现代市场经济发展的重要组成部分。中国于1993年确立发展社会主义市场经济体制的同时,即强调了完善宏观调控,并在宏观调控模式选择上,借鉴国外的经验,结合中国国情,确立了以国家价格调控、资源与环境调控为基础,以发展规划调控为牵头,以财政税收调控和金融调控为两翼,以其他经济调控相配合的综合调控模式,并提出中国的市场经济是“宏观调控下的市场经济”。① 该调控模式的运行,首先以国民经济发展规划及其计划为牵头,在国民经济领域引起以下诸多新型的经济关系,具有鲜明的中国特色。

现在的问题是,有人认为,国民经济及其发展规划及计划,是一组与过去计划经济相联系的概念,在今天发展市场经济条件下,应该取消这些概念,甚至取消国民经济发展规划。对于这些观点,笔者不能认同。笔者认为,在中国共产党的领导下,以国民经济发展规划及计划的形式统一全国人民发展经济的意志和步伐,正是中国独特发展模式的重要特点,是全国各级人民代表大会代表人民当家作主的重要平台,是国家基本政治制度的体现。而且,中国目前的发展规划既不同于计划经济时期的国民经济计划,也不同于政府的行政规划。以《国民经济和社会发展纲要》为例,与改革开放之前的计划不同,各项经济和社会发展的指标逐年减少,②更多地侧重于发展政策的制定,更符合市场经济发展的要求,国民经济的概念与市场经济之间并不产生矛盾。

---

① 参见党的十四大报告(1992年)。

② 改革开放以来,总体上看,规划中的指标数量是在逐步减少的,“七五”计划有150个左右的指标,“八五”和“九五”计划减少到100个左右,“十五”计划只有38个,“十一五”规划主要指标加上其他指标共有39个。此后,一直大致保持这个水平。参见杨伟民主编:《发展规划的理论和实践》,清华大学出版社2010年版,第152页。

二、国民经济调控诸关系分析

（一）市场调控关系

要发展市场经济，首先必须从宏观调控角度出台有利于市场经济发展的政策和法律，这是形成市场经济的基本条件。试想，如果没有从1978年开始国家一系列的改革开放政策的制定和实施，如何有今天的市场经济？为此，市场调控关系就是指国家在制定和实施市场政策时所形成的社会关系。从一般意义上讲，从古到今，市场的确立和发展从来都是与国家的管理相辅相成的。但宏观调控法讲的市场调控关系主要是指国家有关市场竞争与垄断政策及其法治对市场的影响。在当代社会，面临市场失灵和市场竞争中出现的问题，各国纷纷出台《反不正当竞争法》用来规制市场行为，但是，这种规制是与国家的市场政策有关的。而在如何对待经济垄断问题上，国家对于市场垄断并非完全否定，国家政策对于合理的垄断予以支持，国家的反垄断只是针对不合理的垄断予以禁止或限制，并且，其体现了明显的阶段性特征。为此，国家对于垄断的调控政策，直接影响《反垄断法》的调整范围和法益目标。尤其在当前，国家提出以市场决定为基础的宏观调控政策后，市场调控关系的发展将更多地倾向于市场功能发挥在整个国民经济发展中的地位。为此，市场调控关系在整个宏观调控关系中处于首要的地位，其他经济调控关系的产生与发展，均要以其为基础来予以相应地调整。

（二）价格调控关系

价格是商品价值的货币反映，以价格围绕着价值上下波动为基础，确立市场价格是商品经济运行的基本规律，此规律在经济学上被称为价值规律。因此，要发展市场经济，使市场成为配置社会经济资源的基础或决定力量，首先，应改变原来的计划体制，将大部分市场商品的价格交由市场,并通过市场主体的竞争予以决定,从而,为发展市场经济奠定制度基础。在此方面,经过40年的改革开放,已经达到目的。通过《价格法》的制定和实施,市场上绝大多数的商品价格实现了市场调节,与此同时,对于社会公共产品的提供,政府应肩负起定价责任。其次,属于国民经济领域国家调节的价格则主要体现在对价格总水平的调节之上,即为了使价格总水平能够保持在合理增长的范围内,国家可采取一系列法定措施与手段对国民经济运行予以调节,进而形成价格调控关系。①

(三)规划与计划的关系

计划是人类为达到未来计划期内的发展目标,通过确立未来发展任务、具体指标及其保障措施,以影响未来人类行动方向的方案。在古代时期,中国古人即提出了“预则立,不预则废”的思想。发展至今,计划管理已经成为国家、企业,乃至自然人个人有效地和科学地②发展的基本管理手段。

就国民经济发展而言,运用国家计划手段统一调节国民经济运行是中国传统的经济管理手段。并且,这种国家管理经济的方式至今一直被

---

① 价格总水平是指一定时期内,全国或某一地区范围内各项商品和服务价格变动情况总状况的体现,由各类商品和服务价格加权平均后得出结论。价格总水平的调控意义在于对价格总指数上涨的控制,一般控制在5%以内,否则便会引发严重的通货膨胀。为此,国家可以通过重要商品的国家储备、建立价格基金、对市场价格波动予以检测、对农产品价格予以重点保护,以及在必要时,政府可以对部分价格采取限定差价率或者利润率、规定限价、实行提价申报制度和调价备案制度等进行价格行政干预,甚至在某一地区或全国实施价格冻结等措施,来进行价格调控。

② 一项计划的科学性表现为科学计划所应具有的基本要素,即:(1)计划编制、审议与批准主体的确定;(2)计划预期期限的确定;(3)计划期目标确定的客观依据及面临形势的分析;(4)计划期目标与任务的确定;(5)计划指标及其分解;(6)计划实施主体的确定;(7)计划完成之检查、监督保障措施;(8)计划预期的调整;(9)计划执行情况的评价及对下一轮计划制定的预测分析。

中国的《宪法》确认。政府提出国民经济计划和财政预算报告①,交由各级人民代表大会审议通过后,再由各级政府组织国民经济运行,是中国的一项基本制度,不仅具有经济意义,也具有政治意义。因此,在实行市场经济体制后,如果完全放弃国家计划,则是不可行的。但是,市场经济条件下的国家计划必须加以改革,改革的方向和内容是将原来的指标性计划逐步改革为一种政策性计划,这种政策性计划,至2005年制定国家"十一五"计划时,被调整为"规划",②从而,更加符合现有国家计划的本质属性。由之,在国家规划的编制、审议、批准、执行、监督和调整中,形成了具有战略意义的规划及计划关系,这一关系的确立,对于其他宏观调控关系的运行和市场关系的发展具有牵头性的或总的指导与规范作用。按照国家现行法律制度的安排,国家的发展规划由三级三类组成。所谓三类规划是指:一是五年期国民经济和社会发展纲要性规划;二是区域发展规划纲要;三是专项规划。所谓三级规划是指:在中央、省和市县三级所分别制定的国民经济和社会发展规划纲要、区域发展规划以及专项规划。其中,只有中央出台的相关规划反映了宏观调控的要求,其他规划则不得与之相抵触。另外,在制定规划基础上,为了落实规划,国务院每年还要起草年度《国民经济和社会发展计划报告》报请全国人大通过后组织实施。由之,形成了特定的发展规划及计划关系。

---

① 财政预算就是指财政计划,是国家对于计划(或规划)期国家财政收支的预期。在国外,财政预算必须交由议会通过后,才能实施。而在中国,按照《宪法》之规定,政府的经济计划报告和财政预算和决算报告,是每年召开人代会期限,必须向人大提交的报告,并经过人大审议通过后,才能由政府组织实施。

② 有人认为,由"计划"到"规划"的演进,体现了中国计划经济时代的彻底终结。但是,笔者认为,"计划"和"计划经济"是两个不同范畴的概念,"计划"作为一种管理手段,在任何经济体制下均存在,而"计划经济"则是一种政治制度与国家配置社会经济资源方式的选择。在中国国民经济计划更改为"规划"后,仍然需要具体的计划予以落实。因此,"计划"与"规划"没有原则性区别,只是"规划"更为原则一些,"规划"是一种广义的计划。

(四)产业指导关系

从现代经济的发展情况看,产业是指所有从事生产经营活动并提供同一产品或劳务的企业群体、行业或部门的集合。① 对此,英国经济学家阿伦·费希尔于20世纪30年代首先提出了"三次产业分类法",②按照目前世界上通行的划分标准,通常将产业划分为第一产业、第二产业和第三产业三大块,其中:第一产业是指包括农业、采掘业等人类直接从自然界获得物质财富的企业群体、行业或部门;第二产业是指在第一产业生产的基础上,对所获取的原材料进行加工的企业群体、行业或部门;第三产业则是指为满足人的物质和精神需要的,以人的知识技能或所拥有的特殊设备或体力所进行的各种服务的企业群体、行业或部门,如商业、银行业、酒店餐饮业等。在产业划分的基础上,通过制定产业政策,对于不同产业进行分类指导,首先由日本运用于政府对国民经济发展的管理与指导,并已经成为宏观调控的重要手段或工具。

在中国,有关产业指导的工作实际上属于计划或规划的组成部分。运用产业政策指导国民经济发展,起始于20世纪80年代末90年代初。1989年3月国务院发布《关于当前产业政策要点的决定》,标志着中国有了自己的产业政策,确定了产业政策作为宏观调控手段之一,在中国

---

① 产业的概念是随着人类的认识水平和社会生活的发展而不断发展的。"产业"一词最早由重农学派提出,主要指农业。工业革命后,产业亦指工业。马克思政治经济学曾将产业表述为从事物质产品生产的行业,即生产同类产品的若干相互联系的企业的集合。这也是长久以来被普遍接受的定义。20世纪50年代以后,服务业和各种非生产性产业迅速发展,使产业的内涵发生了变化,产业不仅指物质产品生产部门,而且指所有从事营利性经营活动并提供同类产品或劳务的企业群体。

② 英国经济学家阿伦·费希尔在其1935年出版的《安全与进步的冲突》中提出,在世界经济发展史上,人类经济活动的发展经历了三个阶段:第一阶段即初级阶段,人类的主要活动是农业和畜牧业;第二阶段开始于英国工业革命,以机器大工业的迅速发展为特征;第三阶段开始于20世纪初,大量的资本和劳动力流入非物质生产部门。其中,处于第一阶段的产业称为第一产业;处于第二阶段的为第二产业;处于第三阶段的产业为第三产业。

经济发展中开始独立地发挥效用。1992 年,国务院《关于加快发展第三产业的决定》对中国三大产业进行了基本划分,①至 1994 年又发布了《九十年代国家产业政策纲要》,该纲要指出:"产业政策包括产业结构政策、产业组织政策、产业技术政策和产业布局政策,以及其他对产业发展有重大影响的政策和法规。"根据国务院的决定和纲要的总的精神,国家先后制定了一系列产业发展政策性文件。② 产业指导关系基于三个方面产生与发展:一是针对中国实际情况,巩固第一产业的基础性地位、加大对第二产业结构的不断调整力度、大力发展第三产业,一直是中国产业政策的总的指导方针。此方针一直指导着中国企业、行业或部门的发展方向,并形成相应的产业指导关系。二是在经济体制改革过程中,自 20 世纪 80 年代以来,产业结构调整一直是中国经济工作的重头戏,由此引发了相关的产业结构调整关系。三是在产业政策的具体落实上,国家采取颁发目录的形式指导市场主体行为,引导社会投资的方向,进

---

① 按照该决定,中国国民经济的三大产业划分为:第一产业是农业;第二产业是工业和建筑业;第三产业是除此以外的其他各业,主要包括流通部门、为生产和生活服务的部门、为提高科学文化水平和居民素质服务的部门。

② 根据国家产业政策总的规定,国家先后制定了《九十年代农业发展纲要》和《农业法》、《农业技术推广法》(1993 年)、《基本农田保护条例》(1994 年)、《关于当前调整农业产业结构的若干意见》(1999 年)、制定了《全国第三产业发展规划基本思路》(1993 年)、《指导外商投资方向暂行规定》(1995 年)、《汽车工业产业政策》(1994 年)、《水利产业政策》(1997 年)、《关于调整缫丝绢纺加工能力的意见》(1997 年)、《国务院关于纺织工业深化改革调整结构、解困扭亏工作有关问题的通知》(1998 年)、中共中央、国务院《关于加强技术创新,发展高科技,实现产业化的决定》(1999 年)、《关于促进科技成果转化的若干规定》(1999 年)、《关于鼓励和促进中小企业发展的若干政策意见》(2000 年)、《鼓励软件业和集成电路产业发展的若干政策》(2000 年)、《关于加快发展环保产业的意见》(2000 年)、《中西部地区外商投资优势产业目录》(2001 年)、《"十五"期间加快发展服务业若干政策措施的意见》(2001 年)、《国家产业技术政策》(2002 年)、《清洁生产促进法》(2002 年)、《中小企业促进法》(2002 年)等。至 2009 年国家陆续推出振兴十大产业的规划。

而形成产业发展关系。[1] 这些关系是经济法、宏观调控法的重要调整对象。

(五)投资调控关系

投资是保证国民经济发展速度与规模的有效方式,其中,国民经济的投资包括生产性投资和非生产性投资两类。在计划体制之下,国民经济与社会发展的投资被称为基本建设,并由国家计划统一安排。但在市场经济条件下,投资主体由单一的国家投资改革为国家与社会投资[2]两部分,相应的投资活动也呈多元化格局。国家投资主要涉及众多的公共领域,其中主要是公路、铁路、航空运输及其他重大工程等;然而,无论是怎样的投资,均必须纳入国家的规划及计划管理的范畴,据此,投资管理关系实际是规划及计划关系的延伸。从宏观调控角度分析,投资管理与调控关系的产生主要基于四种情况:一是国家对于投资规模的控制,即必须把投资规模控制在一定的增长范围之内,否则,过度的市场投资将引起水泥、钢材、木材等原材料的生产过剩,而生产的不足又会引起价格上涨,并超过合理性预期,会引发通货膨胀;二是通过产业政策的制定和实施对于投资结构的引导,即鼓励民间投资行为投向符合国家产业政策的投资项目;三是对于属于国家投资部分资金的使用,实施严格的监督管理,以防止财政资金使用者将国家建设资金挪作他用或乱用;四是对于所有涉及基本建设的投资,均要建立严格的质量监督体系,以防止"豆腐渣"工程给社会造成的危害。由此,便产生了投资管理与调控关系。

---

① 这类规范性文件如《当前的产业发展序列目录》(1989 年)、《关于实施固定资产投资项目经济规模标准(第一批)的若干规定》(1994 年)、《外商投资产业指导目录》(1995 年)、《当前国家重点鼓励发展的产业、产品和技术目录》(1997 年)、《淘汰落后生产能力、工艺和产品的目录》(第一批、第二批)(1999 年)、《当前国家鼓励发展的环保产业设备(产品)目录》(第一批)(2000 年)等。

② 社会投资包括企业自己投资、自然人投资、事业单位或社会团体自筹资金之投资,其中,属于私人投资的也被称为民间投资。

（六）财政与税收调控关系

财政是国家为实现国家职能[①]和财政资金使用主体[②]的正常运行和发展，运用政治与法律手段，强制地参与国民经济收入分配的基本方式。由财政预算（计划）、预算的执行和决算引发的财政关系，主要包括财政收入关系和财政支出关系两部分。其中，财政收入关系涵盖了税收关系、[③]非税收入关系、[④]国债关系。[⑤] 财政支出关系涉及财政主体基本财政资金的使用关系、[⑥]财政资金的建设关系及财政转移支付关系[⑦]。在

---

① 国家职能，即国家机构存在的价值所在，但主要表现为政府职能的确定与履行。在人类发展历史上，早期的国家职能主要是为了国防和必要的公共事务的管理和公共设施的建设。在自由市场经济阶段，根据亚当·斯密的理论，国家的职能被定位于“守夜人”的角色。按照自由市场经济理论，“干预越少的政府，是最好的政府”。发展到现代市场经济阶段，依据凯恩斯理论与各国之实践，国家越来越多地为实现宏观经济发展目标而干预国民经济的发展，使宏观调控成为现代国家职能的重要体现。而在社会主义条件下，国家及政府本身即具有组织国民经济建设的职能。参见［英］亚当·斯密：《国民财富的性质和原因的研究》，郭大力、王亚南译，商务印书馆1974年版；［英］约翰·梅纳德·凯恩斯：《就业、利息和货币通论》，高鸿业译，商务印书馆1999年版。

② 在中国现阶段，国家财政供养单位除国家机关外，还包括政党机关、事业单位和部分社会团体，其中，有关事业单位和社会团体的改革正在进行，除必须由财政供养的以外，将逐步与财政脱钩，实行自收、自支、自养政策。

③ 税收关系包括对征收税收税种的确立关系和税务机关依法就法定税种税率征收税收而产生的税收征纳关系。依税法原理，税收关系具有强制性、固定性和无偿性特点。

④ 非税收收入关系指政府对于不属于税收范畴的各项费用依法征收时产生的财政收入关系。

⑤ 国债关系是基于国家为了达到宏观调控目标，以国家信用为基础，面向社会公开发行国家债券而发生的关系。对此，民法上将其视为特殊的民事关系。而在经济法领域，则针对其具有明显的宏观调控的目的性，而将其视为宏观调控关系。

⑥ 财政主体基本财政资金的使用关系是指为保障财政供养单位的正常运行而使用财政资金发生的财政关系，也可称为“吃饭财政关系”。

⑦ 财政转移支付包括纵向财政转移支付和横向转移支付。其中，前者是指上一级政府对下一级政府财政使用资金的单方支付，通常是下一级政府财政资金不足时，上级政府对下一级政府的补足部分，也包括依据相关法律和政策，对于中央或省级政府应负担的部分，由其对市、县级政府的直接拨付；后者是指富裕地区财政对欠发达地区财政的支持，由此产生横向的财政转移支付关系。

市场经济条件下，基于税收关系中，国家通过各种税种税率的调整，对国民经济发展具有重要的调节功能，并且，税收收入通常占国家财政收入的80%左右。因而，税收关系的调控作用十分明显。此外，从宏观调控角度分析，财政与税收调控关系的宏观调控法依据的主要表现：一是由政府主导的整个财政关系的确立与运行，必须坚持以合理的支出来决定收入，即“以支定收”，才能保证财政的适度性，否则将构成财政对于社会利益的不合理占有。为此，国家须通过宪法与宏观调控法对之予以限制和规范。二是财政支出关系的产生和发展，实际上会形成对国民收入的再分配，分配是否合理，对国民经济具有相应的调控功能。① 三是在现代市场经济条件之下，为发挥财政的宏观调控职能，理论和实践均打破了传统意义上的财政收支平衡原则，实施政府的“赤字”政策，并以发行国债的方式予以弥补，进而形成了财政性质的国债调控关系。② 四是从宏观调控手段角度分析，财政政策是现代市场经济条件下宏观经济政策的基本内容之一。国家可以根据不同时期国民经济发展的需要，分别采取扩张性财政政策、紧缩性财政政策和中性的财政政策。所有这些均表明，财政税收关系具有明显的宏观调控特点。

（七）金融调控关系

金融是指货币资金的融通活动的总称。金融业是以经营货币为主的行业，其行业范围涉及银行业、保险业、证券业、投资信托业、典当业以及相关担保业等行业的经济活动。金融活动是现代市场经济条件下不可缺少的行业。它主要通过为市场经济主体提供资金储蓄、信贷、结算、

---

① 在财政支出规模既定的情况之下，财政的支出结构除基本供给外，还包括对国防、教育、科技、基本建设等财政投资比例的安排，由之形成对国民收入的再分配，其结构是否合理对国民经济和社会发展发展影响重大。

② 政府“赤字”财政宏观调控的意义在于，一方面，政府通过支出大于收入的方式，使政府运用赤字资金专门用于宏观调控；另一方面，通过发行国债弥补赤字财政，又会实现对国民收入的再分配目的，以调节社会收入的贫富差别。

保险、证券、投资信托、典当及信贷担保等服务,促进市场经济的发展。因此,总体上说,金融业属于服务行业,有关金融企业与市场主体(客户)之间发生的金融业务关系,属于特殊商事关系的范畴,基本使用商法原则处理。然而,由于金融业的活动涉及公众利益和国家经济安全问题,因此,与宏观调控法相关的金融关系主要包括两类:一是金融调控关系的产生,即国家通过货币政策①和各项金融政策的制定,并以特定的金融调控手段②直接影响着金融业的发展,间接地调控市场主体行为的选择③;二是为了执行国家的各项经济政策,国家成立专业性的政策性银行,以作为主要执行国家相关金融政策的金融机构。④ 该政策性金融机构与企业之间发生的业务关系直接受到国家政策的制约,且主要不是以营利为目的,因此,由之产生的金融业务关系属于宏观调控法的调整范畴。

(八)人口与人力资源调控关系

由于中国人口众多,人口的不断增长成为影响中国经济发展的一个基本因素。据此,自改革开放以来,国家将计划生育作为长期的基本国策予以实施。该项基本国策主要通过对人口的计划生育和优生优育政策和法律的实施来实现。与此同时,也需要考虑人口性别比例、人口的老龄化问题,以及少数民族人口的增长等人口结构调整问题,进而形成

---

① 货币政策是国家宏观调控的主要工具之一,与财政政策一样,也分为扩张性金融政策、紧缩性金融政策和稳健的金融政策。总体上说,中国自改革开放以来,为稳定币值,一直实施稳健的金融政策。但在不同的经济发展阶段,根据宏观调控"相机抉择"原理,也采取"扩张"或"紧缩"性的金融政策。

② 金融调控的特殊手段主要包括利息率、银行存款准备金率、商业银行再贴现率的调整和中央银行公开市场业务的开展。

③ 金融调控的直接调控如通过货币的计划发行对金融规模的直接控制;间接调控如利息率的调整,但要注意,这种间接性主要体现在对市场主体行为的调节,而对商业银行来说,则是一种直接的调控。

④ 中国现有的政策性银行包括:国家开发银行、农业发展银行和国家进出口银行。

人口调控关系。党的十八届三中全会决定针对中国发展面临的新形势决定放开二孩政策属于典型的人口调控关系。

人力资源是发展市场经济的基本生产要素。改革开放以来，中国人力或劳动力资源的配置方式，由计划经济时期的政府计划配置改变为主要通过劳动力市场或人才市场予以配置，实现了劳动者由“身份向契约的转变”，由此，目前的劳动者就业主要通过与用人单位签订劳动合同或自谋职业产生就业关系，并随着2008年1月1日《劳动合同法》的实施，纳入了国家强制性法律规范的范畴，①其调整法律主要以劳动法为主。但是，鉴于中国劳动力数量庞大，并存在严重的结构性问题，因此，通过制定相关政策，促进劳动者充分就业本身就是宏观调控的目标之一，在此情况下，国家主要通过制定劳动力就业政策，完善社会保障制度，引导劳动力就业的方向，并在必要时对特殊人群的就业实施强制性就业措施②，由之产生劳动力资源的调控关系。对此，中国于2007年颁发了《就业促进法》，该法就中国劳动者就业的促进原则、促进措施等进行了基本规定，由之产生了劳动者就业调控关系。该法于2015年4月20日，由第十二届全国人大常委会第十四次会议予以修正。在目前，随着市场经济的深入发展，中国市场经济发展的劳动者低成本红利已经基本消失，要使劳动者过上美好的生活，逐步提升劳动者的收入成为必然的趋势。为此，通过宏观调控保障劳动者最低基本工资，采取措施促进劳动者收入的增长，成为经济新常态下必要的制度选择。

与此同时，中国还面临着对事业单位人事制度的改革。按照国家有关事业单位改革的政策，对事业单位改革方向是分类改革，即：属于履行政府职责的改革为机关单位；属于企业的改革为企业，以便实现“事政分

① 依《劳动合同法》规定，自2008年1月1日起，所有企业用人单位招聘劳动者，必须与之签订劳动合同。

② 目前，国家实施强制性就业措施的，如对转业军人的就业实施强制性的国家计划安排，但同时也鼓励转业的军人自谋职业。

开”“事企分开”。而对于保留下的事业单位，应坚持其公益性质，赋予事业单位用人自主权，全面推行人事聘任制，并由之产生了相应的宏观调控关系。

(九) 自然资源调控关系

对于自然资源，简单地说是指天然存在的自然物质、能量或因素。① 具体地说，自然资源是指“存在于自然界中能够被人类利用或在一定技术、经济和社会条件下，能被利用来作为生产、生活原材料的物质、能量的来源，或在现有生产力发展水平和研究条件下，为了满足人类的生产和生活需要而被利用的自然物质和能量”。② 自然资源的表现形态主要包括土地资源、森林资源、矿藏资源、水利资源、生物资源、海洋资源等。在国民经济发展中，自然资源是国民经济发展的物质基础，拥有的丰富的自然资源便占据了国民经济发展的主动权。有关自然资源的法律问题主要涉及自然资源产权的确立、自然资源的合理利用和自然资源的保护等。其中，在市场经济条件下，有关自然资源产权的确立属于物权法的范畴，③对于利用自然资源所引发的用益物权问题及其相关的社会关系，也首先由民事法律予以调整。④ 而与宏观调控法相联系的社会关系

---

① 关于自然资源的概念存在不同的定义，大部分研究者将其总结为天然存在的自然物质与能量，但也有学者将其概括为“因素”，例如，金瑞林教授认为“自然资源是存在于自然界的可以被人类用于生产和生活的自然因素”。自然资源可以分为不可更新资源、可更新资源和用之不尽的资源三大类。参见金瑞林主编：《环境法学》，北京大学出版社 1989 年版，第 20 页。

② 李文华等：《自然资源科学的具体特点及其发展的回顾》，载中国自然资源研究会编：《自然资源研究的理论与方法》，科学出版社 1985 年版，第 1 ~2 页。

③ 对此，我国《物权法》第 46 ~49 条规定，矿藏、水流、海域属于国家所有；城市的土地属于国家所有。法律规定属于国家所有的农村和城市郊区的土地，属于国家所有；森林、山岭、草原、荒地、滩涂等自然资源，属于国家所有，但法律规定属于集体所有的除外。法律规定属于国家所有的野生动植物资源，属于国家所有。

④ 用益物权是指非所有人对他人所有的不动产或者动产，依法享有占有、使用和收益的权利。

则体现在三个方面:一是鉴于自然资源的稀缺性,其具有重要的战略意义。为此,国家必须站在国家经济安全和保护社会公共利益的角度,按照可持续发展的要求,对如何合理地利用自然资源予以总体上的布局和规划,并由之产生宏观调控法调整的自然资源开发利用方面的社会关系。二是为了保护有限的自然资源,国家通过税收、行政收费、强制许可、限制开采,直至强制性禁止等措施,对自然资源的利用进行必要的干预,由此形成相应的调控关系。三是在特定情况之下,国家制定特殊的自然资源保护政策,以保护自然界的生态平衡,比如,1998 年中国长江流域暴发洪水后,国家对长江上游流域实施了特殊的退耕还林政策,按照这一政策,国家对退耕还林后当地农民出现的生活困难予以补助,从而形成了宏观调控法调整的社会关系。在目前,经过 40 年改革开放的高速发展,中国已经进入资源制约期,许多资源已经丧失了优势,甚至处于枯竭状态。因此,必须针对不同资源的稀缺程度,予以分类调控。

(十)对外贸易调控关系

对外贸易,又称海外贸易或国际贸易,是指一个国家或地区的对外贸易经营主体,同世界其他国家或地区的对外贸易经营主体所进行的,以货物、技术或服务为交易客体的商品交换活动的总称。对外贸易是中国国民经济的重要组成部分,是实施“对外开放”政策的具体体现。经过 40 年的对外开放,特别是自 2001 年中国“入世”以来,中国的对外贸易有了大幅的增长,目前已经位居世界第二。对外贸易关系包括出口关系和进口关系两部分,如若按照交易对象的不同,则包括传统的货物贸易关系和新型的技术贸易及服务贸易关系。对外贸易关系成为宏观调控法的调整对象:一是对外贸易活动涉及一国国际收支的平衡问题,而实现“国际收支平衡”正是市场经济条件下,宏观调控的重要目标之一,为此,国家主要通过对外汇汇率和进出口关税的调节,引导对外贸易的进出口业务,从而形成典型的经济调控关系;二是按照国际贸易所倡导的原则，对外贸易活动虽提倡“自由贸易”，但是，基于国家经济的安全①及各国国际竞争战略和政策实施的需要，世界各国均采取了鼓励出口、限制进口的保护性措施，由此产生了一系列与国家贸易政策相关的对外贸易关系；三是对外贸易关系属于国内的涉外经济关系，但是，它涉及与国际上通行的国际惯例及国际经济贸易规则的协调问题，由之产生了对外贸易的协调关系，它既是国际经济法调整的对象，也是国内经济法的调整对象。

第二节　社会发展调控关系分析

一、关于社会发展调控问题

国民经济发展的最终目标是使社会不断进步，人类的生活水平不断提高，城乡建设日益完善，科、教、文、卫、体事业得到全面发展，如果按照社会主义经济建设的目标要求，即是“为了满足人民群众日益增长的物质和文化生活的需要”。② 为此，中国自改革开放开始，将“社会发展计划”予以单列，原来的“国民经济计划”也更名为“国民经济和社会发展

---

① 对外贸易活动的国家安全主要体现在两个方面：一是对进口国来说，可能由于进口外国的产品或服务的过度，会对本国的产业发展和劳动力就业构成威胁；而对出口国来说，一些技术的出口可能对本国的科技进步与国防构成威胁。二是除自由贸易地区外，一般情况下，一国或一个地区国民经济发展的对外贸易依存度不能太高，否则，过度地依赖于国外的产品、技术或服务，可能使本国丧失经济的自主权，受制于国外，并最终使本国的政治也受到国外的制约。据此，在市场经济条件下，通过宏观调控，从对外贸易的规模、速度和结构上予以调控是十分必要的。

② 社会主义经济建设的目标，与现代市场经济理论中有关市场经济发展的目标——不断地增进社会福利并无矛盾。参见［苏联］斯大林：《苏联社会主义经济问题》，人民出版社 1952 年版。

计划”,[①]说明在当时国家已经意识到社会发展的重要性。但是,鉴于在当时的历史时期,中国的经济还处于经济短缺期,因此,从改革开放之初的20世纪80年代初到2000年的20年间,虽然在沿海开放地区已经提前摆脱贫困,步入发展阶段,但总体上讲,中国经济发展面临的主要问题还是生存问题。因此,在经济实践中,单纯追求GDP增长的现象,甚至以牺牲环境为代价发展经济便不可避免。到2000年,中国人均收入已经达到了1000美元的水平,这标志着中国进入社会发展期,各种基于社会不公的社会矛盾日益凸显,[②]如果社会发展问题解决不好,将会使原来的经济发展前功尽弃,为此,党和国家及时提出了“以人为本”的科学发展观,提出了建设和谐社会、全面实现小康社会的奋斗目标。由此,从2004年至今的宏观调控中,在继续稳定国民经济发展的同时,加强了有关社会发展的宏观调控,形成了一系列社会发展调控关系。为此,笔者于2007年专门撰写了《和谐社会构建与社会调控法论纲》一文。该文认为,所谓社会发展调控是指有关宏观调控部门针对社会发展中出现的问题,依据本国国民经济发展的实际水平与国情,运用宏观调控手段,对特定时期的社会发展问题进行调控活动的总称。由此,需要社会发展调控

① 从“六五”计划(1981～1985年)开始,中国的经济计划中增加了社会发展的内容,在计划中单独用一编“社会发展计划”的篇幅,对社会发展的各个方面进行计划安排,包括人口、劳动就业、居民收入和消费、城乡建设、社会福利、文化、卫生、体育、环境保护、社会秩序等。对此,有论著指出,其原因,从国内来说,主要是纠正以往在计划安排上过分追求高速度、高积累,长期忽视经济效益和人民生活及整个社会的发展的倾向;而从国际上讲,也符合当时的世界潮流。从20世纪60年代开始,一些国家先后在自己的经济计划中增加了“社会发展”内容,并将国家计划改名为“经济和社会发展计划”,如当时属于社会主义国家的罗马尼亚、苏联,属于资本主义国家的法国、日本等。这一改变的认识基础是:国民经济计划是经济任务和社会任务的综合,是同人的生活有关的一切问题的综合;人民生活水平的提高不仅仅是国民经济发展的结果,而且成为加快经济发展的重要因素。参见刘国光主编:《中国十个五年计划研究报告》,人民出版社2006年版,第455～456页。

② 基于社会不公引发的社会矛盾表现为与民生有关的“上学难”“看病难”“住房难”“国有企业下岗再就业难”,以及“三农问题”等。而改变计划财政供给方式,以不加分类的方法,对相关社会发展事业的商品化、市场化的改革,又加剧了相关问题的产生。

法的形成。而在社会发展调控的法域范畴上则主要涉及区域经济发展的国家调节、社会保障事业发展、环境保护关系和科教文卫体事业发展领域的宏观调控法律规制问题,并由之产生相应的法律关系。①

二、中国的社会发展调控关系

(一)社会保障调控关系

社会保障是国家通过制定社会保障政策,采取财政或其他支持措施,以确保劳动者和社会民众的基本生活水平的制度总称。社会保障制度的建设主要包括社会保险、②社会救济③和社会优抚④等制度的建设,在一些发达国家则将社会福利⑤也纳入社会保障的范畴。在计划经济

① 董玉明:《和谐社会构建与社会调控法论纲》,载包桂荣主编:《和谐社会视野下的经济法治研究》(上册),远方出版社2007年版,第353~367页。

② 社会保险制度是专门针对劳动者的一项社会保障制度,具体包括:养老保险、失业保险、工伤保险、医疗保险、生育保险制度。

③ 关于社会救济、社会帮助或社会援助,一般是指国家和社会对由于各种原因而陷入生存困境的公民,给予财物接济和生活扶助,以保障其最低生活需要的制度。在实践中,社会救助对象大致包括三类:一是无依无靠,完全没有生活来源的公民,如孤儿、孤寡老人和无社会保险待遇的失业者;二是有劳动能力,也有生活来源,但因意外自然灾害、社会灾祸降临,遭受沉重的财产损失或者人身损害,一时陷入生活困难的公民;三是虽有收入来源,但是,生活水平低于或仅相当于法定最低生活标准的公民。中国目前的社会救济制度主要包括:自然灾害救济制度、贫困地区救济制度、城市低收入者救济制度和特殊事件救济制度。

④ 社会优抚制度是指国家和社会对有特殊贡献者及其家属提供褒扬和优惠性质的物质帮助,以保障其生活水平不低于当地一般生活水平的制度。主要包括:社会优待、社会抚恤和社会安置制度。目前,中国法定的社会优抚对象主要有:现役军人、革命伤残人员、退役军人、烈属、病故军人家属、现役军人家属、见义勇为人员。

⑤ 社会福利制度通常是指国家和社会为维持和提高公民的一定生活质量而提供一定物质帮助,以满足公民的共同和特殊生活需要的制度。与社会保险、社会救济、社会优抚不同,社会福利制度不是为了济贫,而是为了提高和改善公民的生活质量。因而,其具有较大的普适性。其涉及国民教育福利、住房福利、老年人福利、儿童福利、妇女福利、残疾人福利等,为西方市场经济国家所倡导。中国目前的社会福利包括民政部主管的社会福利事业、劳动部门主管的职工福利和社区服务。

时期,有关社会保障的问题,由国家根据实际财力予以统一解决。在市场经济条件下,社会保障制度是市场经济制度的重要组成部分,没有与市场经济相适应的社会保障,就构不成市场经济。对此,中国根据自己的国情,按照“三三制原则”建立社会保险基金,即国家财政支持一部分、企业事业单位上缴一部分、个人上缴一部分,逐步完善城乡的社会保险制度,并形成了相应的社会关系。截至2018年,中国的社会保障已经基本实现了社会全覆盖。在社会救济方面,主要是国家和地方财政予以支持,同时,注重社会救济力量的发动,建立了社会福利彩票制度,以支持社会福利事业发展,形成相应的社会关系;而在社会优抚方面,则完全由政府财政根据相应的政策予以负担。

在市场经济条件下,社会保障制度属于强制性制度,中国的社会保障先是对城市人口的社会保障,其中,包括对进城务工农民利益的保障,而后在广大的农村区域逐步推行,目前已经全覆盖。但总体上说,保障程度还比较低,需要进一步完善。按照目前法律部门的分工,主要由社会法予以调整。从宏观调控法角度讲,所涉及的社会关系主要体现在两个方面:一是社会保障政策应当纳入新形势下的宏观调控政策范畴,由国家统一协调;二是在社会保障过程中,涉及对社保基金、社会福利彩票及相关基金规模、结构及如何合理使用的调节和控制问题,为此,必须由政府予以适度干预,以使其在保障社会需求的前提之下,为国民经济发展发挥应有的作用。① 目前,此方面最新的发展是,根据党的十八届三中全会、五中全会的精神,在“十三五”期间,国家将采取定点精准调控措施,力争到2020年解决建档立卡贫困人口及集中连片区域贫困问题

① 例如,对于暂时闲置的社会保障基金,除传统的储蓄方法外,运用社保基金购买国债或使其以基金股的方式进入股市,一方面,可以使其增值;另一方面,对于稳定金融市场有积极的作用。为此,世界各国法律均允许社会保障基金进入金融市场,以获得其应有的经济效益。参见董玉明、汪丽丽:《社会保障法调控法论纲》,载董玉明:《与改革同行——经济法理论与实践问题研究》,知识产权出版社2007年版,第553~568页。

并在2020年彻底消灭贫困县。

（二）环境调控关系

环境问题是当前具有世界性的社会问题，关系社会公共利益和可持续发展。环境问题包括基于自然要素的变化引起的生态平衡问题，但更主要的是由于人类基于生产、生活，对于自然资源的破坏而引起的包括大气、水、土地等自然要素引起的环境污染，以及由于这些污染和对自然资源的破坏而造成自然界生态平衡的失调。目前，环境污染已经危及人类的生存和发展。从中国的实际情况看，改革开放之初，当将工作重点转移到经济建设上之时，为避免西方国家走过的“先污染，后治理”的道路，中国即提出了对环境问题采取“防治并重，且以防为主”的方针，但改革开放以来的经济发展中，却没有能完全避免环境污染问题。随着经济与社会的快速发展，一方面，经济在快速地发展；但另一方面，环境污染问题却日益严重。中国虽然健全了相关的环境法律制度，且主要以行政手段予以治理，但是，收效不大。① 发展至今，中国已经成为世界上向大气排放污染最多的国家之一，为此，国家不得不将“节能减排”工作当作重要工作来抓。② 但是，其难度很大，几年都没有完成规划目标。事实证明，有关环境保护问题的解决，不能寄希望于市场主体，因为市场主体的行为是以其自身的利益最大化为根本宗旨的，在环境问题上存在

---

① 笔者认为，行政手段收获不大的主要原因在于中国的经济在改革开放的前20年间仍然处于经济生存阶段。在许多地区，为了发展经济，只能放弃环境的保护，只有在进入发展阶段后，才有可能，也才有经济实力考虑环境保护问题。发展至今，当人类遭遇到诸如温室效应、沙尘暴、酸雨、雾霾、生物灭绝等足以危及人类生存发展问题时，才意识到人类应当与自然界和谐相处。

② 自2006年起，为了履行国际义务，也为了解决中国自身的环境问题，中国政府将“节能减排”工作当作一项重要工作来抓，并确立了行政责任制。一些能源与资源大省则将其纳入本地的“碧水蓝天”工程，收到了一定的效果。而从国家对于政府绩效考察角度分析，则提出了“绿色GDP”的新考核办法，以促进各地将环境保护纳入国民经济和社会发展规划，真抓实干，有所成效。

"外部不经济"①问题。因此,除政府环境保护部门的行政监督外,必须发挥国家和社会民间的力量予以调控和监督,才能使环境问题得以有效地控制与解决。从宏观调控法角度讲,其调整的社会关系主要包括两个方面:一是在市场规制或管理领域,国家通过出台市场政策,使政府通过对进入市场领域的产品、技术和服务,实施严格的环境标准,以使这些产品、技术和服务符合既有环保技术的要求,并形成相应的社会关系;二是制定相应的环境保护政策,鼓励和支持环境保护项目、技术与服务,颁发符合环境标准的产业发展指导目录,开征环境税、收取环境保护费,②对重点区域、重点项目、重点企业实施重点调节和控制,必要时实施项目限批,以促进环境的不断改善。由此,便会产生相应的环境调控社会关系。③

(三)区域发展调控关系

一国之下乃区域,因此,所谓区域经济就是一国之内各个行政区域内的国民经济的总称。但是,若从全球范围看,世界各国所辖的就是一个区域,因此,相对于世界而言,各国之经济就是一个区域经济。而各国之联盟后所辖之地区也可称为一个经济区域,如截至2007年欧盟即涉及欧洲大陆的27个国家。④

---

① 按照市场经济理论,市场主体之微观行为对外部的影响,有正效应和负效应之分,其中,有关环境污染则属于"外部不经济",其含义是指即使市场主体采取了符合环境标准的既有技术,其行为也会造成环境的污染。为此,必须通过来自国家或社会的外部干预,才能使其污染降低到最低限度。

② 改革开放以来,中国存在对排放污染气体和污染水征收"污染排放费",并实施"谁污染,谁治理"的方针和措施。至2017年,全国人大常委会出台《环境保护税法》,实施费税平移,取消"污染排放费"。从2018年1月1日起,开始征收环境税。

③ 参见董玉明、冀惠珍:《环境调控法论纲》,载《山西大学学报》2002年第2期。

④ 欧洲联盟(European Union,EU),是由欧洲共同体(European Communities,又称欧洲共同市场)发展而来的,是一个集政治实体和经济实体于一身、在世界上具有重要影响的区域一体化组织。1991年12月,欧洲共同体马斯特里赫特首脑会议通过《欧洲联盟条约》,通称《马斯特里赫特条约》。1993年11月1日,《马斯特里赫特条约》正式生效,欧盟正式诞生。截至2007年1月,欧盟共有27个成员国和近5亿人口,总部设在比利时首都布鲁塞尔。欧盟的宗旨是"通过建立无内部边界的空间,加强经济、社会的协调发展和建立最终实行统一货币的经济货币联盟,促进成员国经济和社会的均衡发展","通过实行共同外交和安全政策,在国际舞台上弘扬联盟的个性"。欧盟27国总面积432.2万平方公里。

由此看来,由于区域概念本身的相对性,区域经济的概念也是相对的。而且,区域经济的发展具有很强的社会属性。区域经济的发展必须将经济发展与社会发展统一协调,必须把近期发展与长远的、可持续性的发展相结合。因此,笔者将其划归社会发展调控范畴。

就中国的区域经济而言,中国的地方行政区域虽然包括省级、市级、县级、乡级四级,每一级行政区域内均有其区域经济问题。但是,从宏观调控角度讲的区域经济通常是指两种情况:一是以省一级为基本单位的省级区域经济;二是以地域相邻为基础由若干省所组成的区域经济,如改革开放之前,中国由若干省份组成的区域被划分为东北区、华北区、华中区、华南区、西北区、西南区,并与之相适应,建立了各自相对独立的经济体系。① 改革开放至今,则将区域经济划分为东北地区、东部地区、西部地区、中部地区四大区域。此外,基于地理及交通因素,中国自然存在长江三角区、珠江三角区、环渤海区等区域,随着公路、铁路等交通事业

① 1958年1月,中共中央根据毛泽东的建议,为了"多、快、好、省"地建设社会主义和配合国民经济计划的进行,决定全国划分为七个经济协作区,即:(1)辽宁、吉林、黑龙江、东蒙(今内蒙古东部三个盟)为东北协作区;(2)北京、天津、河北、山东、山西、内蒙古(今内蒙古西部四个盟和呼和浩特市)、河南为华北协作区;(3)上海、江苏、浙江、安徽、福建、山东、江西为华东协作区;(4)广东、广西、湖南、福建、江西为华南协作区;(5)湖北、湖南、江西、河南、安徽为华中协作区;(6)云南、贵州、四川、西藏、陕西为西南协作区;(7)陕西、甘肃、青海为西北协作区。其工作方式是通过会议形式,使各省、市、自治区互通情报,交流经验,互相协作,彼此支援,调节矛盾,互相评比,以便在中央方针政策和统一规划下,促进社会主义建设事业的共同发展。其中,有些省、自治区划分在几个协作区的,按照经济关系的密切联系程度,以参加一个协作区为主。至1961年1月,党的八届九次会议进一步决定成立华北局(包括北京、河北、山西、内蒙古)、东北局(包括黑龙江、吉林、辽宁)、华东局(包括上海、江苏、浙江、安徽、江西、福建、山东)、中南局(包括广东、广西、湖南、湖北、河南)、西南局(四川、云南、贵州、西藏)、西北局(包括陕西、甘肃、青海、新疆、宁夏)六个中央局,其以建立本地区的比较完整的经济体系为主要任务,根据党的社会主义建设总路线和党的各项方针、政策,因地制宜地贯彻执行中央的决定,以保证党的任务的完成和促进社会主义建设事业的全面发展。参见刘国光主编:《中国十个五年计划研究报告》,人民出版社2006年版,第156~157页。

的发展，又形成了许多以经济要素为基础的经济区域。① 随着经济的深入发展，发达地区的产业提升后，存在一个产业转移问题，为此，结合经济地理条件，又形成一些新的区域，如“泛珠三角经济区”②。

中国是一个地域广袤的国家，各地区所拥有的经济资源、社会及文化发展水平存在很大的差异，因此，虽自秦汉以来一直实施中央集权的政治体制，但是，在经济方面，如何处理好中央和地方的经济关系，处理好不同地区之间的经济关系，始终是历朝历代的重大国事。从中华人民共和国成立至1978年改革开放，国家对于区域经济的管理一直采取由国家统一布局，适度给予地方一定的自主权，再由中央政府统一协调平衡的方式，走的是力争平衡发展的路子，并基于国防的考虑，形成了各大区相对独立的经济体系。改革开放之后，为促进经济快速发展，实施了倾斜性的发展政策，

---

① 以经济要素为联系纽带的区域被学界称为经济区域，其与建立在行政区划基础上的区域经济有本质的不同，它以行政区划为基础，但又不受行政区划的限制。在此方面，交通因素具有重要的意义。例如，中国长江流域即是一个自古以来的自然经济区域，它使长江流域的相关行政区域存在一种必然的经济联系。此外，由于新的交通铁路、公路干线的建设，又会围绕这些新交通干线形成新的经济区域。至20世纪90年代，中国已形成了十大经济区，即沿长江经济区、珠江三角洲经济区、环渤海经济区、海南岛经济区、闽东南经济区、新南昆沿线经济区、陇海—兰新经济区、中原金三角经济区、哈尔滨—长春经济区、南昌—九江经济区。进入21世纪以来，围绕发达地区的产业转移和升级问题，又形成了一些新的经济区域，如2004年6月3日，在我国香港特别行政区举行的“泛珠三角区域”合作与发展论坛会上，包括福建、江西、湖南、广东、海南、四川、贵州、云南九个省、自治区和香港特别行政区、澳门特别行政区的行政“一把手”共同签署了《泛珠三角区域合作框架协议》，从而形成了以产业转移为主要内容的“9+2”经济区域。此外，从经济要素的流动性角度考察，语言、传统习惯上的经济交往也是形成经济区域的一个重要因素。

② 进入21世纪以来，围绕发达地区的产业转移和升级问题，又形成了一些新的经济区域，如上所述的“泛珠三角区域”就是典型的经济区域。

先后实施经济特区、沿海开放、①沿边开放政策，②使政策受惠地区很快发展起来。但到20世纪末，东、中、西及东北地区之间出现严重的区域经济发展不平衡问题，为此，自1989年开始，又先后实施西部大开发、③东北老工业基

---

① 1980年国家为实施“对外开放”战略，首先批准深圳、珠海、厦门、汕头为经济特区，试点成功后，又于1984年5月，批准进一步开放大连、秦皇岛、天津、烟台、青岛、连云港、南通、上海、宁波、温州、福州、广州、湛江、北海14个沿海港口城市为经济开放区。在政策上，扩大这些城市的自主权，让它们有充分的权利去开展对外经济活动，对前来投资的外商在企业所得税方面给予优惠待遇，允许这些城市举办经济技术开发区，实行特区某些政策。1985年1月，又将长江、珠江三角洲和闽南厦(门)、漳(州)、泉(州)三角地区开放为沿海经济开发区。决定对这几个地区吸引外资和发展创汇农业给予适当的政策支持，使这些地区能够增强对外经贸活动的能力。与经济特区和开放的沿海港口城市不同，沿海经济开放区凭借的优势是农业基础好，农产品丰富，农村商品化率高，且又顺江近海，交通方便，对外联系广泛，同时也有一定的工业基础。

② 1992年3月，国务院批准开放黑龙江省黑河市、绥芬河市，吉林省的珲春市，内蒙古自治区的满洲里市、二连浩特市，新疆维吾尔自治区的伊宁市、塔城市、博乐市，云南省的瑞丽市、畹町市、河口市和广西壮族自治区的凭祥市和东兴镇等13个沿边市、镇，使中国对外开放格局由沿海、沿江扩大到沿边。当时沿边开放的内容主要是边境贸易和边民互市。最近几年，中央又先后提出了“周边是首要”、“安邻、富邻、睦邻”和“兴边富民”的战略方针政策，为扩大和提升沿边开放指明了方向。

③ “西部大开发”战略的提出始于1999年，其直接起因是西部地区资源植被的严重破坏导致1998年长江流域大洪水的暴发，急需退耕还林，以及西部地区与东部地区相比，在经济与社会发展上存在较大的差距，急需改善。该战略由中央于2000年正式启动。西部大开发的范围包括重庆、四川、贵州、云南、西藏自治区、陕西、甘肃、青海、宁夏回族自治区、新疆维吾尔自治区、内蒙古自治区、广西壮族自治区等12个省、自治区、直辖市，面积685万平方公里，占全国的71.4%。2002年末人口3.67亿人，占全国的28.8%。2003年国内生产总值22660亿元，占全国的16.8%。西部地区资源丰富，市场潜力大，战略位置重要。但由于自然、历史、社会等原因，西部地区经济发展相对落后，人均国内生产总值仅相当于全国平均水平的2/3，不到东部地区平均水平的40%，迫切需要加快改革开放和现代化建设步伐。根据国务院《关于实施西部大开发若干政策的通知》，从2001年到2010年西部大开发的战略目标是:力争用5到10年时间，使西部地区基础设施和生态环境建设取得突破性进展，西部开发有一个良好的开局。到21世纪中叶，要将西部地区建成一个经济繁荣、社会进步、生活安定、民族团结、山川秀美的新西部。为此，该通知确定的西部开发的重点任务是:加快基础建设;加强生态环境保护和建设;巩固农业基础地位;调整工业结构，发展特色旅游业;发展科技教育和文化卫生事业。

地振兴[①]和中部崛起[②]的区域经济发展战略，以达到区域经济发展的协调，实现全面小康社会的目标。

由上分析可看出，有关区域经济发展引发的社会关系，属于国家战略的组成部分，区域经济与社会发展关系属于宏观调控法的调整对象；同时，各区域自身均有一些特殊的情况需要自身解决并引发相应的经济与社会关系，这一部分属于中观经济法的范畴。由此，区域经济法呈现出明显的“二元结构”之特色。[③] 此外，区域经济实际上是国民经济在区域发展中的一个缩影，具有很强的综合性，因而，唯有以同样具有综合性特点的经济法才能对之予以有效的调节和控制。

---

① 2003年，中共中央、国务院发布《关于实施东北地区等老工业基地振兴战略的若干意见》，从而，正式启动了中国东北三省及相关老工业基地的区域发展战略。其政策惠及地区除辽宁、吉林、黑龙江以外，还包括了山西、重庆等老工业基地地区。

② “中部崛起战略”提出于2004年，至2006年4月，中共中央、国务院发布《关于促进中部地区崛起的若干意见》，出台了有利于中部地区崛起的36条政策，提出要把中部地区建设成全国重要的粮食生产基地、能源原材料基地、现代装备制造及高技术产业基地以及综合交通运输枢纽（简称“三基一枢纽”）。从而，从国家宏观调控角度为中部地区如何崛起定了调。中部崛起战略政策惠及山西、河南、安徽、湖南、湖北、江西六省，其地处内陆腹地，土地面积102.70万平方公里，占全国的10.7%；人口总数3.16亿人，占全国的28.1%；2004年时，国民生产总值2.63亿元，占全国22.5%。中部地区是中国不同区域之间关联度最强的地区，承东启西、接南进北，吸引四面，辐射八方，发挥着独特的东西互动的桥梁纽带作用。它是国家重要的交通枢纽、农产品生产基地、能源原材料工业基地、科研教育基地，与此同时，作为中华文化的发祥地，旅游资源得天独厚。

③ 董玉明：《区域经济法律调整的二元结构解析》，载《山西大学学报》2004年第3期。

(四)科技事业发展调控关系

在理论界,尽管有关科学与技术的含义一直存在争论,①但从实践情况看,"科技"一词是"科学研究与技术开发"的简称。科技事业就是科学技术教学与科研单位或人员,为了完成科研项目或使既有的科研成果能够在实际生产中得到运用的活动的总称。其中,科学技术教学与科研单位或人员,既包括专门从事科技活动的专业单位与人员,也包括科技活动的爱好者;科研项目的研究和推广,既包括自然科学的研究,也包括社会科学的研究;从活动的类别看,分为专门进行科学研究与技术研发者,或专门进行研究成果推广者,或两者兼而有之。此外,在中国,科技事业的活动,往往与科技事业单位的活动相联系,并区别于科技企业。科技事业是公益性组织,其活动不能以经济效益为目的;而对于科技企业而言,则是以营利为目的,专门从事科技活动的企业。但如果从广义角度理解事业概念,即使是企业的科技活动也应纳入科技事业的范畴。

改革开放后,在首届全国科技大会上,邓小平提出"科学技术是第一

① 科学通常被解释为"反映自然、社会、思维等客观规律的分科的知识体系"。而技术则是"人类在利用自然和改造自然的过程中积累起来并在生产劳动中体现出来的经验和知识,也泛指其他操作方面的技巧"。但对于这种一般的静态的表述,有人认为不能反映科学的本质。如英国著名的物理学家、伦敦大学教授、科学学的创始人贝尔纳指出:"科学史的研究表明,科学的本质是不能用定义一劳永逸地固定下来的。科学是一种描述的过程,是一种人类活动,这一活动又和人类的其他种种活动相联系,并且不断地和它们相互作用。"然而,人类关于科学、技术与生产之间的关系,认识是基本一致的,即科学的发现与进步为技术研究开发奠定了基础,技术开发成果又为生产发展提供了前提;反过来,生产对科学技术的需求、生产经验和财富的积累,又为技术开发提供了动力和精神与物质条件,技术的蓬勃发展又为新的科学思想、原理、新的科学发现奠定了知识基础。由之,科学、技术、生产三者相互作用、相互促进,从而导致生产力的不断发展和社会经济的不断进步。参见中国社会科学院语言研究所词典编辑室编:《现代汉语词典》(第2版),商务印书馆1983年版,第639页、第533页;罗玉中主编:《科技法学》,华中科技大学出版社2005年版,第10~11页。

生产力”,[1]到党的第三代领导人意识到“创新是一个民族的灵魂”,[2]充分说明了科技事业在国民经济和社会发展中的重要地位和作用。如果按照市场经济理论指导中国科技事业的发展,现实中的各项科技活动及其关系,实际上可以分为三类:一是对于属于完成各类纵向课题[3]一类的科技研发活动,属于公益性活动,其成果具有公共产品的属性,这种研发活动所涉及的科研项目,或涉及重大项目的研发,或是需要国家予以扶持的基础性的研究项目,而对于这些项目,私人不愿意投资,一般通过制定科技政策,将其纳入国家或地方科研规划,由国家及中央拨出财政专款予以扶持,由之产生了经济法调整的社会调控关系。二是对于纯粹属于市场主体根据市场需求进行的科技研发活动,属于私益活动,其成果具有私人产品的属性。成果的研发活动包括课题经费的投入,科研风险的承担,科研成果研发成功后科研成果产权的归属,科技成果的转让、咨询和服务。这类关系直接与市场结合,投资者和技术研发者按照技术合同法和各项知识产权法的规定,享有权利,承担义务。三是即使属于第二种情况的科技活动,如果涉及国家或社会公共利益时,应实施公益优先原则,由此发生的社会关系,由民商法与经济法共同调整。与此同

---

① 1978 年 3 月 18 日,邓小平在全国科学大会开幕式上的讲话中指出:“四个现代化,关键是科学技术的现代化。没有现代科学技术,就不可能建设现代农业、现代工业、现代国防。没有科学技术的高速度发展,也就不可能有国民经济的高速度发展。”与此同时,他在论述对科学技术是生产力的认识问题时指出:“……近 30 年来……社会生产力有这样巨大的发展,劳动生产率有这样大幅度地提高,靠的是什么?最主要的是靠科学技术的力量、技术的力量。”参见中共中央文献编辑委员会:《邓小平文选》,人民出版社 1983 年版,第 82 ~84 页。

② 1999 年 8 月 23 日,江泽民同志在全国技术创新大会上指出:“全面实施科教兴国战略,加速全社会的科技进步,关键是要加强和不断推进知识创新和技术创新。我曾经说过,创新是一个民族进步的灵魂,是一个国家兴旺发达的不竭动力。”参见中共中央文献编辑委员会:《江泽民文选》(第 2 卷),人民出版社 2006 年版,第 392 页。

③ 科学研究与技术开发研究课题分为纵向课题和横向课题两类。通常情况下,纵向课题是由财政资金资助的课题;而横向课题则是由企业或其他组织委托科研机构或人员进行的科学研究与技术开发,因而,其经费由委托单位支持。

时，国家从宏观调控角度制定有利于科学技术进步的各项人才、税收、金融、奖励等政策，以促进科技事业的发展，由之引起的社会关系，属于宏观调控法调整。

(五)教育事业发展调控关系

从古至今，教育事业乃是以教书育人为根本的事业，为国家保持民族昌盛之根基。科教兴国，教育为本，只有教育搞好了，才能为科技发展、经济发展、社会发展提供人才资源，保障各项事业发展后继有人。因此，教育的本质是教书育人。教育的问题属于典型的社会发展问题，关系到一国国民素质的提高问题。如若将教育视为一种生产的话，教育就是一种应用教育资源，通过对受教育者德、智、体、美学习的培养过程的一种人才资源的生产，教育生产的“产品”，就是符合社会就业要求的各类劳动者。据此，教育是一种典型的公益性事业，理应属于国家责任，实行国家统一计划配置教育资源和人才培养，由财政负担基本的教育经费。

然而，对于受教育者而言，除了必须接受国家强制性的义务教育以外，对于进一步地接受教育以及选择怎样的教育，应当根据自身的情况享有选择的权利，而这种选择的结果，往往是与预期的就业目标及人生成长规划结合在一起的。因此，对受教育者而言，赋予其私益权利是十分必要的。这样，在市场经济条件下，基于国家投资负担的部分，属于公共教育，是每个公民必须接受的教育，其教育结果属于公共产品的范畴，利益由国家或全民共享；基于私人投资负担的部分，属于公民选择教育的部分，具有较大的私益性质，因而，其教育结果属于私人产品的范畴，利益由受教育者与负责教育的学校及其他培养单位共享；而对于那些本应由国家负担，但是，鉴于教育培养资源与社会要求培养的需求量存在较大的差距，因此，需要由国家和私人共同投资的部分，其教育结果则具有准公共产品的属性，利益由国家与受教育者共享。这样，教育的层次性是显而易见的,并形成不同的社会关系,需要由不同的法律部门调整。

就中国的情况而言,计划经济时期,实行教育资源的统一计划配置,公民接受教育,亦由国家安排。但实行市场经济以来,教育体制改革的结果是教育的层次性逐渐形成,其中,国家法律规定的九年国民义务教育和强制性培训的部分①属于公共教育部分,由国家和地方财政负担;属于高中以上的教育部分②则属于准公共领域,由国家和受教育者(家庭)共同负担,实行上学缴费制度;③而属于在私人选择基础上的各类教育部分,则属于私人产品部分,为此,国家法律允许社会力量投资办学,以满足这部分教育需求,但强调了其不能以经济效益为目的。④ 与此同时,有关包括人、财、物在内的教育资源的配置,也采取了不同的方式,即属于公共产品部分由国家制定政策与规划,统一配置;属于准公共产品部分,由国家与地方财政及教育单位共同配置;⑤属于私人产品部分则通过市场机制配置。此外,国家提倡公民的终身教育,努力营造学习型社会。由此,就存在一个教育政策的制定和教育宏观调控问题。教育的宏观调控主要解决教育事业发展中的发展规模、发展速度、发展结构的调节和控制,学生就业促进及包括税收、土地、价格、金融等在内的各种优惠或限制措施的制定和实施。其中,属于国家教育部直接管理的教育单位由教育部直接调控;属于地方主管的教育单位由地方直接调控,中

---

① 强制性培训教育,如国防教育、职业岗位培训等。

② 高中以上的收费学历教育包括高中、大学专科、大学本科和大学研究生的学历教育,此外,初中毕业考入技校的学历教育,也属于收费教育的范畴。

③ 上学所缴的各项费用,应严格按照国家和地方财政部门规定的项目和标准予以收费,学校超出其规定的收费为"乱收费",一直是改革开放以来重点查处的问题。

④ 2002 年 12 月 28 日,第九届全国人大常委会第三十一次会议通过《民办教育促进法》,该法第 3 条规定:"民办教育事业属于公益性事业,是社会主义教育事业的组成部分。"但同时第 35 条规定:"民办学校对举办者投入民办学校的资产、国有资产、受赠的财产以及办学积累,享有法人财产权。"

⑤ 教育单位自身的资源配置是指教育单位运用自身创收所得进行的学校设施建设。

央间接调控。由之形成教育调控关系，由宏观调控法予以调整。

值得强调的是，中国的高等教育不仅承担着培养大学生、研究生的重任，也是中国科技研究的主要力量，为此，有关高等教育事业发展的调控问题，必须将科技事业发展调控与高等教育事业发展调控有机地结合起来，将科学研究与人才培养相结合，以满足国家和社会对高层次人才的需求。

另外，关于教育的市场化、产业化问题，是改革开放以来，一直颇具争议的问题。因为这一问题涉及对教育根本及价值取向的否定问题，而在实践中，也确实引发了“上学难”问题，①引起了社会的普遍不满。对此，如何看待和解决？笔者认为，其实际上涉及国民经济与社会发展的协调问题。从国民经济发展角度讲，教育事业作为服务行业属于第三产业的范畴，对此，中国20世纪80年代有关产业政策也将其纳入了产业发展的规划之中，到1999年，为解决国内需求不足问题，寻找国民经济新的增长点，国家把包括国家、社会、公民个人对于教育的投资也算作了经济增长点，为此，使公民的教育学费有了大幅的增长。与此同时，国家也希望学校通过教学科研改革，使学校（主要指高等院校）能有更多的高新技术科研成果面向社会，并通过市场化运作转化为生产力，达到“产、学、研”相结合，并对社会起到示范作用。这就是教育产业化、市场化的政策内涵，其并不涉及属于公共产品的义务教育和基础性教育中无法与市场结合的部分。它并没有从根本上否定教育的教书育人的本质属性。政府不能因此减少应有的财政投资，教育单位也不能因此而为了

---

① “上学难”问题的发生主要基于四种情况发生：一是由于现实教育资源的有限性，导致公民普遍上学的要求无法全部满足；二是在对非义务教育实施收费制度以来，导致一些学生因交不起学费而上不了学，这方面的问题主要体现在贫困的农村地区和城市的低收入家庭子女的上学问题；三是由于教育资源配置存在结构上的不合理，也会导致学生上学的困难，如在房地产开发中，形成一些新的居民区，但是，在新区没有学校的统一规划，导致学生上学发生困难；四是基于目前升学机制中的应试考试格局仍然没有改变，因此，重点中学、重点大学少，导致学生上好一点的学校比较困难。

自身利益的最大化出卖教育文凭,这就需要宏观调控政策和法律予以及时规范。

(六)文化事业发展调控关系

通常而言,文化是指人类在社会历史发展过程中所创造的物质财富和精神财富的总和。据此,广义上讲,在经济和社会发展中,文化现象无所不在。即任何事物的发展均存在与之相应的文化问题。但是,狭义上讲的文化,是与精神财富相联系的社会现象,如文学、艺术、教育、科学等。[①] 若从中国社会事业的实际分工来看,因为已经存在科技事业、教育事业,因此,文化事业应是为了满足社会文化需求,以传播和创作特定文化作品为内容的一种面向大众的社会事业。其中,所谓的传播,是指对于传统的和现代的既有文化的宣传;所谓的创作,是指文化工作者结合社会需求,对新文化作品的推出。其基本载体包括文学作品、戏剧、电影、电视剧等。其所涉及的核心行业主要包括新闻业,出版业,广播、电视、电影业,文艺创作与表演业;外围行业涉及网络文化服务、文化休闲娱乐旅游服务和其文化服务;此外,还存在有关文化用品、设备及相关文化产品的生产和销售。[②]

在中国社会主义事业建设中,文化事业发展承担着社会主义精神文明建设的重任,它涉及主流意识形态地位的确立和对面向大众的文化理念的正确引导问题,社会公益性极强。因此,党和国家历来十分重视对文化事业发展的调节和控制。各事业单位一直属于财政供养单位,其各项活动不能以营利为目的。但是,随着市场经济体制的确立,文化事业单位的发展也逐步与市场接轨,文化产业也因此纳入第三产业的范畴,

---

① 中国社会科学院语言研究所词典编辑室编:《现代汉语词典》(第2版),商务印书馆1983年版,第1204页。

② 参见2004年国家统计局颁发的《文化及相关产业分类》。

得到国家的有力支持，[1]成为中国国民经济发展的一个新增长点。但是，由于文化行业的特殊性，世界各国在市场经济发展中，普遍地对于文化行业的发展实施分层次管理。对于那些可能危及国家安全的文化的传播和创作，国家予以禁止或严格控制；[2]属于弘扬主流文化和民族文化的领域，国家通过宏观调控予以政策和财力支持；属于一般娱乐性的文化则交由市场机制来解决，国家只在必要时对之予以适度地干预。[3]对此，中国的基本做法也大体相同。由之引发的属于宏观调控法调整对

---

① 文化产业与文化事业有本质的不同，主要表现是文化产业的营利性。2006 年 9 月中共中央办公厅、国务院办公厅正式颁发《国家"十一五"时期文化发展规划纲要》，将文化产业纳入了文化发展规划之中。在此之前的 2005 年 12 月，中共中央、国务院颁发《关于深化文化体制改革的若干意见》，该意见提出，中国今后文化体制改革的方向是：以发展为主题，以改革为动力，以体制机制创新为重点，形成科学有效的宏观文化管理体制，完善文化法律法规体系，强化政府文化管理和服务职能，构建覆盖全社会的公共文化服务体系；形成富有效率的文化生产和服务的微观运行机制，增强文化事业单位的活力，提高文化企业的竞争力；形成以公有制为主体、多种所有制共同发展的文化产业格局，充分发挥国有资本在文化领域的主导作用，调动全社会力量积极参与文化建设；形成统一、开放、竞争、有序的现代文化市场体系，更大限度地发挥市场在文化资源配置中的基础性作用；形成完善的文化创新体系，加大知识产权保护力度，积极应用先进科技手段，推进内容创新，使原创性文化产品在市场中占有重要地位；形成以民族文化为主体、吸收外来有益文化，推动中华文化走向世界的文化开放格局，进一步提升文化事业和文化产业的国际影响力和竞争力。

② 这类文化的传播，如诬蔑社会主义制度、诬蔑革命英烈或对民族团结产生不利影响的文化作品。为了加强对英雄烈士的保护，维护社会公共利益，传承和弘扬英雄烈士精神、爱国主义精神，培育和践行社会主义核心价值观，激发实现中华民族伟大复兴中国梦的强大精神力量，根据宪法，2018 年 4 月 27 日第十三届全国人民代表大会常务委员会第二次会议通过《英雄烈士保护法》。该法第 22 条规定，禁止歪曲、丑化、亵渎、否定英雄烈士事迹和精神。英雄烈士的姓名、肖像、名誉、荣誉受法律保护。任何组织和个人不得在公共场所、互联网或者利用广播电视、电影、出版物等，以侮辱、诽谤或者其他方式侵害英雄烈士的姓名、肖像、名誉、荣誉。任何组织和个人不得将英雄烈士的姓名、肖像用于或者变相用于商标、商业广告，损害英雄烈士的名誉、荣誉。公安、文化、新闻出版、广播电视、电影、网信、市场监督管理、负责英雄烈士保护工作的部门发现前款规定行为的，应当依法及时处理。

③ 这类情况是指对于公众反映强烈的有严重负效应的文化作品的传播，政府可以依法予以干预，实施禁播或限播措施。

象的文化事业发展关系，主要是指由国家宣传与文化主管部门对于文化的传播和创作活动进行调节、控制中形成的社会关系。其中，这种关系包括对于外来文化被引入（进口）中国时，国家有关部门对其进行调控时引起的社会关系。

（七）卫生事业发展调控关系

根据《现代汉语词典》，“卫生”一词的解释：一是能防止疾病，有益于健康；二是指合乎卫生的情况。而所谓事业是指“人所从事的具有一定目标、规模和系统而对社会发展有着影响的经常性活动”。[①] 据此，所谓卫生事业，即是指人类所从事的具有一定目标、规模和系统而对社会发展有影响的能防止疾病，又有益于健康的经常性活动。在中国，由政府投资的医疗服务单位被定性为事业单位，并以主要从事公共医疗卫生服务为其宗旨，这一部分医疗卫生服务活动是典型的卫生事业活动。但是，若从宏观角度讲，卫生事业是指“一个国家或地区的医疗保障体系、卫生服务体系、卫生监督体系的总称”。[②] 若从国民经济发展角度分析，卫生事业也属于服务行业的范畴，国家与社会对于卫生事业发展的投资增长，反映了第三产业的发展水平。此外，卫生事业的发展涉及以药品和医疗器械为生产对象的企业发展，这一部分除基本医疗供给外，属于市场行为，具有私益属性。企业生产的目的是追求利益最大化，但由于其受卫生产品公共属性的影响，又受到政府的严格许可和监管。改革开放以来，随着人民生活水平的提高，一部分人群对于医疗卫生有了更高的保健型消费要求，为此，国家允许私人投资这一领域，以市场化机制满足此方面的消费需求。此外，为方便大众就近就医，国家也允许私人个

---

① 中国社会科学院语言研究所词典编辑室编：《现代汉语词典》（第 2 版），商务印书馆 1983 年版，第 1201 页、第 1052 页。

② 谭伟良：《公共卫生富民强市战略的有效实现途径》，载《江苏卫生事业管理》2001 年第 6 期。

体开办个体医疗诊所。这样，中国现有的卫生服务体系实际上由政府投资的主要为解决公共医疗需求的大、中型医院（或医疗服务机构）；由混合所有制或私人投资机制建立的主要满足私人医疗消费的医院（或医疗服务机构）；主要由私人投资的为方便民众就医为目的的小型医疗诊所（或医疗服务机构）三部分组成。它们都属于卫生事业发展的范畴，必须在国家或地方政府统一规划之下有序地发展。

卫生事业是一项公益面广、公益度深、公益性强，①并兼有经济性和社会性的全民事业。卫生事业发展关系与宏观调控法的关系可以从其本身具有的公益和私益属性两个方面予以理解：首先，从公益角度分析，提供公共医疗产品和服务，是现代政府的一项职能，也是社会保障的基本方面，由之发生的社会关系，由经济法之宏观调控法调整；其次，从私益角度分析，公众的私人医疗和保健消费、医疗卫生企业的生产经营状况，直接影响国家经济总量的平衡，为此，在市场经济条件下，国家对医疗市场的调控通过政府制定政策，并运用相关手段调节市场，市场再引导与医疗卫生相关的个人消费与企业生产经营行为，并同时赋予对市场的监督责任。由之产生的关系也属于宏观调控关系，应纳入宏观调控法的范畴，体现了国家在赋予政府管理医疗市场职权的同时，对于政府干预行为的限制。与此同时，在卫生事业发展中，当私益与公益发生冲突时，必须坚持公益优先的原则处理相关的社会关系。因为坚持为人民服务原则，坚持“救死扶伤，实行人道主义”，不仅是中国一贯提倡的卫生事业发展方针，也为世界各国所倡导。任何为了经济利益而放弃医疗救

① 称其公益面广，是因为它不仅涉及全社会每个人的切身利益，而且担负着预防疾病发生、医治已患疾病、康复生理功能、提高生命质量、实施全民保健的全面健康管理；急诊急救和突发事件的应急处理；重大疾病的防治；重点人群的保健；各级各类卫生技术人才的培训；有效药物和医疗器械的研发；预防、医疗、保健、康复基础医学和应用医学以及各种新型医学和边缘医学的研究、推广应用；医学领域的国际合作和交流等任务。称其公益度深，是因为涉及每个人的生、老、病、死。称其公益性强，是因为卫生服务的好坏，卫生事业发展好坏，即可会引起社会的强烈反应，并引发社会问题的爆发。

助的行为,都是违反医疗道德准则,违反医疗卫生基本法律,并为全社会所不能容忍的行为。

(八)体育事业发展调控关系

体育的一般解释,一是以发展人的体力、增强人的体质为主要任务的教育;二是指体育运动。[①] 据此,体育事业就是指与以发展人的体质、增强人的体质及开展各类规模性的体育运动或活动为主要任务的各项经常性活动的总称。体育事业的发展关系到一个国家或民族民众的体质素质的保持和提高问题,具有公共属性。"发展体育运动,增强人民体质"是中国一贯坚持的体育工作方针。从中国体育事业发展的类别看,基本上可以分为两类:一是以保持大众基本体质素质为目标的大众体育事业;[②]二是在举国体制下,[③]以提高运动竞技水平为主要目标的竞技体育事业。此外,基于人民生活消费水平的提高后对于体育消费的需求,以及体育竞技所包含的娱乐功能,使体育事业发展存在体育市场基础,具有了相应的经济功能,并引发与之相应的体育行业和体育产业问题,[④]并使其成为国民经济的增长点。但是,总体上说,体育事业是公益性的事业,其经济属性不能替代社会属性。此外,体育的政治功能和属性不可忽视,许多体育活动和大型国际体育比赛和事项,或成为国家之

---

① 中国社会科学院语言研究所词典编辑室编:《现代汉语词典》(第2版),商务印书馆1983年版,第1130页。

② 大众体育事业分为学校体育和社会体育两类,而学校体育事业的发展由教育部门和体育部门协调安排。

③ 举国体制是中国发展竞技体育事业的一项国家制度。在举国体制下,体育竞技事业的发展纳入国民经济和社会发展规划,由国家财政力量支持运动员的训练和竞赛。这种体制随着市场经济的发展,逐步有所改变。

④ 体育行业是专门从事体育健身娱乐、咨询、旅游、经纪等服务的企业的集合,属于第三产业,并构成体育产业之本体产业,除此之外,体育产业还包括相关产业,如专门从事体育运动产品生产的相关行业。

间交往的政治手段，[①]或成为凝聚与振兴全民爱国激情的重要载体。

从宏观调控角度分析，与宏观调控法相联系的社会关系，主要体现在两个方面：一是为实施全民健身和通过体育运动的开展达到振奋国人爱国激情及积极向上的精神，国家通过制定体育事业发展战略和规划，以财政投入为主，引导社会投资为辅，合理配置包括体育设施、人才等体育资源中形成的社会关系；二是对体育市场行为的调节和控制，即通过制定政策和措施，促进体育产业的发展，并在政府对体育市场的监管行为予以规范中形成的社会关系。

---

① 如20世纪70年代中国成功地运用“乒乓外交”，打开了中美关系解冻的大门。而2008年中国成功地举办了奥运会，使中国在世界上的政治地位得到了较大的提升。

第五章　中国宏观调控法的地位和重要性

按照法学基本原理，探讨某一类别法律的地位时，往往是指该类别法律在一国法律体系中是否为一个独立的法律部门，其重要性如何。与此同时，作为不属于单个形态存在的法，或由一类性质相同的法所构成的一组或一类法律，必然应当有其内在的体系逻辑关系和结构。为此，对于中国宏观调控法的地位与体系的认识，笔者亦依照此原理予以分析。

第一节　中国宏观调控法的地位

按照中国现行的立法与法律体制，中国现有的法律部门包括宪法及其相关法、行政法、民商法、经济法、社会法、刑法、诉讼与非诉讼法之七大部门法。因此，总体来说，宏观调控法并不是一个独立的法律部门。按照官方定位，它属于部门经济法项下的子部门法。但是，它又是一个特殊的法律类别。

一、中国宏观调控法的经济法属性

通说认为，在市场经济条件下，经济法是有关国家或政府管理经济的法。经济法的诞生，虽然在美国、德国、日本等国基于国情不同而各异，但总体来说，它是源于资本主义的侵略本性、进入垄断阶段导致“市场失灵”以及发生大规模经济危机情况下，由于原有的行政法、民商法不足以或不适合解决经济和社会发展中的矛盾冲突，进而迫使国家通过政府不得不干预经济才形成的，其典型表现就是战时经济法和反垄断法。迄今已经走过百余年的发展历程，其基本的理论依据就是“凯恩斯主义”。①

所以，在学界，经济法也被简称为“国家干预经济的法”。其中，按照宏观经济学原理，通过宏观调控调节或控制市场经济的发展，是宏观调控为达到某种国家发展战略目的，克服“市场失灵”并避免或尽快克服基于经济危机的一个重要法治经验。发展至今，国家已经将宏观调控视为发展市场经济不可缺少的组成部分，属于市场经济的基本范畴之一。当然，在资本主义条件下，无论怎样的宏观调控或国家干预，都是以最终维护其私有制经济基础和“自由市场主义”价值观为根本点的。所以，按照市场经济原理，在资本主义市场经济条件下，总体上来说，在市场经济运行正常时，是不需要宏观调控及其宏观调控法治的。只有在市场出现问题时，才需要国家通过政府对经济予以干预，才需要宏观调控。一旦通过国家干预或宏观调控使市场恢复到正常状态，国家干预或宏观调控则应当退出市场领域。不过，这种状况经过几次大的、影响全球的

---

① “凯恩斯主义”是根据凯恩斯的著作《就业、利息和货币通论》的经济理论，主张国家采用扩张性的经济政策，通过增加需求促进经济增长。凯恩斯主义认为，宏观的经济趋向会制约个人的特定行为。

经济危机正在发生改变,使西方社会的宏观调控越来越多地在指导市场经济发展,在实现国家发展战略方面发挥着越来越重要的作用。与此同时,通过制定各类包括宏观调控法在内的经济法,在授予政府宏观调控权的同时,又限制其权力的滥用,成为宏观调控法的基本任务或法益目标。

就中国宏观调控及其法治而言,改革开放以来,国家一直积极探索在推行商品经济发展以后,改变以往单纯用行政手段管理经济的思想、体制与模式。其经过了由宏观管理、宏观调节直至宏观调控的思想、体制与模式的历史性变革。直至1993年正式决定发展社会主义市场经济时,才确立了宏观调控下的社会主义市场经济发展模式。这一发展模式既包括对以往经济体制的继承和发展,也包括对西方市场经济发展模式的借鉴,从而为中国经济法的定位奠定了实践基础。从1993年正式实施社会主义市场经济起,至今已经经过了25年的发展历程。25年来,中国经济法学界适应社会主义市场经济发展的法律需求,将部门经济法的法域范畴主要界定为宏观调控法、市场规制法和经济监督法三大法域,并经过多年的研究探讨,形成了一系列的基本理念或理论共识。到2011年,官方公布与中国社会主义市场经济发展相适应的《中国特色社会主义法律体系》白皮书时,对经济法的定位有了明确的界定,即"经济法是调整国家从社会整体利益出发,对经济活动实行干预、管理或者调控所产生的社会经济关系的法律规范。经济法为国家对市场经济进行适度干预和宏观调控提供法律手段和制度框架,防止市场经济的自发性和盲目性所导致的弊端",由此奠定了宏观调控法在社会主义法律体系中的地位及其基本的功能。为此,笔者认为,按照既有的法律体系和制度安排,有关中国宏观调控法的经济法属性可以从以下两个方面予以认识:

首先,宏观调控法不是一个国家层面上的独立法律部门,而是属于部门经济法的范畴。在社会主义法律体系中,宏观调控法不能与宪法及其相关法、行政法、民商法、经济法、社会法、刑法、诉讼与非诉讼法之七大部门法相提并论。宏观调控法的法源基础主要来自经济法的理论和实践。

其次,宏观调控法的制定和实施,要充分地体现经济法的基本理念和原则。对此,根据经济法学界的共识,需要在宏观调控法制定和实施中贯彻的基本理念和原则主要包括:国家责任的基本理念和原则、社会本位与社会整体利益保护的基本理念和原则、科学发展促进全社会增量利益增长的基本理念和原则、适度干预经济的理念和原则、民主协调的理念和原则、以激励为主奖惩结合的基本理念和原则等。

二、宏观调控法在社会主义法律体系中的特殊地位

由于中国采取了宏观调控下的市场经济发展模式,这就决定了与之相应的宏观调控法在中国社会主义市场经济发展中,实际上处于一种高阶位的特殊法律地位。即没有宏观调控法的法治保障,就不会有社会主义市场经济的健康发展。而事实上,中国市场经济发展中出现的种种问题都是与宏观调控法的不完善有极大的关系。换句话说,中国社会主义市场经济得以发展,离不开宏观调控法的确认、保障及其促进,例如,如果没有党中央从宏观全局出发决定发展社会主义市场经济,也就没有今天的市场经济发展成就;反之,中国社会主义市场经济发展中出现的种种问题,首先需要检讨的就是宏观调控法的缺位、制度弊端及促进不力。在此方面,比较突出的例子是,作为在中国宏观调控中具有牵头作用的发展规划法至今没有出台。

由此,对宏观调控法的理解和研究,不能仅仅囿于部门经济法的范畴来思考和理解,应当将其放在整个社会主义法律体系当中来考量,才能准确把握宏观调控法的地位和重要性。但这种高阶的特殊地位以及其涉及问题的重大性和复杂性,也会导致宏观调控法的制定和实施(无

论是其单个的法还是具有法典意义的纲要、通则等),相比部门经济法内部的其他法律和其他部门法的出台要难得多。在宏观调控实践中,更多地源于职能部门的工作习惯、政策推进及技术性操作,形成了有宏观调控、没有宏观调控法的管理局面,或者即使制定了宏观调控法,也可能不能在实践中得以很好地执行,进而可能影响宏观调控的法治效力。如何在全面推进依法治国的进程中,通过法治治理发挥宏观调控法对经济和社会发展或社会主义市场经济发展的引领、调节和控制作用,保障国家实现全面小康建设目标,是国家实现法治治理的重要课题。

第二节　宏观调控法与相关法律的关系

由于中国宏观调控法属于部门经济法的范畴,因此,对于宏观调控法与相关法律关系的研究,主要涉及两个方面:一是在部门经济法内部,宏观调控法与其他法律的关系;二是宏观调控法与其他部门法的关系。

一、宏观调控法与部门经济法内部其他法律的关系

从目前公认的经济法的法域范畴来看,宏观调控法与部门经济法内部其他法律的关系主要表现在以下三个方面:

(一)宏观调控法与市场规制法的关系

市场规制法或市场管理法是指在民商法调整的基础上,国家维护市场竞争秩序,规范市场主体行为,保护消费者权益而制定的法律规范。市场规制法的主要表现形态为反不正当竞争法、反垄断法、消费者权益保障法和产品质量法,此外,还包括广告法、计量法、标准化法等涉及规范市场行为的法律。市场规制法与宏观调控法同属于部门经济法的范

畴,因此,其相同点集中体现在与经济法基本理念和原则相一致的方面。它们的不同点则表现为:一是宏观调控主要体现的是国家对市场的间接管理,这种间接管理的表现就是“国家调节市场,市场引导企业”。因此,在宏观调控法律关系中,国家通常并不直接规定市场主体应当怎么做,或不能怎么做,而是通过政策或法律的引导促使市场主体按照宏观调控法的引导开展生产、经营、服务和消费活动,而市场规制法主要体现的则是国家对微观市场主体行为的直接管理,即各类市场规制法要直接规定市场主体应当怎么做或不能怎么做。二是宏观调控法主要立足于防止“政府失灵”,而市场规制法则主要立足于防止“市场失灵”。例如,近几年来国务院针对政府部门强力推行的“放管服”改革,就是一项防治“政府失灵”的宏观调控措施,其目的是给市场更多的发展空间。三是宏观调控法主要强调的是宏观调控秩序的维护与宏观经济和社会发展目标的实现,其关注点是国家宏观经济和社会发展全局的把握。而市场规制法尽管也强调了社会公共利益的保护,但在实践中则主要强调的是市场秩序的维护与微观市场主体法律关系的确认及其市场个别主体权益的保护。四是从实施的路径依赖分析,宏观调控法主要通过政府的依法行政和社会各界的依法参政来予以实现,通常就被调控主体而言不具有可诉性;而市场规制法则除政府的依法行政外,还包括了司法救济渠道。就宏观调控法与市场规制法之间的联系来看,主要体现在国家制定和实施的市场准入引导政策、市场竞争政策、反垄断政策和消费政策等,对于市场规制法的制定和完善具有重大的影响。也就是说,国家出台的有关市场发展政策,要通过市场规制法的制定和实施将其落实到实处。反过来,市场规制法实施中所暴露出的问题,也会促使宏观调控政策和法律的进一步完善。从此意义上讲,宏观调控法中有关市场竞争、产业发展与法制政策的完善,对于市场规制法的制定和完善具有相应的指导和制约作用。因此,在中国经济法体系中,宏观调控法与市场规制法不是简单的并列关系。

(二)宏观调控法与市场监督法的关系

市场监督或监管是政府的一项重要职责。为此,在民商法赋予市场主体“意思自治”的同时,对于关乎公众切身利益的行为必须加以市场监督,以维护市场秩序,打击市场运行中的违法犯罪行为。因此,制定和实施各类市场监督法具有重要的现实意义。但是,经济法中的经济监督法并非为一个独立的法域,某一经济监督法的制定和实施总是围绕着宏观调控或市场规制的特定目的而产生的,或依附于宏观调控法,或依附于市场规制法,否则就会出现为监督而监督的不合理局面,反而不利于市场经济的发展。据此,就宏观调控法与经济监督的关系而言,主要体现在两个方面:一是一些经济监督法是实现宏观调控与宏观调控法目的的基础,例如,统计法、会计法、审计法、国有资产监督法、银行业监督法等;二是作为市场规制法中的市场监督部分,有关宏观调控政策的变化对之实施有重大影响。在此方面,有关国家对金融政策的调整对于金融市场的监管有直接的影响。一般而言,当国家实施较为宽松的金融政策时,相应地,国家对于金融监管也适度地会放松,因此,法治治理力度也相对地会放松一些,反之亦然。

(三)宏观调控法与投资经营法的关系

在现有的经济法体系中,有关投资经营法的归属问题,存在两种不同的认识:一种认识认为,投资经营法应当属于宏观调控法的组成部分,没有必要单列;而另一种认识则认为,投资经营法是一个特别的领域,特别是在中国社会主义市场经济条件下,国有投资经营是一个特殊的领域,应当对之予以专门的研究和规范。对此,笔者认为,无论是单列,还是不单列,均不影响宏观调控法的制定和实施应解决好对投资关系的引导和保护问题,而且,这种引导也不仅仅局限于对国有投资的政策与法律调整,它包括对所有投资者利益的引导和保护,要按照党的十八大以来所提倡的“两个不动摇”的政策精神，引导和保护好所有投资人的利益。但由于中国的市场经济是社会主义市场经济，而代表公有制力量的国有企业又是公有制的基础，因此，有关国有经济的投资经营问题，必须着力于其控制力的保持与优化，并且这一点是中国社会主义市场经济与西方社会所倡导的资本主义市场经济的一个明显本质区别。总体来看，投资经营法是宏观调控法在投资经营领域的具体化。

二、宏观调控法与其他部门法的关系

宏观调控法与其他部门法的关系，是指宏观调控法与除部门经济法外，与其他六个法律部门之间的关系。

（一）宏观调控法与宪法的关系

宪法是一国的根本大法，是一国各项事业发展的总章程。按照法学原理，在一国的法律体系中，宪法处于最高地位。其他的法，无论是部门法，还是单行法，或部门法之下的子部门法或法域，其法律地位均处于宪法之下，不得与宪法相抵触。为此，法学界通常把宪法称为“母法”，而宪法之下的法为“子法”。为此，探讨各类法的地位时，研究者习惯于从既有宪法条文中寻找依据。然而，往往有直接规定的较少。例如，有关经济法、民商法和行政法调整经济关系的依据需要从宪法中有关国家经济制度的规定方面来寻找和研究。但是，有关宏观调控法在中国现行《宪法》及相关法中则有直接的规定，其主要体现于以下三个方面：

1. 宪法的直接规定

我国现行《宪法》第 15 条规定，国家实行社会主义市场经济。国家加强经济立法，完善宏观调控。国家依法禁止任何组织或者个人扰乱社会经济秩序。这一条款使“宏观调控”一词直接入宪。这是宏观调控法得以成立的宪法依据；而且它是把“宏观调控”放在实行社会主义市场经济这一大前提之下，并与加强经济立法并列的。这种规定与中国宏观调控下的市场经济发展体制是一致的。

2. 有关国家机关宏观调控权的规定

对此，我国现行《宪法》有如下明确的规定，是相关国家机关行使宏观调控权的法律依据。

一是《宪法》第62条规定全国人民代表大会的职权时，明确规定，"（十）审查和批准国民经济和社会发展计划和计划执行情况的报告；（十一）审查和批准国家的预算和预算执行情况的报告"。

二是第67条规定全国人大常委会的职权时，明确规定，"（五）在全国人民代表大会闭会期间，审查和批准国民经济和社会发展计划、国家预算在执行过程中所必须作的部分调整方案"。

三是第89条规定国务院的职权时，明确规定，"（五）编制和执行国民经济和社会发展计划和国家预算；（六）领导和管理经济工作和城乡建设、生态文明建设；（七）领导和管理教育、科学、文化、卫生、体育和计划生育工作；（八）领导和管理民政、公安、司法行政等工作；（九）管理对外事务，同外国缔结条约和协定；（十）领导和管理国防建设事业；（十一）领导和管理民族事务，保障少数民族的平等权利和民族自治地方的自治权利；（十二）保护华侨的正当的权利和利益，保护归侨和侨眷的合法的权利和利益"。

四是第91条规定，"国务院设立审计机关，对国务院各部门和地方各级政府的财政收支，对国家的财政金融机构和企业事业组织的财务收支，进行审计监督。审计机关在国务院总理领导下，依照法律规定独立行使审计监督权，不受其他行政机关、社会团体和个人的干涉"。

五是第122条规定，"国家从财政、物资、技术等方面帮助各少数民族加速发展经济建设和文化建设事业"等。

3. 相关法律与章程的规定

宪法的相关法是指与宪法实施有关的法，如相关组织法、监督法、立法法等,在中国也包括相关机构的章程等。

《各级人民代表大会常务委员会监督法》第 3 章“审查和批准决算”规定,各级人民代表大会常务委员会负有听取和审议国民经济和社会发展计划、预算的执行情况报告,听取和审议审计工作报告规定的职责。该法明确规定,国务院应当在每年 6 月,将上一年度的中央决算草案提请全国人民代表大会常务委员会审查和批准。决算草案应当按照本级人民代表大会批准的预算所列科目编制,按预算数、调整数或者变更数以及实际执行数分别列出,并作出说明。国务院应当在每年 6 月至 9 月期间,向本级人民代表大会常务委员会报告本年度上一阶段国民经济和社会发展计划、预算的执行情况。国民经济和社会发展计划、预算经人民代表大会批准后,在执行过程中需要作部分调整的,国务院应当将调整方案提请本级人民代表大会常务委员会审查和批准。严格控制不同预算科目之间的资金调整。预算安排的农业、教育、科技、文化、卫生、社会保障等资金需要调减的,国务院应当提请本级人民代表大会常务委员会审查和批准。国务院有关主管部门应当在本级人民代表大会常务委员会举行会议审查和批准预算调整方案的一个月前,将预算调整初步方案送交本级人民代表大会财政经济委员会进行初步审查,或者送交常务委员会有关工作机构征求意见。常务委员会对决算草案和预算执行情况报告,重点审查的法定内容:一是预算收支平衡情况;二是重点支出的安排和资金到位情况;三是预算超收收入的安排和使用情况;四是部门预算制度建立和执行情况;五是向下级财政转移支付情况;六是本级人民代表大会关于批准预算的决议的执行情况。除前款规定外,全国人民代表大会常务委员会还应当重点审查国债余额情况;县级以上地方各级人民代表大会常务委员会还应当重点审查上级财政补助资金的安排和使用情况。常务委员会每年审查和批准决算的同时,听取和审议本级人民政府提出的审计机关关于上一年度预算执行和其他财政收支的审计工作报告。常务委员会组成人员对国民经济和社会发展计划执行情况报告、预算执行情况报告和审计工作报告的审议意见交由本级人民政府研究处理。人民政府应当将研究处理情况向常务委员会提出书面报告。常务委员会认为必要时,可以对审计工作报告作出决议;本级人民政府应当在决议规定的期限内,将执行决议的情况向常务委员会报告。常务委员会听取的国民经济和社会发展计划执行情况报告、预算执行情况报告和审计工作报告及审议意见,人民政府对审议意见研究处理情况或者执行决议情况的报告,向本级人民代表大会代表通报并向社会公布。国民经济和社会发展五年规划经人民代表大会批准后,在实施的中期阶段,人民政府应当将规划实施情况的中期评估报告提请本级人民代表大会常务委员会审议。规划经中期评估需要调整的,人民政府应当将调整方案提请本级人民代表大会常务委员会审查和批准。①

《中国共产党章程》(2017 年修改)序言中明确指出:"中国共产党在领导社会主义事业中,必须坚持以经济建设为中心,其他各项工作都服从和服务于这个中心。要实施科教兴国战略、人才强国战略、创新驱动发展战略、乡村振兴战略、区域协调发展战略、可持续发展战略、军民融合发展战略,充分发挥科学技术作为第一生产力的作用,充分发挥创新作为引领发展第一动力的作用,依靠科技进步,提高劳动者素质,促进国民经济更高质量、更有效率、更加公平、更可持续发展。""中国共产党领导人民发展社会主义市场经济。毫不动摇地巩固和发展公有制经济,毫不动摇地鼓励、支持、引导非公有制经济发展。发挥市场在资源配置中的决定性作用,更好发挥政府作用,建立完善的宏观调控体系。统筹城乡发展、区域发展、经济社会发展、人与自然和谐发展、国内发展和对外开放,调整经济结构,转变经济发展方式,推进供给侧结构性改革。促进新型工业化、信息化、城镇化、农业现代化同步发展,建设社会主义新农

① 《各级人民代表大会常务委员会监督法》第 15 ~21 条。

村,走中国特色新型工业化道路,建设创新型国家和世界科技强国。"① 该论述实际上把建立完善的宏观调控体系列为中国共产党领导人民发展社会主义市场经济的一项重要任务。

2018 年 3 月 15 日,根据中国共产党十九大精神,新修订的《中国人民政治协商会议章程》指出,中国人民政治协商会议是中国人民爱国统一战线的组织,是中国共产党领导的多党合作和政治协商的重要机构,是中国政治生活中发扬社会主义民主的重要形式,是国家治理体系的重要组成部分,是具有中国特色的制度安排。团结和民主是中国人民政治协商会议的两大主题。中国共产党领导的多党合作和政治协商制度是中国的一项基本政治制度,是具有中国特色的社会主义政党制度。中国人民政治协商会议是实行中国共产党领导的多党合作和政治协商制度的重要政治形式和组织形式。中国人民政治协商会议根据中国共产党同各民主党派和无党派人士长期共存、互相监督、肝胆相照、荣辱与共的方针,促进参加中国人民政治协商会议的各党派、无党派人士的团结合作,充分体现和发挥中国社会主义新型政党制度的特点和优势。协商民主是中国社会主义民主政治的特有形式和独特优势。中国人民政治协商会议是社会主义协商民主的重要渠道和专门协商机构,要聚焦国家中心任务,把协商民主贯穿履行职能全过程,完善协商议政内容和形式,着力增进共识、促进团结,在推动协商民主广泛多层制度化发展、推进国家治理体系和治理能力现代化中发挥不可替代的作用。中国人民政治协商会议的一切活动以中华人民共和国宪法为根本的准则。中国人民政治协商会议全国委员会和地方委员会,依法维护其参加单位和个人依照本章程履行职责的权利。中国人民政治协商会议全国委员会和地方委员会的主要职能是政治协商、民主监督、参政议政。政治协商是对国家大政方针和地方的重要举措以及经济建设、政治建设、文化建设、社会建

① 《中国共产党党章》(2017 年)总纲。

设、生态文明建设中的重要问题，在决策之前和决策实施之中进行协商。中国人民政治协商会议全国委员会和地方委员会可根据中国共产党、人民代表大会常务委员会、人民政府、民主党派、人民团体的提议，举行有各党派、团体的负责人和各族各界人士的代表参加的会议，进行协商，亦可建议上列单位将有关重要问题提交协商。民主监督是对国家宪法、法律和法规的实施，重大方针政策、重大改革举措、重要决策部署的贯彻执行情况，涉及人民群众切身利益的实际问题解决落实情况，国家机关及其工作人员的工作等，通过提出意见、批评、建议的方式进行的协商式监督。参政议政是对政治、经济、文化、社会生活和生态环境等方面的重要问题以及人民群众普遍关心的问题，开展调查研究，反映社情民意，进行协商讨论。通过调研报告、提案、建议案或其他形式，向中国共产党和国家机关提出意见和建议。中国人民政治协商会议全国委员会和地方委员会坚持公有制为主体、多种所有制经济共同发展的基本经济制度。毫不动摇地巩固和发展公有制经济，毫不动摇地鼓励、支持、引导非公有制经济发展。坚持按劳分配为主体、多种分配方式并存的分配制度。坚持发展社会主义市场经济，贯彻新发展理念，建设现代化经济体系，发挥市场在资源配置中的决定性作用，更好发挥政府作用，促进社会生产力的解放和发展，逐步实现全体人民共同富裕。中国人民政治协商会议全国委员会全体会议的职权之一，就是协商讨论国家的大政方针以及经济建设、政治建设、文化建设、社会建设、生态文明建设中的重要问题，提出建议和批评。①

（二）宏观调控法与行政法的关系

行政法是规范政府行为的法律规范的总称。国家通过行政法的制定和实施，一方面要明确政府的职权，赋予其相应的职权职责；另一方

---

① 《中国人民政治协商会议章程》序言、第3条、第44条。

面,要防止其权力的滥用。行政法所调整的关系是政府与行政相对人(被行政管理的对象)之间发生的行政关系。西方社会的现代行政法以"一切权力的行使均会导致权力的滥用"以及"政府失灵"理论为基本出发点,特别强调了行政法对行政相对人权利保障的价值,以遏制政府权力的滥用或不作为,有其积极的意义。在中国,政府行政机关属于"人民政府"的范畴,它与同属于"人民"范畴的行政相对人没有根本的利害冲突。但在市场经济发展中,有时政府的某些具体行政行为与行政相对人发生冲突,也是难免的。为此,在政府与行政相对人关系的处理中,除运用传统的政治和协调等手段外,运用法律手段,赋予行政相对人诉讼的权利有其必要性。

就宏观调控及其法治而言,由于宏观调控的主要决策与实施主体是国务院及其相关行政性经济管理部门,因此,就和行政法出现了法律竞合或交叉现象。对此,笔者认为,其基本关系可以概括为:一方面,行政法对宏观调控行政主体的规范,为宏观调控主体的依法行政提供了一个基本的条件;另一方面,鉴于宏观调控的经济行政管理机关在进行宏观调控时所面对的是经济和社会发展,为此,宏观调控法又要强调其行使职权时,必须遵循经济规律和社会发展规律,坚持民主协商原则,不能以简单的行政命令实施宏观调控,即使是实施"行政控制"或"宏观控制",也必须是在"必要时",才能经过法定程序予以实施。这样,就使宏观调控法与行政法有了严格的区别。为此,在具体实践中,宏观调控中的"行政行为"是个"壳",而真实的内容则属于经济法或宏观调控法所提倡的"民主协商"和"促进经济和社会发展"之"实"。因此,不能简单地将宏观调控法归属于行政法的范畴。另外,宏观调控从决策到批准及实施,调控主体也不仅仅是政府行为,还包括党中央的决策与审批、人大的审批和监督以及民主党派和政协等组织的参政议政。正因如此,中国的法律体系设计,才把宏观调控法列为经济法的范畴,而不是行政法的范畴。

此外,宏观调控法与行政法的联系点还表现在,国家产业政策的调整和区域生产力布局,可能会给行政相对人或利害关系人(企业或公民)造成经济利益上的损失。为此,国家在制定宏观调控措施时,就应当考虑对受损害方的经济补偿、财政补贴和其他补救性措施,如果行政相对人或利害关系人有异议,可以借助于行政诉讼手段,通过法律手段理清是非,保护自己的权益。它体现了宏观调控法与行政法的衔接关系。

(三)宏观调控法与民商法的关系

要发展社会主义市场经济,民商法必然会处于基础法的地位。为此,自 1992 年以来,国家加大了民商法制的建设。党的十八届四中全会则将民法典的制定作为一项重要领域的立法任务进行了部署安排。从民商法的功能价值来分析,民商法在确认民商事主体独立法律地位、确认和保护国有与私有物权、保护债权债务关系中的契约自由等方面具有积极的作用。但是,民商法在克服"市场失灵"方面有局限性。为此,才产生了经济法,以弥补民商法的不足。

就宏观调控法与民商法的关系而言,在既有的民商事法律秩序基础上,宏观调控政策与法律的制定和实施对民商事主体的行为,具有直接的或间接的引导作用,直接者如城市规划建设可能会引起民事财产权益的丧失与变更;间接者如无论是财税政策法律的实施,还是金融调控政策法律的制定和实施,均会引起民商事关系的变化。例如,契税、房产税的变化会直接引发房地产商品的交易及价格的变化;又如,依据国家产业政策的变化而导致的金融信贷政策的变化会影响企业的融资状况并影响企业的生产经营。而在债权债务关系中,宏观调控政策与法律的调整通常被视为不可抗力或合同的情势变更予以考虑,其直接涉及债权债务的处理以及合同责任的承担问题。

尽管如此,必须强调的是,宏观调控政策和法律对民商事关系的影响，应当以不破坏民商事法律基础为前提，还应当为民商事法律的实施提供良好的法治环境。正因如此，在市场经济条件下，包括宏观调控法在内的整个经济法均负有保障市场经济发展、保障民商法实施的任务。而事实上，宏观调控法治若不健全，民商法也不可能很好地实施。

（四）宏观调控法与社会法的关系

笔者按照广义说来界定宏观调控时，将宏观调控扩展到了社会调控领域，这样就有必要研究宏观调控与社会法的关系。在中国，目前的社会法主要是指劳动法与社会保障法。但是，在实践中，属于政府负责的社会管理和社会服务领域，都属于社会法调整的范畴。具体的如属于民政部门管理的内容即属于社会法的调整范畴。与国民经济调控不同的是，对于社会调控部分，由于多数属于公共产品，因此，不能完全采取市场机制，其更多地需要采取计划配置来解决。其与市场衔接的部分主要体现于政府购买社会服务领域。因此，有关社会调控的宏观调控政策与法律属于公共资源与公共选择的范畴。为此，宏观调控之社会调控必须坚持为大众服务、社会共享的基本原则。宏观调控中涉及的公共消费部分，对于宏观经济的供需平衡有重要的影响，国家可以通过增长或消减公共消费来调节经济。与此同时，公共消费的扩大意味着公共福利的增长，而宏观调控中劳动力就业政策与法律的制定和实施，对于促进劳动力就业，保障公民劳动权益有积极的影响。其中，在鼓励劳动力市场就业的同时，国家采取各种财政或相关兜底措施，使劳动失业者有相应的社会保障，对于稳定经济和社会秩序是至关重要的。

根据党的十八大、十九大精神，在新形势下，按照改革的精神，社会调控的相当一部分将按照“社会能自治的交由社会自治”的原则，交由社会自治管理。为此，在今后，各类社会自治组织和社会团体及其志愿者，将会在社会发展中起着越来越重要的作用。但这些社会组织的自治活动必须在宏观调控政策和法律引导的框架内自行活动。由此，宏观调控法的实施，对社会法的完善有重要的制约作用，而社会法的实施和完善，又成为实现宏观调控及其法治决策的重要基础。

(五)宏观调控法与刑法的关系

刑法是有关犯罪与刑罚法律规定的总称。刑法在法律体系中的地位主要表现为对有关违法犯罪行为的处罚，与其他各个实体法的规定相互衔接，对经济法和宏观调控法也如此。但是，由于广义宏观调控法范畴下，有关法制建设属于社会调控法的范畴，因此，国家有关打击犯罪特别是打击经济犯罪的刑事政策也属于宏观调控法的范畴。

改革开放以来，国家刑事政策多有变化，例如，20 世纪 80 年代实施的“严打”政策对于稳定社会秩序，保障经济改革成果起了重要的作用。在目前，国家实施“宽严相济”的刑事宏观调控政策、“人权保障”的政策等，对于完善刑事法治有积极意义。它直接影响对犯罪行为的量刑问题。由此，刑事政策及相关司法改革政策是宏观调控法的组成部分，也是刑法理论研究和实践不可忽视的重要内容。

需要探讨的是，宏观调控法是否有必要制定刑事责任，并与刑罚相衔接。按照宏观调控原理和实践，宏观调控的决策与措施的实施是民主协商的结果，很难追究个人或单位的刑事责任。如果出了问题，多数情况下是对相关责任人的政治或行政责任的追究。因此，在宏观调控中是不存在刑事责任的。但是，如果在宏观调控过程中，有的执行者个人存在滥用职权、徇私枉法或存在受贿、贪污等行为，则可对其直接依照刑法予以处罚。为此，在有关宏观调控法的规定中，通常对于此方面的犯罪责任只是笼统地写一至二条，甚至在促进型立法中没有法律责任的规定。[①] 但在具体的法律适用上，只有刑法有明确的罪名和罪状之规定，才有可能对相关的责任人予以刑事责任的追究。

（六）宏观调控法与诉讼与非诉讼法的关系

在中国现行的法律体系中，诉讼与非诉讼法属于程序法的范畴。所谓诉讼，主要是指民事诉讼法、行政诉讼法和刑事诉讼法之三大诉讼法；所谓非诉讼程序法，主要是指仲裁法、调解法等。无论是诉讼法，还是非诉讼法基本上是为解决各类诉争所设置的必要的法治制度。诉讼和非诉讼法属于一种公共产品、公共资源。为此，国家从宏观调控角度制定和实施什么样的诉讼和非诉讼政策，对于是否能够顺利解决各种经济和社会矛盾关系重大。为此，宏观调控政策与法律要研究诉讼与非诉讼制度的合理配置，研究与之相应的司法制度的合理配置。国家有关司法制度改革的政策对于诉讼与非诉讼活动的开展具有重大影响；与此同时，诉讼与非诉讼制度实施中所暴露出的种种问题又会反馈到宏观决策领域，通过宏观调控政策与法律的完善，促使诉讼与非诉讼制度更完善、更合理。目前，随着司法改革的深入，大量案件集中于司法机关，人民群众对于司法机关公平解决纠纷期望值很高，就是宏观调控中有关司法改革

---

① 例如，《中国人民银行法》（2003 年修正）法律责任一章共 10 条。其中，涉及中国人民银行责任的有一条，即第 48 条规定，中国人民银行有下列行为之一的，对负有直接责任的主管人员和其他直接责任人员，依法给予行政处分；构成犯罪的，依法追究刑事责任：（1）违反本法第 30 条第 1 款的规定提供贷款的；（2）对单位和个人提供担保的；（3）擅自动用发行基金的。造成损失的，负有直接责任的主管人员和其他直接责任人员应当承担部分或者全部赔偿责任。涉及中国人民银行工作人员责任的有两条，即第 50 条规定，中国人民银行的工作人员泄露国家秘密或者所知悉的商业秘密，构成犯罪的，依法追究刑事责任；尚不构成犯罪的，依法给予行政处分。第 51 条规定，中国人民银行的工作人员贪污受贿、徇私舞弊、滥用职权、玩忽职守，构成犯罪的，依法追究刑事责任；尚不构成犯罪的，依法给予行政处分。其他条款均规定的是被调控（管理）者的法律责任。而在《中小企业促进法》（2017 年修订）中，则没有法律责任的规定。

重大决策影响所致。而司法改革中所暴露出的种种问题,也只有通过宏观调控政策和法律的完善,才能得到解决。例如,在司法压力较大的情况下,是否借鉴国际商事纠纷解决的经验,考虑通过宏观调控政策的引导,使大部分企业间的经济或商事纠纷通过经济仲裁的途径予以解决,就是一个可以选择的法治路径。

总之,通过以上分析可看出,宏观调控法虽然从部门法的分工来看属于部门经济法的范畴,但是,事实上,宏观调控法对于其他法律部门也具有重要的影响,它在整个国家实现法治治理,全面推进依法治国中,有高阶位的地位。如果宏观调控法制不健全,法治治理不到位,其他法律的实施也难以得到良好的推进。

第三节　宏观调控法的重要性探讨

通过以上分析可以看出,宏观调控法在中国的经济法制建设乃至整个法制建设中具有重要的地位和作用。笔者认为,就中国宏观调控的重要性而言,可集中概括为以下三点:

一、宏观调控法对于维护宏观调控秩序具有基础性作用

众所周知,法的首要功能就在于维护有利于统治阶级统治的秩序。如果按照现代法的理解,就是有利于国家正常运行,有利于经济和社会发展的秩序。通过以上分析可以看出,宏观调控是一种国家行为,但其参与者众多。领导者、决策者、审批者、执行者、落实者以及监督者各自具有不同的角色,且有时会出现交叉与重叠现象。因此,就十分需要通过立法的形式,确认和明确不同主体的法律地位,使其有序地运行,这就需要有宏观调控法的专门规定,需要宏观调控法律制度的专门安排。

目前的主要问题是，有关宏观调控运行的法律规定不仅存在重大缺项，[①]且比较分散，缺乏统一的规定。总体来说，由于受宏观调控系政府行为观念的影响，涉及政府的规定比较多且不够完善，[②]而涉及人大依法行使职权和被调控主体的制度约束力方面的规定比较薄弱，许多习惯性的做法没有上升到法律的高度，致使宏观调控至今法制不够健全，一些方面的法治治理无法可依。而这种无法可依的状态，加之宏观调控行为的高阶位特质，导致了对其他相关法律执行力的降弱。为此，要全面推进依法治国，就必须加强宏观调控法制建设，以立法来引领宏观调控的改革，从而为宏观调控的秩序形成与法治治理奠定良好的法治基础，以保障宏观调控的有效性。

二、宏观调控法通过规范宏观调控行为保证国家发展方向的正确性

按照前述的经济法原理，与市场规制法主要解决“市场失灵”问题不同，宏观调控法主要解决的是“政府失灵”问题。但笔者认为，根据中国宏观调控的实际运行情况看，除“政府失灵”外，还包括“权力机关（人大）失灵”、“参政者失灵”和“监督者失灵”等问题。为此，宏观调控法仅仅规范“政府失灵”是不够的。宏观调控法的重要性就在于通过规范所有参与宏观调控活动的宏观调控者的行为，保障宏观调控决策的正确性和国家发展方向的正确性。在具体规范的路径选择上，一是要从实体法角度明确规定各个宏观调控参与者的法律地位、职权职责及其相应的法律责任；二是要从程序法上明确规定，一项宏观调控决策，从提出动议，

---

① 这里的重大缺项主要是指发展规划法虽然已经列入国务院的立法规划，但至今没有出台。

② 政府在宏观调控中制度的不完善集中表现为国务院部委之间的职权存在交叉，在有关宏观调控政策实施中步伐不够一致；对于地方政府而言，一些地方政府从地方保护主义出发，对中央的决策执行不够坚决。

到论证形成统一的认识，到组织实施，到执行落实，到后期评估，到奖励与惩罚的整个民主协商过程，以做到宏观调控程序的正当性、正义性。① 要按照党的十八届三中、四中、五中全会以及十九大的要求，明确每一项宏观调控政策制定和实施的责任主体。

在保证国家发展方向上，首先要保持中国社会主义的前进方向。要明确，中国宏观调控措施的实施，均要以维护和完善社会主义制度为大前提。为此，任何企图改变中国社会主义性质的宏观调控均是不可取的。其次，就宏观调控所涉及的经济和社会发展而言，国家要通盘考虑国内和国际形势的变化，选取有利于国家发展的战略、策略和方针，保证国家经济和社会的安全、安定，预防国家重大利益的损失。

与此同时，鉴于宏观调控的专业属性，金融货币等宏观调控政策和措施的实施，由国家授权于专业部门，例如，货币政策委员会、关税税则委员会、证监会、银保监会等，②依据法律规定和宏观经济运行情况行使自由裁量权。该项自由裁量权的行使往往处于封闭保密的状态，缺乏民主协商机制的介入。为此，宏观调控法就要规范制约其行为的有效性。原则上可以允许其一定程度上的失误，但对造成重大损失的，要追究其责任。

三、宏观调控法对于保障被间接调控者的合法权益有重要的作用

从宏观调控的运行机制来看，宏观调控政策的传导和法律的实施，无论通过多少环节，最终要落实到市场主体和社会大众的配合之上，才能使宏观调控政策和法律得以实施。由于宏观调控总体上的间接调控特征，因此，是否按照宏观调控的指引将宏观调控的措施落实于自己的

---

① 董玉明：《论宏观调控政策的程序法保障》，载吴志攀主编：《经济法学家》(2007)，北京大学出版社2008年版，第83～89页。

② 根据2018年国家机构改革方案，将银监会和保监会予以合并。

行动之上,完全由市场主体或社会大众自己选择。由此,便可能得出宏观调控不会侵犯被间接调控者的权益的结论。然而,事实上,每一项宏观调控措施的实施,均可能会对个别的或部分市场主体或大众利益产生影响。宏观调控作为一项不可抗力或情势变更,对于市场主体或大众行为的选择而言,可能会处于无奈的状态。为此,宏观调控法的重要性之一在于通过规范宏观调控者的行为,促使其在出台宏观调控政策维护整体社会利益时,要尽可能少地影响市场主体或大众利益的实现,并且,为了实现宏观调控整体目标,宏观调控措施的实施,导致部分市场主体或社会主体利益损害时,要给予政策上的补偿、补贴等。在此方面,最新的例子就是,基于产能过剩问题的严重存在,为解决煤炭等企业的退市以及解决职工转业、内退等问题,2016 年中央政府决定拨出 1000 亿元资金,专门用于解决“僵尸企业”的转产与退市问题。这是因为,虽然产能过剩是企业行为所致,但是,造成全国大范围的行业系统性的产能过剩,与有关政策的调整有极大的关系。

另外,当国家合理的宏观调控政策遭遇来自部分地方和个别企业的抵制或变相抵制时,必要的宏观控制就是“必要行政手段”的运用,而宏观控制措施的出台和强力执行也会形成被调控者利益的丧失。在此情况下,宏观调控法对宏观调控控制措施的规范,对于保障被调控者的利益也同样具有重要的作用。它可以将宏观调控中的控制行为限定在法定的必要条件之下,并可以通过赋予被调控者法律救济的权利,形成对宏观控制行为的制约,以便防止宏观调控部门滥用职权或不作为现象的发生。

第六章　宏观调控的权力(权利)与责任

按照法学原理,法律问题的核心就是权利义务问题。具体地说,就是通过法律规定,对特定经济和社会关系中相关主体权利(权力)和义务(责任)的确立。为此,宏观调控关系作为中国社会主义市场经济条件下的一种特殊关系,也必然会涉及通过立法确认相关权利(权力)和义务(责任)的问题。

从中国宏观调控法的立法实践来看,宏观调控关系是一种复杂的经济与社会关系,所涉及的主体权利(权力)包括中共中央的统一领导权、相关主体的决策权、人大的审议批准权、中央政府的自由裁量权、相关主体的监督权以及市场主体的权利等。各权利(权力)之间形成了相应的逻辑结构关系,为宏观调控的法治治理奠定了相应的法律基础。为此,要准确把握具有中国特色的宏观调控制度,就有必要对这些权利(权力)进行具体的分析。

第一节 中共中央的统一领导权

中华人民共和国成立以来,中国共产党作为唯一的执政党始终是全中国人民的领导核心。这是自1954年制定第一部《宪法》以来,历次《宪法》所赋予的特定领导权,具有《宪法》的根本保障。其中,在2018年修正的《宪法》中,更是把这种领导权提高到了“中国共产党领导是中国特色社会主义最本质的特征”的高度。它符合中国人民的根本利益,是人民的选择。中华人民共和国成立70年来,在中国共产党领导下,中国先后经过了恢复经济、巩固政权的新民主主义革命、社会主义建设和改革开放的三个重要历史时期。其间,虽然经过一些挫折,但总体来说,经济和社会与旧中国相比,发生了天翻地覆的变化。中国人民经历了“站起来”“富起来”的历史发展阶段,而今正在以习近平为核心的党中央的领导下,走向强国之路。在此历史发展中,中国共产党,特别是中共中央的坚强领导起着关键性作用。无论是革命、建设还是改革,党、政、军、民、学,工、农、商、学、兵,东、西、南、北、中,各行各业都在中国共产党的统一领导之下,进行社会主义各项事业的建设和完善。尤其是作为中国共产党的中共中央委员会及其领导机构,在统一领导权中起着宏观统领的作用。为此,宏观调控及其法治也必须在中共中央的统一领导权的正确行使下,才能取得辉煌的成就,反之亦然。为此,在宏观调控的权利(权力)体系构架中,中共中央应当是首要的权力主体,处于首要的领导地位。其他权力主体则在中共中央的统一领导之下,各自依法、依规、依政策行使自己的职责权限,共同实现对宏观调控的法治治理。

一、中共中央的统一领导权是中国宏观调控的逻辑起点

从中华人民共和国成立70年的发展历史来看,国家对国民经济和

社会发展的管理，源自在社会主义公有制条件下，国家具有组织管理国民经济建设的职能。因此，在中共中央统一领导下，国家对经济和社会的管理实行了全方位的计划管理或宏观管理。与此同时，由于代表国家行使这一管理权的最高机关是国务院，就形成了主要通过中共中央单独发文或中共中央和国务院联合发文的形式来指导全国经济和社会工作的惯例，一直延续至今。在这一工作机制运行中，中共中央处于唯一的和绝对的领导地位。改革开放以来，中共中央总结以往的经验教训，决定把工作中心转移到社会主义经济建设之上，并提出以经济建设为中心的发展路线，放弃原有的计划管理体制，赋予经济主体独立经济地位，在宏观调控及其法治下，大力发展商品经济，发展市场经济。在这样的背景下，才有了与之前宏观管理不同的以间接管理为主的宏观调控。由此说明，没有中共中央行使统一领导权，决定搞宏观调控及其法治，也就不会有宏观调控的行为与活动，也不会产生与宏观调控相应的效果。因此，必须肯定，中共中央的统一领导权是中国宏观调控的逻辑起点。这一逻辑起点最初起源于1978年中共中央的十一届三中全会的决定，而最终决定发展社会主义市场经济的是1992年党的十四大。其间，经过的一系列改革探索，是中国特色社会主义制度形成的重要组成部分。此外，需要强调的是，在这一历史进程中，有关宏观调控思想的形成、路线的确定、运行机制的形成，始终和国家的法制建设是同步进行的，是改革之初所确定的“经济建设与法制建设两手抓，两手都要硬”的发展方针的具体体现。

二、中共中央的统一领导权在宏观调控运行中具有唯一性

从1992年起实行新的宏观调控管理体制以来，负责全国宏观调控的领导机关是国务院，而具体的管理机关则主要是国务院下属的国家综合管理机关。其中，最重要的是国家发展和改革委员会、国家经信部、工

业和信息化部、财政部以及中国人民银行。这些国家机关履行宏观调控职责,负责出台具体的宏观调控政策,并主要以部门规章或规范性文件指导国民经济和社会发展。同时,为实现宏观经济目标,行使法律赋予的经济行政管理权。在此情况下,有关宏观调控领导权的结构就形成了从宏观调控管理机关到国务院的领导权结构。由于宏观调控管理的许多措施具有相当的专业性和技术性,导致许多宏观调控的领导权由相关的宏观调控管理机关掌握。如果出现部门利益之争或各部门、各方面对宏观调控产生分歧,没有强有力的统一领导权的协调把控,就会使宏观调控陷入混乱的局面。尤其对于某些宏观调控政策,当对地方利益不利时,可能有的地方会采取表面拥护、实际不执行或在执行中打折扣的"两面"应对措施。因此,宏观调控所涉及领域的广泛性已经大大超过国务院行政领导的范畴,还涉及对人大、政协及社会各方力量的协调,单靠国务院行使领导权是不够的,必须由中共中央担负起统一领导权,才能强有力地协调各方力量,凝聚和团结全国各方力量,保证宏观调控的正确方向,实现宏观经济发展的目标。因此,在宏观调控权力结构的配置上,中共中央的统一领导权在宏观调控运行中应当是唯一的。其他宏观调控权力的行使必须在中共中央的统一领导之下,才能避免权力运行的混乱,避免宏观调控运行中各部门之间或地方政府之间的"扯皮"现象。将发展的思想、路线统一到中共中央所确定的发展方针、路线之上。一切宏观调控措施的施行,必须围绕中共中央的要求进行,才能统一意志,统一思想,统一行动,集中力量办大事,一心一意谋发展,并取得宏观调控的胜利。为此,党的十八大以来,以习近平为核心的党中央针对宏观调控中出现的行政失控、责任主体不到位等突出问题采取了很多措施,强调党中央对宏观调控的统一领导符合中国社会主义建设和改革的实际,并使中国的宏观调控与西方的宏观调控有了本质的区别。在具体实施措施上,根据长期工作惯例和法律规定,中共中央的这种领导权的行使主要体现在几个方面:一是中共中央需要根据国务院及其宏观调控部门的汇报以及自身和各方调查研究的情况,作出有关宏观调控及其法治的基本政策要求,而后由国务院及其宏观调控部门予以执行。典型的如,针对不同时期国民经济和社会发展实际,需要对宏观调控中的财政政策依法作出阶段性的选择,或扩张性的财政政策,或紧缩性的财政政策,或中性财政政策。二是在国务院及其宏观调控部门提出方案的基础上,结合自身调查和各方意见,向全国人大提出国民经济和社会发展五年发展规划纲要的建议,以便把控宏观调控发展的方向。三是通过国务院及其宏观调控部门内部的党组执行党的决议,把中共中央宏观调控的政策落实到具体的宏观调控当中。四是有关宏观调控的重大决策必须通过中共中央的审议批准后才能施行,需要经过人大法定程序的,经过人大及其常委会审议批准后执行。并且,中共中央对于宏观调控运行中出现的重大问题行使监督权力,发现出现偏差及时予以纠正。五是中共中央对于不执行中央宏观调控的单位和部门,按照“党管干部”的原则,可以及时采取党内组织纪律措施进行人事调整,需要提请人大及其常委会审议批准的,经过人大常委会履行程序后执行,以保障宏观调控决策的执行力。

总之,宏观调控领导权必须由中共中央统一行使。但这种领导权不是替代具体宏观调控部门的职权,主要是对宏观调控总体上的方向、路线、发展战略的定位的把控。

三、中共中央的统一领导权是中国实现宏观调控的政治和法治保障

马克思主义政治学的一个基本原理,就是“政治是经济的集中表现”。宏观调控关系国家全局利益,关系全国人民根本利益的实现,因此,宏观调控利益的实现必然会反映到国家政治层面。中国社会主义建设和完善的一个基本政治特点,就是中国共产党的统一领导。因此,在中国各项事业的发展中,没有党的统一领导或重视,各项事业就难以推

进和发展，这是由中国特色的社会主义政治体制所决定的。就宏观调控及其法治而言，中共中央统一领导权的行使给宏观调控提供了政治保障。这种政治保障自上而下地体现了宏观调控的正当性、合理性和权威性，可以使各项宏观调控政策措施得以贯彻执行。从实践情况来看，宏观调控政策措施在各部门、各单位能否得以贯彻执行，与中共中央在党内外的权威性和对宏观调控政策措施落实的坚定性、坚决性有关。以习近平为核心的党中央为保证党中央政令畅通，特别强调政治意识、大局意识、核心意识和看齐意识之“四个意识”在党内外的形成。事实证明，在中国社会主义革命、建设和改革事业发展中，如果没有党中央强有力的政治保障，是很难实现的。为此，“四个意识”的提出符合现阶段人民的利益，也是顺应人民呼吁之举，尤其对宏观调控及其法治具有现实意义。

与此同时，中共中央又把全面推进依法治国列为国家发展战略的目标之一。而要实现全面依法治国，首先就要在宏观调控领域实现依法治国。要使各项宏观调控政策和措施的出台和贯彻“于法有据”，不违背国家宪法和法律的规定，不违背中国共产党党内的法规、规矩和纪律，从而为宏观调控提供法治保障。

四、中共中央的统一领导权既是权力，更是责任

按照法学原理，法律上讲的权力不同于一般的权利。它是权力与义务的统一体。为此，在中国立法的权力构建中，形成了特殊的“责任”、“职责”和“职权”语境，即享有权力者，也是履行责任或义务者。权力越大，责任也就越大。另外，权力的特殊含义还在于：享有权力者不存在自身的利益，或不应该存在自身利益的追求；人民利益或公共利益的实现，既是权力的出发点，也是权力的归属点。为此，中共中央的统一领导权在宏观调控运行中既是权力，也是责任。有必要形成相应的纠错机制，

一旦发现宏观调控政策措施出现错误或偏差，能够有效地予以纠正；这种责任还意味着中共中央对宏观调控统一领导权的行使，必须贯彻“民主集中制”原则，充分发扬党内外民主，倾听社会各界的意见和基层百姓的呼声，最后形成决策。一旦形成集中统一的决策，就要坚决地贯彻执行，并接受社会各界和人民的监督，不能“虎头蛇尾”。从这个意义上讲，事实上，中共中央对宏观调控统一领导权的行使，更多地体现为责任，而不是权力。过度强调权力，不符合辩证法，也不符合法律思维，并会导致权力的滥用。

五、中共中央统一领导宏观调控的法治形式是党内法规与国家法律的有机结合

从改革开放40年的经验来看，中共中央统一领导宏观调控，形成了一系列的工作惯例。其中，最重要的一条，就是“党管干部”制度。这是因为“政治路线确定后，干部是决定的因素”。但是，在如何约束干部行为，使其能够贯彻党和国家的路线方针政策，贯彻宏观调控的政策和措施上，存在以党纪处分代替法律制裁，以及“书记决策行政担责”的不正常现象。在推行全面依法治国的今天，必须把党内约束与党外约束结合起来。经过40年的探索，结合从严治党的要求，具体的法治形式，就是要将党内法规和国家法律的实施有效地结合起来。首先，作为宏观调控的职能部门和领导干部以及负责落实宏观调控政策措施的职能部门和领导干部，必须依法办事，不得违反宪法和法律法规的规定，必须成为遵守法律的楷模，以便带动群众，共同守法；其次，通过完善党内法规，对党员干部作出比普通干部和群众更高的守法要求十分必要。在处理问题上，坚持先党内处分，后移交司法机关依法处理，实现了党内法治治理与国家法治治理的有机统一，具有鲜明的中国法治特色，是中共中央统一领导宏观调控的法治形式。党的十八大以来，处理了一大批包括国家级领导人在内的党政干部，且绝大部分移交司法部门依法处理。其中包括

对宏观调控部门干部违法乱纪行为的查处,实现了党内法规治理和国家法治治理的有机结合,纯洁了干部队伍。而党内巡视制度的常规化、常态化和新的监察制度的建立,为党政干部在宏观调控活动中依法办事建立起了长效机制。

第二节　相关主体的决策权

决策,指决定的策略或办法,是人们为各种事件出主意、做决定的过程。它是一个复杂的思维操作过程,是信息搜集、加工,最后作出判断、得出结论的过程。决策是人们在政治、经济、技术和日常生活中普遍存在的一种行为;决策是管理中经常发生的一种活动;决策是决定的意思,它是为了实现特定的目标,根据客观的可能性,在占有一定信息和经验的基础上,借助一定的工具、技巧和方法,对影响目标实现的诸因素进行分析、计算和判断选优后,对未来行动作出决定。从心理学角度来看,决策是人们思维过程和意志行动过程相互结合的产物。没有这两种心理过程的参加,无论何人也是作不出决策的。因而决策既是人们的一个心理活动过程,又是人们的行动方案。① 而"决定"一词的含义则是指对如何行动作出主张。② 据此,笔者认为,宏观调控中的决策就是指相关宏观调控主体围绕宏观调控问题提出主张或决定的过程。宏观调控决策权则是指围绕宏观调控决策相关主体所享有的法定权利(权力)。从中国宏观调控及其法治的实践来看,宏观调控决策权的行使具有广泛性的

---

① 参见对决策(管理学术语)的解释,载百度百科:https://baike. baidu. com/item/%E5%86%B3%E7%AD%96/1513? fr =aladdin,最后访问日期:2018 年 4 月 20 日。

② 中国社会科学院语言研究所词典编辑室编:《现代汉语词典》(第 2 版),商务印书馆 1983 年版,第 745 页。

特点;大体上可以分为具有非决定意义的决策权和具有决定意义的决策权;它们各自具有相应的制度安排,形成了宏观调控的决策权权利(权力)结构。

一、具有非决定意义的宏观调控决策权

中国作为社会主义国家,人民当家作主被《宪法》确认。因此,人民对于宏观调控事项有行使决策的权利。但人民行使该权利往往不是以组织形式提出,而是个人或个人联合的名义提出决策建议,尤其是在现代网络发达的情况下,无论是人民以个人名义还是联合名义反映的问题或建议甚至批评,都是宏观调控的基础,必须予以重视。特别是人民对宏观调控满意不满意的表态,直接关系着宏观调控的效果,是评价宏观调控效果的重要依据。为此,重视和研究社会舆情已成为宏观调控的一项重要工作。但是,人民的决策有明显的局限性:一是人民以个人名义或联合名义进行决策往往从自身利益角度出发提出,且容易关注与自身利益实现有关的问题,由此就会发生就同一问题之间不同人民主张的冲突和争论;二是人民以个人名义或联合名义进行决策的质量取决于自身对宏观调控知识和信息的准确把握程度。同理,企业、事业单位和相关社会团体的意见也存在类似的问题。

与上不同的是,有关专家学者、职能部门决策权的行使,更多地应当是站在科学、全局和公益的角度参与宏观调控的决策过程,行使自己的权利。但是,实际情况是,即使是专家学者或职能部门行使决策权,参与决策过程,也可能会出现利益倾向和部门之争的问题。在具体实践过程中,专家或职能部门参与决策,有时是应宏观调控部门的邀请参加,有时则是基于自己的专业或职能特点主动参与决策。

但对于法律规定必须参与决策的单位和个人而言,参与宏观调控决策则是一种履行法定义务的行为,具体包括中国共产党决策机关、国务

院研究机构及宏观调控职能部门、人大机关及其人大代表、政协机关及其人大代表、各民主党派。这些单位或具有特定身份的人,对宏观调控予以参政议政本身就是其工作的一部分,或其就是宏观调控的研究决策机构。他们的研究成果与决策建议,对于其他主体的决策权的行使具有重要的引导作用。

以上,无论哪一类主体对宏观调控决策的参与,都是宏观调控决策民主决策的体现,因此,发生不同的意见甚至争论或争执均是正常的现象,它为宏观调控决策时平衡社会利益关系,采取大多数人民的意见奠定了法治基础,也只有采纳了大多数人民和单位的意见,才有利于宏观调控政策措施的执行。

总之,非决定意义的宏观调控决策权的行使,不具有决定意义。它是一种参与决策的权利,即参与决策权。它是中国实施的民主集中制中民主过程的体现。除法定决策机构外,人民个人或联合参与,企业、事业单位、社会团体及专家的非法定参与,均具有可选择性,既可以参与,也可以不参与,法律上不具有强制性。但随着法制社会建设的推进,人民行使民主权利觉悟的提升,以及国家的积极倡导,人民参与宏观调控决策的热情有逐步上升的趋势。而现代化网络平台的发达为其提供了技术上的便利。

二、具有决定意义的宏观调控决策权

笔者认为,与非决定意义的宏观调控决策权不同,具有决定意义的宏观调控决策权则是与宏观调控政策措施管理权力密切相关的决策权。它是中国民主集中制过程中集中的体现。它本身就是管理权的内涵之一。从中国宏观调控的实践来看,主要体现在以下两个方面:

首先,就中共中央而言,作为宏观调控统一领导的机关,其宏观调控决策权的行使与领导权存在内在的逻辑关系。即领导权行使的前提是正确的决策。因此,决策权的行使先于领导权。在决策阶段,中共中央应广泛听取各方意见,并在汇集各方意见的基础上,进行顶层设计,提出符合广大人民利益要求的政策主张,并通过领导权及决定权的行使,贯彻下去。因此,中共中央的决策权属于典型的具有最终主张或决定意义的决策权。通过民主集中,一旦达成共识或基本共识,就会通过决定、决议或意见等文件形式贯彻执行。如果按照宪法和法律规定,需要全国人大及其常委会审议批准的,还需要履行相关的法律手续,使其转换为国家意志,在全国范围内一体遵循。

其次,就国务院及其宏观调控部门的宏观调控决策权而言,则出现两种不同的情况。一种情况是,按照宪法、法律及党内法规之规定,对于不属于国务院及其宏观调控部门最终决策权的宏观调控事项,国务院及其宏观调控部门的决策权的行使,只是一种法定参与的行为,重大决策要由中共中央予以决定;需要向人大及其常委会报告的,则必须依法向全国人大及其常委会审议批准后,才能执行相关的宏观调控政策和措施。在此情况下,国务院及其宏观调控职能部门是宏观调控的执行机关。另一种情况是,按照宪法、法律规定或法律授权,属于国务院及其宏观调控职能部门可以直接领导的宏观调控事项,国务院及其宏观调控职能部门的决策权与领导权或管理权重叠,该决策权的政策主张成为国家行使宏观调控的基本依据。

另外,值得注意的是,基于国家安全考虑,有些宏观调控决策权的行使,属于国家机密,相关宏观调控决策权的行使或决策过程是不能公开的。典型的如国家货币政策的调整,由货币政策委员会封闭式决策,在党中央国务院的领导下对整个金融调控面临的形势和任务作出独立判断,不受任何组织或个人的干扰;但在决策时,会考虑社会各方的决策建议。

还应当特别强调的是,宏观调控决策权的行使有赖于对宏观调控信息的准确掌握。在以往,宏观调控信息属于国家机密,不对社会公开,因此,无论是学术界,还是人民均无法参与到宏观调控之中。改革开放以来,国家把信息公开列为政府宏观调控的信息公开的法定义务,除需要保密的外,按照《信息公开条例》的规定,①宏观调控部门必须履行信息公开的义务。这就为人民与社会各界广泛参与宏观调控决策奠定了制度基础,体现了中国社会的进步。

第三节　人大的宏观调控权力

在中国,人民代表大会是一项基本的政治制度。按照《宪法》《地方各级人民代表大会和地方各级人民政府组织法》《各级人民代表大会常务委员会监督法》的规定,国家行政、监察、法院及检察机关均由其产生,对其负责。这些国家机关的行为和活动受人大及其常委会的监督。全国人大及其常委会享有法律立法的权力,在每年一次的人民代表大会期间,还要依法审议和批准《政府工作报告》《国民经济和社会发展计划报

① 为了保障公民、法人和其他组织依法获取政府信息,提高政府工作的透明度,促进依法行政,充分发挥政府信息对人民群众生产、生活和经济社会活动的服务作用,2007 年 1 月 17 日国务院第 165 次常务会议通过《政府信息公开条例》,自 2008 年 5 月 1 日起施行。该条例所称政府信息,是指行政机关在履行职责过程中制作或者获取的,以一定形式记录、保存的信息。按照《政府信息公开条例》规定,行政机关应当主动公开的政府信息包括:(1)涉及公民、法人或者其他组织切身利益的;(2)需要社会公众广泛知晓或者参与的;(3)反映本行政机关机构设置、职能、办事程序等情况的;(4)其他依照法律、法规和国家有关规定应当主动公开的。县级以上各级人民政府及其部门应当依照条例规定,在各自职责范围内确定主动公开的政府信息的具体内容,并重点公开下列政府信息:(1)行政法规、规章和规范性文件;(2)国民经济和社会发展规划、专项规划、区域规划及相关政策;(3)国民经济和社会发展统计信息;(4)财政预算、决算报告;(5)行政事业性收费的项目、依据、标准;(6)政府集中采购项目的目录、标准及实施情况;(7)行政许可的事项、依据、条件、数量、程序、期限以及申请行政许可需要提交的全部材料目录及办理情况;(8)重大建设项目的批准和实施情况;(9)扶贫、教育、医疗、社会保障、促进就业等方面的政策、措施及其实施情况;(10)突发公共事件的应急预案、预警信息及应对情况;(11)环境保护、公共卫生、安全生产、食品药品、产品质量的监督检查情况。

告》《年度财政预算报告》。人民代表大会及其常委会还可以依照中共中央和国务院的建议,就特定事项作出决定、决议等。

就宏观调控而言,全国人大及其常委会对于宏观调控主要履行下列职责:

一、针对宏观调控的法律需求,履行立法职责

改革开放以来,特别是1992年国家确立发展社会主义市场经济体制以来,全国人大及其常委会加强了对宏观调控的立法工作。这项工作包括创制新的法律、修改或废除既有的法律,简称"立、废、改"。根据全国人大网站公布的信息,截至目前,现行有效的宏观调控方面的法律主要有:属于宏观调控基础制度建设的有《会计法》《统计法》《标准化法》《计量法》《价格法》《审计法》《资产评估法》《企业国有资产法》等;属于财政税收调控法的有《预算法》《政府采购法》《个人所得税法》《企业所得税法》《车船税法》《环境保护税法》《烟叶税法》《税收征收管理法》等;属于金融调控的有《中国人民银行法》《反洗钱法》《银行业监督管理法》等;属于产业指导的有《中小企业促进法》《乡镇企业法》《农民专业合作社法》等;属于自然资源保护和节约能源的有《土地管理法》《水法》《森林法》《草原法》《矿产资源保护法》《种子法》《防沙治沙法》《节约能源法》《可再生能源法》《清洁生产促进法》《循环经济促进法》等;属于行业调控的有《农业法》《农业技术推广法》《机械化促进法》《渔业法》《畜牧法》《公路法》《民用航空法》《公路法》《铁路法》《邮政法》《煤炭法》《建筑法》《电力法》《烟草专卖法》等;属于涉外调控法的有《中外合资经营企业法》《外资企业法》《中外合作经营企业法》《台湾同胞投资保护法》《对外贸易法》《进出口商品检验法》《进出口动植物检疫法》;属于经济安全调控法的有《安全生产法》《矿山安全法》《特种设备安全法》《网络安全法》《食品安全法》《农产品质量安全法》等;此外,在涉及科、教、

文、卫、体事业、社会管理和服务方面的法律中均包含宏观调控方面的内容。这些法律的制定、修改或修正,为宏观调控提供了法律保障。

二、审议政府工作报告

按照《宪法》规定,每年召开全国人大会议期间,国务院作为全国的宏观调控管理机关,均要依法向全国人大报告工作。对过去工作予以回顾总结,对新的一年的工作提出政策制度安排,接受人大代表的审议;每到五年期,则对五年的工作情况进行总结报告。该报告由人大常委会专门机构审查并经人大代表审议通过后予以执行。此外,根据《各级人民代表大会常务委员会监督法》规定,各级人民代表大会常务委员会每年选择若干关系改革发展稳定大局和群众切身利益、社会普遍关注的重大问题,有计划地安排听取和审议本级人民政府的专项工作报告。常务委员会听取和审议专项工作报告的年度计划,经委员长会议或者主任会议通过,印发常务委员会组成人员并向社会公布。常务委员会组成人员对专项工作报告的审议意见交由本级人民政府研究处理。人民政府应当将研究处理情况交其办事机构送交本级人民代表大会有关专门委员会或者常务委员会有关工作机构征求意见后,向常务委员会提出书面报告。常务委员会认为必要时,可以对专项工作报告作出决议;本级人民政府应当在决议规定的期限内,将执行决议的情况向常务委员会报告。常务委员会听取的专项工作报告及审议意见,人民政府、人民法院或者人民检察院对审议意见研究处理情况或者执行决议情况的报告,向本级人民代表大会代表通报并向社会公布。①

① 《各级人民代表大会常务委员会监督法》第8条、第14条。

三、审议和批准国民经济和社会发展计划与规划及国家财政预算和决算报告

审议和批准国民经济和社会发展规划及计划是人民代表大会的一项重要职责。每年开会均为法定工作。作为国务院宏观调控的职能部门,国务院及国家发改委要向人大代表报告国民经济和社会发展计划情况,由人大代表进行审议修改后,由人大批准后执行。每五年应制定国民经济和社会发展规划纲要,该规划由中共中央提出建议,由人大代表审议修改后,经人大批准后执行。在发展规划及计划执行中期,如果需要调整,还需要履行相关的程序。与审议和批准发展规划及计划报告相同,人大审议和批准国家财政预算决算报告,也是人大及其常委会的法定职责。每年开人大代表会议时,作为宏观调控职能部门的财政部须就上一年度的财政决算和本年度的财政预算,向人大会议提出报告,接受人大代表的审议修改后,由人大批准后执行。年度中期需要调整的,也需要依法定程序进行。

对于如何审议规划及计划报告和财政预决算报告,《各级人民代表大会常务委员会监督法》进行了以下七个方面的专门规定:

一是国务院应当在每年6月,将上一年度的中央决算草案提请全国人民代表大会常务委员会审查和批准。决算草案应当按照本级人民代表大会批准的预算所列科目编制,按预算数、调整数或者变更数以及实际执行数分别列出,并作出说明。

二是国务院应当在每年6月至9月期间,向全国人民代表大会常务委员会报告本年度上一阶段国民经济和社会发展计划、预算的执行情况。

三是国民经济和社会发展计划、预算经人民代表大会批准后,在执行过程中需要作部分调整的,国务院应当将调整方案提请全国人民代表大会常务委员会审查和批准,严格控制不同预算科目之间的资金调整。

预算安排的农业、教育、科技、文化、卫生、社会保障等资金需要调减的，国务院应当提请全国人民代表大会常务委员会审查和批准。国务院有关主管部门应当在全国人民代表大会常务委员会举行会议审查和批准预算调整方案的1个月前，将预算调整初步方案送交全国人民代表大会财政经济委员会进行初步审查，或者送交常务委员会有关工作机构征求意见。

四是常务委员会对决算草案和预算执行情况报告重点审查的内容包括：预算收支平衡情况；重点支出的安排和资金到位情况；预算超收收入的安排和使用情况；部门预算制度建立和执行情况；向下级财政转移支付情况；全国人民代表大会关于批准预算的决议的执行情况。除该规定外，全国人民代表大会常务委员会还应当重点审查国债余额情况，县级以上地方各级人民代表大会常务委员会还应当重点审查上级财政补助资金的安排和使用情况。

五是常务委员会每年审查和批准决算的同时，听取和审议国家审计机关关于上一年度预算执行和其他财政收支的审计工作报告。

六是常务委员会组成人员对国民经济和社会发展计划执行情况报告、预算执行情况报告和审计工作报告的审议意见交由本级人民政府研究处理。国务院及其相关部门应当将研究处理情况向常务委员会提出书面报告。常务委员会认为必要时，可以对审计工作报告作出决议；国务院及其相关部门应当在决议规定的期限内，将执行决议的情况向常务委员会报告。常务委员会听取的国民经济和社会发展计划执行情况报告、预算执行情况报告和审计工作报告及审议意见，国务院及其相关部门对审议意见研究处理情况或者执行决议情况的报告，向全国人民代表大会代表通报并向社会公布。

七是国民经济和社会发展五年规划经人民代表大会批准后，在实施的中期阶段，国务院及其相关部门应当将规划实施情况的中期评估报告提请全国人民代表大会常务委员会审议。规划经中期评估需要调整的，国务院及其相关部门应当将调整方案提请本级人民代表大会常务委员会审查和批准。①

四、依法听取宏观调控的相关重大事项汇报，提出完善建议

根据有关法律规定，国务院有关部门需要依法就自己管理的宏观调控事项定期向人大常委会报告，接受人大常委会的审议和监督。此方面的法定报告主要涉及金融、审计、国有资产等重大事项。对此，《中国人民银行法》规定，中国人民银行应当向全国人民代表大会常务委员会提出有关货币政策情况和金融业运行情况的工作报告。②《审计法》规定，国务院和县级以上地方人民政府应当每年向本级人民代表大会常务委员会提出审计机关对预算执行和其他财政收支的审计工作报告。审计工作报告应当重点报告对预算执行的审计情况。必要时，人民代表大会常务委员会可以对审计工作报告作出决议。国务院和县级以上地方人民政府应当将审计工作报告中指出的问题的纠正情况和处理结果向本级人民代表大会常务委员会报告。③《企业国有资产法》规定，各级人民代表大会常务委员会通过听取和审议本级人民政府履行出资人职责的情况和国有资产监督管理情况的专项工作报告，组织对本法实施情况的执法检查等，依法行使监督职权。④

五、根据中共中央、国务院的建议，就重大事项作出决议、决定

通过决定或决议的方式行使宏观调控权是人大的一项特殊权力，其

① 《各级人民代表大会常务委员会监督法》第 15 ~21 条。
② 《中国人民银行法》第 6 条。
③ 《审计法》第 4 条。
④ 《企业国有资产法》第 63 条。

所颁发的决定或决议与法律具有同等的法律效力。为此,改革开放以来,全国人大及其常委会根据中共中央、国务院的建议颁发了一系列对宏观调控发生重大影响的决定或决议。其中,在决定方面,早期的如,1993 年 12 月 29 日第八届全国人大常委会第五次会议通过的《关于外商投资企业和外国企业适用增值税、消费税、营业税等暂行条例的决定》、2000 年 8 月 25 日第九届全国人大常委会第十七次会议通过的《关于中国加入世界贸易组织的决定》;近期的如,2014 年 12 月 28 日第十二届全国人大常委会第十二次会议通过的《关于授权国务院在中国(广东)、中国(天津)、中国(福建)自由贸易试验区以及中国(上海)自由贸易试验区扩展区域暂时调整有关法律规定的行政审批的决定》、2018 年 2 月 24 日第十二届全国人大常委会第三十三次会议通过的《关于延长授权国务院在实施股票发行注册制改革中调整适用〈中华人民共和国证券法〉有关规定期限的决定》。在决议方面,如 2009 年 8 月 27 日第十一届全国人大常委会第十次会议通过的《关于积极应对气候变化的决议》、2013 年 12 月 28 日第十二届全国人大常委会第六次会议通过的《关于调整完善生育政策的决议》、2015 年 8 月 29 日第十二届全国人大常委会《关于批准〈国务院关于提请审议批准 2015 年地方政府债务限额的议案〉的决议》等。

六、其他方面的职权

《各级人民代表大会常务委员会监督法》除规定有以上职权外,还规定了保障宏观调控健康运行中人大及其常委会和人大代表的其他职权。

一是执法检查权。各级人民代表大会常务委员会参照该法第 9 条规定的途径,每年选择若干关系改革发展稳定大局和群众切身利益、社会普遍关注的重大问题,有计划地对有关法律、法规实施情况组织执法检查。常务委员会年度执法检查计划,经委员长会议或者主任会议通过，印发常务委员会组成人员并向社会公布。常务委员会执法检查工作由本级人民代表大会有关专门委员会或者常务委员会有关工作机构具体组织实施。①

二是规范性文件的备案审查权。行政法规、地方性法规、自治条例和单行条例、规章的备案、审查和撤销，依照《立法法》的有关规定办理。县级以上地方各级人民代表大会常务委员会对下一级人民代表大会及其常务委员会作出的决议、决定和本级人民政府发布的决定、命令，经审查，认为有下列不适当的情形之一的，有权予以撤销：超越法定权限，限制或者剥夺公民、法人和其他组织的合法权利，或者增加公民、法人和其他组织的义务的；同法律、法规规定相抵触的；有其他不适当的情形，应当予以撤销的。最高人民法院、最高人民检察院作出的属于审判、检察工作中具体应用法律的解释，应当自公布之日起30日内报全国人民代表大会常务委员会备案。国务院、中央军事委员会和省、自治区、直辖市的人民代表大会常务委员会认为最高人民法院、最高人民检察院作出的具体应用法律的解释同法律规定相抵触的，最高人民法院、最高人民检察院之间认为对方作出的具体应用法律的解释同法律规定相抵触的，可以向全国人民代表大会常务委员会书面提出进行审查的要求，由常务委员会工作机构送有关专门委员会进行审查、提出意见。其他国家机关和社会团体、企业事业组织以及公民认为最高人民法院、最高人民检察院作出的具体应用法律的解释同法律规定相抵触的，可以向全国人民代表大会常务委员会书面提出进行审查的建议，由常务委员会工作机构进行研究，必要时，送有关专门委员会进行审查、提出意见。全国人民代表大会法律委员会和有关专门委员会经审查认为最高人民法院或者最高人民检察院作出的具体应用法律的解释同法律规定相抵触，而最高人民法院或者最高人民检察院不予修改或者废止的，可以提出要求最高人民法

① 《各级人民代表大会常务委员会监督法》第22~23条。

院或者最高人民检察院予以修改、废止的议案,或者提出由全国人民代表大会常务委员会作出法律解释的议案,由委员长会议决定提请常务委员会审议。①

三是询问和质询权。各级人民代表大会常务委员会会议审议议案和有关报告时,本级人民政府或者有关部门、人民法院或者人民检察院应当派有关负责人员到会,听取意见,回答询问。全国人民代表大会常务委员会组成人员10人以上联名,可以向常务委员会书面提出对本级人民政府及其部门和人民法院、人民检察院的质询案。质询案应当写明质询对象、质询的问题和内容。质询案由委员长会议决定交由受质询的机关答复。委员长会议可以决定由受质询机关在常务委员会会议上或者有关专门委员会会议上口头答复,或者由受质询机关书面答复。在专门委员会会议上答复的,提质询案的常务委员会组成人员有权列席会议,发表意见。委员长会议认为必要时,可以将答复质询案的情况报告印发常务委员会会议。提质询案的常务委员会组成人员的过半数对受质询机关的答复不满意的,可以提出要求,经委员长会议决定,由受质询机关再作答复。质询案以口头答复的,由受质询机关的负责人到会答复。质询案以书面答复的,由受质询机关的负责人签署。②

四是特定问题调查权。全国人大常委会对属于其职权范围内的事项,需要作出决议、决定,但有关重大事实不清的,可以组织关于特定问题的调查委员会。委员长会议可以向全国人大常委会提议组织关于特定问题的调查委员会,提请常务委员会审议。1/5以上常务委员会组成人员书面联名,可以向全国人大常委会提议组织关于特定问题的调查委员会,由委员长会议决定提请常务委员会审议,或者先交有关的专门委员会审议、提出报告,再决定提请常务委员会审议。调查委员会由主任

① 《各级人民代表大会常务委员会监督法》第28条、第30~33条。

② 《各级人民代表大会常务委员会监督法》第34~38条。

委员、副主任委员和委员组成，由委员长会议在全国人大常委会组成人员和全国人大代表中提名，提请常务委员会审议通过。调查委员会可以聘请有关专家参加调查工作。与调查的问题有利害关系的常务委员会组成人员和其他人员不得参加调查委员会。调查委员会进行调查时，有关的国家机关、社会团体、企业事业组织和公民都有义务向其提供必要的材料。提供材料的公民要求对材料来源保密的，调查委员会应当予以保密。调查委员会在调查过程中，可以不公布调查的情况和材料。调查委员会应当向产生它的常务委员会提出调查报告。常务委员会根据报告，可以作出相应的决议、决定。①

第四节　中央政府及宏观调控职能部门的自由裁量权

按照笔者前面分析的宏观调控原理，中国宏观调控所调控的对象是全国的国民经济和社会发展活动，但国民经济和社会发展活动具有相当的不确定性。就国民经济而言，在市场经济条件下，经济活动的变异性和不断运动的特点，是导致不确定性的主要原因，而实践中复杂经济数据准确收集的困难，隐含着潜在的经济风险，可能使宏观调控决策出现失误。在此情况下，就需要宏观调控管理部门，根据实际发生的情况相机抉择地及时决策，以便应对可能发生的经济危机。与此同时，改革试验具有探索性并存在与旧有制度的冲突，只有允许改革者突破旧制度的约束，才能使改革前行。这也需要赋予政府自由裁量权。就社会发展而言，随着社会的不断发展，社会中存在的种种矛盾也会随着一些不确定的诱因而突发，既包括诸如地震等自然灾害导致的社会问题，也包括一些人为因素导致的社会问题。如果不能及时排查和解决矛盾，就可能引

① 《各级人民代表大会常务委员会监督法》第39～41条。

发社会问题。为此,在法治社会条件下,强调依法行政的同时,赋予政府自由裁量权十分必要。

一、中国宏观调控部门自由裁量权的基本依据

如上所述,国务院及其综合管理部门是中国具体履行宏观管理职能的部门。按照宪法和法律规定,除接受中共中央和全国人大及其常委会的领导外,相当一部分属于自己独立处置的权力范畴。例如,就发展规划而言,由全国人大依法审议批准的是《五年期国民经济和社会发展规划纲要》和《年度国民经济和社会发展计划》,但有关专项规划和区域规划的审议批准,则由国务院及其职能部门制定后即可颁发实施。对之,宏观调控职能部门有较大的自由裁量权。更为重要的是,在 1985 年改革开放的初期,第六届全国人民代表大会第三次会议于 1985 年 4 月 10 日通过了《全国人民代表大会关于授权国务院在经济体制改革和对外开放方面可以制定暂行的规定或者条例的决定》,该决定提出:“为了保障经济体制改革和对外开放工作的顺利进行,第六届全国人民代表大会第三次会议决定:授权国务院对于有关经济体制改革和对外开放方面的问题,必要时可以根据宪法,在同有关法律和全国人民代表大会及其常务委员会的有关决定的基本原则不相抵触的前提下,制定暂行的规定或者条例,颁布实施,并报全国人民代表大会常务委员会备案。经过实践检验,条件成熟时由全国人民代表大会或者全国人民代表大会常务委员会制定法律。”这一授权性决定的实践基础是,与西方国家市场经济自发形成不同的是,中国市场经济的发展需要政府通过改革予以推进,因而是政府推进型的。为此,国务院及其职能部门有必要根据改革开放的需要,出台相关暂行规定,以应对改革中可能出现的种种问题。该决定已经施行了 33 年之久,至今仍然有效。这一决定给国务院及其职能部门较大的宏观调控权力空间,导致一些重要的法律制度至今仍然处于暂行

状态。典型的如，作为中国最大税种的增值税的基本法律依据，《增值税暂行条例》于1993年12月13日国务院令第134号公布施行以来，虽然经过2008年11月5日、2016年2月6日、2017年11月19日三次修订，但至今仍然是暂行条例，并辅之以相关的配套性规范性文件。由此说明，在增值税征收问题上，国务院及其职能部门有较大的自由裁量权。2018年3月28日，李总理主持召开国务院常务会议，确定深化增值税改革的措施，明确将进一步减轻市场主体税负。会议决定：从2018年5月1日起，一是将制造业等行业增值税税率从17%降至16%。二是将交通运输、建筑、基础电信服务等行业及农产品等货物的增值税税率从11%降至10%。三是统一增值税小规模纳税人标准。将工业企业和商业企业小规模纳税人的年销售额标准由50万元和80万元上调至500万元，并在一定期限内允许已登记为一般纳税人的企业转登记为小规模纳税人。四是对装备制造等先进制造业、研发等现代服务业符合条件的企业和电网企业在一定时期内未抵扣完的进项税额予以一次性退还。这几项措施实施后，预计2018年全年可减税4000亿元。① 此次会议之后的4月4日，财政部、税务总局即联合下发了《关于调整增值税税率的通知》（财税〔2018〕32号）。该通知按照国务院会议精神，在原有规定基础上，普遍地降低增值税率1%。对此，笔者注意到，这项改革举措事先并没有经过全国人大常委会审议，也没有征求社会各界的意见，而是国务院会议的决定，属于国务院的单方宏观调控行为。它是典型的政府自由裁量权的体现。

---

① 《国务院再送4000亿减税礼包，增值税税率再降低》，载搜狐网财经新闻：https://www.sohu.com/a/226768644_100095217，最后访问日期：2018年3月30日；《会计人注意，5月起，这些增值税税率发生改变》，载搜狐教育：http://www.sohu.com/a/226780688_555055，最后访问日期：2018年3月30日。

二、中国宏观调控部门自由裁量权的法律授权

除上述一次性授权外，全国人大及其常委会在制定宏观调控相关法律时，考虑到经济和社会发展的实际情况，往往对具体的法律规定采取了法律保留的立法模式，并授权国务院及其相关职能部门以出台行政法规或部门规章的形式解决实际工作中的法律问题。一是授权国务院作出具体规定；二是授权国务院部门作出规定。例如，《计量法》规定，国家实行法定计量单位制度。国际单位制计量单位和国务院选定的其他计量单位为国家法定计量单位。国家法定计量单位的名称、符号由国务院公布。因特殊需要采用非法定计量单位的管理办法，由国务院计量行政部门另行规定。① 对此，笔者认为，《计量法》中有关"国家法定计量单位的名称、符号由国务院公布"之规定属于法律对国务院的授权，具体如何确定名称、符号、如何公布则属于国务院的自由裁量权；同理，有关"因特殊需要采用非法定计量单位的管理办法，由国务院计量行政部门另行规定"之规定，则是对国务院计量行政部门的授权，按照该授权，国务院计量行政部门应依法出台有关非法定计量单位的管理办法。对此，出台管理办法是法定义务，但出台什么内容的管理办法则属于国务院计量行政部门的自由裁量权。不过，该办法出台时应向全国人大常委会备案、审查后施行。

又如，《标准化法》规定，为保障人身健康和生命财产安全、国家安全、生态环境安全以及满足经济社会管理基本需要的技术要求，应当制定强制性国家标准。国务院有关行政主管部门依据职责负责强制性国家标准的项目提出、组织起草、征求意见和技术审查。国务院标准化行政主管部门负责强制性国家标准的立项、编号和对外通报。国务院标准

---

① 《计量法》第3条。

化行政主管部门应当对拟制定的强制性国家标准是否符合规定进行立项审查,对符合规定的予以立项。省、自治区、直辖市人民政府标准化行政主管部门可以向国务院标准化行政主管部门提出强制性国家标准的立项建议,由国务院标准化行政主管部门会同国务院有关行政主管部门决定。社会团体、企业事业组织以及公民可以向国务院标准化行政主管部门提出强制性国家标准的立项建议,国务院标准化行政主管部门认为需要立项的,会同国务院有关行政主管部门决定。强制性国家标准由国务院批准发布或者授权批准发布。法律、行政法规和国务院决定对强制性标准的制定另有规定的,从其规定。①《标准化法》的这一规定,除对国务院相关行政主管部门和标准化行政主管部门之间的职权进行了划分外,有关强制性国家标准如何发布的裁量权则授予国务院决定。

三、宏观调控权的地方行使

在中国社会主义事业建设完善中,鉴于社会主义事业发展具有探索性,通过地方试点积累经验和教训,然后在全国推广实施,是党和国家解决建设问题的一条基本经验。在进入改革开放时期以来,这一经验被继承下来。例如,改革开放之初,经济特区、经济技术开发区的试验就是很好的例子。随着改革的深入发展,一些问题的解决需要地方先予以探索,然后,中央再考虑是否在全国推行。这样就存在一个宏观调控权的地方行使问题。对此,较为典型的例子如前所述,从 2005 年起,国务院授权上海浦东新区搞国家级试验区改革以来,已经批准在全国若干地区

① 《标准化法》第 10 条。

针对不同的问题进行国家级的改革试验。[①] 在改革试验区的设置上，通常是一个省的部分地区，例如，最早设立的上海浦东新区综合配套改革试点仅限于上海市的浦东新区；又如，2007 年 12 月国家发展与改革委员会批准武汉城市圈和长沙、株洲、湘潭(长株潭)城市群为全国资源节约型和环境友好型社会建设综合配套改革试验区。该两个试验区分别涉及湖北省和湖南省的部分地区，也有涉及全省范围的综改区。例如，2010 年 12 月 1 日，国务院批准山西省为国家资源转型经济转型综合配套改革试验区，则覆盖山西全省范围。在这些国家级改革试验区的运行中，涉及一个重要问题就是宏观调控权的下移，即国务院及宏观调控职能部门将部分宏观调控权下放给地方行使，以便使其能代表国家进行改革予以试验，其典型的权力形态就是试验区享有了“先行先试权”。在这时，由地方政府行使的经济调控权实际上具有了宏观调控权的属性，并在允许试错的前提下存在自由裁量权。但是，这种“先行先试权”或“自由裁量权”不是简单的宏观调控权的下移，而是围绕着国家所确立的各试验区的特定目标和任务来行使的。例如，在 2011 年温州发生金融危机后，2012 年 3 月 28 日召开的国务院常务会议批准实施《浙江省温州市金融综合改革试验区总体方案》，决定设立温州市金融综合改革试验区。它要求通过体制机制创新，构建与经济社会发展相匹配的多元化金融体系，使金融服务明显改进，防范和化解金融风险能力明显增强，金

---

① 截至 2011 年 12 月，国务院已经批准了上海浦东新区综合配套改革试点、天津滨海新区综合配套改革试验区、重庆市全国统筹城乡综合配套改革试验区、成都市全国统筹城乡综合配套改革试验区、武汉城市圈全国资源节约型和环境友好型社会建设综合配套改革试验区、长株潭城市群全国资源节约型和环境友好型社会建设综合配套改革试验区、深圳市综合配套改革试点、沈阳经济区国家新型工业化综合配套改革试验区、山西省国家资源型经济转型综合配套改革试验区和厦门市深化两岸交流合作综合配套改革试验区 10 个国家级综合配套改革试验区。2011 年，国家发展和改革委员会官员表示，改革进入深化阶段，原则性不再接受新的综合配套改革试验区的申请。此外，国务院还决定设立两个“综合改革试验区”(区别于“配套”)：义乌市国际贸易综合改革试点和温州市金融综合改革试验区。

融环境明显优化,为全国金融改革提供经验。为此,浙江省和温州市的“先行先试权”或“自由裁量权”应结合国务院的要求,就金融方面的体制改革予以创新。但是,值得强调的是,宏观调控权的下移并不意味着所有的地方调控均是宏观调控权的行使,只有属于宏观调控权下移的部分才由地方在授权范围内代表国家行使宏观调控权,不属于下移的部分则属于地方经济调控权范畴,不能称为宏观调控权。

四、中国宏观调控部门自由裁量权的限制

按照经济法原理,政府宏观调控职能部门自由裁量权的行使,体现了政府宏观调控职能部门对经济和社会活动的干预,是经济法得以成立的实践基础。但是,这种干预在市场经济条件下,必须体现适度性特点。这样,就有必要对政府宏观调控职能部门自由裁量权作出一定的限制,以防止其乱作为或不作为。

(一)政府自由裁量权限制基本原则的确立

早在20世纪90年代,经济法学界就提出过“责、权、利、效”相结合的基本原则。以此理论或基本原则,宏观调控职能部门对于宏观调控而言,首先是一种责任或义务,其次才是一种权力。作为一种国家管理经济的责任或权力,宏观调控权必须与利益和效果相结合,以区别于政府一般行政权力的行使。当然,这里的利益不是指私权利的实现,而是指社会整体利益的实现,而这种利益和效果的实现需要通过绩效评价或评估来证明。这种理论在实践中的应用就是,进入21世纪以来,国家对政府决策与政策措施实施情况普遍开展的绩效评价制度的确立。党的十八大以来,为了限制政府权力的乱用,围绕政府部门的“放管服”改革和法治治理在不断加深。中央文件又提出“凡是市场能解决的问题交由市场解决”“凡是社会能自治的交由社会解决”。这样,为限制政府宏观调

控部门自由裁量权的行使提供了基本的政策指导。

(二)宏观调控职能部门权力的合理配置

从中国宏观调控的改革实践来看,宏观调控涉及国民经济和社会发展的方方面面,宏观调控关系属于复杂性关系。因而,有关宏观调控职能机关权力如何配置比较复杂。宏观调控职能部门权力配置的科学性、合理性,对于保障宏观调控的顺利进行至关重要。从宏观调控的实践来看,关键是要解决好国家发展和改革委员会、工业和信息化部、商务部、财政部、税务机关、中国人民银行和监管机构以及市场监管部门的权力配置。科学的配置原则是,在考虑部门基本属性基础上,根据改革发展阶段性任务的不同及时调整部门职责;既要授权,也要限权,还要建立起严格的责任问责机制。对此,改革开放以来进行了多次机构调整。其中,最新的一次改革是根据2018年《深化党和国家机构改革方案》以及2018年3月全国人大通过的新一轮的国务院机构改革方案,其中,根据宏观调控的实践,不仅涉及国务院职能机构的改革,也涉及中共中央机关和全国人大机关的改革,这项改革是有关宏观调控职能机构权力配置的最新制度安排,对于今后的宏观调控及其法治将会产生深远的影响。该方案中,与宏观调控有关的机构改革如下:

1. 关于党中央机构改革

一是组建国家监察委员会。为加强党对反腐败工作的集中统一领导,实现党内监督和国家机关监督、党的纪律检查和国家监察有机统一,实现对所有行使公权力的公职人员监察全覆盖,将监察部、国家预防腐败局的职责,最高人民检察院查处贪污贿赂、失职渎职以及预防职务犯罪等反腐败相关职责整合,组建国家监察委员会,同中央纪律检查委员会合署办公,履行纪检、监察两项职责,实行一套工作机构、两个机关名称。主要职责是,维护党的章程和其他党内法规,检查党的路线方针政策和决议执行情况,对党员领导干部行使权力进行监督,维护宪法法律,对公职人员依法履职、秉公用权、廉洁从政以及道德操守情况进行监督检查,对涉嫌职务违法和职务犯罪的行为进行调查并作出政务处分决定,对履行职责不力、失职失责的领导人员进行问责,负责组织协调党风廉政建设和反腐败宣传等。国家监察委员会由全国人民代表大会产生,接受全国人民代表大会及其常务委员会的监督。不再保留监察部、国家预防腐败局。

二是组建中央全面依法治国委员会。为加强党中央对法治中国建设的集中统一领导,健全党领导全面依法治国的制度和工作机制,更好落实全面依法治国基本方略,组建中央全面依法治国委员会,负责全面依法治国的顶层设计、总体布局、统筹协调、整体推进、督促落实,作为党中央决策议事协调机构。主要职责是,统筹协调全面依法治国工作,坚持依法治国、依法执政、依法行政共同推进,坚持法治国家、法治政府、法治社会一体建设,研究全面依法治国重大事项、重大问题,统筹推进科学立法、严格执法、公正司法、全民守法,协调推进中国特色社会主义法治体系和社会主义法治国家建设等。中央全面依法治国委员会办公室设在司法部。

三是组建中央审计委员会。为加强党中央对审计工作的领导,构建集中统一、全面覆盖、权威高效的审计监督体系,更好发挥审计监督作用,组建中央审计委员会,作为党中央决策议事协调机构。主要职责是,研究提出并组织实施在审计领域坚持党的领导、加强党的建设方针政策,审议审计监督重大政策和改革方案,审议年度中央预算执行和其他财政支出情况审计报告,审议决策审计监督其他重大事项等。中央审计委员会办公室设在审计署。

四是中央全面深化改革领导小组、中央网络安全和信息化领导小组、中央财经领导小组、中央外事工作领导小组改为委员会。为加强党中央对涉及党和国家事业全局的重大工作的集中统一领导,强化决策和统筹协调职责,将中央全面深化改革领导小组、中央网络安全和信息化领导小组、中央财经领导小组、中央外事工作领导小组分别改为中央全面深化改革委员会、中央网络安全和信息化委员会、中央财经委员会、中央外事工作委员会,负责相关领域重大工作的顶层设计、总体布局、统筹协调、整体推进、督促落实。四个委员会的办事机构分别为中央全面深化改革委员会办公室、中央网络安全和信息化委员会办公室、中央财经委员会办公室、中央外事工作委员会办公室。

五是组建中央教育工作领导小组。为加强党中央对教育工作的集中统一领导,全面贯彻党的教育方针,加强教育领域党的建设,做好学校思想政治工作,落实立德树人根本任务,深化教育改革,加快教育现代化,办好人民满意的教育,组建中央教育工作领导小组,作为党中央决策议事协调机构。主要职责是,研究提出并组织实施在教育领域坚持党的领导、加强党的建设方针政策,研究部署教育领域思想政治、意识形态工作,审议国家教育发展战略、中长期规划、教育重大政策和体制改革方案,协调解决教育工作重大问题等。中央教育工作领导小组秘书组设在教育部。

六是中央组织部统一管理中央机构编制委员会办公室。为加强党对机构编制和机构改革的集中统一领导,理顺机构编制管理和干部管理的体制机制,调整优化中央机构编制委员会领导体制,作为党中央决策议事协调机构,统筹负责党和国家机构职能编制工作。中央机构编制委员会办公室作为中央机构编制委员会的办事机构,承担中央机构编制委员会日常工作,归口中央组织部管理。

七是中央组织部统一管理公务员工作。为更好落实党管干部原则,加强党对公务员队伍的集中统一领导,更好统筹干部管理,建立健全统一规范高效的公务员管理体制,将国家公务员局并入中央组织部。中央组织部对外保留国家公务员局牌子。调整后,中央组织部在公务员管理方面的主要职责是,统一管理公务员录用调配、考核奖惩、培训和工资福利等事务,研究拟订公务员管理政策和法律法规草案并组织实施,指导全国公务员队伍建设和绩效管理,负责国家公务员管理国际交流合作等。不再保留单设的国家公务员局。

八是中央宣传部统一管理新闻出版工作。为加强党对新闻舆论工作的集中统一领导,加强对出版活动的管理,发展和繁荣中国特色社会主义出版事业,将国家新闻出版广电总局的新闻出版管理职责划入中央宣传部。中央宣传部对外加挂国家新闻出版署(国家版权局)牌子。调整后,中央宣传部关于新闻出版管理方面的主要职责是,贯彻落实党的宣传工作方针,拟订新闻出版业的管理政策并督促落实,管理新闻出版行政事务,统筹规划和指导协调新闻出版事业、产业发展,监督管理出版物内容和质量,监督管理印刷业,管理著作权,管理出版物进口等。

九是中央宣传部统一管理电影工作。为更好发挥电影在宣传思想和文化娱乐方面的特殊重要作用,发展和繁荣电影事业,将国家新闻出版广电总局的电影管理职责划入中央宣传部。中央宣传部对外加挂国家电影局牌子。调整后,中央宣传部关于电影管理方面的主要职责是,管理电影行政事务,指导监管电影制片、发行、放映工作,组织对电影内容进行审查,指导协调全国性重大电影活动,承担对外合作制片、输入输出影片的国际合作交流等。

十是优化中央网络安全和信息化委员会办公室职责。为维护国家网络空间安全和利益,将国家计算机网络与信息安全管理中心由工业和信息化部管理调整为由中央网络安全和信息化委员会办公室管理。工业和信息化部仍负责协调电信网、互联网、专用通信网的建设,组织、指导通信行业技术创新和技术进步,对国家计算机网络与信息安全管理中心基础设施建设、技术创新提供保障,在各省(自治区、直辖市)设置的通信管理局管理体制、主要职责、人员编制维持不变。

2. 关于全国人大机构改革

一是组建全国人大社会建设委员会。为适应统筹推进“五位一体”总体布局需要,加强社会建设,创新社会管理,更好地保障和改善民生,推进社会领域法律制度建设,整合全国人大内务司法委员会、财政经济委员会、教育科学文化卫生委员会的相关职责,组建全国人大社会建设委员会,作为全国人大专门委员会。主要职责是,研究、拟订、审议劳动就业、社会保障、民政事务、群团组织、安全生产等方面的有关议案、法律草案,开展有关调查研究,开展有关执法检查等。

二是全国人大内务司法委员会更名为全国人大监察和司法委员会。为健全党和国家监督体系,适应国家监察体制改革需要,促进国家监察工作顺利开展,将全国人大内务司法委员会更名为全国人大监察和司法委员会。全国人大监察和司法委员会在原有工作职责基础上,增加配合深化国家监察体制改革、完善国家监察制度体系、推动实现党内监督和国家机关监督有机统一方面的职责。

三是全国人大法律委员会更名为全国人大宪法和法律委员会。为弘扬宪法精神,增强宪法意识,维护宪法权威,加强宪法实施和监督,推进合宪性审查工作,将全国人大法律委员会更名为全国人大宪法和法律委员会。全国人大宪法和法律委员会在继续承担统一审议法律草案工作的基础上,增加推动宪法实施、开展宪法解释、推进合宪性审查、加强宪法监督、配合宪法宣传等职责。

3. 关于中央政府机关的改革

一是组建自然资源部。为统一行使全民所有自然资源资产所有者职责,统一行使所有国土空间用途管制和生态保护修复职责,着力解决自然资源所有者不到位、空间规划重叠等问题,将国土资源部的职责,国家发展和改革委员会的组织编制主体功能区规划职责,住房和城乡建设部的城乡规划管理职责,水利部的水资源调查和确权登记管理职责,农业部的草原资源调查和确权登记管理职责,国家林业局的森林、湿地等资源调查和确权登记管理职责,国家海洋局的职责,国家测绘地理信息局的职责整合,组建自然资源部,作为国务院组成部门。自然资源部对外保留国家海洋局牌子。主要职责是,对自然资源开发利用和保护进行监管，建立空间规划体系并监督实施，履行全民所有各类自然资源资产所有者职责，统一调查和确权登记，建立自然资源有偿使用制度，负责测绘和地质勘查行业管理等。不再保留国土资源部、国家海洋局、国家测绘地理信息局。

二是组建生态环境部。为整合分散的生态环境保护职责，统一行使生态和城乡各类污染排放监管与行政执法职责，加强环境污染治理，保障国家生态安全，建设美丽中国，将环境保护部的职责，国家发展和改革委员会的应对气候变化和减排职责，国土资源部的监督防止地下水污染职责，水利部的编制水功能区划、排污口设置管理、流域水环境保护职责，农业部的监督指导农业面源污染治理职责，国家海洋局的海洋环境保护职责，国务院南水北调工程建设委员会办公室的南水北调工程项目区环境保护职责整合，组建生态环境部，作为国务院组成部门。生态环境部对外保留国家核安全局牌子。主要职责是，拟订并组织实施生态环境政策、规划和标准，统一负责生态环境监测和执法工作，监督管理污染防治、核与辐射安全，组织开展中央环境保护督察等。不再保留环境保护部。

三是组建农业农村部。为加强党对“三农”工作的集中统一领导，坚持农业农村优先发展，统筹实施乡村振兴战略，推动农业全面升级、农村全面进步、农民全面发展，加快实现农业农村现代化，将中央农村工作领导小组办公室的职责，农业部的职责，以及国家发展和改革委员会的农业投资项目、财政部的农业综合开发项目、国土资源部的农田整治项目、水利部的农田水利建设项目等管理职责整合，组建农业农村部，作为国务院组成部门。中央农村工作领导小组办公室设在农业农村部。主要职责是，统筹研究和组织实施“三农”工作战略、规划和政策，监督管理种植业、畜牧业、渔业、农垦、农业机械化、农产品质量安全，负责农业投资管理等。将农业部的渔船检验和监督管理职责划入交通运输部。不再保留农业部。

四是组建文化和旅游部。为增强和彰显文化自信,坚持中国特色社会主义文化发展道路,统筹文化事业、文化产业发展和旅游资源开发,提高国家文化软实力和中华文化影响力,将文化部、国家旅游局的职责整合,组建文化和旅游部,作为国务院组成部门。主要职责是,贯彻落实党的文化工作方针政策,研究拟订文化和旅游工作政策措施,统筹规划文化事业、文化产业、旅游业发展,深入实施文化惠民工程,组织实施文化资源普查、挖掘和保护工作,维护各类文化市场包括旅游市场秩序,加强对外文化交流,推动中华文化走出去等。不再保留文化部、国家旅游局。

五是组建国家卫生健康委员会。为推动实施健康中国战略,树立大卫生、大健康理念,把以治病为中心转变到以人民健康为中心,预防控制重大疾病,积极应对人口老龄化,加快老龄事业和产业发展,为人民群众提供全方位全周期健康服务,将国家卫生和计划生育委员会、国务院深化医药卫生体制改革领导小组办公室、全国老龄工作委员会办公室的职责,工业和信息化部的牵头《烟草控制框架公约》履约工作职责,国家安全生产监督管理总局的职业安全健康监督管理职责整合,组建国家卫生健康委员会,作为国务院组成部门。主要职责是,拟订国民健康政策,协调推进深化医药卫生体制改革,组织制定国家基本药物制度,监督管理公共卫生、医疗服务和卫生应急,负责计划生育管理和服务工作,拟订应对人口老龄化、医养结合政策措施等。保留全国老龄工作委员会,日常工作由国家卫生健康委员会承担。民政部代管的中国老龄协会改由国家卫生健康委员会代管。国家中医药管理局由国家卫生健康委员会管理。不再保留国家卫生和计划生育委员会。不再设立国务院深化医药卫生体制改革领导小组办公室。

六是组建应急管理部。为防范化解重特大安全风险,健全公共安全体系,整合优化应急力量和资源,推动形成统一指挥、专常兼备、反应灵敏、上下联动、平战结合的中国特色应急管理体制,将国家安全生产监督管理总局的职责,国务院办公厅的应急管理职责,公安部的消防管理职责,民政部的救灾职责,国土资源部的地质灾害防治、水利部的水旱灾害防治、农业部的草原防火、国家林业局的森林防火相关职责,中国地震局的震灾应急救援职责以及国家防汛抗旱总指挥部、国家减灾委员会、国务院抗震救灾指挥部、国家森林防火指挥部的职责整合,组建应急管理部,作为国务院组成部门。主要职责是,组织编制国家应急总体预案和规划,指导各地区各部门应对突发事件工作,推动应急预案体系建设和预案演练。建立灾情报告系统并统一发布灾情,统筹应急力量建设和物资储备并在救灾时统一调度,组织灾害救助体系建设,指导安全生产类、自然灾害类应急救援,承担国家应对特别重大灾害指挥部工作。指导火灾、水旱灾害、地质灾害等防治。负责安全生产综合监督管理和工矿商贸行业安全生产监督管理等。公安消防部队、武警森林部队转制后,与安全生产等应急救援队伍一并作为综合性常备应急骨干力量,由应急管理部管理,实行专门管理和政策保障,采取符合其自身特点的职务职级序列和管理办法,提高职业荣誉感,保持有生力量和战斗力。应急管理部要处理好防灾和救灾的关系,明确与相关部门和地方各自职责分工,建立协调配合机制。中国地震局、国家煤矿安全监察局由应急管理部管理。不再保留国家安全生产监督管理总局。

七是重新组建科学技术部。为更好实施科教兴国战略、人才强国战略、创新驱动发展战略,加强国家创新体系建设,优化配置科技资源,推动建设高端科技创新人才队伍,健全技术创新激励机制,加快建设创新型国家,将科学技术部、国家外国专家局的职责整合,重新组建科学技术部,作为国务院组成部门。科学技术部对外保留国家外国专家局牌子。主要职责是,拟订国家创新驱动发展战略方针以及科技发展、基础研究规划和政策并组织实施,统筹推进国家创新体系建设和科技体制改革,组织协调国家重大基础研究和应用基础研究,编制国家重大科技项目规划并监督实施,牵头建立统一的国家科技管理平台和科研项目资金协调、评估、监管机制,负责引进国外智力工作等。国家自然科学基金委员会改由科学技术部管理。不再保留单设的国家外国专家局。

八是重新组建司法部。为贯彻落实全面依法治国基本方略,加强党对法治政府建设的集中统一领导,统筹行政立法、行政执法、法律事务管理和普法宣传,推动政府工作纳入法治轨道,将司法部和国务院法制办公室的职责整合,重新组建司法部,作为国务院组成部门。主要职责是,负责有关法律和行政法规草案起草,负责立法协调和备案审查、解释,综合协调行政执法,指导行政复议应诉,负责普法宣传,负责监狱、戒毒、社区矫正管理,负责律师公证和司法鉴定仲裁管理,承担国家司法协助等。不再保留国务院法制办公室。

九是优化审计署职责。为整合审计监督力量,减少职责交叉分散,避免重复检查和监督盲区,增强监督效能,将国家发展和改革委员会的重大项目稽察、财政部的中央预算执行情况和其他财政收支情况的监督检查、国务院国有资产监督管理委员会的国有企业领导干部经济责任审计和国有重点大型企业监事会的职责划入审计署,相应对派出审计监督力量进行整合优化,构建统一高效审计监督体系。不再设立国有重点大型企业监事会。

十是组建国家市场监督管理总局。为完善市场监管体制,推动实施质量强国战略,营造诚实守信、公平竞争的市场环境,进一步推进市场监管综合执法、加强产品质量安全监管,让人民群众买得放心、用得放心、吃得放心,将国家工商行政管理总局的职责,国家质量监督检验检疫总局的职责,国家食品药品监督管理总局的职责,国家发展和改革委员会的价格监督检查与反垄断执法职责,商务部的经营者集中反垄断执法以及国务院反垄断委员会办公室等职责整合,组建国家市场监督管理总局,作为国务院直属机构。主要职责是,负责市场综合监督管理,统一登记市场主体并建立信息公示和共享机制,组织市场监管综合执法工作,承担反垄断统一执法,规范和维护市场秩序,组织实施质量强国战略,负责工业产品质量安全、食品安全、特种设备安全监管,统一管理计量标准、检验检测、认证认可工作等。组建国家药品监督管理局,由国家市场监督管理总局管理,主要职责是负责药品、化妆品、医疗器械的注册并实施监督管理。将国家质量监督检验检疫总局的出入境检验检疫管理职责和队伍划入海关总署。保留国务院食品安全委员会、国务院反垄断委员会,具体工作由国家市场监督管理总局承担。国家认证认可监督管理委员会、国家标准化管理委员会职责划入国家市场监督管理总局,对外保留牌子。不再保留国家工商行政管理总局、国家质量监督检验检疫总局、国家食品药品监督管理总局。

十一是组建中国银行保险监督管理委员会。为深化金融监管体制改革,解决现行体制存在的监管职责不清晰、交叉监管和监管空白等问题,强化综合监管,优化监管资源配置,更好统筹系统重要性金融机构监管,逐步建立符合现代金融特点、统筹协调监管、有力有效的现代金融监管框架,守住不发生系统性金融风险的底线,将中国银行业监督管理委员会和中国保险监督管理委员会的职责整合,组建中国银行保险监督管理委员会,作为国务院直属事业单位。主要职责是,依照法律法规统一监督管理银行业和保险业,保护金融消费者合法权益,维护银行业和保险业合法、稳健运行,防范和化解金融风险,维护金融稳定等。将中国银行业监督管理委员会和中国保险监督管理委员会拟订银行业、保险业重要法律法规草案和审慎监管基本制度的职责划入中国人民银行。不再保留中国银行业监督管理委员会、中国保险监督管理委员会。

十二是组建国家国际发展合作署。为充分发挥对外援助作为大国外交的重要手段作用,加强对外援助的战略谋划和统筹协调,推动援外工作统一管理,改革优化援外方式,更好地服务国家外交总体布局和共建"一带一路"等,将商务部对外援助工作有关职责、外交部对外援助协调等职责整合,组建国家国际发展合作署,作为国务院直属机构。主要职责是,拟订对外援助战略方针、规划、政策,统筹协调援外重大问题并提出建议,推进援外方式改革,编制对外援助方案和计划,确定对外援助项目并监督评估实施情况等。对外援助的具体执行工作仍由相关部门按分工承担。

十三是组建国家医疗保障局。为完善统一的城乡居民基本医疗保险制度和大病保险制度,不断提高医疗保障水平,确保医保资金合理使用、安全可控,推进医疗、医保、医药“三医联动”改革,更好保障病有所医,将人力资源和社会保障部的城镇职工和城镇居民基本医疗保险、生育保险职责,国家卫生和计划生育委员会的新型农村合作医疗职责,国家发展和改革委员会的药品和医疗服务价格管理职责,民政部的医疗救助职责整合,组建国家医疗保障局,作为国务院直属机构。主要职责是,拟订医疗保险、生育保险、医疗救助等医疗保障制度的政策、规划、标准并组织实施,监督管理相关医疗保障基金,完善国家异地就医管理和费用结算平台,组织制定和调整药品、医疗服务价格和收费标准,制定药品和医用耗材的招标采购政策并监督实施,监督管理纳入医保支出范围内的医疗服务行为和医疗费用等。

十四是组建国家粮食和物资储备局。为加强国家储备的统筹规划,构建统一的国家物资储备体系,强化中央储备粮棉的监督管理,提升国家储备应对突发事件的能力,将国家粮食局的职责,国家发展和改革委员会的组织实施国家战略物资收储、轮换和管理,管理国家粮食、棉花和食糖储备等职责,以及民政部、商务部、国家能源局等部门的组织实施国家战略和应急储备物资收储、轮换和日常管理职责整合,组建国家粮食和物资储备局,由国家发展和改革委员会管理。主要职责是,根据国家储备总体发展规划和品种目录,组织实施国家战略和应急储备物资的收储、轮换、管理,统一负责储备基础设施的建设与管理,对管理的政府储备、企业储备以及储备政策落实情况进行监督检查,负责粮食流通行业管理和中央储备粮棉行政管理等。不再保留国家粮食局。

十五是组建国家移民管理局。为加强对移民及出入境管理的统筹协调,更好形成移民管理工作合力,将公安部的出入境管理、边防检查职责整合,建立健全签证管理协调机制,组建国家移民管理局,加挂中华人民共和国出入境管理局牌子,由公安部管理。主要职责是,协调拟订移民政策并组织实施,负责出入境管理、口岸证件查验和边民往来管理,负责外国人停留居留和永久居留管理、难民管理、国籍管理,牵头协调非法入境、非法居留、非法就业外国人治理和非法移民遣返,负责中国公民因私出入国(境)服务管理,承担移民领域国际合作等。

十六是组建国家林业和草原局。为加大生态系统保护力度,统筹森林、草原、湿地监督管理,加快建立以国家公园为主体的自然保护地体系,保障国家生态安全,将国家林业局的职责,农业部的草原监督管理职责,以及国土资源部、住房和城乡建设部、水利部、农业部、国家海洋局等部门的自然保护区、风景名胜区、自然遗产、地质公园等管理职责整合,组建国家林业和草原局,由自然资源部管理。国家林业和草原局加挂国家公园管理局牌子。主要职责是,监督管理森林、草原、湿地、荒漠和陆生野生动植物资源开发利用和保护,组织生态保护和修复,开展造林绿化工作,管理国家公园等各类自然保护地等。不再保留国家林业局。

十七是重新组建国家知识产权局。为解决商标、专利分头管理和重复执法问题,完善知识产权管理体制,将国家知识产权局的职责、国家工商行政管理总局的商标管理职责、国家质量监督检验检疫总局的原产地地理标志管理职责整合,重新组建国家知识产权局,由国家市场监督管理总局管理。主要职责是,负责保护知识产权工作,推动知识产权保护体系建设,负责商标、专利、原产地地理标志的注册登记和行政裁决,指导商标、专利执法工作等。商标、专利执法职责交由市场监管综合执法队伍承担。

十八是国务院三峡工程建设委员会及其办公室、国务院南水北调工程建设委员会及其办公室并入水利部。鉴于三峡主体工程建设任务已经完成,南水北调东线和中线工程已经竣工。为加强对重大水利工程建设和运行的统一管理,理顺职责关系,将国务院三峡工程建设委员会及其办公室、国务院南水北调工程建设委员会及其办公室并入水利部。由水利部承担三峡工程和南水北调工程的运行管理、后续工程建设管理和移民后期扶持管理等职责。不再保留国务院三峡工程建设委员会及其办公室、国务院南水北调工程建设委员会及其办公室。

十九是调整全国社会保障基金理事会隶属关系。为加强社会保障基金管理和监督,理顺职责关系,保证基金安全和实现保值增值目标,将全国社会保障基金理事会由国务院管理调整为由财政部管理,承担基金安全和保值增值的主体责任,作为基金投资运营机构,不再明确行政级别。

二十是改革国税地税征管体制。为降低征纳成本,理顺职责关系,提高征管效率,为纳税人提供更加优质高效便利服务,将省级和省级以下国税地税机构合并,具体承担所辖区域内各项税收、非税收入征管等职责。为提高社会保险资金征管效率,将基本养老保险费、基本医疗保险费、失业保险费等各项社会保险费交由税务部门统一征收。国税地税机构合并后,实行以国家税务总局为主与省(自治区、直辖市)政府双重领导管理体制。国家税务总局要会同省级党委和政府加强税务系统党的领导,做好党的建设、思想政治建设和干部队伍建设工作,优化各层级税务组织体系和征管职责,按照"瘦身"与"健身"相结合原则,完善结构布局和力量配置,构建优化高效统一的税收征管体系。

二十一是深化行政执法体制改革。根据不同层级政府的事权和职能,按照减少层次、整合队伍、提高效率的原则,大幅减少执法队伍种类,合理配置执法力量。一个部门设有多支执法队伍的,原则上整合为一支队伍。推动整合同一领域或相近领域执法队伍,实行综合设置。完善执法程序,严格执法责任,做到严格规范公正文明执法。整合组建市场监管综合执法队伍。整合工商、质检、食品、药品、物价、商标、专利等执法职责和队伍,组建市场监管综合执法队伍。由国家市场监督管理总局指导。鼓励地方将其他直接到市场、进企业,面向基层、面对老百姓的执法队伍,如商务执法、盐业执法等,整合划入市场监管综合执法队伍。药品经营销售等行为的执法,由市县市场监管综合执法队伍统一承担。整合组建生态环境保护综合执法队伍。整合环境保护和国土、农业、水利、海洋等部门相关污染防治和生态保护执法职责、队伍,统一实行生态环境保护执法。由生态环境部指导。整合组建文化市场综合执法队伍。将旅游市场执法职责和队伍整合划入文化市场综合执法队伍,统一行使文化、文物、出版、广播电视、电影、旅游市场行政执法职责。由文化和旅游部指导。整合组建交通运输综合执法队伍。整合交通运输系统内路政、运政等涉及交通运输的执法职责、队伍,实行统一执法。由交通运输部指导。整合组建农业综合执法队伍。将农业系统内兽医兽药、生猪屠宰、种子、化肥、农药、农机、农产品质量等执法队伍整合,实行统一执法。由农业农村部指导。继续探索实行跨领域跨部门综合执法,建立健全综合执法主管部门、相关行业管理部门、综合执法队伍间协调配合、信息共享机制和跨部门、跨区域执法协作联动机制。对涉及的相关法律法规及时进行清理修订。

2018 年的这次改革除试图解决以往存在的弊端外,主要是强化中共中央对宏观调控工作的领导,党中央的领导机构与政府机构合署办公有利于把握宏观调控的政治方向。与此同时,把过去政府之间相近的职能予以合并后,一定程度上可以避免权力扯皮现象的发生,国家监察新体制将所有公职人员的行为纳入监察范围,有利于从事宏观调控的公务员尽职尽责。总体来看,对于实现宏观调控法治治理是有利的,但实施的效果如何,还有待于实践的检验。

第五节　相关主体的监督权

按照管理学和经济学原理,一项经济或社会活动中决策、管理和监督相分离,本是科学管理的应有内涵。但从法律监督角度分析,结合相关法律和政策规定,在宏观调控中相关主体的监督权可分为无法律义务的监督权和有法律义务的监督权两类。

一、无法律义务的监督权

在中国的法律和政策语境中,倡导人民当家作主。因此,任何人和任何单位或组织都享有对国家经济事务和社会事务的监督权。其基本的做法就是通过一定的渠道,对相关经济事务和社会发展事务发表批评建议的权利,也可以依法举报各类违法行为。而且,这种举报行为也是相关法律法规所保护和鼓励的。例如,《会计法》即规定:“任何单位和个人对违反本法和国家统一的会计制度规定的行为,有权检举。收到检举的部门有权处理的,应当依法按照职责分工及时处理;无权处理的,应当及时移送有权处理的部门处理。收到检举的部门、负责处理的部门应当为检举人保密,不得将检举人姓名和检举材料转给被检举单位和被检举人个人。”①这里的“任何单位和个人”是泛指的,并没有特定人员的要求。与此同时,该项监督权的行使又往往与参与决策权相重叠。

对于宏观调控而言,人民个人或相关单位和组织的批评建议,可以促使宏观调控职能部门或机构了解人民的呼声,改变工作作风,提高工作绩效,防止或预防宏观调控工作的失误,是人民民主的具体体现。但是,需要注意的是,这种来自广泛社会基础的监督,并非监督者必须要履行的义务或责任。它不是人民或相关单位和组织工作的一部分。人民或相关单位和组织可以监督,也可以不监督。实践中,除实名举报必须由有关组织予以落实外,匿名举报或一般性批评建议,可作为宏观调控职能部门或机构决策的参考。对于举报中属于群众误解的部分,要通过

---

① 《会计法》第30条。

一定的渠道给予解释，通过解释法律和政策消除社会上的误解。为此，国家在新一轮的普法宣传上强调了谁制定法律政策谁宣传的政策。而在信访与司法环节也增加了公职人员释法的义务，从而在一定程度上缓解了社会矛盾。但对于举报不实且属于诬告的，应当依法予以查处。因此，即使是无法律义务监督权的行使，也有法律政策限制与禁止，不得随意滥用。

二、有法律义务的监督权

有法律义务的监督权，是指由负有法定监督权的单位及其工作人员依法进行监督时所享有的监督权。该监督权是监督者工作所在或工作的一部分，是其职权所在，具有不可抛弃性和专业属性。根据法律规定，以下几方面经济监督权的行使，对于宏观调控具有重要的实践意义。

（一）会计监督权

依照《会计法》的规定，会计的职能，一是核算；二是监督。为此，《会计法》第4章专门就会计监督问题作出规定。其中，涉及法定监督权和被监督义务的规定如下：①

第一，各单位应当建立健全本单位内部会计监督制度。单位内部会计监督制度应当符合法定要求：一是记账人员与经济业务事项和会计事项的审批人员、经办人员、财物保管人员的职责权限应当明确，并相互分离、相互制约；二是重大对外投资、资产处置、资金调度和其他重要经济业务事项的决策和执行的相互监督、相互制约程序应当明确；三是财产清查的范围、期限和组织程序应当明确；四是对会计资料定期进行内部审计的办法和程序应当明确。

① 《会计法》（2017年修正）第27～35条。

第二,单位负责人应当保证会计机构、会计人员依法履行职责,不得授意、指使、强令会计机构、会计人员违法办理会计事项。会计机构、会计人员对违反《会计法》和国家统一的会计制度规定的会计事项,有权拒绝办理或者按照职权予以纠正。

第三,会计机构、会计人员发现会计账簿记录与实物、款项及有关资料不相符的,按照国家统一的会计制度的规定有权自行处理的,应当及时处理;无权处理的,应当立即向单位负责人报告,请求查明原因,作出处理。

第四,有关法律、行政法规规定,须经注册会计师进行审计的单位,应当向受委托的会计师事务所如实提供会计凭证、会计账簿、财务会计报告和其他会计资料以及有关情况。任何单位或者个人不得以任何方式要求或者示意注册会计师及其所在的会计师事务所出具不实或者不当的审计报告。财政部门有权对会计师事务所出具审计报告的程序和内容进行监督。

第五,财政部门对各单位的法定情况实施监督:一是是否依法设置会计账簿;二是会计凭证、会计账簿、财务会计报告和其他会计资料是否真实、完整;三是会计核算是否符合本法和国家统一的会计制度的规定;四是从事会计工作的人员是否具备专业能力、遵守职业道德。在对第二项所列事项实施监督,发现重大违法嫌疑时,国务院财政部门及其派出机构可以向与被监督单位有经济业务往来的单位和被监督单位开立账户的金融机构查询有关情况,有关单位和金融机构应当给予支持。

第六,财政、审计、税务、人民银行、证券监管、保险监管等部门应当依照有关法律、行政法规规定的职责,对有关单位的会计资料实施监督检查。相关监督检查部门对有关单位的会计资料依法实施监督检查后,应当出具检查结论。有关监督检查部门已经作出的检查结论能够满足其他监督检查部门履行本部门职责需要的,其他监督检查部门应当加以利用,避免重复查账。

第七,依法对有关单位的会计资料实施监督检查的部门及其工作人员对在监督检查中知悉的国家秘密和商业秘密负有保密义务。

第八,各单位必须依照有关法律、行政法规的规定,接受有关监督检查部门依法实施的监督检查,如实提供会计凭证、会计账簿、财务会计报告和他会计资料以及有关情况,不得拒绝、隐匿、谎报。

(二)审计监督权

审计工作是专门的经济监督工作。审计可分为国家审计、社会审计和单位内部审计。宏观调控法中所讲的审计主要是指国家审计,其审计的对象为国家财政资金的使用情况。为此,自实施社会主义市场经济以来,为了加强国家的审计监督,维护国家财政经济秩序,提高财政资金使用效益,促进廉政建设,保障国民经济和社会健康发展,国家出台了《审计法》①,对审计监督工作进行了专门规定。

在基本制度安排和工作原则政策方面,《审计法》规定,国家实行审计监督制度。国务院和县级以上地方人民政府设立审计机关。国务院各部门和地方各级人民政府及其各部门的财政收支,国有的金融机构和企业事业组织的财务收支,以及其他依照本法规定应当接受审计的财政收支、财务收支,依照《审计法》规定接受审计监督。审计机关对国务院各部门和地方各级人民政府及其各部门的所列财政收支或者财务收支的真实、合法和效益,依法进行审计监督。审计机关依照法律规定的职权和程序,进行审计监督。审计机关依据有关财政收支、财务收支的法律、法规和国家其他有关规定进行审计评价,在法定职权范围内作出审计决定。国务院和县级以上地方人民政府应当每年向本级人民代表大

① 《审计法》于1994年8月31日第八届全国人民代表大会常务委员会第九次会议通过;根据2006年2月28日第十届全国人民代表大会常务委员会第二十次会议《关于修改〈中华人民共和国审计法〉的决定》修正。中国人民解放军审计工作的规定,由中央军事委员会根据该法制定。

会常务委员会提出审计机关对预算执行和其他财政收支的审计工作报告。审计工作报告应当重点报告对预算执行的审计情况。必要时,人民代表大会常务委员会可以对审计工作报告作出决议。国务院和县级以上地方人民政府应当将审计工作报告中指出的问题的纠正情况和处理结果向本级人民代表大会常务委员会报告。审计机关依照法律规定独立行使审计监督权,不受其他行政机关、社会团体和个人的干涉。审计机关和审计人员办理审计事项,应当客观公正,实事求是,廉洁奉公,保守秘密。①

在审计机关及其领导体制和审计人员的制度安排方面,《审计法》规定,国务院设立审计署,在国务院总理领导下,主管全国的审计工作。审计长是审计署的行政首长。省、自治区、直辖市、设区的市、自治州、县、自治县、不设区的市、市辖区的人民政府的审计机关,分别在省长、自治区主席、市长、州长、县长、区长和上一级审计机关的领导下,负责本行政区域内的审计工作。地方各级审计机关对本级人民政府和上一级审计机关负责并报告工作,审计业务以上级审计机关领导为主。审计机关根据工作需要,经本级人民政府批准,可以在其审计管辖范围内设立派出机构。派出机构根据审计机关的授权,依法进行审计工作。审计机关履行职责所必需的经费,应当列入财政预算,由本级人民政府予以保证。审计人员应当具备与其从事的审计工作相适应的专业知识和业务能力。审计人员办理审计事项,与被审计单位或者审计事项有利害关系的,应当回避。审计人员对其在执行职务中知悉的国家秘密和被审计单位的商业秘密,负有保密的义务。审计人员依法执行职务,受法律保护。任何组织和个人不得拒绝、阻碍审计人员依法执行职务,不得打击报复审计人员。审计机关负责人依照法定程序任免。审计机关负责人没有违法失职或者其他不符合任职条件的情况的,不得随意撤换。地方各级审

① 《审计法》第2~6条。

计机关负责人的任免,应当事先征求上一级审计机关的意见。①

在审计机关职责方面,《审计法》规定,审计机关对本级各部门(含直属单位)和下级政府预算的执行情况和决算以及其他财政收支情况,进行审计监督。审计署在国务院总理领导下,对中央预算执行情况和其他财政收支情况进行审计监督,向国务院总理提出审计结果报告。地方各级审计机关分别在省长、自治区主席、市长、州长、县长、区长和上一级审计机关的领导下,对本级预算执行情况和其他财政收支情况进行审计监督,向本级人民政府和上一级审计机关提出审计结果报告。审计署对中央银行的财务收支,进行审计监督。审计机关对国有金融机构的资产、负债、损益,进行审计监督。审计机关对国家的事业组织和使用财政资金的其他事业组织的财务收支,进行审计监督。审计机关对国有企业的资产、负债、损益,进行审计监督。对国有资本占控股地位或者主导地位的企业、金融机构的审计监督,由国务院规定。审计机关对政府投资和以政府投资为主的建设项目的预算执行情况和决算,进行审计监督。审计机关对政府部门管理的和其他单位受政府委托管理的社会保障基金、社会捐赠资金以及其他有关基金、资金的财务收支,进行审计监督。审计机关对国际组织和外国政府援助、贷款项目的财务收支,进行审计监督。审计机关按照国家有关规定,对国家机关和依法属于审计机关审计监督对象的其他单位的主要负责人,在任职期间对本地区、本部门或者本单位的财政收支、财务收支以及有关经济活动应负经济责任的履行情况,进行审计监督。除《审计法》规定的审计事项外,审计机关对其他法律、行政法规规定应当由审计机关进行审计的事项,依照本法和有关法律、行政法规的规定进行审计监督。审计机关有权对与国家财政收支有关的特定事项,向有关地方、部门、单位进行专项审计调查,并向本级人民政府和上一级审计机关报告审计调查结果。审计机关根据被审计

---

① 《审计法》第7~14条。

单位的财政、财务隶属关系或者国有资产监督管理关系,确定审计管辖范围。审计机关之间对审计管辖范围有争议的,由其共同的上级审计机关确定。上级审计机关可以将对国有金融机构的资产、负债、损益的审计事项和其他审计事项,授权下级审计机关进行审计;上级审计机关对下级审计机关审计管辖范围内的重大审计事项,可以直接进行审计,但是应当防止不必要的重复审计。依法属于审计机关审计监督对象的单位,应当按照国家有关规定建立健全内部审计制度;其内部审计工作应当接受审计机关的业务指导和监督。社会审计机构审计的单位依法属于审计机关审计监督对象的,审计机关按照国务院的规定,有权对该社会审计机构出具的相关审计报告进行核查。①

在审计机关权限方面,《审计法》规定,审计机关有权要求被审计单位按照审计机关的规定提供预算或者财务收支计划、预算执行情况、决算、财务会计报告,运用电子计算机储存、处理的财政收支、财务收支电子数据和必要的电子计算机技术文档,在金融机构开立账户的情况,社会审计机构出具的审计报告,以及其他与财政收支或者财务收支有关的资料,被审计单位不得拒绝、拖延、谎报。被审计单位负责人对本单位提供的财务会计资料的真实性和完整性负责。审计机关进行审计时,有权检查被审计单位的会计凭证、会计账簿、财务会计报告和运用电子计算机管理财政收支、财务收支电子数据的系统,以及其他与财政收支、财务收支有关的资料和资产,被审计单位不得拒绝。审计机关进行审计时,有权就审计事项的有关问题向有关单位和个人进行调查,并取得有关证明材料。有关单位和个人应当支持、协助审计机关工作,如实向审计机关反映情况,提供有关证明材料。审计机关经县级以上人民政府审计机关负责人批准,有权查询被审计单位在金融机构的账户。审计机关有证据证明被审计单位以个人名义存储公款的,经县级以上人民政府审计机

① 《审计法》第16~30条。

关主要负责人批准，有权查询被审计单位以个人名义在金融机构的存款。审计机关进行审计时，被审计单位不得转移、隐匿、篡改、毁弃会计凭证、会计账簿、财务会计报告以及其他与财政收支或者财务收支有关的资料，不得转移、隐匿所持有的违反国家规定取得的资产。审计机关对被审计单位违反规定的行为，有权予以制止；必要时，经县级以上人民政府审计机关负责人批准，有权封存有关资料和违反国家规定取得的资产；对其中在金融机构的有关存款需要予以冻结的，应当向人民法院提出申请。审计机关对被审计单位正在进行的违反国家规定的财政收支、财务收支行为，有权予以制止；制止无效的，经县级以上人民政府审计机关负责人批准，通知财政部门和有关主管部门暂停拨付与违反国家规定的财政收支、财务收支行为直接有关的款项，已经拨付的，暂停使用。审计机关采取规定的措施不得影响被审计单位合法的业务活动和生产经营活动。审计机关认为被审计单位所执行的上级主管部门有关财政收支、财务收支的规定与法律、行政法规相抵触的，应当建议有关主管部门纠正；有关主管部门不予纠正的，审计机关应当提请有权处理的机关依法处理。审计机关可以向政府有关部门通报或者向社会公布审计结果。审计机关通报或者公布审计结果，应当依法保守国家秘密和被审计单位的商业秘密，遵守国务院的有关规定。审计机关履行审计监督职责，可以提请公安、监察、财政、税务、海关、价格、工商行政管理等机关予以协助。①

在审计程序方面，《审计法》规定，审计机关根据审计项目计划确定的审计事项组成审计组，并应当在实施审计3日前，向被审计单位送达审计通知书；遇有特殊情况，经本级人民政府批准，审计机关可以直接持审计通知书实施审计。被审计单位应当配合审计机关的工作，并提供必要的工作条件。审计机关应当提高审计工作效率。审计人员通过审查

① 《审计法》第31～37条。

会计凭证、会计账簿、财务会计报告,查阅与审计事项有关的文件、资料,检查现金、实物、有价证券,向有关单位和个人调查等方式进行审计,并取得证明材料。审计人员向有关单位和个人进行调查时,应当出示审计人员的工作证件和审计通知书副本。审计组对审计事项实施审计后,应当向审计机关提出审计组的审计报告。审计组的审计报告报送审计机关前,应当征求被审计对象的意见。被审计对象应当自接到审计组的审计报告之日起10日内,将其书面意见送交审计组。审计组应当将被审计对象的书面意见一并报送审计机关。审计机关按照审计署规定的程序对审计组的审计报告进行审议,并对被审计对象对审计组的审计报告提出的意见一并研究后,提出审计机关的审计报告;对违反国家规定的财政收支、财务收支行为,依法应当给予处理、处罚的,在法定职权范围内作出审计决定或者向有关主管机关提出处理、处罚的意见。审计机关应当将审计机关的审计报告和审计决定送达被审计单位和有关主管机关、单位。审计决定自送达之日起生效。上级审计机关认为下级审计机关作出的审计决定违反国家有关规定的,可以责成下级审计机关予以变更或者撤销,必要时也可以直接作出变更或者撤销的决定。①

(三)统计监督权

统计工作是宏观调控的基础性工作。统计数据收集的准确性与全面性事关宏观调控决策的正确性。为此,统计工作本身具有对经济和社会活动监督的作用。统计工作的监督权属于法定监督权的范围。改革开放以来,为了科学、有效地组织统计工作,保障统计资料的真实性、准确性、完整性和及时性,发挥统计在了解国情国力、服务经济社会发展中

① 《审计法》第38～42条。

的重要作用，促进社会主义现代化建设事业发展，国家出台了《统计法》①。

按照《统计法》规定，统计的基本任务是对经济社会发展情况进行统计调查、统计分析，提供统计资料和统计咨询意见，实行统计监督。国家建立集中统一的统计系统，实行统一领导、分级负责的统计管理体制。统计机构和统计人员依照本法规定独立行使统计调查、统计报告、统计监督的职权，不受侵犯。地方各级人民政府、政府统计机构和有关部门以及各单位的负责人，不得自行修改统计机构和统计人员依法搜集、整理的统计资料，不得以任何方式要求统计机构、统计人员及其他机构、人员伪造、篡改统计资料，不得对依法履行职责或者拒绝、抵制统计违法行为的统计人员打击报复。国家机关、企业事业单位和其他组织以及个体工商户和个人等统计调查对象，必须依照《统计法》和国家有关规定，真实、准确、完整、及时地提供统计调查所需的资料，不得提供不真实或者不完整的统计资料，不得迟报、拒报统计资料。统计工作应当接受社会公众的监督。任何单位和个人有权检举统计中弄虚作假等违法行为。对检举有功的单位和个人应当给予表彰和奖励。②

关于监督检查，《统计法》第五章专门规定，县级以上人民政府及其监察机关对下级人民政府、本级人民政府统计机构和有关部门执行本法的情况，实施监督。国家统计局组织管理全国统计工作的监督检查，查处重大统计违法行为。县级以上地方人民政府统计机构依法查处本行

① 《统计法》于 1983 年 12 月 8 日第六届全国人民代表大会常务委员会第三次会议通过；根据 1996 年 5 月 15 日第八届全国人民代表大会常务委员会第十九次会议《关于修改〈中华人民共和国统计法〉的决定》修正；2009 年 6 月 27 日第十一届全国人民代表大会常务委员会第九次会议修订。民间统计调查活动的管理办法，由国务院制定。中华人民共和国境外的组织、个人需要在中华人民共和国境内进行统计调查活动的，应当按照国务院的规定报请审批。利用统计调查危害国家安全、损害社会公共利益或者进行欺诈活动的，依法追究法律责任。

② 《统计法》第 2 ~3 条、第 6 ~8 条。

政区域内发生的统计违法行为。但是,国家统计局派出的调查机构组织实施的统计调查活动中发生的统计违法行为,由组织实施该项统计调查的调查机构负责查处。法律、行政法规对有关部门查处统计违法行为另有规定的,从其规定。县级以上人民政府有关部门应当积极协助本级人民政府统计机构查处统计违法行为,及时向本级人民政府统计机构移送有关统计违法案件材料。县级以上人民政府统计机构在调查统计违法行为或者核查统计数据时,有权采取法定措施:一是发出统计检查查询书,向检查对象查询有关事项;二是要求检查对象提供有关原始记录和凭证、统计台账、统计调查表、会计资料及其他相关证明和资料;三是就与检查有关的事项询问有关人员;四是进入检查对象的业务场所和统计数据处理信息系统进行检查、核对;五是经本机构负责人批准,登记保存检查对象的有关原始记录和凭证、统计台账、统计调查表、会计资料及其他相关证明和资料;六是对与检查事项有关的情况和资料进行记录、录音、录像、照相和复制。县级以上人民政府统计机构进行监督检查时,监督检查人员不得少于2人,并应当出示执法证件;未出示的,有关单位和个人有权拒绝检查。县级以上人民政府统计机构履行监督检查职责时,有关单位和个人应当如实反映情况,提供相关证明和资料,不得拒绝、阻碍检查,不得转移、隐匿、篡改、毁弃原始记录和凭证、统计台账、统计调查表、会计资料及其他相关证明和资料。①

(四)税务监督权

在市场经济条件下,税收是国家财政收入的主要来源,是国家实施宏观调控的经济基础。为了加强税收征收管理,规范税收征收和缴纳行为,保障国家税收收入,保护纳税人的合法权益,促进经济和社会发展。

① 《统计法》第五章"监督检查"。

中国在确立发展社会主义市场经济的同时，颁发了《税收征收管理法》①，赋予了税收机关税务监督权。

按照《税收征收管理法》规定，税收的开征、停征以及减税、免税、退税、补税，依照法律的规定执行；法律授权国务院规定的，依照国务院制定的行政法规的规定执行。任何机关、单位和个人不得违反法律、行政法规的规定，擅自作出税收开征、停征以及减税、免税、退税、补税和其他同税收法律、行政法规相抵触的决定。法律、行政法规规定负有纳税义务的单位和个人为纳税人。法律、行政法规规定负有代扣代缴、代收代缴税款义务的单位和个人为扣缴义务人。纳税人、扣缴义务人必须依照法律、行政法规的规定缴纳税款、代扣代缴、代收代缴税款。国务院税务主管部门主管全国税收征收管理工作。各地税务局应当按照国务院规定的税收征收管理范围分别进行征收管理。地方各级人民政府应当依法加强对本行政区域内税收征收管理工作的领导或者协调，支持税务机关依法执行职务，依照法定税率计算税额，依法征收税款。各有关部门和单位应当支持、协助税务机关依法执行职务。税务机关依法执行职务，任何单位和个人不得阻挠。纳税人、扣缴义务人有权控告和检举税务机关、税务人员的违法违纪行为。各级税务机关应当建立健全内部制约和监督管理制度。上级税务机关应当对下级税务机关的执法活动依法进行监督。各级税务机关应当对其工作人员执行法律、行政法规和廉洁自律准则的情况进行监督检查。税务机关负责征收、管理、稽查、行政

① 《税收征收管理法》于1992年9月4日第七届全国人民代表大会常务委员会第二十七次会议通过；根据1995年2月28日第八届全国人民代表大会常务委员会第十二次会议《关于修改〈中华人民共和国税收征收管理法〉的决定》第一次修正；2001年4月28日第九届全国人民代表大会常务委员会第二十一次会议修订；根据2013年6月29日第十二届全国人民代表大会常务委员会第三次会议《关于修改〈中华人民共和国文物保护法〉等十二部法律的决定》第二次修正；根据2015年4月24日第十二届全国人民代表大会常务委员会第十四次会议《关于修改〈中华人民共和国港口法〉等七部法律的决定》第三次修正。

复议的人员的职责应当明确,并相互分离、相互制约。税务人员征收税款和查处税收违法案件,与纳税人、扣缴义务人或者税收违法案件有利害关系的,应当回避。任何单位和个人都有权检举违反税收法律、行政法规的行为。收到检举的机关和负责查处的机关应当为检举人保密。税务机关应当按照规定对检举人给予奖励。税务机关是发票的主管机关,负责发票印制、领购、开具、取得、保管、缴销的管理和监督。单位、个人在购销商品、提供或者接受经营服务以及从事其他经营活动中,应当按照规定开具、使用、取得发票。发票的管理办法由国务院规定。①

在税务检查方面,税务机关有权进行的税务检查事项:一是检查纳税人的账簿、记账凭证、报表和有关资料,检查扣缴义务人代扣代缴、代收代缴税款账簿、记账凭证和有关资料;二是到纳税人的生产、经营场所和货物存放地检查纳税人应纳税的商品、货物或者其他财产,检查扣缴义务人与代扣代缴、代收代缴税款有关的经营情况;三是责成纳税人、扣缴义务人提供与纳税或者代扣代缴、代收代缴税款有关的文件、证明材料和有关资料;四是询问纳税人、扣缴义务人与纳税或者代扣代缴、代收代缴税款有关的问题和情况;五是到车站、码头、机场、邮政企业及其分支机构检查纳税人托运、邮寄应纳税商品、货物或者其他财产的有关单据、凭证和有关资料;六是经县以上税务局(分局)局长批准,凭全国统一格式的检查存款账户许可证明,查询从事生产、经营的纳税人、扣缴义务人在银行或者其他金融机构的存款账户。税务机关在调查税收违法案件时,经设区的市、自治州以上税务局(分局)局长批准,可以查询案件涉嫌人员的储蓄存款。税务机关查询所获得的资料,不得用于税收以外的用途。税务机关对从事生产、经营的纳税人以前纳税期的纳税情况依法进行税务检查时,发现纳税人有逃避纳税义务行为,并有明显的转

---

① 《税收征收管理法》第3~5条、第8条、第10~13条、第21条。

移、隐匿其应纳税的商品、货物以及其他财产或者应纳税的收入的迹象的,可以按照本法规定的批准权限采取税收保全措施或者强制执行措施。纳税人、扣缴义务人必须接受税务机关依法进行的税务检查,如实反映情况,提供有关资料,不得拒绝、隐瞒。税务机关依法进行税务检查时,有权向有关单位和个人调查纳税人、扣缴义务人和其他当事人与纳税或者代扣代缴、代收代缴税款有关的情况,有关单位和个人有义务向税务机关如实提供有关资料及证明材料。税务机关调查税务违法案件时,对与案件有关的情况和资料,可以记录、录音、录像、照相和复制。税务机关派出的人员进行税务检查时,应当出示税务检查证和税务检查通知书,并有责任为被检查人保守秘密;未出示税务检查证和税务检查通知书的,被检查人有权拒绝检查。①

以上四个方面的法律规定与法律制度的安排,具有普遍意义。严格遵守这些法律规定,有利于为宏观调控的实现奠定良好的经济基础。除此之外,其他法律规定中,或为专门针对某一行业的监督法,如《银行业监督管理法》,或在相关法律中辅之以相应的监督规定。凡此种种,均属于法定监督的范畴。笔者将在以后章节予以专门阐述与分析。

另外,特别强调的是,按照经济法原理,在肯定监督权具有必要性的同时,还需要注意监督权行使的过度化问题。这是因为,过度的经济监督会影响经济的发展,而监督的目的也不是为监督而监督。为此,宏观调控要按照经济和社会发展不同阶段作出监督的政策选择,该宽则宽,该严则严。为此,相关的法律规定应当为监督者行使监督权留有法律保留的权力空间。尤其重要的是,对于改革试验而言,为了鼓励改革,赋予改革者一定的“试错权”很有必要。这就需要对针对改革试验的监督权的行使,也应相对地实施监督保留的监督权豁免措施,以便为改革者突破既有规定大胆改革创造条件。经过改革试验证明改革成功的,需要总

① 《税收征收管理法》第四章“税务检查”。

结经验,并在修改既有规定的基础上,予以推行;对于经过改革试验证明不成功的,则需要吸取教训,并恢复原有的经济秩序,恢复原有监督权的行使。

第六节　宏观调控实施的直接责任

按照宏观调控的一般原理,宏观调控的一个重要特点就是经济和社会管理的间接性。但是,从改革实践来看,宏观调控政策措施的实施,需要一些中介环节的依法落实,才能影响对市场主体的行为选择。这一中介环节主要是指地方各级政府及相关职能机构宏观调控政策法律的贯彻执行。对于处于中介环节的这些主体落实宏观调控的行为如何看待?笔者认为,宏观调控对于这些中介环节的主体而言,并非为间接调控,而是一种直接调控。处于中介环节的贯彻落实主体负有落实宏观调控政策、法律及措施的直接责任。

一、地方政府的直接责任

如前所述,宏观调控权属于中央的专属权力,地方政府没有宏观调控权。但是,中央有关宏观调控方面的政策法律需要地方政府层层落实。按照《宪法》和相关组织法规定,地方政府包括省级政府(包括省、自治区和直辖市)、市级政府、县级政府(含县级市和市级政府所辖的区)和乡镇级政府。此外,还存在一些政府的派出机构,如开发区管委会等。在贯彻宏观调控政策法律中,一部分责任属于中央授权地方可以出台地方性法规、规章、政策落实的,另一部分责任则属于中央政府直接拨款或项目立项,并责令地方组织实施的。在此情况下,通常的管理体制为"中央统筹、省总负责、市县落实"。

(一)中央授权地方落实的直接责任

中央授权地方落实的直接责任主要是指国家法律法规或政策直接授权地方通过地方立法或出台相应的政策措施,积极落实中央宏观调控法律政策的责任。从实践来看,在中央授权的情况下,地方性法规、规章及政策的出台是地方需要履行的法定义务。

按照《宪法》和《立法法》规定,享有立法权的地方政府包括省一级的人大和政府以及地市一级的人大和政府。其基本的立法形态包括由地方人大出台的地方性法规和地方政府出台地方性规章两种法律形式。除有法律法规的明确规定外,地方性法规一般调整比较稳定的经济和社会关系,或涉及普遍利益关系的经济和社会关系;而地方性规章则具有专业性、时效性特点。而且,从地方性立法的情况看,即使国家层面的法律没有明确的授权,但中央的立法原则性较强,也需要地方通过制定实施细则,将其具体化,并体现出地方的特点。例如,为了保证食品安全,保障公众身体健康和生命安全,2009 年 2 月 28 日第十一届全国人民代表大会常务委员会第七次会议通过了《食品安全法》。该法经 2015 年 4 月 24 日第十二届全国人民代表大会常务委员会第十四次会议进行了修订,根据 2018 年 12 月 29 日第十三届全国人民代表大会常务委员会第七次会议《关于修改〈中华人民共和国产品质量法〉等五部法律的决定》修正。该法规定:“食品生产加工小作坊和食品摊贩等从事食品生产经营活动,应当符合本法规定的与其生产经营规模、条件相适应的食品安全要求,保证所生产经营的食品卫生、无毒、无害,食品安全监督管理部门应当对其加强监督管理。县级以上地方人民政府应当对食品生产加工小作坊、食品摊贩等进行综合治理,加强服务和统一规划,改善其生产经营环境,鼓励和支持其改进生产经营条件,进入集中交易市场、店铺等固定场所经营,或者在指定的临时经营区域、时段经营。食品生产加工小作坊和食品摊贩等的具体管理办法由省、自治区、直辖市制定。”①该规定明确要求,省、自治区、直辖市应当出台食品生产加工小作坊和食品摊贩等的具体管理办法,就是一种明确的法律授权。为此,各地为落实这一法律责任,纷纷结合本地实际出台了相应的地方性法规。还有的法律要求地方出台相关的标准。对此,同样以《食品安全法》为例,该法规定,“对地方特色食品,没有食品安全国家标准的,省、自治区、直辖市人民政府卫生行政部门可以制定并公布食品安全地方标准,报国务院卫生行政部门备案。食品安全国家标准制定后,该地方标准即行废止”。②

在宏观调控政策落实方面,近几年来最为典型的例子是有关国家房地产宏观调控政策措施在地方的落实。对此,中央根据全国房地产市场的总体情况,阶段性地提出调控政策,各地根据自己的实际情况予以落实,引发了社会的高度关注。总体来看,按照党的十八大以来中央有关“房子是住的,不是炒的”的宏观调控政策指引,为解决百姓对住房的刚性需求,限制各地房地产投资投机行为。地方政府纷纷出台了相应的地方性政策予以落实。据报道,在2018年3月“两会”结束后,深圳、杭州、西安、成都等逾15个城市出台“摇号卖房”“首套优购”“造假禁购”“三价合一”等各式差别化的房地产调控政策。与此同时,有关金融机构也采取了相应的调控措施。2018年3月28日,中国人民银行深圳市中心支行发布通知,明确规定商业银行办理房屋贷款业务,要以房地产信息系统中查询到的网签合同和住房套数查询结果作为审核依据,并以网签备案合同价款和房屋评估价的最低值作为计算基数确定贷款额度。这意味着此前传闻已久的“三价合一”在深圳正式落地。“三价合一”,即实际成交价、银行评估价格、网签价格三者要统一。通知称,“三价合

① 《食品安全法》第36条。

② 《食品安全法》第29条。

一”的实施将全面压缩“阴阳合同”的生存空间，打击利用高杠杆投资投机购房。①

（二）对中央规划及项目和资金的落实责任

首先，在“三级三类”规划体制下，中央出台的发展规划纲要、区域规划以及专项规划，地方必须贯彻执行。地方出台的发展规划纲要、区域规划以及专项规划必须与中央出台的各项规划相衔接，并不得与之相抵触。在“分税制”体制下，中国实施一级政府一级财政的管理体制，但实际上，财政分配机制主要存在中央和地方两块。就中央财政分配而言，要考虑区域发展不平衡情况下各区域利益的平衡问题，对不发达或欠发达地区予以发展政策、财政及其项目的支持。就地方政府而言，则积极参与中央决策，力争获得中央的支持。但地方获得中央政策、财政和项目支持后，随之而来的不是发展权利，而是相关的落实责任。其包括具体实施政策措施的出台、配套资金的到位以及项目资金使用情况的监督等。对此，以宏观调控法视角分析，地方政府就成为被直接调控的对象或主体。

其次，在项目与资金落实责任方面，为了加强社会保障及解决贫困问题，与社会保障和扶贫有关的项目立项和资金往往来源于中央的财政转移支付。地方政府，特别是处于一线的县和乡镇级政府对项目的开展和资金的落实负有组织实施的责任，并接受中央、省、市一级的监督。对于执行不力者予以问责，对于违法乱纪者予以党纪、行政处分，构成犯罪者追究刑事责任。

最后，需要说明的是，中央的宏观调控政策和法律，是从全国全局角度出发制定的。相关宏观调控政策和法律的出台，对于地方利益而言，可能有利，也可能不利。地方对中央的宏观调控政策和法律不能采取有

---

① 大河报：《全国逾15个城市密集调控房产政策继续收紧》，载头条新闻：http://gym.eastday.com/mobile/180404111356926.html，最后访问日期：2018年4月4日。

利的就执行,不利的就拖着不执行,甚至公然对抗。对此,中央既要考虑地方利益的合理性,又要对执行不力者做出处罚,以维护中央宏观调控的权威性。这方面典型的例子是,2017 年 7 月 20 日,中共中央办公厅、国务院办公厅就甘肃省祁连山国家级自然保护区生态环境问题发出通报①,做出了改革开放以来中央对地方环境破坏事件最严厉的处罚。

按照中央通报,甘肃省人大通过《甘肃祁连山国家级自然保护区管理条例》,历经三次修正,部分规定始终与《自然保护区条例》不一致,将国家规定"禁止在自然保护区内进行砍伐、放牧、狩猎、捕捞、采药、开垦、烧荒、开矿、采石、挖沙"等十类活动,缩减为"禁止进行狩猎、垦荒、烧荒"等三类活动,而这三类都是近年来发生频次少、基本已得到控制的事项,其他七类恰恰是近年来频繁发生且对生态环境破坏明显的事项。2013 年 5 月修订的《甘肃省矿产资源勘查开采审批管理办法》,违法允许在国家级自然保护区实验区进行矿产开采。《甘肃省煤炭行业化解过剩产能实现脱困发展实施方案》违规将保护区内 11 处煤矿予以保留。由此表明,甘肃省的相关政策与地方立法公然与国家上位政策与法律相抵触,违反了地方政策和立法与上位政策和法律的不抵触的法制统一原则,由此表明,即使是中央允许的地方"先行先试",也不能突破中央政策与国家立法确认的红线或底线,教训极其深刻。

从中央通报情况看,甘肃省委、省人大、省政府及有关部门的违法乱纪行为,首先,是不作为。例如,"生态环境突出问题整改不力。2015 年 9 月,环境保护部会同国家林业局就保护区生态环境问题,对甘肃省林业厅、张掖市政府进行公开约谈。甘肃省没有引起足够重视,约谈整治方案瞒报、漏报 31 个探采矿项目,生态修复和整治工作进展缓慢,截至 2016 年年底仍有 72 处生产设施未按要求清理到位"。其次,是乱作为。

---

① 《中办国办就甘肃祁连山生态环境问题发出通报》,载人民网:http://politics.people.com.cn/n1/2017/0721/c1001-29418861.html,最后访问日期:2017 年 7 月 21 日。

其具体表现：一是违法违规开发矿产资源问题严重。保护区设置的144宗探矿权、采矿权中，有14宗是在2014年10月国务院明确保护区划界后违法违规审批延续的，涉及保护区核心区3宗、缓冲区4宗。长期以来大规模的探矿、采矿活动，造成保护区局部植被破坏、水土流失、地表塌陷。二是部分水电设施违法建设、违规运行。当地在祁连山区域黑河、石羊河、疏勒河等流域高强度开发水电项目，共建有水电站150余座，其中42座位于保护区内，存在违规审批、未批先建、手续不全等问题。由于在设计、建设、运行中对生态流量考虑不足，导致下游河段出现减水甚至断流现象，水生态系统遭到严重破坏。由此说明，甘肃省环境与自然资源保护执法不严格、不认真、不严肃。

上述中央对省一级党政机关予以公开通报批评并严肃处理，是以习近平为核心的党中央国务院的新举措。事件的后果是中央果断地调整了甘肃省的领导班子，并对相关责任人予以追责。由此说明，地方政府对于中央的宏观调控法律政策必须坚决执行；否则，就必须承担相应的政治责任和法律责任。

二、相关职能部门的直接责任

在宏观调控运行机制形成中，一旦中央宏观调控政策法律形成，即需要相关职能部门予以落实。一些职能部门或机构成为宏观调控直接调控的对象，这些部门对于宏观调控政策、法律和措施负有直接的责任。从实践来看，集中体现在发展规划调控、财政调控、金融调控和公共消费与服务调控四个方面。

首先，就发展规划及计划调控而言，国务院相关职能部门要根据《五年国民经济和社会发展规划纲要》的要求，分别制定和实施相关的区域规划和专项规划。其中，区域发展规划主要由国家发展改革委会同相关部门制定并组织实施；专项规划则由相关职能部门负责制定和实施。因此,区域规划和专项规划实际上是发展规划纲要的执行规划。对此,处于执行者地位的国务院及其职能部门就成为直接被调控者,对各类发展规划的制定和实施负有直接的责任。这一运行模式目前还处于长期形成的工作惯例,需要通过国家出台发展规划法予以规范。

其次,就财政调控而言,党中央机关、全国人大机关、全国政协机关、国务院机关、国家监察委机关、最高人民法院机关、最高人民检察院机关以及这些机关的直属单位,属于中央预算的范畴,其财政受到财政审计的监督,属于被直接调控的对象。而且,这一主体范围实际上可以扩大到一切经费来源于中央财政的相关单位,如各民主党派机关、中央共青团、全国总工会、全国妇联等群团组织。

再次,就金融调控而言,各商业性的金融机构均是国家金融调控的直接对象。其业务的开展,要依照法律和中国人民银行和相关金融监管机构出台的政策要求进行。除按照金融调控政策依法缴纳准备金、保证金等外,在汇率、利息率、保险金率等经济杠杆的确定上,必须符合金融调控的要求,进而使其成为金融调控的直接调控对象。

最后,在涉及公共消费领域的公共服务方面,各级政府和公共服务机构,在涉及收费的问题上,必须按照国家确定的公共服务消费(收费)政策,确定合理的收费标准。在此情况下,各级政府和公共服务机构成为宏观调控的直接调控对象。总的发展趋势是,随着国家财政实力的增强,国家将逐步取消或减少公共服务领域的收费,并对公共服务领域的乱收费、变相收费行为予以严肃查处。

第七节　市场主体的权利

按照市场经济原理,市场主体由作为需方的消费者和作为供给方的生产者、经营者和服务者构成。无论是怎样的宏观调控对于市场主体而言,主要是一种间接性的调控,即通过政策法律的指引或被直接调控者的管理与经营行为来影响市场主体的消费、生产、经营和服务行为与活动。可以说,对于市场领域而言,市场主体行为的选择关系着宏观调控目标的最终实现问题。从权利义务的关系角度分析,市场主体对于宏观调控应享有一系列的权利,但并非是义务所在。实践中,虽然大多数情况下,市场主体基于自己利益的实现会选择宏观调控所指引的消费、生产、经营和服务方向。然而,也不排除市场主体基于自身利益的实现或传统的价值观而按照自己对市场的判断选择适合自己的市场行为。典型的如,虽然宏观调控政策为扩大需求,一直鼓励消费者消费,但对于具有传统节约理念的部分消费者而言,对于宏观调控消费政策与措施的刺激可能会无动于衷。因此,宏观调控下市场主体的权利是一种典型的选择性权利。要促使市场主体按照宏观调控政策法律及措施的指引,作出有利于宏观调控的市场选择,就必须落实市场主体应有的以下五大权利:

一、获得宏观调控知识的权利

如前文所述,经过改革开放40年的发展,在中国"宏观调控"一词已经由官方语境和专家术语逐渐进入平常百姓的视野。但是,由于宏观调控涉及许多专业知识,再加上一些媒体报道或宣传上的误解,往往使处于被调控地位的市场主体可能并不深刻理解宏观调控的确切含义。因此,各市场主体在参与宏观调控决策、监督或根据宏观调控政策和法律决策自己的市场行为时,可能无法从大局出发作出正确的判断,或使自己的市场行为与宏观调控背道而驰,或因没有抓住宏观调控释放出的政策红利而丧失应有的市场机会。为此,宏观调控部门应当通过公众平台,用大众能够理解的语言,让市场主体准确掌握宏观调控的相关知识。这是宏观调控职能部门应尽的一项释义性的基本义务,也是市场主体的一项基本权利。与此同时,笔者认为,对于两方面的主体进行宏观调控知识的培训具有重要的实践意义:一是对人大代表和政协委员而言,他们既是直接参与宏观调控政策法律制定的决策者,也是作为消费者的市场主体,有些还是企业家代表,如果他们不懂得宏观调控知识,就无法行使自己的民主权利。而现实情况是,大部分代表对于会议需要审议的一些宏观调控专业议题,例如,财政预算报告、金融货币政策等不甚了解。因此,加强对他们宏观调控知识的培训是十分重要甚至是十分迫切的,并且,通过对他们的培训,又会影响市场主体的行为。二是加强对新闻媒体部门的培训。这是因为,一些对宏观调控的误解是通过新闻媒体及其网络平台扩散到社会上的。如果通过加强对新闻媒体及网络界的宏观调控知识培训,达到其准确传播宏观调控的知识的目的,就会使市场主体对宏观调控有一个准确的理解,进而做出自己合理的决策,避免由于错误理解做出的市场选择。改革开放以来,中国大众的生活有了明显的改善,许多人或家庭有了一些剩余的"闲钱",希望通过投资获得相应的收益,但由于对经济政策理解不透,缺乏法律风险意识,遭遇传销、集资诈骗,与其缺乏宏观调控和法律知识有很大的关系。总之,有关宏观调控政策法律知识的普及,必须打破精英垄断的局面。宏观调控知识普及之日,也是市场主体准确理解宏观调控政策法律,正确应用宏观调控政策法律之时,而在此方面,目前的差距还较大,需要不断地努力。

二、获得宏观调控信息的权利

从实践情况来看,在掌握宏观调控知识的基础上,要按照宏观调控政策法律的指引,选择正确的市场行为,就要充分了解相关宏观调控的信息。这是市场主体的一项基本权利,也是宏观调控职能部门应尽的责任。对此,改革开放以来,有了很大的改进。一是通过《统计法》的制定和实施,相关的基本信息由国家统计局统一发布,除保密部分外,一切有关宏观调控政策法律的文件和基本数据均予以公开,市场主体可凭借网络平台就能够查到相关的信息;二是一项宏观调控政策出台后,职能部门和专家的解释为市场主体作出市场行为选择提供了重要参考。通过这两方面的工作改进,保证了市场主体获得宏观调控信息的权利。

三、获得各种优惠激励政策的权利

需要思考的是,市场主体为什么要根据宏观调控政策法律而做出自己的市场行为选择?关键是各种宏观调控政策法律的实施,特别是专门针对市场调控的宏观调控政策法律释放了对市场发展有利的在土地使用、财政支持、税收优惠、金融优惠等方面的激励措施。为此,有必要将通过贯彻宏观调控政策法律获得各种优惠激励视为市场主体的一项基本权利,这种权利实际上释放的基本信号是,如果市场主体按照宏观调控优惠激励政策选择自己的市场行为,就会从中受益,反之亦然。总之,只有宏观调控政策法律对市场主体有好处,才能促使市场主体选择宏观调控所指引的市场行为。

四、获得良好公共服务的权利

随着社会的进步,宏观调控政策法律的实施会大量地体现在公共消费与服务领域。而在市场经济条件下,公共消费的普遍性使其更多地不是依赖于市场,而是依赖于国家公共服务的价格政策的合理性及政府或公共服务机构的服务水平。事实证明,作为公共消费者,有获得优良公共服务的权利。而这种权利相应地就成为政府及相关公共服务机构的一项义务。公共服务水平的高低直接影响公共消费对公共产品和公共服务的信赖程度。为此,近几年来政府对相关公共服务进行了相应的"放管服"改革,如减少行政审批及许可、收费公开、一站式服务、政府公共服务大厅的集中受理等。

五、获得损失补偿的权利

实践中,一项重要宏观调控政策的调整,特别是产业政策调整,往往会涉及一些既有合法利益的丧失。其结果是可能出现企业被关闭、劳动者失业的状况。在此情况下,企业和劳动者为实现宏观调控目的作出牺牲的同时,有理由向国家要求获得损失补偿的权利。但国家的补偿不仅仅限于经济上的适当补偿,而且负有帮助企业转产以及对劳动者分流和帮助其再就业的义务。例如,近两年来,国家针对生产过剩问题实施供给侧改革,压缩煤炭等行业的生产能力,就需要对减产甚至暂时停产的企业给予补偿,对企业职工转岗就业提供政策和资金方面的帮助。这是国家的义务,也是被调控者的权利。

以上论述表明,宏观调控的本意虽然总体上应当是一种国家或政府间接干预经济和社会发展的管理方式,特别是对市场主体不具有强行性,但也不排除对宏观调控负有执行责任的相关主体的直接调控。与此同时,当宏观调控政策法律不能贯彻执行时,通过强行行政手段的应用,迫使被调控者按照宏观调控政策法律的意图行事,也不是不可以。例如,根据《价格法》规定,当市场价格出现严重波动影响社会安定时,政府可以采取冻结市场价格的强制措施。①

① 《价格法》第31条规定,当市场价格总水平出现剧烈波动等异常状态时,国务院可以在全国范围内或者部分区域内采取临时集中定价权限、部分或者全面冻结价格的紧急措施。

第七章　中国宏观调控法的体系构建

形成完备的宏观调控体系一直是党和国家政策文件中对宏观调控及其法治工作的基本要求。在宏观调控体系形成中,宏观调控法的体系构建具有重要的基础性作用。与此同时,以体系的方法研究社会现象是重要的科学研究方法之一。但是,体系研究的基础是所研究的对象存在诸多相互联系的要素,且这些要素的相互关系的形成和发展会形成一个统一的整体效果。因而,采用体系方法研究社会现象一定是面对着复杂或相对复杂的现象和社会关系。就法或法律体系的研究而言,单一的法,构不成一个体系,它只能属于其他法律体系中的一个要素。只有自身涵盖着诸多要素的法,才能以体系的方法加以研究。笔者认为,中国宏观调控法就属于具有诸多要素的法。它既在国家整个法律体系中处于重要的地位,也在部门经济法中处于重要的地位,还具有自身的体系构造,并在自身内部可以分离出下位的体系。全面分析这些问题,有利于更深刻地理解宏观调控及其法治的实现路径。

第一节　宏观调控法是中国法律体系的基本要素

依照《中国特色社会主义法律体系》白皮书,中国现行的法律体系由两部分组成:一是以立法机关的地位及法律效力的层级所形成的体系;二是以部门法构造形成的体系。在该两部分体系中,宏观调控法作为一个法域或部门经济法的子部门法,成为整个法律体系中的一个基本要素。

一、宏观调控法是层级法律体系中的高阶位要素

首先,就层级性法律体系来看,根据《立法法》规定,既有的立法层级共包括以下五级:

第一层级:由全国人大通过的宪法。

第二层级:由全国人大及其常委会制定的法律。

第三层级:由国务院制定的行政法规。

第四层级:由有权立法的地方人大及其常委会制定的地方性法规。

第五层级:由国务院各部委或有权立法的地方人民政府制定的政府规章。

在上述五个层级的立法体系中,每一层级的立法均是国家法律体系的组成部分,但存在上位法和下位法的逻辑关系,即下位法的制定依据是上位法的授权,下位法不得和上位法相抵触。但是,特殊情况有二:一是在国家没有相关法律、行政法规规定的情况下,地方可以根据经济和社会发展实际需要率先立法或先行立法。例如,在国家发展规划法目前尚未出台情况下,江苏省人大常委会于 2010 年 7 月 28 日出台了《江苏

省发展规划条例》,就发展规划的对象和内容、发展规划的编制与批准、发展规划的实施与监督以及法律责任作出了规定①。二是对于国务院各部委的立法,地方政府在立法时,可以作为参考,如果相互之间发生冲突时,由其共同的上级机关国务院作出裁决。另外,《立法法》明确规定,经济和社会发展的基本法由国家统一制定,地方的立法主要涉及与地方有关的“城乡建设、环境保护和文物保护”三个方面的立法。

根据笔者前面的分析,在上述五个层级的法律体系中,基于宏观调控权专属于中央,因此,有关宏观调控法的产生主要体现在前三个层级,处于高阶位的状态,地方不享有立法权。但一个比较特殊的问题是,由国务院相关部门制定的全国性规章,有许多与国家的宏观调控有关,对于地方而言,特别是地方各级政府而言,也是要执行的。但是,由于涉及地方利益,因此,全国性宏观调控方面规章的出台要经过与地方政府的民主协商才能有效地推进。由此,实际上在上述法律体系构建中,又会形成两组体系:一是由全国人大立法、地方各级人大有权立法的人大系统的立法体系;二是由国务院、国务院各部委、地方有权立法的各级政府的政府系统的立法体系。这两个立法体系的关系是,由于中国实行政府向人大负责的政治体制,因此,总体上讲,政府系统的立法要服从于人大的立法并接受人大的监督。由此可以得出结论,中国宏观调控的立法不仅仅是政府立法,更为重要的是人大立法,因此,宏观调控行为不能仅仅被看作政府的行政行为。

二、宏观调控法是部门法律体系的特殊部门要素

就部门法体系的构造而言,白皮书将中国现行法律体系下的部门法

① 参见2010年7月28日,江苏省第十一届人民代表大会常务委员会第十六次会议通过的《江苏省发展规划条例》。

界定为七大法律部门，其中，宏观调控法属于部门经济法的范畴，是部门经济法体系中的首要要素，同时，它又存在与其他部门法的协调问题。对此，笔者在宏观调控法的地位一章已有阐述，在此不再赘述。值得说明的是，在全国人大层面，国家大致对已经出台的基本法律作出了部门法的归类，即哪些法律属于哪个部门法，为学界研究部门法提供了基本的依据。但是，在地方立法实践中，地方立法中的部门法归属问题，仍然没有明确的说法。从实践来看，宪法及相关法、民商法、刑法及诉讼法涉及国家统一的法制，地方非经授权无权立法。地方立法主要涉及行政、经济和社会三个方面，它们可以分别归属于行政法、经济法和社会法三个法律部门，其中的一些规定不得违反国家的宏观调控政策和法律规定。一些特别授权的立法则带有宏观调控法的属性，典型的如，有关房地产税的征收，国家授权上海、重庆两地进行试点，那么，由上海、重庆两地出台的有关房地产税的政策和地方性法规则具有了宏观调控法的属性；又如前述，自 2005 年以来，国家确定了一系列“先行先试”的改革试验区，在这些改革试验区实施的政策与法律也同样具有宏观调控法的属性。对此，学界认为，作为“先行先试”地区，不仅应当享有先行先试权，还应当允许其享有“试错权”。

第二节　宏观调控法体系的构造

关于宏观调控法体系的构造问题是经济法学研究的重要议题。从现有的研究成果来看，宏观调控法应当具有自己的体系，对这一点学界是一致肯定的。但是，究竟应当按照什么样的标准来构建却存在争议。标准不一样，分析的结果也不一样。对此，笔者认为，还是要按照马克思主义的基本观点，从经济决定法、社会关系决定法的需求及其构造的基本原理出发，根据中国宏观调控法 25 年运行的实际状况以及新形势的要求,研究和构造宏观调控法的体系比较符合当前及今后的发展趋势。与此同时,笔者认为,其基本要素的确立及其相互定位和联系可参照中国宏观调控面临的突出问题及管理体制状况,分为基础法要素、牵头法要素、两翼法要素和配合协调法要素来构造,以下逐一分析。

一、中国宏观调控法的基础法要素

笔者认为,根据市场经济发展的实际需求以及当前和今后面临的严峻形势,除为保障宏观调控信息来源科学性的会计核算、统计、标准、计量等方面的法律外,价格法、自然资源与环境法可以作为宏观调控法体系中的基础法要素来对待。

首先,就价格法而言,要发展社会主义市场经济,就要放开市场价格,让市场价格这个经济杠杆真正按照价值规律来调节商品交易关系,这是市场调节的核心,也是检验是否为市场经济的重要标准。为此,围绕价格法的制定和实施,首先要逐步扩大商品的范围,使一切生产要素均具有商品属性。在此方面,中国经过40年的改革开放,商品范畴基本上涵盖了所有的生产要素,即资本、劳动力、生产资料、技术、信息、管理与服务等。如果按照世界贸易组织的标准,货物贸易、技术贸易和服务贸易的全覆盖,反映了中国目前的经济已经是商品经济,人民所需要的吃、穿、住、用、行已经实现了商品化,只要有钱,在政策法律允许的范围内就可以自由地进行各类消费。其次,既然是商品经济,那么,有关商品的生产、经营、服务及其交易,就要从法律上保护市场价格的调节,由价格机制来实现商品的分配,由价格机制来调节消费需求和生产、经营及服务。没有这个基础,就谈不上市场经济,也就谈不上宏观调控以市场配置资源为基础,更谈不上"市场决定"。因此,价格法在整个宏观调控政策法律体系中具有基础性作用。另外,值得关注的是,价格法中有两个方面的内容属于宏观调控特有的基本范畴:一是有关公共产品的消费,由于不具有私人独占性,因此,其不适宜由市场调节,而必须由政府根据公共政策的选择予以计划定价,或计划指令价,或计划指导价;二是涉及价格总水平的调节问题,本身涉及宏观调控中物价稳定目标的实现。而国家为了实现总供给和总需求的平衡所实施的一系列制度或措施,[①]会直接影响市场价格的波动,体现了国家对市场的适度干预。由此说明,价格法在宏观调控及其法治治理中的基础性地位和作用。

另外,值得强调的是,在价格调控过程中,还涉及与增值税、消费税等商品税收的协调问题。这是因为,这部分税收虽然由消费者实际负担,但它是以价格税的方式计入生产、经营和服务成本的。因此,价格税的高低对于价格调控有直接的影响。这就出现了价格法与税法的交叉或衔接问题。为此,国家在实施价格调控时,应综合应用价格调控和商品税调控手段调节市场,才能全面反映价格调控的实际。

其次,就自然资源与环境保护法而言,虽然按照目前国家法律体系的划分,把自然资源法归属于经济法,而把环境保护法归属于行政法,但是,由于两者之间有密切的关系,因此,目前的法学学科建设,将自然资源与环境保护法作为一个独立的学科。然而,如果从宏观调控法角度及今后的发展趋势来分析,中国的自然资源与环境保护法越来越成为宏观调控法的一个重要基础法。其基本理由是,经过40年的改革开放,在经济得到快速发展的同时,自然资源和生态环境也付出了较大的代价。发展至今,自然资源和环境问题已经成为经济新常态下制约中国发展的一个重要“瓶颈”,它关系着中国今后经济和社会的可持续发展,甚至关乎国家安全。其中,有些问题已经上升到了国际经济安全的高度,典型的如节能减排问题。正因如此,党的十八大才把生态文明建设提升到“五大建设”之一的高度。为此,中国今后宏观调控的一个重要变化,就是不

---

① 根据《价格法》规定,为保持价格总水平的稳定,国家可以采取的制度和措施包括:价格监测、重要商品储备与市场配置、价格调节基金、价格补贴、价格干预和价格紧急措施以及制止价格垄断等。

得不把自然与环境要素作为宏观调控的一个基础要素来对待，以便从国家全局来调节和控制不可再生自然资源的消耗、可再生资源利用的优化配置及其生态环境的保护。与此相对应，自然资源与环境保护法在宏观调控法体系中应当作为一个基础法来对待。另外，笔者认为，以往对于自然资源的研究，并不包含人口资源的调控问题，而是把人口问题归结为经济问题，并且主要从解决经济增长问题出发，实行了“独生子女政策”。少生孩子，虽然为经济发展争取了暂时的利益，但是，发展至今，却发现今后会出现劳动力的短缺，因此，不得不实施放开“二孩”的新计划生育政策。这一历史演变，如果仅仅考虑经济和社会性因素是不够的，必须按照人口自然生长规律，将人口增长问题纳入自然资源调控的范畴，采取一系列开放的人口政策，才可能有效地处理好人、自然、环境及经济之间的关系。由此，国家目前放开“二孩”，也是一种计划生育调节政策，只不过，这种政策不仅考虑了人口增长的社会与经济属性，也考虑了人口增长的自然属性。总之，自然资源与环境保护及其法治，只有纳入宏观调控政策法律体系，才会取得大的成效。

二、国民经济和社会发展规划法是宏观调控法的牵头法

在中华人民共和国的发展历史上，国民经济和社会发展计划一直具有重要的法律地位。它是中国共产党领导全中国人民进行社会主义建设的重要工具或方式，并且，自 1954 年第一部宪法起，至今被宪法确认。

在改革开放前的计划经济时期，国民经济计划无疑在国家经济建设中起着牵头的作用。通过制定和实施国民经济计划是国家组织和管理国民经济的基本方式。其基本的理论依据就是社会主义有关计划经济的基本理论。改革开放以来，国家围绕商品经济的发展对国民经济计划进行了一系列的改革。首先，强调了国民经济计划的制定和实施要遵循商品经济规律；其次，在 1981 年国家制定“六五计划”时，将社会发展计

划单列，形成国民经济和社会发展计划的基本框架；再次，在 1992 年推行社会主义市场经济体制时，将国民经济和社会发展计划纳入了宏观调控的范畴，并强调了新计划的政策属性，即新的计划不再主要是指令性指标的确立和下达，而主要是一种产业发展、社会发展的政策指引和制度性安排；最后，到 2005 年制定和实施“十二五”计划时，将“计划”改为“规划”，并开始实施“三级三类”规划体制，至 2016 年开始制定和实施“十三五”规划。

从以上简要的历史总结来看，国家并没有因为实施市场经济体制而取消国民经济和社会发展计划的管理方式，而是在发展市场经济的同时，保留了该管理方式，只不过现在实施的规划，更多地强调政策性指导。在此情况下，原来的计划法已经不存在，代之而起的是新的发展规划法，而且，这种新的发展规划法实际涵盖了国家的产业指导法和投资指导法等。它通过宏观调控政策与法律的引导，形成了“国家调节市场，市场引导企业”的发展模式。因此，发展规划法毫无疑问在中国宏观调控法体系中处于牵头的地位，是计划与市场发展相结合的发展模式的创新，是具有中国特色的社会主义制度完善的重要体现。在发展规划制定基础上，其他的宏观调控均围绕着发展规划所确立的目标和政策实施展开。

然而，目前的问题是，至今没有出台发展规划法，国家出台发展规划所依据的法律主要是宪法和相关组织法中的基本规定，许多做法沿用长期形成的工作惯例。这种现象的存在，不利于宏观调控的法治治理，是下一步宏观调控法制建设必须要改进的。与此同时，发展规划虽然很少下达具体的经济指标，但是，与之配套的年度发展计划，则会涉及具体的项目和资金分配问题，其主动权完全掌握在宏观调控的综合管理部门，使其权力高度集中并滋生腐败现象，对于此种现象的改变，正在通过取消或减少其项目与资金的审批权，即去行政化措施加以改进。其改革的基本原则是“两个凡是”，即“凡是市场能解决的交由市场解决，凡是社会能自治解决的交由社会”。但是,属于宏观调控中政府必须尽的责任,则不能放弃,需要国家出台统一的责任清单予以规范。

三、财税调控法与金融调控法之两翼法的定位

根据笔者第一章阐述,在宏观调控中,财政政策与金融货币政策的运用,是宏观调控概念成立的重要理论依据,并被现代西方宏观经济学提倡,也是狭义宏观调控概念的理论与实践基础。而且,从财政政策与金融货币政策的实施来看,虽然两者有许多不同点,但是,只有两者的相互配合才能起到宏观调控的综合效果。为此,在宏观调控实践中,谈不上两者谁重谁轻,国家应当根据经济和社会发展的实际情况,相机抉择地选择财政政策、金融货币政策及其调节工具的运用。

与上述财政政策与金融政策相配套的是国家财政税收法和金融调控法的完善问题。其中,财政税收法包括了预算法、各类税法、国债法、财政转移支付法等。而财政税收法中,涉及与国家经济调节的部分,应当属于宏观调控法的范畴;金融调控法则主要是指中央银行法、政策性银行法,与其相关的法是指商业银行法、证券法、商业保险法以及金融监督法等。按照上述财政政策与金融政策实施原理以及中国宏观调控体制的运行情况,在国家发展规划及计划的统一安排和导向下,财政税收调控和金融调控要围绕着发展规划及计划目标的实现展开自身的调节,并且两者要相互协调。为此,在宏观调控法体系中,财税法和金融调控法实际上是处于发展规划法之下的两翼法的平行地位,两者谁也不隶属于谁,但是,两者必须相协调。正因如此,在中央银行设立的货币政策委员会当中,财政部及其官员必须为其成员之一。这样做的目的就是防止金融货币政策实施时,由于财政税收措施不当影响了金融货币政策的实施效果。

与此同时,还应当注意,财政税收法与金融法所涉及的内容不完全

属于宏观调控法,其各自有自己独立的体系。从法学角度讲,其立法的宗旨也不完全与宏观调控法相一致。例如,财政税收法的立法宗旨在许多情况下并非授予政府宏观调控权,而是从保护纳税人权益出发,提倡“税收法定主义”,对政府财政税收行为加以限制,甚至把这种限制上升到宪治的高度。对此,有人主张财政税收法要摆脱宏观调控的思维,强调私法意识,保护企业和公民权益。对此,笔者不能苟同。笔者认为,财政税收法虽然可以从领域法学角度独立地加以研究。但是,在中国社会主义市场经济条件下,对财税法的研究不能脱离宏观调控下的市场经济这一大的发展背景和发展模式,而且,中国的宏观调控不能等同于西方社会讲的政府的宏观调控。为此,僵化地照搬西方模式,企图使财政税收法脱离宏观调控法范畴自成体系,是不现实的。推行“税收法定主义”也不等于政府就不应当具有经济调控上的自由裁量权。这是因为,经济发展中的不确定性决定了在财政预算基础上,必须赋予政府一定的自由裁量权,才能避免大的全局性经济危机的发生。而且,一旦发生经济危机,财政手段必须跟上,以便承担起国家兜底的责任。如果仅仅考虑纳税人的利益,放弃财政调控,将会使国家陷入混乱局面,甚至危及政权的稳定及国家安全。

鉴于金融关系包括三类,即金融调控关系、金融交易(市场关系)和金融监管关系。因此,与之相应的中国人民银行法、政策性银行法、商业银行法、证券法、商业保险法、金融监管法等可以自成体系。因此,笔者不赞成将金融法均称为金融调控法。而事实上,商业性的金融法更多地属于商法的范畴,而金融监管法则更多地具有行政法的色彩。但是,金融法的独立性并不否认金融调控法在金融法体系中的首要的和牵头的地位。这是因为,金融商业行为和金融监管行为,均是为了落实金融调控政策而为之。尤其是对于金融市场的发展而言,几次大的经济危机都是源于金融市场出了问题才引发的,因此,加强金融调控及其金融监管,预防金融风险是国家的重大责任。对此,2008 年美国发生的金融海啸,①以及中国股市几次“股灾”事件,教训十分深刻。总结教训,就是在宏观调控政策与法律层面上,必须牢牢把握金融为实体经济发展服务这一本质特征,允许适度的资本投机。

四、其他调控法律的配合与协调问题

除以上宏观调控法外,属于国家层面的许多宏观性政策,由于通常不能作为独立宏观调控手段加以运用,因此,在宏观调控体系中,处于其他调控的范畴和地位。相应地,其在宏观调控法律体系中可以统称为其他调控法。相关的其他调控法,对于发展规划法、财政税收调控法和金融调控法而言,基本属于配合与协调的法律地位。在这方面,社会调控法的实施比较突出。例如,就教育法而言,总体上说属于行政法范畴,且可以自成体系,其包括了公共教育(国民教育)、社会教育(非国民教育)和职业教育三部分内容。其中,教育必须按照教书育人的规律组织发展,但教育涉及规划及其财政与金融手段的应用,而且,属于产业或产业

---

① 2008 年美国爆发了金融危机,这场危机迅速从美国扩展到全球,美国、日本、欧盟等主要发达经济体都陷入了衰退,发展中国家经济增速减缓,世界经济正面临着 20 世纪 30 年代以来最严峻的挑战。因此被称为“金融海啸”。此次美国金融危机是由 2007 年 8 月美国爆发的次贷危机引起的。美国金融危机产生的原因是多方面的、多层次的。直接原因是新自由主义政策下金融产品过度创新以及金融市场的过度投机引起的;深层原因是美国虚拟经济与实体经济长期失衡造成的结果。就其根源,20 世纪 80 年代以来,以美国为代表的资本主义国家普遍推行的新自由主义经济政策以及以美元为主导的国际货币体系,构成了这场危机的赖以发生的制度环境。美国金融危机不仅仅是金融市场问题,也不单纯是实体经济与虚拟经济的失衡问题,更不是资本家人性贪婪的问题,而是美国资本主义基本矛盾在新的历史条件下进一步发展的必然结果。生产社会化和资本主义生产资料私人占有之间的矛盾,仍然是当代美国资本主义社会的基本矛盾,由这一矛盾引发的生产相对过剩是经济危机的实质所在。金融资本的高度垄断与高度投机的结合,把资本主义社会的基本矛盾推进到一个新的高度。新自由主义理论加剧了资本主义市场经济的无政府状态,而虚拟经济的过度化发展,不仅造成经济结构失衡,更制造了巨大的市场风险。

化的部分,[①]必然与国民经济相联系,成为国民经济发展的组成部分。因此,从理论上讲,可以分离出教育调控法的内容,但基于教育调控实质是国家发展规划、财政政策和金融政策在教育领域的具体化,因此,教育法及其教育调控法在宏观调控法体系中处于其他调控法的地位。在宏观调控实践中,教育调控及其法治要实现宏观调控的目标,并与财政调控、金融调控相协调。教育事业的发展离不开宏观调控政策与法律的支持。这一基本原理同样适用于科技、文化、卫生医疗事业以及体育事业发展中的宏观调控及其法治治理。

综上,笔者将中国宏观调控的法律体系构造用如图 7 – 1 所示。该图可以基本反映中国现行宏观调控体制下,宏观调控法体系构造涉及的基本法律要素及其相互关系;也说明了由于迄今为止,中国没有冠以宏观调控法名称的宏观调控法,极大地影响了宏观调控法体系的形成,影响了国家的法治治理。为此,完善宏观调控法必须理顺宏观调控各法的关系,尽快出台发展规划法以及配套的产业指导法和投资指导法。同时,要按照党的十八届三中、四中、五中全会以及十九大的精神,完善财税法,完善金融法。

---

① 教育的产业部分主要是指直接和生产实践密切联系的部分,主要指职业教育;而教育的产业化部分,是指一些应用学科可以直接服务于社会,并获得产业化的收益。另外,教育实施收费制度后,教育收费的增长被视为国民经济新的增长点。

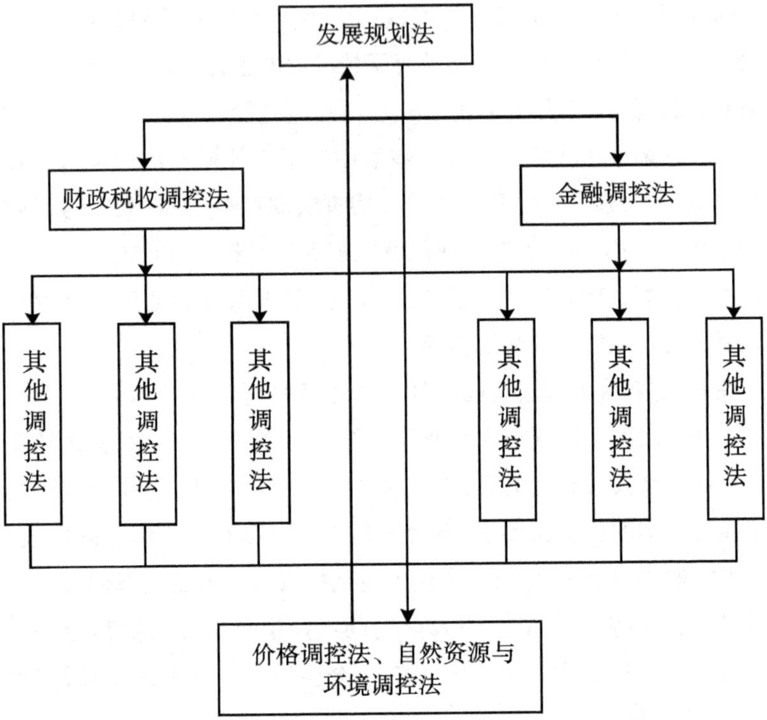

图 7－1　中国宏观调控法体系

第三节　关于宏观调控法法典化问题

在大陆法系中，力求法典化是每个法律部门构建的要求，也是部门法学者所追求的目标。对此，鉴于学界公认中国现行的法律体制亦属于大陆法系，因而，法律部门法典化也成为各个部门法研究的重要内容。按照党的十八届三中、四中全会的要求，中国近期的法典化推进工作在于民法典的尽快出台。对于经济法、社会法、行政法等法域的工作安排，没有提出法典化的任务。但是，这不等于说，经济法就不能探讨法典化问题。事实上，早在20世纪80年代中期，当《民法通则》颁布之时，经济法学前辈就曾经提出过出台类似《民法通则》的经济法纲要，①到21世纪初，又组织一些中青年学者对经济法典的制定工作予以研究，②最近，关于编撰经济法典的研究工作又有新的动向。

随着民法典工作的启动，在经济法学界，有关经济法典的编撰工作又被经济法学者提到了研究层面。其中，2015年《南华大学学报》第1期同时发表署名为编撰经济法典第一研究小组和第二研究小组的两篇研究成果，即《编撰经济法典的历史回眸》和《我国编撰经济法典的评估》。③ 问题是，在研究经济法典问题时，也有学者主张，经济法体系所涵盖的法律法规数量庞大，在出台经济法典尚有困难的情况下，可以考虑率先出台相当于宏观调控法典的《宏观调控法基本法》《宏观调控法总则》或《纲要》，该基本法的出台将有利于整合宏观调控法资源，解决好经济法的部门立法、多头立法问题，并为下一步经济法典的制定和实施奠定立法基础。为此，中国经济法学界于21世纪初集中对《宏观调控基本法》进行了专题研究，并在论证的基础上由杨紫烜教授等部分人大代表在2001年第九届全国人大第四次会议上提出《关于制定〈中华人民共和国宏观调控法〉的议案》，产生了较大的影响。④ 17年来，经济法学界不断地呼吁宏观调控基本法的出台，但时至今日未能列入全国人大的立法议程。对此，笔者认为，面对新的发展形势，适时地出台宏观调控基

① 1986年，《民法通则》出台前后，老一辈经济法学者潘静成教授、刘文华教授、杨紫烜教授、徐杰教授等曾组织经济法学界起草《中国经济法纲要》。在国家立法中基本接受了他们有关民法与经济法部门分工的意见。即民法调整平等的经济关系；经济法调整不平等的经济关系，即由国家或政府管理经济发生的，或与国家管理有关的经济关系。

② 截至21世纪初，中山大学程信和教授曾组织一些中青年学者专门研究了经济法典的制定和实施问题。

③ 参见编撰经济法典第一研究小组：《编撰经济法典的历史回眸》、编撰经济法典第二研究小组：《我国编撰经济法典的评估》，载《南华大学学报》2015年第1期。

④ 参见杨紫烜：《关于制定〈中华人民共和国宏观调控法〉的议案》，载杨紫烜主编：《经济法学研究》（第2卷），北京大学出版社2001年版，第1～8页。

本法或宏观调控法总则或宏观调控法纲要，不仅有其必要性，也有其可行性。

一、制定宏观调控基本法的必要性和可行性分析

从以上宏观调控法体系的构建分析来看，中国目前的宏观调控法尚处于分散立法的状态，虽然有一些由全国人大及其常委会出台的法律，在理论上可以属于宏观调控法的基本法律，但是，实际上这些法律所涉及的条款内容，有许多并非属于宏观调控法的范畴，例如，财税法和金融法均不能说其属于宏观调控法，尤其是把商业金融法也认为是宏观调控法，就混淆了经济法和商法的界限。为此，有必要通过制定统一的宏观调控基本法或宏观调控法总则或宏观调控法纲要，明确宏观调控法的适用范围、基本原则、基本制度等。与此同时，大量存在的具有宏观调控性质的法律文件，虽然没有冠以“宏观调控”之名称，但它们为抽象出宏观调控基本法提供了实践基础，而提炼出的宏观调控基本法条款又反过来对于整合宏观调控法资源，避免法条之间的冲突、重复具有重要的价值和意义。因此，在经济法典尚不能出台的情况下，率先出台宏观调控基本法是一个可行的方案。

二、宏观调控基本法立法结构的设想

按照经济法学原理，宏观调控法属于管理法的范畴，因此，其立法的框架结构应当按照经济管理法的基本结构予以考量，即立法宗旨、适用范围、管理主体、管理体制、管理原则、管理制度、法律责任、法律救济等八个方面。① 但是，基于宏观调控管理的间接属性，以及宏观调控改革

---

① 参见董玉明：《中国经济法学导论》，光明日报出版社2012年版，第261～280页。

实践中存在的突出问题,笔者将宏观调控基本法或宏观调控法总则立法结构,或需要解决的基本问题也归纳为以下八个方面的基本问题:

(一)立法的宗旨

笔者认为,按照宏观调控法的基本理论,宏观调控法的立法宗旨要明确,宏观调控法的立法是以规范宏观调控主体行为及其宏观调控权的有效行使为基础,以维护宏观调控秩序,促进宏观经济(或调控)目标的实现为目的,区别于同属于经济法范畴的市场规制法。并且,在立法宗旨中要写明以宪法为依据,以表明中国宏观调控法的立法来源于《宪法》第15条的基本规定,是具有中国特色的社会主义市场经济的组成部分,是体现中国理论自信、道路自信、制度自信和文化自信的重要体现。

(二)宏观调控法的适用范围

宏观调控法的适用范围是在中共中央统一领导下,由中央国家机关或机构依法进行宏观调控的决策、审议、审批、实施、监督等活动,以及市场经济主体对宏观调控政策的积极响应性活动与行为。

(三)宏观调控的基本原则

宏观调控基本原则是宏观调控工作的总纲或灵魂,没有基本原则的规定,宏观调控就会失去正确的方向。为此,宏观调控基本法必须规定宏观调控应当坚持的一些基本原则。对此,根据党的十八届三中、四中、十九大全会精神,笔者认为,宏观调控基本法所要强调的基本原则应主要包括:一是坚持中国共产党统一领导原则;二是坚持社会主义发展方向,维护中国基本经济制度的原则;三是坚持市场决定和满足公共需求的原则;四是坚持国家适度干预经济的原则;五是坚持维护社会整体利益和国家利益的原则。

(四)宏观调控的管理主体与管理体制

宏观调控基本法要按照宏观调控运行明确规定参与宏观调控活动各主体的法律地位及其作用机制。一是要明确中共中央在宏观调控中的领导地位及其决策的方式、方法以及其出台的宏观调控政策和改革方案在宏观调控中的统帅地位及其与法律的关系,强调其制定和实施政策时必须于法有据;二是进一步肯定全国人大及其常委会在宏观调控中的审议、审批与监督地位;三是明确国务院及其职能部门在宏观调控中的决策、决定及其调控地位与管理体制,明确政府自由裁量权的边界;四是要明确各参政党、全国政协及其他相关社会团体在宏观调控中的参与和监督地位;五是要明确地方人大与政府对宏观调控政策和法律的执行地位和特别立法地位等;六是要明确特别主体,如银行机构、国有企业在宏观调控中所肩负的直接责任。

(五)宏观调控的政策与调控工具

宏观调控基本法要总结既有的实践经验,明确宏观调控可以运用的基本政策与调控工具。在政策方面,要明确产业政策、财政政策和金融政策及相关宏观调控政策的地位、作用。在调控工具方面,要分别阐述规划调控、财税调控、金融调控、价格调控等可以应用的基本政策工具及其实施程序。

(六)市场主体对宏观调控政策与法律的实施

市场主体的范围包括了消费者、生产者、经营者和服务者。市场主体是宏观调控政策和法律的最终实施者。市场主体在宏观调控中通常处于被间接调控的地位。市场主体是否按照宏观调控政策与法律的指引决定自己的市场行为,完全应当由其自主决定。为此,宏观调控政策和法律一般对于市场主体不具有强制性,大量的政策和法律应当立足于对市场行为的激励、奖励等。但是,也不排除在个别情况下,基于宏观调控目标的实现,宏观调控机关对市场主体施以强制性措施。为此,宏观调控基本法有必要明确规定对市场主体损失的补偿,并允许其在不服时进行诉讼救济的权利,以防止宏观调控部门公权力的滥用。

(七)宏观调控的奖励与惩罚

实施奖惩结合是经济法的一个重要特点。为此,宏观调控法要贯彻这一基本原则。它要明确规定,在宏观调控实践中,对于工作做得好的,要给予奖励;对于工作做得不好的,要给予惩罚。因此,宏观调控法所规定的法律后果,不能仅仅是法律责任,更多的应当是奖励。特别是对于市场主体而言,积极响应宏观调控政策,即会获得国家的激励性利益,如减税、免税等。如果做得好,还可以获得其他方面的奖励。

(八)对地方经济调控的特别规定

如笔者分析,地方政府没有宏观调控权,但地方政府对于地方经济有调控权。

对此,根据以往的教训,宏观调控基本法有必要对地方政府的调控权进行必要的制约,以防止地方经济调控的过度化。例如,在当前,就急需通过理顺中央与地方的财政关系,解决地方政府债和土地财政问题。另外,在中央授权地方进行改革试点情况下,有必要授权地方拥有“先行先试权”,并代表国家在其管辖范围内行使宏观调控权。

笔者认为,如果加上宏观调控基本法,宏观调控法体系的构建可以调整为如图 7－2 所示：

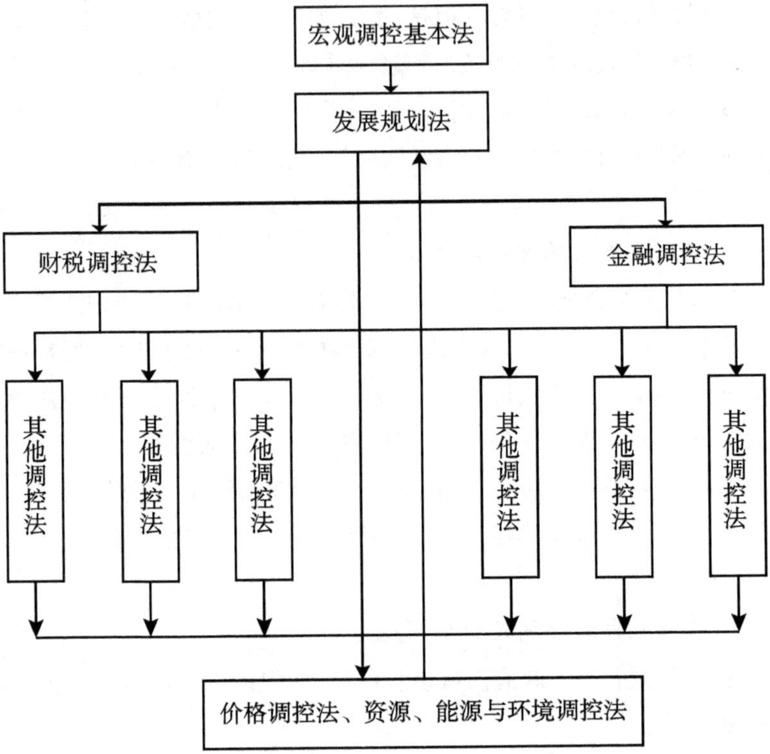

图 7－2　中国宏观调控法体系

第八章　宏观调控法的奖励激励与惩罚

按照法学原理,一项法律的实施必然会引起相应的法律后果,该后果应当是法律所应预期的效果,但这种效果有两种情况:一种情况是在法律实施者依法办事时,所引发的是法律希望的效果;另一种情况是在法律实施者出现违法甚至犯罪时,所引发的是法律所不希望出现的效果,但往往以对违法者的惩罚,即追究相应的法律责任,来弥补基于违法所带来的损失。并且,这种损失不仅是经济上的,也包括名誉上的损失。为此,对法律责任的研究,成为法学及各个部门法的基本内容。对此,宏观调控法亦然。但是,对于宏观调控法而言,不仅涉及法律责任的追究问题,也涉及对坚决贯彻宏观调控政策法律的个人和单位的奖励、激励问题。并且,在宏观调控及其法治建设中,首先应当是奖励和激励,其次才是惩罚。这符合经济法奖惩结合和责权利效相结合的基本原理。①

第一节　中国宏观调控法奖励激励与惩罚机制探析

改革开放以来,以农村土地联产承包责任制、城市企业经营承包和租赁制为基础,形成了一系列的经济责任制。这种经济责任制以完成一定的既定任务为目标,在签订责任书(状)、责任合同或承诺书基础上,在一定期限内,对于实际完成工作情况予以对照考核,完成任务者予以奖励,未完成任务者予以惩罚。由此,形成了不同于法律直接规定奖惩措施的奖惩新机制。这种新机制在改革实践中逐步地被应用于经济和社会管理的各个领域,并体现在宏观调控及其法治之中。因此,探讨中国宏观调控法奖励激励与惩罚机制的形成机理具有重要的理论和现实意义。对此,笔者认为,可以做以下分析。

一、以宏观调控目标为导向

人类的任何经济和社会行为均是以一定时期的目标为基础的。在宏观调控及其法治实践中,尤其如此。根据中国宏观调控及其法治的实践,经过民主协商程序,一定时期国民经济和社会发展规划与年度计划的提出,反映了党和国家在规划期或计划期要达到的发展目标。它是动员全国人民进行社会主义建设的基本指引,是国家经济和社会发展的逻辑起点。在此基础上,层层落实,形成共同的合力,最终实现国家希望达

① 关于奖惩结合是经济法学界公认的经济法的一项基本原则。关于责权利效相结合的经济法思想,形成于改革开放初期,它强调了经济法运行中"责"字当头,以责任或义务为本位的经济法理念,并影响经济法制度的设计,以区别于民法上讲的权利本位。参见中国人民大学法律系教研室:《中国经济法教程》,中国人民大学出版社 1985 年版,第 32 ~35 页。

到的目标。而在当前和今后一个时期,就是要按照党的十八大、十九大提出的宏伟蓝图,实现两个"一百年"的奋斗目标,在中国共产党成立100周年时(2021年)全面建成小康社会;到中华人民共和国成立100周年时(2049年)建成富强、民主、文明、和谐的社会主义现代化国家。在这一伟大的历史进程中,国家宏伟的发展目标被层层分解到各地方、各单位、各企业规划、计划与工作任务当中,甚至影响到个人和家庭发展计划的实现,由此形成了巨大的洪流,滚滚向前,促使中国社会主义各项事业的蓬勃发展,也由此形成了中国宏观调控及其法治奖励、激励及惩罚的目标导向。没有这个目标导向,就谈不上什么宏观调控及其法治奖惩机制的形成。因此,宏观调控目标导向实际上解决的是宏观调控法奖励激励及其惩罚机制为什么形成的问题。

二、以宏观调控职责权限为基础

与农村与企业实施的经济责任制不同,宏观调控及其法治的责任制是建立在既有的职责权限及相关的权力(权利)和义务之上的。具体来讲,根据前述对宏观调控权力(权利)、责任及义务的分析,不同法律主体在宏观调控及其法治建设中的责任是不同的。对于处于领导地位的中共中央而言,全面把控宏观调控及其法治发展的方向、路线和重大举措,是其应有的政治、法律、经济和社会责任;对于全国人大及其常委会而言,作为国家权力和立法机关要依照《宪法》规定,履行好自己的宏观调控立法权、对国民经济和社会发展规划及年度计划以及财政预算的审议、批准权,还有对宏观调控职能部门的监督权;对于国务院及其职能机关、机构而言,要依法履行自己的宏观调控责任,既包括对中共中央政策落实及对全国人大及其常委会决定、决议及法律的执行,也包括对自身拥有的宏观调控及其法治职权的正确行使;对于处于直接被调控地位的地方政府及银行等相关机构而言,要把宏观调控的政策和法律分解到自己的工作目标当中,坚决地贯彻执行;而对于企业、事业单位及个人而言,除国家政策法律法规有强制性规定外,通常不具有强制性的义务,但有以政策法律及法规获得奖励、激励的权利。由此,形成了宏观调控及其法治的责任体系或奖惩体系,为进一步针对宏观调控实际工作情况进行考核和奖惩奠定相应的法律基础。

三、以工作考核评估为依据

为了验收实际工作的效果,工作考核及评估是必要的环节。根据经济责任制原理,对宏观调控及其法治工作的考核,以预期的规划、计划或任务目标为导向,以宏观调控及其法治责任为基础,以对照目标完成情况为基本手段。考核的目的不是为考核而考核,而是围绕目标实现情况,通过考核检验目标实现的实际效果,以便为下一轮确定合理、科学的规划、计划目标奠定基础。并且,为了发挥社会监督的作用,一些法律和政策规定考核结果应向全社会公开,接受社会的监督。而在考核过程中,引入第三方评估、审计、审查具有重要的法律意义。这是因为,通过第三方评估、审计、审查可能使考核的结果更为公平、公正。[①] 另外,从实践来看,考核的标准至关重要。通常而言,考核的标准应当与目标一

---

① 例如,《环境保护法》第 26 条规定,国家实行环境保护目标责任制和考核评价制度。县级以上人民政府应当将环境保护目标完成情况纳入对本级人民政府负有环境保护监督管理职责的部门及其负责人和下级人民政府及其负责人的考核内容,作为对其考核评价的重要依据。考核结果应当向社会公开。《中小企业促进法》第 58 条规定,国务院负责中小企业促进工作综合管理的部门应当委托第三方机构定期开展中小企业发展环境评估,并向社会公布。地方各级人民政府可以根据实际情况委托第三方机构开展中小企业发展环境评估。第 59 条规定,县级以上人民政府应当定期组织开展对中小企业发展专项资金、中小企业发展基金使用效果的企业评价、社会评价和资金使用动态评估,并将评价和评估情况及时向社会公布,接受社会监督。县级以上人民政府有关部门在各自职责范围内,对中小企业发展专项资金、中小企业发展基金的管理和使用情况进行监督,对截留、挤占、挪用、侵占、贪污中小企业发展专项资金、中小企业发展基金等行为依法进行查处,并对直接负责的主管人员和其他直接责任人员依法给予处分;构成犯罪的,依法追究刑事责任。

致的职权职责范围内的工作任务有关，但考核内容的排序不同，意味着对今后工作的导向也会不同。例如，一段时期中央对地方政府的经济考核比较重视 GDP 的增长，导致地方政府在贯彻宏观调控政策法律时，盲目追求 GDP。自 2012 年以来，国家倡导“四个意识”“四个全面”，强调绿色 GDP，在一定程度上扭转了盲目追求 GDP 的局面。

值得注意的是，为了正确评价公务员的德才表现和工作实绩，规范公务员考核工作，促进勤政廉政，提高工作效能，建设高素质的公务员队伍，根据《公务员法》规定，①中共中央组织部、人事部在废止 1994 年 3 月 8 日人事部印发的《国家公务员考核暂行规定》（人核发〔1994〕4 号）的同时，于 2007 年 1 月 4 日颁发了《公务员考核规定（试行）》（中组发〔2007〕2 号），为考核公务员的业绩提供了法律依据。该规定所称公务员考核是指对非领导成员公务员的考核。对领导成员的考核，由主管机关按照有关规定办理。对参照公务员法管理的机关（单位）中除工勤人员以外的工作人员的考核，参照本规定执行。公务员考核坚持客观公正、注重实绩的原则，实行领导与群众相结合，平时与定期相结合，定性

① 《公务员法》于 2005 年 4 月 27 日第十届全国人民代表大会常务委员会第十五次会议通过，根据 2017 年 9 月 1 日第十二届全国人民代表大会常务委员会第二十九次会议《关于修改〈中华人民共和国法官法〉等八部法律的决定》修正，2018 年 12 月 29 日第十三届全国人民代表大会常务委员会第七次会议修订后，新的《公务员法》自 2019 年 6 月 1 日起施行。《公务员法》除总则、附则外，涉及的内容包括：公务员的条件、义务与权利；职务、职级与级别；录用；考核；职务、职级任免；职务、职级升降；奖励；监督与惩戒；培训；交流与回避；工资、福利与保险；辞职与辞退；退休；申诉与控告；职位聘任；法律责任。共计 17 章 113 条。该法第 5 章专门就公务员的考核问题作出规定。按照《公务员法》规定，对公务员的考核，按照管理权限，全面考核公务员的德、能、勤、绩、廉，重点考核政治素质和工作实绩。考核指标根据不同职位类别、不同层级机关分别设置。公务员的考核分为平时考核、专项考核和定期考核。定期考核以平时考核专项考核为基础。非领导成员公务员的定期考核采取年度考核的方式，先由个人按照职位职责和有关要求进行总结，主管领导在听取群众意见后，提出考核等次建议，由本机关负责人或者授权的考核委员会确定考核等次。领导成员的考核由主管机关按照有关规定办理。定期考核的结果分为优秀、称职、基本称职和不称职四个等次。定期考核的结果应当以书面形式通知公务员本人。定期考核的结果作为调整公务员职位、职务、职级、级别、工资以及公务员奖励、培训、辞退的依据。

与定量相结合的方法，按照规定的权限、条件、标准和程序进行。[①]

在考核内容和标准上，《公务员考核规定（试行）》规定，对公务员的考核，以公务员的职位职责和所承担的工作任务为基本依据，全面考核德、能、勤、绩、廉，重点考核工作实绩。德，是指思想政治素质及个人品德、职业道德、社会公德等方面的表现。能，是指履行职责的业务素质和能力。勤，是指责任心、工作态度、工作作风等方面的表现。绩，是指完成工作的数量、质量、效率和所产生的效益。廉，是指廉洁自律等方面的表现。公务员的考核分为平时考核和定期考核。定期考核以平时考核为基础。平时考核重点考核公务员完成日常工作任务、阶段工作目标情况以及出勤情况，可以采取被考核人填写工作总结、专项工作检查、考勤等方式进行，由主管领导予以审核评价。定期考核采取年度考核的方式，在每年年末或者翌年年初进行。年度考核的结果分为优秀、称职、基本称职和不称职四个等次。其中，确定为优秀等次须具备的法定条件：(1)思想政治素质高；(2)精通业务，工作能力强；(3)工作责任心强，勤勉尽责，工作作风好；(4)工作实绩突出；(5)清正廉洁。确定为称职等次须具备的法定条件：(1)思想政治素质较高；(2)熟悉业务，工作能力较强；(3)工作责任心强，工作积极，工作作风较好；(4)能够完成本职工作；(5)廉洁自律。应确定为基本称职等次的情形之一包括：(1)思想政治素质一般；(2)履行职责的工作能力较弱；(3)工作责任心一般，或工作作风方面存在明显不足；(4)能基本完成本职工作，但完成工作的数量不足、质量和效率不高，或在工作中有较大失误；(5)能基本做到廉洁自律，但某些方面存在不足。应确定为不称职等次情形之一包括：(1)思想政治素质较差；(2)业务素质和工作能力不能适应工作要求；(3)工作责任心或工作作风差；(4)不能完成工作任务，或在工作中因严重失误、失职造成重大损失或者恶劣社会影响；(5)存在不廉洁问题，且情形较

---

① 《公务员考核规定（试行）》第2～3条、第29条。

为严重。公务员年度考核优秀等次人数，一般掌握在本机关参加年度考核的公务员总人数的15%以内，最多不超过20%。①

在考核程序上，《公务员考核规定（试行）》规定，公务员考核按照管理权限和规定的程序进行，由机关公务员管理部门组织实施。机关在年度考核时可以设立考核委员会。考核委员会由本机关领导成员、公务员管理及其他有关部门人员和公务员代表组成。年度考核的基本程序：（1）被考核公务员按照职位职责和有关要求进行总结，并在一定范围内述职；（2）主管领导在听取群众和公务员本人意见的基础上，根据平时考核情况和个人总结，写出评语，提出考核等次建议和改进提高的要求；（3）对拟定为优秀等次的公务员在本机关范围内公示；（4）由本机关负责人或者授权的考核委员会确定考核等次；（5）将考核结果以书面形式通知被考核公务员，并由公务员本人签署意见。对担任机关内设机构领导职务公务员的考核，必要时可以在一定范围内进行民主测评。公务员对年度考核定为不称职等次不服，可以按有关规定申请复核和申诉。各机关应当将《公务员年度考核登记表》存入公务员本人档案，同时将本机关公务员年度考核情况报送同级公务员主管部门。②

在考核结果的使用方面，《公务员考核规定（试行）》规定，公务员年度考核的结果作为调整公务员职务、级别、工资以及公务员奖励、培训、辞退的依据。公务员年度考核被确定为称职以上等次的，按照下列规定办理：（1）累计两年被确定为称职以上等次的，在所定级别对应工资标准内晋升一个工资档次。（2）累计5年被确定为称职以上等次的，在所任职务对应级别范围内晋升一个级别。（3）确定为称职以上等次，且符合规定的其他任职资格条件的，具有晋升职务的资格；连续3年以上被确定为优秀等次的，晋升职务时优先考虑。（4）被确定为优秀等次的，当

① 《公务员考核规定（试行）》第4～11条。

② 《公务员考核规定（试行）》第12～15条。

年给予嘉奖;连续 3 年被确定为优秀等次的,记三等功。(5)享受年度考核奖金。公务员年度考核被确定为基本称职等次的,按照下列规定办理:(1)对其诫勉谈话,限期改进;(2)本考核年度不计算为按年度考核结果晋升级别和级别工资档次的考核年限;(3)1 年内不得晋升职务;(4)不享受年度考核奖金。公务员年度考核被确定为不称职等次的,按照下列规定办理:(1)降低一个职务层次任职;(2)本考核年度不计算为按年度考核结果晋升级别和级别工资档次的考核年限;(3)不享受年度考核奖金;(4)连续 2 年年度考核被确定为不称职等次的,予以辞退。公务员主管部门和公务员所在机关应根据考核情况,有针对性地对公务员进行培训。①

在相关事宜方面,《公务员考核规定(试行)》规定,新录用的公务员在试用期内参加年度考核,不确定等次,只写评语,作为任职、定级的依据。调任或者转任的公务员,由其调任或者转任的现工作单位进行考核并确定等次。其调任或者转任前的有关情况,由原单位提供。挂职锻炼的公务员,在挂职锻炼期间由挂职单位进行考核并确定等次。不足半年的,由派出单位进行考核。单位派出学习、培训的公务员,由派出单位进行考核,主要根据学习、培训表现确定等次。其学习、培训的相关情况,由所在学习、培训单位提供。病假、事假累计超过考核年度半年的公务员,不进行考核。公务员涉嫌违法违纪被立案调查尚未结案的,参加年度考核,不写评语、不定等次。结案后,不给予处分或者给予警告处分的,按规定补定等次。受处分公务员的年度考核,按下列规定办理:(1)受警告处分的当年,参加年度考核,不得确定为优秀等次;(2)受记过、记大过、降级、撤职处分的期间,参加年度考核,只写评语,不定等次。在解除处分的当年及以后,其年度考核不受原处分影响。公务员不进行考核或参加年度考核不定等次的,本考核年度不计算为按年度考核结果晋升级别和级别工资档次的考核年限。对无正当理由不参加年度考核的公务

① 《公务员考核规定(试行)》第 16 ~20 条。

员，经教育后仍然拒绝参加的，直接确定其考核结果为不称职等次。对在考核过程中有徇私舞弊、打击报复、弄虚作假等违法违纪行为的，依照有关规定予以严肃处理。①

笔者认为，以上有关国家公务员考核的规定，为考核宏观调控职能部门以及被调控的地方机关公务员及参公人员的工作业绩提供了基本的法律依据。它可以起到对宏观调控及其法治工作人员以及被调控的地方机关公务员及参公人员工作激励的作用，并为对其进行奖励或惩罚奠定了基础，也为相关被调控机构健全考核机制提供了参考。

值得注意的是，2018 年 5 月 20 日，中共中央办公厅印发了《关于进一步激励广大干部新时代新担当新作为的意见》。该意见提出，要充分发挥干部考核评价的激励鞭策作用。适应新时代新任务新要求，完善干部考核评价机制，切实解决干与不干、干多干少、干好干坏一个样的问题。突出对党中央决策部署贯彻执行情况的考核，制定出台党政领导干部考核工作条例，改进年度考核，推进平时考核，构建完整的干部考核工作制度体系。体现差异化要求，合理设置干部考核指标，改进考核方式方法，增强考核的科学性、针对性、可操作性，调动和保护好各区域、各战线、各层级干部的积极性。完善政绩考核，引导干部牢固树立正确政绩观，防止不切实际定目标，切实解决表态多调门高、行动少落实差等突出问题，力戒形式主义、官僚主义。强化考核结果分析运用，将其作为干部选拔任用、评先奖优、问责追责的重要依据，使政治坚定、奋发有为的干部得到褒奖和鼓励，使慢作为、不作为、乱作为的干部受到警醒和惩戒。加强考核结果反馈，引导干部发扬成绩、改进不足，更好忠于职守、担当奉献。要切实为敢于担当的干部撑腰鼓劲。建立健全容错纠错机制，宽容干部在改革创新中的失误错误，把干部在推进改革中因缺乏经验、先行先试出现的失误错误，同明知故犯的违纪违法行为区分开来；把尚无

① 《公务员考核规定（试行）》第 21 ~28 条。

明确限制的探索性试验中的失误错误,同明令禁止后依然我行我素的违纪违法行为区分开来;把为推动发展的无意过失,同为谋取私利的违纪违法行为区分开来。各级党委(党组)及纪检监察机关、组织部门等相关职能部门,要妥善把握事业为上、实事求是、依纪依法、容纠并举等原则,结合动机态度、客观条件、程序方法、性质程度、后果影响以及挽回损失等情况,对干部的失误错误进行综合分析,对该容的大胆容错,不该容的坚决不容。对给予容错的干部,考核考察要客观评价,选拔任用要公正合理。准确把握政策界限,对违纪违法行为必须严肃查处,防止混淆问题性质、拿容错当"保护伞",搞纪律"松绑",确保容错在纪律红线、法律底线内进行。坚持有错必纠、有过必改,对苗头性、倾向性问题早发现早纠正,对失误错误及时采取补救措施,帮助干部汲取教训、改进提高,让他们放下包袱、轻装上阵。严肃查处诬告陷害行为,及时为受到不实反映的干部澄清正名、消除顾虑,引导干部争当改革的促进派、实干家,专心致志为党和人民干事创业、建功立业。① 该意见为完善干部考核制度指明了方向。

四、以奖惩结合为结果

在上述评估、审计、审查考核基础上,奖励达标或超标者,惩罚未达标者,是宏观调控及其法治奖励激励和惩罚机制的最后环节,也是宏观调控法治治理之必需。从实践情况来看,一种情况是,在既有的相关政策法律中就有着明确的规定,考核结束后,依照政策法律规定办理即可;另一种情况是,相关政策法律没有明确规定,但依照工作职责在签订责任状(书)、承诺书、行政合同的基础上,实施奖惩措施。其中,对于公职人员的奖惩应按照相关规定执行,对于完成工作好的,除获得奖励之外,工作业绩将成为组织提拔安排的依据。责任状(书)、承诺书、行政合同

① 中共中央办公厅《关于进一步激励广大干部新时代新担当新作为的意见》三、四。

中有特别约定的按照约定办理;而对于非公职人员的奖惩,则需要严格按照政策法律法规的规定办理。值得强调的是,改革开放以来,创新了一些新的业绩考核机制:一是约谈机制;二是问责机制。

就约谈而言,宏观调控机关约谈相关被调控主体意味着对被调控对象的一种警示。虽然从法律角度讲不属于处罚的范畴,但实际上表明了中央对地方政府、相关机构、企业不妥做法的批评,在名誉上会对地方党政领导、机构、行业和企业形成压力,以便督促其按照宏观调控要求开展工作,否则,将会受到处罚。因此,约谈具有强烈的警示意义。例如,据2018年5月9日新华通讯社报道,住建部负责人9日就房地产市场调控问题约谈了成都、太原两市政府负责同志。约谈强调,要牢固树立“四个意识”,毫不动摇地坚持“房子是用来住的、不是用来炒的”定位,坚持房地产市场调控目标不动摇、力度不放松,落实地方调控主体责任,因城因地制宜,精准施策,确保房地产市场平稳健康发展。约谈指出,要全面贯彻落实党中央、国务院决策部署,切实采取有力措施,认真落实稳房价、稳租金的调控目标;要加快制定住房发展规划,有针对性地增加有效供给,抓紧调整土地和住房供应结构,大力发展中小套型普通住房;加强资金管控,有效降低金融杠杆,防范市场风险;大力整顿规范市场秩序,加强预期管理和舆论引导,遏制投机炒作,支持和满足群众刚性居住需求。成都、太原两市政府负责同志表示,将认真贯彻落实党中央、国务院决策部署,切实履行好地方政府房地产市场调控主体责任,立即采取有力措施,确保市场稳定。这次约谈再次强调,坚持房地产调控目标不动摇、力度不放松。这是继全国两会“部长通道”后,住房城乡建设部再一次表明坚决的态度。① 该报道显示,被约谈的成都、太原两市地方政府在房地产调控方面,没有很好地贯彻中央的方针政策,受到了批评。对此,有

---

① 参见王优玲:《住建部再次发声:坚持房地产市场调控目标不动摇、力度不放松》,载凤凰网:http://news.ifeng.com/a/20180510/58248671_0.shtml,最后访问日期:2018年5月9日。

专家认为,住建部就房地产市场调控问题约谈地方政府,重申房地产调控政策的连续性、稳定性和一致性,将进一步推动中央政令在地方得到更有效落实。党的十九大以来,住建部多次强调要建立完善差异化的调控政策体系,建立和完善房地产统计和市场监测预警机制,加强对地方稳定房地产市场工作的评价考核和约谈问责。此轮约谈透露出新一轮楼市调控动向。约谈问责作为强有力的行政手段,有助于推动地方政府落实调控主体责任。而保持楼市长期健康稳定发展,更需要理顺供求关系,解决土地错配问题,建立房地产长效机制。约谈向市场发出明确信号,未来房地产调控将继续"从严"逻辑。①

就问责机制而言,对官员的问责是近 10 年来常用的工作机制。2009 年 6 月 30 日,为加强对党政领导干部的管理和监督,增强党政领导干部的责任意识和大局意识,促进深入贯彻落实科学发展观,提高党的执政能力和执政水平,根据《中国共产党章程》《党政领导干部选拔任用工作条例》等党内法规和《行政监察法》②《公务员法》等国家法律法规,中共中央办公厅和国务院办公厅联合出台了《关于实行党政领导干部问责的暂行规定》。该规定适用于中共中央、国务院的工作部门及其内设机构的领导成员;县级以上地方各级党委、政府及其工作部门的领导成员及这些工作部门内设机构的领导成员。对乡(镇、街道)党政领导成员实行问责,适用该规定。对县级以上党委、政府直属事业单位以及国有企业、国有金融企业领导人员实行问责,参照本规定执行。使问责机制纳入了国家对党政领导干部实施管理的常规性工作范畴。

按照《关于实行党政领导干部问责的暂行规定》,对党政领导干部

---

① 参见王优玲、李倩薇等:《已有 6 城作出回应! 住建部约谈 12 城释放什么房地产调控信号》,载凤凰网:http://finance.ifeng.com/a/20180517/16288765_0.shtml,最后访问日期:2018 年 5 月 17 日。

② 由于国家建立了新的监察委制度,该法于 2018 年 3 月废除,并制定了新的《监察法》(下同)。

实行问责,坚持严格要求、实事求是,权责一致、惩教结合,依靠群众、依法有序的原则。党政领导干部受到问责,同时需要追究纪律责任的,依照有关规定给予党纪政纪处分;涉嫌犯罪的,移送司法机关依法处理。①

在问责的情形、方式及适用方面,有下列情形之一的,对党政领导干部实行问责:(1)决策严重失误,造成重大损失或者恶劣影响的;(2)因工作失职,致使本地区、本部门、本系统或者本单位发生特别重大事故、事件、案件,或者在较短时间内连续发生重大事故、事件、案件,造成重大损失或者恶劣影响的;(3)政府职能部门管理、监督不力,在其职责范围内发生特别重大事故、事件、案件,或者在较短时间内连续发生重大事故、事件、案件,造成重大损失或者恶劣影响的;(4)在行政活动中滥用职权,强令、授意实施违法行政行为,或者不作为,引发群体性事件或者其他重大事件的;(5)对群体性、突发性事件处置失当,导致事态恶化,造成恶劣影响的;(6)违反干部选拔任用工作有关规定,导致用人失察、失误,造成恶劣影响的;(7)其他给国家利益、人民生命财产、公共财产造成重大损失或者恶劣影响等失职行为的。本地区、本部门、本系统或者本单位在贯彻落实党风廉政建设责任制方面出现问题的,按照《关于实行党风廉政建设责任制的规定》,追究党政领导干部的责任。对党政领导干部实行问责的方式分为:责令公开道歉、停职检查、引咎辞职、责令辞职、免职。党政领导干部具有本规定前述所列情形,并且具有下列情节之一的,应当从重问责:(1)干扰、阻碍问责调查的;(2)弄虚作假、隐瞒事实真相的;(3)对检举人、控告人打击、报复、陷害的;(4)党内法规和国家法律法规规定的其他从重情节。党政领导干部具有本规定前述所列情形,并且具有下列情节之一的,可以从轻问责:(1)主动采取措施,有效避免损失或者挽回影响的;(2)积极配合问责调查,并且主动承担责任的。受到问责的党政领导干部,取消当年年度考核评优和评选各类先进的资

---

① 《关于实行党政领导干部问责的暂行规定》第3~4条。

格。引咎辞职、责令辞职、免职的党政领导干部,1 年内不得重新担任与其原任职务相当的领导职务。对引咎辞职、责令辞职、免职的党政领导干部,可以根据工作需要以及本人一贯表现、特长等情况,由党委(党组)、政府按照干部管理权限酌情安排适当岗位或者相应工作任务。引咎辞职、责令辞职、免职的党政领导干部,1 年后如果重新担任与其原任职务相当的领导职务,除应当按照干部管理权限履行审批手续外,还应当征求上一级党委组织部门的意见。①

在实行问责的程序方面,《关于实行党政领导干部问责的暂行规定》规定,对党政领导干部实行问责,按照干部管理权限进行。纪检监察机关、组织人事部门按照管理权限履行本规定中的有关职责。对党政领导干部实行问责,依照下列程序进行:

(1)对因检举、控告、处理重大事故事件、查办案件、审计或者其他方式发现的党政领导干部应当问责的线索,纪检监察机关按照权限和程序进行调查后,对需要实行问责的,按照干部管理权限向问责决定机关提出问责建议;

(2)对在干部监督工作中发现的党政领导干部应当问责的线索,组织人事部门按照权限和程序进行调查后,对需要实行问责的,按照干部管理权限向问责决定机关提出问责建议;

(3)问责决定机关可以根据纪检监察机关或者组织人事部门提出的问责建议作出问责决定;

(4)问责决定机关作出问责决定后,由组织人事部门办理相关事宜,或者由问责决定机关责成有关部门办理相关事宜。

纪检监察机关、组织人事部门提出问责建议,应当同时向问责决定机关提供有关事实材料和情况说明,以及需要提供的其他材料。作出问责决定前,应当听取被问责的党政领导干部的陈述和申辩,并且记录在案;对其合理意见,应当予以采纳。对于事实清楚、不需要进行问责调查

---

① 《关于实行党政领导干部问责的暂行规定》第 5 ~10 条。

的，问责决定机关可以直接作出问责决定。问责决定机关按照干部管理权限对党政领导干部作出的问责决定，应当经领导班子集体讨论决定。对党政领导干部实行问责，应当制作《党政领导干部问责决定书》。《党政领导干部问责决定书》由负责调查的纪检监察机关或者组织人事部门代问责决定机关草拟。《党政领导干部问责决定书》应当写明问责事实、问责依据、问责方式、批准机关、生效时间、当事人的申诉期限及受理机关等。作出责令公开道歉决定的，还应当写明公开道歉的方式、范围等。《党政领导干部问责决定书》应当送达被问责的党政领导干部本人及其所在单位。问责决定机关作出问责决定后，应当派专人与被问责的党政领导干部谈话，做好其思想工作，督促其做好工作交接等后续工作。组织人事部门应当及时将被问责的党政领导干部的有关问责材料归入其个人档案，并且将执行情况报告问责决定机关，回复问责建议机关。党政领导干部问责情况应当报上一级组织人事部门备案。问责决定一般应当向社会公开。对经各级人民代表大会及其常务委员会选举或者决定任命的人员实行问责，按照有关法律规定的程序办理。被问责的党政领导干部对问责决定不服的，可以自接到《党政领导干部问责决定书》之日起 15 日内，向问责决定机关提出书面申诉。问责决定机关接到书面申诉后，应当在 30 日内作出申诉处理决定。申诉处理决定应当以书面形式告知申诉人及其所在单位。被问责的党政领导干部申诉期间，不停止问责决定的执行。①

与上述相关联的是为了加强党风廉政建设，明确领导班子、领导干部在党风廉政建设中的责任，推动科学发展，促进社会和谐，提高党的执政能力，保持和发展党的先进性，根据《宪法》和《中国共产党章程》，在废除 1998 年 11 月发布的《关于实行党风廉政建设责任制的规定》的同时，中共中央于 2010 年 11 月 10 日发布了新的《关于实行党风廉政建设责任制的规定》（中发〔2010〕19 号）。该规定适用于各级党的机关、人大

① 《关于实行党政领导干部问责的暂行规定》第 11 ~23 条。

机关、行政机关、政协机关、审判机关、检察机关的领导班子、领导干部。人民团体、国有和国有控股企业(含国有和国有控股金融企业)、事业单位的领导班子、领导干部参照执行该规定。按照该规定,实行党风廉政建设责任制,要以邓小平理论和“三个代表”重要思想为指导,深入贯彻落实科学发展观,坚持党要管党、从严治党,坚持标本兼治、综合治理、惩防并举、注重预防,扎实推进惩治和预防腐败体系建设,保证党中央、国务院关于党风廉政建设的决策和部署的贯彻落实。实行党风廉政建设责任制,要坚持党委统一领导,党政齐抓共管,纪委组织协调,部门各负其责,依靠群众的支持和参与。要把党风廉政建设作为党的建设和政权建设的重要内容,纳入领导班子、领导干部目标管理,与经济建设、政治建设、文化建设、社会建设以及生态文明建设和业务工作紧密结合,一起部署,一起落实,一起检查,一起考核。实行党风廉政建设责任制,要坚持集体领导与个人分工负责相结合,谁主管、谁负责,一级抓一级、层层抓落实。①

在责任内容方面,《关于实行党风廉政建设责任制的规定》规定,领导班子对职责范围内的党风廉政建设负全面领导责任。领导班子主要负责人是职责范围内的党风廉政建设第一责任人,应当重要工作亲自部署、重大问题亲自过问、重点环节亲自协调、重要案件亲自督办。领导班子其他成员根据工作分工,对职责范围内的党风廉政建设负主要领导责任。领导班子、领导干部在党风廉政建设中承担的领导责任:(1)贯彻落实党中央、国务院以及上级党委(党组)、政府和纪检监察机关关于党风廉政建设的部署和要求,结合实际研究制订党风廉政建设工作计划、目标要求和具体措施,每年召开专题研究党风廉政建设的党委常委会议(党组会议)和政府廉政建设工作会议,对党风廉政建设工作任务进行责任分解,明确领导班子、领导干部在党风廉政建设中的职责和任务分工,并按照计划推动落实;(2)开展党性党风党纪和廉洁从政教育,组织

---

① 《关于实行党风廉政建设责任制的规定》第3~5条。

党员、干部学习党风廉政建设理论和法规制度,加强廉政文化建设;(3)贯彻落实党风廉政法规制度,推进制度创新,深化体制机制改革,从源头上预防和治理腐败;(4)强化权力制约和监督,建立健全决策权、执行权、监督权既相互制约又相互协调的权力结构和运行机制,推进权力运行程序化和公开透明;(5)监督检查本地区、本部门、本系统的党风廉政建设情况和下级领导班子、领导干部廉洁从政情况;(6)严格按照规定选拔任用干部,防止和纠正选人用人上的不正之风;(7)加强作风建设,纠正损害群众利益的不正之风,切实解决党风政风方面存在的突出问题;(8)领导、组织并支持执纪执法机关依纪依法履行职责,及时听取工作汇报,切实解决重大问题。①

在检查考核与监督方面,党委(党组)应当建立党风廉政建设责任制的检查考核制度,建立健全检查考核机制,制定检查考核的评价标准、指标体系,明确检查考核的内容、方法、程序。党委(党组)应当建立健全党风廉政建设责任制领导小组,负责对下一级领导班子、领导干部党风廉政建设责任制执行情况的检查考核。检查考核工作每年进行一次。检查考核可以与领导班子、领导干部工作目标考核、年度考核、惩治和预防腐败体系建设检查工作等结合进行,也可以组织专门检查考核。检查考核情况应当及时向同级党委(党组)报告。党委(党组)应当将检查考核情况在适当范围内通报。对检查考核中发现的问题,要及时研究解决,督促整改落实。党委(党组)应当建立和完善检查考核结果运用制度。检查考核结果作为对领导班子总体评价和领导干部业绩评定、奖励惩处、选拔任用的重要依据。纪检监察机关(机构)、组织人事部门协助同级党委(党组)开展对党风廉政建设责任制执行情况的检查考核,或者根据职责开展检查工作。党委常委会应当将执行党风廉政建设责任制的情况,作为向同级党的委员会全体会议报告工作的一项重要内容。

---

① 《关于实行党风廉政建设责任制的规定》第6~7条。

领导干部执行党风廉政建设责任制的情况,应当列为民主生活会和述职述廉的重要内容,并在本单位、本部门进行评议。党委(党组)应当将贯彻落实党风廉政建设责任制的情况,每年专题报告上一级党委(党组)和纪委。中央和省、自治区、直辖市党委巡视组应当依照巡视工作的有关规定,加强对有关党组织领导班子及其成员执行党风廉政建设责任制情况的巡视监督。党委(党组)应当结合本地区、本部门、本系统实际,建立走访座谈、社会问卷调查等党风廉政建设社会评价机制,动员和组织党员、群众有序参与,广泛接受监督。①

在责任追究方面,领导班子、领导干部违反或者未能正确履行《关于实行党风廉政建设责任制的规定》规定的职责,有下列情形之一的,应当追究责任:(1)对党风廉政建设工作领导不力,以致职责范围内明令禁止的不正之风得不到有效治理,造成不良影响的;(2)对上级领导机关交办的党风廉政建设责任范围内的事项不传达贯彻、不安排部署、不督促落实,或者拒不办理的;(3)对本地区、本部门、本系统发现的严重违纪违法行为隐瞒不报、压案不查的;(4)疏于监督管理,致使领导班子成员或者直接管辖的下属发生严重违纪违法问题的;(5)违反规定选拔任用干部,或者用人失察、失误造成恶劣影响的;(6)放任、包庇、纵容下属人员违反财政、金融、税务、审计、统计等法律法规,弄虚作假的;(7)有其他违反党风廉政建设责任制行为的。领导班子有前述所列情形,情节较轻的,责令作出书面检查;情节较重的,给予通报批评;情节严重的,进行调整处理。领导干部有前述所列情形,情节较轻的,给予批评教育、诫勉谈话、责令作出书面检查;情节较重的,给予通报批评;情节严重的,给予党纪政纪处分,或者给予调整职务、责令辞职、免职和降职等组织处理;涉嫌犯罪的,移送司法机关依法处理。

以上责任追究方式可以单独使用,也可以合并使用。领导班子、领

① 《关于实行党风廉政建设责任制的规定》第8~18条。

导干部具有前述所列情形，并具有下列情节之一的，应当从重追究责任：(1)对职责范围内发生的问题进行掩盖、袒护的；(2)干扰、阻碍责任追究调查处理的。领导班子、领导干部有前述所列情形，并具有下列情节之一的，可以从轻或者减轻追究责任：(1)对职责范围内发生的问题及时如实报告并主动查处和纠正，有效避免损失或者挽回影响的；(2)认真整改，成效明显的。领导班子、领导干部违反本规定，需要查明事实、追究责任的，由有关机关或者部门按照职责和权限调查处理。其中需要追究党纪政纪责任的，由纪检监察机关按照党纪政纪案件的调查处理程序办理；需要给予组织处理的，由组织人事部门或者由负责调查的纪检监察机关会同组织人事部门，按照有关权限和程序办理。实施责任追究，要实事求是，分清集体责任和个人责任、主要领导责任和重要领导责任。追究集体责任时，领导班子主要负责人和直接主管的领导班子成员承担主要领导责任，参与决策的班子其他成员承担重要领导责任。对错误决策提出明确反对意见而没有被采纳的，不承担领导责任。错误决策由领导干部个人决定或者批准的，追究该领导干部个人的责任。实施责任追究不因领导干部工作岗位或者职务的变动而免予追究。已退休但按照本规定应当追究责任的，仍须进行相应的责任追究。受到责任追究的领导班子、领导干部，取消当年年度考核评优和评选各类先进的资格。单独受到责令辞职、免职处理的领导干部，1 年内不得重新担任与其原任职务相当的领导职务；受到降职处理的，2 年内不得提升职务。同时受到党纪政纪处分和组织处理的，按影响期较长的执行。各级纪检监察机关应当加强对下级党委（党组）、政府实施责任追究情况的监督检查，发现有应当追究而未追究或者责任追究处理决定不落实等问题的，应当及时督促下级党委（党组）、政府予以纠正。①

总之，改革开放以来，中国宏观调控法形成了以宏观调控目标为导

---

① 《关于实行党风廉政建设责任制的规定》第 19 ~28 条。

向,以宏观调控职责权限为基础,以工作考核评估结果为依据,以奖惩结合为结果的宏观调控法奖励激励与惩罚机制;并且,它们之间存在内在的逻辑关系。

第二节 中国宏观调控法规定的奖励与激励

根据改革政策立法实践,中国宏观调控法中的奖励包括物质奖励和精神奖励,其奖励的对象既包括宏观调控部门及其工作人员,也包括被调控的地方政府、职能机构、企业、事业单位和个人,甚至包括社会上的相关单位或个人。而在激励方面,则主要是针对被调控的市场或社会主体。激励的目的是引导被调控的市场或社会主体按照宏观调控政策法律的引导,决策与实施自己的市场或社会行为。

一、公务员法的基本规定

从事宏观调控的国家职能部门的工作人员为国家公务员,贯彻执行宏观调控政策法律的地方政府工作人员也是公务员,相关机构甚至国有企业要参照公务员管理。为此,明确对公务员及其单位集体公务行为的奖励有利于国家工作人员及其单位在宏观调控活动中尽职尽责。对此,《公务员法》第八章“奖励”作出了基本规定。

按照新《公务员法》规定,对工作表现突出,有显著成绩和贡献,或者有其他突出事迹的公务员或者公务员集体,给予奖励。奖励坚持定期奖励与及时奖励相结合、精神奖励与物质奖励相结合、以精神奖励为主的原则。公务员集体的奖励适用于按照编制序列设置的机构或者为完成专项任务组成的工作集体。公务员或者公务员集体有下列情形之一的,给予奖励:(1)忠于职守,积极工作,勇于担当,工作实绩显著的;

(2)遵纪守法，廉洁奉公，作风正派，办事公道，模范作用突出的；(3)在工作中有发明创造或者提出合理化建议，取得显著经济效益或者社会效益的；(4)为增进民族团结，维护社会稳定做出突出贡献的；(5)爱护公共财产，节约国家资财有突出成绩的；(6)防止或者消除事故有功，使国家和人民群众利益免受或者减少损失的；(7)在抢险、救灾等特定环境中做出突出贡献的；(8)同违纪违法行为作斗争有功绩的；(9)在对外交往中为国家争得荣誉和利益的；(10)有其他突出功绩的。奖励分为：嘉奖、记三等功、记二等功、记一等功、授予称号。对受奖励的公务员或者公务员集体予以表彰，并对受奖励的个人给予一次性奖金或者其他待遇。给予公务员或者公务员集体奖励，按照规定的权限和程序决定或者审批。按照国家规定，可以向参与特定时期、特定领域重大工作的公务员颁发纪念证书或者纪念章。公务员或者公务员集体有下列情形之一的，撤销奖励：(1)弄虚作假，骗取奖励的；(2)申报奖励时隐瞒严重错误或者严重违反规定程序的；(3)有严重违纪违法等行为，影响称号声誉的；(4)有法律、法规规定应当撤销奖励的其他情形的。①

二、公务员激励奖励的具体规定

为激励公务员忠于职守，勤政廉政，提高工作效能，充分调动公务员工作的积极性，规范公务员奖励工作，根据《公务员法》规定，2008 年 1 月 4 日，中共中央组织部、人事部颁布实施《公务员奖励规定(试行)》。②该规定包括 6 章 22 条。其内容除总则、附则外，就奖励的条件和种类、奖励的权限和程序、奖励的实施和奖励的监督进行了规定。按照该规定，公务员奖励是指对工作表现突出，有显著成绩和贡献，或者有其他突

① 《公务员法》第 51 ~56 条。

② 基于新《公务员法》的施行，该规定与新《公务员法》相抵触的，执行新《公务员法》。

出事迹的公务员、公务员集体,依据本规定给予的奖励。公务员集体是指按照编制序列设置的机构或者为完成专项任务组成的工作集体。对参照公务员法管理的机关(单位)中除工勤人员以外的工作人员和集体的奖励,参照该规定执行。①

按照《公务员奖励规定(试行)》规定,公务员奖励坚持公开、公平和公正的原则,坚持精神奖励与物质奖励相结合、以精神奖励为主的原则,及时奖励与定期奖励相结合,按照规定的条件、种类、标准、权限和程序进行。中央公务员主管部门负责全国公务员奖励的综合管理工作。县级以上地方各级公务员主管部门负责本辖区内公务员奖励的综合管理工作。上级公务员主管部门指导下级公务员主管部门的公务员奖励工作。各级公务员主管部门指导同级各机关的公务员奖励工作。②

在奖励的条件和种类方面,《公务员奖励规定(试行)》规定,公务员、公务员集体有法定情形之一的,给予奖励:(1)忠于职守,积极工作,成绩显著的;(2)遵守纪律,廉洁奉公,作风正派,办事公道,模范作用突出的;(3)在工作中有发明创造或者提出合理化建议,取得显著经济效益或者社会效益的;(4)为增进民族团结、维护社会稳定做出突出贡献的;(5)爱护公共财产,节约国家资财有突出成绩的;(6)防止或者消除事故有功,使国家和人民群众利益免受或者减少损失的;(7)在抢险、救灾等特定环境中奋不顾身,做出贡献的;(8)同违法违纪行为作斗争有功绩的;(9)在对外交往中为国家争得荣誉和利益的;(10)有其他突出功绩的。对公务员、公务员集体的奖励分为:嘉奖、记三等功、记二等功、记一等功、授予荣誉称号。(1)对表现突出的,给予嘉奖;(2)对做出较大贡献的,记三等功;(3)对做出重大贡献的,记二等功;(4)对做出杰出贡献的,记一等功;(5)对功绩卓著的,授予“人民满意的公务员”“人民

---

① 《公务员奖励规定(试行)》第2条、第20条。

② 《公务员奖励规定(试行)》第3~4条。

满意的公务员集体”“模范公务员”“模范公务员集体”等荣誉称号。①

在奖励的权限和程序方面,《公务员奖励规定(试行)》规定,给予公务员、公务员集体的奖励,经同级公务员主管部门或者市(地)级以上机关干部人事部门审核后,按照下列权限审批:嘉奖、记三等功,由县级以上党委、政府或者市(地)级以上机关批准。记二等功,由市(地)级以上党委、政府或者省级以上机关批准。记一等功,由省级以上党委、政府或者中央机关批准。授予荣誉称号,由省级以上党委、政府或者中央公务员主管部门批准。由市(地)级以上机关审批的奖励,事先应当将奖励实施方案报同级公务员主管部门审核。给予公务员、公务员集体奖励,一般按下列程序进行:(1)公务员、公务员集体做出显著成绩和贡献需要奖励的,由所在机关(部门)在征求群众意见的基础上,提出奖励建议;(2)按照规定的奖励审批权限上报;(3)审核机关(部门)审核后,在一定范围内公示7个工作日。如涉及国家秘密不宜公示的,经审批机关同意可不予公示;(4)审批机关批准,并予以公布。《公务员奖励审批表》存入公务员本人档案;《公务员集体奖励审批表》存入获奖集体所在机关文书档案。审批机关给予公务员、公务员集体奖励,必要时,应当按照干部管理权限,征得主管机关同意,并征求纪检机关(监察部门)和有关部门意见。②

在奖励的实施方面,《公务员奖励规定(试行)》规定,对在本职工作中表现突出、有显著成绩和贡献的,应当给予奖励。给予嘉奖和记三等功,一般结合年度考核进行,年度考核被确定为优秀等次的,予以嘉奖,连续3年被确定为优秀等次的,记三等功;给予记二等功、记一等功和授予“人民满意的公务员”“人民满意的公务员集体”荣誉称号,一般每5年评选一次。对在处理突发事件和承担专项重要工作中做出显著成绩和贡献的,应当及时给予奖励。其中,符合授予荣誉称号条件的,授予

① 《公务员奖励规定(试行)》第5~6条。
② 《公务员奖励规定(试行)》第7~9条。

"模范公务员""模范公务员集体"等荣誉称号。对符合奖励条件的已故人员,可以追授奖励。对获得奖励的公务员、公务员集体,由审批机关颁布奖励决定,颁发奖励证书。获得记三等功以上奖励的,同时对公务员颁发奖章,对公务员集体颁发奖牌。公务员、公务员集体的奖励证书、奖章和奖牌,按照规定的式样、规格、质地,由省级以上公务员主管部门统一制作或者监制。对获得奖励的公务员,按照规定标准给予一次性奖金。其中对获得荣誉称号的公务员,按照有关规定享受省部级以上劳动模范和先进工作者待遇。中央公务员主管部门会同国务院财政部门,根据国家经济社会发展水平,及时调整公务员奖金标准。对受奖励的公务员集体酌情给予一次性奖金,作为工作经费由集体使用,原则上不得向公务员个人发放。公务员奖励所需经费,应当列入各部门预算,予以保障。给予公务员、公务员集体奖励,对于因同一事由已获得上级机关奖励的,下级机关不再重复奖励。对获得奖励的公务员、公务员集体,可以采取适当形式予以表彰。表彰形式应当庄重、节俭。①

在奖励的监督方面,《公务员奖励规定(试行)》规定,各地各部门不得自行设立本规定之外的其他种类的公务员奖励,不得违反本规定标准发放奖金,不得重复发放奖金。公务员、公务员集体有下列情形之一的,撤销奖励:(1)申报奖励时隐瞒严重错误或者弄虚作假,骗取奖励的;(2)严重违反规定奖励程序的;(3)获得荣誉称号后,公务员受到开除处分、劳动教养、刑事处罚的,公务员集体严重违法违纪、影响恶劣的;(4)法律、法规规定应当撤销奖励的其他情形。撤销奖励,由原申报机关按程序报审批机关批准,并予以公布。如涉及国家秘密不宜公布的,经审批机关同意可不予公布。必要时,审批机关可以直接撤销奖励。公务员获得的奖励被撤销后,审批机关应当收回并公开注销其奖励证书、奖章,停止其享受的有关待遇。撤销奖励的决定存入公务员本人档案。公

---

① 《公务员奖励规定(试行)》第10~14条。

务员集体获得的奖励被撤销后，审批机关应当收回并公开注销其奖励证书和奖牌。公务员主管部门和有关机关应当及时受理对公务员奖励工作的举报，并按照有关规定处理。对在公务员奖励工作中有徇私舞弊、弄虚作假、不按规定条件和程序进行奖励等违法违纪行为的人员，以及负有领导责任的人员和直接责任人员，根据情节轻重，给予批评教育或者处分；构成犯罪的，依法追究刑事责任。①

上述相关规定，应根据 2018 年新修订的《公务员法》予以完善。

三、典型宏观调控法规定的奖励和激励措施

为了引导经济主体按照宏观调控政策法律实施自己的行为，相关宏观调控法作出了奖励、激励的专项规定。以下，以《农业法》《循环经济促进法》为例予以梳理分析。

（一）农业法的奖励激励规定

《农业法》规定，全社会应当高度重视农业，支持农业发展。国家对发展农业和农村经济有显著成绩的单位和个人，给予奖励。国家扶持动植物品种的选育、生产、更新和良种的推广使用，鼓励品种选育和生产、经营相结合，实施种子工程和畜禽良种工程。国务院和省、自治区、直辖市人民政府设立专项资金，用于扶持动植物良种的选育和推广工作。在粮食的市场价格过低时，国务院可以决定对部分粮食品种实行保护价制度。保护价应当根据有利于保护农民利益、稳定粮食生产的原则确定。农民按保护价制度出售粮食，国家委托的收购单位不得拒收。县级以上人民政府应当组织财政、金融等部门以及国家委托的收购单位及时筹足粮食收购资金，任何部门、单位或者个人不得截留或者挪用。国家建立

---

① 《公务员奖励规定（试行）》第 15 ~19 条。

和完善农业支持保护体系,采取财政投入、税收优惠、金融支持等措施,从资金投入、科研与技术推广、教育培训、农业生产资料供应、市场信息、质量标准、检验检疫、社会化服务以及灾害救助等方面扶持农民和农业生产经营组织发展农业生产,提高农民的收入水平。国家运用税收、价格、信贷等手段,鼓励和引导农民和农业生产经营组织增加农业生产经营性投入和小型农田水利等基本建设投入。国家鼓励和支持农民和农业生产经营组织在自愿的基础上依法采取多种形式,筹集农业资金。国家鼓励社会资金投向农业,鼓励企业事业单位、社会团体和个人捐资设立各种农业建设和农业科技、教育基金。国家采取措施,促进农业扩大利用外资。国家鼓励和扶持农用工业的发展。国家采取税收、信贷等手段鼓励和扶持农业生产资料的生产和贸易,为农业生产稳定增长提供物质保障。国家采取宏观调控措施,使化肥、农药、农用薄膜、农业机械和农用柴油等主要农业生产资料和农产品之间保持合理的比价。①

以上规定表明,除一般性奖励外,国家对于农业发展的激励措施包括财政直接支持、基金支持、税收、价格、信贷等宏观调控措施。对从事农业生产经营者及社会力量采取了激励措施,而对于地方政府及有关负责宏观调控政策法律执行的单位和个人则采取了禁止性规定。特别重要的是,为了解决农民"增产不增收"问题,国家对农业实施特别保护价措施,有利于调动农民的生产积极性,体现了经济法及宏观调控法对农产品市场适度干预的原则。

(二)循环经济促进法的规定

现行的《循环经济促进法》是典型的经济法及宏观调控法。在该法例中,除在第8条规定了对实施循环经济的基本激励措施外,②还设立专

---

① 《农业法》第8条、第18条、第33条、第37条、第40~41条、第43条。

② 《循环经济促进法》第8条规定,县级以上人民政府应当建立发展循环经济的目标责任制,采取规划、财政、投资、政府采购等措施,促进循环经济发展。

章,即第5章激励措施,对发展循环经济的一系列激励措施进行了规定。

按照《循环经济促进法》规定,国务院和省、自治区、直辖市人民政府设立发展循环经济的有关专项资金,支持循环经济的科技研究开发、循环经济技术和产品的示范与推广、重大循环经济项目的实施、发展循环经济的信息服务等。具体办法由国务院财政部门会同国务院循环经济发展综合管理等有关主管部门制定。国务院和省、自治区、直辖市人民政府及其有关部门应当将循环经济重大科技攻关项目的自主创新研究、应用示范和产业化发展列入国家或者省级科技发展规划和高技术产业发展规划,并安排财政性资金予以支持。利用财政性资金引进循环经济重大技术、装备的,应当制定消化、吸收和创新方案,报有关主管部门审批并由其监督实施;有关主管部门应当根据实际需要建立协调机制,对重大技术、装备的引进和消化、吸收、创新实行统筹协调,并给予资金支持。国家对促进循环经济发展的产业活动给予税收优惠,并运用税收等措施鼓励进口先进的节能、节水、节材等技术、设备和产品,限制在生产过程中耗能高、污染重的产品的出口。具体办法由国务院财政、税务主管部门制定。企业使用或者生产列入国家清洁生产、资源综合利用等鼓励名录的技术、工艺、设备或者产品的,按照国家有关规定享受税收优惠。县级以上人民政府循环经济发展综合管理部门在制定和实施投资计划时,应当将节能、节水、节地、节材、资源综合利用等项目列为重点投资领域。对符合国家产业政策的节能、节水、节地、节材、资源综合利用等项目,金融机构应当给予优先贷款等信贷支持,并积极提供配套金融服务。对生产、进口、销售或者使用列入淘汰名录的技术、工艺、设备、材料或者产品的企业,金融机构不得提供任何形式的授信支持。国家实行有利于资源节约和合理利用的价格政策,引导单位和个人节约和合理使用水、电、气等资源性产品。国务院和省、自治区、直辖市人民政府的价格主管部门应当按照国家产业政策,对资源高消耗行业中的限制类项目,实行限制性的价格政策。对利用余热、余压、煤层气以及煤矸石、煤泥、垃圾等低热值燃料的并网发电项目,价格主管部门按照有利于资源综合利用的原则确定其上网电价。省、自治区、直辖市人民政府可以根据本行政区域经济社会发展状况,实行垃圾排放收费制度。收取的费用专项用于垃圾分类、收集、运输、贮存、利用和处置,不得挪作他用。国家鼓励通过以旧换新、押金等方式回收废物。国家实行有利于循环经济发展的政府采购政策。使用财政性资金进行采购的,应当优先采购节能、节水、节材和有利于保护环境的产品及再生产品。县级以上人民政府及其有关部门应当对在循环经济管理、科学技术研究、产品开发、示范和推广工作中做出显著成绩的单位和个人给予表彰和奖励。企业事业单位应当对在循环经济发展中做出突出贡献的集体和个人给予表彰和奖励。①

第三节　中国宏观调控法规定的惩罚

中国宏观调控法所规定的惩罚,实际上就是讲宏观调控主体所应当承担的法律责任。一般情况下,这种惩罚主要是指作为宏观调控职能机关及其工作人员和被调控的地方政府、相关机构及其工作人员所应当承担的法律责任。但是,当所调整的社会关系属于宏观调控所禁止的行为时,也会涉及对被调节控制的企业等经济主体的法律责任。从法律责任的形式来看,主要包括行政责任、经济责任和刑事责任。

一、公务员法的惩戒规定

新《公务员法》规定,公务员应当遵纪守法,不得有下列行为:

(1)散布有损宪法权威、中国共产党和国家声誉的言论,组织或者

---

① 《循环经济促进法》第42~48条。

参加旨在反对宪法、中国共产党领导和国家的集会、游行、示威等活动；(2)组织或者参加非法组织，组织或者参加罢工；(3)挑拨、破坏民族关系，参加民族分裂活动或者组织、利用宗教活动破坏民族团结和社会稳定；(4)不担当，不作为，玩忽职守，贻误工作；(5)拒绝执行上级依法作出的决定和命令；(6)对批评、申诉、控告、检举进行压制或者打击报复；(7)弄虚作假，误导、欺骗领导和公众；(8)贪污贿赂，利用职务之便为自己或者他人谋取私利；(9)违反财经纪律，浪费国家资财；(10)滥用职权，侵害公民、法人或者其他组织的合法权益；(11)泄露国家秘密或者工作秘密；(12)在对外交往中损害国家荣誉和利益；(13)参与或者支持色情、吸毒、赌博、迷信等活动；(14)违反职业道德、社会公德和家庭美德；(15)违反有关规定参与禁止的网络传播行为或者网络活动；(16)违反有关规定从事或者参与营利性活动，在企业或者其他营利性组织中兼任职务；(17)旷工或者因公外出、请假期满无正当理由逾期不归；(18)违纪违法的其他行为。公务员执行公务时，认为上级的决定或者命令有错误的，可以向上级提出改正或者撤销该决定或者命令的意见；上级不改变该决定或者命令，或者要求立即执行的，公务员应当执行该决定或者命令，执行的后果由上级负责，公务员不承担责任；但是，公务员执行明显违法的决定或者命令的，应当依法承担相应的责任。公务员因违纪违法应当承担纪律责任的，依照本法给予处分或者由监察机关依法给予政务处分；违纪违法行为情节轻微，经批评教育后改正的，可以免予处分。对同一违纪违法行为，监察机关已经作出政务处分决定的，公务员所在机关不再给予处分。处分分为：警告、记过、记大过、降级、撤职、开除。对公务员的处分，应当事实清楚、证据确凿、定性准确、处理恰当、程序合法、手续完备。公务员违纪违法的，应当由处分决定机关决定对公务员违纪违法的情况进行调查，并将调查认定的事实以及拟给予处分的依据告知公务员本人。公务员有权进行陈述和申辩；处分决定机关不得因公务员申辩而加重处分。处分决定机关认为对公务员应当给予处分的，应当在规定的期限内，按照管理权限和规定的程序作出处分决定。处分决定应当以书面形式通知公务员本人。公务员在受处分期间不得晋升职务、职级和级别，其中受记过、记大过、降级、撤职处分的，不得晋升工资档次。受处分的期间为：警告，6个月；记过，12个月；记大过，18个月；降级、撤职，24个月。受撤职处分的，按照规定降低级别。公务员受开除以外的处分，在受处分期间有悔改表现，并且没有再发生违纪违法行为的，处分期满后自动解除。解除处分后，晋升工资档次、级别和职务、职级不再受原处分的影响。但是，解除降级、撤职处分的，不视为恢复原级别、原职务、原职级。①

二、行政机关公务员处分的规定

为了严肃行政机关纪律，规范行政机关公务员的行为，保证行政机关及其公务员依法履行职责，根据《公务员法》和《行政监察法》，在废除1988年9月13日国务院发布的《国家行政机关工作人员贪污贿赂行政处分暂行规定》的同时，2007年4月22日国务院以第395号令颁发《行政机关公务员处分条例》。② 该条例自2007年6月1日起施行。该条例共7章55条。其内容包括总则、处分的种类和适用、违法违纪行为及其适用的处分、处分的权限、处分的程序和不服处分的申诉等。

在总则方面，《行政机关公务员处分条例》规定，行政机关公务员违反法律、法规、规章以及行政机关的决定和命令，应当承担纪律责任的，依照本条例给予处分。法律、其他行政法规、国务院决定对行政机关公务员处分有规定的，依照该法律、行政法规、国务院决定的规定执行；法律、其他行政法规、国务院决定对行政机关公务员应当受到处分的违法

① 《公务员法》第59~65条。

② 由于国家于2018年出台了新的《监察法》和《公务员法》，该条例适用中，与新法相抵触的部分执行新法。

违纪行为作了规定，但是未对处分幅度作规定的，适用本条例第3章与其最相类似的条款有关处分幅度的规定。① 地方性法规、部门规章、地方政府规章可以补充规定本条例第3章未作规定的应当给予处分的违法违纪行为以及相应的处分幅度。除国务院监察机关、国务院人事部门外，国务院其他部门制定处分规章，应当与国务院监察机关、国务院人事部门联合制定。除法律、法规、规章以及国务院决定外，行政机关不得以其他形式设定行政机关公务员处分事项。对法律、法规授权的具有公共事务管理职能的事业单位中经批准参照《公务员法》管理的工作人员给予处分，参照本条例的有关规定办理。行政机关公务员依法履行职务的行为受法律保护，非因法定事由，非经法定程序，不受处分。给予行政机关公务员处分，应当坚持公正、公平和教育与惩处相结合的原则。给予行政机关公务员处分，应当与其违法违纪行为的性质、情节、危害程度相适应。给予行政机关公务员处分，应当事实清楚、证据确凿、定性准确、处理恰当、程序合法、手续完备。行政机关公务员违法违纪涉嫌犯罪的，应当移送司法机关依法追究刑事责任。②

在处分的种类和适用方面，《行政机关公务员处分条例》规定，行政机关公务员处分的种类为：(1)警告；(2)记过；(3)记大过；(4)降级；(5)撤职；(6)开除。行政机关公务员受处分的期间为：(1)警告，6个月；(2)记过，12个月；(3)记大过，18个月；(4)降级、撤职，24个月。行政机关公务员在受处分期间不得晋升职务和级别，其中，受记过、记大过、降级、撤职处分的，不得晋升工资档次；受撤职处分的，应当按照规定降低级别。行政机关公务员受开除处分的，自处分决定生效之日起，解除其与单位的人事关系，不得再担任公务员职务。行政机关公务员受开除以外的处分，在受处分期间有悔改表现，并且没有再发生违法违纪行

① 《行政机关公务员处分条例》第三章“违法违纪及其适用的处分”。

② 《行政机关公务员处分条例》第2~5条、第54条。

为的，处分期满后，应当解除处分。解除处分后，晋升工资档次、级别和职务不再受原处分的影响。但是，解除降级、撤职处分的，不视为恢复原级别、原职务。行政机关公务员同时有两种以上需要给予处分的行为的，应当分别确定其处分。应当给予的处分种类不同的，执行其中最重的处分；应当给予撤职以下多个相同种类处分的，执行该处分，并在一个处分期以上、多个处分期之和以下，决定处分期。行政机关公务员在受处分期间受到新的处分的，其处分期为原处分期尚未执行的期限与新处分期限之和。处分期最长不得超过48个月。行政机关公务员2人以上共同违法违纪，需要给予处分的，根据各自应当承担的纪律责任，分别给予处分。对公务员应当从重处分的情形：(1)在2人以上的共同违法违纪行为中起主要作用的；(2)隐匿、伪造、销毁证据的；(3)串供或者阻止他人揭发检举、提供证据材料的；(4)包庇同案人员的；(5)法律、法规、规章规定的其他从重情节。对公务员应当从轻处分的情形：(1)主动交代违法违纪行为的；(2)主动采取措施，有效避免或者挽回损失的；(3)检举他人重大违法违纪行为，情况属实的。行政机关公务员主动交代违法违纪行为，并主动采取措施有效避免或者挽回损失的，应当减轻处分。行政机关公务员违纪行为情节轻微，经过批评教育后改正的，可以免予处分。行政机关公务员有本条例规定的从重或从轻情形之一的，应当在本条例第三章规定的处分幅度以内从重或者从轻给予处分。行政机关公务员有本条例第14条第1款规定情形的①，应当在本条例第三章规定的处分幅度以外，减轻一个处分的档次给予处分。应当给予警告处分，又有减轻处分的情形的，免予处分。行政机关经人民法院、监察机关、行政复议机关或者上级行政机关依法认定有行政违法行为或者其他违法违纪行为，需要追究纪律责任的，对负有责任的领导人员和直接责

① 《行政机关公务员处分条例》第14条第1款规定，行政机关公务员主动交代违法违纪行为，并主动采取措施有效避免或者挽回损失的，应当减轻处分。

任人员给予处分。违法违纪的行政机关公务员在行政机关对其作出处分决定前，已经依法被判处刑罚、罢免、免职或者已经辞去领导职务，依法应当给予处分的，由行政机关根据其违法违纪事实，给予处分。行政机关公务员依法被判处刑罚的，给予开除处分。①

在违法违纪行为及其适用的处分方面，《行政机关公务员处分条例》规定，有下列行为之一的，给予记大过处分；情节较重的，给予降级或者撤职处分；情节严重的，给予开除处分：

(1)散布有损国家声誉的言论，组织或者参加旨在反对国家的集会、游行、示威等活动的；(2)组织或者参加非法组织，组织或者参加罢工的；(3)违反国家的民族宗教政策，造成不良后果的；(4)以暴力、威胁、贿赂、欺骗等手段，破坏选举的；(5)在对外交往中损害国家荣誉和利益的；(6)非法出境，或者违反规定滞留境外不归的；(7)未经批准获取境外永久居留资格，或者取得外国国籍的；(8)其他违反政治纪律的行为。有前款第6项规定行为的，给予开除处分；有前款第1项、第2项或者第3项规定的行为，属于不明真相被裹挟参加，经批评教育后确有悔改表现的，可以减轻或者免予处分。

有下列行为之一的，给予警告、记过或者记大过处分；情节较重的，给予降级或者撤职处分；情节严重的，给予开除处分：

(1)负有领导责任的公务员违反议事规则，个人或者少数人决定重大事项，或者改变集体作出的重大决定的；(2)拒绝执行上级依法作出的决定、命令的；(3)拒不执行机关的交流决定的；(4)拒不执行人民法院对行政案件的判决、裁定或者监察机关、审计机关、行政复议机关作出的决定的；(5)违反规定应当回避而不回避，影响公正执行公务，造成不良后果的；(6)离任、辞职或者被辞退时，拒不办理公务交接手续或者拒不接受审计的；(7)旷工或者因公外出、请假期满无正当理由逾期不归，

---

① 《行政机关公务员处分条例》第6～17条。

造成不良影响的;(8)其他违反组织纪律的行为。

有下列行为之一的,给予记过、记大过处分;情节较重的,给予降级或者撤职处分;情节严重的,给予开除处分:

(1)不依法履行职责,致使可以避免的爆炸、火灾、传染病传播流行、严重环境污染、严重人员伤亡等重大事故或者群体性事件发生的;(2)发生重大事故、灾害、事件或者重大刑事案件、治安案件,不按规定报告、处理的;(3)对救灾、抢险、防汛、防疫、优抚、扶贫、移民、救济、社会保险、征地补偿等专项款物疏于管理,致使款物被贪污、挪用,或者毁损、灭失的;(4)其他玩忽职守、贻误工作的行为。

有下列行为之一的,给予警告或者记过处分;情节较重的,给予记大过或者降级处分;情节严重的,给予撤职处分:

(1)在行政许可工作中违反法定权限、条件和程序设定或者实施行政许可的;(2)违法设定或者实施行政强制措施的;(3)违法设定或者实施行政处罚的;(4)违反法律、法规规定进行行政委托的;(5)对需要政府、政府部门决定的招标投标、征收征用、城市房屋拆迁、拍卖等事项违反规定办理的。弄虚作假,误导、欺骗领导和公众,造成不良后果的,给予警告、记过或者记大过处分;情节较重的,给予降级或者撤职处分;情节严重的,给予开除处分。有贪污、索贿、受贿、行贿、介绍贿赂、挪用公款、利用职务之便为自己或者他人谋取私利、巨额财产来源不明等违反廉政纪律行为的,给予记过或者记大过处分;情节较重的,给予降级或者撤职处分;情节严重的,给予开除处分。违反财经纪律,挥霍浪费国家资财的,给予警告处分;情节较重的,给予记过或者记大过处分;情节严重的,给予降级或者撤职处分。

有下列行为之一的,给予记过或者记大过处分;情节较重的,给予降级或者撤职处分;情节严重的,给予开除处分:

(1)以殴打、体罚、非法拘禁等方式侵犯公民人身权利的;(2)压制批评,打击报复,扣压、销毁举报信件,或者向被举报人透露举报情况的;

(3)违反规定向公民、法人或者其他组织摊派或者收取财物的;(4)妨碍执行公务或者违反规定干预执行公务的;(5)其他滥用职权,侵害公民、法人或者其他组织合法权益的行为。泄露国家秘密、工作秘密,或者泄露因履行职责掌握的商业秘密、个人隐私,造成不良后果的,给予警告、记过或者记大过处分;情节较重的,给予降级或者撤职处分;情节严重的,给予开除处分。从事或者参与营利性活动,在企业或者其他营利性组织中兼任职务的,给予记过或者记大过处分;情节较重的,给予降级或者撤职处分;情节严重的,给予开除处分。严重违反公务员职业道德,工作作风懈怠、工作态度恶劣,造成不良影响的,给予警告、记过或者记大过处分。

有下列行为之一的,给予警告、记过或者记大过处分;情节较重的,给予降级或者撤职处分;情节严重的,给予开除处分:

(1)拒不承担赡养、抚养、扶养义务的;(2)虐待、遗弃家庭成员的;(3)包养情人的;(4)严重违反社会公德的行为。有前款第(3)项行为的,给予撤职或者开除处分。参与迷信活动,造成不良影响的,给予警告、记过或者记大过处分;组织迷信活动的,给予降级或者撤职处分,情节严重的,给予开除处分。吸食、注射毒品或者组织、支持、参与卖淫、嫖娼、色情淫乱活动的,给予撤职或者开除处分。参与赌博的,给予警告或者记过处分;情节较重的,给予记大过或者降级处分;情节严重的,给予撤职或者开除处分。为赌博活动提供场所或者其他便利条件的,给予警告、记过或者记大过处分;情节严重的,给予撤职或者开除处分。在工作时间赌博的,给予记过、记大过或者降级处分;屡教不改的,给予撤职或者开除处分。挪用公款赌博的,给予撤职或者开除处分。利用赌博索贿、受贿或者行贿的,依照本条例第 23 条的规定给予处分。[①] 违反规定

① 《行政机关公务员处分条例》第 23 条规定,有贪污、索贿、受贿、行贿、介绍贿赂、挪用公款、利用职务之便为自己或者他人谋取私利、巨额财产来源不明等违反廉政纪律行为的,给予记过或者记大过处分;情节较重的,给予降级或者撤职处分;情节严重的,给予开除处分。

超计划生育的，给予降级或者撤职处分；情节严重的，给予开除处分。①

在处分权限方面，《行政机关公务员处分条例》规定，对行政机关公务员给予处分，由任免机关或者监察机关（以下统称处分决定机关）按照管理权限决定。对经全国人民代表大会及其常务委员会决定任命的国务院组成人员给予处分，由国务院决定。其中，拟给予撤职、开除处分的，由国务院向全国人民代表大会提出罢免建议，或者向全国人民代表大会常务委员会提出免职建议。罢免或者免职前，国务院可以决定暂停其履行职务。对经地方各级人民代表大会及其常务委员会选举或者决定任命的地方各级人民政府领导人员给予处分，由上一级人民政府决定。拟给予经县级以上地方人民代表大会及其常务委员会选举或者决定任命的县级以上地方人民政府领导人员撤职、开除处分的，应当先由本级人民政府向同级人民代表大会提出罢免建议。其中，拟给予县级以上地方人民政府副职领导人员撤职、开除处分的，也可以向同级人民代表大会常务委员会提出撤销职务的建议。拟给予乡镇人民政府领导人员撤职、开除处分的，应当先由本级人民政府向同级人民代表大会提出罢免建议。罢免或者撤销职务前，上级人民政府可以决定暂停其履行职务；遇有特殊紧急情况，省级以上人民政府认为必要时，也可以对其作出撤职或者开除的处分，同时报告同级人民代表大会常务委员会，并通报下级人民代表大会常务委员会。对地方各级人民政府工作部门正职领导人员给予处分，由本级人民政府决定。其中，拟给予撤职、开除处分的，由本级人民政府向同级人民代表大会常务委员会提出免职建议。免去职务前，本级人民政府或者上级人民政府可以决定暂停其履行职务。行政机关公务员违法违纪，已经被立案调查，不宜继续履行职责的，任免机关可以决定暂停其履行职务。被调查的公务员在违法违纪案件立案

① 《行政机关公务员处分条例》第18～33条。

调查期间，不得交流、出境、辞去公职或者办理退休手续。①

在处分的程序方面，《行政机关公务员处分条例》规定，任免机关对涉嫌违法违纪的行政机关公务员的调查、处理，按照下列程序办理：(1)经任免机关负责人同意，由任免机关有关部门对需要调查处理的事项进行初步调查。(2)任免机关有关部门经初步调查认为该公务员涉嫌违法违纪，需要进一步查证的，报任免机关负责人批准后立案。(3)任免机关有关部门负责对该公务员违法违纪事实做进一步调查，包括收集、查证有关证据材料，听取被调查的公务员所在单位的领导成员、有关工作人员以及所在单位监察机构的意见，向其他有关单位和人员了解情况，并形成书面调查材料，向任免机关负责人报告。(4)任免机关有关部门将调查认定的事实及拟给予处分的依据告知被调查的公务员本人，听取其陈述和申辩，并对其所提出的事实、理由和证据进行复核，记录在案。被调查的公务员提出的事实、理由和证据成立的，应予采信。(5)经任免机关领导成员集体讨论，作出对该公务员给予处分、免予处分或者撤销案件的决定。(6)任免机关应当将处分决定以书面形式通知受处分的公务员本人，并在一定范围内宣布。(7)任免机关有关部门应当将处分决定归入受处分的公务员本人档案，同时汇集有关材料形成该处分案件的工作档案。受处分的行政机关公务员处分期满解除处分的程序，参照前款第5项、第6项和第7项的规定办理。任免机关应当按照管理权限，及时将处分决定或者解除处分决定报公务员主管部门备案。监察机关对违法违纪的行政机关公务员的调查、处理，依照《行政监察法》规定的程序办理。对行政机关公务员违法违纪案件进行调查，应当由2名以上办案人员进行；接受调查的单位和个人应当如实提供情况。严禁以暴力、威胁、引诱、欺骗等非法方式收集证据；非法收集的证据不得作为定案的依据。参与行政机关公务员违法违纪案件调查、处理

---

① 《行政机关公务员处分条例》第34～38条。

的人员有下列情形之一的,应当提出回避申请;被调查的公务员以及与案件有利害关系的公民、法人或者其他组织有权要求其回避:(1)与被调查的公务员是近亲属关系的;(2)与被调查的案件有利害关系的;(3)与被调查的公务员有其他关系,可能影响案件公正处理的。处分决定机关负责人的回避,由处分决定机关的上一级行政机关负责人决定;其他违法违纪案件调查、处理人员的回避,由处分决定机关负责人决定。处分决定机关或者处分决定机关的上一级行政机关,发现违法违纪案件调查、处理人员有应当回避的情形,可以直接决定该人员回避。给予行政机关公务员处分,应当自批准立案之日起6个月内作出决定;案情复杂或者遇有其他特殊情形的,办案期限可以延长,但是最长不得超过12个月。处分决定应当包括下列内容:(1)被处分人员的姓名、职务、级别、工作单位等基本情况;(2)经查证的违法违纪事实;(3)处分的种类和依据;(4)不服处分决定的申诉途径和期限;(5)处分决定机关的名称、印章和作出决定的日期。解除处分决定除包括前款第(1)项、第(2)项和第(5)项规定的内容外,还应当包括原处分的种类和解除处分的依据,以及受处分的行政机关公务员在受处分期间的表现情况。处分决定、解除处分决定自作出之日起生效。行政机关公务员受到开除处分后,有新工作单位的,其本人档案转由新工作单位管理;没有新工作单位的,其本人档案转由其户籍所在地人事部门所属的人才服务机构管理。①

在不服处分的申诉方面,《行政机关公务员处分条例》规定,受到处分的行政机关公务员对处分决定不服的,依照《公务员法》和《行政监察法》的有关规定,可以申请复核或者申诉。复核、申诉期间不停止处分的执行。行政机关公务员不因提出复核、申诉而被加重处分。有下列情形之一的,受理公务员复核、申诉的机关应当撤销处分决定,重新作出决定或者责令原处分决定机关重新作出决定:(1)处分所依据的违法违纪事

① 《行政机关公务员处分条例》第39~47条。

实证据不足的;(2)违反法定程序,影响案件公正处理的;(3)作出处分决定超越职权或者滥用职权的。有下列情形之一的,受理公务员复核、申诉的机关应当变更处分决定,或者责令原处分决定机关变更处分决定:(1)适用法律、法规、规章或者国务院决定错误的;(2)对违法违纪行为的情节认定有误的;(3)处分不当的。行政机关公务员的处分决定被变更,需要调整该公务员的职务、级别或者工资档次的,应当按照规定予以调整;行政机关公务员的处分决定被撤销的,应当恢复该公务员的级别、工资档次,按照原职务安排相应的职务,并在适当范围内为其恢复名誉。被撤销处分或者被减轻处分的行政机关公务员工资福利受到损失的,应当予以补偿。有违法违纪行为应当受到处分的行政机关公务员,在处分决定机关作出处分决定前已经退休的,不再给予处分;但是,依法应当给予降级、撤职、开除处分的,应当按照规定相应降低或者取消其享受的待遇。行政机关公务员违法违纪取得的财物和用于违法违纪的财物,除依法应当由其他机关没收、追缴或者责令退赔的,由处分决定机关没收、追缴或者责令退赔。违法违纪取得的财物应当退还原所有人或者原持有人的,退还原所有人或者原持有人;属于国家财产以及不应当退还或者无法退还原所有人或者原持有人的,上缴国库。①

上述规定表明,国家对于包括宏观调控机关或机构及其工作人员基于工作或其他原因所应当承担的法律责任有着明确的基本规定。明确这些规定有利于促使宏观调控部门及其工作人员尽职尽责,做好自己的本职工作。但上述规定,应根据 2018 年新修订的《公务员法》和《监察法》予以完善。

三、典型宏观调控法规定的法律责任

除上述一般性的法律责任外,在相关宏观调控法律中,针对宏观调

---

① 《行政机关公务员处分条例》第 48 ~53 条。

控实践中的违法行为，也有相应的法律责任规定。对此，本章仍以《农业法》和《循环经济促进法》为例，梳理和分析如下：

（一）农业法法律责任规定分析

2012 年修改后的《农业法》第 12 章法律责任，就违反《农业法》应当承担的法律责任，分 8 个条文进行了明确规定。

第一，侵害农民和农业生产经营组织的土地承包经营权等财产权或者其他合法权益的民事和行政责任。

《农业法》第 90 条第 1 款规定，违反本法规定，侵害农民和农业生产经营组织的土地承包经营权等财产权或者其他合法权益的，应当停止侵害，恢复原状；造成损失、损害的，依法承担赔偿责任。

根据民法原理及《民法总则》规定，上述条款中的责任形式是典型的民事责任形式，其所涉及的规定有明确的指向，即《农业法》中有关农民和农业生产经营组织的土地承包经营权等财产权或者其他合法权益的规定。该条款适用的基础是《农业法》第 10 条有关"国家实行农村土地承包经营制度，依法保障农村土地承包关系的长期稳定，保护农民对承包土地的使用权。农村土地承包经营的方式、期限、发包方和承包方的权利义务、土地承包经营权的保护和流转等，适用《土地管理法》[①]和

---

① 《土地管理法》第 10 条规定，农民集体所有的土地依法属于村农民集体所有的，由村集体经济组织或者村民委员会经营、管理；已经分别属于村内两个以上农村集体经济组织的农民集体所有的，由村内各该农村集体经济组织或者村民小组经营、管理；已经属于乡（镇）农民集体所有的，由乡（镇）农村集体经济组织经营、管理。第 14 条规定，农民集体所有的土地由本集体经济组织的成员承包经营，从事种植业、林业、畜牧业、渔业生产。土地承包经营期限为 30 年。发包方和承包方应当订立承包合同，约定双方的权利和义务。承包经营土地的农民有保护和按照承包合同约定的用途合理利用土地的义务。农民的土地承包经营权受法律保护。在土地承包经营期限内，对个别承包经营者之间承包的土地进行适当调整的，必须经村民会议 2/3 以上成员或者 2/3 以上村民代表的同意，并报乡（镇）人民政府和县级人民政府农业行政主管部门批准。

《农村土地承包法》①。农村集体经济组织应当在家庭承包经营的基础上,依法管理集体资产,为其成员提供生产、技术、信息等服务,组织合理开发、利用集体资源,壮大经济实力。"的基本规定。核心的内容是"侵害农民和农业生产经营组织的土地承包经营权等财产权"。所谓"其他合法权益"则集中体现于《农业法》第9章有关农民权益保护的集中规定。

根据《农业法》第9章规定,任何机关或者单位向农民或者农业生产经营组织收取行政、事业性费用必须依据法律、法规的规定。收费的项目、范围和标准应当公布。没有法律、法规依据的收费,农民和农业生产经营组织有权拒绝。任何机关或者单位对农民或者农业生产经营组织进行罚款处罚必须依据法律、法规、规章的规定。没有法律、法规、规章依据的罚款,农民和农业生产经营组织有权拒绝。任何机关或者单位不得以任何方式向农民或者农业生产经营组织进行摊派。除法律、法规另有规定外,任何机关或者单位以任何方式要求农民或者农业生产经营组

---

① 为稳定和完善以家庭承包经营为基础、统分结合的双层经营体制,赋予农民长期而有保障的土地使用权,维护农村土地承包当事人的合法权益,促进农业、农村经济发展和农村社会稳定,根据宪法规定,2002年8月29日第九届全国人民代表大会常务委员会第二十九次会议通过《农村土地承包法》。该本法所称农村土地,是指农民集体所有和国家所有依法由农民集体使用的耕地、林地、草地,以及其他依法用于农业的土地。国家实行农村土地承包经营制度。农村土地承包采取农村集体经济组织内部的家庭承包方式,不宜采取家庭承包方式的荒山、荒沟、荒丘、荒滩等农村土地,可以采取招标、拍卖、公开协商等方式承包。国家依法保护农村土地承包关系的长期稳定。农村土地承包后,土地的所有权性质不变。承包地不得买卖。农村集体经济组织成员有权依法承包由本集体经济组织发包的农村土地。任何组织和个人不得剥夺和非法限制农村集体经济组织成员承包土地的权利。农村土地承包,妇女与男子享有平等的权利。承包中应当保护妇女的合法权益,任何组织和个人不得剥夺、侵害妇女应当享有的土地承包经营权。农村土地承包应当坚持公开、公平、公正的原则,正确处理国家、集体、个人三者的利益关系。农村土地承包应当遵守法律、法规,保护土地资源的合理开发和可持续利用。未经依法批准不得将承包地用于非农建设。国家鼓励农民和农村集体经济组织增加对土地的投入,培肥地力,提高农业生产能力。国家保护集体土地所有者的合法权益,保护承包方的土地承包经营权,任何组织和个人不得侵犯。国家保护承包方依法、自愿、有偿地进行土地承包经营权流转。

织提供人力、财力、物力的,属于摊派。农民和农业生产经营组织有权拒绝任何方式的摊派。各级人民政府及其有关部门和所属单位不得以任何方式向农民或者农业生产经营组织集资。没有法律、法规依据或者未经国务院批准,任何机关或者单位不得在农村进行任何形式的达标、升级、验收活动。农民和农业生产经营组织依照法律、行政法规的规定承担纳税义务。税务机关及代扣、代收税款的单位应当依法征税,不得违法摊派税款及以其他违法方法征税。农村义务教育除按国务院规定收取的费用外,不得向农民和学生收取其他费用。禁止任何机关或者单位通过农村中小学校向农民收费。国家依法征收农民集体所有的土地,应当保护农民和农村集体经济组织的合法权益,依法给予农民和农村集体经济组织征地补偿,任何单位和个人不得截留、挪用征地补偿费用。各级人民政府、农村集体经济组织或者村民委员会在农业和农村经济结构调整、农业产业化经营和土地承包经营权流转等过程中,不得侵犯农民的土地承包经营权,不得干涉农民自主安排的生产经营项目,不得强迫农民购买指定的生产资料或者按指定的渠道销售农产品。农村集体经济组织或者村民委员会为发展生产或者兴办公益事业,需要向其成员(村民)筹资筹劳的,应当经成员(村民)会议或者成员(村民)代表会议过半数通过后,方可进行。农村集体经济组织或者村民委员会依照前款规定筹资筹劳的,不得超过省级以上人民政府规定的上限控制标准,禁止强行以资代劳。农村集体经济组织和村民委员会对涉及农民利益的重要事项,应当向农民公开,并定期公布财务账目,接受农民的监督。任何单位和个人向农民或者农业生产经营组织提供生产、技术、信息、文化、保险等有偿服务,必须坚持自愿原则,不得强迫农民和农业生产经营组织接受服务。农产品收购单位在收购农产品时,不得压级压价,不得在支付的价款中扣缴任何费用。法律、行政法规规定代扣、代收税款的,依照法律、行政法规的规定办理。农产品收购单位与农产品销售者因农产品的质量等级发生争议的,可以委托具有法定资质的农产品质量检验机构检验。农业生产资料使用者因生产资料质量问题遭受损失的，出售该生产资料的经营者应当予以赔偿，赔偿额包括购货价款、有关费用和可得利益损失。①

根据上述规定，构成违法行为的基本要件，一是违法主体既包括泛指的任何机关或单位、任何单位和个人，也包括特指的各级人民政府及其有关主管部门和所属单位、税收机关及代扣、代收税款的单位、农村集体经济组织、村民委员会、农产品收购单位、农产品销售者、出售农业生产资料的经营者；二是有违反上述规定的行为；三是造成了农民或农业生产经营组织的财产或经济利益损失。在救济程序上，如果属于平等的民事关系，农民或农业生产经营组织可以通过诉讼或仲裁方式维权；如果涉及行政权力则可通过行政附带民事的方式，通过行政复议直至行政诉讼方式维权。对此，《农业法》第 77 条、第 78 条作了相应的规定。②

值得强调的是，《农业法》第 90 条第 2 款同时规定，国家工作人员利用职务便利或者以其他名义侵害农民和农业生产经营组织的合法权益的，应当赔偿损失，并由其所在单位或者上级主管机关给予行政处分。该款规定是指当国家工作人员利用职务便利或者以其他名义侵害农民和农业生产经营组织的合法权益时，不仅应当赔偿损失，而且，还应由其所在单位或者上级主管机关给予行政处分。这就是说，国家工作人员利用职务便利或者以其他名义侵害农民和农业生产经营组织的合法权益，对外个人要承担民事赔偿责任，对内要承担行政处分责任。

第二，涉及农田水利设施保护、农业生产资料安全、退耕还林、征地

---

① 《农业法》第 67 ~76 条。

② 《农业法》第 77 条规定，农民或者农业生产经营组织为维护自身的合法权益，有向各级人民政府及其有关部门反映情况和提出合法要求的权利，人民政府及其有关部门对农民或者农业生产经营组织提出的合理要求，应当按照国家规定及时给予答复。第 78 条规定，违反法律规定，侵犯农民权益的，农民或者农业生产经营组织可以依法申请行政复议或者向人民法院提起诉讼，有关人民政府及其有关部门或者人民法院应当依法受理。人民法院和司法行政主管机关应当依照有关规定为农民提供法律援助。

补偿的法律责任。

《农业法》第 91 条规定，违反本法第 19 条、第 25 条、第 62 条、第 71 条规定的，依照相关法律或者行政法规的规定予以处罚。对照《农业法》规定，第 19 条涉及农田水利设施保护；[①]第 25 条涉及农业生产资料安全；[②]第 62 条涉及退耕还林、还草、还湖中对农民的补助问题；[③]第 71 条涉及土地征收补偿。[④] 对此，《农业法》没有直接规定法律责任，而是规定直接适用相关的法律或者行政法规的规定予以处罚，体现了《农业法》与其他相关法律或行政法规的衔接。[⑤]

---

① 《农业法》第 19 条规定，各级人民政府和农业生产经营组织应当加强农田水利设施建设，建立健全农田水利设施的管理制度，节约用水，发展节水型农业，严格依法控制非农业建设占用灌溉水源，禁止任何组织和个人非法占用或者毁损农田水利设施。国家对缺水地区发展节水型农业给予重点扶持。

② 《农业法》第 25 条规定，农药、兽药、饲料和饲料添加剂、肥料、种子、农业机械等可能危害人畜安全的农业生产资料的生产经营，依照相关法律、行政法规的规定实行登记或者许可制度。各级人民政府应当建立健全农业生产资料的安全使用制度，农民和农业生产经营组织不得使用国家明令淘汰和禁止使用的农药、兽药、饲料添加剂等农业生产资料和其他禁止使用的产品。农业生产资料的生产者、销售者应当对其生产、销售的产品的质量负责，禁止以次充好、以假充真、以不合格的产品冒充合格的产品；禁止生产和销售国家明令淘汰的农药、兽药、饲料添加剂、农业机械等农业生产资料。

③ 《农业法》第 62 条规定，禁止毁林毁草开垦、烧山开垦以及开垦国家禁止开垦的陡坡地，已经开垦的应当逐步退耕还林、还草。禁止围湖造田以及围垦国家禁止围垦的湿地。已经围垦的，应当逐步退耕还湖、还湿地。对在国务院批准规划范围内实施退耕的农民，应当按照国家规定予以补助。

④ 《农业法》第 71 条规定，国家依法征收农民集体所有的土地，应当保护农民和农村集体经济组织的合法权益，依法给予农民和农村集体经济组织征地补偿，任何单位和个人不得截留、挪用征地补偿费用。

⑤ 例如，为了规范退耕还林活动，保护退耕还林者的合法权益，巩固退耕还林成果，优化农村产业结构，改善生态环境，国务院于 2002 年 12 月 14 日出台《退耕还林条例》，该条例于 2016 年 2 月 6 日进行了修订。该条例第 61 条规定，供应补助粮食的企业向退耕还林者供应不符合国家质量标准的补助粮食的，由县级以上人民政府粮食行政管理部门责令限期改正，可以处非法供应的补助粮食数量乘以标准口粮单价 1 倍以下的罚款。供应补助粮食的企业将补助粮食折算成现金或者代金券支付的，或者回购补助粮食的，由县级以上人民政府粮食行政管理部门责令限期改正，可以处折算现金额、代金券额或者回购粮食价款 1 倍以下的罚款。

第三,涉农专项资金截留、挪用的行政责任和刑事责任。

《农业法》第 92 条规定,有下列行为之一的,由上级主管机关责令限期归还被截留、挪用的资金,没收非法所得,并由上级主管机关或者所在单位给予直接负责的主管人员和其他直接责任人员行政处分;构成犯罪的,依法追究刑事责任:(1)违反本法第 33 条第 3 款规定①,截留、挪用粮食收购资金的;(2)违反本法第 39 条第 2 款规定②,截留、挪用用于农业的财政资金和信贷资金的;(3)违反本法第 86 条第 3 款规定③,截留、挪用扶贫资金的。

结合该条规定,构成该条法律责任的基本要件:一是主体要件为任何单位或个人,其中主要涉及单位直接负责的主管人员和其他直接责任人员;二是客体要件为存在截留、挪用农业专项资金的行为。只要存在该行为,除被没收非法所得外,应当由上级主管机关或者所在单位对违反者予以行政处分,构成犯罪的,应移交司法机关追究刑事责任。依照现行《刑法》规定,截留、挪用农业专项资金构成第 273 条规定的挪用特定款物罪。即挪用用于救灾、抢险、防汛、优抚、扶贫、移民、救济款物,情节严重,致使国家和人民群众利益遭受重大损害的,对直接责任人员,处 3 年以下有期徒刑或者拘役;情节特别严重的,处 3 年以上 7 年以下有期徒刑。根据该规定,构成刑事责任的要件:一是主体要件为直接责任人;二是客观要件有截留、挪用农业专项资金的行为;三是结果要件情节严重,致使国家和人民群众利益遭受重大损害的,并且行为与结果之间有直接的因果关系。

---

① 《农业法》第 33 条第 3 款规定,县级以上人民政府应当组织财政、金融等部门以及国家委托的收购单位及时筹足粮食收购资金,任何部门、单位或者个人不得截留或者挪用。

② 《农业法》第 39 条第 2 款规定,任何单位和个人不得截留、挪用用于农业的财政资金和信贷资金。审计机关应当依法加强对用于农业的财政和信贷等资金的审计监督。

③ 《农业法》第 86 条第 3 款规定,禁止任何单位和个人截留、挪用扶贫资金。审计机关应当加强扶贫资金的审计监督。

第四,违法向农民或农业生产经营组织收费、罚款、摊派的行政和刑事责任。

《农业法》第93条规定,违反本法第67条规定①,向农民或者农业生产经营组织违法收费、罚款、摊派的,上级主管机关应当予以制止,并予公告;已经收取钱款或者已经使用人力、物力的,由上级主管机关责令限期归还已经收取的钱款或者折价偿还已经使用的人力、物力,并由上级主管机关或者所在单位给予直接负责的主管人员和其他直接责任人员行政处分;情节严重,构成犯罪的,依法追究刑事责任。

根据《农业法》第67条规定,构成本条规定的法律责任的主体要件为任何机关和单位的直接负责的主管人员和其他直接责任人员;客体要件为存在向农民或者农业生产经营组织违法收费、罚款、摊派的行为。经济责任为退还收取钱款或折价偿还。行政责任为行政处分。情节严重,构成犯罪的,依法追究刑事责任。依照现行《刑法》规定,违法收费、罚款、摊派的行为可构成现行《刑法》第397条第1款规定的滥用职权罪。即国家机关工作人员滥用职权,致使公共财产、国家和人民利益遭受重大损失的,处3年以下有期徒刑或者拘役;情节特别严重的,处3年以上7年以下有期徒刑。结合《农业法》第93条规定,所谓情节严重,应当是指"致使公共财产、国家和人民利益遭受重大损失的"严重后果。但在承担责任的主体上,《刑法》只是笼统地规定为"国家机关工作人员"。

---

① 《农业法》第67条规定,任何机关或者单位向农民或者农业生产经营组织收取行政、事业性费用必须依据法律、法规的规定。收费的项目、范围和标准应当公布。没有法律、法规依据的收费,农民和农业生产经营组织有权拒绝。任何机关或者单位对农民或者农业生产经营组织进行罚款处罚必须依据法律、法规、规章的规定。没有法律、法规、规章依据的罚款,农民和农业生产经营组织有权拒绝。任何机关或者单位不得以任何方式向农民或者农业生产经营组织进行摊派。除法律、法规另有规定外,任何机关或者单位以任何方式要求农民或者农业生产经营组织提供人力、财力、物力的,属于摊派。农民和农业生产经营组织有权拒绝任何方式的摊派。

第五,在农村开展集资、达标、升级、验收活动或收取特定费用的行政责任。

《农业法》第 94 条规定,有下列行为之一的,由上级主管机关责令停止违法行为,并给予直接负责的主管人员和其他直接责任人员行政处分,责令退还违法收取的集资款、税款或者费用:(1)违反本法第 68 条规定①,非法在农村进行集资、达标、升级、验收活动的;(2)违反本法第 69 条规定②,以违法方法向农民征税的;违反本法第 70 条规定③,通过农村中小学校向农民超额、超项目收费的。

根据上述规定,《农业法》规定,各级人民政府及其有关部门和所属单位不得以任何方式向农民或者农业生产经营组织集资。没有法律、法规依据或者未经国务院批准,禁止任何机关或者单位在农村进行任何形式的达标、升级、验收活动;禁止税务机关及代扣、代收税款的单位对农民和农业生产经营组织违法摊派税款及以其他违法方法征税;农村义务教育中,除按国务院规定收取的费用外,禁止向农民和学生收取其他费用。禁止任何机关或者单位通过农村中小学校向农民收费。对违反这些禁止性规定者,由上级主管机关责令停止违法行为,并给予直接负责的主管人员和其他直接责任人员行政处分,责令退还违法收取的集资款、税款或者费用。

第六,农村集体经济组织或者村民委员会强迫农民以资代劳的行政和经济责任。

---

① 《农业法》第 68 条规定,各级人民政府及其有关部门和所属单位不得以任何方式向农民或者农业生产经营组织集资。没有法律、法规依据或者未经国务院批准,任何机关或者单位不得在农村进行任何形式的达标、升级、验收活动。

② 《农业法》第 69 条规定,农民和农业生产经营组织依照法律、行政法规的规定承担纳税义务。税务机关及代扣、代收税款的单位应当依法征税,不得违法摊派税款及以其他违法方法征税。

③ 《农业法》第 70 条规定,农村义务教育除按国务院规定收取的费用外,不得向农民和学生收取其他费用。禁止任何机关或者单位通过农村中小学校向农民收费。

《农业法》第95条规定，违反本法第73条第2款规定①，强迫农民以资代劳的，由乡（镇）人民政府责令改正，并退还违法收取的资金。

根据上述规定，结合《农业法》第73条第2款规定，该规定的主要意图是禁止农村集体经济组织或者村民委员会强迫农民以资代劳。但在执行中会形成相应的法律关系。一是基础法律关系为农村集体经济组织或者村民委员会与村民之间的强迫以资代劳关系；二是乡（镇）人民政府责令农村集体经济组织或者村民委员会改正违法行为，并退还违法收取的资金形成的法律关系；三是村民可依此规定，向乡（镇）人民政府控告农村集体经济组织或者村民委员会强迫以资代劳之违法行为，要求乡（镇）人民政府履职形成的法律关系；四是如果乡（镇）人民政府不履职，村民可向上一级政府进行信访甚至诉讼形成相应的法律关系。

第七，强迫农民和农业生产经营组织接受有偿服务的行政和民事责任。

《农业法》第96条规定，违反本法第74条规定②，强迫农民和农业生产经营组织接受有偿服务的，由有关人民政府责令改正，并返还其违法收取的费用；情节严重的，给予直接负责的主管人员和其他直接责任人员行政处分；造成农民和农业生产经营组织损失的，依法承担赔偿责任。

根据本条规定，结合《农业法》第74条规定，强迫农民和农业生产经

---

① 《农业法》第73条第1款规定，农村集体经济组织或者村民委员会为发展生产或者兴办公益事业，需要向其成员（村民）筹资筹劳的，应当经成员（村民）会议或者成员（村民）代表会议过半数通过后，方可进行。第2款规定，农村集体经济组织或者村民委员会依照前款规定筹资筹劳的，不得超过省级以上人民政府规定的上限控制标准，禁止强行以资代劳。

② 《农业法》第74条规定，任何单位和个人向农民或者农业生产经营组织提供生产、技术、信息、文化、保险等有偿服务，必须坚持自愿原则，不得强迫农民和农业生产经营组织接受服务。

营组织接受有偿服务的主体包括:向农民或者农业生产经营组织提供生产、技术、信息、文化、保险等有偿服务的单位和个人,而且,对于单位来说,大多数属于事业性的单位,在专业领域具有服务优势。他们和农民或者农业生产经营组织之间的有偿服务关系属于民事关系的范畴。其有偿服务也大多有明确的收费标准,该条规定的关键是,是否违背了农民和农业生产经营组织的意愿。只要违背了农民和农业生产经营组织的意愿,有关人民政府即可以予以查处。但该条的问题是,"有关人民政府"的提法不够明确,在执法中可能会出现谁也管或谁也不管的局面。对此,需要完善。

第八,人民政府农业行政主管部门的工作人员参与和从事农业生产经营活动的行政和刑事责任。

《农业法》第 97 条规定,县级以上人民政府农业行政主管部门的工作人员违反本法规定参与和从事农业生产经营活动的,依法给予行政处分;构成犯罪的,依法追究刑事责任。

由上可知,《农业法》禁止县级以上人民政府农业行政主管部门的工作人员违反《农业法》规定参与和从事农业生产经营活动。但是,在《农业法》中没有对应的条款。然而,其意图还是明确的,即作为农业行政主管部门的工作人员,他们是农业生产经营活动的管理者,如果其又参与和从事农业生产经营活动,不仅违反有关党政干部不允许经商办企业的政策性规定,而且必然会在工作中以权谋私。因此,《农业法》将该种行为定性为违法,并规定给予行政处分,有利于遏制农业调控部门工作人员的不当经营行为。与此同时,有关犯罪行为的刑事责任追究,可适用现行《刑法》第 225 条非法经营罪中的"其他严重扰乱市场秩序的非法经营行为”的规定，追究责任者的刑事责任。①

(二)循环经济促进法法律责任规定的分析

现行的《循环经济促进法》第六章法律责任分9个条款规定了循环经济发展中经济调控部门与被调控者的法律责任。

第一，经济调控部门不作为的行政责任。

《循环经济促进法》第49条规定，县级以上人民政府循环经济发展综合管理部门或者其他有关主管部门发现违反本法的行为或者接到对违法行为的举报后不予查处，或者有其他不依法履行监督管理职责行为的，由本级人民政府或者上一级人民政府有关主管部门责令改正，对直接负责的主管人员和其他直接责任人员依法给予处分。

按照宏观调控法原理，根据上述规定，县级以上人民政府循环经济发展综合管理部门或者其他有关主管部门包括中央、省、市、县四级政府。其中，中央级的循环经济发展综合管理部门或者其他有关主管部门属于宏观调控的调控者；而省以下则为被调控者。但他们违法行为的共同表现都是对违反《循环经济促进法》的行为不履职、不作为。这样的规定有利于促进政府职能部门行动起来，坚决制止违反《循环经济促进法》的行为，保障循环经济的顺利推进。

第二，生产、销售、使用、进口淘汰产品、设备和材料的经济和行政责任。

《循环经济促进法》第50条规定，生产、销售列入淘汰名录的产品、

---

① 《刑法》第225条规定，违反国家规定，有下列非法经营行为之一，扰乱市场秩序，情节严重的，处5年以下有期徒刑或者拘役，并处或者单处违法所得1倍以上5倍以下罚金；情节特别严重的，处5年以上有期徒刑，并处违法所得1倍以上5倍以下罚金或者没收财产：(1)未经许可经营法律、行政法规规定的专营、专卖物品或者其他限制买卖的物品的；(2)买卖进出口许可证、进出口原产地证明以及其他法律、行政法规规定的经营许可证或者批准文件的；(3)未经国家有关主管部门批准非法经营证券、期货、保险业务的，或者非法从事资金支付结算业务的；(4)其他严重扰乱市场秩序的非法经营行为。

设备的，依照《产品质量法》的规定处罚。① 使用列入淘汰名录的技术、工艺、设备、材料的，由县级以上地方人民政府循环经济发展综合管理部门责令停止使用，没收违法使用的设备、材料，并处5万元以上20万元以下的罚款；情节严重的，由县级以上人民政府循环经济发展综合管理部门提出意见，报请本级人民政府按照国务院规定的权限责令停业或者关闭。违反本法规定，进口列入淘汰名录的设备、材料或者产品的，由海关责令退运，可以处10万元以上100万元以下的罚款。进口者不明的，由承运人承担退运责任，或者承担有关处置费用。

上述条款规制的对象是作为被调控对象的从事生产、销售、使用、进口业务的有关单位或个人，属于对被调控对象的强制性规定。其被禁止的行为是在生产、销售、使用、进口业务中，使用列入国家淘汰名录的技术、工艺、设备、材料的行为。法律适用的前提是国家要制定淘汰的技术、工艺、设备、材料和产品名录。对此，《循环经济促进法》第18条规定，国务院循环经济发展综合管理部门会同国务院生态环境等有关主管部门，定期发布鼓励、限制和淘汰的技术、工艺、设备、材料和产品名录。禁止生产、进口、销售列入淘汰名录的设备、材料和产品，禁止使用列入淘汰名录的技术、工艺、设备和材料。

第三，在拆解或者处置过程中可能造成环境污染的电器电子等产品，设计使用列入国家禁止使用名录的有毒有害物质的行政责任。

《循环经济促进法》第51条规定，违反本法规定，对在拆解或者处置

---

① 1993年2月22日第七届全国人民代表大会常务委员会第三十次会议通过《产品质量法》，根据2000年7月8日第九届全国人民代表大会常务委员会第十六次会议《关于修改〈中华人民共和国产品质量法〉的决定》第一次修正，根据2009年8月27日第十一届全国人民代表大会常务委员会第十次会议《关于修改部分法律的决定》第二次修正，根据2018年12月29日第十三届全国人民代表大会常务委员会第七次会议《关于修改〈中华人民共和国产品质量法〉等五部法律的决定》第三次修正。该法第51条规定，生产国家明令淘汰的产品的，销售国家明令淘汰并停止销售的产品的，责令停止生产、销售，没收违法生产、销售的产品，并处违法生产、销售产品货值金额等值以下的罚款；有违法所得的，并处没收违法所得；情节严重的，吊销营业执照。

过程中可能造成环境污染的电器电子等产品，设计使用列入国家禁止使用名录的有毒有害物质的，由县级以上地方人民政府市场监督管理部门责令限期改正；逾期不改正的，处 2 万元以上 20 万元以下的罚款；情节严重的，依法吊销营业执照。

上述规定的对应条款是《循环经济促进法》第 19 条第 1 款、第 2 款的规定，即从事工艺、设备、产品及包装物设计，应当按照减少资源消耗和废物产生的要求，优先选择采用易回收、易拆解、易降解、无毒无害或者低毒低害的材料和设计方案，并应当符合有关国家标准的强制性要求。对在拆解和处置过程中可能造成环境污染的电器电子等产品，不得设计使用国家禁止使用的有毒有害物质。禁止在电器电子等产品中使用的有毒有害物质名录，由国务院循环经济发展综合管理部门会同国务院生态环境等有关主管部门制定。由此，本条法律责任是对从事工艺、设备、产品及包装物设计单位和个人行为的禁止性或强制性规定，体现了宏观调控法对被调控者行为的法律控制。

第四，相关企业使用不符合国家规定的燃油发电机组或者燃油锅炉的行政与经济责任。

《循环经济促进法》第 52 条规定，违反本法规定，电力、石油加工、化工、钢铁、有色金属和建材等企业未在规定的范围或者期限内停止使用不符合国家规定的燃油发电机组或者燃油锅炉的，由县级以上地方人民政府循环经济发展综合管理部门责令限期改正；逾期不改正的，责令拆除该燃油发电机组或者燃油锅炉，并处 5 万元以上 50 万元以下的罚款。

适用该条款的对应条款是《循环经济促进法》第 21 条第 2 款的规定，即电力、石油加工、化工、钢铁、有色金属和建材等企业，必须在国家规定的范围和期限内，以洁净煤、石油焦、天然气等清洁能源替代燃料油，停止使用不符合国家规定的燃油发电机组和燃油锅炉。据此，可能违法的企业是指电力、石油加工、化工、钢铁、有色金属和建材等企业，但有一个“在国家规定的范围和期限内”的限制。这是因为，这些企业、行业燃料油的存在不符合《循环经济促进法》有关清洁能源的规定。

第五，矿山企业未达到法定指标的行政经济责任。

《循环经济促进法》第 53 条规定，违反本法规定，矿山企业未达到经依法审查确定的开采回采率、采矿贫化率、选矿回收率、矿山水循环利用率和土地复垦率等指标的，由县级以上人民政府地质矿产主管部门责令限期改正，处 5 万元以上 50 万元以下的罚款；逾期不改正的，由采矿许可证颁发机关依法吊销采矿许可证。

适用上述规定的对应条款是《循环经济促进法》第 22 条第 1 款规定，即开采矿产资源，应当统筹规划，制定合理的开发利用方案，采用合理的开采顺序、方法和选矿工艺。采矿许可证颁发机关应当对申请人提交的开发利用方案中的开采回采率、采矿贫化率、选矿回收率、矿山水循环利用率和土地复垦率等指标依法进行审查；审查不合格的，不予颁发采矿许可证。采矿许可证颁发机关应当依法加强对开采矿产资源的监督管理。根据该规定，矿山企业的开采回采率、采矿贫化率、选矿回收率、矿山水循环利用率和土地复垦率等指标，需要在颁发矿山许可证时，由发证机关予以核定。如果在实际开采中，违反各指标的要求时，作为被调控的矿山企业就应承担本条规定的法律责任。而适用该条规定的执法者包括县级以上的地质矿山部门。该项规定的实施有利于促使矿山企业在开采矿山资源时，节约资源，保护资源，合理利用资源。

第六，违反粘土砖生产、销售、使用禁止性规定的行政责任。

《循环经济促进法》第 54 条规定，违反本法规定，在国务院或者省、自治区、直辖市人民政府规定禁止生产、销售、使用粘土砖的期限或者区域内生产、销售或者使用粘土砖的，由县级以上地方人民政府指定的部门责令限期改正；有违法所得的，没收违法所得；逾期继续生产、销售的，由地方人民政府市场监督管理部门依法吊销营业执照。

上述规定对应的条款是《循环经济促进法》第 23 条第 3 款规定，

即禁止损毁耕地烧砖。在国务院或者省、自治区、直辖市人民政府规定的期限和区域内,禁止生产、销售和使用粘土砖。根据该规定,授权国务院或者省、自治区、直辖市人民政府应作出在一定期限和区域内,禁止生产、销售和使用粘土砖规定。在明确规定的情况下,粘土砖的生产、销售和使用者,即应当承担本条规定的法律责任。具体的执法部门为县级以上地方人民政府指定的部门和地方人民政府市场监督管理部门。

第七,电网企业拒不收购低热值燃料生产的电力的行政与民事赔偿责任。

《循环经济促进法》第55条规定,违反本法规定,电网企业拒不收购企业利用余热、余压、煤层气以及煤矸石、煤泥、垃圾等低热值燃料生产的电力的,由国家电力监管机构责令限期改正;造成企业损失的,依法承担赔偿责任。

关于此条规定,在《循环经济促进法》中,并没有对应性条款,只是在第46条第3款规定了企业发电上网的价格调控问题,即"对利用余热、余压、煤层气以及煤矸石、煤泥、垃圾等低热值燃料的并网发电项目,价格主管部门按照有利于资源综合利用的原则确定其上网电价"。因此,第55条规定的对电网企业的强制性规定,是一个单独的规定。按此规定,企业利用余热、余压、煤层气以及煤矸石、煤泥、垃圾等低热值燃料生产的电力,电网企业必须予以收购,否则就要承担该条规定的法律责任。但是,电网是一个特殊的领域,既存在技术上的容积问题,也存在经济上的成本核算问题。因此,适用此条规定的前提是企业并网发电项目已经立项并符合技术和经济要求;否则,即不具有可操作性。

第八,销售没有循环经济标识产品的行政和民事赔偿责任。

《循环经济促进法》第56条规定,违反本法规定,有下列行为之一的,由地方人民政府市场监督管理部门责令限期改正,可以处5000元以上5万元以下的罚款;逾期不改正的,依法吊销营业执照;造成损失的,依法承担赔偿责任:(1)销售没有再利用产品标识的再利用电器电子产品的;(2)销售没有再制造或者翻新产品标识的再制造或者翻新产品的。

上述规定适用的对应条款是《循环经济促进法》第40条的规定,即国家支持企业开展机动车零部件、工程机械、机床等产品的再制造和轮胎翻新。销售的再制造产品和翻新产品的质量必须符合国家规定的标准,并在显著位置标识为再制造产品或者翻新产品。由此表明,国家对于再利用产品实施标识制度,以便使生产消费者明白相关产品的再利用性质,也是循环经济产品的一种展示。因此,当销售者销售没有标识的再利用产品时,地方人民政府市场监督管理部门就可以依照本条规定履行执法义务,经销商要承担本条规定的行政责任和民事赔偿责任。

第九,与刑法的衔接性规定。

《循环经济促进法》第57条规定,违反本法规定,构成犯罪的,依法追究刑事责任。这是一种概括性规定,但必须有相应的罪状、罪名成立,才能追究相关责任人的刑事责任。例如,如上所述,对于宏观调控的国家工作人员而言,常常会涉及对滥用职权罪和玩忽职守罪的认定。

以上分析表明,《循环经济促进法》作为重要的宏观调控法,虽然其主要功能在于调节,但是,为了达到促进循环经济发展的目的,也在控制功能发挥上进行了有针对性的规定,符合宏观调控法原理。

(三)政策性文件法律责任的指引

值得强调的是,在宏观调控中,存在大量的政策性文件,这类文件,通常不涉及法律责任的追究,但政策文件中往往会对责任者承担责任提出政策性指引,成为依法追究相关责任人责任的政策依据。例如,为做好2017年去产能工作，经国务院同意，2017年4月17日，由国家发展改革委、工业和信息化部、财政部、人力资源社会保障部、国土资源部、环境保护部、住房城乡建设部、交通运输部、商务部、中国人民银行、国务院国资委、海关总署、税务总局、工商总局、质检总局、安全监管总局、国家统计局、国家知识产权局、银监会、证监会、保监会、国家能源局、国家煤矿安监局23个部门联合发布了《关于做好2017年钢铁煤炭行业化解过剩产能实现脱困发展工作的意见》(发改运行〔2017〕691号)。按照该文意见，2017年去产能的重点工作：

一是坚定不移处置“僵尸企业”。将处置“僵尸企业”作为化解过剩产能的“牛鼻子”，抓好推动钢铁行业重组处置“僵尸企业”工作方案的落实，实施煤炭行业“僵尸企业”处置工作方案，做好“僵尸企业”分类处置。对于长期停工停产、连年亏损、资不抵债，没有生存能力和发展潜力的“僵尸企业”，加快实施整体退出、关停出清、重组整合。

二是以更加严格的标准坚决淘汰落后产能。严格执行环保、质量、技术、能耗、水耗、安全等法律法规、强制性标准和产业政策，依法依规提高相关标准，分别制订更具体的实施方案。钢铁方面，严查400立方米及以下的炼铁高炉(符合《铸造用生铁企业认定规范条件》的铸造高炉除外)、30吨及以下炼钢转炉、30吨及以下炼钢电炉(高合金电弧炉除外)等落后产能。煤炭方面，加快退出长期停工停产的煤矿，安全保障程度低、风险大的煤矿，没有条件增加安全投入、失去改造升级价值的小煤矿，以及违法违规和不达标的煤矿。

三是坚决清理严厉查处违法违规产能。进一步梳理排查钢铁煤炭新建、在建项目违规建设情况，彻底查处未批先建、边批边建、手续不全、批建不符等问题。采取更加坚决有效的措施，2017年6月底前依法彻底取缔“地条钢”产能。持续深入开展违法违规建设项目清理、淘汰落后、联合执法三个专项行动，加大环保、国土、质量、安全、能耗、水耗、工商等监管执法力度，对违法违规行为，要发现一起、查处一起，严肃问责、及时曝光，始终保持高压态势，强化负面典型的警示作用。创新监管措施，运用卫星遥感技术等手段监测钢铁煤炭去产能情况。加强统计监测工作，积极营造健康有序的市场秩序和发展环境。

四是更加严格控制新增产能。以河北安丰、江苏华达两个案件为警示，①严格执行国务院严控新增产能的有关规定，深入开展钢铁行业违法违规建设项目清理专项行动，加快完成各地钢铁企业摸底调查后，对

---

①　据新华社报道，中共中央政治局常委会 2016 年 12 月 22 日听取国务院关于江苏华达钢铁有限公司和河北安丰钢铁有限公司违法违规行为调查处理工作的汇报，强调指出，以钢铁煤炭行业为重点推进去产能是深化供给侧结构性改革，落实“三去一降一补”任务的重要内容，针对调查发现的江苏华达钢铁有限公司生产销售“地条钢”、河北安丰钢铁有限公司未批先建，边批边建钢铁项目，予以严肃查处，对相关责任人严厉追责问责，并公开通报调查处理结果。2016 年 11 月 23 日，针对发现的华达公司生产销售“地条钢”、安丰公司未批先建，边批边建钢铁项目等顶风违法违规、严重干扰正常生产经营秩序问题，国务院常务会议决定派出调查组分赴江苏、河北，通过实地查看、座谈交流、走访暗访、调阅资料等形式深入了解情况、发现问题。调查发现，华达公司生产销售“地条钢”事件属于典型的顶风违法违规行为，且目前江苏省“地条钢”企业数量众多、分布范围广、存在时间长，性质恶劣，影响极坏。安丰公司新建设的钢冶炼项目属于顶风违法违规、未批先建，性质恶劣，影响极坏，干扰了钢铁行业化解产能过剩工作。这两起事件也反映了在去产能工作中，一些地方政府存在严重失察、贯彻执行国家政策不力、未按规定上报、行政效率低下等问题，必须举一反三、引以为戒。为严肃党纪国法，确保中央政令畅通、令行禁止，党中央、国务院决定对两起事件进行严肃处理和严厉问责。一是责令江苏、河北两省政府向国务院作出深刻检查。二是给予江苏省副省长马秋林行政记过、河北省副省长张杰辉行政警告处分。江苏、河北两省分别对 111 名责任人和 27 名责任人进行问责。三是责令江苏省对全省生产销售“地条钢”、新增钢铁产能等违法违规行为进行彻底整治；责令河北省限期拆除安丰公司原有全部老旧 1000 立方米以下高炉、100 吨以下转炉。四是在全国范围内公开通报华达公司、安丰公司违法违规行为查处情况。五是国务院将组织开展对煤炭、钢铁、水泥、玻璃等行业落后产能的专项督查和清理整顿。要通过对两起事件的查处，发挥负面典型警示教育作用，确保去产能和淘汰落后产能工作顺利推进。参见《国务院严肃查处江苏华达、河北安丰钢企违法违规事件》，载新浪财经网：http://finance. sina. com. cn/roll/2016 -12 -26/doc -ifxyxqsk6753，最后访问日期：2016 年 12 月 26 日。

正在实施或拟实施的建设项目,依据国发〔2013〕41 号①、国发〔2016〕6 号等文件要求,②按照项目建设之前确定置换产能、项目建成时确保置换产能拆除或封存的原则制定产能置换方案,切实杜绝边减边增,对发

① 2013 年 10 月 6 日,为积极有效地化解钢铁、水泥、电解铝、平板玻璃、船舶等行业产能严重过剩矛盾,同时指导其他产能过剩行业化解工作,国务院颁发《关于化解产能严重过剩矛盾的指导意见》(国发〔2013〕41 号)。该意见指出,受国际金融危机的深层次影响,国际市场持续低迷,国内需求增速趋缓,我国部分产业供过于求矛盾日益凸显,传统制造业产能普遍过剩,特别是钢铁、水泥、电解铝等高消耗、高排放行业尤为突出。2012 年年底,我国钢铁、水泥、电解铝、平板玻璃、船舶产能利用率分别仅为 72%、73.7%、71.9%、73.1%和 75%,明显低于国际通常水平。钢铁、电解铝、船舶等行业利润大幅下滑,企业普遍经营困难。值得关注的是,这些产能严重过剩行业仍有一批在建、拟建项目,产能过剩呈加剧之势。如不及时采取措施加以化解,势必会加剧市场恶性竞争,造成行业亏损面扩大、企业职工失业、银行不良资产增加、能源资源"瓶颈"加剧、生态环境恶化等问题,直接危及产业健康发展,甚至影响到民生改善和社会稳定大局。该意见提出的总体要求是:全面贯彻落实党的十八大精神,以邓小平理论、"三个代表"重要思想、科学发展观为指导,坚持以转变发展方式为主线,把化解产能严重过剩矛盾作为产业结构调整的重点,按照尊重规律、分业施策、多管齐下、标本兼治的总原则,立足当前,着眼长远,着力加强宏观调控和市场监管,坚决遏制产能盲目扩张;着力发挥市场机制作用,完善配套政策,"消化一批、转移一批、整合一批、淘汰一批"过剩产能;着力创新体制机制,加快政府职能转变,建立化解产能严重过剩矛盾长效机制,推进产业转型升级。所应坚持的基本原则:一是坚持尊重市场规律与改善宏观调控相结合;二是坚持开拓市场需求与产业转型升级相结合;三是坚持严格控制增量与调整优化存量相结合;四是坚持完善政策措施与深化改革创新相结合。该意见提出,通过 5 年努力,化解产能严重过剩矛盾工作取得重要进展。该意见对总的任务和分业任务进行了具体安排。该意见提出了九项宏观调控政策措施:一是完善行业管理;二是强化环保硬约束监督管理;三是加强土地管理和岸线管理;四是落实有保有控的金融政策;五是完善规范价格政策;六是完善财税支持政策;七是落实职工安置政策;八是建立项目信息库和公开制度;九是强化监督检查。

② 2016 年 2 月 1 日,为贯彻落实党中央、国务院关于推进结构性改革、抓好去产能任务的决策部署,进一步化解钢铁行业过剩产能、推动钢铁企业实现脱困发展,国务院专门颁发《关于钢铁行业化解过剩产能脱困发展的意见》。该意见分总体要求、主要任务、政策措施、组织实施四大块十六个方面进行了部署安排。其中该意见提出的刚性指标任务包括:在近年来淘汰落后钢铁产能的基础上,从 2016 年开始,用 5 年时间再压减粗钢产能 1 亿 ~1.5 亿吨;按照《产业结构调整指导目录(2011 年本)》(修正)的有关规定,立即关停并拆除 400 立方米及以下炼铁高炉、30 吨及以下炼钢转炉、30 吨及以下炼钢电炉等落后生产设备。对生产地条钢的企业,要立即关停,拆除设备,并依法处罚。

现问题的予以严肃处理。按照国发〔2016〕7 号文件[①]等规定，继续督促手续不全的建设煤矿严格落实停工停产措施，对确需继续建设的，认真履行减量置换、增减挂钩措施。

五是科学把握去产能的力度和节奏。各有关省级人民政府、国务院国资委要按照“十三五”统筹规划、前 3 年集中攻坚任务大头落地的要求，根据钢铁、煤炭目标责任书列出的目标和实施方案，科学研究确定 2017 年本地区、有关中央企业的化解过剩产能任务。在确保完成目标

---

① 2016 年 2 月 1 日，为贯彻落实党中央、国务院关于推进结构性改革、抓好去产能任务的决策部署，进一步化解煤炭行业过剩产能、推动煤炭企业实现脱困发展，国务院专门颁发《关于煤炭行业化解过剩产能脱困发展的意见》。该意见分总体要求、主要任务、政策措施、组织实施四大块二十二个方面进行了部署安排。其中该意见提出的刚性指标任务包括：一是在近年来淘汰落后煤炭产能的基础上，从 2016 年开始，用 3 至 5 年的时间，再退出产能 5 亿吨左右、减量重组 5 亿吨左右，较大幅度压缩煤炭产能，适度减少煤矿数量，煤炭行业过剩产能得到有效化解，市场供需基本平衡，产业结构得到优化，转型升级取得实质性进展。二是安全监管总局等部门确定的 13 类落后小煤矿，以及开采范围与自然保护区、风景名胜区、饮用水水源保护区等区域重叠的煤矿，要尽快依法关闭退出。产能小于 30 万吨/年且发生重大及以上安全生产责任事故的煤矿，产能 15 万吨/年及以下且发生较大及以上安全生产责任事故的煤矿，以及采用国家明令禁止使用的采煤方法、工艺且无法实施技术改造的煤矿，要在 1 至 3 年内淘汰。三是有序退出产能的情形包括：安全方面，煤与瓦斯突出、水文地质条件极其复杂、具有强冲击地压等灾害隐患严重，且在现有技术条件下难以有效防治的煤矿；开采深度超过《煤矿安全规程》规定的煤矿；达不到安全质量标准化三级的煤矿。质量和环保方面，产品质量达不到《商品煤质量管理暂行办法》要求的煤矿。开采范围与依法划定、需特别保护的相关环境敏感区重叠的煤矿。技术和资源规模方面，非机械化开采的煤矿；晋、蒙、陕、宁等 4 个地区产能小于 60 万吨/年，冀、辽、吉、黑、苏、皖、鲁、豫、甘、青、新等 11 个地区产能小于 30 万吨/年，其他地区产能小于 9 万吨/年的煤矿；开采技术和装备列入《煤炭生产技术与装备政策导向》（2014 年版）限制目录且无法实施技术改造的煤矿；与大型煤矿井田平面投影重叠的煤矿。其他方面，长期亏损、资不抵债的煤矿；长期停产、停建的煤矿；资源枯竭、资源赋存条件差的煤矿；不承担社会责任、长期欠缴税款和社会保障费用的煤矿；其他自愿退出的煤矿。四是严格控制超能力生产。全面实行煤炭产能公告和依法依规生产承诺制度，督促煤矿严格按公告产能组织生产，对超能力生产的煤矿，一律责令停产整改。引导企业实行减量化生产，从 2016 年开始，按全年作业时间不超过 276 个工作日重新确定煤矿产能，原则上法定节假日和周日不安排生产。对于生产特定煤种、与下游企业机械化连续供应以及有特殊安全要求的煤矿企业，可在 276 个工作日总量内实行适度弹性工作日制度，但应制定具体方案，并向当地市级以上煤炭行业管理部门、行业自律组织及指定的征信机构备案，自觉接受行业监管和社会监督。

任务的基础上,坚持实事求是、因地制宜,综合考虑地区资源条件和供需实际以及产能退出、产运需总量和品种结构变化、在建项目衔接等因素,对具体任务目标要进行充分衔接沟通、认真研究论证,避免形成产业链不匹配的情况,避免出现供需失衡、市场异常波动等情况。钢铁方面,要加强对钢材市场动态监测,科学把握全年去产能节奏,上半年重点是依法取缔"地条钢"产能。煤炭方面,对列入去产能的煤矿实施有序停产和退出。进一步完善煤矿减量化生产措施,科学组织煤矿减量化生产,使煤炭产能保持一定的裕度和弹性,确保市场平稳运行。

六是深入细致做好职工安置和社会稳定工作。继续将职工安置作为重中之重,工作措施要深入细致到位,确保职工有安置、社会可承受、民生有保障。进一步摸清涉及职工底数,指导企业依法依规制定和落实职工安置方案。支持企业多渠道分流安置职工,挖掘内部转岗分流潜力,落实好稳岗补贴政策。加强对失业人员再就业帮扶,强化职业培训、就业服务和政策扶持,做好社会保障衔接。加大对困难人员援助力度,重点加强对"4050"人员帮扶,解决好零就业家庭问题,帮助特困地区和特困群众解决生活困难,发挥好社会保障和生活救助的托底作用,确保没有能力再就业人员的基本生活。实施对东北等困难地区就业援助行动,指导和推动资源枯竭地区培育发展劳动密集型接续产业,推进创业服务载体建设。加强风险防范,完善并落实应急预案,及时协调解决职工安置中的突发情况,预防和妥善化解群体性事件。

七是稳妥处置资产债务问题。区别不同情况,发挥利益相关方的主体作用,积极探讨有效的债务处置方式。落实钢铁煤炭行业化解过剩产能金融债权债务问题的若干意见等政策措施,细化更加具体的操作方法,加强对债权债务处置工作的指导。继续推进银行业金融机构债权人委员会制度,做好金融债务重组和市场化债转股,妥善化解债务危机,有效支持困难企业脱困发展。对所涉及的国有资产处置和原有土地再利用等相关政策进行明确细化。进一步落实有保有压的金融政策,对优势企业实施兼并重组、升级改造和转型发展项目给予积极支持，满足合理资金需求，停止对落后产能的金融支持。出台剩余矿产资源处置办法。坚持市场机制原则，避免各种类型的逃废债，有效防范道德风险。

八是大力推动企业兼并重组、优化布局和转型升级。鼓励优势企业按照市场化原则加大兼并重组力度，推动钢铁行业跨地区、跨所有制的兼并重组，再启动若干钢铁行业重大兼并重组，鼓励有条件、有实力的钢铁企业通过多种方式开展国际产能合作。加大钢结构建筑推广应用，促进钢铁企业产品结构调整。出台煤炭行业兼并重组的指导意见，鼓励煤矿之间通过兼并重组、减量置换和产能指标交易等市场化方式，加快淘汰落后产能，积极培育和发展先进产能。鼓励对化解煤炭过剩产能实施方案以外的煤矿进行减量重组。加强跨地区去产能协作，引导产能向资源条件好、竞争能力强的地区和企业集中，实现产业布局优化。培育发展新技术新产品，通过技术进步实现产业转型升级。

九是更好发挥专项奖补资金作用。对奖补资金使用情况和问题进行深入分析，进一步完善相关实施细则，更好发挥奖补资金对去产能的支持作用。各地要更多渠道筹措并落实好化解过剩产能所需资金，鼓励企业多退出产能，要加强资金监管，确保资金合理分配使用。

十是探索建立化解和防范产能过剩、促进行业持续健康发展的长效机制。钢铁方面，继续实施钢铁行业差别电价、阶梯电价等政策，运用价格手段促进钢铁行业供给侧结构性改革。煤炭方面，加快探索建立中长期合同制度、减量化生产制度、增减挂钩减量置换指标交易制度、控制劣质煤生产流通和进口使用制度、最低库存和最高库存制度、政府行业企业协同防范价格异常波动制度等长效机制。

在部署以上任务基础上，为了保证目标的实现，该意见强调：一是要压实工作责任。各有关省级人民政府对本地区化解过剩产能工作负总责，统筹做好本地区去产能的组织实施、督促检查等工作，切实做到责任压实、要求提实、考核抓实。国务院国资委牵头组织实施中央企业化解过剩产能工作。各有关部门根据职能分工,做好奖补资金、职工安置、债务处置、资产处置、证照管理等重点工作。要加强监测调研,跟踪了解政策实施情况,及时做出政策适应性调整。二是要强化监督问责。建立健全目标责任制,把化解钢铁煤炭过剩产能任务完成情况纳入地方考核指标体系。钢铁煤炭行业化解过剩产能和脱困发展工作部际联席会议要采取督查、约谈、通报等方式,加强对去产能政策措施落实情况和任务完成情况的督促检查。印发钢铁煤炭化解过剩产能信息直报统计制度,加强去产能月度、季度统计分析,准确掌握去产能进度和工作动态。审计部门要加强对中央奖补资金使用情况的监督检查。各地区要根据相关要求,做好去产能信息的公示公告工作,建立健全举报制度,强化社会公众监督。对弄虚作假、违法违规建设生产的地方和企业要严肃处理,追究相关当事人责任。由主管部门、行业协会牵头,第三方征信机构参与,推动钢铁煤炭行业信用体系建设,发挥诚信的激励和约束作用。三是强化安全生产。各地区要进一步提高安全意识,切实加强安全生产监管,强化去产能企业安全生产主体责任落实,遏制重特大事故的发生。特别是煤炭方面,要严厉打击拟退出矿井突击生产行为,严厉打击违法违规生产行为,严厉打击超能力生产行为。四是完善应对预案。各地区要落实好主体责任,完善风险防控预案,妥善处置职工安置相关突发事件,确保社会大局稳定。各有关部门要加强对本系统、本领域工作的指导,及时发现和有效处置风险隐患。密切关注国内外市场钢铁、煤炭及相关产品供求形势和价格变化,深入分析原因,加强走势研判,研究制定有效应对预案,保障市场平稳运行。加强国际交流合作,强化正面发声,妥善解决贸易摩擦,积极应对国际压力,推动合作共赢。五是加强宣传引导。有关地区和部门在政策制定中要广泛听取基层、企业和社会有关方面意见建议,深入研究论证,充分考虑政策出台后的社会反应;进一步加强舆情跟踪监测,积极回应社会关切;有针对性地组织好对去产能有关政策的宣传解读,主动宣传成功经验和做法,形成全社会理解、关心、支持化解钢铁煤炭过剩产能工作的良好舆论环境。此外，上述意见还以附件形式，下发了《2017 年钢铁去产能实施方案》和《2017 年煤炭去产能实施方案》。[①] 由此看出，该项政策文件旨在依法解决推进去产能的问题，也为围绕去产能工作追究有关责任者的责任提供了政策依据，体现了经济法及宏观调控法的政策法属性。

---

① 新华社北京 5 月 12 日电（记者林晖、安蓓）国家发展改革委等部门 12 日发布 2017 年钢铁煤炭去产能实施方案，2017 年全国将退出粗钢产能 5000 万吨左右，退出煤炭产能 1.5 亿吨以上，在钢铁去产能方面，方案要求 2017 年 6 月 30 日前，“地条钢”产能依法彻底退出；加强钢铁行业有效供给，避免价格大起大落；2017 年退出粗钢产能 5000 万吨左右；企业兼并重组迈出新步伐，取得实质性进展；严格履行职工安置程序，多方开辟职工安置途径，努力做到职工转岗不下岗、转业不失业；按照市场化、法治化原则妥善处置企业债务，明确资产处置政策；加快推进转型升级，促进产业布局进一步优化。在煤炭去产能方面，方案要求坚持落后产能应退尽退、能退早退，2017 年退出煤炭产能 1.5 亿吨以上，实现煤炭总量、区域、品种和需求基本平衡。多方开辟职工安置途径，妥善安置职工；按照市场化、法治化原则积极推动企业债务和资产处置，力争取得实质性进展。加快推进兼并重组、转型升级，实现产业布局进一步优化。方案强调，要更加注重抓住处置“僵尸企业”这个“牛鼻子”，更加主动地运用市场化、法治化办法去产能，更加严格执行环保、质量、技术、能耗、水耗、安全等相关法律法规和标准；坚决淘汰落后产能，坚决清理整顿违法违规产能，坚决控制新增产能，坚决防止已经化解的过剩产能死灰复燃，强化监管，狠抓典型，严厉问责；统筹抓好产能退出、职工安置、资产处置、债务处置、兼并重组、转型升级、优化布局、供需平衡和稳定价格等重点工作，努力实现科学精准去产能、有序有效去产能，促进行业持续稳定健康发展。参见新华社林晖、安蓓：《2017 年钢铁煤炭去产能实施方案发布》，载中央政府网站：http://www.gov.cn/xinwen/2017-05/12/content_5193281.htm，最后访问日期：2017 年 5 月 12 日。

第九章　中国宏观调控的政策渊源

中国社会主义法治的一条基本经验就是法律是党和国家政策的具体化、条文化。为此,研究中国宏观调控法有必要了解中共中央关于宏观调控政策思想的形成过程。这是因为,中共中央关于宏观调控的政策是中国宏观调控法重要的思想渊源。在中国改革开放 40 年的积极探索中,针对计划经济时期所存在的突出问题,结合中国国情,进行了许多制度创新。其中,宏观调控思想与理念的逐步塑造及其制度完善,就是一个亮点。笔者经过对中共中央的相关重要文献梳理后认为,虽然有关宏观调控制度的正式确立是 1993 年,但是,从思想的起源来看,早在 20 世纪 80 年代,就已经有了相关的思想基础。这些政策实践是中国宏观调控法重要的思想渊源,是宏观调控政策法律化的基础。相关法律制度的建立和完善,则始终与计划管理体制、投资体制、财税体制、金融体制等改革事业紧密地联系在一起,并且,发展至今,仍然在继续探索之中,是中国社会主义建设事业自我完善的重要组成部分。

第一节　中国宏观调控政策的起源

一、双轨时期的宏观经济政策

从1978年党的十一届三中全会召开到1983年,历时6年。这一时期,是中国改革开放的初创时期。在这一时期,党中央拨乱反正,确立了将工作中心转移到社会主义现代化建设之上的工作方针,并开始针对原有计划经济管理体制,实施了计划与市场分类调节的经济管理体制改革。这是之后形成宏观调控思想的起源。为此,相关重要文献中,不仅对实施新的经济管理体制进行了理论阐述,也对如何实施“双轨制”进行了政策制度安排。

1981年6月27日,党的十一届六次会议通过的《关于建国以来党的若干历史问题的决议》提出:“社会主义生产关系的变革和完善必须适应于生产力的状况,有利于生产的发展。国营经济和集体经济是我国基本的经济形式,一定范围的劳动者个体经济是公有制经济的必要补充。必须实行适合于各种经济成分的具体管理制度和分配制度。必须在公有制基础上实行计划经济,同时发挥市场调节的辅助作用。要大力发展社会主义的商品生产和商品交换。社会主义生产关系的发展并不存在一套固定的模式,我们的任务是要根据我国生产力发展的要求,在每一个阶段上创造出与之相适应和便于继续前进的生产关系的具体形式。”这是党中央的文件中第一次提出要“大力发展社会主义的商品生产和商品交换”。

1982年9月8日,党的十二大报告提出:“我国在公有制基础上实行计划经济。有计划的生产和流通，是我国国民经济的主体。同时，允许对于部分产品的生产和流通不作计划，由市场来调节，也就是说，根据不同时期的具体情况，由国家统一计划划出一定的范围，由价值规律自发地起调节作用。这一部分是有计划生产和流通的补充，是从属的、次要的，但又是必要的、有益的。国家通过经济计划的综合平衡和市场调节的辅助作用，保证国民经济按比例地协调发展。这几年我们对经济体制实行了一些改革，扩大了企业在计划管理方面的权限，注意发挥市场调节的作用，方向是正确的，收效也很明显。但是，由于有些改革措施不配套，相应的管理工作没有跟上，因而削弱和妨害国家统一计划的现象有所滋长。这是不利于国民经济正常发展的。今后，要继续注意发挥市场调节的作用，但决不能忽视和放松国家计划的统一领导。为了使经济的发展既是集中统一的又是灵活多样的，在计划管理上需要根据不同情况采取不同的形式。对于国营经济中关系国计民生的生产资料和消费资料的生产和分配，尤其是对于关系经济全局的骨干企业，必须实行指令性计划，这是我国社会主义全民所有制在生产的组织和管理上的重要体现。对于集体所有制经济也应当根据需要下达一些具有指令性的指标，如对粮食和其他重要农副产品的征购派购。由于我国还存在多种经济形式，由于对社会的各种复杂需求和大量企业的生产能力难以作出精确计算等原因，除了指令性计划之外，对许多产品和企业要实行主要运用经济杠杆以保证其实现的指导性计划。无论是实行指令性计划还是指导性计划，都要力求符合客观实际，经常研究市场供需状况的变化，自觉利用价值规律，运用价格、税收、信贷等经济杠杆引导企业实现国家计划的要求，给企业以不同程度的机动权，这样才能使计划在执行中及时得到必要的补充和完善。至于各种各样的小商品，产值小，品种多，生产、供应的时间性和地域性一般很强，国家不必要也不可能用计划把它们都管起来。这类小商品，可以让企业根据市场供求的变化灵活地自行安排生产，国家应当通过政策法令和工商行政工作加强管理，并协助它们解决某些重要原材料的供应。正确贯彻计划经济为主、市场调节为辅的原则,是经济体制改革中的一个根本性问题。我们要正确划分指令性计划、指导性计划和市场调节各自的范围和界限,在保持物价基本稳定的前提下有步骤地改革价格体系和价格管理办法,改革劳动制度和工资制度,建立起符合我国情况的经济管理体制,以保证国民经济的健康发展。"

通过以上的政策文件可以看出,在当时历史条件下,国家对国民经济的管理被分割为指令性计划、指导性计划和市场调节三部分。其中,计划经济仍然为主导性经济,但与商品经济相联系的市场经济已经有了初步的探索,为此后民营经济或私营经济的发展积累了经验。

二、计划商品经济时期的宏观经济政策

从 1984 年开始到 1988 年,共 5 年时间。这一时期是中国经济体制改革的计划商品经济时期。在这一时期,党中央开始认识到商品经济是社会主义发展不可逾越的历史阶段,中国的社会主义事业将长期处于社会主义初级阶段,为此,所有经济均要以商品经济发展为基础,并同时需要继续在计划指导下进行。通过探索,我国逐步提出了宏观调控的理念和发展制度。

1984 年 10 月 20 日,党的十二届三次会议通过了《中共中央关于经济体制改革的决定》,对经济体制改革所涉及的基本理论和问题进行了阐述。该决定认为:"改革是为了建立充满生机的社会主义经济体制。……为了从根本上改变束缚生产力发展的经济体制,必须认真总结我国的历史经验,认真研究我国经济的实际状况和发展要求,同时必须吸收和借鉴当今世界各国包括资本主义发达国家的一切反映现代社会化生产规律的先进经营管理方法。中央认为,按照党历来要求的把马克思主义基本原理同中国实际相结合的原则,按照正确对待外国经验的原则,进一步解放思想,走自己的路,建立起具有中国特色的、充满生机和

活力的社会主义经济体制,促进社会生产力的发展,这就是我们这次改革的基本任务。……增强企业活力是经济体制改革的中心环节。要使企业真正成为相对独立的经济实体,成为自主经营、自负盈亏的社会主义商品生产者和经营者,具有自我改造和自我发展的能力,成为具有一定权利和义务的法人。……要建立自觉运用价值规律的计划体制,发展社会主义商品经济。改革计划体制,首先要突破把计划经济同商品经济对立起来的传统观念,明确认识社会主义计划经济必须自觉依据和运用价值规律,是在公有制基础上的有计划的商品经济。商品经济的充分发展,是社会经济发展的不可逾越的阶段,是实现我国经济现代化的必要条件。……同时还应该看到,即使是社会主义的商品经济,它的广泛发展也会产生某种盲目性,必须有计划的指导、调节和行政的管理,这在社会主义条件下是能够做到的。”上述决定将中国计划体制的基本点进一步概括为:第一,就总体说,中国实行的是计划经济,即有计划的商品经济,而不是那种完全由市场调节的市场经济;第二,完全由市场调节的生产和交换,主要是部分农副产品、日用小商品和服务修理行业的劳务活动,它们在国民经济中起辅助的但不可缺少的作用;第三,实行计划经济不等于指令性计划为主,指令性计划和指导性计划都是计划经济的具体形式;第四,指导性计划主要依靠经济杠杆的作用来实现,指令性计划则是必须执行的,但也必须运用价值规律。按照以上要点改革的计划体制,就要有步骤地适当缩小指令性计划的范围,适当扩大指导性计划的范围。对关系国计民生的重要产品中需要由国家调拨分配的部分,对关系全局的重大经济活动,实行指令性计划;对其他大量产品和经济活动,根据不同情况,分别实行指导性计划或完全由市场调节。计划工作的重点要转到中期和长期计划上来,适当简化年度计划,并相应改革计划方法,充分重视经济信息和预测,提高计划的科学性。上述决定把建立合理的价格体系、充分重视经济杠杆的作用作为进行经济体制改革的一个重要突破口。它要求政府要实施政企职责分开,简政放权。改革后的政府职责为：制订经济和社会发展的战略、计划、方针和政策；制订资源开发、技术改造和智力开发的方案；协调地区、部门、企业之间的发展计划和经济关系；部署重点工程特别是能源、交通和原材料工业的建设；汇集和传播经济信息，掌握和运用经济调节手段；制定并监督执行经济法规；按规定的范围任免干部；管理对外经济技术交流和合作，等等。这些职能，需要各级政府付出极大努力来履行，而过去有些没有做好，有的还没有做。但就政府和企业的关系来说，今后各级政府部门原则上不再直接经营管理企业。至于少数由国家赋予直接经营管理企业责任的政府经济部门，也必须按照简政放权的精神，正确处理同所属企业的关系，以增强企业和基层自主经营的活力，避免由于高度集中可能带来的弊端。全国性和地区性的公司，是在国民经济发展的需要和企业互有需要的基础上建立的联合经济组织，它们必须是企业而不是行政机构，不能因袭过去的一套办法，而必须学会现代科学管理方法。该决定虽然没有正式提出“宏观调控”概念，但要求政府“掌握和运用经济调节手段”，从而为“宏观调控”思想的形成奠定了基础。

截至1985年9月，中共中央向全国人大提出《关于制定国民经济和社会发展第七个五年计划的建议》时，除强调实施计划指导下的商品经济外，在经济管理体制上有了进一步的新表述，即国家对企业的管理逐步由直接控制为主转向间接控制为主，主要运用经济手段和法律手段，并采取必要的行政手段，来控制和调节经济运行。形成一整套把计划和市场，微观搞活和宏观控制有机结合起来的机制和手段。

1987年10月25日，党的十三大报告首次提出“宏观调节”一词，并以“逐步健全以间接管理为主的宏观经济调节体系”为题，对宏观调节进行了阐述。即为了实现产业结构和企业组织结构合理化，达到资源优化配置，不仅要发挥市场和自由竞争的作用，而且要依靠国家制定正确的产业政策和企业组织结构政策，并运用价格、财政、税收、信贷等经济杠杆来进行干预和调节，以改革促进经济的健康发展，以发展为改革创造较好的经济环境。这样,就有可能把发展和改革、计划和市场、宏观管理和微观搞活结合起来,并在计划工作上走出一条新的路子。新的经济运行机制,总体上来说应当是“国家调节市场,市场引导企业”的机制。国家运用经济手段、法律手段和必要的行政手段,调节市场供求关系,创造适宜的经济和社会环境,以此引导企业正确地进行经营决策。实现这个目标是一个渐进过程,必须为此积极创造条件。宏观调节与搞活企业、搞活市场三者是统一的,缺一不可。离开了宏观调节,市场会乱,企业也会乱。但是,采用原有的直接管理方式,对生产要素实行调拨分配,企业没有自主权,市场难以形成,有计划商品经济的体制也无法建立和发展。因此,必须从有利于保持社会总供给与总需求基本平衡、促进科学技术进步和优化产业结构出发,加快宏观经济管理方式的改革。计划管理的重点应转向制定产业政策,通过综合运用各种经济杠杆,促进产业政策的实现。深化金融体制改革,加强银行在宏观经济调节体系中的地位和作用,按照货币流通规律适当控制信贷规模和货币供应量;以中央银行为领导,国家银行为主体,发展多种金融机构,运用多种方式和多种金融工具,聚集和融通资金,以推动经济的协调增长和经济结构的调整。改革财政税收体制,根据公平税负、促进竞争和体现产业政策的原则,合理设置税种、确定税率;在合理划分中央和地方财政收支范围的前提下实行分税制,正确处理中央和地方,国家、企业和个人的经济利益关系。在一定时期,国家对极少数重点建设工程和特殊企业,以及某些重要而又短缺的商品,仍需保持必要的直接控制,但也要充分考虑各方面的利益关系,改进控制方式。

三、三年整顿时期的宏观经济政策

1989年至1991年,“苏东剧变”使国际社会主义事业的发展受到了严重的挑战。但在党中央的坚强领导下,中国经受住了考验,坚守住了自己的阵地,即继续走具有中国特色的社会主义道路,继续坚持公有制基础上的有计划商品经济体制,并在政策层面将原来的“宏观调节”一词正式修正为“宏观调控”,一直沿用至今。

1989 年 11 月,“宏观调控”一词,正式出现在中共中央文件之中,实现了由“宏观管理”—“宏观控制”—“宏观调节”—“宏观调控”的理念转变。其经济发展背景是,从 1984 年下半年开始社会上出现了经济过热、货币发行过多、国民收入超额分配等现象,但当时的党中央、国务院未能及时采取果断措施加以解决;1987 年虽然提出了财政信贷双紧方针,但又没有坚决加以贯彻,以致问题越积越多。对农村形势的估计一度过于乐观,对加工工业的盲目发展纠正不力;在改革统得过多、管得过死的经济体制过程中,忽视了必要的适当集中;在强调微观搞活的同时,忽视了综合平衡和加强宏观调控。由于对国情缺乏全面深刻的认识,对国力缺乏清醒的估计,在建设和改革两方面都存在急于求成的偏向。由此导致的问题:一是社会总需求远远超过社会总供给,当时的国力和社会生产能力支撑不了庞大的建设规模和严重膨胀的社会消费需求。二是工农业比例关系严重失调,当时的农业已支撑不了过大的工业生产规模。三是基础工业、基础设施与加工工业的比例关系严重失调,能源、交通、原材料的供应能力已支撑不了过大的加工工业。四是资金、外汇、物资的分配权过度分散,宏观调控能力严重削弱。国民收入分配过分地向企业和个人倾斜,国家可以支配的资金和物资越来越少,进而导致国家对需求膨胀想控制也控制不住,对结构恶化想调整也调不动,一般加工工业的重复生产、重复建设越来越突出,薄弱环节和重点建设则越来越困难。五是生产、建设、流通领域中普遍存在高消耗、低效益,高投入、低产出,高消费、低效率的现象,各方面浪费严重。许多企业产品质量低劣,物质消耗升高,成本增大,亏损增加,成为国家财政的沉重负担。基本建设项目过多,战线过长,许多工程不能及时投产,长期占用大量财力物力而形不成生产能力,这种状况是中国经济的致命伤,也是当前经济生活中困难重重的症结所在。党的十一届三中全会以来,党中央、国务院在执行正确路线、方针、政策的过程中,对经济建设和改革开放的具体指导也有失误。为此,1989 年党的十三届五次会议作出《关于进一步治理整顿和深化改革的决定》。该决定提出要用 3 年的时间进行治理整顿,其具体目标包括:一是逐步降低通货膨胀率,要求全国零售物价上涨幅度逐步下降到 10% 以下;二是扭转货币超经济发行的状况,逐步做到当年货币发行量与经济增长的合理需要相适应;三是努力实现财政收支平衡,逐步消灭财政赤字;四是在着力于提高经济效益、经济素质和科技水平的基础上,保持适度的经济增长率,争取国民生产总值平均每年增长 5% ~6% ;五是改善产业结构不合理状况,力争主要农产品生产逐步增长,能源、原材料供应紧张和运力不足的矛盾逐步缓解;六是进一步深化和完善各项改革措施,逐步建立符合计划经济与市场调节相结合原则的,经济、行政、法律手段综合运用的宏观调控体系。会议提出,继续控制社会需求和坚持财政信贷双紧方针。要坚持改革的社会主义方向和明确当前深化改革的重点。中国社会主义经济是建立在公有制基础上的有计划商品经济。中国的经济体制改革,是社会主义经济制度的自我完善。改革的核心问题,在于逐步建立计划经济同市场调节相结合的经济运行机制。计划经济和市场调节相结合的程度、方式和范围,要经常根据实际情况进行调整和改进。向地方、企业放权让利,以利于搞活经济,是改革;合理协调各方面的利益关系,健全宏观调控体系,也是改革,而且是更艰巨的改革。在当时的治理整顿期间,深化和完善改革的重点,一是要根据计划经济与市场调节相结合的原则,稳定、充实、调整和改善前几年的改革措施。二是要根据治理整顿时期应当多一点计划性的要求,适当加强集中。这种集中是在发挥地方、企业正当积极性基础上的适度集中,而不是那种否定地方和企业必要自主权的过度集中。三是要在继续搞活微观经济的同时,逐步建立能够促进经济稳定发展的宏观调控体系。经过治理整顿,经济环境有了显著改善以后,将有可能把改革进行得更好和更加深入。在此后的3年中，中央重要文献中多次提到“宏观调控”，例如，1990年12月30日党的十三届七次全体会议公报提出，“要围绕建立新的经济体制的目标，协调配套地搞好企业、流通、价格、财政、税收、金融、计划、投资和劳动工资等方面的体制改革，并加强宏观调控体系的建设”。1991年11月29日，党的十三届八次会议《关于进一步加强农业和农村工作的决定》提出，“加强国家对市场的宏观调控和管理，建立正常的流通秩序，促进市场机制的发育”。

以上分析表明，从1978年到1991年的13年期间，国家改革发展一直在探索适合商品经济发展的管理体制，先后经过了计划与市场双轨调节和有计划商品经济两个重要的历史时期。在政策指导方面，实现了“宏观管理”—“宏观控制”—“宏观调节”—“宏观调控”的思想理念转变，为此后市场经济条件下宏观调控政策的定位奠定了思想基础。但存在的主要问题是商品经济的基础性地位尚没有确立，传统的计划调节还在相当程度上束缚着生产力的发展。

第二节　中国宏观调控政策的历史演变

一、党的十四大到十五大确立与社会主义市场经济相适应的宏观调控政策

1992年，基于邓小平的南方谈话，[①]为了防止改革的回潮，并避免来自左的或右的干扰，以江泽民为核心的党中央决定，自1993年起，中国正式宣布实施社会主义市场经济体制。在对社会主义市场经济体制予

---

① 1992年1月18日至2月21日，邓小平视察武昌、深圳、珠海、上海等地，发表了重要谈话。邓小平的南方谈话对中国20世纪90年代的经济改革与社会进步起到了关键的推动作用。

以定位的基础上，为推进市场经济建设，历时 10 年，提出了一系列宏观调控政策。

1992 年 10 月 12 日，党的十四大报告对即将实施的社会主义市场经济体制进行了理论阐述："我们要建立的社会主义市场经济体制，就是要使市场在社会主义宏观调控下对资源配置起基础性作用，使经济活动遵循价值规律的要求，适应供求关系的变化；通过价格杠杆和竞争机制的功能，把资源配置到效益较好的环节中去，并给企业以压力和动力，实现优胜劣汰；运用市场对各种经济信号反应比较灵敏的优点，促进生产和需求的及时协调。同时也要看到市场有其自身的弱点和消极方面，必须加强和改善国家对经济的宏观调控。我们要大力发展全国的统一市场，进一步扩大市场的作用，并依据客观规律的要求，运用好经济政策、经济法规、计划指导和必要的行政管理，引导市场健康发展。"报告还强调："社会主义市场经济体制是同社会主义基本制度结合在一起的。在所有制结构上，以公有制包括全民所有制和集体所有制经济为主体，个体经济、私营经济、外资经济为补充，多种经济成分长期共同发展，不同经济成分还可以自愿实行多种形式的联合经营。国有企业、集体企业和其他企业都进入市场，通过平等竞争发挥国有企业的主导作用。在分配制度上，以按劳分配为主体，其他分配方式为补充，兼顾效率与公平。运用包括市场在内的各种调节手段，既鼓励先进，促进效率，合理拉开收入差距，又防止两极分化，逐步实现共同富裕。在宏观调控上，我们社会主义国家能够把人民的当前利益与长远利益、局部利益与整体利益结合起来，更好地发挥计划和市场两种手段的长处。国家计划是宏观调控的重要手段之一。要更新计划观念，改进计划方法，重点是合理确定国民经济和社会发展的战略目标，搞好经济发展预测、总量调控、重大结构与生产力布局规划，集中必要的财力物力进行重点建设，综合运用经济杠杆，促进经济更好更快地发展。"

1993 年 11 月，党的中共十四届三次会议通过了《中共中央关于建立社会主义市场经济体制若干问题的决定》。该决定对市场经济体制进行了更加明确的阐述。该决定认为,社会主义市场经济体制是同社会主义基本制度结合在一起的。建立社会主义市场经济体制,就是要使市场在宏观调控下对资源配置起基础性作用。为实现这个目标,必须坚持以公有制为主体、多种经济成分共同发展的方针,进一步转换国有企业经营机制,建立适应市场经济要求,产权清晰、权责明确、政企分开、管理科学的现代企业制度;建立全国统一开放的市场体系,实现城乡市场紧密结合,国内市场与国际市场相互衔接,促进资源的优化配置;转变政府管理经济的职能,建立以间接手段为主的完善的宏观调控体系,保证国民经济的健康运行;建立以按劳分配为主体,效率优先、兼顾公平的收入分配制度,鼓励一部分地区一部分人先富起来,走共同富裕的道路;建立多层次的社会保障制度,为城乡居民提供同中国国情相适应的社会保障,促进经济发展和社会稳定。这些主要环节是相互联系和相互制约的有机整体,构成社会主义市场经济体制的基本框架。必须围绕这些主要环节,建立相应的法律体系,采取切实措施,积极而有步骤地全面推进改革,促进社会生产力的发展。

转变政府职能,改革政府机构,是建立社会主义市场经济体制的迫切要求。政府管理经济的职能,主要是制订和执行宏观调控政策,搞好基础设施建设,创造良好的经济发展环境。同时,要培育市场体系、监督市场运行和维护平等竞争,调节社会分配和组织社会保障,控制人口增长,保护自然资源和生态环境,管理国有资产和监督国有资产经营,实现国家的经济和社会发展目标。政府运用经济手段、法律手段和必要的行政手段管理国民经济,不直接干预企业的生产经营活动。社会主义市场经济必须有健全的宏观调控体系。

宏观调控的主要任务是:保持经济总量的基本平衡,促进经济结构的优化,引导国民经济持续、快速、健康发展,推动社会全面进步。宏观调控主要采取经济办法,近期要在财税、金融、投资和计划体制的改革方面迈出重大步伐，建立计划、金融、财政之间相互配合和制约的机制，加强对经济运行的综合协调。计划提出国民经济和社会发展的目标、任务，以及需要配套实施的经济政策；中央银行以稳定币值为首要目标，调节货币供应总量，并保持国际收支平衡；财政运用预算和税收手段，着重调节经济结构和社会分配。运用货币政策与财政政策，调节社会总需求与总供给的基本平衡，并与产业政策相配合，促进国民经济和社会的协调发展。

宏观经济调控权，包括货币的发行、基准利率的确定、汇率的调节和重要税种税率的调整等，必须集中在中央。这是保证经济总量平衡、经济结构优化和全国市场统一的需要。中国国家大，人口多，必须赋予省、自治区和直辖市必要的权力，使其能够按照国家法律、法规和宏观政策，制订地区性的法规、政策和规划；通过地方税收和预算，调节本地区的经济活动；充分运用地方资源，促进本地区的经济和社会发展。

1997 年 9 月 12 日，党的十五大报告在总结过去 5 年的工作时宣称，改革开放取得新的突破。按照建立社会主义市场经济体制的要求，大步推进了财政、税收、金融、外贸、外汇、计划、投资、价格、流通、住房和社会保障等体制改革，市场在资源配置中的基础性作用明显增强，宏观调控体系的框架初步建立。国有企业改革在试点基础上积极推进。以公有制为主体、多种经济成分共同发展的格局进一步展开。对外经济、技术合作与交流继续扩大，对外贸易和利用外资大幅度增长，国家外汇储备显著增加。进一步强调，建设有中国特色社会主义的经济，就是在社会主义条件下发展市场经济，不断解放和发展生产力。这就要坚持和完善社会主义公有制为主体、多种所有制经济共同发展的基本经济制度；坚持和完善社会主义市场经济体制，使市场在宏观调控下对资源配置起基础性作用；坚持和完善按劳分配为主体的多种分配方式，允许一部分地区一部分人先富起来，带动和帮助后富，逐步走向共同富裕；坚持和完善对外开放，积极参与国际经济合作和竞争。保证国民经济持续快速健康发展，人民共享经济繁荣成果。

充分发挥市场机制作用，健全宏观调控体系。要加快国民经济市场化进程。继续发展各类市场，着重发展资本、劳动力、技术等生产要素市场，完善生产要素价格形成机制。改革流通体制，健全市场规则，加强市场管理，清除市场障碍，打破地区封锁、部门垄断，尽快建成统一开放、竞争有序的市场体系，进一步发挥市场对资源配置的基础性作用。

宏观调控的主要任务，是保持经济总量平衡，抑制通货膨胀，促进重大经济结构优化，实现经济稳定增长。宏观调控主要运用经济手段和法律手段。要深化金融、财政、计划体制改革，完善宏观调控手段和协调机制。实施适度从紧的财政政策和货币政策，注意掌握调控力度。依法加强对金融机构和金融市场包括证券市场的监管，规范和维护金融秩序，有效防范和化解金融风险。

二、从党的十六大到十七大，进一步明确了宏观调控的主要目标

2002 年，党中央换届，组成以胡锦涛为核心的新一届党中央。该届党中央历时 10 年，遭遇过 2003 年的“非典疫情”事件①及 2008 年爆发的世界性金融危机的考验，对宏观调控政策有一些新的阐述。

2002 年 11 月 8 日，党的十六大报告进一步强调，改革开放是强国之路。必须坚定不移地推进各方面改革。改革要从实际出发，整体推进，重点突破，循序渐进，注重制度建设和创新。坚持社会主义市场经济的改革方向，使市场在宏观调控下对资源配置起基础性作用。坚持“引进来”和“走出去”相结合，积极参与国际经济技术合作和竞争，不断提高对外开放水平。健全现代市场体系，加强和完善宏观调控。在更大程度

---

① “非典”是指严重急性呼吸系统综合征(Severe Acute Respiratory Syndromes，SARS)。该事件于 2002 年在中国广东顺德首发，并扩散至东南亚乃至全球，直至 2003 年中期疫情才被逐渐消灭的一次全球性传染病疫潮。

上发挥市场在资源配置中的基础性作用,健全统一、开放、竞争、有序的现代市场体系。推进资本市场的改革开放和稳定发展。发展产权、土地、劳动力和技术等市场。创造各类市场主体平等使用生产要素的环境。深化流通体制改革,发展现代流通方式。整顿和规范市场经济秩序,健全现代市场经济的社会信用体系,打破行业垄断和地区封锁,促进商品和生产要素在全国市场自由流动。

要完善政府的经济调节、市场监管、社会管理和公共服务的职能,减少和规范行政审批。要把促进经济增长,增加就业,稳定物价,保持国际收支平衡作为宏观调控的主要目标。扩大内需是中国经济发展长期的、基本的立足点。坚持扩大国内需求的方针,根据形势需要实施相应的宏观经济政策。调整投资和消费关系,逐步提高消费在国内生产总值中的比重。完善国家计划和财政政策、货币政策等相互配合的宏观调控体系,发挥经济杠杆的调节作用。深化财政、税收、金融和投融资体制改革。完善预算决策和管理制度,加强对财政收支的监督,强化税收征管。稳步推进利率市场化改革,优化金融资源配置,加强金融监管,防范和化解金融风险,使金融更好地为经济社会发展服务。

2003 年 10 月 14 日,中国共产党第十六届中央委员会第三次全体会议通过《中共中央关于完善社会主义市场经济体制若干问题的决定》,该决定提出,完善社会主义市场经济体制的目标是,按照统筹城乡发展、统筹区域发展、统筹经济社会发展、统筹人与自然和谐发展、统筹国内发展和对外开放的要求,更大程度地发挥市场在资源配置中的基础性作用,增强企业活力和竞争力,健全宏观调控,完善政府社会管理和公共服务职能,为全面建成小康社会提供强有力的体制保障。主要任务是:完善公有制为主体、多种所有制经济共同发展的基本经济制度;建立有利于逐步改变城乡二元经济结构的体制;形成促进区域经济协调发展的机制;建设统一开放竞争有序的现代市场体系;完善宏观调控体系、行政管理体制和经济法律制度;健全就业、收入分配和社会保障制度;建立促进经济社会可持续发展的机制。

在宏观调控政策方面,上述决定提出了以下政策:

一是完善宏观调控体系。进一步健全国家计划和财政政策、货币政策等相互配合的宏观调控体系。国家计划明确的宏观调控目标和总体要求,是制定财政政策和货币政策的主要依据。财政政策要在促进经济增长、优化结构和调节收入方面发挥重要功能,完善财政政策的有效实施方式。货币政策要在保持币值稳定和总量平衡方面发挥重要作用,健全货币政策的传导机制。重视人口老龄化趋势等因素对社会供求的影响。完善统计体制,健全经济运行监测体系,加强各宏观经济调控部门的功能互补和信息共享,提高宏观调控水平。

二是转变政府经济管理职能。深化行政审批制度改革,切实把政府经济管理职能转到主要为市场主体服务和创造良好发展环境上来。加强国民经济和社会发展中长期规划的研究和制定,提出发展的重大战略、基本任务和产业政策,促进国民经济和社会全面发展,实现经济增长与人口资源环境相协调。加强对区域发展的协调和指导,积极推进西部大开发,有效发挥中部地区综合优势,支持中西部地区加快改革发展,振兴东北地区等老工业基地,鼓励东部有条件地区率先基本实现现代化。完善政府重大经济社会问题的科学化、民主化、规范化决策程序,充分利用社会智力资源和现代信息技术,增强透明度和公众参与度。

三是深化投资体制改革。进一步确立企业的投资主体地位,实行谁投资、谁决策、谁收益、谁承担风险。国家只审批关系经济安全、影响环境资源、涉及整体布局的重大项目和政府投资项目及限制类项目,其他项目由审批制改为备案制,由投资主体自行决策,依法办理用地、资源、环保、安全等许可手续。对必须审批的项目,要合理划分中央和地方权限,扩大大型企业集团投资决策权,完善咨询论证制度,减少环节,提高效率。健全政府投资决策和项目法人约束机制。国家主要通过规划和政策指导、信息发布以及规范市场准入,引导社会投资方向,抑制无序竞争和盲目重复建设。

四是分步实施税收制度改革。按照简税制、宽税基、低税率、严征管的原则,稳步推进税收改革。改革出口退税制度。统一各类企业税收制度。增值税由生产型改为消费型,将设备投资纳入增值税抵扣范围。完善消费税,适当扩大税基。改进个人所得税,实行综合和分类相结合的个人所得税制。实施城镇建设税费改革,条件具备时对不动产开征统一规范的物业税,相应取消有关收费。在统一税政前提下,赋予地方适当的税政管理权。创造条件逐步实现城乡税制统一。

五是推进财政管理体制改革。健全公共财政体制,明确各级政府的财政支出责任。进一步完善转移支付制度,加大对中西部地区和民族地区的财政支持。深化部门预算、国库集中收付、政府采购和收支两条线管理改革。清理和规范行政事业性收费,凡能纳入预算的都要纳入预算管理。改革预算编制制度,完善预算编制、执行的制衡机制,加强审计监督。建立预算绩效评价体系。实行全口径预算管理和对有负债的有效监控。加强各级人民代表大会对本级政府预算的审查和监督。

六是深化金融企业改革。商业银行和证券公司、保险公司、信托投资公司等要成为资本充足、内控严密、运营安全、服务和效益良好的现代金融企业。选择有条件的国有商业银行实行股份制改造,加快处置不良资产,充实资本金,创造条件上市。深化政策性银行改革。完善金融资产管理公司运行机制。鼓励社会资金参与中小金融机构的重组改造。在加强监管和保持资本金充足的前提下,稳步发展各种所有制金融企业。完善农村金融服务体系,国家给予适当政策支持。通过试点取得经验,逐步把农村信用社改造成为农村社区服务的地方性金融企业。

七是健全金融调控机制。稳步推进利率市场化,建立健全由市场供求决定的利率形成机制,中央银行通过运用货币政策工具引导市场利率。完善人民币汇率形成机制,保持人民币汇率在合理、均衡水平上的基本稳定。在有效防范风险前提下,有选择、分步骤放宽对跨境资本交易活动的限制，逐步实现资本项目可兑换。建立和完善统一、高效、安全的支付清算系统。改进中央银行的金融调控，建立健全货币市场、资本市场、保险市场有机结合、协调发展的机制，维护金融运行和金融市场的整体稳定，防范系统性风险。

八是完善金融监管体制。依法维护金融市场公开、公平、有序竞争，有效防范和化解金融风险，保护存款人、投资者和被保险人的合法权益。健全金融风险监控、预警和处置机制，依法严格实行市场退出制度。强化金融监管手段，防范和打击金融犯罪。增强监管信息透明度并接受社会监督。处理好监管和支持金融创新的关系，鼓励金融企业探索金融经营的有效方式。建立健全银行、证券、保险监管机构之间以及同中央银行、财政部门的协调机制，提高金融监管水平。

2007 年 10 月，党的十七大报告在总结过去 5 年的工作时认为，改革开放取得重大突破。农村综合改革逐步深化，农业税、牧业税、特产税全部取消，支农惠农政策不断加强。国有资产管理体制、国有企业和金融、财税、投资、价格、科技等领域改革取得重大进展。非公有制经济进一步发展。市场体系不断健全，宏观调控继续改善，政府职能加快转变。进出口总额大幅增加，实施“走出去”战略迈出坚实步伐，开放型经济进入新阶段。在看到成绩的同时，也要清醒地认识到，我们的工作与人民的期待还有不小差距，前进中还面临不少困难和问题，突出的是：经济增长的资源环境代价过大；城乡、区域、经济社会发展仍然不平衡；农业稳定发展和农民持续增收难度加大；劳动就业、社会保障、收入分配、教育卫生、居民住房、安全生产、司法和社会治安等方面关系群众切身利益的问题仍然较多，部分低收入群众生活比较困难；思想道德建设有待加强；党的执政能力同新形势新任务不完全适应，对改革发展稳定一些重大实际问题的调查研究不够深入；一些基层党组织软弱涣散；少数党员干部作风不正，形式主义、官僚主义问题比较突出，奢侈浪费、消极腐败现象仍然比较严重。我们要高度重视这些问题，继续认真加以解决。

中国特色社会主义道路,就是在中国共产党领导下,立足基本国情,以经济建设为中心,坚持四项基本原则,坚持改革开放,解放和发展社会生产力,巩固和完善社会主义制度,建设社会主义市场经济、社会主义民主政治、社会主义先进文化、社会主义和谐社会,建设富强民主文明和谐的社会主义现代化国家。中国特色社会主义道路之所以完全正确、之所以能够引领中国发展进步,关键在于我们既坚持了科学社会主义的基本原则,又根据中国实际和时代特征赋予其鲜明的中国特色。在当代中国,坚持中国特色社会主义道路,就是真正坚持社会主义。科学发展观,是立足社会主义初级阶段基本国情,总结中国发展实践,借鉴国外发展经验,适应新的发展要求提出来的。进入新世纪新阶段,中国发展呈现一系列新的阶段性特征,主要是:经济实力显著增强,同时生产力水平总体上还不高,自主创新能力还不强,长期形成的结构性矛盾和粗放型增长方式尚未根本改变;社会主义市场经济体制初步建立,同时影响发展的体制机制障碍依然存在,改革攻坚面临深层次矛盾和问题;人民生活总体上达到小康水平,同时收入分配差距拉大趋势还未根本扭转,城乡贫困人口和低收入人口还有相当数量,统筹兼顾各方面利益难度加大;协调发展取得显著成绩,同时农业基础薄弱、农村发展滞后的局面尚未改变,缩小城乡、区域发展差距和促进经济社会协调发展任务艰巨;社会主义民主政治不断发展、依法治国基本方略扎实贯彻,同时民主法制建设与扩大人民民主和经济社会发展的要求还不完全适应,政治体制改革需要继续深化;社会主义文化更加繁荣,同时人民精神文化需求日趋旺盛,人们思想活动的独立性、选择性、多变性、差异性明显增强,对发展社会主义先进文化提出了更高要求;社会活力显著增强,同时社会结构、社会组织形式、社会利益格局发生深刻变化,社会建设和管理面临诸多新课题;对外开放日益扩大,同时面临的国际竞争日趋激烈,发达国家在经济科技上占优势的压力长期存在,可以预见和难以预见的风险增多,统筹国内发展和对外开放要求更高。

实现未来经济发展目标,关键要在加快转变经济发展方式、完善社会主义市场经济体制方面取得重大进展。要大力推进经济结构战略性调整,更加注重提高自主创新能力、提高节能环保水平、提高经济整体素质和国际竞争力。要深化对社会主义市场经济规律的认识,从制度上更好发挥市场在资源配置中的基础性作用,形成有利于科学发展的宏观调控体系。

要深化财税、金融等体制改革,完善宏观调控体系。围绕推进基本公共服务均等化和主体功能区建设,完善公共财政体系。深化预算制度改革,强化预算管理和监督,健全中央和地方财力与事权相匹配的体制,加快形成统一规范透明的财政转移支付制度,提高一般性转移支付规模和比例,加大公共服务领域投入。完善省以下财政体制,增强基层政府提供公共服务能力。实行有利于科学发展的财税制度,建立健全资源有偿使用制度和生态环境补偿机制。推进金融体制改革,发展各类金融市场,形成多种所有制和多种经营形式、结构合理、功能完善、高效安全的现代金融体系。提高银行业、证券业、保险业竞争力。优化资本市场结构,多渠道提高直接融资比重。加强和改进金融监管,防范和化解金融风险。完善人民币汇率形成机制,逐步实现资本项目可兑换。深化投资体制改革,健全和严格市场准入制度。完善国家规划体系。发挥国家发展规划、计划、产业政策在宏观调控中的导向作用,综合运用财政、货币政策,提高宏观调控水平。

三、党的十八大提出面临经济新常态的宏观调控新政策

2012 年党中央换届,组成了以习近平为核心的新的党中央。6 年来,中国的政治经济和社会发展进入了新时代。在新的历史条件下,党中央主要围绕实现中国强国梦和应对经济新常态,提出了新的宏观调控政策。

2012 年 11 月,党的十八大召开。大会审议通过的报告指出,过去 5 年改革开放取得重大进展。农村综合改革、集体林权制度改革、国有企业改革不断深化,非公有制经济健康发展。现代市场体系和宏观调控体系不断健全,财税、金融、价格、科技、教育、社会保障、医药卫生、事业单位等改革稳步推进。开放型经济达到新水平,进出口总额跃居世界第二位。社会建设取得新进步。基本公共服务水平和均等化程度明显提高。教育事业迅速发展,城乡免费义务教育全面实现。社会保障体系建设成效显著,城乡基本养老保险制度全面建立,新型社会救助体系基本形成。全民医保基本实现,城乡基本医疗卫生制度初步建立。保障性住房建设加快推进。加强和创新社会管理,社会保持和谐稳定。

同时,必须清醒看到,我们工作中还存在许多不足,前进道路上还有不少困难和问题。主要是:发展中不平衡、不协调、不可持续问题依然突出,科技创新能力不强,产业结构不合理,农业基础依然薄弱,资源环境约束加剧,制约科学发展的体制机制障碍较多,深化改革开放和转变经济发展方式任务艰巨;城乡区域发展差距和居民收入分配差距依然较大;社会矛盾明显增多,教育、就业、社会保障、医疗、住房、生态环境、食品药品安全、安全生产、社会治安、执法司法等关系群众切身利益的问题较多,部分群众生活比较困难;一些领域存在道德失范、诚信缺失现象;一些干部领导科学发展能力不强,一些基层党组织软弱涣散,少数党员干部理想信念动摇、宗旨意识淡薄,形式主义、官僚主义问题突出,奢侈浪费现象严重;一些领域消极腐败现象易发多发,反腐败斗争形势依然严峻。对这些困难和问题,我们必须高度重视,进一步认真加以解决。

全面建成小康社会,必须以更大的政治勇气和智慧,不失时机深化重要领域改革,坚决破除一切妨碍科学发展的思想观念和体制机制弊端,构建系统完备、科学规范、运行有效的制度体系,使各方面制度更加成熟更加定型。要加快完善社会主义市场经济体制,完善公有制为主体、多种所有制经济共同发展的基本经济制度,完善按劳分配为主体、多种分配方式并存的分配制度，更大程度更广范围发挥市场在资源配置中的基础性作用，完善宏观调控体系，完善开放型经济体系，推动经济更有效率、更加公平、更可持续发展。加快推进社会主义民主政治制度化、规范化、程序化，从各层次各领域扩大公民有序政治参与，实现国家各项工作法治化。加快完善文化管理体制和文化生产经营机制，基本建立现代文化市场体系，健全国有文化资产管理体制，形成有利于创新创造的文化发展环境。加快形成科学有效的社会管理体制，完善社会保障体系，健全基层公共服务和社会管理网络，建立确保社会既充满活力又和谐有序的体制机制。加快建立生态文明制度，健全国土空间开发、资源节约、生态环境保护的体制机制，推动形成人与自然和谐发展现代化建设新格局。

深化改革是加快转变经济发展方式的关键。经济体制改革的核心问题是处理好政府和市场的关系，必须更加尊重市场规律，更好发挥政府作用。要毫不动摇巩固和发展公有制经济，推行公有制多种实现形式，深化国有企业改革，完善各类国有资产管理体制，推动国有资本更多投向关系国家安全和国民经济命脉的重要行业和关键领域，不断增强国有经济活力、控制力、影响力。毫不动摇鼓励、支持、引导非公有制经济发展，保证各种所有制经济依法平等使用生产要素、公平参与市场竞争、同等受到法律保护。健全现代市场体系，加强宏观调控目标和政策手段机制化建设。加快改革财税体制，健全中央和地方财力与事权相匹配的体制，完善促进基本公共服务均等化和主体功能区建设的公共财政体系，构建地方税体系，形成有利于结构优化、社会公平的税收制度。建立公共资源出让收益合理共享机制。深化金融体制改革，健全促进宏观经济稳定、支持实体经济发展的现代金融体系，加快发展多层次资本市场，稳步推进利率和汇率市场化改革，逐步实现人民币资本项目可兑换。加快发展民营金融机构。完善金融监管，推进金融创新，提高银行、证券、保险等行业竞争力，维护金融稳定。

2013 年 11 月 12 日,党的十八届三中全会做出《中共中央关于全面深化改革若干重大问题的决定》。该决定对经济新常态下的宏观调控进行了部署安排。全面深化改革的任务之一是:紧紧围绕使市场在资源配置中起决定性作用深化经济体制改革,坚持和完善基本经济制度,加快完善现代市场体系、宏观调控体系、开放型经济体系,加快转变经济发展方式,加快建设创新型国家,推动经济更有效率、更加公平、更可持续发展。

经济体制改革是全面深化改革的重点,核心问题是处理好政府和市场的关系,使市场在资源配置中起决定性作用和更好发挥政府作用。市场决定资源配置是市场经济的一般规律,健全社会主义市场经济体制必须遵循这条规律,着力解决市场体系不完善、政府干预过多和监管不到位问题。

必须积极稳妥地从广度和深度上推进市场化改革,大幅度减少政府对资源的直接配置,推动资源配置依据市场规则、市场价格、市场竞争实现效益最大化和效率最优化。政府的职责和作用主要是保持宏观经济稳定,加强和优化公共服务,保障公平竞争,加强市场监管,维护市场秩序,推动可持续发展,促进共同富裕,弥补市场失灵。

健全宏观调控体系。宏观调控的主要任务是保持经济总量平衡,促进重大经济结构协调和生产力布局优化,减缓经济周期波动影响,防范区域性、系统性风险,稳定市场预期,实现经济持续健康发展。健全以国家发展战略和规划为导向、以财政政策和货币政策为主要手段的宏观调控体系,推进宏观调控目标制定和政策手段运用机制化,加强财政政策、货币政策与产业、价格等政策手段协调配合,提高相机抉择水平,增强宏观调控前瞻性、针对性、协同性。形成参与国际宏观经济政策协调的机制,推动国际经济治理结构完善。

深化投资体制改革,确立企业投资主体地位。企业投资项目,除关系国家安全和生态安全、涉及全国重大生产力布局、战略性资源开发和重大公共利益等项目外，一律由企业依法依规自主决策，政府不再审批。强化节能节地节水、环境、技术、安全等市场准入标准，建立健全防范和化解产能过剩长效机制。

完善发展成果考核评价体系，纠正单纯以经济增长速度评定政绩的偏向，加大资源消耗、环境损害、生态效益、产能过剩、科技创新、安全生产、新增债务等指标的权重，更加重视劳动就业、居民收入、社会保障、人民健康状况。加快建立国家统一的经济核算制度，编制全国和地方资产负债表，建立全社会房产、信用等基础数据统一平台，推进部门信息共享。

政府要加强发展战略、规划、政策、标准等制定和实施，加强市场活动监管，加强各类公共服务提供。加强中央政府宏观调控职责和能力，加强地方政府公共服务、市场监管、社会管理、环境保护等职责。推广政府购买服务，凡属事务性管理服务，原则上都要引入竞争机制，通过合同、委托等方式向社会购买。

在深化财税体制改革方面，必须完善立法、明确事权、改革税制、稳定税负、透明预算、提高效率，建立现代财政制度，发挥中央和地方两个积极性。首先，要改进预算管理制度。实施全面规范、公开透明的预算制度。审核预算的重点由平衡状态、赤字规模向支出预算和政策拓展。清理规范重点支出同财政收支增幅或生产总值挂钩事项，一般不采取挂勾方式。建立跨年度预算平衡机制，建立权责发生制的政府综合财务报告制度，建立规范合理的中央和地方政府债务管理及风险预警机制。完善一般性转移支付增长机制，重点增加对革命老区、民族地区、边疆地区、贫困地区的转移支付。中央出台增支政策形成的地方财力缺口，原则上通过一般性转移支付调节。清理、整合、规范专项转移支付项目，逐步取消竞争性领域专项和地方资金配套，严格控制引导类、救济类、应急类专项，对保留专项进行甄别，属地方事务的划入一般性转移支付。其次，要完善税收制度。深化税收制度改革，完善地方税体系，逐步提高直接税比重。推进增值税改革,适当简化税率。调整消费税征收范围、环节、税率,把高耗能、高污染产品及部分高档消费品纳入征收范围。逐步建立综合与分类相结合的个人所得税制。加快房地产税立法并适时推进改革,加快资源税改革,推动环境保护费改税。按照统一税制、公平税负、促进公平竞争的原则,加强对税收优惠特别是区域税收优惠政策的规范管理。税收优惠政策统一由专门税收法律法规规定,清理规范税收优惠政策。完善国税、地税征管体制。最后,要建立事权和支出责任相适应的制度。适度加强中央事权和支出责任,国防、外交、国家安全、关系全国统一市场规则和管理等作为中央事权;部分社会保障、跨区域重大项目建设维护等作为中央和地方共同事权,逐步理顺事权关系;区域性公共服务作为地方事权。中央和地方按照事权划分相应承担和分担支出责任。中央可通过安排转移支付将部分事权支出责任委托地方承担。对于跨区域且对其他地区影响较大的公共服务,中央通过转移支付承担一部分地方事权支出责任。要保持现有中央和地方财力格局总体稳定,结合税制改革,考虑税种属性,进一步理顺中央和地方收入划分。

四、党的十九大提出与解决新社会矛盾相适应的宏观调控政策

2017 年 10 月 18 日,党的十九大召开,大会的主题是:不忘初心,牢记使命,高举中国特色社会主义伟大旗帜,决胜全面建成小康社会,夺取新时代中国特色社会主义伟大胜利,为实现中华民族伟大复兴的中国梦不懈奋斗。习近平总书记指出,党的十八大以来的 5 年全面深化改革取得重大突破。蹄疾步稳推进全面深化改革,坚决破除各方面体制机制弊端。改革全面发力、多点突破、纵深推进,着力增强改革系统性、整体性、协同性,压茬拓展改革广度和深度,推出 1500 多项改革举措,重要领域和关键环节改革取得突破性进展,主要领域改革主体框架基本确立。中国特色社会主义制度更加完善,国家治理体系和治理能力现代化水平明

显提高,全社会发展活力和创新活力明显增强。同时,必须清醒看到,我们的工作还存在许多不足,也面临不少困难和挑战。主要是:发展不平衡不充分的一些突出问题尚未解决,发展质量和效益还不高,创新能力不够强,实体经济水平有待提高,生态环境保护任重道远;民生领域还有不少短板,脱贫攻坚任务艰巨,城乡区域发展和收入分配差距依然较大,群众在就业、教育、医疗、居住、养老等方面面临不少难题;社会文明水平尚需提高;社会矛盾和问题交织叠加,全面依法治国任务依然繁重,国家治理体系和治理能力有待加强;意识形态领域斗争依然复杂,国家安全面临新情况;一些改革部署和重大政策措施需要进一步落实;党的建设方面还存在不少薄弱环节。这些问题,必须着力加以解决。

中国特色社会主义进入新时代,意味着近代以来久经磨难的中华民族迎来了从站起来、富起来到强起来的伟大飞跃,迎来了实现中华民族伟大复兴的光明前景;意味着科学社会主义在21世纪的中国焕发出强大生机活力,在世界上高高举起了中国特色社会主义伟大旗帜;意味着中国特色社会主义道路、理论、制度、文化不断发展,拓展了发展中国家走向现代化的途径,给世界上那些既希望加快发展又希望保持自身独立性的国家和民族提供了全新选择,为解决人类问题贡献了中国智慧和中国方案。

这个新时代,是承前启后、继往开来、在新的历史条件下继续夺取中国特色社会主义伟大胜利的时代,是决胜全面建成小康社会、进而全面建设社会主义现代化强国的时代,是全国各族人民团结奋斗、不断创造美好生活、逐步实现全体人民共同富裕的时代,是全体中华儿女勠力同心、奋力实现中华民族伟大复兴中国梦的时代,是中国日益走近世界舞台中央、不断为人类作出更大贡献的时代。

中国特色社会主义进入新时代,中国社会主要矛盾已经转化为人民日益增长的美好生活需要和不平衡不充分的发展之间的矛盾。中国稳定解决了十几亿人的温饱问题,总体上实现小康,不久将全面建成小康社会,人民美好生活需要日益广泛,不仅对物质文化生活提出了更高要求,而且在民主、法治、公平、正义、安全、环境等方面的要求日益增长。同时,中国社会生产力水平总体上显著提高,社会生产能力在很多方面进入世界前列,更加突出的问题是发展不平衡不充分,这已经成为满足人民日益增长的美好生活需要的主要制约因素。

必须认识到,中国社会主要矛盾的变化是关系全局的历史性变化,对党和国家工作提出了许多新要求。我们要在继续推动发展的基础上,着力解决好发展不平衡不充分问题,大力提升发展质量和效益,更好满足人民在经济、政治、文化、社会、生态等方面日益增长的需要,更好推动人的全面发展、社会全面进步。

新时代中国特色社会主义思想,明确坚持和发展中国特色社会主义,总任务是实现社会主义现代化和中华民族伟大复兴,在全面建成小康社会的基础上,分两步走,在 21 世纪中叶建成富强民主文明和谐美丽的社会主义现代化强国;明确新时代中国社会主要矛盾是人民日益增长的美好生活需要和不平衡不充分的发展之间的矛盾,必须坚持以人民为中心的发展思想,不断促进人的全面发展、全体人民共同富裕;明确中国特色社会主义事业总体布局是“五位一体”、战略布局是“四个全面”,强调坚定道路自信、理论自信、制度自信、文化自信;明确全面深化改革总目标是完善和发展中国特色社会主义制度、推进国家治理体系和治理能力现代化;明确全面推进依法治国总目标是建设中国特色社会主义法治体系、建设社会主义法治国家;明确党在新时代的强军目标是建设一支听党指挥、能打胜仗、作风优良的人民军队,把人民军队建设成为世界一流军队;明确中国特色大国外交要推动构建新型国际关系,推动构建人类命运共同体。为此,全党要深刻领会新时代中国特色社会主义思想的精神实质和丰富内涵,在各项工作中全面准确贯彻落实。

要坚持全面深化改革。只有社会主义才能救中国,只有改革开放才能发展中国、发展社会主义、发展马克思主义。必须坚持和完善中国特色社会主义制度，不断推进国家治理体系和治理能力现代化，坚决破除一切不合时宜的思想观念和体制机制弊端，突破利益固化的藩篱，吸收人类文明有益成果，构建系统完备、科学规范、运行有效的制度体系，充分发挥中国社会主义制度优越性。

要坚持新发展理念。发展是解决中国一切问题的基础和关键，发展必须是科学发展，必须坚定不移贯彻创新、协调、绿色、开放、共享的发展理念。必须坚持和完善中国社会主义基本经济制度和分配制度，毫不动摇巩固和发展公有制经济，毫不动摇鼓励、支持、引导非公有制经济发展，使市场在资源配置中起决定性作用，更好发挥政府作用，推动新型工业化、信息化、城镇化、农业现代化同步发展，主动参与和推动经济全球化进程，发展更高层次的开放型经济，不断壮大中国经济实力和综合国力。

中国经济已由高速增长阶段转向高质量发展阶段，正处在转变发展方式、优化经济结构、转换增长动力的攻关期，建设现代化经济体系是跨越关口的迫切要求和中国发展的战略目标。必须坚持质量第一、效益优先，以供给侧结构性改革为主线，推动经济发展质量变革、效率变革、动力变革，提高全要素生产率，着力加快建设实体经济、科技创新、现代金融、人力资源协同发展的产业体系，着力构建市场机制有效、微观主体有活力、宏观调控有度的经济体制，不断增强中国经济创新力和竞争力。

报告提出，要创新和完善宏观调控，发挥国家发展规划的战略导向作用，健全财政、货币、产业、区域等经济政策协调机制。完善促进消费的体制机制，增强消费对经济发展的基础性作用。深化投融资体制改革，发挥投资对优化供给结构的关键性作用。加快建立现代财政制度，建立权责清晰、财力协调、区域均衡的中央和地方财政关系。要建立全面规范透明、标准科学、约束有力的预算制度，全面实施绩效管理。深化税收制度改革，健全地方税体系。深化金融体制改革，增强金融服务实体经济能力，提高直接融资比重，促进多层次资本市场健康发展。健全货币政策和宏观审慎政策双支柱调控框架,深化利率和汇率市场化改革。健全金融监管体系,守住不发生系统性金融风险的底线。

上述政策表明,截至党的十九大,党中央的经济政策在强调市场决定的同时,并未否定宏观调控的地位和作用,而是一以贯之地要求要创新和完善宏观调控,并根据新的发展阶段提出了新的政策要求,为新时期完善宏观调控法奠定了政策思想基础。上述的政策梳理还发现一个基本的规律,即每一届中央的三中全会,都会认真总结5年的工作,专门研究经济体制改革问题,并根据新情况、新问题,进行政策制度安排,其中包括对宏观调控新政策的部署安排,具有明显的阶段性特征。

第十章　宏观调控法制与法治政策的形成与完善

根据以上分析,中国宏观调控法的实践正式起始于1993年社会主义市场经济体制的建立,并与之前计划商品经济时期的法制建设相联系,与1978年改革开放之初所确立的“经济建设和法制建设两手抓,两手都要硬”的思想准备有极大的关系。为此,笔者认为,考察中国宏观调控法的实践与完善,应当首先考察改革开放40年来国家经济法制与法治思想的理论及其政策演变历程。这是因为,每一个重要时期的法制建设进程都与当时历史条件下的法制/法治思想和政策指引有关。而对于事关全局的宏观调控法而言,更是如此。

第一节　为改革开放保驾护航的经济法制思想与政策

1978年12月召开的党的十一届三中全会

是中国改革开放的重要会议。会议对民主和法制问题进行了认真的讨论。会议提出,为了保障人民民主,必须加强社会主义法制,使民主制度化、法律化,使这种制度和法律具有稳定性、连续性和极大的权威,做到有法可依,有法必依,执法必严,违法必究。从现在起,应当把立法工作摆到全国人民代表大会及其常务委员会的重要议程上来。检察机关和司法机关要保持应有的独立性;要忠实于法律和制度,忠实于人民利益,忠实于事实真相;要保证人民在自己的法律面前人人平等,不允许任何人有超越于法律之上的特权。值得注意的是,此次会议上,邓小平的著名法制论述,成为整个改革开放40年来民主法制建设的重要指导依据。他在《解放思想,实事求是,团结一致向前看》讲话中指出,为了保障人民民主,必须加强法制。必须使民主制度化、法律化,使这种制度和法律不因领导人的改变而改变,不因领导人的看法和注意力的改变而改变。现在的问题是法律很不完备,很多法律还没有制定出来。往往把领导人说的话当作"法",不赞成领导人说的话就叫作"违法",领导人的话改变了,"法"也就跟着改变。所以,应该集中力量制定刑法、民法、诉讼法和其他各种必要的法律,例如,工厂法、人民公社法、森林法、草原法、环境保护法、劳动法、外国人投资法等,经过一定的民主程序讨论通过,并且加强检察机关和司法机关,做到有法可依,有法必依,执法必严,违法必究。国家和企业、企业和企业、企业和个人等之间的关系,也要用法律的形式来确定;它们之间的矛盾,也有不少要通过法律来解决。现在立法的工作量很大,人力很不够,因此法律条文开始可以粗一点,逐步完善。有的法规地方可以先试搞,然后经过总结提高,制定全国通行的法律。修改补充法律,成熟一条就修改补充一条,不要等待"成套设备"。总之,有比没有好,快搞比慢搞好。此外,我们还要大力加强对国际法的研究。① 这篇讲话不仅点到了中国法制建设的要害之处，也为如何进行法制建设提供了实现路径的思路。另外，在这篇讲话中提到的有关现在中国经济管理体制权力过于集中，应该有计划地大胆下放，应该让地方和企业、生产队有更多的经营管理的自主权，最迫切的是扩大厂矿企业和生产队的自主权；要学会用经济方法管理经济。自己不懂就要向懂行的人学习；在实行党委领导下的厂长负责制的时候，要切实做到职责分明。在经济政策上，要允许一部分地区、一部分企业、一部分工人农民，由于辛勤努力成绩大而收入先多一些，生活先好起来等思想的提出，为经济法制建设提供了思想和理论依据。为此，从 1978 年起，围绕当时的经济体制改革，国家开始进行大规模的经济法规的制定和实施。但总体来说，是为保障改革开放服务的，工作重点是进行制度建设，以便有法可依，但受“法律工具论”的影响，②并没有将法制建设上升到国家发展战略的高度加以充分地认识。

1984 年 10 月，中共中央《关于经济体制改革的决定》阐述了一系列对经济法制建设有重大影响的思想。第一，关于企业自主权及其法律地位。决定指出，在服从国家计划和管理的前提下，企业有权选择灵活多样的经营方式，有权安排自己的产供销活动，有权拥有和支配自留资金，有权依照规定自行任免、聘用和选举本企业的工作人员，有权自行决定用工办法和工资奖励方式，有权在国家允许的范围内确定本企业产品的价格，等等。总之，要使企业真正成为相对独立的经济实体，成为自主经营、自负盈亏的社会主义商品生产者和经营者，具有自我改造和自我发展的能力，成为具有一定权利和义务的法人。第二，关于政府职责定位

---

① 邓小平：《解放思想，实事求是，团结一致向前看》，载中共中央文献编辑委员会编：《邓小平文选》，人民出版社 1983 年版，第 136～137 页。

② “法律工具论”，亦称“法律工具主义”，属于人类对法律现象的一种认识，具有哲学意义。在法律工具论认识下，法律被当作实现某种社会政策、目标，甚至是个人和集团利益的工具。

与企业的关系。该决定认为,根据多年来的实践经验,政府机构管理经济的主要职能应该是:制订经济和社会发展的战略、计划、方针和政策;制订资源开发、技术改造和智力开发的方案;协调地区、部门、企业之间的发展计划和经济关系;部署重点工程特别是能源、交通和原材料工业的建设;汇集和传布经济信息,掌握和运用经济调节手段;制定并监督执行经济法规;按规定的范围任免干部;管理对外经济技术交流和合作,等等。这些职能,需要各级政府付出极大努力来履行,而过去有些没有做好,有的还没有做。但就政府和企业的关系来说,今后各级政府部门原则上不再直接经营管理企业。至于少数由国家赋予直接经营管理企业责任的政府经济部门,也必须按照简政放权的精神,正确处理同所属企业的关系,以增强企业和基层自主经营的活力,避免由于高度集中可能带来的弊端。全国性和地区性的公司,是在国民经济发展的需要和企业互有需要的基础上建立的联合经济组织,它们必须是企业而不是行政机构,不能因袭过去的一套办法,而必须学会现代科学管理方法。第三,关于企业之间的合作与竞争关系。该决定认为,社会主义企业之间的关系,首先是互相协作、互相支援的关系,但这种关系并不排斥竞争。长期以来,人们往往把竞争看成是资本主义特有的现象,其实,只要有商品生产,就必然有竞争,只不过在不同的社会制度下竞争的目的、性质、范围和手段不同。社会主义企业之间的竞争,同资本主义条件下的弱肉强食根本不同,它是在公有制基础上,在国家计划和法令的管理下,在为社会主义现代化建设服务的前提下,让企业在市场上直接接受广大消费者的评判和检验,优胜劣汰。这样做,有利于打破阻碍生产发展的封锁和垄断,及时暴露企业的缺点,促使企业改进生产技术和经营管理,推动整个国民经济和社会主义事业的发展。竞争中可能出现某些消极现象和违法行为,各级有关领导机关对此必须保持清醒头脑,加强教育和管理,认真注意解决好这方面的问题。第四,关于经济法制的基本任务。对此,该决定明确指出,经济体制的改革和国民经济的发展,使越来越多的经济关系和经济活动准则需要用法律形式固定下来。国家立法机关要加快经济立法，法院要加强经济案件的审判工作，检察院要加强对经济犯罪行为的检察工作，司法部门要积极为经济建设提供法律服务。第五，关于经济责任制。城市改革的试验充分表明，农村实行承包责任制的基本经验同样适用于城市。为了增强城市企业的活力，提高广大职工的责任心和充分发挥他们的主动性、积极性、创造性，必须在企业内部明确对每个岗位、每个职工的工作要求，建立以承包为主的多种形式的经济责任制。这种责任制的基本原则是：责、权、利相结合，国家、集体、个人利益相统一，职工劳动所得同劳动成果相联系。

1987 年 10 月，党的十三大报告系统总结过去 9 年的成绩，提出了社会主义民主和法制的基本理念和实践方向。报告认为，以宪法为基础的社会主义法律体系初步形成。报告要求，抓紧建立完备的经济法规体系，并加强司法、严肃执法。对企业、市场和各经济部门，都要实行必要的监督、管理，整顿和加强财经纪律，以保护消费者和生产者的合法权益，维护国家的全局利益。私营经济是存在雇佣劳动关系的经济成分。但在社会主义条件下，它必然同占优势的公有制经济相联系，并受公有制经济的巨大影响。实践证明，私营经济一定程度的发展，有利于促进生产，活跃市场，扩大就业，更好地满足人民多方面的生活需求，是公有制经济必要的和有益的补充。必须尽快制定有关私营经济的政策和法律，保护它们的合法利益，加强对它们的引导、监督和管理。改革中所采取的一些措施，如发展生产资料市场、金融市场、技术市场和劳务市场，发行债券、股票，都是伴随社会化大生产和商品经济的发展必然出现的，并不是资本主义所特有的。社会主义可以而且应当利用它们为自己服务，并在实践中限制其消极作用。报告认为，社会主义民主和社会主义法制不可分割。没有全社会的安定团结，经济建设搞不成，经济体制改革和政治体制改革也搞不成。国家的政治生活、经济生活和社会生活的各个方面，民主和专政的各个环节，都应做到有法可依，有法必依，执法必严,违法必究。我们必须一手抓建设和改革,一手抓法制。法制建设必须贯串于改革的全过程。一方面,应当加强立法工作,改善执法活动,保障司法机关依法独立行使职权,提高公民的法律意识;另一方面,法制建设又必须保障建设和改革的秩序,使改革的成果得以巩固。应兴应革的事情,要尽可能用法律或制度的形式加以明确。这样才能形成政治、经济和社会生活的新规范,逐步做到:党、政权组织同其他社会组织的关系制度化,国家政权组织内部活动制度化,中央、地方、基层之间的关系制度化,人员的培养、选拔、使用和淘汰制度化,基层民主生活制度化,社会协商对话制度化。总之,应当通过改革,使中国社会主义民主政治一步一步走向制度化、法律化。

1992 年 10 月,党的十四大报告提出了一系列"两手抓"的战略方针,强调一手抓改革开放,一手抓打击犯罪;一手抓经济建设,一手抓民主法制;一手抓物质文明,一手抓精神文明。要高度重视法制建设。加强立法工作,特别是抓紧制定与完善保障改革开放、加强宏观经济管理、规范微观经济行为的法律和法规,这是建立社会主义市场经济体制的迫切要求。要严格执行宪法和法律,加强执法监督,坚决纠正以言代法、以罚代刑等现象,保障人民法院和检察院依法独立进行审判和检察。加强政法部门自身建设,提高人员素质和执法水平。要把民主法制实践和民主法制教育结合起来,不断增强广大干部群众的民主意识和法制观念。

1993 年 11 月,《中共中央关于建立社会主义市场经济体制若干问题的决定》颁发。社会主义市场经济体制的建立和完善,必须有完备的法制来规范和保障。要高度重视法制建设,做到改革开放与法制建设的统一,学会运用法律手段管理经济。法制建设的目标是:遵循宪法规定的原则,加快经济立法,进一步完善民商法律、刑事法律、有关国家机构和行政管理方面的法律,20 世纪末初步建立适应社会主义市场经济的法律体系;改革、完善司法制度和行政执法机制,提高司法和行政执法水平;建立健全执法监督机制和法律服务机构,深入开展法制教育,提高全社会的法律意识和法制观念。坚持社会主义法制的统一,改革决策要与立法决策紧密结合,立法要体现改革精神,用法律引导、推进和保障改革顺利进行。要搞好立法规划,抓紧制定关于规范市场主体、维护市场秩序、加强宏观调控、完善社会保障、促进对外开放等方面的法律。要适时修改和废止与建立社会主义市场经济体制不相适应的法律和法规。加强党对立法工作领导,完善立法体制,改进立法程序,加快立法步伐,为社会主义市场经济提供法律规范。加强和改善司法、行政执法和执法监督,维护社会稳定,保障经济发展和公民的合法权益。依法惩处刑事犯罪和经济犯罪,及时处理经济和民事纠纷。各级政府都要依法行政,依法办事。坚决纠正经济活动以及其他活动中有法不依,执法不严,违法不究,滥用职权,以及为谋求部门和地区利益而违反法律等现象。加强执法队伍建设,提高人员素质和执法水平。建立对执法违法的追究制度和赔偿制度。

第二节　将依法治国上升为国家发展战略的思想与政策

1997 年 9 月,党的十五大报告的主题是,高举邓小平理论伟大旗帜,把建设有中国特色社会主义事业全面推向 21 世纪。报告首次提出,发展民主必须同健全法制紧密结合,实行依法治国。依法治国,就是广大人民群众在党的领导下,依照宪法和法律规定,通过各种途径和形式管理国家事务,管理经济文化事业,管理社会事务,保证国家各项工作都依法进行,逐步实现社会主义民主的制度化、法律化,使这种制度和法律不因领导人的改变而改变,不因领导人看法和注意力的改变而改变。依法治国,是党领导人民治理国家的基本方略,是发展社会主义市场经济的客观需要,是社会文明进步的重要标志,是国家长治久安的重要保障。党领导人民制定宪法和法律,并在宪法和法律范围内活动。依法治国把坚持党的领导、发扬人民民主和严格依法办事统一起来,从制度和法律上保证党的基本路线和基本方针的贯彻实施,保证党始终发挥总揽全局、协调各方的领导核心作用。报告强调,要加强法制建设。坚持有法可依、有法必依、执法必严、违法必究,是党和国家事业顺利发展的必然要求。加强立法工作,提高立法质量,到2010年形成有中国特色社会主义法律体系。维护宪法和法律的尊严,坚持法律面前人人平等,任何人、任何组织都没有超越法律的特权。一切政府机关都必须依法行政,切实保障公民权利,实行执法责任制和评议考核制。推进司法改革,从制度上保证司法机关依法独立公正地行使审判权和检察权,建立冤案、错案责任追究制度。加强执法和司法队伍建设。深入开展普法教育,增强全民的法律意识,着重提高领导干部的法制观念和依法办事能力。法制建设同精神文明建设必须紧密结合,同步推进。

由上看出,从党的十五大开始,在党中央层面彻底摆脱了“法律工具论”的思想理念,将“依法治国”提到了国家战略的高度,实现了国家法制政策的飞跃,并有别于西方法治理念,就中国主张的“依法治国”含义进行了阐述。在此情况下,今后中国的发展,对于法律、法制和法治而言,再也不受“法律工具论”的影响,不是想用就用,不想用就弃之,也不能选择性地用,而是社会发展的必备要素。

2002年11月,党的十六大报告提出,要加强社会主义法制建设。坚持有法可依、有法必依、执法必严、违法必究。适应社会主义市场经济发展、社会全面进步和加入世贸组织的新形势,加强立法工作,提高立法质量,到2010年形成中国特色社会主义法律体系。坚持法律面前人人平等。加强对执法活动的监督,推进依法行政,维护司法公正,提高执法水平,确保法律的严格实施。维护法制的统一和尊严,防止和克服地方和部门的保护主义。拓展和规范法律服务,积极开展法律援助。加强法制宣传教育,提高全民法律素质,尤其要增强公职人员的法制观念和依法办事能力。党员和干部特别是领导干部要成为遵守宪法和法律的模范。

2003年10月,党的十六届三次会议出台《关于完善社会主义市场经济体制若干问题的决定》,该决定提出,要全面推进经济法制建设。按照依法治国的基本方略,着眼于确立制度、规范权责、保障权益,加强经济立法。完善市场主体和中介组织法律制度,使各类市场主体真正具有完全的行为能力和责任能力。完善产权法律制度,规范和理顺产权关系,保护各类产权权益。完善市场交易法律制度,保障合同自由和交易安全,维护公平竞争。完善预算、税收、金融和投资等法律法规,规范经济调节和市场监管。完善劳动、就业和社会保障等方面的法律法规,切实保护劳动者和公民的合法权益。完善社会领域和可持续发展等方面的法律法规,促进经济发展和社会全面进步。

2004年9月,党的十六届四次会议全会审议通过了《中共中央关于加强党的执政能力建设的决定》,该决定提出,要坚持党的领导、人民当家作主和依法治国的有机统一,不断提高发展社会主义民主的制度化、规范化和程序化,贯彻依法治国方略,推进决策的科学化、民主化,加强对权力运行的制约和监督,改革和完善党的领导方式。

2007年10月,党的十七大报告指出,要扩大社会主义民主,更好地保障人民权益和社会公平正义。公民政治参与有序扩大。依法治国基本方略深入落实,全社会法制观念进一步增强,法治政府建设取得新成效。基层民主制度更加完善。政府提供基本公共服务能力显著增强。要全面落实依法治国基本方略,加快建设社会主义法治国家。依法治国是社会主义民主政治的基本要求。要坚持科学立法、民主立法,完善中国特色社会主义法律体系。加强宪法和法律实施,坚持公民在法律面前一律平等,维护社会公平正义,维护社会主义法制的统一、尊严、权威。推进依法行政。深化司法体制改革,优化司法职权配置,规范司法行为,建设公正高效权威的社会主义司法制度,保证审判机关、检察机关依法独立公正地行使审判权、检察权。加强政法队伍建设,做到严格、公正、文明执法。深入开展法制宣传教育,弘扬法治精神,形成自觉学法守法用法的社会氛围。尊重和保障人权,依法保证全体社会成员平等参与、平等发展的权利。各级党组织和全体党员要自觉在宪法和法律范围内活动,带头维护宪法和法律的权威。而在党的建设方面,首次提出要依法执政,并与科学执政、民主执政相并列。

2011年10月,党的十七届六次全会《关于深化文化体制改革推动社会主义文化大发展大繁荣若干重大问题的决定》:实行依法治国和以德治国相结合;加强法制宣传教育,弘扬社会主义法治精神,树立社会主义法治理念,提高全民法律素质,推动人人学法尊法守法用法,维护法律权威和社会公平正义。加强网络法制建设,加快形成法律规范、行政监管、行业自律、技术保障、公众监督、社会教育相结合的互联网管理体系。

值得强调的是,从1993年提出建立社会主义市场经济体制以后,在法制建设思想形成过程中,相关的重要文献对宏观调控法的制定提出了专门的要求。例如,1993年11月,《中共中央关于建立社会主义市场经济体制若干问题的决定》提出,要搞好立法规划,抓紧制定加强宏观调控方面的法律。要适时修改和废止与建立社会主义市场经济体制不相适应的法律和法规。宏观经济调控权,包括货币的发行、基准利率的确定、汇率的调节和重要税种税率的调整等,必须集中在中央。这是保证经济总量平衡、经济结构优化和全国市场统一的需要。1995年9月,党的十四届五次会议通过的《关于制定国民经济和社会发展"九五"计划和2010年远景目标的建议》强调,加快经济立法,建立和完善适应社会主义经济体制的法律体系。其中提到,继续制定和完善宏观调控方面的法律,改善并加强宏观调控。同时,要制定和完善振兴基础产业和支柱产业、规范政府行为、保护环境资源、保护知识产权等方面的法律。1999年9月,党的十五大四次会议通过的《关于国有企业改革和发展若干重大问题的决定》强调,要建立健全社会主义市场经济的法律制度。要抓紧制定和完善实施宏观调控方面的法律法规。2003年10月,党的十六届三次会议出台《关于完善社会主义市场经济体制若干问题的决定》提出，要完善预算、税收、金融和投资等法律法规，规范经济调节和市场监管。

第三节　强调国家法治治理的思想与政策

鉴于2011年10月中国向世界宣布，具有中国特色的社会主义法律体系已经基本形成，已经基本完成“有法可依”的战略性任务。在此背景下，需要系统总结中国依法治国的经验教训，对新时期依法治国战略实施进行调整，进而形成总体上的由重点强调经济立法及其法制建设向重点强调法治治理的思想转变。而这一重要的思想转变集中体现于党的十八届三中、四中全会通过的《关于全面深化改革若干重大问题的决定》和《关于全面推进依法治国若干重大问题的决定》两个重要文献之中。

2013年11月，党的十八届三次会议通过《关于全面深化改革若干重大问题的决定》提出，建设法治中国，必须坚持依法治国、依法执政、依法行政共同推进，坚持法治国家、法治政府、法治社会一体建设。深化司法体制改革，加快建设公正高效权威的社会主义司法制度，维护人民权益，让人民群众在每一个司法案件中都感受到公平正义。为此，主要提出以下十三项新的法治政策：

一要维护宪法法律权威。宪法是保证党和国家兴旺发达、长治久安的根本法，具有最高权威。要进一步健全宪法实施监督机制和程序，把全面贯彻实施宪法提高到一个新水平。建立健全全社会忠于、遵守、维护、运用宪法法律的制度。坚持法律面前人人平等，任何组织或者个人都不得有超越宪法法律的特权，一切违反宪法法律的行为都必须予以追究。

二要普遍建立法律顾问制度。完善规范性文件、重大决策合法性审查机制。建立科学的法治建设指标体系和考核标准。健全法规、规章、规范性文件备案审查制度。健全社会普法教育机制,增强全民法治观念。逐步增加有地方立法权的较大的市的数量。

三要深化行政执法体制改革。整合执法主体,相对集中执法权,推进综合执法,着力解决权责交叉、多头执法问题,建立权责统一、权威高效的行政执法体制。减少行政执法层级,加强食品药品、安全生产、环境保护、劳动保障、海域海岛等重点领域基层执法力量。理顺城管执法体制,提高执法和服务水平。

四要完善行政执法程序,规范执法自由裁量权,加强对行政执法的监督,全面落实行政执法责任制和执法经费由财政保障制度,做到严格规范公正文明执法。完善行政执法与刑事司法衔接机制。

五要确保依法独立公正行使审判权、检察权。改革司法管理体制,推动省以下地方法院、检察院人财物统一管理,探索建立与行政区划适当分离的司法管辖制度,保证国家法律统一正确实施。

六要建立符合职业特点的司法人员管理制度,健全法官、检察官、人民警察统一招录、有序交流、逐级遴选机制,完善司法人员分类管理制度,健全法官、检察官、人民警察职业保障制度。

七要健全司法权力运行机制。优化司法职权配置,健全司法权力分工负责、互相配合、互相制约机制,加强和规范对司法活动的法律监督和社会监督。

八要改革审判委员会制度,完善主审法官、合议庭办案责任制,让审理者裁判、由裁判者负责。明确各级法院职能定位,规范上下级法院审级监督关系。

九要推进审判公开、检务公开,录制并保留全程庭审资料。增强法律文书说理性,推动公开法院生效裁判文书。严格规范减刑、假释、保外就医程序,强化监督制度。广泛实行人民陪审员、人民监督员制度,拓宽人民群众有序参与司法渠道。

十要完善人权司法保障制度。国家尊重和保障人权。进一步规范查封、扣押、冻结、处理涉案财物的司法程序。健全错案防止、纠正、责任追究机制,严禁刑讯逼供、体罚虐待,严格实行非法证据排除规则。逐步减少适用死刑罪名。废止劳动教养制度,完善对违法犯罪行为的惩治和矫正法律,健全社区矫正制度。

十一要健全国家司法救助制度,完善法律援助制度。完善律师执业权利保障机制和违法违规执业惩戒制度,加强职业道德建设,发挥律师在依法维护公民和法人合法权益方面的重要作用。

十二要健全反腐倡廉法规制度体系,完善惩治和预防腐败、防控廉政风险、防止利益冲突、领导干部报告个人有关事项、任职回避等方面法律法规,推行新提任领导干部有关事项公开制度试点。健全民主监督、法律监督、舆论监督机制,运用和规范互联网监督。

十三要激发社会组织活力。正确处理政府和社会关系,加快实施政社分开,推进社会组织明确权责、依法自治、发挥作用。适合由社会组织提供的公共服务和解决的事项,交由社会组织承担。支持和发展志愿服务组织。限期实现行业协会商会与行政机关真正脱钩,重点培育和优先发展行业协会商会类、科技类、公益慈善类、城乡社区服务类社会组织,成立时直接依法申请登记。加强对社会组织和在华境外非政府组织的管理,引导它们依法开展活动。

2014 年 10 月,党的十八届四次会议作出《关于全面推进依法治国若干重大问题的决定》是中共中央历史上第一次专门就依法治国作出的决定。该决定指出,我们党高度重视法治建设。长期以来,特别是党的十一届三中全会以来,我们党深刻总结中国社会主义法治建设的成功经验和深刻教训,提出为了保障人民民主,必须加强法治,必须使民主制度化、法律化,把依法治国确定为党领导人民治理国家的基本方略,把依法执政确定为党治国理政的基本方式,积极建设社会主义法治,取得历史性成就。目前,中国特色社会主义法律体系已经形成,法治政府建设稳步推进,司法体制不断完善,全社会法治观念明显增强。同时,必须清醒看到,同党和国家事业发展要求相比,同人民群众期待相比,同推进国家治理体系和治理能力现代化目标相比,法治建设还存在许多不适应、不符合的问题,主要表现为:有的法律法规未能全面反映客观规律和人民意愿,针对性、可操作性不强,立法工作中部门化倾向、争权诿责现象较为突出;有法不依、执法不严、违法不究现象比较严重,执法体制权责脱节、多头执法、选择性执法现象仍然存在,执法司法不规范、不严格、不透明、不文明现象较为突出,群众对执法司法不公和腐败问题反映强烈;部分社会成员尊法信法守法用法、依法维权意识不强,一些国家工作人员特别是领导干部依法办事观念不强、能力不足,知法犯法、以言代法、以权压法、徇私枉法现象依然存在。这些问题,违背社会主义法治原则,损害人民群众利益,妨碍党和国家事业发展,必须下大气力加以解决。

全面推进依法治国,总目标是建设中国特色社会主义法治体系,建设社会主义法治国家。这就是,在中国共产党领导下,坚持中国特色社会主义制度,贯彻中国特色社会主义法治理论,形成完备的法律规范体系、高效的法治实施体系、严密的法治监督体系、有力的法治保障体系,形成完善的党内法规体系,坚持依法治国、依法执政、依法行政共同推进,坚持法治国家、法治政府、法治社会一体建设,实现科学立法、严格执法、公正司法、全民守法,促进国家治理体系和治理能力现代化。

实现这个总目标,必须坚持以下基本原则:

一是坚持中国共产党的领导。党的领导是中国特色社会主义最本质的特征,是社会主义法治最根本的保证。把党的领导贯彻到依法治国全过程和各方面,是中国社会主义法治建设的一条基本经验。中国宪法确立了中国共产党的领导地位。坚持党的领导,是社会主义法治的根本要求,是党和国家的根本所在、命脉所在,是全国各族人民的利益所系、幸福所系,是全面推进依法治国的题中应有之义。党的领导和社会主义法治是一致的,社会主义法治必须坚持党的领导,党的领导必须依靠社会主义法治。只有在党的领导下依法治国、厉行法治,人民当家作主才能充分实现,国家和社会生活法治化才能有序推进。依法执政,既要求党依据宪法法律治国理政,也要求党依据党内法规管党治党。必须坚持党领导立法、保证执法、支持司法、带头守法,把依法治国基本方略同依法执政基本方式统一起来,把党总揽全局、协调各方同人大、政府、政协、审判机关、检察机关依法依章程履行职能、开展工作统一起来,把党领导人民制定和实施宪法法律同党坚持在宪法法律范围内活动统一起来,善于使党的主张通过法定程序成为国家意志,善于使党组织推荐的人选通过法定程序成为国家政权机关的领导人员,善于通过国家政权机关实施党对国家和社会的领导,善于运用民主集中制原则维护中央权威、维护全党全国团结统一。

二是坚持人民主体地位。人民是依法治国的主体和力量源泉,人民代表大会制度是保证人民当家作主的根本政治制度。必须坚持法治建设为了人民、依靠人民、造福人民、保护人民,以保障人民根本权益为出发点和落脚点,保证人民依法享有广泛的权利和自由、承担应尽的义务,维护社会公平正义,促进共同富裕。必须保证人民在党的领导下,依照法律规定,通过各种途径和形式管理国家事务,管理经济文化事业,管理社会事务。必须使人民认识到法律既是保障自身权利的有力武器,也是必须遵守的行为规范,增强全社会学法尊法守法用法意识,使法律为人民所掌握、所遵守、所运用。

三是坚持法律面前人人平等。平等是社会主义法律的基本属性。任何组织和个人都必须尊重宪法法律权威,都必须在宪法法律范围内活动,都必须依照宪法法律行使权力或权利、履行职责或义务,都不得有超越宪法法律的特权。必须维护国家法制统一、尊严、权威,切实保证宪法法律有效实施,绝不允许任何人以任何借口任何形式以言代法、以权压法、徇私枉法。必须以规范和约束公权力为重点,加大监督力度,做到有权必有责、用权受监督、违法必追究,坚决纠正有法不依、执法不严、违法不究行为。

四是坚持依法治国和以德治国相结合。国家和社会治理需要法律和道德共同发挥作用。必须坚持一手抓法治、一手抓德治,大力弘扬社会主义核心价值观,弘扬中华传统美德,培育社会公德、职业道德、家庭美德、个人品德,既重视发挥法律的规范作用,又重视发挥道德的教化作用,以法治体现道德理念、强化法律对道德建设的促进作用,以道德滋养法治精神、强化道德对法治文化的支撑作用,实现法律和道德相辅相成、法治和德治相得益彰。

五是坚持从中国实际出发。中国特色社会主义道路、理论体系、制度是全面推进依法治国的根本遵循。必须从中国基本国情出发,同改革开放不断深化相适应,总结和运用党领导人民实行法治的成功经验,围绕社会主义法治建设重大理论和实践问题,推进法治理论创新,发展符合中国实际、具有中国特色、体现社会发展规律的社会主义法治理论,为依法治国提供理论指导和学理支撑。汲取中华法律文化精华,借鉴国外法治有益经验,但决不照搬外国法治理念和模式。

该决定指出,全面推进依法治国是一个系统工程,是国家治理领域一场广泛而深刻的革命,需要付出长期艰苦努力。全党同志必须更加自觉地坚持依法治国、更加扎实地推进依法治国,努力实现国家各项工作法治化,向着建设法治中国不断前进。

社会主义市场经济本质上是法治经济。使市场在资源配置中起决定性作用和更好发挥政府作用,必须以保护产权、维护契约、统一市场、平等交换、公平竞争、有效监管为基本导向,完善社会主义市场经济法律制度。健全以公平为核心原则的产权保护制度,加强对各种所有制经济组织和自然人财产权的保护,清理有违公平的法律法规条款。创新适应公有制多种实现形式的产权保护制度,加强对国有、集体资产所有权、经营权和各类企业法人财产权的保护。国家保护企业以法人财产权依法自主经营、自负盈亏,企业有权拒绝任何组织和个人无法律依据的要求。加强企业社会责任立法。完善激励创新的产权制度、知识产权保护制度和促进科技成果转化的体制机制。

该决定提出,要强化中央政府宏观管理、制度设定职责和必要的执法权,加强市场法律制度建设,编撰民法典,制定和完善发展规划、投资管理、土地管理、能源和矿产资源、农业、财政税收、金融等方面法律法规,促进商品和要素自由流动,公平交易、平等使用。依法加强和改善宏观调控、市场监管,反对垄断,促进合理竞争,维护公平竞争的市场秩序。加强军民融合深度发展法治保障。

要实现立法和改革决策相衔接,做到重大改革于法有据、立法主动适应改革和经济社会发展需要。实践证明行之有效的,要及时上升为法律。实践条件还不成熟、需要先行先试的,要按照法定程序作出授权。对不适应改革要求的法律法规,要及时修改和废止。

此外,该决定对如何实现法治治理提出了一些具体的政策要求。

以上分析表明,如同国家对“宏观调控”的定位有一个逐渐认识和完善的过程一样,国家对与商品经济及其市场经济发展相适应的经济法制建设也有一个逐渐认识的过程,体现出明显的阶段性特征。尤其是有关法律体系的表述先后有三次不同的表述,体现了不断的制度变革。总结概括起来,可分为三个阶段的逐步演进:第一阶段为经济法制建设阶段。改革开放之初,已经意识到经济建设必须与法制建设两手抓,且两手都要硬。但工作重点主要是在有法可依和打击经济犯罪两个方面,而且有法可依也在随着不同时期宏观调控的任务不同而不断地予以完善。其基本的发展路径在于制度建设,而且,该制度建设遵循传统法学理论,是对政策的法律化过程,即将经过改革实践认为可以上升为法律的部分,通过立法出台了相应的法律,以便于相对稳定地执行。与此同时,具有法律意义的政策仍然在宏观调控实践中起着导向性作用。第二个阶段为将依法治国上升为国家战略的阶段。在此阶段,包括经济法制在内的整个国家法制建设,已经被提升为一种国家发展战略。由此,既然是国家发展战略,经济法制建设就不仅仅是对改革发展要求的被动回应,而且是一种改革发展的基本要素。它实现了由法制到法治的思想转变,力图以法治的思维和方式引领改革,引领发展。并且,这种法治不是简单地对西方国家市场经济法治思想的借鉴,而是体现了鲜明的中国社会主义特色,即将中国共产党的统一领导、人民当家作主和依法治国三者有机地相结合;将依法治国与以德治国相结合。第三个阶段为全面推进依法治国,实施国家法治治理的新阶段。在此阶段,在完成到2010年形成具有中国特色的社会主义法律体系的预定目标的情况下,针对现实中存在的立法不科学、有法不依、执法不严、违法不究等突出问题,在强调继续完善立法,特别是重点领域的立法的同时,将法治政策定位于科学立法、严格守法、严格执法、有效司法和法律监督。强调国家法治治理、政府法治治理和社会自治治理的有机统一,强调党内法规和“规矩”执行的严厉性,强调宏观调控权的权威性。

笔者认为,上述国家法治政策的演变,是中国宏观调控法定位与完善的思想与政策基础,没有这些思想的形成和政策的出台,就不可能有宏观调控法的具体实践。它们是中国宏观调控法形成和发展的“灵魂”,解决的是路线方向问题,具有强烈的政治属性。为此,任何宏观调控法的制定和实施,都不能与之相违背,否则,就会犯错误,甚至是颠覆性错误。

第三篇　宏观调控制度梳理及评析

第十一章　宏观调控基础法律制度的完善

中国改革之初提出的口号是“对内搞活，对外开放”。发展到1993年推行市场经济时，虽然在市场经济之前加上了“社会主义”的限制词，但是，搞市场经济即意味着在更大程度上需要与国际接轨。尤其是在宏观调控领域，许多为宏观调控决策提供基础信息来源的制度需要确定，并保持与国际上通行标准的一致性，以便为宏观调控提供依据。对此，笔者认为，这方面的立法是实现宏观调控及其法治化的基础。而在此方面，国家立法的贡献主要体现在工商和税务登记及产业行业标准、会计核算、统计以及计量和标准化等方面法律制度的逐步完善。

第一节 工商税务登记及产业行业标准

改革开放以来,依据各类经济组织法规定①,企业及相关经济主体拥有了独立的经济地位。与此同时,国家为掌握市场经济发展中经济体的基本情况,普遍地实施了工商登记和税务登记制度,按照经济管理的要求,一切工商企业、公司和经济实体设立时须按照法定条件进行工商登记。在工商登记后,还需要按照《税收征收管理法》规定,进行税务登记,并且在经济组织发生变更、消灭情况时,也应进行登记,以便国家掌握经济组织的基本信息。另外,关于产业、行业的定位问题,国家改变了计划经济时期的部门划分标准,参照国际惯例,实施了第一、二、三产业的新管理模式。按照国际通行惯例,为实现与国际接轨,中国于20世纪80年代起,开始用产业指导的方式,进行国民经济的管理,将原有的部门管理改变为产业管理。其中,第一产业主要指农业,第二产业主要指加工业,第三产业为服务业。并对行业划分的标准以及中小企业的划分标准进行了规范,为宏观调控决策,特别是产业政策和法律的出台奠定了法律基础。

关于国民经济行业的分类标准,首次发布于1984年。之后,先后经过1994年、2002年、2011年、2017年修订,目前施行的是2017年标准。根据由国家统计局、中国标准化研究院负责起草,由中国国家质量监督检验检疫总局和国家标准化管理委员会2017年6月30日发布的最新《国民经济行业分类》标准(GB/T 4754—2017),中国国民经济被划分为20个门类,97个大类,473个中类和1381个小类。其中,20个行业门类

① 各类经济组织法是指改革开放以来,国家出台的企业法和公司法。其中,企业法包括全民所有制工业企业法、合伙企业法、个人独资企业法、中外合资经营企业法、中外合作企业法、外资企业法等。对此,国家法律体系将其视为民商法的调整范畴。但从经济法宏观调控法角度分析,它们属于经济组织法范畴,经济组织结构的合理配置涉及产业组织的调整问题。

依次是:(1)农、林、牧、渔业(含5大类);(2)采矿业(含7大类);(3)制造业(含31大类);(4)电力、热力、燃气及水生产和供应业(含3大类);(5)建筑业(含4大类);(6)批发和零售业(含2大类);(7)交通运输、仓储及邮政业(含8大类);(8)住宿和餐饮业(含2类);(9)信息传输、软件和信息技术服务业(含3大类);(10)金融业(含4大类);(11)房地产业(含1大类);(12)租赁和商务服务业(含2大类);(13)科学研究和技术服务业(含3大类);(14)水利、环境和公共设施管理业(含4大类);(15)居民服务、修理和其他服务业(含3大类);(16)教育(含1大类);(17)卫生和社会工作(含2大类);(18)文化、体育和娱乐业(含5大类);(19)公共管理、社会保障和社会组织(含6大类);(20)国际组织(含1大类)。该标准中,制造业最复杂,包括31个大类、179个中类和609个小类。该标准适用于在统计、计划、财政、税收、工商等国家宏观管理中,对经济活动的分类,并用于信息处理和信息交换。该标准认定的产业活动单位所应具备的条件:一是在一个场所从事一种或主要从事一种经济活动;二是相对独立地组织生产、经营或业务活动;三是能够掌握收入和支出等资料。①

关于中小微企业标准,为贯彻落实《中小企业促进法》和《国务院关于进一步促进中小企业发展的若干意见》(国发〔2009〕36号),2011年6月18日,工业和信息化部、国家统计局、发展改革委、财政部研究制定了《中小企业划型标准规定》,并同时废止了原国家经贸委、原国家计委、财政部和国家统计局2003年颁布的《中小企业标准暂行规定》。根据该规定,中小企业划分为中型、小型、微型三种类型,具体标准根据企业从业人员、营业收入、资产总额等指标,结合行业特点制定。该规定适用的行业包括:农、林、牧、渔业,工业(包括采矿业,制造业,电力、热力、燃气及水生产和供

① 详见中国国家质量监督检验检疫总局和国家标准化管理委员会:《国民经济行业分类》(GB/T 4754—2017)。

应业),建筑业,批发业,零售业,交通运输业(不含铁路运输业),仓储业,邮政业,住宿业,餐饮业,信息传输业(包括电信、互联网和相关服务),软件和信息技术服务业,房地产开发经营,物业管理,租赁和商务服务业,其他未列明行业(包括科学研究和技术服务业,水利、环境和公共设施管理业,居民服务、修理和其他服务业,社会工作,文化、体育和娱乐业等)。例如,关于农、林、牧、渔业的划分标准为:营业收入20000万元以下的为中小微型企业。其中,营业收入500万元及以上的为中型企业,营业收入50万元及以上的为小型企业,营业收入50万元以下的为微型企业。又如,对工业企业的划分标准为:从业人员1000人以下或营业收入40000万元以下的为中小微型企业。其中,从业人员300人及以上,且营业收入2000万元及以上的为中型企业;从业人员20人及以上,且营业收入300万元及以上的为小型企业;从业人员20人以下或营业收入300万元以下的为微型企业。①

笔者认为,以上与发展社会主义市场经济相适应的经济组织工商、税务登记和产业、行业标准制度的建立和完善,是国家实施宏观调控的重要前提或基础,它们与国际通行规定的逐步接近,有利于宏观调控实践中将中国的国民经济和社会发展状况与国外相比较,有利于党和国家科学地宏观调控,是宏观调控体系中不可或缺的基础性法律制度。

第二节 会计核算制度的规定

一、会计法的制定和实施

在商品经济条件下,会计被称为经济主体相互交易的“商业语言”,

---

① 详见《国务院关于进一步促进中小企业发展的若干意见》(国发〔2009〕36号)。工业和信息化部、国家统计局、国家发展和改革委员会、财政部:《中小企业划型标准规定》(2011年6月18日)。

没有统一规范的“商业语言”,就无法开展统一的经济核算并进行商业交易。从人类会计发展的历史来看,会计商业语言的形成途径:一是商事惯例;二是国家法律的统一规定。而在现代商品经济条件下,会计工作的统一规范,通常由国家法律强制性地规定。国家的统一规定为宏观调控奠定了经济核算基础。为此,中国改革开放以来,为规范国内搞活经济后企业及经济主体的会计核算行为,早在1985年1月21日第六届全国人民代表大会常务委员会第九次会议通过了第一部《会计法》。1993年开始推行市场经济体制改革以来,1993年12月29日第八届全国人民代表大会常务委员会第五次会议通过了《关于修改〈会计法〉的决定》。此后,1999年10月31日第九届全国人民代表大会常务委员会第十二次会议对《会计法》进行了全面的修订。2017年11月4日第十二届全国人民代表大会常务委员会第三十次会议《关于修改〈会计法〉等十一部法律的决定》对《会计法》进行了第二次修正。① 现行的《会计法》包括6章52条规定,其内容除总则、附则外,主要涉及会计核算,公司、企业会计核算的特别规定,会计监督、会计机构和会计人员及法律责任。

二、会计核算规定

根据《会计法》规定,国家实行统一的会计制度。国家统一的会计

---

① 2017年《会计法》修订的内容:一是将第32条第1款第4项修改为“(四)从事会计工作的人员是否具备专业能力、遵守职业道德”。二是将第38条修改为:“会计人员应当具备从事会计工作所需要的专业能力,担任单位会计机构负责人(会计主管人员)的,应当具备会计师以上专业技术职务资格或者从事会计工作三年以上经历。本法所称会计人员的范围由国务院财政部门规定。”三是将第40条第1款中的“不得取得或者重新取得会计从业资格证书”修改为“不得再从事会计工作”,删去第2款。四是将第42条第3款修改为:“会计人员有第一款所列行为之一,情节严重的,五年内不得从事会计工作。”五是将第43条第2款、第44条第2款中的“对其中的会计人员,并由县级以上人民政府财政部门吊销会计从业资格证书”修改为“其中的会计人员,五年内不得从事会计工作”。

制度由国务院财政部门根据本法制定并公布。国务院有关部门可以依照本法和国家统一的会计制度制定对会计核算和会计监督有特殊要求的行业实施国家统一的会计制度的具体办法或者补充规定,报国务院财政部门审核批准。中国人民解放军总后勤部可以依照本法和国家统一的会计制度制定军队实施国家统一的会计制度的具体办法,报国务院财政部门备案。根据《会计法》规定,对各单位的会计核算提出以下十七个方面的法定基本要求:①

第一,各单位必须根据实际发生的经济业务事项进行会计核算,填制会计凭证,登记会计账簿,编制财务会计报告。任何单位不得以虚假的经济业务事项或者资料进行会计核算。

第二,应当办理会计手续,进行会计核算的经济业务事项包括:款项和有价证券的收付;财物的收发、增减和使用;债权债务的发生和结算;资本、基金的增减;收入、支出、费用、成本的计算;财务成果的计算和处理;需要办理会计手续、进行会计核算的其他事项。

第三,会计年度自公历1月1日起至12月31日止。

第四,会计核算以人民币为记账本位币。业务收支以人民币以外的货币为主的单位,可以选定其中一种货币作为记账本位币,但是编报的财务会计报告应当折算为人民币。

第五,会计凭证、会计账簿、财务会计报告和其他会计资料,必须符合国家统一的会计制度的规定。使用电子计算机进行会计核算的,其软件及其生成的会计凭证、会计账簿、财务会计报告和其他会计资料,也必须符合国家统一的会计制度的规定。任何单位和个人不得伪造、变造会计凭证、会计账簿及其他会计资料,不得提供虚假的财务会计报告。

第六,会计凭证包括原始凭证和记账凭证。办理会计法所列的经济业务事项,必须填制或者取得原始凭证并及时送交会计机构。会计机

---

① 《会计法》第二章"会计核算"。

构、会计人员必须按照国家统一的会计制度的规定对原始凭证进行审核，对不真实、不合法的原始凭证有权不予接受，并向单位负责人报告；对记载不准确、不完整的原始凭证予以退回，并要求按照国家统一的会计制度的规定更正、补充。原始凭证记载的各项内容均不得涂改；原始凭证有错误的，应当由出具单位重开或者更正，更正处应当加盖出具单位印章。原始凭证金额有错误的，应当由出具单位重开，不得在原始凭证上更正。记账凭证应当根据经过审核的原始凭证及有关资料编制。

第七，会计账簿登记，必须以经过审核的会计凭证为依据，并符合有关法律、行政法规和国家统一的会计制度的规定。会计账簿包括总账、明细账、日记账和其他辅助性账簿。会计账簿应当按照连续编号的页码顺序登记。会计账簿记录发生错误或者隔页、缺号、跳行的，应当按照国家统一的会计制度规定的方法更正，并由会计人员和会计机构负责人（会计主管人员）在更正处盖章。使用电子计算机进行会计核算的，其会计账簿的登记、更正，应当符合国家统一的会计制度的规定。

第八，各单位发生的各项经济业务事项应当在依法设置的会计账簿上统一登记、核算，不得违反本法和国家统一的会计制度的规定私设会计账簿登记、核算。

第九，各单位应当定期将会计账簿记录与实物、款项及有关资料相互核对，保证会计账簿记录与实物及款项的实有数额相符、会计账簿记录与会计凭证的有关内容相符、会计账簿之间相对应的记录相符、会计账簿记录与会计报表的有关内容相符。

第十，各单位采用的会计处理方法，前后各期应当一致，不得随意变更；确有必要变更的，应当按照国家统一的会计制度的规定变更，并将变更的原因、情况及影响在财务会计报告中说明。

第十一，单位提供的担保、未决诉讼等或有事项，应当按照国家统一的会计制度的规定，在财务会计报告中予以说明。

第十二，财务会计报告应当根据经过审核的会计账簿记录和有关资料编制,并符合本法和国家统一的会计制度关于财务会计报告的编制要求、提供对象和提供期限的规定;其他法律、行政法规另有规定的,从其规定。财务会计报告由会计报表、会计报表附注和财务情况说明书组成。向不同的会计资料使用者提供的财务会计报告,其编制依据应当一致。有关法律、行政法规规定会计报表、会计报表附注和财务情况说明书须经注册会计师审计的,注册会计师及其所在的会计师事务所出具的审计报告应当随同财务会计报告一并提供。

第十三,财务会计报告应当由单位负责人和主管会计工作的负责人、会计机构负责人(会计主管人员)签名并盖章;设置总会计师的单位,还须由总会计师签名并盖章。单位负责人应当保证财务会计报告真实、完整。

第十四,会计记录的文字应当使用中文。在民族自治地方,会计记录可以同时使用当地通用的一种民族文字。在中华人民共和国境内的外商投资企业、外国企业和其他外国组织的会计记录可以同时使用一种外国文字。

第十五,各单位对会计凭证、会计账簿、财务会计报告和其他会计资料应当建立档案,妥善保管。会计档案的保管期限和销毁办法,由国务院财政部门会同有关部门制定。

第十六,公司、企业必须根据实际发生的经济业务事项,按照国家统一的会计制度的规定确认、计量和记录资产、负债、所有者权益、收入、费用、成本和利润。

第十七,公司、企业进行会计核算不得有的禁止性行为包括:随意改变资产、负债、所有者权益的确认标准或者计量方法,虚列、多列、不列或者少列资产、负债、所有者权益的行为;虚列或者隐瞒收入,推迟或者提前确认收入的行为;随意改变费用、成本的确认标准或者计量方法,虚列、多列、不列或者少列费用、成本的行为;随意调整利润的计算、分配方法,编造虚假利润或者隐瞒利润的行为,以及违反国家统一的会计制度规定的其他行为。

在以上《会计法》基本规定基础上，财政部出台《企业会计制度》（财会〔2000〕25 号），共计 14 章 160 条，对企业会计核算进行详尽地法律规范。其中，第 9 条明确规定，企业的记账采用国际上通行的借贷记账法。而在此之前，中国企业一直沿用的是增减记账方法。事实上，此项工作开展于 1994 年。在当时，国家对会计人员进行了大规模的培训。此外，涉及会计核算基本要素的资产、负债、所有者权益、收入、成本和费用，以及会计调整、或有事项、关联方关系及其交易和财务会计报告方面，也作了与国际上基本一致的规定，从而为宏观调控搜集企业会计信息、监督企业行为奠定了经济信息基础。

第三节　统计制度的规定

一、统计法的制定和实施

在中国的社会主义经济建设中，统计一直被视为党和国家的“耳目”。这是因为，没有统计部门科学的经济和社会发展统计，国家就无法对宏观经济形势作出准确的判断和科学的决策。为此，无论在计划经济时期，还是改革开放以来的商品经济及市场经济时期，国家均高度重视统计工作。早在 1983 年 12 月 8 日，为适应改革需要，第六届全国人民代表大会常务委员会第三次会议通过了《统计法》，截至 1996 年 5 月 15 日，适应市场经济发展的需要，第八届全国人民代表大会常务委员会第十九次会议通过了《关于修改〈中华人民共和国统计法〉的决定》，现行的《统计法》是 2009 年 6 月 27 日第十一届全国人民代表大会常务委员会第九次会议通过修订，并于 2010 年 1 月 1 日起施行的。其立法目的是，科学、有效地组织统计工作，保障统计资料的真实性、准确性、完整性和及时性,发挥统计在了解国情国力、服务经济社会发展中的重要作用,促进社会主义现代化建设事业发展。现行的《统计法》共有7章50条,除总则和附则外,包括统计调查管理、统计资料的管理和公布、统计机构和统计人员、监督检查和法律责任等内容。《统计法》第2条第2款明确规定,统计的基本任务是对经济社会发展情况进行统计调查、统计分析,提供统计资料和统计咨询意见,实行统计监督。为此,它确立了一系列统计制度。其中,一些内容反映了宏观调控的法律需求。

二、统计调控规定

根据《统计法》规定,国家建立集中统一的统计系统,实行统一领导、分级负责的统计管理体制。国家加强统计科学研究,健全科学的统计指标体系,不断改进统计调查方法,提高统计的科学性。国家有计划地加强统计信息化建设,推进统计信息搜集、处理、传输、共享、存储技术和统计数据库体系的现代化。统计机构和统计人员依照《统计法》规定独立行使统计调查、统计报告、统计监督的职权,不受侵犯。地方各级人民政府、政府统计机构和有关部门以及各单位的负责人,不得自行修改统计机构和统计人员依法搜集、整理的统计资料,不得以任何方式要求统计机构、统计人员及其他机构、人员伪造、篡改统计资料,不得对依法履行职责或者拒绝、抵制统计违法行为的统计人员打击报复。国家机关、企业事业单位和其他组织以及个体工商户和个人等统计调查对象,必须依照《统计法》和国家有关规定,真实、准确、完整、及时地提供统计调查所需的资料,不得提供不真实或者不完整的统计资料,不得迟报、拒报统计资料。搜集、整理统计资料,应当以周期性普查为基础,以经常性抽样调查为主体,综合运用全面调查、重点调查等方法,并充分利用行政记录等资料。重大国情国力普查由国务院统一领导,国务院和地方人民政府组织统计机构和有关部门共同实施。国家制定统一的统计标准,保障统计调查采用的指标含义、计算方法、分类目录、调查表式和统计编码等的标准化。国家统计标准由国家统计局制定,或者由国家统计局和国务院标准化主管部门共同制定。国务院有关部门可以制定补充性的部门统计标准,报国家统计局审批。部门统计标准不得与国家统计标准相抵触。县级以上人民政府统计机构和有关部门以及乡、镇人民政府,应当按照国家有关规定建立统计资料的保存、管理制度,建立健全统计信息共享机制。国家机关、企业事业单位和其他组织等统计调查对象,应当按照国家有关规定设置原始记录、统计台账,建立健全统计资料的审核、签署、交接、归档等管理制度。统计资料的审核、签署人员应当对其审核、签署的统计资料的真实性、准确性和完整性负责。县级以上人民政府有关部门应当及时向本级人民政府统计机构提供统计所需的行政记录资料和国民经济核算所需的财务资料、财政资料及其他资料,并按照统计调查制度的规定及时向本级人民政府统计机构报送其组织实施统计调查取得的有关资料。县级以上人民政府统计机构应当及时向本级人民政府有关部门提供有关统计资料。县级以上人民政府统计机构按照国家有关规定,定期公布统计资料。国家统计数据以国家统计局公布的数据为准。①

以上《统计法》的基本规定,为国家宏观调控调查、分析国情,作出科学决策奠定了法律基础。

第四节　计量制度的规定

统一计量标准,是实现经济社会管理的基础,是方便人民生产生活的需要,也是国家宏观管理的法治需要。为此,在计量管理中,必须通过

① 《统计法》第 3 条、第 5 ~7 条、第 16 ~17 条、第 20 ~23 条。

国家立法的方式，统一计量，并加强管理。

一、计量法的制定和实施完善

早在1959年国务院就发布《关于统一计量制度的命令》，确定米制为中国的基本计量制度。自此以后，全国推广米制、改革市制、限制英制和废除旧杂制的工作，取得了显著成绩。改革开放以来，为贯彻对外实行开放政策，对内搞活经济的方针，适应中国国民经济、文化教育事业的发展，以及推进科学技术进步和扩大国际经济、文化交流的需要，国务院决定在采用先进的国际单位制的基础上，进一步统一中国的计量单位。经1984年1月20日国务院第二十一次常务会议讨论，通过了国家计量局《关于在我国统一实行法定计量单位的请示报告》、《全面推行我国法定计量单位的意见》和《中华人民共和国法定计量单位》。于1984年2月27日发布新的《国务院关于在我国统一实行法定计量单位的命令》。该命令要求，一是中国的计量单位一律采用《中华人民共和国法定计量单位》；二是中国当时在人民生活中采用的市制计量单位，可以延续使用到1990年，1990年年底以前要完成向国家法定计量单位的过渡。农田土地面积计量单位的改革，要在调查研究的基础上制订改革方案，另行公布。随后，为了加强计量监督管理，保障国家计量单位制的统一和量值的准确可靠，有利于生产、贸易和科学技术的发展，适应社会主义现代化建设的需要，维护国家、人民的利益，《计量法》于1985年9月6日第六届全国人民代表大会常务委员会第十二次会议通过；根据2009年8月27日第十一届全国人民代表大会常务委员会第十次会议《关于修改部分法律的决定》第一次修正；根据2013年12月28日第十二届全国人民代表大会常务委员会第六次会议《关于修改〈中华人民共和国海洋环境保护法〉等七部法律的决定》进行了第二次修正；根据2015年4月24日第十二届全国人民代表大会常务委员会第十四次会议《关于修改〈中华人民共和国计量法〉等五部法律的决定》进行了第三次修正;根据2017年12月27日第十二届全国人民代表大会常务委员会第三十一次会议《关于修改〈中华人民共和国招标投标法〉、〈中华人民共和国计量法〉的决定》进行了第四次修正;根据2018年10月26日第十三届全国人民代表大会常务委员会第六次会议《关于修改〈中华人民共和国野生动物保护法〉等十五部法律的决定》进行了第五次修正。[①] 现行的《计量法》共计6章34条。其内容除总则、附则外,就计量基准器具、计量标准器具和计量检定、计量器具管理、计量监督、法律责任予以规定。该法的适用范围是,在中华人民共和国境内,建立计量基准器具、计量标准器具,进行计量检定,制造、修理、销售、使用计量器具的活动。中国人民解放军和国防科技工业系统计量工作的监督管理办法,由国务院、中央军事委员会依据本法另行制定。

二、计量调控规定

《计量法》规定,国家实行法定计量单位制度。国际单位制计量单位和国家选定的其他计量单位,为国家法定计量单位。国家法定计量单位的名称、符号由国务院公布。因特殊需要采用非法定计量单位的管理办法,[②]由国务院计量行政部门另行制定。国务院计量行政部门对全国计量工作实施统一监督管理。县级以上地方人民政府计量行政部门对本行政区域内的计量工作实施监督管理。[③]

---

① 2017年,国家修正《计量法》的主要目的是,围绕进一步推进简政放权、放管结合、优化服务改革,更大程度激发市场、社会的创新创造活力,根据广东改革经验,放宽了对制造、修理计量器具的行政许可。2018年的修改则删去第30条中的"本法第26条规定的行政处罚,也可以由工商行政管理部门决定"。

② 非法定计量单位主要适用于飞机制造、生物医药、黄金交易、古籍和文学书籍出版等行业。

③ 《计量法》第3~4条。

在计量基准器具、计量标准器具和计量检定方面,国务院计量行政部门负责建立各种计量基准器具,作为统一全国量值的最高依据。县级以上地方人民政府计量行政部门根据本地区的需要,建立社会公用计量标准器具,经上级人民政府计量行政部门主持考核合格后使用。国务院有关主管部门和省、自治区、直辖市人民政府有关主管部门,根据本部门的特殊需要,可以建立本部门使用的计量标准器具,其各项最高计量标准器具经同级人民政府计量行政部门主持考核合格后使用。企业、事业单位根据需要,可以建立本单位使用的计量标准器具,其各项最高计量标准器具经有关人民政府计量行政部门主持考核合格后使用。县级以上人民政府计量行政部门对社会公用计量标准器具,部门和企业、事业单位使用的最高计量标准器具,以及用于贸易结算、安全防护、医疗卫生、环境监测方面的列入强制检定目录的工作计量器具,实行强制检定。未按照规定申请检定或者检定不合格的,不得使用。实行强制检定的工作计量器具的目录和管理办法,由国务院制定。其他计量标准器具和工作计量器具,使用单位应当自行定期检定或者送其他计量检定机构检定。计量检定必须按照国家计量检定系统表进行。国家计量检定系统表由国务院计量行政部门制定。计量检定必须执行计量检定规程。国家计量检定规程由国务院计量行政部门制定。没有国家计量检定规程的,由国务院有关主管部门和省、自治区、直辖市人民政府计量行政部门分别制定部门计量检定规程和地方计量检定规程。计量检定工作应当按照经济合理的原则,就地就近进行。①

在计量器具管理方面,制造、修理计量器具的企业、事业单位,必须具有与所制造、修理的计量器具相适应的设施、人员和检定仪器设备。制造计量器具的企业、事业单位生产本单位未生产过的计量器具新产品,必须经省级以上人民政府计量行政部门对其样品的计量性能考核合

---

① 《计量法》第5~11条。

格,方可投入生产。任何单位和个人不得违反规定制造、销售和进口非法定计量单位的计量器具。制造、修理计量器具的企业、事业单位必须对制造、修理的计量器具进行检定,保证产品计量性能合格,并对合格产品出具产品合格证。使用计量器具不得破坏其准确度,损害国家和消费者的利益。个体工商户可以制造、修理简易的计量器具。个体工商户制造、修理计量器具的范围和管理办法,由国务院计量行政部门制定。①

在计量监督方面,县级以上人民政府计量行政部门应当依法对制造、修理、销售、进口和使用计量器具,以及计量检定等相关计量活动进行监督检查。有关单位和个人不得拒绝、阻挠。县级以上人民政府计量行政部门,根据需要设置计量监督员。计量监督员管理办法,由国务院计量行政部门制定。县级以上人民政府计量行政部门可以根据需要设置计量检定机构,或者授权其他单位的计量检定机构,执行强制检定和其他检定、测试任务。执行检定、测试任务的人员,必须经考核合格。处理因计量器具准确度所引起的纠纷,以国家计量基准器具或者社会公用计量标准器具检定的数据为准。为社会提供公证数据的产品质量检验机构,必须经省级以上人民政府计量行政部门对其计量检定、测试的能力和可靠性考核合格。②

第五节　标准化制度的规定

要实现社会主义现代化建设目标,就应实现生产、经营与服务的标准化。从宏观调控角度分析,标准化建设给宏观调控目标的确立提供了判断既有生产技术的基本条件。因而,有关标准化的法律属于技术法的

---

① 《计量法》第12~17条。

② 《计量法》第18~22条。

范畴。然而,标准化中的技术标准,又是一个不断提升的过程,影响着国家的宏观调控,在国家制定宏观调控法律政策时,必须考虑国民经济和社会发展所依托的既有技术条件,同时,可以通过宏观调控政策的实施,促进各项技术标准的提升。与此同时,中国的标准化工作还涉及一个和国际标准的衔接问题。为此,改革开放以来,国家加强了标准化工作的积极推进。

一、标准化法的制定和实施

为了加强标准化工作,提升产品和服务质量,促进科学技术进步,保障人身健康和生命财产安全,维护国家安全、生态环境安全,提高经济社会发展水平,1988 年 12 月 29 日第七届全国人民代表大会常务委员会第五次会议通过了《标准化法》。至 2017 年,为了解决该法实施中存在的标准范围过窄,主要限于工业产品、工程建设和环保要求,难以满足经济提质增效升级需求;强制性标准制定主体分散,范围过宽,内容交叉重复矛盾,不利于建立统一市场体系;标准体系不够合理,政府主导制定标准过多,对团体、企业等市场主体自主制定标准限制过严,导致标准有效供给不足;标准化工作机制不完善,制约了标准化管理效能提升,不利于加强事中事后监管等问题,2017 年 11 月 4 日第十二届全国人民代表大会常务委员会第三十次会议修订了《标准化法》,自 2018 年 1 月 1 日起施行。该法所称标准(含标准样品),是指农业、工业、服务业以及社会事业等领域需要统一的技术要求。标准包括国家标准、行业标准、地方标准和团体标准、企业标准。国家标准分为强制性标准、推荐性标准,行业标准、地方标准是推荐性标准。强制性标准必须执行。国家鼓励采用推荐性标准。军用标准的制定、实施和监督办法,由国务院、中央军事委员会另行制定。

二、标准化调控的任务与基本要求

《标准化法》规定，标准化工作的任务是制定标准、组织实施标准以及对标准的制定、实施进行监督。县级以上人民政府应当将标准化工作纳入本级国民经济和社会发展规划，将标准化工作经费纳入本级预算。制定标准应当在科学技术研究成果和社会实践经验的基础上，深入调查论证，广泛征求意见，保证标准的科学性、规范性、时效性，提高标准质量。国务院标准化行政主管部门统一管理全国标准化工作。国务院有关行政主管部门分工管理本部门、本行业的标准化工作。县级以上地方人民政府标准化行政主管部门统一管理本行政区域内的标准化工作。县级以上地方人民政府有关行政主管部门分工管理本行政区域内本部门、本行业的标准化工作。国务院建立标准化协调机制，统筹推进标准化重大改革，研究标准化重大政策，对跨部门跨领域、存在重大争议标准的制定和实施进行协调。设区的市级以上地方人民政府可以根据工作需要建立标准化协调机制，统筹协调本行政区域内标准化工作重大事项。国家鼓励企业、社会团体和教育、科研机构等开展或者参与标准化工作。国家积极推动参与国际标准化活动，开展标准化对外合作与交流，参与制定国际标准，结合国情采用国际标准，推进中国标准与国外标准之间的转化运用。国家鼓励企业、社会团体和教育、科研机构等参与国际标准化活动。对在标准化工作中做出显著成绩的单位和个人，按照国家有关规定给予表彰和奖励。①

在标准的制定方面，《标准化法》规定，对保障人身健康和生命财产安全、国家安全、生态环境安全以及满足经济社会管理基本需要的技术要求，应当制定强制性国家标准。国务院有关行政主管部门依据职责负

① 《标准化法》第3~9条。

责强制性国家标准的项目提出、组织起草、征求意见和技术审查。国务院标准化行政主管部门负责强制性国家标准的立项、编号和对外通报。国务院标准化行政主管部门应当对拟制定的强制性国家标准是否符合前款规定进行立项审查,对符合规定的予以立项。省、自治区、直辖市人民政府标准化行政主管部门可以向国务院标准化行政主管部门提出强制性国家标准的立项建议,由国务院标准化行政主管部门会同国务院有关行政主管部门决定。社会团体、企业事业组织以及公民可以向国务院标准化行政主管部门提出强制性国家标准的立项建议,国务院标准化行政主管部门认为需要立项的,会同国务院有关行政主管部门决定。强制性国家标准由国务院批准发布或者授权批准发布。法律、行政法规和国务院决定对强制性标准的制定另有规定的,从其规定。对满足基础通用、与强制性国家标准配套、对各有关行业起引领作用等需要的技术要求,可以制定推荐性国家标准。推荐性国家标准由国务院标准化行政主管部门制定。对没有推荐性国家标准、需要在全国某个行业范围内统一的技术要求,可以制定行业标准。行业标准由国务院有关行政主管部门制定,报国务院标准化行政主管部门备案。为满足地方自然条件、风俗习惯等特殊技术要求,可以制定地方标准。地方标准由省、自治区、直辖市人民政府标准化行政主管部门制定;设区的市级人民政府标准化行政主管部门根据本行政区域的特殊需要,经所在地省、自治区、直辖市人民政府标准化行政主管部门批准,可以制定本行政区域的地方标准。地方标准由省、自治区、直辖市人民政府标准化行政主管部门报国务院标准化行政主管部门备案,由国务院标准化行政主管部门通报国务院有关行政主管部门。对保障人身健康和生命财产安全、国家安全、生态环境安全以及经济社会发展所急需的标准项目,制定标准的行政主管部门应当优先立项并及时完成。制定强制性标准、推荐性标准,应当在立项时对有关行政主管部门、企业、社会团体、消费者和教育、科研机构等方面的实际需求进行调查,对制定标准的必要性、可行性进行论证评估;在制定过程中,应当按照便捷有效的原则采取多种方式征求意见,组织对标准相关事项进行调查分析、实验、论证,并做到有关标准之间的协调配套。制定推荐性标准,应当组织由相关方组成的标准化技术委员会,承担标准的起草、技术审查工作。制定强制性标准,可以委托相关标准化技术委员会承担标准的起草、技术审查工作。未组成标准化技术委员会的,应当成立专家组承担相关标准的起草、技术审查工作。标准化技术委员会和专家组的组成应当具有广泛代表性。强制性标准文本应当免费向社会公开。国家推动免费向社会公开推荐性标准文本。国家鼓励学会、协会、商会、联合会、产业技术联盟等社会团体协调相关市场主体共同制定满足市场和创新需要的团体标准,由本团体成员约定采用或者按照本团体的规定供社会自愿采用。制定团体标准,应当遵循开放、透明、公平的原则,保证各参与主体获取相关信息,反映各参与主体的共同需求,并应当组织对标准相关事项进行调查分析、实验、论证。国务院标准化行政主管部门会同国务院有关行政主管部门对团体标准的制定进行规范、引导和监督。企业可以根据需要自行制定企业标准,或者与其他企业联合制定企业标准。国家支持在重要行业、战略性新兴产业、关键共性技术等领域利用自主创新技术制定团体标准、企业标准。推荐性国家标准、行业标准、地方标准、团体标准、企业标准的技术要求不得低于强制性国家标准的相关技术要求。国家鼓励社会团体、企业制定高于推荐性标准相关技术要求的团体标准、企业标准。制定标准应当有利于科学合理利用资源,推广科学技术成果,增强产品的安全性、通用性、可替换性,提高经济效益、社会效益、生态效益,做到技术先进、经济合理。禁止利用标准实施妨碍商品、服务自由流通等排除、限制市场竞争的行为。国家推进标准化军民融合和资源共享,提升军民标准通用化水平,积极推动在国防和军队建设中采用先进适用的民用标准,并将先进适用的军用标准转化为民用标准。标准应当按照编号规则进行编号。标准的编号规则由国务院标准化行政主管部门制定并公布。①

在标准的实施方面，《标准化法》规定，不符合强制性标准的产品、服务，不得生产、销售、进口或者提供。出口产品、服务的技术要求，按照合同的约定执行。国家实行团体标准、企业标准自我声明公开和监督制度。企业应当公开其执行的强制性标准、推荐性标准、团体标准或者企业标准的编号和名称；企业执行自行制定的企业标准的，还应当公开产品、服务的功能指标和产品的性能指标。国家鼓励团体标准、企业标准通过标准信息公共服务平台向社会公开。企业应当按照标准组织生产经营活动，其生产的产品、提供的服务应当符合企业公开标准的技术要求。企业研制新产品、改进产品，进行技术改造，应当符合本法规定的标准化要求。国家建立强制性标准实施情况统计分析报告制度。国务院标准化行政主管部门和国务院有关行政主管部门、设区的市级以上地方人民政府标准化行政主管部门应当建立标准实施信息反馈和评估机制，根据反馈和评估情况对其制定的标准进行复审。标准的复审周期一般不超过 5 年。经过复审，对不适应经济社会发展需要和技术进步的应当及时修订或者废止。国务院标准化行政主管部门根据标准实施信息反馈、评估、复审情况，对有关标准之间重复交叉或者不衔接配套的，应当会同国务院有关行政主管部门作出处理或者通过国务院标准化协调机制处理。县级以上人民政府应当支持开展标准化试点示范和宣传工作，传播标准化理念，推广标准化经验，推动全社会运用标准化方式组织生产、经营、管理和服务，发挥标准对促进转型升级、引领创新驱动的支撑作用。②

在监督管理方面，《标准化法》规定，县级以上人民政府标准化行政主管部门、有关行政主管部门依据法定职责，对标准的制定进行指导和

---

① 《标准化法》第 10 ~24 条。

② 《标准化法》第 25 ~31 条。

监督,对标准的实施进行监督检查。国务院有关行政主管部门在标准制定、实施过程中出现争议的,由国务院标准化行政主管部门组织协商;协商不成的,由国务院标准化协调机制解决。国务院有关行政主管部门、设区的市级以上地方人民政府标准化行政主管部门未依照本法规定对标准进行编号、复审或者备案的,国务院标准化行政主管部门应当要求其说明情况,并限期改正。任何单位或者个人有权向标准化行政主管部门、有关行政主管部门举报、投诉违反本法规定的行为。标准化行政主管部门、有关行政主管部门应当向社会公开受理举报、投诉的电话、信箱或者电子邮件地址,并安排人员受理举报、投诉。对实名举报人或者投诉人,受理举报、投诉的行政主管部门应当告知处理结果,为举报人保密,并按照国家有关规定对举报人给予奖励。①

简要评析

改革开放以来,中国的社会经济基础发生了深刻的变化,基本的发展方向,一是市场化,二是国际化。与此同时,一些新的事物不断涌现,典型的如,网络技术应用的普及和快递业的迅速发展。为此,作为国家管理经济和社会事务的宏观调控需要在对经济现象定性的基础上,规范宏观调控所需要的信息来源和信息基础,以便全社会统一相关标准、核算方法,并为宏观调控分析国民经济和社会发展提供基本的分析工具和数据基础。本章所梳理的五个方面的法律制度建设情况说明,既有的这些制度能够基本满足宏观调控的需要,并且,可以以此为基础,进行横向和纵向的国内外比较研究,以便为宏观调控决策提供依据。若从法治角度分析,其重要意义在于:一是与计划经济时期不同,通过基础法律制度

---

① 《标准化法》第32~35条。

建设,为社会主义市场经济发展建立起了新的经济秩序。因此,其法治治理的秩序功能明显。二是突出了中央政府及其宏观调控职能部门在新秩序形成中的国家责任地位和主导地位。这符合经济法国家责任的法治原则。三是在面对复杂经济现象时,分类管理,分别采取不同的法制措施是一条重要的法制经验。典型的如关于标准的法治治理,国家的法治重点在于强制性标准的有效执行;而在会计核算方面,则把企业核算和非企业核算分别对待,分而治之。四是通过新制度的确立,促进了经济和社会的变革。在此方面,最为突出的是企业经济独立地位的获得及工商与税务登记制度的完善,体现了法律促进社会发展的功能。当然,随着社会的发展,法律制度也在不断地变革之中前行。尤其是新事物、新现象的不断涌现,必然会反映在法律的修改和完善之中。在此方面,以工商登记手续的简化和行业标准的不断修改为甚。

第十二章　价格调控法律制度的完善

中国在计划经济时期,总体上不承认商品经济,因而,除少数农村集市贸易存在市场交易及市场价格外,大多数生产的作为生产资料的产品,按照国家计划部门确定的价格解决供需问题。在居民消费领域,与低工资收入相适应,也采取了计划性的低价格措施,甚至在相当一段时期采取了凭票供应的政策。改革开放后,开始大范围地发展商品经济。而要发展商品经济,就需要国家放开市场价格,使商品的价格围绕着价值上下波动,成为市场调节的主要杠杆工具。与此同时,又要克服基于市场价格波动而引发的“市场失灵”。为此,围绕如何形成宏观调控下的市场价格调节机制,经过短暂的“双轨制”改革试验后,从 1984 年起,国家开始实施大规模的价格管理体制改革。改革的方向基本朝三个方面努力:一是对于居民消费和生产资料的消费基本上实现了由市场决定,即按照市场价格的形成引导消费和生产的投资方向。二是对于公共领域的消费由国家通过价格目录予以指导。同时,随着改革的深入,在公共领域适度地引进市场机制,让社会资本有机会参与到公共产品的生产、经营和服务领域。与之相应的公共产品与服务价格也在尊重价值规律的基础上,在政府指导价下按照供需情况实施了浮动价的改革。三是政府对于市场价格总水平予以监测与控制,发现异常时予以适度干预。经过40年的改革,形成了具有中国特色的,与社会主义市场经济发展相适应的价格调控机制新秩序,成为宏观调控中最重要、最基础的环节。可以说,没有价格体制改革,就没有今天的市场经济。在这一新秩序的形成过程中,价格法的制定和实施,为价格体制改革提供了法制保障。

第一节　价格法的制定和实施

改革开放伊始,为了适应改革需求,1982年7月7日国务院制定了《物价管理暂行条例》,并于8月6日颁布执行,共7章41条,它是中华人民共和国第一部比较完整和系统的物价管理法规,是处理当时经济活动中价格关系的重要准则,《物价管理暂行条例》规定的基本内容包括:一是在坚持市场物价基本稳定的同时,有计划地对物价逐步进行合理调整;二是在价格的制定与管理方面,坚持以计划经济为主、市场调节为辅;三是在维护国家整体利益的前提下,兼顾生产者、经营者和消费者的经济利益,正确处理中央同地方之间、地区之间、部门之间以及企业之间的关系;四是物价管理体制是实行统一领导、分级管理;五是在物价监督检查方面,以国家各级物价机构和有关管理部门的监督为主导,同时充分发挥企业、事业内部监督和社会监督的作用。对违反《物价管理暂行条例》规定的行为,根据不同性质和情节规定了相应的惩处。该条例反映了当时价格体制改革的需求。《物价管理暂行条例》实施近5年后,

1987 年 9 月 11 日，国务院发布了《价格管理条例》，这时的立法思维还主要以管理为主。此后，经过近 10 年的探索，在确定发展社会主义市场经济体制后的 1997 年 12 月 29 日，第八届全国人大常委会第二十九次会议通过了《价格法》。《价格法》自 1998 年 5 月 1 日起实施至今已经 20 年，是中国经济法中运行最稳定、施行效果最好的法律之一。《价格法》的立法指导思想是，适应社会主义市场经济体制要求，建立和完善宏观经济调控下主要由市场形成价格的机制；力求把价格改革的成功经验和做法，用法律形式确定下来，巩固价格改革成果，促进价格改革深化；规范价格行为，发挥价格合理配置资源的作用，稳定市场价格总水平，保障社会主义市场经济健康发展。《价格法》的立法目的是，规范价格行为，发挥价格合理配置资源的作用，稳定市场价格总水平，保护消费者和经营者的合法权益，促进社会主义市场经济健康发展。《价格法》共 7 章 48 条。《价格法》除总则和附则外，主要涉及经营者的价格行为、政府的定价行为、价格总水平调控、价格监督检查及法律责任等内容。《价格法》实施后，国务院没有出台实施细则。但国务院和价格管理调控职能部门出台了相应的与《价格法》配套的行政法规和重要规章。主要包括：1999 年 7 月 10 日国务院批准，1999 年 8 月 1 日国家发展计划委员会发布的《价格违法行为行政处罚规定》（该规定先后于 2006 年、2008 年、2010 年修订三次）、2001 年 11 月 7 日国家发展计划委员会颁布的《禁止价格欺诈行为的规定》、2002 年 11 月 1 日国家发展计划委员会颁布的《重要商品和服务价格成本监审暂行办法》、2003 年 4 月 9 日国家发展和改革委员会颁布的《价格监测规定》、2003 年 10 月 28 日国家发展和改革委员会颁布的《非常时期落实价格干预措施和紧急措施暂行办法》、2004 年 8 月 10 日国家发展和改革委员会颁布《价格违法行为举报处理规定》(2014 年 1 月 15 日修订)[①]、2005 年 6 月 24 日国家发展和改革委员会颁布的《价格鉴证师注册管理办法》(2008 年修订)、《价格评估人员职业资格认定管理办法》、2005 年 6 月 22 日国家发展和改革委员会颁布的《价格评估机构资质认定管理办法》、2006 年 1 月 17 日国家发展和改革委员会颁布的《政府制定价格成本监审办法》、2006 年 3 月 17 日国家发展和改革委员会颁布的《政府制定价格行为规则》、2008 年 10 月 15 日国家发展和改革委员会颁布的《政府制定价格听证办法》等。此外,还有一些专门针对特殊行业或领域的价格或收费规定。例如,2004 年 8 月 8 日国务院专门出台《收费公路管理条例》,2003 年 7 月 3 日国家发展和改革委员会与水利部根据《水法》《价格法》出台了《水利工程供水价格管理办法》,2014 年 2 月 14 日中国银行业监督管理委员会、国家发展和改革委员会专门出台了《商业银行服务价格管理办法》等。另外,在地方性法规方面,各省市自治区普遍出台了《价格管理条例》和大量的规章及规范性文件,以满足价格调节的法律需求。根据全国人大网站公布的信息,现行法律体系中,涉及价格调整的:法律共 4 件(行政法 2 件、经济法 2 件);行政法规及文件 11 件;地方性法规规章 242 件;部委规章及文件 39 件;司法解释及文件 2 件。

关于《价格法》的修改问题,2015 年 10 月 12 日中共中央、国务院颁发了《关于推进价格机制改革的若干意见》。该意见指出,价格机制是市场机制的核心,市场决定价格是市场在资源配置中起决定性作用的关键。改革开放以来,作为经济体制改革的重要组成部分,价格改革持续推进、不断深化,放开了绝大多数竞争性商品价格,对建立健全社会主义市场经济体制、促进经济社会持续健康发展发挥了重要作用。特别是近年来,价格改革步伐大大加快,一大批商品和服务价格陆续放开,成品

---

① 2004 年制定《价格违法行为举报规定》,2014 年修订为《价格违法行为举报处理规定》。

油、天然气、铁路运输等领域价格市场化程度显著提高。同时也要看到,一些重点领域和关键环节价格改革还需深化,政府定价制度需要进一步健全,市场价格行为有待进一步规范。为此,为推动价格改革向纵深发展,加快完善主要由市场决定的价格机制,上述意见提出以下要求:

在指导思想方面,要全面贯彻党的十八大和十八届二中、三中、四中全会精神,按照党中央、国务院决策部署,主动适应和引领经济发展新常态,紧紧围绕使市场在资源配置中起决定性作用和更好发挥政府作用,全面深化价格改革,完善重点领域价格形成机制,健全政府定价制度,加强市场价格监管和反垄断执法,为经济社会发展营造良好价格环境。

在基本原则方面,一是坚持市场决定。正确处理政府和市场关系,凡是能由市场形成价格的都交给市场,政府不进行不当干预。推进水、石油、天然气、电力、交通运输等领域价格改革,放开竞争性环节价格,充分发挥市场决定价格作用。二是坚持放管结合。进一步增强法治、公平、责任意识,强化事中事后监管,优化价格服务。政府定价领域,必须严格规范政府定价行为,坚决管细管好管到位;经营者自主定价领域,要通过健全规则、加强执法,维护市场秩序,保障和促进公平竞争,推进现代市场体系建设。三是坚持改革创新。在价格形成机制、调控体系、监管方式上探索创新,尊重基层和群众的首创精神,推动价格管理由直接定价向规范价格行为、营造良好价格环境、服务宏观调控转变。充分发挥价格杠杆作用,促进经济转型升级和提质增效。四是坚持稳慎推进。价格改革要与财政税收、收入分配、行业管理体制等改革相协调,合理区分基本与非基本需求,统筹兼顾行业上下游、企业发展和民生保障、经济效率和社会公平、经济发展和环境保护等关系,把握好时机、节奏和力度,切实防范各类风险,确保平稳有序。

在主要目标方面,到 2017 年,竞争性领域和环节价格基本放开,政府定价范围主要限定在重要公用事业、公益性服务、网络型自然垄断环节。到 2020 年,市场决定价格机制基本完善,科学、规范、透明的价格监管制度和反垄断执法体系基本建立，价格调控机制基本健全。

在具体改革要求上，要完善农产品价格形成机制；加快推进能源价格市场化；完善环境服务价格政策；理顺医疗服务价格；健全交通运输价格机制；创新公用事业和公益性服务价格管理；推进政府定价项目清单化；规范政府定价程序；加强成本监审和成本信息公开；健全市场价格行为规则，推进宽带网络提速降费；加强市场价格监管；强化反垄断执法；完善价格社会监督体系。

上述意见专门以“充分发挥价格杠杆作用，更好服务宏观调控”为题，对于价格调控问题提出，在全面深化改革、强化价格监管的同时，加强和改善宏观调控，保持价格总水平基本稳定；充分发挥价格杠杆作用，促进节能环保和结构调整，推动经济转型升级。

在加强价格总水平调控方面，要加强价格与财政、货币、投资、产业、进出口、物资储备等政策手段的协调配合，合理运用法律手段、经济手段和必要的行政手段，形成政策合力，努力保持价格总水平处于合理区间。加强通缩、通胀预警，制定和完善相应防范治理预案。健全价格监测预警机制和应急处置体系，构建大宗商品价格指数体系，健全重要商品储备制度，提升价格总水平调控能力。

在健全生产领域节能环保价格政策方面，要建立有利于节能减排的价格体系，逐步使能源价格充分反映环境治理成本。继续实施并适时调整脱硫、脱硝、除尘等环保电价政策。鼓励各地根据产业发展实际和结构调整需要，结合电力、水等领域体制改革进程，研究完善对“两高一剩”（高耗能、高污染、产能过剩）行业落后工艺、设备和产品生产的差别电价、水价等价格措施，对电解铝、水泥等行业实行基于单位能耗超定额加价的电价政策，加快淘汰落后产能，促进产业结构转型升级。

在完善资源有偿使用制度和生态补偿制度方面，要加快自然资源及其产品价格和财税制度改革，全面反映市场供求、资源稀缺程度、生态环境损害成本和修复效益。完善涉及水土保持、矿山、草原植被、森林植被、海洋倾倒等资源环境收费基金或有偿使用收费政策。推进水资源费改革，研究征收水资源税，推动在地下水超采地区先行先试。采取综合措施逐步理顺水资源价格，深入推进农业水价综合改革，促进水资源保护和节约使用。

在创新促进区域发展的价格政策方面，对具有区域特征的政府和社会资本合作项目，已具备竞争条件的，要尽快放开价格管理；仍需要实行价格管理的，探索将定价权限下放到地方，提高价格调整灵活性，调动社会投资积极性。加快制定完善适应自由贸易试验区发展的价格政策，能够下放到区内自主实施的尽快下放，促进各类市场主体公平竞争。

上述意见要求，价格改革要兜住民生底线。牢固树立底线思维，始终把保障和改善民生作为工作的出发点和落脚点。推行涉及民生的价格政策特别是重大价格改革政策时，要充分考虑社会承受能力，特别是政策对低收入群体生活的可能影响，做好风险评估，完善配套措施。落实和完善社会救助、保障标准与物价上涨挂钩的联动机制，完善社会救助制度特别是对特困人群的救助措施，保障困难群众基本生活不受影响。加强民生领域价格监管，做好价格争议纠纷调解处理，维护群众合法价格权益。

价格司政策法规处处长曾向记者介绍，目前价格规章、规范性文件清理工作暂告一段落。下一步将以贯彻落实中共中央、国务院《关于推进价格机制改革的若干意见》文件精神为主线，按照“把价格改革向纵深推进，把价格监管和服务水平提升到新的高度”的要求，紧密结合价格改革、调控和监管工作实际，加快完善以《价格法》为核心的法律法规体系，及时制定或修订政府定价行为规则以及成本监审、价格监测、价格听证、规范市场价格行为等规章制度，全面推进依法治价。①

---

① 参见万静：《发改委价格官员透露价改方向全面推进依法治价　价格法修改提上日程》，载《法制日报》2016年12月14日，第6版。

第二节 价格调节总则及市场调节规定

根据现行《价格法》规定,价格调节主要包括市场价格调节、公共服务价格调节和价格总水平调节三个方面。

一、价格法律调整的总则

按照《价格法》规定,《价格法》的适用范围是在中华人民共和国境内发生的价格行为。国家行政机关的收费,应当依法进行,严格控制收费项目,限定收费范围、标准。收费的具体管理办法由国务院另行制定。利率、汇率、保险费率、证券及期货价格,适用有关法律、行政法规的规定,不适用《价格法》。《价格法》所称价格包括商品价格和服务价格。商品价格是指各类有形产品和无形资产的价格。服务价格是指各类有偿服务的收费。国家实行并逐步完善宏观经济调控下主要由市场形成价格的机制。价格的制定应当符合价值规律,大多数商品和服务价格实行市场调节价,极少数商品和服务价格实行政府指导价或者政府定价。市场调节价,是指由经营者自主制定,通过市场竞争形成的价格。《价格法》所称经营者是指从事生产、经营商品或者提供有偿服务的法人、其他组织和个人。政府指导价,是指依照《价格法》规定,由政府价格主管部门或者其他有关部门,按照定价权限和范围规定基准价及其浮动幅度,指导经营者制定的价格。政府定价,是指依照《价格法》规定,由政府价格主管部门或者其他有关部门,按照定价权限和范围制定的价格。国家支持和促进公平、公开、合法的市场竞争,维护正常的价格秩序,对价格活动实行管理、监督和必要的调控。国务院价格主管部门统一负责全国的价格工作。国务院其他有关部门在各自的职责范围内,负责有关的价格工作。县级以上地方各级人民政府价格主管部门负责本行政区域内的价格工作。县级以上地方各级人民政府其他有关部门在各自的职责范围内,负责有关的价格工作。①

二、市场价格调控规定

《价格法》规定,商品价格和服务价格,除依照《价格法》规定适用政府指导价或者政府定价外,实行市场调节价,由经营者依照《价格法》自主制定。经营者定价,应当遵循公平、合法和诚实信用的原则。经营者定价的基本依据是生产经营成本和市场供求状况。经营者应当努力改进生产经营管理,降低生产经营成本,为消费者提供价格合理的商品和服务,并在市场竞争中获取合法利润。经营者应当根据其经营条件建立、健全内部价格管理制度,准确记录与核定商品和服务的生产经营成本,不得弄虚作假。经营者进行价格活动,享有的法定权利:一是自主制定属于市场调节的价格;二是在政府指导价规定的幅度内制定价格;三是制定属于政府指导价、政府定价产品范围内的新产品的试销价格,特定产品除外;四是检举、控告侵犯其依法自主定价权利的行为。经营者进行价格活动,应当遵守法律、法规,执行依法制定的政府指导价、政府定价和法定的价格干预措施、紧急措施。经营者销售、收购商品和提供服务,应当按照政府价格主管部门的规定明码标价,注明商品的品名、产地、规格、等级、计价单位、价格或者服务的项目、收费标准等有关情况。经营者不得在标价之外加价出售商品,不得收取任何未予标明的费用。经营者不得有法定不正当价格行为:一是相互串通,操纵市场价格,损害其他经营者或者消费者的合法权益;二是在依法降价处理鲜活商品、季节性商品、积压商品等商品外,为了排挤竞争对手或者独占市场,以低于

---

① 《价格法》第3~5条、第47条。

成本的价格倾销,扰乱正常的生产经营秩序,损害国家利益或者其他经营者的合法权益;三是捏造、散布涨价信息,哄抬价格,推动商品价格过高上涨;四是利用虚假的或者使人误解的价格手段,诱骗消费者或者其他经营者与其进行交易;五是提供相同商品或者服务,对具有同等交易条件的其他经营者实行价格歧视;六是采取抬高等级或者压低等级等手段收购、销售商品或者提供服务,变相提高或者压低价格;七是违反法律、法规的规定牟取暴利;八是法律、行政法规禁止的其他不正当价格行为。各类中介机构提供有偿服务收取费用,应当遵守《价格法》的规定。法律另有规定的,按照有关规定执行。经营者销售进口商品、收购出口商品,应当遵守本章的有关规定,维护国内市场秩序。行业组织应当遵守价格法律、法规,加强价格自律,接受政府价格主管部门的工作指导。① 为了落实《价格法》的规定,价格主管部门出台了一些配套性文件规定。

(一)禁止价格欺诈行为的规定

2001 年 11 月 7 日,原国家发展计划委员会依据《价格法》出台了《禁止价格欺诈行为的规定》,自 2002 年 1 月 1 日起施行。根据该规定,价格欺诈行为是指经营者利用虚假的或者使人误解的标价形式或者价格手段,欺骗、诱导消费者或者其他经营者与其进行交易的行为。经营者与消费者进行交易,应当遵循公开、公平、自愿、诚实信用的原则。经营者收购、销售商品或者提供有偿服务,应当依法明码标价。经营者降价销售商品和提供服务,应当如实说明降价原因、降价期间,并使用降价标价签。经营者收购、销售商品和提供有偿服务的标价行为,有法定情形之一的,属于价格欺诈行为:一是标价签、价目表等所标示商品的品名、产地、规格、等级、质地、计价单位、价格等或者服务的项目、收费标准

① 《价格法》第 6 ~17 条。

等有关内容与实际不符,并以此为手段诱骗消费者或者其他经营者购买的;二是对同一商品或者服务,在同一交易场所同时使用两种标价签或者价目表,以低价招徕顾客并以高价进行结算的;三是使用欺骗性或者误导性的语言、文字、图片、计量单位等标价,诱导他人与其交易的;四是标示的市场最低价、出厂价、批发价、特价、极品价等价格表示无依据或者无从比较的;五是降价销售所标示的折扣商品或者服务,其折扣幅度与实际不符的;六是销售处理商品时,不标示处理品和处理品价格的;七是采取价外馈赠方式销售商品和提供服务时,不如实标示馈赠物品的品名、数量或者馈赠物品为假劣商品的;八是收购、销售商品和提供服务带有价格附加条件时,不标示或者含糊标示附加条件的;九是其他价格欺骗手段。经营者收购、销售商品和提供有偿服务,采取下列价格手段之一的,属于价格欺诈行为:一是虚构原价,虚构降价原因,虚假优惠折价,谎称降价或者将要提价,诱骗他人购买的;二是收购、销售商品和提供服务前有价格承诺,不履行或者不完全履行的;三是谎称收购、销售价格高于或者低于其他经营者的收购、销售价格,诱骗消费者或者经营者与其进行交易的;四是采取掺杂、掺假,以假充真,以次充好,短缺数量等手段,使数量或者质量与价格不符的;五是对实行市场调节价的商品和服务价格,谎称为政府定价或者政府指导价的;六是其他价格欺诈手段。误导性标价行为是指经营者在经营活动中,使用容易使公众对商品的价格产生误解的所有表示或者说法。经营者应当根据自身经营条件,准确记录所销售商品、收购商品或者提供服务的价格,并保存完整的价格资料,不得弄虚作假。经营者不能提供或者提供虚假的降价前交易票据的,其所标原价为虚构价格。任何单位和个人对价格欺诈行为均有权向价格主管部门举报。经营者有该规定所列价格欺诈行为之一的,由政府价格主管部门依照《价格法》和《价格违法行为行政处罚规定》进行处罚。①

(二)价格违法行为的处罚规定

与上述规定相衔接,国务院对1999年7月10日国务院批准发布的《价格违法行为行政处罚规定》,经过2006年、2008年和2010年三次修订,形成现在施行的《价格违法行为行政处罚规定》,为价格行政执法适用《价格法》提供了执法依据。②

第一,经营者违反《价格法》规定,除依法降价处理鲜活商品、季节性商品、积压商品等特殊情形外,有为了排挤竞争对手或者独占市场,以低于成本的价格倾销,扰乱正常的生产经营秩序,损害国家利益或者其他经营者的合法权益的,或提供相同商品或者服务,对具有同等交易条件的其他经营者实行价格歧视的,责令改正,没收违法所得,并处违法所得5倍以下的罚款;没有违法所得的,处10万元以上100万元以下的罚款;情节严重的,责令停业整顿,或者由工商行政管理机关吊销营业执照。

第二,经营者违反《价格法》规定,相互串通,操纵市场价格,造成商品价格较大幅度上涨的,责令改正,没收违法所得,并处违法所得5倍以下的罚款;没有违法所得的,处10万元以上100万元以下的罚款,情节较重的处100万元以上500万元以下的罚款;情节严重的,责令停业整顿,或者由工商行政管理机关吊销营业执照。除此规定情形外,经营者相互串通,操纵市场价格,损害其他经营者或者消费者合法权益的,依照《价格违法行为行政处罚规定》责令改正,没收违法所得,并处违法所得5倍以下的罚款;没有违法所得的,处10万元以上100万元以下的罚款;情节严重的,责令停业整顿,或者由工商行政管理机关吊销营业执

① 《禁止价格欺诈行为的规定》第3~11条。

② 《价格违法行为行政处罚规定》第4~22条。

照。行业协会或者其他单位组织经营者相互串通,操纵市场价格的,对经营者依照前两款的规定处罚;对行业协会或者其他单位,可以处50万元以下的罚款,情节严重的,由登记管理机关依法撤销登记、吊销执照。

第三,经营者违反《价格法》规定,有推动商品价格过快、过高上涨行为之一的,责令改正,没收违法所得,并处违法所得5倍以下的罚款;没有违法所得的,处5万元以上50万元以下的罚款,情节较重的处50万元以上300万元以下的罚款;情节严重的,责令停业整顿,或者由工商行政管理机关吊销营业执照:一是捏造、散布涨价信息,扰乱市场价格秩序的;二是除生产自用外,超出正常的存储数量或者存储周期,大量囤积市场供应紧张、价格发生异常波动的商品,经价格主管部门告诫仍继续囤积的;三是利用其他手段哄抬价格,推动商品价格过快、过高上涨的。行业协会或者为商品交易提供服务的单位有该规定的违法行为的,可以处50万元以下的罚款;情节严重的,由登记管理机关依法撤销登记、吊销执照。其他单位散布虚假涨价信息,扰乱市场价格秩序,依法应当由其他主管机关查处的,价格主管部门可以提出依法处罚的建议,有关主管机关应当依法处罚。

第四,经营者违反《价格法》规定,利用虚假的或者使人误解的价格手段,诱骗消费者或者其他经营者与其进行交易的,责令改正,没收违法所得,并处违法所得5倍以下的罚款;没有违法所得的,处5万元以上50万元以下的罚款;情节严重的,责令停业整顿,或者由工商行政管理机关吊销营业执照。

第五,经营者违反《价格法》规定,采取抬高等级或者压低等级等手段销售、收购商品或者提供服务,变相提高或者压低价格的,责令改正,没收违法所得,并处违法所得5倍以下的罚款;没有违法所得的,处2万元以上20万元以下的罚款;情节严重的,责令停业整顿,或者由工商行政管理机关吊销营业执照。

第六,经营者不执行政府指导价、政府定价,有下列行为之一的,责令改正,没收违法所得,并处违法所得5倍以下的罚款;没有违法所得的,处5万元以上50万元以下的罚款,情节较重的处50万元以上200万元以下的罚款;情节严重的,责令停业整顿:一是超出政府指导价浮动幅度制定价格的;二是高于或者低于政府定价制定价格的;三是擅自制定属于政府指导价、政府定价范围内的商品或者服务价格的;四是提前或者推迟执行政府指导价、政府定价的;五是自立收费项目或者自定标准收费的;六是采取分解收费项目、重复收费、扩大收费范围等方式变相提高收费标准的;七是对政府明令取消的收费项目继续收费的;八是违反规定以保证金、抵押金等形式变相收费的;九是强制或者变相强制服务并收费的;十是不按照规定提供服务而收取费用的;十一是不执行政府指导价、政府定价的其他行为。

第七,经营者不执行法定的价格干预措施、紧急措施,有下列行为之一的,责令改正,没收违法所得,并处违法所得5倍以下的罚款;没有违法所得的,处10万元以上100万元以下的罚款,情节较重的处100万元以上500万元以下的罚款;情节严重的,责令停业整顿:一是不执行提价申报或者调价备案制度的;二是超过规定的差价率、利润率幅度的;三是不执行规定的限价、最低保护价的;四是不执行集中定价权限措施的;五是不执行冻结价格措施的;六是不执行法定的价格干预措施、紧急措施的其他行为。

第八,经营者为个人的,对其没有违法所得的价格违法行为,可以根据不同违法行为和情节处以10万元以下的罚款,情节严重的,处以10万元以上50万元以下的罚款。

第九,经营者违反法律、法规的规定牟取暴利的,责令改正,没收违法所得,可以并处违法所得5倍以下的罚款;情节严重的,责令停业整顿,或者由工商行政管理机关吊销营业执照。

第十,经营者违反明码标价规定,有下列行为之一的,责令改正,没收违法所得,可以并处 5000 元以下的罚款:一是不标明价格的;二是不按照规定的内容和方式明码标价的;三是在标价之外加价出售商品或者收取未标明的费用的;四是违反明码标价规定的其他行为。

第十一,拒绝提供价格监督检查所需资料或者提供虚假资料的,责令改正,给予警告;逾期不改正的,可以处 10 万元以下的罚款,对直接负责的主管人员和其他直接责任人员给予纪律处分。

第十二,政府价格主管部门进行价格监督检查时,发现经营者的违法行为同时具有三种情形的,可以依照《价格法》规定责令其暂停相关营业:一是违法行为情节复杂或者情节严重,经查明后可能给予较重处罚的;二是不暂停相关营业,违法行为将继续的;三是不暂停相关营业,可能影响违法事实的认定,采取其他措施又不足以保证查明的。

第十三,经营者的违法所得,属于《价格法》规定的消费者或者其他经营者多付价款的,责令经营者限期退还。难以查找多付价款的消费者或者其他经营者的,责令公告查找。经营者拒不按照规定退还消费者或者其他经营者多付的价款,以及期限届满没有退还消费者或者其他经营者多付的价款,由政府价格主管部门予以没收,消费者或者其他经营者要求退还时,由经营者依法承担民事责任。

第十四,经营者有《行政处罚法》第 27 条①所列情形的,应当依法从轻或者减轻处罚。经营者有法定情形之一的,应当从重处罚:一是价格违法行为严重或者社会影响较大的;二是屡查屡犯的;三是伪造、涂改或者转移、销毁证据的;四是转移与价格违法行为有关的资金或者商品的;五是经营者拒不按照规定退还消费者或者其他经营者多付价款的;六是应予从重处罚的其他价格违法行为。

---

① 《行政处罚法》第 27 条规定,当事人有下列情形之一的,应当依法从轻或者减轻行政处罚:(1)主动消除或者减轻违法行为危害后果的;(2)受他人胁迫有违法行为的;(3)配合行政机关查处违法行为有立功表现的;(4)其他依法从轻或者减轻行政处罚的。违法行为轻微并及时纠正,没有造成危害后果的,不予行政处罚。

第十五，有本规定所列价格违法行为严重扰乱市场秩序，构成犯罪的，依法追究刑事责任。

第十六，经营者对政府价格主管部门作出的处罚决定不服的，应当先依法申请行政复议；对行政复议决定不服的，可以依法向人民法院提起诉讼。

第十七，逾期不缴纳罚款的，每日按罚款数额的3%加处罚款；逾期不缴纳违法所得的，每日按违法所得数额的2‰加处罚款。

第十八，任何单位和个人有本规定所列价格违法行为，情节严重，拒不改正的，政府价格主管部门除依照本规定给予处罚外，可以公告其价格违法行为，直至其改正。

（三）价格违法行为举报处理规定

与此同时，为保障公民、法人或者其他组织依法举报价格违法行为的权利，规范价格主管部门对价格违法行为举报的受理、办理、告知等工作，根据《价格法》及有关法律、行政法规，为鼓励价格违法举报行为，2004年8月10日国家发展和改革委员会颁布了《价格违法行为举报规定》，于2014年1月15日进行了修订，并改名为《价格违法行为举报处理规定》。按照《价格违法行为举报处理规定》，县级以上地方人民政府价格主管部门应当向社会公布“12358”举报电话、网上举报平台、通信地址、接待的时间和地点等相关事项。举报人可以通过“12358”举报电话、信件、互联网、传真、走访等形式向价格主管部门提出价格举报。对采用口头方式提出价格举报的，价格主管部门应当记录。多人采用走访形式提出共同的举报事项的，应当推选代表。价格主管部门建立全国统一的价格举报管理信息系统，对价格举报实行统一编码管理。举报人可以凭举报编码查询举报处理进展情况。具体编码管理及查询办法按照价格举报管理信息系统工作规则执行。举报有法定情形之一的，价格主管部门不予受理：一是举报事项不属于价格主管部门职权范围的；二是没有明确的被举报人的姓名(名称)、地址的;三是没有提供被举报的价格违法行为的具体事实的;四是对同一个价格违法行为的举报,其他机关已经受理的;五是对被举报的价格违法行为已经作出处理决定,举报人提出举报,但没有提供新的事实的。价格主管部门接收举报后应当及时进行审查,属于收到举报的价格主管部门管辖范围,并且不属《价格违法行为举报处理规定》不予受理情形的,予以受理;不属于收到举报的价格主管部门管辖范围的,应当在7个工作日内转至有管辖权的价格主管部门处理。接受转办的价格主管部门对收到的价格举报,应当及时进行审查,决定是否受理。价格主管部门应当自收到举报之日起7个工作日内告知举报人是否受理或者转办。价格主管部门对被举报的价格违法行为的管辖,按照《价格行政处罚程序规定》执行,价格举报采用书面形式并提供相关证据的,价格主管部门可以优先进行处理。价格主管部门依法对被举报的价格违法行为进行调查后,依据《价格行政处罚程序规定》的规定作出行政处罚、不予行政处罚、移送有关行政机关处理等决定或者不予立案的,为举报办结。价格主管部门应当在举报办结后15个工作日内告知举报人对被举报的价格违法行为的处理结果。因生活消费需要购买商品或者接受服务的消费者,可以单独或者在进行价格举报时一并对涉及自身价格权益的民事争议提出投诉(以下简称价格投诉)。价格投诉应当在争议发生之日起1年内提出,并提供本人的身份证明、民事请求事项及相关证据。消费者在价格举报时一并提出价格投诉的,价格投诉由受理价格举报的价格主管部门管辖。消费者单独提出价格投诉的,由争议发生地的市、县价格主管部门管辖。价格主管部门应当自收到消费者价格投诉之日起7个工作日内,作出是否受理的决定并告知消费者。价格主管部门对价格投诉实行调解制度,调解应当在当事人双方同意的情况下进行。有法定情形之一的,为价格投诉办结:一是达成调解协议的;二是调解期间双方自行协商和解的;三是消费者撤回投诉的;四是当事人一方拒绝调解的;五是双方未能达成调解协议的;

六是应当视为价格投诉办结的其他情形。价格投诉应当自受理之日起60日内办结,并告知消费者。当事人一方拒绝调解、未能达成调解协议或者不执行调解协议的,消费者可以通过民事诉讼、仲裁等方式维护自身合法权益。被举报人因价格违法行为致使消费者多付价款的,价格主管部门应当在对被举报的价格违法行为作出行政处罚决定前,责令被举报人将多收价款退还消费者,但应当扣除被举报人在价格投诉中已经退还的多收价款部分。规定中的告知,价格主管部门可以采用口头或者书面形式(包括数据电文形式)进行,但举报人或者消费者姓名(名称)、地址不清或者未提供联系方式的除外。口头告知的,应当进行相关记录。价格主管部门应当为举报人保密,并对符合相关规定的举报人给予鼓励。对社会影响大的价格举报典型案例,价格主管部门可以向社会公布。对涉嫌价格垄断行为的举报,按照《反垄断法》和《反价格垄断行政执法程序规定》的规定执行。[①]

(四)商品和服务实行明码标价的规定

为规范价格行为,维护正常的市场价格秩序,促进公平、公开、合法的市场竞争,保护消费者和经营者的合法权益,原国家计划委员会1994年2月28日发布了《关于商品和服务实行明码标价的规定》,1994年3月3日发布了《关于商品和服务实行明码标价的规定实施细则》。《价格法》出台后,国家发展计划委员会于2000年10月出台了新的《关于商品和服务实行明码标价的规定》,自2001年1月1日起施行。凡在中华人民共和国境内收购、销售商品或者提供服务的价格行为,均适用《关于商品和服务实行明码标价的规定》。在规定中,明码标价是指经营者收购、销售商品和提供服务按照规定的要求公开标示商品价格、服务价格等有关情况的行为。应当明码标价的商品和服务是指实行市场调节价、

① 《价格违法行为举报处理规定》第3~18条。

政府指导价或者政府定价的商品和服务。经营者实行明码标价,应当遵循公开、公平和诚实信用的原则,遵守价格法律、法规。县级以上人民政府价格主管部门是明码标价的管理机关,其价格监督检查机构负责明码标价实施情况的监督检查。明码标价的标价方式由省级人民政府价格主管部门统一规定,县级以上地方人民政府价格主管部门的价格监督检查机构对标价方式进行监制。未经监制的,任何单位和个人不得擅自印制和销售。需要增减标价内容以及不宜标价的商品和服务,由县级以上地方人民政府价格主管部门认定。根据商品和服务的特点,需要实行行业统一规范标价方式的,由国务院价格主管部门和省级人民政府价格主管部门确定。明码标价应当做到价签价目齐全、标价内容真实明确、字迹清晰、货签对位、标示醒目。价格变动时应当及时调整。商品价格、服务价格一律使用阿拉伯数码标明人民币金额。除国家另有规定外,从事涉外商品经营和服务的单位实行以人民币标价和计价结算,应当同时用中、外文标示商品和服务内容。民族自治地方自主决定使用当地通用的一种或几种文字明码标价。降价销售商品和提供服务必须使用降价标价签、价目表,如实标明降价原因以及原价和现价,以区别于以正常价格销售商品和提供服务。经营者应当保留降价前记录或核定价格的有关资料,以便查证。从事零售业务的,商品标价签应当标明品名、产地、计价单位、零售价格等主要内容,对于有规格、等级、质地等要求的,还应标明规格、等级、质地等项目。标价签由指定专人签章。开架柜台、自动售货机、自选市场等采取自选方式售货的,经营者应当使用打码机在商品或其包装上胶贴价格标签,并应分品种在商品陈列柜(架)处按规定明码标价。经营者收购农副产品或废旧物资的,应当在收购场所醒目位置公布收购价目表,标明品名、规格、等级、计价单位和收购价格等内容。国务院或省级人民政府对收购农副产品规定了保护价的,收购部门应当在收购点的醒目位置予以公布。提供服务的经营者应当在经营场所或缴费地点的醒目位置公布服务项目、服务内容、等级或规格、服务价格等。各类商品专业交易市场应当按照《关于商品和服务实行明码标价的规定》有关条款实行明码标价。房地产经营者应当在交易场所标明房地产价格及相关收费情况。经营者不得在标价之外加价出售商品,不得收取任何未予标明的费用。先消费后结算的,须出具结算单据,并应当列出具体收款项目和价格。一项服务可分解为多个项目和标准的,经营者应当明确标示每一个项目和标准,禁止混合标价或捆绑销售。经营者不得利用虚假的或者使人误解的标价内容及标价方式进行价格欺诈。①

(五)价格中介制度的建立

在制度创新方面,为了规范价格中介行为,使价格评估工作有法可依,国家发展和改革委员会分别于2005年6月22日、24日,根据《价格法》、《行政许可法》和《国务院对确需保留的行政审批项目设定行政许可的决定》分别发布了《价格评估机构资质认定管理办法》和《价格评估人员执业资格认定管理办法》。

《价格评估机构资质认定管理办法》适用于从事各种有形财产和无形资产及有偿服务估价业务的价格评估机构的资质认定与管理。价格评估机构在工商注册登记前,需通过价格评估机构资质认定。国家法律、法规另有规定的,从其规定。价格评估机构资质实行等级制。根据价格评估机构具备的条件分为甲级、乙级、丙级。甲级价格评估机构可在全国范围内开展价格评估工作;乙级价格评估机构可在机构所在地的省级(指省、自治区、直辖市,下同)行政区域范围内开展价格评估工作;丙级价格评估机构可在机构所在地的市(地)、县范围内开展价格评估工作。甲级、乙级价格评估机构资质认定由各省、自治区、直辖市人民政府价格主管部门受理和初审,国家发展改革委审批。丙级价格评估机构

① 《关于商品和服务实行明码标价的规定》第2~20条。

资质认定由各省、自治区、直辖市人民政府价格主管部门审批，报国家发展改革委备案。丙级价格评估机构应当具备下列条件：一是具有工商注册企业法人资格的基本条件；二是具有相应的组织章程和必要的管理制度；三是具有固定的工作场所；四是经国家发展改革委价格评估人员执业资格认定，取得《中华人民共和国价格评估人员执业资格证书》的价格评估专业人员不少于5名；五是具有经济、会计及相关工程技术等专业的中、高级职称的技术人员不低于企业实有总人数的30%；六是注册资金不低于20万元人民币。乙级价格评估机构，除应当具备丙级价格评估机构一、二、三项规定的条件外，还应当具备下列条件：一是经国家发展改革委价格评估人员执业资格认定，取得《中华人民共和国价格评估人员执业资格证书》的价格评估专业人员不少于7名；二是具有经济、会计及相关工程技术等专业的中、高级职称的技术人员不低于企业实有总人数的50%；三是注册资金不低于50万元人民币。甲级价格评估机构除应当具备丙级价格评估机构一、二、三项规定的条件外，还应当具备下列条件：一是经国家发展改革委价格评估人员执业资格认定，取得《中华人民共和国价格评估人员执业资格证书》的价格评估专业人员不少于10名；二是具有经济、会计及相关工程技术专业的中、高级职称的技术人员不低于企业实有总人数的60%，其中具有高级职称的技术人员不低于企业实有总人数的15%；三是注册资金不低于100万元人民币。此外，该办法还对价格评估机构的申请、审查、资质证书的认定办法与时效、监督检查、撤销与注销以及法律责任进行了规定。①

《价格评估人员执业资格认定管理办法》同样适用于从事各种涉及国家利益、公众利益的有形财产和无形资产及服务项目估价业务的价格评估人员执业资格认定与管理。但2013年国务院《关于取消和下放一批行政审批项目等事项的决定》（国发〔2013〕19号）取消了对价格评估

---

① 《价格评估机构资质认定管理办法》第2~7条。

人员执业资格认定。

与上述两项规定相配套,国家发展和改革委员会于2005年6月24日颁布了《价格鉴证师注册管理办法》,2008年又修订了一次。该办法适用于价格鉴证师注册与管理工作。国家发展和改革委员会为价格鉴证师的注册审批机关。各省、自治区、直辖市价格主管部门为价格鉴证师的注册初审机关。价格鉴证师注册,由价格鉴证师注册申请人向所在省、自治区、直辖市初审机关提出注册申请,初审机关提出初审意见后报国家发展和改革委员会,由国家发展和改革委员会作出准予或不予价格鉴证师注册的决定,并告知申请人。申请价格鉴证师注册需具备的条件:一是取得《价格鉴证师执业资格证书》;二是在价格鉴证机构或其他相关机构从事价格鉴证类工作;三是所在单位考核同意。该办法对价格鉴证师执业资格的注册申请、审查、执业资格证书的颁发和使用时效、监督以及法律责任进行了规定。①

通过以上立法,与市场经济发展相适应,中国有了专门的价格评估机构,有了价格评估师或价格鉴证师这一专门的职业,在价格管理和调控中发挥价格中介机构的作用提供了法律保障。

第三节 政府定价行为的规定

计划经济时期,产品和服务的价格完全由政府定价,企业没有自主权,消费者也没有选择的权利。实行市场经济后,在价格主要以市场调节的情况下,涉及公共产品或公共利益的部分,仍然需要政府的调节,为此,《价格法》第三章进行了专门规定。宏观调控职能部门予以配套性立法。

---

① 《价格鉴证师注册管理办法》第2~5条。

一、价格法的基本规定

按照《价格法》规定，属于政府在必要时可以实行政府指导价或者政府定价的商品和服务价格包括：一是与国民经济发展和人民生活关系重大的极少数商品价格；二是资源稀缺的少数商品价格；三是自然垄断经营的商品价格；四是重要的公用事业价格；五是重要的公益性服务价格。政府指导价、政府定价的定价权限和具体适用范围，以中央的和地方的定价目录为依据。中央定价目录由国务院价格主管部门制定、修订，报国务院批准后公布。地方定价目录由省、自治区、直辖市人民政府价格主管部门按照中央定价目录规定的定价权限和具体适用范围制定，经本级人民政府审核同意，报国务院价格主管部门审定后公布。省、自治区、直辖市人民政府以下各级地方人民政府不得制定定价目录。国务院价格主管部门和其他有关部门，按照中央定价目录规定的定价权限和具体适用范围制定政府指导价、政府定价；其中重要的商品和服务价格的政府指导价、政府定价，应当按照规定经国务院批准。省、自治区、直辖市人民政府价格主管部门和其他有关部门，应当按照地方定价目录规定的定价权限和具体适用范围制定在本地区执行的政府指导价、政府定价。市、县人民政府可以根据省、自治区、直辖市人民政府的授权，按照地方定价目录规定的定价权限和具体适用范围制定在本地区执行的政府指导价、政府定价。制定政府指导价、政府定价，应当依据有关商品或者服务的社会平均成本和市场供求状况、国民经济与社会发展要求以及社会承受能力，实行合理的购销差价、批零差价、地区差价和季节差价。政府价格主管部门和其他有关部门制定政府指导价、政府定价，应当开展价格、成本调查，听取消费者、经营者和有关方面的意见。政府价格主管部门开展对政府指导价、政府定价的价格、成本调查时，有关单位应当如实反映情况，提供必需的账簿、文件以及其他资料。制定关系群众切身利益的公用事业价格、公益性服务价格、自然垄断经营的商品价格等政府指导价、政府定价，应当建立听证会制度，由政府价格主管部门主持，征求消费者、经营者和有关方面的意见，论证其必要性、可行性。政府指导价、政府定价制定后，由制定价格的部门向消费者、经营者公布。政府指导价、政府定价的具体适用范围、价格水平，应当根据经济运行情况，按照规定的定价权限和程序适时调整。消费者、经营者可以对政府指导价、政府定价提出调整建议。①

二、相关配套文件的规定

（一）政府制定价格听证制度

为规范政府制定价格听证行为，提高政府制定价格的民主性、科学性和透明度，根据《价格法》的规定，原国家发展计划委员会 2002 年 11 月 22 日发布了《政府价格决策听证办法》。2008 年 10 月 15 日，国家发展和改革委员会对之进行了修订，颁发《政府制定价格听证办法》，自 2008 年 12 月 1 日起施行。该办法经过 10 年运行后，2018 年 12 月 10 日，国家发改委发布了新的《政府制定价格听证办法》，自 2019 年 1 月 10 日起施行。该办法所称政府制定价格听证（以下简称定价听证），是指定价机关依法制定（含调整，下同）政府指导价、政府定价的价格水平或者定价机制过程中，由政府价格主管部门采取听证会形式，征求经营者、消费者和有关方面的意见，对制定价格的必要性、可行性、合理性进行论证的活动。定价机关，包括有定价权的省、自治区、直辖市（以下统称省级）以上人民政府价格主管部门、有关部门和经省级人民政府授权的市、县人民政府。办法所称定价机制，是指与列入定价听证目录的定价项目

① 《价格法》第 18 ~25 条。

价格水平确定直接相关的定价办法、公式等。①

《政府制定价格听证办法》规定，制定关系群众切身利益的公用事业价格、公益性服务价格和自然垄断经营的商品和服务价格等政府指导价、政府定价的价格水平，应当实行定价听证。制定定价机制，应当实行定价听证或者公开征求社会意见。依据已经生效实施的定价机制制定具体价格水平时，可以不再开展定价听证。听证的具体项目通过定价听证目录确定，容易引发抢购、囤积，造成市场异常波动的商品价格，通过其他方式征求意见，不纳入定价听证目录。定价听证目录是指由省级以上人民政府价格主管部门依据政府定价目录制定的应当经定价听证的商品和服务清单。定价听证目录应当在听取社会意见的基础上制定、修订并及时公布。法律、法规、规章规定实行定价听证的项目自动进入定价听证目录。制定定价听证目录以外的政府指导价、政府定价，定价机关认为有必要的，也可以实行定价听证。定价听证应当遵循公开、公平、公正、效率的原则。听证会应当公开举行，允许旁听和新闻报道，但涉及国家秘密或者商业秘密的除外。政府价格主管部门可以通过互联网以视频或者文字、图片形式公开听证会内容。②

关于听证的组织。定价听证由政府价格主管部门组织。省级以上定价机关制定价格需要听证的，由同级政府价格主管部门组织听证。省级人民政府授权市、县人民政府制定价格的，由市、县人民政府价格主管部门组织听证。制定在局部地区执行的价格需要听证的，政府价格主管部门可以委托下级政府价格主管部门组织听证。委托听证的，应当出具书面委托书并予以监督指导。政府价格主管部门可以通过政府购买服务等方式，由第三方机构参与定价听证的组织工作。第三方机构，是指政府价格主管部门、定价机关、与听证事项直接相关的经营者及其主管

① 《政府制定价格听证办法》第 1 ~2 条。

② 《政府制定价格听证办法》第 3 ~5 条。

单位以外的机构,包括但不限于科研机构、咨询机构等企事业单位和社会组织。听证会设听证人,代表政府价格主管部门专门听取听证会意见。听证人由政府价格主管部门工作人员、定价机关工作人员,以及政府价格主管部门聘请的社会知名人士、专业人士担任。听证会主持人由听证人中的政府价格主管部门的工作人员兼任。听证人不得少于3人,具体人数及人员构成由政府价格主管部门确定。听证人履行的职责:听取听证会参加人的意见陈述,并可以询问;提出听证报告。①

关于听证参加人。《政府制定价格听证办法》规定,听证会参加人由下列人员构成:一是消费者;二是经营者;三是与定价听证项目有关的其他利益相关方;四是相关领域的专家、学者;五是政府价格主管部门认为有必要参加听证会的政府部门、社会组织和其他人员。鼓励消费者组织参加听证会。听证会参加人的人数和人员的构成比例由政府价格主管部门根据听证项目的实际情况确定,其中消费者人数不得少于听证会参加人总数的2/5。听证会参加人由下列方式产生:一是消费者采取自愿报名、随机选取和消费者组织或者其他群众组织推荐相结合的方式;二是经营者、与定价听证项目有关的其他利益相关方采取自愿报名、随机选取方式,也可以由政府价格主管部门委托行业组织、政府主管部门推荐;三是专家、学者、政府部门、社会组织和其他人员由政府价格主管部门聘请。随机选取可以结合定价听证项目的特点,根据不同职业、行业、地域等,合理设置类别并分配名额。政府价格主管部门可以根据听证项目的实际情况规定听证会参加人条件。定价机关、听证组织部门的工作人员及其近亲属不得担任听证会参加人。听证会参加人的权利和义务:可以向有关经营者、行业组织、政府主管部门了解与听证事项相关的情况;出席听证会,就听证事项发表意见、阐明理由;保守国家秘密和商业秘密,遵守听证会纪律;因特殊原因不能出席的,应当提前3个工作

---

① 《政府制定价格听证办法》第6~9条。

日告知听证组织部门,同时提交书面意见。①

关于其他参加人。听证会设记录员。记录员由政府价格主管部门指定的人员担任,如实记录听证会参加人的意见。公开举行的听证会设旁听席。旁听人员由政府价格主管部门根据公民、法人或者其他组织报名情况以及场地情况,确定人数并按照报名顺序选取或者随机抽取。旁听人员对定价方案有意见的,可以在听证会结束后以书面形式向听证组织部门提出。旁听人员不得在听证会现场发言、提问,不得有妨碍听证秩序的行为。公开举行的听证会设记者席。与会采访的新闻媒体由政府价格主管部门根据新闻媒体报名情况,按照报名顺序选取或者随机抽取。政府价格主管部门可以邀请新闻媒体采访听证会。参与听证会的人员应当遵守宪法和法律法规、遵守公共秩序、尊重社会公德,不得使用不文明用语,不得进行恶意攻击以及有组织的言论煽动,不得恶意片面传播听证发言内容,不得编造、传播虚假信息扰乱经济秩序和社会秩序,不得发表与定价方案无关的内容。②

关于听证程序。《政府制定价格听证办法》规定,定价听证依据下列情况提起:一是定价机关是政府价格主管部门的,由政府价格主管部门提起;二是定价机关是其他部门的,由该部门向同级政府价格主管部门提起;三是定价机关是多个部门的,由牵头部门向同级政府价格主管部门提起;四是定价机关是市、县人民政府的,由负责具体定价工作的市、县政府价格主管部门提起,或者由负责具体定价工作的市、县政府有关部门向同级政府价格主管部门提起。定价机关提起定价听证时,应当向政府价格主管部门提交定价方案、与制定价格有关的定价成本监审报告或者成本调查报告,以及经营者按要求公开成本信息的情况、其他相关信息资料。定价机关和经营者应当确保所提供资料的完整、真实和准

① 《政府制定价格听证办法》第 10 ~12 条。

② 《政府制定价格听证办法》第 13 ~16 条。

确性。定价方案应当包括下列内容:一是拟制定价格水平或者定价机制的具体项目;二是现行价格和拟制定的价格水平,单位调价额和调价幅度;三是拟制定的定价机制主要内容、适用条件;四是拟制定价格水平或者定价机制的依据和理由;五是拟制定价格水平或者定价机制对经济、社会影响的分析;六是其他与制定价格水平或者定价机制有关的资料。听证会举行30日前,政府价格主管部门应当通过政府网站、新闻媒体向社会公告以下事项:一是定价听证事项;二是听证会举行的时间;三是听证会参加人、旁听人员、新闻媒体的名额、产生方式及具体报名办法。拟对听证会进行网络公开的,应当一并公告。听证会举行15日前,政府价格主管部门应当通过政府网站、新闻媒体向社会公告以下事项:一是听证会举行的时间、地点;二是定价方案;三是与制定价格有关的成本监审或者成本调查的办法和结论;四是听证人、听证会参加人、旁听人员名单,包括姓名、职业。听证会同时网络公开的,应当一并公告网址及时间。第三方机构参与定价听证的组织工作的,应当公布第三方机构的基本信息。听证会因故取消或推迟举行的,政府价格主管部门应当向社会公告并作出说明。听证会举行15日前,政府价格主管部门应当向听证会参加人送达下列材料:一是听证会通知;二是定价方案;三是与制定价格有关的成本监审或者成本调查报告;四是听证会议程;五是听证会纪律。听证会应当在有2/3以上听证会参加人出席且消费者人数不少于实际出席人数2/5时举行;出席人数不足或者消费者人数不足的,听证会应当延期举行。听证会可以一次举行,也可以分次举行。听证会按照下列议程进行:一是主持人宣布听证事项和听证会纪律,介绍听证会参加人、听证人;二是定价方案提出人陈述定价方案;三是定价成本监审人或者成本调查人介绍定价成本监审、成本调查的办法、结论及相关情况;四是听证会参加人对定价方案发表意见,进行询问,被询问人应当进行必要的解释说明;五是必要时,主持人可以组织听证会参加人围绕主要分歧点进行补充陈述;六是主持人总结发言。听证会参加人应当审阅涉及本人的听证笔录并签字。听证会举行后,听证人应当根据听证笔录制作听证报告。听证报告包括下列内容:听证会的基本情况;听证会参加人对定价方案的意见;听证人对听证会参加人意见的处理建议,包括对听证会参加人主要意见采纳与不采纳的建议和理由说明;其他有关情况。听证人之间对听证会参加人意见的处理建议存在分歧的,应当在听证报告中列明相关听证人的不同意见。政府价格主管部门应当在听证会举行后15日内将听证笔录、听证报告一并提交定价机关。定价机关作出定价决定时应当充分考虑听证会的意见。定价机关根据听证会的意见,对定价方案作出修改后,如有必要,可以再次举行听证会,或者采取其他方式征求社会意见。定价机关需要报请本级人民政府或者上级定价机关批准后才能作出定价决定的,上报定价方案时应当同时提交听证报告。定价机关应当在定价听证结束之日起1年内作出定价决定。逾期未作出定价决定的,应当重新开展定价听证。开展定价听证后,制定价格的依据发生重大变化的,定价机关应当重新提起定价听证。定价机关作出定价决定后,应当通过政府网站、新闻媒体向社会公布定价决定和对听证会参加人主要意见的采纳情况及理由。定价机关可以通过政府网站、新闻媒体就听证事项听取社会各方面的意见。制定在局部地区执行的价格或者降低价格的,听证会可以采取下列简易程序:一是只设主持人;二是听证会参加人由消费者、经营者构成;三是听证会按照办法第24条第(一)、(四)、(六)项规定的议程进行。采取简易程序时,公告时限和材料送达时限可以适当缩短。政府价格主管部门可以参照本办法有关规定,通过互联网试点开展定价网络听证。网络听证的参加人应当实行实名注册。① 此外,办法对法律责任进行了规定。

(二)政府制定价格行为规则

为规范政府制定价格行为,提高政府制定价格的科学性、公正性和

① 《政府制定价格听证办法》第17~34条。

透明度,保护消费者和经营者的合法权益,根据《价格法》规定,2001 年 12 月 16 日,原国家发展计划委员会发布《政府制定价格行为规则(试行)》。该规则试行 5 年后,国家发展改革委于 2006 年 3 月 17 日修订发布了《政府制定价格行为规则》,自 2006 年 5 月 1 日起施行。经过 10 年运行,国家发展和改革委员会于 2017 年 9 月 18 日修改,新的规则从 2018 年 1 月 1 日起施行。

按照新的《政府制定价格行为规则》规定,国务院价格主管部门及有关部门,省、自治区、直辖市人民政府价格主管部门及有关部门,和经省、自治区、直辖市人民政府授权的市、县人民政府(以下简称定价机关)依法制定或者调整实行政府指导价、政府定价的商品和服务价格水平以及定价机制的行为,适用本规则。法律、法规另有规定的,从其规定。国家实行并完善主要由市场决定价格的机制。政府制定价格的范围主要为重要公用事业、公益性服务和自然垄断经营的商品和服务等,具体以中央定价目录和地方定价目录(以下简称定价目录)为准。经省、自治区、直辖市人民政府授权的市、县人民政府制定价格,具体工作由其所属价格主管部门或者有关部门负责。定价机关应当按照法定的权限制定价格,不得越权定价。定价目录应当依照法定程序制定,逐项明确定价内容和定价机关,并根据经济社会发展情况适时调整,及时向社会公布。制定价格应当遵循公平、公开、公正和效率的原则。制定价格应当依据有关商品和服务的社会平均成本、市场供求状况、国民经济与社会发展要求以及社会承受能力。商品和服务价格与国际市场价格、替代商品和服务价格联系紧密的,可以参考相关价格。网络型自然垄断环节价格,按照“准许成本加合理收益”的原则制定。国务院价格主管部门及有关部门,省、自治区、直辖市人民政府价格主管部门及有关部门应当根据不同行业特点,逐步建立商品和服务的定价机制,实现商品和服务价格调整机制化。①

在制定价格的程序方面，定价机关应当根据经济社会发展情况、社会各方面的反映以及价格执行期限等，适时制定价格。定价机关制定价格，应当履行价格调查、成本监审或者成本调查、听取社会意见、合法性审查、集体审议、作出制定价格的决定等程序。依法应当开展成本监审、专家论证、价格听证、风险评估的，按照有关规定执行。已经依法制定定价机制的，定价机关应当按照定价机制确定具体价格水平。定价机关制定价格，可以要求相关经营者、行业组织、政府有关部门提供制定价格所需的资料。定价机关制定价格，应当对市场供求、社会承受能力进行调查，分析对相关行业、消费者的影响。定价机关制定价格，应当开展成本监审或者成本调查，并逐步建立成本信息公开制度。依法应当开展成本监审的，按照成本监审的有关规定执行，未经成本监审的，不得制定价格。制定专业性、技术性较强的商品和服务价格时，定价机关应当邀请有关方面的专家进行论证。定价机关制定价格，应当听取经营者、消费者或其代表，以及有关方面的意见。对依法应当通过听证方式征求意见的，由政府价格主管部门主持，按照价格听证的有关规定开展听证；未经听证不得制定价格。制定价格对经济社会可能造成重大影响的，应当开展风险评估。风险评估可以单独进行，也可以结合听取社会意见、专家论证等一并进行。定价机关履行本规则规定程序后，应当形成制定价格的方案。方案应当载明以下内容：一是现行价格和拟制定的价格、单位调价幅度；二是制定价格的依据和理由；三是制定价格对相关行业和消费者的影响；四是成本监审报告或者成本调查报告；五是经营者、消费者或其代表，以及有关方面的主要意见及采纳情况；六是经过听证的，附听证报告；七是经过专家论证的，附专家论证意见及采纳情况；八是经过风险评估的，附风险评估意见；九是价格的执行时间、期限和范围。定价机

① 《政府制定价格行为规则》第 2 ~7 条。

关制定价格,应当开展合法性审查。实行合法性审查的方式、机构和工作规则,由定价机关规定。合法性审查内容包括:一是制定价格事项是否符合定价目录规定的权限和范围;二是制定价格的程序是否符合法定程序;三是需要审查的其他事项。定价机关应当对制定价格的方案实行集体审议。实行集体审议的方式、人员组成和工作规则,由省级以上定价机关规定。国务院价格主管部门及有关部门制定重要的商品和服务价格,应当按照有关规定报国务院批准。省、自治区、直辖市价格主管部门及有关部门制定重要的商品和服务价格,应当按照有关规定报同级人民政府批准。定价机关是政府其他部门的,作出制定价格决定前应当书面征求同级价格主管部门的意见。按照本规则履行相关程序后,认为需要制定价格的,定价机关应当适时作出制定价格的决定。制定价格的决定应当载明以下内容:一是制定价格的项目、制定的价格;二是制定价格的依据;三是价格的执行时间和范围;四是作出决定的定价机关名称和作出决定的日期。制定价格的决定原则上应当由定价机关制发。授权市、县人民政府制定价格的,经市、县人民政府批准,可以由价格主管部门或者有关部门制发并抄报市、县人民政府。定价机关应当按照档案管理制度建立制定价格的卷宗并存档。卷宗应当实行"一价一卷宗",内容包括:制定价格的方案、制定价格的决定及相关材料。制定价格的决定实施后,定价机关应当对决定的执行情况进行跟踪调查和监测,并适时进行后评估。后评估的内容包括:一是价格的执行情况,执行中存在的问题及原因;二是经营者经营状况、成本、劳动生产率和市场供求变化对价格的影响;三是相关商品和服务市场供求状况和价格的变化情况;四是社会各方面对所制定价格的意见;五是制定的价格对经济社会发展和消费者、经营者的影响;六是其他有关情况。制定价格的决定实施后,如果制定价格的依据发生重大变化,定价机关应当适时调整价格。①

① 《政府制定价格行为规则》第 8 ~24 条。

在公众参与和信息公开方面，经营者、消费者、政府相关部门及有关方面（以下简称建议人）可以向定价机关提出制定价格的建议。建议内容主要包括建议制定价格的具体商品或者服务名称、建议价格、依据和理由等。制定价格有建议人的，定价机关应当以适当的方式将建议办理情况告知建议人。定价机关听取经营者、消费者或其代表，以及有关方面的意见时，可以选择向社会公开征求意见、书面征求意见、召开座谈会、组织听证、实地走访等方式。定价机关制定价格时，可以通过政府购买服务等方式发挥第三方机构的积极作用。除涉及国家秘密外，定价机关应当及时向社会公开制定价格的决定。①

在监督机制与法律责任方面，定价机关应当建立严格规范的内部监督制约机制。上级价格主管部门负责对下级价格主管部门制定价格行为的监督和指导。政府其他有关部门的制定价格行为应当接受价格主管部门的监督。定价机关制定价格，应当接受社会监督。单位和个人可以对制定价格过程中的违法违规行为进行举报。定价机关有违法行为的，由政府价格主管部门依据《价格法》进行查处。定价机关的工作人员在制定价格工作中有违法行为，构成犯罪的，依法追究刑事责任；尚不构成犯罪的，依法给予行政处分。②

（三）政府制定价格成本监审规定

2002 年 11 月 1 日，为提高政府价格主管部门价格决策的科学性，规范定价成本监审行为，根据《价格法》规定，国家发展计划委员会发布了《重要商品和服务价格成本监审暂行办法》。2006 年 1 月 17 日，国家发展和改革委员会对上述暂行办法进行修订，制定了《政府制定价格成本监审办法》，自 2006 年 3 月 1 日起施行。2017 年 10 月 30 日，国家发展

---

① 《政府制定价格行为规则》第 25 ~29 条。

② 《政府制定价格行为规则》第 30 ~33 条。

和改革委员会第 8 号令讨论通过并发布《政府制定价格成本监审办法》,自 2018 年 1 月 1 日起施行。国务院价格主管部门及有关部门,省、自治区、直辖市人民政府价格主管部门及有关部门,和经省、自治区、直辖市人民政府授权的市、县人民政府(以下简称定价机关)依法制定或者调整商品和服务价格(以下简称制定价格)过程中的成本监审行为,适用该监审办法。

成本监审是指定价机关通过审核经营者成本,核定政府制定价格成本(以下简称定价成本)的行为,是政府制定价格的重要程序,是价格监管的重要内容。定价成本,是指定价机关核定的经营者生产经营或者提供政府制定价格的商品或者服务的合理费用支出,是政府制定价格的基本依据。

在总则方面,各级定价机关负责组织实施本级定价权限范围内的成本监审,履行主体责任,对成本监审结论负责。成本监审项目实行目录管理。成本监审目录由国务院价格主管部门和省、自治区、直辖市人民政府价格主管部门分别依据中央和地方定价目录确定,并及时向社会公布。自然垄断环节以及依成本定价的重要公用事业和公益性服务应当列入成本监审目录。成本监审目录应当根据政府定价目录修订情况和价格监管需要适时调整。列入成本监审目录的商品和服务,未经成本监审的,不得制定价格,没有正式营业或者营业不满一个会计年度的除外。成本监审应当遵循公正、公开、科学、规范、效率的原则。成本监审包括制定价格前监审和定期监审两种形式。成本监审目录中应当明确不同商品和服务的监审形式以及定期监审的间隔周期,定期监审的间隔周期不得少于 1 年。定价机关原则上应当对生产经营同种商品或者提供同种服务的所有经营者实施成本监审。经营者数量众多的,可以选取一定数量的有代表性的经营者实施成本监审。国务院价格主管部门及有关部门,省、自治区、直辖市人民政府价格主管部门及有关部门可以根据不同商品和服务的实际情况,制定具体商品和服务的定价成本监审办法。

定价机关根据工作需要,可以委托价格主管部门或者有关部门开展成本监审部分工作,也可以通过政府购买服务等方式,委托或聘请专业机构或者人员参与成本监审工作。以政府购买服务等方式委托或聘请的,应当签订合同,明确工作内容及相关责任。经营者应当建立健全成本核算制度,完整准确记录并单独核算定价商品或者服务的生产经营成本和收入。定价机关应当逐步建立健全成本信息公开制度,经营者应当按照定价机关的规定公开成本,定价机关制定价格应当公开成本监审结论。①

在成本监审程序方面,成本监审应当履行书面通知、资料初审、实地审核、意见告知、出具报告等程序。定价机关实施成本监审,应当书面通知有关经营者,明确成本监审范围、监审形式、监审期间(成本审核会计年度期间),以及需要提供的资料和进行实地审核的要求等内容。经营者应当自收到书面通知之日起20个工作日内提供相关商品或者服务成本监审所需资料(以下简称成本资料),并对所提供成本资料的真实性、合法性、完整性负责。成本资料应当包括下列内容:一是按照定价机关要求和规定表式核算填报的成本报表,主要成本项目的核算方法、成本费用分摊方法及其相关依据;二是经会计师事务所审计或者政府有关部门审核的年度财务报告;三是生产量、销售量、服务量以及相关的统计报表;四是成本监审所需的其他资料。定价机关应当自收到经营者报送成本资料之日起10个工作日内对其完整性进行初审,资料不完整的,应当要求经营者限期补充。经营者报送的成本资料经初审合格的,定价机关应当开展实地审核,调查了解经营者生产经营情况,查阅、复制有关资料,按照《政府制定价格成本监审办法》和相关商品或者服务的定价成本监审办法及有关规定对经营者成本进行审核。实地审核过程中,定价机关可以根据工作需要,要求经营者补充提供成本相关资料。定价机关应当将经营者成本审核初步意见告知经营者。经营者对成本审核初步

① 《政府制定价格成本监审办法》第4~12条。

意见有异议的,可以向定价机关提出书面意见及理由。定价机关应当在对成本监审程序、成本审核方法和标准等进行复核后,核定定价成本,出具成本监审报告。成本监审报告应当包括下列内容:一是成本监审项目;二是成本监审依据;三是成本监审程序;四是经营者基本情况;五是经营者成本审核情况;六是成本监审结论;七是定价成本核定表;八是其他需要说明的事项。成本监审工作人员与经营者有利害关系的,应当回避。定价机关及其工作人员不得将获得的经营者成本资料用于价格监管以外的任何其他目的,不得泄露经营者的商业秘密。定价机关应当按照档案管理制度建立成本监审卷宗并存档。卷宗应当实行"一项目一卷宗"制度,内容包括:成本监审书面通知、经营者报送的成本资料、成本监审报告等。①

在定价成本核定方面,核定定价成本应当遵循的原则:一是合法性。计入定价成本的费用应当符合有关法律、法规,财务制度和国家统一的会计制度,以及价格监管制度等规定。二是相关性。计入定价成本的费用应当与定价商品或者服务生产经营过程直接相关或者间接相关。三是合理性。计入定价成本的费用应当反映生产经营活动正常需要,并按照合理方法和合理标准核算;影响定价成本水平的主要技术、经济指标应当符合行业标准或者公允水平。核定定价成本,应当以经会计师事务所审计或者政府有关部门审核的年度财务报告以及手续齐备的原始凭证及账册为基础,有关费用按照办法规定核定。原材料、燃料和动力的单位产品消耗数量、损耗率等主要技术指标,应当按照有关消耗定额或者损耗率的国家标准或者行业标准核定,没有国家标准或者行业标准的,参照可比经营者平均水平核定。同行业内各经营者之间技术指标不可比的,应当考虑经营者实际情况和区域差异等因素,并参照经营者历史水平合理核定。原材料、燃料等购进价格明显高于同期同类产品市场

① 《政府制定价格成本监审办法》第13~21条。

平均价格的，原则上应当按照同期同类产品市场平均价格确定其进货成本。职工工资总额按照职工平均工资与职工人数核定。其中，职工平均工资原则上据实核定，但不得超过统计部门公布的当地该行业职工平均工资水平；职工人数按照实际在岗职工人数核定，政府有关部门或者行业有明确规定的，不得超过其规定人数。由政府有关部门进行工资管理的，职工工资总额上限为按照其工资管理规定核定的数值。因解除与职工的劳动关系给予的补偿，按照一定年限分摊计入定价成本。工会经费、职工教育经费、职工福利费、社会保险费（包含补充医疗和补充养老保险）、住房公积金，审核计算基数原则上按照经营者实缴基数核定，但不得超过核定的工资总额和当地政府规定的基数，计算比例按照不超过国家或者当地政府统一规定的比例确定。应当在工会经费、职工教育经费和职工福利费中列支的费用，不得在其他费用项目中列支。固定资产、无形资产等各类资产的原值，参照合理规模，遵循历史成本原则核定。按照规定进行过清产核资的，根据有关部门认定的固定资产价值核定。未投入实际使用的、不能提供价值有效证明的、由政府补助或者社会无偿投入的资产，以及评估增值的部分不得计提折旧或者摊销费用。固定资产折旧方法采用年限平均法（交通运输等行业可以采用工作量折旧法）。折旧年限应当根据固定资产的性质、设计使用年限和行业规范，并考虑资产使用状况合理核定。经营者确定的固定资产折旧年限明显低于实际使用年限，成本监审时应当按照实际使用年限调整折旧年限。残值率一般按3%～5%计算。行业定价成本监审办法有规定的，从其规定。实行特许经营的，固定资产折旧年限按照不同情况分别处理：一是特许经营期满后资产无偿移交的，固定资产折旧年限最高不超过特许经营期；二是特许经营期满后资产有偿转让的，按照第28条规定确定折旧年限。[①] 无形资产从开始使用之日起,在有效使用期限内分摊计入年度费用中。其中,土地使用权费已计入地面建筑物价值且无法分离的,随建筑物提取折旧;其他按照土地使用权年限分摊。特许经营权费用原则上不得计入定价成本,政府规定允许计入的,按照特许经营年限分摊,没有特许经营年限的按 30 年分摊。专利权等其他无形资产,按照受益年限分摊,没有明确受益年限的按不少于 10 年分摊。修理费用原则上据实核定,也可以按照固定资产原值的一定比例核定,或者在固定资产原值的一定比例内据实核定。管理费用中,人员相关费用按照本办法第 25 条和第 26 条规定核定[②];会议费、交通费、差旅费、业务招待费等非生产性费用按照监审期间内平均水平核定,其中业务招待费不得超过当年主营业务(指生产经营监审商品或者服务的业务,下同)收入的 5‰。销售费用中,人员相关费用按照本办法第 25 条和第 26 条规定核定,其他项目原则上据实核定。财务费用中的利息支出原则上据实核定。年度利息支出差异较大的,按照还款期计算的年平均利息核定。自有资本金比例未达到国家规定的,不足部分的借款利息不得计入定价成本。经营者获得的与监审商品或者服务有关的政府补助,用于购买固定资产的,

---

① 《政府制定价格成本监审办法》第 28 条规定,固定资产折旧方法采用年限平均法(交通运输等行业可以采用工作量折旧法)。折旧年限应当根据固定资产的性质、设计使用年限和行业规范,并考虑资产使用状况合理核定。经营者确定的固定资产折旧年限明显低于实际使用年限,成本监审时应当按照实际使用年限调整折旧年限。残值率一般按 3% ~ 5% 计算。行业定价成本监审办法有规定的,从其规定。

② 《政府制定价格成本监审办法》第 25 条规定,职工工资总额按照职工平均工资与职工人数核定。其中,职工平均工资原则上据实核定,但不得超过统计部门公布的当地该行业职工平均工资水平;职工人数按照实际在岗职工人数核定,政府有关部门或者行业有明确规定的,不得超过其规定人数。由政府有关部门进行工资管理的,职工工资总额上限为按照其工资管理规定核定的数值。因解除与职工的劳动关系给予的补偿,按照一定年限分摊计入定价成本。第 26 条规定,工会经费、职工教育经费、职工福利费、社会保险费(包含补充医疗和补充养老保险)、住房公积金,审核计算基数原则上按照经营者实缴基数核定,但不得超过核定的工资总额和当地政府规定的基数,计算比例按照不超过国家或者当地政府统一规定的比例确定。应当在工会经费、职工教育经费和职工福利费中列支的费用,不得在其他费用项目中列支。

按照第27条和第28条规定核定[①];用于补助专门项目的,直接冲减该项费用;未明确规定专项用途的,应当冲减总成本。经营者生产经营多种商品或者服务的,应当采取合理的方法分摊共同发生的费用。其他业务成本应当单独核算,不计入监审商品或者服务成本。其他业务与主营业务共同使用资产、人员或者统一支付费用,依托主营业务从事生产经营活动,以及因从事主营业务而获得政府优惠政策,不能单独核算或者核算不合理的,应当将其他业务收入按照一定比例冲减总成本。该比例可采用收入比、直接人员数量比、资产比或者其他合理方法确定。《政府制定价格成本监审办法》未规定的其他费用,有关法律法规和国家政策已明确规定核算原则和标准的,按照相关规定核定;没有明确规定的,原则上据实核定,但应当符合公允水平。下列费用不得计入定价成本:一是不符合《会计法》等有关法律、行政法规,财务制度和国家统一的会计制度,以及价格监管制度等的费用;二是与监审商品或者服务生产经营过程无关的费用;三是虽与监审商品或者服务生产经营过程有关、但有专项资金来源予以补偿的费用;四是固定资产盘亏、毁损、闲置和出售的净损失;五是向上级公司或者管理部门上交的利润性质的管理费用、代上级公司或者管理部门缴纳的各项费用、向出资人支付的利润分成以及对附属单位的补助支出等;六是各类捐赠、赞助、滞纳金、违约金、罚款,以及计提的准备金;七是公益广告、公益宣传费用,以及垄断性行业的各类广告费;八是经营者过度购置固定资产所增加的支出(折旧、修理费、借

---

① 《政府制定价格成本监审办法》第27条规定,固定资产、无形资产等各类资产的原值,参照合理规模,遵循历史成本原则核定。按照规定进行过清产核资的,根据有关部门认定的固定资产价值核定。未投入实际使用的、不能提供价值有效证明的、由政府补助或者社会无偿投入的资产,以及评估增值的部分不得计提折旧或者摊销费用。第28条规定,固定资产折旧方法采用年限平均法(交通运输等行业可以采用工作量折旧法)。折旧年限应当根据固定资产的性质、设计使用年限和行业规范,并考虑资产使用状况合理核定。经营者确定的固定资产折旧年限明显低于实际使用年限,成本监审时应当按照实际使用年限调整折旧年限。残值率一般按3%~5%计算。行业定价成本监审办法有规定的,从其规定。

款利息等);九是其他不合理费用。同种商品或者服务有多个经营者的,应当在审核单个经营者成本基础上,通过汇总平均,核定商品或者服务的定价成本。①

第四节 价格总水平调控的规定

就价格调控而言,在价格体制改革后,有关价格总水平调控制度的建立和完善,是最能体现宏观调控原理、宏观调控法的政策法属性的制度。为此,《价格法》及其配套法规对之进行了专门规定。

一、价格调控的基本规定

按照《价格法》规定,稳定市场价格总水平是国家重要的宏观经济政策目标。国家根据国民经济发展的需要和社会承受能力,确定市场价格总水平调控目标,列入国民经济和社会发展计划,并综合运用货币、财政、投资、进出口等方面的政策和措施,予以实现。与此同时,根据《价格法》规定,为实现价格总水平的调控目的,国家实施以下制度安排:②

第一,政府可以建立重要商品储备制度,设立价格调节基金,调控价格,稳定市场。

第二,为适应价格调控和管理的需要,政府价格主管部门应当建立价格监测制度,对重要商品、服务价格的变动进行监测。

第三,政府在粮食等重要农产品的市场购买价格过低时,可以在收购中实行保护价格,并采取相应的经济措施保证其实现。

---

① 《政府制定价格成本监审办法》第22~40条。

② 《价格法》第26~31条。

第四,当重要商品和服务价格显著上涨或者有可能显著上涨,国务院和省、自治区、直辖市人民政府可以对部分价格采取限定差价率或者利润率、规定限价、实行提价申报制度和调价备案制度等干预措施。省、自治区、直辖市人民政府采取规定的干预措施,应当报国务院备案。

第五,当市场价格总水平出现剧烈波动等异常状态时,国务院可以在全国范围内或者部分区域内采取临时集中定价权限、部分或者全面冻结价格的紧急措施。

第六,依法实行干预措施、紧急措施的情形消除后,应当及时解除干预措施、紧急措施。

上述规定表明,根据《价格法》规定,国家不仅需要依法建立相关的制度,而且明确把综合运用货币、财政、投资、进出口等方面的政策和措施规定为实现价格总水平调控的法制途径,体现了经济法及宏观调控法的政策法属性。

二、相关配套文件的规定

(一)非常时期落实价格干预措施和紧急措施的规定

为在非常时期及时有效地平抑市场价格波动,维护公共利益和社会稳定,依法落实国务院和省、自治区、直辖市人民政府决定实行的价格干预措施或者紧急措施,根据《价格法》规定,国家发展和改革委员会于2003年10月28日制定《非常时期落实价格干预措施和紧急措施暂行办法》,自2004年1月1日起施行。

按照上述暂行办法规定,在突发公共事件、严重自然灾害、战争、通货膨胀等非常时期,当重要商品和服务价格显著上涨或者有可能显著上涨,影响经济发展和国民经济正常运行时,国务院价格主管部门或者省、自治区、直辖市价格主管部门应当向本级人民政府提出实行价格干预措施的建议;当价格总水平出现剧烈波动等异常状态,影响人民生活安定和社会稳定时,国务院价格主管部门应当向国务院提出实行价格紧急措施的建议。价格干预措施包括限定差价率或者利润率、规定限价、实行提价申报制度和调价备案制度。价格干预措施适用于价格显著上涨或者有可能显著上涨的实行市场调节价的商品和服务。价格紧急措施包括临时集中定价权限、部分或者全面冻结价格。价格紧急措施适用于实行市场调节价、政府指导价和政府定价的商品和服务。实行价格干预措施或者紧急措施应当遵循经济规律,在做好非常时期商品的生产、调运和供应的组织工作的前提下,必要时可以采取价格干预措施或者紧急措施。落实价格干预措施或者紧急措施时,价格主管部门应当合理确定实施的地区、品种,把握好时机和力度,有利于促进相关商品正常生产、流通和相关服务的正常提供,有利于保持社会稳定。国务院或者省、自治区、直辖市人民政府作出实行价格干预措施或者紧急措施的决定后,同级人民政府价格主管部门应当按照国务院或者省、自治区、直辖市人民政府的决定,及时向社会公告实施价格干预措施或者紧急措施的具体范围和有关政策。国务院价格主管部门负责全国范围内价格干预措施或者紧急措施的落实。对符合《价格法》有关规定的,国务院价格主管部门应当及时指导有关地方价格主管部门落实价格干预措施。省、自治区、直辖市价格主管部门,负责价格干预措施或者紧急措施在本行政区域范围内的落实。价格主管部门对纳入价格干预措施或者紧急措施范围的商品和服务,以及可能波及的相关商品和服务,应当加强市场供求情况和价格监测,建立畅通的信息渠道,及时将市场供求和价格的监测结果上报本级人民政府和上一级价格主管部门;市场价格有可能出现异常波动时,要及时做出预警。价格主管部门应当做好价格干预措施、紧急措施的宣传工作,及时向社会公布市场供求、价格信息,引导经营者遵守价格法律、法规和政策。价格主管部门在落实价格干预措施或者紧急措施时期,应当依法打击不执行价格干预措施和紧急措施的行为。应当加强价格举报值班工作,认真受理和及时查处群众的投诉举报,依法打击哄抬价格、价格欺诈、价格垄断、变相涨价等行为，确保价格干预措施或者紧急措施的实施。地方价格主管部门应当及时向本级人民政府和上一级价格主管部门报告干预措施或者紧急措施的执行情况。经营者不执行价格干预措施、紧急措施的，责令改正，没收违法所得，可以并处违法所得5倍以下的罚款；没有违法所得的，可以处4万元以上40万元以下的罚款；情节严重的，责令停业整顿，或者由工商行政管理机关吊销营业执照；构成犯罪的，移交司法机关追究刑事责任。价格主管部门在进行价格监督检查过程中，必要时可以采取责令当事人暂停相关营业、公告价格违法行为、公开曝光典型案件等措施。对拒绝按照规定提供价格监督检查所需资料或者提供虚假资料的，责令改正、予以警告；逾期不改正的，可以处以5万元以下的罚款。地方各级人民政府或者各级人民政府有关部门不执行法定的价格干预措施、紧急措施的，由上级人民政府或者政府价格主管部门责令改正，并可以通报批评；对直接负责的主管人员和其他直接责任人，由政府价格主管部门建议有权部门依法给予行政处分。价格主管部门工作人员在落实价格干预措施或者紧急措施期间失职、渎职的，应当依法追究直接负责的主管人员的责任和其他责任人的责任。引起价格总水平剧烈波动或者商品和服务价格显著上涨的因素消除后，国务院价格主管部门或者省、自治区、直辖市价格主管部门应当按照有关程序和权限，建议本级人民政府及时解除价格干预或者紧急措施，并对社会公告。①

（二）价格监测规定

为科学、有效地组织价格监测工作，保障价格监测数据的真实性、准确性和及时性，发挥价格监测在宏观经济调控和价格管理中的重要作用，正确引导生产、流通和消费，保持市场价格总水平的基本稳定，根据

① 《非常时期落实价格干预措施和紧急措施暂行办法》第2～15条。

《价格法》,国家发展和改革委员会于2003年4月9日出台了《价格监测规定》,自2003年6月1日起施行。

按照《价格监测规定》,价格监测指政府价格主管部门对重要商品和服务价格的变动情况进行跟踪、采集、分析、预测、公布的活动。价格监测的基本任务是调查和分析重要商品、服务价格,以及相关成本与市场供求的变动情况;跟踪反馈国家重要经济政策在价格领域的反映;实施价格预测、预警,并及时提出政策建议。国务院价格主管部门负责组织和协调全国价格监测工作,县级以上各级人民政府价格主管部门负责组织和协调本地区的价格监测工作。价格监测的具体工作,由各级人民政府价格主管部门的价格监测机构及相关业务机构负责实施。县级以上各级人民政府价格主管部门要建立健全价格监测机构,明确价格监测工作职责,配备相应的价格监测工作人员,组织开展价格监测工作。国务院价格主管部门制定全国统一的价格监测报告制度,规定价格调查和价格信息采集、汇总、计算、传输、报告、分析、公布的具体办法,以及相应的价格监测项目、指标、代码、表式的统一标准,适时调整监测项目、标准及监测周期。省、自治区、直辖市人民政府价格主管部门可根据本行政区域内经济活动的实际情况和价格工作的需要,制定或授权下级人民政府价格主管部门制定补充的价格监测项目和标准,但不得与国家制定的价格监测报告制度相抵触。补充的价格监测项目和标准,应报国务院价格主管部门备案。建立、完善价格监测网络系统,逐步形成全国统一的价格监测网络。要加强价格监测信息采集、处理、传输的设备和网络技术建设,不断完善价格监测手段。价格监测以定点监测和周期性价格监测报表为基础,并开展专项调查、临时性调查、非定点监测等,加强对重要商品、服务价格的动态监测和变化趋势分析,提高价格监测的时效性和准确性。政府价格主管部门应根据价格监测报告制度的规定指定有关国家行政机关、企事业单位以及其他组织作为价格监测定点单位,并发给证书或标志牌。价格监测定点单位要求对所承担的提供价格监测资料的工作给予指导和帮助的,政府价格主管部门应予以指导和帮助。价格监测定点单位需要了解其所提供商品、服务价格的本地区价格平均水平的,政府价格主管部门应予以提供。价格监测有关单位和个人有义务接受政府价格主管部门的价格监测调查。价格定点监测指定单位,应按照监测报告制度规定的内容和时间提供真实可靠的价格监测资料,提供的价格监测资料必须经本单位负责人审核。非定点监测的单位及个人,有义务配合价格调查工作。价格监测定点单位应建立价格监测的内部管理制度,对本单位的价格监测资料整理、报送实行监督,以保证价格资料的真实性、时效性;任何人不得虚报、瞒报、拒报、迟报,不得伪造、篡改价格监测资料。价格监测工作人员收集价格资料时,应按照价格监测报告制度规定的内容、标准、方法、时间和程序进行。实行价格监测调查证制度,价格监测工作人员须持证进行监测、调查活动。价格监测工作人员要认真履行工作职责,具备从事价格监测工作所需的专业知识。各级人民政府价格主管部门应当加强对价格监测人员的专业培训和考核工作。县级以上各级人民政府价格主管部门要向同级人民政府和上级价格主管部门及时上报价格监测报告和价格形势分析报告,反映重要商品和服务的价格变动以及价格政策执行情况,提出政策建议。政府价格主管部门应向社会公布重要商品和服务价格监测、预测信息,或由政府价格主管部门的监测机构按有关制度规定向社会发布价格监测、预测信息。属于国家机密、商业秘密的价格监测资料,不得对外公布,也不得用于政府宏观调控和价格工作以外的任何其他目的。价格监测的工作经费,可申请列入同级财政预算。价格监测定点单位因生产、经营品种调整,以及其他原因,不能及时、准确提供价格监测资料的,负责指定工作的价格主管部门应及时进行调整,另行指定价格监测定点单位。对不再承担价格定点监测工作的单位,负责指定工作的价格主管部门应及时收回其价格监测定点单位证书或标志牌。价格监测机构不按价格监测报告制度规定组织实施价格调查、监测工作,造成不能及时、准确上报有关价格监测数据，严重影响全国或地区数据汇总的，由本级或上级价格主管部门责令改正，予以通报批评。必要时，上级价格主管部门可责令其对有关的价格监测项目停报整顿。价格监测定点单位有下列行为之一的，由下达监测任务的县级以上人民政府价格主管部门责令改正，予以通报批评；情节严重的，可建议任免机关或监察机关对负有直接责任的主管人员和其他责任人员予以行政处分。一是虚报、瞒报价格监测资料的；二是伪造、篡改价格监测资料的；三是拒报或屡次迟报价格监测资料的。对违反价格监测规定的价格监测定点单位，地方性法规或规章规定有行政处罚的，也可依其规定予以行政处罚。县级以上各级人民政府价格主管部门的价格监测工作人员凡有下列行为之一的，由本级人民政府价格主管部门给予批评教育；情节严重的，由上级人民政府价格主管部门给予通报批评，并可提请任免机关或监察机关依法予以行政处分。一是不执行价格监测制度，影响价格监测工作的；二是上报价格数据错误较多，严重影响数据准确性和代表性的；三是玩忽职守、弄虚作假、瞒报、虚报或篡改价格数据资料，造成全国或地区汇总数据严重失实的。县级以上地方各级价格主管部门和有关国家行政机关、企事业单位以及其他组织的主管人员对履行职责的价格监测工作人员进行打击报复的，由上级人民政府价格主管部门或下达监测任务的人民政府价格主管部门提请任免机关或监察机关予以行政处分；构成犯罪的，依法追究刑事责任。价格监测工作人员及价格监测相关人员违反有关保密规定的，依照有关法律法规处罚。政府价格主管部门对本级价格监测工作成绩突出的单位和个人可给予表彰和适当的奖励。①

① 《价格监测规定》第 2 ~24 条。

简要评析

在中国经济改革之初,价格改革被视为“闯关”。之所以称为“闯关”,是因为在此之前人民已经习惯于计划经济时期的低价消费。因此,一旦实施市场调节价,可能会使人民产生心理压力并出现抢购现象。事实上在当时,也确实因价格改革造成一定程度上基于抢购风而引发的社会混乱。但时过境迁,发展至今,从日常消费,到购房、购车,人民已经习惯了价格的市场调节。在此方面,价格调控法治功不可没。从本章梳理情况看,有关市场调节的价格法治比较健全,为发挥市场决定作用提供了制度保障。与此同时,涉及公共服务领域价格的确定却不能用市场调节解决。为此,《价格法》及其配套法规以规范政府定价的立法予以了回应,基本满足了法律的需求。从进一步改革的方向来看,即使是属于公共产品的部分,凡是能够与市场衔接的部分,均有市场调节的空间。其主要是指涉及公共资源的诸如水、电、气供应等“准公共产品”部分,可以引进市场机制。另外,铁路、航空、电信等部分垄断企业控制的价格也因为改革打破垄断而有望实现市场调节。在此方面,中央已经提出了价格改革的意见,《价格法》的修改已成定局。从宏观调控法角度分析,《价格法》中有关价格总水平的调控制度需要进一步完善。为减轻企业负担,2016 年 2 月 1 日起国务院停止征收价格调节基金①。而有关国家

---

① 价格调节基金,是指专项用于政府平抑物价、平衡供求、稳定市场,重点用于保障人民群众特别是低收入群体基本生活的基金。从它的前身 1988 年建立的副食品调节基金算起,截至 2015 年已经征收了 27 年。国务院及其价格管理部门未出台专门的法律文件,法律调整主要由地方性法规规定,且在征收率上有区别。随着中央和地方财政实力的增强,为促进市场经济发展,各地先后停止征收。但是,在价格调节基金取消后,对于财政实力较弱的地区,如何以财政手段平抑物价、稳定市场? 中央政府及其宏观调控部门必须有相应的替代手段。然而,在此方面,尚没有新的举措,也没有此方面的探讨。

储备稳定物价也没有统一的规定,[①]均是下一步需要研究和完善的问题。

从长远发展看,在社会主义市场经济条件下,加强对市场价格动态情况的监测,综合应用宏观调控政策及调控工具,保持国家总体上经济的稳定,始终是国家及政府应有的职责。这是因为,总价格高增长的结果即是通货膨胀,因此,价格波动所引发的问题,往往不仅仅是经济问题,还会引发严重的社会问题,甚至于政治问题。拉美国家的教训十分深刻。正因如此,在宏观调控法体系构建中,价格调控法应处于基础法的地位。但这一点,在以往的教学、科研中未受到重视,应予以纠正。

---

① 关于运用国家储备手段拟制物价问题,目前仅仅是对重要储备作了相关的规定。例如,2003 年 8 月 15 日,国务院出台了《中央储备粮食管理条例》,先后于 2011 年、2016 年两次修订。按照该条例规定,可以动用中央储备粮的情形之一,就是全国或者部分地区粮食明显供不应求或市场价格异常波动。

第十三章　发展规划及计划调控法律制度的完善

自中华人民共和国成立以来,通过制定和实施国民经济和社会发展计划或规划,凝聚全国人民的力量进行社会主义各项事业的建设,一直是党和国家领导全国人民进行社会主义建设的领导方式和方法,也是《宪法》所确认的一项基本制度。从 1954 年至今,中国已经制定和实施了十二个五年计划或规划,目前正在实施第十三个五年规划。其中,改革前和改革后有一些明显的变化。概括起来主要体现在三个方面:一是将原来的《国民经济计划》更改为《国民经济和社会发展计划》,使社会发展计划与国民经济发展计划处于同等重要的地位,表明了国家对社会发展的高度重视。二是围绕计划管理体制的改革,除必要的计划指标任务安排外,更多的是一种发展战略和政策的阐述。但是,与发展规划相衔接的年度国民经济和社会发展计划则有更多的计划指标安排,其主要有国内生产总值及增长率、全国一般性公共预算收入和财政赤字及增长率、广义货币 M2 增长率、①社会融资规模存量增长率、规模以上工业实现利润及增长率、社会消费品零售额总额及增长率、全社会固定资产投资增长率、城镇新增就业人数及年末城镇登记失业率、全国居民人均可支配收入额及增长率、农村居民收入增长额及增长率、居民消费价格涨幅率、粮食总产量及增减率、常住人口城镇化率、货物进出口总额及增减率、单位国内生产总能耗和二氧化硫排放量、万元国内生产总值用水量、全年营造林面积及森林覆盖率、城镇职工基本养老和城乡居民养老参保人数及增长率、铁路、公路、水路、航空及联运投资增长、九年义务教育巩固率、高中阶段教育毛入学率、财政性教育支出占国内生产总值比率、每千人医疗卫生机构床位数、全年出生人口数、年末总人口数、人口自然增长率等。三是从 2005 年起,国家将"计划"更改为"规划",以便更好地体现发展规划的政策指导属性和宏观调控的属性,"规划"在宏观调控体系中具有牵头的作用。在新发展规划纲要中,政

---

① 广义货币是一个经济学概念,和狭义货币相对应,货币供给的一种形式或口径,以 M2 来表示,其计算方法是交易货币以及定期存款与储蓄存款。中国现阶段也是将货币供应量划分为三个层次,其含义分别是:M0:流通中现金,即在银行体系以外流通的现金;M1:狭义货币供应量,即 M0 + 企事业单位活期存款;M2:广义货币供应量,即 M1 + 企事业单位定期存款 + 居民储蓄存款。在这三个层次中,M0 与消费变动密切相关,是最活跃的货币;M1 反映居民和企业资金松紧变化,是经济周期波动的先行指标,流动性仅次于 M0;M2 流动性偏弱,但反映的是社会总需求的变化和未来通货膨胀的压力状况,通常所说的货币供应量,主要指 M2。

策与制度安排为主，也适当地根据未来实现的可能性，进行了指标安排。①

从法律调整的情况来看，虽然学界自20世纪80年代即开始呼吁出台计划法，并且在中共十八届四中全会决定中也将出台发展规划法列为了重点领域的立法项目，国家发展和改革委员会也组织专家起草了《中华人民共和国发展规划法(草案)》，但至今尚未出台专门的法律。与此同时，按照新的规划及计划管理体制，规划及计划管理通常与产业指导

---

① 以“十三五”规划为例，主要是各项政策与制度安排，涉及具体经济指标表述有：在阐述发展环境时提到，经济总量稳居世界第二位，人均国内生产总值增至49351元(折合7924美元)，常住人口城镇化率达到56.1%；在今后五年主要发展目标时提到，在提高发展平衡性、包容性、可持续性基础上，到2020年国内生产总值和城乡居民人均收入比2010年翻一番；提到完善新一代高速光纤网络时，推进宽带接入光纤化进程，城镇地区实现光网覆盖，提供1000兆比特每秒以上接入服务能力，大中城市家庭用户带宽实现100兆比特以上灵活选择；98%的行政村实现光纤通达，有条件地区提供100兆比特每秒以上接入服务能力，半数以上农村家庭用户带宽实现50兆比特以上灵活选择；提到加快建设美丽宜居乡村时，开展新一轮农网改造升级，农网供电可靠率达到99.8%；提到全面推动能源节约时，加快非常规水资源利用，实施雨洪资源利用、再生水利用等工程。用水总量控制在6700亿立方米以内；提到深入实施污染防治行动计划时，主要江河湖泊水功能区水质达标率达到80%以上；提到大力推进污染物达标排放和总量减排时，改革主要污染物总量控制制度，扩大污染物总量控制范围。在重点区域、重点行业推进挥发性有机物排放总量控制，全国排放总量下降10%以上；提到加强环境基础设施建设时，城市、县城污水集中处理率分别达到95%和85%；提到全面提升生态系统功能时，加强“三化”草原治理，草原植被综合覆盖度达到56%；提到创新扶贫开发方式时，实现约5000万建档立卡贫困人口脱贫；提到加强贫困地区基础设施建设时，建设15.2万公里通建制村沥青(水泥)路。宽带网络覆盖90%以上的贫困村；提到加快基本公共教育均衡发展时，基本实现县域校际资源均衡配置，义务教育巩固率提高到95%。实施学前教育三年行动计划，学前三年毛入园率提高到85%。高中阶段教育毛入学率达到90%以上；提到健全全民医疗保障体系时，城乡医保参保率稳定在95%以上；提到加强重大疾病防治和基本公共卫生服务时，肺结核发病率降至58/10万；提到加强妇幼卫生保健及生育服务时，婴儿死亡率、5岁以下儿童死亡率、孕产妇死亡率分别降为7.5‰、9.5‰、18/10万；提到完善医疗服务体系时，每千人口执业(助理)医师数达到2.5名；提到完善社会保险体系时，加强公共服务设施和信息化平台建设，实施社会保障卡工程，持卡人口覆盖率达到90%；提到促进人口均衡发展时，全国总人口14.2亿人左右；提到增强社区服务功能时，提升社区工作者队伍职业素质。注册志愿者人数占居民人口比例达到13%。提到全面提高安全生产水平时，有效遏制重特大安全事故，单位国内生产总值生产安全事故死亡率下降30%。

和投资法律调节密切联系。

第一节 宪法及相关组织法的规定

目前的法律依据主要表现:一是《宪法》规定;二是相关组织法中有关制定和实施国民经济和社会发展计划或规划的规定。

一、《宪法》的基本规定

(一)《宪法》规定的历史演变

中华人民共和国成立以来,先后制定了四部《宪法》,即 1954 年《宪法》("五四宪法")、1975 年《宪法》("七五宪法")、1978 年《宪法》("七八宪法")、1982 年《宪法》("八二宪法")。其中,关于计划的规定,体现了中国由计划体制向市场经济体制的历史演变。

1954 年 9 月 20 日第一届全国人民代表大会第一次会议通过了第一部《宪法》。该法规定,国家禁止资本家危害公共利益、扰乱社会经济秩序、破坏国家经济计划的一切非法行为。国家用经济计划指导国民经济的发展和改造,使生产力不断提高,以改进人民的物质生活和文化生活,巩固国家的独立和安全。关于全国人民代表大会的职权规定中,包括决定国民经济计划和审查、批准国家的预算和决算两项规定。[①] 关于国务院的职权:将执行国民经济计划和国家预算列为其职权之一。由此,形成了由全国人民代表大会决定国民经济计划,由国务院负责执行国民经济计划的管理体制。[②]

---

① 广义地讲,国家预算就是有关国家财政的计划,因此,宪法规定时往往将两者并列。

② 《宪法》(1954 年)第 15 条、第 27 条、第 49 条。

1975年1月17日中华人民共和国第四届全国人民代表大会第一次会议通过了第二部宪法。该《宪法》体现了“文化大革命”时期的特点，但涉及计划管理有一条规定，即国家实行抓革命，促生产，促工作，促战备的方针，以农业为基础，以工业为主导，充分发挥中央和地方两个积极性，促进社会主义经济有计划、按比例地发展，在社会生产不断提高的基础上，逐步改进人民的物质生活和文化生活，巩固国家的独立和安全。①

1978年3月5日第五届全国人民代表大会通过第三部《宪法》。该部《宪法》虽然是在改革开放之初制定的，但仍然带有计划经济的色彩。该法规定，国家坚持鼓足干劲、力争上游、多快好省地建设社会主义的总路线，有计划、按比例、高速度地发展国民经济，不断提高社会生产力，以巩固国家的独立和安全，逐步改善人民的物质生活和文化生活。该法将审查和批准国民经济计划、国家的预算和决算列为全国人民代表大会的职权之一，将编制和执行国民经济计划和国家预算列为国务院的职权之一，基本恢复了“五四宪法”的规定。②

1982年12月4日中华人民共和国第五届全国人民代表大会第五次会议通过“八二宪法”。该法规定，国家在社会主义公有制基础上实行计划经济。国家通过经济计划的综合平衡和市场调节的辅助作用，保证国民经济按比例协调发展。禁止任何组织或者个人扰乱社会经济秩序，破坏国家经济计划。国营企业在服从国家的统一领导和全面完成国家计划的前提下，在法律规定的范围内，有经营管理的自主权。国营企业依照法律规定，通过职工代表大会和其他形式，实行民主管理。集体经济组织在接受国家计划指导和遵守有关法律的前提下，有独立进行经济活动的自主权。将审查和批准国民经济和社会发展计划和计划执行情况的报告列为全国人民代表大会的职权之一。将编制和执行国民经济、

---

① 《宪法》(1975年)第10条。

② 《宪法》(1978年)第11条第1款、第22条、第32条。

社会发展计划和国家预算列为国务院的职权之一。这里的一个变化是将“国民经济计划”更改为“国民经济和社会发展计划”。①

“八二宪法”出台以来,国家未再制定新的《宪法》,先后随着改革开放和社会主义现代化建设的不断发展,于 1988 年、1993 年、1999 年、2004 年、2018 年又分别对宪法的个别条款和部分内容作了修正。历史性的突破是 1993 年的修正案。该修正案将《宪法》第 15 条关于国家实行计划经济的规定修改为:“国家实行社会主义市场经济。”“国家加强经济立法,完善宏观调控。”并相应地将《宪法》第 16 条关于“国营企业在服从国家的统一领导和全面完成国家计划的前提下,在法律规定的范围内,有经营管理的自主权”的规定修改为“国有企业在法律规定的范围内有权自主经营”,将《宪法》第 17 条关于“集体经济组织在接受国家计划指导和遵守有关法律的前提下,有独立进行经济活动的自主权”的规定修改为“集体经济组织在遵守有关法律的前提下,有独立进行经济活动的自主权”。

(二)现行《宪法》的规定

根据 2018 年 3 月 11 日第十三届全国人民代表大会第一次会议通过的《宪法修正案》形成现行的规定。

第一,关于总的经济体制,第 15 条规定,国家实行社会主义市场经济。国家加强经济立法,完善宏观调控。国家依法禁止任何组织或者个人扰乱社会经济秩序。其中,“宏观调控”入宪意味着计划管理方式的转变。

第二,关于计划生育,第 25 条规定,国家推行计划生育,使人口的增长同经济和社会发展计划相适应。

第三,关于全国人民代表大会的职权,根据第 62 条规定,仍然把审查和批准国民经济和社会发展计划和计划执行情况的报告列为全国人民代表大会的职权之一。

---

① 《宪法》(1982 年)第 15 ~17 条、第 62 条、第 89 条。

第四,与以往宪法相比,增加了有关全国人民代表大会常务委员会的职权规定。即第 67 条将在全国人民代表大会闭会期间,审查和批准国民经济和社会发展计划、国家预算在执行过程中所必须作的部分调整方案列为全国人民代表大会常务委员会的职权之一。

第五,关于国务院职权的规定,保留了以往的规定。即第 89 条将编制和执行国民经济和社会发展计划和国家预算列为国务院的职权之一。

第六,关于民族自治地方建设,第 118 条强调,民族自治地方的自治机关在国家计划的指导下,自主地安排和管理地方性的经济建设事业。国家在民族自治地方开发资源、建设企业的时候,应当照顾民族自治地方的利益。

以上分析表明,几部宪法虽然在经济管理体制上存在规定的差异,反映了中国由计划经济体制向市场经济体制变革的历史要求,但一些规定没变。一是以国民经济和社会发展计划的方式组织国家的经济和社会建设没变;二是在计划管理的职权分配上没变,即经人大审议、批准,然后由国务院负责组织实施。这样的规定,体现了改革前后约 40 年的继承性。

二、相关组织法的规定

1989 年 4 月 4 日第七届全国人民代表大会第二次会议通过《全国人民代表大会议事规则》。该规定自 1989 年 4 月 4 日起施行。《全国人民代表大会议事规则》第 3 章专门就审议工作报告、审查国家计划和国家预算作出规定。《全国人民代表大会议事规则》规定,全国人民代表大会每年举行会议时全国人民代表大会常务委员会、国务院、最高人民法院、最高人民检察院向会议提出的工作报告,经各代表团审议后,会议可以作出相应的决议。全国人民代表大会会议举行的 1 个月前,国务院有关主管部门应当就国民经济和社会发展计划及计划执行情况、国家预算及预算执行情况的主要内容,向全国人民代表大会财政经济委员会和有关的专门委员会汇报,由财政经济委员会进行初步审查。全国人民代表大会每年举行会议时国务院应当向会议提出关于国民经济和社会发展计划及计划执行情况的报告、关于国家预算及预算执行情况的报告,并将国民经济和社会发展计划主要指标(草案)、国家预算收支表(草案)和国家预算执行情况表(草案)一并印发会议,由各代表团进行审查,并由财政经济委员会和有关的专门委员会审查。财政经济委员会根据各代表团和有关的专门委员会的审查意见,对国民经济和社会发展计划及计划执行情况的报告、关于国家预算及预算执行情况的报告进行审查,向主席团提出审查结果报告,主席团审议通过后,印发会议,并将关于国民经济和社会发展计划的决议草案、关于国家预算和预算执行情况的决议草案提请大会全体会议表决。有关的专门委员会的审查意见应当及时印发会议。国民经济和社会发展计划、国家预算经全国人民代表大会批准后,在执行过程中必须作部分调整的,国务院应当将调整方案提请全国人民代表大会常务委员会审查和批准。①

现行的《地方各级人民代表大会和地方各级人民政府组织法》②第8条将"在本行政区域内,保证宪法、法律、行政法规和上级人民代表大会

① 《全国人民代表大会议事规则》第30~33条。

② 1979年7月1日第五届全国人民代表大会第二次会议通过《地方各级人民代表大会和地方各级人民政府组织法》;根据1982年12月10日第五届全国人民代表大会第五次会议《关于修改〈中华人民共和国地方各级人民代表大会和地方各级人民政府组织法〉的若干规定的决议》第一次修正;根据1986年12月2日第六届全国人民代表大会常务委员会第十八次会议《关于修改〈中华人民共和国地方各级人民代表大会和地方各级人民政府组织法〉的决定》第二次修正;根据1995年2月28日第八届全国人民代表大会常务委员会第十二次会议《关于修改〈中华人民共和国地方各级人民代表大会和地方各级人民政府组织法〉的决定》第三次修正;根据2004年10月27日第十届全国人民代表大会常务委员会第十二次会议《关于修改〈中华人民共和国地方各级人民代表大会和地方各级人民政府组织法〉的决定》第四次修正;根据2015年8月29日第十二届全国人民代表大会常务委员会第十六次会议《关于修改〈中华人民共和国地方各级人民代表大会和地方各级人民政府组织法〉、〈中华人民共和国全国人民代表大会和地方各级人民代表大会选举法〉、〈中华人民共和国全国人民代表大会和地方各级人民代表大会代表法〉的决定》第五次修正。

及其常务委员会决议的遵守和执行,保证国家计划和国家预算的执行"列为县级以上的地方各级人民代表大会的职权之一。第9条将"根据国家计划,决定本行政区域内的经济、文化事业和公共事业的建设计划"列为乡、民族乡、镇的人民代表大会的职权之一。

第二节　发展规划与年度计划编制的规定

2005年10月22日国务院出台《关于加强国民经济和社会发展规划编制工作的若干意见》(国发〔2005〕33号文)(以下简称2005年《规划编制意见》)。2005年《规划编制意见》是目前政府制定和实施发展规划及计划的主要法律依据。

2005年《规划编制意见》明确指出,国民经济和社会发展规划是国家加强和改善宏观调控的重要手段,也是政府履行经济调节、市场监管、社会管理和公共服务职责的重要依据。科学编制并组织实施国民经济和社会发展规划,有利于合理有效地配置公共资源,引导市场发挥资源配置的基础性作用,促进国民经济持续快速协调健康发展和社会全面进步。为推进国民经济和社会发展规划编制工作的规范化、制度化,提高规划的科学性、民主性,更好地发挥规划在宏观调控、政府管理和资源配置中的作用,2005年《规划编制意见》对"计划"改为"规划"后如何编制新的发展规划提出了以下13个方面的基本要求:

第一,建立三级三类规划管理体系。国民经济和社会发展规划按行政层级分为国家级规划、省(区、市)级规划、市县级规划;按对象和功能类别分为总体规划、专项规划、区域规划。国家总体规划和省(区、市)级、市县级总体规划分别由同级人民政府组织编制,并由同级人民政府发展改革部门会同有关部门负责起草;专项规划由各级人民政府有关部门组织编制;跨省(区、市)的区域规划,由国务院发展改革部门组织国务院有关部门和区域内(区、市)人民政府有关部门编制。

第二,明确总体规划、专项规划和区域规划的定位。总体规划是国民经济和社会发展的战略性、纲领性、综合性规划,是编制本级和下级专项规划、区域规划以及制定有关政策和年度计划的依据,其他规划要符合总体规划的要求。专项规划是以国民经济和社会发展特定领域为对象编制的规划,是总体规划在特定领域的细化,也是政府指导该领域发展以及审批、核准重大项目,安排政府投资和财政支出预算,制定特定领域相关政策的依据。区域规划是以跨行政区的特定区域国民经济和社会发展为对象编制的规划,是总体规划在特定区域的细化和落实。跨省(区、市)的区域规划是编制区域内省(区、市)级总体规划、专项规划的依据。国家总体规划、省(区、市)级总体规划和区域规划的规划期一般为5年,可以展望到10年以上。市县级总体规划和各类专项规划的规划期可根据需要确定。

第三,严格编制国家级专项规划的领域。编制国家级专项规划原则上限于关系国民经济和社会发展大局、需要国务院审批和核准重大项目以及安排国家投资数额较大的领域。主要包括:农业、水利、能源、交通、通信等方面的基础设施建设,土地、水、海洋、煤炭、石油、天然气等重要资源的开发保护,生态建设、环境保护、防灾减灾,科技、教育、文化、卫生、社会保障、国防建设等公共事业和公共服务,需要政府扶持或者调控的产业,国家总体规划确定的重大战略任务和重大工程,以及法律、行政法规规定和国务院要求的其他领域。

第四,合理确定编制国家级区域规划的范围。国家对经济社会发展联系紧密的地区、有较强辐射能力和带动作用的特大城市为依托的城市群地区、国家总体规划确定的重点开发或保护区域等,编制跨省(区、市)的区域规划。其主要内容包括:对人口、经济增长、资源环境承载能力进行预测和分析,对区域内各类经济社会发展功能区进行划分,提出规划实施的保障措施等。

第五,遵循正确的规划编制原则。坚持以人为本、全面协调可持续的科学发展观;坚持从实际出发,遵循自然规律、经济规律和社会发展规律;坚持科学化、民主化,广泛听取社会各界和人民群众的意见;坚持统筹兼顾,加强各级各类规划之间的衔接和协调;坚持社会主义市场经济体制的改革方向,充分发挥市场配置资源的基础性作用。

第六,做好规划编制的前期工作。编制规划前,必须认真做好基础调查、信息搜集、课题研究以及纳入规划重大项目的论证等前期工作,及时与有关方面进行沟通协调。编制国家级专项规划,编制部门要拟订规划编制工作方案,明确规划编制的必要性、衔接单位、论证方式、进度安排和批准机关等,并送有关部门进行协调。需由国务院批准的专项规划,要拟订年度计划,由国务院发展改革部门商有关部门报国务院批准后执行。编制跨省(区、市)区域规划,由国务院发展改革部门会同有关省(区、市)人民政府提出申请,经国务院批准后实施。规划编制工作所需经费,应按照综合考虑、统筹安排的原则,由编制规划的部门商同级财政部门后列入部门预算。

第七,强化规划之间的衔接协调。要高度重视规划衔接工作,使各类规划协调一致,形成合力。规划衔接要遵循专项规划和区域规划服从本级和上级总体规划,下级政府规划服从上级政府规划,专项规划之间不得相互矛盾的原则。编制跨省(区、市)区域规划,还要充分考虑土地利用总体规划、城市规划等相关领域规划的要求。省(区、市)级总体规划草案在送本级人民政府审定前,应由省(区、市)发展改革部门送国务院发展改革部门与国家总体规划进行衔接,并送相关的相邻省(区、市)人民政府发展改革部门与其总体规划进行衔接,必要时还应送国务院其他有关部门与国家级专项规划进行衔接。相邻地区间规划衔接不能达成一致意见的,可由国务院发展改革部门进行协调,重大事项报国务院决定。专项规划草案由编制部门送本级人民政府发展改革部门与总体规划进行衔接,送上一级人民政府有关部门与其编制的专项规划进行衔接,涉及其他领域时还应当送本级人民政府有关部门与其编制的专项规划进行衔接。同级专项规划之间衔接不能达成一致意见的,由本级人民政府协调决定。跨省(区、市)的区域规划草案由国务院发展改革部门送国务院其他有关部门与相关专项规划进行衔接。各有关部门要积极配合规划编制部门,认真做好衔接工作,并自收到规划草案之日起30个工作日内,以书面形式向规划编制部门反馈意见。

第八,建立健全规划编制的公众参与制度。编制规划要充分发扬民主,广泛听取意见。各级各类规划应视不同情况,征求本级人民政府有关部门和下一级人民政府以及其他有关单位、个人的意见。除涉及国家秘密的外,规划编制部门应当公布规划草案或者举行听证会,听取公众意见。国务院发展改革部门、省(区、市)人民政府发展改革部门在将国家总体规划、省(区、市)级总体规划草案送本级人民政府审定前,要认真听取本级人民代表大会、政治协商会议有关专门委员会的意见,自觉接受指导。

第九,实行编制规划的专家论证制度。为充分发挥专家的作用,提高规划的科学性,国务院发展改革部门和省(区、市)人民政府发展改革部门要组建由不同领域专家组成的规划专家委员会,并在规划编制过程中认真听取专家委员会的意见。规划草案形成后,要组织专家进行深入论证。对国家级、省(区、市)级专项规划组织专家论证时,专项规划领域以外的相关领域专家应当不少于1/3。规划经专家论证后,应当由专家出具论证报告。

第十,规范审批内容。规划编制部门向规划批准机关提交规划草案时应当报送规划编制说明、论证报告以及法律、行政法规规定需要报送的其他有关材料。其中,规划编制说明要载明规划编制过程,征求意见和规划衔接、专家论证的情况以及未采纳的重要意见和理由。

第十一,明确审批权限。总体规划草案由各级人民政府报同级人民代表大会审议批准。关系国民经济和社会发展全局、需要国务院审批或者核准重大项目以及安排国家投资数额较大的国家级专项规划，由国务院审批；其他国家级专项规划由国务院有关部门批准，报国务院备案。跨省（区、市）的区域规划由国务院批准。除法律、行政法规另有规定以及涉及国家秘密的外，规划经法定程序批准后应当及时公布。未经衔接或专家论证的规划，不得报请批准和公布实施。

第十二，实行规划评估制度。规划编制部门要在规划实施过程中适时组织开展对规划实施情况的评估，及时发现问题，认真分析产生问题的原因，提出有针对性的对策建议。评估工作可以由编制部门自行承担，也可以委托其他机构进行评估。评估结果要形成报告，作为修订规划的重要依据。有关地区和部门也要密切跟踪分析规划实施情况，及时向规划编制部门反馈意见。

第十三，适时对规划进行调整和修订。经评估或者因其他原因需要对规划进行修订的，规划编制部门应当提出规划修订方案（需要报批、公布的要履行报批、公布手续）。总体规划涉及的特定领域或区域发展方向等内容有重大变化的，专项规划或区域规划也要相应调整和修订。

另外，按照多年来形成的惯例，国家层面的体现国家全局性宏观调控政策安排的五年发展规划纲要，需要在国务院起草的基础上，由中共中央审核后向全国人大提出关于制定国民经济和社会发展规划纲要的建议，①然后，由全国人大审议通过后，再由国务院具体部署实施。

① 例如，2015 年 10 月 29 日中国共产党第十八届中央委员会第五次全体会议通过《中共中央关于制定国民经济和社会发展第十三个五年规划的建议》。该建议分 8 个问题向全国人大提出建议：一是全面建成小康社会决胜阶段的形势和指导思想；二是“十三五”时期经济社会发展的主要目标和基本理念；三是坚持创新发展，着力提高发展质量和效益；四是坚持协调发展，着力形成平衡发展结构；五是坚持绿色发展，着力改善生态环境；六是坚持开放发展，着力实现合作共赢；七是坚持共享发展，着力增进人民福祉；八是加强和改善党的领导，为实现“十三五”规划提供坚强保证。

第三节　特别计划与规划制度

笔者所指的特别计划与规划制度，是指依照法律法规的规定，对某些重要事项或领域必须实施国家的计划或规划管理，与通常发展规划与计划的编制至今属于工作惯例不同，特别计划与规划有明确的法律规定。

一、计划生育调控法律规定

中国是个人口大国，人口的增长或衰退对国民经济和社会发展影响巨大，为此，国家把计划生育规定为长期的发展战略。自改革开放以来，实施计划生育政策，并以法律的形式进行调整，为宏观调控奠定了法治基础。从发展规划体系来看，计划生育政策指导下的生育计划属于专项计划的范畴，并具有普遍性。

为了实现人口与经济、社会、资源、环境的协调发展，推行计划生育，维护公民的合法权益，促进家庭幸福、民族繁荣与社会进步，2001 年 12 月 29 日第九届全国人民代表大会常务委员会第二十五次会议通过《人口与计划生育法》。该法根据 2015 年 12 月 27 日第十二届全国人民代表大会常务委员会第十八次会议《关于修改〈中华人民共和国人口与计划生育法〉的决定》进行了修正。流动人口计划生育工作的具体管理办法[①]、计划生育技术服务的具体管理办法[②]和社会抚养费的征收管理办法,由国务院制定。中国人民解放军执行《人口与计划生育法》的具体办法,由中央军事委员会依据《人口与计划生育法》制定。

(一)总的政策与制度

《人口与计划生育法》规定,中国是人口众多的国家,实行计划生育是国家的基本国策。国家采取综合措施,控制人口数量,提高人口素质。国家依靠宣传教育、科学技术进步、综合服务、建立健全奖励和社会保障制度,开展人口与计划生育工作。开展人口与计划生育工作,应当与增加妇女受教育和就业机会、增进妇女健康、提高妇女地位相结合。各级人民政府及其工作人员在推行计划生育工作中应当严格依法行政,文明

---

① 1998 年 8 月 6 日国务院批准、1998 年 9 月 22 日原国家计划生育委员会发布了《流动人口计划生育工作管理办法》。2009 年 4 月 29 日,国务院废除《流动人口计划生育工作管理办法》后,出台《流动人口计划生育工作条例》,自 2009 年 10 月 1 日起施行。《流动人口计划生育工作条例》所称流动人口,是指离开户籍所在地的县、市或者市辖区,以工作、生活为目的异地居住的成年育龄人员。但是,下列人员除外:(1)因出差、就医、上学、旅游、探亲、访友等事由异地居住、预期将返回户籍所在地居住的人员;(2)在直辖市、设区的市行政区域内区与区之间异地居住的人员。《流动人口计划生育工作条例》规定,县级以上地方人民政府领导本行政区域内流动人口计划生育工作,将流动人口计划生育工作纳入本地经济社会发展规划,并提供必要的保障;建立健全流动人口计划生育工作协调机制,组织协调有关部门对流动人口计划生育工作实行综合管理;实行目标管理责任制,对有关部门承担的流动人口计划生育工作进行考核、监督。流动人口计划生育工作由流动人口户籍所在地和现居住地的人民政府共同负责,以现居住地人民政府为主,户籍所在地人民政府予以配合。

② 《计划生育技术服务管理条例》于 2001 年 6 月 13 日中华人民共和国国务院令第 309 号公布,根据 2004 年 12 月 10 日国务院《关于修改〈计划生育技术服务管理条例〉的决定》修订。《计划生育技术服务管理条例》的立法目的是,加强对计划生育技术服务工作的管理,控制人口数量,提高人口素质,保障公民的生殖健康权利。在中华人民共和国境内从事计划生育技术服务活动的机构及其人员应当遵守该条例。《计划生育技术服务管理条例》规定,计划生育技术服务实行国家指导和个人自愿相结合的原则。公民享有避孕方法的知情选择权。国家保障公民获得适宜的计划生育技术服务的权利。国家向农村实行计划生育的育龄夫妻免费提供避孕、节育技术服务,所需经费由地方财政予以保障,中央财政对西部困难地区给予适当补助。

执法,不得侵犯公民的合法权益。计划生育行政部门及其工作人员依法执行公务受法律保护。国务院领导全国的人口与计划生育工作。地方各级人民政府领导本行政区域内的人口与计划生育工作。国务院计划生育行政部门负责全国计划生育工作和与计划生育有关的人口工作。县级以上地方各级人民政府计划生育行政部门负责本行政区域内的计划生育工作和与计划生育有关的人口工作。县级以上各级人民政府其他有关部门在各自的职责范围内,负责有关的人口与计划生育工作。工会、共产主义青年团、妇女联合会及计划生育协会等社会团体、企业事业组织和公民应当协助人民政府开展人口与计划生育工作。国家对在人口与计划生育工作中作出显著成绩的组织和个人,给予奖励。①

(二)人口发展规划的制订与实施

《人口与计划生育法》规定,国务院编制人口发展规划,并将其纳入国民经济和社会发展计划。县级以上地方各级人民政府根据全国人口发展规划以及上一级人民政府人口发展规划,结合当地实际情况编制本行政区域的人口发展规划,并将其纳入国民经济和社会发展计划。县级以上各级人民政府根据人口发展规划,制定人口与计划生育实施方案并组织实施。县级以上各级人民政府计划生育行政部门负责实施人口与计划生育实施方案的日常工作。乡、民族乡、镇的人民政府和城市街道办事处负责本管辖区域内的人口与计划生育工作,贯彻落实人口与计划生育实施方案。人口与计划生育实施方案应当规定控制人口数量,加强母婴保健,提高人口素质的措施。村民委员会、居民委员会应当依法做好计划生育工作。机关、部队、社会团体、企业事业组织应当做好本单位的计划生育工作。计划生育、教育、科技、文化、卫生、民政、新闻出版、广播电视等部门应当组织开展人口与计划生育宣传教育。大众传媒负有

① 《人口与计划生育法》第2~8条。

开展人口与计划生育的社会公益性宣传的义务。学校应当在学生中,以符合受教育者特征的适当方式,有计划地开展生理卫生教育、青春期教育或者性健康教育。流动人口的计划生育工作由其户籍所在地和现居住地的人民政府共同负责管理,以现居住地为主。国家根据国民经济和社会发展状况逐步提高人口与计划生育经费投入的总体水平。各级人民政府应当保障人口与计划生育工作必要的经费。各级人民政府应当对贫困地区、少数民族地区开展人口与计划生育工作给予重点扶持。国家鼓励社会团体、企业事业组织和个人为人口与计划生育工作提供捐助。任何单位和个人不得截留、克扣、挪用人口与计划生育工作费用。国家鼓励开展人口与计划生育领域的科学研究和对外交流与合作。①

(三)生育调节

《人口与计划生育法》规定,公民有生育的权利,也有依法实行计划生育的义务,夫妻双方在实行计划生育中负有共同的责任。国家提倡一对夫妻生育两个子女。符合法律、法规规定条件的,可以要求安排再生育子女。具体办法由省、自治区、直辖市人民代表大会或者其常务委员会规定。少数民族也要实行计划生育,具体办法由省、自治区、直辖市人民代表大会或者其常务委员会规定。夫妻双方户籍所在地的省、自治区、直辖市之间关于再生育子女的规定不一致的,按照有利于当事人的原则适用。实行计划生育,以避孕为主。国家创造条件,保障公民知情选择安全、有效、适宜的避孕节育措施。实施避孕节育手术,应当保证受术者的安全。育龄夫妻自主选择计划生育避孕节育措施,预防和减少非意愿妊娠。实行计划生育的育龄夫妻免费享受国家规定的基本项目的计划生育技术服务。该规定所需经费,按照国家有关规定列入财政预算或者由社会保险予以保障。禁止歧视、虐待生育女婴的妇女和不育的妇

---

① 《人口与计划生育法》第9~16条。

女。禁止歧视、虐待、遗弃女婴。①

(四)奖励与社会保障

《人口与计划生育法》规定,国家对实行计划生育的夫妻,按照规定给予奖励。国家建立、健全基本养老保险、基本医疗保险、生育保险和社会福利等社会保障制度,促进计划生育。国家鼓励保险公司举办有利于计划生育的保险项目。有条件的地方可以根据政府引导、农民自愿的原则,在农村实行多种形式的养老保障办法。符合法律、法规规定生育子女的夫妻,可以获得延长生育假的奖励或者其他福利待遇。妇女怀孕、生育和哺乳期间,按照国家有关规定享受特殊劳动保护并可以获得帮助和补偿。公民实行计划生育手术,享受国家规定的休假;地方人民政府可以给予奖励。在国家提倡一对夫妻生育一个子女期间,自愿终身只生育一个子女的夫妻,国家发给《独生子女父母光荣证》。获得《独生子女父母光荣证》的夫妻,按照国家和省、自治区、直辖市有关规定享受独生子女父母奖励。法律、法规或者规章规定给予获得《独生子女父母光荣证》的夫妻奖励的措施中由其所在单位落实的,有关单位应当执行。获得《独生子女父母光荣证》的夫妻,独生子女发生意外伤残、死亡的,按照规定获得扶助。在国家提倡一对夫妻生育一个子女期间,按照规定应当享受计划生育家庭老年人奖励扶助的,继续享受相关奖励扶助。地方各级人民政府对农村实行计划生育的家庭发展经济,给予资金、技术、培训等方面的支持、优惠;对实行计划生育的贫困家庭,在扶贫贷款、以工代赈、扶贫项目和社会救济等方面给予优先照顾。《人口与计划生育法》规定的奖励措施,省、自治区、直辖市和较大的市的人民代表大会及其常务委员会或者人民政府可以依据本法和有关法律、行政法规的规

① 《人口与计划生育法》第17~22条。

定,结合当地实际情况,制定具体实施办法。①

(五)计划生育技术服务

《人口与计划生育法》规定,国家建立婚前保健、孕产期保健制度,防止或者减少出生缺陷,提高出生婴儿健康水平。各级人民政府应当采取措施,保障公民享有计划生育技术服务,提高公民的生殖健康水平。地方各级人民政府应当合理配置、综合利用卫生资源,建立、健全由计划生育技术服务机构和从事计划生育技术服务的医疗、保健机构组成的计划生育技术服务网络,改善技术服务设施和条件,提高技术服务水平。计划生育技术服务机构和从事计划生育技术服务的医疗、保健机构应当在各自的职责范围内,针对育龄人群开展人口与计划生育基础知识宣传教育,对已婚育龄妇女开展孕情检查、随访服务工作,承担计划生育、生殖保健的咨询、指导和技术服务。计划生育技术服务人员应当指导实行计划生育的公民选择安全、有效、适宜的避孕措施。对已生育子女的夫妻,提倡选择长效避孕措施。国家鼓励计划生育新技术、新药具的研究、应用和推广。严禁利用超声技术和其他技术手段进行非医学需要的胎儿性别鉴定;严禁非医学需要的选择性别的人工终止妊娠。②

二、城乡规划调控法律规定

1989 年 12 月 26 日第七届全国人大第十一次常委会通过《城市规划法》,该法自 1990 年 4 月 1 日起施行。它是中国在城市规划、城市建设和城市管理方面的第一部法律,是涉及城市建设和发展全局的一部基本法,它对于建设具有中国特色的社会主义现代化城市,不断改善城市的

---

① 《人口与计划生育法》第 23 ~29 条。

② 《人口与计划生育法》第 30 ~35 条。

投资环境和劳动、生活环境，具有重大的指导意义。2007 年 10 月 28 日，为了加强城乡规划管理，协调城乡空间布局，改善人居环境，促进城乡经济社会全面协调可持续发展，第十届全国人民代表大会常务委员会第三十次会议通过《城乡规划法》，自 2008 年 1 月 1 日施行。《城市规划法》同时废止。根据 2015 年 4 月 24 日第十二届全国人民代表大会常务委员会第十四次会议《关于修改〈中华人民共和国港口法〉等七部法律的决定》对该法修正。[①] 2019 年 4 月 23 日，第十三届全国人大常委会第十次会议通过《关于修改〈中华人民共和国建筑法〉等八部法律的决定》对该法第 38 条第 2 款进行了修改。该法适用于制定和实施城乡规划，在规划区内进行建设的活动。该法所称城乡规划，包括城镇体系规划、城市规划、镇规划、乡规划和村庄规划。城市规划、镇规划分为总体规划和详细规划。详细规划分为控制性详细规划和修建性详细规划。该法所称规划区，是指城市、镇和村庄的建成区以及因城乡建设和发展需要，必须实行规划控制的区域。规划区的具体范围由有关人民政府在组织编制的城市总体规划、镇总体规划、乡规划和村庄规划中，根据城乡经济社会发展水平和统筹城乡发展的需要划定。《城乡规划法》出台后，国务院相关职能部门出台了相关的配套规章。[②]

根据《城乡规划法》规定，城市和镇应当依照《城乡规划法》制定城市规划和镇规划。城市、镇规划区内的建设活动应当符合规划要求。县

---

① 2015 年将第 24 条第 2 款第 2 项修改为“（二）有规定数量的经相关行业协会注册的规划师”，并删去第 3 款。

② 依据《城乡规划法》规定，住房和城乡建设部于 2010 年 4 月 25 日出台《省域城镇体系规划编制审批办法》，自 2010 年 7 月 1 日起施行，2016 年 1 月 11 日修改。于 2012 年 7 月 2 日出台《城乡规划编制单位资质管理规定》，自 2012 年 9 月 1 日起施行。于 2014 年 10 月 15 日出台《历史文化名城名镇名村街区保护规划编制审批办法》，自 2014 年 12 月 29 日起施行。2015 年 9 月 14 日出台《国家级风景名胜区规划编制审批办法》，自 2015 年 12 月 1 日起施行。此外，《城乡规划违法违纪行为处分办法》由监察部、人力资源社会保障部、住房城乡建设部、国家公务员局联合制定，自 2013 年 1 月 1 日起施行，2016 年 1 月 18 日修改。

级以上地方人民政府根据本地农村经济社会发展水平,按照因地制宜、切实可行的原则,确定应当制定乡规划、村庄规划的区域。在确定区域内的乡、村庄,应当依照《城乡规划法》制定规划,规划区内的乡、村庄建设应当符合规划要求。县级以上地方人民政府鼓励、指导规定以外的区域的乡、村庄制定和实施乡规划、村庄规划。制定和实施城乡规划,应当遵循城乡统筹、合理布局、节约土地、集约发展和先规划后建设的原则,改善生态环境,促进资源、能源节约和综合利用,保护耕地等自然资源和历史文化遗产,保持地方特色、民族特色和传统风貌,防止污染和其他公害,并符合区域人口发展、国防建设、防灾减灾和公共卫生、公共安全的需要。在规划区内进行建设活动,应当遵守土地管理、自然资源和环境保护等法律、法规的规定。县级以上地方人民政府应当根据当地经济社会发展的实际,在城市总体规划、镇总体规划中合理确定城市、镇的发展规模、步骤和建设标准。城市总体规划、镇总体规划以及乡规划和村庄规划的编制,应当依据国民经济和社会发展规划,并与土地利用总体规划相衔接。各级人民政府应当将城乡规划的编制和管理经费纳入本级财政预算。经依法批准的城乡规划,是城乡建设和规划管理的依据,未经法定程序不得修改。城乡规划组织编制机关应当及时公布经依法批准的城乡规划。但是,法律、行政法规规定不得公开的内容除外。任何单位和个人都应当遵守经依法批准并公布的城乡规划,服从规划管理,并有权就涉及其利害关系的建设活动是否符合规划的要求向城乡规划主管部门查询。任何单位和个人都有权向城乡规划主管部门或者其他有关部门举报或者控告违反城乡规划的行为。城乡规划主管部门或者其他有关部门对举报或者控告,应当及时受理并组织核查、处理。国家鼓励采用先进的科学技术,增强城乡规划的科学性,提高城乡规划实施及监督管理的效能。国务院城乡规划主管部门负责全国的城乡规划管理工作。县级以上地方人民政府城乡规划主管部门负责本行政区域内的城乡规划管理工作。①

在城乡规划的制定方面,《城乡规划法》规定,国务院城乡规划主管部门会同国务院有关部门组织编制全国城镇体系规划,用于指导省域城镇体系规划、城市总体规划的编制。全国城镇体系规划由国务院城乡规划主管部门报国务院审批。省、自治区人民政府组织编制省域城镇体系规划,报国务院审批。省域城镇体系规划的内容应当包括:城镇空间布局和规模控制,重大基础设施的布局,为保护生态环境、资源等需要严格控制的区域。城市人民政府组织编制城市总体规划。直辖市的城市总体规划由直辖市人民政府报国务院审批。省、自治区人民政府所在地的城市以及国务院确定的城市的总体规划,由省、自治区人民政府审查同意后,报国务院审批。其他城市的总体规划,由城市人民政府报省、自治区人民政府审批。县人民政府组织编制县人民政府所在地镇的总体规划,报上一级人民政府审批。其他镇的总体规划由镇人民政府组织编制,报上一级人民政府审批。省、自治区人民政府组织编制的省域城镇体系规划,城市、县人民政府组织编制的总体规划,在报上一级人民政府审批前,应当先经本级人民代表大会常务委员会审议,常务委员会组成人员的审议意见交由本级人民政府研究处理。镇人民政府组织编制的镇总体规划,在报上一级人民政府审批前,应当先经镇人民代表大会审议,代表的审议意见交由本级人民政府研究处理。规划的组织编制机关报送审批省域城镇体系规划、城市总体规划或者镇总体规划,应当将本级人民代表大会常务委员会组成人员或者镇人民代表大会代表的审议意见和根据审议意见修改规划的情况一并报送。城市总体规划、镇总体规划的内容应当包括:城市、镇的发展布局,功能分区,用地布局,综合交通体系,禁止、限制和适宜建设的地域范围,各类专项规划等。规划区范围、规划区内建设用地规模、基础设施和公共服务设施用地、水源地和水

---

① 《城乡规划法》第3~11条。

系、基本农田和绿化用地、环境保护、自然与历史文化遗产保护以及防灾减灾等内容,应当作为城市总体规划、镇总体规划的强制性内容。城市总体规划、镇总体规划的规划期限一般为 20 年。城市总体规划还应当对城市更长远的发展作出预测性安排。乡规划、村庄规划应当从农村实际出发,尊重村民意愿,体现地方和农村特色。乡规划、村庄规划的内容应当包括:规划区范围,住宅、道路、供水、排水、供电、垃圾收集、畜禽养殖场所等农村生产、生活服务设施、公益事业等各项建设的用地布局、建设要求,以及对耕地等自然资源和历史文化遗产保护、防灾减灾等的具体安排。乡规划还应当包括本行政区域内的村庄发展布局。城市人民政府城乡规划主管部门根据城市总体规划的要求,组织编制城市的控制性详细规划,经本级人民政府批准后,报本级人民代表大会常务委员会和上一级人民政府备案。镇人民政府根据镇总体规划的要求,组织编制镇的控制性详细规划,报上一级人民政府审批。县人民政府所在地镇的控制性详细规划,由县人民政府城乡规划主管部门根据镇总体规划的要求组织编制,经县人民政府批准后,报本级人民代表大会常务委员会和上一级人民政府备案。城市、县人民政府城乡规划主管部门和镇人民政府可以组织编制重要地块的修建性详细规划。修建性详细规划应当符合控制性详细规划。乡、镇人民政府组织编制乡规划、村庄规划,报上一级人民政府审批。村庄规划在报送审批前,应当经村民会议或者村民代表会议讨论同意。首都的总体规划、详细规划应当统筹考虑中央国家机关用地布局和空间安排的需要。城乡规划组织编制机关应当委托具有相应资质等级的单位承担城乡规划的具体编制工作。从事城乡规划编制工作应当具备法定条件,并经国务院城乡规划主管部门或者省、自治区、直辖市人民政府城乡规划主管部门依法审查合格,取得相应等级的资质证书后,方可在资质等级许可的范围内从事城乡规划编制工作:一是有法人资格;二是有规定数量的经相关行业协会注册的规划师;三是有规定数量的相关专业技术人员;四是有相应的技术装备;五是有健全的技术、质量、财务管理制度。编制城乡规划必须遵守国家有关标准。编制城乡规划,应当具备国家规定的勘察、测绘、气象、地震、水文、环境等基础资料。县级以上地方人民政府有关主管部门应当根据编制城乡规划的需要,及时提供有关基础资料。城乡规划报送审批前,组织编制机关应当依法将城乡规划草案予以公告,并采取论证会、听证会或者其他方式征求专家和公众的意见。公告的时间不得少于30日。组织编制机关应当充分考虑专家和公众的意见,并在报送审批的材料中附具意见采纳情况及理由。省域城镇体系规划、城市总体规划、镇总体规划批准前,审批机关应当组织专家和有关部门进行审查。①

在城乡规划的实施方面,《城乡规划法》规定,地方各级人民政府应当根据当地经济社会发展水平,量力而行,尊重群众意愿,有计划、分步骤地组织实施城乡规划。城市的建设和发展,应当优先安排基础设施以及公共服务设施的建设,妥善处理新区开发与旧区改建的关系,统筹兼顾进城务工人员生活和周边农村经济社会发展、村民生产与生活的需要。镇的建设和发展,应当结合农村经济社会发展和产业结构调整,优先安排供水、排水、供电、供气、道路、通信、广播电视等基础设施和学校、卫生院、文化站、幼儿园、福利院等公共服务设施的建设,为周边农村提供服务。乡、村庄的建设和发展,应当因地制宜、节约用地,发挥村民自治组织的作用,引导村民合理进行建设,改善农村生产、生活条件。城市新区的开发和建设,应当合理确定建设规模和时序,充分利用现有市政基础设施和公共服务设施,严格保护自然资源和生态环境,体现地方特色。在城市总体规划、镇总体规划确定的建设用地范围以外,不得设立各类开发区和城市新区。旧城区的改建,应当保护历史文化遗产和传统风貌,合理确定拆迁和建设规模,有计划地对危房集中、基础设施落后等地段进行改建。历史文化名城、名镇、名村的保护以及受保护建筑物的

① 《城乡规划法》第12~27条。

维护和使用,应当遵守有关法律、行政法规和国务院的规定。城乡建设和发展,应当依法保护和合理利用风景名胜资源,统筹安排风景名胜区及周边乡、镇、村庄的建设。风景名胜区的规划、建设和管理,应当遵守有关法律、行政法规和国务院的规定。城市地下空间的开发和利用,应当与经济和技术发展水平相适应,遵循统筹安排、综合开发、合理利用的原则,充分考虑防灾减灾、人民防空和通信等需要,并符合城市规划,履行规划审批手续。城市、县、镇人民政府应当根据城市总体规划、镇总体规划、土地利用总体规划和年度计划以及国民经济和社会发展规划,制定近期建设规划,报总体规划审批机关备案。近期建设规划应当以重要基础设施、公共服务设施和中低收入居民住房建设以及生态环境保护为重点内容,明确近期建设的时序、发展方向和空间布局。近期建设规划的规划期限为 5 年。城乡规划确定的铁路、公路、港口、机场、道路、绿地、输配电设施及输电线路走廊、通信设施、广播电视设施、管道设施、河道、水库、水源地、自然保护区、防汛通道、消防通道、核电站、垃圾填埋场及焚烧厂、污水处理厂和公共服务设施的用地以及其他需要依法保护的用地,禁止擅自改变用途。按照国家规定需要有关部门批准或者核准的建设项目,以划拨方式提供国有土地使用权的,建设单位在报送有关部门批准或者核准前,应当向城乡规划主管部门申请核发选址意见书。该规定以外的建设项目不需要申请选址意见书。在城市、镇规划区内以划拨方式提供国有土地使用权的建设项目,经有关部门批准、核准、备案后,建设单位应当向城市、县人民政府城乡规划主管部门提出建设用地规划许可申请,由城市、县人民政府城乡规划主管部门依据控制性详细规划核定建设用地的位置、面积、允许建设的范围,核发建设用地规划许可证。建设单位在取得建设用地规划许可证后,方可向县级以上地方人民政府土地主管部门申请用地,经县级以上人民政府审批后,由土地主管部门划拨土地。在城市、镇规划区内以出让方式提供国有土地使用权的,在国有土地使用权出让前,城市、县人民政府城乡规划主管部门应当依据控制性详细规划,提出出让地块的位置、使用性质、开发强度等规划条件,作为国有土地使用权出让合同的组成部分。未确定规划条件的地块,不得出让国有土地使用权。以出让方式取得国有土地使用权的建设项目,在签订国有土地使用权出让合同后,建设单位应当持建设项目的批准、核准、备案文件和国有土地使用权出让合同,向城市、县人民政府城乡规划主管部门领取建设用地规划许可证。① 城市、县人民政府城乡规划主管部门不得在建设用地规划许可证中,擅自改变作为国有土地使用权出让合同组成部分的规划条件。规划条件未纳入国有土地使用权出让合同的,该国有土地使用权出让合同无效;对未取得建设用地规划许可证的建设单位批准用地的,由县级以上人民政府撤销有关批准文件;占用土地的,应当及时退回;给当事人造成损失的,应当依法给予赔偿。在城市、镇规划区内进行建筑物、构筑物、道路、管线和其他工程建设的,建设单位或者个人应当向城市、县人民政府城乡规划主管部门或者省、自治区、直辖市人民政府确定的镇人民政府申请办理建设工程规划许可证。申请办理建设工程规划许可证,应当提交使用土地的有关证明文件、建设工程设计方案等材料。需要建设单位编制修建性详细规划的建设项目,还应当提交修建性详细规划。对符合控制性详细规划和规划条件的,由城市、县人民政府城乡规划主管部门或者省、自治区、直辖市人民政府确定的镇人民政府核发建设工程规划许可证。城市、县人民政府城乡规划主管部门或者省、自治区、直辖市人民政府确定的镇人民政府应当依法将经审定的修建性详细规划、建设工程设计方案的总平面图予以公布。在乡、村庄规划区内进行乡镇企业、乡村公共设施和公益事业建设的,建设单位或者个人应当向乡、镇人民政府提出申请,由乡、

---

① 2019 年 4 月 23 日第十三届全国人民代表大会常务委员会第十次会议通过《关于修改〈中华人民共和国建筑法〉等八部法律的决定》,将此条修改为:"以出让方式取得国有土地使用权的建设项目,建设单位在取得建设项目的批准、核准、备案文件的签订国有土地使用权出让合同后,向城市、县人民政府城乡规划主管部门领取建设用地规划许可证。"

镇人民政府报城市、县人民政府城乡规划主管部门核发乡村建设规划许可证。在乡、村庄规划区内使用原有宅基地进行农村村民住宅建设的规划管理办法，由省、自治区、直辖市制定。在乡、村庄规划区内进行乡镇企业、乡村公共设施和公益事业建设以及农村村民住宅建设，不得占用农用地；确需占用农用地的，应当依照《土地管理法》有关规定办理农用地转用审批手续后，由城市、县人民政府城乡规划主管部门核发乡村建设规划许可证。建设单位或者个人在取得乡村建设规划许可证后，方可办理用地审批手续。城乡规划主管部门不得在城乡规划确定的建设用地范围以外作出规划许可。建设单位应当按照规划条件进行建设；确需变更的，必须向城市、县人民政府城乡规划主管部门提出申请。变更内容不符合控制性详细规划的，城乡规划主管部门不得批准。城市、县人民政府城乡规划主管部门应当及时将依法变更后的规划条件通报同级土地主管部门并公示。建设单位应当及时将依法变更后的规划条件报有关人民政府土地主管部门备案。在城市、镇规划区内进行临时建设的，应当经城市、县人民政府城乡规划主管部门批准。临时建设影响近期建设规划或者控制性详细规划的实施以及交通、市容、安全等的，不得批准。临时建设应当在批准的使用期限内自行拆除。临时建设和临时用地规划管理的具体办法，由省、自治区、直辖市人民政府制定。县级以上地方人民政府城乡规划主管部门按照国务院规定对建设工程是否符合规划条件予以核实。未经核实或者经核实不符合规划条件的，建设单位不得组织竣工验收。建设单位应当在竣工验收后 6 个月内向城乡规划主管部门报送有关竣工验收资料。①

在城乡规划的修改方面，《城乡规划法》规定，省域城镇体系规划、城市总体规划、镇总体规划的组织编制机关，应当组织有关部门和专家定期对规划实施情况进行评估，并采取论证会、听证会或者其他方式征

① 《城乡规划法》第 28 ~45 条。

求公众意见。组织编制机关应当向本级人民代表大会常务委员会、镇人民代表大会和原审批机关提出评估报告并附具征求意见的情况。有法定情形之一的,组织编制机关方可按照规定的权限和程序修改省域城镇体系规划、城市总体规划、镇总体规划:一是上级人民政府制定的城乡规划发生变更,提出修改规划要求的;二是行政区划调整确需修改规划的;三是因国务院批准重大建设工程确需修改规划的;四是经评估确需修改规划的;五是城乡规划的审批机关认为应当修改规划的其他情形。修改省域城镇体系规划、城市总体规划、镇总体规划前,组织编制机关应当对原规划的实施情况进行总结,并向原审批机关报告;修改涉及城市总体规划、镇总体规划强制性内容的,应当先向原审批机关提出专题报告,经同意后,方可编制修改方案。修改后的省域城镇体系规划、城市总体规划、镇总体规划,应当依照《城乡规划法》规定的审批程序报批。修改控制性详细规划的,组织编制机关应当对修改的必要性进行论证,征求规划地段内利害关系人的意见,并向原审批机关提出专题报告,经原审批机关同意后,方可编制修改方案。修改后的控制性详细规划,应当依照《城乡规划法》相关条款规定的审批程序报批。控制性详细规划修改涉及城市总体规划、镇总体规划的强制性内容的,应当先修改总体规划。修改乡规划、村庄规划的,应当依照《城乡规划法》相关条款规定的审批程序报批。城市、县、镇人民政府修改近期建设规划的,应当将修改后的近期建设规划报总体规划审批机关备案。在选址意见书、建设用地规划许可证、建设工程规划许可证或者乡村建设规划许可证发放后,因依法修改城乡规划给被许可人合法权益造成损失的,应当依法给予补偿。经依法审定的修建性详细规划、建设工程设计方案的总平面图不得随意修改;确需修改的,城乡规划主管部门应当采取听证会等形式,听取利害关系人的意见;因修改给利害关系人合法权益造成损失的,应当依法给予补偿。①

在监督检查方面,《城乡规划法》规定,县级以上人民政府及其城乡规划主管部门应当加强对城乡规划编制、审批、实施、修改的监督检查。地方各级人民政府应当向本级人民代表大会常务委员会或者乡、镇人民代表大会报告城乡规划的实施情况,并接受监督。县级以上人民政府城乡规划主管部门对城乡规划的实施情况进行监督检查,有权采取法定措施:一是要求有关单位和人员提供与监督事项有关的文件、资料,并进行复制;二是要求有关单位和人员就监督事项涉及的问题作出解释和说明,并根据需要进入现场进行勘测;三是责令有关单位和人员停止违反有关城乡规划的法律、法规的行为。城乡规划主管部门的工作人员履行前款规定的监督检查职责,应当出示执法证件。被监督检查的单位和人员应当予以配合,不得妨碍和阻挠依法进行的监督检查活动。监督检查情况和处理结果应当依法公开,供公众查阅和监督。城乡规划主管部门在查处违反《城乡规划法》规定的行为时,发现国家机关工作人员依法应当给予行政处分的,应当向其任免机关或者监察机关提出处分建议。依照《城乡规划法》规定应当给予行政处罚,而有关城乡规划主管部门不给予行政处罚的,上级人民政府城乡规划主管部门有权责令其作出行政处罚决定或者建议有关人民政府责令其给予行政处罚。城乡规划主管部门违反《城乡规划法》规定作出行政许可的,上级人民政府城乡规划主管部门有权责令其撤销或者直接撤销该行政许可。因撤销行政许可给当事人合法权益造成损失的,应当依法给予赔偿。②

三、土地利用计划调控规定

1997 年 10 月 28 日,原国家土地管理局发布了《土地利用总体规划

① 《城乡规划法》第 46 ~50 条。

② 《城乡规划法》第 51 ~57 条。

编制审批规定》。2009 年 2 月 4 日,为规范土地利用总体规划的编制、审查和报批,提高土地利用总体规划的科学性,根据《土地管理法》和《土地管理法实施条例》等法律、行政法规,国土资源部废除《土地利用总体规划编制审批规定》,出台了《土地利用总体规划编制审查办法》,自 2009 年 2 月 4 日起施行。

按照《土地利用总体规划编制审查办法》规定,土地利用总体规划依法由各级人民政府组织编制,国土资源行政主管部门具体承办。国土资源行政主管部门会同有关部门编制本级土地利用总体规划,审查下级土地利用总体规划。土地利用总体规划是实行最严格土地管理制度的纲领性文件,是落实土地宏观调控和土地用途管制,规划城乡建设和统筹各项土地利用活动的重要依据。各地区、各部门、各行业编制的城市、村镇规划,基础设施、产业发展、生态环境建设等专项规划,应当与土地利用总体规划相衔接。编制和审查土地利用总体规划,应当贯彻落实科学发展观,坚持节约资源和保护环境的基本国策,坚持最严格的耕地保护制度和最严格的节约用地制度,紧密结合国民经济和社会发展的要求,不断提高土地资源对经济社会全面协调可持续发展的保障能力。国土资源行政主管部门会同财政等部门落实规划编制工作经费,保障规划编制工作的顺利开展。①

在规划编制方面,《土地利用总体规划编制审查办法》规定,土地利用总体规划分为国家、省、市、县和乡(镇)五级。根据需要可编制跨行政区域的土地利用总体规划。村庄土地利用总体规划是乡(镇)土地利用总体规划的重要内容。各地应当在编制乡(镇)土地利用总体规划时对村庄土地利用的总体布局作出科学规划和统筹安排。编制土地利用总体规划,应当坚持政府组织、专家领衔、部门合作、公众参与、科学决策的工作方针。土地利用总体规划编制前,国土资源行政主管部门应当对

---

① 《土地利用总体规划编制审查办法》第 2 ~5 条。

现行规划的实施情况进行评估，开展基础调查、重大问题研究等前期工作。国土资源行政主管部门应当在前期工作基础上，以真实、准确、合法的土地调查基础数据为依据，组织编制土地利用总体规划大纲。该规定的土地利用总体规划大纲，包括：规划背景，指导思想和原则，土地利用战略定位和目标，土地利用规模、结构与布局总体安排，规划实施措施等内容。国土资源行政主管部门依据经审查通过的土地利用总体规划大纲，编制土地利用总体规划。乡（镇）土地利用总体规划可以与所在地的县级土地利用总体规划同步编制。在土地利用总体规划编制过程中，对涉及资源保护与可持续发展、区域和城乡协调、土地节约集约利用、土地利用结构布局优化、土地生态环境保护与建设等重大问题，国土资源行政主管部门应当组织相关方面的专家进行专题研究和论证。在土地利用总体规划编制过程中，国土资源行政主管部门应当建立部门协调机制，征求各有关部门的意见。对土地利用总体规划编制中的重大问题，可以向社会公众征询解决方案。对直接涉及公民、法人和其他组织合法利益的规划内容，应当举行听证会，充分听取公众的意见。采取听证会形式听取意见的，按照《国土资源听证规定》的程序进行。国土资源行政主管部门应当组织相关方面专家对土地利用总体规划进行论证，论证意见及采纳情况应当作为报送审查材料一并上报。承担土地利用总体规划具体编制工作的单位，应当具备的法定条件：一是具有法人资格；二是具有编制土地利用总体规划的工作业绩；三是有完备的技术和质量管理制度；四是有经过培训且考核合格的专业技术人员。国土资源部和省、自治区、直辖市国土资源行政主管部门应当定期公布符合规定条件的单位目录。①

在规划内容方面，《土地利用总体规划编制审查办法》规定，土地利用总体规划应当包括的内容：一是现行规划实施情况评估；二是规划背

① 《土地利用总体规划编制审查办法》第6～15条。

景与土地供需形势分析；三是土地利用战略；四是规划主要目标的确定，包括：耕地保有量、基本农田保护面积、建设用地规模和土地整理复垦开发安排等；五是土地利用结构、布局和节约集约用地的优化方案；六是土地利用的差别化政策；七是规划实施的责任与保障措施。乡（镇）土地利用总体规划可以根据实际情况，适当简化该规定的内容。省级土地利用总体规划，应当重点突出的内容：一是国家级土地利用任务的落实情况，二是重大土地利用问题的解决方案，三是各区域土地利用的主要方向，四是对市（地）级土地利用的调控，五是土地利用重大专项安排，六是规划实施的机制创新。市级土地利用总体规划，应当重点突出的内容：一是省级土地利用任务的落实，二是土地利用规模、结构与布局的安排，三是土地利用分区及分区管制规则，四是中心城区土地利用控制，五是对县级土地利用的调控，六是重点工程安排，七是规划实施的责任落实。其中，第四项规定的中心城区，包括城市主城区及其相关联的功能组团，其土地利用控制的重点是按照土地用途管制的要求，确定规划期内新增建设用地的规模与布局安排，划定中心城区建设用地的扩展边界。县级土地利用总体规划，应当重点突出的内容：一是市级土地利用任务的落实，二是土地利用规模、结构和布局的具体安排，三是土地用途管制分区及其管制规则，四是城镇村用地扩展边界的划定，五是土地整理复垦开发重点区域的确定。乡（镇）土地利用总体规划，应当重点突出的内容：一是基本农田地块的落实，二是县级规划中土地用途分区、布局与边界的落实，三是各地块土地用途的确定，四是镇和农村居民点用地扩展边界的划定，五是土地整理复垦开发项目的安排。土地利用总体规划图件包括：一是土地利用总体规划图，二是土地利用总体规划附图。土地利用总体规划附图，包括规划现状图、专题规划图和规划分析图。编制土地利用总体规划，应当依据国家、行业标准和规范。①

---

① 《土地利用总体规划编制审查办法》第16～22条。

在审查和报批方面,土地利用总体规划审查报批,分为土地利用总体规划大纲审查和土地利用总体规划审查报批两个阶段。土地利用总体规划大纲经本级人民政府审查同意后,逐级上报审批机关同级的国土资源行政主管部门审查。国土资源行政主管部门应当对土地利用总体规划大纲的指导思想、战略定位、基础数据、规划目标、土地利用结构与空间布局调整等内容进行审查。土地利用总体规划大纲未通过审查的,有关国土资源行政主管部门应当根据审查意见修改土地利用总体规划大纲,重新申报审查。土地利用总体规划大纲通过审查后,有关国土资源行政主管部门应当依据审查通过的土地利用总体规划大纲,编制土地利用总体规划。土地利用总体规划按照下级规划服从上级规划的原则,自上而下审查报批。土地利用总体规划审查报批,应当提交的材料:一是规划文本及说明;二是规划图件;三是专题研究报告;四是规划成果数据库;五是其他材料,包括征求意见及论证情况、土地利用总体规划大纲审查意见及修改落实情况、公众听证材料等。有关国土资源行政主管部门应当自收到人民政府转来的下级土地利用总体规划之日起 5 个工作日内,征求有关部门和单位意见,并自收到有关部门和单位的意见之日起 15 个工作日内,完成规划审查工作。对土地利用总体规划有较大分歧时,有关国土资源行政主管部门应当组织各方进行协调。因特殊情况,确需延长规划审查期限的,可以延长审查。国土资源行政主管部门依据相关规定对土地利用总体规划进行审查:一是现行法律、法规及相关规范;二是国家有关土地利用和管理的各项方针、政策;三是上级土地利用总体规划;四是土地利用相关规划;五是其他可以依据的基础调查资料等。土地利用总体规划审查重点内容包括:一是现行规划实施评价;二是规划编制原则与指导思想;三是战略定位与规划目标;四是土地利用结构、规模、布局和时序;五是土地利用主要指标分解情况;六是规划衔接协调论证情况和公众参与情况;七是规划实施保障措施。国土资源行政主管部门应当根据审查情况和相关部门意见,提出明确的审查结论,提请有批准权的人民政府审批。①

另外,《土地利用总体规划编制审查办法》还规定,国土资源行政主管部门根据需要可以编制土地利用专项规划。行业主管部门可以结合本行业特点编制行业土地利用规划。土地利用专项规划、行业土地利用规划应当符合土地利用总体规划。土地利用专项规划、行业土地利用规划的编制和审查,参照《土地利用总体规划编制审查办法》执行。②

《土地利用年度计划管理办法》于1999年2月24日国土资源部制定,2004年10月29日修订;2006年11月20日第二次修订;2016年5月10日,为加强土地管理和调控,严格实施土地用途管制,切实保护耕地,节约集约用地,合理控制建设用地总量,根据《土地管理法》、《土地管理法实施条例》、国务院《关于深化改革严格土地管理的决定》和国务院《关于加强土地调控有关问题的通知》,国土资源部进行了第三次修订。土地利用年度计划的编制、下达、执行、监督和考核,适用《土地利用年度计划管理办法》。《土地利用年度计划管理办法》所称土地利用年度计划,是指国家对计划年度内新增建设用地量、土地整治补充耕地量和耕地保有量的具体安排。该规定的新增建设用地量,包括建设占用农用地和未利用地。城乡建设用地增减挂钩和工矿废弃地复垦利用,依照《土地利用年度计划管理办法》的规定纳入土地利用年度计划管理。

按照《土地利用年度计划管理办法》规定,土地利用年度计划管理应当遵循的法定原则:一是严格执行土地利用总体规划安排,合理控制建设用地总量和强度,切实保护耕地特别是基本农田,保护和改善生态环境,保障土地的可持续利用。二是运用土地政策参与宏观调控,创新计划管理方式,以土地供应引导需求,促进土地利用结构优化和经济增长方式转变,提高土地节约集约利用水平。三是坚持绿色发展,实行耕

---

① 《土地利用总体规划编制审查办法》第23~31条。

② 《土地利用总体规划编制审查办法》第32条。

地保护数量、质量、生态并重,确保建设占用耕地与补充耕地相平衡,提高补充耕地质量。四是严格执行国家区域政策、产业政策和供地政策,优先安排社会民生建设用地,保障国家重点建设项目和基础设施项目用地。五是坚持协调发展,统筹区域、城乡建设用地,促进国土空间开发格局优化。统筹存量与新增建设用地,促进存量用地盘活利用,严格控制农村集体建设用地规模。六是尊重群众意愿,维护群众土地合法权益,保障群众共享城镇化发展成果。土地利用年度计划指标包括:一是新增建设用地计划指标,包括新增建设用地总量和新增建设占用农用地及耕地指标;二是土地整治补充耕地计划指标;三是耕地保有量计划指标;四是城乡建设用地增减挂钩指标和工矿废弃地复垦利用指标。各地可以根据实际需要,在上述分类的基础上增设控制指标。土地利用年度计划中,新增建设用地计划指标,依据国民经济和社会发展计划、国家区域政策、产业政策、土地利用总体规划以及土地利用变更调查成果等确定。土地整治补充耕地计划指标,依据土地利用总体规划、土地整治规划、建设占用耕地、耕地后备资源潜力和土地整治实际补充耕地等情况确定。耕地保有量计划指标,依据国务院向省、自治区、直辖市下达的耕地保护责任考核目标确定。城乡建设用地增减挂钩指标和工矿废弃地复垦利用指标,依据土地利用总体规划、土地整治规划等专项规划和建设用地整治利用等工作进展情况确定。国土资源部会同国家发展改革委以全国土地利用总体规划安排为基础,根据经济社会发展状况和各地用地实际等情况,测算全国未来 3 年新增建设用地计划指标控制总规模。需国务院及国家发展改革委等部门审批、核准和备案的重点建设项目拟在计划年度内使用土地,涉及新增建设用地的,由行业主管部门按项目向国土资源部提出计划建议,同时抄送项目拟使用土地所在地的省、自治区、直辖市国土资源主管部门以及发展改革部门。县级以上地方国土资源主管部门,以本级土地利用总体规划安排为基本依据,综合考虑本地规划管控、固定资产投资、节约集约用地、人口转移等因素,测算本地未来

3 年新增建设用地计划指标控制规模，以此为基础，按照年度间相对平衡的原则，会同有关部门提出本地的土地利用年度计划建议，经同级政府审查后，报上一级国土资源主管部门。计划单列市、新疆生产建设兵团的土地利用年度计划建议在相关省、自治区的计划建议中单列。国土资源部会同国家发展改革委根据未来 3 年全国新增建设用地计划指标控制总规模，结合省、自治区、直辖市和国务院有关部门提出的计划指标建议，编制全国土地利用年度计划草案，纳入国民经济和社会发展计划草案，报国务院批准，提交全国人民代表大会审议确定后，下达各地执行。全国土地利用年度计划下达到省、自治区、直辖市以及计划单列市、新疆生产建设兵团。国务院及国务院有关部门、中央军委或者中央军委授权的军队有关机关审批、核准、备案的单独选址重点基础设施建设项目，所需的新增建设用地计划指标不下达地方，在建设项目用地审批时直接安排。其他项目所需的新增建设用地计划指标和城乡建设用地增减挂钩指标、工矿废弃地复垦利用指标等每年一次性全部下达地方。新增建设用地计划指标下达前，各省、自治区、直辖市、计划单列市及新疆生产建设兵团，可以按照不超过上一年度国家下达新增建设用地计划指标总量的 50% 预先安排使用。城乡建设用地增减挂钩指标和工矿废弃地复垦利用指标，由国土资源部会同国家发展改革委依据全国人民代表大会审议通过的全国土地利用年度计划总量指标，根据各地经济社会发展状况、规划安排、农村建设用地状况、资源潜力和相关工作进展情况，提出分解方案并下达地方执行。省级以下国土资源主管部门应当将上级下达的土地利用年度计划指标予以分解，经同级人民政府同意后下达。省、自治区、直辖市国土资源主管部门应当将分解下达的土地利用年度计划报国土资源部。省、自治区、直辖市国土资源主管部门应当根据省级重点建设项目安排、建设项目用地预审和市县建设用地需求，合理确定预留省级的土地利用计划指标和下达市县的土地利用计划指标，并保障农村居民申请宅基地的合理用地需求。市县的土地利用计划指标应当一次性全部下达。新增建设用地计划指标实行指令性管理，不得突破。批准使用的建设用地应当符合土地利用年度计划。凡不符合土地利用总体规划、国家区域政策、产业政策和供地政策的建设项目，不得安排土地利用年度计划指标。没有土地利用年度计划指标擅自批准用地的，按照违法批准用地追究法律责任。土地利用年度计划一经批准下达，必须严格执行。因特殊情况需增加全国土地利用年度计划中新增建设用地计划的，按规定程序报国务院审定。因地震、洪水、台风、泥石流等重大自然灾害引发的抗灾救灾、灾后恢复重建用地等特殊情况，制定灾后重建规划，经发展改革、国土资源、民政等部门审核，省级以上人民政府批准，可以先行安排新增建设用地指标，列出具体项目，半年内将执行情况报国土资源部。水利设施工程建设区域以外的水面用地，不占用计划指标。县级以上地方国土资源主管部门应当加强土地利用年度计划执行监管，严格执行土地利用年度计划指标使用在线报备制度，对土地利用年度计划指标使用情况及时进行登记，并按月在线上报。国土资源部依据在线报备数据，按季度对各省、自治区、直辖市土地利用计划安排使用情况进行通报。省、自治区、直辖市国土资源主管部门应当加强对土地利用年度计划执行情况的跟踪检查，于每年 1 月底前形成上一年度土地利用年度计划执行情况报告报国土资源部，抄送同级发展改革部门。上级国土资源主管部门应当对下级国土资源主管部门土地利用年度计划的执行情况进行年度评估考核。土地利用年度计划以每年 1 月 1 日至 12 月 31 日为考核年度。新增建设用地计划执行情况考核，以农用地转用审批、土地利用变更调查等数据为依据，重点考核新增建设用地总量、新增建设占用耕地计划执行情况和农村宅基地指标保障情况。城乡建设用地增减挂钩指标和工矿废弃地复垦利用指标考核，重点考核实施管理、进展成效、群众满意度、整治利用质量等情况。土地利用年度计划执行情况年度评估考核结果，应当作为下一年度土地利用年度计划编制和管理的重要依据。对实际新增建设用地面积超过当年下达计划指标的，视情况相应扣减下一年度计划指标。对建设用地整治利用中存在侵害群众权益、整治利用未达到时间、数量和质量要求等情形，情节严重的，扣减下一年度用地计划指标。节余的新增建设用地计划指标，经国土资源部审核同意后，允许在3年内结转使用。[①]

简要评析

运用发展规划及计划手段组织国民经济和社会发展，具有鲜明的中国社会主义特色，是社会主义法治的重要体现，并且在中国宏观调控及其法治体系建设中具有牵头的作用。然而，经过本章梳理，有关发展规划法的制定却缺失。相关的规定处于散见的状态，不成体系。为此，中共十八届四中全会将出台发展规划法列为重点立法的目标之一。但截至目前没有实质性进展。这一现象说明，无论是学术界，还是实务部门对于出台发展规划法均存在顾虑。其主要是担心发展规划法的出台，将会导致计划经济的强化。事实上，笔者在梳理时发现，现在的发展规划及年度计划完全不同于计划经济时期的计划，它主要是一种国家政策和发展战略的阐述。发展规划，特别是发展规划纲要是党和国家团结全国人民共同发展社会主义事业的基本方式，是中国建设社会主义事业的一个基本经验，其政治地位、法律地位、经济主导地位是不容否定的。因此，下一步国家应尽快整合现有法律规定，总结发展规划及计划制定实施的经验教训，加快发展规划法的立法步伐，使其早日出台，以规范既有的规划编制和执行行为。

与此同时，通过梳理发现，中国的发展规划及计划不同于学界所说的“政府行政规划”。它是在中共中央领导下，由中央政府提出，由全国

---

① 《土地利用年度计划管理办法》第3～19条。

人大审议通过并监督实施的综合性规划,即使依法可由政府独立制定实施的专项规划、区域发展规划及计划,也要受到各方面的监督。而在此方面,无论是行政法学界对规划的研究,还是经济法学界对规划的研究均显得不足,存在理论和实践脱节的问题,需要改进。而在专项规划方面,应在继续完善城乡规划法、土地利用规划法的基础上,基于在经济新常态下,生态环境保护日益重要,需要出台生态环境规划法。

第十四章　产业发展调控法律制度的完善

如前所述，根据国民经济和社会发展规划，应用产业理论与方法引导各类投资行为及产业发展，是中国改革开放以来，与国际经济相衔接的一项制度创新。而以法律的手段通过规范产业行为进而达到引导各类投资行为的目的，是宏观调控及其宏观调控产业法的重要表现。从我国产业法的实践来看，有关产业定位及其标准属于市场经济的基础性制度，本著作已在第十一章做了概述。本章就专门产业发展的法律与行政法规规定予以归纳、总结与评析。

第一节　产业组织调控的法律规定

在市场经济条件下，产业组织是产业发展的载体。依照产业理论，产业的组织形态，一方面，体现为国家法律所规定的单一的且独立的企业组织形态，如独资企业、合伙企业、公司制企业；另一方面，则体现为基于国家政策制度安排，通过对某一类企业的产业政策支持，保持产业组织结构的合理化。

从法律调整的分工来看，对单一企业独立形态的法律调整，归属于民商法，但通常规定企业和公司的投资及生产经营和服务活动要遵守法律、行政法规，符合国家产业政策的规定或指引。《公司法》规定，公司从事经营活动，必须遵守法律、行政法规，遵守社会公德、商业道德，诚实守信，接受政府和社会公众的监督，承担社会责任。公司的经营范围由公司章程规定，并依法登记。公司可以修改公司章程，改变经营范围，但是应当办理变更登记。公司的经营范围中属于法律、行政法规规定须经批准的项目，应当依法经过批准。① 《个人独资企业法》规定，个人独资企业从事经营活动必须遵守法律、行政法规，遵守诚实信用原则，不得损害社会公共利益。② 《合伙企业法》规定，合伙企业及其合伙人必须遵守法律、行政法规，遵守社会公德、商业道德，承担社会责任。申请设立合伙企业，应当向企业登记机关提交登记申请书、合伙协议书、合伙人身份证明等文件。合伙企业的经营范围中有属于法律、行政法规规定在登记前须经批准的项目的，该项经营业务应当依法经过批准，并在登记时提交批准文件。③ 《中外合资经营企业法》规定，中国政府依法保护外国合营者按照经中国政府批准的协议、合同、章程在合营企业的投资、应分得的利润和其他合法权益。合营企业的一切活动应遵守中华人民共和国法律、法规的规定。国家对合营企业不实行国有化和征收；在特殊情况下，根据社会公共利益的需要，对合营企业可以依照法律程序实行征收，并给予相应的补偿。④ 在这些规定中，虽然没有明确规定企业设立发展须符合国家产业政策，但在实际工作中，符合产业政策是企业得以成立

---

① 《公司法》第 5 条、第 12 条。

② 《个人独资企业法》第 4 条。

③ 《合伙企业法》第 7 条、第 9 条。

④ 《中外合资经营企业法》第 2 条。

的基本条件之一。就宏观调控而言,这一部分内容,可以归类为宏观调控的市场调控政策与制度安排。

然而,为了体现国家对某一类企业发展的产业政策支持,需要出台专门的法律。根据网上检索信息,迄今为止,全国人大出台的法律包括《中小企业促进法》和《乡镇企业法》。

一、中小企业促进法的法律规定

(一)中小企业促进法的制定和实施

从世界各国的产业法律调整来看,中小企业促进法属于产业法中的产业组织结构调整法。其立法目的在于预防大企业垄断所导致的市场机制的破坏。为了改善中小企业经营环境,保障中小企业公平参与市场竞争,维护中小企业合法权益,支持中小企业创业创新,促进中小企业健康发展,扩大城乡就业,发挥中小企业在国民经济和社会发展中的重要作用,《中小企业促进法》于 2002 年 6 月 29 日由第九届全国人民代表大会常务委员会第二十八次会议通过,2017 年 9 月 1 日第十二届全国人民代表大会常务委员会第二十九次会议修订,自 2018 年 1 月 1 日起施行。① 现行的《中小企业促进法》共有 10 章 61 条。其内容除总则、附则外,就财税支持、融资促进、创业扶持、创新支持、市场开拓、服务措施、权益保障、监督检查进行了规定,为新时期创新创业提供了法律支持。该法所称中小企业,是指在中华人民共和国境内依法设立的,人员规模、经营规模相对较小的企业,包括中型企业、小型企业和微型企业。中型企业、小型企业和微型企业划分标准由国务院负责中小企业促进工作综合管理的部门会同国务院有关部门,根据企业从业人员、营业收入、资产总

① 2017 年为了适应新形势下鼓励大众创业,全国人大常委会对《中小企业促进法》进行了大幅度修改,由 7 章 45 条扩张为 10 章 61 条,新增融资促进、权益保护、监督检查 3 章。

额等指标，结合行业特点制定，报国务院批准。

（二）中小企业促进调控规定

在总的促进政策与制度方面，根据《中小企业促进法》规定，国家将促进中小企业发展作为长期发展战略，坚持各类企业权利平等、机会平等、规则平等，对中小企业特别是其中的小型微型企业实行积极扶持、加强引导、完善服务、依法规范、保障权益的方针，为中小企业创立和发展创造有利的环境。中小企业应当依法经营，遵守国家劳动用工、安全生产、职业卫生、社会保障、资源环境、质量标准、知识产权、财政税收等方面的法律、法规，遵循诚信原则，规范内部管理，提高经营管理水平；不得损害劳动者合法权益，不得损害社会公共利益。国务院制定促进中小企业发展政策，建立中小企业促进工作协调机制，统筹全国中小企业促进工作。国务院负责中小企业促进工作综合管理的部门组织实施促进中小企业发展政策，对中小企业促进工作进行宏观指导、综合协调和监督检查。国务院有关部门根据国家促进中小企业发展政策，在各自职责范围内负责中小企业促进工作。县级以上地方各级人民政府根据实际情况建立中小企业促进工作协调机制，明确相应的负责中小企业促进工作综合管理的部门，负责本行政区域内的中小企业促进工作。国家建立中小企业统计监测制度。统计部门应当加强对中小企业的统计调查和监测分析，定期发布有关信息。国家推进中小企业信用制度建设，建立社会化的信用信息征集与评价体系，实现中小企业信用信息查询、交流和共享的社会化。①

在财税支持方面，《中小企业促进法》规定，中央财政应当在本级预算中设立中小企业科目，安排中小企业发展专项资金。县级以上地方各级人民政府应当根据实际情况，在本级财政预算中安排中小企业发展专

---

① 《中小企业促进法》第3～7条。

项资金。中小企业发展专项资金通过资助、购买服务、奖励等方式,重点用于支持中小企业公共服务体系和融资服务体系建设。中小企业发展专项资金向小型微型企业倾斜,资金管理使用坚持公开、透明的原则,实行预算绩效管理。国家设立中小企业发展基金。国家中小企业发展基金应当遵循政策性导向和市场化运作原则,主要用于引导和带动社会资金支持初创期中小企业,促进创业创新。县级以上地方各级人民政府可以设立中小企业发展基金。中小企业发展基金的设立和使用管理办法由国务院规定。国家实行有利于小型微型企业发展的税收政策,对符合条件的小型微型企业按照规定实行缓征、减征、免征企业所得税、增值税等措施,简化税收征管程序,减轻小型微型企业税收负担。国家对小型微型企业行政事业性收费实行减免等优惠政策,减轻小型微型企业负担。①

在融资促进方面,《中小企业促进法》规定,金融机构应当发挥服务实体经济的功能,高效、公平地服务中小企业。中国人民银行应当综合运用货币政策工具,鼓励和引导金融机构加大对小型微型企业的信贷支持,改善小型微型企业融资环境。国务院银行业监督管理机构对金融机构开展小型微型企业金融服务应当制定差异化监管政策,采取合理提高小型微型企业不良贷款容忍度等措施,引导金融机构增加小型微型企业融资规模和比重,提高金融服务水平。国家鼓励各类金融机构开发和提供适合中小企业特点的金融产品和服务。国家政策性金融机构应当在其业务经营范围内,采取多种形式,为中小企业提供金融服务。国家推进和支持普惠金融体系建设,推动中小银行、非存款类放贷机构和互联网金融有序健康发展,引导银行业金融机构向县域和乡镇等小型微型企业金融服务薄弱地区延伸网点和业务。国有大型商业银行应当设立普惠金融机构,为小型微型企业提供金融服务。国家推动其他银行业金融

---

① 《中小企业促进法》第8~12条。

机构设立小型微型企业金融服务专营机构。地区性中小银行应当积极为其所在地的小型微型企业提供金融服务,促进实体经济发展。国家健全多层次资本市场体系,多渠道推动股权融资,发展并规范债券市场,促进中小企业利用多种方式直接融资。国家完善担保融资制度,支持金融机构为中小企业提供以应收账款、知识产权、存货、机器设备等为担保品的担保融资。中小企业以应收账款申请担保融资时,其应收账款的付款方,应当及时确认债权债务关系,支持中小企业融资。国家鼓励中小企业及付款方通过应收账款融资服务平台确认债权债务关系,提高融资效率,降低融资成本。县级以上人民政府应当建立中小企业政策性信用担保体系,鼓励各类担保机构为中小企业融资提供信用担保。国家推动保险机构开展中小企业贷款保证保险和信用保险业务,开发适应中小企业分散风险、补偿损失需求的保险产品。国家支持征信机构发展针对中小企业融资的征信产品和服务,依法向政府有关部门、公用事业单位和商业机构采集信息。国家鼓励第三方评级机构开展中小企业评级服务。①

在创业扶持方面,《中小企业促进法》规定,县级以上人民政府及其有关部门应当通过政府网站、宣传资料等形式,为创业人员免费提供工商、财税、金融、环境保护、安全生产、劳动用工、社会保障等方面的法律政策咨询和公共信息服务。高等学校毕业生、退役军人和失业人员、残疾人员等创办小型微型企业,按照国家规定享受税收优惠和收费减免。国家采取措施支持社会资金参与投资中小企业。创业投资企业和个人投资者投资初创期科技创新企业的,按照国家规定享受税收优惠。国家改善企业创业环境,优化审批流程,实现中小企业行政许可便捷,降低中小企业设立成本。国家鼓励建设和创办小型微型企业创业基地、孵化基地,为小型微型企业提供生产经营场地和服务。地方各级人民政府应当

---

① 《中小企业促进法》第13~23条。

根据中小企业发展的需要,在城乡规划中安排必要的用地和设施,为中小企业获得生产经营场所提供便利。国家支持利用闲置的商业用房、工业厂房、企业库房和物流设施等,为创业者提供低成本生产经营场所。国家鼓励互联网平台向中小企业开放技术、开发、营销、推广等资源,加强资源共享与合作,为中小企业创业提供服务。国家简化中小企业注销登记程序,实现中小企业市场退出便利化。①

在创新支持方面,《中小企业促进法》规定,国家鼓励中小企业按照市场需求,推进技术、产品、管理模式、商业模式等创新。中小企业的固定资产由于技术进步等原因,确需加速折旧的,可以依法缩短折旧年限或者采取加速折旧方法。国家完善中小企业研究开发费用加计扣除政策,支持中小企业技术创新。国家支持中小企业在研发设计、生产制造、运营管理等环节应用互联网、云计算、大数据、人工智能等现代技术手段,创新生产方式,提高生产经营效率。国家鼓励中小企业参与产业关键共性技术研究开发和利用财政资金设立的科研项目实施。国家推动军民融合深度发展,支持中小企业参与国防科研和生产活动。国家支持中小企业及中小企业的有关行业组织参与标准的制定。国家鼓励中小企业研究开发拥有自主知识产权的技术和产品,规范内部知识产权管理,提升保护和运用知识产权的能力;鼓励中小企业投保知识产权保险;减轻中小企业申请和维持知识产权的费用等负担。县级以上人民政府有关部门应当在规划、用地、财政等方面提供支持,推动建立和发展各类创新服务机构。国家鼓励各类创新服务机构为中小企业提供技术信息、研发设计与应用、质量标准、实验试验、检验检测、技术转让、技术培训等服务,促进科技成果转化,推动企业技术、产品升级。县级以上人民政府有关部门应当拓宽渠道,采取补贴、培训等措施,引导高等学校毕业生到中小企业就业,帮助中小企业引进创新人才。国家鼓励科研机构、高等

---

① 《中小企业促进法》第24~31条。

学校和大型企业等创造条件向中小企业开放试验设施,开展技术研发与合作,帮助中小企业开发新产品,培养专业人才。国家鼓励科研机构、高等学校支持本单位的科技人员以兼职、挂职、参与项目合作等形式到中小企业从事产学研合作和科技成果转化活动,并按照国家有关规定取得相应报酬。①

在市场开拓方面,《中小企业促进法》规定,国家完善市场体系,实行统一的市场准入和市场监管制度,反对垄断和不正当竞争,营造中小企业公平参与竞争的市场环境。国家支持大型企业与中小企业建立以市场配置资源为基础的、稳定的原材料供应、生产、销售、服务外包、技术开发和技术改造等方面的协作关系,带动和促进中小企业发展。国务院有关部门应当制定中小企业政府采购的相关优惠政策,通过制定采购需求标准、预留采购份额、价格评审优惠、优先采购等措施,提高中小企业在政府采购中的份额。向中小企业预留的采购份额应当占本部门年度政府采购项目预算总额的30%以上;其中,预留给小型微型企业的比例不低于60%。中小企业无法提供的商品和服务除外。政府采购不得在企业股权结构、经营年限、经营规模和财务指标等方面对中小企业实行差别待遇或者歧视待遇。政府采购部门应当在政府采购监督管理部门指定的媒体上及时向社会公开发布采购信息,为中小企业获得政府采购合同提供指导和服务。县级以上人民政府有关部门应当在法律咨询、知识产权保护、技术性贸易措施、产品认证等方面为中小企业产品和服务出口提供指导和帮助,推动对外经济技术合作与交流。国家有关政策性金融机构应当通过开展进出口信贷、出口信用保险等业务,支持中小企业开拓境外市场。县级以上人民政府有关部门应当为中小企业提供用汇、人员出入境等方面的便利,支持中小企业到境外投资,开拓国际

① 《中小企业促进法》第32~37条。

市场。①

在服务措施方面,《中小企业促进法》规定,国家建立健全社会化的中小企业公共服务体系,为中小企业提供服务。县级以上地方各级人民政府应当根据实际需要建立和完善中小企业公共服务机构,为中小企业提供公益性服务。县级以上人民政府负责中小企业促进工作综合管理的部门应当建立跨部门的政策信息互联网发布平台,及时汇集涉及中小企业的法律法规、创业、创新、金融、市场、权益保护等各类政府服务信息,为中小企业提供便捷无偿服务。国家鼓励各类服务机构为中小企业提供创业培训与辅导、知识产权保护、管理咨询、信息咨询、信用服务、市场营销、项目开发、投资融资、财会税务、产权交易、技术支持、人才引进、对外合作、展览展销、法律咨询等服务。县级以上人民政府负责中小企业促进工作综合管理的部门应当安排资金,有计划地组织实施中小企业经营管理人员培训。国家支持有关机构、高等学校开展针对中小企业经营管理及生产技术等方面的人员培训,提高企业营销、管理和技术水平。国家支持高等学校、职业教育院校和各类职业技能培训机构与中小企业合作共建实习实践基地,支持职业教育院校教师和中小企业技术人才双向交流,创新中小企业人才培养模式。中小企业的有关行业组织应当依法维护会员的合法权益,反映会员诉求,加强自律管理,为中小企业创业创新、开拓市场等提供服务。②

在权益保护方面,《中小企业促进法》规定,国家保护中小企业及其出资人的财产权和其他合法权益。任何单位和个人不得侵犯中小企业财产及其合法收益。县级以上人民政府负责中小企业促进工作综合管理的部门应当建立专门渠道,听取中小企业对政府相关管理工作的意见和建议,并及时向有关部门反馈,督促改进。县级以上地方各级人民政

---

① 《中小企业促进法》第 38 ~42 条。

② 《中小企业促进法》第 43 ~49 条。

府有关部门和有关行业组织应当公布联系方式，受理中小企业的投诉、举报，并在规定的时间内予以调查、处理。地方各级人民政府应当依法实施行政许可，依法开展管理工作，不得实施没有法律、法规依据的检查，不得强制或者变相强制中小企业参加考核、评比、表彰、培训等活动。国家机关、事业单位和大型企业不得违约拖欠中小企业的货物、工程、服务款项。中小企业有权要求拖欠方支付拖欠款并要求对拖欠造成的损失进行赔偿。任何单位不得违反法律、法规向中小企业收取费用，不得实施没有法律、法规依据的罚款，不得向中小企业摊派财物。中小企业对违反上述规定的行为有权拒绝和举报、控告。国家建立和实施涉企行政事业性收费目录清单制度，收费目录清单及其实施情况向社会公开，接受社会监督。任何单位不得对中小企业执行目录清单之外的行政事业性收费，不得对中小企业擅自提高收费标准、扩大收费范围；严禁以各种方式强制中小企业赞助捐赠、订购报刊、加入社团、接受指定服务；严禁行业组织依靠代行政府职能或者利用行政资源擅自设立收费项目、提高收费标准。县级以上地方各级人民政府有关部门对中小企业实施监督检查应当依法进行，建立随机抽查机制。同一部门对中小企业实施的多项监督检查能够合并进行的，应当合并进行；不同部门对中小企业实施的多项监督检查能够合并完成的，由本级人民政府组织有关部门实施合并或者联合检查。①

在监督检查方面，《中小企业促进法》规定，县级以上人民政府定期组织对中小企业促进工作情况的监督检查；对违反本法的行为及时予以纠正，并对直接负责的主管人员和其他直接责任人员依法给予处分。国务院负责中小企业促进工作综合管理的部门应当委托第三方机构定期开展中小企业发展环境评估，并向社会公布。地方各级人民政府可以根据实际情况委托第三方机构开展中小企业发展环境评估。县级以上人

---

① 《中小企业促进法》第50～56条。

民政府应当定期组织开展对中小企业发展专项资金、中小企业发展基金使用效果的企业评价、社会评价和资金使用动态评估，并将评价和评估情况及时向社会公布，接受社会监督。县级以上人民政府有关部门在各自职责范围内，对中小企业发展专项资金、中小企业发展基金的管理和使用情况进行监督，对截留、挤占、挪用、侵占、贪污中小企业发展专项资金、中小企业发展基金等行为依法进行查处，并对直接负责的主管人员和其他直接责任人员依法给予处分；构成犯罪的，依法追究刑事责任。县级以上地方各级人民政府有关部门在各自职责范围内，对强制或者变相强制中小企业参加考核、评比、表彰、培训等活动的行为，违法向中小企业收费、罚款、摊派财物的行为，以及其他侵犯中小企业合法权益的行为进行查处，并对直接负责的主管人员和其他直接责任人员依法给予处分。①

二、乡镇企业调控的法律规定

（一）乡镇企业法的制定和实施

在中国，乡镇企业并不是一个独立的民事主体，而是改革中出现的一类特殊的立足于广大的乡镇地域且对于解决“三农问题”有益的企业经济形态。它源于20世纪80年代的农村改革实践，是中国农民的伟大创举。据农业部统计，截至1995年，全国乡镇企业完成国内生产总值14595亿元，比上年增长33.7%，占全国国内生产总值的25.3%；上交税金2058亿元，比上年增长29.27%。“八五”期间，全国乡镇企业上交税金5733亿元，年平均增长43.01%。乡镇企业已成为中国农村经济的主要支柱和国民经济的重要组成部分。②为此，在国家法律体系构建中，将

---

① 《中小企业促进法》第57～60条。

② 参见1996年8月23日全国人大财经委员会主任委员柳随年的《关于〈中华人民共和国乡镇企业法〉（草案）的说明》。

《乡镇企业法》归属于部门经济法的范畴。并且,由于《乡镇企业法》主要涉及对乡镇企业发展的产业支持,因而,乡镇企业发展的调控问题属于宏观调控法之下的产业调控法范畴。与《中小企业促进法》相同,《乡镇企业法》也可归类为产业组织结构法。

1996 年 10 月 29 日,为了扶持和引导乡镇企业持续健康发展,保护乡镇企业的合法权益,规范乡镇企业的行为,繁荣农村经济,促进社会主义现代化建设,第八届全国人民代表大会常务委员会第二十二次会议通过《乡镇企业法》,自 1997 年 1 月 1 日起施行。该法至今有效。《乡镇企业法》所称乡镇企业,是指农村集体经济组织或者农民投资为主,在乡镇(包括所辖村)举办的承担支援农业义务的各类企业。由此看出,国家对乡镇企业定位的关键点:一是以农村集体经济组织或者农民投资为主。其中,《乡镇企业法》所称投资为主,是指农村集体经济组织或者农民投资超过 50%,或者虽不足 50%,但能起到控股或者实际支配作用。二是企业举办的地点位于乡镇区域。三是乡镇企业要承担支援农业发展的义务。另外,乡镇企业符合企业法人条件的,依法取得企业法人资格。《乡镇企业法》未分章节,共计 43 条规定。

与此同时,为贯彻落实《乡镇企业法》,各地出台了地方性法规。其主要有:《四川省〈中华人民共和国乡镇企业法〉实施办法》(1997 年)、《河南省乡镇企业负担监督管理办法》(1997 年)、《重庆市实施〈中华人民共和国乡镇企业法〉办法》(1998 年)、《甘肃省实施〈中华人民共和国乡镇企业法〉办法》(1999 年制定,2002 年修正)、《天津市实施〈中华人民共和国乡镇企业法〉办法》(1999 年)、《内蒙古自治区乡镇企业条例》(1999 年)、《河南省实施〈中华人民共和国乡镇企业法〉办法》(2000 年)、《湖北省实施〈中华人民共和国乡镇企业法〉办法》(2000 年)、《黑龙江省发展乡镇企业条例》(2001 年)等。各地在立法时,对乡镇企业的法律定位有一些突破性规定:一是将乡镇企业的类型具体化。例如,《黑龙江省发展乡镇企业条例》规定:"本条例所称乡镇企业包括:(一)乡镇、村(含村民小组)集体企业;(二)乡镇、村和农民举办的股份制、股份合作制企业;(三)农民个人独资、合伙企业;(四)乡镇、村、农民或上述企业同其他组织或者个人以及同港、澳、台或者国外投资者联办的企业;(五)乡镇企业在城市设立的分支机构;(六)农村集体经济组织在城市开办的企业;(七)因行政区划调整由农村划归城区的乡镇企业;(八)乡镇企业或农民个人承包、租赁的国有企业或城镇集体企业;(九)法律、法规规定的其他形式的乡镇企业。"① 二是将农村集体经济组织在城市开办的承担支援农业义务的企业也纳入乡镇企业的范畴。例如,《天津市实施〈中华人民共和国乡镇企业法〉办法》规定:"乡镇企业在城市设立的分支机构,或者农村集体经济组织在城市开办的承担支援农业义务的企业,按照乡镇企业对待。"②

(二)乡镇企业发展调控的基本规定

在总的政策和制度方面,《乡镇企业法》规定,乡镇企业是农村经济的重要支柱和国民经济的重要组成部分。乡镇企业的主要任务是,根据市场需要发展商品生产,提供社会服务,增加社会有效供给,吸收农村剩余劳动力,提高农民收入,支援农业,推进农业和农村现代化,促进国民经济和社会事业发展。发展乡镇企业,坚持以农村集体经济为主导,多种经济成分共同发展的原则。国家对乡镇企业积极扶持、合理规划、分类指导、依法管理。国家鼓励和重点扶持经济欠发达地区、少数民族地区发展乡镇企业,鼓励经济发达地区的乡镇企业或者其他经济组织采取多种形式支持经济欠发达地区和少数民族地区举办乡镇企业。国务院乡镇企业行政管理部门和有关部门按照各自的职责对全国的乡镇企业进行规划、协调、监督、服务;县级以上地方各级人民政府乡镇企业行政

---

① 《黑龙江省发展乡镇企业条例》第2条。

② 《天津市实施〈中华人民共和国乡镇企业法〉办法》第3条。

管理部门和有关部门按照各自的职责对本行政区域内的乡镇企业进行规划、协调、监督、服务。①

在乡镇企业设置管理方面,《乡镇企业法》规定,经依法登记设立的乡镇企业,应当向当地乡镇企业行政管理部门办理登记备案手续。乡镇企业改变名称、住所或者分立、合并、停业、终止等,依法办理变更登记、设立登记或者注销登记后,应当报乡镇企业行政管理部门备案。乡镇企业在城市设立的分支机构,或者农村集体经济组织在城市开办的并承担支援农业义务的企业,按照乡镇企业对待。农村集体经济组织投资设立的乡镇企业,其企业财产权属于设立该企业的全体农民集体所有。农村集体经济组织与其他企业、组织或者个人共同投资设立的乡镇企业,其企业财产权按照出资份额属于投资者所有。农民合伙或者单独投资设立的乡镇企业,其企业财产权属于投资者所有。乡镇企业依法实行独立核算,自主经营,自负盈亏。具有企业法人资格的乡镇企业,依法享有法人财产权。乡镇企业依法实行民主管理,投资者在确定企业经营管理制度和企业负责人,作出重大经营决策和决定职工工资、生活福利、劳动保护、劳动安全等重大问题时,应当听取本企业工会或者职工的意见,实施情况要定期向职工公布,接受职工监督。国家鼓励有条件的地区建立、健全乡镇企业职工社会保险制度。乡镇企业停业、终止,已经建立社会保险制度的,按照有关规定安排职工;依法订立劳动合同的,按照合同的约定办理。原属于农村集体经济组织的职工有权返回农村集体经济组织从事生产,或者由职工自谋职业。②

在乡镇企业权益保障方面,《乡镇企业法》规定,国家保护乡镇企业的合法权益;乡镇企业的合法财产不受侵犯。任何组织或者个人不得违反法律、行政法规干预乡镇企业的生产经营,撤换企业负责人;不得非法

---

① 《乡镇企业法》第3~7条。

② 《乡镇企业法》第8~11条、第14~16条。

占有或者无偿使用乡镇企业的财产。乡镇企业按照法律、行政法规规定的企业形式设立,投资者依照有关法律、行政法规决定企业的重大事项,建立经营管理制度,依法享有权利和承担义务。乡镇企业从税后利润中提取一定比例的资金用于支援农业和农村社会性支出,其比例和管理使用办法由省、自治区、直辖市人民政府规定。① 除法律、行政法规另有规定外,任何机关、组织或者个人不得以任何方式向乡镇企业收取费用,进行摊派。②

在乡镇企业产业优惠政策方面,《乡镇企业法》规定,国家根据乡镇企业发展的情况,在一定时期内对乡镇企业减征一定比例的税收。减征税收的税种、期限和比例由国务院规定。国家对符合下列条件之一的中小型乡镇企业,根据不同情况实行一定期限的税收优惠:(1)集体所有

---

① 对此,《甘肃省实施〈中华人民共和国乡镇企业法〉办法》第24条规定,乡镇企业应当从税后利润中提取5%的资金,自主安排,用于支援农业和农村社会性支出。乡镇企业承担支援农业义务有困难的,由县级乡镇企业行政管理部门提出意见,报同级人民政府决定,可以减免部分支援农业义务。各级乡镇企业行政管理部门应当对乡镇企业用于支援农业和农村社会性支出资金的提取、使用情况进行指导和监督。《河南省实施〈中华人民共和国乡镇企业法〉办法》第13条规定,乡镇企业应当承担支援农业的义务,每年在税后利润中提取3%,交其所属的乡镇人民政府或村民委员会,用于农业基础设施建设、农业新技术开发和农村公益事业。企业直接用于支农的资金,计入承担支农资金的数额。前款规定的支农费用,不得重复收取,应当专款专用,不得挪用。乡镇企业承担支援农业义务确有困难的,可以申请减免。具体减免办法由县级人民政府规定。县级以上人民政府乡镇企业行政管理部门应加强对支农费用使用情况的监督。《天津市实施〈中华人民共和国乡镇企业法〉办法》第11条规定,乡镇企业应当将减征10%的应缴所得税款,用于支援农业和补助农村的社会性开支。具体办法由市人民政府制定。《内蒙古自治区乡镇企业条例》第19条规定,乡镇企业从税后利润中提取一定比例的资金用于支援农牧业和农村牧区社会性支出,其比例和管理使用办法由自治区人民政府规定。《重庆市实施〈中华人民共和国乡镇企业法〉办法》第21条规定,乡镇企业按照国家规定减征10%的所得税的资金,由乡镇人民政府乡镇企业管理机构收取,用于支援农业和农村社会性支出。资金的收取和使用应接受同级财政的监督。《四川省〈中华人民共和国乡镇企业法〉实施办法》第26条规定,乡镇企业从税后利润中提取10%的资金,用于支援农业和农村社会性支出,扶持种植业、养殖业、农业基础设施建设和农业新技术开发、农村文化教育、体育卫生、民政优抚等。乡镇企业支援农业和农村社会性支出资金的管理使用办法由省人民政府制定。

② 《乡镇企业法》第12~13条、第17条。

制乡镇企业开办初期经营确有困难的;(2)设立在少数民族地区、边远地区和贫困地区的;(3)从事粮食、饲料、肉类的加工、贮存、运销经营的;(4)国家产业政策规定需要特殊扶持的。该款税收优惠的具体办法由国务院规定。国家运用信贷手段,鼓励和扶持乡镇企业发展。对于符合前条规定条件之一并且符合贷款条件的乡镇企业,国家有关金融机构可以给予优先贷款,对其中生产资金困难且有发展前途的可以给予优惠贷款。该款优先贷款、优惠贷款的具体办法由国务院规定。县级以上人民政府依照国家有关规定,可以设立乡镇企业发展基金。基金由下列资金组成:(1)政府拨付的用于乡镇企业发展的周转金;(2)乡镇企业每年上缴地方税金增长部分中一定比例的资金;(3)基金运用产生的收益;(4)农村集体经济组织、乡镇企业、农民等自愿提供的资金。乡镇企业发展基金专门用于扶持乡镇企业发展,其使用范围如下:(1)支持少数民族地区、边远地区和贫困地区发展乡镇企业;(2)支持经济欠发达地区、少数民族地区与经济发达地区的乡镇企业之间进行经济技术合作和举办合资项目;(3)支持乡镇企业按照国家产业政策调整产业结构和产品结构;(4)支持乡镇企业进行技术改造,开发名特优新产品和生产传统手工艺产品;(5)发展生产农用生产资料或者直接为农业生产服务的乡镇企业;(6)发展从事粮食、饲料、肉类的加工、贮存、运销经营的乡镇企业;(7)支持乡镇企业职工的职业教育和技术培训;(8)其他需要扶持的项目。乡镇企业发展基金的设立和使用管理办法由国务院规定。国家积极培养乡镇企业人才,鼓励科技人员、经营管理人员及大中专毕业生到乡镇企业工作,通过多种方式为乡镇企业服务。乡镇企业通过多渠道、多形式培训技术人员、经营管理人员和生产人员,并采取优惠措施吸引人才。国家采取优惠措施,鼓励乡镇企业同科研机构、高等院校、国有企业及其他企业、组织之间开展各种形式的经济技术合作。国家鼓励乡镇企业开展对外经济技术合作与交流,建设出口商品生产基地,增加出口创汇。具备条件的乡镇企业依法经批准可以取得对外贸易经营权。

地方各级人民政府按照统一规划、合理布局的原则,将发展乡镇企业同小城镇建设相结合,引导和促进乡镇企业适当集中发展,逐步加强基础设施和服务设施建设,以加快小城镇建设。①

在乡镇企业行为规范上,《乡镇企业法》规定,乡镇企业应当按照市场需要和国家产业政策,合理调整产业结构和产品结构,加强技术改造,不断采用先进的技术、生产工艺和设备,提高企业经营管理水平。举办乡镇企业,其建设用地应当符合土地利用总体规划,严格控制、合理利用和节约使用土地,凡有荒地、劣地可以利用的,不得占用耕地、好地。举办乡镇企业使用农村集体所有的土地的,应当依照法律、法规的规定,办理有关用地批准手续和土地登记手续。乡镇企业使用农村集体所有的土地,连续闲置2年以上或者因停办闲置1年以上的,应当由原土地所有者收回该土地使用权,重新安排使用。乡镇企业应当依法合理开发和使用自然资源。乡镇企业从事矿产资源开采,必须依照有关法律规定,经有关部门批准,取得采矿许可证、生产许可证,实行正规作业,防止资源浪费,严禁破坏资源。乡镇企业应当按照国家有关规定,建立财务会计制度,加强财务管理,依法设置会计账册,如实记录财务活动。乡镇企业必须按照国家统计制度,如实报送统计资料。对于违反国家规定制发的统计调查报表,乡镇企业有权拒绝填报。乡镇企业应当依法办理税务登记,按期进行纳税申报,足额缴纳税款。各级人民政府应当依法加强乡镇企业的税收管理工作,有关管理部门不得超越管理权限对乡镇企业减免税。乡镇企业应当加强产品质量管理,努力提高产品质量;生产和销售的产品必须符合保障人体健康,人身、财产安全的国家标准和行业标准;不得生产、销售失效、变质产品和国家明令淘汰的产品;不得在产品中掺杂、掺假,以假充真,以次充好。乡镇企业应当依法使用商标,重视企业信誉;按照国家规定,制作所生产经营的商品标识,不得伪造产品

① 《乡镇企业法》第18~26条。

的产地或者伪造、冒用他人厂名、厂址和认证标志、名优标志。乡镇企业必须遵守有关环境保护的法律、法规，按照国家产业政策，在当地人民政府的统一指导下，采取措施，积极发展无污染、少污染和低资源消耗的企业，切实防治环境污染和生态破坏，保护和改善环境。地方人民政府应当制定和实施乡镇企业环境保护规划，提高乡镇企业防治污染的能力。乡镇企业建设对环境有影响的项目，必须严格执行环境影响评价制度。乡镇企业建设项目中防治污染的设施，必须与主体工程同时设计、同时施工、同时投产使用。防治污染的设施必须经环境保护行政主管部门验收合格后，该建设项目方可投入生产或者使用。乡镇企业不得采用或者使用国家明令禁止的严重污染环境的生产工艺和设备；不得生产和经营国家明令禁止的严重污染环境的产品。排放污染物超过国家或者地方规定标准，严重污染环境的，必须限期治理，逾期未完成治理任务的，依法关闭、停产或者转产。乡镇企业必须遵守有关劳动保护、劳动安全的法律、法规，认真贯彻执行安全第一、预防为主的方针，采取有效的劳动卫生技术措施和管理措施，防止生产伤亡事故和职业病的发生；对危害职工安全的事故隐患，应当限期解决或者停产整顿。严禁管理者违章指挥，强令职工冒险作业。发生生产伤亡事故，应当采取积极抢救措施，依法妥善处理，并向有关部门报告。①

在法律责任方面，《乡镇企业法》规定，违反本法规定，有下列行为之一的，由县级以上人民政府乡镇企业行政管理部门责令改正：(1)非法改变乡镇企业所有权的；(2)非法占有或者无偿使用乡镇企业财产的；(3)非法撤换乡镇企业负责人的；(4)侵犯乡镇企业自主经营权的。前款行为给乡镇企业造成经济损失的，应当依法赔偿。乡镇企业有权向审计、监察、财政、物价和乡镇企业行政管理部门控告、检举向企业非法收费、摊派或者罚款的单位和个人。有关部门和上级机关应当责令责任

---

① 《乡镇企业法》第 27 ~37 条。

人停止其行为,并限期归还有关财物。对直接责任人员,有关部门可以根据情节轻重,给予相应的处罚。乡镇企业违反国家产品质量、环境保护、土地管理、自然资源开发、劳动安全、税收及其他有关法律、法规的,除依照有关法律、法规处理外,在其改正之前,应当根据情节轻重停止其享受本法规定的部分或者全部优惠。乡镇企业违反本法规定,不承担支援农业义务的,由乡镇企业行政管理部门责令改正,在其改正之前,可以停止其享受本法规定的部分或者全部优惠。①

值得说明的是,《乡镇企业法》虽然制定实施于20世纪90年代,但至今仍然有效。其主要原因在于它涉及对乡镇企业优惠政策的实施,体现了宏观调控的导向,是解决"三农"问题的途径之一。

三、对农民合作社的产业支持

(一)农民合作社法的制定和实施

农民合作社是中国改革开放以来借鉴国外经验兴起的新型经济组织形式。从法律角度分析,农民合作社是一个特殊的民事主体,具有独立的民事权利能力和行为能力,并依法取得法人资格。但是,由于农民合作社的发展涉及农业发展问题,有利于解决"三农"问题,为此,国家对农民合作社予以特别的产业支持,使其具有了经济法主体的意义。为了规范农民专业合作社的组织和行为,鼓励、支持、引导农民专业合作社的发展,保护农民专业合作社及其成员的合法权益,推进农业农村现代化,2006年10月31日第十届全国人民代表大会常务委员会第二十四次会议通过《农民专业合作社法》。2017年12月27日第十二届全国人民代表大会常务委员会第三十一次会议对《农民专业合作社法》进行了修订,自2018年7月1日起施行。该法除总则、附则外,对农民合作社的

---

① 《乡镇企业法》第38~41条。

设立和登记、成员、组织机构、财务管理、合并、分立、解散和清算、农民专业合作社联合社、扶持措施和法律责任进行了规定。共计10章74条。《农民专业合作社法》所称农民专业合作社,是指在农村家庭承包经营基础上,农产品的生产经营者或者农业生产经营服务的提供者、利用者,自愿联合、民主管理的互助性经济组织。农民专业合作社依照该法登记,取得法人资格。国有农场、林场、牧场、渔场等企业中实行承包租赁经营、从事农业生产经营或者服务的职工,兴办农民专业合作社适用本法。①

(二)农民合作社产业支持的法律规定

在总的政策和制度方面,《农民专业合作社法》规定,农民专业合作社以其成员为主要服务对象,开展以下一种或者多种业务:(1)农业生产资料的购买、使用;(2)农产品的生产、销售、加工、运输、贮藏及其他相关服务;(3)农村民间工艺及制品、休闲农业和乡村旅游资源的开发经营等;(4)与农业生产经营有关的技术、信息、设施建设运营等服务。农民专业合作社应当遵循下列原则:(1)成员以农民为主体;(2)以服务成员为宗旨,谋求全体成员的共同利益;(3)入社自愿、退社自由;(4)成员地位平等,实行民主管理;(5)盈余主要按照成员与农民专业合作社的交易量(额)比例返还。②

在产业扶持措施方面,《农民专业合作社法》规定,国家支持发展农业和农村经济的建设项目,可以委托和安排有条件的农民专业合作社实施。中央和地方财政应当分别安排资金,支持农民专业合作社开展信息、培训、农产品标准与认证、农业生产基础设施建设、市场营销和技术推广等服务。国家对革命老区、民族地区、边疆地区和贫困地区的农民

---

① 《农民专业合作社法》第1~2条、第5条、第73条、第74条。

② 《农民专业合作社法》第3条、第4条。

专业合作社给予优先扶助。县级以上人民政府有关部门应当依法加强对财政补助资金使用情况的监督。国家政策性金融机构应当采取多种形式,为农民专业合作社提供多渠道的资金支持。具体支持政策由国务院规定。国家鼓励商业性金融机构采取多种形式,为农民专业合作社及其成员提供金融服务。国家鼓励保险机构为农民专业合作社提供多种形式的农业保险服务。鼓励农民专业合作社依法开展互助保险。农民专业合作社享受国家规定的对农业生产、加工、流通、服务和其他涉农经济活动相应的税收优惠。农民专业合作社从事农产品初加工用电执行农业生产用电价格,农民专业合作社生产性配套辅助设施用地按农用地管理,具体办法由国务院有关部门规定。①

第二节 电影产业促进的法律规定

截至2018年,《电影产业促进法》是唯一一部由全国人大制定和实施的、直接以"产业促进"冠名的法律,也是实施文化产业化战略的一项法治举措。对于研究中国产业法具有重要的实践意义。

一、电影产业促进法的制定和实施

为了促进电影产业健康繁荣发展,弘扬社会主义核心价值观,规范电影市场秩序,丰富人民群众精神文化生活,《电影产业促进法》于2016年11月7日第十二届全国人民代表大会常务委员会第二十四次会议通过,自2017年3月1日起施行。该法是中国改革开放40年中,由全国人大制定的唯一一部专门的冠以"产业"名称的产业立法。按照该法规

---

① 《农民专业合作社法》第64~68条。

定,在中华人民共和国境内从事电影创作、摄制、发行、放映等活动(以下统称电影活动),适用《电影产业促进法》。该法所称电影,是指运用视听技术和艺术手段摄制、以胶片或者数字载体记录、由表达一定内容的有声或者无声的连续画面组成、符合国家规定的技术标准、用于电影院等固定放映场所或者流动放映设备公开放映的作品。通过互联网、电信网、广播电视网等信息网络传播电影的,还应当遵守互联网、电信网、广播电视网等信息网络管理的法律、行政法规的规定。境外资本在中华人民共和国境内设立从事电影活动的企业的,按照国家有关规定执行。全国人大常委会专门出台促进电影产业发展的法律,足以说明国家对电影事业发展的高度重视。

二、电影产业促进调控的规定

在总的促进政策与制度方面,《电影产业促进法》规定,从事电影活动,应当坚持为人民服务、为社会主义服务,坚持社会效益优先,实现社会效益与经济效益相统一。国家坚持以人民为中心的创作导向,坚持百花齐放、百家争鸣的方针,尊重和保障电影创作自由,倡导电影创作贴近实际、贴近生活、贴近群众,鼓励创作思想性、艺术性、观赏性相统一的优秀电影。国务院应当将电影产业发展纳入国民经济和社会发展规划。县级以上地方人民政府根据当地实际情况将电影产业发展纳入本级国民经济和社会发展规划。国家制定电影及其相关产业政策,引导形成统一开放、公平竞争的电影市场,促进电影市场繁荣发展。国家鼓励电影科技的研发、应用,制定并完善电影技术标准,构建以企业为主体、市场为导向、产学研相结合的电影技术创新体系。与电影有关的知识产权受法律保护,任何组织和个人不得侵犯。县级以上人民政府负责知识产权执法的部门应当采取措施,保护与电影有关的知识产权,依法查处侵犯与电影有关的知识产权的行为。从事电影活动的公民、法人和其他组织应当增强知识产权意识,提高运用、保护和管理知识产权的能力。国家鼓励公民、法人和其他组织依法开发电影形象产品等衍生产品。国务院电影主管部门负责全国的电影工作;县级以上地方人民政府电影主管部门负责本行政区域内的电影工作。县级以上人民政府其他有关部门在各自职责范围内,负责有关的电影工作。电影行业组织依法制定行业自律规范,开展业务交流,加强职业道德教育,维护其成员的合法权益。演员、导演等电影从业人员应当坚持德艺双馨,遵守法律法规,尊重社会公德,恪守职业道德,加强自律,树立良好社会形象。国家支持建立电影评价体系,鼓励开展电影评论。对优秀电影以及为促进电影产业发展作出突出贡献的组织、个人,按照国家有关规定给予表彰和奖励。国家鼓励开展平等、互利的电影国际合作与交流,支持参加境外电影节(展)。①

在电影创作、摄制方面,《电影产业促进法》规定,国家鼓励电影剧本创作和题材、体裁、形式、手段等创新,鼓励电影学术研讨和业务交流。县级以上人民政府电影主管部门根据电影创作的需要,为电影创作人员深入基层、深入群众、体验生活等提供必要的便利和帮助。拟摄制电影的法人、其他组织应当将电影剧本梗概向国务院电影主管部门或者省、自治区、直辖市人民政府电影主管部门备案;其中,涉及重大题材或者国家安全、外交、民族、宗教、军事等方面题材的,应当按照国家有关规定将电影剧本报送审查。电影剧本梗概或者电影剧本没有《电影产业促进法》禁止性规定情形的,由国务院电影主管部门将拟摄制电影的基本情况予以公告,并由国务院电影主管部门或者省、自治区、直辖市人民政府电影主管部门出具备案证明文件或者颁发批准文件。具体办法由国务院电影主管部门制定。法人、其他组织经国务院电影主管部门批准,可以与境外组织合作摄制电影;但是,不得与从事损害中国国家尊严、荣誉和利益,危害社会稳定,伤害民族感情等活动的境外组织合作,也不得聘

① 《电影产业促进法》第3~11条。

用有上述行为的个人参加电影摄制。合作摄制电影符合创作、出资、收益分配等方面比例要求的,该电影视同境内法人、其他组织摄制的电影。境外组织不得在境内独立从事电影摄制活动;境外个人不得在境内从事电影摄制活动。县级以上人民政府电影主管部门应当协调公安、文物保护、风景名胜区管理等部门,为法人、其他组织依照《电影产业促进法》从事电影摄制活动提供必要的便利和帮助。从事电影摄制活动的,应当遵守有关环境保护、文物保护、风景名胜区管理和安全生产等方面的法律、法规,并在摄制过程中采取必要的保护、防护措施。电影不得含有法定禁止的内容:(1)违反宪法确定的基本原则,煽动抗拒或者破坏宪法、法律、行政法规实施;(2)危害国家统一、主权和领土完整,泄露国家秘密,危害国家安全,损害国家尊严、荣誉和利益,宣扬恐怖主义、极端主义;(3)诋毁民族优秀文化传统,煽动民族仇恨、民族歧视,侵害民族风俗习惯,歪曲民族历史或者民族历史人物,伤害民族感情,破坏民族团结;(4)煽动破坏国家宗教政策,宣扬邪教、迷信;(5)危害社会公德,扰乱社会秩序,破坏社会稳定,宣扬淫秽、赌博、吸毒,渲染暴力、恐怖,教唆犯罪或者传授犯罪方法;(6)侵害未成年人合法权益或者损害未成年人身心健康;(7)侮辱、诽谤他人或者散布他人隐私,侵害他人合法权益;(8)法律、行政法规禁止的其他内容。法人、其他组织应当将其摄制完成的电影送国务院电影主管部门或者省、自治区、直辖市人民政府电影主管部门审查。国务院电影主管部门或者省、自治区、直辖市人民政府电影主管部门应当自受理申请之日起30日内作出审查决定。对符合《电影产业促进法》规定的,准予公映,颁发电影公映许可证,并予以公布;对不符合《电影产业促进法》规定的,不准予公映,书面通知申请人并说明理由。国务院电影主管部门应当根据《电影产业促进法》制定完善电影审查的具体标准和程序,并向社会公布。制定完善电影审查的具体标准应当向社会公开征求意见,并组织专家进行论证。进行电影审查应当组织不少于5名专家进行评审,由专家提出评审意见。法人、其他组织对专家评审意见有异议的,国务院电影主管部门或者省、自治区、直辖市人民政府电影主管部门可以另行组织专家再次评审。专家的评审意见应当作为作出审查决定的重要依据。该规定的评审专家包括专家库中的专家和根据电影题材特别聘请的专家。专家遴选和评审的具体办法由国务院电影主管部门制定。取得电影公映许可证的电影需要变更内容的,应当依照《电影产业促进法》规定重新报送审查。摄制电影的法人、其他组织应当将取得的电影公映许可证标识置于电影的片头处;电影放映可能引起未成年人等观众身体或者心理不适的,应当予以提示。未取得电影公映许可证的电影,不得发行、放映,不得通过互联网、电信网、广播电视网等信息网络进行传播,不得制作为音像制品;但是,国家另有规定的,从其规定。摄制完成的电影取得电影公映许可证,方可参加电影节(展)。拟参加境外电影节(展)的,送展法人、其他组织应当在该境外电影节(展)举办前,将相关材料报国务院电影主管部门或者省、自治区、直辖市人民政府电影主管部门备案。公民、法人和其他组织可以承接境外电影的洗印、加工、后期制作等业务,并报省、自治区、直辖市人民政府电影主管部门备案,但是不得承接含有损害中国国家尊严、荣誉和利益,危害社会稳定,伤害民族感情等内容的境外电影的相关业务。国家设立的电影档案机构依法接收、收集、整理、保管并向社会开放电影档案。国家设立的电影档案机构应当配置必要的设备,采用先进技术,提高电影档案管理现代化水平。摄制电影的法人、其他组织依照《档案法》的规定,做好电影档案保管工作,并向国家设立的电影档案机构移交、捐赠、寄存电影档案。①

在电影发行、放映方面,《电影产业促进法》规定,企业具有与所从事的电影发行活动相适应的人员、资金条件的,经国务院电影主管部门或者所在地省、自治区、直辖市人民政府电影主管部门批准,可以从事电

① 《电影产业促进法》第12~23条。

影发行活动。企业、个体工商户具有与所从事的电影放映活动相适应的人员、场所、技术和设备等条件的，经所在地县级人民政府电影主管部门批准，可以从事电影院等固定放映场所电影放映活动。依照《电影产业促进法》规定负责电影发行、放映活动审批的电影主管部门，应当自受理申请之日起30日内，作出批准或者不批准的决定。对符合条件的，予以批准，颁发电影发行经营许可证或者电影放映经营许可证，并予以公布；对不符合条件的，不予批准，书面通知申请人并说明理由。企业、个人从事电影流动放映活动，应当将企业名称或者经营者姓名、地址、联系方式、放映设备等向经营区域所在地县级人民政府电影主管部门备案。国家加大对农村电影放映的扶持力度，由政府出资建立完善农村电影公益放映服务网络，积极引导社会资金投资农村电影放映，不断改善农村地区观看电影条件，统筹保障农村地区群众观看电影需求。县级以上人民政府应当将农村电影公益放映纳入农村公共文化服务体系建设，按照国家有关规定对农村电影公益放映活动给予补贴。从事农村电影公益放映活动的，不得以虚报、冒领等手段骗取农村电影公益放映补贴资金。国务院教育、电影主管部门可以共同推荐有利于未成年人健康成长的电影，并采取措施支持接受义务教育的学生免费观看，由所在学校组织安排。国家鼓励电影院以及从事电影流动放映活动的企业、个人采取票价优惠、建设不同条件的放映厅、设立社区放映点等多种措施，为未成年人、老年人、残疾人、城镇低收入居民以及进城务工人员等观看电影提供便利；电影院以及从事电影流动放映活动的企业、个人所在地人民政府可以对其发放奖励性补贴。电影院应当合理安排由境内法人、其他组织所摄制电影的放映场次和时段，并且放映的时长不得低于年放映电影时长总和的2/3。电影院以及从事电影流动放映活动的企业、个人应当保障电影放映质量。电影院的设施、设备以及用于流动放映的设备应当符合电影放映技术的国家标准。电影院应当按照国家有关规定安装计算机售票系统。未经权利人许可，任何人不得对正在放映的电影进行录音录像。发现进行录音录像的,电影院工作人员有权予以制止,并要求其删除;对拒不听从的,有权要求其离场。国家鼓励电影院在向观众明示的电影开始放映时间之前放映公益广告。电影院在向观众明示的电影开始放映时间之后至电影放映结束前,不得放映广告。电影院应当遵守治安、消防、公共场所卫生等法律、行政法规,维护放映场所的公共秩序和环境卫生,保障观众的安全与健康。任何人不得携带爆炸性、易燃性、放射性、毒害性、腐蚀性物品进入电影院等放映场所,不得非法携带枪支、弹药、管制器具进入电影院等放映场所;发现非法携带上述物品的,有关工作人员应当拒绝其进入,并向有关部门报告。电影发行企业、电影院等应当如实统计电影销售收入,提供真实准确的统计数据,不得采取制造虚假交易、虚报瞒报销售收入等不正当手段,欺骗、误导观众,扰乱电影市场秩序。在境内举办涉外电影节(展),须经国务院电影主管部门或者省、自治区、直辖市人民政府电影主管部门批准。①

在电影产业支持、保障方面,《电影产业促进法》规定,国家支持创作、摄制的电影包括:(1)传播中华优秀文化、弘扬社会主义核心价值观的重大题材电影;(2)促进未成年人健康成长的电影;(3)展现艺术创新成果、促进艺术进步的电影;(4)推动科学教育事业发展和科学技术普及的电影;(5)其他符合国家支持政策的电影。国家引导相关文化产业专项资金、基金加大对电影产业的投入力度,根据不同阶段和时期电影产业的发展情况,结合财力状况和经济社会发展需要,综合考虑、统筹安排财政资金对电影产业的支持,并加强对相关资金、基金使用情况的审计。国家实施必要的税收优惠政策,促进电影产业发展,具体办法由国务院财税主管部门依照税收法律、行政法规的规定制定。县级以上地方人民政府应当依据人民群众需求和电影市场发展需要,将电影院建设和改造纳入国民经济和社会发展规划、土地利用总体规划和城乡规划等。

① 《电影产业促进法》第24~35条。

县级以上地方人民政府应当按照国家有关规定,有效保障电影院用地需求,积极盘活现有电影院用地资源,支持电影院建设和改造。国家鼓励金融机构为从事电影活动以及改善电影基础设施提供融资服务,依法开展与电影有关的知识产权质押融资业务,并通过信贷等方式支持电影产业发展。国家鼓励保险机构依法开发适应电影产业发展需要的保险产品。国家鼓励融资担保机构依法向电影产业提供融资担保,通过再担保、联合担保以及担保与保险相结合等方式分散风险。对国务院电影主管部门依照《电影产业促进法》规定公告的电影的摄制,按照国家有关规定合理确定贷款期限和利率。国家鼓励法人、其他组织通过到境外合作摄制电影等方式进行跨境投资,依法保障其对外贸易、跨境融资和投资等合理用汇需求。国家实施电影人才扶持计划。国家支持有条件的高等学校、中等职业学校和其他教育机构、培训机构等开设与电影相关的专业和课程,采取多种方式培养适应电影产业发展需要的人才。国家鼓励从事电影活动的法人和其他组织参与学校相关人才培养。国家采取措施,扶持农村地区、边疆地区、贫困地区和民族地区开展电影活动。国家鼓励、支持少数民族题材电影创作,加强电影的少数民族语言文字译制工作,统筹保障民族地区群众观看电影需求。国家对优秀电影的外语翻译制作予以支持,并综合利用外交、文化、教育等对外交流资源开展电影的境外推广活动。国家鼓励公民、法人和其他组织从事电影的境外推广。国家鼓励社会力量以捐赠、资助等方式支持电影产业发展,并依法给予优惠。县级以上人民政府电影主管部门应当加强对电影活动的日常监督管理,受理对违反本法规定的行为的投诉、举报,并及时核实、处理、答复;将从事电影活动的单位和个人因违反本法规定受到行政处罚的情形记入信用档案,并向社会公布。①

① 《电影产业促进法》第 36 ~46 条。

第三节　产业结构调整的法规规定

改革开放以来，随着市场经济的深入发展，产业结构调整已成为宏观调控的一项常规性工作。产业结构调整的目的是按照产业发展规律，合理调整一、二、三产业之间的比例关系。它与计划经济时期所倡导的有计划、按比例地发展国民经济的要求具有一致性。总体来看，中国所确定的方针政策是：巩固第一产业，即农业；随着科技进步不断调整第二产业，即工业；大力发展第三产业，即服务业。因此，产业结构的调整主要涉及对经济发展质量水平的不断提升问题。从经济和法律的关系角度分析，产业结构调整需要法律的支持。但迄今为止，鉴于产业结构调整的复杂性，在国家层面并没有出台法律。对产业结构调整的法律形式，主要是政府颁发的行政法规、规章及大量的规范性文件。

2005 年 11 月 9 日，为全面落实科学发展观，加强和改善宏观调控，引导社会投资，促进产业结构优化升级，根据国家有关法律、行政法规，国务院发布实施《促进产业结构调整暂行规定》。《促进产业结构调整暂行规定》是截至目前有关对产业结构进行综合调整的行政法规。之所以为“暂行”：一是《促进产业结构调整暂行规定》主要针对 2005 年前后国家发展面临的形势和任务；二是《促进产业结构调整暂行规定》需要通过施行，积累经验教训后为进一步立法提供依据。但有关产业结构调整指导目录的规定，肯定了产业结构调整目录的法律地位及效力。

一、中国产业结构调整的目标

推进产业结构优化升级，促进一、二、三产业健康协调发展，逐步形成农业为基础、高新技术产业为先导、基础产业和制造业为支撑、服务业全面发展的产业格局,坚持节约发展、清洁发展、安全发展,实现可持续发展。

二、中国产业结构调整的原则

一是坚持市场调节和政府引导相结合。充分发挥市场配置资源的基础性作用,加强国家产业政策的合理引导,实现资源优化配置。二是以自主创新提升产业技术水平。把增强自主创新能力作为调整产业结构的中心环节,建立以企业为主体、市场为导向、产学研相结合的技术创新体系,大力提高原始创新能力、集成创新能力和引进消化吸收再创新能力,提升产业整体技术水平。三是坚持走新型工业化道路。以信息化带动工业化,以工业化促进信息化,走科技含量高、经济效益好、资源消耗低、环境污染少、安全有保障、人力资源优势得到充分发挥的发展道路,努力推进经济增长方式的根本转变。四是促进产业协调健康发展。发展先进制造业,提高服务业比重和水平,加强基础设施建设,优化城乡区域产业结构和布局,优化对外贸易和利用外资结构,维护群众合法权益,努力扩大就业,推进经济社会协调发展。

三、中国产业结构调整的方向和重点

(一)巩固和加强农业基础地位,加快传统农业向现代农业转变

加快农业科技进步,加强农业设施建设,调整农业生产结构,转变农业增长方式,提高农业综合生产能力。稳定发展粮食生产,加快实施优质粮食产业工程,建设大型商品粮生产基地,确保粮食安全。优化农业生产布局,推进农业产业化经营,加快农业标准化,促进农产品加工转化增值,发展高产、优质、高效、生态、安全农业。大力发展畜牧业,提高规模化、集约化、标准化水平,保护天然草场,建设饲料草场基地。积极发

展水产业,保护和合理利用渔业资源,推广绿色渔业养殖方式,发展高效生态养殖业。因地制宜发展原料林、用材林基地,提高木材综合利用率。加强农田水利建设,改造中低产田,搞好土地整理。提高农业机械化水平,健全农业技术推广、农产品市场、农产品质量安全和动植物病虫害防控体系。积极推行节水灌溉,科学使用肥料、农药,促进农业可持续发展。

(二)加强能源、交通、水利和信息等基础设施建设,增强对经济社会发展的保障能力

首先,坚持节约优先、立足国内、煤为基础、多元发展,优化能源结构,构筑稳定、经济、清洁的能源供应体系。以大型高效机组为重点优化发展煤电,在生态保护基础上有序开发水电,积极发展核电,加强电网建设,优化电网结构,扩大西电东送规模。建设大型煤炭基地,调整改造中小煤矿,坚决淘汰不具备安全生产条件和浪费破坏资源的小煤矿,加快实施煤矸石、煤层气、矿井水等资源综合利用,鼓励煤电联营。实行油气并举,加大石油、天然气资源勘探和开发利用力度,扩大境外合作开发,加快油气领域基础设施建设。积极扶持和发展新能源和可再生能源产业,鼓励石油替代资源和清洁能源的开发利用,积极推进洁净煤技术产业化,加快发展风能、太阳能、生物质能等。

其次,以扩大网络为重点,形成便捷、通畅、高效、安全的综合交通运输体系。坚持统筹规划、合理布局,实现铁路、公路、水运、民航、管道等运输方式优势互补,相互衔接,发挥组合效率和整体优势。加快发展铁路、城市轨道交通,重点建设客运专线、运煤通道、区域通道和西部地区铁路。完善国道主干线、西部地区公路干线,建设国家高速公路网,大力推进农村公路建设。优先发展城市公共交通。加强集装箱、能源物资、矿石深水码头建设,发展内河航运。扩充大型机场,完善中型机场,增加小型机场,构建布局合理、规模适当、功能完备、协调发展的机场体系。

加强管道运输建设。

再次,加强水利建设,优化水资源配置。统筹上下游、地表地下水资源调配、控制地下水开采,积极开展海水淡化。加强防洪抗旱工程建设,以堤防加固和控制性水利枢纽等防洪体系为重点,强化防洪减灾薄弱环节建设,继续加强大江大河干流堤防、行蓄洪区、病险水库除险加固和城市防洪骨干工程建设,建设南水北调工程。加大人畜饮水工程和灌区配套工程建设改造力度。

最后,加强宽带通信网、数字电视网和下一代互联网等信息基础设施建设,推进“三网融合”,健全信息安全保障体系。

(三)以振兴装备制造业为重点发展先进制造业,发挥其对经济发展的重要支撑作用

装备制造业要依托重点建设工程,通过自主创新、引进技术、合作开发、联合制造等方式,提高重大技术装备国产化水平,特别是在高效清洁发电和输变电、大型石油化工、先进适用运输装备、高档数控机床、自动化控制、集成电路设备、先进动力装备、节能降耗装备等领域实现突破,提高研发设计、核心元器件配套、加工制造和系统集成的整体水平。

坚持以信息化带动工业化,鼓励运用高技术和先进适用技术改造提升制造业,提高自主知识产权、自主品牌和高端产品比重。根据能源、资源条件和环境容量,着力调整原材料工业的产品结构、企业组织结构和产业布局,提高产品质量和技术含量。支持发展冷轧薄板、冷轧硅钢片、高浓度磷肥、高效低毒低残留农药、乙烯、精细化工、高性能差别化纤维。促进炼油、乙烯、钢铁、水泥、造纸向基地化和大型化发展。加强铁、铜、铝等重要资源的地质勘查,增加资源地质储量,实行合理开采和综合利用。

（四）加快发展高技术产业，进一步增强高技术产业对经济增长的带动作用

增强自主创新能力，努力掌握核心技术和关键技术，大力开发对经济社会发展具有重大带动作用的高新技术，支持开发重大产业技术，制定重要技术标准，构建自主创新的技术基础，加快高技术产业从加工装配为主向自主研发制造延伸。按照产业聚集、规模化发展和扩大国际合作的要求，大力发展信息、生物、新材料、新能源、航空航天等产业，培育更多新的经济增长点。优先发展信息产业，大力发展集成电路、软件等核心产业，重点培育数字化音视频、新一代移动通信、高性能计算机及网络设备等信息产业群，加强信息资源开发和共享，推进信息技术的普及和应用。充分发挥中国特有的资源优势和技术优势，重点发展生物农业、生物医药、生物能源和生物化工等生物产业。加快发展民用航空、航天产业，推进民用飞机、航空发动机及机载系统的开发和产业化，进一步发展民用航天技术和卫星技术。积极发展新材料产业，支持开发具有技术特色以及可发挥中国比较优势的光电子材料、高性能结构和新型特种功能材料等产品。

（五）提高服务业比重，优化服务业结构，促进服务业全面快速发展

坚持市场化、产业化、社会化的方向，加强分类指导和有效监管，进一步创新、完善服务业发展的体制和机制，建立公开、平等、规范的行业准入制度。发展竞争力较强的大型服务企业集团，大城市要把发展服务业放在优先地位，有条件的要逐步形成服务经济为主的产业结构。增加服务品种，提高服务水平，增强就业能力，提升产业素质。大力发展金融、保险、物流、信息和法律服务、会计、知识产权、技术、设计、咨询服务等现代服务业，积极发展文化、旅游、社区服务等需求潜力大的产业，加快教育培训、养老服务、医疗保健等领域的改革和发展。规范和提升商贸、餐饮、住宿等传统服务业，推进连锁经营、特许经营、代理制、多式联

运、电子商务等组织形式和服务方式。

（六）大力发展循环经济，建设资源节约和环境友好型社会，实现经济增长与人口资源环境相协调

坚持开发与节约并重、节约优先的方针，按照减量化、再利用、资源化原则，大力推进节能节水节地节材，加强资源综合利用，全面推行清洁生产，完善再生资源回收利用体系，形成低投入、低消耗、低排放和高效率的节约型增长方式。积极开发推广资源节约、替代和循环利用技术和产品，重点推进钢铁、有色、电力、石化、建筑、煤炭、建材、造纸等行业节能降耗技术改造，发展节能省地型建筑，对消耗高、污染重、危及安全生产、技术落后的工艺和产品实施强制淘汰制度，依法关闭破坏环境和不具备安全生产条件的企业。调整高耗能、高污染产业规模，降低高耗能、高污染产业比重。鼓励生产和使用节约性能好的各类消费品，形成节约资源的消费模式。大力发展环保产业，以控制不合理的资源开发为重点，强化对水资源、土地、森林、草原、海洋等的生态保护。

（七）优化产业组织结构，调整区域产业布局

提高企业规模经济水平和产业集中度，加快大型企业发展，形成一批拥有自主知识产权、主业突出、核心竞争力强的大公司和企业集团。充分发挥中小企业的作用，推动中小企业与大企业形成分工协作关系，提高生产专业化水平，促进中小企业技术进步和产业升级。充分发挥比较优势，积极推动生产要素合理流动和配置，引导产业集群化发展。西部地区要加强基础设施建设和生态环境保护，健全公共服务，结合本地资源优势发展特色产业，增强自我发展能力。东北地区要加快产业结构调整和国有企业改革改组改造，发展现代农业，着力振兴装备制造业，促进资源枯竭型城市转型。中部地区要抓好粮食主产区建设，发展有比较优势的能源和制造业，加强基础设施建设，加快建立现代市场体系。东

部地区要努力提高自主创新能力,加快实现结构优化升级和增长方式转变,提高外向型经济水平,增强国际竞争力和可持续发展能力。从区域发展的总体战略布局出发,根据资源环境承载能力和发展潜力,实行优化开发、重点开发、限制开发和禁止开发等有区别的区域产业布局。

(八)实施互利共赢的开放战略,提高对外开放水平,促进国内产业结构升级

加快转变对外贸易增长方式,扩大具有自主知识产权、自主品牌的商品出口,控制高能耗高污染产品的出口,鼓励进口先进技术设备和国内短缺资源。支持有条件的企业"走出去",在国际市场竞争中发展壮大,带动国内产业发展。提高加工贸易的产业层次,增强国内配套能力。大力发展服务贸易,继续开放服务市场,有序承接国际现代服务业转移。提高利用外资的质量和水平,着重引进先进技术、管理经验和高素质人才,注重引进技术的消化吸收和创新提高。吸引外资能力较强的地区和开发区,要着重提高生产制造层次,并积极向研究开发、现代物流等领域拓展。

四、中国产业结构调整指导目录

(一)产业结构调整指导目录的定位与形成

《促进产业结构调整暂行规定》规定,《产业结构调整指导目录》是引导投资方向,政府管理投资项目,制定和实施财税、信贷、土地、进出口等政策的重要依据。《产业结构调整指导目录》由发展改革委会同国务院有关部门依据国家有关法律法规制定,经国务院批准后公布。根据实际情况,需要对《产业结构调整指导目录》进行部分调整时,由发展改革委会同国务院有关部门适时修订并公布。《产业结构调整指导目录》原则上适用于中国境内的各类企业。其中外商投资按照《外商投资产业指导目录》执行。《产业结构调整指导目录》是修订《外商投资产业指导目

录》的主要依据之一。《产业结构调整指导目录》淘汰类适用于外商投资企业。《产业结构调整指导目录》和《外商投资产业指导目录》执行中的政策衔接问题由发展改革委会同商务部研究协商。

(二)产业结构调整目录的类别及确定原则

《促进产业结构调整暂行规定》规定,《产业结构调整指导目录》由鼓励、限制和淘汰三类目录组成。不属于鼓励类、限制类和淘汰类,且符合国家有关法律、法规和政策规定的,为允许类。允许类不列入《产业结构调整指导目录》。鼓励类主要是对经济社会发展有重要促进作用,有利于节约资源、保护环境、产业结构优化升级,需要采取政策措施予以鼓励和支持的关键技术、装备及产品。确定鼓励类产业指导目录原则:一是国内具备研究开发、产业化的技术基础,有利于技术创新,形成新的经济增长点;二是当前和今后一个时期有较大的市场需求,发展前景广阔,有利于提高短缺商品的供给能力,有利于开拓国内外市场;三是有较高技术含量,有利于促进产业技术进步,提高产业竞争力;四是符合可持续发展战略要求,有利于安全生产,有利于资源节约和综合利用,有利于新能源和可再生能源开发利用、提高能源效率,有利于保护和改善生态环境;五是有利于发挥中国比较优势,特别是中西部地区和东北地区等老工业基地的能源、矿产资源与劳动力资源等优势;六是有利于扩大就业,增加就业岗位;七是法律、行政法规规定的其他情形。限制类主要是工艺技术落后,不符合行业准入条件和有关规定,不利于产业结构优化升级,需要督促改造和禁止新建的生产能力、工艺技术、装备及产品。按照以下原则确定限制类产业指导目录的原则:一是不符合行业准入条件,工艺技术落后,对产业结构没有改善;二是不利于安全生产;三是不利于资源和能源节约;四是不利于环境保护和生态系统的恢复;五是低水平重复建设比较严重,生产能力明显过剩;六是法律、行政法规规定的其他情形。淘汰类主要是不符合有关法律法规规定,严重浪费资源、污染环境、不具备安全生产条件,需要淘汰的落后工艺技术、装备及产品。按照以下原则确定淘汰类产业指导目录的原则:一是危及生产和人身安全,不具备安全生产条件;二是严重污染环境或严重破坏生态环境;三是产品质量低于国家规定或行业规定的最低标准;四是严重浪费资源、能源;五是法律、行政法规规定的其他情形。

（三）产业指导目录的审批、审核和备案

对鼓励类投资项目,按照国家有关投资管理规定进行审批、核准或备案;各金融机构应按照信贷原则提供信贷支持;在投资总额内进口的自用设备,除财政部发布的《国内投资项目不予免税的进口商品目录(2000年修订)》①所列商品外,继续免征关税和进口环节增值税,在国家出台不予免税的投资项目目录等新规定后,按新规定执行。对鼓励类产业项目的其他优惠政策,按照国家有关规定执行。

对属于限制类的新建项目,禁止投资。投资管理部门不予审批、核准或备案,各金融机构不得发放贷款,土地管理、城市规划和建设、环境保护、质检、消防、海关、工商等部门不得办理有关手续。凡违反规定进行投融资建设的,要追究有关单位和人员的责任。对属于限制类的现有生产能力,允许企业在一定期限内采取措施改造升级,金融机构按信贷原则继续给予支持。国家有关部门要根据产业结构优化升级的要求,遵循优胜劣汰的原则,实行分类指导。

对淘汰类项目,禁止投资。各金融机构应停止各种形式的授信支持,并采取措施收回已发放的贷款;各地区、各部门和有关企业要采取有力措施,按规定限期淘汰。在淘汰期限内国家价格主管部门可提高供电价格。对国家明令淘汰的生产工艺技术、装备和产品,一律不得进口、转移、生产、销售、使用和采用。对不按期淘汰生产工艺技术、装备和产品

---

① 该目录先后于2008年、2012年予以修订。

的企业,地方各级人民政府及有关部门要依据国家有关法律法规责令其停产或予以关闭,并采取妥善措施安置企业人员、保全金融机构信贷资产安全等;其产品属实行生产许可证管理的,有关部门要依法吊销生产许可证;工商行政管理部门要督促其依法办理变更登记或注销登记;环境保护管理部门要吊销其排污许可证;电力供应企业要依法停止供电。对违反规定者,要依法追究直接责任人和有关领导的责任。

上述有关产业结构调整的基本规定,为宏观调控职能部门主要以产业指导目录工具来调控经济,引导各类投资方向提供了基本的法律依据。其提出的产业调控目标也在随后的十几年中逐一实现。

第四节　特别产业政策调控的规定

如前所述,产业法是典型的政策法。其具体的表现就是中国改革开放以来,采取政策指导的方式,引导各产业按照宏观调控指引的方向发展,是中国宏观调控法治的一个重要的特点。在中国宏观调控法的实践中,具有重要的历史地位。在具体实践中,政策法的基本形态就是有关政策性文件的制定和实施。这些文件是有关宏观调控职能部门依法针对某一产业领域制定的,是某一产业领域发展的纲领性文件,因此,其不一定按照立法文件行文的规范要求出台。但是,一方面,政策文件要依法制定,不能和既有的宪法、法律相抵触;另一方面,政策文件中又会提出一些包括完善立法在内的法制建设的任务要求,为完善某一领域的产业法奠定了政策基础。体现了鲜明的中国特色。

一、农业产业发展的纲领性的中央"一号文件"

中央"一号文件"原指中共中央每年发的第一份文件。1949 年 10

月1日,中华人民共和国中央人民政府开始发布第一号文件。改革开放以来,“一号文件”已成为中共中央和国务院重视农村产业发展,重视农村问题的专有名词。为此,1982年至1986年,中共中央和国务院连续5年发布以解决农业、农村和农民“三农”问题为主题的中央一号文件,对中国农村改革和农业发展作出具体部署。2004年至2018年又连续15年发布以“三农”为主题的中央一号文件,强调了“三农”问题在中国的社会主义现代化建设中的重要地位。因此,中央“一号文件”是指导中国农村改革、发展及其法制建设的纲领性文件。并且,每年都有一个突出的主题,体现了国家对第一产业发展的基本路线、方针和政策。一号文件的陆续出台,反映了中国农业产业和农村改革40年来的发展路径。其简要情况见表14-1。

表14-1 中央中央、国务院“一号文件”发布情况

发布时间	文件名称	重点、要点
1982年1月1日	《全国农村工作会议纪要》	对迅速推开的农村改革进行了总结。文件明确指出包产到户、包干到户或大包干“都是社会主义生产责任制”,同时还说明它“不同于合作化以前的小私有的个体经济,而是社会主义农业经济的组成部分”
1983年1月2日	《当前农村经济政策的若干问题》	从理论上说明了家庭联产承包责任制“是在党的领导下中国农民的伟大创造,是马克思主义农业合作化理论在中国实践中的新发展”
1984年1月1日	《关于一九八四年农村工作的通知》	文件强调要继续稳定和完善联产承包责任制,规定土地承包期一般应在15年以上,生产周期长的和开发性的项目,承包期应当更长一些
1985年1月1日	《关于进一步活跃农村经济的十项政策》	取消了30年来农副产品统购派购的制度,对粮、棉等少数重要产品采取国家计划合同收购的新政策

续表

发布时间	文件名称	重点、要点
1986 年 1 月 1 日	《关于一九八六年农村工作的部署》	文件肯定了农村改革的方针政策是正确的，必须继续贯彻执行
2003 年 12 月 31 日（2004 年中央“一号文件”）	《关于促进农民增加收入若干政策的意见》	针对全国农民人均纯收入连续增长缓慢的情况提出具体措施
2004 年 12 月 31 日（2005 年中央“一号文件”）	《关于进一步加强农村工作提高农业综合生产能力若干政策的意见》	文件要求，坚持“多予少取放活”的方针，稳定、完善和强化各项支农政策。当前和今后一个时期，要把加强农业基础设施建设，加快农业科技进步，提高农业综合生产能力，作为一项重大而紧迫的战略任务，切实抓紧抓好
2005 年 12 月 31 日（2006 年中央“一号文件”）	《关于推进社会主义新农村建设的若干意见》	落实中共十六届五中全会提出的社会主义新农村建设的重大历史任务，提出具体政策措施
2006 年 12 月 31 日（2007 年中央“一号文件”）	《关于积极发展现代农业扎实推进社会主义新农村建设的若干意见》	文件要求，发展现代农业是社会主义新农村建设的首要任务，要用现代物质条件装备农业，用现代科学技术改造农业，用现代产业体系提升农业，用现代经营形式推进农业，用现代发展理念引领农业，用培养新型农民发展农业，提高农业水利化、机械化和信息化水平，提高土地产出率、资源利用率和农业劳动生产率，提高农业素质、效益和竞争力
2007 年 12 月 31 日（2008 年中央“一号文件”）	《关于切实加强农业基础建设进一步促进农业发展农民增收的若干意见》	加快构建强化农业基础的长效机制；切实保障主要农产品基本供给；突出抓好农业基础设施建设；着力强化农业科技和服务体系基本支撑；逐步提高农村基本公共服务水平；稳定完善农村基本经营制度和深化农村改革；扎实推进农村基层组织建设；加强和改善党对“三农”工作的领导

续表

发布时间	文件名称	重点、要点
2008年12月31日(2009年中央"一号文件")	《关于2009年促进农业稳定发展农民持续增收的若干意见》	加大对农业的支持保护力度;稳定发展农业生产;强化现代农业物质支撑和服务体系;稳定完善农村基本经营制度;推进城乡经济社会发展一体化
2009年12月31日(2010年中央"一号文件")	《关于加大统筹城乡发展力度进一步夯实农业农村发展基础的若干意见》	在保持政策连续性、稳定性的基础上,进一步完善、强化"三农"工作的好政策,提出了一系列新的重大原则和措施:对"三农"投入首次强调"总量持续增加、比例稳步提高";扩大了马铃薯良种补贴范围,新增了青稞良种补贴,实施花生良种补贴试点,把林业、牧业和抗旱、节水机械设备首次纳入补贴范围;首次提出要在3年内消除基础金融服务空白乡镇;拓展了农业发展银行支农领域,政策性资金将有更大的"三农"舞台;大幅度提高家电下乡产品的最高限价,允许各地根据实际增选一个品种纳入补贴范围,补贴对象也扩大到国有农林场区职工;增加产粮大县奖励补助资金,提高产粮大县人均财力水平,有利于提高全国800个产粮大县的种粮积极性,以维护中国粮食安全
2010年12月31日(2011年中央"一号文件")	《关于加快水利改革发展的决定》	中华人民共和国成立62年来中央文件首次对水利工作进行全面部署
2011年12月31日(2012年中央"一号文件")	《关于加快推进农业科技创新持续增强农产品供给保障能力的若干意见》	突出强调部署农业科技创新,把推进农业科技创新作为"三农"工作的重点

续表

发布时间	文件名称	重点、要点
2012年12月31日（2013年中央“一号文件”）	《关于加快发展现代农业，进一步增强农村发展活力的若干意见》	对过去10年中国的农业农村工作进行了总结，突出强调围绕现代农业建设，充分发挥基本经营制度优越性，着力构建新型农业经营体系。鼓励和支持承包土地向专业大户、家庭农场、农民合作社流转。其中，“家庭农场”的概念是首次在中央一号文件中出现。鼓励和引导城市工商资本到农村发展适合企业化经营的种养业
2014年1月19日	《关于全面深化农村改革加快推进农业现代化的若干意见》	完善国家粮食安全保障体系；强化农业支持保护制度；建立农业可持续发展长效机制；深化农村土地制度改革；构建新型农业经营体系；加快农村金融制度创新；健全城乡发展一体化体制机制；改善乡村治理机制。进一步解放思想，稳中求进，改革创新，坚决破除体制机制弊端，坚持农业基础地位不动摇，加快推进农业现代化
2015年2月1日	《关于加大改革创新力度加快农业现代化建设的若干意见》	围绕建设现代农业，加快转变农业发展方式；围绕促进农民增收，加大惠农政策力度；围绕城乡发展一体化，深入推进新农村建设；围绕增添农村发展活力，全面深化农村改革；围绕做好“三农”工作，加强农村法治建设
2016年1月27日	《关于落实发展新理念加快农业现代化实现全面小康目标的若干意见》	持续夯实现代农业基础，提高农业质量效益和竞争力；加强资源保护和生态修复，推动农业绿色发展；推进农村产业融合，促进农民收入持续较快增长；推动城乡协调发展，提高新农村建设水平；深入推进农村改革，增强农村发展内生动力；加强和改善党对“三农”工作指导
2016年12月31日（2017年中央“一号文件”）	《关于深入推进农业供给侧结构性改革加快培育农业农村发展新动能的若干意见》	优化产品产业结构，着力推进农业提质增效；推行绿色生产方式，增强农业可持续发展能力；壮大新产业新业态，拓展农业产业链价值链；强化科技创新驱动，引领现代农业加快发展；补齐农业农村短板，夯实农村共享发展基础；加大农村改革力度，激活农业农村内生发展动力

续表

发布时间	文件名称	重点、要点
2018 年 1 月 2 日	《关于实施乡村振兴战略的意见》	提升农业发展质量，培育乡村发展新动能；推进乡村绿色发展，打造人与自然和谐共生发展新格局；繁荣兴盛农村文化，焕发乡风文明新气象；加强农村基层基础工作，构建乡村治理新体系；提高农村民生保障水平，塑造美丽乡村新风貌；打好精准脱贫攻坚战，增强贫困群众获得感；推进体制机制创新，强化乡村振兴制度性供给；汇聚全社会力量，强化乡村振兴人才支撑；开拓投融资渠道，强化乡村振兴投入保障等内容。文件提出，走中国特色社会主义乡村振兴道路，让农业成为有奔头的产业，让农民成为有吸引力的职业，让农村成为安居乐业的美丽家园。文件确定了实施乡村振兴战略的目标任务：到 2020 年，乡村振兴取得重要进展，制度框架和政策体系基本形成；到 2035 年，乡村振兴取得决定性进展，农业农村现代化基本实现；到 2050 年，乡村全面振兴，农业强、农村美、农民富全面实现

表 14－1 表明，从改革开放到 2018 年，在 40 年的改革开放时期，中共中央、国务院先后发布 20 个“一号文件”。在不同的年代背景下，中央一号文件各有侧重，反映了不同年代中国农村改革和农业发展的重点，准确把握保护农民物质利益、尊重农民民主权利、不断解放和发展社会生产力的改革主线，加速了城乡协调发展的历史进程。从文件的内容上看，既有政策的阐述，也有具体任务的安排。

二、专项与综合发展政策的规定和指引

（一）专项发展政策的规定

在国家产业政策法治化进程中，直接以“政策”命名的法规是一种特殊的法律形态，值得关注。这一类政策性文件反映了特定时期国家对重要产业的重视及政策调整状况，是宏观调控法实践的体现。以下，以

两项重要的专项发展政策法规为例，予以阐述。

1. 水泥工业产业发展政策的规定

2006年10月17日，国家发展和改革委员会报经国务院批准发布《水泥工业产业发展政策》，自发布之日起施行。该文件共6章27条，就水泥工业产业政策目标、产业发展重点、产业技术政策、产业组织政策、投资管理政策和发展保障政策作出了明确的规定。从文件的形式来看，该文件应该属于政府的规范性文件，但其对于中国水泥工业当时及今后的发展影响很大。该项政策预期目的实现期为2020年。

2. 汽车产业发展政策的规定

1994年发展市场经济之初，国家发展和改革委员会为促进汽车产业的发展，颁发了《汽车工业产业政策》，以指导中国汽车产业的发展。为适应不断完善社会主义市场经济体制的要求以及加入世贸组织后国内外汽车产业发展的新形势，推进汽车产业结构调整和升级，全面提高汽车产业国际竞争力，满足消费者对汽车产品日益增长的需求，促进汽车产业健康发展，经国务院批准，国家发展和改革委员会于2004年颁发了新的《汽车产业发展政策》，自2004年5月21日起实施。该政策的预期是通过新政策的实施，使中国汽车产业在2010年前发展成为国民经济的支柱产业，为实现全面建成小康社会的目标做出更大的贡献。新的《汽车产业发展政策》共包括13章78条。内容包括政策目标、发展规划、技术政策、结构调整、准入管理、商标品牌、产品开发、零部件及相关产业、营销网络、投资管理、进口管理、汽车消费、其他。对比现实，经过24年的发展，在《汽车产业发展政策》的调控下，汽车已经进入中国家庭的千家万户,[①]汽车产业已经成为国民经济的支柱产业。《汽车产业发展政策》的目标已经达到。该政策对于促进和规范中国汽车产业的发展功不可没。该项政策预期目标的实现期为 2010 年,至 2009 年略有微调。此后,几乎每年都有新的政策出台。例如,国务院于 2016 年出台了《关于促进二手车便利交易的若干意见》;又如,人民银行和银监会于 2017 年出台了《关于调整汽车贷款政策的通知》等。

(二)产业指导意见对产业发展的指引

改革开放以来,宏观调控职能部门以"指导意见"的方式,规制或引导产业发展是实现宏观调控目标的重要形式。这种"指导意见"的基本特征是:既有专门针对某一产业或行业的政策指导,也有综合性的政策指引;既有年度性指导,也有较长时期的指导;既有对产业的目标要求和行为规制,也有笼统的政策指导;既有由单独机关单独发文的形式,也有几个部门联合发文的形式;既有政府部门依法发文的形式,也有党政机关联合发文的形式。从发文的主体层次来看,首先是中共中央和国务院的国家最高决策,其次是国务院各职能部门依职权履行职责。这些指导意见是中国产业法宏观调控的重要组成部分。根据中国产业政策网统计的信息,这类指导意见每年在 30 ~ 40 件,体现了宏观调控的阶段性特征及其相机抉择属性。它们是产业法的重要表现。以 2018 年为例,国家颁布的各类产业指导意见,详细情况见表 14 - 2。

---

① 据前瞻产业研究院《中国汽车行业市场前瞻与投资分析报告》显示,1995 年,中国私人汽车拥有量为 249.96 万辆;到 2013 年首次突破 1 亿辆;至 2016 年达到 16,559 万辆。参见《中国私家车发展迅猛》,载河南顺风车联盟:https://mp.weixin.qq.com/s?__biz=MzI2OTY0OTQ4Ng%3D%3D&idx=1&mid=2247484380&sn=8d09457d5bfedaffe69642352a557820,最后访问日期:2018 年 5 月 22 日。

表 14－2　2018 年国家发布的产业发展指导意见

序号	制定机关	文件名称	发布时间
1	国务院办公厅	关于推进电子商务与快递物流协同发展的意见	2018 年 1 月 23 日
2	国务院办公厅	关于推进农业高新技术产业示范区建设发展的指导意见	2018 年 1 月 29 日
3	中国银行业监督管理委员会、中国人民银行、中国证券监督管理委员会、中国保险监督管理委员会、国家外汇管理局	关于进一步支持商业银行资本工具创新的意见	2018 年 3 月 12 日
4	国务院办公厅	关于改革完善全科医生培养和使用激励机制的意见	2018 年 1 月 24 日
5	中共中央、国务院	关于实施乡村振兴战略的意见	2018 年 1 月 2 日
6	国务院办公厅	关于促进全域旅游发展的指导意见	2018 年 3 月 22 日
7	国务院办公厅	关于改革完善仿制药供应保障及使用的政策的意见	2018 年 4 月 3 日
8	国家发展和改革委员会、财政部、商务部、人民银行、中国银行保险监督管理委员会、中国证券监督管理委员会	关于引导对外投融资基金健康发展的意见	2018 年 4 月 10 日

续表

序号	制定机关	文件名称	发布时间
9	国家发展和改革委员会、科技部、工业和信息化部、司法部、财政部、国务院国有资产监督管理委员会、国家市场监督管理总局、国家知识产权局	关于促进首台(套)重大技术装备示范应用的意见	2018年4月11日
10	国务院办公厅	关于促进“互联网+医疗健康”发展的意见	2018年4月28日
11	中共中央、国务院	关于打赢脱贫攻坚战三年行动的指导意见	2018年6月15日
12	中国人民银行、中国银行保险监督管理委员会、中国证券监督管理委员会、国家发展和改革委员会、财政部	关于进一步深化小微企业金融服务的意见	2018年6月23日
13	商务部、外交部、国家发展和改革委员会、工业和信息化部、财政部、生态环境部、交通运输部、农业农村部、文化和旅游部、国家卫生健康委员会、中国人民银行、海关总署、税务总局、市场监管总局、国际发展合作署、国家能源局、国家林业和草原局、国家外汇管理局、国家药品监督管理局、国家知识产权局	关于扩大进口促进对外贸易平衡发展的意见	2018年7月2日

续表

序号	制定机关	文件名称	发布时间
14	国家发展和改革委员会、教育部、科技部、工业和信息化部、公安部、民政部、财政部、人力资源和社会保障部、自然资源部、住房建设部、交通运输部、农业农村部、商务部、中国人民银行、国家市场监督管理总局、国家统计局、全国总工会	关于大力发展实体经济积极稳定和促进就业的指导意见	2018 年 7 月 1 日
15	国家卫生健康委员会国家中药管理局	关于坚持以人民健康为中心推动医疗服务高质量发展的意见	2018 年 8 月 7 日
16	教育部、财政部、国家发展和改革委员会	关于高等学校加快“双一流”建设的指导意见	2018 年 8 月 8 日
17	国务院	关于推动创新创业高质量发展打造“双创”升级版的意见	2018 年 9 月 26 日
18	工业和信息化部	关于工业通信业标准化工作服务于“一带一路”建设的实施意见	2018 年 11 月 5 日
19	中共中央、国务院	关于学前教育深化改革规范发展的若干意见	2018 年 11 月 7 日
20	中国人民银行、中国银行保险监督管理委员会、中国证券监督管理委员会	关于完善系统重要性金融机构监管的指导意见	2018 年 11 月 27 日

续表

序号	制定机关	文件名称	发布时间
21	农业农村部、国家发展和改革委员会、科技部、工业和信息部、财政部、商务部、国家卫生健康委员会、国家市场监督管理总局、中国银行保险监督管理委员会	关于进一步促进奶业振兴的若干意见	2018年12月24日
22	中国银行保险监督管理委员会	关于规范银行业金融机构异地非持牌机构的指导意见	2018年12月28日
23	交通运输部办公厅	关于推进乡镇运输服务站建设和加快完善农村物流网络节点体系的意见	2018年12月29日

上述情况表明,2018年国家出台的重要的产业指导意见共23件,平均每月5.2件。其中,以中共中央、国务院名义出台的3件,以国务院名义出台的1件,以中共中央办公厅、国务院办公厅名义出台的6件,由职能部门单独出台3件,相关部门联合发布的10件。所涉及的内容均是2018年涉及的产业发展热点问题。一些政策涉及产业发展的新问题,典型的如推进"快速物流""全域旅游""互联网+医疗健康"等。

第五节　产业损害调查的规定

2001年中国"入世",按照世界贸易组织规则要求,中国建立产业损害调查制度,并出台了相应的规定,为产业损害调查提供了法律依据。

一、保障措施产业损害调查规定

2003年9月29日，为规范保障措施产业损害调查，根据《保障措施条例》[①]，商务部审议通过《保障措施产业损害调查规定》，于2003年10月17日公布，自公布之日起30日后施行。该规定施行之日，原国家经贸委颁布的《保障措施产业损害调查与裁决规定》（国家经贸委令〔2002〕第47号）同时废止。按照《保障措施产业损害调查规定》，依据保障措施条例进行的保障措施产业损害调查相关活动，适用该规定。商务部负责保障措施产业损害的调查。涉及农产品的保障措施产业损害调查，由商务部会同农业部进行。

在损害的认定方面，《保障措施产业损害调查规定》规定，损害是指由于进口产品数量增加，对生产同类产品或者直接竞争产品的国内产业造成严重损害或者严重损害威胁。其中，严重损害是国内产业受到的全面的和重大的减损。严重损害威胁是明显迫近的严重损害，如果不采取措施将导致严重损害的发生。在确定进口产品数量增加对国内产业造成的严重损害或严重损害威胁时，应当考虑的因素：一是进口产品增长情况，包括进口产品的绝对和相对增长率和增长量；二是增加的进口产品在国内市场中所占的份额；三是进口产品对国内产业的影响，包括对国内产业在产量、销售水平、市场份额、生产率、设备利用率、利润与亏

---

① 《保障措施条例》经2001年10月31日国务院第46次常务会议通过，根据2004年3月31日国务院《关于修改〈中华人民共和国保障措施条例〉的决定》修订，自2004年6月1日起施行。该条例规定，进口产品数量增加，并对生产同类产品或者直接竞争产品的国内产业造成严重损害或者严重损害威胁的，依照该条例的规定进行调查，采取保障措施。与国内产业有关的自然人、法人或者其他组织，可以依照该条例的规定，向对外贸易经济合作提出采取保障措施的书面申请。对外经贸部应当及时对申请人的申请进行审查，决定立案调查或者不立案调查。经过调查，如果裁决确定进口产品数量增加，并由此对国内产业造成损害的，可以采取提高关税、数量限制等形式的保障措施。

损、就业等方面的影响;四是造成国内产业损害的其他因素。对严重损害威胁的确定,应当依据事实,审查被调查产品出口国的生产能力、库存情况、出口能力和对中国出口继续增加的可能性等因素,而不得仅依据指控、推测或者极小的可能性。商务部在确定进口增长对国内产业的影响时,应当依据确实的证据,客观、综合地评估影响国内产业状况的各种可量化的指标,而不得仅根据个别指标作出裁决。同类产品,是指与被调查进口产品相同的产品;没有相同产品的,以与被调查进口产品的特性最相似的产品为同类产品。直接竞争产品,是指与被调查进口产品虽然不是同类产品,但是与被调查进口产品具有相近的用途和较强的可替代性,且具有直接竞争关系的产品。在确定同类产品和直接竞争产品时,可以考虑的因素:产品的物理特征、化学性能、生产设备和工艺、产品用途、产品的可替代性、消费者和生产者的评价、销售渠道、价格等。商务部在进行产业损害调查时,应当为进口产品的使用者、消费者等提供陈述意见、提交证据的机会。保障措施案件的产业损害调查期通常为立案调查开始前的3至5年。①

在产业损害调查方面,利害关系方申请参加保障措施产业损害调查活动的,应当自保障措施调查立案公告发布之日起20日内向商务部提出参加调查活动的申请,办理有关登记。同时,可以对保障措施产业损害调查中的产业损害发表意见,提供相应证据。利害关系方包括的范围:一是被调查产品的外国(地区)生产者、出口经营者、国内进口经营者,或者该产品生产者、出口经营者、进口经营者的行业组织或者其他组织;二是被调查产品的原产国(地区)、出口国(地区)的政府及其代表;三是国内同类产品的生产者、经营者,或者该产品生产者、经营者的行业组织或者其他组织;四是其他。利害关系方参加调查活动,应当出具相关身份证明。利害关系方为企业或者其他组织的,应当出具营业执照等

---

① 《保障措施产业损害调查规定》第4~10条。

登记证明、法定代表人身份证明。委托代理人参加调查活动的，应当出具代理人身份证明及授权委托书；委托律师作代理人的，应当委托中国律师事务所及中国执业律师，并应当出具授权委托书、律师事务所营业执照、律师执业证明。商务部保障措施产业损害调查的对象包括国内生产者、国内进口经营者、国内购买者、国内最终消费者、国外出口经营者、国外生产者等。商务部认为有必要的，可以聘请有关产业、财会、经贸、法律等方面的专家提供咨询意见。有关专家应当承担相应的保密责任。商务部采取问卷、抽样、听证、技术鉴定、实地核查等调查方式进行产业损害调查。商务部向利害关系方发放的调查问卷包括国内生产者调查问卷，国内进口商调查问卷，国内用户调查问卷，国外生产者、国外出口商调查问卷或者其他类型的调查问卷。利害关系方应当按问卷规定的方式和时间返回答卷。如需延期，应当在答卷截止日期的 7 日前向商务部提出书面申请并说明理由。是否同意延期，由商务部决定。商务部可以对利害关系方进行实地核查。实地核查前，应当将核查的主要目的和内容提前通知有关利害关系方。应利害关系方请求或者根据调查需要，经有关国家（地区）同意，商务部可以派出人员赴该国家（地区）对有关产品的生产能力、投资扩产、库存、原产或转口及企业间的关联关系等情况进行调查。商务部可以要求利害关系方按照规定提交或者补充书面材料，利害关系方也可以主动向商务部提交书面材料。应利害关系方的请求，或者商务部认为有必要的，可以举行产业损害听证。参加产业损害调查的利害关系方认为其所提供的资料及相关证据有必要保密的，应当在提交资料的同时向商务部提交该资料的非保密概要，或者分别提交该资料的保密文本和公开文本。参加产业损害调查的利害关系方不提供资料及相关证据的非保密概要或公开文本的，或者不提交非保密概要或公开文本理由不充分的，商务部可以对该资料不予考虑。商务部如果认为提供的资料不需要保密时，可以要求利害关系方撤销保密申请。在产业损害调查过程中，应诉产业损害调查的利害关系方应当如实反映情况,提供有关资料。利害关系方不如实反映情况、提供有关资料的,或者没有在合理时间内提供必要信息的,或者以其他方式严重妨碍调查的,商务部可以根据已经获得的事实和可获得的最佳信息作出裁定。[①]

二、反倾销产业损害调查规定

为规范反倾销产业损害调查,根据《反倾销条例》[②],2003 年 9 月 29 日经商务部审议通过《反倾销产业损害调查规定》,该规定于 2003 年 10 月 17 日公布,自公布之日起 30 日后施行。规定施行之日,原国家经贸委颁布的《反倾销产业损害调查与裁决规定》(国家经贸委令〔2002〕第 45 号)同时废止。根据《反倾销产业损害调查规定》,依据反倾销条例进行的反倾销产业损害调查相关活动,适用该规定。商务部负责反倾销产业损害的调查。涉及农产品的反倾销产业损害调查,由商务部会同农业部进行。

在损害的认定方面,《反倾销产业损害调查规定》规定,损害,是指倾销对已经建立的国内产业造成实质损害或者产生实质损害威胁,或者对建立国内产业造成实质阻碍。实质损害是指对国内产业已经造成的、不可忽略的损害。实质损害威胁是指对国内产业尚未造成实质损害,但有证据表明如果不采取措施将导致国内产业实质损害发生的明显可预见和迫近的情形。实质阻碍是对国内产业未造成实质损害或者实质损

---

① 《保障措施产业损害调查规定》第 11 ~25 条。

② 《反倾销条例》经 2001 年 10 月 31 日国务院第 46 次常务会议通过,根据 2004 年 3 月 31 日国务院《关于修改〈中华人民共和国反倾销条例〉的决定》修订,以国务院令第 401 号发布,自 2004 年 6 月 1 日起施行。根据该条例规定,进口产品以倾销方式进入中华人民共和国市场,并对已经建立的国内产业造成实质损害或者产生实质损害威胁,或者对建立国内产业造成实质阻碍的,依照该条例的规定进行调查,采取反倾销措施。国内产业或者代表国内产业的自然人、法人或者有关组织,可以依照该条例的规定向外经贸部提出反倾销调查的书面申请。经过反倾销调查成立的,可以采取价格承诺和征收反倾销税措施。

害威胁,但严重阻碍了国内产业的建立。在确定倾销对国内产业造成的损害时,应当审查的事项:一是倾销进口产品的数量和倾销进口产品对国内同类产品价格的影响;二是倾销进口产品对国内产业的影响。对倾销进口产品数量的审查,应包括倾销进口产品的绝对数量是否大量增加,或相对于国内同类产品生产或消费数量是否大量增加;审查倾销进口产品对国内同类产品价格的影响,应考察与国内同类产品价格相比,倾销进口产品是否大幅削价销售,或者倾销进口产品是否大幅压低国内同类产品价格,或在很大程度上抑制国内同类产品本应发生的价格增长。审查倾销进口产品对国内产业的影响,应包括对影响国内产业状况的所有有关经济因素和指标的评估,包括销售、利润、产量、市场份额、生产率、投资收益状况或设备利用率存在的实际或潜在的下降;影响国内价格的因素;倾销幅度的大小;现金流、库存、就业、工资、产业增长、筹资或投资能力受到的实际或潜在的负面影响。实质损害威胁应当根据明显可预见和迫近的情形来判断,并且如果不采取措施,实质损害将会发生。对实质损害威胁的确定,应当依据事实,不得仅依据指控、推测或者极小的可能性。确定实质损害威胁,还应审查但不限于的因素:一是表明进口很可能发生实质增长的倾销产品进口的大幅增长率;二是出口商可充分自由使用的、或即将实质增加的能力,表明进入进口成员市场的倾销出口可能发生实质增长。在采用这一指标时应考虑是否存在其他出口市场吸收任何额外的出口;三是进口产品是否正以将大幅压低或抑制国内同类产品价格的价格进口,并且将很可能导致对进口产品需求的增加;四是被调查产品的库存情况。确定对建立国内产业的实质阻碍,除了前述因素外,还应审查但不限于的因素:一是国内产业的建立或筹建情况;二是国内需求的增长情况及其影响;三是倾销进口产品对国内市场状况的影响;四是倾销进口产品的后续生产能力和在国内市场的发展趋势。同类产品,是指与倾销进口产品相同的产品;没有相同产品的,以与倾销进口产品的特性最相似的产品为同类产品。在确定同类产品时,可以考虑的因素:产品的物理特征、化学性能、生产设备和工艺、产品用途、产品的可替代性、消费者和生产者的评价、销售渠道、价格等。倾销进口产品对国内产业的影响,应当根据对国内同类产品生产的单独界定进行评估。如果根据生产工艺、生产者的销售和利润等标准不能对国内同类产品的生产与其他产品的生产分别界定,则可以根据包括国内同类产品在内的最窄产品组或产品范围的产品生产来确定进口倾销产品的影响,只要这种产品组或产品范围能够提供足够的信息。在确定国内产业时,应当考虑中国国内同类产品的全部生产者,或者其总产量占国内同类产品全部总产量的主要部分的生产者;但是,国内生产者与出口经营者或者进口经营者有关联,或者其本身就是倾销产品的进口经营者的,可以排除在国内产业之外。规定所称有关联,是指其中的一方直接或者间接地控制或影响另一方,或者双方直接或者间接地受第三方的控制或影响,或者双方共同直接地或者间接地影响第三方等情形。在确定区域产业时,应当考虑的因素:一是生产者在该区域市场出售全部或者几乎全部其所生产的同类产品;二是该区域市场的需求不是或者大部分不是由国内其他区域范围的同类产品的生产者提供;三是其他因素。倾销进口产品来自两个以上国家(地区),并且同时满足下列条件的,可以就倾销进口产品对国内产业造成的影响进行累积评估:一是来自每一国家(地区)的倾销进口产品的倾销幅度不小于2%,并且其进口量不属于可忽略不计的;二是根据倾销进口产品之间以及倾销进口产品与国内同类产品之间的竞争条件,进行累积评估是适当的。规定所称可忽略不计,是指来自一个国家(地区)的倾销进口产品的数量占同类产品总进口量的比例低于3%;但是,低于3%的若干国家(地区)的总进口量超过同类产品总进口量7%的除外。在进行累积评估时,可以考虑的因素:一是来自不同国家(地区)的倾销进口产品对国内产业损害的持续性和可能性等情况;二是来自不同国家(地区)的倾销进口产品与国内同类产品之间的可替代程度,包括特定客户的要求及产品质量等相关因素;

三是来自不同国家(地区)的倾销进口产品和国内同类产品在同一地区的市场上的销售价格、卖方报价和实际成交价格;四是来自不同国家(地区)的倾销进口产品和国内同类产品是否存在相同或者相似的销售渠道,是否在市场上同时出现;五是倾销进口产品之间以及倾销进口产品与国内同类产品之间的其他竞争条件;六是其他因素。商务部在进行产业损害调查时,应当为倾销进口产品的使用者、消费者等提供陈述意见、提交证据的机会。反倾销案件的产业损害调查期通常为立案调查开始前的3~5年。①

在产业损害调查方面,利害关系方申请应诉产业损害调查的,应当自反倾销调查立案公告发布之日起20日内向商务部提出应诉申请,办理应诉登记;同时应提供产业损害调查期内应诉申请人的生产能力、产量、库存以及在建和扩建的计划;向中国出口该产品的数量及金额;进口经营者进口的数量及金额等情况。利害关系方包括的范围:一是被调查产品的外国(地区)生产者、出口经营者、国内进口经营者,或者该产品生产者、出口经营者、进口经营者的行业组织或者其他组织;二是被调查产品的原产国(地区)、出口国(地区)的政府及其代表;三是国内同类产品的生产者、经营者,或者该产品生产者、经营者的行业组织或者其他组织;四是其他。利害关系方参加调查活动,应当出具相关身份证明。利害关系方为企业或者其他组织的,应当出具营业执照等登记证明、法定代表人身份证明。委托代理人参加调查活动的,应当出具代理人身份证明及授权委托书;委托律师作代理人的,应当委托中国律师事务所及中国执业律师,并应当出具授权委托书、律师事务所营业执照、律师执业证明。商务部反倾销产业损害调查的对象包括国内生产者、国内进口经营者、国内购买者、国内最终消费者、国外出口经营者、国外生产者等。商务部认为有必要的,可以聘请有关产业、财会、经贸、法律等方面的专家

① 《反倾销产业损害调查规定》第4~18条。

提供咨询意见。有关专家应当承担相应的保密责任。商务部采取问卷、抽样、听证、技术鉴定、实地核查等调查方式进行产业损害调查。商务部向利害关系方发放的调查问卷包括国内生产者调查问卷,国内进口商调查问卷,国外生产者、国外出口商调查问卷或者其他类型的调查问卷。利害关系方应按问卷规定的方式和时间返回答卷。如需延期,应当在答卷截止日期的7日前向商务部提出书面申请并说明理由。是否同意延期,由商务部决定。商务部可以对利害关系方进行实地核查。实地核查前,应当将核查的主要目的和内容提前通知有关利害关系方。应利害关系方请求或者根据调查需要,经有关国家(地区)同意,商务部可以派出人员赴该国家(地区)对有关产品的生产能力、投资扩产、库存、原产或转口及企业间的关联关系等情况进行调查。商务部可以要求利害关系方按照规定提交或者补充书面材料,利害关系方也可以主动向商务部提交书面材料。应利害关系方的请求,或者商务部认为有必要的,可以举行产业损害听证。应诉产业损害调查的利害关系方认为其所提供的资料及相关证据有必要保密的,应当在提交资料的同时向商务部提交该资料的非保密概要,或者分别提交该资料的保密文本和公开文本。非保密概要和公开文本应当合理表达保密信息的实质内容。未表达实质内容的,商务部可以要求其补充相关内容和证据资料。应诉产业损害调查的利害关系方不提供资料及相关证据的非保密概要或公开文本的,或者不提交非保密概要或公开文本理由不充分的,商务部可以对该资料不予考虑。商务部如果认为提供的资料不需要保密时,可以要求利害关系方撤销保密申请。在产业损害调查过程中,应诉产业损害调查的利害关系方应当如实反映情况,提供有关资料。利害关系方不如实反映情况、提供有关资料的,或者没有在合理时间内提供必要信息的,或者以其他方式严重妨碍调查的,商务部可以根据已经获得的事实和可获得的最佳信息作出裁定。[①]

三、反补贴产业损害调查规定

为规范反补贴产业损害调查，根据《反补贴条例》，[②]2003 年 9 月 29 日商务部审议通过《反补贴产业损害调查规定》，该规定于 2003 年 10 月 17 日公布，自公布之日起 30 日后施行。该规定施行之日，原国家经贸委颁布的《反补贴产业损害调查与裁决规定》（国家经贸委令〔2002〕第 46 号）同时废止。依据《反补贴条例》进行的反补贴产业损害调查相关活动，适用该规定。商务部负责反补贴产业损害的调查。涉及农产品的反补贴产业损害调查，由商务部会同农业部进行。

在损害的认定方面，根据《反补贴产业损害调查规定》，损害是指补贴对已经建立的国内产业造成实质损害或者产生实质损害威胁，或者对建立国内产业造成实质阻碍。实质损害，是指对国内产业已经造成的、不可忽略的损害。实质损害威胁，是指对国内产业尚未造成实质损害，但有证据表明如果不采取措施将导致国内产业实质损害发生的明显可预见和迫近的情形。对建立国内产业的实质阻碍是指阻碍尚未建立的国内产业的形成和发展，致使该产业无法建立。在确定补贴对国内产业造成的损害时，应当审查的事项：一是补贴进口产品的数量和补贴进口产品对国内同类产品价格的影响；二是补贴进口产品对国内产业的影

---

① 《反倾销产业损害调查规定》第 19 ~33 条。

② 《反补贴条例》经 2001 年 10 月 31 日国务院第 46 次常务会议通过，根据 2004 年 3 月 31 日《国务院关于修改〈中华人民共和国反补贴条例〉的决定》修订，自 2004 年 6 月 1 日起施行。根据该条例规定，进口产品存在补贴，并对已经建立的国内产业造成实质损害或者产生实质损害威胁，或者对建立国内产业造成实质阻碍的，依照该条例的规定进行调查，采取反补贴措施。国内产业或者代表国内产业的自然人、法人或者有关组织，可以依照该条例的规定向外经贸部提出反补贴调查的书面申请。如果调查成立，对外经贸部门可以采取价格承诺和征收反补贴税等措施。

响。对补贴进口产品数量的审查,应包括补贴进口产品的绝对数量是否大量增加,或相对于国内同类产品生产或消费数量是否大量增加;审查补贴进口产品对国内同类产品价格的影响,应考察与国内同类产品价格相比,补贴进口产品是否大幅削价销售,或者补贴进口产品是否大幅压低国内同类产品价格,或在很大程度上抑制国内同类产品本应发生的价格增长。审查补贴进口产品对国内产业的影响,应包括对影响国内产业状况的所有有关经济因素和指标的评估,包括销售、利润、产量、市场份额、生产率、投资收益状况或设备利用率存在的实际或潜在的下降;影响国内价格的因素;补贴幅度的大小;现金流、库存、就业、工资、产业增长、筹资或投资能力受到的实际或潜在的负面影响。对于农产品案件,还应当考虑是否给政府支持计划增加了负担。在确定补贴对国内产业造成的实质损害时,还应当审查补贴的性质及对贸易造成的影响。实质损害威胁应当根据明显可预见和迫近的情形来判断,并且如果不采取措施,实质损害将会发生。对实质损害威胁的确定,应当依据事实,不得仅依据指控、推测或者极小的可能性。确定实质损害威胁,还应审查但不限于的因素:一是补贴的性质及可能对贸易造成的影响;二是表明进口很可能发生实质增长的补贴产品进口的大幅增长率;三是表明进口很可能发生实质增长的补贴进口产品生产者生产能力的增长,在采用这一指标时应考虑其他国家(地区)市场可能吸收的增加的出口量;四是进口产品是否正以将大幅压低或抑制国内同类产品价格的价格进口,并且将很可能导致对进口产品需求的增加;五是被调查产品的库存情况。确定对建立国内产业的实质阻碍,还应审查但不限于的因素:一是国内产业的建立或筹建情况;二是国内需求的增长情况及其影响;三是补贴进口产品对国内市场状况的影响;四是补贴进口产品的后续生产能力和在国内市场的发展趋势。同类产品,是指与补贴进口产品相同的产品;没有相同产品的,以与补贴进口产品的特性最相似的产品为同类产品。在确定同类产品时,可以考虑以下因素:产品的物理特征、化学性能、用途、生产设备和制造工艺、消费者和生产者的评价、产品的可替代性、销售渠道、价格等。补贴进口产品对国内产业的影响，应当根据对国内同类产品生产的单独界定进行评估。如果根据生产工艺、生产者的销售和利润等标准不能对国内同类产品的生产与其他产品的生产分别界定，则可以根据包括国内同类产品在内的最窄产品组或产品范围的产品生产来确定进口补贴产品的影响，只要这种产品组或产品范围能够提供足够的信息。在确定国内产业时，应当考虑中国国内同类产品的全部生产者，或者其总产量占国内同类产品全部总产量的主要部分的生产者；但是，国内生产者与出口经营者或者进口经营者有关联，或者其本身就是补贴产品的进口经营者的，可以排除在国内产业之外。规定所称有关联，是指其中的一方直接或者间接地控制或影响另一方，或者双方直接或者间接地受第三方的控制或影响，或者双方共同直接地或者间接地影响第三方等情形。在确定区域产业时，应当考虑的因素：一是生产者在该区域市场出售全部或者几乎全部其所生产的同类产品；二是该区域市场的需求不是由或者大部分不是由国内其他区域范围的同类产品的生产者提供；三是其他因素。补贴进口产品来自两个以上国家（地区），并且同时满足法定条件的，可以就补贴进口产品对国内产业造成的影响进行累积评估：一是来自每一国家（地区）的补贴进口产品的补贴金额不属于微量补贴，并且其进口量不属于可忽略不计的；二是根据补贴进口产品之间的竞争条件以及补贴进口产品与国内同类产品之间的竞争条件，进行累积评估是适当的。规定所称微量补贴，是指补贴金额不足产品价值1%的补贴；但是，来自发展中国家（地区）的补贴进口产品的微量补贴，是指补贴金额不足产品价值2%的补贴。在进行累积评估时，可以考虑的因素：一是来自不同国家（地区）的补贴进口产品对国内产业损害的持续性和可能性等情况；二是来自不同国家（地区）的补贴进口产品与国内同类产品之间的可替代程度，包括特定客户的要求及产品质量等相关因素；三是来自不同国家（地区）的补贴进口产品和国内同类产品在同一地区的市场上的销售价格、卖方报价和实际成交价格；四是来自不同国家(地区)的补贴进口产品和国内同类产品是否存在相同或者相似的销售渠道，是否在市场上同时出现；五是补贴进口产品之间以及补贴进口产品与国内同类产品之间的其他竞争条件；六是其他因素。商务部在进行产业损害调查时，应当为补贴进口产品的使用者、消费者等提供陈述意见、提交证据的机会。反补贴案件的产业损害调查期通常为立案调查开始前的3～5年。①

在产业损害调查方面，利害关系方申请应诉产业损害调查的，应当自反补贴调查立案公告发布之日起20日内向商务部提出应诉申请，办理应诉登记；同时应提供产业损害调查期内应诉申请人的生产能力、产量、库存以及在建和扩建的计划；向中国出口该产品的数量及金额；进口经营者进口的数量及金额等情况。利害关系方包括的范围：一是被调查产品的外国(地区)生产者、出口经营者、国内进口经营者，或者该产品生产者、出口经营者、进口经营者的行业组织或者其他组织；二是被调查产品的原产国(地区)、出口国(地区)的政府及其代表；三是国内同类产品的生产者、经营者，或者该产品生产者、经营者的行业组织或者其他组织；四是其他。利害关系方参加调查活动，应当出具相关身份证明。利害关系方为企业或者其他组织的，应当出具营业执照等登记证明、法定代表人身份证明。委托代理人参加调查活动的，应当出具代理人身份证明及授权委托书；委托律师作代理人的，应当委托中国律师事务所及中国执业律师，并应当出具授权委托书、律师事务所营业执照、律师执业证明。商务部反补贴产业损害调查的对象包括国内生产者、国内进口经营者、国内购买者、国内最终消费者、国外出口经营者、国外生产者等。商务部认为有必要的，可以聘请有关产业、财会、经贸、法律等方面的专家提供咨询意见。有关专家应当承担相应的保密责任。商务部采取问卷、

---

① 《反补贴产业损害调查规定》第4～18条。

抽样、听证、技术鉴定、实地核查等调查方式进行产业损害调查。商务部向利害关系方发放的调查问卷包括国内生产者调查问卷,国内进口商调查问卷,国外生产者、国外出口商调查问卷或者其他类型的调查问卷。利害关系方应按问卷规定的方式和时间返回答卷。如需延期,应当在答卷截止日期的7日前向商务部提出书面申请并说明理由。是否同意延期,由商务部决定。商务部可以对利害关系方进行实地核查。实地核查前,应将核查的主要目的和内容提前通知有关利害关系方。应利害关系方请求或者根据调查需要,经有关国家(地区)同意,商务部可以派出人员赴该国家(地区)对有关产品的生产能力、投资扩产、库存、原产或转口及企业间的关联关系等情况进行调查。商务部可以要求利害关系方按照规定提交或者补充书面材料,利害关系方也可以主动向商务部提交书面材料。应利害关系方的请求,或者商务部认为有必要的,可以举行产业损害听证。应诉产业损害调查的利害关系方认为其所提供的资料及相关证据有必要保密的,应当在提交资料的同时向商务部提交该资料的非保密概要,或者分别提交该资料的保密文本和公开文本。非保密概要和公开文本应当合理表达保密信息的实质内容。未表达实质内容的,商务部可以要求其补充相关内容和证据资料。应诉产业损害调查的利害关系方不提供资料及相关证据的非保密概要或公开文本的,或者不提交非保密概要或公开文本理由不充分的,商务部可以对该资料不予考虑。商务部如果认为提供的资料不需要保密时,可以要求利害关系方撤销保密申请。在产业损害调查过程中,应诉产业损害调查的利害关系方应当如实反映情况,提供有关资料。利害关系方不如实反映情况、提供有关资料的,或者没有在合理时间内提供必要信息的,或者以其他方式严重妨碍调查的,商务部可以根据已经获得的事实和可获得的最佳信息作出裁定。①

---

① 《反补贴产业损害调查规定》第19~33条。

四、产业损害调查听证规则规定

为规范产业损害调查听证活动，维护听证当事人合法权益，根据《反倾销条例》《反补贴条例》和《保障措施条例》，国家经济贸易委员会（以下简称国家经贸委）审议通过《产业损害调查听证规则》，自2003年1月15日起施行。1999年10月27日国家经贸委公布的《国家经济贸易委员会产业损害裁定听证规则》同时废止。该规则适用于国家经贸委在反倾销、反补贴、保障措施案件调查程序中举行的产业损害调查听证。国家经贸委产业损害调查局负责组织产业损害调查听证。

根据《产业损害调查听证规则》规定，产业损害调查听证遵循公开、公正、公平的原则。除涉及国家秘密、商业秘密外，听证一律公开举行。反倾销、反补贴、保障措施调查的申请人、被申请人及其他利害关系方就产业损害及其因果关系要求国家经贸委举行听证，或者国家经贸委认为有必要举行听证的，可以举行产业损害调查听证。反倾销、反补贴、保障措施调查的申请人、被申请人及其他利害关系方要求举行听证的，应当向国家经贸委提出要求举行听证的书面申请。产业损害调查听证申请书应当包括听证申请人名称、地址、联系人及联系方式、申请事项及所依据的事实和理由等内容。①

在听证会的组织方面，国家经贸委举行产业损害调查听证，应当组织听证会，并在听证会举行前20日将举行听证的决定、听证事由、听证会召开的时间、地点、相关要求等事项以公告方式或者书面通知方式告知相关利害关系方。利害关系方应当在产业损害调查听证会公告发布之日起或书面通知之日起15日内，按照规定方式向国家经贸委进行登记，提交听证会发言概要及相关证据材料的通用语言文字正本一式10

---

① 《产业损害调查听证规则》第4～6条。

份。听证当事人包括已向国家经贸委登记参加听证的提出反倾销、反补贴、保障措施调查的申请人、被申请人及其他利害关系方。听证当事人有正当理由,可以在听证会举行10日前提出延期听证的申请;是否准许延期,由国家经贸委决定。听证主持人通常由3~5人担任,其中1人担任首席听证主持人。听证主持人有法定情形之一的,应当自行回避,各利害关系方有权申请其回避:一是与本案利害关系方法定代表人或者利害关系方委托代理人有近亲属关系;二是与本案有利害关系;三是与案件利害关系方有其他关系,可能影响听证公正进行的。利害关系方提出回避申请,应当以书面方式提出,并说明理由。是否回避,由国家经贸委决定。听证主持人在听证会中行使的职权:一是主持听证会;二是确认听证当事人或其代理人的身份;三是向听证当事人发问;四是决定是否允许听证当事人提交补充证据,是否对已出示的证据进行鉴定;五是决定中止、延期或者终止听证;六是维持听证会秩序,对违反听证纪律的行为予以警告或制止;七是听证过程中需要决定的其他事项。听证当事人可以由其法定代表人或者主要负责人参加听证会,也可以委托代理人参加听证会。由代理人参加听证会的,应当在进行听证登记时向国家经贸委提交参加听证会的授权委托书。听证当事人应当承担的义务:一是按时到达指定地点出席听证会;二是遵守听证纪律,服从听证主持人安排;三是如实回答听证主持人的询问;四是对提出的主张承担举证责任。听证会开始前,听证主持人应当首先查验听证当事人身份及代理人代理资格,宣读听证会纪律,告知当事人的权利、义务。听证会的程序进行:一是首席听证主持人宣布听证开始,宣读案由;二是听证申请人陈述要求举行听证的事实和理由;三是听证当事人陈述;四是听证当事人最后陈述;五是首席听证主持人宣布听证结束。反倾销、反补贴、保障措施产业损害调查机关在听证会上应进一步收集信息,并为各利害关系方提供陈述意见及提交证据材料的机会。听证应当制作笔录,由当事人签名或者盖章。当事人拒绝签名或者盖章的,听证主持人应当在听证笔录上载明有关情况。听证当事人在听证会上所作的口头发言和陈述均应以听证结束之日起10日内向国家经贸委提交的书面材料为准,相关补充证据也应在听证结束之日起10日内向国家经贸委提交。①

在中止听证和终止听证方面,应当中止听证的情形:一是听证申请人因不可抗拒的事由不能参加听证;二是其他应当中止听证的情形。中止听证原因消除后,应当恢复听证。应当终止听证的情形:一是听证申请人撤回听证申请的;二是反倾销、反补贴、保障措施调查终止的;三是其他应当终止听证的情形。有中止或者终止听证情形的,是否中止或者终止听证,在确定听证主持人前由国家经贸委决定,在确定听证主持人后由听证主持人合议决定。②

五、产业损害调查信息查阅与信息披露规定

为保证产业损害调查工作公开、公平和公正,保障利害关系方的合法权益,根据《反倾销条例》和《反补贴条例》的规定,经2006年5月17日商务部会议审议通过,《产业损害调查信息查阅与信息披露规定》于2006年8月4日公布,自公布之日起30日后施行。根据该规定,反倾销和反补贴中有关产业损害调查的信息查阅和披露活动应当遵守该规定。商务部负责实施该规定。该规定所称的利害关系方包括的范围:一是被调查产品的外国(地区)生产者、出口经营者、国内进口经营者,或者该产品生产者、出口经营者、进口经营者的行业组织或者其他组织;二是被调查产品的出口国(地区)的政府;三是国内同类产品的生产者,或者该产品生产者的行业组织或者其他组织;四是其他。该规定所称信息查阅,是指案件的所有利害关系方可以到商务部贸易救济措施公开信息查

① 《产业损害调查听证规则》第7~20条。

② 《产业损害调查听证规则》第21~24条。

阅室(以下简称公开信息查阅室)查找、阅览、摘抄、复印与案件产业损害调查有关的公开信息。该规定所称信息披露,是指在案件最终裁定作出前的合理时间内,商务部向利害关系方告知案件产业损害裁定所依据的基本事实。

在信息查阅方面,《产业损害调查信息查阅与信息披露规定》规定,所有利害关系方可以查阅与案件产业损害调查有关的公开信息,但《产业损害调查信息查阅与信息披露规定》规定的保密信息除外。规定的公开信息包括:一是申请书及其附件的公开文本或非保密概要;二是利害关系方登记参加产业损害调查活动的申请材料的公开文本或非保密概要;三是利害关系方提供的产业损害调查问卷及补充问卷答卷的公开文本或非保密概要;四是利害关系方在产业损害调查过程中向商务部提交的其他申请材料的公开文本或非保密概要,包括召开产业损害调查听证会、延期递交答卷、产品范围调整、国内生产者排除等申请材料,其他利害关系方对相关申请提出的意见或评论的公开文本或非保密概要;五是相关利害关系方对其他利害关系方有关保密信息申请及其提供的保密信息的公开文本或非保密概要所提出的评论意见的公开文本或非保密概要;六是产业损害调查听证会等的会议记录或纪要的公开文本或非保密概要;七是商务部发布的公告、通知,包括立案、初裁和终裁等公告;参加产业损害调查活动申请登记、发放调查问卷、实地核查、举行听证会、采取抽样调查的决定等通知;八是商务部有关产业损害最终裁定所依据的基本事实披露材料的公开文本或非保密概要;九是商务部在产业损害调查过程中获得或制作的其他可以公开的资料。任何信息如不能在公开渠道获得,且一旦被公布,将会导致其他竞争者实质性的获利,或对信息提供者或信息来源者造成实质性的不利影响,或造成其他不利影响,该信息应被视为是保密信息。任何本质上具有保密性质的信息或者利害关系方要求作为保密信息的信息,在利害关系方说明正当理由后,商务部应对此类信息按保密信息处理。利害关系方向商务部提供相关信息时,应注明为公开信息还是保密信息。未注明保密与否的,商务部可以将该信息视为公开信息。利害关系方在提供保密信息时应书面说明申请保密的理由并同时提供此类信息的公开文本或非保密概要。利害关系方要求对已提供材料中的部分内容进行修改或补充的,也应同时提供有关修改或补充内容的公开文本或非保密概要,并附修改说明。公开文本或非保密概要应当合理表达保密信息的实质内容。特殊情况下,利害关系方在得到商务部批准后,可以不提供公开文本或非保密概要,但应书面说明无法提供公开文本或非保密概要的充分理由。利害关系方不提供保密信息的公开文本或非保密概要,或者提供的公开文本或非保密概要不足以合理表达保密信息的实质内容,或者利害关系方无法提供公开文本或非保密概要的申请理由不充分的,商务部可以要求其撤回申请。利害关系方不撤回申请的,商务部可以对该信息不予考虑,除非商务部能自其他适当来源充分证实该信息是正确的。商务部认为利害关系方申请保密的理由不符合规定要求的,应自收到有关公开文本或非保密概要之日起 7 日内向利害关系方说明理由并给予其合理的时间对此进行评论。如商务部决定对利害关系方提供的信息不予考虑的,应及时以书面的方式通知该利害关系方,商务部自其他适当的来源充分证实该信息为正确的除外。商务部应在收到利害关系方提供的相关材料后 7 个工作日内,将此类材料的公开文本或非保密概要提交公开信息查阅室 1 份供查阅。商务部制作或获得的《产业损害调查信息查阅与信息批露规定》第 8 条所列的其他相关信息的公开文本或非保密概要,如无特殊情形,一般应当在文件形成后 10 日内送交公开信息查阅室。在产业损害调查过程中,案件的所有利害关系方可以在工作时间内到公开信息查阅室查阅与案件产业损害调查有关的所有公开信息。最终裁定公布后的 6 个月内,案件的利害关系方也可以查阅相关公开信息。利害关系方在查阅公开信息时,应当出具能够证明其身份的文件,并进行登记。利害关系方可以查找、阅览、摘抄、复印公开信息,但不得将公开信息原件带离公开信息查阅室。①

在信息披露方面,在遵守保护保密信息要求的前提下,在案件最终裁定作出前的合理时间内,商务部应告知已参加产业损害调查活动登记的利害关系方和国内申请人有关产业损害最终裁定所依据的基本事实,并告知其他未登记的利害关系方可以到公开信息查阅室查阅有关披露材料。《产业损害调查信息查阅与信息披露规定》所称基本事实的内容通常包括:一是产业损害调查期及产业损害调查程序;二是国内同类产品认定所依据的因素或数据;三是国内产业认定所依据的因素或数据;四是累积评估认定所依据的因素或数据;五是倾销或补贴产品的进口数量(绝对数量及或相对数量)和进口价格的数据;六是评估国内产业是否受到损害的有关经济因素或数据;七是有关被调查的国家(地区)存在进一步对国内产业影响的因素或数据;八是利害关系方提供的相关信息的采信情况,包括可获得最佳信息的使用及其理由等;九是其他对裁决产生实质影响的信息。商务部通常应在作出最终裁定30日之前进行信息披露。在特殊情况下,如在上述时间内不适合作出部分事实披露的,商务部应于其后的最终裁定作出前的合理时间内作出披露。信息披露应采用书面形式。信息披露可以直接向各有关利害关系方作出,也可以向其代理人作出。信息披露后,利害关系方可以在10日内以书面方式向商务部提出评论意见。对利害关系方在规定时间内提供的评论,商务部应予以考虑,合理的内容应在最终裁定中予以采纳。最终裁定所依据的基本事实因此有所不同的,在不影响案件调查程序正常进行的情况下,商务部仍应迅速将此信息予以披露,相关利害关系方可以对此提出评论。②

① 《产业损害调查信息查阅与信息披露规定》第7~17条。

② 《产业损害调查信息查阅与信息披露规定》第18~23条。

简要评析

2016 年 8 月至 11 月,围绕产业政策是否去留问题,在学术界发生了著名经济学家张维迎与林毅夫之间的激烈争论,即产业政策存废之争。由此,在中国学术界和实务界引起强烈的反响。[①] 但是,不管如何争论,产业政策及其法治建设已经成为改革开放以来最重要的宏观调控举措,并且,这项举措体现了中国宏观调控与国际接轨的一面。经过本章梳理

---

① 2016 年 8 月 25 日,张维迎在亚布力中国企业家论坛 2016 年夏季峰会上发表演讲称,人类认知的局限和激励机制的扭曲,意味着产业政策注定会失败,更像是一场豪赌。他主张废除任何形式的产业政策,政府不给任何行业、企业特殊政策。他还具体解释称,制定产业政策不能靠官员、专家和企业家:政府官员不具备企业家的警觉性和判断力;专家没有敏锐性和创新必需的软知识;企业家已经是成功了的,但是过去的成功不是未来的指路灯。9 月 13 日,林毅夫发表文章,观点鲜明,针锋相对。他认为,经济发展需要产业政策才能成功,在经济发展过程中,"有为的政府"也必不可缺。许多发展中国家的政府采用产业政策时经常失败,除了执行能力的问题之外,究其原因是发展中国家的政府容易出于赶超的目的,而去支持违反比较优势的产业,结果这些产业中的企业在开放竞争的市场中缺乏自生能力,只能靠政府永无止境的保护补贴来生存。随后,张维迎和林毅夫两位教授进一步就产业政策作用分别发出四点批评与回应,两人从各自角度阐释"后发国家保持长时间持续增长的原因;发挥比较优势与强调政府作用是否存在矛盾;企业家精神与产业政策之间的矛盾;讨论重新思考战略与体制的关系"。针对张维迎和林毅夫对产业政策的争论,9 月 14 日,国家发展和改革委员会新闻发言人赵辰昕回应称:对于任何事物,社会上都会有各种各样不同的观点和看法,这非常正常,对产业政策当然也不会例外。他表示:世界各国确实都在运用产业政策,通过产业政策在不同领域、不同侧面发挥作用;从改革开放以来,我国的产业政策确实对我国的发展发挥了至关重要的作用。但他也指出:"我们也在认真评估当前的产业政策,当前我国经济发展进入新常态,我们现有的产业政策确实存在与新常态不相适应的地方,从目前产业政策的实施情况看,也存在一些迫切需要解决的突出难题,我们要通过相关的调整来使这些政策适应新常态的需要。"国家发展和改革委员会的官方表态,并没有明确指出谁是谁非,一方面肯定了产业政策的积极作用,另一方面也指出了产业政策存在的问题。参见《张维迎 VS 林毅夫:产业政策存废之争》,载新华网:http://www.xinhuanet.com/fortune/2016~09/27/c_129301410.htm,最后访问日期:2018 年 9 月 27 日。

可看出，除部分产业调控制定产业法律、法规外，绝大部分都是国家颁发的产业政策文件。且其发布的频率月均达4～5件，涉及各行各业的发展。它们是宏观调控部门依法落实宏观调控政策法律最主要的方式，对国民经济和社会发展起着积极的推动作用，体现了经济法的政策法属性。总的来看，这些产业政策的实施是值得肯定的。典型的如，如果没有国家有关水泥工业和汽车工业专项政策的制定和实施，也不会有今天水泥工业发展的改观和汽车工业的迅速发展。但是，由于是政策性文件，在许多方面缺乏刚性要求，因此，是否能够得到贯彻执行，完全依靠执行者的理解和政策文件中的各项优惠措施能否到位，另外，被调控者自身利益的考量也是重要因素。对此，市场和社会主体有选择的权利。因而，在产业政策落实中一些情况下导致失败也是正常的事。例如，关于房地产业的调控问题，表面上看是一个房价的调控问题，但实质上涉及地方土地财政体制的根本解决问题以及多年来所积累的银行贷款风险问题。因此，对房地产业的房价调控只能取得暂时的效果，需要从综合治理角度寻求长效机制，才是房地产业调控的根本出路。这也是宏观调控间接管理国民经济和社会发展的体现。由此，可能会影响产业政策的执行力。另外，相关产业政策体现出明显的阶段性特点。为此，有必要在总结国务院《促进产业结构调整暂行规定》实施经验教训的基础上，出台产业结构调整法，以便规范产业结构调整行为，不仅在程序法上保证产业政策出台的科学性、合理性，也从实体法上正确界定政府、企业与市场的关系。只有这样，才能使产业法在宏观调控中发挥更好的作用。最后需要特别指出的是，各项产业政策的实施，往往会涉及项目的立项和财政资金投入的分配问题，进而导致政府项目审批部门和财政部门可能出现寻租行为，因而成为一些人指责产业政策的基本理由。对于产业调控部门可能发生的寻租和腐败问题，只能通过相关监督制度的完善予以解决，而不能将其视为废除产业政策的理由。与此同时，加强产业法治建设的目的之一，就是要通过规范产业调控行为，杜绝产业调控寻租腐败甚至犯罪现象的发生。

第十五章　行业发展调控法律制度的完善

在市场经济条件下的国民经济发展中，产业指导之下的是行业。所谓行业是指“产品的经济用途、所用原材料、工艺过程的性质以及服务内容和对象相同的经济活动的总称”。[①] 在经济实践中，该定义中的经济活动的主要表现就是企业的生产、经营和服务活动。因此，行业就是一种企业集聚的共同体。由此形成了“产业—行业—企业”或“企业—行业—产业”的经济运行模式。如果按照宏观经济、中观经济和微观经济划分经济层次或结构的话，行业经济应属于中观经济的范畴，上接宏观经济，下联微观经济。[②]

在中国计划经济时期，行业的概念实际等同于部门经济，并分别形成了农业、工业、商业

---

① 张朝尊、陈益寿、黎惠民：《社会主义中观经济学》，成都出版社 1992 年版，第 327 页。

② 参见董玉明：《微观、中观、宏观经济与经济法体系的完善》，载董玉明：《与改革同行——经济法理论与实践问题研究》，知识产权出版社 2007 年版，第 62 ~69 页。

等相关的行业管理部门及其管理体制。但通过40年的改革,有关行业的管理发生了深刻的变化。改革的基本方向是实施了社会化改革。其基本路径是将行业管理交由社会行业组织予以管理。由其负责组织行业内的企业贯彻宏观调控的方针、政策及其法律,制定本行业的标准和规则,维护本行业企业的合法权益。因此,有关行业的法律规制问题,应当在国家政策法律授权之下,主要通过行业自律予以自治性地解决。但是,由于行业发展与产业发展之间存在密切的关联性,也需要宏观调控法予以相应的规制和指引。为此,改革开放40年来,宏观调控政策法律对行业发展的调控主要体现在两个方面:一是通过出台行业划分的标准,为规范行业组织奠定法律基础。在国家行业标准之下,各行业均可以依法成立行业协会组织,履行行业协会职责,促进本行业的发展。二是国家对于关系国计民生的重点行业进行了专门的法律调整。其主要涉及农业、旅游业、建筑业、交通运输业、电力业、邮政业以及烟草行业的专门法律规定。总体来说,这些法律属于行业管理法的范畴,与一般宏观调控法有所区别,应属于中观经济法的范畴,①它们体现了宏观调控对中观经济的管理,其中,一些规定具有明显的宏观调控法属性,需要梳理和分析。鉴于如前已述有关行业标准问题。在本章主要结合全国人大的立法情况,对行业宏观调控的相关法律规定予以梳理分析。

第一节　农业调控的法律规定

一、农业法的制定和实施

为了巩固和加强农业在国民经济中的基础地位,深化农村改革,发

---

① 参见董玉明、孙磊:《试论我国行业管理法的地位和体系》,载《法商研究》2014年第1期。

展农业生产力,推进农业现代化,维护农民和农业生产经营组织的合法权益,增加农民收入,提高农民科学文化素质,促进农业和农村经济的持续、稳定、健康发展,实现全面建成小康社会的目标,1993 年 7 月 2 日第八届全国人民代表大会常务委员会第二次会议通过了《农业法》。该法于 2002 年 12 月 28 日第九届全国人民代表大会常务委员会第三十一次会议修订;根据 2009 年 8 月 27 日第十一届全国人民代表大会常务委员会第十次会议《关于修改部分法律的决定》第一次修正;根据 2012 年 12 月 28 日第十一届全国人民代表大会常务委员会第三十次会议《关于修改〈中华人民共和国农业法〉的决定》第二次修正,①修正后的《农业法》自 2013 年 1 月 1 日起施行。《农业法》共 13 章 99 条,除总则、附则外,主要就农业生产经营体制、农业生产、农产品流通与加工、粮食安全、农业投入与支持保护、农业科技与农业教育、农业资源与农业环境保护、农民权益保护、农村经济发展、执法监督和法律责任等进行了规定。《农业法》是国家依法调节农业关系的基本法。《农业法》所称农业,是指种植业、林业、畜牧业和渔业等产业,包括与其直接相关的产前、产中、产后服务。所称农业生产经营组织,是指农村集体经济组织、农民专业合作经济组织、农业企业和其他从事农业生产经营的组织。有关农民的规定,适用于国有农场、牧场、林场、渔场等企业事业单位实行承包经营的职工。

---

① 2009 年修改第 71 条,将"征用"修改为"征收、征用"。2012 年的修改内容:一是将第 51 条第 1 款修改为"国家设立的农业技术推广机构应当以农业技术试验示范基地为依托,承担公共所需的关键性技术的推广和示范等公益性职责,为农民和农业生产经营组织提供无偿农业技术服务"。二是将第 52 条第 1 款修改为"农业科研单位、有关学校、农民专业合作社、涉农企业、群众性科技组织及有关科技人员,根据农民和农业生产经营组织的需要,可以提供无偿服务,也可以通过技术转让、技术服务、技术承包、技术咨询和技术入股等形式,提供有偿服务,取得合法收益。农业科研单位、有关学校、农民专业合作社、涉农企业、群众性科技组织及有关科技人员应当提高服务水平,保证服务质量",第 3 款修改为"国家鼓励和支持农民、供销合作社、其他企业事业单位等参与农业技术推广工作"。

二、农业调控的规定

(一)农业发展方针政策及基本规定

《农业法》规定,国家把农业放在发展国民经济的首位。农业和农村经济发展的基本目标,是建立适应发展社会主义市场经济要求的农村经济体制,不断解放和发展农村生产力,提高农业的整体素质和效益,确保农产品供应和质量,满足国民经济发展和人口增长、生活改善的需求,提高农民的收入和生活水平,促进农村富余劳动力向非农产业和城镇转移,缩小城乡差别和区域差别,建设富裕、民主、文明的社会主义新农村,逐步实现农业和农村现代化。国家采取措施,保障农业更好地发挥在提供食物、工业原料和其他农产品,维护和改善生态环境,促进农村经济社会发展等多方面的作用。国家坚持和完善公有制为主体、多种所有制经济共同发展的基本经济制度,振兴农村经济。国家长期稳定农村以家庭承包经营为基础、统分结合的双层经营体制,发展社会化服务体系,壮大集体经济实力,引导农民走共同富裕的道路。国家在农村坚持和完善以按劳分配为主体、多种分配方式并存的分配制度。国家坚持科教兴农和农业可持续发展的方针。国家采取措施加强农业和农村基础设施建设,调整、优化农业和农村经济结构,推进农业产业化经营,发展农业科技、教育事业,保护农业生态环境,促进农业机械化和信息化,提高农业综合生产能力。国家保护农民和农业生产经营组织的财产及其他合法权益不受侵犯。各级人民政府及其有关部门应当采取措施增加农民收入,切实减轻农民负担。全社会应当高度重视农业,支持农业发展。国家对发展农业和农村经济有显著成绩的单位和个人,给予奖励。各级人民政府对农业和农村经济发展工作统一负责,组织各有关部门和全社会做好发展农业和为发展农业服务的各项工作。国务院农业行政主管部门主管全国农业和农村经济发展工作，[①]国务院林业行政主管部门和其他有关部门在各自的职责范围内，负责有关的农业和农村经济发展工作。[②] 县级以上地方人民政府各农业行政主管部门负责本行政区域内的种植业、畜牧业、渔业等农业和农村经济发展工作，林业行政主管部门负责本行政区域内的林业工作。县级以上地方人民政府其他有关部门在各自的职责范围内，负责本行政区域内有关的为农业生产经营服务的工作。[③]

（二）农业生产经营体制规定

《农业法》规定，国家实行农村土地承包经营制度，依法保障农村土地承包关系的长期稳定，保护农民对承包土地的使用权。农村土地承包经营的方式、期限、发包方和承包方的权利义务、土地承包经营权的保护

---

① 根据2018年新的机构改革方案组建农业农村部。为加强党对“三农”工作的集中统一领导，坚持农业农村优先发展，统筹实施乡村振兴战略，推动农业全面升级、农村全面进步、农民全面发展，加快实现农业农村现代化，将中央农村工作领导小组办公室的职责，农业部的职责，以及国家发改委的农业投资项目、财政部的农业综合开发项目、国土资源部的农田整治项目、水利部的农田水利建设项目等管理职责整合，组建农业农村部，作为国务院组成部门。中央农村工作领导小组办公室设在农业农村部。主要职责是，统筹研究和组织实施“三农”工作战略、规划和政策，监督管理种植业、畜牧业、渔业、农垦、农业机械化、农产品质量安全，负责农业投资管理等。将农业部的渔船检验和监督管理职责划入交通运输部。不再保留农业部。

② 根据上述方案，组建国家林业和草原局。为加大生态系统保护力度，统筹森林、草原、湿地监督管理，加快建立以国家公园为主体的自然保护地体系，保障国家生态安全，将国家林业局的职责，农业部的草原监督管理职责，以及国土资源部、住房和城乡建设部、水利部、农业部、国家海洋局等部门的自然保护区、风景名胜区、自然遗产、地质公园等管理职责整合，组建国家林业和草原局，由自然资源部管理。国家林业和草原局加挂国家公园管理局牌子。主要职责是，监督管理森林、草原、湿地、荒漠和陆生野生动植物资源开发利用和保护，组织生态保护和修复，开展造林绿化工作，管理国家公园等各类自然保护地等。不再保留国家林业局。

③ 《农业法》第3~9条。

和流转等，适用《土地管理法》[①]和《农村土地承包法》。[②] 农村集体经济组织应当在家庭承包经营的基础上，依法管理集体资产，为其成员提供生产、技术、信息等服务，组织合理开发、利用集体资源，壮大经济实力。国家鼓励农民在家庭承包经营的基础上自愿组成各类专业合作经济组织。[③] 农民专业合作经济组织应当坚持为成员服务的宗旨，按照加入自愿、退出自由、民主管理、盈余返还的原则，依法在其章程规定的范围内开展农业生产经营和服务活动。农民专业合作经济组织可以有多种形

---

① 根据《土地管理法》第 14 条规定，农民集体所有的土地由本集体经济组织的成员承包经营，从事种植业、林业、畜牧业、渔业生产。土地承包经营期限为 30 年。发包方和承包方应当订立承包合同，约定双方的权利和义务。承包经营土地的农民有保护和按照承包合同约定的用途合理利用土地的义务。农民的土地承包经营权受法律保护。在土地承包经营期限内，对个别承包经营者之间承包的土地进行适当调整的，必须经村民会议 2/3 以上成员或者 2/3 以上村民代表的同意，并报乡（镇）人民政府和县级人民政府农业行政主管部门批准。

② 为稳定和完善以家庭承包经营为基础、统分结合的双层经营体制，赋予农民长期而有保障的土地使用权，维护农村土地承包当事人的合法权益，促进农业、农村经济发展和农村社会稳定，根据宪法，2002 年 8 月 29 日第九届全国人民代表大会常务委员会第二十九次会议通过《农村土地承包法》。该法就农村土地承包的基本政策、原则、制度以及家庭承包、发包方和承包方的权利和义务、承包的原则和程序、承包期限和承包合同、土地承包经营权的保护、土地承包权的流转、其他方式承包、争议的解决和法律责任进行了全面的规定。

③ 为了规范农民专业合作社的组织和行为，鼓励、支持、引导农民专业合作社的发展，保护农民专业合作社及其成员的合法权益，推进农业农村现代化，2006 年 10 月 31 日第十届全国人民代表大会常务委员会第二十四次会议通过《农民专业合作社法》并于 2017 年 12 月 27 日第十二届全国人民代表大会常务委员会第三十一次会议修订。该法所称农民专业合作社，是指在农村家庭承包经营基础上，农产品的生产经营者或者农业生产经营服务的提供者、利用者，自愿联合、民主管理的互助性经济组织。农民专业合作社以其成员为主要服务对象，开展以下一种或者多种业务：（1）农业生产资料的购买、使用；（2）农产品的生产、销售、加工、运输、贮藏及其他相关服务；（3）农村民间工艺及制品、休闲农业和乡村旅游资源的开发经营等；（4）与农业生产经营有关的技术、信息、设施建设运营等服务。国家通过财政支持、税收优惠和金融、科技、人才的扶持以及产业政策引导等措施，促进农民专业合作社的发展。国家鼓励和支持公民、法人和其他组织为农民专业合作社提供帮助和服务。对发展农民专业合作社事业做出突出贡献的单位和个人，按照国家有关规定予以表彰和奖励。

式,依法成立、依法登记。任何组织和个人不得侵犯农民专业合作经济组织的财产和经营自主权。农民和农业生产经营组织可以自愿按照民主管理、按劳分配和按股分红相结合的原则,以资金、技术、实物等入股,依法兴办各类企业。国家采取措施发展多种形式的农业产业化经营,鼓励和支持农民和农业生产经营组织发展生产、加工、销售一体化经营。国家引导和支持从事农产品生产、加工、流通服务的企业、科研单位和其他组织,通过与农民或者农民专业合作经济组织订立合同或者建立各类企业等形式,形成收益共享、风险共担的利益共同体,推进农业产业化经营,带动农业发展。农民和农业生产经营组织可以按照法律、行政法规成立各种农产品行业协会,为成员提供生产、营销、信息、技术、培训等服务,发挥协调和自律作用,提出农产品贸易救济措施的申请,维护成员和行业的利益。①

(三)农业生产调控规定

《农业法》规定,县级以上人民政府根据国民经济和社会发展的中长期规划、农业和农村经济发展的基本目标和农业资源区划,制订农业发展规划。省级以上人民政府农业行政主管部门根据农业发展规划,采取措施发挥区域优势,促进形成合理的农业生产区域布局,指导和协调农业和农村经济结构调整。国家引导和支持农民和农业生产经营组织结合本地实际按照市场需求,调整和优化农业生产结构,协调发展种植业、林业、畜牧业和渔业,发展优质、高产、高效益的农业,提高农产品国际竞争力。种植业以优化品种、提高质量、增加效益为中心,调整作物结构、品种结构和品质结构。加强林业生态建设,实施天然林保护、退耕还林和防沙治沙工程,加强防护林体系建设,加速营造速生丰产林、工业原料林和薪炭林。加强草原保护和建设,加快发展畜牧业,推广圈养和舍

---

① 《农业法》第 10 ~14 条。

饲,改良畜禽品种,积极发展饲料工业和畜禽产品加工业。渔业生产应当保护和合理利用渔业资源,调整捕捞结构,积极发展水产养殖业、远洋渔业和水产品加工业。县级以上人民政府应当制定政策,安排资金,引导和支持农业结构调整。各级人民政府应当采取措施,加强农业综合开发和农田水利、农业生态环境保护、乡村道路、农村能源和电网、农产品仓储和流通、渔港、草原围栏、动植物原种良种基地等农业和农村基础设施建设,改善农业生产条件,保护和提高农业综合生产能力。国家扶持动植物品种的选育、生产、更新和良种的推广使用,鼓励品种选育和生产、经营相结合,实施种子工程和畜禽良种工程。国务院和省、自治区、直辖市人民政府设立专项资金,用于扶持动植物良种的选育和推广工作。各级人民政府和农业生产经营组织应当加强农田水利设施建设,建立健全农田水利设施的管理制度,节约用水,发展节水型农业,严格依法控制非农业建设占用灌溉水源,禁止任何组织和个人非法占用或者毁损农田水利设施。国家对缺水地区发展节水型农业给予重点扶持。国家鼓励和支持农民和农业生产经营组织使用先进、适用的农业机械,加强农业机械安全管理,提高农业机械化水平。国家对农民和农业生产经营组织购买先进农业机械给予扶持。各级人民政府应当支持为农业服务的气象事业的发展,提高对气象灾害的监测和预报水平。国家采取措施提高农产品的质量,建立健全农产品质量标准体系和质量检验检测监督体系,按照有关技术规范、操作规程和质量卫生安全标准,组织农产品的生产经营,保障农产品质量安全。国家支持依法建立健全优质农产品认证和标志制度。国家鼓励和扶持发展优质农产品生产。县级以上地方人民政府应当结合本地情况,按照国家有关规定采取措施,发展优质农产品生产。符合国家规定标准的优质农产品可以依照法律或者行政法规的规定申请使用有关的标志。符合规定产地及生产规范要求的农产品可以依照有关法律或者行政法规的规定申请使用农产品地理标志。国家实行动植物防疫、检疫制度,健全动植物防疫、检疫体系,加强对动物疫病和植物病、虫、杂草、鼠害的监测、预警、防治，建立重大动物疫情和植物病虫害的快速扑灭机制，建设动物无规定疫病区，实施植物保护工程。农药、兽药、饲料和饲料添加剂、肥料、种子、农业机械等可能危害人畜安全的农业生产资料的生产经营，依照相关法律、行政法规的规定实行登记或者许可制度。各级人民政府应当建立健全农业生产资料的安全使用制度，农民和农业生产经营组织不得使用国家明令淘汰和禁止使用的农药、兽药、饲料添加剂等农业生产资料和其他禁止使用的产品。农业生产资料的生产者、销售者应当对其生产、销售的产品的质量负责，禁止以次充好、以假充真、以不合格的产品冒充合格的产品；禁止生产和销售国家明令淘汰的农药、兽药、饲料添加剂、农业机械等农业生产资料。①

（四）农产品流通与加工调节规定

《农业法》规定，农产品的购销实行市场调节。国家对关系国计民生的重要农产品的购销活动实行必要的宏观调控，建立中央和地方分级储备调节制度，完善仓储运输体系，做到保证供应，稳定市场。国家逐步建立统一、开放、竞争、有序的农产品市场体系，制定农产品批发市场发展规划。对农村集体经济组织和农民专业合作经济组织建立农产品批发市场和农产品集贸市场，国家给予扶持。县级以上人民政府工商行政管理部门和其他有关部门②按照各自的职责，依法管理农产品批发市

① 《农业法》第15～25条。

② 根据2018年国家机构改革方案，组建国家市场监督管理总局。为完善市场监管体制，推动实施质量强国战略，营造诚实守信、公平竞争的市场环境，进一步推进市场监管综合执法、加强产品质量安全监管，让人民群众买得放心、用得放心、吃得放心，将国家工商行政管理总局的职责，国家质量监督检验检疫总局的职责，国家食品药品监督管理总局的职责，国家发展和改革委员会的价格监督检查与反垄断执法职责，商务部的经营者集中反垄断执法以及国务院反垄断委员会办公室等职责整合，组建国家市场监督管理总局，作为国务院直属机构。

场,规范交易秩序,防止地方保护与不正当竞争。国家鼓励和支持发展多种形式的农产品流通活动。支持农民和农民专业合作经济组织按照国家有关规定从事农产品收购、批发、贮藏、运输、零售和中介活动。鼓励供销合作社和其他从事农产品购销的农业生产经营组织提供市场信息,开拓农产品流通渠道,为农产品销售服务。县级以上人民政府应当采取措施,督促有关部门保障农产品运输畅通,降低农产品流通成本。有关行政管理部门应当简化手续,方便鲜活农产品的运输,除法律、行政法规另有规定外,不得扣押鲜活农产品的运输工具。国家支持发展农产品加工业和食品工业,增加农产品的附加值。县级以上人民政府应当制定农产品加工业和食品工业发展规划,引导农产品加工企业形成合理的区域布局和规模结构,扶持农民专业合作经济组织和乡镇企业从事农产品加工和综合开发利用。国家建立健全农产品加工制品质量标准,完善检测手段,加强农产品加工过程中的质量安全管理和监督,保障食品安全。国家鼓励发展农产品进出口贸易。国家采取加强国际市场研究、提供信息和营销服务等措施,促进农产品出口。为维护农产品产销秩序和公平贸易,建立农产品进口预警制度,当某些进口农产品已经或者可能对国内相关农产品的生产造成重大的不利影响时,国家可以采取必要的措施。①

(五)粮食安全调控规定

《农业法》规定,国家采取措施保护和提高粮食综合生产能力,稳步提高粮食生产水平,保障粮食安全。国家建立耕地保护制度,对基本农田依法实行特殊保护。国家在政策、资金、技术等方面对粮食主产区给予重点扶持,建设稳定的商品粮生产基地,改善粮食收贮及加工设施,提高粮食主产区的粮食生产、加工水平和经济效益。国家支持粮食主产区

---

① 《农业法》第26~30条。

与主销区建立稳定的购销合作关系。在粮食的市场价格过低时，国务院可以决定对部分粮食品种实行保护价制度。保护价应当根据有利于保护农民利益、稳定粮食生产的原则确定。农民按保护价制度出售粮食，国家委托的收购单位不得拒收。县级以上人民政府应当组织财政、金融等部门以及国家委托的收购单位及时筹足粮食收购资金，任何部门、单位或者个人不得截留或者挪用。国家建立粮食安全预警制度，采取措施保障粮食供给。国务院应当制定粮食安全保障目标与粮食储备数量指标，并根据需要组织有关主管部门进行耕地、粮食库存情况的核查。国家对粮食实行中央和地方分级储备调节制度，建设仓储运输体系。承担国家粮食储备任务的企业应当按照国家规定保证储备粮的数量和质量。国家建立粮食风险基金，用于支持粮食储备、稳定粮食市场和保护农民利益。国家提倡珍惜和节约粮食，并采取措施改善人民的食物营养结构。①

（六）农业投入与支持保护的规定

《农业法》规定，国家建立和完善农业支持保护体系，采取财政投入、税收优惠、金融支持等措施，从资金投入、科研与技术推广、教育培训、农业生产资料供应、市场信息、质量标准、检验检疫、社会化服务以及灾害救助等方面扶持农民和农业生产经营组织发展农业生产，提高农民的收入水平。在不与我国缔结或加入的有关国际条约相抵触的情况下，国家对农民实施收入支持政策，具体办法由国务院制定。国家逐步提高农业投入的总体水平。中央和县级以上地方财政每年对农业总投入的增长幅度应当高于其财政经常性收入的增长幅度。各级人民政府在财政预算内安排的各项用于农业的资金应当主要用于：加强农业基础设施建设；支持农业结构调整，促进农业产业化经营；保护粮食综合生产能

① 《农业法》第31 ~36条。

力,保障国家粮食安全;健全动植物检疫、防疫体系,加强动物疫病和植物病、虫、杂草、鼠害防治;建立健全农产品质量标准和检验检测监督体系、农产品市场及信息服务体系;支持农业科研教育、农业技术推广和农民培训;加强农业生态环境保护建设;扶持贫困地区发展;保障农民收入水平等。县级以上各级财政用于种植业、林业、畜牧业、渔业、农田水利的农业基本建设投入应当统筹安排,协调增长。国家为加快西部开发,增加对西部地区农业发展和生态环境保护的投入。县级以上人民政府每年财政预算内安排的各项用于农业的资金应当及时足额拨付。各级人民政府应当加强对国家各项农业资金分配、使用过程的监督管理,保证资金安全,提高资金的使用效率。任何单位和个人不得截留、挪用用于农业的财政资金和信贷资金。审计机关应当依法加强对用于农业的财政和信贷等资金的审计监督。国家运用税收、价格、信贷等手段,鼓励和引导农民和农业生产经营组织增加农业生产经营性投入和小型农田水利等基本建设投入。国家鼓励和支持农民和农业生产经营组织在自愿的基础上依法采取多种形式,筹集农业资金。国家鼓励社会资金投向农业,鼓励企业事业单位、社会团体和个人捐资设立各种农业建设和农业科技、教育基金。国家采取措施,促进农业扩大利用外资。各级人民政府应当鼓励和支持企业事业单位及其他各类经济组织开展农业信息服务。县级以上人民政府农业行政主管部门及其他有关部门应当建立农业信息搜集、整理和发布制度,及时向农民和农业生产经营组织提供市场信息等服务。国家鼓励和扶持农用工业的发展。国家采取税收、信贷等手段鼓励和扶持农业生产资料的生产和贸易,为农业生产稳定增长提供物质保障。国家采取宏观调控措施,使化肥、农药、农用薄膜、农业机械和农用柴油等主要农业生产资料和农产品之间保持合理的比价。国家鼓励供销合作社、农村集体经济组织、农民专业合作经济组织、其他组织和个人发展多种形式的农业生产产前、产中、产后的社会化服务事业。县级以上人民政府及其各有关部门应当采取措施对农业社会化服务事业给予支持。对跨地区从事农业社会化服务的,农业、工商管理、交通运输、公安等有关部门应当采取措施给予支持。国家建立健全农村金融体系,加强农村信用制度建设,加强农村金融监管。有关金融机构应当采取措施增加信贷投入,改善农村金融服务,对农民和农业生产经营组织的农业生产经营活动提供信贷支持。农村信用合作社应当坚持为农业、农民和农村经济发展服务的宗旨,优先为当地农民的生产经营活动提供信贷服务。国家通过贴息等措施,鼓励金融机构向农民和农业生产经营组织的农业生产经营活动提供贷款。国家建立和完善农业保险制度。国家逐步建立和完善政策性农业保险制度。鼓励和扶持农民和农业生产经营组织建立为农业生产经营活动服务的互助合作保险组织,鼓励商业性保险公司开展农业保险业务。农业保险实行自愿原则。任何组织和个人不得强制农民和农业生产经营组织参加农业保险。各级人民政府应当采取措施,提高农业防御自然灾害的能力,做好防灾、抗灾和救灾工作,帮助灾民恢复生产,组织生产自救,开展社会互助互济;对没有基本生活保障的灾民给予救济和扶持。①

(七)农业科技与农业教育调控规定

《农业法》规定,国务院和省级人民政府应当制订农业科技、农业教育发展规划,发展农业科技、教育事业。县级以上人民政府应当按照国家有关规定逐步增加农业科技经费和农业教育经费。国家鼓励、吸引企业等社会力量增加农业科技投入,鼓励农民、农业生产经营组织、企业事业单位等依法举办农业科技、教育事业。国家保护植物新品种、农产品地理标志等知识产权,鼓励和引导农业科研、教育单位加强农业科学技术的基础研究和应用研究,传播和普及农业科学技术知识,加速科技成果转化与产业化,促进农业科学技术进步。国务院有关部门应当组织农

---

① 《农业法》第37~47条。

业重大关键技术的科技攻关。国家采取措施促进国际农业科技、教育合作与交流,鼓励引进国外先进技术。国家扶持农业技术推广事业,建立政府扶持和市场引导相结合,有偿与无偿服务相结合,国家农业技术推广机构和社会力量相结合的农业技术推广体系,促使先进的农业技术尽快应用于农业生产。国家设立的农业技术推广机构应当以农业技术试验示范基地为依托,承担公共所需的关键性技术的推广和示范等公益性职责,为农民和农业生产经营组织提供无偿农业技术服务。县级以上人民政府应当根据农业生产发展需要,稳定和加强农业技术推广队伍,保障农业技术推广机构的工作经费。各级人民政府应当采取措施,按照国家规定保障和改善从事农业技术推广工作的专业科技人员的工作条件、工资待遇和生活条件,鼓励他们为农业服务。农业科研单位、有关学校、农民专业合作社、涉农企业、群众性科技组织及有关科技人员,根据农民和农业生产经营组织的需要,可以提供无偿服务,也可以通过技术转让、技术服务、技术承包、技术咨询和技术入股等形式,提供有偿服务,取得合法收益。农业科研单位、有关学校、农民专业合作社、涉农企业、群众性科技组织及有关科技人员应当提高服务水平,保证服务质量。对农业科研单位、有关学校、农业技术推广机构举办的为农业服务的企业,国家在税收、信贷等方面给予优惠。国家鼓励和支持农民、供销合作社、其他企业事业单位等参与农业技术推广工作。国家建立农业专业技术人员继续教育制度。县级以上人民政府农业行政主管部门会同教育、人事等有关部门制订农业专业技术人员继续教育计划,并组织实施。国家在农村依法实施义务教育,并保障义务教育经费。国家在农村举办的普通中小学校教职工工资由县级人民政府按照国家规定统一发放,校舍等教学设施的建设和维护经费由县级人民政府按照国家规定统一安排。国家发展农业职业教育。国务院有关部门按照国家职业资格证书制度的统一规定,开展农业行业的职业分类、职业技能鉴定工作,管理农业行业的职业资格证书。国家采取措施鼓励农民采用先进的农业技术,支持农民举办各种科技组织，开展农业实用技术培训、农民绿色证书培训和其他就业培训，提高农民的文化技术素质。①

(八)农业资源与农业环境保护调控规定

《农业法》规定，发展农业和农村经济必须合理利用和保护土地、水、森林、草原、野生动植物等自然资源，合理开发和利用水能、沼气、太阳能、风能等可再生能源和清洁能源，发展生态农业，保护和改善生态环境。县级以上人民政府应当制定农业资源区划或者农业资源合理利用和保护的区划，建立农业资源监测制度。农民和农业生产经营组织应当保养耕地，合理使用化肥、农药、农用薄膜，增加使用有机肥料，采用先进技术，保护和提高地力，防止农用地的污染、破坏和地力衰退。县级以上人民政府农业行政主管部门应当采取措施，支持农民和农业生产经营组织加强耕地质量建设，并对耕地质量进行定期监测。各级人民政府应当采取措施，加强小流域综合治理，预防和治理水土流失。从事可能引起水土流失的生产建设活动的单位和个人，必须采取预防措施，并负责治理因生产建设活动造成的水土流失。各级人民政府应当采取措施，预防土地沙化，治理沙化土地。国务院和沙化土地所在地区的县级以上地方人民政府应当按照法律规定制定防沙治沙规划，并组织实施。国家实行全民义务植树制度。各级人民政府应当采取措施，组织群众植树造林，保护林地和林木，预防森林火灾，防治森林病虫害，制止滥伐、盗伐林木，提高森林覆盖率。国家在天然林保护区域实行禁伐或者限伐制度，加强造林护林。有关地方人民政府，应当加强草原的保护、建设和管理，指导、组织农(牧)民和农(牧)业生产经营组织建设人工草场、饲草饲料基地和改良天然草原，实行以草定畜，控制载畜量，推行划区轮牧、休牧和禁牧制度，保护草原植被，防止草原退化沙化和盐渍化。禁止毁林毁草

① 《农业法》第48~56条。

开垦、烧山开垦以及开垦国家禁止开垦的陡坡地，已经开垦的应当逐步退耕还林、还草。禁止围湖造田以及围垦国家禁止围垦的湿地。已经围垦的，应当逐步退耕还湖、还湿地。对在国务院批准规划范围内实施退耕的农民，应当按照国家规定予以补助。各级人民政府应当采取措施，依法执行捕捞限额和禁渔、休渔制度，增殖渔业资源，保护渔业水域生态环境。国家引导、支持从事捕捞业的农（渔）民和农（渔）业生产经营组织从事水产养殖业或者其他职业，对根据当地人民政府统一规划转产转业的农（渔）民，应当按照国家规定予以补助。国家建立与农业生产有关的生物物种资源保护制度，保护生物多样性，对稀有、濒危、珍贵生物资源及其原生地实行重点保护。从境外引进生物物种资源应当依法进行登记或者审批，并采取相应安全控制措施。农业转基因生物的研究、试验、生产、加工、经营及其他应用，必须依照国家规定严格实行各项安全控制措施。各级农业行政主管部门应当引导农民和农业生产经营组织采取生物措施或者使用高效低毒低残留农药、兽药，防治动植物病、虫、杂草、鼠害。农产品采收后的秸秆及其他剩余物质应当综合利用，妥善处理，防止造成环境污染和生态破坏。从事畜禽等动物规模养殖的单位和个人应当对粪便、废水及其他废弃物进行无害化处理或者综合利用，从事水产养殖的单位和个人应当合理投饵、施肥、使用药物，防止造成环境污染和生态破坏。县级以上人民政府应当采取措施，督促有关单位进行治理，防治废水、废气和固体废弃物对农业生态环境的污染。排放废水、废气和固体废弃物造成农业生态环境污染事故的，由环境保护行政主管部门或者农业行政主管部门依法调查处理；给农民和农业生产经营组织造成损失的，有关责任者应当依法赔偿。[①]

（九）农民权益保护规定

《农业法》规定，任何机关或者单位向农民或者农业生产经营组织

---

① 《农业法》第57～66条。

收取行政、事业性费用必须依据法律、法规的规定。收费的项目、范围和标准应当公布。没有法律、法规依据的收费,农民和农业生产经营组织有权拒绝。任何机关或者单位对农民或者农业生产经营组织进行罚款处罚必须依据法律、法规、规章的规定。没有法律、法规、规章依据的罚款,农民和农业生产经营组织有权拒绝。任何机关或者单位不得以任何方式向农民或者农业生产经营组织进行摊派。除法律、法规另有规定外,任何机关或者单位以任何方式要求农民或者农业生产经营组织提供人力、财力、物力的,属于摊派。农民和农业生产经营组织有权拒绝任何方式的摊派。各级人民政府及其有关部门和所属单位不得以任何方式向农民或者农业生产经营组织集资。没有法律、法规依据或者未经国务院批准,任何机关或者单位不得在农村进行任何形式的达标、升级、验收活动。农民和农业生产经营组织依照法律、行政法规的规定承担纳税义务。税务机关及代扣、代收税款的单位应当依法征税,不得违法摊派税款及以其他违法方法征税。农村义务教育除按国务院规定收取的费用外,不得向农民和学生收取其他费用。禁止任何机关或者单位通过农村中小学校向农民收费。国家依法征收农民集体所有的土地,应当保护农民和农村集体经济组织的合法权益,依法给予农民和农村集体经济组织征地补偿,任何单位和个人不得截留、挪用征地补偿费用。各级人民政府、农村集体经济组织或者村民委员会在农业和农村经济结构调整、农业产业化经营和土地承包经营权流转等过程中,不得侵犯农民的土地承包经营权,不得干涉农民自主安排的生产经营项目,不得强迫农民购买指定的生产资料或者按指定的渠道销售农产品。农村集体经济组织或者村民委员会为发展生产或者兴办公益事业,需要向其成员(村民)筹资筹劳的,应当经成员(村民)会议或者成员(村民)代表会议过半数通过后,方可进行。农村集体经济组织或者村民委员会依法筹资筹劳的,不得超过省级以上人民政府规定的上限控制标准,禁止强行以资代劳。农村集体经济组织和村民委员会对涉及农民利益的重要事项,应当向农民公开，并定期公布财务账目，接受农民的监督。任何单位和个人向农民或者农业生产经营组织提供生产、技术、信息、文化、保险等有偿服务，必须坚持自愿原则，不得强迫农民和农业生产经营组织接受服务。农产品收购单位在收购农产品时，不得压级压价，不得在支付的价款中扣缴任何费用。法律、行政法规规定代扣、代收税款的，依照法律、行政法规的规定办理。农产品收购单位与农产品销售者因农产品的质量等级发生争议的，可以委托具有法定资质的农产品质量检验机构检验。农业生产资料使用者因生产资料质量问题遭受损失的，出售该生产资料的经营者应当予以赔偿，赔偿额包括购货价款、有关费用和可得利益损失。农民或者农业生产经营组织为维护自身的合法权益，有向各级人民政府及其有关部门反映情况和提出合法要求的权利，人民政府及其有关部门对农民或者农业生产经营组织提出的合理要求，应当按照国家规定及时给予答复。违反法律规定，侵犯农民权益的，农民或者农业生产经营组织可以依法申请行政复议或者向人民法院提起诉讼，有关人民政府及其有关部门或者人民法院应当依法受理。人民法院和司法行政主管机关应当依照有关规定为农民提供法律援助。①

（十）农村经济发展调控规定

《农业法》规定，国家坚持城乡协调发展的方针，扶持农村第二、第三产业发展，调整和优化农村经济结构，增加农民收入，促进农村经济全面发展，逐步缩小城乡差别。各级人民政府应当采取措施，发展乡镇企业，②支

---

① 《农业法》第67～78条。

② 为了扶持和引导乡镇企业持续健康发展，保护乡镇企业的合法权益，规范乡镇企业的行为，繁荣农村经济，促进社会主义现代化建设，1996年10月29日第八届全国人民代表大会常务委员会第二十二次会议通过《乡镇企业法》。该法所称乡镇企业，是指农村集体经济组织或者农民投资为主，在乡镇（包括所辖村）举办的承担支援农业义务的各类企业。该法所称投资为主，是指农村集体经济组织或者农民投资超过50%，或者虽不足50%，但能起到控股或者实际支配作用。乡镇企业符合企业法人条件的，依法取得企业法人资格。

持农业的发展,转移富余的农业劳动力。国家完善乡镇企业发展的支持措施,引导乡镇企业优化结构,更新技术,提高素质。县级以上地方人民政府应当根据当地的经济发展水平、区位优势和资源条件,按照合理布局、科学规划、节约用地的原则,有重点地推进农村小城镇建设。地方各级人民政府应当注重运用市场机制,完善相应政策,吸引农民和社会资金投资小城镇开发建设,发展第二、第三产业,引导乡镇企业相对集中发展。国家采取措施引导农村富余劳动力在城乡、地区间合理有序流动。地方各级人民政府依法保护进入城镇就业的农村劳动力的合法权益,不得设置不合理限制,已经设置的应当取消。国家逐步完善农村社会救济制度,保障农村"五保户"、贫困残疾农民、贫困老年农民和其他丧失劳动能力的农民的基本生活。国家鼓励、支持农民巩固和发展农村合作医疗和其他医疗保障形式,提高农民健康水平。国家扶持贫困地区改善经济发展条件,帮助进行经济开发。省级人民政府根据国家关于扶持贫困地区的总体目标和要求,制定扶贫开发规划,并组织实施。各级人民政府应当坚持开发式扶贫方针,组织贫困地区的农民和农业生产经营组织合理使用扶贫资金,依靠自身力量改变贫穷落后面貌,引导贫困地区的农民调整经济结构、开发当地资源。扶贫开发应当坚持与资源保护、生态建设相结合,促进贫困地区经济、社会的协调发展和全面进步。中央和省级财政应当把扶贫开发投入列入年度财政预算,并逐年增加,加大对贫困地区的财政转移支付和建设资金投入。国家鼓励和扶持金融机构、其他企业事业单位和个人投入资金支持贫困地区开发建设。禁止任何单位和个人截留、挪用扶贫资金。审计机关应当加强扶贫资金的审计监督。①

笔者认为,以上10个方面的规定反映了国家对农业发展的高度重视,以及农业的发展必须在宏观调控之下有效运行的宏观调控法治思维。

---

① 《农业法》第79~86条。

第二节　旅游业调控的法律规定

改革开放以来,随着人民生活水平的提高,旅游业已成为一个新型的行业。同时,旅游业的蓬勃发展也需要通过立法为旅游业的发展提供法律支持。为此,国家出台了旅游方面的法律法规,以调整旅游关系。按照社会主义法律体系的制度安排,旅游法归属于部门经济法的范畴。但实际上,在旅游关系中,除宏观调控关系外,还包括旅游行政管理部门与旅行社、导游及旅游者之间的行政管理关系,以及旅行社及导游与旅游者之间发生的民事关系。由此,旅游法具有综合调整的性质。

一、旅游法的制定和实施

为保障旅游者和旅游经营者的合法权益,规范旅游市场秩序,保护和合理利用旅游资源,促进旅游业持续健康发展,2013 年 4 月 25 日第十二届全国人民代表大会常务委员会第二次会议通过了《旅游法》。该法根据 2016 年 11 月 7 日第十二届全国人民代表大会常务委员会第二十四次会议《关于修改〈中华人民共和国对外贸易法〉等十二部法律的决定》第一次修正,根据 2018 年 10 月 26 日第十三届全国人民代表大会常务委员会第六次会议《关于修改〈中华人民共和国野生动物保护法〉等十五部法律的决定》第二次修正。① 在中华人民共和国境内的和在中华

① 2016 年修改内容:一是将第 39 条修改为:"从事领队业务,应当取得导游证,具有相应的学历、语言能力和旅游从业经历,并与委派其从事领队业务的取得出境旅游业务经营许可的旅行社订立劳动合同。"二是删去第 41 条第 1 款中的"领队证"。三是将第 96 条第 2 项修改为"(二)安排未取得导游证的人员提供导游服务或者安排不具备领队条件的人员提供领队服务的"。四是删去第 98 条、第 99 条、第 100 条、第 101 条、第 103 条中的"领队证"。五是将第 102 条第 1 款中的"领队证"修改为"不具备领队条件而"。删去第 2 款、第 3 款中的"领队证"。2018 年修改内容:一是将第 83 条中的"工商行政管理、产品质量监督"修改为"市场监督管理"。二是将第 95 条、第 104 条中的"工商行政管理部门"修改为"市场监督管理部门"。

人民共和国境内组织到境外的游览、度假、休闲等形式的旅游活动以及为旅游活动提供相关服务的经营活动，适用《旅游法》。《旅游法》共10章112条。其内容除总则、附则外，涉及对旅游者、旅游规划和促进、旅游经营、旅游服务合同、旅游安全、旅游监督管理、旅游纠纷处理和法律责任的规定。与此同时，《旅游法》对旅游活动涉及的一些基本概念进行了法律界定。其中，旅游经营者，是指旅行社、景区以及为旅游者提供交通、住宿、餐饮、购物、娱乐等服务的经营者。景区，是指为旅游者提供游览服务、有明确的管理界限的场所或者区域。包价旅游合同，是指旅行社预先安排行程，提供或者通过履行辅助人提供交通、住宿、餐饮、游览、导游或者领队等两项以上旅游服务，旅游者以总价支付旅游费用的合同。组团社，是指与旅游者订立包价旅游合同的旅行社。地接社，是指接受组团社委托，在目的地接待旅游者的旅行社。履行辅助人，是指与旅行社存在合同关系，协助其履行包价旅游合同义务，实际提供相关服务的法人或者自然人。

二、旅游调控的法律规定

（一）旅游业发展的基本原则和政策规定

《旅游法》规定，国家发展旅游事业，完善旅游公共服务，依法保护旅游者在旅游活动中的权利。旅游业发展应当遵循社会效益、经济效益和生态效益相统一的原则。国家鼓励各类市场主体在有效保护旅游资源的前提下，依法合理利用旅游资源。利用公共资源建设的游览场所应当体现公益性质。国家倡导健康、文明、环保的旅游方式，支持和鼓励各类社会机构开展旅游公益宣传，对促进旅游业发展做出突出贡献的单位和个人给予奖励。国家建立健全旅游服务标准和市场规则，禁止行业垄断和地区垄断。旅游经营者应当诚信经营，公平竞争，承担社会责任，为旅游者提供安全、健康、卫生、方便的旅游服务。国务院建立健全旅游综合协调机制,对旅游业发展进行综合协调。县级以上地方人民政府应当加强对旅游工作的组织和领导,明确相关部门或者机构,对本行政区域的旅游业发展和监督管理进行统筹协调。依法成立的旅游行业组织,实行自律管理。①

(二)旅游规划和促进的规定

《旅游法》规定,国务院和县级以上地方人民政府应当将旅游业发展纳入国民经济和社会发展规划。国务院和省、自治区、直辖市人民政府以及旅游资源丰富的设区的市和县级人民政府,应当按照国民经济和社会发展规划的要求,组织编制旅游发展规划。对跨行政区域且适宜进行整体利用的旅游资源进行利用时,应当由上级人民政府组织编制或者由相关地方人民政府协商编制统一的旅游发展规划。旅游发展规划应当包括旅游业发展的总体要求和发展目标,旅游资源保护和利用的要求和措施,以及旅游产品开发、旅游服务质量提升、旅游文化建设、旅游形象推广、旅游基础设施和公共服务设施建设的要求和促进措施等内容。根据旅游发展规划,县级以上地方人民政府可以编制重点旅游资源开发利用的专项规划,对特定区域内的旅游项目、设施和服务功能配套提出专门要求。旅游发展规划应当与土地利用总体规划、城乡规划、环境保护规划以及其他自然资源和文物等人文资源的保护和利用规划相衔接。各级人民政府编制土地利用总体规划、城乡规划,应当充分考虑相关旅游项目、设施的空间布局和建设用地要求。规划和建设交通、通信、供水、供电、环保等基础设施和公共服务设施,应当兼顾旅游业发展的需要。对自然资源和文物等人文资源进行旅游利用,必须严格遵守有关法律、法规的规定,符合资源、生态保护和文物安全的要求,尊重和维护当地传统文化和习俗,维护资源的区域整体性、文化代表性和地域特殊性,

---

① 《旅游法》第3~8条。

并考虑军事设施保护的需要。有关主管部门应当加强对资源保护和旅游利用状况的监督检查。各级人民政府应当组织对本级政府编制的旅游发展规划的执行情况进行评估,并向社会公布。国务院和县级以上地方人民政府应当制定并组织实施有利于旅游业持续健康发展的产业政策,推进旅游休闲体系建设,采取措施推动区域旅游合作,鼓励跨区域旅游线路和产品开发,促进旅游与工业、农业、商业、文化、卫生、体育、科教等领域的融合,扶持少数民族地区、革命老区、边远地区和贫困地区旅游业发展。国务院和县级以上地方人民政府应当根据实际情况安排资金,加强旅游基础设施建设、旅游公共服务和旅游形象推广。国家制定并实施旅游形象推广战略。国务院旅游主管部门统筹组织国家旅游形象的境外推广工作,建立旅游形象推广机构和网络,开展旅游国际合作与交流。县级以上地方人民政府统筹组织本地的旅游形象推广工作。国务院旅游主管部门和县级以上地方人民政府应当根据需要建立旅游公共信息和咨询平台,无偿向旅游者提供旅游景区、线路、交通、气象、住宿、安全、医疗急救等必要信息和咨询服务。设区的市和县级人民政府有关部门应当根据需要在交通枢纽、商业中心和旅游者集中场所设置旅游咨询中心,在景区和通往主要景区的道路设置旅游指示标识。旅游资源丰富的设区的市和县级人民政府可以根据本地的实际情况,建立旅游客运专线或者游客中转站,为旅游者在城市及周边旅游提供服务。国家鼓励和支持发展旅游职业教育和培训,提高旅游从业人员素质。①

(三)旅游经营调控的规定

《旅游法》规定,设立旅行社,招徕、组织、接待旅游者,为其提供旅游服务,应当具备下列法定条件,取得旅游主管部门的许可,依法办理工商登记:一是有固定的经营场所;二是有必要的营业设施;三是有符合规

① 《旅游法》第17~27条。

定的注册资本；四是有必要的经营管理人员和导游；五是法律、行政法规规定的其他条件。旅行社可以经营下列业务：一是境内旅游；二是出境旅游；三是边境旅游；四是入境旅游；五是其他旅游业务。旅行社经营出境旅游和边境旅游业务，应当取得相应的业务经营许可，具体条件由国务院规定。旅行社不得出租、出借旅行社业务经营许可证，或者以其他形式非法转让旅行社业务经营许可。旅行社应当按照规定交纳旅游服务质量保证金，用于旅游者权益损害赔偿和垫付旅游者人身安全遇有危险时紧急救助的费用。旅行社为招徕、组织旅游者发布信息，必须真实、准确，不得进行虚假宣传，误导旅游者。旅行社及其从业人员组织、接待旅游者，不得安排参观或者参与违反我国法律、法规和社会公德的项目或者活动。旅行社组织旅游活动应当向合格的供应商订购产品和服务。旅行社不得以不合理的低价组织旅游活动，诱骗旅游者，并通过安排购物或者另行付费旅游项目获取回扣等不正当利益。旅行社组织、接待旅游者，不得指定具体购物场所，不得安排另行付费旅游项目。但是，经双方协商一致或者旅游者要求，且不影响其他旅游者行程安排的除外。发生违反规定情形的，旅游者有权在旅游行程结束后 30 日内，要求旅行社为其办理退货并先行垫付退货货款，或者退还另行付费旅游项目的费用。旅行社组织团队出境旅游或者组织、接待团队入境旅游，应当按照规定安排领队或者导游全程陪同。参加导游资格考试成绩合格，与旅行社订立劳动合同或者在相关旅游行业组织注册的人员，可以申请取得导游证。旅行社应当与其聘用的导游依法订立劳动合同，支付劳动报酬，缴纳社会保险费用。旅行社临时聘用导游为旅游者提供服务的，应当全额向导游支付《旅游法》第 60 条第 3 款规定①的导游服务费用。旅行社安排导游为团队旅游提供服务的，不得要求导游垫付或者向导游收取任

---

① 《旅游法》第 60 条第 3 款规定，安排导游为旅游者提供服务的，应当在包价旅游合同中载明导游服务费用。

何费用。从事领队业务,应当取得导游证,具有相应的学历、语言能力和旅游从业经历,并与委派其从事领队业务的取得出境旅游业务经营许可的旅行社订立劳动合同。导游和领队为旅游者提供服务必须接受旅行社委派,不得私自承揽导游和领队业务。导游和领队从事业务活动,应当佩戴导游证,遵守职业道德,尊重旅游者的风俗习惯和宗教信仰,应当向旅游者告知和解释旅游文明行为规范,引导旅游者健康、文明旅游,劝阻旅游者违反社会公德的行为。导游和领队应当严格执行旅游行程安排,不得擅自变更旅游行程或者中止服务活动,不得向旅游者索取小费,不得诱导、欺骗、强迫或者变相强迫旅游者购物或者参加另行付费旅游项目。景区开放应当具备法定条件,并听取旅游主管部门的意见:一是有必要的旅游配套服务和辅助设施;二是有必要的安全设施及制度,经过安全风险评估,满足安全条件;三是有必要的环境保护设施和生态保护措施;四是法律、行政法规规定的其他条件。利用公共资源建设的景区的门票以及景区内的游览场所、交通工具等另行收费项目,实行政府定价或者政府指导价,严格控制价格上涨。拟收费或者提高价格的,应当举行听证会,征求旅游者、经营者和有关方面的意见,论证其必要性、可行性。利用公共资源建设的景区,不得通过增加另行收费项目等方式变相涨价;另行收费项目已收回投资成本的,应当相应降低价格或者取消收费。公益性的城市公园、博物馆、纪念馆等,除重点文物保护单位和珍贵文物收藏单位外,应当逐步免费开放。景区应当在醒目位置公示门票价格、另行收费项目的价格及团体收费价格。景区提高门票价格应当提前6个月公布。将不同景区的门票或者同一景区内不同游览场所的门票合并出售的,合并后的价格不得高于各单项门票的价格之和,且旅游者有权选择购买其中的单项票。景区内的核心游览项目因故暂停向旅游者开放或者停止提供服务的,应当公示并相应减少收费。景区接待旅游者不得超过景区主管部门核定的最大承载量。景区应当公布景区主管部门核定的最大承载量,制定和实施旅游者流量控制方案,并可以采取门票预约等方式,对景区接待旅游者的数量进行控制。旅游者数量可能达到最大承载量时,景区应当提前公告并同时向当地人民政府报告,景区和当地人民政府应当及时采取疏导、分流等措施。城镇和乡村居民利用自有住宅或者其他条件依法从事旅游经营,其管理办法由省、自治区、直辖市制定。经营高空、高速、水上、潜水、探险等高风险旅游项目,应当按照国家有关规定取得经营许可。通过网络经营旅行社业务的,应当依法取得旅行社业务经营许可,并在其网站主页的显著位置标明其业务经营许可证信息。发布旅游经营信息的网站,应当保证其信息真实、准确。为旅游者提供交通、住宿、餐饮、娱乐等服务的经营者,应当符合法律、法规规定的要求,按照合同约定履行义务。旅游经营者应当保证其提供的商品和服务符合保障人身、财产安全的要求。旅游经营者取得相关质量标准等级的,其设施和服务不得低于相应标准;未取得质量标准等级的,不得使用相关质量等级的称谓和标识。旅游经营者销售、购买商品或者服务,不得给予或者收受贿赂。旅游经营者对其在经营活动中知悉的旅游者个人信息,应当予以保密。从事道路旅游客运的经营者应当遵守道路客运安全管理的各项制度,并在车辆显著位置明示道路旅游客运专用标识,在车厢内显著位置公示经营者和驾驶人信息、道路运输管理机构监督电话等事项。景区、住宿经营者将其部分经营项目或者场地交由他人从事住宿、餐饮、购物、游览、娱乐、旅游交通等经营的,应当对实际经营者的经营行为给旅游者造成的损害承担连带责任。旅游经营者组织、接待出入境旅游,发现旅游者从事违法活动或者有违反《旅游法》第 16 条规定情形的,①应当及时向公安机关、旅游主管部门或者我国驻外机构报告。国家根据旅游活动的风险程度,对旅行社、住

① 《旅游法》第 16 条规定,出境旅游者不得在境外非法滞留,随团出境的旅游者不得擅自分团、脱团。入境旅游者不得在境内非法滞留,随团入境的旅游者不得擅自分团、脱团。

宿、旅游交通以及《旅游法》第 47 条规定①的高风险旅游项目等经营者实施责任保险制度。②

(四)旅游安全调控的规定

《旅游法》规定,县级以上人民政府统一负责旅游安全工作。县级以上人民政府有关部门依照法律、法规履行旅游安全监管职责。国家建立旅游目的地安全风险提示制度。旅游目的地安全风险提示的级别划分和实施程序,由国务院旅游主管部门会同有关部门制定。县级以上人民政府及其有关部门应当将旅游安全作为突发事件监测和评估的重要内容。县级以上人民政府应当依法将旅游应急管理纳入政府应急管理体系,制定应急预案,建立旅游突发事件应对机制。突发事件发生后,当地人民政府及其有关部门和机构应当采取措施开展救援,并协助旅游者返回出发地或者旅游者指定的合理地点。旅游经营者应当严格执行安全生产管理和消防安全管理的法律、法规和国家标准、行业标准,具备相应的安全生产条件,制定旅游者安全保护制度和应急预案。旅游经营者应当对直接为旅游者提供服务的从业人员开展经常性应急救助技能培训,对提供的产品和服务进行安全检验、监测和评估,采取必要措施防止危害发生。旅游经营者组织、接待老年人、未成年人、残疾人等旅游者,应当采取相应的安全保障措施。旅游经营者应当就旅游活动中的相关事项,以明示的方式事先向旅游者作出说明或者警示:一是正确使用相关设施、设备的方法;二是必要的安全防范和应急措施;三是未向旅游者开放的经营、服务场所和设施、设备;四是不适宜参加相关活动的群体;五是可能危及旅游者人身、财产安全的其他情形。突发事件或者旅游安全事故发生后,旅游经营者应当立即采取必要的救助和处置措施,依法

---

① 《旅游法》第 47 条规定,经营高空、高速、水上、潜水、探险等高风险旅游项目,应当按照国家有关规定取得经营许可。

② 《旅游法》第 28 ~56 条。

履行报告义务,并对旅游者作出妥善安排。旅游者在人身、财产安全遇有危险时,有权请求旅游经营者、当地政府和相关机构进行及时救助。中国出境旅游者在境外陷入困境时,有权请求我国驻当地机构在其职责范围内给予协助和保护。旅游者接受相关组织或者机构的救助后,应当支付应由个人承担的费用。①

(五)旅游监督管理

《旅游法》规定,县级以上人民政府旅游主管部门和有关部门依照本法和有关法律、法规的规定,在各自职责范围内对旅游市场实施监督管理。县级以上人民政府应当组织旅游主管部门、有关主管部门和市场监督管理、交通等执法部门对相关旅游经营行为实施监督检查。旅游主管部门履行监督管理职责,不得违反法律、行政法规的规定向监督管理对象收取费用。旅游主管部门及其工作人员不得参与任何形式的旅游经营活动。县级以上人民政府旅游主管部门有权对法定事项实施监督检查:一是经营旅行社业务以及从事导游、领队服务是否取得经营、执业许可;二是旅行社的经营行为;三是导游和领队等旅游从业人员的服务行为;四是法律、法规规定的其他事项。旅游主管部门依照规定实施监督检查,可以对涉嫌违法的合同、票据、账簿以及其他资料进行查阅、复制。旅游主管部门和有关部门依法实施监督检查,其监督检查人员不得少于 2 人,并应当出示合法证件。监督检查人员少于 2 人或者未出示合法证件的,被检查单位和个人有权拒绝。监督检查人员对在监督检查中知悉的被检查单位的商业秘密和个人信息应当依法保密。对依法实施的监督检查,有关单位和个人应当配合,如实说明情况并提供文件、资料,不得拒绝、阻碍和隐瞒。县级以上人民政府旅游主管部门和有关部门,在履行监督检查职责中或者在处理举报、投诉时,发现违反本法规定

① 《旅游法》第 76 ~82 条。

行为的，应当依法及时作出处理；对不属于本部门职责范围的事项，应当及时书面通知并移交有关部门查处。县级以上地方人民政府建立旅游违法行为查处信息的共享机制，对需要跨部门、跨地区联合查处的违法行为，应当进行督办。旅游主管部门和有关部门应当按照各自职责，及时向社会公布监督检查的情况。依法成立的旅游行业组织依照法律、行政法规和章程的规定，制定行业经营规范和服务标准，对其会员的经营行为和服务质量进行自律管理，组织开展职业道德教育和业务培训，提高从业人员素质。①

第三节 建筑业调控的法律规定

在国民经济和社会发展活动中，基于宏观调控投资增长的需求，基本建设成为一项保证投资实效的常规性活动。而承担基本建设任务的行业为建筑业。在计划经济时期，建筑业由国家统一计划管理，建筑企业没有自主权。改革开放以来，建筑企业获得独立的民事主体地位，实施市场化改革，但建筑业所涉及的建筑物关乎人民群众的安居问题，关乎国民经济的增长，为此，需要宏观调控及其法治予以规范引导。

一、建筑法的制定和实施

为了加强对建筑活动的监督管理，维护建筑市场秩序，保证建筑工程的质量和安全，促进建筑业健康发展，《建筑法》于 1997 年 11 月 1 日第八届全国人民代表大会常务委员会第二十八次会议通过；根据 2011 年 4 月 22 日第十一届全国人民代表大会常务委员会第二十次会议《关

---

① 《旅游法》第 83 ~90 条。

于修改〈中华人民共和国建筑法〉的决定》修正。[①] 根据2019年4月23日第十三届全国人大常委会第十次会议通过的《关于修改〈中华人民共和国建筑法〉等八部法律的决定》,对第8条作出修改。[②] 在中华人民共和国境内从事建筑活动,实施对建筑活动的监督管理,应当遵守《建筑法》。现行的《建筑法》共8章85条。其内容除总则、附则外,内容涉及建筑许可、建筑工程发包和承包、建筑工程管理、建筑安全生产管理、建筑工程质量管理和法律责任等内容。《建筑法》所称建筑活动,是指各类房屋建筑及其附属设施的建造和与其配套的线路、管道、设备的安装活动。《建筑法》关于施工许可、建筑施工企业资质审查和建筑工程发包、承包、禁止转包,以及建筑工程监理、建筑工程安全和质量管理的规定,适用于其他专业建筑工程的建筑活动,具体办法由国务院规定。省、自治区、直辖市人民政府确定的小型房屋建筑工程的建筑活动,参照《建筑法》执行。依法核定作为文物保护的纪念建筑物和古建筑等的修缮,依照文物保护的有关法律规定执行。抢险救灾及其他临时性房屋建筑和农民自建低层住宅的建筑活动,不适用《建筑法》。军用房屋建筑工程建筑活动的具体管理办法,由国务院、中央军事委员会依据《建筑法》制定。

二、建筑活动调控的法律规定

(一)建筑活动的基本原则与政策规定

《建筑法》规定,建筑活动应当确保建筑工程质量和安全,符合国家

---

① 2011年将第48条修改为:"建筑施工企业应当依法为职工参加工伤保险缴纳工伤保险费。鼓励企业为从事危险作业的职工办理意外伤害保险,支付保险费。"

② 2019年将第8条修改为:申请领取施工许可证,应当具备下列条件:(一)已经办理该建筑工程用地批准手续的;(二)依法应当办理建设工程规划许可证的,已经取得建设工程规划许可证;(三)需要拆迁的,其拆迁进度符合施工要求;(四)已经确定建筑施工企业;(五)有满足施工需要的资金安排、施工图纸及技术资料;(六)有保证工程质量和安全的具体措施。建设行政主管部门应当自收到申请之日起七日内,对符合条件的申请颁发施工许可证。

的建筑工程安全标准。国家扶持建筑业的发展,支持建筑科学技术研究,提高房屋建筑设计水平,鼓励节约能源和保护环境,提倡采用先进技术、先进设备、先进工艺、新型建筑材料和现代管理方式。从事建筑活动应当遵守法律、法规,不得损害社会公共利益和他人的合法权益。任何单位和个人都不得妨碍和阻挠依法进行的建筑活动。国务院建设行政主管部门对全国的建筑活动实施统一监督。①

(二)建筑许可调控规定

在建筑工程施工许可方面,《建筑法》规定,建筑工程开工前,建设单位应当按照国家有关规定向工程所在地县级以上人民政府建设行政主管部门申请领取施工许可证;但是,国务院建设行政主管部门确定的限额以下的小型工程除外。按照国务院规定的权限和程序批准开工报告的建筑工程,不再领取施工许可证。申请领取施工许可证,应当具备的法定条件:一是已经办理该建筑工程用地批准手续;二是依法应当办理建设工程规划许可证的,已经取得建设工程规划许可证;三是需要拆迁的,其拆迁进度符合施工要求;四是已经确定建筑施工企业;五是有满足施工需要的资金安排、施工图纸及技术资料;六是有保证工程质量和安全的具体措施。建设行政主管部门应当自收到申请之日起 7 日内,对符合条件的申请颁发施工许可证。建设单位应当自领取施工许可证之日起 3 个月内开工。因故不能按期开工的,应当向发证机关申请延期;延期以两次为限,每次不超过 3 个月。既不开工又不申请延期或者超过延期时限的,施工许可证自行废止。在建的建筑工程因故中止施工的,建设单位应当自中止施工之日起 1 个月内,向发证机关报告,并按照规定做好建筑工程的维护管理工作。建筑工程恢复施工时,应当向发证机关报告;中止施工满 1 年的工程恢复施工前,建设单位应当报发证机关

① 《建筑法》第 3 ~6 条。

核验施工许可证。按照国务院有关规定批准开工报告的建筑工程，因故不能按期开工或者中止施工的，应当及时向批准机关报告情况。因故不能按期开工超过6个月的，应当重新办理开工报告的批准手续。①

在从业资格方面，《建筑法》规定，从事建筑活动的建筑施工企业、勘察单位、设计单位和工程监理单位，应当具备的法定条件：一是有符合国家规定的注册资本；二是有与其从事的建筑活动相适应的具有法定执业资格的专业技术人员；三是有从事相关建筑活动所应有的技术装备；四是法律、行政法规规定的其他条件。从事建筑活动的建筑施工企业、勘察单位、设计单位和工程监理单位，按照其拥有的注册资本、专业技术人员、技术装备和已完成的建筑工程业绩等资质条件，划分为不同的资质等级，经资质审查合格，取得相应等级的资质证书后，方可在其资质等级许可的范围内从事建筑活动。从事建筑活动的专业技术人员，应当依法取得相应的执业资格证书，并在执业资格证书许可的范围内从事建筑活动。②

（三）建筑工程发包与承包的规定

《建筑法》规定，建筑工程的发包单位与承包单位应当依法订立书面合同，明确双方的权利和义务。发包单位和承包单位应当全面履行合同约定的义务。不按照合同约定履行义务的，依法承担违约责任。建筑工程发包与承包的招标投标活动，应当遵循公开、公正、平等竞争的原则，择优选择承包单位。建筑工程的招标投标，《建筑法》没有规定的，适用有关招标投标法律的规定。发包单位及其工作人员在建筑工程发包中不得收受贿赂、回扣或者索取其他好处。承包单位及其工作人员不得利用向发包单位及其工作人员行贿、提供回扣或者给予其他好处等不

---

① 《建筑法》第7～11条。

② 《建筑法》第12～14条。

正当手段承揽工程。建筑工程造价应当按照国家有关规定,由发包单位与承包单位在合同中约定。公开招标发包的,其造价的约定,须遵守招标投标法律的规定。发包单位应当按照合同的约定,及时拨付工程款项。①

关于发包,《建筑法》规定,建筑工程依法实行招标发包,对不适于招标发包的可以直接发包。建筑工程实行公开招标的,发包单位应当依照法定程序和方式,发布招标公告,提供载有招标工程的主要技术要求、主要的合同条款、评标的标准和方法以及开标、评标、定标的程序等内容的招标文件。开标应当在招标文件规定的时间、地点公开进行。开标后应当按照招标文件规定的评标标准和程序对标书进行评价、比较,在具备相应资质条件的投标者中,择优选定中标者。建筑工程招标的开标、评标、定标由建设单位依法组织实施,并接受有关行政主管部门的监督。建筑工程实行招标发包的,发包单位应当将建筑工程发包给依法中标的承包单位。建筑工程实行直接发包的,发包单位应当将建筑工程发包给具有相应资质条件的承包单位。政府及其所属部门不得滥用行政权力,限定发包单位将招标发包的建筑工程发包给指定的承包单位。提倡对建筑工程实行总承包,禁止将建筑工程肢解发包。建筑工程的发包单位可以将建筑工程的勘察、设计、施工、设备采购一并发包给一个工程总承包单位,也可以将建筑工程勘察、设计、施工、设备采购的一项或者多项发包给一个工程总承包单位;但是,不得将应当由一个承包单位完成的建筑工程肢解成若干部分发包给几个承包单位。按照合同约定,建筑材料、建筑构配件和设备由工程承包单位采购的,发包单位不得指定承包单位购入用于工程的建筑材料、建筑构配件和设备或者指定生产厂、供应商。②

关于承包,《建筑法》规定,承包建筑工程的单位应当持有依法取得

---

① 《建筑法》第 15 ~18 条。

② 《建筑法》第 19 ~25 条。

的资质证书，并在其资质等级许可的业务范围内承揽工程。禁止建筑施工企业超越本企业资质等级许可的业务范围或者以任何形式用其他建筑施工企业的名义承揽工程。禁止建筑施工企业以任何形式允许其他单位或者个人使用本企业的资质证书、营业执照，以本企业的名义承揽工程。大型建筑工程或者结构复杂的建筑工程，可以由两个以上的承包单位联合共同承包。共同承包的各方对承包合同的履行承担连带责任。两个以上不同资质等级的单位实行联合共同承包的，应当按照资质等级低的单位的业务许可范围承揽工程。禁止承包单位将其承包的全部建筑工程转包给他人，禁止承包单位将其承包的全部建筑工程肢解以后以分包的名义分别转包给他人。建筑工程总承包单位可以将承包工程中的部分工程发包给具有相应资质条件的分包单位；但是，除总承包合同中约定的分包外，必须经建设单位认可。施工总承包的，建筑工程主体结构的施工必须由总承包单位自行完成。建筑工程总承包单位按照总承包合同的约定对建设单位负责；分包单位按照分包合同的约定对总承包单位负责。总承包单位和分包单位就分包工程对建设单位承担连带责任。禁止总承包单位将工程分包给不具备相应资质条件的单位。禁止分包单位将其承包的工程再分包。①

（四）建筑工程监理调控规定

《建筑法》规定，国家推行建筑工程监理制度。国务院可以规定实行强制监理的建筑工程的范围。实行监理的建筑工程，由建设单位委托具有相应资质条件的工程监理单位监理。建设单位与其委托的工程监理单位应当订立书面委托监理合同。建筑工程监理应当依照法律、行政法规及有关的技术标准、设计文件和建筑工程承包合同，对承包单位在施工质量、建设工期和建设资金使用等方面，代表建设单位实施监督。

---

① 《建筑法》第26～29条。

工程监理人员认为工程施工不符合工程设计要求、施工技术标准和合同约定的,有权要求建筑施工企业改正。工程监理人员发现工程设计不符合建筑工程质量标准或者合同约定的质量要求的,应当报告建设单位要求设计单位改正。实施建筑工程监理前,建设单位应当将委托的工程监理单位、监理的内容及监理权限,书面通知被监理的建筑施工企业。工程监理单位应当在其资质等级许可的监理范围内,承担工程监理业务。工程监理单位应当根据建设单位的委托,客观、公正地执行监理任务。工程监理单位与被监理工程的承包单位以及建筑材料、建筑构配件和设备供应单位不得有隶属关系或者其他利害关系。工程监理单位不得转让工程监理业务。工程监理单位不按照委托监理合同的约定履行监理义务,对应当监督检查的项目不检查或者不按照规定检查,给建设单位造成损失的,应当承担相应的赔偿责任。工程监理单位与承包单位串通,为承包单位谋取非法利益,给建设单位造成损失的,应当与承包单位承担连带赔偿责任。①

(五)建筑安全生产管理的规定

《建筑法》规定,建筑工程安全生产管理必须坚持安全第一、预防为主的方针,建立健全安全生产的责任制度和群防群治制度。建筑工程设计应当符合按照国家规定制定的建筑安全规程和技术规范,保证工程的安全性能。建筑施工企业在编制施工组织设计时,应当根据建筑工程的特点制定相应的安全技术措施;对专业性较强的工程项目,应当编制专项安全施工组织设计,并采取安全技术措施。建筑施工企业应当在施工现场采取维护安全、防范危险、预防火灾等措施;有条件的,应当对施工现场实行封闭管理。施工现场对毗邻的建筑物、构筑物和特殊作业环境可能造成损害的,建筑施工企业应当采取安全防护措施。建设单位应当

---

① 《建筑法》第30~35条。

向建筑施工企业提供与施工现场相关的地下管线资料，建筑施工企业应当采取措施加以保护。建筑施工企业应当遵守有关环境保护和安全生产的法律、法规的规定，采取控制和处理施工现场的各种粉尘、废气、废水、固体废物以及噪声、振动对环境的污染和危害的措施。有下列法定情形之一的，建设单位应当按照国家有关规定办理申请批准手续：一是需要临时占用规划批准范围以外场地的；二是可能损坏道路、管线、电力、邮电通信等公共设施的；三是需要临时停水、停电、中断道路交通的；四是需要进行爆破作业的；五是法律、法规规定需要办理报批手续的其他情形。建设行政主管部门负责建筑安全生产的管理，并依法接受劳动行政主管部门对建筑安全生产的指导和监督。建筑施工企业必须依法加强对建筑安全生产的管理，执行安全生产责任制度，采取有效措施，防止伤亡和其他安全生产事故的发生。建筑施工企业的法定代表人对本企业的安全生产负责。施工现场安全由建筑施工企业负责。实行施工总承包的，由总承包单位负责。分包单位向总承包单位负责，服从总承包单位对施工现场的安全生产管理。建筑施工企业应当建立健全劳动安全生产教育培训制度，加强对职工安全生产的教育培训；未经安全生产教育培训的人员，不得上岗作业。建筑施工企业和作业人员在施工过程中，应当遵守有关安全生产的法律、法规和建筑行业安全规章、规程，不得违章指挥或者违章作业。作业人员有权对影响人身健康的作业程序和作业条件提出改进意见，有权获得安全生产所需的防护用品。作业人员对危及生命安全和人身健康的行为有权提出批评、检举和控告。建筑施工企业应当依法为职工参加工伤保险缴纳工伤保险费。鼓励企业为从事危险作业的职工办理意外伤害保险，支付保险费。涉及建筑主体和承重结构变动的装修工程，建设单位应当在施工前委托原设计单位或者具有相应资质条件的设计单位提出设计方案；没有设计方案的，不得施工。房屋拆除应当由具备保证安全条件的建筑施工单位承担，由建筑施工单位负责人对安全负责。施工中发生事故时，建筑施工企业应当采取紧急措施减少人员伤亡和事故损失,并按照国家有关规定及时向有关部门报告。①

(六)建筑工程质量管理调控的规定

《建筑法》规定,建筑工程勘察、设计、施工的质量必须符合国家有关建筑工程安全标准的要求,具体管理办法由国务院规定。有关建筑工程安全的国家标准不能适应确保建筑安全的要求时,应当及时修订。国家对从事建筑活动的单位推行质量体系认证制度。从事建筑活动的单位根据自愿原则可以向国务院产品质量监督管理部门或者国务院产品质量监督管理部门授权的部门认可的认证机构申请质量体系认证。经认证合格的,由认证机构颁发质量体系认证证书。建设单位不得以任何理由,要求建筑设计单位或者建筑施工企业在工程设计或者施工作业中,违反法律、行政法规和建筑工程质量、安全标准,降低工程质量。建筑设计单位和建筑施工企业对建设单位违反前款规定提出的降低工程质量的要求,应当予以拒绝。建筑工程实行总承包的,工程质量由工程总承包单位负责,总承包单位将建筑工程分包给其他单位的,应当对分包工程的质量与分包单位承担连带责任。分包单位应当接受总承包单位的质量管理。建筑工程的勘察、设计单位必须对其勘察、设计的质量负责。勘察、设计文件应当符合有关法律、行政法规的规定和建筑工程质量、安全标准、建筑工程勘察、设计技术规范以及合同的约定。设计文件选用的建筑材料、建筑构配件和设备,应当注明其规格、型号、性能等技术指标,其质量要求必须符合国家规定的标准。建筑设计单位对设计文件选用的建筑材料、建筑构配件和设备,不得指定生产厂、供应商。建筑施工企业对工程的施工质量负责。建筑施工企业必须按照工程设计图纸和施工技术标准施工,不得偷工减料。工程设计的修改由原设计单

① 《建筑法》第36~51条。

位负责,建筑施工企业不得擅自修改工程设计。建筑施工企业必须按照工程设计要求、施工技术标准和合同的约定,对建筑材料、建筑构配件和设备进行检验,不合格的不得使用。建筑物在合理使用寿命内,必须确保地基基础工程和主体结构的质量。建筑工程竣工时,屋顶、墙面不得留有渗漏、开裂等质量缺陷;对已发现的质量缺陷,建筑施工企业应当修复。交付竣工验收的建筑工程,必须符合规定的建筑工程质量标准,有完整的工程技术经济资料和经签署的工程保修书,并具备国家规定的其他竣工条件。建筑工程竣工经验收合格后,方可交付使用;未经验收或者验收不合格的,不得交付使用。建筑工程实行质量保修制度。建筑工程的保修范围应当包括地基基础工程、主体结构工程、屋面防水工程和其他土建工程,以及电气管线、上下水管线的安装工程,供热、供冷系统工程等项目;保修的期限应当按照保证建筑物合理寿命年限内正常使用,维护使用者合法权益的原则确定。具体的保修范围和最低保修期限由国务院规定。任何单位和个人对建筑工程的质量事故、质量缺陷都有权向建设行政主管部门或者其他有关部门进行检举、控告、投诉。①

第四节 交通运输业调控的法律规定

交通运输业是改革开放以来发展最快的行业之一。交通运输的建设和发展,为国民经济和社会发展做出了重大贡献。其主要表现就是随着交通越来越便利,不仅解决了人民的出行问题,而且促进了各项产业、事业的发展。交通运输业涉及公路、铁路、水路及航空运输的规制与宏观调控。目前的法律主要表现为《公路法》、《铁路法》和《民用航空法》的制定和实施。其中,有许多涉及宏观调控方面的法律规定。

---

① 《建筑法》第52~63条。

一、交通运输法律的制定和实施

为了加强公路的建设和管理,促进公路事业的发展,适应社会主义现代化建设和人民生活的需要,1997 年 7 月 3 日第八届全国人民代表大会常务委员会第二十六次会议通过《公路法》。该法根据 1999 年 10 月 31 日第九届全国人民代表大会常务委员会第十二次会议《关于修改〈中华人民共和国公路法〉的决定》第一次修正,根据 2004 年 8 月 28 日第十届全国人民代表大会常务委员会第十一次会议《关于修改〈中华人民共和国公路法〉的决定》第二次修正,根据 2009 年 8 月 27 日第十一届全国人民代表大会常务委员会第十次会议《关于修改部分法律的决定》第三次修正,根据 2016 年 11 月 7 日第十二届全国人民代表大会常务委员会第二十四次会议《关于修改〈中华人民共和国对外贸易法〉等十二部法律的决定》第四次修正,根据 2017 年 11 月 4 日第十二届全国人民代表大会常务委员会第三十次会议《关于修改〈中华人民共和国会计法〉等十一部法律的决定》第五次修正。① 在中华人民共和国境内从事公路的

---

① 1999 年修改内容:一是将第 21 条第 1 款修改为:"筹集公路建设资金,除各级人民政府的财政拨款,包括依法征税筹集的公路建设专项资金转为的财政拨款外,可以依法向国内外金融机构或者外国政府贷款。"二是将第 36 条修改为:"国家采用依法征税的办法筹集公路养护资金,具体实施办法和步骤由国务院规定。依法征税筹集的公路养护资金,必须专项用于公路的养护和改建。"三是删去第 76 条。

2004 年修改内容:将第50 条第 1 款修改为:"超过公路、公路桥梁、公路隧道或者汽车渡船的限载、限高、限宽、限长标准的车辆,不得在有限定标准的公路、公路桥梁上或者公路隧道内行驶,不得使用汽车渡船。超过公路或者公路桥梁限载标准确需行驶的,必须经县级以上地方人民政府交通主管部门批准,并按要求采取有效的防护措施;运载不可解体的超限物品的,应当按照指定的时间、路线、时速行驶,并悬挂明显标志。"

2009 年修改内容:将第 83 条修改为:"阻碍公路建设或者公路抢修,致使公路建设或者抢修不能正常进行,尚未造成严重损失的,依照《中华人民共和国治安管理处罚法》的规定处罚。损毁公路或者擅自移动公路标志,可能影响交通安全,尚不够刑事处罚的,适用《中华人民共和国道路交通安全法》第 99 条的处罚规定。拒绝、阻碍公路监督检查人员依法执行职务未使用暴力、威胁方法的,依照《中华人民共和国治安管理处罚法》的规定处罚。"

规划、建设、养护、经营、使用和管理，适用《公路法》。《公路法》所称公路，包括公路桥梁、公路隧道和公路渡口。现行的《公路法》包括9章87条，除总则、附则外，内容涉及公路规划、公路建设、公路养护、路政管理、收费公路、监督检查和法律责任的规定。

为了保障铁路运输和铁路建设的顺利进行，适应社会主义现代化建设和人民生活的需要，1990年9月7日第七届全国人民代表大会常务委员会第十五次会议通过《铁路法》。该法根据2009年8月27日第十一届全国人民代表大会常务委员会第十次会议《关于修改部分法律的决定》第一次修正，根据2015年4月24日第十二届全国人民代表大会常务委员会第十四次会议《关于修改〈中华人民共和国义务教育法〉等五部法律的决定》第二次修正。①《铁路法》所称铁路，包括国家铁路、地方

2016年修改内容：将第48条修改为："铁轮车、履带车和其他可能损害公路路面的机具，不得在公路上行驶。农业机械因当地田间作业需要在公路上短距离行驶或者军用车辆执行任务需要在公路上行驶的，可以不受前款限制，但是应当采取安全保护措施。对公路造成损坏的，应当按照损坏程度给予补偿。"

2017年修改内容：一是将第60条第2款修改为："有偿转让公路收费权的公路，收费权转让后，由受让方收费经营。收费权的转让期限由出让、受让双方约定，最长不得超过国务院规定的年限。"二是将第61条第1款修改为："本法第59条第1款第1项规定的公路中的国道收费权的转让，应当在转让协议签订之日起30个工作日内报国务院交通主管部门备案；国道以外的其他公路收费权的转让，应当在转让协议签订之日起30个工作日内报省、自治区、直辖市人民政府备案。"

① 2009年修改内容：一是将第36条中的"征用"修改为"征收"；二是第60条、第64条、第65条规范刑事责任表述；三是第69条与刑法修改相衔接；四是第70条修改为："铁路职工利用职务之便走私的，或者与其他人员勾结走私的，依照刑法有关规定追究刑事责任。"五是第61条修改为："故意损毁、移动铁路行车信号装置或者在铁路线路上放置足以使列车倾覆的障碍物的，依照刑法有关规定追究刑事责任。"第62条修改为："盗窃铁路线路上行车设施的零件、部件或者铁路线路上的器材，危及行车安全的，依照刑法有关规定追究刑事责任。"第63条修改为："聚众拦截列车、冲击铁路行车调度机构不听制止的，对首要分子和骨干分子依照刑法有关规定追究刑事责任。"第66条修改为："倒卖旅客车票，构成犯罪的，依照刑法有关规定追究刑事责任。铁路职工倒卖旅客车票或者与其他人员勾结倒卖旅客车票的，依照刑法有关规定追究刑事责任。"

2015年修改内容：将第25条修改为："铁路的旅客票价率和货物、行李的运价率实行政府指导价或者政府定价，竞争性领域实行市场调节价。政府指导价、政府定价的定价权限和具体适用范围以中央政府和地方政府的定价目录为依据。铁路旅客、货物运输杂费的收费项目和收费标准，以及铁路包裹运价率由铁路运输企业自主制定。"

铁路、专用铁路和铁路专用线。其中,国家铁路是指由国务院铁路主管部门管理的铁路。地方铁路是指由地方人民政府管理的铁路。专用铁路是指由企业或者其他单位管理,专为本企业或者本单位内部提供运输服务的铁路。铁路专用线是指由企业或者其他单位管理的与国家铁路或者其他铁路线路接轨的岔线。《铁路法》所称国家铁路运输企业是指铁路局和铁路分局。《铁路法》共 6 章 74 条。除总则、附则外,其内容涉及铁路运输营业、铁路建设、铁路安全与保护和法律责任方面的规定。

为了维护国家的领空主权和民用航空权利,保障民用航空活动安全和有秩序地进行,保护民用航空活动当事人各方的合法权益,促进民用航空事业的发展,1995 年 10 月 30 日第八届全国人民代表大会常务委员会第十六次会议通过《民用航空法》。该法根据 2009 年 8 月 27 日第十一届全国人民代表大会常务委员会第十次会议《关于修改部分法律的决定》第一次修正,根据 2015 年 4 月 24 日第十二届全国人民代表大会常务委员会第十四次会议《关于修改〈中华人民共和国计量法〉等五部法律的决定》第二次修正,根据 2016 年 11 月 7 日第十二届全国人民代表大会常务委员会第二十四次会议《关于修改〈中华人民共和国对外贸易法〉等十二部法律的决定》第三次修正,根据 2017 年 11 月 4 日第十二届全国人民代表大会常务委员会第三十次会议《关于修改〈中华人民共和国会计法〉等十一部法律的决定》第四次修正,根据 2018 年 12 月 29 日第十三届全国人民代表大会常务委员会第七次会议《关于修改〈中华人民共和国劳动法〉等七部法律的决定》第五次修正。① 《民用航空法》对

① 2009 年修改内容:一是第 191 条、第 194 条、第 196 条、第 198 条、第 199 条刑事责任表述。二是将第 192 条修改为:"对飞行中的民用航空器上的人员使用暴力,危及飞行安全的,依照刑法有关规定追究刑事责任。"第 193 条第 1 款修改为:"违反本法规定,隐匿携带炸药、雷管或者其他危险品乘坐民用航空器,或者以非危险品品名托运危险品的,依照刑法有关规定追究刑事责任。"第 3 款修改为:"隐匿携带枪支子弹、管制刀具乘坐民用航空器的,依照刑法有关规定追究刑事责任。"第 195 条修改为:"故意在使用中的民用航空器上放置危险品或者唆使他人放置危险品,足以毁坏该民用航空器,危及飞行安全的,依

民用航空运输涉及的专业概念进行了法律界定。其中,民用航空器,是指除用于执行军事、海关、警察飞行任务外的航空器。航空人员,是指从事民用航空活动的空勤人员和地面人员。空勤人员,包括驾驶员、飞行机械人员、乘务员;地面人员,包括民用航空器维修人员、空中交通管制员、飞行签派员、航空电台通信员。民用机场,是指专供民用航空器起飞、降落、滑行、停放以及进行其他活动使用的划定区域,包括附属的建

照刑法有关规定追究刑事责任。"第 197 条修改为:"盗窃或者故意损毁、移动使用中的航行设施,危及飞行安全,足以使民用航空器发生坠落、毁坏危险的,依照刑法有关规定追究刑事责任。"

2015 年修改内容:一是删去第 58 条中的"会同国务院财政部门、物价主管部门"。二是将第 92 条修改为:"企业从事公共航空运输,应当向国务院民用航空主管部门申请领取经营许可证。"三是将第 93 条中的"设立公共航空运输企业"修改为"取得公共航空运输经营许可"。四是将第 97 条第 3 款修改为:"国际航空运输运价的制定按照中华人民共和国政府与外国政府签订的协定、协议的规定执行;没有协定、协议的,参照国际航空运输市场价格确定。"五是删去第 211 条中的"对被吊销经营许可证的,工商行政管理部门应吊销其营业执照。"

2016 年修改内容:一是将第 44 条第 2 款修改为:"禁止擅自关闭、闲置或者拆除生活垃圾处置的设施、场所;确有必要关闭、闲置或者拆除的,必须经所在地的市、县级人民政府环境卫生行政主管部门商所在地环境保护行政主管部门同意后核准,并采取措施,防止污染环境。"二是将第 59 条第 1 款修改为:"转移危险废物的,必须按照国家有关规定填写危险废物转移联单。跨省、自治区、直辖市转移危险废物的,应当向危险废物移出地省、自治区、直辖市人民政府环境保护行政主管部门申请。移出地省、自治区、直辖市人民政府环境保护行政主管部门应当商经接受地省、自治区、直辖市人民政府环境保护行政主管部门同意后,方可批准转移该危险废物。未经批准的,不得转移。"

2017 年修改内容:删去第 147 条第 2 款中的"并依法办理工商登记;未取得经营许可证的,工商行政管理部门不得办理工商登记"。

2018 年修改内容:一是将第 62 条修改为:"国务院民用航空主管部门规定的对公众开放的民用机场应当取得机场使用许可证,方可开放使用。其他民用机场应当按照国务院民用航空主管部门的规定进行备案。申请取得机场使用许可证,应当具备下列条件,并按照国家规定经验收合格:(一)具备与其运营业务相适应的飞行区、航站区、工作区以及服务设施和人员;(二)具备能够保障飞行安全的空中交通管制、通信导航、气象等设施和人员;(三)具备符合国家规定的安全保卫条件;(四)具备处理特殊情况的应急计划以及相应的设施和人员;(五)具备国务院民用航空主管部门规定的其他条件。""国际机场还应当具备国际通航条件,设立海关和其他口岸检查机关。"二是删去第 103 条中的"检疫"。三是在第 213 条后增加 1 条,作为第 214 条:"国务院、中央军事委员会对无人驾驶航空器的管理另有规定的,从其规定。"

筑物、装置和设施。民用机场不包括临时机场。

军民合用机场由国务院、中央军事委员会另行制定管理办法。公共航空运输企业,是指以营利为目的,使用民用航空器运送旅客、行李、邮件或者货物的企业法人。国内航空运输,是指根据当事人订立的航空运输合同,运输的出发地点、约定的经停地点和目的地点均在中华人民共和国境内的运输。国际航空运输,是指根据当事人订立的航空运输合同,无论运输有无间断或者有无转运,运输的出发地点、目的地点或者约定的经停地点之一不在中华人民共和国境内的运输。缔约承运人,是指以本人名义与旅客或者托运人,或者与旅客或者托运人的代理人,订立《民用航空法》调整的航空运输合同的人。实际承运人,是指根据缔约承运人的授权,履行全部或者部分运输的人。通用航空,是指使用民用航空器从事公共航空运输以外的民用航空活动,包括从事工业、农业、林业、渔业和建筑业的作业飞行以及医疗卫生、抢险救灾、气象探测、海洋监测、科学实验、教育训练、文化体育等方面的飞行活动。现行的《民用航空法》共16章214条,除总则和附则外,内容涉及民用航空器国籍、民用航空器权利、民用航空器适航管理、航空人员、民用机场、空中航行、公共航空运输企业、公共航空运输、通用航空、搜寻援救和事故调查、对地面第三人损害的赔偿责任、对外国民用航空器的特别规定、涉外关系的法律适用和法律责任的法律规定。

二、交通运输调控的法律规定

(一)交通运输调控的基本原则和政策规定

《公路法》规定,公路的发展应当遵循全面规划、合理布局、确保质量、保障畅通、保护环境、建设改造与养护并重的原则。各级人民政府应当采取有力措施,扶持、促进公路建设。公路建设应当纳入国民经济和社会发展计划。国家鼓励、引导国内外经济组织依法投资建设、经营公路。国家帮助和扶持少数民族地区、边远地区和贫困地区发展公路建设。公路按其在公路路网中的地位分为国道、省道、县道和乡道，并按技术等级分为高速公路、一级公路、二级公路、三级公路和四级公路。具体划分标准由国务院交通主管部门规定。新建公路应当符合技术等级的要求。原有不符合最低技术等级要求的等外公路，应当采取措施，逐步改造为符合技术等级要求的公路。公路受国家保护，任何单位和个人不得破坏、损坏或者非法占用公路、公路用地及公路附属设施。任何单位和个人都有爱护公路、公路用地及公路附属设施的义务，有权检举和控告破坏、损坏公路、公路用地、公路附属设施和影响公路安全的行为。国务院交通主管部门主管全国公路工作。县级以上地方人民政府交通主管部门主管本行政区域内的公路工作；但是，县级以上地方人民政府交通主管部门对国道、省道的管理、监督职责，由省、自治区、直辖市人民政府确定。乡、民族乡、镇人民政府负责本行政区域内的乡道的建设和养护工作。县级以上地方人民政府交通主管部门可以决定由公路管理机构依照本法规定行使公路行政管理职责。禁止任何单位和个人在公路上非法设卡、收费、罚款和拦截车辆。国家鼓励公路工作方面的科学技术研究，对在公路科学技术研究和应用方面作出显著成绩的单位和个人给予奖励。《公路法》对专用公路有规定的，适用于专用公路。专用公路是指由企业或者其他单位建设、养护、管理，专为或者主要为本企业或者本单位提供运输服务的道路。①

《铁路法》规定，国务院铁路主管部门主管全国铁路工作，对国家铁路实行高度集中、统一指挥的运输管理体制，对地方铁路、专用铁路和铁路专用线进行指导、协调、监督和帮助。国家铁路运输企业行使法律、行政法规授予的行政管理职能。国家重点发展国家铁路，大力扶持地方铁路的发展。铁路运输企业必须坚持社会主义经营方向和为人民服务的

---

① 《公路法》第3~11条。

宗旨,改善经营管理,切实改进路风,提高运输服务质量。公民有爱护铁路设施的义务。禁止任何人破坏铁路设施,扰乱铁路运输的正常秩序。铁路沿线各级地方人民政府应当协助铁路运输企业保证铁路运输安全畅通,车站、列车秩序良好,铁路设施完好和铁路建设顺利进行。国家铁路的技术管理规程,由国务院铁路主管部门制定,地方铁路、专用铁路的技术管理办法,参照国家铁路的技术管理规程制定。国家鼓励铁路科学技术研究,提高铁路科学技术水平。对在铁路科学技术研究中有显著成绩的单位和个人给予奖励。[①] 国家鼓励专用铁路兼办公共旅客、货物运输营业;提倡铁路专用线与有关单位按照协议共用。专用铁路兼办公共旅客、货物运输营业的,应当报经省、自治区、直辖市人民政府批准。专用铁路兼办公共旅客、货物运输营业的,适用本法关于铁路运输企业的规定。国家铁路、地方铁路参加国际联运,必须经国务院批准。[②]

《民用航空法》规定,中华人民共和国的领陆和领水之上的空域为中华人民共和国领空。中华人民共和国对领空享有完全的、排他的主权。国务院民用航空主管部门对全国民用航空活动实施统一监督管理;根据法律和国务院的决定,在本部门的权限内,发布有关民用航空活动的规定、决定。国务院民用航空主管部门设立的地区民用航空管理机构依照国务院民用航空主管部门的授权,监督管理各该地区的民用航空活动。国家扶持民用航空事业的发展,鼓励和支持发展民用航空的科学研究和教育事业,提高民用航空科学技术水平。国家扶持民用航空器制造业的发展,为民用航空活动提供安全、先进、经济、适用的民用航空器。[③]

(二)交通规划计划调控规定

《公路法》设专章就规划做出规定,即公路规划应当根据国民经济

---

① 《铁路法》第3~9条。

② 《铁路法》第24条、第30条。

③ 《民用航空法》第2~4条。

和社会发展以及国防建设的需要编制,与城市建设发展规划和其他方式的交通运输发展规划相协调。公路建设用地规划应当符合土地利用总体规划,当年建设用地应当纳入年度建设用地计划。国道规划由国务院交通主管部门会同国务院有关部门并商国道沿线省、自治区、直辖市人民政府编制,报国务院批准。省道规划由省、自治区、直辖市人民政府交通主管部门会同同级有关部门并商省道沿线下一级人民政府编制,报省、自治区、直辖市人民政府批准,并报国务院交通主管部门备案。县道规划由县级人民政府交通主管部门会同同级有关部门编制,经本级人民政府审定后,报上一级人民政府批准。乡道规划由县级人民政府交通主管部门协助乡、民族乡、镇人民政府编制,报县级人民政府批准。依照规定批准的县道、乡道规划,应当报批准机关的上一级人民政府交通主管部门备案。省道规划应当与国道规划相协调。县道规划应当与省道规划相协调。乡道规划应当与县道规划相协调。专用公路规划由专用公路的主管单位编制,经其上级主管部门审定后,报县级以上人民政府交通主管部门审核。专用公路规划应当与公路规划相协调。县级以上人民政府交通主管部门发现专用公路规划与国道、省道、县道、乡道规划有不协调的地方,应当提出修改意见,专用公路主管部门和单位应当作出相应的修改。国道规划的局部调整由原编制机关决定。国道规划需要作重大修改的,由原编制机关提出修改方案,报国务院批准。经批准的省道、县道、乡道公路规划需要修改的,由原编制机关提出修改方案,报原批准机关批准。国道的命名和编号,由国务院交通主管部门确定;省道、县道、乡道的命名和编号,由省、自治区、直辖市人民政府交通主管部门按照国务院交通主管部门的有关规定确定。规划和新建村镇、开发区,应当与公路保持规定的距离并避免在公路两侧对应进行,防止造成公路街道化,影响公路的运行安全与畅通。国家鼓励专用公路用于社会公共运输。专用公路主要用于社会公共运输时,由专用公路的主管单位申请,或者由有关方面申请,专用公路的主管单位同意,并经省、自治区、直辖市人民政府交通主管部门批准,可以改划为省道、县道或者乡道。①

《铁路法》规定,国家铁路和地方铁路根据发展生产、搞活流通的原则,安排货物运输计划。对抢险救灾物资和国家规定需要优先运输的其他物资,应予优先运输。地方铁路运输的物资需要经由国家铁路运输的,其运输计划应当纳入国家铁路的运输计划。铁路发展规划应当依据国民经济和社会发展以及国防建设的需要制定,并与其他方式的交通运输发展规划相协调。地方铁路、专用铁路、铁路专用线的建设计划必须符合全国铁路发展规划,并征得国务院铁路主管部门或者国务院铁路主管部门授权的机构的同意。在城市规划区范围内,铁路的线路、车站、枢纽以及其他有关设施的规划,应当纳入所在城市的总体规划。铁路建设用地规划,应当纳入土地利用总体规划。为远期扩建、新建铁路需要的土地,由县级以上人民政府在土地利用总体规划中安排。②

《民用航空法》规定,民用机场的建设和使用应当统筹安排、合理布局,提高机场的使用效率。全国民用机场的布局和建设规划,由国务院民用航空主管部门会同国务院其他有关部门制定,并按照国家规定的程序,经批准后组织实施。省、自治区、直辖市人民政府应当根据全国民用机场的布局和建设规划,制定本行政区域内的民用机场建设规划,并按照国家规定的程序报经批准后,将其纳入本级国民经济和社会发展规划。民用机场建设规划应当与城市建设规划相协调。新建、改建和扩建民用机场,应当符合依法制定的民用机场布局和建设规划,符合民用机场标准,并按照国家规定报经有关主管机关批准并实施。不符合依法制定的民用机场布局和建设规划的民用机场建设项目,不得批准。③

---

① 《公路法》第 12 ~19 条。
② 《铁路法》第 15 条、第 33 ~35 条。
③ 《民用航空法》第 54 ~56 条。

(三)财税、价格、金融调控规定

《公路法》规定,筹集公路建设资金,除各级人民政府的财政拨款,包括依法征税筹集的公路建设专项资金转为的财政拨款外,可以依法向国内外金融机构或者外国政府贷款。国家鼓励国内外经济组织对公路建设进行投资。开发、经营公路的公司可以依照法律、行政法规的规定发行股票、公司债券筹集资金。依照《公路法》规定出让公路收费权的收入必须用于公路建设。向企业和个人集资建设公路,必须根据需要与可能,坚持自愿原则,不得强行摊派,并符合国务院的有关规定。公路建设资金还可以采取符合法律或者国务院规定的其他方式筹集。公路建设需要使用国有荒山、荒地或者需要在国有荒山、荒地、河滩、滩涂上挖砂、采石、取土的,依照有关法律、行政法规的规定办理后,任何单位和个人不得阻挠或者非法收取费用。国家采用依法征税的办法筹集公路养护资金,具体实施办法和步骤由国务院规定。依法征税筹集的公路养护资金,必须专项用于公路的养护和改建。国家允许依法设立收费公路,同时对收费公路的数量进行控制。除《公路法》规定可以收取车辆通行费的公路外,禁止任何公路收取车辆通行费。符合国务院交通主管部门规定的技术等级和规模的公路,可以依法收取车辆通行费:一是由县级以上地方人民政府交通主管部门利用贷款或者向企业、个人集资建成的公路;二是由国内外经济组织依法受让前项收费公路收费权的公路;三是由国内外经济组织依法投资建成的公路。县级以上地方人民政府交通主管部门利用贷款或者集资建成的收费公路的收费期限,按照收费偿还贷款、集资款的原则,由省、自治区、直辖市人民政府依照国务院交通主管部门的规定确定。有偿转让公路收费权的公路,收费权转让后,由受让方收费经营。收费权的转让期限由出让、受让双方约定,最长不得超过国务院规定的年限。国内外经济组织投资建设公路,必须按照国家有关规定办理审批手续;公路建成后,由投资者收费经营。收费经营期限按照收回投资并有合理回报的原则,由有关交通主管部门与投资者约定并按照国家有关规定办理审批手续,但最长不得超过国务院规定的年限。《公路法》第 59 条第 1 款第 1 项规定的公路中的国道收费权的转让,①应当在转让协议签订之日起 30 个工作日内报国务院交通主管部门备案;国道以外的其他公路收费权的转让,应当在转让协议签订之日起 30 个工作日内报省、自治区、直辖市人民政府备案。该规定的公路收费权出让的最低成交价,以国有资产评估机构评估的价值为依据确定。受让公路收费权和投资建设公路的国内外经济组织应当依法成立开发、经营公路的企业(以下简称公路经营企业)。收费公路车辆通行费的收费标准,由公路收费单位提出方案,报省、自治区、直辖市人民政府交通主管部门会同同级物价行政主管部门审查批准。收费公路设置车辆通行费的收费站,应当报经省、自治区、直辖市人民政府审查批准。跨省、自治区、直辖市的收费公路设置车辆通行费的收费站,由有关省、自治区、直辖市人民政府协商确定;协商不成的,由国务院交通主管部门决定。同一收费公路由不同的交通主管部门组织建设或者由不同的公路经营企业经营的,应当按照"统一收费、按比例分成"的原则,统筹规划,合理设置收费站。两个收费站之间的距离,不得小于国务院交通主管部门规定的标准。有偿转让公路收费权的公路,转让收费权合同约定的期限届满,收费权由出让方收回。由国内外经济组织依照《公路法》规定投资建成并经营的收费公路,约定的经营期限届满,该公路由国家无偿收回,由有关交通主管部门管理。依照《公路法》规定受让收费权或者由国内外经济组织投资建成经营的公路的养护工作,由各该公路经营企业负责。各该公路经营企业在经营期间应当按照国务院交通主管部门规定的技术规范和操作规程做好对公路的养护工作。在受让收费权的期限

---

① 《公路法》第 59 条第 1 款第 1 项规定:"符合国务院交通主管部门规定的技术等级和规模的下列公路,可以依法收取车辆通行费:(一)由县级以上地方人民政府交通主管部门利用贷款或者向企业、个人集资建成的公路……"

届满,或者经营期限届满时,公路应当处于良好的技术状态。该规定的公路的绿化和公路用地范围内的水土保持工作,由各该公路经营企业负责。公路的路政管理,适用《公路法》第5章路政管理的规定。该公路路政管理的职责由县级以上地方人民政府交通主管部门或者公路管理机构的派出机构、人员行使。在收费公路上从事《公路法》第44条第2款、①第45条、②第48条、③第50条④所列活动的,除依照各该条的规定办理外,给公路经营企业造成损失的,应当给予相应的补偿。收费公路的具体管理办法,由国务院依照《公路法》制定。⑤

《铁路法》规定,铁路的旅客票价率和货物、行李的运价率实行政府指导价或者政府定价,竞争性领域实行市场调节价。政府指导价、政府定价的定价权限和具体适用范围以中央政府和地方政府的定价目录为依据。铁路旅客、货物运输杂费的收费项目和收费标准,以及铁路包裹

---

① 《公路法》第44条第2款规定,因修建铁路、机场、电站、通信设施、水利工程和进行其他建设工程需要占用、挖掘公路或者使公路改线的,建设单位应当事先征得有关交通主管部门的同意;影响交通安全的,还须征得有关公安机关的同意。占用、挖掘公路或者使公路改线的,建设单位应当按照不低于该段公路原有的技术标准予以修复、改建或者给予相应的经济补偿。

② 《公路法》第45条规定,跨越、穿越公路修建桥梁、渡槽或者架设、埋设管线等设施的,以及在公路用地范围内架设、埋设管线、电缆等设施的,应当事先经有关交通主管部门同意,影响交通安全的,还须征得有关公安机关的同意;所修建、架设或者埋设的设施应当符合公路工程技术标准的要求。对公路造成损坏的,应当按照损坏程度给予补偿。

③ 《公路法》第48条规定,铁轮车、履带车和其他可能损害公路路面的机具,不得在公路上行驶。农业机械因当地田间作业需要在公路上短距离行驶或者军用车辆执行任务需要在公路上行驶的,可以不受前款限制,但是应当采取安全保护措施。对公路造成损坏的,应当按照损坏程度给予补偿。

④ 《公路法》第50条规定,超过公路、公路桥梁、公路隧道或者汽车渡船的限载、限高、限宽、限长标准的车辆,不得在有限定标准的公路、公路桥梁上或者公路隧道内行驶,不得使用汽车渡船。超过公路或者公路桥梁限载标准确需行驶的,必须经县级以上地方人民政府交通主管部门批准,并按要求采取有效的防护措施;运载不可解体的超限物品的,应当按照指定的时间、路线、时速行驶,并悬挂明显标志。运输单位不能按照前款规定采取防护措施的,由交通主管部门帮助其采取防护措施,所需费用由运输单位承担。

⑤ 《公路法》第21条、第28条、第36条、第58~68条。

运价率由铁路运输企业自主制定。铁路的旅客票价，货物、包裹、行李的运价，旅客和货物运输杂费的收费项目和收费标准，必须公告；未公告的不得实施。①

《民用航空法》规定，民用航空器租赁合同，包括融资租赁合同和其他租赁合同，应当以书面形式订立。民用航空器的融资租赁，是指出租人按照承租人对供货方和民用航空器的选择，购得民用航空器，出租给承租人使用，由承租人定期交纳租金。融资租赁期间，出租人依法享有民用航空器所有权，承租人依法享有民用航空器的占有、使用、收益权。融资租赁期间，出租人不得干扰承租人依法占有、使用民用航空器；承租人应当适当地保管民用航空器，使之处于原交付时的状态，但是合理损耗和经出租人同意的对民用航空器的改变除外。融资租赁期满，承租人应当将符合《民用航空法》规定状态的民用航空器退还出租人；但是，承租人依照合同行使购买民用航空器的权利或者为继续租赁而占有民用航空器的除外。民用航空器融资租赁中的供货方，不就同一损害同时对出租人和承租人承担责任。融资租赁期间，经出租人同意，在不损害第三人利益的情况下，承租人可以转让其对民用航空器的占有权或者租赁合同约定的其他权利。民用航空器的融资租赁和租赁期限为6个月以上的其他租赁，承租人应当就其对民用航空器的占有权向国务院民用航空主管部门办理登记；未经登记的，不得对抗第三人。公共航空运输企业的营业收费项目，由国务院民用航空主管部门确定。国内航空运输的运价管理办法，由国务院民用航空主管部门会同国务院物价主管部门制定，报国务院批准后执行。国际航空运输运价的制定按照中华人民共和国政府与外国政府签订的协定、协议的规定执行；没有协定、协议的，参照国际航空运输市场价格确定。②

---

① 《铁路法》第25～26条。

② 《民用航空法》第26～33条、第97条。

第五节　电力业调控的法律规定

在国民经济和社会发展中，电力能源一直占有基础性地位，不仅关系到百姓的日常生活，也关系着经济发展的稳定和安全。为此，有关电力方面的体制改革一直处于比较慎重的状态。有关电力的生产经营受到宏观调控及其法治的影响和制约。

一、电力法的制定和实施

为了保障和促进电力事业的发展，维护电力投资者、经营者和使用者的合法权益，保障电力安全运行，1995 年 12 月 28 日第八届全国人民代表大会常务委员会第十七次会议通过《电力法》。该法根据 2009 年 8 月 27 日第十一届全国人民代表大会常务委员会第十次会议《关于修改部分法律的决定》第一次修正，根据 2015 年 4 月 24 日第十二届全国人民代表大会常务委员会第十四次会议《关于修改〈中华人民共和国电力法〉等六部法律的决定》第二次修正，根据 2018 年 12 月 29 日第十三届全国人民代表大会常务委员会第七次会议《关于修改〈中华人民共和国电力法〉等四部法律的决定》第三次修正。①《电力法》适用于中华人民共和国境内的电力建设、生产、供应和使用活动。现行《电力法》共包括

---

① 2009 年修改内容：一是第 16 条中的“征用”修改为“征收”；二是第 71 条、第 72 条、第 74 条刑事责任的规范；三是第 70 条与《行政处罚法》相衔接。

2015 年修改内容：删去第 25 条第 3 款中的“供电营业机构持《供电营业许可证》向工商行政管理部门申请领取营业执照，方可营业。”

2018 年修改内容：将第 25 条第 3 款修改为：“供电营业区的设立、变更，由供电企业提出申请，电力管理部门依据职责和管理权限，会同同级有关部门审查批准后，发给《电力业务许可证》。供电营业区设立、变更的具体办法，由国务院电力管理部门制定。”

10章75条。除总则、附则外,其内容涉及电力建设、电力生产与电网管理、电力供应与使用、电价与电费、农村电力建设和农业用电、电力设施保护、监督检查和法律责任的规定。

二、电力事业调控的法律规定

(一)电力行业发展的原则与基本政策

《电力法》规定,电力事业[①]应当适应国民经济和社会发展的需要,适当超前发展。国家鼓励、引导国内外的经济组织和个人依法投资开发电源,兴办电力生产企业。电力事业投资,实行谁投资、谁收益的原则。电力设施受国家保护。禁止任何单位和个人危害电力设施安全或者非法侵占、使用电能。电力建设、生产、供应和使用应当依法保护环境,采用新技术,减少有害物质排放,防治污染和其他公害。国家鼓励和支持利用可再生能源和清洁能源发电。国务院电力管理部门负责全国电力事业的监督管理。国务院有关部门在各自的职责范围内负责电力事业的监督管理。县级以上地方人民政府经济综合主管部门是本行政区域内的电力管理部门,负责电力事业的监督管理。县级以上地方人民政府有关部门在各自的职责范围内负责电力事业的监督管理。电力建设企业、电力生产企业、电网经营企业依法实行自主经营、自负盈亏,并接受电力管理部门的监督。国家帮助和扶持少数民族地区、边远地区和贫困地区发展电力事业。国家鼓励在电力建设、生产、供应和使用过程中,采用先进的科学技术和管理方法,对在研究、开发、采用先进的科学技术和

---

① 《电力法》将电力发展称为"事业",是从广义事业角度对电力业发展的定位。其于中国的事业单位有本质的区别。在中国,事业单位意味着该单位主要从事的是社会公益性的工作,且不以营利为目的。但是,电力业发展中的电力企业则是以盈利或微利为基础的。因此,笔者认为,《电力法》讲的事业,包括了电力行业。《电力法》应主要属于行业规制和调控方面的立法。

管理方法等方面作出显著成绩的单位和个人给予奖励。①

(二)电力建设调控的法律规定

《电力法》规定,电力发展规划应当根据国民经济和社会发展的需要制定,并纳入国民经济和社会发展计划。电力发展规划,应当体现合理利用能源、电源与电网配套发展、提高经济效益和有利于环境保护的原则。城市电网的建设与改造规划,应当纳入城市总体规划。城市人民政府应当按照规划,安排变电设施用地、输电线路走廊和电缆通道。任何单位和个人不得非法占用变电设施用地、输电线路走廊和电缆通道。国家通过制定有关政策,支持、促进电力建设。地方人民政府应当根据电力发展规划,因地制宜,采取多种措施开发电源,发展电力建设。电力投资者对其投资形成的电力,享有法定权益。并网运行的,电力投资者有优先使用权;未并网的自备电厂,电力投资者自行支配使用。电力建设项目应当符合电力发展规划,符合国家电力产业政策。电力建设项目不得使用国家明令淘汰的电力设备和技术。输变电工程、调度通信自动化工程等电网配套工程和环境保护工程,应当与发电工程项目同时设计、同时建设、同时验收、同时投入使用。电力建设项目使用土地,应当依照有关法律、行政法规的规定办理;依法征收土地的,应当依法支付土地补偿费和安置补偿费,做好迁移居民的安置工作。电力建设应当贯彻切实保护耕地、节约利用土地的原则。地方人民政府对电力事业依法使用土地和迁移居民,应当予以支持和协助。地方人民政府应当支持电力企业为发电工程建设勘探水源和依法取水、用水。电力企业应当节约用水。②

---

① 《电力法》第 3 ~9 条。

② 《电力法》第 10 ~17 条。

(三)电力生产与电网管理调控的法律规定

《电力法》规定,电力生产与电网运行应当遵循安全、优质、经济的原则。电网运行应当连续、稳定,保证供电可靠性。电力企业应当加强安全生产管理,坚持安全第一、预防为主的方针,建立、健全安全生产责任制度。电力企业应当对电力设施定期进行检修和维护,保证其正常运行。发电燃料供应企业、运输企业和电力生产企业应当依照国务院有关规定或者合同约定供应、运输和接卸燃料。电网运行实行统一调度、分级管理。任何单位和个人不得非法干预电网调度。国家提倡电力生产企业与电网、电网与电网并网运行。具有独立法人资格的电力生产企业要求将生产的电力并网运行的,电网经营企业应当接受。并网运行必须符合国家标准或者电力行业标准。并网双方应当按照统一调度、分级管理和平等互利、协商一致的原则,签订并网协议,确定双方的权利和义务;并网双方达不成协议的,由省级以上电力管理部门协调决定。电网调度管理办法,由国务院依照《电力法》规定制定。① 对此,国务院于1993年6月29日发布《电网调度管理条例》。该《电网调度管理条例》根据2011年1月8日《国务院关于废止和修改部分行政法规的决定》修正。该《电网调度管理条例》所称电网调度,是指电网调度机构(以下简称调度机构)为保障电网的安全、优质、经济运行,对电网运行进行的组织、指挥、指导和协调。电网调度应当符合社会主义市场经济的要求和电网运行的客观规律。中华人民共和国境内的发电、供电、用电单位以及其他有关单位和个人,必须遵守该条例。国务院电力行政主管部门可以根据《电网调度管理条例》制定实施办法。省、自治区、直辖市人民政府可以根据《电网调度管理条例》制定小电网管理办法。

根据《电网调度管理条例》规定,电网运行实行统一调度、分级管理

① 《电力法》第18~23条。

的原则。任何单位和个人不得超计划分配电力和电量,不得超计划使用电力和电量;遇有特殊情况,需要变更计划的,须经用电计划下达部门批准。国务院电力行政主管部门主管电网调度工作。在调度系统方面,调度机构的职权及其调度管辖范围的划分原则,由国务院电力行政主管部门确定。调度机构直接调度的发电厂的划定原则,由国务院电力行政主管部门确定。调度系统包括各级调度机构和电网内的发电厂、变电站的运行值班单位。下级调度机构必须服从上级调度机构的调度。调度机构调度管辖范围内的发电厂、变电站的运行值班单位,必须服从该级调度机构的调度。调度机构分为五级:国家调度机构,跨省、自治区、直辖市调度机构,省、自治区、直辖市级调度机构,省辖市级调度机构,县级调度机构。调度系统值班人员须经培训、考核并取得合格证书方得上岗。调度系统值班人员的培训、考核办法由国务院电力行政主管部门制定。在调度计划方面,跨省电网管理部门和省级电网管理部门应当编制发电、供电计划,并将发电、供电计划报送国务院电力行政主管部门备案。调度机构应当编制下达发电、供电调度计划。值班调度人员可以按照有关规定,根据电网运行情况,调整日发电、供电调度计划。值班调度人员调整日发电、供电调度计划时,必须填写调度值班日志。跨省电网管理部门和省级电网管理部门编制发电、供电计划,调度机构编制发电、供电调度计划时,应当根据国家下达的计划、有关的供电协议和并网协议、电网的设备能力,并留有备用容量。对具有综合效益的水电厂(站)的水库,应当根据批准的水电厂(站)的设计文件,并考虑防洪、灌溉、发电、环保、航运等要求,合理运用水库蓄水。跨省电网管理部门和省级电网管理部门遇有法定情形之一,需要调整发电、供电计划时,应当通知有关地方人民政府的有关部门:一是大中型水电厂(站)入库水量不足;二是火电厂的燃料短缺;三是其他需要调整发电、供电计划的情形。在调度规则方面,调度机构必须执行国家下达的供电计划,不得克扣电力、电量,并保证供电质量。发电厂必须按照调度机构下达的调度计划和规定的电压范围运行,并根据调度指令调整功率和电压。发电、供电设备的检修,应当服从调度机构的统一安排。出现法定紧急情况之一的,值班调度人员可以调整日发电、供电调度计划,发布限电、调整发电厂功率、开或者停发电机组等指令;可以向本电网内的发电厂、变电站的运行值班单位发布调度指令:一是发电、供电设备发生重大事故或者电网发生事故;二是电网频率或者电压超过规定范围;三是输变电设备负载超过规定值;四是主干线路功率值超过规定的稳定限额;五是其他威胁电网安全运行的紧急情况。省级电网管理部门、省辖市级电网管理部门、县级电网管理部门应当根据本级人民政府的生产调度部门的要求、用户的特点和电网安全运行的需要,提出事故及超计划用电的限电序位表,经本级人民政府的生产调度部门审核,报本级人民政府批准后,由调度机构执行。限电及整个电网调度工作应当逐步实现自动化管理。未经值班调度人员许可,任何人不得操作调度机构调度管辖范围内的设备。电网运行遇有危及人身及设备安全的情况时,发电厂、变电站的运行值班单位的值班人员可以按照有关规定处理,处理后应当立即报告有关调度机构的值班人员。在调度指令方面,值班调度人员必须按照规定发布各种调度指令。在调度系统中,必须执行调度指令。调度系统的值班人员认为执行调度指令将危及人身及设备安全的,应当立即向发布指令的值班调度人员报告,由其决定调度指令的执行或者撤销。电网管理部门的负责人,调度机构的负责人以及发电厂、变电站的负责人,对上级调度机构的值班人员发布的调度指令有不同意见时,可以向上级电网电力行政主管部门或者上级调度机构提出,但是在其未作出答复前,调度系统的值班人员必须按照上级调度机构的值班人员发布的调度指令执行。任何单位和个人不得违反本条例干预调度系统的值班人员发布或者执行调度指令;调度系统的值班人员依法执行公务,有权拒绝各种非法干预。在并网与调度方面,并网运行的发电厂或者电网,必须服从调度机构统一调度。需要并网运行的发电厂与电网之间以及电网与电网之间,应当在并网前根据平等互利、协商一致的原则签订并网协议并严格执行。①

(四)电力供应与使用调控的规定

《电力法》规定,国家对电力供应和使用,实行安全用电、节约用电、计划用电的管理原则。电力供应与使用办法由国务院依照《电力法》的规定制定。② 供电企业在批准的供电营业区内向用户供电。供电营业区的划分,应当考虑电网的结构和供电合理性等因素。一个供电营业区内只设立一个供电营业机构。供电营业区的设立、变更,由供电企业提出申请,电力管理部门依据职责和管理权限,会同同级有关部门审查批准后,发给《电力业务许可证》。供电营业区设立、变更的具体办法,由国务院电力管理部门制定。供电营业区内的供电营业机构,对本营业区内的用户有按照国家规定供电的义务;不得违反国家规定对其营业区内申请用电的单位和个人拒绝供电。申请新装用电、临时用电、增加用电容量、变更用电和终止用电,应当依照规定的程序办理手续。供电企业应当在其营业场所公告用电的程序、制度和收费标准,并提供用户须知

---

① 《电网调度管理条例》第4~26条。

② 为了加强电力供应与使用的管理,保障供电、用电双方的合法权益,维护供电、用电秩序,安全、经济、合理地供电和用电,根据《电力法》,1996年4月17日中华人民共和国国务院令第196号发布《电力供应与使用条例》。该条例根据2016年2月6日国务院《关于修改部分行政法规的决定》修订。根据《电力供应与使用条例》的规定,中华人民共和国境内,电力供应企业(以下简称供电企业)和电力使用者(以下简称用户)以及与电力供应、使用有关的单位和个人,必须遵守《电力供应与使用条例》。国务院电力管理部门负责全国电力供应与使用的监督管理工作。县级以上地方人民政府电力管理部门负责本行政区域内电力供应与使用的监督管理工作。电网经营企业依法负责本供区内的电力供应与使用的业务工作,并接受电力管理部门的监督。国家对电力供应和使用实行安全用电、节约用电、计划用电的管理原则。供电企业和用户应当遵守国家有关规定,采取有效措施,做好安全用电、节约用电、计划用电工作。供电企业和用户应当根据平等自愿、协商一致的原则签订供用电合同。电力管理部门应当加强对供用电的监督管理,协调供用电各方关系,禁止危害供用电安全和非法侵占电能的行为。此外,《电力供应与使用条例》对供电营业区、供电设施、电力供应、电力使用、供用电合同、监督与管理以及法律责任进行了规定。2019年3月2日,国务院颁发《关于修改部分行政法规的决定》对个别条款进行了修改。

资料。电力供应与使用双方应当根据平等自愿、协商一致的原则,按照国务院制定的电力供应与使用办法签订供用电合同,确定双方的权利和义务。供电企业应当保证供给用户的供电质量符合国家标准。对公用供电设施引起的供电质量问题,应当及时处理。用户对供电质量有特殊要求的,供电企业应当根据其必要性和电网的可能,提供相应的电力。供电企业在发电、供电系统正常的情况下,应当连续向用户供电,不得中断。因供电设施检修、依法限电或者用户违法用电等原因,需要中断供电时,供电企业应当按照国家有关规定事先通知用户。用户对供电企业中断供电有异议的,可以向电力管理部门投诉;受理投诉的电力管理部门应当依法处理。因抢险救灾需要紧急供电时,供电企业必须尽速安排供电,所需供电工程费用和应付电费依照国家有关规定执行。用户应当安装用电计量装置。用户使用的电力电量,以计量检定机构依法认可的用电计量装置的记录为准。用户受电装置的设计、施工安装和运行管理,应当符合国家标准或者电力行业标准。用户用电不得危害供电、用电安全和扰乱供电、用电秩序。对危害供电、用电安全和扰乱供电、用电秩序的,供电企业有权制止。供电企业应当按照国家核准的电价和用电计量装置的记录,向用户计收电费。供电企业查电人员和抄表收费人员进入用户,进行用电安全检查或者抄表收费时,应当出示有关证件。用户应当按照国家核准的电价和用电计量装置的记录,按时交纳电费;对供电企业查电人员和抄表收费人员依法履行职责,应当提供方便。供电企业和用户应当遵守国家有关规定,采取有效措施,做好安全用电、节约用电和计划用电工作。①

(五)电价与电费调控规定

《电力法》规定,《电力法》所称电价,是指电力生产企业的上网电

---

① 《电力法》第24~34条。

价、电网间的互供电价、电网销售电价。电价实行统一政策，统一定价原则，分级管理。制定电价，应当合理补偿成本，合理确定收益，依法计入税金，坚持公平负担，促进电力建设。上网电价实行同网同质同价。具体办法和实施步骤由国务院规定。电力生产企业有特殊情况需另行制定上网电价的，具体办法由国务院规定。跨省、自治区、直辖市电网和省级电网内的上网电价，由电力生产企业和电网经营企业协商提出方案，报国务院物价行政主管部门核准。独立电网内的上网电价，由电力生产企业和电网经营企业协商提出方案，报有管理权的物价行政主管部门核准。地方投资的电力生产企业所生产的电力，属于在省内各地区形成独立电网的或者自发自用的，其电价可以由省、自治区、直辖市人民政府管理。跨省、自治区、直辖市电网和独立电网之间、省级电网和独立电网之间的互供电价，由双方协商提出方案，报国务院物价行政主管部门或者其授权的部门核准。独立电网与独立电网之间的互供电价，由双方协商提出方案，报有管理权的物价行政主管部门核准。跨省、自治区、直辖市电网和省级电网的销售电价，由电网经营企业提出方案，报国务院物价行政主管部门或者其授权的部门核准。独立电网的销售电价，由电网经营企业提出方案，报有管理权的物价行政主管部门核准。国家实行分类电价和分时电价。分类标准和分时办法由国务院确定。对同一电网内的同一电压等级、同一用电类别的用户，执行相同的电价标准。用户用电增容收费标准，由国务院物价行政主管部门会同国务院电力管理部门制定。任何单位不得超越电价管理权限制定电价。供电企业不得擅自变更电价。禁止任何单位和个人在电费中加收其他费用；但是，法律、行政法规另有规定的，按照规定执行。地方集资办电在电费中加收费用的，由省、自治区、直辖市人民政府依照国务院有关规定制定办法。禁止供电企业在收取电费时,代收其他费用。电价的管理办法,[①]由国务院依照《电力法》的规定制定。[②]

(六)农村电力建设和农业用电调控的规定

《电力法》规定,省、自治区、直辖市人民政府应当制定农村电气化发展规划,并将其纳入当地电力发展规划及国民经济和社会发展计划。国家对农村电气化实行优惠政策,对少数民族地区、边远地区和贫困地区的农村电力建设给予重点扶持。国家提倡农村开发水能资源,建设中、小型水电站,促进农村电气化。国家鼓励和支持农村利用太阳能、风能、地热能、生物质能和其他能源进行农村电源建设,增加农村电力供应。县级以上地方人民政府及其经济综合主管部门在安排用电指标时,应当保证农业和农村用电的适当比例,优先保证农村排涝、抗旱和农业季节性生产用电。电力企业应当执行上文的用电安排,不得减少农业和农村用电指标。农业用电价格按照保本、微利的原则确定。农民生活用电与当地城镇居民生活用电应当逐步实行相同的电价。农业和农村用电管理办法,[③]由国务院依照《电力法》的规定制定。[④]

---

① 网上查询,国务院至今未出台《电价管理办法》。但为完善上网电价形成机制,推进电力体制改革,依据国家有关法律、行政法规和国务院《关于印发电力体制改革方案的通知》(国发〔2002〕5号)、国务院办公厅《关于印发电价改革方案的通知》(国办发〔2003〕62号),国家发展改革委于2015年3月28日出台了《上网电价管理暂行办法》(发改价格514号)。该办法上网电价是指发电企业与购电方进行上网电能结算的价格。上网电价管理应有利于电力系统安全、稳定运行,有利于促进电力企业提高效率和优化电源结构,有利于向供需各方竞争形成电价的改革方向平稳过渡。《上网电价管理暂行办法》适用于中华人民共和国境内符合国家建设管理有关规定建设的发电项目并依法注册的发电企业上网电价管理。《上网电价管理暂行办法》对竞价上网前的上网电价、竞价上网后的上网电价、上网电价管理问题进行了规定。总的发展趋势是逐步向市场化迈进。

② 《电力法》第35~45条。

③ 经网上查询,国务院及其职能部门至今未出台农业和农村用电管理办法。

④ 《电力法》第46~51条。

（七）电力设施保护调控规定

《电力法》规定，任何单位和个人不得危害发电设施、变电设施和电力线路设施及其有关辅助设施。在电力设施周围进行爆破及其他可能危及电力设施安全的作业的，应当按照国务院有关电力设施保护的规定，[①]经批准并采取确保电力设施安全的措施后，方可进行作业。电力管理部门应当按照国务院有关电力设施保护的规定，对电力设施保护区设立标志。任何单位和个人不得在依法划定的电力设施保护区内修建可能危及电力设施安全的建筑物、构筑物，不得种植可能危及电力设施安全的植物，不得堆放可能危及电力设施安全的物品。在依法划定电力设施保护区前已经种植的植物妨碍电力设施安全的，应当修剪或者砍伐。任何单位和个人需要在依法划定的电力设施保护区内进行可能危及电力设施安全的作业时，应当经电力管理部门批准并采取安全措施后，方可进行作业。电力设施与公用工程、绿化工程和其他工程在新建、

---

① 为保障电力生产和建设的顺利进行，维护公共安全，1987 年 9 月 15 日国务院发布《电力设施保护条例》。该条例根据 1998 年 1 月 7 日国务院《关于修改〈电力设施保护条例〉的决定》第一次修订；根据 2011 年 1 月 8 日国务院《关于废止和修改部分行政法规的决定》第二次修订。根据《电力设施保护条例》规定，《电力设施保护条例》适用于中华人民共和国境内已建或在建的电力设施（包括发电设施、变电设施和电力线路设施及其有关辅助设施，下同）。电力设施的保护，实行电力管理部门、公安部门、电力企业和人民群众相结合的原则。电力设施受国家法律保护，禁止任何单位或个人从事危害电力设施的行为。任何单位和个人都有保护电力设施的义务，对危害电力设施的行为，有权制止并向电力管理部门、公安部门报告。电力企业应加强对电力设施的保护工作，对危害电力设施安全的行为，应采取适当措施，予以制止。国务院电力管理部门对电力设施的保护负责监督、检查、指导和协调。县以上地方各级电力管理部门保护电力设施的职责是：（1）监督、检查本条例及根据本条例制定的规章的贯彻执行；（2）开展保护电力设施的宣传教育工作；（3）会同有关部门及沿电力线路各单位，建立群众护线组织并健全责任制；（4）会同当地公安部门，负责所辖地区电力设施的安全保卫工作。各级公安部门负责依法查处破坏电力设施或哄抢、盗窃电力设施器材的案件。此外，《电力设施保护条例》对电力设施的保护范围和保护区、电力设施的保护、对电力设施与其他设施互相妨碍的处理以及奖励与惩罚等进行了规定。

改建或者扩建中相互妨碍时,有关单位应当按照国家有关规定协商,达成协议后方可施工。①

第六节　邮政业调控的法律规定

自古以来,邮政都是关乎百姓生活和国家安危的通信的传递载体。中国在计划经济时期,邮政为社会服务,收取少量的邮费。改革开放以来,邮政体制面临着改革,特别是快递形式的出现,活跃了邮政行业,但也带来了一些新的问题。为此,需要法律予以回应。邮政法应运而生。

一、邮政法的制定和实施

为了保障邮政普遍服务,加强对邮政市场的监督管理,维护邮政通信与信息安全,保护通信自由和通信秘密,保护用户合法权益,促进邮政业健康发展,适应经济社会发展和人民生活需要,1986 年 12 月 2 日第六届全国人民代表大会常务委员会第十八次会议通过了《邮政法》。该法于 2009 年 4 月 24 日第十一届全国人民代表大会常务委员会第八次会议修订,根据 2012 年 10 月 26 日第十一届全国人民代表大会常务委员会第二十九次会议《关于修改〈中华人民共和国邮政法〉的决定》第一次修正,根据 2015 年 4 月 24 日第十二届全国人民代表大会常务委员会第十四次会议《关于修改〈中华人民共和国义务教育法〉等五部法律的决

① 《电力法》第 52 ~55 条。

定》第二次修正。① 现行的《邮政法》共9章87条。除总则、附则外,其内容涉及邮政设施、邮政服务、邮政资费、损失赔偿、快递业务、监督检查和法律责任等方面内容的规定。《邮政法》还涉及一系列行业专业用语的法律界定。其中,邮政企业,是指中国邮政集团公司及其提供邮政服务的全资企业、控股企业。寄递,是指将信件、包裹、印刷品等物品按照封装上的名址递送给特定个人或者单位的活动,包括收寄、分拣、运输、投递等环节。快递,是指在承诺的时限内快速完成的寄递活动。邮件,是指邮政企业寄递的信件、包裹、汇款通知、报刊和其他印刷品等。快件,是指快递企业递送的信件、包裹、印刷品等。信件,是指信函、明信片。信函是指以套封形式按照名址递送给特定个人或者单位的缄封的信息载体,不包括书籍、报纸、期刊等。

包裹,是指按照封装上的名址递送给特定个人或者单位的独立封装的物品,其重量不超过50千克,任何一边的尺寸不超过150厘米,长、宽、高合计不超过300厘米。平常邮件,是指邮政企业在收寄时不出具收据,投递时不要求收件人签收的邮件。给据邮件,是指邮政企业在收寄时向寄件人出具收据,投递时由收件人签收的邮件。邮政设施,是指用于提供邮政服务的邮政营业场所、邮件处理场所、邮筒(箱)、邮政报

---

① 2009年对《邮政法》进行全面修改,于2009年10月1日起施行。

2012年修改内容:将第4条修改为:“国务院邮政管理部门负责对全国的邮政普遍服务和邮政市场实施监督管理。省、自治区、直辖市邮政管理机构负责对本行政区域的邮政普遍服务和邮政市场实施监督管理。按照国务院规定设立的省级以下邮政管理机构负责对本辖区的邮政普遍服务和邮政市场实施监督管理。国务院邮政管理部门和省、自治区、直辖市邮政管理机构以及省级以下邮政管理机构(以下统称邮政管理部门)对邮政市场实施监督管理,应当遵循公开、公平、公正以及鼓励竞争、促进发展的原则。”

2015年修改内容:一是将第2条第4款修改为:“本法所称邮政普遍服务,是指按照国家规定的业务范围、服务标准,以合理的资费标准,为中华人民共和国境内所有用户持续提供的邮政服务。”二是将第39条第1款修改为:“实行政府指导价或者政府定价的邮政业务范围,以中央政府定价目录为依据,具体资费标准由国务院价格主管部门会同国务院财政部门、国务院邮政管理部门制定。”三是将第40条第1款修改为:“国务院有关部门制定邮政业务资费标准,应当听取邮政企业、用户和其他有关方面的意见。”

刊亭、信报箱等。邮件处理场所，是指邮政企业专门用于邮件分拣、封发、储存、交换、转运、投递等活动的场所。国际邮递物品，是指中华人民共和国境内的用户与其他国家或者地区的用户相互寄递的包裹和印刷品等。邮政专用品，是指邮政日戳、邮资机、邮政业务单据、邮政夹钳、邮袋和其他邮件专用容器。邮政普遍服务，是指按照国家规定的业务范围、服务标准，以合理的资费标准，为中华人民共和国境内所有用户持续提供的邮政服务。省、自治区、直辖市应当根据本地区的实际情况，制定支持邮政企业提供邮政普遍服务的具体办法。

二、邮政业调控的法律规定

（一）邮政业发展的原则和基本政策

《邮政法》规定，国家保障中华人民共和国境内的邮政普遍服务。邮政企业按照国家规定承担提供邮政普遍服务的义务。国务院和地方各级人民政府及其有关部门应当采取措施，支持邮政企业提供邮政普遍服务。公民的通信自由和通信秘密受法律保护。除因国家安全或者追查刑事犯罪的需要，由公安机关、国家安全机关或者检察机关依照法律规定的程序对通信进行检查外，任何组织或者个人不得以任何理由侵犯公民的通信自由和通信秘密。除法律另有规定外，任何组织或者个人不得检查、扣留邮件、汇款。国务院邮政管理部门负责对全国的邮政普遍服务和邮政市场实施监督管理。省、自治区、直辖市邮政管理机构负责对本行政区域的邮政普遍服务和邮政市场实施监督管理。按照国务院规定设立的省级以下邮政管理机构负责对本辖区的邮政普遍服务和邮政市场实施监督管理。国务院邮政管理部门和省、自治区、直辖市邮政管理机构以及省级以下邮政管理机构（以下统称邮政管理部门）对邮政市场实施监督管理，应当遵循公开、公平、公正以及鼓励竞争、促进发展的原则。国务院规定范围内的信件寄递业务，由邮政企业专营。邮政企业应当加强服务质量管理,完善安全保障措施,为用户提供迅速、准确、安全、方便的服务。邮政管理部门、公安机关、国家安全机关和海关应当相互配合,建立健全安全保障机制,加强对邮政通信与信息安全的监督管理,确保邮政通信与信息安全。[①]

(二)邮政设施调控的规定

《邮政法》规定,邮政设施的布局和建设应当满足保障邮政普遍服务的需要。地方各级人民政府应当将邮政设施的布局和建设纳入城乡规划,对提供邮政普遍服务的邮政设施的建设给予支持,重点扶持农村边远地区邮政设施的建设。建设城市新区、独立工矿区、开发区、住宅区或者对旧城区进行改建,应当同时建设配套的提供邮政普遍服务的邮政设施。提供邮政普遍服务的邮政设施等组成的邮政网络是国家重要的通信基础设施。邮政设施应当按照国家规定的标准设置。较大的车站、机场、港口、高等院校和宾馆应当设置提供邮政普遍服务的邮政营业场所。邮政企业设置、撤销邮政营业场所,应当事先书面告知邮政管理部门;撤销提供邮政普遍服务的邮政营业场所,应当经邮政管理部门批准并予以公告。机关、企业事业单位应当设置接收邮件的场所。农村地区应当逐步设置村邮站或者其他接收邮件的场所。建设城镇居民楼应当设置接收邮件的信报箱,并按照国家规定的标准验收。建设单位未按照国家规定的标准设置信报箱的,由邮政管理部门责令限期改正;逾期未改正的,由邮政管理部门指定其他单位设置信报箱,所需费用由该居民楼的建设单位承担。邮件处理场所的设计和建设,应当符合国家安全机关和海关依法履行职责的要求。征收邮政营业场所或者邮件处理场所的,城乡规划主管部门应当根据保障邮政普遍服务的要求,对邮政营业场所或者邮件处理场所的重新设置作出

---

① 《邮政法》第2~7条。

妥善安排;未作出妥善安排前,不得征收。邮政营业场所或者邮件处理场所重新设置前,邮政企业应当采取措施,保证邮政普遍服务的正常进行。邮政企业应当对其设置的邮政设施进行经常性维护,保证邮政设施的正常使用。任何单位和个人不得损毁邮政设施或者影响邮政设施的正常使用。①

(三)邮政服务调控的规定

《邮政法》规定,邮政企业经营的业务:一是邮件寄递;二是邮政汇兑、邮政储蓄;三是邮票发行以及集邮票品制作、销售;四是国内报刊、图书等出版物发行;五是国家规定的其他业务。邮政企业应当对信件、单件重量不超过5千克的印刷品、单件重量不超过10千克的包裹的寄递以及邮政汇兑提供邮政普遍服务。邮政企业按照国家规定办理机要通信、国家规定报刊的发行,以及义务兵平常信函、盲人读物和革命烈士遗物的免费寄递等特殊服务业务。未经邮政管理部门批准,邮政企业不得停止办理或者限制办理《邮政法》第15条第1、2款规定的业务;因不可抗力或者其他特殊原因暂时停止办理或者限制办理的,邮政企业应当及时公告,采取相应的补救措施,并向邮政管理部门报告。邮政普遍服务标准,由国务院邮政管理部门会同国务院有关部门制定;②邮政普遍服

① 《邮政法》第8~13条。

② 根据《邮政法》授权,国家邮政局于2009年9月18日发布《邮政普遍服务标准》(YZ/T 0129—2009)。该标准施行7年后于2016年被废除,并出台了新的标准(YZ/T 0129—2016),新标准于2017年3月1日起施行。《邮政普遍服务标准》涉及对邮政范围、邮政术语和定义、邮政总则、邮政设施、邮政服务时限、邮政环节、用户投诉与申诉、邮政赔偿九个方面内容的规范及行为指引。

务监督管理的具体办法,由国务院邮政管理部门制定。[①] 国家对邮政企业提供邮政普遍服务、特殊服务给予补贴,并加强对补贴资金使用的监督。国家设立邮政普遍服务基金。邮政普遍服务基金征收、使用和监督管理的具体办法由国务院财政部门会同国务院有关部门制定,报国务院批准后公布施行。[②] 邮政企业的邮政普遍服务业务与竞争性业务应当分业经营。邮政企业在城市每周的营业时间应当不少于6天,投递邮件每天至少1次;在乡、镇人民政府所在地每周的营业时间应当不少于5天,投递邮件每周至少5次。邮政企业在交通不便的边远地区和乡、镇其他地区每周的营业时间以及投递邮件的频次,国务院邮政管理部门可以另行规定。邮政企业寄递邮件,应当符合国务院邮政管理部门规定的寄递时限和服务规范。邮政企业应当在其营业场所公示或者以其他方

---

① 根据《邮政法》授权,交通运输部于2008年发布第3号令,出台了《邮政普遍服务监督管理办法》。该办法施行7年后被废止,并出台了新的《邮政普遍服务监督管理办法》(2015年10月9日,交通运输部2015年第19号令)。《邮政普遍服务监督管理办法》规定,本办法所称邮政普遍服务,是指按照国家规定的业务范围、服务标准,以合理的资费标准,为中华人民共和国境内所有用户持续提供的邮政服务。邮政普遍服务属于国家基本公共服务,应当纳入国民经济和社会发展规划以及城乡公共服务体系,保持与经济社会同步发展。邮政企业按照国家规定承担提供邮政普遍服务的义务。邮政企业应当加强邮政普遍服务质量管理,完善安全保障措施,确保邮政普遍服务义务的有效履行;根据经济社会发展和人民生活需要,创新服务手段,增强服务能力,逐步提高服务水平。国务院邮政管理部门负责对全国的邮政普遍服务实施监督管理。省、自治区、直辖市邮政管理机构负责对本行政区域的邮政普遍服务实施监督管理。按照国务院规定设立的省级以下邮政管理机构负责对本辖区的邮政普遍服务实施监督管理。国务院邮政管理部门和省、自治区、直辖市邮政管理机构以及省级以下邮政管理机构(统称邮政管理部门),对邮政普遍服务实施监督管理,应当遵循公开、公平、公正的原则。提供邮政普遍服务的邮政设施等组成的邮政网络是国家重要的通信基础设施。国家支持邮政企业发挥邮政网络公共服务作用,提升邮政网络资源使用效率,满足社会多重用邮需求。该办法就服务保障、服务规范、用户权利与义务、监督管理、法律责任等内容进行了规定,共计7章65条。

② 2012年12月28日,讨论3年之久的《邮政普遍服务基金征收使用管理暂行办法》已起草完毕,并于12月26日开始向企业和社会征求意见。按照该办法,以后快递公司揽收同城、异地快递将分别被收取0.1元/件和0.2元/件。按此计算,以2012前11个月的业务量,快递企业上缴的邮政基金总规模就超过11亿元。因此,该办法受到快递公司的强烈反对。

式公布其服务种类、营业时间、资费标准、邮件和汇款的查询及损失赔偿办法以及用户对其服务质量的投诉办法。邮政企业采用其提供的格式条款确定与用户的权利义务的，该格式条款适用《合同法》关于合同格式条款的规定。用户交寄邮件，应当清楚、准确地填写收件人姓名、地址和邮政编码。邮政企业应当在邮政营业场所免费为用户提供邮政编码查询服务。邮政编码由邮政企业根据国务院邮政管理部门制定的编制规则编制。邮政管理部门依法对邮政编码的编制和使用实施监督。邮政企业收寄邮件和用户交寄邮件，应当遵守法律、行政法规以及国务院和国务院有关部门关于禁止寄递或者限制寄递物品的规定。邮政企业应当依法建立并执行邮件收寄验视制度。对用户交寄的信件，必要时邮政企业可以要求用户开拆，进行验视，但不得检查信件内容。用户拒绝开拆的，邮政企业不予收寄。对信件以外的邮件，邮政企业收寄时应当当场验视内件。用户拒绝验视的，邮政企业不予收寄。邮政企业发现邮件内夹带禁止寄递或者限制寄递的物品的，应当按照国家有关规定处理。进出境邮件中夹带国家禁止进出境或者限制进出境的物品的，由海关依法处理。对提供邮政普遍服务的邮政企业交运的邮件，铁路、公路、水路、航空等运输企业应当优先安排运输，车站、港口、机场应当安排装卸场所和出入通道。带有邮政专用标志的车船进出港口、通过渡口时，应当优先放行。带有邮政专用标志的车辆运递邮件，确需通过公安机关交通管理部门划定的禁行路段或者确需在禁止停车的地点停车的，经公安机关交通管理部门同意，在确保安全的前提下，可以通行或者停车。邮政企业不得利用带有邮政专用标志的车船从事邮件运递以外的经营性活动，不得以出租等方式允许其他单位或者个人使用带有邮政专用标志的车船。邮件通过海上运输时，不参与分摊共同海损。海关依照《海关法》的规定，对进出境的国际邮袋、邮件集装箱和国际邮递物品实施监管。进出境邮件的检疫，由进出境检验检疫机构依法实施。邮政企业采取按址投递、用户领取或者与用户协商的其他方式投递邮件。机关、企业事业单位、住宅小区管理单位等应当为邮政企业投递邮件提供便利。单位用户地址变更的,应当及时通知邮政企业。邮政企业对无法投递的邮件,应当退回寄件人。无法投递又无法退回的信件,自邮政企业确认无法退回之日起超过 6 个月无人认领的,由邮政企业在邮政管理部门的监督下销毁。无法投递又无法退回的其他邮件,按照国务院邮政管理部门的规定处理;其中无法投递又无法退回的进境国际邮递物品,由海关依照《海关法》的规定处理。① 邮政汇款的收款人应当自收到汇款通知之日起 60 日内,凭有效身份证件到邮政企业兑领汇款。收款人逾期未兑领的汇款,由邮政企业退回汇款人。自兑领汇款期限届满之日起 1 年内无法退回汇款人,或者汇款人自收到退汇通知之日起 1 年内未领取的汇款,由邮政企业上缴国库。任何单位和个人不得私自开拆、隐匿、毁弃他人邮件。除法律另有规定外,邮政企业及其从业人员不得向任何单位或者个人泄露用户使用邮政服务的信息。因国家安全或者追查刑事犯罪的需要,公安机关、国家安全机关或者检察机关可以依法检查、扣留有关邮件,并可以要求邮政企业提供相关用户使用邮政服务的信息。邮政企业和有关单位应当配合,并对有关情况予以保密。任何单位和个人不得利用邮件寄递含有法定内容的物品:一是煽动颠覆国家政权、推翻社会主义制度或者分裂国家、破坏国家统一,危害国家安全的;二是泄露国

---

① 《海关法》第 51 条规定,进出境物品所有人声明放弃的物品、在海关规定期限内未办理海关手续或者无人认领的物品,以及无法投递又无法退回的进境邮递物品,由海关依照本法第 30 条的规定处理。《海关法》第 30 条规定,进口货物的收货人自运输工具申报进境之日起超过 3 个月未向海关申报的,其进口货物由海关提取依法变卖处理,所得价款在扣除运输、装卸、储存等费用和税款后,尚有余款的,自货物依法变卖之日起 1 年内,经收货人申请,予以发还;其中属于国家对进口有限制性规定,应当提交许可证件而不能提供的,不予发还。逾期无人申请或者不予发还的,上缴国库。确属误卸或者溢卸的进境货物,经海关审定,由原运输工具负责人或者货物的收发货人自该运输工具卸货之日起 3 个月内,办理退运或者进口手续;必要时,经海关批准,可以延期 3 个月。逾期未办手续的,由海关按前款规定处理。前两款所列货物不宜长期保存的,海关可以根据实际情况提前处理。收货人或者货物所有人声明放弃的进口货物,由海关提取依法变卖处理;所得价款在扣除运输、装卸、储存等费用后,上缴国库。

家秘密的;三是散布谣言扰乱社会秩序,破坏社会稳定的;四是煽动民族仇恨、民族歧视,破坏民族团结的;五是宣扬邪教或者迷信的;六是散布淫秽、赌博、恐怖信息或者教唆犯罪的;七是法律、行政法规禁止的其他内容。任何单位和个人不得有法定禁止行为:一是扰乱邮政营业场所正常秩序;二是阻碍邮政企业从业人员投递邮件;三是非法拦截、强登、扒乘带有邮政专用标志的车辆;四是冒用邮政企业名义或者邮政专用标志;五是伪造邮政专用品或者倒卖伪造的邮政专用品。①

(四)邮政资费调控的规定

《邮政法》规定,实行政府指导价或者政府定价的邮政业务范围,以中央政府定价目录为依据,具体资费标准由国务院价格主管部门会同国务院财政部门、国务院邮政管理部门制定。邮政企业的其他业务资费实行市场调节价,资费标准由邮政企业自主确定。国务院有关部门制定邮政业务资费标准,应当听取邮政企业、用户和其他有关方面的意见。邮政企业应当根据国务院价格主管部门、国务院财政部门和国务院邮政管理部门的要求,提供准确、完备的业务成本数据和其他有关资料。邮件资费的交付,以邮资凭证、证明邮资已付的戳记以及有关业务单据等表示。邮资凭证包括邮票、邮资符志、邮资信封、邮资明信片、邮资邮简、邮资信卡等。任何单位和个人不得伪造邮资凭证或者倒卖伪造的邮资凭证,不得擅自仿印邮票和邮资图案。普通邮票发行数量由邮政企业按照市场需要确定,报国务院邮政管理部门备案;纪念邮票和特种邮票发行计划由邮政企业根据市场需要提出,报国务院邮政管理部门审定。国务院邮政管理部门负责纪念邮票的选题和图案审查。邮政管理部门依法对邮票的印制、销售实施监督。邮资凭证售出后,邮资凭证持有人不得要求邮政企业兑换现金。停止使用邮资凭证,应当经国务院邮政管理部

① 《邮政法》第14~38条。

门批准,并在停止使用90日前予以公告,停止销售。邮资凭证持有人可以自公告之日起1年内,向邮政企业换取等值的邮资凭证。不得使用的邮资凭证:一是经国务院邮政管理部门批准停止使用的;二是盖销或者划销的;三是污损、残缺或者褪色、变色,难以辨认的。从邮资信封、邮资明信片、邮资邮简、邮资信卡上剪下的邮资图案,不得作为邮资凭证使用。①

(五)损失赔偿的法律调控

《邮政法》规定,邮政普遍服务业务范围内的邮件和汇款的损失赔偿,适用《邮政法》规定。邮政普遍服务业务范围以外的邮件的损失赔偿,适用有关民事法律的规定。邮件的损失,是指邮件丢失、损毁或者内件短少。邮政企业对平常邮件的损失不承担赔偿责任。但是,邮政企业因故意或者重大过失造成平常邮件损失的除外。邮政企业对给据邮件的损失依照规定赔偿:一是保价的给据邮件丢失或者全部损毁的,按照保价额赔偿;部分损毁或者内件短少的,按照保价额与邮件全部价值的比例对邮件的实际损失予以赔偿。二是未保价的给据邮件丢失、损毁或者内件短少的,按照实际损失赔偿,但最高赔偿额不超过所收取资费的3倍;挂号信件丢失、损毁的,按照所收取资费的3倍予以赔偿。邮政企业应当在营业场所的告示中和提供给用户的给据邮件单据上,以足以引起用户注意的方式载明前款规定。邮政企业因故意或者重大过失造成给据邮件损失,或者未履行前款规定义务的,无权援用《邮政法》规定的限制赔偿责任。因法定原因之一造成的给据邮件损失,邮政企业不承担赔偿责任:一是不可抗力,但因不可抗力造成的保价的给据邮件的损失除外;二是所寄物品本身的自然性质或者合理损耗;三是寄件人、收件人的过错。用户交寄给据邮件后,对国内邮件可以自交寄之日起1年内持

① 《邮政法》第39~44条。

收据向邮政企业查询,对国际邮件可以自交寄之日起180日内持收据向邮政企业查询。查询国际邮件或者查询国务院邮政管理部门规定的边远地区的邮件的,邮政企业应当自用户查询之日起60日内将查询结果告知用户;查询其他邮件的,邮政企业应当自用户查询之日起30日内将查询结果告知用户。查复期满未查到邮件的,邮政企业应当依照《邮政法》的规定予以赔偿。用户在《邮政法》规定的查询期限内未向邮政企业查询又未提出赔偿要求的,邮政企业不再承担赔偿责任。邮政汇款的汇款人自汇款之日起1年内,可以持收据向邮政企业查询。邮政企业应当自用户查询之日起20日内将查询结果告知汇款人。查复期满未查到汇款的,邮政企业应当向汇款人退还汇款和汇款费用。①

（六）快递业务调控的规定

《邮政法》规定,经营快递业务,应当依照《邮政法》规定取得快递业务经营许可;未经许可,任何单位和个人不得经营快递业务。外商不得投资经营信件的国内快递业务。国内快递业务,是指从收寄到投递的全过程均发生在中华人民共和国境内的快递业务。申请快递业务经营许可,应当具备的法定条件:一是符合企业法人条件;二是在省、自治区、直辖市范围内经营的,注册资本不低于人民币50万元,跨省、自治区、直辖市经营的,注册资本不低于人民币100万元,经营国际快递业务的,注册资本不低于人民币200万元;三是有与申请经营的地域范围相适应的服务能力;四是有严格的服务质量管理制度和完备的业务操作规范;五是有健全的安全保障制度和措施;六是法律、行政法规规定的其他条件。申请快递业务经营许可,在省、自治区、直辖市范围内经营的,应当向所在地的省、自治区、直辖市邮政管理机构提出申请,跨省、自治区、直辖市经营或者经营国际快递业务的,应当向国务院邮政管理部门提出申请;

① 《邮政法》第45~50条。

申请时应当提交申请书和有关申请材料。受理申请的邮政管理部门应当自受理申请之日起45日内进行审查,作出批准或者不予批准的决定。予以批准的,颁发快递业务经营许可证;不予批准的,书面通知申请人并说明理由。邮政管理部门审查快递业务经营许可的申请,应当考虑国家安全等因素,并征求有关部门的意见。申请人凭快递业务经营许可证向工商行政管理部门依法办理登记后,方可经营快递业务。邮政企业以外的经营快递业务的企业(以下称快递企业)设立分支机构或者合并、分立的,应当向邮政管理部门备案。快递企业不得经营由邮政企业专营的信件寄递业务,不得寄递国家机关公文。快递企业经营邮政企业专营业务范围以外的信件快递业务,应当在信件封套的显著位置标注信件字样。快递企业不得将信件打包后作为包裹寄递。经营国际快递业务应当接受邮政管理部门和有关部门依法实施的监管。邮政管理部门和有关部门可以要求经营国际快递业务的企业提供报关数据。快递企业停止经营快递业务的,应当书面告知邮政管理部门,交回快递业务经营许可证,并对尚未投递的快件按照国务院邮政管理部门的规定妥善处理。《邮政法》关于邮政企业及其从业人员的规定,适用于快递企业及其从业人员;关于邮件处理场所的规定,适用于快件处理场所;关于邮件的规定,适用于快件;关于邮件的损失赔偿的规定,适用于快件的损失赔偿。经营快递业务的企业依法成立的行业协会,依照法律、行政法规及其章程规定,制定快递行业规范,加强行业自律,为企业提供信息、培训等方面的服务,促进快递行业的健康发展。经营快递业务的企业应当对其从业人员加强法制教育、职业道德教育和业务技能培训。①

随着市场经济的深入发展,人民群众对快递的需求使快速市场业务量呈现不断增长的趋势。为此,仅有《邮政法》的一般规定,已经不能满足快递业对法律的需求。为加强快递市场管理,维护国家安全和公共安

① 《邮政法》第51~60条。

全,保护用户合法权益,促进快递服务健康发展,依据《邮政法》及有关法律、行政法规,交通运输部于 2008 年 7 月 12 日出台了《快递市场管理办法》(2008 年第 4 号令)。该办法自 2008 年 7 月 12 日起施行,至 2013 年 3 月 1 日废止。2012 年 12 月 31 日交通部第 10 次部务会议通过了新的《快递市场管理办法》(2013 年第 1 号令)。新办法分总则、经营主体、快递服务、快递安全、监督管理、法律责任、附则,共 7 章 52 条,自 2013 年 3 月 1 日起施行。

按照新办法规定,从事快递业务经营活动应当遵守本办法。本办法所称快递,是指在承诺的时限内快速完成的寄递活动。寄递,是指将信件、包裹、印刷品等物品按照封装上的名址递送给特定个人或者单位的活动,包括收寄、分拣、运输、投递等环节。经营快递业务的企业应当依法经营,诚实守信,公平竞争,为用户提供迅速、准确、安全、方便的快递服务。公民的通信自由和通信秘密受法律保护。除因国家安全或者追查刑事犯罪的需要,由公安机关、国家安全机关或者检察机关依照法律规定的程序对通信进行检查外,任何组织或者个人不得以任何理由侵犯他人的通信自由和通信秘密。国务院邮政管理部门负责对全国快递市场实施监督管理。省、自治区、直辖市邮政管理机构负责对本行政区域的快递市场实施监督管理。按照国务院规定设立的省级以下邮政管理机构负责对本辖区的快递市场实施监督管理。国务院邮政管理部门和省、自治区、直辖市邮政管理机构以及省级以下邮政管理机构(以下统称邮政管理部门)对快递市场实施监督管理,应当遵循公开、公平、公正以及鼓励竞争、促进发展的原则,规范快递服务,满足经济社会发展的需要。邮政管理部门应当加强快递市场安全监督管理,维护寄递安全与信息安全。快递行业协会应当依照法律、行政法规及其章程规定,制定快递行业规范,加强行业自律,为企业提供信息、培训等方面的服务,促进快递行业的健康发展。①

在经营主体方面,国家对快递业务实行经营许可制度。经营快递业务,应当依照《邮政法》的规定,向邮政管理部门提出申请,取得快递业务经营许可;未经许可,任何单位和个人不得经营快递业务。邮政管理部门根据企业的服务能力审核经营许可的业务范围和地域范围,对符合规定条件的,发放快递业务经营许可证,并注明经营许可的业务范围和地域范围。经营快递业务的企业应当在经营许可范围内依法从事快递业务经营活动,不得超越经营许可业务范围和地域范围。任何单位和个人不得伪造、涂改、冒用、租借、倒卖和非法转让快递业务经营许可证。取得快递业务经营许可的企业不得以任何方式将快递业务委托给未取得快递业务经营许可的企业经营,不得以任何方式超越经营许可范围委托经营。取得快递业务经营许可的企业设立分公司、营业部等非法人分支机构,凭企业法人快递业务经营许可证(副本)及所附分支机构名录,到分支机构所在地工商行政管理部门办理注册登记。企业分支机构取得营业执照之日起20日内到所在地邮政管理部门办理备案手续。快递业务经营许可证(副本)载明的股权关系、注册资本、业务范围、地域范围发生变更的,或者增设、撤销分支机构的,应当报邮政管理部门办理变更手续,并持变更后的快递业务经营许可证办理工商变更登记。快递企业进行合并、分立的,应当在合并、分立协议签订之日起20日内,向颁发快递业务经营许可证的邮政管理部门备案。备案应当提交的材料:一是快递业务经营许可证;二是合并、分立协议;三是上一年度快递业务经营许可年度报告书。合并、分立后新设立的企业法人经营快递业务的,应当依法取得快递业务经营许可。合并、分立涉及外商投资企业的,应当遵守国家有关外商投资快递业务的相关规定。以加盟方式经营快递业务的,被加盟人与加盟人均应当取得快递业务经营许可,加盟不得超越

① 《快递市场管理办法》第2~8条。

被加盟人的经营许可范围。被加盟人与加盟人应当签订书面协议约定双方的权利义务,明确用户合法权益发生损害后的赔偿责任。参与加盟经营的企业,应当遵守共同的服务约定,使用统一的商标、商号、快递服务运单和收费标准,统一提供跟踪查询和用户投诉处理服务。经营快递业务的企业应当按照国务院邮政管理部门的规定,向颁发快递业务经营许可证的邮政管理部门提交年度报告书。①

在快递服务方面,经营快递业务的企业应当按照快递服务标准,规范快递业务经营活动,保障服务质量,维护用户合法权益,并应当符合法定要求:一是填写快递运单前,企业应当提醒寄件人阅读快递运单的服务合同条款,并建议寄件人对贵重物品购买保价或者保险服务。二是企业分拣作业时,应当按照快件(邮件)的种类、时限分别处理、分区作业、规范操作,并及时录入处理信息,上传网络,不得野蛮分拣,严禁抛扔、踩踏或者以其他方式造成快件(邮件)损毁。三是企业应当在承诺的时限内完成快件(邮件)的投递。四是企业应当将快件(邮件)投递到约定的收件地址和收件人或者收件人指定的代收人。经营快递业务的企业投递快件(邮件),应当告知收件人当面验收。快件(邮件)外包装完好的,由收件人签字确认。投递的快件(邮件)注明为易碎品及外包装出现明显破损的,企业应当告知收件人先验收内件再签收。企业与寄件人另有约定的除外。对于网络购物、代收货款以及与用户有特殊约定的其他快件(邮件),企业应当与寄件人在合同中明确投递验收的权利义务,并提供符合约定的验收服务,验收无异议后,由收件人签字确认。经营快递业务的企业应当在营业场所公示或者以其他方式向社会公布其服务种类、服务时限、服务价格、损失赔偿、投诉处理等服务承诺事项。服务承诺事项发生变更的,企业应当及时发布服务提示公告。经营快递业务的企业应当遵循公平原则,以书面合同确定企业与用户双方的权利和义

① 《快递市场管理办法》第9～15条。

务。对免除或者限制企业责任及涉及快件(邮件)损失赔偿的条款,应当在快递运单上以醒目的方式列出,并予以特别说明。在快递服务过程中,快件(邮件)发生延误、丢失、损毁和内件不符的,经营快递业务的企业应当按照与用户的约定,依法予以赔偿。企业与用户之间未对赔偿事项进行约定的,对于购买保价的快件(邮件),应当按照保价金额赔偿。对于未购买保价的快件(邮件),按照《邮政法》《合同法》等相关法律规定赔偿。经营快递业务的企业应当建立与用户沟通的渠道和制度,向用户提供业务咨询、查询等服务,并及时处理用户投诉。经营快递业务的企业对邮政管理部门转办的用户申诉,应当及时妥善处理,并按照国务院邮政管理部门的规定给予答复。经营快递业务的企业应当按照国家有关规定建立突发事件应急机制。发生重大服务阻断、暂停快递业务经营活动时,经营快递业务的企业应当按照有关规定在 24 小时内向邮政管理部门和其他有关部门报告,并向社会公告;以加盟方式开展快递业务经营的,被加盟人、加盟人应当分别向所在地邮政管理部门报告。经营快递业务的企业在事故处理过程中,应当对所有与事故有关的资料进行记录和保存。相关资料和书面记录至少保存 1 年。经营快递业务的企业应当妥善应对快递业务高峰期,做好业务量监测,加强服务网络统筹调度,及时向社会发布服务提示,认真处理用户投诉。经营快递业务的企业对无法投递的快件(邮件),应当退回寄件人。对无法投递又无法退回寄件人的快件(邮件),企业应当登记,并按照国务院邮政管理部门的规定和快递服务标准处理;其中无法投递又无法退回的进境国际快件(邮件),应当依照相关规定交由有关部门处理。经营快递业务的企业在从事快递业务的同时,向用户提供代收货款服务的,应当建立有关安全管理制度,与寄件人的合同中应当对代收货款服务的权利义务进行约定。提供代收货款服务,涉及金融管理规定的,应当接受相关部门的监督管理。经营快递业务的企业应当按照国家关于快递业务员职业技能的规定,加强快递从业人员职业技能培训,组织符合条件的快递从业人员参加职业技能鉴定。经营快递业务的企业不得实施的法定下列行为:(1)违反国家规定,收寄禁止寄递的物品,或者未按规定收寄限制寄递的物品;(2)相互串通操纵市场价格,损害其他经营快递业务的企业或者用户的合法权益;(3)冒用他人名称、商标标识和企业标识,扰乱市场经营秩序;(4)违法扣留用户快件(邮件);(5)违法提供从事快递服务过程中知悉的用户信息;(6)法律、法规禁止的其他行为。快递从业人员不得实施的法定行为:(1)扣留、倒卖、盗窃快件(邮件);(2)违法提供从事快递服务过程中知悉的用户信息;(3)法律、法规禁止的其他行为。①

在快递安全方面,任何组织和个人不得利用快递服务网络从事危害国家安全、社会公共利益或者他人合法权益的活动。禁止寄递的物品包括:(1)法律、行政法规禁止流通的物品;(2)危害国家安全和社会政治稳定以及淫秽的出版物、宣传品、印刷品等;(3)武器、弹药、麻醉药物、生化制品、传染性物品和爆炸性、易燃性、腐蚀性、放射性、毒性等危险物品;(4)妨害公共卫生的物品;(5)流通的各种货币;(6)法律、行政法规和国家规定禁止寄递的其他物品。

经营快递业务的企业应当遵守《邮政法》《邮政行业安全监督管理办法》②等相关规定,建立并严格执行收寄验视制度,加强生产安全和应急管理。经营快递业务的企业对不能确定安全性的可疑物品,应当要求用户出具相关部门的安全证明。用户不能出具安全证明的,不予收寄。经营快递业务的企业收寄已出具安全证明的物品时,应当如实记录收寄物品的名称、规格、数量、重量、收寄时间、寄件人和收件人名址等内容。

---

① 《快递市场管理办法》第16~28条。

② 《邮政行业安全监督管理办法》于2011年1月4日以交通运输部令2011年第2号发布,根据2013年4月12日交通运输部令2013年第6号《关于修改〈邮政行业安全监督管理办法〉的决定》修正。该办法分总则、通信与信息安全、生产安全、应急管理、监督管理、法律责任、附则7章57条,自2011年2月1日起施行。该办法第11条规定,快递企业不得经营由邮政企业专营的信件寄递业务,不得寄递国家机关公文。外商不得投资经营信件的国内快递业务。

记录保存期限不少于1年。经营快递业务的企业接受网络购物、电视购物和邮购等经营者委托提供快递服务的,应当遵守邮政管理部门的规定,与委托方签订安全保障协议,并向颁发快递业务经营许可证的邮政管理部门备案。经营快递业务的企业设置快件(邮件)处理场所,应当事先征询邮政管理部门及有关部门意见,并按照国家有关规定预留相关工作场地,其设计和建设应当符合国家安全机关和海关依法履行职责的要求。①

在监督管理方面,国家鼓励和引导经营快递业务的企业采用先进技术,充分利用交通运输资源,促进规模化、品牌化、网络化经营。邮政管理部门应当结合邮政行业安全监督管理的实际,指导和监督经营快递业务的企业落实安全责任制,依法对经营快递业务的企业实施安全监督检查,并依照相关规定对妨害或者可能妨害行业安全的经营快递业务的企业进行调查和处理。邮政管理部门应当加强对突发事件的管理,督促经营快递业务的企业定期组织开展突发事件应急演练。国务院邮政管理部门建立以公众满意度、时限准时率和用户申诉率为核心的快递服务质量评价体系,指导评定机构定期测试评估快递行业服务水平,评定服务质量等级,并向社会公告。②

(七)监督检查调控的规定

《邮政法》规定,邮政管理部门依法履行监督管理职责,可以采取法定监督检查措施:一是进入邮政企业、快递企业或者涉嫌发生违反《邮政法》活动的其他场所实施现场检查;二是向有关单位和个人了解情况;三是查阅、复制有关文件、资料、凭证;四是经邮政管理部门负责人批准,查封与违反《邮政法》活动有关的场所,扣押用于违反《邮政法》活动的运

① 《快递市场管理办法》第29~33条。

② 《快递市场管理办法》第34~36条。

输工具以及相关物品,对信件以外的涉嫌夹带禁止寄递或者限制寄递物品的邮件、快件开拆检查。邮政管理部门根据履行监督管理职责的需要,可以要求邮政企业和快递企业报告有关经营情况。邮政管理部门进行监督检查时,监督检查人员不得少于2人,并应当出示执法证件。对邮政管理部门依法进行的监督检查,有关单位和个人应当配合,不得拒绝、阻碍。邮政管理部门工作人员对监督检查中知悉的商业秘密,负有保密义务。邮政企业和快递企业应当及时、妥善处理用户对服务质量提出的异议。用户对处理结果不满意的,可以向邮政管理部门申诉,邮政管理部门应当及时依法处理,并自接到申诉之日起30日内作出答复。任何单位和个人对违反《邮政法》规定的行为,有权向邮政管理部门举报。邮政管理部门接到举报后,应当及时依法处理。①

第七节　烟草专卖调控的法律规定

中国是烟草生产大国,也是烟草消费大国。烟草行业企业专营烟草给国家贡献的财政收入一直领先于其他行业。但烟草行业的发展,受到新型健康理念的冲击。烟草行业企业的存废,争议较大。在烟草行业暂时不能退出市场的情况下,国家通过政策与法律调控,继续对烟草行业实施专卖制度有其必要性。

一、烟草专卖法的制定和实施

早在改革开放之初的1983年9月23日,国务院即发布了《烟草专卖条例》,以调整烟草专卖关系。至1991年6月29日,为实行烟草专卖

① 《邮政法》第61~66条。

管理,有计划地组织烟草专卖品的生产和经营,提高烟草制品质量,维护消费者利益,保证国家财政收入,在废除《烟草专卖条例》的基础上,第七届全国人民代表大会常务委员会第二十次会议通过《烟草专卖法》。该法根据2009年8月27日第十一届全国人民代表大会常务委员会第十次会议《关于修改部分法律的决定》第一次修正,根据2013年12月28日第十二届全国人民代表大会常务委员会第六次会议《关于修改〈中华人民共和国海洋环境保护法〉等七部法律的决定》第二次修正,根据2015年4月24日第十二届全国人民代表大会常务委员会第十四次会议《关于修改〈中华人民共和国计量法〉等五部法律的决定》第三次修正。① 现行的《烟草专卖法》共8章43条。除总则、附则外,内容涉及烟叶的种植、收购和调拨、烟草制品的生产、烟草制品的销售和运输、卷烟纸、滤嘴棒、烟用丝束、烟草专用机械的生产和销售、进出口贸易和对外经济技术合作和法律责任等内容。《烟草专卖法》所称烟草专卖品是指卷烟、雪茄烟、烟丝、复烤烟叶、烟叶、卷烟纸、滤嘴棒、烟用丝束、烟草专用机械。

---

① 2009年修改内容:一是第40条、第42条与刑法修改衔接;二是第39条修改为:"伪造、变造、买卖本法规定的烟草专卖生产企业许可证、烟草专卖经营许可证等许可证件和准运证的,依照刑法有关规定追究刑事责任";三是第41条与《行政处罚法》衔接。

2013年修改内容:删去第8条中的"经全国或者省级烟草品种审定委员会审定批准后"。

2015年修改内容:一是将第9条第2款修改为:"烟草公司或者其委托单位应当与烟叶种植者签订烟叶收购合同。烟叶收购合同应当约定烟叶种植面积、烟叶收购价格。"删去第3款。二是删去第10条第1款中的"价格"。将第2款中的"国家规定的标准分等定价"修改为"合同约定的收购价格"。三是删去第17条、第29条、第34条。四是将第30条改为第28条,修改为:"违反本法规定擅自收购烟叶的,由烟草专卖行政主管部门处以罚款,并按照查获地省级烟草专卖行政主管部门出具的上年度烟叶平均收购价格的百分之七十收购违法收购的烟叶;数量巨大的,没收违法收购的烟叶和违法所得。"五是将第31条改为第29条,第1款修改为:"无准运证或者超过准运证规定的数量托运或者自运烟草专卖品的,由烟草专卖行政主管部门处以罚款,可以按照查获地省级烟草专卖行政主管部门出具的上年度烟叶平均收购价格的百分之七十收购违法运输的烟叶,按照市场批发价格的百分之七十收购违法运输的除烟叶外的其他烟草专卖品;情节严重的,没收违法运输的烟草专卖品和违法所得。"

卷烟、雪茄烟、烟丝、复烤烟叶统称烟草制品。国务院根据《烟草专卖法》出台了《烟草专卖法实施条例》。①

二、烟草专卖调控的法律规定

(一)烟草专卖的基本原则与政策规定

《烟草专卖法》规定,国家对烟草专卖品的生产、销售、进出口依法实行专卖管理,并实行烟草专卖许可制度。国务院烟草专卖行政主管部门主管全国烟草专卖工作。省、自治区、直辖市烟草专卖行政主管部门主管本辖区的烟草专卖工作,受国务院烟草专卖行政主管部门和省、自治区、直辖市人民政府的双重领导,以国务院烟草专卖行政主管部门的领导为主。国家加强对烟草专卖品的科学研究和技术开发,提高烟草制品的质量,降低焦油和其他有害成分的含量。国家和社会加强吸烟危害健康的宣传教育,禁止或者限制在公共交通工具和公共场所吸烟,劝阻青少年吸烟,禁止中小学生吸烟。国家在民族自治地方实行烟草专卖管理,应当依照本法和民族区域自治法的有关规定,照顾民族自治地方的利益,对民族自治地方的烟叶种植和烟草制品生产给予照顾。②《烟草专卖法实施条例》规定,烟草专卖是指国家对烟草专卖品的生产、销售和进出口业务实行垄断经营、统一管理的制度。烟草专卖品中的烟丝是指用烟叶、复烤烟叶、烟草薄片为原料加工制成的丝、末、粒状商品。国务院和省、自治区、直辖市的烟草专卖行政主管部门职责及领导体制,依照

① 1997年7月3日中华人民共和国国务院令第223号发布《烟草专卖法实施条例》;根据2013年7月18日国务院《关于废止和修改部分行政法规的决定》修正;根据2016年2月6日国务院《关于修改部分行政法规的决定》修正。

② 《烟草专卖法》第3~6条。

《烟草专卖法》第4条的规定执行。[①] 设有烟草专卖行政主管部门的市、县,由市、县烟草专卖行政主管部门主管本行政区内的烟草专卖工作,受上一级烟草专卖行政主管部门和本级人民政府的双重领导,以上一级烟草专卖行政主管部门的领导为主。国家对卷烟、雪茄烟焦油含量和用于卷烟、雪茄烟的主要添加剂实行控制。烟草制品生产企业不得违反国家有关规定使用有害的添加剂和色素。[②]

(二)烟草专卖行政许可的规定

《烟草专卖法实施条例》规定,从事烟草专卖品的生产、批发、零售业务,以及经营烟草专卖品进出口业务和经营外国烟草制品购销业务的,必须依照《烟草专卖法》和本条例的规定,申请领取烟草专卖许可证。烟草专卖许可证分为:烟草专卖生产企业许可证;烟草专卖批发企业许可证;烟草专卖零售许可证。取得烟草专卖生产企业许可证,应当具备的条件:一是有与生产烟草专卖品相适应的资金;二是有生产烟草专卖品所需要的技术、设备条件;三是符合国家烟草行业的产业政策要求;四是国务院烟草专卖行政主管部门规定的其他条件。取得烟草专卖批发企业许可证,应当具备的条件:一是有与经营烟草制品批发业务相适应的资金;二是有固定的经营场所和必要的专业人员;三是符合烟草专卖批发企业合理布局的要求;四是国务院烟草专卖行政主管部门规定的其他条件。取得烟草专卖零售许可证,应当具备的条件:一是有与经营烟草制品零售业务相适应的资金;二是有固定的经营场所;三是符合烟草制品零售点合理布局的要求;四是国务院烟草专卖行政主管部门规

---

① 《烟草专卖法》第4条规定,国务院烟草专卖行政主管部门主管全国烟草专卖工作。省、自治区、直辖市烟草专卖行政主管部门主管本辖区的烟草专卖工作,受国务院烟草专卖行政主管部门和省、自治区、直辖市人民政府的双重领导,以国务院烟草专卖行政主管部门的领导为主。

② 《烟草专卖法》第2~5条。

定的其他条件。烟草专卖行政主管部门依照《烟草专卖法》及《烟草专卖法实施条例》的规定,发放烟草专卖许可证和烟草专卖品准运证并实施管理。申请领取烟草专卖生产企业许可证的,应当向省、自治区、直辖市(以下简称省级)烟草专卖行政主管部门提出申请,由省级烟草专卖行政主管部门审查签署意见,报国务院烟草专卖行政主管部门审批发证。申请领取烟草专卖批发企业许可证,进行跨省、自治区、直辖市经营的,应当向省级烟草专卖行政主管部门提出申请,由省级烟草专卖行政主管部门审查签署意见,报国务院烟草专卖行政主管部门审批发证。申请领取烟草专卖批发企业许可证,在省、自治区、直辖市范围内经营的,应当向企业所在地烟草专卖行政主管部门提出申请,由企业所在地烟草专卖行政主管部门审查签署意见,报省级烟草专卖行政主管部门审批发证。申请领取烟草专卖零售许可证,依照《烟草专卖法》的规定办理。烟草专卖许可证的发证机关可以定期或者不定期地对取得烟草专卖许可证的企业、个人进行检查。经检查不符合《烟草专卖法》和《烟草专卖法实施条例》规定条件的,烟草专卖许可证的发证机关可以责令暂停烟草专卖业务、进行整顿,直至取消其从事烟草专卖业务的资格。烟草专卖许可证的具体管理办法,由国务院烟草专卖行政主管部门根据《烟草专卖法实施条例》的规定制定。①

(三)烟叶种植、收购和调拨调控规定

《烟草专卖法》规定,烟叶是指生产烟草制品所需的烤烟和名晾晒烟,名晾晒烟的名录由国务院烟草专卖行政主管部门规定。未列入名晾晒烟名录的其他晾晒烟可以在集市贸易市场出售。烟草种植应当因地制宜地培育和推广优良品种。优良品种由当地烟草公司组织供应。烟叶收购计划由县级以上地方人民政府计划部门根据国务院计划部门下

① 《烟草专卖法实施条例》第6~14条。

达的计划下达,其他单位和个人不得变更。烟草公司或者其委托单位应当与烟叶种植者签订烟叶收购合同。烟叶收购合同应当约定烟叶种植面积、烟叶收购价格。烟叶由烟草公司或者其委托单位按照国家规定的收购标准统一收购,其他单位和个人不得收购。烟草公司及其委托单位对烟叶种植者按照烟叶收购合同约定的种植面积生产的烟叶,应当按照合同约定的收购价格,全部收购,不得压级压价,并妥善处理收购烟叶发生的纠纷。省、自治区、直辖市之间的烟叶、复烤烟叶的调拨计划由国务院计划部门下达,省、自治区、直辖市辖区内的烟叶、复烤烟叶的调拨计划由省、自治区、直辖市计划部门下达,其他单位和个人不得变更。烟叶、复烤烟叶的调拨必须签订合同。①《烟草专卖法实施条例》规定,国务院烟草专卖行政主管部门按照合理布局的要求,会同有关省、自治区、直辖市人民政府依据国家计划,根据良种化、区域化、规范化的原则制定烟叶种植规划。烟叶由烟草公司或其委托单位依法统一收购。烟草公司或其委托单位根据需要,可以在国家下达烟叶收购计划的地区设立烟叶收购站(点)收购烟叶。设立烟叶收购站(点),应当经设区的市级烟草专卖行政主管部门批准。未经批准,任何单位和个人不得收购烟叶。地方烟草专卖行政主管部门组织同级有关部门和烟叶生产者的代表组成烟叶评级小组,协调烟叶收购等级评定工作。国家储备、出口烟叶的计划和烟叶调拨计划,由国务院计划部门下达。②

(四)烟草制品生产调控规定

《烟草专卖法》规定,开办烟草制品生产企业,必须经国务院烟草专卖行政主管部门批准,取得烟草专卖生产企业许可证,并经工商行政管理部门核准登记;其分立、合并、撤销,必须经国务院烟草专卖行政主管

① 《烟草专卖法》第 7 ~11 条。

② 《烟草专卖法实施条例》第 15 ~18 条。

部门批准,并向工商行政管理部门办理变更、注销登记手续。未取得烟草专卖生产企业许可证的,工商行政管理部门不得核准登记。烟草制品生产企业为扩大生产能力进行基本建设或者技术改造,必须经国务院烟草专卖行政主管部门批准。省、自治区、直辖市的卷烟、雪茄烟年度总产量计划由国务院计划部门下达。烟草制品生产企业的卷烟、雪茄烟年度总产量计划,由省级烟草专卖行政主管部门根据国务院计划部门下达的计划,结合市场销售情况下达,地方人民政府不得向烟草制品生产企业下达超产任务。烟草制品生产企业根据市场销售情况,需要超过年度总产量计划生产卷烟、雪茄烟,必须经国务院烟草专卖行政主管部门批准。全国烟草总公司根据国务院计划部门下达的年度总产量计划向省级烟草公司下达分等级、分种类的卷烟产量指标。省级烟草公司根据全国烟草总公司下达的分等级、分种类的卷烟产量指标,结合市场销售情况,向烟草制品生产企业下达分等级、分种类的卷烟产量指标。烟草制品生产企业可以根据市场销售情况,在该企业的年度总产量计划的范围内,对分等级、分种类的卷烟产量指标适当调整。[①]《烟草专卖法实施条例》规定,设立烟草制品生产企业,应当由省级烟草专卖行政主管部门报经国务院烟草专卖行政主管部门批准,取得烟草专卖生产企业许可证,并经工商行政管理部门核准登记。烟草制品生产企业必须严格执行国家下达的生产计划。禁止使用霉烂烟叶生产卷烟、雪茄烟和烟丝。卷烟、雪茄烟和有包装的烟丝,应当使用注册商标。[②]

（五）烟草制品的销售和运输调控规定

《烟草专卖法》规定,经营烟草制品批发业务的企业,必须经国务院烟草专卖行政主管部门或者省级烟草专卖行政主管部门批准,取得烟草

---

① 《烟草专卖法》第12~14条。

② 《烟草专卖法实施条例》第19~22条。

专卖批发企业许可证，并经工商行政管理部门核准登记。经营烟草制品零售业务的企业或者个人，由县级人民政府工商行政管理部门根据上一级烟草专卖行政主管部门的委托，审查批准发给烟草专卖零售许可证。已经设立县级烟草专卖行政主管部门的地方，也可以由县级烟草专卖行政主管部门审查批准发给烟草专卖零售许可证。国家制定卷烟、雪茄烟的焦油含量级标准。卷烟、雪茄烟应当在包装上标明焦油含量级和"吸烟有害健康"。禁止在广播电台、电视台、报刊播放、刊登烟草制品广告。卷烟、雪茄烟和有包装的烟丝必须申请商标注册，未经核准注册的，不得生产、销售。禁止生产、销售假冒他人注册商标的烟草制品。烟草制品商标标识必须由省级工商行政管理部门指定的企业印制；非指定的企业不得印制烟草制品商标标识。托运或者自运烟草专卖品必须持有烟草专卖行政主管部门或者烟草专卖行政主管部门授权的机构签发的准运证；无准运证的，承运人不得承运。邮寄、异地携带烟叶、烟草制品的，不得超过国务院有关主管部门规定的限量。个人进入中国境内携带烟草制品的，不得超过国务院有关主管部门规定的限量。①

《烟草专卖法实施条例》规定，取得烟草专卖批发企业许可证的企业，应当在许可证规定的经营范围和地域范围内，从事烟草制品的批发业务。取得烟草专卖零售许可证的企业或者个人，应当在当地的烟草专卖批发企业进货，并接受烟草专卖许可证发证机关的监督管理。无烟草专卖批发企业许可证的单位或者个人，一次销售卷烟、雪茄烟 50 条以上的，视为无烟草专卖批发企业许可证从事烟草制品批发业务。任何单位或者个人不得销售非法生产的烟草制品。烟草专卖生产企业和烟草专卖批发企业，不得向无烟草专卖零售许可证的单位或者个人提供烟草制品。在中国境内销售的卷烟、雪茄烟，应当在小包、条包上标注焦油含量级和"吸烟有害健康"的中文字样。国务院烟草专卖行政主管部门在必

---

① 《烟草专卖法》第 15 ~23 条。

要时，可以根据市场供需情况下达省、自治区、直辖市之间的卷烟、雪茄烟调拨任务。严禁销售霉坏、变质的烟草制品。霉坏、变质的烟草制品，由烟草专卖行政主管部门或者有关行政管理部门监督销毁。有关部门依法查获的假冒商标烟草制品，应当交由烟草专卖行政主管部门按照国家有关规定公开销毁，禁止以任何方式销售。假冒商标烟草制品的鉴别检测工作，由国务院产品质量监督管理部门和省、自治区、直辖市人民政府产品质量监督管理部门指定的烟草质量检测站进行。①

（六）烟草专卖品运输调控规定

《烟草专卖法实施条例》规定，烟草专卖品准运证由省级以上烟草专卖行政主管部门或其授权的机构审批、发放。烟草专卖品准运证的管理办法由国务院烟草专卖行政主管部门制定。跨省、自治区、直辖市运输进口的烟草专卖品、国产烟草专用机械和烟用丝束、滤嘴棒以及分切的进口卷烟纸，应当凭国务院烟草专卖行政主管部门或其授权的机构签发的烟草专卖品准运证办理托运或者自运。跨省、自治区、直辖市运输除国产烟草专用机械、烟用丝束、滤嘴棒以及分切的进口卷烟纸以外的其他国产烟草专卖品，应当凭国务院烟草专卖行政主管部门或者省级烟草专卖行政主管部门签发的烟草专卖品准运证办理托运或者自运。在省、自治区、直辖市内跨市、县运输烟草专卖品，应当凭省级烟草专卖行政主管部门或其授权的机构签发的烟草专卖品准运证办理托运或者自运。运输依法没收的走私烟草专卖品，应当凭国务院烟草专卖行政主管部门签发的烟草专卖品准运证办理托运或者自运。有法定情形之一的，为无烟草专卖品准运证运输烟草专卖品：一是超过烟草专卖品准运证规定的数量和范围运输烟草专卖品的；二是使用过期、涂改、复印的烟草专卖品准运证的；三是无烟草专卖品准运证又无法提供在当地购买烟草专

① 《烟草专卖法实施条例》第23～31条。

卖品的有效证明的;四是无烟草专卖品准运证运输烟草专卖品的其他行为。海关监管的烟草制品的转关运输,按照国家有关海关转关运输的规定办理运输手续。①

(七)卷烟纸、滤嘴棒、烟用丝束、烟草专用机械生产和销售调控规定

《烟草专卖法》规定,生产卷烟纸、滤嘴棒、烟用丝束、烟草专用机械的企业,必须报国务院烟草专卖行政主管部门批准,取得烟草专卖生产企业许可证。《烟草专卖法》所称烟草专用机械是指烟草专用机械的整机。生产卷烟纸、滤嘴棒、烟用丝束、烟草专用机械的企业,应当按照国务院烟草专卖行政主管部门的计划以及与烟草制品生产企业签订的订货合同组织生产。生产卷烟纸、滤嘴棒、烟用丝束、烟草专用机械的企业,只可将产品销售给烟草公司和持有烟草专卖生产企业许可证的烟草制品生产企业。②《烟草专卖法实施条例》规定,烟草专卖批发企业和烟草制品生产企业只能从取得烟草专卖生产企业许可证的企业购买卷烟纸、滤嘴棒、烟用丝束和烟草专用机械。卷烟纸、滤嘴棒、烟用丝束、烟草专用机械的生产企业不得将其产品销售给无烟草专卖生产企业许可证的单位或者个人。烟草专用机械的购进、出售、转让,必须经国务院烟草专卖行政主管部门批准。烟草专用机械的名录由国务院烟草专卖行政主管部门规定。任何单位或者个人不得销售非法生产的烟草专用机械、卷烟纸、滤嘴棒及烟用丝束。淘汰报废、非法拼装的烟草专用机械,残次的卷烟纸、滤嘴棒、烟用丝束及下脚料,由当地烟草专卖行政主管部门监督处理,不得以任何方式销售。③

---

① 《烟草专卖法实施条例》第 32 ~35 条。

② 《烟草专卖法》第 24 ~26 条。

③ 《烟草专卖法实施条例》第 36 ~38 条。

(八)进出口贸易和对外经济技术合作调控规定

《烟草专卖法》规定,国务院烟草专卖行政主管部门根据国务院规定,管理烟草行业的进出口贸易和对外经济技术合作。①《烟草专卖法实施条例》规定,设立外商投资的烟草专卖生产企业,应当报经国务院烟草专卖行政主管部门审查同意后,方可按照国家有关规定批准立项。进口烟草专卖品的计划应当报国务院烟草专卖行政主管部门审查批准。免税进口的烟草制品应当存放在海关指定的保税仓库内,并由国务院烟草专卖行政主管部门指定的地方烟草专卖行政主管部门与海关共同加锁管理。海关凭国务院烟草专卖行政主管部门批准的免税进口计划分批核销免税进口外国烟草制品的数量。在海关监管区内经营免税的卷烟、雪茄烟的,只能零售,并应当在卷烟、雪茄烟的小包、条包上标注国务院烟草专卖行政主管部门规定的专门标志。专供出口的卷烟、雪茄烟,应当在小包、条包上标注“专供出口”中文字样。②

(九)监督检查规定

《烟草专卖法实施条例》规定,烟草专卖行政主管部门依法对执行《烟草专卖法》及《烟草专卖法实施条例》的情况进行监督、检查,查处违反《烟草专卖法》及《烟草专卖法实施条例》的案件,并会同国家有关部门查处烟草专卖品的走私贩私、假冒伪劣行为。国务院烟草专卖行政主管部门在必要时,可以根据烟草专卖工作的实际情况,在重点地区设立派出机构;省级烟草专卖行政主管部门在必要时,可以向烟草专卖品生产、经营企业派驻人员。派出机构和派驻人员在派出部门的授权范围内监督、检查烟草专卖品的生产、经营活动。烟草专卖行政主管部门查处

① 《烟草专卖法》第27条。

② 《烟草专卖法实施条例》第39~43条。

违反《烟草专卖法》和《烟草专卖法实施条例》的案件时，可以行使下列法定职权：一是询问违法案件的当事人、嫌疑人和证人；二是检查违法案件当事人的经营场所，依法对违法生产或者经营的烟草专卖品进行处理；三是查阅、复制与违法活动有关的合同、发票、账册、单据、记录、文件、业务函电和其他资料。烟草专卖行政主管部门或者烟草专卖行政主管部门会同有关部门，可以依法对非法运输烟草专卖品的活动进行检查、处理。人民法院和行政机关依法没收的烟草专卖品以及充抵罚金、罚款和税款的烟草专卖品，按照国家有关规定进行拍卖的，竞买人应当持有烟草专卖批发企业许可证。依法设立的拍卖企业拍卖烟草专卖品，应当对竞买人进行资格验证。拍卖企业拍卖烟草专卖品，应当接受烟草专卖行政主管部门的监督。烟草专卖行政主管部门的专卖管理检查人员执行公务时，应当佩戴国务院烟草专卖行政主管部门制发的徽章，出示省级以上烟草专卖行政主管部门签发的检查证件。对检举烟草专卖违法案件的有功单位和个人，给予奖励。①

简要评析

在市场经济条件下，行业众多，大多数实施行业自律，由各行业协会承担行业规制的责任。但是，涉及国民经济重要领域的行业需要国家立法规范。本章梳理了截至 2018 年国家出台的有关行业管理调控的 7 个方面的法律法规规定。由此表明，国家对于农业、旅游业、交通运输业、建筑业、电力业、邮政业和烟草业发展的高度重视。这些行业都是与国计民生及经济社会稳定有密切联系的行业，需要国家提出行业发展的基本原则和政策，对行业发展实施行政许可，对行业特殊的管理体制和管

① 《烟草专卖法实施条例》第 44 ~50 条。

理制度予以统一规范,对行业发展实施规划、计划调节并允许对竞争领域实施市场调节。并且从国家层面给予产业政策、财政及金融等方面的支持。从而,体现了国家从宏观调控高度对这些行业发展的基本政策方向的把控。从规定的内容来看,《农业法》和《旅游法》中有关宏观调控规定的政策属性比较强,方向性指引特点明显。但是,对其他行业的法律规定行政色彩比较浓厚,管理有余,促进不足,需要根据改革的深化,不断完善。

还应当指出的是,在现行立法中,存在产业、行业和事业的混同问题。其中,无论是产业或行业均意味着经济上的营利性质。但是,作为事业则应当体现出非营利的公共属性。为此,本章中所显示的相关立法中将某一行业称为事业,即意味着该行业的发展具有公共属性,不能主要考虑营利问题,即使营利也应当是一种保本基础上的微利,否则,其发展就背离了宏观调控及其法治所规范和指引的方向。

第十六章　财政调控法律制度的完善

财政是国家为履行公共管理职能，运用政治权力参与国民收入分配和再分配的基本方式。在现代市场经济条件下，国家公共管理的职能之一，就是宏观调控。为此，一方面，国家履行宏观调控职能所需资金主要来源于财政；另一方面，宏观调控中财政资金的运用，对于社会资金作用的发挥，起着引领、引导的作用。根据笔者第一章有关财政调控原理的阐述，国家财政调控的逻辑起点是财政政策的制定。不同时期国家财政调控政策的不同，或扩张，或紧缩，或中性，关系财政调控对完成宏观调控目标的贡献度。与此同时，由于财政实践中国家参与国民收入分配和再分配，必然会与人民的收入之间发生此消彼长的关系，因而，不当的财政往往会使人民的财产权益受到不合理占有。所以，市场经济条件下的财政的合理性被限制在公共需求范畴。由此，涉及公共政策选择、公共财政理论及其法治保障的实践问题。

就财政调控法的实践而言,其主要的功能是为财政调控提供一个基本法律框架,以便使财政调控规范有序地运行。根据财政法原理,财政法的基本法律框架应包括:财政基本法、预算法的基本规定、财政收入法律规定、财政支出法律规定以及财政监督法律规定5个方面。鉴于财政调控面对的国民经济和社会发展运行的灵活性或不确定性,财政调控法应有一定的法律保留,并通过授权使财政调控部门可以根据宏观调控政策的变化,相机抉择地施行财政政策,引导国民经济和社会发展的良性运行。中国目前没有财政基本法。相关的法律规定,主要体现在以下几个方面。

第一节　预算调控的法律规定

一、预算法的制定和实施

财政预算,即财政计划。如前所述,按照《宪法》和相关组织法规定,各级人民政府在每年召开的人大会议上,均要向人大报告年度财政预算的报告,经人大会议审议批准后执行。并且,在执行过程中接受人大及其常委会的监督。这项工作从1954年第一部《宪法》制定以来,就已经成为国务院及其各级人民政府的一项基本职责。

改革开放以来,与商品经济及市场经济相适应的预算法律的制定和实施,先后经过四个时期:第一个时期是1991年10月21日国务院出台《国家预算管理条例》。第二个时期是1994年3月22日第八届全国人民代表大会第二次会议通过了《预算法》并自1995年1月1日起施行。第三个时期是2014年8月31日第十二届全国人民代表大会常务委员会第十次会议通过了全国人民代表大会常务委员会《关于修改〈中华人民共和国预算法〉的决定》,该决定根据预算法实施中存在的问题,对运行20年的预算法进行了较全面的修正,涉及修改的内容达82条之多,①自2015年1月1日起施行。第四个时期是根据2018年12月29日第十三届全国人民代表大会常务委员会第七次会议《关于修改〈中华人民共和国产品质量法〉等五部法律的决定》第二次修正。② 通过四个时期的立法,逐步完善了预算法,为财政调控提供了基本的法律保障。

二、现行预算法的基本规定

现行的《预算法》共11章101条,除总则和附则外,主要内容包括预算管理职权、预算收支范围、预算编制、预算审查和批准、预算执行、预算调整、决算、监督、法律责任等内容,其中,与宏观调控有关的规定主要包括以下64个方面:

第一,国家实行一级政府一级预算制度。其中,全国预算由中央预算和地方预算组成。

第二,预算由预算收入和预算支出组成。政府的全部收入和支出都应当纳入预算。预算包括一般公共预算、政府性基金预算、国有资本经营预算、社会保险基金预算。一般公共预算、政府性基金预算、国有资本经营预算、社会保险基金预算应当保持完整、独立。政府性基金预算、国有资本经营预算、社会保险基金预算应当与一般公共预算相衔接。

第三,一般公共预算是对以税收为主体的财政收入,安排用于保障和改善民生、推动经济社会发展、维护国家安全、维持国家机构正常运转等方面的收支预算。中央一般公共预算包括中央各部门(含直属单位,下同)的预算和中央对地方的税收返还、转移支付预算。中央一般公共

① 详见2014年8月31日,第十二届全国人民代表大会常务委员会第十次会议通过的全国人民代表大会常务委员会《关于修改〈中华人民共和国预算法〉的决定》。

② 2018年修改内容:将第88条中的"监督检查本级各部门及其所属各单位预算的编制、执行"修改为"监督本级各部门及其所属各单位预算管理有关工作"。

预算收入包括中央本级收入和地方向中央的上解收入。中央一般公共预算支出包括中央本级支出、中央对地方的税收返还和转移支付。

第四,各部门预算由本部门及其所属各单位预算组成。

第五,政府性基金预算是对依照法律、行政法规的规定在一定期限内向特定对象征收、收取或者以其他方式筹集的资金,专项用于特定公共事业发展的收支预算。政府性基金预算应当根据基金项目收入情况和实际支出需要,按基金项目编制,做到以收定支。

第六,国有资本经营预算是对国有资本收益作出支出安排的收支预算。国有资本经营预算应当按照收支平衡的原则编制,不列赤字,并安排资金调入一般公共预算。

第七,社会保险基金预算是对社会保险缴款、一般公共预算安排和其他方式筹集的资金,专项用于社会保险的收支预算。社会保险基金预算应当按照统筹层次和社会保险项目分别编制,做到收支平衡。

第八,各级预算应当遵循统筹兼顾、勤俭节约、量力而行、讲求绩效和收支平衡的原则。各级政府应当建立跨年度预算平衡机制。

第九,经人民代表大会批准的预算,非经法定程序,不得调整。各级政府、各部门、各单位的支出必须以经批准的预算为依据,未列入预算的不得支出。

第十,经本级人民代表大会或者本级人民代表大会常务委员会批准的预算、预算调整、决算、预算执行情况的报告及报表,应当在批准后20日内由本级政府财政部门向社会公开,并对本级政府财政转移支付安排、执行的情况以及举借债务的情况等重要事项作出说明。经本级政府财政部门批复的部门预算、决算及报表,应当在批复后20日内由各部门向社会公开,并对部门预算、决算中机关运行经费的安排、使用情况等重要事项作出说明。各级政府、各部门、各单位应当将政府采购的情况及时向社会公开。但涉及国家秘密的除外。

第十一,国家实行中央和地方分税制。

第十二，国家实行财政转移支付制度。财政转移支付应当规范、公平、公开，以推进地区间基本公共服务均等化为主要目标。财政转移支付包括中央对地方的转移支付和地方上级政府对下级政府的转移支付，以为均衡地区间基本财力、由下级政府统筹安排使用的一般性转移支付为主体。按照法律、行政法规和国务院的规定可以设立专项转移支付，用于办理特定事项。建立健全专项转移支付定期评估和退出机制。市场竞争机制能够有效调节的事项不得设立专项转移支付。上级政府在安排专项转移支付时，不得要求下级政府承担配套资金。但是，按照国务院的规定应当由上下级政府共同承担的事项除外。

第十三，各级预算的编制、执行应当建立健全相互制约、相互协调的机制。

第十四，预算年度自公历1月1日起，至12月31日止。

第十五，预算收入和预算支出以人民币元为计算单位。

第十六，全国人民代表大会审查中央和地方预算草案及中央和地方预算执行情况的报告；批准中央预算和中央预算执行情况的报告；改变或者撤销全国人民代表大会常务委员会关于预算、决算的不适当的决议。全国人民代表大会常务委员会监督中央和地方预算的执行；审查和批准中央预算的调整方案；审查和批准中央决算；撤销国务院制定的同宪法、法律相抵触的关于预算、决算的行政法规、决定和命令；撤销省、自治区、直辖市人民代表大会及其常务委员会制定的同宪法、法律和行政法规相抵触的关于预算、决算的地方性法规和决议。

第十七，全国人民代表大会财政经济委员会对中央预算草案初步方案及上一年预算执行情况、中央预算调整初步方案和中央决算草案进行初步审查，提出初步审查意见。对于所提出的意见，国务院财政部门应当将处理情况及时反馈。并应当印发本级人民代表大会代表。全国人民代表大会常务委员会有关工作机构，依照人民代表大会常务委员会的决定，协助人民代表大会财政经济委员会或者有关专门委员会承担审查预算草案、预算调整方案、决算草案和监督预算执行等方面的具体工作。

第十八,国务院编制中央预算、决算草案;向全国人民代表大会作关于中央和地方预算草案的报告;将省、自治区、直辖市政府报送备案的预算汇总后报全国人民代表大会常务委员会备案;组织中央和地方预算的执行;决定中央预算预备费的动用;编制中央预算调整方案;监督中央各部门和地方政府的预算执行;改变或者撤销中央各部门和地方政府关于预算、决算的不适当的决定、命令;向全国人民代表大会、全国人民代表大会常务委员会报告中央和地方预算的执行情况。

第十九,国务院财政部门具体编制中央预算、决算草案;具体组织中央和地方预算的执行;提出中央预算预备费动用方案;具体编制中央预算的调整方案;定期向国务院报告中央和地方预算的执行情况。

第二十,各部门编制本部门预算、决算草案;组织和监督本部门预算的执行;定期向本级政府财政部门报告预算的执行情况。各单位编制本单位预算、决算草案;按照国家规定上缴预算收入,安排预算支出,并接受国家有关部门的监督。

第二十一,关于预算的收支范围。一般公共预算收入包括各项税收收入、行政事业性收费收入、国有资源(资产)有偿使用收入、转移性收入和其他收入。一般公共预算支出按照其功能分类,包括一般公共服务支出,外交、公共安全、国防支出,农业、环境保护支出,教育、科技、文化、卫生、体育支出,社会保障及就业支出和其他支出。一般公共预算支出按照其经济性质分类,包括工资福利支出、商品和服务支出、资本性支出和其他支出。政府性基金预算、国有资本经营预算和社会保险基金预算的收支范围,按照法律、行政法规和国务院的规定执行。中央预算与地方预算有关收入和支出项目的划分、地方向中央上解收入、中央对地方税收返还或者转移支付的具体办法,由国务院规定,报全国人民代表大会常务委员会备案。①

第二十二，国务院应当及时下达关于编制下一年预算草案的通知。编制预算草案的具体事项由国务院财政部门部署。各级政府、各部门、各单位应当按照国务院规定的时间编制预算草案。

第二十三，各级预算应当根据年度经济社会发展目标、宏观调控总体要求和跨年度预算平衡的需要，参考上一年预算执行情况、有关支出绩效评价结果和本年度收支预测，按照规定程序征求各方面意见后，进行编制。各级政府依据法定权限作出决定或者制定行政措施，凡涉及增

---

① 2015 年 12 月 30 日，为进一步加强中央对地方专项转移支付管理，提高财政资金使用的规范性、安全性和有效性，促进经济社会协调发展，依据《预算法》、《预算法实施条例》和国务院有关规定，财政部以财预〔2015〕230 号印发《中央对地方专项转移支付管理办法》。该办法分总则，设立和调整，预算编制，资金申报、审核和分配，资金下达、拨付和使用，预算绩效管理，监督检查和责任追究，附则，共 8 章 56 条，自印发之日起施行。2000 年 8 月 7 日印发的《中央对地方专项拨款管理办法》（财预〔2000〕128 号）予以废止。该办法规定，该办法所称中央对地方专项转移支付（以下简称专项转移支付），是指中央政府为实现特定的经济和社会发展目标无偿给予地方政府，由接受转移支付的政府按照中央政府规定的用途安排使用的预算资金。专项转移支付预算资金来源包括一般公共预算、政府性基金预算和国有资本经营预算。按照事权和支出责任划分，专项转移支付分为委托类、共担类、引导类、救济类、应急类等五类。委托类专项是指按照事权和支出责任划分属于中央事权，中央委托地方实施而相应设立的专项转移支付。共担类专项是指按照事权和支出责任划分属于中央与地方共同事权，中央将应分担部分委托地方实施而设立的专项转移支付。引导类专项是指按照事权和支出责任划分属于地方事权，中央为鼓励和引导地方按照中央的政策意图办理事务而设立的专项转移支付。救济类专项是指按照事权和支出责任划分属于地方事权，中央为帮助地方应对因自然灾害等发生的增支而设立的专项转移支付。应急类专项是指按照事权和支出责任划分属于地方事权，中央为帮助地方应对和处理影响区域大、影响面广的突发事件而设立的专项转移支付。财政部是专项转移支付的归口管理部门，中央主管部门和地方政府按照职责分工共同做好专项转移支付管理工作。财政部负责拟定专项转移支付总体管理制度，制定或者会同中央主管部门制定具体专项转移支付的资金管理办法；审核专项转移支付设立、调整事项；组织实施专项转移支付预算编制及执行；组织开展专项转移支付绩效管理和监督检查等工作。财政部驻各地财政监察专员办事处（以下简称专员办）按照工作职责和财政部要求，开展专项转移支付有关预算监管工作。中央主管部门协同财政部制定具体专项转移支付的资金管理办法；协同财政部具体管理专项转移支付。地方政府有关部门根据需要制定实施细则，并做好组织实施工作。专项转移支付管理应当遵循规范、公平、公开、公正的原则。

加或者减少财政收入或者支出的,应当在预算批准前提出并在预算草案中作出相应安排。各部门、各单位应当按照国务院财政部门制定的政府收支分类科目、预算支出标准和要求,以及绩效目标管理等预算编制规定,根据其依法履行职能和事业发展的需要以及存量资产情况,编制本部门、本单位预算草案。

第二十四,中央一般公共预算中必需的部分资金,可以通过举借国内和国外债务等方式筹措,举借债务应当控制适当的规模,保持合理的结构。对中央一般公共预算中举借的债务实行余额管理,余额的规模不得超过全国人民代表大会批准的限额。国务院财政部门具体负责对中央政府债务的统一管理。经国务院批准的省、自治区、直辖市的预算中必需的建设投资的部分资金,可以在国务院确定的限额内,通过发行地方政府债券举借债务的方式筹措。举借债务的规模,由国务院报全国人民代表大会或者全国人民代表大会常务委员会批准。省、自治区、直辖市依照国务院下达的限额举借的债务,列入本级预算调整方案,报本级人民代表大会常务委员会批准。举借的债务应当有偿还计划和稳定的偿还资金来源,只能用于公益性资本支出,不得用于经常性支出。除该规定外,地方政府及其所属部门不得以任何方式举借债务。除法律另有规定外,地方政府及其所属部门不得为任何单位和个人的债务以任何方式提供担保。国务院建立地方政府债务风险评估和预警机制、应急处置机制以及责任追究制度。国务院财政部门对地方政府债务实施监督。

第二十五,各级预算收入的编制,应当与经济社会发展水平相适应,与财政政策相衔接。各级政府、各部门、各单位应当依照《预算法》规定,将所有政府收入全部列入预算,不得隐瞒、少列。

第二十六,各级预算支出应当依照《预算法》规定,按其功能和经济性质分类编制。各级预算支出的编制,应当贯彻勤俭节约的原则,严格控制各部门、各单位的机关运行经费和楼堂馆所等基本建设支出。各级一般公共预算支出的编制,应当统筹兼顾,在保证基本公共服务合理需要的前提下，优先安排国家确定的重点支出。

第二十七，一般性转移支付应当按照国务院规定的基本标准和计算方法编制。专项转移支付应当分地区、分项目编制。县级以上各级政府应当将对下级政府的转移支付预计数提前下达下级政府。地方各级政府应当将上级政府提前下达的转移支付预计数编入本级预算。

第二十八，中央预算和有关地方预算中应当安排必要的资金，用于扶助革命老区、民族地区、边疆地区、贫困地区发展经济社会建设事业。

第二十九，各级一般公共预算应当按照本级一般公共预算支出额的1%至3%设置预备费，用于当年预算执行中的自然灾害等突发事件处理增加的支出及其他难以预见的开支。

第三十，各级一般公共预算按照国务院的规定可以设置预算周转金，用于本级政府调剂预算年度内季节性收支差额。各级一般公共预算按照国务院的规定可以设置预算稳定调节基金，用于弥补以后年度预算资金的不足。

第三十一，各级政府上一年预算的结转资金，应当在下一年用于结转项目的支出；连续两年未用完的结转资金，应当作为结余资金管理。各部门、各单位上一年预算的结转、结余资金按照国务院财政部门的规定办理。

第三十二，中央预算由全国人民代表大会审查和批准。国务院财政部门应当在每年全国人民代表大会会议举行的45日前，将中央预算草案的初步方案提交全国人民代表大会财政经济委员会进行初步审查。

第三十三，报送各级人民代表大会审查和批准的预算草案应当细化。本级一般公共预算支出，按其功能分类应当编列到项；按其经济性质分类，基本支出应当编列到款。本级政府性基金预算、国有资本经营预算、社会保险基金预算支出，按其功能分类应当编列到项。

第三十四，国务院在全国人民代表大会举行会议时，向大会作关于中央和地方预算草案以及中央和地方预算执行情况的报告。全国人民代表大会对预算草案及其报告、预算执行情况的报告重点审查下列内容：(1)上一年预算执行情况是否符合本级人民代表大会预算决议的要求；(2)预算安排是否符合《预算法》的规定；(3)预算安排是否贯彻国民经济和社会发展的方针政策，收支政策是否切实可行；(4)重点支出和重大投资项目的预算安排是否适当；(5)预算的编制是否完整，是否符合《预算法》第46条的规定；①(6)对下级政府的转移性支出预算是否规范、适当；(7)预算安排举借的债务是否合法、合理，是否有偿还计划和稳定的偿还资金来源；(8)与预算有关重要事项的说明是否清晰。全国人民代表大会财政经济委员会向全国人民代表大会主席团提出关于中央和地方预算草案及中央和地方预算执行情况的审查结果报告。审查结果报告应当包括下列内容：(1)对上一年预算执行和落实本级人民代表大会预算决议的情况作出评价；(2)对本年度预算草案是否符合《预算法》的规定，是否可行作出评价；(3)对本级人民代表大会批准预算草案和预算报告提出建议；(4)对执行年度预算、改进预算管理、提高预算绩效、加强预算监督等提出意见和建议。

第三十五，国务院和县级以上地方各级政府对下一级政府依照《预算法》第40条规定②报送备案的预算，认为有同法律、行政法规相抵触或者有其他不适当之处，需要撤销批准预算的决议的，应当提请本级人民代表大会常务委员会审议决定。

第三十六，各级预算经本级人民代表大会批准后，本级政府财政部门应当在20日内向本级各部门批复预算。各部门应当在接到本级政府

---

① 《预算法》第46条规定，报送各级人民代表大会审查和批准的预算草案应当细化。本级一般公共预算支出，按其功能分类应当编列到项；按其经济性质分类，基本支出应当编列到款。本级政府性基金预算、国有资本经营预算、社会保险基金预算支出，按其功能分类应当编列到项。

② 《预算法》第40条规定，各级一般公共预算应当按照本级一般公共预算支出额的1%至3%设置预备费，用于当年预算执行中的自然灾害等突发事件处理增加的支出及其他难以预见的开支。

财政部门批复的本部门预算后15日内向所属各单位批复预算。中央对地方的一般性转移支付应当在全国人民代表大会批准预算后30日内正式下达。中央对地方的专项转移支付应当在全国人民代表大会批准预算后90日内正式下达。省、自治区、直辖市政府接到中央一般性转移支付和专项转移支付后，应当在30日内正式下达到本行政区域县级以上各级政府。县级以上地方各级预算安排对下级政府的一般性转移支付和专项转移支付，应当分别在本级人民代表大会批准预算后的30日和60日内正式下达。对自然灾害等突发事件处理的转移支付，应当及时下达预算；对据实结算等特殊项目的转移支付，可以分期下达预算，或者先预付后结算。县级以上各级政府财政部门应当将批复本级各部门的预算和批复下级政府的转移支付预算，抄送本级人民代表大会财政经济委员会、有关专门委员会和常务委员会有关工作机构。

第三十七，各级预算由本级政府组织执行，具体工作由本级政府财政部门负责。各部门、各单位是本部门、本单位的预算执行主体，负责本部门、本单位的预算执行，并对执行结果负责。

第三十八，预算年度开始后，各级预算草案在本级人民代表大会批准前，可以安排下列支出：(1)上一年度结转的支出；(2)参照上一年同期的预算支出数额安排必须支付的本年度部门基本支出、项目支出，以及对下级政府的转移性支出；(3)法律规定必须履行支付义务的支出，以及用于自然灾害等突发事件处理的支出。根据上述规定安排支出的情况，应当在预算草案的报告中作出说明。预算经本级人民代表大会批准后，按照批准的预算执行。

第三十九，预算收入征收部门和单位，必须依照法律、行政法规的规定，及时、足额征收应征的预算收入。不得违反法律、行政法规规定，多征、提前征收或者减征、免征、缓征应征的预算收入，不得截留、占用或者挪用预算收入。各级政府不得向预算收入征收部门和单位下达收入指标。

第四十，政府的全部收入应当上缴国家金库（以下简称国库），任何部门、单位和个人不得截留、占用、挪用或者拖欠。对于法律有明确规定或者经国务院批准的特定专用资金，可以依照国务院的规定设立财政专户。

第四十一，各级政府财政部门必须依照法律、行政法规和国务院财政部门的规定，及时、足额地拨付预算支出资金，加强对预算支出的管理和监督。各级政府、各部门、各单位的支出必须按照预算执行，不得虚假列支。各级政府、各部门、各单位应当对预算支出情况开展绩效评价。

第四十二，各级预算的收入和支出实行收付实现制。① 特定事项按照国务院的规定实行权责发生制②的有关情况，应当向本级人民代表大会常务委员会报告。

第四十三，县级以上各级预算必须设立国库；具备条件的乡、民族乡、镇也应当设立国库。中央国库业务由中国人民银行经理，地方国库业务依照国务院的有关规定办理。各级国库应当按照国家有关规定，及时准确地办理预算收入的收纳、划分、留解、退付和预算支出的拨付。各级国库库款的支配权属于本级政府财政部门。除法律、行政法规另有规定外，未经本级政府财政部门同意，任何部门、单位和个人都无权冻结、动用国库库款或者以其他方式支配已入国库的库款。各级政府应当加强对本级国库的管理和监督，按照国务院的规定完善国库现金管理，合理调节国库资金余额。各级政府应当加强对本级国库的管理和监督。

---

① 收付实现制又称现金制或实收实付制，是以现金收到或付出为标准，来记录收入的实现和费用的发生的会计核算方法。按照收付实现制，收入和费用的归属期间将与现金收支行为的发生与否，紧密地联系在一起。换言之，现金收支行为在其发生的期间全部记作收入和费用，而不考虑与现金收支行为相连的经济业务实质上是否发生。

② 权责发生制又称应收应付制、应计制，该原则要求会计核算应当以权责发生制为基础。凡是当期已经实现的收入和已经发生或应当负担生的费用，不论款项是否收付，都应作为本期的收入和费用；凡是不属于本期的收入和费用，即使款项已经在当期收付，也不应作为本期的收入和费用。

第四十四,已经缴入国库的资金,依照法律、行政法规的规定或者国务院的决定需要退付的,各级政府财政部门或者其授权的机构应当及时办理退付。按照规定应当由财政支出安排的事项,不得用退库处理。

第四十五,国家实行国库集中收缴和集中支付制度,对政府全部收入和支出实行国库集中收付管理。

第四十六,各级政府应当加强对预算执行的领导,支持政府财政、税务、海关等预算收入的征收部门依法组织预算收入,支持政府财政部门严格管理预算支出。财政、税务、海关等部门在预算执行中,应当加强对预算执行的分析;发现问题时应当及时建议本级政府采取措施予以解决。各部门、各单位应当加强对预算收入和支出的管理,不得截留或者动用应当上缴的预算收入,不得擅自改变预算支出的用途。

第四十七,各级预算预备费的动用方案,由本级政府财政部门提出,报本级政府决定。各级预算周转金由本级政府财政部门管理,不得挪作他用。

第四十八,各级一般公共预算年度执行中有超收收入的,只能用于冲减赤字或者补充预算稳定调节基金。各级一般公共预算的结余资金,应当补充预算稳定调节基金。省、自治区、直辖市一般公共预算年度执行中出现短收,通过调入预算稳定调节基金、减少支出等方式仍不能实现收支平衡的,省、自治区、直辖市政府报本级人民代表大会或者其常务委员会批准,可以增列赤字,报国务院财政部门备案,并应当在下一年度预算中予以弥补。

第四十九,经全国人民代表大会批准的中央预算和经地方各级人民代表大会批准的地方各级预算,在执行中出现下列情况之一的,应当进行预算调整:(1)需要增加或者减少预算总支出的;(2)需要调入预算稳定调节基金的;(3)需要调减预算安排的重点支出数额的;(4)需要增加举借债务数额的。

第五十,在预算执行中,各级政府一般不制定新的增加财政收入或者支出的政策和措施,也不制定减少财政收入的政策和措施;必须作出并需要进行预算调整的,应当在预算调整方案中作出安排。

第五十一,在预算执行中,各级政府对于必须进行的预算调整,应当编制预算调整方案。预算调整方案应当说明预算调整的理由、项目和数额。在预算执行中,由于发生自然灾害等突发事件,必须及时增加预算支出的,应当先动支预备费;预备费不足支出的,各级政府可以先安排支出,属于预算调整的,列入预算调整方案。国务院财政部门应当在全国人民代表大会常务委员会举行会议审查和批准预算调整方案的 30 日前,将预算调整初步方案送交全国人民代表大会财政经济委员会进行初步审查。中央预算的调整方案应当提请全国人民代表大会常务委员会审查和批准。未经批准,不得调整预算。经批准的预算调整方案,各级政府应当严格执行。未经《预算法》第 69 条规定[①]的程序,各级政府不得作出预算调整的决定。对违反上述规定作出的决定,本级人民代表大会、本级人民代表大会常务委员会或者上级政府应当责令其改变或者

① 《预算法》第 69 条规定,在预算执行中,各级政府对于必须进行的预算调整,应当编制预算调整方案。预算调整方案应当说明预算调整的理由、项目和数额。在预算执行中,由于发生自然灾害等突发事件,必须及时增加预算支出的,应当先动支预备费;预备费不足支出的,各级政府可以先安排支出,属于预算调整的,列入预算调整方案。国务院财政部门应当在全国人民代表大会常务委员会举行会议审查和批准预算调整方案的 30 日前,将预算调整初步方案送交全国人民代表大会财政经济委员会进行初步审查。省、自治区、直辖市政府财政部门应当在本级人民代表大会常务委员会举行会议审查和批准预算调整方案的 30 日前,将预算调整初步方案送交本级人民代表大会有关专门委员会进行初步审查。设区的市、自治州政府财政部门应当在本级人民代表大会常务委员会举行会议审查和批准预算调整方案的 30 日前,将预算调整初步方案送交本级人民代表大会有关专门委员会进行初步审查,或者送交本级人民代表大会常务委员会有关工作机构征求意见。县、自治县、不设区的市、市辖区政府财政部门应当在本级人民代表大会常务委员会举行会议审查和批准预算调整方案的 30 日前,将预算调整初步方案送交本级人民代表大会常务委员会有关工作机构征求意见。中央预算的调整方案应当提请全国人民代表大会常务委员会审查和批准。县级以上地方各级预算的调整方案应当提请本级人民代表大会常务委员会审查和批准;乡、民族乡、镇预算的调整方案应当提请本级人民代表大会审查和批准。未经批准,不得调整预算。

撤销。

第五十二,各部门、各单位的预算支出应当按照预算科目执行。严格控制不同预算科目、预算级次或者项目间的预算资金的调剂,确需调剂使用的,按照国务院财政部门的规定办理。

第五十三,决算草案由各级政府、各部门、各单位,在每一预算年度终了后按照国务院规定的时间编制。编制决算草案的具体事项,由国务院财政部门部署。编制决算草案,必须符合法律、行政法规,做到收支真实、数额准确、内容完整、报送及时。决算草案应当与预算相对应,按预算数、调整预算数、决算数分别列出。一般公共预算支出应当按其功能分类编列到项,按其经济性质分类编列到款。

第五十四,各部门对所属各单位的决算草案,应当审核并汇总编制本部门的决算草案,在规定的期限内报本级政府财政部门审核。各级政府财政部门对本级各部门决算草案审核后发现有不符合法律、行政法规规定的,有权予以纠正。

第五十五,国务院财政部门编制中央决算草案,经国务院审计部门审计后,报国务院审定,由国务院提请全国人民代表大会常务委员会审查和批准。

第五十六,国务院财政部门应当在全国人民代表大会常务委员会举行会议审查和批准中央决算草案的30日前,将上一年度中央决算草案提交全国人民代表大会财政经济委员会进行初步审查。全国人民代表大会财政经济委员会向人民代表大会常务委员会提出关于本级决算草案的审查结果报告。

第五十七,县级以上各级人民代表大会常务委员会和乡、民族乡、镇人民代表大会对本级决算草案,重点审查下列内容:(1)预算收入情况;(2)支出政策实施情况和重点支出、重大投资项目资金的使用及绩效情况;(3)结转资金的使用情况;(4)资金结余情况;(5)本级预算调整及执行情况;(6)财政转移支付安排执行情况;(7)经批准举借债务的规模、结构、使用、偿还等情况；(8)本级预算周转金规模和使用情况；(9)本级预备费使用情况；(10)超收收入安排情况，预算稳定调节基金的规模和使用情况；(11)本级人民代表大会批准的预算决议落实情况；(12)其他与决算有关的重要情况。县级以上各级人民代表大会常务委员会应当结合本级政府提出的上一年度预算执行和其他财政收支的审计工作报告，对本级决算草案进行审查。

第五十八，各级决算经批准后，财政部门应当在20日内向本级各部门批复决算。各部门应当在接到本级政府财政部门批复的本部门决算后15日内向所属单位批复决算。地方各级政府应当将经批准的决算及下一级政府上报备案的决算汇总，报上一级政府备案。县级以上各级政府应当将下一级政府报送备案的决算汇总后，报本级人民代表大会常务委员会备案。

第五十九，国务院和县级以上地方各级政府对下一级政府依照《预算法》第64条规定①报送备案的决算，认为有同法律、行政法规相抵触或者有其他不适当之处，需要撤销批准该项决算的决议的，应当提请本级人民代表大会常务委员会审议决定；经审议决定撤销的，该下级人民代表大会常务委员会应当责成本级政府依照《预算法》规定重新编制决算草案，提请本级人民代表大会常务委员会会审查和批准。

第六十，全国人民代表大会及其常务委员会对中央和地方预算、决算进行监督。各级人民代表大会和县级以上各级人民代表大会常务委员会有权就预算、决算中的重大事项或者特定问题组织调查，有关的政府、部门、单位和个人应当如实反映情况和提供必要的材料。

第六十一，各级人民代表大会和县级以上各级人民代表大会常务委员会举行会议时，人民代表大会代表或者常务委员会组成人员，依照法

① 《预算法》第64条规定，各级预算预备费的动用方案，由本级政府财政部门提出，报本级政府决定。

律规定程序就预算、决算中的有关问题提出询问或者质询,受询问或者受质询的有关的政府或者财政部门必须及时给予答复。

第六十二,国务院和县级以上地方各级政府应当在每年6月至9月向本级人民代表大会常务委员会报告预算执行情况。

第六十三,各级政府监督下级政府的预算执行;下级政府应当定期向上一级政府报告预算执行情况。各级政府财政部门负责监督检查本级各部门及其所属各单位预算管理有关工作,并向本级政府和上一级政府财政部门报告预算执行情况。县级以上政府审计部门依法对预算执行、决算实行审计监督。对预算执行和其他财政收支的审计工作报告应当向社会公开。

第六十四,政府各部门负责监督检查所属各单位的预算执行,及时向本级政府财政部门反映本部门预算执行情况,依法纠正违反预算的行为。

笔者认为,上述64个方面的《预算法》规定,为国家实施财政调控提供了基本的法律框架,可以对财政调控起到法律的规范作用。

第二节 财政收入调控的规定

在市场经济条件下,财政收入的主要来源是税收。因而,税收调控成为财政收入调控的主要方面。对此,笔者将在下一章专门阐述。除税收收入外,其他的收入主要体现在国债收入和各种非税收入方面。其中,也包括属于财政部门管理的对外债收入的调控。

一、国债收入调控的规定

国债,即国家向社会发行的公债。国家向社会发行公债的目的是弥补财政收入的不足或对社会第三次收入分配进行的专项调控。[①] 国家发行国债的经济和法律基础是国家信用,并由之在国家与购买国债的国债持有单位或个人之间形成了特殊的债的关系。改革开放以来,国家发行国债的法律依据有二:一是专门出台年度国债条例,相关条例随着年度国债的偿还自然失效;二是制定了对于国债具有普遍约束力的国库券条例。

1992 年 3 月 18 日,在推行社会主义市场经济发展之初,为了筹集社会资金,进行社会主义现代化建设,国务院发布《国库券条例》。该条例根据 2011 年 1 月 8 日国务院《关于废止和修改部分行政法规的决定》予以了修订。根据该条例规定,国库券的发行对象是:居民个人、个体工商户、企业、事业单位、机关、社会团体和其他组织。国库券以人民币元为计算单位。每年国库券的发行数额、利率、偿还期等,经国务院确定后,由财政部予以公告。国库券发行采取承购包销、认购等方式。国家下达的国库券发行计划,应当按期完成。国库券按期偿还本金。国库券利息在偿还本金时一次付给,不计复利。国库券的发行和还本付息事宜,在各级人民政府统一领导下,由财政部门和中国人民银行组织有关部门多渠道办理。国库券可以用于抵押,但是不得作为货币流通。国库券可以转让,但是应当在国家批准的交易场所办理。发行国库券筹集的资金,由国务院统一安排使用。对伪造国库券的,依法追究刑事责任。对倒卖国库券的,按照投机倒把论处。(2011 年 1 月 8 日删除)国库券的利息收入享受免税待遇。该条例由财政部负责解释。实施细则由财政部商中国人民银行制定。[②]

---

① 在市场经济条件下,对国民收入的分配包括三次。第一次发生在生产、经营和服务领域,体现为对生产、经营和服务领域劳动者工资报酬的对价性分配;第二次发生在公共服务领域,是财政对公职人员工资收入的分配;此外,市场经济条件下国民的收入来源还包括资本投入的收益。而第三次分配则是在第一、二次分配及国民资本收益基础上进行再次分配,它可以把国民剩余资金吸收于国家资金和社会建设。

② 《国库券条例》第 2 ~ 13 条。

二、非税收入调控的规定

2016年3月15日,为了加强政府非税收入管理,规范政府收支行为,健全公共财政职能,保护公民、法人和其他组织的合法权益,财政部以财税〔2016〕33号印发《政府非税收入管理办法》。《政府非税收入管理办法》分总则、设立和征收管理、票据管理、资金管理、监督管理、附则6章41条,自颁布之日起施行。根据《政府非税收入管理办法》规定,非税收入设立、征收、票据、资金和监督管理等活动,适用该办法。教育收费管理参照《政府非税收入管理办法》规定执行,收入纳入财政专户管理。省级财政部门可以根据《政府非税收入管理办法》的规定,结合本地区实际情况,制定非税收入管理的具体实施办法。《政府非税收入管理办法》所称非税收入,是指除税收以外,由各级国家机关、事业单位、代行政府职能的社会团体及其他组织依法利用国家权力、政府信誉、国有资源(资产)所有者权益等取得的各项收入。具体包括:(1)行政事业性收费收入;(2)政府性基金收入;(3)罚没收入;(4)国有资源(资产)有偿使用收入;(5)国有资本收益;(6)彩票公益金收入;(7)特许经营收入;(8)中央银行收入;(9)以政府名义接受的捐赠收入;(10)主管部门集中收入;(11)政府收入的利息收入;(12)其他非税收入。《政府非税收入管理办法》所称非税收入不包括社会保险费、住房公积金(指计入缴存人个人账户部分)。①

在基本管理方面,《政府非税收入管理办法》规定,非税收入是政府财政收入的重要组成部分,应当纳入财政预算管理。非税收入实行分类分级管理。根据非税收入不同类别和特点,制定与分类相适应的管理制度。鼓励各地区探索和建立符合本地实际的非税收入管理制度。非税

---

① 《政府非税收入管理办法》第2~3条、第39~40条。

收入管理应当遵循依法、规范、透明、高效的原则。各级财政部门是非税收入的主管部门。财政部负责制定全国非税收入管理制度和政策,按管理权限审批设立非税收入,征缴、管理和监督中央非税收入,指导地方非税收入管理工作。县级以上地方财政部门负责制定本行政区域非税收入管理制度和政策,按管理权限审批设立非税收入,征缴、管理和监督本行政区域非税收入。各级财政部门应当完善非税收入管理工作机制,建立健全非税收入管理系统和统计报告制度。①

在设立和征收管理方面,设立和征收非税收入,应当依据法律、法规的规定或者按法定管理权限予以批准:(1)行政事业性收费按照国务院和省、自治区、直辖市(以下简称省级)人民政府及其财政、价格主管部门的规定设立和征收;(2)政府性基金按照国务院和财政部的规定设立和征收;(3)国有资源有偿使用收入、特许经营收入按照国务院和省级人民政府及其财政部门的规定设立和征收;(4)国有资产有偿使用收入、国有资本收益由拥有国有资产(资本)产权的人民政府及其财政部门按照国有资产(资本)收益管理规定征收;(5)彩票公益金按照国务院和财政部的规定筹集;(6)中央银行收入按照相关法律法规征收;(7)罚没收入按照法律、法规和规章的规定征收;(8)主管部门集中收入、以政府名义接受的捐赠收入、政府收入的利息收入及其他非税收入按照同级人民政府及其财政部门的管理规定征收或者收取。任何部门和单位不得违反规定设立非税收入项目或者设定非税收入的征收对象、范围、标准和期限。取消、停征、减征、免征或者缓征非税收入,以及调整非税收入的征收对象、范围、标准和期限,应当按照设立和征收非税收入的管理权限予以批准,不许越权批准。取消法律、法规规定的非税收入项目,应当按照法定程序办理。非税收入可以由财政部门直接征收,也可以由财政部门委托的部门和单位(以下简称执收单位)征收。未经财政部门批

① 《政府非税收入管理办法》第4~8条。

准,不得改变非税收入执收单位。法律、法规对非税收入执收单位已有规定的,从其规定。执收单位应当履行的职责:(1)公示非税收入征收依据和具体征收事项,包括项目、对象、范围、标准、期限和方式等;(2)严格按照规定的非税收入项目、征收范围和征收标准进行征收,及时足额上缴非税收入,并对欠缴、少缴收入实施催缴;(3)记录、汇总、核对并按规定向同级财政部门报送非税收入征缴情况;(4)编报非税收入年度收入预算;(5)执行非税收入管理的其他有关规定。执收单位不得违规多征、提前征收或者减征、免征、缓征非税收入。各级财政部门应当加强非税收入执收管理和监督,不得向执收单位下达非税收入指标。公民、法人或者其他组织(以下简称缴纳义务人)应当按规定履行非税收入缴纳义务。对违规设立非税收入项目、扩大征收范围、提高征收标准的,缴纳义务人有权拒绝缴纳并向有关部门举报。缴纳义务人因特殊情况需要缓缴、减缴、免缴非税收入的,应当向执收单位提出书面申请,并由执收单位报有关部门按照规定审批。非税收入应当全部上缴国库,任何部门、单位和个人不得截留、占用、挪用、坐支或者拖欠。非税收入收缴实行国库集中收缴制度。各级财政部门应当加快推进非税收入收缴电子化管理,逐步降低征收成本,提高收缴水平和效率。①

在票据管理方面,非税收入票据是征收非税收入的法定凭证和会计核算的原始凭证,是财政、审计等部门进行监督检查的重要依据。非税收入票据种类包括非税收入通用票据、非税收入专用票据和非税收入一般缴款书。具体适用下列范围:(1)非税收入通用票据,是指执收单位征收非税收入时开具的通用凭证;(2)非税收入专用票据,是指特定执收单位征收特定的非税收入时开具的专用凭证,主要包括行政事业性收费票据、政府性基金票据、国有资源(资产)收入票据、罚没票据等;(3)非税收入一般缴款书,是指实施非税收入收缴管理制度改革的执收单位收

① 《政府非税收入管理办法》第9~19条。

缴非税收入时开具的通用凭证。各级财政部门应当通过加强非税收入票据管理,规范执收单位的征收行为,从源头上杜绝乱收费,并确保依法合规的非税收入及时足额上缴国库。非税收入票据实行凭证领取、分次限量、核旧领新制度。执收单位使用非税收入票据,一般按照财务隶属关系向同级财政部门申领。除财政部另有规定以外,执收单位征收非税收入,应当向缴纳义务人开具财政部或者省级财政部门统一监(印)制的非税收入票据。对附加在价格上征收或者需要依法纳税的有关非税收入,执收单位应当按规定向缴纳义务人开具税务发票。不开具前款规定票据的,缴纳义务人有权拒付款项。非税收入票据使用单位不得转让、出借、代开、买卖、擅自销毁、涂改非税收入票据;不得串用非税收入票据,不得将非税收入票据与其他票据互相替代。非税收入票据使用完毕,使用单位应当按顺序清理票据存根、装订成册、妥善保管。非税收入票据存根的保存期限一般为5年。保存期满需要销毁的,报经原核发票据的财政部门查验后销毁。①

在资金管理方面,非税收入应当依照法律、法规规定或者按照管理权限确定的收入归属和缴库要求,缴入相应级次国库。非税收入实行分成的,应当按照事权与支出责任相适应的原则确定分成比例,并按下列管理权限予以批准:(1)涉及中央与地方分成的非税收入,其分成比例由国务院或者财政部规定;(2)涉及省级与市、县级分成的非税收入,其分成比例由省级人民政府或者其财政部门规定;(3)涉及部门、单位之间分成的非税收入,其分成比例按照隶属关系由财政部或者省级财政部门规定。未经国务院和省级人民政府及其财政部门批准,不得对非税收入实行分成或者调整分成比例。非税收入应当通过国库单一账户体系收缴、存储、退付、清算和核算。上下级政府分成的非税收入,由财政部门按照分级化解、及时清算的原则办理。已上缴中央和地方财政的非税

① 《政府非税收入管理办法》第20~26条。

收入依照有关规定需要退付的，分别按照财政部和省级财政部门的规定执行。根据非税收入不同性质，分别纳入一般公共预算、政府性基金预算和国有资本经营预算管理。各级财政部门应当按照规定加强政府性基金、国有资本收益与一般公共预算资金统筹使用，建立健全预算绩效评价制度，提高资金使用效率。①

在监督管理方面，各级财政部门应当建立健全非税收入监督管理制度，加强非税收入政策执行情况的监督检查，依法处理非税收入违法违规行为。执收单位应当建立健全内部控制制度，接受财政部门和审计机关的监督检查，如实提供非税收入情况和相关资料。各级财政部门和执收单位应当通过政府网站和公共媒体等渠道，向社会公开非税收入项目名称、设立依据、征收方式和标准等，并加大预决算公开力度，提高非税收入透明度，接受公众监督。任何单位和个人有权监督和举报非税收入管理中的违法违规行为。各级财政部门应当按职责受理、调查、处理举报或者投诉，并为举报人保密。对违反《政府非税收入管理办法》规定设立、征收、缴纳、管理非税收入的行为，依照《预算法》、《财政违法行为处罚处分条例》和《违反行政事业性收费和罚没收入收支两条线管理规定行政处分暂行规定》等国家有关规定追究法律责任；涉嫌犯罪的，依法移送司法机关处理。②

第三节　财政支出调控的规定

按照国际上通行的财政支出管理要求，一国之财政支出包括满足一般性公共财政支出、国防支出、教育等社会事业发展支出、经济建设支出

---

① 《政府非税收入管理办法》第 27 ~33 条。

② 《政府非税收入管理办法》第 34 ~38 条。

和其他支出5个方面，并且，应当做到事权与财权相一致。改革开放以来，中国财政支出调控的法律调整除《预算法》的基本规定外，主要体现在对各项财政专项经费使用的法律规制上。另外，有关中央和地方事权划分政策的规定，是宏观调控法的基本规定，对宏观调控法影响极大。

一、中央和地方事权与财权划分的政策性规定

合理划分中央与地方财政事权和支出责任是政府有效提供基本公共服务的前提和保障，是建立现代财政制度的重要内容，是推进国家治理体系和治理能力现代化的客观需要。根据党的十八大和十八届三中、四中、五中全会提出的建立事权和支出责任相适应的制度、适度加强中央事权和支出责任、推进各级政府事权规范化法律化的要求，按照党中央、国务院决策部署，2016年8月16日，国务院出台了国务院《关于推进中央与地方财政事权和支出责任划分改革的指导意见》(国发〔2016〕49号)，该文件在分析存在问题①的基础上，就推进财政事权和支出责任划分改革工作进行了部署安排。党的十九大报告提出，要制定实施政府权责清单制度，推进各级政府事权规范化、法律化。

① 国务院《关于推进中央与地方财政事权和支出责任划分改革的指导意见》指出，新的形势下，现行的中央与地方财政事权和支出责任划分还不同程度存在不清晰、不合理、不规范等问题，主要表现在：政府职能定位不清，一些本可由市场调节或社会提供的事务，财政包揽过多，同时一些本应由政府承担的基本公共服务，财政承担不够；中央与地方财政事权和支出责任划分不尽合理，一些本应由中央直接负责的事务交给地方承担，一些宜由地方负责的事务，中央承担过多，地方没有担负起相应的支出责任；不少中央和地方提供基本公共服务的职责交叉重叠，共同承担的事项较多；省以下财政事权和支出责任划分不尽规范；有的财政事权和支出责任划分缺乏法律依据，法治化、规范化程度不高。这种状况不利于充分发挥市场在资源配置中的决定性作用，不利于政府有效提供基本公共服务，与建立健全现代财政制度、推动国家治理体系和治理能力现代化的要求不相适应，必须积极推进中央与地方财政事权和支出责任划分改革。

（一）指导思想、总体要求和划分原则

在指导思想方面，高举中国特色社会主义伟大旗帜，全面贯彻党的十八大和十八届三中、四中、五中全会精神，深入贯彻习近平总书记系列重要讲话精神，适应、把握和引领经济发展新常态，坚持“五位一体”总体布局和“四个全面”战略布局，牢固树立和贯彻落实创新、协调、绿色、开放、共享的发展理念，遵循宪法和政府组织法的相关规定，按照完善社会主义市场经济体制总体要求和深化财税体制改革总体方案，立足全局、着眼长远、统筹规划、分步实施，科学合理划分中央与地方财政事权和支出责任，形成中央领导、合理授权、依法规范、运转高效的财政事权和支出责任划分模式，落实基本公共服务提供责任，提高基本公共服务供给效率，促进各级政府更好履职尽责。

在总体要求方面：一是坚持中国特色社会主义道路和党的领导。二是坚持财政事权由中央决定。三是坚持有利于健全社会主义市场经济体制。四是坚持法治化规范化道路。要将中央与地方财政事权和支出责任划分基本规范以法律和行政法规的形式规定，将地方各级政府间的财政事权和支出责任划分相关制度以地方性法规、政府规章的形式规定，逐步实现政府间财政事权和支出责任划分法治化、规范化，让行政权力在法律和制度的框架内运行，加快推进依法治国、依法行政。五是坚持积极稳妥统筹推进。

在划分原则方面：一是体现基本公共服务受益范围。体现国家主权、维护统一市场以及受益范围覆盖全国的基本公共服务由中央负责，地区性基本公共服务由地方负责，跨省（区、市）的基本公共服务由中央与地方共同负责。二是兼顾政府职能和行政效率。结合中国现有中央与地方政府职能配置和机构设置，更多、更好发挥地方政府尤其是县级政府组织能力强、贴近基层、获取信息便利的优势，将所需信息量大、信息复杂且获取困难的基本公共服务优先作为地方的财政事权，提高行政

效率,降低行政成本。信息比较容易获取和甄别的全国性基本公共服务宜作为中央的财政事权。三是实现权、责、利相统一。在中央统一领导下,适宜由中央承担的财政事权执行权要上划,加强中央的财政事权执行能力;适宜由地方承担的财政事权决策权要下放,减少中央部门代地方决策事项,保证地方有效管理区域内事务。要明确共同财政事权中央与地方各自承担的职责,将财政事权履行涉及的战略规划、政策决定、执行实施、监督评价等各环节在中央与地方间作出合理安排,做到财政事权履行权责明确和全过程覆盖。四是激励地方政府主动作为。通过有效授权,合理确定地方财政事权,使基本公共服务受益范围与政府管辖区域保持一致,激励地方各级政府尽力做好辖区范围内的基本公共服务提供和保障,避免出现地方政府不作为或因追求局部利益而损害其他地区利益或整体利益的行为。五是做到支出责任与财政事权相适应。按照"谁的财政事权谁承担支出责任"的原则,确定各级政府支出责任。对属于中央并由中央组织实施的财政事权,原则上由中央承担支出责任;对属于地方并由地方组织实施的财政事权,原则上由地方承担支出责任;对属于中央与地方共同财政事权,根据基本公共服务的受益范围、影响程度,区分情况确定中央和地方的支出责任以及承担方式。

(二)改革的主要内容

1. 推进中央与地方财政事权划分

(1)适度加强中央的财政事权。坚持基本公共服务的普惠性、保基本、均等化方向,加强中央在保障国家安全、维护全国统一市场、体现社会公平正义、推动区域协调发展等方面的财政事权。强化中央的财政事权履行责任,中央的财政事权原则上由中央直接行使。中央的财政事权确需委托地方行使的,报经党中央、国务院批准后,由有关职能部门委托地方行使,并制定相应的法律法规予以明确。对中央委托地方行使的财政事权,受委托地方在委托范围内,以委托单位的名义行使职权,承担相应的法律责任,并接受委托单位的监督。要逐步将国防、外交、国家安全、出入境管理、国防公路、国界河湖治理、全国性重大传染病防治、全国性大通道、全国性战略性自然资源使用和保护等基本公共服务确定或上划为中央的财政事权。

(2)保障地方履行财政事权。加强地方政府公共服务、社会管理等职责。将直接面向基层、量大面广、与当地居民密切相关、由地方提供更方便有效的基本公共服务确定为地方的财政事权,赋予地方政府充分自主权,依法保障地方的财政事权履行,更好地满足地方基本公共服务需求。地方的财政事权由地方行使,中央对地方的财政事权履行提出规范性要求,并通过法律法规的形式予以明确。要逐步将社会治安、市政交通、农村公路、城乡社区事务等受益范围地域性强、信息较为复杂且主要与当地居民密切相关的基本公共服务确定为地方的财政事权。

(3)减少并规范中央与地方共同财政事权。考虑到中国人口和民族众多、幅员辽阔、发展不平衡的国情和经济社会发展的阶段性要求,需要更多发挥中央在保障公民基本权利、提供基本公共服务方面的作用,因此应保有比成熟市场经济国家相对多一些的中央与地方共同财政事权。但在现阶段,针对中央与地方共同财政事权过多且不规范的情况,必须逐步减少并规范中央与地方共同财政事权,并根据基本公共服务的受益范围、影响程度,按事权构成要素、实施环节,分解细化各级政府承担的职责,避免由于职责不清造成互相推诿。要逐步将义务教育、高等教育、科技研发、公共文化、基本养老保险、基本医疗和公共卫生、城乡居民基本医疗保险、就业、粮食安全、跨省(区、市)重大基础设施项目建设和环境保护与治理等体现中央战略意图、跨省(区、市)且具有地域管理信息优势的基本公共服务确定为中央与地方共同财政事权,并明确各承担主体的职责。

(4)建立财政事权划分动态调整机制。财政事权划分要根据客观条件变化进行动态调整。在条件成熟时,将全国范围内环境质量监测和对全国生态具有基础性、战略性作用的生态环境保护等基本公共服务，逐步上划为中央的财政事权。对新增及尚未明确划分的基本公共服务，要根据社会主义市场经济体制改革进展、经济社会发展需求以及各级政府财力增长情况，将应由市场或社会承担的事务交由市场主体或社会力量承担，将应由政府提供的基本公共服务统筹研究划分为中央财政事权、地方财政事权或中央与地方共同财政事权。

2. 完善中央与地方支出责任划分

(1)中央的财政事权由中央承担支出责任。属于中央的财政事权，应当由中央财政安排经费，中央各职能部门和直属机构不得要求地方安排配套资金。中央的财政事权如委托地方行使，要通过中央专项转移支付安排相应经费。

(2)地方的财政事权由地方承担支出责任。属于地方的财政事权原则上由地方通过自有财力安排。对地方政府履行财政事权、落实支出责任存在的收支缺口，除部分资本性支出通过依法发行政府性债券等方式安排外，主要通过上级政府给予的一般性转移支付弥补。地方的财政事权如委托中央机构行使，地方政府应负担相应经费。

(3)中央与地方共同财政事权区分情况划分支出责任。根据基本公共服务的属性，体现国民待遇和公民权利、涉及全国统一市场和要素自由流动的财政事权，如基本养老保险、基本公共卫生服务、义务教育等，可以研究制定全国统一标准，并由中央与地方按比例或以中央为主承担支出责任；对受益范围较广、信息相对复杂的财政事权，如跨省(区、市)重大基础设施项目建设、环境保护与治理、公共文化等，根据财政事权外溢程度，由中央和地方按比例或中央给予适当补助方式承担支出责任；对中央和地方有各自机构承担相应职责的财政事权，如科技研发、高等教育等，中央和地方各自承担相应支出责任；对中央承担监督管理、出台规划、制定标准等职责，地方承担具体执行等职责的财政事权，中央与地方各自承担相应支出责任。

(4)加快省以下财政事权和支出责任划分。省级政府要参照中央做法,结合当地实际,按照财政事权划分原则合理确定省以下政府间财政事权。将部分适宜由更高一级政府承担的基本公共服务职能上移,明确省级政府在保持区域内经济社会稳定、促进经济协调发展、推进区域内基本公共服务均等化等方面的职责。将有关居民生活、社会治安、城乡建设、公共设施管理等适宜由基层政府发挥信息、管理优势的基本公共服务职能下移,强化基层政府贯彻执行国家政策和上级政府政策的责任。省级政府要根据省以下财政事权划分、财政体制及基层政府财力状况,合理确定省以下各级政府的支出责任,避免将过多支出责任交给基层政府承担。

(三)保障和配套措施

1. 加强与相关改革的协同配套

财政事权和支出责任划分与教育、社会保障、医疗卫生等各项改革紧密相连、不可分割。要将财政事权和支出责任划分改革与加快推进相关领域改革相结合,既通过相关领域改革为推进财政事权和支出责任划分创造条件,又将财政事权和支出责任划分改革体现和充实到各领域改革中,形成良性互动、协同推进的局面。

2. 明确政府间财政事权划分争议的处理

中央与地方财政事权划分争议由中央裁定,已明确属于省以下的财政事权划分争议由省级政府裁定。明确中央与地方共同财政事权和中央委托地方行使的财政事权设置的原则、程序、范围和责任,减少划分中的争议。

3. 完善中央与地方收入划分和对地方转移支付制度

加快研究制定中央与地方收入划分总体方案,推动进一步理顺中央与地方的财政分配关系,形成财力与事权相匹配的财政体制。进一步完善中央对地方转移支付制度,清理整合与财政事权划分不相匹配的中央对地方转移支付,增强财力薄弱地区尤其是老少边穷地区的财力。严格控制引导类、救济类、应急类专项转移支付,对保留的专项转移支付进行甄别,属于地方财政事权的划入一般性转移支付。

4. 及时推动相关部门职责调整

按照一项财政事权归口一个部门牵头负责的原则,合理划分部门职责,理顺部门分工,妥善解决跨部门财政事权划分不清晰和重复交叉问题,处理好中央和省级政府垂直管理机构与地方政府的职责关系,为更好履行政府公共服务职能提供保障。

5. 督促地方切实履行财政事权

随着中央与地方财政事权和支出责任划分改革的推进,地方的财政事权将逐渐明确。对属于地方的财政事权,地方政府必须履行到位,确保基本公共服务的有效提供。中央要在法律法规的框架下加强监督考核和绩效评价,强化地方政府履行财政事权的责任。

此外,国务院《关于推进中央与地方财政事权和支出责任划分改革的指导意见》还就改革的职责分工和时间进行了具体安排。按照该文件要求,到2020年,基本完成主要领域改革,形成中央与地方财政事权和支出责任划分的清晰框架。及时总结改革成果,梳理需要上升为法律法规的内容,适时制定、修订相关法律、行政法规,研究起草政府间财政关系法,推动形成保障财政事权和支出责任划分科学合理的法律体系。督促地方完成主要领域改革,形成省以下财政事权和支出责任。在改革实施过程中,有关部门要妥善处理中央与地方财政事权和支出责任划分带来的职能调整以及人员、资产划转等事项,积极配合推动制定或修改相关法律、行政法规中关于财政事权和支出责任划分的规定。

总之,国务院《关于推进中央与地方财政事权和支出责任划分改革的指导意见》的出台,为下一步规范财政支出行为奠定了政策基础。

二、政府采购的法律规定

采购是政府及各财政资金使用单位使用财政资金的基本方式。按照宏观调控原理，政府采购行为不仅涉及财政资金使用的合法性、合理性问题，也是政府宏观调控的一种手段，特别是在市场需求不足的情况下，通过扩大政府采购购买力，可以解决市场需求不足问题，使宏观经济运行实现供需平衡。为此，为了规范政府采购行为，提高政府采购资金的使用效益，维护国家利益和社会公共利益，保护政府采购当事人的合法权益，促进廉政建设，第九届全国人民代表大会常务委员会第二十八次会议于2002年6月29日通过了《政府采购法》，自2003年1月1日起开始施行。该法施行10年后，根据2014年8月31日第十二届全国人民代表大会常务委员会《关于修改〈中华人民共和国保险法〉等五部法律的决定》修正。① 按照《政府采购法》规定，在中华人民共和国境内进行的政府采购适用该法。使用国际组织和外国政府贷款进行的政府采购，贷款方、资金提供方与中方达成的协议对采购的具体条件另有规定的，可以适用其规定，但不得损害国家利益和社会公共利益。对因严重自然灾害和其他不可抗力事件所实施的紧急采购和涉及国家安全和秘密的采购，不适用该法。军事采购法规由中央军事委员会另行制定。该法所称政府采购，是指各级国家机关、事业单位和团体组织，使用财政性资金采购依法制定的集中采购目录以内的或者采购限额标准以上的货物、工程和服务的行为。政府集中采购目录和采购限额标准依照该法规定的权限制定。该法所称采购，是指以合同方式有偿取得货物、工程和服务

---

① 2014年修改内容：一是将第19条第1款中的“经国务院有关部门或者省级人民政府有关部门认定资格的”修改为“集中采购机构以外的”。二是删去第71条第3项。三是将第78条中的“依法取消其进行相关业务的资格”修改为“在1至3年内禁止其代理政府采购业务”。

的行为,包括购买、租赁、委托、雇用等。该法所称货物,是指各种形态和种类的物品,包括原材料、燃料、设备、产品等。该法所称工程,是指建设工程,包括建筑物和构筑物的新建、改建、扩建、装修、拆除、修缮等。该法所称服务,是指除货物和工程以外的其他政府采购对象。

在总的政策、原则和制度方面,《政府采购法》规定,政府采购应当遵循公开透明原则、公平竞争原则、公正原则和诚实信用原则。政府采购工程进行招标投标的,适用招标投标法。① 任何单位和个人不得采用任何方式,阻挠和限制供应商自由进入本地区和本行业的政府采购市场。政府采购应当严格按照批准的预算执行。政府采购实行集中采购和分散采购相结合。集中采购的范围由省级以上人民政府公布的集中采购目录确定。属于中央预算的政府采购项目,其集中采购目录由国务院确定并公布;属于地方预算的政府采购项目,其集中采购目录由省、自治区、直辖市人民政府或者其授权的机构确定并公布。纳入集中采购目录的政府采购项目,应当实行集中采购。政府采购限额标准,属于中央预算的政府采购项目,由国务院确定并公布;属于地方预算的政府采购项目,由省、自治区、直辖市人民政府或者其授权的机构确定并公布。

政府采购应当有助于实现国家的经济和社会发展政策目标,包括保护环境,扶持不发达地区和少数民族地区,促进中小企业发展等。政府采购应当采购本国货物、工程和服务。但有法定情形之一的除外:(1)需要采购的货物、工程或者服务在中国境内无法获取或者无法以合理的商

---

① 1999 年 8 月 30 日第九届全国人民代表大会常务委员会第十一次会议通过了《招标投标法》,根据 2017 年 12 月 27 日第十二届全国人民代表大会常务委员会第三十一次会议《关于修改〈中华人民共和国招标投标法〉、〈中华人民共和国计量法〉的决定》修正。按照该法第 3 条规定,在中华人民共和国境内进行下列工程建设项目包括项目的勘察、设计、施工、监理以及与工程建设有关的重要设备、材料等的采购,必须进行招标:(1)大型基础设施、公用事业等关系社会公共利益、公众安全的项目;(2)全部或者部分使用国有资金投资或者国家融资的项目;(3)使用国际组织或者外国政府贷款、援助资金的项目。前款所列项目的具体范围和规模标准,由国务院发展计划部门会同国务院有关部门制定,报国务院批准。法律或者国务院对必须进行招标的其他项目的范围有规定的,依照其规定。

业条件获取的;(2)为在中国境外使用而进行采购的;(3)其他法律、行政法规另有规定的。《政府采购法》所称本国货物、工程和服务的界定,依照国务院有关规定执行。政府采购的信息应当在政府采购监督管理部门指定的媒体上及时向社会公开发布,但涉及商业秘密的除外。在政府采购活动中,采购人员及相关人员与供应商有利害关系的,必须回避。供应商认为采购人员及相关人员与其他供应商有利害关系的,可以申请其回避。所称相关人员,包括招标采购中评标委员会的组成人员,竞争性谈判采购中谈判小组的组成人员,询价采购中询价小组的组成人员等。各级人民政府财政部门是负责政府采购监督管理的部门,依法履行对政府采购活动的监督管理职责。各级人民政府其他有关部门依法履行与政府采购活动有关的监督管理职责。①

在政府采购当事人方面,《政府采购法》规定,政府采购当事人是指在政府采购活动中享有权利和承担义务的各类主体,包括采购人、供应商和采购代理机构等。采购人是指依法进行政府采购的国家机关、事业单位、团体组织。集中采购机构为采购代理机构。设区的市、自治州以上人民政府根据本级政府采购项目组织集中采购的需要设立集中采购机构。集中采购机构是非营利事业法人,根据采购人的委托办理采购事宜。集中采购机构进行政府采购活动,应当符合采购价格低于市场平均价格、采购效率更高、采购质量优良和服务良好的要求。采购人采购纳入集中采购目录的政府采购项目,必须委托集中采购机构代理采购;采购未纳入集中采购目录的政府采购项目,可以自行采购,也可以委托集中采购机构在委托的范围内代理采购。纳入集中采购目录属于通用的政府采购项目的,应当委托集中采购机构代理采购;属于本部门、本系统有特殊要求的项目,应当实行部门集中采购;属于本单位有特殊要求的项目,经省级以上人民政府批准,可以自行采购。采购人可以委托经国

---

① 《政府采购法》第3~13条。

务院有关部门或者省级人民政府有关部门认定资格的采购代理机构,在委托的范围内办理政府采购事宜。采购人有权自行选择采购代理机构,任何单位和个人不得以任何方式为采购人指定采购代理机构。采购人依法委托采购代理机构办理采购事宜的,应当由采购人与采购代理机构签订委托代理协议,依法确定委托代理的事项,约定双方的权利义务。供应商是指向采购人提供货物、工程或者服务的法人、其他组织或者自然人。供应商参加政府采购活动应当具备的条件:(1)具有独立承担民事责任的能力;(2)具有良好的商业信誉和健全的财务会计制度;(3)具有履行合同所必需的设备和专业技术能力;(4)有依法缴纳税收和社会保障资金的良好记录;(5)参加政府采购活动前3年内,在经营活动中没有重大违法记录;(6)法律、行政法规规定的其他条件。采购人可以根据采购项目的特殊要求,规定供应商的特定条件,但不得以不合理的条件对供应商实行差别待遇或者歧视待遇。采购人可以要求参加政府采购的供应商提供有关资质证明文件和业绩情况,并根据《政府采购法》规定的供应商条件和采购项目对供应商的特定要求,对供应商的资格进行审查。两个以上的自然人、法人或者其他组织可以组成一个联合体,以一个供应商的身份共同参加政府采购。以联合体形式进行政府采购的,参加联合体的供应商均应当具备《政府采购法》第22条规定的条件,并应当向采购人提交联合协议,载明联合体各方承担的工作和义务。联合体各方应当共同与采购人签订采购合同,就采购合同约定的事项对采购人承担连带责任。政府采购当事人不得相互串通损害国家利益、社会公共利益和其他当事人的合法权益;不得以任何手段排斥其他供应商参与竞争。供应商不得以向采购人、采购代理机构、评标委员会的组成人员、竞争性谈判小组的组成人员、询价小组的组成人员行贿或者采取其他不正当手段谋取中标或者成交。采购代理机构不得以向采购人行贿或者采取其他不正当手段谋取非法利益。①

在政府采购方式方面,《政府采购法》规定,政府采购采用方式包括:(1)公开招标;(2)邀请招标;(3)竞争性谈判;(4)单一来源采购;(5)询价;(6)国务院政府采购监督管理部门认定的其他采购方式。公开招标应作为政府采购的主要采购方式。采购人采购货物或者服务应当采用公开招标方式的,其具体数额标准,属于中央预算的政府采购项目,由国务院规定;属于地方预算的政府采购项目,由省、自治区、直辖市人民政府规定;因特殊情况需要采用公开招标以外的采购方式的,应当在采购活动开始前获得设区的市、自治州以上人民政府采购监督管理部门的批准。采购人不得将应当以公开招标方式采购的货物或者服务化整为零或者以其他任何方式规避公开招标采购。符合法定情形之一的货物或者服务,可以依照《政府采购法》采用邀请招标方式采购:(1)具有特殊性,只能从有限范围的供应商处采购的;(2)采用公开招标方式的费用占政府采购项目总价值的比例过大的。符合法定情形之一的货物或者服务,可以依照《政府采购法》采用竞争性谈判方式采购:(1)招标后没有供应商投标或者没有合格标的或者重新招标未能成立的;(2)技术复杂或者性质特殊,不能确定详细规格或者具体要求的;(3)采用招标所需时间不能满足用户紧急需要的;(4)不能事先计算出价格总额的。符合法定情形之一的货物或者服务,可以依照《政府采购法》采用单一来源方式采购:(1)只能从唯一供应商处采购的;(2)发生了不可预见的紧急情况不能从其他供应商处采购的;(3)必须保证原有采购项目一致性或者服务配套的要求,需要继续从原供应商处添购,且添购资金总额不超过原合同采购金额10%的。采购的货物规格、标准统一、现货货源充足且价格变化幅度小的政府采购项目,可以依照《政府采购

---

① 《政府采购法》第14~25条。

法》采用询价方式采购。①

在政府采购程序方面，负有编制部门预算职责的部门在编制下一财政年度部门预算时，应当将该财政年度政府采购的项目及资金预算列出，报本级财政部门汇总。部门预算的审批，按预算管理权限和程序进行。货物或者服务项目采取邀请招标方式采购的，采购人应当从符合相应资格条件的供应商中，通过随机方式选择3家以上的供应商，并向其发出投标邀请书。货物和服务项目实行招标方式采购的，自招标文件开始发出之日起至投标人提交投标文件截止之日止，不得少于20日。在招标采购中，出现法定情形之一的，应予废标：(1)符合专业条件的供应商或者对招标文件作实质响应的供应商不足三家的；(2)出现影响采购公正的违法、违规行为的；(3)投标人的报价均超过了采购预算，采购人不能支付的；(4)因重大变故，采购任务取消的。废标后，采购人应当将废标理由通知所有投标人。

废标后，除采购任务取消情形外，应当重新组织招标；需要采取其他方式采购的，应当在采购活动开始前获得设区的市、自治州以上人民政府采购监督管理部门或者政府有关部门批准。采用竞争性谈判方式采购的，应当遵循的程序：(1)成立谈判小组。谈判小组由采购人的代表和有关专家共3人以上的单数组成，其中专家的人数不得少于成员总数的2/3。(2)制定谈判文件。谈判文件应当明确谈判程序、谈判内容、合同草案的条款以及评定成交的标准等事项。(3)确定邀请参加谈判的供应商名单。谈判小组从符合相应资格条件的供应商名单中确定不少于3家的供应商参加谈判，并向其提供谈判文件。(4)谈判。谈判小组所有成员集中与单一供应商分别进行谈判。在谈判中，谈判的任何一方不得透露与谈判有关的其他供应商的技术资料、价格和其他信息。谈判文件有实质性变动的，谈判小组应当以书面形式通知所有参加谈判的供应

① 《政府采购法》第26～32条。

商。(5)确定成交供应商。谈判结束后,谈判小组应当要求所有参加谈判的供应商在规定时间内进行最后报价,采购人从谈判小组提出的成交候选人中根据符合采购需求、质量和服务相等且报价最低的原则确定成交供应商,并将结果通知所有参加谈判的未成交的供应商。采取单一来源方式采购的,采购人与供应商应当遵循《政府采购法》规定的原则,在保证采购项目质量和双方商定合理价格的基础上进行采购。采取询价方式采购的,应当遵循的程序:(1)成立询价小组。询价小组由采购人的代表和有关专家共3人以上的单数组成,其中专家的人数不得少于成员总数的2/3。询价小组应当对采购项目的价格构成和评定成交的标准等事项作出规定。(2)确定被询价的供应商名单。询价小组根据采购需求,从符合相应资格条件的供应商名单中确定不少于3家的供应商,并向其发出询价通知书让其报价。(3)询价。询价小组要求被询价的供应商一次报出不得更改的价格。(4)确定成交供应商。采购人根据符合采购需求、质量和服务相等且报价最低的原则确定成交供应商,并将结果通知所有被询价的未成交的供应商。采购人或者其委托的采购代理机构应当组织对供应商履约的验收。大型或者复杂的政府采购项目,应当邀请国家认可的质量检测机构参加验收工作。验收方成员应当在验收书上签字,并承担相应的法律责任。采购人、采购代理机构对政府采购项目每项采购活动的采购文件应当妥善保存,不得伪造、变造、隐匿或者销毁。采购文件的保存期限为从采购结束之日起至少保存15年。采购文件包括采购活动记录、采购预算、招标文件、投标文件、评标标准、评估报告、定标文件、合同文本、验收证明、质疑答复、投诉处理决定及其他有关文件、资料。采购活动记录至少应当包括的内容:(1)采购项目类别、名称;(2)采购项目预算、资金构成和合同价格;(3)采购方式,采用公开招标以外的采购方式的,应当载明原因;(4)邀请和选择供应商的条件及原因;(5)评标标准及确定中标人的原因;(6)废标的原因;(7)采用招标以外采购方式的相应记载。①

在政府采购合同方面,政府采购合同适用合同法。采购人和供应商之间的权利和义务,应当按照平等、自愿的原则以合同方式约定。

采购人可以委托采购代理机构代表其与供应商签订政府采购合同。由采购代理机构以采购人名义签订合同的,应当提交采购人的授权委托书,作为合同附件。政府采购合同应当采用书面形式。国务院政府采购监督管理部门应当会同国务院有关部门,规定政府采购合同必须具备的条款。采购人与中标、成交供应商应当在中标、成交通知书发出之日起30日内,按照采购文件确定的事项签订政府采购合同。中标、成交通知书对采购人和中标、成交供应商均具有法律效力。中标、成交通知书发出后,采购人改变中标、成交结果的,或者中标、成交供应商放弃中标、成交项目的,应当依法承担法律责任。政府采购项目的采购合同自签订之日起7个工作日内,采购人应当将合同副本报同级政府采购监督管理部门和有关部门备案。经采购人同意,中标、成交供应商可以依法采取分包方式履行合同。政府采购合同分包履行的,中标、成交供应商就采购项目和分包项目向采购人负责,分包供应商就分包项目承担责任。政府采购合同履行中,采购人需追加与合同标的相同的货物、工程或者服务的,在不改变合同其他条款的前提下,可以与供应商协商签订补充合同,但所有补充合同的采购金额不得超过原合同采购金额的10%。政府采购合同的双方当事人不得擅自变更、中止或者终止合同。政府采购合同继续履行将损害国家利益和社会公共利益的,双方当事人应当变更、中止或者终止合同。有过错的一方应当承担赔偿责任,双方都有过错的,各自承担相应的责任。②

在质疑与投诉方面,供应商对政府采购活动事项有疑问的,可以向

① 《政府采购法》第33~42条。

② 《政府采购法》第43~50条。

采购人提出询问,采购人应当及时作出答复,但答复的内容不得涉及商业秘密。供应商认为采购文件、采购过程和中标、成交结果使自己的权益受到损害的,可以在知道或者应知其权益受到损害之日起7个工作日内,以书面形式向采购人提出质疑。采购人应当在收到供应商的书面质疑后7个工作日内作出答复,并以书面形式通知质疑供应商和其他有关供应商,但答复的内容不得涉及商业秘密。采购人委托采购代理机构采购的,供应商可以向采购代理机构提出询问或者质疑,采购代理机构应当依照《政府采购法》第51条、第53条的规定就采购人委托授权范围内的事项作出答复。质疑供应商对采购人、采购代理机构的答复不满意或者采购人、采购代理机构未在规定的时间内作出答复的,可以在答复期满后15个工作日内向同级政府采购监督管理部门投诉。

政府采购监督管理部门应当在收到投诉后30个工作日内,对投诉事项作出处理决定,并以书面形式通知投诉人和与投诉事项有关的当事人。政府采购监督管理部门在处理投诉事项期间,可以视具体情况书面通知采购人暂停采购活动,但暂停时间最长不得超过30日。投诉人对政府采购监督管理部门的投诉处理决定不服或者政府采购监督管理部门逾期未作处理的,可以依法申请行政复议或者向人民法院提起行政诉讼。①

在监督检查方面,政府采购监督管理部门应当加强对政府采购活动及集中采购机构的监督检查。监督检查的主要内容是:(1)有关政府采购的法律、行政法规和规章的执行情况;(2)采购范围、采购方式和采购程序的执行情况;(3)政府采购人员的职业素质和专业技能。政府采购监督管理部门不得设置集中采购机构,不得参与政府采购项目的采购活动。采购代理机构与行政机关不得存在隶属关系或者其他利益关系。集中采购机构应当建立健全内部监督管理制度。采购活动的决策和执

---

① 《政府采购法》第51~58条。

行程序应当明确,并相互监督、相互制约。经办采购的人员与负责采购合同审核、验收人员的职责权限应当明确,并相互分离。集中采购机构的采购人员应当具有相关职业素质和专业技能,符合政府采购监督管理部门规定的专业岗位任职要求。集中采购机构对其工作人员应当加强教育和培训;对采购人员的专业水平、工作实绩和职业道德状况定期进行考核。采购人员经考核不合格的,不得继续任职。政府采购项目的采购标准应当公开。采用《政府采购法》规定的采购方式的,采购人在采购活动完成后,应当将采购结果予以公布。采购人必须按照《政府采购法》规定的采购方式和采购程序进行采购。任何单位和个人不得违反《政府采购法》规定,要求采购人或者采购工作人员向其指定的供应商进行采购。政府采购监督管理部门应当对政府采购项目的采购活动进行检查,政府采购当事人应当如实反映情况,提供有关材料。政府采购监督管理部门应当对集中采购机构的采购价格、节约资金效果、服务质量、信誉状况、有无违法行为等事项进行考核,并定期如实公布考核结果。依照法律、行政法规的规定对政府采购负有行政监督职责的政府有关部门,应当按照其职责分工,加强对政府采购活动的监督。审计机关应当对政府采购进行审计监督。政府采购监督管理部门、政府采购各当事人有关政府采购活动,应当接受审计机关的审计监督。监察机关应当加强对参与政府采购活动的国家机关、国家公务员和国家行政机关任命的其他人员实施监察。任何单位和个人对政府采购活动中的违法行为,有权控告和检举,有关部门、机关应当依照各自职责及时处理。①

第四节　财政监督调控的规定

财政监督是财政法的重要组成部分。为此,财政管理部门设有专门

① 《政府采购法》第59~70条。

的监督机构负责财政监督工作。此外,国家审计机关也负有对财政资金进行审计的职责。财政监督的目的是保障财政资金使用的合法性和合理性。在20世纪80年代至90年代,中国财政监督的主要目的是财政资金使用的合规性或合法性审查。进入21世纪以来,财政资金的监督,不仅仅是财政资金使用的合法性审查,也包括了对财政资金使用绩效的事前评估和事后评价。从财政监督与宏观调控的关系来讲,财政监督本身就是宏观调控的一项制度安排,但财政监督不能为监督而监督,它应当为实现宏观调控目标服务。

一、财政监督的法律规定

(一)财政部门监督的规定

2012年2月23日,为了规范财政部门监督行为,加强财政管理,保障财政资金安全规范有效使用,维护国家财经秩序,根据国家有关财政管理法律法规,财政部部务会议审议通过《财政部门监督办法》,2012年3月2日公布,自2012年5月1日起施行。该《财政部门监督办法》是财政部门实施财政监督的基本依据。

县级以上人民政府财政部门(以下简称财政部门)依法对单位和个人(以下统称监督对象)涉及财政、财务、会计等事项实施监督适用该办法。乡镇财政机构在规定职权范围内,或者受上级政府财政部门委托,依法实施监督工作,参照该办法执行。省级以上人民政府财政部门派出机构在规定职权范围内依法实施监督。

在财政监督体制上,《财政部门监督办法》规定,财政部门应当按照财政管理体制、财务隶属关系对财政、财务等事项实施监督;按照行政区域对会计事项实施监督。上级财政部门应当加强对下级财政部门监督工作的指导;下级财政部门应当及时将监督中发现的重大问题向本级人民政府和上级财政部门报告。财政部门实施监督应当坚持事前、事中和事后监督相结合,建立覆盖所有政府性资金和财政运行全过程的监督机制。财政部门实施监督应当与财政管理相结合,将监督结果作为预算安排的重要参考依据;根据监督结果完善相关政策、加强财政管理。财政部门应当加强绩效监督,提高财政资金使用效益。财政部门应当加强信息化建设,充分运用现代技术手段实施监督,提高监督效率。①

在监督机构和人员及其职责方面,财政部门的监督职责由本部门专职监督机构和业务管理机构共同履行;由专职监督机构实行统一归口管理、统一组织实施、统一规范程序、统一行政处罚。专职监督机构应当履行的监督职责:一是制定本部门监督工作规划;二是参与拟定涉及监督职责的财税政策及法律制度;三是牵头拟定本部门年度监督计划;四是组织实施涉及重大事项的专项监督;五是向业务管理机构反馈监督结果及意见;六是组织实施本部门内部监督检查。业务管理机构应当履行的监督职责:一是在履行财政、财务、会计等管理职责过程中加强日常监督;二是配合专职监督机构进行专项监督;三是根据监督结果完善相关财政政策;四是向专职监督机构反馈意见采纳情况。专职监督机构和业务管理机构实施监督,应当协调配合、信息共享。实施监督的财政部门工作人员(以下简称监督人员)应当具备与财政监督工作相适应的专业知识和业务能力。监督人员应当廉洁自律,秉公执法,保守秘密。监督人员与监督对象有利害关系的应当回避。监督对象有权申请有利害关系的监督人员回避。监督人员的回避,由财政部门负责人决定。监督人员依法履行监督职责受法律保护。对财政部门依法实施的监督,监督对象应当予以配合、如实反映情况;不得拒绝、阻挠、拖延;不得对监督人员打击报复。财政部门可以根据需要,聘请有关专业机构或者专业人员协助监督工作。财政部门应当加强对所聘机构和人员的统一管理。②

---

① 《财政部门监督办法》第 3 ~7 条。

② 《财政部门监督办法》第 8 ~15 条。

在监督范围和权限方面，财政部门依法实施监督的事项：一是财税法规、政策的执行情况；二是预算编制、执行、调整和决算情况；三是税收收入、政府非税收入等政府性资金的征收、管理情况；四是国库集中收付、预算单位银行账户的管理使用情况；五是政府采购法规、政策的执行情况；六是行政、事业单位国有资产，金融类、文化企业等国有资产的管理情况；七是财务会计制度的执行情况；八是外国政府、国际金融组织贷款和赠款的管理情况；九是法律法规规定的其他事项。对会计师事务所和资产评估机构设立及执业情况的监督，由省级以上人民政府财政部门依法实施。财政部门实施监督，可以依法采取的措施：一是要求监督对象按照要求提供与监督事项有关的资料。二是调取、查阅、复制监督对象有关预算编制、执行、调整和决算资料，会计凭证和账簿、财务会计报告、审计报告、账户信息、电子信息管理系统情况，以及其他有关资料。三是经县级以上人民政府财政部门负责人批准，向与被监督单位有经济业务往来的单位查询有关情况，向金融机构查询被监督单位的存款。四是在证据可能灭失或者以后难以取得的情况下，经县级以上人民政府财政部门负责人批准，先行登记保存证据，并在7日内及时作出处理决定。五是对正在进行的财政违法行为，责令停止；拒不执行的，暂停财政拨款或者停止拨付与财政违法行为直接有关的款项；已经拨付的，责令暂停使用。六是法律法规规定的其他措施。财政部门实施监督过程中，发现监督对象制定或者执行的规定与国家相关规定相抵触的，可以根据职权予以纠正或者建议有权机关予以纠正。对监督对象财政违法行为作出的处理、处罚决定及其执行情况，除涉及国家秘密、商业秘密、个人隐私外，财政部门可以公开。对有关财政违法行为的举报，财政部门应当按照规定处理，并为举报人保密。①

在监督方式和程序方面，财政部门实施监督，可以采取监控、督促、

① 《财政部门监督办法》第16~20条。

调查、核查、审查、检查、评价等方法。财政部门实施监督，可以采取专项监督和日常监督相结合的方式。专项监督应当结合年度监督计划，按照规定程序组织实施。日常监督应当结合履行财政、财务、会计等管理职责，按照规定程序组织实施。财政部门实施监督，应当依法对财政违法行为作出处理处罚；对不属于本部门职权范围的事项，应当按照规定程序移送有权机关处理。财政部门实施监督，应当加强与监察、审计等有关机关的沟通和协作。有关机关已经作出的调查、检查、审计结论能够满足本部门履行职责需要的，应当加以利用。财政部门履行监督职责，可以提请有关机关予以协助。①

（二）财政部门内部监督检查的规定

为了规范财政部门内部监督检查行为，保障财政部门内部监督检查有效实施，根据《预算法》《会计法》等法律的有关规定，2010 年 2 月 25 日，财政部发布第 58 号令公布了《财政部门内部监督检查办法》。该文件自 2010 年 3 月 1 日起施行。2002 年 1 月 16 日财政部发布的《财政部门内部监督检查暂行办法》（财监〔2002〕3 号）和 2003 年 12 月 30 日财政部发布的《财政部内部监督检查工作规则（试行）》（财监〔2003〕129 号）同时废止。

根据《财政部门内部监督检查办法》规定，县级以上人民政府财政部门（以下简称财政部门）进行的内部监督检查，适用该办法。各省、自治区、直辖市和计划单列市财政厅（局），新疆生产建设兵团财务局，可以根据该办法，结合实际情况制定具体实施办法。《财政部门内部监督检查办法》所称财政部门内部监督检查，是指财政部门统一领导、财政监督机构具体组织实施的，对本部门内部各业务管理机构和派出机构履行财政管理职责，本部门及所属单位预算、财务与资产管理，本部门内部控

① 《财政部门监督办法》第 21 ~24 条。

制等情况的监督检查。财政部门应当按照依法监督、注重预防和规范管理的原则开展内部监督检查工作,促进本部门及其工作人员遵守国家法律制度、强化内部控制、防范管理风险、提高管理效能、推进廉政建设。上级财政部门应当督促和指导下级财政部门开展内部监督检查工作。财政部门内部监督检查工作实行主要领导负责制。财政部门主要负责人对本部门内部监督检查工作负总责,分管负责人负直接领导责任。①

《财政部门内部监督检查办法》规定,财政部门应当对法定事项实施内部监督检查:一是预算编制、预算执行、预算调整和决算等管理情况;二是国库集中收付、财政和预算单位账户管理、国库现金管理、政府采购监督管理、国债和地方政府债券发行与兑付管理等情况;三是税收减免等税政管理情况;四是政府非税收入管理、财政票据管理、彩票管理情况;五是财政专项资金管理情况;六是行政事业单位及企业国有资产和财务管理情况;七是会计管理、注册会计师行业和资产评估行业监管情况;八是外国政府、国际金融组织贷款和赠款管理情况;九是本部门及所属单位的预算、资产和财务管理情况;十是财政部门内部控制制度建立与执行情况;十一是对审计机关、上级财政部门等监督检查和本部门内部监督检查查出问题的整改落实情况;十二是其他需要监督检查的事项。②

《财政部门内部监督检查办法》规定,财政部门应当建立内部监督检查负责人专题会议制度和内部监督检查联络员制度等内部监督检查协调机制。内部监督检查负责人专题会议由财政部门主要负责人或分管负责人主持,财政部门内部有关机构或所属单位负责人参加,通报内部监督检查情况,研究内部监督检查工作重点和问题整改等相关问题。财政部门内部各业务管理机构和所属单位应当设立内部监督检查联络

① 《财政部门内部监督检查办法》第2~5条、第33条。

② 《财政部门内部监督检查办法》第6条。

员,协助和配合财政监督机构开展内部监督检查工作。财政部门内部监督检查人员以财政监督机构人员为主。必要时,报经财政部门主要负责人或分管负责人批准,财政监督机构可以抽调财政部门内部各业务管理机构、派出机构和所属单位人员参与内部监督检查工作。在对财政部门所属单位实施内部监督检查时,根据需要,财政监督机构可以聘用专门机构或者具有专门知识的人员协助检查人员开展内部监督检查工作。财政部门内部监督检查人员开展内部监督检查工作时,必须忠于职守、依法监督、廉洁自律、保守秘密,做到公正、客观、规范、高效。财政部门应当重点监督检查本部门内部各业务管理机构和派出机构履行财政管理工作职责的合法性、合规性和有效性,本部门及所属单位预算、财务管理与会计核算的合法性、真实性以及资产的完整性、安全性,财政部门内部控制的健全性、合理性和有效性。财政部门对财政部门内部控制进行监督检查时,应当从控制环境、风险评估、控制措施、信息与沟通和监督检查等方面进行检查评价,及时发现内部控制缺陷,防范管理风险,促进完善财政部门内部控制。检查评价的重点内容包括:内部控制制度建设、工作人员岗位胜任能力、风险识别与应对、授权批准、岗位职责分离、查验与核对、工作督导以及信息准确性与沟通有效性等。财政监督机构根据工作需要,要求财政部门内部各业务管理机构、派出机构和所属单位提供有关文件、账表、凭证等相关资料的,有关机构和单位应当全面、及时地提供,并对所提供资料的完整性和真实性负责。①

在检查方式上,财政部门应当结合本部门实际情况,综合运用日常监督和重点检查方式开展内部监督检查工作,实现对本部门管理活动的全过程监督。日常监督是指对日常财政管理活动实施的实时、动态监督,包括事前审核、实时监控、现场核查、跟踪问效等。重点检查是指根据年度重点检查计划,按照规定程序组织实施的有针对性、有重点的监

① 《财政部门内部监督检查办法》第7~11条。

督检查。财政部门应当制定并按照年度重点检查计划，开展内部监督检查的重点检查工作。年度重点检查计划由财政监督机构提出，报经财政部门负责人批准后及时通知被检查的各相关业务管理机构、派出机构和所属单位。财政部门每年对本部门有预算管理职能的内部各业务管理机构的重点检查数不得低于该类机构数的30%。①

在重点检查的组织和程序上，开展重点检查工作应当组成检查组，检查组组长由财政监督机构确定。检查组实行组长负责制。检查人员与被检查单位或者检查事项有直接利害关系的，应当回避。财政监督机构实施重点检查，一般应于3个工作日前向被检查单位送达检查通知书。检查通知书应当包括的内容：一是被检查单位名称；二是检查的依据、范围、内容、方式和实施计划；三是对被检查单位配合检查工作的具体要求；四是检查组组长及其他成员名单、联系电话；五是财政监督机构印章及签发日期。实施重点检查时，经批准，检查人员可以向与被检查单位有经济业务往来的部门和单位核实有关情况。必要时，可以根据《财政检查工作办法》（财政部令第32号）对有关问题进行延伸检查。检查组对被检查单位实施检查或调查、询问时，检查人员不得少于2人。证明材料应当有提供者的签名或盖章。未取得提供者签名或盖章的，检查人员应当注明原因。检查人员应当将检查内容与事项予以记录和摘录，编制财政检查工作底稿，并由被检查单位相关人员签字或者被检查单位盖章。检查组组长应当对检查人员的工作质量进行监督，并对有关事项进行必要的审查和复核，实施检查中遇到重大问题，应当及时报告。检查结束前，检查组应当就检查工作的基本情况、被检查单位存在的问题等事项征求被检查单位意见。被检查单位应当在5个工作日内予以回复。在规定期限内没有回复的，视为无异议。检查组应当在被检查单位回复意见后10个工作日内向财政监督机构提交检查报告。检查报告

① 《财政部门内部监督检查办法》第12～13条。

应当包括的内容:一是被检查单位财政财务管理、会计核算、内部控制运行等基本情况及对该单位工作的基本评价;二是被检查单位违法行为的基本事实、认定依据和处理意见;三是改进财政、财务管理的意见和建议;四是其他应当报告的事项。财政监督机构应当在检查组提交检查报告后5个工作日内,从几个方面对检查报告进行复核:一是对被检查单位的工作评价是否恰当;二是与检查事项有关的事实是否清楚;三是检查证据是否真实、充分;四是对有关问题的定性和处理意见是否合法、适当,表述是否准确;五是提出的改进建议是否适当;六是其他需要复核的事项。财政监督机构应当将复核形成的检查报告送被检查单位征求意见。被检查单位应当自收到检查报告之日起5个工作日内,提出书面意见或说明;无正当理由逾期没有提出书面意见或说明的,视为无异议。财政监督机构应当将检查情况、审定后的检查报告和被检查单位的书面意见,一并上报财政部门负责人。[①]

在检查报告的应用上,检查报告经财政部门负责人同意后,财政监督机构应当及时将财政部门负责人要求、监督检查结论和处理意见送达被检查单位。财政部门内部各业务管理机构、派出机构和所属单位,应当做好内部监督检查发现问题的整改工作。有关机构和单位应当在收到监督检查结论和处理意见后30日内,将整改情况书面报告财政部门负责人,并抄送财政监督机构。财政监督机构应当定期回访被检查单位整改落实内部监督检查处理意见和管理建议的情况,定期检查审计机关和上级财政部门查出问题的整改情况,并向财政部门负责人报告。财政部门应当建立内部监督检查专题报告制度。财政监督机构应当定期对内部监督检查中发现的共性问题进行归纳总结,分析原因,提出建议,并向财政部门负责人专题报告。财政部门应当将内部监督检查结果作为财政部门内部各业务管理机构、派出机构和所属单位评选先进和干部考

① 《财政部门内部监督检查办法》第14~22条。

核、任用的参考依据。财政部门有预算管理职能的内部各业务管理机构，应当将内部监督检查结果作为加强预算管理的参考依据。全部检查工作结束后30日内，财政监督机构应当将检查资料进行鉴别整理，依照档案管理的有关规定归卷存档。财政部门应当推进内部监督检查信息化建设，实现财政监督机构与其他业务管理机构对于财政管理信息系统的信息共享，充分利用计算机信息化技术开展内部监督检查工作。内部监督检查发现的被检查单位和个人的违法违纪行为，依照有关法律、法规的规定追究相应责任。①

二、对财政违法行为的处罚规定

从宏观调控角度分析，对财政违法行为的处罚属于调控中的控制范畴的内容。通过对财政违法行为进行处罚，可以保证财政资金使用的安全性，为实现宏观调控目的奠定法治基础。

早在1987年6月16日，国务院就发布了国务院《关于违反财政法规处罚的暂行规定》，以作为查处财政违反行为的法规依据。至2004年11月30日，国务院发布第427号令，废除国务院《关于违反财政法规处罚的暂行规定》，颁发了正式的《财政违法行为处罚处分条例》，施行7年后，根据2011年1月8日国务院《关于废止和修改部分行政法规的决定》修订。根据《财政违法行为处罚处分条例》规定，县级以上人民政府财政部门及审计机关在各自职权范围内，依法对财政违法行为作出处理、处罚决定。省级以上人民政府财政部门的派出机构，应当在规定职权范围内，依法对财政违法行为作出处理、处罚决定；审计机关的派出机构，应当根据审计机关的授权，依法对财政违法行为作出处理、处罚决定。根据需要，国务院可以依法调整财政部门及其派出机构（以下统称

---

① 《财政部门内部监督检查办法》第23～30条。

财政部门)、审计机关及其派出机构(以下统称审计机关)的职权范围。有财政违法行为的单位,其直接负责的主管人员和其他直接责任人员,以及有财政违法行为的个人,属于国家公务员的,由监察机关及其派出机构(以下统称监察机关)或者任免机关依照人事管理权限,依法给予行政处分。事业单位、社会团体、其他社会组织及其工作人员有财政违法行为的,依照《财政违法行为处罚处分条例》有关国家机关的规定执行;但其在经营活动中的财政违法行为,依照《财政违法行为处罚处分条例》第 13 条、第 14 条的规定执行。① 属于行政性收费方面的违法行为,《行政许可法》《违反行政事业性收费和罚没收入收支两条线管理规定行政处分暂行规定》等法律、行政法规及国务院另有规定的,有关部门依照其规定处理、处罚、处分。对法律、法规授权的具有管理公共事务职能的组织以及国家行政机关依法委托的组织及其工勤人员以外的工作人员,企业、事业单位、社会团体中由国家行政机关以委任、派遣等形式任命的人员以及其他人员有《财政违法行为处罚处分条例》规定的财政违法行为,需要给予处分的,参照本条例有关规定执行。《财政违法行为处罚处分条例》根据违法主体的不同,分别作出处罚规定。

---

① 《财政违法行为处罚处分条例》第 13 条规定,企业和个人有下列不缴或者少缴财政收入行为之一的,责令改正,调整有关会计账目,收缴应当上缴的财政收入,给予警告,没收违法所得,并处不缴或者少缴财政收入 10% 以上 30% 以下的罚款;对直接负责的主管人员和其他直接责任人员处 3000 元以上 5 万元以下的罚款:(1)隐瞒应当上缴的财政收入;(2)截留代收的财政收入;(3)其他不缴或者少缴财政收入的行为。属于税收方面的违法行为,依照有关税收法律、行政法规的规定处理、处罚。第 14 条规定,企业和个人有下列行为之一的,责令改正,调整有关会计账目,追回违反规定使用、骗取的有关资金,给予警告,没收违法所得,并处被骗取有关资金 10% 以上 50% 以下的罚款或者被违规使用有关资金 10% 以上 30% 以下的罚款;对直接负责的主管人员和其他直接责任人员处 3000 元以上 5 万元以下的罚款:(1)以虚报、冒领等手段骗取财政资金以及政府承贷或者担保的外国政府贷款、国际金融组织贷款;(2)挪用财政资金以及政府承贷或者担保的外国政府贷款、国际金融组织贷款;(3)从无偿使用的财政资金以及政府承贷或者担保的外国政府贷款、国际金融组织贷款中非法获益;(4)其他违反规定使用、骗取财政资金以及政府承贷或者担保的外国政府贷款、国际金融组织贷款的行为。属于政府采购方面的违法行为,依照《政府采购法》及有关法律、行政法规的规定处理、处罚。

（一）对财政收入执收单位及其工作人员的处罚规定

《财政违法行为处罚处分条例》规定，财政收入执收单位[①]及其工作人员有下列违反国家财政收入管理规定的行为之一的，责令改正，补收应当收取的财政收入，限期退还违法所得。对单位给予警告或者通报批评。对直接负责的主管人员和其他直接责任人员给予警告、记过或者记大过处分；情节严重的，给予降级或者撤职处分：一是违反规定设立财政收入项目；二是违反规定擅自改变财政收入项目的范围、标准、对象和期限；三是对已明令取消、暂停执行或者降低标准的财政收入项目，仍然依照原定项目、标准征收或者变换名称征收；四是缓收、不收财政收入；五是擅自将预算收入转为预算外收入；[②]其他违反国家财政收入管理规定的行为。《税收征收管理法》等法律、行政法规另有规定的，依照其规定给予行政处分。《财政违法行为处罚处分条例》规定，财政收入执收单位及其工作人员有下列违反国家财政收入上缴规定的行为之一的，责令改正，调整有关会计账目，收缴应当上缴的财政收入，限期退还违法所得。对单位给予警告或者通报批评。对直接负责的主管人员和其他直接责任人员给予记大过处分；情节较重的，给予降级或者撤职处分；情节严重的，给予开除处分：一是隐瞒应当上缴的财政收入；二是滞留、截留、挪用应当上缴的财政收入；三是坐支应当上缴的财政收入；四是不依照规定的财政收入预算级次、预算科目入库；五是违反规定退付国库库款或者财政专户资金；六是其他违反国家财政收入上缴规定的行为。《税收征收管理法》《预算法》等法律、行政法规另有规定的，依照其规定给予行政处分。[③]

---

① 《财政违法行为处罚处分条例》第 33 条规定，该条例所称“财政收入执收单位”，是指负责收取税收收入和各种非税收入的单位。

② 根据 2014 年修订的《预算法》规定，已经取消预算外收入。

③ 《财政违法行为处罚处分条例》第 3 ~4 条。

（二）对财政部门、国库机构及其工作人员的处罚规定

《财政违法行为处罚处分条例》规定，财政部门、国库机构及其工作人员有下列违反国家有关上解、下拨财政资金规定的行为之一的，责令改正，限期退还违法所得。对单位给予警告或者通报批评。对直接负责的主管人员和其他直接责任人员给予记过或者记大过处分；情节较重的，给予降级或者撤职处分；情节严重的，给予开除处分：一是延解、占压应当上解的财政收入；二是不依照预算或者用款计划核拨财政资金；三是违反规定收纳、划分、留解、退付国库库款或者财政专户资金；四是将应当纳入国库核算的财政收入放在财政专户核算；五是擅自动用国库库款或者财政专户资金；六是其他违反国家有关上解、下拨财政资金规定的行为。①

（三）对国家机关及其工作人员的处罚规定

《财政违法行为处罚处分条例》规定，国家机关及其工作人员有下列违反规定使用、骗取财政资金的行为之一的，责令改正，调整有关会计账目，追回有关财政资金，限期退还违法所得。对单位给予警告或者通报批评。对直接负责的主管人员和其他直接责任人员给予记大过处分；情节较重的，给予降级或者撤职处分；情节严重的，给予开除处分：一是以虚报、冒领等手段骗取财政资金；二是截留、挪用财政资金；三是滞留应当下拨的财政资金；四是违反规定扩大开支范围，提高开支标准；五是其他违反规定使用、骗取财政资金的行为。国家机关及其工作人员违反国有资产管理的规定，擅自占有、使用、处置国有资产的，责令改正，调整有关会计账目，限期退还违法所得和被侵占的国有资产。对单位给予警告或者通报批评。对直接负责的主管人员和其他直接责任人员给予记大过处分；情节较重的，给予降级或者撤职处分；情节严重的，给予开除

① 《财政违法行为处罚处分条例》第5条。

处分。国家机关及其工作人员违反《担保法》及国家有关规定，擅自提供担保的，责令改正，没收违法所得。对单位给予警告或者通报批评。对直接负责的主管人员和其他直接责任人员给予警告、记过或者记大过处分；造成损失的，给予降级或者撤职处分；造成重大损失的，给予开除处分。国家机关及其工作人员违反国家有关账户管理规定，擅自在金融机构开立、使用账户的，责令改正，调整有关会计账目，追回有关财政资金，没收违法所得，依法撤销擅自开立的账户。对单位给予警告或者通报批评。对直接负责的主管人员和其他直接责任人员给予降级处分；情节严重的，给予撤职或者开除处分。国家机关及其工作人员有下列行为之一的，责令改正，调整有关会计账目，追回被挪用、骗取的有关资金，没收违法所得。对单位给予警告或者通报批评。对直接负责的主管人员和其他直接责任人员给予降级处分；情节较重的，给予撤职处分；情节严重的，给予开除处分：一是以虚报、冒领等手段骗取政府承贷或者担保的外国政府贷款、国际金融组织贷款；二是滞留政府承贷或者担保的外国政府贷款、国际金融组织贷款；三是截留、挪用政府承贷或者担保的外国政府贷款、国际金融组织贷款；四是其他违反规定使用、骗取政府承贷或者担保的外国政府贷款、国际金融组织贷款的行为。①

（四）对财政预决算的编制部门和预算执行部门及其工作人员的处罚规定

《财政违法行为处罚处分条例》规定，财政预决算的编制部门和预算执行部门及其工作人员有下列违反国家有关预算管理规定的行为之一的，责令改正，追回有关款项，限期调整有关预算科目和预算级次。对单位给予警告或者通报批评。对直接负责的主管人员和其他直接责任人员给予警告、记过或者记大过处分；情节较重的，给予降级处分；情节

---

① 《财政违法行为处罚处分条例》第6条、第8条、第10～12条。

严重的,给予撤职处分:一是虚增、虚减财政收入或者财政支出;二是违反规定编制、批复预算或者决算;三是违反规定调整预算;四是违反规定调整预算级次或者预算收支种类;五是违反规定动用预算预备费或者挪用预算周转金;六是违反国家关于转移支付管理规定的行为;七是其他违反国家有关预算管理规定的行为。①

(五)对单位和个人的处罚规定

《财政违法行为处罚处分条例》规定,单位和个人有下列违反国家有关投资建设项目规定的行为之一的,责令改正,调整有关会计账目,追回被截留、挪用、骗取的国家建设资金,没收违法所得,核减或者停止拨付工程投资。对单位给予警告或者通报批评,其直接负责的主管人员和其他直接责任人员属于国家公务员的,给予记大过处分;情节较重的,给予降级或者撤职处分;情节严重的,给予开除处分:一是截留、挪用国家建设资金;二是以虚报、冒领、关联交易等手段骗取国家建设资金;三是违反规定超概算投资;四是虚列投资完成额;五是其他违反国家投资建设项目有关规定的行为。《政府采购法》《招标投标法》《国家重点建设项目管理办法》②等法

① 《财政违法行为处罚处分条例》第7条。

② 《国家重点建设项目管理办法》于1996年6月3日国务院批准,1996年6月14日国家计划委员会发布;根据2011年1月8日国务院《关于废止和修改部分行政法规的决定》修订。根据该文件规定,国家重点建设项目,是指从下列国家大中型基本建设项目中确定的对国民经济和社会发展有重大影响的骨干项目:(1)基础设施、基础产业和支柱产业中的大型项目;(2)高科技并能带动行业技术进步的项目;(3)跨地区并对全国经济发展或者区域经济发展有重大影响的项目;(4)对社会发展有重大影响的项目;(5)其他骨干项目。国家重点建设项目的确定,根据国家产业政策、国民经济和社会发展的需要和可能,实行突出重点、量力而行、留有余地、防止资金分散、保证投资落实和资金供应的原则。国家重点建设项目由国务院计划主管部门商国务院有关主管部门确定。根据国家重点建设项目的年度投资计划和合同,负有拨付建设资金责任的国务院有关主管部门、有关地方人民政府、银行和企业事业单位,应当按照项目的建设进度,保证拨付建设资金。国家重点建设项目的设备储备资金,各有关银行和部门应当优先安排。任何单位和个人不得挪用、截留国家重点建设项目的建设资金以及设备储备资金。

律、行政法规另有规定的,依照其规定处理、处罚。单位和个人有下列违反财政收入票据管理规定的行为之一的,销毁非法印制的票据,没收违法所得和作案工具。对单位处5000元以上10万元以下的罚款;对直接负责的主管人员和其他直接责任人员处3000元以上5万元以下的罚款。属于国家公务员的,还应当给予降级或者撤职处分;情节严重的,给予开除处分:一是违反规定印制财政收入票据;二是转借、串用、代开财政收入票据;三是伪造、变造、买卖、擅自销毁财政收入票据;四是伪造、使用伪造的财政收入票据监(印)制章;五是其他违反财政收入票据管理规定的行为。属于税收收入票据管理方面的违法行为,依照有关税收法律、行政法规的规定处理、处罚。单位和个人违反财务管理的规定,私存私放财政资金或者其他公款的,责令改正,调整有关会计账目,追回私存私放的资金,没收违法所得。对单位处3000元以上5万元以下的罚款;对直接负责的主管人员和其他直接责任人员处2000元以上2万元以下的罚款。属于国家公务员的,还应当给予记大过处分;情节严重的,给予降级或者撤职处分。属于会计方面的违法行为,依照会计方面的法律、行政法规的规定处理、处罚。对其直接负责的主管人员和其他直接责任人员,属于国家公务员的,还应当给予警告、记过或者记大过处分;情节较重的,给予降级或者撤职处分;情节严重的,给予开除处分。单位和个人有《财政违法行为处罚处分条例》规定的财政违法行为,构成犯罪的,依法追究刑事责任。单位和个人有《财政违法行为处罚处分条例》所列财政违法行为,财政部门、审计机关、监察机关可以公告其财政违法行为及处理、处罚、处分决定。单位和个人有《财政违法行为处罚处分条例》所列财政违法行为,弄虚作假骗取荣誉称号及其他有关奖励的,应当撤销其荣誉称号并收回有关奖励。①

---

① 《财政违法行为处罚处分条例》第9条、第16~18条、第20条、第26~27条。

(六)对企业和个人的处罚规定

《财政违法行为处罚处分条例》规定,企业和个人有下列不缴或者少缴财政收入行为之一的,责令改正,调整有关会计账目,收缴应当上缴的财政收入,给予警告,没收违法所得,并处不缴或者少缴财政收入10%以上30%以下的罚款;对直接负责的主管人员和其他直接责任人员处3000元以上5万元以下的罚款:一是隐瞒应当上缴的财政收入;二是截留代收的财政收入;三是其他不缴或者少缴财政收入的行为。属于税收方面的违法行为,依照有关税收法律、行政法规的规定处理、处罚。企业和个人有下列行为之一的,责令改正,调整有关会计账目,追回违反规定使用、骗取的有关资金,给予警告,没收违法所得,并处被骗取有关资金10%以上50%以下的罚款或者被违规使用有关资金10%以上30%以下的罚款;对直接负责的主管人员和其他直接责任人员处3000元以上5万元以下的罚款:一是以虚报、冒领等手段骗取财政资金以及政府承贷或者担保的外国政府贷款、国际金融组织贷款;二是挪用财政资金以及政府承贷或者担保的外国政府贷款、国际金融组织贷款;三是从无偿使用的财政资金以及政府承贷或者担保的外国政府贷款、国际金融组织贷款中非法获益;四是其他违反规定使用、骗取财政资金以及政府承贷或者担保的外国政府贷款、国际金融组织贷款的行为。属于政府采购方面的违法行为,依照《政府采购法》及有关法律、行政法规的规定处理、处罚。①

关于对财政违法行为查处的调查或检查,根据《财政违法行为处罚处分条例》规定,财政部门、审计机关、监察机关依法进行调查或者检查时,被调查、检查的单位和个人应当予以配合,如实反映情况,不得拒绝、阻挠、拖延。违反该规定的,责令限期改正。逾期不改正的,对属于国家

① 《财政违法行为处罚处分条例》第13~14条。

公务员的直接负责的主管人员和其他直接责任人员，给予警告、记过或者记大过处分；情节严重的，给予降级或者撤职处分。财政部门、审计机关、监察机关依法进行调查或者检查时，经县级以上人民政府财政部门、审计机关、监察机关的负责人批准，可以向与被调查、检查单位有经济业务往来的单位查询有关情况，可以向金融机构查询被调查、检查单位的存款，有关单位和金融机构应当配合。财政部门、审计机关、监察机关在依法进行调查或者检查时，执法人员不得少于 2 人，并应当向当事人或者有关人员出示证件；查询存款时，还应当持有县级以上人民政府财政部门、审计机关、监察机关签发的查询存款通知书，并负有保密义务。财政部门、审计机关、监察机关依法进行调查或者检查时，在有关证据可能灭失或者以后难以取得的情况下，经县级以上人民政府财政部门、审计机关、监察机关的负责人批准，可以先行登记保存，并应当在 7 日内及时作出处理决定。在此期间，当事人或者有关人员不得销毁或者转移证据。对被调查、检查单位或者个人正在进行的财政违法行为，财政部门、审计机关应当责令停止。拒不执行的，财政部门可以暂停财政拨款或者停止拨付与财政违法行为直接有关的款项，已经拨付的，责令其暂停使用；审计机关可以通知财政部门或者其他有关主管部门暂停财政拨款或者停止拨付与财政违法行为直接有关的款项，已经拨付的，责令其暂停使用，财政部门和其他有关主管部门应当将结果书面告知审计机关。财政部门、审计机关、监察机关及其他有关监督检查机关对有关单位或者个人依法进行调查、检查后，应当出具调查、检查结论。有关监督检查机关已经作出的调查、检查结论能够满足其他监督检查机关履行本机关职责需要的，其他监督检查机关应当加以利用。财政部门、审计机关、监察机关及其他有关机关应当加强配合，对不属于其职权范围的事项，应当依法移送。受移送机关应当及时处理，并将结果书面告知移送机关。[①]

---

① 《财政违法行为处罚处分条例》第 21 ~22 条、第 29 ~30 条。

在被处罚者权益保障方面,《财政违法行为处罚处分条例》规定,对财政违法行为作出处理、处罚和处分决定的程序,依照该条例和《行政处罚法》《行政监察法》①等有关法律、行政法规的规定执行。单位和个人对处理、处罚不服的,依照《行政复议法》《行政诉讼法》的规定申请复议或者提起诉讼。国家公务员对行政处分不服的,依照《行政监察法》《公务员法》等法律、行政法规的规定提出申诉。②

三、财政绩效监督的规定

财政绩效监督是一项财政监督的新工作,其监督的目的是考察财政资金使用的效益。此项工作于 2005 年先在中央部门推行。为此,财政部颁发了《中央部门预算支出绩效考评管理办法(试行)》(财预〔2005〕86 号);至 2009 年逐步推开。财政部专门出台了《财政支出绩效评价管理暂行办法》(财预〔2009〕76 号)。该办法施行两年,为积极推进预算绩效管理工作,规范财政支出绩效评价行为,建立科学、合理的绩效评价管理体系,提高财政资金使用效益,根据《预算法》等国家有关规定,财政部又于 2011 年 4 月 2 日予以了修订,颁发了新的《财政支出绩效评价管理暂行办法》,并同时废止前两个文件。

根据《财政支出绩效评价管理暂行办法》规定,财政支出绩效评价(以下简称绩效评价)是指财政部门和预算部门(单位)根据设定的绩效目标,运用科学、合理的绩效评价指标、评价标准和评价方法,对财政支出的经济性、效率性和效益性进行客观、公正的评价。各级财政部门和各预算部门(单位)是绩效评价的主体。预算部门(单位)(以下简称预算部门)是指与财政部门有预算缴拨款关系的国家机关、政党组织、事业

① 根据 2018 年 3 月 20 日第十三届全国人民代表大会第一次通过的《监察法》第 69 条规定,《行政监察法》已经废止。

② 《财政违法行为处罚处分条例》第 31 ~32 条。

单位、社会团体和其他独立核算的法人组织。财政性资金安排支出的绩效评价及相关管理活动适用该办法。绩效评价应当遵循的基本原则：(1)科学规范原则。绩效评价应当严格执行规定的程序，按照科学可行的要求，采用定量与定性分析相结合的方法。(2)公正公开原则。绩效评价应当符合真实、客观、公正的要求，依法公开并接受监督。(3)分级分类原则。绩效评价由各级财政部门、各预算部门根据评价对象的特点分类组织实施。(4)绩效相关原则。绩效评价应当针对具体支出及其产出绩效进行，评价结果应当清晰反映支出和产出绩效之间的紧密对应关系。绩效评价的主要依据：(1)国家相关法律、法规和规章制度；(2)各级政府制定的国民经济与社会发展规划和方针政策；(3)预算管理制度、资金及财务管理办法、财务会计资料；(4)预算部门职能职责、中长期发展规划及年度工作计划；(5)相关行业政策、行业标准及专业技术规范；(6)申请预算时提出的绩效目标及其他相关材料，财政部门预算批复，财政部门和预算部门年度预算执行情况，年度决算报告；(7)人大审查结果报告、审计报告及决定、财政监督检查报告；(8)其他相关资料。①

在财政绩效评级的对象和内容方面，《财政支出绩效评价管理暂行条例》规定，绩效评价的对象包括纳入政府预算管理的资金和纳入部门预算管理的资金。按照预算级次，可分为本级部门预算管理的资金和上级政府对下级政府的转移支付资金。部门预算支出绩效评价包括基本支出绩效评价、项目支出绩效评价和部门整体支出绩效评价。绩效评价应当以项目支出为重点，重点评价一定金额以上、与本部门职能密切相关、具有明显社会影响和经济影响的项目。有条件的地方可以对部门整体支出进行评价。上级政府对下级政府的转移支付包括一般性转移支付和专项转移支付。一般性转移支付原则上应当重点对贯彻中央重大政策出台的转移支付项目进行绩效评价；专项转移支付原则上应当以对

① 《财政支出绩效评价管理暂行办法》第2~6条。

社会、经济发展和民生有重大影响的支出为重点进行绩效评价。绩效评价的基本内容:(1)绩效目标的设定情况;(2)资金投入和使用情况;(3)为实现绩效目标制定的制度、采取的措施等;(4)绩效目标的实现程度及效果;(5)绩效评价的其他内容。绩效评价一般以预算年度为周期,对跨年度的重大(重点)项目可根据项目或支出完成情况实施阶段性评价。

在绩效目标方面,绩效目标是绩效评价的对象计划在一定期限内达到的产出和效果,由预算部门在申报预算时填报。预算部门年初申报预算时,应当按照《财政支出绩效评价管理暂行办法》规定的要求将绩效目标编入年度预算;执行中申请调整预算的,应当随调整预算一并上报绩效目标。绩效目标应当包括以下主要内容:(1)预期产出,包括提供的公共产品和服务的数量;(2)预期效果,包括经济效益、社会效益、环境效益和可持续影响等;(3)服务对象或项目受益人满意程度;(4)达到预期产出所需要的成本资源;(5)衡量预期产出、预期效果和服务对象满意程度的绩效指标;(6)其他。绩效目标应当符合的要求:(1)指向明确。绩效目标要符合国民经济和社会发展规划、部门职能及事业发展规划,并与相应的财政支出范围、方向、效果紧密相关。(2)具体细化。绩效目标应当从数量、质量、成本和时效等方面进行细化,尽量进行定量表述,不能以量化形式表述的,可以采用定性的分级分档形式表述。(3)合理可行。制定绩效目标时要经过调查研究和科学论证,目标要符合客观实际。财政部门应当对预算部门申报的绩效目标进行审核,符合相关要求的可进入下一步预算编审流程;不符合相关要求的,财政部门可以要求其调整、修改。绩效目标一经确定一般不予调整。确需调整的,应当根据绩效目标管理的要求和审核流程,按照规定程序重新报批。绩效目标确定后,随同年初预算或追加预算一并批复,作为预算部门执行和项目绩效评价的依据。①

在指标标准方法方面,绩效评价指标是指衡量绩效目标实现程度的考核工具。绩效评价指标的确定应当遵循以下原则:(1)相关性原则。应当与绩效目标有直接的联系,能够恰当反映目标的实现程度。(2)重要性原则。应当优先使用最具评价对象代表性、最能反映评价要求的核心指标。(3)可比性原则。对同类评价对象要设定共性的绩效评价指标,以便于评价结果可以相互比较。(4)系统性原则。应当将定量指标与定性指标相结合,系统反映财政支出所产生的社会效益、经济效益、环境效益和可持续影响等。(5)经济性原则。应当通俗易懂、简便易行,数据的获得应当考虑现实条件和可操作性,符合成本效益原则。绩效评价指标分为共性指标和个性指标:(1)共性指标是适用于所有评价对象的指标。主要包括预算编制和执行情况、财务管理状况、资产配置、使用、处置及其收益管理情况以及社会效益、经济效益等。(2)个性指标是针对预算部门或项目特点设定的,适用于不同预算部门或项目的业绩评价指标。共性指标由财政部门统一制定,个性指标由财政部门会同预算部门制定。绩效评价标准是指衡量财政支出绩效目标完成程度的尺度。绩效评价标准具体包括:(1)计划标准。是指以预先制定的目标、计划、预算、定额等数据作为评价的标准。(2)行业标准。是指参照国家公布的行业指标数据制定的评价标准。(3)历史标准。是指参照同类指标的历史数据制定的评价标准。(4)其他经财政部门确认的标准。绩效评价方法主要采用成本效益分析法、比较法、因素分析法、最低成本法、公众评判法等:(1)成本效益分析法。是指将一定时期内的支出与效益进行对比分析,以评价绩效目标实现程度。(2)比较法。是指通过对绩效目标与实施效果、历史与当期情况、不同部门和地区同类支出的比较,综合分析绩效目标实现程度。(3)因素分析法。是指通过综合分析影响绩效

---

① 《财政支出绩效评价管理暂行办法》第7~17条。

目标实现、实施效果的内外因素,评价绩效目标实现程度。(4)最低成本法。是指对效益确定却不易计量的多个同类对象的实施成本进行比较,评价绩效目标实现程度。(5)公众评判法。是指通过专家评估、公众问卷及抽样调查等对财政支出效果进行评判,评价绩效目标实现程度。(6)其他评价方法。绩效评价方法的选用应当坚持简便有效的原则。根据评价对象的具体情况,可采用一种或多种方法进行绩效评价。①

在管理和程序方面,财政部门负责拟定绩效评价规章制度和相应的技术规范,组织、指导本级预算部门、下级财政部门的绩效评价工作;根据需要对本级预算部门、下级财政部门支出实施绩效评价或再评价;提出改进预算支出管理意见并督促落实。预算部门负责制定本部门绩效评价规章制度;具体组织实施本部门绩效评价工作;向同级财政部门报送绩效报告和绩效评价报告;落实财政部门整改意见;根据绩效评价结果改进预算支出管理。根据需要,绩效评价工作可委托专家、中介机构等第三方实施。财政部门应当对第三方组织参与绩效评价的工作进行规范,并指导其开展工作。绩效评价工作一般按照以下程序进行:(1)确定绩效评价对象;(2)下达绩效评价通知;(3)确定绩效评价工作人员;(4)制订绩效评价工作方案;(5)收集绩效评价相关资料;(6)对资料进行审查核实;(7)综合分析并形成评价结论;(8)撰写与提交评价报告;(9)建立绩效评价档案。预算部门年度绩效评价对象由预算部门结合本单位工作实际提出并报同级财政部门审核确定;也可由财政部门根据经济社会发展需求和年度工作重点等相关原则确定。财政部门实施再评价,参照上述工作程序执行。②

在绩效评价报告方面,财政资金具体使用单位应当按照《财政支出绩效评价管理暂行办法》的规定提交绩效报告,绩效报告应当包括以下

---

① 《财政支出绩效评价管理暂行办法》第18~22条。

② 《财政支出绩效评价管理暂行办法》第23~27条。

主要内容:(1)基本概况,包括预算部门职能、事业发展规划、预决算情况、项目立项依据等;(2)绩效目标及其设立依据和调整情况;(3)管理措施及组织实施情况;(4)总结分析绩效目标完成情况;(5)说明未完成绩效目标及其原因;(6)下一步改进工作的意见及建议。财政部门和预算部门开展绩效评价并撰写绩效评价报告,绩效评价报告应当包括的主要内容:(1)基本概况;(2)绩效评价的组织实施情况;(3)绩效评价指标体系、评价标准和评价方法;(4)绩效目标的实现程度;(5)存在问题及原因分析;(6)评价结论及建议;(7)其他需要说明的问题。绩效报告和绩效评价报告应当依据充分、真实完整、数据准确、分析透彻、逻辑清晰、客观公正。预算部门应当对绩效评价报告涉及基础资料的真实性、合法性、完整性负责。财政部门应当对预算部门提交的绩效评价报告进行复核,提出审核意见。绩效报告和绩效评价报告的具体格式由财政部门统一制定。①

在评价结果应用方面,绩效评价结果应当采取评分与评级相结合的形式,具体分值和等级可根据不同评价内容设定。财政部门和预算部门应当及时整理、归纳、分析、反馈绩效评价结果,并将其作为改进预算管理和安排以后年度预算的重要依据。对绩效评价结果较好的,财政部门和预算部门可予以表扬或继续支持。对绩效评价发现问题、达不到绩效目标或评价结果较差的,财政部门和预算部门可予以通报批评,并责令其限期整改。不进行整改或整改不到位的,应当根据情况调整项目或相应调减项目预算,直至取消该项财政支出。绩效评价结果应当按照政府信息公开有关规定在一定范围内公开。在财政支出绩效评价工作中发现的财政违法行为,依照《财政违法行为处罚处分条例》(国务院令第427号)等国家有关规定追究责任。各地区、各预算部门可结合实际制

---

① 《财政支出绩效评价管理暂行办法》第28~31条。

定具体的管理办法和实施细则。①

总之,在目前,有关财政绩效评价监督制度还处于暂行阶段,还需要在改革实践中逐步完善。

简要评析

财政调控是宏观调控的重要手段之一。从本章梳理情况看,中国的财政立法为财政支持国民经济和社会发展提供了有力的法治保障,但也存在一些问题:一是有关中央和地方之间的事权和财权划分问题,目前处于政策调整阶段,需要在改革试验后,提升到法律的高度。总的改革方向是在保证中央财政实力的基础上,按照"事权与财权相一致""财政支出决定财政收入"的原则以及公共财政理论,理顺各级财政的关系,重点解决基层政权财力匮乏的问题。为此,应在预算法规定基础上出台中央与地方财政关系法和财政转移支付法。也可以借鉴国外经验,通过制定财政基本法,理清各级政府间的财政关系,确立财政基本制度,完善财政法治。二是在财政监督领域,要完善财政绩效评价机制的形成。将暂行规定修改为正式的法律或行政法规,以便为提高财政资金的使用效率提供法治保障。三是目前的《国库券条例》不能满足国家和地方政府发债的法律需求,有必要出台专门的国债法,明确中央和地方政府发行债券的权利和义务,加强中央对地方债的调节和控制,避免国债风险的发生。

① 《财政支出绩效评价管理暂行办法》第32~36条。

第十七章　税收调控法律制度的完善

在计划经济时期,企业不具有独立的经济主体地位,国家财政收入的主要来源是企业上缴的利润。改革开放以来,基于企业及相关经济实体经济与民事独立地位的确立,国家财政收入的来源实现了根本的转变,即“利改税”。而居民个人与家庭收入及公共消费需求的逐步增长,也使国家收取个人所得税具备了条件。与此同时,按照商品经济及市场经济的原理,国家通过在商品流转环节征收间接税,使财政收入不仅成为财政收入的主要渠道,也可以通过征收间接税调节生产、经营、服务和消费活动,达到财政调控的目的。因此,税收调控在宏观调控中的独特作用显而易见。在市场经济条件下,虽然税收调控属于财政调控的范畴,但是,在宏观调控法的研究中,通常对税收调控予以单独研究。在中国的法学教学中,更是将财政法的教学改为“财税法”教学。这足以说明,税法及税收调控法在整个财政法中具有特殊的地位。

如果从法律角度分析,税收实践中法律的特殊意义还在于税收的法定化,即“一税一法”及“法定税收主义”原则的贯彻。这一原则,从古至今的实践导致“有税必有法”成为学术界的共识,使税收比其他财政收入而言,具有了固定性、稳定性和法律强制性的“三性”特点。为此,在中国40年的改革开放实践中,围绕“利改税”、“费改税”以及各税种的改革完善,是最重要的经济法制实践。与此同时,鉴于改革中的变异性特点,为保证国家财政收入的稳定增长,以及税收调控功能的发挥,全国人大常委会赋予了政府较大的自由裁量权。该政府裁量权的行使,涉及税收领域的法律调整,除少量涉及公众利益的由全国人大制定外,大部分由国务院的行政法规,财政税务部门出台的规章、规范性文件甚至大量的政策性文件予以规范。税收调控职能的发挥,则依据各税种的不同性质而有所不同。另外,由于实施了中央与地方的分税制改革,因此,作为宏观调控领域的税收调控应当主要定位于中央税或中央和地方共享税部分,而对于依法属于地方税的部分,则为地方经济调控创造了条件。但是,由于地方税的征收情况存在各地不平衡的问题,各地依法征收地方税的情况又成为中央财政调控中对地方实施税收返还和财政转移支付的基础。需要说明的是,由于“有税必有法”,因此,税收立法结构成为税法分析的重要工具。其中,属于税收调控的内容主要包括征税对象及纳税主体、税目税率、税率的计税依据,以及减免税的规定。这些规定体现了宏观调控的“过程性管理”和经济调控上“度”的把控。以下,就主要税种立法情况予以简述、分析。

第一节　商品流转税收调控法的制定和实施

1993年12月13日国务院同日发布了三个重要的流转税法规,即

《增值税暂行条例》、《消费税暂行条例》和《营业税暂行条例》。与此同时,财政部和国家税务总局也颁布了相应的实施细则。这三个暂行条例在实施15年后,于2008年12月15日又统一做了修订。根据2016年2月6日国务院《关于修改部分行政法规的决定》第一次对《增值税暂行条例》进行了修订。至2017年11月,经过几年的"营改增"[①]改革试点,国务院作出《关于废止〈中华人民共和国营业税暂行条例〉和修改〈中华人民共和国增值税暂行条例〉的决定》,使其更加适应社会主义市场经济发展和宏观调控的需要。另外,还有一些其他税种的存在。

一、增值税税收调控法的制定和实施

2017年11月19日,国务院在废除营业税的同时,对《增值税暂行条例》进行了10个方面的修改。新公布的《增值税暂行条例》共计28条。

关于征税对象及纳税人,《增值税暂行条例》规定,在中华人民共和国境内销售货物或者加工、修理修配劳务(以下简称劳务),销售服务、无形资产、不动产以及进口货物的单位和个人,为增值税的纳税人,应当依照本条例缴纳增值税。中华人民共和国境外的单位或者个人在境内销售劳务,在境内未设有经营机构的,以其境内代理人为扣缴义务人;在

---

① "营改增",即将征收营业税改为增值税,是改革开放以来中国税制改革的重点内容。营改增的最大特点是减少重复征税,可以促使社会形成更好的良性循环,有利于企业降低税负。营改增在全国的推开,大致经历了以下三个阶段:2011年,经国务院批准,财政部、国家税务总局联合下发营业税改增值税试点方案。从2012年1月1日起,在上海交通运输业和部分现代服务业开展营业税改增值税试点。自2012年8月1日起至2012年年底,国务院将扩大营改增试点至8个省市。2013年8月1日,营改增范围已推广到全国试行,将广播影视服务业纳入试点范围。2014年1月1日起,将铁路运输和邮政服务业纳入营业税改征增值税试点,至此交通运输业已全部纳入营改增范围。2016年3月18日召开的国务院常务会议决定,自2016年5月1日起,将全面推开营改增试点,将建筑业、房地产业、金融业、生活服务业全部纳入营改增试点。至此,营业税退出历史舞台,增值税制度更加规范。这是自1994年分税制改革以来,财税体制的又一次深刻变革。截至2015年年底,营改增累计实现减税6412亿元。

境内没有代理人的,以购买方为扣缴义务人。①

关于增值税的税率,《增值税暂行条例》规定:(1)纳税人销售货物、劳务、有形动产租赁服务或者进口货物,除本条例另有规定外,税率为17%。(2)纳税人销售交通运输、邮政、基础电信、建筑、不动产租赁服务,销售不动产,转让土地使用权,销售或者进口法定货物,税率为11%:一是粮食等农产品、食用植物油、食用盐;二是自来水、暖气、冷气、热水、煤气、石油液化气、天然气、二甲醚、沼气、居民用煤炭制品;三是图书、报纸、杂志、音像制品、电子出版物;四是饲料、化肥、农药、农机、农膜;五是国务院规定的其他货物。(3)纳税人销售服务、无形资产,除本条例另有规定外,税率为6%。(4)纳税人出口货物,税率为零;但是,国务院另有规定的除外。(5)境内单位和个人跨境销售国务院规定范围内的服务、无形资产,税率为零。税率的调整,由国务院决定。纳税人兼营不同税率的项目,应当分别核算不同税率项目的销售额;未分别核算销售额的,从高适用税率。小规模纳税人②增值税征收率为3%,国务院另有规定的除外。③

关于增值税的计税依据及计算,《增值税暂行条例》规定包括以下九个方面的内容:

第一,除本条例第11条规定外,④纳税人销售货物、劳务、服务、无形

---

① 《增值税暂行条例》第1条、第18条。

② 小规模纳税人是指年销售额在规定标准以下,并且会计核算不健全,不能按规定报送有关税务资料的增值税纳税人。所称会计核算不健全是指不能正确核算增值税的销项税额、进项税额和应纳税额。所谓营改增小规模纳税人,即应税服务的年应征增值税销售额(以下称应税服务年销售额)未超过500万元(≤500万元)的纳税人。相关政策规定,应税服务年销售额超过规定标准的其他个人不属于一般纳税人;非企业性单位、不经常提供应税服务的企业和个体工商户,应税服务年销售额超过一般纳税人标准可选择按照小规模纳税人纳税。

③ 《增值税暂行条例》第2~3条、第12条。

④ 《增值税暂行条例》第11条规定,小规模纳税人发生应税销售行为,实行按照销售额和征收率计算应纳税额的简易办法,并不得抵扣进项税额。应纳税额计算公式:应纳税额=销售额×征收率。小规模纳税人的标准由国务院财政、税务主管部门规定。

资产、不动产(以下统称应税销售行为),应纳税额为当期销项税额抵扣当期进项税额后的余额。应纳税额计算公式:

应纳税额=当期销项税额-当期进项税额

当期销项税额小于当期进项税额不足抵扣时,其不足部分可以结转下期继续抵扣。①

第二,纳税人发生应税销售行为,按照销售额和本条例规定的税率计算收取的增值税额,为销项税额。销项税额计算公式:

销项税额=销售额×税率②

第三,销售额为纳税人发生应税销售行为收取的全部价款和价外费用,但是不包括收取的销项税额。销售额以人民币计算。纳税人以人民币以外的货币结算销售额的,应当折合成人民币计算。③

第四,纳税人发生应税销售行为的价格明显偏低并无正当理由的,由主管税务机关核定其销售额。④

第五,纳税人购进货物、劳务、服务、无形资产、不动产支付或者负担的增值税额,为进项税额。进项税额准予从销项税额中抵扣的税额:(1)从销售方取得的增值税专用发票上注明的增值税额。(2)从海关取得的海关进口增值税专用缴款书上注明的增值税额。(3)购进农产品,除取得增值税专用发票或者海关进口增值税专用缴款书外,按照农产品收购发票或者销售发票上注明的农产品买价和11%的扣除率计算的进项税额,国务院另有规定的除外。进项税额计算公式:进项税额=买价×扣除率。(4)自境外单位或者个人购进劳务、服务、无形资产或者境内的不动产,从税务机关或者扣缴义务人取得的代扣代缴税款的完税凭

① 《增值税暂行条例》第4条。
② 《增值税暂行条例》第5条。
③ 《增值税暂行条例》第6条。
④ 《增值税暂行条例》第7条。

证上注明的增值税额。准予抵扣的项目和扣除率的调整,由国务院决定。①

第六,纳税人购进货物、劳务、服务、无形资产、不动产,取得的增值税扣税凭证不符合法律、行政法规或者国务院税务主管部门有关规定的,其进项税额不得从销项税额中抵扣。②

第七,进项税额不得从销项税额中抵扣的项目:(1)用于简易计税方法计税项目、免征增值税项目、集体福利或者个人消费的购进货物、劳务、服务、无形资产和不动产;(2)非正常损失的购进货物,以及相关的劳务和交通运输服务;(3)非正常损失的在产品、产成品所耗用的购进货物(不包括固定资产)、劳务和交通运输服务;(4)国务院规定的其他项目。③

第八,小规模纳税人会计核算健全,能够提供准确税务资料的,可以向主管税务机关办理登记,不作为小规模纳税人,依照本条例有关规定计算应纳税额。④

第九,纳税人进口货物,按照组成计税价格和本条例规定的税率计算应纳税额。组成计税价格和应纳税额计算公式:

组成计税价格 = 关税完税价格 + 关税 + 消费税

应纳税额 = 组成计税价格 × 税率⑤

关于税收减免,《增值税暂行条例》规定,免征增值税的项目包括:(1)农业生产者销售的自产农产品;(2)避孕药品和用具;(3)古旧图书;(4)直接用于科学研究、科学试验和教学的进口仪器、设备;(5)外国政府、国际组织无偿援助的进口物资和设备;(6)由残疾人的组织直接进

---

① 《增值税暂行条例》第 8 条。

② 《增值税暂行条例》第 9 条。

③ 《增值税暂行条例》第 10 条。

④ 《增值税暂行条例》第 13 条第 2 款。

⑤ 《增值税暂行条例》第 14 条。

口供残疾人专用的物品;(7)销售的自己使用过的物品。除这些规定外,增值税的免税、减税项目由国务院规定。任何地区、部门均不得规定免税、减税项目。纳税人兼营免税、减税项目的,应当分别核算免税、减税项目的销售额;未分别核算销售额的,不得免税、减税。纳税人销售额未达到国务院财政、税务主管部门规定的增值税起征点的,免征增值税;达到起征点的,依照本条例规定全额计算缴纳增值税。①

二、消费税税收调控法的制定和实施

1993 年 12 月 13 日,国务院以第 135 号令发布《消费税暂行条例》,施行 15 年后,2008 年 11 月 5 日,国务院第 34 次常务会议修订通过了新的《消费税暂行条例》,共计 17 条。根据 2008 年《消费税暂行条例》规定,消费税税收调控的主要内容如下:

关于征税对象及纳税人,《消费税暂行条例》规定,在中华人民共和国境内生产、委托加工和进口本条例规定的消费品的单位和个人,以及国务院确定的销售本条例规定的消费品的其他单位和个人,为消费税的纳税人,应当依照本条例缴纳消费税。②

关于税目、税率,《消费税暂行条例》规定,消费税的税目、税率,依照本条例所附的《消费税税目税率表》执行。消费税税目、税率的调整,由国务院决定。纳税人兼营不同税率的应当缴纳消费税的消费品(以下简称应税消费品),应当分别核算不同税率应税消费品的销售额、销售数量;未分别核算销售额、销售数量,或者将不同税率的应税消费品组成成套消费品销售的,从高适用税率。③

关于税率计税依据及计算,《消费税暂行条例》规定,消费税实行从

---

① 《增值税暂行条例》第 15 ~17 条。

② 《消费税暂行条例》第 1 条。

③ 《消费税暂行条例》第 2 条、第 3 条。

价定率、从量定额,或者从价定率和从量定额复合计税(以下简称复合计税)的办法计算应纳税额。应纳税额计算公式:实行从价定率办法计算的应纳税额 = 销售额 × 比例税率;实行从量定额办法计算的应纳税额 = 销售数量 × 定额税率;实行复合计税办法计算的应纳税额 = 销售额 × 比例税率 + 销售数量 × 定额税率。纳税人销售的应税消费品,以人民币计算销售额。纳税人以人民币以外的货币结算销售额的,应当折合成人民币计算。销售额为纳税人销售应税消费品向购买方收取的全部价款和价外费用。纳税人自产自用的应税消费品,按照纳税人生产的同类消费品的销售价格计算纳税;没有同类消费品销售价格的,按照组成计税价格计算纳税。实行从价定率办法计算纳税的组成计税价格计算公式:组成计税价格 = (成本 + 利润) ÷ (1 - 比例税率);实行复合计税办法计算纳税的组成计税价格计算公式:组成计税价格 = (成本 + 利润 + 自产自用数量 × 定额税率) ÷ (1 - 比例税率)。委托加工的应税消费品,按照受托方的同类消费品的销售价格计算纳税;没有同类消费品销售价格的,按照组成计税价格计算纳税。实行从价定率办法计算纳税的组成计税价格计算公式:组成计税价格 = (材料成本 + 加工费) ÷ (1 - 比例税率);实行复合计税办法计算纳税的组成计税价格计算公式:组成计税价格 = (材料成本 + 加工费 + 委托加工数量 × 定额税率) ÷ (1 - 比例税率)。进口的应税消费品,按照组成计税价格计算纳税。实行从价定率办法计算纳税的组成计税价格计算公式:组成计税价格 = (关税完税价格 + 关税) ÷ (1 - 消费税比例税率);实行复合计税办法计算纳税的组成计税价格计算公式:组成计税价格 = (关税完税价格 + 关税 + 进口数量 × 消费税定额税率) ÷ (1 - 消费税比例税率)。纳税人应税消费品的计税价格明显偏低并无正当理由的,由主管税务机关核定其计税价格。①

---

① 《消费税暂行条例》第5 ~10 条。

关于税收减免,《消费税暂行条例》规定:一是纳税人自产自用的应税消费品,用于连续生产应税消费品的,不纳税;二是委托加工的应税消费品,委托方用于连续生产应税消费品的,所纳税款准予按规定抵扣;三是对纳税人出口应税消费品,免征消费税;国务院另有规定的除外。出口应税消费品的免税办法,由国务院财政、税务主管部门规定。①

表 17－1 消费税税目税率

税目	税率
一、烟	
1. 卷烟	
(1)甲类卷烟	45%加0.003元/支
(2)乙类卷烟	30%加0.003元/支
2. 雪茄烟	25%
3. 烟丝	30%
二、酒及酒精	
1. 白酒	20%加0.5元/500克(或者500毫升)
2. 黄酒	240元/吨
3. 啤酒	
(1)甲类啤酒	250元/吨
(2)乙类啤酒	220元/吨
4. 其他酒	10%
5. 酒精	5%
三、化妆品	30%
四、贵重首饰及珠宝玉石	
1. 金银首饰、铂金首饰和钻石及钻石饰品	5%
2. 其他贵重首饰和珠宝玉石	10%
五、鞭炮、焰火	15%

① 《消费税暂行条例》第4条、第11条。

续表

税目	税率
六、成品油 1. 汽油 (1)含铅汽油 (2)无铅汽油 2. 柴油 3. 航空煤油 4. 石脑油 5. 溶剂油 6. 润滑油 7. 燃料油	 0.28元/升 0.20元/升 0.10元/升 0.10元/升 0.20元/升 0.20元/升 0.20元/升 0.10元/升
七、汽车轮胎	3%
八、摩托车 1. 气缸容量(排气量,下同)在250毫升(含250毫升)以下的 2. 气缸容量在250毫升以上的	 3% 10%
九、小汽车 1. 乘用车 (1)气缸容量(排气量,下同)在1.0升(含1.0升)以下的 (2)气缸容量在1.0升以上至1.5升(含1.5升)的 (3)气缸容量在1.5升以上至2.0升(含2.0升)的 (4)气缸容量在2.0升以上至2.5升(含2.5升)的 (5)气缸容量在2.5升以上至3.0升(含3.0升)的 (6)气缸容量在3.0升以上至4.0升(含4.0升)的 (7)气缸容量在4.0升以上的 2. 中轻型商用客车	 1% 3% 5% 9% 12% 25% 40% 5%
十、高尔夫球及球具	10%
十一、高档手表	20%

续表

税目	税率
十二、游艇	10%
十三、木制一次性筷子	5%
十四、实木地板	5%

2014 年 11 月 25 日,财政部、国家税务总局发布《关于调整消费税政策的通知》。该通知称,经国务院批准,现将消费税政策调整事项通知如下:一是取消气缸容量 250 毫升(不含)以下的小排量摩托车消费税。气缸容量 250 毫升和 250 毫升(不含)以上的摩托车继续分别按 3% 和 10% 的税率征收消费税;二是取消汽车轮胎税目;三是取消车用含铅汽油消费税,汽油税目不再划分二级子目,统一按照无铅汽油税率征收消费税;四是取消酒精消费税。取消酒精消费税后,“酒及酒精”品目相应改为“酒”,并继续按现行消费税政策执行。该通知自 2014 年 12 月 1 日起执行。

三、其他增值税税收调控的规定

(一)城市维护建设税法的制定和实施

1985 年 2 月 8 日,为了加强城市的维护建设,扩大和稳定城市维护建设资金的来源,国务院以 1985 年第 19 号令发布《城市维护建设税暂行条例》,根据 2011 年 1 月 8 日国务院《关于废止和修改部分行政法规的决定》进行了修正。

关于征税对象与纳税人,《城市维护建设税暂行条例》规定,凡缴纳消费税、增值税、营业税的单位和个人,都是城市维护建设税的纳税义务人,都应当依照本条例的规定缴纳城市维护建设税。城市维护建设税,以纳税人实际缴纳的消费税、增值税、营业税税额为计税依据,分别与消费税、增值税、营业税同时缴纳。[①]

---

① 《城市维护建设税暂行条例》第 2 ~3 条。

关于税率,《城市维护建设税暂行条例》规定,纳税人所在地在市区的,税率为7%;纳税人所在地在县城、镇的,税率为5%;纳税人所在地不在市区、县城或镇的,税率为1%。①

值得说明的是,随着2017年取消营业税,该《条例》中涉及营业税的规定不再施行。

(二)土地增值税法的制定和实施

1993年12月13日,为了规范土地、房地产市场交易秩序,合理调节土地增值收益,维护国家权益,国务院以1993年第138号令发布《土地增值税暂行条例》,根据2011年1月8日国务院《关于废止和修改部分行政法规的决定》进行了修正。

关于征税对象与纳税人,《土地增值税暂行条例》规定,转让国有土地使用权、地上的建筑物及其附着物(以下简称转让房地产)并取得收入的单位和个人,为土地增值税的纳税义务人(以下简称纳税人),应当依照本条例缴纳土地增值税。②

关于税率,《土地增值税暂行条例》规定,土地增值税按照纳税人转让房地产所取得的增值额和本条例第7条规定的税率计算征收。根据第7条规定,土地增值税实行四级超率累进税率:增值额未超过扣除项目金额50%的部分,税率为30%。增值额超过扣除项目金额50%、未超过扣除项目金额100%的部分,税率为40%。增值额超过扣除项目金额100%、未超过扣除项目金额200%的部分,税率为50%。增值额超过扣除项目金额200%的部分,税率为60%。③

关于税率征收依据及计算,《土地增值税暂行条例》规定,纳税人转让房地产所取得的收入减除本条例规定扣除项目金额后的余额,为增值

---

① 《城市维护建设税暂行条例》第4条。
② 《土地增值税暂行条例》第2条。
③ 《土地增值税暂行条例》第3条、第7条。

额。其中,依法扣除项目包括:一是取得土地使用权所支付的金额;二是开发土地的成本、费用;三是新建房及配套设施的成本、费用,或者旧房及建筑物的评估价格;四是与转让房地产有关的税金;五是财政部规定的其他扣除项目。纳税人转让房地产所取得的收入,包括货币收入、实物收入和其他收入。纳税人有法定情形之一的,按照房地产评估价格计算征收:一是隐瞒、虚报房地产成交价格的;二是提供扣除项目金额不实的;三是转让房地产的成交价格低于房地产评估价格,又无正当理由的。① 土地增值税的免征,《土地增值税暂行条例》规定,有法定情形之一的,免征土地增值税:一是纳税人建造普通标准住宅出售,增值额未超过扣除项目金额20%的;二是因国家建设需要依法征收、收回的房地产。②

(三)进出口关税法的制定和实施

1985年3月7日,《进出口关税条例》由国务院发布;1987年9月12日,由国务院修订发布;1992年2月28日,经国务院第九十九次常务会议通过;1992年3月18日,国务院令第96号《国务院关于修改〈中华人民共和国进出口关税条例〉的决定》修订,自1992年4月1日起施行。2003年10月29日,结合中国"入世"需要,为了贯彻对外开放政策,促进对外经济贸易和国民经济的发展,根据《海关法》的有关规定,③国务

---

① 《土地增值税暂行条例》第4～6条、第9条。

② 《土地增值税暂行条例》第8条。

③ 《海关法》于1987年1月22日第六届全国人民代表大会常务委员会第十九次会议通过;根据2000年7月8日第九届全国人民代表大会常务委员会第十六次会议《关于修改〈中华人民共和国海关法〉的决定》第一次修正;根据2013年6月29日第十二届全国人民代表大会常务委员会第三次会议《关于修改〈中华人民共和国文物保护法〉等十二部法律的决定》第二次修正;根据2013年12月28日第十二届全国人民代表大会常务委员会第六次会议《关于修改〈中华人民共和国海洋环境保护法〉等七部法律的决定》第三次修正;根据2016年11月7日第十二届全国人民代表大会常务委员会第二十四次会议《关于修改〈中华人民共和国对外贸易法〉等十二部法律的决定》第四次修正;根据2017年11月4日第十二届全国人民代表大会常务委员会第三十次会议《关于修改〈中华人民共和国会计法〉等十一部法律的决定》第五次修正。

院第二十六次常务会议通过新的《进出口关税条例》，2003 年 11 月 23 日中华人民共和国国务院令第 392 号公布；根据 2011 年 1 月 8 日国务院《关于废止和修改部分行政法规的决定》第一次修正；根据 2013 年 12 月 7 日国务院《关于修改部分行政法规的决定》第二次修正；根据 2016 年 2 月 6 日国务院《关于修改部分行政法规的决定》第三次修正；根据 2017 年 3 月 1 日国务院《关于修改和废止部分行政法规的决定》第四次修正。现行的《进出口关税条例》共 6 章 67 条。

关于征税对象及纳税人，《进出口关税条例》规定，中华人民共和国准许进出口的货物、进境物品，除法律、行政法规另有规定外，海关依照本条例规定征收进出口关税。进口货物的收货人、出口货物的发货人、进境物品的所有人，是关税的纳税义务人。①

关于税目与税率，《进出口关税条例》规定，国务院制定《进出口税则》②《进境物品进口税税率表》③，规定关税的税目、税则号列和税率，作为本条例的组成部分。国务院设立关税税则委员会，负责《进出口税则》和《进境物品进口税税率表》的税目、税则号列和税率的调整和解释，报国务院批准后执行；决定实行暂定税率的货物、税率和期限；决定关税配额税率；决定征收反倾销税、反补贴税、保障措施关税、报复性关税以及决定实施其他关税措施；决定特殊情况下税率的适用，以及履行国务院规定的其他职责。进口关税设置最惠国税率、协定税率、特惠税率、普通税率、关税配额税率等税率。对进口货物在一定期限内可以实行暂定税率。出口关税设置出口税率。对出口货物在一定期限内可以

---

① 《进出口关税条例》第 2 条、第 5 条。

② 《进出口税则》是一国政府根据国家关税政策和经济政策，通过一定的立法程序制定公布实施的进出口货物和物品应税的关税税率表。进出口税则以税率表为主体，通常还包括实施税则的法令、使用税则的有关说明和附录等。《进出口税则》是我国海关凭以征收税的法律依据，也是我国关税政策的具体体现。

③ 《进境物品进口税税率表》由国务院关税税则委员会制定，根据国家税收政策及进口情况予以适时调控，体现了宏观调控法相机抉择的特点。

实行暂定税率。原产于共同适用最惠国待遇条款的世界贸易组织成员的进口货物,原产于与中华人民共和国签订含有相互给予最惠国待遇条款的双边贸易协定的国家或者地区的进口货物,以及原产于中华人民共和国境内的进口货物,适用最惠国税率。原产于与中华人民共和国签订含有关税优惠条款的区域性贸易协定的国家或者地区的进口货物,适用协定税率。原产于与中华人民共和国签订含有特殊关税优惠条款的贸易协定的国家或者地区的进口货物,适用特惠税率。原产于以上所列以外国家或者地区的进口货物,以及原产地不明的进口货物,适用普通税率。适用最惠国税率的进口货物有暂定税率的,应当适用暂定税率;适用协定税率、特惠税率的进口货物有暂定税率的,应当从低适用税率;适用普通税率的进口货物,不适用暂定税率。适用出口税率的出口货物有暂定税率的,应当适用暂定税率。按照国家规定实行关税配额管理的进口货物,关税配额内的,适用关税配额税率;关税配额外的,其税率的适用按照本条例第 10 条、第 11 条的规定执行①。按照有关法律、行政法规的规定对进口货物采取反倾销、反补贴、保障措施的,其税率的适用按照《反倾销条例》、《反补贴条例》和《保障措施条例》的有关规定执行。任何国家或者地区违反与中华人民共和国签订或者共同参加的贸易协定及相关协定,对中华人民共和国在贸易方面采取禁止、限制、加征关税或者其他影响正常贸易的措施的,对原产于该国家或者地区的进口货物可

---

① 《进出口关税条例》第 10 条规定,原产于共同适用最惠国待遇条款的世界贸易组织成员的进口货物,原产于与中华人民共和国签订含有相互给予最惠国待遇条款的双边贸易协定的国家或者地区的进口货物,以及原产于中华人民共和国境内的进口货物,适用最惠国税率。原产于与中华人民共和国签订含有关税优惠条款的区域性贸易协定的国家或者地区的进口货物,适用协定税率。原产于与中华人民共和国签订含有特殊关税优惠条款的贸易协定的国家或者地区的进口货物,适用特惠税率。原产于本条第 1 款、第 2 款和第 3 款所列以外国家或者地区的进口货物,以及原产地不明的进口货物,适用普通税率。第 11 条规定,适用最惠国税率的进口货物有暂定税率的,应当适用暂定税率;适用协定税率、特惠税率的进口货物有暂定税率的,应当从低适用税率;适用普通税率的进口货物,不适用暂定税率。适用出口税率的出口货物有暂定税率的,应当适用暂定税率。

以征收报复性关税,适用报复性关税税率。征收报复性关税的货物、适用国别、税率、期限和征收办法,由国务院关税税则委员会决定并公布。进出口货物,应当适用海关接受该货物申报进口或者出口之日实施的税率。进口货物到达前,经海关核准先行申报的,应当适用装载该货物的运输工具申报进境之日实施的税率。转关运输货物税率的适用日期,由海关总署另行规定。有法定情形之一,需缴纳税款的,应当适用海关接受申报办理纳税手续之日实施的税率:一是保税货物经批准不复运出境的;二是减免税货物经批准转让或者移作他用的;三是暂准进境货物经批准不复运出境,以及暂准出境货物经批准不复运进境的;四是租赁进口货物,分期缴纳税款的。补征和退还进出口货物关税,应当按照本条例第 15 条或者第 16 条的规定确定适用的税率①。因纳税义务人违反规定需要追征税款的,应当适用该行为发生之日实施的税率;行为发生之日不能确定的,适用海关发现该行为之日实施的税率。②

关于计税依据及完税价格的确定,《进出口关税条例》规定,进出口货物关税,以从价计征、从量计征或者国家规定的其他方式征收。从价计征的计算公式为:应纳税额 = 完税价格 × 关税税率;从量计征的计算公式为:应纳税额 = 货物数量 × 单位税额。在进出口货物完税价格的确定方面,进口货物的完税价格由海关以符合本条第 3 款③所列条件的成交价格以及该货物运抵中华人民共和国境内输入地点起卸前的运输及其相关费用、保险费为基础审查确定。进口货物的成交价格,是指卖方

---

① 《进出口关税条例》第 15 条规定,进出口货物,应当适用海关接受该货物申报进口或者出口之日实施的税率。进口货物到达前,经海关核准先行申报的,应当适用装载该货物的运输工具申报进境之日实施的税率。转关运输货物税率的适用日期,由海关总署另行规定。第 16 条规定,有下列情形之一,需缴纳税款的,应当适用海关接受申报办理纳税手续之日实施的税率:(1)保税货物经批准不复运出境的;(2)减免税货物经批准转让或者移作他用的;(3)暂时进境货物经批准不复运出境,以及暂时出境货物经批准不复运进境的;(4)租赁进口货物,分期缴纳税款的。

② 《进出口关税条例》第 3 ~4 条、第 9 ~17 条。

③ 指进口货物的成交价格应当符合的条件。

向中华人民共和国境内销售该货物时买方为进口该货物向卖方实付、应付的,并按照本条例第 19 条、第 20 条规定[①]调整后的价款总额,包括直接支付的价款和间接支付的价款。进口货物的成交价格应当符合的条件:一是对买方处置或者使用该货物不予限制,但法律、行政法规规定实施的限制、对货物转售地域的限制和对货物价格无实质性影响的限制除外;二是该货物的成交价格没有因搭售或者其他因素的影响而无法确定;三是卖方不得从买方直接或者间接获得因该货物进口后转售、处置或者使用而产生的任何收益,或者虽有收益但能够按照本条例第 19 条、第 20 条的规定进行调整;四是买卖双方没有特殊关系,或者虽有特殊关系但未对成交价格产生影响。应当计入完税价格的进口货物费用包括:一是由买方负担的购货佣金以外的佣金和经纪费;二是由买方负担的在审查确定完税价格时与该货物视为一体的容器的费用;三是由买方负担的包装材料费用和包装劳务费用;四是与该货物的生产和向中华人民共和国境内销售有关的,由买方以免费或者以低于成本的方式提供并可以按适当比例分摊的料件、工具、模具、消耗材料及类似货物的价款,以及在境外开发、设计等相关服务的费用;五是作为该货物向中华人民共和国境内销售的条件,买方必须支付的、与该货物有关的特许权使用费;六

---

① 《进出口关税条例》第 19 条规定,进口货物的下列费用应当计入完税价格:(1)由买方负担的购货佣金以外的佣金和经纪费;(2)由买方负担的在审查确定完税价格时与该货物视为一体的容器的费用;(3)由买方负担的包装材料费用和包装劳务费用;(4)与该货物的生产和向中华人民共和国境内销售有关的,由买方以免费或者以低于成本的方式提供并可以按适当比例分摊的料件、工具、模具、消耗材料及类似货物的价款,以及在境外开发、设计等相关服务的费用;(5)作为该货物向中华人民共和国境内销售的条件,买方必须支付的、与该货物有关的特许权使用费;(6)卖方直接或者间接从买方获得的该货物进口后转售、处置或者使用的收益。第 20 条规定,进口时在货物的价款中列明的下列税收、费用,不计入该货物的完税价格:(1)厂房、机械、设备等货物进口后进行建设、安装、装配、维修和技术服务的费用;(2)进口货物运抵境内输入地点起卸后的运输及其相关费用、保险费;(3)进口关税及国内税收。进口货物的成交价格不符合本条例第十八条第三款规定条件的,或者成交价格不能确定的,海关经了解有关情况,并与纳税义务人进行价格磋商后,依次以下列价格估定该货物的完税价格。

是卖方直接或者间接从买方获得的该货物进口后转售、处置或者使用的收益。进口时在货物的价款中列明的法定税收、费用，不计入该货物的完税价格：一是厂房、机械、设备等货物进口后进行建设、安装、装配、维修和技术服务的费用；二是进口货物运抵境内输入地点起卸后的运输及其相关费用、保险费；三是进口关税及国内税收。进口货物的成交价格不符合本条例第18条第3款规定条件的①，或者成交价格不能确定的，海关经了解有关情况，并与纳税义务人进行价格磋商后，依次以下列价格估定该货物的完税价格：一是与该货物同时或者大约同时向中华人民共和国境内销售的相同货物的成交价格；二是与该货物同时或者大约同时向中华人民共和国境内销售的类似货物的成交价格；三是与该货物进口的同时或者大约同时，将该进口货物、相同或者类似进口货物在第一级销售环节销售给无特殊关系买方最大销售总量的单位价格，但应当扣除本条例第22条规定的项目②；四是按照下列各项总和计算的价格：生产该货物所使用的料件成本和加工费用，向中华人民共和国境内销售同等级或者同种类货物通常的利润和一般费用，该货物运抵境内输入地点起卸前的运输及其相关费用、保险费；五是以合理方法估定的价格。纳税义务人向海关提供有关资料后，可以提出申请，颠倒前款第3项和第4项的适用次序。按照本条例第21条第1款第3项规定③估定完税价格，应当扣除的项目是指：一是同等级或者同种类货物在中华人民共和国境内第一级销售环节销售时通常的利润和一般费用以及通常支付的佣金；

① 指进口货物的成交价格应当符合的条件。

② 《进出口关税条例》第22条规定，按照本条例第21条第1款第3项规定估定完税价格，应当扣除的项目是指：(1)同等级或者同种类货物在中华人民共和国境内第一级销售环节销售时通常的利润和一般费用以及通常支付的佣金；(2)进口货物运抵境内输入地点起卸后的运输及其相关费用、保险费；(3)进口关税及国内税收。

③ 《进出口关税条例》第21条第1款第3项规定，与该货物进口的同时或者大约同时，将该进口货物、相同或者类似进口货物在第一级销售环节销售给无特殊关系买方最大销售总量的单位价格，但应当扣除本条例第22条规定的项目。

二是进口货物运抵境内输入地点起卸后的运输及其相关费用、保险费；三是进口关税及国内税收。以租赁方式进口的货物，以海关审查确定的该货物的租金作为完税价格。纳税义务人要求一次性缴纳税款的，纳税义务人可以选择按照本条例第 21 条的规定估定完税价格①，或者按照海关审查确定的租金总额作为完税价格。运往境外加工的货物，出境时已向海关报明并在海关规定的期限内复运进境的，应当以境外加工费和料件费以及复运进境的运输及其相关费用和保险费审查确定完税价格。运往境外修理的机械器具、运输工具或者其他货物，出境时已向海关报明并在海关规定的期限内复运进境的，应当以境外修理费和料件费审查确定完税价格。出口货物的完税价格由海关以该货物的成交价格以及该货物运至中华人民共和国境内输出地点装载前的运输及其相关费用、保险费为基础审查确定。出口货物的成交价格，是指该货物出口时卖方为出口该货物应当向买方直接收取和间接收取的价款总额。出口关税不计入完税价格。出口货物的成交价格不能确定的，海关经了解有关情况，并与纳税义务人进行价格磋商后，依次以下列价格估定该货物的完税价格：一是与该货物同时或者大约同时向同一国家或者地区出口的相同货物的成交价格；二是与该货物同时或者大约同时向同一国家或者地区出口的类似货物的成交价格；三是按照下列各项总和计算的价格：境

---

① 《进出口关税条例》第 21 条规定，进口货物的成交价格不符合本条例第 18 条第 3 款规定条件的，或者成交价格不能确定的，海关经了解有关情况，并与纳税义务人进行价格磋商后，依次以下列价格估定该货物的完税价格：(1) 与该货物同时或者大约同时向中华人民共和国境内销售的相同货物的成交价格；(2) 与该货物同时或者大约同时向中华人民共和国境内销售的类似货物的成交价格；(3) 与该货物进口的同时或者大约同时，将该进口货物、相同或者类似进口货物在第一级销售环节销售给无特殊关系买方最大销售总量的单位价格，但应当扣除本条例第 22 条规定的项目；(4) 按照下列各项总和计算的价格：生产该货物所使用的料件成本和加工费用，向中华人民共和国境内销售同等级或者同种类货物通常的利润和一般费用，该货物运抵境内输入地点起卸前的运输及其相关费用、保险费；(5) 以合理方法估定的价格。纳税义务人向海关提供有关资料后，可以提出申请，颠倒前款第 3 项和第 4 项的适用次序。

内生产相同或者类似货物的料件成本、加工费用,通常的利润和一般费用,境内发生的运输及其相关费用、保险费;四是以合理方法估定的价格。按照本条例规定计入或者不计入完税价格的成本、费用、税收,应当以客观、可量化的数据为依据。海关征收关税、滞纳金等,应当按人民币计征。进出口货物的成交价格以及有关费用以外币计价的,以中国人民银行公布的基准汇率折合为人民币计算完税价格;以基准汇率币种以外的外币计价的,按照国家有关规定套算为人民币计算完税价格。适用汇率的日期由海关总署规定。①

关于减免税,《进出口关税条例》规定,经海关批准暂时进境或者暂时出境的下列货物,在进境或者出境时纳税义务人向海关缴纳相当于应纳税款的保证金或者提供其他担保的,可以暂不缴纳关税,并应当自进境或者出境之日起 6 个月内复运出境或者复运进境;需要延长复运出境或者复运进境期限的,纳税义务人应当根据海关总署的规定向海关申请办理延期手续:一是在展览会、交易会、会议及类似活动中展示或者使用的货物;二是文化、体育交流活动中使用的表演、比赛用品;三是进行新闻报道或者摄制电影、电视节目使用的仪器、设备及用品;四是开展科研、教学、医疗活动使用的仪器、设备及用品;五是在本款第一项至第四项所列活动中使用的交通工具及特种车辆;六是货样;七是供安装、调试、检测设备时使用的仪器、工具;八是盛装货物的容器;九是其他用于非商业目的的货物。第一款所列暂时进境货物在规定的期限内未复运出境的,或者暂准出境货物在规定的期限内未复运进境的,海关应当依法征收关税。第一款所列可以暂时免征关税范围以外的其他暂时进境货物,应当按照该货物的完税价格和其在境内滞留时间与折旧时间的比例计算征收进口关税。具体办法由海关总署规定。因品质或者规格原因,出口货物自出口之日起 1 年内原状复运进境的,不征收进口关税。

① 《进出口关税条例》第 18 ~28 条、第 36 条、第 38 条。

因品质或者规格原因,进口货物自进口之日起1年内原状复运出境的,不征收出口关税。因残损、短少、品质不良或者规格不符原因,由进出口货物的发货人、承运人或者保险公司免费补偿或者更换的相同货物,进出口时不征收关税。被免费更换的原进口货物不退运出境或者原出口货物不退运进境的,海关应当对原进出口货物重新按照规定征收关税。下列进出口货物,免征关税:一是关税税额在人民币50元以下的一票货物;二是无商业价值的广告品和货样;三是外国政府、国际组织无偿赠送的物资;四是在海关放行前损失的货物;五是进出境运输工具装载的途中必需的燃料、物料和饮食用品。在海关放行前遭受损坏的货物,可以根据海关认定的受损程度减征关税。法律规定的其他免征或者减征关税的货物,海关根据规定予以免征或者减征。特定地区、特定企业或者有特定用途的进出口货物减征或者免征关税,以及临时减征或者免征关税,按照国务院的有关规定执行。进口货物减征或者免征进口环节海关代征税,按照有关法律、行政法规的规定执行。纳税义务人进出口减免税货物的,除另有规定外,应当在进出口该货物之前,按照规定持有关文件向海关办理减免税审批手续。经海关审查符合规定的,予以减征或者免征关税。需由海关监管使用的减免税进口货物,在监管年限内转让或者移作他用需要补税的,海关应当根据该货物进口时间折旧估价,补征进口关税。特定减免税进口货物的监管年限由海关总署规定。①

从以上商品流转税法的实施情况来看,根据国家财政部和税务总局网站公布的信息,上述现行有效的流转税是目前国家税收收入的主要来源。以2017年国家公布的数据为例,2016年全年税收总收入为130354亿元,其中,国内增值税40712亿元,占比31.23%;国内消费税10217亿元,占比7.82%;进口货物增值税、消费税12781亿元,占比10%;关税2603亿元,占比2%;城市建设维护税4034亿元,占比3.1%;土地增值

① 《进出口关税条例》第42~49条。

税4212亿元,占比3.22%。[①] 总体来看,流转税占到整个税收收入的57.37%,其保障了国家税收的税基和宏观调控的基本需求。流转税属于"价格税""成本税",是市场上商品和劳务价格的组成部分,其虽然由企业上缴,但是,实际的负担人是消费者。为此,其调节市场的宏观调控功能突出地体现了"国家调节市场,市场调节企业和消费"作用的发挥。与此同时,需要注意的是,上述的各商品流转税,除《进出口关税条例》外,都是由国务院出台的暂行条例,没有一个是全国人大出台的法律,这就为改革埋下了伏笔,使国务院可以根据改革实践的需求,不断完善各流转税,甚至取消相关税种。这是中国商品流转税收调控法治的一个重要的特点。

第二节 收益税税收调控法的制定和实施

按照税法原理,收益类税主要是指个人所得税和企业所得税。它是对纳税人剔除法定扣除项目后的实际收益所征收的税,属于直接税的范畴。因此,收益税的征收,关系着居民个人和企业的切身利益和宏观调控社会分配政策的落实,容易引起社会的高度关注。为此,在改革开放中,国家对收益税的征收采取了渐进、慎重与逐步完善的法制措施。

一、个人所得税税收调控法的制定和实施

由于内地居民的收入偏低,因此,改革开放之初,个人所得税的纳税人主要是来内地投资和生活的外国人和我国港台同胞。之后,随着内地

---

① 参见《2016年财政收支情况》,载财政部网站:http://gks.mof.gov.cn/zhengfuxinxi/tongjishuju/201701/t20170123_25260,最后访问日期:2017年1月23日。

居民收入的普遍增长，才逐步由针对内地居民的收入调节税①，统一为现有的《个人所得税》。国家的立法也反映了这一历史进程。从 1980 年 9 月 10 日第五届全国人民代表大会第三次会议通过《个人所得税法》以来，全国人民代表大会常务委员会先后于 1993 年 10 月 31 日、1999 年 8 月 30 日、2005 年 10 月 27 日、2007 年 6 月 29 日、2007 年 12 月 29 日、2011 年 6 月 30 日和 2018 年 8 月 31 日，进行了七次修正。现行的《个人所得税法》由第十三届全国人民代表大会常务委员会第五次会议通过，共计 22 条，自公布之日起施行。

关于征税对象及纳税人，《个人所得税法》规定，在中国境内有住所，或者无住所而一个纳税年度内在中国境内居住累计满 183 天的个人，为居民个人。居民个人从中国境内和境外取得的所得，依照本法规定缴纳个人所得税。在中国境内无住所又不居住，或者无住所而一个纳税年度内在中国境内居住累计不满 183 天的个人，为非居民个人。非居民个人从中国境内取得的所得，依照本法规定缴纳个人所得税。纳税年度，自 1 月 1 日起至 12 月 31 日止。个人所得税以所得人为纳税人，以支付所得的单位或者个人为扣缴义务人。纳税人有中国公民身份号码的，以中国公民身份号码为纳税人识别号；纳税人没有中国公民身份号码

---

①　个人收入调节税是 1987 年 1 月 1 日起国家向居住在中国境内的公民征收的。随着经济体制改革和有计划商品经济的发展，人民的收入水平显著提高。国家鼓励一部分人通过劳动先富起来的政策，调动了劳动人民致富的积极性和创造性，另一部分人的收入超过了一般水平，有的还超过许多。同时，中国实行以按劳分配为主的多种分配方式和正确的分配政策，包括承包收入、债券利息、股息和分红，以及私营企业业主的非劳动所得，也增加了一部分人的收入。国家的分配政策是，既要有利于善于经营的企业和诚实劳动的个人先富起来，合理拉开收入差距，又要防止贫富悬殊，坚持共同富裕的方向，在促进效率提高的前提下体现社会公平。对过高的个人收入，要采取有效措施进行调节，运用税收杠杆适当调节各类社会成员的收入水平。正是为了体现国家的分配政策，国务院于 1986 年 9 月 25 日发布了《个人收入调节税暂行条例》。1993 年 10 月 31 日第八届全国人民代表大会常务委员会第四次会议通过了《关于修改〈中华人民共和国个人所得税法〉的决定》，同时公布了修改后的《个人所得税法》，自 1994 年 1 月 1 日起施行。原来实施对个人收入征税的《个人收入调节税暂行条例》和《城乡个体工商业户所得税暂行条例》即行废止。

的,由税务机关赋予其纳税人识别号。扣缴义务人扣缴税款时,纳税人应当向扣缴义务人提供纳税人识别号。①

关于税目、税率,《个人所得税法》规定,应当缴纳个人所得税的税目包括:一是工资、薪金所得;二是劳务报酬所得;三是稿酬所得;四是特许权使用费所得;五是经营所得;六是利息、股息、红利所得;七是财产租赁所得;八是财产转让所得;九是偶然所得。居民个人取得第1项至第4项所得(以下简称综合所得),按纳税年度合并计算个人所得税;非居民个人取得第1项至第4项所得,按月或者按次分项计算个人所得税。纳税人取得第5项至第9项所得,依照本法规定分别计算个人所得税。个人所得税的税率:一是综合所得,适用3% ~45%的超额累进税率(见表17 -2);二是经营所得,适用5% ~35%的超额累进税率(见表17 -3);三是利息、股息、红利所得,财产租赁所得,财产转让所得和偶然所得,适用比例税率,税率为20%。②

表17 -2　个人所得税法综合所得税率

级数	全年应纳税所得额	税率(%)
1	不超过36000元的	3
2	超过36000元至144000元的部分	10
3	超过144000元至300000元的部分	20
4	超过300000元至420000元的部分	25
5	超过420000元至660000元的部分	30
6	超过660000元至960000元的部分	35
7	超过960000元的部分	45

注1:本表所称全年应纳税所得额是指依照《个人所得税法》第6条的规定,居民个人取得综合所得以每一纳税年度收入额减除费用6万元以及专项附加扣除和依法确定的其他扣除后的余额。

注2:非居民个人取得工资、薪金所得,劳务报酬所得,稿酬所得和特许权使用费所得,依照本表按月换算后计算应纳税额。

---

① 《个人所得税法》第1条、第9条。

② 《个人所得税法》第2 ~3条。

表 17－3　个人所得税法经营所得税率

级数	全年应纳税所得额	税率(%)
1	不超过 30000 元的	5
2	超过 30000 元至 90000 元的部分	10
3	超过 90000 元至 300000 元的部分	20
4	超过 300000 元至 500000 元的部分	30
5	超过 500000 元的部分	35

注:本表所称全年应纳税所得额是指依照《个人所得税法》第 6 条的规定,以每一纳税年度的收入总额减除成本、费用及损失后余额。

从上述规定来看,新《个人所得税法》在税收调控方面,最重要的变化有二:一是将起征点由原来的月收入 3500 元提升为 5000 元;二是在征收税收上,采取了综合收入的举措。该两项新举措使居民个人在所得税分配关系中得到更多的实惠。体现了《个人所得税法》的调控功能。

关于计税依据及计算,《个人所得税法》规定:一是居民个人的综合所得,以每一纳税年度的收入额减除费用 6 万元以及专项扣除、专项附加扣除和依法确定的其他扣除后的余额,为应纳税所得额。二是非居民个人的工资、薪金所得,以每月收入额减除费用 5000 元后的余额为应纳税所得额;劳务报酬所得、稿酬所得、特许权使用费所得,以每次收入额为应纳税所得额。三是经营所得,以每一纳税年度的收入总额减除成本、费用以及损失后的余额,为应纳税所得额。四是财产租赁所得,每次收入不超过 4000 元的,减除费用 800 元;4000 元以上的,减除 20% 的费用,其余额为应纳税所得额。五是财产转让所得,以转让财产的收入额减除财产原值和合理费用后的余额,为应纳税所得额。六是利息、股息、红利所得和偶然所得,以每次收入额为应纳税所得额。劳务报酬所得、稿酬所得、特许权使用费所得以收入减除 20% 的费用后的余额为收入额。稿酬所得的收入额减按 70% 计算。个人将其所得对教育、扶贫、济困等公益慈善事业进行捐赠,捐赠额未超过纳税人申报的应纳税所得额

30%的部分,可以从其应纳税所得额中扣除;国务院规定对公益慈善事业捐赠实行全额税前扣除的,从其规定。本法针对居民的专项扣除,包括居民个人按照国家规定的范围和标准缴纳的基本养老保险、基本医疗保险、失业保险等社会保险费和住房公积金等;专项附加扣除,包括子女教育、继续教育、大病医疗、住房贷款利息或者住房租金、赡养老人等支出,具体范围、标准和实施步骤由国务院确定,并报全国人民代表大会常务委员会备案。居民个人从中国境外取得的所得,可以从其应纳税额中抵免已在境外缴纳的个人所得税税额,但抵免额不得超过该纳税人境外所得依照本法规定计算的应纳税额。有下列情形之一的,税务机关有权按照合理方法进行纳税调整:一是个人与其关联方之间的业务往来不符合独立交易原则而减少本人或者其关联方应纳税额,且无正当理由;二是居民个人控制的,或者居民个人和居民企业共同控制的设立在实际税负明显偏低的国家(地区)的企业,无合理经营需要,对应当归属于居民个人的利润不作分配或者减少分配;三是个人实施其他不具有合理商业目的的安排而获取不当税收利益。税务机关依照上述规定作出纳税调整,需要补征税款的,应当补征税款,并依法加收利息。各项所得的计算,以人民币为单位。所得为人民币以外的货币的,按照人民币汇率中间价折合成人民币缴纳税款。①

关于税收减免,《个人所得税法》规定,免征个人所得税的情形包括:一是省级人民政府、国务院部委和中国人民解放军军以上单位,以及外国组织、国际组织颁发的科学、教育、技术、文化、卫生、体育、环境保护等方面的奖金;二是国债和国家发行的金融债券利息;三是按照国家统一规定发给的补贴、津贴;四是福利费、抚恤金、救济金;五是保险赔款;六是军人的转业费、复员费、退役金;七是按照国家统一规定发给干部、职工的安家费、退职费、基本养老金或者退休费、离休费、离休生活补助

① 《个人所得税法》第6~8条、第16条。

费;八是依照有关法律规定应予免税的各国驻华使馆、领事馆的外交代表、领事官员和其他人员的所得;九是中国政府参加的国际公约、签订的协议中规定免税的所得;十是国务院规定的其他免税所得。第十项免税规定,由国务院报全国人民代表大会常务委员会备案。属于残疾、孤老人员和烈属的所得和因自然灾害遭受重大损失情形的,可以减征个人所得税,具体幅度和期限,由省、自治区、直辖市人民政府规定,并报同级人民代表大会常务委员会备案。国务院可以规定其他减税情形,报全国人民代表大会常务委员会备案。①

二、企业所得税税收调控法的制定和实施

改革开放以来,企业所得税法也经过了一个对外资企业和内资企业分别立法,到最后统一立法的过程。2007 年 3 月 16 日第十届全国人民代表大会第五次会议,在废止 1991 年 4 月 9 日第七届全国人民代表大会第四次会议通过的《外商投资企业和外国企业所得税法》和 1993 年 12 月 13 日国务院发布的《企业所得税暂行条例》的同时,出台了统一的《企业所得税法》,该法自 2008 年 1 月 1 日起施行;根据 2017 年 2 月 24 日全国人民代表大会常务委员会第二十六次会议《关于修改〈中华人民共和国企业所得税法〉的决定》第一次修正,根据 2018 年 12 月 29 日第十三届全国人民代表大会常务委员会第七次会议《关于修改〈中华人民共和国电力法〉等四部法律的决定》第二次修正。② 该法共包括 8 章 60

---

① 《个人所得税法》第 4 ~5 条。

② 2017 年的修改内容:将第 9 条修改为:“企业发生的公益性捐赠支出,在年度利润总额 12% 以内的部分,准予在计算应纳税所得额时扣除;超过年度利润总额 12% 的部分,准予结转以后三年内在计算应纳税所得额时扣除。”

2018 年修改的内容:将第 51 条第 1 款中的“非居民企业在中国境内设立两个或者两个以上机构、场所的,经税务机关审核批准”修改为“非居民企业在中国境内设立两个或者两个以上机构、场所,符合国务院税务主管部门规定条件的”。

条,除总则、附则外,就应纳税所得额、应纳税额、税收优惠、源泉扣缴、特别纳税调整和征收管理问题进行了基本规定。

关于征税对象及纳税人,《企业所得税法》规定,在中华人民共和国境内,企业和其他取得收入的组织(以下统称企业)为企业所得税的纳税人,依照该法的规定缴纳企业所得税。但个人独资企业、合伙企业不适用该法。企业分为居民企业和非居民企业。其中,居民企业,是指依法在中国境内成立,或者依照外国(地区)法律成立但实际管理机构在中国境内的企业。非居民企业,是指依照外国(地区)法律成立且实际管理机构不在中国境内,但在中国境内设立机构、场所的,或者在中国境内未设立机构、场所,但有来源于中国境内所得的企业。居民企业应当就其来源于中国境内、境外的所得缴纳企业所得税。非居民企业在中国境内设立机构、场所的,应当就其所设机构、场所取得的来源于中国境内的所得,以及发生在中国境外但与其所设机构、场所有实际联系的所得,缴纳企业所得税。非居民企业在中国境内未设立机构、场所的,或者虽设立机构、场所但取得的所得与其所设机构、场所没有实际联系的,应当就其来源于中国境内的所得缴纳企业所得税。① 对非居民企业取得本法第 3 条第 3 款规定②的所得应缴纳的所得税,实行源泉扣缴,以支付人为扣缴义务人。税款由扣缴义务人在每次支付或者到期应支付时,从支付或者到期应支付的款项中扣缴。对非居民企业在中国境内取得工程作业和劳务所得应缴纳的所得税,税务机关可以指定工程价款或者劳务费的支付人为扣缴义务人。依照本法规定应当扣缴的所得税,扣缴义务人未依法扣缴或者无法履行扣缴义务的,由纳税人在所得发生地缴纳。纳税人未依法缴纳的,税务机关可以从该纳税人在中国境内其他收入项

---

① 《企业所得税法》第 1 ~3 条。

② 《企业所得税法》第 3 条第 3 款规定,非居民企业在中国境内未设立机构、场所的,或者虽设立机构、场所但取得的所得与其所设机构、场所没有实际联系的,应当就其来源于中国境内的所得缴纳企业所得税。

目的支付人应付的款项中，追缴该纳税人的应纳税款。扣缴义务人每次代扣的税款，应当自代扣之日起7日内缴入国库，并向所在地的税务机关报送扣缴企业所得税报告表。①

关于税率及其计算，《企业所得税法》规定，企业所得税的税率为25%。非居民企业取得本法规定的所得，适用税率为20%。企业每一纳税年度的收入总额，减除不征税收入、免税收入、各项扣除以及允许弥补的以前年度亏损后的余额，为应纳税所得额。企业以货币形式和非货币形式从各种来源取得的收入，为收入总额。包括：销售货物收入；提供劳务收入；转让财产收入；股息、红利等权益性投资收益；利息收入；租金收入；特许权使用费收入；接受捐赠收入；其他收入。但收入总额中的下列收入为不征税收入：财政拨款；依法收取并纳入财政管理的行政事业性收费、政府性基金；国务院规定的其他不征税收入。企业实际发生的与取得收入有关的、合理的支出，包括成本、费用、税金、损失和其他支出，准予在计算应纳税所得额时扣除。企业发生的公益性捐赠支出，在年度利润总额12%以内的部分，准予在计算应纳税所得额时扣除；超过年度利润总额12%的部分，准予结转以后3年内在计算应纳税所得额时扣除。在计算应纳税所得额时，下列支出不得扣除：向投资者支付的股息、红利等权益性投资收益款项；企业所得税税款；税收滞纳金；罚金、罚款和被没收财物的损失；法律规定以外的捐赠支出；赞助支出；未经核定的准备金支出；与取得收入无关的其他支出。在计算应纳税所得额时，企业按照规定计算的固定资产折旧，准予扣除。但下列固定资产不得计算折旧扣除：房屋、建筑物以外未投入使用的固定资产；以经营租赁方式租入的固定资产；以融资租赁方式租出的固定资产；已足额提取折旧仍继续使用的固定资产；与经营活动无关的固定资产；单独估价作为固定资产入账的土地；其他不得计算折旧扣除的固定资产。在计算应纳税所得

① 《企业所得税法》第1~3条、第37~40条。

额时,企业按照规定计算的无形资产摊销费用,准予扣除。但下列无形资产不得计算摊销费用扣除:自行开发的支出已在计算应纳税所得额时扣除的无形资产;自创商誉;与经营活动无关的无形资产;其他不得计算摊销费用扣除的无形资产。在计算应纳税所得额时,企业发生的下列支出作为长期待摊费用,按照规定摊销的,准予扣除:已足额提取折旧的固定资产的改建支出;租入固定资产的改建支出;固定资产的大修理支出;其他应当作为长期待摊费用的支出。作为长期待摊费用,按照规定摊销的,准予扣除。企业对外投资期间,投资资产的成本在计算应纳税所得额时不得扣除。企业使用或者销售存货,按照规定计算的存货成本,准予在计算应纳税所得额时扣除。企业转让资产,该项资产的净值,准予在计算应纳税所得额时扣除。企业在汇总计算缴纳企业所得税时,其境外营业机构的亏损不得抵减境内营业机构的盈利。企业纳税年度发生的亏损,准予向以后年度结转,用以后年度的所得弥补,但结转年限最长不得超过 5 年。非居民企业取得本法规定的所得,按照以下方法计算其应纳税所得额:股息、红利等权益性投资收益和利息、租金、特许权使用费所得,以收入全额为应纳税所得额;转让财产所得,以收入全额减除财产净值后的余额为应纳税所得额;其他所得,参照前两项规定的方法计算应纳税所得额。法律规定的收入、扣除的具体范围、标准和资产的税务处理的具体办法,由国务院财政、税务主管部门规定。在计算应纳税所得额时,企业财务、会计处理办法与税收法律、行政法规的规定不一致的,应当依照税收法律、行政法规的规定计算。①

关于应纳税额的确定。企业的应纳税所得额乘以适用税率,减除依照法律关于税收优惠的规定减免和抵免的税额后的余额,为应纳税额。居民企业来源于中国境外的应税所得和非居民企业在中国境内设立机构、场所,取得发生在中国境外但与该机构、场所有实际联系的应税所

① 《企业所得税法》第 4 ~21 条。

得,已在境外缴纳的所得税税额,可以从其当期应纳税额中抵免,抵免限额为该项所得依照本法规定计算的应纳税额,超过抵免限额的部分,可以在以后5个年度内,用每年度抵免限额抵免当年应抵税额后的余额进行抵补。居民企业从其直接或者间接控制的外国企业分得的来源于中国境外的股息、红利等权益性投资收益,外国企业在境外实际缴纳的所得税税额中属于该项所得负担的部分,可以作为该居民企业的可抵免境外所得税税额,在法律规定的抵免限额内抵免。①

关于税收优惠。一是国家对重点扶持和鼓励发展的产业和项目,给予企业所得税优惠。二是企业的下列收入为免税收入:国债利息收入;符合条件的居民企业之间的股息、红利等权益性投资收益;在中国境内设立机构、场所的非居民企业从居民企业取得与该机构、场所有实际联系的股息、红利等权益性投资收益;符合条件的非营利组织的收入。三是企业的下列收入,可以免征、减征企业所得税:从事农、林、牧、渔业项目的所得;从事国家重点扶持的公共基础设施项目投资经营的所得;从事符合条件的环境保护、节能节水项目的所得;符合条件的技术转让所得;法律规定的非居民企业在中国境内未设立机构、场所的,或者虽设立机构、场所但取得的所得与其所设机构、场所没有实际联系的,其来源于中国境内的所得。四是符合条件的小型微利企业,减按20%的税率征收企业所得税;国家需要重点扶持的高新技术企业,减按15%的税率征收企业所得税。五是民族自治地方的自治机关对本民族自治地方的企业应缴纳的企业所得税中属于地方分享的部分,可以决定减征或者免征。自治州、自治县决定减征或者免征的,须报省、自治区、直辖市人民政府批准。六是企业开发新技术、新产品、新工艺发生的研究开发费用和安置残疾人员及国家鼓励安置的其他就业人员所支付的工资,可以在计算应纳税所得额时加计扣除。七是创业投资企业从事国家

① 《企业所得税法》第22~24条。

需要重点扶持和鼓励的创业投资,可以按投资额的一定比例抵扣应纳税所得额。八是企业的固定资产由于技术进步等原因,确需加速折旧的,可以缩短折旧年限或者采取加速折旧的方法。九是企业综合利用资源,生产符合国家产业政策规定的产品所取得的收入,可以在计算应纳税所得额时减计收入。十是企业购置用于环境保护、节能节水、安全生产等专用设备的投资额,可以按一定比例实行税额抵免。本法规定的税收优惠的具体办法,由国务院规定。根据国民经济和社会发展的需要,或者由于突发事件等原因对企业经营活动产生重大影响的,国务院可以制定企业所得税专项优惠政策,报全国人民代表大会常务委员会备案。①

关于特别纳税的调整,《企业所得税法》规定,企业与其关联方之间的业务往来,不符合独立交易原则而减少企业或者其关联方应纳税收入或者所得额的,税务机关有权按照合理方法调整。企业与其关联方共同开发、受让无形资产,或者共同提供、接受劳务发生的成本,在计算应纳税所得额时应当按照独立交易原则进行分摊。企业可以向税务机关提出与其关联方之间业务往来的定价原则和计算方法,税务机关与企业协商、确认后,达成预约定价安排。企业向税务机关报送年度企业所得税纳税申报表时,应当就其与关联方之间的业务往来,附送年度关联业务往来报告表。税务机关在进行关联业务调查时,企业及其关联方,以及与关联业务调查有关的其他企业,应当按照规定提供相关资料。企业不提供与其关联方之间业务往来资料,或者提供虚假、不完整资料,未能真实反映其关联业务往来情况的,税务机关有权依法核定其应纳税所得额。由居民企业,或者由居民企业和中国居民控制的设立在实际税负明显低于本法第4条第1款规定②税率水平的国家(地区)的企业,并非由

① 《企业所得税法》第25~36条。

② 《企业所得税法》第4条第1款规定,企业所得税率为25%。

于合理的经营需要而对利润不作分配或者减少分配的,上述利润中应归属于该居民企业的部分,应当计入该居民企业的当期收入。企业从其关联方接受的债权性投资与权益性投资的比例超过规定标准而发生的利息支出,不得在计算应纳税所得额时扣除。企业实施其他不具有合理商业目的的安排而减少其应纳税收入或者所得额的,税务机关有权按照合理方法调整。税务机关依照本章规定作出纳税调整,需要补征税款的,应当补征税款,并按照国务院规定加收利息。①

从以上收益类税法的制定情况看,国家对于收益类税收采取了由全国人大及常委会制定法律的形式予以规范,这反映了国家对此类立法的高度重视,其目的是对政府行为作出规范,以便保障居民与企业的合法权益。但其宏观调控法的功能也十分明显,特别是在调节分配关系上,通过收益类税收规范的完善,可以达到协调社会利益关系的目的。笔者认为,对于个人所得税而言,关键是起征点和税率的调整,对于调节个人收入之间的平衡具有重要意义;而对于企业所得税而言,税率的适中以及各项税收优惠法定措施的落实,有利于促进企业更好地发展,从而为市场经济的发展创造条件。

第三节 资源类、行为类税收调控法的制定和实施

按照税法原理,资源类税法主要是指为解决资源级差收入问题所制定和实施的税法。但是,就宏观调控而言,此类税法的积极作用还在于促进纳税人对资源的合理利用问题,特别是环境保护。而行为类税法则体现了国家对特定行为调整的经济政策和其他政策。

---

① 《企业所得税法》第 41 ~48 条。

一、资源类税法的制定和实施

1993 年 12 月 25 日,国务院在废止 1984 年 9 月 18 日国务院发布的《资源税条例(草案)》《盐税条例(草案)》的基础上,出台了《资源税暂行条例》。2011 年 9 月 21 日,国务院第 173 次会议通过《关于修改〈中华人民共和国资源税暂行条例〉的决定》,自 2011 年 11 月 1 日起施行。新修改的《资源税暂行条例》共计 16 条。按照《资源税暂行条例》的规定,资源税的征税对象和纳税人是指,在中华人民共和国领域及管辖海域开采本条例规定的矿产品或者生产盐(以下简称开采或者生产应税产品)的单位和个人。资源税的税目、税率,依照本条例所附《资源税税目税率表》及财政部的有关规定执行。税目、税率的部分调整,由国务院决定。纳税人具体适用的税率,在本条例所附《资源税税目税率表》规定的税率幅度内,根据纳税人所开采或者生产应税产品的资源品位、开采条件等情况,由财政部与国务院有关部门协商确定;财政部未列举名称且未确定具体适用税率的其他非金属矿原矿和有色金属矿原矿,由省、自治区、直辖市人民政府根据实际情况确定,报财政部和国家税务总局备案。资源税的应纳税额,按照从价定率或者从量定额的办法,分别以应税产品的销售额乘以纳税人具体适用的比例税率或者以应税产品的销售数量乘以纳税人具体适用的定额税率计算。纳税人开采或者生产不同税目应税产品的,应当分别核算不同税目应税产品的销售额或者销售数量;未分别核算或者不能准确提供不同税目应税产品的销售额或者销售数量的,从高适用税率。纳税人开采或者生产应税产品,自用于连续生产应税产品的,不缴纳资源税;自用于其他方面的,视同销售,依照本条例缴纳资源税。该税减征或者免征资源税情形包括:一是开采原油过程中用于加热、修井的原油,免税;二是纳税人开采或者生产应税产品过程中,因意外事故或者自然灾害等原因遭受重大损失的,由省、自治区、直辖市人民政府酌情决定减税或者免税；三是国务院规定的其他减税、免税项目。纳税人的减税、免税项目，应当单独核算销售额或者销售数量；未单独核算或者不能准确提供销售额或者销售数量的，不予减税或者免税。①

表 17－4　资源税税目税率

税目		税率
一、原油		销售额的 5%～10%
二、天然气		销售额的 5%～10%
三、煤炭	焦煤	每吨 8～20 元
	其他煤炭	每吨 0.3～5 元
四、其他非金属矿原矿	普通非金属矿原矿	每吨或者每立方米 0.5～20 元
	贵重非金属矿原矿	每千克或者每克拉 0.5～20 元
五、黑色金属矿原矿		每吨 2～30 元
六、有色金属矿原矿	稀土矿	每吨 0.4～60 元
	其他有色金属矿原矿	每吨 0.4～30 元
七、盐	固体盐	每吨 10～60 元
	液体盐	每吨 2～10 元

二、城镇土地使用税法的制定和实施

为了合理利用城镇土地，调节土地级差收入，提高土地使用效益，加强土地管理，2006 年 12 月 31 日，国务院对 1988 年 9 月 27 日出台的《城镇土地使用税暂行条例》进行了第一次修正；2011 年 1 月 8 日第二次修

① 《资源税暂行条例》第 1～8 条。

正;2013 年 12 月 7 日,根据国务院《关于修改部分行政法规的决定》第三次修正。全文共计 14 条。关于征税对象和纳税人,《城镇土地使用税暂行条例》规定,在城市、县城、建制镇、工矿区范围内使用土地的单位和个人,为城镇土地使用税(以下简称土地使用税)的纳税人。本条例所称单位,包括国有企业、集体企业、私营企业、股份制企业、外商投资企业、外国企业以及其他企业和事业单位、社会团体、国家机关、军队以及其他单位;所称个人,包括个体工商户以及其他个人。①

关于税率及计税依据,《城镇土地使用税暂行条例》规定,土地使用税以纳税人实际占用的土地面积为计税依据,依照规定税额计算征收。土地占用面积的组织测量工作,由省、自治区、直辖市人民政府根据实际情况确定。土地使用税每平方米年税额为:大城市 1.5 ~ 30 元;中等城市 1.2 ~ 24 元;小城市 0.9 ~ 18 元;县城、建制镇、工矿区 0.6 ~ 12 元。省、自治区、直辖市人民政府,应当在本条例规定的税额幅度内,根据市政建设状况、经济繁荣程度等条件,确定所辖地区的适用税额幅度。市、县人民政府应当根据实际情况,将本地区土地划分为若干等级,在省、自治区、直辖市人民政府确定的税额幅度内,制定相应的适用税额标准,报省、自治区、直辖市人民政府批准执行。经省、自治区、直辖市人民政府批准,经济落后地区土地使用税的适用税额标准可以适当降低,但降低额不得超过本条例规定最低税额的 30%。经济发达地区土地使用税的适用税额标准可以适当提高,但须报经财政部批准。②

关于税收减免,《城镇土地使用税暂行条例》规定免缴土地使用税的情形包括:一是国家机关、人民团体、军队自用的土地;二是由国家财政部门拨付事业经费的单位自用的土地;三是宗教寺庙、公园、名胜古迹自用的土地;四是市政街道、广场、绿化地带等公共用地;五是直接用于

---

① 《土地使用税暂行条例》第 2 条。

② 《土地使用税暂行条例》第 3 ~5 条。

农、林、牧、渔业的生产用地；六是经批准开山填海整治的土地和改造的废弃土地，从使用的月份起免缴土地使用税5～10年；七是由财政部另行规定免税的能源、交通、水利设施用地和其他用地。除本条例规定外，纳税人缴纳土地使用税确有困难需要定期减免的，由县以上地方税务机关批准。[①]

三、耕地占用税法的制定和实施

为了合理利用土地资源，加强土地管理，保护耕地，2007年12月1日国务院废止了1987年4月1日国务院发布的《耕地占用税暂行条例》，公布了新的《耕地占用税暂行条例》，自2008年1月1日起施行。2018年12月29日第十三届全国人民代表大会常务委员会第七次会议通过《耕地占用税法》，同时废除了《耕地占用税暂行条例》。新法自2019年9月1日起施行，共计16条。

关于税收征收对象及纳税人，《耕地占用税法》规定，耕地占用税的征税对象是耕地，即是指用于种植农作物的土地。纳税人指在中华人民共和国境内占用耕地建设建筑物、构筑物或者从事非农业建设的单位和个人。[②]

关于耕地占用税的税率及计税依据，《耕地占用税法》规定，耕地占用税以纳税人实际占用的耕地面积为计税依据，按照规定的适用税额一次性征收，应纳税额为纳税人实际占用的耕地面积（平方米）乘以适用税额。第4条第1款规定，耕地占用税的税额如下：一是人均耕地不超过1亩的地区（以县、自治县、不设区的市、市辖区为单位，下同），每平方米为10～50元；二是人均耕地超过1亩但不超过2亩的地区，每平方米

---

① 《城镇土地使用税暂行条例》第2条。

② 《耕地占用税法》第2条。

为 8～40 元；三是人均耕地超过 2 亩但不超过 3 亩的地区，每平方米为 6～30 元；四是人均耕地超过 3 亩的地区，每平方米为 5～25 元。①

关于耕地占用税的免征规定：一是占用耕地建设农田水利设施的，不缴纳耕地占用税。二是军事设施、学校、幼儿园、社会福利机构、医疗机构占用耕地，免征耕地占用税。三是农村居民经批准搬迁，新建自用住宅占用耕地不超过原宅基地面积的部分，免征耕地占用税。四是农村烈士遗属、因公牺牲军人遗属、残疾军人以及符合农村最低生活保障条件的农村居民，在规定用地标准以内新建自用住宅，免征耕地占用税。五是占用园地、林地、草地、农田水利用地、养殖水面、渔业水域滩涂以及其他农用地建设建筑物、构筑物属于直接为农业生产服务的生产设施的，不缴纳耕地占用税。与此同时，属于第二项免征的纳税人改变原占地用途，不再属于免征占用税情形的，应当按照当地适用税额补缴耕地占用税。②

关于减税规定：一是各地区耕地占用税的适用税额，由省、自治区、直辖市人民政府根据人均耕地面积和经济发展等情况，在前款规定的税额幅度内提出，报同级人民代表大会常务委员会决定，并报全国人民代表大会常务委员会和国务院备案。二是各省、自治区、直辖市耕地占用税适用税额的平均水平，不得低于本法所附《各省、自治区、直辖市耕地占用税平均税额表》规定的平均税额。三是铁路线路、公路线路、飞机场跑道、停机坪、港口、航道、水利工程占用耕地，减按 2 元/每平方米的税额征收耕地占用税，但减征耕地占用税后，纳税人改变原占地用途，不再属于减征耕地占用税情形的，应当按照当地适用税额补缴耕地占用税。四是农村居民在规定用地标准以内占用耕地新建自用住宅，按照当地适用税额减半征收耕地占用税。五是占用园地、林地、草地、农田水利用

① 《耕地占用税法》第 3 条、第 4 条第 1 款。

② 《耕地占用税法》第 2 条第 2 款，第 7 条第 1 款、第 3 款、第 4 款，第 8 条，第 12 条第 3 款。

地、养殖水面、渔业水域滩涂以及其他农用地建设建筑物、构筑物或者从事非农业建设的,依照本法的规定缴纳耕地占用税。但占用农用地的,适用税额可以适当低于本地区按照本法第4条第2款确定的适用税额,降低的部分不得超过50%。具体适用税额由省、自治区、直辖市人民政府提出,报同级人民代表大会常务委员会决定,并报全国人民代表大会常务委员会和国务院备案。①《耕地占用税法》第8条第5款规定,根据国民经济和社会发展的需要,国务院可以规定免征或者减征耕地占用税的其他情形,报全国人民代表大会常务委员会备案。

关于税收加成规定:一是第5条规定,在人均耕地低于0.5亩的地区,省、自治区、直辖市可以根据当地经济发展情况,适当提高耕地占用税的适用税额,但提高的部分不得超过本法第4条第2款确定的适用税额的50%。具体适用税额按照本法第4条第2款规定的程序确定。二是占用基本农田的,应当按照本法第4条第2款或者第5条确定的当地适用税额,加按150%征收。②

在上述法律规定基础上,《耕地占用税法》结合当前实际情况对各地耕地占用税平均税额进行了规范。详见表17-5:

表17-5 各省、自治区、直辖市耕地占用税平均税额

省、自治区、直辖市	平均税额(元/平方米)
上海	45
北京	40
天津	35
江苏、浙江、福建、广东	30

---

① 《耕地占用税法》第4条第2款,第7条第2款、第3款,第8条,第12条第1款、第2款。

② 《耕地占用税法》第5~6条。

续表

省、自治区、直辖市	平均税额(元/平方米)
辽宁、湖北、湖南	25
河北、安徽、江西、山东、河南、重庆、四川	22.5
广西、海南、云南、陕西	20
山西、吉林、黑龙江	17.5
内蒙古、西藏、甘肃、青海、宁夏、新疆	12.5

四、印花税的制定和实施

1988 年 10 月 1 日起国务院出台《印花税暂行条例》,2011 年 1 月 8 日,根据国务院令第 588 号《国务院关于废止和修改部分行政法规的决定》进行修订。现行的《印花税暂行条例》共计 16 条。

关于征收对象和纳税人,根据《印花税暂行条例》的规定,在中华人民共和国境内书立、领受本条例所列举凭证的单位和个人,都是印花税的纳税义务人。本条例所列举的应纳税凭证包括:一是购销、加工承揽、建设工程承包、财产租赁、货物运输、仓储保管、借款、财产保险、技术合同或者具有合同性质的凭证;二是产权转移书据;三是营业账簿;四是权利、许可证照;五是经财政部确定征税的其他凭证。①

关于税率及计税依据,《印花税暂行条例》规定,纳税人根据应纳税凭证的性质,分别按比例税率或者按件定额计算应纳税额。具体税率、税额的确定,依照本条例所附《印花税税目税率表》(见表 17 – 6)执行。② 应纳税额不足 1 角的,免纳印花税。

关于税收减免,《印花税暂行条例》规定,应纳税额在 1 角以上的,其

---

① 《印花税暂行条例》第 1 ~2 条。

② 《印花税暂行条例》第 3 条第 1 款。

税额尾数不满5分的不计，满5分的按1角计算缴纳。免纳印花税的凭证包括：一是已缴纳印花税的凭证的副本或者抄本；二是财产所有人将财产赠给政府、社会福利单位、学校所立的书据；三是经财政部批准免税的其他凭证。印花税实行由纳税人根据规定自行计算应纳税额，购买并一次贴足印花税票（以下简称贴花）的缴纳办法。为简化贴花手续，应纳税额较大或者贴花次数频繁的，纳税人可向税务机关提出申请，采取以缴款书代替贴花或者按期汇总缴纳的办法。①

表17－6　印花税税目税率

序号	税目	范围	税率	纳税人	说明
1	购销合同	包括供应、预购、采购、购销结合及协作、调剂、补偿、易货等合同	按购销金额万分之三贴花	立合同人	—
2	加工承揽合同	包括加工、定作、修缮、修理、印刷、广告、测绘、测试等合同	按加工或承揽收入万分之五贴花	立合同人	—
3	建设工程勘察、设计合同	包括勘察、设计合同	按收取费用万分之五贴花	立合同人	—
4	建筑安装工程承包合同	包括建筑、安装工程承包合同	按承包金额万分之五贴花	立合同人	—
5	财产租赁合同	包括租赁房屋、船舶、飞机、机动车辆、机械、器具、设备等合同	按租赁金额的千分之一贴花。税额不足1元的按1元贴花	立合同人	—

① 《印花税暂行条例》第3条第2~3款、第4条、第5条。

续表

序号	税目	范围	税率	纳税人	说明
6	货物运输合同	包括民用航空、铁路运输、海上运输、内河运输、公路运输和联运合同	按运输费用万分之五贴花	立合同人	单据作为合同使用的，按合同贴花
7	仓储保管合同	包括仓储、保管合同	按仓储保管费用千分之一贴花	立合同人	仓单或栈单作为合同使用的，按合同贴花
8	借款合同	银行及其他金融组织和借款人（不包括银行同业拆借）所签订的合同	按借款金额的万分之零点五贴花	立合同人	单据作为合同使用的，按合同贴花
9	财产保险合同	包括财产、责任、保证、信用等合同	按投保金额的万分之三贴花	立合同人	单据作为合同使用的，按合同贴花
10	技术合同	包括技术开发、转让、咨询、服务等合同	按所载金额万分之三贴花	立合同人	—
11	产权转移书据	包括财产所有权和版权、商标专用权、专利权、专有技术使用权等转移书据	按所载金额万分之五贴花	立据人	—
12	营业账簿	生产经营用账册	记载资金的账簿，按固定资产原值与自有流动资金总额万分之五贴花。其他账簿按件贴花五元	立账簿人	—
13	权利、许可证照	包括政府部门发给的房屋产权证、工商营业执照、商标注册证、专利证、土地使用权证	按件贴花五元	领受人	—

五、车船税法的制定和实施

2011年2月25日，中华人民共和国第十一届全国人民代表大会常务委员会第十九次会议废止了2006年12月29日国务院公布的《中华人民共和国车船税暂行条例》，出台《车船税法》自2012年1月1日起施行；根据2019年4月23日第十三届全国人民代表大会常务委员会第十次会议《关于修改〈中华人民共和国建筑法〉等八部法律的决定》修正。该法共计13条。

关于征税对象和纳税人，《车船税法》规定，在中华人民共和国境内属于本法所附《车船税税目税额表》规定的车辆、船舶（以下简称车船）的所有人或者管理人，为车船税的纳税人。①

关于车船税的税率，《车船税法》规定，车船的适用税额依照本法所附《车船税税目税额表》（见表17－7）执行。车辆的具体适用税额由省、自治区、直辖市人民政府依照该法所附《车船税税目税额表》规定的税额幅度和国务院的规定确定。船舶的具体适用税额由国务院在本法所附《车船税税目税额表》规定的税额幅度内确定。②

关于税收的减免，《车船税法》规定，车船免征车船税的情形包括：一是捕捞、养殖渔船；二是军队、武装警察部队专用的车船；三是警用车船；四是悬挂应急救援专用号牌的国家综合性消防救援车辆和国家结合性消防救援专用船舶；五是依照法律规定应当予以免税的外国驻华使领馆、国际组织驻华代表机构及其有关人员的车船。对节约能源、使用新能源的车船可以减征或者免征车船税；对受严重自然灾害影响纳税困难以及有其他特殊原因确需减税、免税的，可以减征或者免征车船税。具体办法由国务院规定，并报全国人民代表大会常务委员会备案。省、自治

---

① 《车船税法》第1条。

② 《车船税法》第2条。

区、直辖市人民政府根据当地实际情况，可以对公共交通车船，农村居民拥有并主要在农村地区使用的摩托车、三轮汽车和低速载货汽车定期减征或者免征车船税。①

表 17－7　车船税税目税额

税目		计税单位	年基准税额	备注
乘用车[按发动机汽缸容量（排气量）分档]	1.0 升（含）以下的	每辆	60 元至 360 元	核定载客人数 9 人（含）以下
	1.0 升以上至 1.6 升（含）的		300 元至 540 元	
	1.6 升以上至 2.0 升（含）的		360 元至 660 元	
	2.0 升以上至 2.5 升（含）的		660 元至 1200 元	
	2.5 升以上至 3.0 升（含）的		1200 元至 2400 元	
	3.0 升以上至 4.0 升（含）的		2400 元至 3600 元	
	4.0 升以上的		3600 元至 5400 元	
商用车	客车	每辆	480 元至 1440 元	核定载客人数 9 人以上，包括电车
	货车	整备质量每吨	16 元至 120 元	包括半挂牵引车、三轮汽车和低速载货汽车等
挂车	—	整备质量每吨	按照货车税额的 50% 计算	—
其他车辆	专用作业车	整备质量每吨	16 元至 120 元	不包括拖拉机
	轮式专用机械车		16 元至 120 元	
摩托车	—	每辆	36 元至 180 元	—
船舶	机动船舶	净吨位每吨	3 元至 6 元	拖船、非机动驳船分别按照机动船舶税额的 50% 计算
	游艇	艇身长度每米	600 元至 2000 元	—

① 《车船税法》第 3～5 条。

六、车辆购置税法的制定和实施

2000年10月22日国务院公布了《车辆购置税暂行条例》,自2001年1月1日起施行。2018年12月29日第十三届全国人民代表大会常务委员会第七次会议通过《车辆购置税法》共计19条,自2019年7月1日起施行,《车辆购置税暂行条例》同时废止。

关于征税对象及纳税人,《车辆购置税法》规定,在中华人民共和国境内购置汽车、有轨电车、汽车挂车、排气量超过150毫升的摩托车(以下统称应税车辆)的单位和个人,为车辆购置税的纳税人,应当依照本法规定缴纳车辆购置税。本法所称购置,是指以购买、进口、自产、受赠、获奖或者其他方式取得并自用应税车辆的行为。[①]

关于税率及计税依据,《车辆购置税法》规定,车辆购置税的税率为10%。车辆购置税的应纳税额按照应税车辆的计税价格乘以税率计算。应税车辆的计税价格,按照下列规定确定:一是纳税人购买自用应税车辆的计税价格,为纳税人实际支付给销售者的全部价款,不包括增值税税款;二是纳税人进口自用应税车辆的计税价格,为关税完税价格加上关税和消费税;三是纳税人自产自用应税车辆的计税价格,按照纳税人生产的同类应税车辆的销售价格确定,不包括增值税税款;四是纳税人以受赠、获奖或者其他方式取得自用应税车辆的计税价格,按照购置应税车辆时相关凭证载明的价格确定,不包括增值税税款。纳税人申报的应税车辆计税价格明显偏低,又无正当理由的,由税务机关依照《税收征收管理法》的规定核定其应纳税额。纳税人以外汇结算应税车辆价款的,按照申报纳税之日的人民币汇率中间价折合成人民币计算缴纳

---

① 《车辆购置税法》第1~2条。

税款。[①]

关于税收免征和减征规定,《车辆购置税法》规定,下列车辆免征车辆购置税:一是依照法律规定应当予以免税的外国驻华使馆、领事馆和国际组织驻华机构及其有关人员自用的车辆;二是中国人民解放军和中国人民武装警察部队列入装备订货计划的车辆;三是悬挂应急救援专用号牌的国家综合性消防救援车辆;四是设有固定装置的非运输专用作业车辆;五是城市公交企业购置的公共汽电车辆。

根据国民经济和社会发展的需要,国务院可以规定减征或者其他免征车辆购置税的情形,报全国人民代表大会常务委员会备案。

免税、减税车辆因转让、改变用途等原因不再属于免税、减税范围的,纳税人应当在办理车辆转移登记或者变更登记前缴纳车辆购置税。计税价格以免税、减税车辆初次办理纳税申报时确定的计税价格为基准,每满 1 年扣减 10% 。[②]

七、房产税的制定和实施

1986 年 9 月 15 日,国务院正式发布了《房产税暂行条例》,1986 年 10 月 1 日开始施行。各省、自治区、直辖市政府根据条例规定制定了实施细则。至此,房产税在全国范围内全面征收。2011 年 1 月 8 日,根据国务院令第 588 号《关于废止和修改部分行政法规的决定》进行了修订。该条例共计 11 条。

关于征收对象和纳税人,《房产税暂行条例》的规定,房产税在城市、县城、建制镇和工矿区征收。房产税由产权所有人缴纳。产权属于全民所有的,由经营管理的单位缴纳。产权出典的,由承典人缴纳。产

---

① 《车辆购置税法》第 4 ~8 条。

② 《车辆购置税法》第 9 条、第 14 条。

权所有人、承典人不在房产所在地的,或者产权未确定及租典纠纷未解决的,由房产代管人或者使用人缴纳。产权所有人、经营管理单位、承典人、房产代管人或者使用人,统称为纳税义务人(以下简称纳税人)。①

关于税率及计税依据,《房产税暂行条例》规定,房产税依照房产原值一次减除10%~30%后的余值计算缴纳。具体减除幅度,由省、自治区、直辖市人民政府规定。没有房产原值作为依据的,由房产所在地税务机关参考同类房产核定。房产出租的,以房产租金收入为房产税的计税依据。房产税的税率,依照房产余值计算缴纳的,税率为1.2%;依照房产租金收入计算缴纳的,税率为12%。②

关于减税免税,《房产税暂行条例》规定,免纳房产税的情形包括:一是国家机关、人民团体、军队自用的房产;二是由国家财政部门拨付事业经费的单位自用的房产;三是宗教寺庙、公园、名胜古迹自用的房产;四是个人所有非营业用的房产;五是经财政部批准免税的其他房产。除本条例规定者外,纳税人纳税确有困难的,可由省、自治区、直辖市人民政府确定,定期减征或者免征房产税。③ 目前,居民拥有的住房,除自用外,越来越多地被用于投资,因此,按照党的十九大关于"房子是用来住的"精神,急需通过改革遏制房屋买卖中的投资投机行为。为此,国家在重庆、上海试点的基础上,正考虑出台新的房产税法。

八、契税法的制定和实施

早在1950年4月3日,中央人民政府政务院就发布施行了《契税暂行条例》。1997年4月23日国务院第55次常务会议通过新的《契税暂行条例》,自1997年10月1日起施行。该条例共计15条。

---

① 《房产税暂行条例》第1~2条。
② 《房产税暂行条例》第3~4条。
③ 《房产税暂行条例》第1~6条。

关于征税对象及纳税人,《契税暂行条例》规定,在中华人民共和国境内转移土地、房屋权属,承受的单位和个人为契税的纳税人,应当依照本条例的规定缴纳契税。本条例所称转移土地、房屋权属是指下列行为:一是国有土地使用权出让;二是土地使用权转让,包括出售、赠与和交换;三是房屋买卖;四是房屋赠与;五是房屋交换。其中,土地使用权转让,不包括农村集体土地承包经营权的转移。①

关于税率及计税依据,《契税暂行条例》规定,契税税率为3% ~5%。契税的适用税率,由省、自治区、直辖市人民政府在该规定的幅度内按照本地区的实际情况确定,并报财政部和国家税务总局备案。契税的计税依据:一是国有土地使用权出让、土地使用权出售、房屋买卖的,为成交价格;二是土地使用权赠与、房屋赠与,由征收机关参照土地使用权出售、房屋买卖的市场价格核定;三是土地使用权交换、房屋交换,为所交换的土地使用权、房屋的价格的差额。成交价格明显低于市场价格并且无正当理由的,或者所交换土地使用权、房屋的价格的差额明显不合理并且无正当理由的,由征收机关参照市场价格核定。②

契税应纳税额,依照本条例规定的税率和计税依据计算征收。应纳税额计算公式:应纳税额 = 计税依据 × 税率。应纳税额以人民币计算。转移土地、房屋权属以外汇结算的,按照纳税义务发生之日中国人民银行公布的人民币市场汇率中间价折合成人民币计算。③

关于税收减免,《契税暂行条例》规定,减征或者免征契税的情形包括:一是国家机关、事业单位、社会团体、军事单位承受土地、房屋用于办公、教学、医疗、科研和军事设施的,免征;二是城镇职工按规定第一次购买公有住房的,免征;三是因不可抗力灭失住房而重新购买住房的,酌情准予减征或者免征;四是财政部规定的其他减征、免征契税的项目。但

① 《契税暂行条例》第1 ~2 条。
② 《契税暂行条例》第3 ~5 条。
③ 《契税暂行条例》第3 ~5 条。

经批准减征、免征契税的纳税人改变有关土地、房屋的用途,不再属于本条例规定的减征、免征契税范围的,应当补缴已经减征、免征的税款。①

九、烟叶税法的制定和实施

《烟叶税暂行条例》是为避免因废止《农业税条例》②而出现无法征收农业特产农业税的情况而制定的,由国务院2006年4月28日颁布施行,共计10条。2017年12月27日,第十二届全国人民代表大会常务委员会第三十一次会议通过《烟叶税法》,并于同日废除《烟叶税暂行条例》。新法共计10条,自2018年7月1日起施行。

按照《烟叶税法》的规定,在中华人民共和国境内,依照《烟草专卖法》的规定收购烟叶的单位为烟叶税的纳税人。纳税人应当依照本法规定缴纳烟叶税。本法所称烟叶,是指烤烟叶、晾晒烟叶。烟叶税的计税依据为纳税人收购烟叶实际支付的价款总额。烟叶税的税率为20%。烟叶税的应纳税额按照纳税人收购烟叶实际支付的价款总额乘以税率计算。③ 关于对烟叶税的减免,法律未作出规定。

---

① 《契税暂行条例》第6~7条。

② 为了保证国家社会主义建设,并有利于巩固农业合作化制度,促进农业生产发展,1958年6月3日第一届全国人民代表大会常务委员会第九十六次会议通过《农业税条例》,自公布之日起施行。按该条例规定,全国的平均税率规定为常年产量的15.5%;各省、自治区、直辖市的平均税率,由国务院根据全国平均税率,结合各地区的不同经济情况,分别加以规定。县级以上人民委员会对所属地区规定的税率,最高不得超过常年产量的25%。省、自治区、直辖市人民委员会为了办理地方性公益事业的需要,经本级人民代表大会通过,可以随同农业税征收地方附加。地方附加一般不得超过纳税人应纳农业税税额的15%;在种植经济作物、园艺作物比较集中而获利又超过种植粮食作物较多的地区,地方附加的比例,可以高于15%,但最高不得超过30%。2005年12月29日,第十届全国人大常委会第十九次会议决定,自2006年1月1日起废止该条例。由此,国家不再针对农业单独征税。

③ 《烟叶税法》第1~5条。

十、船舶吨税法的制定和实施

船舶吨位税,也是一个古老的税种。早在1952年9月16日,经政务院财政经济委员会批准,1952年9月29日海关总署就发布施行了《海关船舶吨税暂行办法》。2011年11月23日国务院第182次常务会议通过了《船舶吨税暂行条例》,2011年12月5日国务院令第610号公布,自2012年1月1日起施行。2017年12月27日第十二届全国人民代表大会常务委员会第三十一次会议于2017年12月27日通过《船舶吨税法》,自2018年7月1日起施行,该法共计22条。

关于征税对象及纳税人,《船舶吨税法》规定,自中华人民共和国境外港口进入境内港口的船舶(以下简称应税船舶),应当依照本法缴纳船舶吨税(以下简称吨税)。①

关于税目、税率及计税依据,《船舶吨税法》规定,吨税的税目、税率依照本法所附的《吨税税目税率表》(见表17-8)执行。吨税设置优惠税率和普通税率。中华人民共和国籍的应税船舶,船籍国(地区)与中华人民共和国签订含有相互给予船舶税费最惠国待遇条款的条约或者协定的应税船舶,适用优惠税率。其他应税船舶,适用普通税率。吨税按照船舶净吨位和吨税执照期限征收。应税船舶负责人在每次申报纳税时,可以按照《吨税税目税率表》选择申领一种期限的吨税执照。吨税的应纳税额按照船舶净吨位乘以适用税率计算。应税船舶在吨税执照期限内,因税目税率调整或者船籍改变而导致适用税率变化的,吨税执照继续有效。因船籍改变而导致适用税率变化的,应税船舶在办理出入境手续时,应当提供船籍改变的证明文件。②

---

① 《船舶吨税法》第1条。

② 《船舶吨税法》第2~5条、第15条。

关于税收减免,《船舶吨税法》规定,下列船舶免征船舶吨税:一是应纳税额在人民币50元以下的船舶;二是自境外以购买、受赠、继承等方式取得船舶所有权的初次进口到港的空载船舶;三是吨税执照期满后24小时内不上下客货的船舶;四是非机动船舶(不包括非机动驳船);五是捕捞、养殖渔船;六是避难、防疫隔离、修理、改造、终止运营或者拆解,并不上下客货的船舶;七是军队、武装警察部队专用或者征用的船舶;八是警用船舶;九是依照法律规定应当予以免税的外国驻华使领馆、国际组织驻华代表机构及其有关人员的船舶;十是国务院规定的其他船舶。第十项免税规定,由国务院报全国人民代表大会常务委员会备案。在吨税执照期限内,应税船舶发生下列情形之一的,海关按照实际发生的天数批注延长吨税执照期限:一是避难、防疫隔离、修理、改造,并不上下客货;二是军队、武装警察部队征用。符合本法免除税收第五项至第九项、

表17-8　吨税税目税率

税目(按船舶净吨位划分)	税率(元/净吨)						备注
	普通税率(按执照期限划分)			优惠税率(按执照期限划分)			
	1年	90日	30日	1年	90日	30日	
不超过2000净吨	12.6	4.2	2.1	9.0	3.0	1.5	1.拖船按照发动机功率每千瓦折合净吨位0.67吨 2.无法提供净吨位证照文件的游艇,按照发动机功率每千瓦折合净吨位0.05吨 3.拖船和非机动驳船分别按相同净吨位船舶税率的50%计征税款
超过2000净吨,但不超过10000净吨	24.0	8.0	4.0	17.4	5.8	2.9	
超过10000净吨,但不超过50000净吨	27.6	9.2	4.6	19.8	6.6	3.3	
超过50000净吨	31.8	10.6	5.3	22.8	7.6	3.8	

延长吨税执照期限的船舶,应当提供海事部门、渔业船舶管理部门或者出入境检验检疫部门等部门、机构出具的具有法律效力的证明文件或者使用关系证明文件,申明免税或者延长吨税执照期限的依据和理由。[①]

十一、环境保护税法的制定和实施

为了保护和改善环境,减少污染物排放,推进生态文明建设,2016年12月25日第十二届全国人民代表大会常务委员会第二十五次会议通过了《环境保护税法》,自2018年1月1日起施行,根据2018年10月26日第十三届全国人民代表大会常务委员会第六次会议《关于修改〈中华人民共和国野生动物保护法〉等15部法律的决定》第一次修正。[②] 该法共5章28条。该法规定的基本内容除总则、附则外,包括计税依据和应纳税额、税收减免、征收管理等内容。该法制定和实施的目的主要是将原来由政府征收的排污费改为征收税,实现"费改税"或费税平移,使其法定化。

关于征税对象及纳税人,《环境保护税法》规定,在中华人民共和国领域和中华人民共和国管辖的其他海域,直接向环境排放应税污染物的企业事业单位和其他生产经营者为环境保护税的纳税人,应当依照法律规定缴纳环境保护税。本法所称应税污染物,是指本法所附《环境保护税税目税额表》(见表17-9)、《应税污染物和当量值表》(见表17-10)规定的大气污染物、水污染物、固体废物和噪声。不属于直接向环境排放污染物,不缴纳相应污染物的环境保护税的情形包括:企业事业单位

① 《船舶吨位税法》第9~11条。

② 2018年修改内容:一是将第22条中的"海洋主管部门"修改为"生态环境主管部门"。二是将第10条、第14条、第15条、第20条、第21条、第23条中的"环境保护主管部门"修改为"生态环境主管部门"。

和其他生产经营者向依法设立的污水集中处理、生活垃圾集中处理场所排放应税污染物的；企业事业单位和其他生产经营者在符合国家和地方环境保护标准的设施、场所贮存或者处置固体废物的。依法设立的城乡污水集中处理、生活垃圾集中处理场所超过国家和地方规定的排放标准向环境排放应税污染物的，应当缴纳环境保护税。企业事业单位和其他生产经营者贮存或者处置固体废物不符合国家和地方环境保护标准的，应当缴纳环境保护税。

表 17－9　环境保护税税目税额

税目		计税单位	税额	备注
大气污染物		每污染当量①	1.2～12 元	—
水污染物		每污染当量	1.4～14 元	—
固体废物	煤矸石	每吨	5 元	—
	尾矿	每吨	15 元	—
	危险废物	每吨	1000 元	—
	冶炼渣、粉煤灰、炉渣、其他固体废物（含半固态、液态废物）	每吨	25 元	—

① 污染当量，是指根据污染物或者污染排放活动对环境的有害程度以及处理的技术经济性，衡量不同污染物对环境污染的综合性指标或者计量单位。同一介质相同污染当量的不同污染物，其污染程度基本相当。

续表

<table>
<tr><th colspan="2">税目</th><th>计税单位</th><th>税额</th><th>备注</th></tr>
<tr><td rowspan="6">噪声</td><td rowspan="6">工业噪声</td><td>超标 1~3 分贝</td><td>每月 350 元</td><td rowspan="6">1. 一个单位边界上有多处噪声超标,根据最高一处超标声级计算应纳税额;当沿边界长度超过100米有两处以上噪声超标,按照两个单位计算应纳税额。
2. 一个单位有不同地点作业场所的,应当分别计算应纳税额,合并计征。
3. 昼、夜均超标的环境噪声,昼、夜分别计算应纳税额,累计计征。
4. 声源一个月内超标不足15天的,减半计算应纳税额。
5. 夜间频繁突发和夜间偶然突发厂界超标噪声,按等效声级和峰值噪声两种指标中超标分贝值高的一项计算应纳税额。</td></tr>
<tr><td>超标 4~6 分贝</td><td>每月 700 元</td></tr>
<tr><td>超标 7~9 分贝</td><td>每月 1400 元</td></tr>
<tr><td>超标 10~12 分贝</td><td>每月 2800 元</td></tr>
<tr><td>超标 13~15 分贝</td><td>每月 5600 元</td></tr>
<tr><td>超标 16 分贝</td><td>每月 11200 元</td></tr>
</table>

表 17-10　应税污染物和当量值

一、第一类水污染物污染当量值

污染物	污染当量值(千克)
1. 总汞	0.0005
2. 总镉	0.005
3. 总铬	0.04
4. 六价铬	0.02

续表

污染物	污染当量值(千克)
5. 总砷	0.02
6. 总铅	0.025
7. 总镍	0.025
8. 苯并(a)芘	0.0000003
9. 总铍	0.01
10. 总银	0.02

二、第二类水污染物污染当量值

污染物	污染当量值(千克)	备注
11. 悬浮物(SS)	4	—
12. 生化需氧量(BOD5)	0.5	同一排放口中的化学需氧量、生化需氧量和总有机碳，只征收一项
13. 化学需氧量(COD)	1	
14. 总有机碳(TOC)	0.49	
15. 石油类	0.1	—
16. 动植物油	0.16	—
17. 挥发酚	0.08	—
18. 总氰化物	0.05	—
19. 硫化物	0.125	—
20. 氨氮	0.8	—
21. 氟化物	0.5	—
22. 甲醛	0.125	—
23. 苯胺类	0.2	—
24. 硝基苯类	0.2	—
25. 阴离子表面活性剂(LAS)	0.2	—

续表

污染物	污染当量值(千克)	备注
26. 总铜	0.1	—
27. 总锌	0.2	—
28. 总锰	0.2	—
29. 彩色显影剂(CD－2)	0.2	—
30. 总磷	0.25	—
31. 元素磷(以P计)	0.05	—
32. 有机磷农药(以P计)	0.05	—
33. 乐果	0.05	—
34. 甲基对硫磷	0.05	—
35. 马拉硫磷	0.05	—
36. 对硫磷	0.05	—
37. 五氯酚及五氯酚钠(以五氯酚计)	0.25	—
38. 三氯甲烷	0.04	—
39. 可吸附有机卤化物(AOX)(以Cl计)	0.25	—
40. 四氯化碳	0.04	—
41. 三氯乙烯	0.04	—
42. 四氯乙烯	0.04	—
43. 苯	0.02	—
44. 甲苯	0.02	—
45. 乙苯	0.02	—
46. 邻－二甲苯	0.02	—
47. 对－二甲苯	0.02	—

续表

污染物	污染当量值(千克)	备注
48. 间－二甲苯	0.02	—
49. 氯苯	0.02	—
50. 邻二氯苯	0.02	—
51. 对二氯苯	0.02	—
52. 对硝基氯苯	0.02	—
53. 2,4－二硝基氯苯	0.02	—
54. 苯酚	0.02	—
55. 间－甲酚	0.02	—
56. 2,4－二氯酚	0.02	—
57. 2,4,6－三氯酚	0.02	—
58. 邻苯二甲酸二丁酯	0.02	—
59. 邻苯二甲酸二辛酯	0.02	—
60. 丙烯腈	0.125	—
61. 总硒	0.02	—

三、pH值、色度、大肠菌群数、余氯量污染当量值

<table>
<tr><th colspan="2">污染物</th><th>污染当量值</th><th>备注</th></tr>
<tr><td rowspan="6">1. pH值</td><td>1. 0～1,13～14</td><td>0.06吨污水</td><td rowspan="6">pH值5～6指大于等于5,小于6;pH值9～10指大于9,小于等于10,其余类推</td></tr>
<tr><td>2. 1～2,12～13</td><td>0.125吨污水</td></tr>
<tr><td>3. 2～3,11～12</td><td>0.25吨污水</td></tr>
<tr><td>4. 3～4,10～11</td><td>0.5吨污水</td></tr>
<tr><td>5. 4～5,9～10</td><td>1吨污水</td></tr>
<tr><td>6. 5～6</td><td>5吨污水</td></tr>
<tr><td colspan="2">2. 色度</td><td>5吨水·倍</td><td>—</td></tr>
<tr><td colspan="2">3. 大肠菌群数(超标)</td><td>3.3吨污水</td><td rowspan="2">大肠菌群数和余氯只征收一项</td></tr>
<tr><td colspan="2">4. 余氯量(用氯消毒的医院废水)</td><td>3.3吨污水</td></tr>
</table>

四、禽畜养殖业、小型企业和第三产业污染当量值

(本表仅适用于计算无法进行实际监测或物料衡算的禽畜养殖业、小型企业和第三产业等小型排污者的水污染物污染当量数)

类型		污染当量值	备注
禽畜养殖场	1. 牛	0.1 头	仅对存栏规模大于 50 头牛、500 头猪、5000 羽鸡、鸭等的禽畜养殖场征收
	2. 猪	1 头	
	3. 鸡、鸭等家禽	30 羽	
4. 小型企业		1.8 吨污水	—
5. 饮食娱乐服务业		0.5 吨污水	—
6. 医院	消毒	0.14 床	医院病床数大于 20 张的按本表计算污染当量数
		2.8 吨污水	
	不消毒	0.07 床	
		1.4 吨污水	

五、大气污染物污染当量值

污染物	污染当量值(千克)
1. 二氧化硫	0.95
2. 氮氧化物	0.95
3. 一氧化碳	16.7
4. 氯气	0.34
5. 氯化氢	10.75
6. 氟化物	0.87
7. 氰化氢	0.005
8. 硫酸雾	0.6
9. 铬酸雾	0.0007
10. 汞及其化合物	0.0001

续表

污染物	污染当量值(千克)
11. 一般性粉尘	4
12. 石棉尘	0.53
13. 玻璃棉尘	2.13
14. 碳黑尘	0.59
15. 铅及其化合物	0.02
16. 镉及其化合物	0.03
17. 铍及其化合物	0.0004
18. 镍及其化合物	0.13
19. 锡及其化合物	0.27
20. 烟尘	2.18
21. 苯	0.05
22. 甲苯	0.18
23. 二甲苯	0.27
24. 苯并(a)芘	0.000002
25. 甲醛	0.09
26. 乙醛	0.45
27. 丙烯醛	0.06
28. 甲醇	0.67
29. 酚类	0.35
30. 沥青烟	0.19
31. 苯胺类	0.21
32. 氯苯类	0.72
33. 硝基苯	0.17
34. 丙烯腈	0.22

续表

污染物	污染当量值(千克)
35. 氯乙烯	0.55
36. 光气	0.04
37. 硫化氢	0.29
38. 氨	9.09
39. 三甲胺	0.32
40. 甲硫醇	0.04
41. 甲硫醚	0.28
42. 二甲二硫	0.28
43. 苯乙烯	25
44. 二硫化碳	20

关于税目、税额，环境保护税的税目、税额，依照本法所附《环境保护税税目税额表》执行。应税大气污染物和水污染物的具体适用税额的确定和调整，由省、自治区、直辖市人民政府统筹考虑本地区环境承载能力、污染物排放现状和经济社会生态发展目标要求，在本法所附《环境保护税税目税额表》规定的税额幅度内提出，报同级人民代表大会常务委员会决定，并报全国人民代表大会常务委员会和国务院备案。①

关于计税依据和应纳税额，《环境保护税法》第二章专章规定，应税污染物的计税依据，按照下列方法确定：应税大气污染物按照污染物排放量折合的污染当量数确定；应税水污染物按照污染物排放量折合的污染当量数确定；应税固体废物按照固体废物的排放量确定；应税噪声按照超过国家规定标准的分贝数确定。② 应税大气污染物、水污染物的污染当量数，以该污染物的排放量除以该污染物的污染当量值计算。每种

① 《环境保护税法》第2~6条。

② 《环境保护税法》第7条。

应税大气污染物、水污染物的具体污染当量值,依照该法所附《应税污染物和当量值表》执行。每一排放口的应税水污染物,按照本法所附《应税污染物和当量值表》,区分第一类水污染物和其他类水污染物,按照污染当量数从大到小排序,对第一类水污染物按照前五项征收环境保护税,对其他类水污染物按照前三项征收环境保护税。省、自治区、直辖市人民政府根据本地区污染物减排的特殊需要,可以增加同一排放口征收环境保护税的应税污染物项目数,报同级人民代表大会常务委员会决定,并报全国人民代表大会常务委员会和国务院备案。应税大气污染物、水污染物、固体废物的排放量和噪声的分贝数,按照下列方法和顺序计算:一是纳税人安装使用符合国家规定和监测规范的污染物自动监测设备的,按照污染物自动监测数据计算;二是纳税人未安装使用污染物自动监测设备的,按照监测机构出具的符合国家有关规定和监测规范的监测数据计算;三是因排放污染物种类多等原因不具备监测条件的,按照国务院生态环境主管部门规定的排污系数、物料衡算方法计算;四是不能按照本条第一项至第三项规定的方法计算的,按照省、自治区、直辖市人民政府生态环境主管部门规定的抽样测算的方法核定计算。环境保护税应纳税额按照下列方法计算:一是应税大气污染物的应纳税额为污染当量数乘以具体适用税额;二是应税水污染物的应纳税额为污染当量数乘以具体适用税额;三是应税固体废物的应纳税额为固体废物排放量乘以具体适用税额;四是应税噪声的应纳税额为超过国家规定标准的分贝数对应的具体适用税额。税务机关应当将纳税人的纳税申报数据资料与生态环境主管部门交送的相关数据资料进行比对。税务机关发现纳税人的纳税申报数据资料异常或者纳税人未按照规定期限办理纳税申报的,可以提请生态环境主管部门进行复核,生态环境主管部门应当自收到税务机关的数据资料之日起 15 日内向税务机关出具复核意见。税务机关应当按照生态环境主管部门复核的数据资料调整纳税人的应纳税额。依照本法第 10 条第 4 项的规定核定计算污染物排放量的[①],由税务机关会同生态环境主管部门核定污染物排放种类、数量和应纳税额。[②]

关于税收减免规定。下列情形,暂予免征环境保护税:一是农业生产(不包括规模化养殖)排放应税污染物的;二是机动车、铁路机车、非道路移动机械、船舶和航空器等流动污染源排放应税污染物的;三是依法设立的城乡污水集中处理、生活垃圾集中处理场所排放相应应税污染物,不超过国家和地方规定的排放标准的;四是纳税人综合利用的固体废物,符合国家和地方环境保护标准的;五是国务院批准免税的其他情形。第五项免税规定,需由国务院报全国人民代表大会常务委员会备案。纳税人排放应税大气污染物或者水污染物的浓度值低于国家和地方规定的污染物排放标准 30% 的,减按 75% 征收环境保护税。纳税人排放应税大气污染物或者水污染物的浓度值低于国家和地方规定的污染物排放标准 50% 的,减按 50% 征收环境保护税。[③]

简要评析

从宏观调控角度分析,税收调控的功能主要在于,既保障财政收入的实现,又尽可能地减轻纳税人的负担。为此,税法的制定和实施,首先,必须明确征税对象及纳税人、税率及计税依据和税收减免等优惠政策措施。其次,才是如何征收的问题。对此,笔者认为,前者属于典型的

---

① 《环境保护税法》第 10 条第 4 项规定,不能按照本条第 1 项至第 3 项规定的方法计算的,按照省、自治区、直辖市人民政府生态环境主管部门规定的抽样测算的方法核定计算。

② 《环境保护税法》第 7 ~11 条、第 20 ~21 条。

③ 《环境保护税法》第 12 ~13 条。

宏观调控,只有这些问题的合理确定,才会为税收征收奠定法律强制性基础。

从本章的分析来看,我国的税收立法采取了两种不同的模式:一是对于属于直接税的收益类税法的立法,采取了人大立法为主、政府辅之以实施细则及相关的税收政策的模式。并且,在立法之前能够广泛地听取社会意见,民主法治程度较高。二是对于属于间接税的商品流转税法和其他税种的立法,则采取了主要由国务院立法的模式,且大多采取了暂行条例的方式,并赋予了政府的自由裁量权。这种由政府立法且自行授权的方式,一些学者提出了反对意见。但从历史的观点看,这符合我国转型期税收治理的特点。它对于保障转型期政府税收任务的完成,进而实现财政的功能,具有重要的意义。然而,随着市场经济发展进入经济新常态,税收法治治理应全方位地由人大立法为主的呼声越来越高。在此背景下,"税收法定"成为今后的发展趋势。为此,2016 年以来,全国人大及其常委会加大了税收立法力度。除修改《个人所得税法》《企业所得税法》外,相继出台了《烟叶税法》、《船舶吨税法》、《车辆购置税法》、《车船税法》和《耕地占用税法》,并同时废除了国务院颁发的相关的暂行条例。而《环境保护税法》则直接由全国人大制定并颁布施行,体现了国家对税收法治治理的决心。下一步,按照全国人大立法计划,增值税、消费税、房产税等其他税种的立法,也要逐步由国务院暂行立法提升为全国人大的正式立法,为今后的税收法治治理奠定法律基础。这种立法趋势,将极大地促进税收领域的民主法治建设,使政府依法行使税收调控权更加具有合理性、正当性。它符合经济法及其宏观调控法"对政府干预予以干预"的基本原理。但是,需要强调的是,这种对政府税收行为的干预,如同对市场的干预一样,也必须保持"适度性"或作法律保留。其基本的做法是,在具体税率的调整上赋予政府相机抉择的权力。由此,在法律框架内,今后政府以税收政策的方式调节税收关系的功能不可低估。

第十八章　金融调控法律制度的完善

在市场经济条件下，金融是货币融通的总称。按照市场经济原理，一方面，从微观经济角度分析，现代企业的发展离不开金融的支持；另一方面，从宏观经济角度分析，国家通过掌控货币的发行权引导与控制着市场的发展。与此同时，国家还可以通过一系列金融调控措施的实施，在稳定货币的基础上，为实现宏观调控目的服务。更为重要的是，鉴于几次大的世界性经济危机均是首先由金融市场的失控所致，因此，金融调控还肩负着监控金融风险，稳定社会，保障国家经济安全的重要职责。为此，党的十八大以来，党和国家把金融稳定工作放在了十分重要的地位，这就使金融调控及其法治成为宏观调控法的重要内容。

改革开放以来，中国的金融法治大致经过了两个重要阶段：一是1995年的集中立法，初步建立起了与社会主义市场经济相适应的由《中国人民银行法》《商业银行法》《保险法》《证券法》组成的金融法框架体系;二是2003年中国银行业监督管理委员会成立后,《中国人民银行法》的修正和《银行业监督管理法》的出台,为加强银行业监管避免金融风险、保证国家金融安全奠定了法律基础。先后经历了1998年的亚洲金融危机和2008年的世界性金融危机的严峻考验。发展至今,人民币走向世界和国内资本市场的日趋活跃,金融虚拟市场的膨胀,越来越多地影响实体经济的发展。为此,如何使金融回归为实体经济发展服务的本质,并达到宏观调控的目的,是金融调控法治的发展方向。这一法治进程,自1995年起一直在不断完善之中。如果从部门法调整角度分析,金融法所涉及的法律关系包括金融调控法律关系、金融商事法律关系和金融监管法律关系。这些法律关系的法律调整,并非全部属于部门经济法及其宏观调控法的范畴,大量的商事金融关系属于商法的范畴,而金融监管法律关系则带有行政监管的色彩。由此,本书将集中归纳金融调控法方面的规定,商业金融法及监管法则作为相关法对待。

第一节 中央银行法的制定和实施

一、中国人民银行法的制定和实施

中国的中央银行法是指《中国人民银行法》。该法是目前中国实施金融调控的主要法律依据。

2003年12月27日,第十届全国人民代表大会常务委员会第六次会议对1995年3月18日第八届全国人民代表大会第三次会议通过的《中国人民银行法》进行了修改,自2004年2月1日起施行。① 该法共8章

① 2003年12月27日,第十届全国人民代表大会常务委员会通过《关于修改〈中华人民共和国中国人民银行法〉的决定》,共涉及25个方面的完善。

53条。除总则与附则规定外,就中国人民银行的组织机构、人民币、人民银行业务、金融监督管理、财务会计等内容进行了规定。其中,涉及金融调控的法律规定表现在以下几个方面:①

第一,该法明确其立法目的是确立中国人民银行的地位,明确其职责,保证国家货币政策的正确制定和执行,建立和完善中央银行宏观调控体系,维护金融稳定。

第二,中国人民银行是中华人民共和国的中央银行。中国人民银行在国务院领导下,制定和执行货币政策,防范和化解金融风险,维护金融稳定。

第三,货币政策目标是保持货币币值的稳定,并以此促进经济增长。

第四,中国人民银行的法定职责共有13项。其中包括:发布与履行其职责有关的命令和规章;依法制定和执行货币政策;发行人民币,管理人民币流通;监督管理银行间同业拆借市场和银行间债券市场;实施外汇管理,监督管理银行间外汇市场;监督管理黄金市场;持有、管理、经营国家外汇储备、黄金储备;经理国库;维护支付、清算系统的正常运行;指导、部署金融业反洗钱工作,负责反洗钱的资金监测;负责金融业的统计、调查、分析和预测;作为国家的中央银行,从事有关的国际金融活动等。而为执行货币政策,中国人民银行可依法定政策工具从事业务活动。这些法定的政策工具包括:要求银行业金融机构按照规定的比例交存存款准备金;确定中央银行基准利率;为在中国人民银行开立账户的银行业金融机构办理再贴现;向商业银行提供贷款;在公开市场上买卖国债、其他政府债券和金融债券及外汇;国务院确定的其他货币政策工具。

第五,中国人民银行就年度货币供应量、利率、汇率和国务院规定的

---

① 《中国人民银行法》第1~8条、第12条、第16条、第18条、第22~23条、第28条、第31条、第33条、第36条。

其他重要事项作出的决定,报国务院批准后执行。中国人民银行就其他有关货币政策事项作出决定后,即予执行,并报国务院备案。

第六,中国人民银行应当向全国人民代表大会常务委员会提出有关货币政策情况和金融业运行情况的工作报告。

第七,中国人民银行在国务院领导下依法独立执行货币政策,履行职责,开展业务,不受地方政府、各级政府部门、社会团体和个人的干涉。

第八,中国人民银行设立货币政策委员会。货币政策委员会的职责、组成和工作程序,由国务院规定,报全国人民代表大会常务委员会备案。中国人民银行货币政策委员会应当在宏观调控、货币政策制定和调整中,发挥重要作用。

第九,中华人民共和国的法定货币是人民币。以人民币支付中华人民共和国境内的一切公共的和私人的债务,任何单位和个人不得拒收。

第十,人民币由中国人民银行统一印制、发行。中国人民银行发行新版人民币,应当将发行时间、面额、图案、式样、规格予以公告。

第十一,中国人民银行设立人民币发行库,在其分支机构设立分支库。分支库调拨人民币发行基金,应当按照上级库的调拨命令办理。任何单位和个人不得违反规定,动用发行基金。

第十二,中国人民银行根据执行货币政策的需要,可以决定对商业银行贷款的数额、期限、利率和方式,但贷款的期限不得超过 1 年。

第十三,中国人民银行依法监测金融市场的运行情况,对金融市场实施宏观调控,促进其协调发展。

第十四,中国人民银行根据执行货币政策和维护金融稳定的需要,可以建议国务院银行业监督管理机构对银行业金融机构进行检查监督。国务院银行业监督管理机构应当自收到建议之日起 30 日内予以回复。

第十五,中国人民银行负责统一编制全国金融统计数据、报表,并按照国家有关规定予以公布。

二、货币政策委员会的定位

在我国,货币政策委员会是重要的金融调控机构,对于国家金融调控政策的出台负有重要职责。1997年4月15日,为了有助于国家货币政策的正确制定,根据《中国人民银行法》的规定,国务院以第215号令颁布了《中国人民银行货币政策委员会条例》,该条例自颁布之日起施行,共计26条。

根据该条例规定,货币政策委员会是中国人民银行制定货币政策的咨询议事机构。货币政策委员会依照本条例组成。货币政策委员会的职责是,在综合分析宏观经济形势的基础上,依据国家的宏观经济调控目标,讨论下列货币政策事项,并提出建议:(1)货币政策的制定、调整;(2)一定时期内的货币政策控制目标;(3)货币政策工具的运用;(4)有关货币政策的重要措施;(5)货币政策与其他宏观经济政策的协调。货币政策委员会通过全体会议履行职责。①

在组织机构设置上,该条例规定,货币政策委员会由下列单位的人员组成:中国人民银行行长;中国人民银行副行长2人;国家计划委员会(现为国家发展改革委)副主任1人;国家经济贸易委员会(现为商务部)副主任1人;财政部副部长1人;国家外汇管理局局长;中国证券监督管理委员会主席;国有独资商业银行行长2人;金融专家1人。货币政策委员会组成单位的调整,由国务院决定。中国人民银行行长、国家外汇管理局局长、中国证券监督管理委员会主席为货币政策委员会的当然委员。货币政策委员会其他委员人选,由中国人民银行提名或者中国人民银行商有关部门提名,报请国务院任命。货币政策委员会设主席1人,副主席1人。主席由中国人民银行行长担任;副主席由主席指定。

---

① 《中国人民银行货币政策委员会条例》第2~4条。

货币政策委员会委员应当具备下列条件:(1)年龄一般在65周岁以下,具有中华人民共和国国籍;(2)公正廉洁,忠于职守,无违法、违纪记录;(3)具有宏观经济、货币、银行等方面的专业知识和实践经验,熟悉有关法律、法规和政策。货币政策委员会中的金融专家除应当符合本条例规定的委员条件外,还应当具备下列条件:(1)具有高级专业技术职称,从事金融研究工作10年以上;(2)非国家公务员,并且不在任何营利性机构任职。货币政策委员会委员中的国有独资商业银行行长以及金融专家,任期2年。

货币政策委员会委员有下列情形之一的,由中国人民银行报请国务院免去其货币政策委员会委员职务:(1)本人提出书面辞职申请的;(2)任职期间因职务变动,已经不能代表有关单位担任货币政策委员会委员的;(3)不履行委员义务或者因各种原因不能胜任委员工作的。更换货币政策委员会委员,依照本条例第6条的规定办理。货币政策委员会设立秘书处,作为货币政策委员会的常设办事机构。①

在委员的权利与义务方面,该条例规定,货币政策委员会委员具有同等的权利与义务。货币政策委员会委员为履行职责需要,享有下列权利:(1)了解金融货币政策方面的情况;(2)对货币政策委员会所讨论的问题发表意见;(3)向货币政策委员会就货币政策问题提出议案,并享有表决权。

货币政策委员会委员应当出席货币政策委员会会议,并就有关货币政策事项提出意见和建议。货币政策委员会委员因特殊情况不能出席会议时,应当委托熟悉情况的有关人员作为代表携其书面意见参加会议,代表不享有表决权。货币政策委员会委员应当恪尽职守,不得滥用职权、徇私舞弊。货币政策委员会委员应当保守国家秘密、商业秘密,遵守货币政策委员会的工作制度,不得违反规定透露货币政策及有关情

---

① 《中国人民银行货币政策委员会条例》第5~13条。

况。货币政策委员会委员违反规定泄露国家秘密、商业秘密的，撤销货币政策委员会委员的职务，并依法追究法律责任。货币政策委员会委员在任职期内和离职以后1年内，不得公开反对已按法定程序制定的货币政策。①

在工作程序方面，条例规定，货币政策委员会实行例会制度，在每季度的第1个月份中旬召开例会。货币政策委员会主席或者1/3以上委员联名，可以提议召开临时会议。货币政策委员会秘书处应当在货币政策委员会例会召开的10日前，将会议议题及有关资料送达全部委员；在会议召开时，向全部委员提供最新统计数据及有关技术分析资料。货币政策委员会会议有2/3以上委员出席，方可举行。货币政策委员会会议由主席主持。主席因故不能履行职务时，由副主席代为主持。货币政策委员会会议应当以会议纪要的形式记录各种意见。货币政策委员会委员提出的货币政策议案，经出席会议的2/3以上委员表决通过，形成货币政策委员会建议书。中国人民银行报请国务院批准有关年度货币供应量、利率、汇率或者其他货币政策重要事项的决定方案时，应当将货币政策委员会建议书或者会议纪要作为附件，一并报送。中国人民银行报送国务院备案的有关货币政策其他事项的决定，应当将货币政策委员建议书或者会议纪要，一并备案。货币政策委员会的内部工作制度，由货币政策委员会制定。②

第二节 政策性银行调控规定

在市场经济条件下，银行的业务可分为商业性业务和政策性业务两

---

① 《中国人民银行货币政策委员会条例》第14~19条。

② 《中国人民银行货币政策委员会条例》第20~25条。

大类。其中,政策性业务就是银行为完成国家相关公共政策而开展的业务,例如,针对大学生开展的信贷业务。与普通银行的商业性业务不同,政策性银行的业务实质上就是将财政对企业或社会投资通过银行机制实现,其目的就是在财政资金保本性获益或微利的基础上,支持国家重大(重点)项目的建设、关系国计民生重点产业、行业的发展,以及履行国家扶贫济困的责任。这种业务虽然是不盈利或微利的,但需要通过专门的银行以贷款的形式贷给企业或特定主体,然后,以银行信贷的方式收回。为此,改革开放以来,专门成立了以政策性银行业务为主的中国国家开发银行、中国进出口银行和中国农业发展银行。与此同时,其他商业银行根据金融调控的政策也承担部分政策性业务。政策性银行的成立及其业务的开展,极大地促进了公益性事业的发展。但是,就政策性银行的调整而言,至今没有专门的法律调整。截至目前,调整政策性银行运行的法律规范主要是各政策性银行制定并经国务院批准实施的章程和银行监督管理部门出台的监督办法。

一、国家开发银行章程的制定和实施

国家开发银行成立于 1994 年 7 月 1 日,最初由财政部投资成立。经过改制,现由财政部、中央汇金投资有限公司、全国社会保障基金理事会和梧桐树投资平台有限责任公司 4 家单位投资设立,系国有控股的有限责任公司。现注册资本 4212.48365382 亿元人民币。

1994 年 3 月 17 日国务院发布了《国家开发银行章程》,共计 21 条。该章程规定,国家开发银行是直属国务院领导的政策性金融机构。国家开发银行的主要任务是按照国家的法律、法规和方针、政策,筹集和引导社会资金,支持国家基础设施、基础产业和支柱产业大中型基本建设和技术改造等政策性项目及其配套工程的建设,从资金来源上对固定资产投资总量进行控制和调节,优化投资结构,提高投资效益,促进国民经济持续、快速、健康地发展。国家开发银行办理政策性金融业务,实行独立核算,自主、保本经营,责权利相统一,建立投资约束和风险责任机制。国家开发银行实行行长负责制。国家开发银行在金融业务上接受中国人民银行的指导和监督。国家开发银行总部设在北京。国家开发银行注册资本为500亿元人民币,由财政部核拨。随着业务的发展,经批准可在国内外设置必要的办事机构。国家开发银行对国家政策性贷款的拨付业务,优先委托中国人民建设银行办理,并对其委托的有关业务进行监管。

国家开发银行经营和办理下列业务:(1)管理和运用国家核拨的预算内经营性建设基金和贴息资金;(2)向国内金融机构发行金融债券和向社会发行财政担保建设债券;(3)办理有关的外国政府和国际金融组织贷款的转贷,经国家批准在国外发行债券,根据国家利用外资计划筹借国际商业贷款等;(4)向国家基础设施、基础产业和支柱产业的大中型基本建设和技术改造等政策性项目及其配套工程发放政策性贷款;(5)办理建设项目贷款条件评审、咨询和担保等业务,为重点建设项目物色国内外合资伙伴,提供投资机会和投资信息;(6)经批准的其他业务。

在组织机构设置上,国家开发银行设行长1人,副行长若干人,均由国务院任命。其他人事任免,按有关规定和程序办理。国家开发银行行长负责全行工作,副行长协助行长工作。国家开发银行行长负责主持行长会议,研究决定重大事项:一是审定本行的业务方针、计划和重要规章;二是审查行长的工作报告;三是审定筹资方案,确定政策性贷款计划;四是审查通过本行年度财务决算报告;五是审定其他重大事项。国家开发银行总部根据精干、高效的原则,设置若干职能部门,在行长领导下进行工作。设立国家开发银行监事会,由国家计划委员会、国家经济贸易委员会、财政部、中国人民银行、审计署、对外贸易经济合作部等部门各出1位负责人以及国务院指定的其他人员组成,报国务院批准。监事会主席由监事会成员单位定期轮换担任,任期为3年。监事会的主要职责是:监督国家开发银行执行国家方针政策的情况;监督国家开发银行资金使用方向和资产经营状况;提出国家开发银行行长的任免建议。监事会不干预国家开发银行的具体业务。①

经国务院批准,国家开发银行于2008年12月11日整体改制为国家开发银行股份有限公司。股份公司自成立之日起,将承继国家开发银行的全部资产、负债和业务,同时,向商业性业务进行了扩展。国家开发银行原有的营业机构、商标、互联网域名和咨询服务电话等保持不变,由股份公司继续使用,各项业务照常进行。但在国家开发银行商业化转型后,债信政策"一年一延"导致发债成本上升、发债难度加大,外部监管和考核评价套用商业银行标准,与国家开发银行服务战略、保本微利的要求以及大额、中长期、批发性、债券银行的特点不符,影响了业务的可持续发展。

2016年根据中央巡视组意见进行整改,经中国银行业监督管理委员会批复同意、工商行政管理机关核准变更登记,于2017年4月19日将国家开发银行股份有限公司名称变更为"国家开发银行",组织形式由股份有限公司变更为有限责任公司。变更登记对于客户和国家开发银行享有的权利和承担的义务均无影响。变更登记后,国家开发银行将承继股份公司全部资产、债权、债务和业务。股份公司原有的营业机构、商标、互联网域名和咨询服务电话等保持不变,由国家开发银行继续使用,各项业务照常进行。

2016年11月24日,新的《国家开发银行章程》获得国务院批准,并于同日生效。新章程明确了开发性金融机构的基本体制安排,体现了开发性金融的特点和改革方案的要求,为开发银行的运行和发展提供了制度保障。根据新章程,开发银行注册名称为国家开发银行。开发银行是

---

① 《国家开发银行章程》(1994)第1~15条。

由国家出资设立、直属国务院领导、支持中国经济重点领域和薄弱环节发展、具有独立法人地位的国有开发性金融机构。

2016 年中国开发银行的新章程与 2014 年章程相比,在业务扩展和内部治理结构方面,有较大的变化。

二、中国进出口银行章程的制定和实施

中国进出口银行成立于 1994 年 6 月 16 日,由财政部和梧桐树投资平台有限责任公司投资设立。企业类型为有限责任公司(国有控股),现注册资本 1500 亿元人民币。

1994 年 3 月 19 日国务院公布了《中国进出口银行章程》,共计 20 条。其内容与国家开发银行 1994 年章程基本一致,主要区别:一是在业务上接受财政部、对外贸易经济合作部和中国人民银行的指导和监督;二是中国进出口银行的设立目的或任务主要是为机电产品和成套设备等资本性货物进出口提供政策性金融支持。①

随着市场经济的发展,中国进出口银行的职责定位发生了很大的变化。为此,经国务院批准,该章程于 2016 年进行了修改。根据修改后的章程规定,中国进出口银行(以下简称进出口银行)是由国家出资设立、直属国务院领导、支持中国对外经济贸易投资发展与国际经济合作、具有独立法人地位的国有政策性银行。依托国家信用支持,积极发挥在稳增长、调结构、支持外贸发展、实施"走出去"战略等方面的重要作用,加大对重点领域和薄弱环节的支持力度,促进经济社会持续健康发展。进出口银行党委发挥领导核心和政治核心作用,保证党和国家的方针政策、重大部署在进出口银行贯彻执行。把党的领导融入公司治理各环节,坚持党管干部和党管人才原则。落实党风廉政建设主体责任和监督

---

① 《中国进出口银行章程》(1994)第 2 ~3 条。

责任,加强基层党组织建设和党员队伍建设,把党要管党、从严治党落到实处。进出口银行的经营宗旨是紧紧围绕服务国家战略,建设定位明确、业务清晰、功能突出、资本充足、治理规范、内控严密、运营安全、服务良好、具备可持续发展能力的政策性银行。进出口银行支持外经贸发展和跨境投资,“一带一路”建设、国际产能和装备制造合作,科技、文化以及中小企业“走出去”和开放型经济建设等领域。

三、中国农业发展银行章程的制定和实施

中国农业发展银行成立于 1994 年 10 月 19 日,由国务院设立。企业类型为全民所有制,现注册资本 570 亿元人民币。

1994 年 4 月 19 日,国务院发布了《中国农业发展银行章程》,共计 25 条。该章程规定,中国农业发展银行是直属国务院领导的政策性金融机构。中国农业发展银行为独立法人,实行独立核算,自主、保本经营,企业化管理。中国农业发展银行的主要任务是:按照国家的法律、法规和方针、政策,以国家信用为基础,筹集农业政策性信贷资金,承担国家规定的农业政策性金融业务,代理财政性支农资金的拨付,为农业和农村经济发展服务。中国农业发展银行实行行长负责制,对其分支机构实行垂直领导的管理体制。中国农业发展银行在业务上接受中国人民银行的指导和监督。

2017 年,经国务院批准,对上述章程进行了修改。根据修改后的章程,中国农业发展银行是由国家出资设立、直属国务院领导、支持农业农村持续健康发展、具有独立法人地位的国有政策性银行。依托国家信用支持,在农村金融体系中发挥主体和骨干作用,加大对农业农村重点领域和薄弱环节的支持力度,促进经济社会持续健康发展。农业发展银行党委发挥领导核心和政治核心作用,保证党和国家的方针政策、重大部署在农业发展银行贯彻执行。把党的领导融入公司治理各环节,坚持党

管干部和党管人才原则。落实党风廉政建设主体责任和监督责任，加强基层党组织建设和党员队伍建设，把党要管党、从严治党落到实处。

中国农业发展银行的经营宗旨是紧紧围绕服务国家战略，建设定位明确、功能突出、业务清晰、资本充足、治理规范、内控严密、运营安全、服务良好、具备可持续发展能力的农业政策性银行。

四、对政策银行进行专项监督的规定

为加强对政策性银行的监督管理，督促落实国家战略和政策，规范经营行为，有效防控金融风险，根据《银行业监督管理法》等法律法规，中国银监会于2017年11月15日，分别发布了针对三个政策性银行的2、3、4号令，即《国家开发银行监督管理办法》、《中国进出口银行监督管理办法》和《中国农业发展银行监督管理办法》，自2018年1月1日起施行。

根据《国家开发银行监督管理办法》规定，开发银行应当坚持依法合规经营、审慎稳健发展，遵守国家法律法规、银行业审慎经营规则，强化资本约束，实现长期可持续发展。开发银行应当紧紧围绕服务国家经济重大中长期发展战略，建立市场化运行、约束机制，发展成为资本充足、治理规范、内控严密、运营安全、服务优质、资产优良的开发性金融机构。[①] 开发银行应当认真贯彻落实国家经济金融方针政策，充分运用服务国家战略、依托信用支持、市场运作、保本微利的开发性金融功能，发挥中长期投融资作用，加大对经济社会重点领域和薄弱环节的支持力度，促进经济社会持续健康发展。开发银行应当坚守开发性金融定位，根据依法确定的服务领域和经营范围开展业务，以开发性业务为主，辅以商业性业务。开发银行应当遵守市场秩序，与商业性金融机构建立互

① 《国家开发银行监督管理办法》第2~3条。

补合作关系，积极践行普惠金融，可通过与其他银行业金融机构合作，开展小微企业等经济社会薄弱环节金融服务。[①] 开发银行党委发挥领导作用，把方向、管大局、保落实，保证监督党和国家的方针、政策得到贯彻执行，把党的领导融入公司治理各个环节。[②] 设立战略发展和投资管理委员会。主要负责审议开发银行长期发展战略和经营管理目标，提出业务调整建议。负责监督检查年度经营计划、投资方案执行情况以及社会责任履行情况。对服务国家战略情况和配套政策进行研究，向董事会提出政策建议。[③] 开发银行应当针对各类业务风险建立切实有效的风险管理政策与流程，提高风险管理条线的独立性和专业性；根据开发性业务和商业性业务的不同风险特点，研究制定相应的风险管理模式，明确管理方法和管理责任。[④] 开发银行应当建立与本行战略目标、国别风险暴露规模和复杂程度相适应的国别风险管理体系，明确国别风险管理的战略、政策和流程，确保具备足够的资源有效识别、计量、监测和控制国别风险。开发银行应当建立满足国家金融安全要求的信息科技架构、基础设施和网络信息系统，建立有效的信息科技治理与风险管理机制，实现对信息科技风险的识别、计量、监测和控制，提高信息技术对银行业务和管理的保障水平，确保安全、持续和稳健运行。开发银行应当树立绿色金融理念，严格遵守环保、产业等领域的法律法规，借鉴赤道原则等国际良好做法，充分评估项目的环境和社会风险，将评估结果作为授信决策的重要依据。开发银行应当制定应急计划，说明可能出现的风险以及在压力情况下应采取的措施，涵盖对境内外分支机构和附属机构的应急安排，并定期更新、演练或测试，确保能够及时应对和处理紧急或危机

---

① 《国家开发银行监督管理办法》第5～7条。
② 《国家开发银行监督管理办法》第9条。
③ 《国家开发银行监督管理办法》第15条。
④ 《国家开发银行监督管理办法》第20条。

情况。①

《中国进出口银行监督管理办法》规定，进出口银行应当坚持依法合规经营、审慎稳健发展，遵守国家法律法规、银行业金融机构审慎经营规则，强化资本约束，实现长期可持续发展。进出口银行应当紧紧围绕服务国家战略，建立市场化运行、约束机制，发展成为定位明确、业务清晰、功能突出、资本充足、治理规范、内控严密、运营安全、服务良好的政策性金融机构。进出口银行应当依托国家信用，紧紧围绕国家战略，充分发挥政策性金融机构在支持国民经济发展方面的重要作用，重点支持外经贸发展、对外开放、国际合作、“走出去”等领域。进出口银行应当坚守政策性金融定位，根据依法确定的服务领域和经营范围开展政策性业务和自营性业务。进出口银行应当坚持以政策性业务为主体开展经营活动，遵守市场秩序，与商业性金融机构建立互补合作关系。进出口银行应当创新金融服务模式，发挥政策性金融作用，加强和改进普惠金融服务，可通过与其他银行业金融机构合作的方式开展小微企业金融服务。进出口银行党委发挥领导作用，把方向、管大局、保落实，保证监督党和国家的方针、政策得到贯彻执行，把党的领导融入公司治理各个环节。董事会应当充分发挥在落实国家政策、制定经营战略、完善公司治理、制定风险管理及资本管理战略、决策重大项目等方面的作用，监督并确保高级管理层有效履行管理职责。专门委员会中的战略发展和投资管理委员会负责制定进出口银行经营管理目标和长期发展战略，监督、检查年度经营计划、投资方案的执行情况，对政策性业务开展情况和配套政策进行研究，向董事会提出政策建议。进出口银行应当建立适合政策性金融机构业务特点的风险管理模式，构建与本行职能定位、风险状况、业务规模和复杂程度相匹配的全面风险管理体系，加强对各类风险的识别、计量、监测、控制和处置。进出口银行应当结合本行业务特点制

① 《国家开发银行监督管理办法》第25条、第27条、第30条、第34条。

定风险管理政策,设定风险偏好。风险管理政策应当经董事会批准后实施,并定期进行后评价和必要的调整。进出口银行应当充分识别、准确计量、持续监测和有效控制各项业务的市场风险,确保可持续经营。所承担的市场风险水平应当与市场风险管理能力和资本实力相匹配。进出口银行应当建立满足国家金融安全要求的信息科技架构、基础设施和网络信息系统,建立有效的信息科技风险管理机制,实现对信息科技风险的识别、计量、监测和控制,提高信息技术对经营管理的保障水平,确保安全、持续、稳健运行。进出口银行应当监测分析市场流动性情况,合理安排政策性金融债券发行计划和信贷投放计划,控制资产负债期限错配,建立并完善适合本行资金来源和资金运用特点的流动性风险管理体系。进出口银行应当结合政策性业务和自营性业务特点,按照内控先行原则,对各项业务活动和管理活动制定全面、系统、规范的业务制度和管理制度,明确各项业务活动和管理活动的风险控制点,执行标准统一的业务流程和管理流程,采取适当的控制措施,确保规范有效运作。进出口银行应当按照统一管理、差别授权、动态调整、权责一致的原则,建立有利于管控风险和开展政策性业务的授权体系。授权范围和大小应当统筹考虑各分支机构和各部门的经营能力、管理水平、风险状况与业务发展需要。①

银监会依照法律法规制定进出口银行监督管理规定。银监会按照有关规定对进出口银行的资本充足率及其管理情况实施监督检查,主要包括全面风险管理框架、资本充足率计量准确性、各类风险及压力测试情况等。进出口银行资本充足率未达到监管要求时,银监会有权根据具体情况采取责令控制风险资产增长、责令暂停自营性业务、限制分配红利和其他收入、停止批准增设机构等监管措施。银监会对进出口银行及

① 《中国进出口银行监督管理办法》第2~3条、第5~8条、第10条、第14条、第17条、第23条、第25条、第30条、第33~34条、第42条、第44条。

其附属机构实行并表监管，综合运用定量和定性方法，重点关注进出口银行及其附属机构的整体资本、财务和风险情况，密切关注跨业经营以及内部交易带来的风险。银监会及其派出机构依照相关行政许可规定对进出口银行的机构设立、机构变更、机构终止、业务范围以及董事和高级管理人员任职资格等事项实施行政许可。① 银监会及其派出机构依法对进出口银行的公司治理、风险管理、内部控制、资本管理、业务活动和风险状况等开展现场检查。银监会建立监管联动机制，通过监管联动会议、信息共享等形式与其他金融监管机构、进出口银行监事会、外部审计机构开展联动和沟通。②

《中国农业发展银行监督管理办法》规定，农业发展银行（以下简称农发行）应当坚持依法合规经营、审慎稳健发展，遵守国家法律法规、银行业金融机构审慎经营规则，强化资本约束，实现长期可持续发展。农发行应当紧紧围绕服务国家战略，建立市场化运行、约束机制，发展成为定位明确、功能突出、业务清晰、资本充足、治理规范、内控严密、运营安全、服务良好的政策性金融机构。③ 农发行应当依托国家信用，服务经济社会发展的重点领域和薄弱环节。主要服务维护国家粮食安全、脱贫攻坚、实施乡村振兴战略、促进农业农村现代化、改善农村基础设施建设等领域，在农村金融体系中发挥主体和骨干作用。农发行应当坚守政策性金融定位，根据依法确定的服务领域和经营范围开展政策性业务和自营性业务。农发行应当坚持以政策性业务为主体开展经营活动，遵守市场秩序，与商业性金融机构建立互补合作关系。农发行应当创新金融服务模式，发挥政策性金融作用，加强和改进农村地区普惠金融服务，可通过与其他银行业金融机构合作的方式开展小微企业金融服务和扶贫小

① 《中国进出口银行监督管理办法》第60~63条。

② 《中国进出口银行监督管理办法》第65~66条。

③ 《中国农业发展银行监督管理办法》第2~3条。

额信贷业务。[①] 农发行党委发挥领导作用，把方向、管大局、保落实，保证监督党和国家的方针、政策得到贯彻执行，把党的领导融入公司治理各个环节。[②] 董事会应当充分发挥在落实国家政策、制定经营战略、完善公司治理、制定风险管理及资本管理战略、决策重大项目等方面的作用，监督并确保高级管理层有效履行管理职责。部委董事代表国家利益履行职责，发挥在重大决策方面的统筹协调作用。[③] 设立战略发展和投资管理委员会。负责制定农发行经营管理目标和长期发展战略，监督、检查年度经营计划、投资方案的执行情况，对政策性业务开展情况和配套政策进行研究，向董事会提出政策建议。[④] 农发行应当深入分析"三农"领域风险特点，构建与本行职能定位、风险状况、业务规模和复杂程度相匹配的全面风险管理体系，加强对各类风险的识别、计量、监测、控制和处置。农发行应当结合本行业务特点制定风险管理政策，设定风险偏好。风险管理政策应当经董事会批准后实施，并定期进行后评价和必要的调整。树立绿色金融理念，严格遵守环保、产业等领域的法律法规，充分评估项目的环境和社会风险，将评估结果作为授信决策的重要依据。建立覆盖政策性业务和自营性业务、表内外业务的全口径资产质量分类及拨备制度，真实、全面、动态地反映资产质量并及时、足额计提减值准备。综合运用追偿、重组、转让、核销等方式处置不良资产，盘活存量，提高资金使用效率。对于暂时无法处置的政策性不良资产，应当根据政策性业务管理职责认定责任，做好不良资产账务管理，确保不良资产债权法律手续完备。农发行应当建立满足国家金融安全要求的信息科技架构、基础设施和网络信息系统，建立有效的信息科技风险管理机制，实现对信息科技风险的识别、计量、监测和控制，提高信息技术对经

---

① 《中国农业发展银行监督管理办法》第 5 ~8 条。

② 《中国农业发展银行监督管理办法》第 10 条。

③ 《中国农业发展银行监督管理办法》第 14 ~15 条。

④ 《中国农业发展银行监督管理办法》第 17 条。

营管理的保障水平,确保安全、持续、稳健运行。农发行应当监测分析市场流动性情况,结合政策性业务资金需求,合理安排政策性金融债券发行计划和信贷投放计划,控制资产负债期限错配,建立并完善适合本行资金来源和资金运用特点的流动性风险管理体系。农发行应当明确资本管理目标,结合政策性职能定位及业务发展特点制定有效的资本规划和资本补充计划,并根据资本充足率的变动情况合理确定业务发展规模和速度。资本预算与分配应当优先保障政策性业务。资本规划应当经董事会批准后实施并定期审查。农发行应当以服务国家战略、实现可持续发展为导向,以保障政策性业务为原则,建立市场化的人力资源管理体制,健全激励约束机制,完善绩效考核和问责机制。农发行应当结合本行职能定位、发展战略、业务特点以及风险偏好等因素,建立科学的绩效考核体系,合理确定绩效考核的定性、定量指标及权重。对于政策性业务,应当侧重对依法合规、履职尽责、服务国家战略成效的考核;对于自营性业务,应当侧重对风险管理、合规经营以及可持续发展能力的考核。绩效考核指标至少包括落实国家政策类、合规经营类和风险管理类,该三类指标权重应当高于其他类型指标。农发行应当建立与政策性业务、自营性业务决策机制和管理流程相适应的责任追究和问责机制,完善问责制度,明确问责牵头部门、职责划分和问责流程,对违法违规行为的直接责任人和相应的管理人员进行严肃问责。①

上述章程和监管办法表明,中国目前的政策性银行是以政策性业务为主并兼顾商业性或自营性业务的国家银行机构。国家对政策性银行采取了分类管理的办法。在监管措施上采取了类似商业银行的监管办法。同时还强调了党组织在政策性银行管理中心的领导地位,以确保中央宏观调控及其法治政策、方针的贯彻执行。随着今后改革的发展,需

① 《中国农业发展银行监督管理办法》第23条、第25条、第28条、第32~33条、第51条、第54条、第56条、第58条。

要制定统一的政策性银行法。

第三节　反洗钱调控的法律规定

洗钱是一种将非法所得合法化的行为,主要指将违法所得及其产生的收益,通过各种手段掩饰、隐瞒其来源和性质,使其在形式上合法化。现代意义上的洗钱是指将走私犯罪、黑社会性质的组织犯罪、毒品犯罪、恐怖活动犯罪、贪污贿赂犯罪、破坏金融管理秩序犯罪、金融诈骗犯罪的所得及其产生的收益,通过金融机构以各种手段掩饰、隐瞒资金的来源和性质,使其在形式上合法化的行为。随着中国市场经济的发展以及经济的全球化、资本流动的国际化,金融系统成为洗钱的易发、高危领域,出现违法所得通过银行转账的方式予以洗白的现象。为此,反洗钱在中国已上升为国家战略,成为金融调控的重要内容。在反洗钱工作中,所谓协调主要指反洗钱相关职能部门之间的协调。① 所谓控制,主要是指对洗钱行为监测和控制。

一、反洗钱法的制定和实施

2003 年,中国开始启动反洗钱工作。2003 年 1 月 3 日,中国人民银行颁发《金融机构反洗钱规定》。实施 3 年后,为了预防洗钱活动,维护金融秩序,遏制洗钱犯罪及相关犯罪,2006 年 10 月 31 日第十届全国人

---

① 为推动反洗钱工作,中国成立了反洗钱部际联席会议,该会议由 23 个成员单位,包括最高人民法院、最高人民检察院、国务院办公厅、外交部、公安部、安全部、监察部(预防腐败局)、民政部、司法部、财政部、住房城乡建设部、商务部、人民银行、海关总署、税务总局、工商总局、新闻出版广电总局、法制办、银监会、证监会、保监会、外汇局、解放军总参谋部。

民代表大会常务委员会第二十四次会议通过了《反洗钱法》,自 2007 年 1 月 1 日起施行。该法所称反洗钱,是指为了预防通过各种方式掩饰、隐瞒毒品犯罪,黑社会性质的组织犯罪,恐怖活动犯罪,走私犯罪,贪污贿赂犯罪,破坏金融管理秩序犯罪,金融诈骗犯罪等犯罪所得及其收益的来源和性质的洗钱活动,依照《反洗钱法》规定采取相关措施的行为。该法所称金融机构,是指依法设立的从事金融业务的政策性银行、商业银行、信用合作社、邮政储汇机构、信托投资公司、证券公司、期货经纪公司、保险公司以及国务院反洗钱行政主管部门确定并公布的从事金融业务的其他机构。应当履行反洗钱义务的特定非金融机构的范围、其履行反洗钱义务和对其监督管理的具体办法,由国务院反洗钱行政主管部门会同国务院有关部门制定。对涉嫌恐怖活动资金的监控适用《反洗钱法》;其他法律另有规定的,适用其规定。《反洗钱法》共包括 6 章 37 条。除总则、附则外,主要就反洗钱监督管理、金融机构反洗钱义务、反洗钱调查、反洗钱国际合作及法律责任进行了规定。

二、反洗钱调控的规定

在总的政策制度方面,《反洗钱法》规定在中华人民共和国境内设立的金融机构和按照规定应当履行反洗钱义务的特定非金融机构,应当依法采取预防、监控措施,建立健全客户身份识别制度、客户身份资料和交易记录保存制度、大额交易和可疑交易报告制度,履行反洗钱义务。国务院反洗钱行政主管部门负责全国的反洗钱监督管理工作。国务院有关部门、机构在各自的职责范围内履行反洗钱监督管理职责。国务院反洗钱行政主管部门、国务院有关部门、机构和司法机关在反洗钱工作中应当相互配合。对依法履行反洗钱职责或者义务获得的客户身份资料和交易信息,应当予以保密;非依法律规定,不得向任何单位和个人提供。反洗钱行政主管部门和其他依法负有反洗钱监督管理职责的部门、机构履行反洗钱职责获得的客户身份资料和交易信息,只能用于反洗钱行政调查。司法机关依照《反洗钱法》获得的客户身份资料和交易信息,只能用于反洗钱刑事诉讼。履行反洗钱义务的机构及其工作人员依法提交大额交易和可疑交易报告,受法律保护。任何单位和个人发现洗钱活动,有权向反洗钱行政主管部门或者公安机关举报。接受举报的机关应当对举报人和举报内容保密。①

在反洗钱监督管理方面,《反洗钱法》规定,国务院反洗钱行政主管部门组织、协调全国的反洗钱工作,负责反洗钱的资金监测,制定或者会同国务院有关金融监督管理机构制定金融机构反洗钱规章,监督、检查金融机构履行反洗钱义务的情况,在职责范围内调查可疑交易活动,履行法律和国务院规定的有关反洗钱的其他职责。国务院反洗钱行政主管部门的派出机构在国务院反洗钱行政主管部门的授权范围内,对金融机构履行反洗钱义务的情况进行监督、检查。国务院有关金融监督管理机构参与制定所监督管理的金融机构反洗钱规章,对所监督管理的金融机构提出按照规定建立健全反洗钱内部控制制度的要求,履行法律和国务院规定的有关反洗钱的其他职责。国务院反洗钱行政主管部门设立反洗钱信息中心,负责大额交易和可疑交易报告的接收、分析,并按照规定向国务院反洗钱行政主管部门报告分析结果,履行国务院反洗钱行政主管部门规定的其他职责。国务院反洗钱行政主管部门为履行反洗钱资金监测职责,可以从国务院有关部门、机构获取所必需的信息,国务院有关部门、机构应当提供。国务院反洗钱行政主管部门应当向国务院有关部门、机构定期通报反洗钱工作情况。海关发现个人出入境携带的现金、无记名有价证券超过规定金额的,应当及时向反洗钱行政主管部门通报。应当通报的金额标准由国务院反洗钱行政主管部门会同海关总署规定。反洗钱行政主管部门和其他依法负有反洗钱监督管理职责的

---

① 《反洗钱法》第3~7条。

部门、机构发现涉嫌洗钱犯罪的交易活动，应当及时向侦查机关报告。国务院有关金融监督管理机构审批新设金融机构或者金融机构增设分支机构时，应当审查新机构反洗钱内部控制制度的方案；对于不符合本法规定的设立申请，不予批准。①

在金融机构反洗钱义务方面，《反洗钱法》规定，金融机构应当依照《反洗钱法》规定建立健全反洗钱内部控制制度，金融机构的负责人应当对反洗钱内部控制制度的有效实施负责。金融机构应当设立反洗钱专门机构或者指定内设机构负责反洗钱工作。金融机构应当按照规定建立客户身份识别制度。金融机构在与客户建立业务关系或者为客户提供规定金额以上的现金汇款、现钞兑换、票据兑付等一次性金融服务时，应当要求客户出示真实有效的身份证件或者其他身份证明文件，进行核对并登记。客户由他人代理办理业务的，金融机构应当同时对代理人和被代理人的身份证件或者其他身份证明文件进行核对并登记。与客户建立人身保险、信托等业务关系，合同的受益人不是客户本人的，金融机构还应当对受益人的身份证件或者其他身份证明文件进行核对并登记。金融机构不得为身份不明的客户提供服务或者与其进行交易，不得为客户开立匿名账户或者假名账户。金融机构对先前获得的客户身份资料的真实性、有效性或者完整性有疑问的，应当重新识别客户身份。任何单位和个人在与金融机构建立业务关系或者要求金融机构为其提供一次性金融服务时，都应当提供真实有效的身份证件或者其他身份证明文件。金融机构通过第三方识别客户身份的，应当确保第三方已经采取符合本法要求的客户身份识别措施；第三方未采取符合本法要求的客户身份识别措施的，由该金融机构承担未履行客户身份识别义务的责任。金融机构进行客户身份识别，认为必要时，可以向公安、工商行政管理等部门核实客户的有关身份信息。金融机构应当按照规定建立客户

① 《反洗钱法》第8～14条。

身份资料和交易记录保存制度。在业务关系存续期间,客户身份资料发生变更的,应当及时更新客户身份资料。客户身份资料在业务关系结束后、客户交易信息在交易结束后,应当至少保存5年。金融机构破产和解散时,应当将客户身份资料和客户交易信息移交国务院有关部门指定的机构。金融机构应当按照规定执行大额交易和可疑交易报告制度。金融机构办理的单笔交易或者在规定期限内的累计交易超过规定金额或者发现可疑交易的,应当及时向反洗钱信息中心报告。金融机构建立客户身份识别制度、客户身份资料和交易记录保存制度的具体办法,由国务院反洗钱行政主管部门会同国务院有关金融监督管理机构制定。金融机构大额交易和可疑交易报告的具体办法,由国务院反洗钱行政主管部门制定。金融机构应当按照反洗钱预防、监控制度的要求,开展反洗钱培训和宣传工作。①

在反洗钱调查方面,《反洗钱法》规定,国务院反洗钱行政主管部门或者其省一级派出机构发现可疑交易活动,需要调查核实的,可以向金融机构进行调查,金融机构应当予以配合,如实提供有关文件和资料。调查可疑交易活动时,调查人员不得少于2人,并出示合法证件和国务院反洗钱行政主管部门或者其省一级派出机构出具的调查通知书。调查人员少于2人或者未出示合法证件和调查通知书的,金融机构有权拒绝调查。调查可疑交易活动,可以询问金融机构有关人员,要求其说明情况。询问应当制作询问笔录。询问笔录应当交被询问人核对。记载有遗漏或者差错的,被询问人可以要求补充或者更正。被询问人确认笔录无误后,应当签名或者盖章;调查人员也应当在笔录上签名。调查中需要进一步核查的,经国务院反洗钱行政主管部门或者其省一级派出机构的负责人批准,可以查阅、复制被调查对象的账户信息、交易记录和其他有关资料;对可能被转移、隐藏、篡改或者毁损的文件、资料,可以予以

① 《反洗钱法》第15~22条。

封存。调查人员封存文件、资料,应当会同在场的金融机构工作人员查点清楚,当场开列清单一式二份,由调查人员和在场的金融机构工作人员签名或者盖章,一份交金融机构,一份附卷备查。经调查仍不能排除洗钱嫌疑的,应当立即向有管辖权的侦查机关报案。客户要求将调查所涉及的账户资金转往境外的,经国务院反洗钱行政主管部门负责人批准,可以采取临时冻结措施。侦查机关接到报案后,对已依照前款规定临时冻结的资金,应当及时决定是否继续冻结。侦查机关认为需要继续冻结的,依照《刑事诉讼法》的规定采取冻结措施;认为不需要继续冻结的,应当立即通知国务院反洗钱行政主管部门,国务院反洗钱行政主管部门应当立即通知金融机构解除冻结。临时冻结不得超过48小时。金融机构在按照国务院反洗钱行政主管部门的要求采取临时冻结措施后48小时内,未接到侦查机关继续冻结通知的,应当立即解除冻结。①

在反洗钱国际合作方面,《反洗钱法》规定,中华人民共和国根据缔结或者参加的国际条约,或者按照平等互惠原则,开展反洗钱国际合作。国务院反洗钱行政主管部门根据国务院授权,代表中国政府与外国政府和有关国际组织开展反洗钱合作,依法与境外反洗钱机构交换与反洗钱有关的信息和资料。涉及追究洗钱犯罪的司法协助,由司法机关依照有关法律的规定办理。②

通过以上梳理说明,《反洗钱法》是一种预防洗钱行为发生的金融调控法律。主要是发挥银行内部的控制制度,发现洗钱线索,供相关职能部门和刑事侦查部门予以甄别。通过甄别,一旦发现属于洗钱行为则按照相关法律规定予以处理,其中,构成洗钱犯罪的依据《刑法》第191

---

① 《反洗钱法》第23~26条。
② 《反洗钱法》第27~29条。

条的规定，追究洗钱者的刑事责任。[①] 由此，《反洗钱法》又是典型的与刑法相衔接的宏观调控法。需要说明的是，通过金融机构洗钱只是洗钱的一个主要途径，其他特定非金融机构，包括从事房地产销售、贵金属和珠宝交易的机构、拍卖企业、典当行以及律师事务所、会计师事务所等也可能成为洗钱的渠道。在这些方面，由于反洗钱的经验不足，尚未形成成熟的法治经验。因此，目前的《反洗钱法》还没有对之作出相关的具体规定，随着今后案件处理的逐步成熟，《反洗钱法》还需要充实相关的内容。

与此同时，在《反洗钱法》出台后，2006 年 11 月 14 日，中国人民银行令〔2006〕第 1 号在废除 2003 年《金融机构反洗钱规定》的基础上，出台了新的《金融机构反洗钱规定》。同日，中国人民银行令〔2006〕第 2 号出台了《金融机构大额交易和可疑交易报告管理办法》。2007 年 6 月 8 日，中国人民银行令〔2007〕第 1 号出台了《金融机构报告涉嫌恐怖融资的可疑交易管理办法》。2007 年 6 月 21 日，中国人民银行、中国银行业监督管理委员会、中国证券监督管理委员会、中国保险监督管理委员会令〔2007〕第 2 号出台了《金融机构客户身份识别和客户身份资料及交易记录保存管理办法》。2010 年 2 月 11 日，中国证券监督管理委员会令〔2010〕第 68 号出台了《证券期货业反洗钱工作实施办法》。这些办法依据《反洗钱法》的规定制定和实施，进而形成了中国“一法一规四办

---

① 《刑法》第 191 条规定，明知是毒品犯罪、黑社会性质的组织犯罪、恐怖活动犯罪、走私犯罪、贪污贿赂犯罪、破坏金融管理秩序犯罪、金融诈骗犯罪的所得及其产生的收益，为掩饰、隐瞒其来源和性质，有下列行为之一的，没收实施以上犯罪的所得及其产生的收益，处 5 年以下有期徒刑或者拘役，并处或者单处洗钱数额 5% 以上 20% 以下罚金；情节严重的，处 5 年以上 10 年以下有期徒刑，并处洗钱数额 5% 以上 20% 以下罚金：(1) 提供资金账户的；(2) 协助将财产转换为现金、金融票据、有价证券的；(3) 通过转账或者其他结算方式协助资金转移的；(4) 协助将资金汇往境外的；(5) 以其他方法掩饰、隐瞒犯罪所得及其收益的来源和性质的。单位犯前款罪的，对单位判处罚金，并对其直接负责的主管人员和其他直接责任人员，处 5 年以下有期徒刑或者拘役；情节严重的，处 5 年以上 10 年以下有期徒刑。

法”的反洗钱法治治理框架。

第四节 相关商业金融法与宏观调控法的衔接性规定

在市场经济条件下,商业金融关系是最基础的金融关系,企业借贷资金的来源大多数来自商业性的银行和其他金融机构,商业保险业的发展相当程度上提供了企业与个人避免经济风险的可能,而证券市场的存在和发展又成为吸纳社会资金用于上市企业发展的重要途径。为此,就需要国家出台相应的法律予以规范。这种法律规范,一方面,需要保障商业金融关系各方的合法权益;另一方面,也需要克服金融市场存在的市场失灵,例如,金融市场的过度投机。尤其是金融市场隐含的危机所可能给整个经济带来的危害。为此,国家在出台相关商业金融法时,都会含有一些与国家宏观调控有关的条款,使其成为宏观调控法的组成部分。

一、商业银行法的衔接性规定

改革开放以来,按照国家的改革要求,中国商业银行的发展逐步改变了由国有商业银行垄断的格局,并通过公司化改造形成了由国有商业银行、外资商业银行、中外合资商业银行、外国商业银行分行、城市信用合作社、农村信用合作社组成的商业银行格局。另外,经过国务院批准,邮政企业办理商业银行的有关业务,适用商业银行法的有关规定。这些商业银行的法律定位是依照《公司法》和《商业银行法》设立的吸收公众存款、发放贷款、办理结算等业务的企业法人。其经营范围包括:吸收公众存款;发放短期、中期和长期贷款;办理国内外结算;办理票据承兑与贴现;发行金融债券;代理发行、代理兑付、承销政府债券;买卖政府债券、金融债券；从事同业拆借；买卖、代理买卖外汇；从事银行卡业务；提供信用证服务及担保；代理收付款项及代理保险业务；提供保管箱服务；经国务院银行业监督管理机构批准的其他业务。各银行企业具体的经营范围由《商业银行章程》规定，报国务院银行业监督管理机构批准。另外，商业银行经中国人民银行批准，可以经营结汇、售汇业务。在法律适用上，除遵守《公司法》的一般规定外，主要适用《商业银行法》来运营。为此，有关商业银行经营与宏观调控衔接的内容主要体现于《公司法》和《商业银行法》的规定。

首先，从《公司法》的规定来看①，公司从事经营活动，必须遵守法律、行政法规，遵守社会公德、商业道德，诚实守信，接受政府和社会公众的监督，承担社会责任。设立公司，应当依法向公司登记机关申请设立登记。符合本法规定的设立条件的，由公司登记机关分别登记为有限责任公司或者股份有限公司；不符合本法规定的设立条件的，不得登记为有限责任公司或者股份有限公司。法律、行政法规规定设立公司必须报经批准的，应当在公司登记前依法办理批准手续。公司的经营范围由公司章程规定，并依法登记。公司可以修改公司章程，改变经营范围，但是应当办理变更登记。公司的经营范围中属于法律、行政法规规定须经批准的项目，应当依法经过批准。公司必须保护职工的合法权益，依法与职工签订劳动合同，参加社会保险，加强劳动保护，实现安全生产。公司应当采用多种形式，加强公司职工的职业教育和岗位培训，提高职工素

---

① 《公司法》于1993年12月29日第八届全国人民代表大会常务委员会第五次会议通过；根据1999年12月25日第九届全国人民代表大会常务委员会第十三次会议《关于修改〈中华人民共和国公司法〉的决定》第一次修正；根据2004年8月28日第十届全国人民代表大会常务委员会第十一次会议《关于修改〈中华人民共和国公司法〉的决定》第二次修正；根据2005年10月27日第十届全国人民代表大会常务委员会第十八次会议修订，根据2013年12月28日第十二届全国人民代表大会常务委员会第六次会议通过《关于修改〈中华人民共和国海洋环境保护法〉等七部法律的决定》第三次修正；根据2018年10月26日第十三届全国人民代表大会常务委员会第六次会议《关于修改〈中华人民共和国公司法〉的决定》第四次修正。

质。公司职工依照《工会法》组织工会,开展工会活动,维护职工合法权益。公司应当为本公司工会提供必要的活动条件。公司工会代表职工就职工的劳动报酬、工作时间、福利、保险和劳动安全卫生等事项依法与公司签订集体合同。公司依照宪法和有关法律的规定,通过职工代表大会或者其他形式,实行民主管理。公司研究决定改制以及经营方面的重大问题、制定重要的规章制度时,应当听取公司工会的意见,并通过职工代表大会或者其他形式听取职工的意见和建议。在公司中,根据《中国共产党章程》的规定,设立中国共产党的组织,开展党的活动。公司应当为党组织的活动提供必要条件。公司应当依照法律、行政法规和国务院财政部门的规定建立本公司的财务、会计制度。公司应当在每一会计年度终了时编制财务会计报告,并依法经会计师事务所审计。财务会计报告应当依照法律、行政法规和国务院财政部门的规定制作。外国公司在中国境内设立分支机构,必须向中国主管机关提出申请,并提交其公司章程、所属国的公司登记证书等有关文件,经批准后,向公司登记机关依法办理登记,领取营业执照。经批准设立的外国公司分支机构,在中国境内从事业务活动,必须遵守中国的法律,不得损害中国的社会公共利益,其合法权益受中国法律保护。①

从《商业银行法》的规定来看,《商业银行法》于 1995 年 5 月 10 日第八届全国人民代表大会常务委员会第十三次会议通过,此后先后于 2003 年 12 月 27 日、2015 年 8 月 29 日两次修正,②是调整商业银行关系的主要法律依据。现行的《商业银行法》共 8 章 95 条。涉及内容除总则、附则外,主要包括商业银行的设立和组织机构、对存款人的保护、贷款和其

---

① 《公司法》第 5 条、第 12 条、第 163 ~164 条、第 192 条、第 196 条。

② 2003 年 12 月 27 日第十届全国人民代表大会常务委员会第六次会议通过《关于修改〈中华人民共和国商业银行法〉的决定》,涉及 37 个方面,对《商业银行法》进行了全面修改,重新公布后于 2004 年 2 月 1 日起施行。

2015 年修改内容:一是删去第 39 条第 1 款第 2 项。二是删去第 75 条第 3 项中的“存贷比例”。修改后重新公布,于 2015 年 10 月 1 日起施行。

他业务的基本规则、财务会计、监督管理、接管和终止、法律责任等。其中,与宏观调控相关的法定内容主要包括以下几个方面。

第一,对开展商业银行业务的总的法定要求。商业银行开展业务,应当遵守法律、行政法规的有关规定,不得损害国家利益、社会公共利益。商业银行开展业务,应当遵守公平竞争的原则,不得从事不正当竞争。商业银行依法接受国务院银行业监督管理机构的监督管理,但法律规定其有关业务接受其他监督管理部门或者机构监督管理的,依照其规定。①

第二,对商业银行设立的审批控制。设立商业银行,应当经国务院银行业监督管理机构审查批准。未经国务院银行业监督管理机构批准,任何单位和个人不得从事吸收公众存款等商业银行业务,任何单位不得在名称中使用"银行"字样。商业银行根据业务需要可以在中华人民共和国境内外设立分支机构。设立分支机构必须经国务院银行业监督管理机构审查批准。在中华人民共和国境内的分支机构,不按行政区划设立。商业银行在中华人民共和国境内设立分支机构,应当按照规定拨付与其经营规模相适应的营运资金额。拨付各分支机构营运资金额的总和,不得超过总行资本金总额的60%。任何单位和个人购买商业银行股份总额5%以上的,应当事先经国务院银行业监督管理机构批准。②

第三,开展业务与金融调控衔接的法定要求。商业银行应当按照中国人民银行规定的存款利率的上下限,确定存款利率,并予以公告。商业银行应当按照中国人民银行的规定,向中国人民银行交存存款准备金,留足备付金。商业银行应当保证存款本金和利息的支付,不得拖延、拒绝支付存款本金和利息。商业银行根据国民经济和社会发展的需要,在国家产业政策指导下开展贷款业务。商业银行应当按照中国人民银

---

① 《商业银行法》第8~10条。

② 《商业银行法》第11条、第19条、第28条。

行规定的贷款利率的上下限，确定贷款利率。商业银行贷款，应当遵守法定资产负债比例管理的规定：一是资本充足率不得低于8%；二是贷款余额与存款余额的比例不得超过75%；三是流动性资产余额与流动性负债余额的比例不得低于25%；四是对同一借款人的贷款余额与商业银行资本余额的比例不得超过10%；五是国务院银行业监督管理机构对资产负债比例管理的其他规定。商业银行在中华人民共和国境内不得从事信托投资和证券经营业务，不得向非自用不动产投资或者向非银行金融机构和企业投资，但国家另有规定的除外。商业银行发行金融债券或者到境外借款，应当依照法律、行政法规的规定报经批准。同业拆借，应当遵守中国人民银行的规定。禁止利用拆入资金发放固定资产贷款或者用于投资。拆出资金限于交足存款准备金、留足备付金和归还中国人民银行到期贷款之后的闲置资金。拆入资金用于弥补票据结算、联行汇差头寸的不足和解决临时性周转资金的需要。商业银行不得违反规定提高或者降低利率以及采用其他不正当手段，吸收存款，发放贷款。商业银行办理业务，提供服务，按照规定收取手续费。收费项目和标准由国务院银行业监督管理机构、中国人民银行根据职责分工，分别会同国务院价格主管部门制定。①

第四，对商业银行财会制度的规定。商业银行应当按照国家有关规定保存财务会计报表、业务合同以及其他资料。商业银行应当依照法律和国家统一的会计制度以及国务院银行业监督管理机构的有关规定，建立、健全本行的财务、会计制度。商业银行应当按照国家有关规定，真实记录并全面反映其业务活动和财务状况，编制年度财务会计报告，及时向国务院银行业监督管理机构、中国人民银行和国务院财政部门报送。商业银行不得在法定的会计账册外另立会计账册。商业银行应当于每一会计年度终了3个月内，按照国务院银行业监督管理机构的规定，公

---

① 《商业银行法》第31~34条、第38~39条、第43条、第45~47条、第50条。

布其上一年度的经营业绩和审计报告。商业银行应当按照国家有关规定,提取呆账准备金,冲销呆账。商业银行应当按照规定向国务院银行业监督管理机构、中国人民银行报送资产负债表、利润表以及其他财务会计、统计报表和资料。国务院银行业监督管理机构有权依照《商业银行法》第3章、第4章、第5章的规定,随时对商业银行的存款、贷款、结算、呆账等情况进行检查监督。检查监督时,检查监督人员应当出示合法的证件。商业银行应当按照国务院银行业监督管理机构的要求,提供财务会计资料、业务合同和有关经营管理方面的其他信息。中国人民银行有权依照《中国人民银行法》第32条、第34条的规定①对商业银行进行检查监督。商业银行应当依法接受审计机关的审计监督。②

第五,对商业银行发生经营危机、变更及终止的控制。商业银行已经或者可能发生信用危机,严重影响存款人的利益时,国务院银行业监督管理机构可以对该银行实行接管。接管的目的是对被接管的商业银行采取必要措施,以保护存款人的利益,恢复商业银行的正常经营能力。被接管的商业银行的债权债务关系不因接管而变化。接管由国务院银行业监督管理机构决定,并组织实施。商业银行因分立、合并或者出现公司章程规定的解散事由需要解散的,应当向国务院银行业监督管理机构提出申请,并附解散的理由和支付存款的本金和利息等债务清偿计划。经国务院银行业监督管理机构批准后解散。商业银行解散的,应当

---

① 《中国人民银行法》第32条规定,中国人民银行有权对金融机构以及其他单位和个人的下列行为进行检查监督:(1)执行有关存款准备金管理规定的行为;(2)与中国人民银行特种贷款有关的行为;(3)执行有关人民币管理规定的行为;(4)执行有关银行间同业拆借市场、银行间债券市场管理规定的行为;(5)执行有关外汇管理规定的行为;(6)执行有关黄金管理规定的行为;(7)代理中国人民银行经理国库的行为;(8)执行有关清算管理规定的行为;(9)执行有关反洗钱规定的行为。该款所称中国人民银行特种贷款,是指国务院决定的由中国人民银行向金融机构发放的用于特定目的的贷款。第34条规定,当银行业金融机构出现支付困难,可能引发金融风险时,为了维护金融稳定,中国人民银行经国务院批准,有权对银行业金融机构进行检查监督。

② 《商业银行法》第51条、第54~57条、第61~63条。

依法成立清算组，进行清算，按照清偿计划及时偿还存款本金和利息等债务。国务院银行业监督管理机构监督清算过程。商业银行因吊销经营许可证被撤销的，国务院银行业监督管理机构应当依法及时组织成立清算组，进行清算，按照清偿计划及时偿还存款本金和利息等债务。商业银行不能支付到期债务，经国务院银行业监督管理机构同意，由人民法院依法宣告其破产。商业银行被宣告破产的，由人民法院组织国务院银行业监督管理机构等有关部门和有关人员成立清算组，进行清算。商业银行破产清算时，在支付清算费用、所欠职工工资和劳动保险费用后，应当优先支付个人储蓄存款的本金和利息。①

从上述分析可看出，相比一般公司而言，国家对商业银行的设立、变更、终止及其运营采取了较为严格的审批、监管措施。而在其经营方面，商业银行作为金融调控的直接对象必须在金融调控下开展各项业务，这主要是由于商业银行在实现国家宏观经济调控目标及保障国家金融安全的特殊性所决定的。

二、商业保险法的衔接性规定

改革开放以来，商业保险业的兴起为企业和公民避免各种经济风险提供了市场平台，从而促进了保险市场的形成和发展。为了规范保险活动，保护保险活动当事人的合法权益，加强对保险业的监督管理，维护社会经济秩序和社会公共利益，促进保险事业的健康发展，国家出台了《保险法》。按照《保险法》规定，保险法所指的保险，是指投保人根据合同约定，向保险人支付保险费，保险人对于合同约定的可能发生的事故因其发生所造成的财产损失承担赔偿保险金责任，或者当被保险人死亡、伤残、疾病或者达到合同约定的年龄、期限等条件时承担给付保险金责

① 《商业银行法》第64～65条、第69～71条。

任的商业保险行为。以便区别于国家提供的社会保险,它属于商业金融的范畴,并受宏观调控政策的调控。《保险法》于 1995 年 6 月 30 日第八届全国人民代表大会常务委员会第十四次会议通过后实施,至今先后经过 2002 年 10 月 28 日修正、2009 年 2 月 28 日修订、2014 年 8 月 31 日修正、2015 年 4 月 24 日修正。① 现行的《保险法》除总则、附则外,其内容包括:保险合同、保险公司、保险经营规则、保险代理人和保险经纪人、保险业务监督管理、法律责任,共计 8 章 185 条。其中,与宏观调控衔接的规定主要包括以下几个方面。

在总的政策和制度方面。从事保险活动必须遵守法律、行政法规,尊重社会公德,不得损害社会公共利益。保险业务由依照保险法设立的保险公司以及法律、行政法规规定的其他保险组织经营,其他单位和个人不得经营保险业务。在中华人民共和国境内的法人和其他组织需要办理境内保险的,应当向中华人民共和国境内的保险公司投保。保险业

① 《保险法》于 2009 年全面修订后重新公布,自 2009 年 10 月 1 日起施行。

2014 年修改内容:一是将第 82 条中的"有《中华人民共和国公司法》第 147 条规定的情形"修改为"有《中华人民共和国公司法》第 146 条规定的情形"。二是将第 85 条修改为:"保险公司应当聘用专业人员,建立精算报告制度和合规报告制度。"

2015 年的修改内容:一是删去第 79 条中的"代表机构"。二是将第 111 条修改为:"保险公司从事保险销售的人员应当品行良好,具有保险销售所需的专业能力。保险销售人员的行为规范和管理办法,由国务院保险监督管理机构规定。"三是删去第 116 条第 8 项中的"或者个人"。四是删去第 119 条第 2 款、第 3 款。五是将第 122 条修改为:"个人保险代理人、保险代理机构的代理从业人员、保险经纪人的经纪从业人员,应当品行良好,具有从事保险代理业务或者保险经纪业务所需的专业能力。"六是删去第 124 条中的"未经保险监督管理机构批准,保险代理机构、保险经纪人不得动用保证金"。七是删去第 130 条中的"具有合法资格的"。八是删去第 132 条。九是将第 165 条改为第 164 条,并删去第 6 项中的"或者代表机构"。十是删去第 168 条。十一是将第 169 条改为第 167 条,并删去其中的"从业资格"。十二是将第 173 条改为第 171 条,修改为:"保险公司、保险资产管理公司、保险专业代理机构、保险经纪人违反本法规定的,保险监督管理机构除分别依照本法第 160 条至第 170 条的规定对该单位给予处罚外,对其直接负责的主管人员和其他直接责任人员给予警告,并处 1 万元以上十 10 万元以下的罚款;情节严重的,撤销任职资格。"十三是将第 174 条改为第 172 条,并删去第 1 款中的"并可以吊销其资格证书"和第 2 款。

和银行业、证券业、信托业实行分业经营、分业管理，保险公司与银行、证券、信托业务机构分别设立。国家另有规定的除外。国务院保险监督管理机构依法对保险业实施监督管理。国务院保险监督管理机构根据履行职责的需要设立派出机构。派出机构按照国务院保险监督管理机构的授权履行监督管理职责。①

在保险公司的设立、变更和终止方面。设立保险公司应当经国务院保险监督管理机构批准。国务院保险监督管理机构审查保险公司的设立申请时，应当考虑保险业的发展和公平竞争的需要。设立保险公司，其注册资本的最低限额为人民币 2 亿元。国务院保险监督管理机构根据保险公司的业务范围、经营规模，可以调整其注册资本的最低限额，但不得低于人民币 2 亿元的限额。保险公司的注册资本必须为实缴货币资本。申请设立保险公司，应当向国务院保险监督管理机构提出书面申请，并提交下列材料：(1)设立申请书，申请书应当载明拟设立的保险公司的名称、注册资本、业务范围等；(2)可行性研究报告；(3)筹建方案；(4)投资人的营业执照或者其他背景资料，经会计师事务所审计的上一年度财务会计报告；(5)投资人认可的筹备组负责人和拟任董事长、经理名单及本人认可证明；(6)国务院保险监督管理机构规定的其他材料。国务院保险监督管理机构应当对设立保险公司的申请进行审查，自受理之日起 6 个月内作出批准或者不批准筹建的决定，并书面通知申请人。决定不批准的，应当书面说明理由。申请人应当自收到批准筹建通知之日起 1 年内完成筹建工作；筹建期间不得从事保险经营活动。筹建工作完成后，申请人具备《保险法》规定的设立条件的，可以向国务院保险监督管理机构提出开业申请。国务院保险监督管理机构应当自受理开业申请之日起 60 日内，作出批准或者不批准开业的决定。决定批准的，颁发经营保险业务许可证；决定不批准的，应当书面通知申请人并说

---

① 《保险法》第 4 条、第 6 ~9 条。

明理由。保险公司在中华人民共和国境内设立分支机构，应当经保险监督管理机构批准。保险公司在中华人民共和国境外设立子公司、分支机构，应当经国务院保险监督管理机构批准。外国保险机构在中华人民共和国境内设立代表机构，应当经国务院保险监督管理机构批准。代表机构不得从事保险经营活动。保险公司有变更名称；变更注册资本；变更公司或者分支机构的营业场所；撤销分支机构；公司分立或者合并；修改公司章程；变更出资额占有限责任公司资本总额5%以上的股东，或者变更持有股份有限公司股份5%以上的股东；国务院保险监督管理机构规定的其他情形的，应当经保险监督管理机构批准。保险公司应当聘用专业人员，建立精算报告制度和合规报告制度。保险公司应当按照保险监督管理机构的规定，报送有关报告、报表、文件和资料。保险公司的偿付能力报告、财务会计报告、精算报告、合规报告及其他有关报告、报表、文件和资料必须如实记录保险业务事项，不得有虚假记载、误导性陈述和重大遗漏。保险公司应当按照国务院保险监督管理机构的规定妥善保管业务经营活动的完整账簿、原始凭证和有关资料。保险公司聘请或者解聘会计师事务所、资产评估机构、资信评级机构等中介服务机构，应当向保险监督管理机构报告；解聘会计师事务所、资产评估机构、资信评级机构等中介服务机构，应当说明理由。保险公司因分立、合并需要解散，或者股东会、股东大会决议解散，或者公司章程规定的解散事由出现，经国务院保险监督管理机构批准后解散。经营有人寿保险业务的保险公司，除因分立、合并或者被依法撤销外，不得解散。保险公司有《企业破产法》第2条规定情形的，[①]经国务院保险监督管理机构同意，保险公司或者其债权人可以依法向人民法院申请重整、和解或者破产清算；国务院保险监督管理机构也可以依法向人民法院申请对该保险公司进

① 《企业破产法》第2条规定，企业法人不能清偿到期债务，并且资产不足以清偿全部债务或者明显缺乏清偿能力的，依照本法规定清理债务。企业法人有前款规定情形，或者有明显丧失清偿能力可能的，可以依照本法规定进行重整。

行重整或者破产清算。经营有人寿保险业务的保险公司被依法撤销或者被依法宣告破产的,其持有的人寿保险合同及责任准备金,必须转让给其他经营有人寿保险业务的保险公司;不能同其他保险公司达成转让协议的,由国务院保险监督管理机构指定经营有人寿保险业务的保险公司接受转让。转让或者由国务院保险监督管理机构指定接受转让前款规定的人寿保险合同及责任准备金的,应当维护被保险人、受益人的合法权益。①

在保险经营规则方面。保险公司的业务范围被限定于:(1)人身保险业务,包括人寿保险、健康保险、意外伤害保险等保险业务;(2)财产保险业务,包括财产损失保险、责任保险、信用保险、保证保险等保险业务;(3)国务院保险监督管理机构批准的与保险有关的其他业务。并要求保险人不得兼营人身保险业务和财产保险业务。但是,经营财产保险业务的保险公司经国务院保险监督管理机构批准,可以经营短期健康保险业务和意外伤害保险业务。保险公司应当在国务院保险监督管理机构依法批准的业务范围内从事保险经营活动。经国务院保险监督管理机构批准,保险公司可以经营《保险法》规定的保险业务的分出保险和分入保险之再保险业务。保险公司应当按照其注册资本总额的20%提取保证金,存入国务院保险监督管理机构指定的银行,除公司清算时用于清偿债务外,不得动用。保险公司应当根据保障被保险人利益、保证偿付能力的原则,提取各项责任准备金。保险公司提取和结转责任准备金的具体办法,由国务院保险监督管理机构制定。保险公司应当依法提取公积金。保险公司应当缴纳保险保障基金。保险保障基金应当集中管理,并在下列情形下统筹使用:(1)在保险公司被撤销或者被宣告破产时,向投保人、被保险人或者受益人提供救济;(2)在保险公司被撤销或者被宣告破产时,向依法接受其人寿保险合同的保险公司提供救济;

① 《保险法》第67条、第69~74条、第79~80条、第84~90条、第92条。

(3)国务院规定的其他情形。保险保障基金筹集、管理和使用的具体办法,由国务院制定。

保险公司应当具有与其业务规模和风险程度相适应的最低偿付能力。保险公司的认可资产减去认可负债的差额不得低于国务院保险监督管理机构规定的数额;低于规定数额的,应当按照国务院保险监督管理机构的要求采取相应措施达到规定的数额。经营财产保险业务的保险公司当年自留保险费,不得超过其实有资本金加公积金总和的4倍。保险公司对每一危险单位,即对一次保险事故可能造成的最大损失范围所承担的责任,不得超过其实有资本金加公积金总和的10%;超过的部分应当办理再保险。保险公司对危险单位的划分应当符合国务院保险监督管理机构的规定。保险公司对危险单位的划分方法和巨灾风险安排方案,应当报国务院保险监督管理机构备案。保险公司应当按照国务院保险监督管理机构的规定办理再保险,并审慎选择再保险接受人。

保险公司的资金运用必须稳健,遵循安全性原则。保险公司的资金运用限于下列形式:(1)银行存款;(2)买卖债券、股票、证券投资基金份额等有价证券;(3)投资不动产;(4)国务院规定的其他资金运用形式。保险公司资金运用的具体管理办法,由国务院保险监督管理机构依照前述规定制定。

经国务院保险监督管理机构会同国务院证券监督管理机构批准,保险公司可以设立保险资产管理公司。保险资产管理公司从事证券投资活动,应当遵守《证券法》等法律、行政法规的规定。保险资产管理公司的管理办法,由国务院保险监督管理机构会同国务院有关部门制定。

保险公司应当按照国务院保险监督管理机构的规定,建立对关联交易的管理和信息披露制度。保险公司应当按照国务院保险监督管理机构的规定,真实、准确、完整地披露财务会计报告、风险管理状况、保险产品经营情况等重大事项。

保险公司从事保险销售的人员应当品行良好,具有保险销售所需的专业能力。保险销售人员的行为规范和管理办法,由国务院保险监督管理机构规定。

保险公司应当按照国务院保险监督管理机构的规定,公平、合理拟订保险条款和保险费率,不得损害投保人、被保险人和受益人的合法权益。保险公司应当按照合同约定和《保险法》规定,及时履行赔偿或者给付保险金义务。保险公司开展业务,应当遵循公平竞争的原则,不得从事不正当竞争。①

在保险代理人和保险经纪人的规制方面。保险代理机构、保险经纪人应当具备国务院保险监督管理机构规定的条件,取得保险监督管理机构颁发的经营保险代理业务许可证、保险经纪业务许可证。以公司形式设立保险专业代理机构、保险经纪人,其注册资本最低限额适用公司法的规定。国务院保险监督管理机构根据保险专业代理机构、保险经纪人的业务范围和经营规模,可以调整其注册资本的最低限额,但不得低于公司法规定的限额。② 保险专业代理机构、保险经纪人的注册资本或者出资额必须为实缴货币资本。保险专业代理机构、保险经纪人的高级管理人员,应当品行良好,熟悉保险法律、行政法规,具有履行职责所需的经营管理能力,并在任职前取得保险监督管理机构核准的任职资格。保险代理机构、保险经纪人应当按照国务院保险监督管理机构的规定缴存保证金或者投保职业责任保险。③

在保险业监督管理方面。保险监督管理机构依照保险法和国务院

---

① 《保险法》第 95 ~108 条、第 110 ~111 条、第 114 ~115 条。

② 为了促进公司的发展,2013 年《公司法》修正时取消了法定注册资本金制度,改为认缴出资额制。《公司法》第 26 条规定,有限责任公司的注册资本为在公司登记机关登记的全体股东认缴的出资额,法律、行政法规以及国务院决定对有限责任公司注册实缴、注册资本最低限额有规定的,从其规定。第 80 条第 2 款、第 3 款规定,股份有限公司采取募集方式设立的,注册资本为在公司登记机关登记的实缴股本总额。法律、行政法规以及国务院决定对股份有限公司注册资本实缴、注册资本最低限额另有规定的,从其规定。

③ 《保险法》第 119 ~121 条、第 124 条。

规定的职责,遵循依法、公开、公正的原则,对保险业实施监督管理,维护保险市场秩序,保护投保人、被保险人和受益人的合法权益。国务院保险监督管理机构依照法律、行政法规制定并发布有关保险业监督管理的规章。对于关系社会公众利益的保险险种、依法实行强制保险的险种和新开发的人寿保险险种等的保险条款和保险费率,应当报国务院保险监督管理机构批准。国务院保险监督管理机构审批时,应当遵循保护社会公众利益和防止不正当竞争的原则。其他保险险种的保险条款和保险费率,应当报保险监督管理机构备案。保险条款和保险费率审批、备案的具体办法,由国务院保险监督管理机构依照前款规定制定。保险公司使用的保险条款和保险费率违反法律、行政法规或者国务院保险监督管理机构的有关规定的,由保险监督管理机构责令停止使用,限期修改;情节严重的,可以在一定期限内禁止申报新的保险条款和保险费率。国务院保险监督管理机构应当建立健全保险公司偿付能力监管体系,对保险公司的偿付能力实施监控。对偿付能力不足的保险公司,国务院保险监督管理机构应当将其列为重点监管对象,并可以根据具体情况采取下列措施:(1)责令增加资本金、办理再保险;(2)限制业务范围;(3)限制向股东分红;(4)限制固定资产购置或者经营费用规模;(5)限制资金运用的形式、比例;(6)限制增设分支机构;(7)责令拍卖不良资产、转让保险业务;(8)限制董事、监事、高级管理人员的薪酬水平;(9)限制商业性广告;(10)责令停止接受新业务。

保险公司未依照保险法规定提取或者结转各项责任准备金,或者未依照《保险法》规定办理再保险,或者严重违反《保险法》关于资金运用的规定的,由保险监督管理机构责令限期改正,并可以责令调整负责人及有关管理人员。

关于整顿。保险监督管理机构依照《保险法》规定作出限期改正的决定后,保险公司逾期未改正的,国务院保险监督管理机构可以决定选派保险专业人员和指定该保险公司的有关人员组成整顿组,对公司进行整顿。整顿决定应当载明被整顿公司的名称、整顿理由、整顿组成员和整顿期限,并予以公告。整顿组有权监督被整顿保险公司的日常业务。被整顿公司的负责人及有关管理人员应当在整顿组的监督下行使职权。整顿过程中,被整顿保险公司的原有业务继续进行。但是,国务院保险监督管理机构可以责令被整顿公司停止部分原有业务、停止接受新业务,调整资金运用。被整顿保险公司经整顿已纠正其违反本法规定的行为,恢复正常经营状况的,由整顿组提出报告,经国务院保险监督管理机构批准,结束整顿,并由国务院保险监督管理机构予以公告。

关于接管。当保险公司出现公司的偿付能力严重不足或违反《保险法》规定,损害社会公共利益,可能严重危及或者已经严重危及公司的偿付能力的情形之一的,国务院保险监督管理机构可以对其实行接管。被接管的保险公司的债权债务关系不因接管而变化。接管组的组成和接管的实施办法,由国务院保险监督管理机构决定,并予以公告。接管期限届满,国务院保险监督管理机构可以决定延长接管期限,但接管期限最长不得超过2年。接管期限届满,被接管的保险公司已恢复正常经营能力的,由国务院保险监督管理机构决定终止接管,并予以公告。被整顿、被接管的保险公司有《企业破产法》第2条规定情形的,①国务院保险监督管理机构可以依法向人民法院申请对该保险公司进行重整或者破产清算。

关于撤销许可证。保险公司因违法经营被依法吊销经营保险业务许可证的,或者偿付能力低于国务院保险监督管理机构规定标准,不予撤销将严重危害保险市场秩序、损害公共利益的,由国务院保险监督管理机构予以撤销并公告,依法及时组织清算组进行清算。

关于信息和资料的提供。国务院保险监督管理机构有权要求保险

---

① 《破产法》第2条规定,企业法人不能清偿到期债务,并且资产不足以清偿全部债务或者明显缺乏清偿能力的,依照本法规定清理债务。企业法人有前款规定情形,或者有明显丧失清偿能力可能的,可以依照本法规定进行重整。

公司股东、实际控制人在指定的期限内提供有关信息和资料。

关于关联交易。保险公司的股东利用关联交易严重损害公司利益，危及公司偿付能力的，由国务院保险监督管理机构责令改正。在按照要求改正前，国务院保险监督管理机构可以限制其股东权利；拒不改正的，可以责令其转让所持的保险公司股权。

关于对公司高管的监督。保险监督管理机构根据履行监督管理职责的需要，可以与保险公司董事、监事和高级管理人员进行监督管理谈话，要求其就公司的业务活动和风险管理的重大事项作出说明。保险公司在整顿、接管、撤销清算期间，或者出现重大风险时，国务院保险监督管理机构可以对该公司直接负责的董事、监事、高级管理人员和其他直接责任人员采取下列措施：(1)通知出境管理机关依法阻止其出境；(2)申请司法机关禁止其转移、转让或者以其他方式处分财产，或者在财产上设定其他权利。

关于监督检查措施。保险监督管理机构依法履行职责，可以采取下列措施：(1)对保险公司、保险代理人、保险经纪人、保险资产管理公司、外国保险机构的代表机构进行现场检查；(2)进入涉嫌违法行为发生场所调查取证；(3)询问当事人及与被调查事件有关的单位和个人，要求其对与被调查事件有关的事项作出说明；(4)查阅、复制与被调查事件有关的财产权登记等资料；(5)查阅、复制保险公司、保险代理人、保险经纪人、保险资产管理公司、外国保险机构的代表机构以及与被调查事件有关的单位和个人的财务会计资料及其他相关文件和资料；对可能被转移、隐匿或者毁损的文件和资料予以封存；(6)查询涉嫌违法经营的保险公司、保险代理人、保险经纪人、保险资产管理公司、外国保险机构的代表机构以及与涉嫌违法事项有关的单位和个人的银行账户；(7)对有证据证明已经或者可能转移、隐匿违法资金等涉案财产或者隐匿、伪造、毁损重要证据的，经保险监督管理机构主要负责人批准，申请人民法院予以冻结或者查封。保险监督管理机构采取前述第(1)项、第(2)项、第

(5)项措施的,应当经保险监督管理机构负责人批准;采取第(6)项措施的,应当经国务院保险监督管理机构负责人批准。保险监督管理机构依法进行监督检查或者调查,其监督检查、调查的人员不得少于2人,并应当出示合法证件和监督检查、调查通知书;监督检查、调查的人员少于2人或者未出示合法证件和监督检查、调查通知书的,被检查、调查的单位和个人有权拒绝。保险监督管理机构依法履行职责,被检查、调查的单位和个人应当配合。保险监督管理机构工作人员应当忠于职守,依法办事,公正廉洁,不得利用职务便利牟取不正当利益,不得泄露所知悉的有关单位和个人的商业秘密。国务院保险监督管理机构应当与中国人民银行、国务院其他金融监督管理机构建立监督管理信息共享机制。保险监督管理机构依法履行职责,进行监督检查、调查时,有关部门应当予以配合。①

三、证券法的衔接性规定

在市场经济条件下,公司证券的发行和交易行为促进了证券市场的形成和发展。改革开放以来,股票、债券等企业和政府融资方式的产生催生了中国证券市场的形成和发展。为此,将股票、公司债券和国务院依法认定的其他证券的发行和交易,政府债券、证券投资基金份额的上市交易,以及证券衍生品种发行、交易被纳入证券法的调整范畴。使证券市场成为监管较为严格的市场之一,并与宏观调控相衔接。

为了规范证券发行和交易行为,保护投资者的合法权益,维护社会经济秩序和社会公共利益,促进社会主义市场经济的发展,《证券法》于1998年12月29日第九届全国人民代表大会常务委员会第六次会议通过施行,并先后于2004年8月28日第一次修正、2005年10月27日修

① 《保险法》第133~157条。

订、2013 年 6 月 29 日第二次修正、2014 年 8 月 31 日第三次修正。[①] 现行的《证券法》除总则、附则外，包括证券发行、证券交易、上市公司的收购、证券交易所、证券公司、证券登记结算机构、证券服务机构、证券业协会、证券监督管理机构、法律责任等内容，共计 12 章 240 条。与宏观调控相衔接的规定包括以下几个方面。

在总的政策和制度方面。《证券法》规定，证券的发行、交易活动，必须遵守法律、行政法规；禁止欺诈、内幕交易和操纵证券市场的行为。证券业和银行业、信托业、保险业实行分业经营、分业管理，证券公司与银行、信托、保险业务机构分别设立。国家另有规定的除外。国务院证券监督管理机构依法对全国证券市场实行集中统一监督管理。国务院证券监督管理机构根据需要可以设立派出机构，按照授权履行监督管理职责。在国家对证券发行、交易活动实行集中统一监督管理的前提下，依法设立证券业协会，实行自律性管理。国家审计机关依法对证券交易所、证券公司、证券登记结算机构、证券监督管理机构进行审计监督。[②]

在证券发行方面。公开发行证券，必须符合法律、行政法规规定的条件，并依法报经国务院证券监督管理机构或者国务院授权的部门核准；未经依法核准，任何单位和个人不得公开发行证券。发行人申请公开发行股票、可转换为股票的公司债券，依法采取承销方式的，或者公开发行法律、行政法规规定实行保荐制度的其他证券的，应当聘请具有保荐资格的机构担任保荐人。保荐人的资格及其管理办法由国务院证券

---

① 2014 年的修改包括：一是将第 89 条第 1 款中的“事先向国务院证券监督管理机构报送”修改为“公告”，第 1 款第 8 项中的“报送”修改为“公告”。删去第 2 款。二是删去第 90 条第 1 款。三是将第 91 条修改为：“在收购要约确定的承诺期限内，收购人不得撤销其收购要约。收购人需要变更收购要约的，必须及时公告，载明具体变更事项。”四是将第 108 条、第 131 条第 2 款中的“有《公司法》第 147 条规定的情形”修改为“有《公司法》第 146 条规定的情形”。五是删去第 213 条中的“报送上市公司收购报告书”和“或者擅自变更收购要约”。

② 《证券法》第 5 ~9 条。

监督管理机构规定。

设立股份有限公司公开发行股票,应当符合《公司法》规定的条件和经国务院批准的国务院证券监督管理机构规定的其他条件,向国务院证券监督管理机构报送募股申请和下列文件:(1)公司章程;(2)发起人协议;(3)发起人姓名或者名称,发起人认购的股份数、出资种类及验资证明;(4)招股说明书;(5)代收股款银行的名称及地址;(6)承销机构名称及有关的协议。依照证券法规定聘请保荐人的,还应当报送保荐人出具的发行保荐书。法律、行政法规规定设立公司必须报经批准的,还应当提交相应的批准文件。公司公开发行新股,应当符合下列条件:(1)具备健全且运行良好的组织机构;(2)具有持续盈利能力,财务状况良好;(3)最近3年财务会计文件无虚假记载,无其他重大违法行为;(4)经国务院批准的国务院证券监督管理机构规定的其他条件。上市公司非公开发行新股,应当符合经国务院批准的国务院证券监督管理机构规定的条件,并报国务院证券监督管理机构核准。公司公开发行新股,应当向国务院证券监督管理机构报送募股申请和下列文件:(1)公司营业执照;(2)公司章程;(3)股东大会决议;(4)招股说明书;(5)财务会计报告;(6)代收股款银行的名称及地址;(7)承销机构名称及有关的协议。依照证券法规定聘请保荐人的,还应当报送保荐人出具的发行保荐书。

公开发行公司债券,应当符合的法定条件:(1)股份有限公司的净资产不低于人民币3000万元,有限责任公司的净资产不低于人民币6000万元;(2)累计债券余额不超过公司净资产的40%;(3)最近3年平均可分配利润足以支付公司债券1年的利息;(4)筹集的资金投向符合国家产业政策;(5)债券的利率不超过国务院限定的利率水平;(6)国务院规定的其他条件。上市公司发行可转换为股票的公司债券,除应当符合上述条件外,还应当符合证券法关于公开发行股票的条件,并报国务院证券监督管理机构核准。申请公开发行公司债券,应当向国务院授权的部门或者国务院证券监督管理机构报送的法定文件有:(1)公司营业执照;(2)公司章程;(3)公司债券募集办法;(4)资产评估报告和验资报告;(5)国务院授权的部门或者国务院证券监督管理机构规定的其他文件。依照证券法规定聘请保荐人的,还应当报送保荐人出具的发行保荐书。

发行人依法申请核准发行证券所报送的申请文件的格式、报送方式,由依法负责核准的机构或者部门规定。发行人向国务院证券监督管理机构或者国务院授权的部门报送的证券发行申请文件,必须真实、准确、完整。为证券发行出具有关文件的证券服务机构和人员,必须严格履行法定职责,保证其所出具文件的真实性、准确性和完整性。发行人申请首次公开发行股票的,在提交申请文件后,应当按照国务院证券监督管理机构的规定预先披露有关申请文件。国务院证券监督管理机构设发行审核委员会,依法审核股票发行申请。发行审核委员会由国务院证券监督管理机构的专业人员和所聘请的该机构外的有关专家组成,以投票方式对股票发行申请进行表决,提出审核意见。发行审核委员会的具体组成办法、组成人员任期、工作程序,由国务院证券监督管理机构规定。国务院证券监督管理机构依照法定条件负责核准股票发行申请。核准程序应当公开,依法接受监督。国务院证券监督管理机构或者国务院授权的部门应当自受理证券发行申请文件之日起 3 个月内,依照法定条件和法定程序作出予以核准或者不予核准的决定,发行人根据要求补充、修改发行申请文件的时间不计算在内;不予核准的,应当说明理由。证券发行申请经核准,发行人应当依照法律、行政法规的规定,在证券公开发行前,公告公开发行募集文件,并将该文件置备于指定场所供公众查阅。发行证券的信息依法公开前,任何知情人不得公开或者泄露该信息。发行人不得在公告公开发行募集文件前发行证券。国务院证券监督管理机构或者国务院授权的部门对已作出的核准证券发行的决定,发现不符合法定条件或者法定程序,尚未发行证券的,应当予以撤销,停止发行。已经发行尚未上市的,撤销发行核准决定,发行人应当按照发行价并加算银行同期存款利息返还证券持有人；保荐人应当与发行人承担连带责任，但是能够证明自己没有过错的除外；发行人的控股股东、实际控制人有过错的，应当与发行人承担连带责任。公开发行股票，代销、包销期限届满，发行人应当在规定的期限内将股票发行情况报国务院证券监督管理机构备案。

关于证券交易的一般规定。依法公开发行的股票、公司债券及其他证券，应当在依法设立的证券交易所上市交易或者在国务院批准的其他证券交易场所转让。证券在证券交易所上市交易，应当采用公开的集中交易方式或者国务院证券监督管理机构批准的其他方式。证券交易当事人买卖的证券可以采用纸面形式或者国务院证券监督管理机构规定的其他形式。证券交易以现货和国务院规定的其他方式进行交易。证券交易所、证券公司和证券登记结算机构的从业人员、证券监督管理机构的工作人员以及法律、行政法规禁止参与股票交易的其他人员，在任期或者法定限期内，不得直接或者以化名、借他人名义持有、买卖股票，也不得收受他人赠送的股票。证券交易的收费必须合理，并公开收费项目、收费标准和收费办法。证券交易的收费项目、收费标准和管理办法由国务院有关主管部门统一规定。①

关于证券上市。申请证券上市交易，应当向证券交易所提出申请，由证券交易所依法审核同意，并由双方签订上市协议。证券交易所根据国务院授权的部门的决定安排政府债券上市交易。申请股票、可转换为股票的公司债券或者法律、行政法规规定实行保荐制度的其他证券上市交易，应当聘请具有保荐资格的机构担任保荐人。股份有限公司申请股票上市，应当符合的法定条件：(1)股票经国务院证券监督管理机构核准已公开发行；(2)公司股本总额不少于人民币3000万元；(3)公开发行的股份达到公司股份总数的25%以上；公司股本总额超过人民币4亿

---

① 《证券法》第39～43条、第46条。

元的，公开发行股份的比例为10%以上；(4)公司最近3年无重大违法行为，财务会计报告无虚假记载。证券交易所可以规定高于该规定的上市条件，并报国务院证券监督管理机构批准。国家鼓励符合产业政策并符合上市条件的公司股票上市交易。申请股票上市交易，应当向证券交易所报送的法定文件：(1)上市报告书；(2)申请股票上市的股东大会决议；(3)公司章程；(4)公司营业执照；(5)依法经会计师事务所审计的公司最近3年的财务会计报告；(6)法律意见书和上市保荐书；(7)最近一次的招股说明书；(8)证券交易所上市规则规定的其他文件。

上市公司有下列情形之一的，由证券交易所决定暂停其股票上市交易：(1)公司股本总额、股权分布等发生变化不再具备上市条件；(2)公司不按照规定公开其财务状况，或者对财务会计报告作虚假记载，可能误导投资者；(3)公司有重大违法行为；(4)公司最近3年连续亏损；(5)证券交易所上市规则规定的其他情形。

上市公司有下列情形之一的，由证券交易所决定终止其股票上市交易：(1)公司股本总额、股权分布等发生变化不再具备上市条件，在证券交易所规定的期限内仍不能达到上市条件；(2)公司不按照规定公开其财务状况，或者对财务会计报告作虚假记载，且拒绝纠正；(3)公司最近3年连续亏损，在其后一个年度内未能恢复盈利；(4)公司解散或者被宣告破产；(5)证券交易所上市规则规定的其他情形。

公司申请公司债券上市交易，应当的符合下列条件：(1)公司债券的期限为一年以上；(2)公司债券实际发行额不少于人民币5000万元；(3)公司申请债券上市时仍符合法定的公司债券发行条件。

申请公司债券上市交易，应当向证券交易所报送的法定文件：(1)上市报告书；(2)申请公司债券上市的董事会决议；(3)公司章程；(4)公司营业执照；(5)公司债券募集办法；(6)公司债券的实际发行数额；(7)证券交易所上市规则规定的其他文件。申请可转换为股票的公司债券上市交易，还应当报送保荐人出具的上市保荐书。公司债券上市交易申请经证券交易所审核同意后,签订上市协议的公司应当在规定的期限内公告公司债券上市文件及有关文件,并将其申请文件置备于指定场所供公众查阅。公司债券上市交易后,公司有下列情形之一的,由证券交易所决定暂停其公司债券上市交易:(1)公司有重大违法行为;(2)公司情况发生重大变化不符合公司债券上市条件;(3)发行公司债券所募集的资金不按照核准的用途使用;(4)未按照公司债券募集办法履行义务;(5)公司最近2年连续亏损的。公司有上述第(1)项、第(4)项所列情形之一经查实后果严重的,或者有上述第(2)项、第(3)项、第(5)项所列情形之一,在限期内未能消除的,由证券交易所决定终止其公司债券上市交易。公司解散或者被宣告破产的,由证券交易所终止其公司债券上市交易。对证券交易所作出的不予上市、暂停上市、终止上市决定不服的,可以向证券交易所设立的复核机构申请复核。①

关于持续信息公开与禁止交易。经国务院证券监督管理机构核准依法公开发行股票,或者经国务院授权的部门核准依法公开发行公司债券,应当公告招股说明书、公司债券募集办法。依法公开发行新股或者公司债券的,还应当公告财务会计报告。上市公司和公司债券上市交易的公司,应当在每一会计年度的上半年结束之日起2个月内,向国务院证券监督管理机构和证券交易所报送记载以下内容的中期报告,并予公告:(1)公司财务会计报告和经营情况;(2)涉及公司的重大诉讼事项;(3)已发行的股票、公司债券变动情况;(4)提交股东大会审议的重要事项;(5)国务院证券监督管理机构规定的其他事项。

上市公司和公司债券上市交易的公司,应当在每一会计年度结束之日起4个月内,向国务院证券监督管理机构和证券交易所报送记载以下内容的年度报告,并予公告:(1)公司概况;(2)公司财务会计报告和经营情况;(3)董事、监事、高级管理人员简介及其持股情况;(4)已发行的

① 《证券法》第48~52条、第56~62条。

股票、公司债券情况,包括持有公司股份最多的前10名股东的名单和持股数额;(5)公司的实际控制人;(6)国务院证券监督管理机构规定的其他事项。发生可能对上市公司股票交易价格产生较大影响的重大事件,投资者尚未得知时,上市公司应当立即将有关该重大事件的情况向国务院证券监督管理机构和证券交易所报送临时报告,并予公告,说明事件的起因、目前的状态和可能产生的法律后果。其中,《证券法》所称重大事件包括:(1)公司的经营方针和经营范围的重大变化;(2)公司的重大投资行为和重大的购置财产的决定;(3)公司订立重要合同,可能对公司的资产、负债、权益和经营成果产生重要影响;(4)公司发生重大债务和未能清偿到期重大债务的违约情况;(5)公司发生重大亏损或者重大损失;(6)公司生产经营的外部条件发生的重大变化;(7)公司的董事、1/3以上监事或者经理发生变动;(8)持有公司5%以上股份的股东或者实际控制人,其持有股份或者控制公司的情况发生较大变化;(9)公司减资、合并、分立、解散及申请破产的决定;(10)涉及公司的重大诉讼,股东大会、董事会决议被依法撤销或者宣告无效;(11)公司涉嫌犯罪被司法机关立案调查,公司董事、监事、高级管理人员涉嫌犯罪被司法机关采取强制措施;(12)国务院证券监督管理机构规定的其他事项。依法必须披露的信息,应当在国务院证券监督管理机构指定的媒体发布,同时将其置备于公司住所、证券交易所,供社会公众查阅。国务院证券监督管理机构对上市公司年度报告、中期报告、临时报告以及公告的情况进行监督,对上市公司分派或者配售新股的情况进行监督,对上市公司控股股东和信息披露义务人的行为进行监督。证券监督管理机构、证券交易所、保荐人、承销的证券公司及有关人员,对公司依照法律、行政法规规定必须作出的公告,在公告前不得泄露其内容。证券交易所决定暂停或者终止证券上市交易的,应当及时公告,并报国务院证券监督管理机构备案。证券交易所、证券公司、证券登记结算机构、证券服务机构及其从业人员对证券交易中发现的禁止的交易行为,应当及时向证券监督管理机构报告。①

关于上市公司的收购。通过证券交易所的证券交易,投资者持有或者通过协议、其他安排与他人共同持有一个上市公司已发行的股份达到5%时,应当在该事实发生之日起3日内,向国务院证券监督管理机构、证券交易所作出书面报告,通知该上市公司,并予公告;在上述期限内,不得再行买卖该上市公司的股票。投资者持有或者通过协议、其他安排与他人共同持有一个上市公司已发行的股份达到5%后,其所持该上市公司已发行的股份比例每增加或者减少5%,应当依照前述规定进行报告和公告。在报告期限内和作出报告、公告后2日内,不得再行买卖该上市公司的股票。采取协议收购方式的,收购人可以依照法律、行政法规的规定同被收购公司的股东以协议方式进行股份转让。以协议方式收购上市公司时,达成协议后,收购人必须在3日内将该收购协议向国务院证券监督管理机构及证券交易所作出书面报告,并予公告。在公告前不得履行收购协议。采取协议收购方式的,收购人收购或者通过协议、其他安排与他人共同收购一个上市公司已发行的股份达到30%时,继续进行收购的,应当向该上市公司所有股东发出收购上市公司全部或者部分股份的要约。但是,经国务院证券监督管理机构免除发出要约的除外。收购行为完成后,收购人应当在15日内将收购情况报告国务院证券监督管理机构和证券交易所,并予公告。收购上市公司中由国家授权投资的机构持有的股份,应当按照国务院的规定,经有关主管部门批准。国务院证券监督管理机构应当依照本法的原则制定上市公司收购的具体办法。②

关于证券交易所。证券交易所是为证券集中交易提供场所和设施,组织和监督证券交易,实行自律管理的法人。证券交易所的设立和解

---

① 《证券法》第64~67条、第70~72条、第84条。

② 《证券法》第86条、第94条、第96条、第100~101条。

散,由国务院决定。设立证券交易所必须制定章程。证券交易所章程的制定和修改,必须经国务院证券监督管理机构批准。证券交易所设理事会。证券交易所设总经理1人,由国务院证券监督管理机构任免。因突发性事件而影响证券交易的正常进行时,证券交易所可以采取技术性停牌的措施;因不可抗力的突发性事件或者为维护证券交易的正常秩序,证券交易所可以决定临时停市。证券交易所采取技术性停牌或者决定临时停市,必须及时报告国务院证券监督管理机构。证券交易所对证券交易实行实时监控,并按照国务院证券监督管理机构的要求,对异常的交易情况提出报告。证券交易所应当对上市公司及相关信息披露义务人披露信息进行监督,督促其依法及时、准确地披露信息。证券交易所根据需要,可以对出现重大异常交易情况的证券账户限制交易,并报国务院证券监督管理机构备案。证券交易所应当从其收取的交易费用和会员费、席位费中提取一定比例的金额设立风险基金。风险基金由证券交易所理事会管理。风险基金提取的具体比例和使用办法,由国务院证券监督管理机构会同国务院财政部门规定。证券交易所依照证券法律、行政法规制定上市规则、交易规则、会员管理规则和其他有关规则,并报国务院证券监督管理机构批准。①

关于证券公司。设立证券公司,必须经国务院证券监督管理机构审查批准。未经国务院证券监督管理机构批准,任何单位和个人不得经营证券业务。设立证券公司,应当具备的法定条件:(1)有符合法律、行政法规规定的公司章程;(2)主要股东具有持续盈利能力,信誉良好,最近3年无重大违法违规记录,净资产不低于人民币2亿元;(3)有符合证券法规定的注册资本;(4)董事、监事、高级管理人员具备任职资格,从业人员具有证券从业资格;(5)有完善的风险管理与内部控制制度;(6)有合格的经营场所和业务设施;(7)法律、行政法规规定的和经国务院批准

① 《证券法》第102~103条、第106~107条、第114~116条、第118条。

的国务院证券监督管理机构规定的其他条件。经国务院证券监督管理机构批准，证券公司可以经营下列部分或者全部业务：(1)证券经纪；(2)证券投资咨询；(3)与证券交易、证券投资活动有关的财务顾问；(4)证券承销与保荐；(5)证券自营；(6)证券资产管理；(7)其他证券业务。其中，证券公司经营第(1)项至第(3)项业务的，注册资本最低限额为人民币5000万元；经营第(4)项至第(7)项业务之一的，注册资本最低限额为人民币1亿元；经营第(4)项至第(7)项业务中两项以上的，注册资本最低限额为人民币5亿元。证券公司的注册资本应当是实缴资本。国务院证券监督管理机构根据审慎监管原则和各项业务的风险程度，可以调整注册资本最低限额，但不得少于前款规定的限额。国务院证券监督管理机构应当自受理证券公司设立申请之日起6个月内，依照法定条件和法定程序并根据审慎监管原则进行审查，作出批准或者不予批准的决定，并通知申请人；不予批准的，应当说明理由。证券公司设立申请获得批准的，申请人应当在规定的期限内向公司登记机关申请设立登记，领取营业执照。证券公司应当自领取营业执照之日起15日内，向国务院证券监督管理机构申请经营证券业务许可证。未取得经营证券业务许可证，证券公司不得经营证券业务。证券公司设立、收购或者撤销分支机构，变更业务范围，增加注册资本且股权结构发生重大调整，减少注册资本，变更持有5%以上股权的股东、实际控制人，变更公司章程中的重要条款，合并、分立、停业、解散、破产，必须经国务院证券监督管理机构批准。证券公司在境外设立、收购或者参股证券经营机构，必须经国务院证券监督管理机构批准。国务院证券监督管理机构应当对证券公司的净资本，净资本与负债的比例，净资本与净资产的比例，净资本与自营、承销、资产管理等业务规模的比例，负债与净资产的比例，以及流动资产与流动负债的比例等风险控制指标作出规定。证券公司不得为其股东或者股东的关联人提供融资或者担保。证券公司的董事、监事、高级管理人员，应当正直诚实，品行良好，熟悉证券法律、行政法规，具有履行职责所需的经营管理能力,并在任职前取得国务院证券监督管理机构核准的任职资格。国家设立证券投资者保护基金。证券投资者保护基金由证券公司缴纳的资金及其他依法筹集的资金组成,其筹集、管理和使用的具体办法由国务院规定。证券公司从每年的税后利润中提取交易风险准备金,用于弥补证券交易的损失,其提取的具体比例由国务院证券监督管理机构规定。证券公司客户的交易结算资金应当存放在商业银行,以每个客户的名义单独立户管理。具体办法和实施步骤由国务院规定。证券公司为客户买卖证券提供融资融券服务,应当按照国务院的规定并经国务院证券监督管理机构批准。证券公司应当按照规定向国务院证券监督管理机构报送业务、财务等经营管理信息和资料。国务院证券监督管理机构有权要求证券公司及其股东、实际控制人在指定的期限内提供有关信息、资料。证券公司及其股东、实际控制人向国务院证券监督管理机构报送或者提供的信息、资料,必须真实、准确、完整。国务院证券监督管理机构认为有必要时,可以委托会计师事务所、资产评估机构对证券公司的财务状况、内部控制状况、资产价值进行审计或者评估。具体办法由国务院证券监督管理机构会同有关主管部门制定。证券公司的净资本或者其他风险控制指标不符合规定的,国务院证券监督管理机构应当责令其限期改正;逾期未改正,或者其行为严重危及该证券公司的稳健运行、损害客户合法权益的,国务院证券监督管理机构可以区别情形,对其采取下列措施:(1)限制业务活动,责令暂停部分业务,停止批准新业务;(2)停止批准增设、收购营业性分支机构;(3)限制分配红利,限制向董事、监事、高级管理人员支付报酬、提供福利;(4)限制转让财产或者在财产上设定其他权利;(5)责令更换董事、监事、高级管理人员或者限制其权利;(6)责令控股股东转让股权或者限制有关股东行使股东权利;(7)撤销有关业务许可。证券公司整改后,应当向国务院证券监督管理机构提交报告。国务院证券监督管理机构经验收,符合有关风险控制指标的,应当自验收完毕之日起3日内解除对其采取的前款规定的有关措施。

证券公司的股东有虚假出资、抽逃出资行为的，国务院证券监督管理机构应当责令其限期改正，并可责令其转让所持证券公司的股权。在前述规定的股东按照要求改正违法行为、转让所持证券公司的股权前，国务院证券监督管理机构可以限制其股东权利。证券公司的董事、监事、高级管理人员未能勤勉尽责，致使证券公司存在重大违法违规行为或者重大风险的，国务院证券监督管理机构可以撤销其任职资格，并责令公司予以更换。证券公司违法经营或者出现重大风险，严重危害证券市场秩序、损害投资者利益的，国务院证券监督管理机构可以对该证券公司采取责令停业整顿、指定其他机构托管、接管或者撤销等监管措施。在证券公司被责令停业整顿、被依法指定托管、接管或者清算期间，或者出现重大风险时，经国务院证券监督管理机构批准，可以对该证券公司直接负责的董事、监事、高级管理人员和其他直接责任人员采取下列措施：(1)通知出境管理机关依法阻止其出境；(2)申请司法机关禁止其转移、转让或者以其他方式处分财产，或者在财产上设定其他权利。①

关于证券登记结算机构。证券登记结算机构是为证券交易提供集中登记、存管与结算服务，不以营利为目的的法人。设立证券登记结算机构必须经国务院证券监督管理机构批准。设立证券登记结算机构，应当具备的法定条件：(1)自有资金不少于人民币2亿元；(2)具有证券登记、存管和结算服务所必需的场所和设施；(3)主要管理人员和从业人员必须具有证券从业资格；(4)国务院证券监督管理机构规定的其他条件。证券登记结算机构的名称中应当标明证券登记结算字样。

证券登记结算机构履行的法定职能：(1)证券账户、结算账户的设立；(2)证券的存管和过户；(3)证券持有人名册登记；(4)证券交易所上

---

① 《证券法》第122条、第124～125条、第127～131条、第134～135条、第139条、第142条、第148～154条。

市证券交易的清算和交收;(5)受发行人的委托派发证券权益;(6)办理与上述业务有关的查询;(7)国务院证券监督管理机构批准的其他业务。证券登记结算采取全国集中统一的运营方式。证券登记结算机构章程、业务规则应当依法制定,并经国务院证券监督管理机构批准。证券登记结算机构应当设立证券结算风险基金,用于垫付或者弥补因违约交收、技术故障、操作失误、不可抗力造成的证券登记结算机构的损失。证券结算风险基金从证券登记结算机构的业务收入和收益中提取,并可以由结算参与人按照证券交易业务量的一定比例缴纳。证券结算风险基金的筹集、管理办法,由国务院证券监督管理机构会同国务院财政部门规定。证券登记结算机构申请解散,应当经国务院证券监督管理机构批准。①

关于证券服务机构。投资咨询机构、财务顾问机构、资信评级机构、资产评估机构、会计师事务所从事证券服务业务,必须经国务院证券监督管理机构和有关主管部门批准。投资咨询机构、财务顾问机构、资信评级机构、资产评估机构、会计师事务所从事证券服务业务的审批管理办法,由国务院证券监督管理机构和有关主管部门制定。投资咨询机构、财务顾问机构、资信评级机构从事证券服务业务的人员,必须具备证券专业知识和从事证券业务或者证券服务业务 2 年以上经验。认定其证券从业资格的标准和管理办法,由国务院证券监督管理机构制定。从事证券服务业务的投资咨询机构和资信评级机构,应当按照国务院有关主管部门规定的标准或者收费办法收取服务费用。②

关于证券业协会。证券业协会是证券业的自律性组织,是社会团体法人。证券公司应当加入证券业协会。证券业协会的权力机构为全体会员组成的会员大会。证券业协会章程由会员大会制定,并报国务院证

---

① 《证券法》第 155 ~158 条、第 163 条、第 165 条。

② 《证券法》第 169 ~170 条、第 172 条。

券监督管理机构备案。证券业协会履行的法定职责:(1)教育和组织会员遵守证券法律、行政法规;(2)依法维护会员的合法权益,向证券监督管理机构反映会员的建议和要求;(3)收集整理证券信息,为会员提供服务;(4)制定会员应遵守的规则,组织会员单位的从业人员的业务培训,开展会员间的业务交流;(5)对会员之间、会员与客户之间发生的证券业务纠纷进行调解;(6)组织会员就证券业的发展、运作及有关内容进行研究;(7)监督、检查会员行为,对违反法律、行政法规或者协会章程的,按照规定给予纪律处分;(8)证券业协会章程规定的其他职责。①

关于证券监督管理机构。国务院证券监督管理机构依法对证券市场实行监督管理,维护证券市场秩序,保障其合法运行。国务院证券监督管理机构在对证券市场实施监督管理中履行下列职责:(1)依法制定有关证券市场监督管理的规章、规则,并依法行使审批或者核准权;(2)依法对证券的发行、上市、交易、登记、存管、结算,进行监督管理;(3)依法对证券发行人、上市公司、证券公司、证券投资基金管理公司、证券服务机构、证券交易所、证券登记结算机构的证券业务活动,进行监督管理;(4)依法制定从事证券业务人员的资格标准和行为准则,并监督实施;(5)依法监督检查证券发行、上市和交易的信息公开情况;(6)依法对证券业协会的活动进行指导和监督;(7)依法对违反证券市场监督管理法律、行政法规的行为进行查处;(8)法律、行政法规规定的其他职责。国务院证券监督管理机构可以和其他国家或者地区的证券监督管理机构建立监督管理合作机制,实施跨境监督管理。国务院证券监督管理机构依法履行职责,有权采取下列措施:(1)对证券发行人、上市公司、证券公司、证券投资基金管理公司、证券服务机构、证券交易所、证券登记结算机构进行现场检查;(2)进入涉嫌违法行为发生场所调查取证;(3)询问当事人和与被调查事件有关的单位和个人,要求其对与被调查

① 《证券法》第174~176条。

事件有关的事项作出说明;(4)查阅、复制与被调查事件有关的财产权登记、通信记录等资料;(5)查阅、复制当事人和与被调查事件有关的单位和个人的证券交易记录、登记过户记录、财务会计资料及其他相关文件和资料;对可能被转移、隐匿或者毁损的文件和资料,可以予以封存;(6)查询当事人和与被调查事件有关的单位和个人的资金账户、证券账户和银行账户;对有证据证明已经或者可能转移或者隐匿违法资金、证券等涉案财产或者隐匿、伪造、毁损重要证据的,经国务院证券监督管理机构主要负责人批准,可以冻结或者查封;(7)在调查操纵证券市场、内幕交易等重大证券违法行为时,经国务院证券监督管理机构主要负责人批准,可以限制被调查事件当事人的证券买卖,但限制的期限不得超过15个交易日;案情复杂的,可以延长15个交易日。国务院证券监督管理机构依法履行职责,进行监督检查或者调查,其监督检查、调查的人员不得少于2人,并应当出示合法证件和监督检查、调查通知书。监督检查、调查的人员少于2人或者未出示合法证件和监督检查、调查通知书的,被检查、调查的单位有权拒绝。国务院证券监督管理机构工作人员必须忠于职守,依法办事,公正廉洁,不得利用职务便利牟取不正当利益,不得泄露所知悉的有关单位和个人的商业秘密。国务院证券监督管理机构依法履行职责,被检查、调查的单位和个人应当配合,如实提供有关文件和资料,不得拒绝、阻碍和隐瞒。国务院证券监督管理机构依法制定的规章、规则和监督管理工作制度应当公开。国务院证券监督管理机构依据调查结果,对证券违法行为作出的处罚决定,应当公开。国务院证券监督管理机构应当与国务院其他金融监督管理机构建立监督管理信息共享机制。国务院证券监督管理机构依法履行职责,进行监督检查或者调查时,有关部门应当予以配合。国务院证券监督管理机构依法履行职责,发现证券违法行为涉嫌犯罪的,应当将案件移送司法机关处理。

国务院证券监督管理机构的人员不得在被监管的机构中任职。[①]

四、银行业监管法的制定和实施

2003年,国家实施金融体制改革,为了使中央银行集中精力搞好金融调控,将原来由中国人民银行履行的对银行业的监管职责,交由新成立的银行业监督机构,目的是实现国家金融调控和金融监督职能的分离。为此,为了加强对银行业的监督管理,规范监督管理行为,防范和化解银行业风险,保护存款人和其他客户的合法权益,促进银行业健康发展,2003年12月27日第十届全国人民代表大会常务委员会第六次会议通过了《银行业监督管理法》,该法经过实施又于2006年10月31日进行过一次修正。[②] 现行的《银行业监督管理法》共6章52条,法律的内容,除总则、附则外,主要就监督管理机构、监督管理职责、监督管理措施和法律责任进行了规定。按照该法规定,与宏观调控相关的内容如下。

第一,关于管理机构及管理对象及范围。国务院银行业监督管理机

---

① 《证券法》第178~187条。

② 2006年的修改内容:一是增加一条,作为第42条:"银行业监督管理机构依法对银行业金融机构进行检查时,经设区的市一级以上银行业监督管理机构负责人批准,可以对与涉嫌违法事项有关的单位和个人采取下列措施:(一)询问有关单位或者个人,要求其对有关情况作出说明;(二)查阅、复制有关财务会计、财产权登记等文件、资料;(三)对可能被转移、隐匿、毁损或者伪造的文件、资料,予以先行登记保存。银行业监督管理机构采取前款规定措施,调查人员不得少于二人,并应当出示合法证件和调查通知书;调查人员少于二人或者未出示合法证件和调查通知书的,有关单位或者个人有权拒绝。对依法采取的措施,有关单位和个人应当配合,如实说明有关情况并提供有关文件、资料,不得拒绝、阻碍和隐瞒。"二是第42条改为第43条,第1款增加1项,作为第6项:"违反本法第四十二条规定对有关单位或者个人进行调查的"。第2款修改为:"银行业监督管理机构从事监督管理工作的人员贪污受贿,泄露国家秘密、商业秘密和个人隐私,构成犯罪的,依法追究刑事责任;尚不构成犯罪的,依法给予行政处分。"三是增加1条,作为第49条:"阻碍银行业监督管理机构工作人员依法执行检查、调查职务的,由公安机关依法给予治安管理处罚;构成犯罪的,依法追究刑事责任。"修正后自2007年1月1日起施行。《银行业监督管理法》根据决定作修改并对条款顺序作调整后,重新公布。

构负责对全国银行业金融机构及其业务活动监督管理的工作。国务院银行业监督管理机构根据履行职责的需要设立派出机构。国务院银行业监督管理机构对派出机构实行统一领导和管理。国务院银行业监督管理机构的派出机构在国务院银行业监督管理机构的授权范围内,履行监督管理职责。银行业监督管理机构管理的对象是在中华人民共和国境内设立的商业银行、城市信用合作社、农村信用合作社等吸收公众存款的金融机构以及政策性银行。对在中华人民共和国境内设立的金融资产管理公司、信托投资公司、财务公司、金融租赁公司以及经国务院银行业监督管理机构批准设立的其他金融机构的监督管理,适用《银行业监督管理法》对银行业金融机构监督管理的规定。与此同时,国务院银行业监督管理机构依照《银行业监督管理法》有关规定,对经其批准在境外设立的金融机构以及相关金融机构在境外的业务活动实施监督管理。对在中华人民共和国境内设立的政策性银行、金融资产管理公司的监督管理,法律、行政法规另有规定的,依照其规定。对在中华人民共和国境内设立的外资银行业金融机构、中外合资银行业金融机构、外国银行业金融机构的分支机构的监督管理,法律、行政法规另有规定的,依照其规定。①

第二,关于管理目标和原则。银行业监督管理的目标是促进银行业的合法、稳健运行,维护公众对银行业的信心。银行业监督管理应当保护银行业公平竞争,提高银行业竞争能力。银行业监督管理机构对银行业实施监督管理,应当遵循依法、公开、公正和效率的原则。银行业监督管理机构及其从事监督管理工作的人员依法履行监督管理职责,受法律保护。地方政府、各级政府部门、社会团体和个人不得干涉。②

第三,关于银行业管理机构管理与其他部门的协调。国务院银行业

① 《银行业监督管理法》第2条、第8条、第50~51条。

② 《银行业监督管理法》第3~5条。

监督管理机构应当和中国人民银行、国务院其他金融监督管理机构建立监督管理信息共享机制。国务院银行业监督管理机构可以和其他国家或者地区的银行业监督管理机构建立监督管理合作机制,实施跨境监督管理。银行业监督管理机构工作人员,应当依法保守国家秘密,并有责任为其监督管理的银行业金融机构及当事人保守秘密。国务院银行业监督管理机构同其他国家或者地区的银行业监督管理机构交流监督管理信息,应当就信息保密作出安排。银行业监督管理机构在处置银行业金融机构风险、查处有关金融违法行为等监督管理活动中,地方政府、各级有关部门应当予以配合和协助。国务院审计、监察等机关,应当依照法律规定对国务院银行业监督管理机构的活动进行监督。①

第四,关于监督管理职责。国务院银行业监督管理机构依照法律、行政法规制定并发布对银行业金融机构及其业务活动监督管理的规章、规则。国务院银行业监督管理机构依照法律、行政法规规定的条件和程序,审查批准银行业金融机构的设立、变更、终止以及业务范围。申请设立银行业金融机构,或者银行业金融机构变更持有资本总额或者股份总额达到规定比例以上的股东的,国务院银行业监督管理机构应当对股东的资金来源、财务状况、资本补充能力和诚信状况进行审查。银行业金融机构业务范围内的业务品种,应当按照规定经国务院银行业监督管理机构审查批准或者备案。需要审查批准或者备案的业务品种,由国务院银行业监督管理机构依照法律、行政法规作出规定并公布。国务院银行业监督管理机构对银行业金融机构的董事和高级管理人员实行任职资格管理。具体办法由国务院银行业监督管理机构制定。银行业金融机构的审慎经营规则,②由法律、行政法规规定,也可以由国务院银行业监督管理机构依照法律、行政法规制定。国务院银行业监督管理机构应当

---

① 《银行业监督管理法》第6~7条、第11条、第13~14条。

② 《银行业监督管理法》第21条第2款规定,审慎经营规则,包括风险管理、内部控制、资本充足率、资产质量、损失准备金、风险集中、关联交易、资产流动性等内容。

在规定的期限,对下列申请事项作出批准或者不批准的书面决定;决定不批准的,应当说明理由:(1)银行业金融机构的设立,自收到申请文件之日起6个月内;(2)银行业金融机构的变更、终止,以及业务范围和增加业务范围内的业务品种,自收到申请文件之日起3个月内;(3)审查董事和高级管理人员的任职资格,自收到申请文件之日起30日内。银行业监督管理机构应当对银行业金融机构的业务活动及其风险状况进行非现场监管,建立银行业金融机构监督管理信息系统,分析、评价银行业金融机构的风险状况。银行业监督管理机构应当对银行业金融机构的业务活动及其风险状况进行现场检查。国务院银行业监督管理机构应当制定现场检查程序,规范现场检查行为。国务院银行业监督管理机构应当对银行业金融机构实行并表监督管理。国务院银行业监督管理机构对中国人民银行提出的检查银行业金融机构的建议,应当自收到建议之日起30日内予以回复。国务院银行业监督管理机构应当建立银行业金融机构监督管理评级体系和风险预警机制,根据银行业金融机构的评级情况和风险状况,确定对其现场检查的频率、范围和需要采取的其他措施。国务院银行业监督管理机构应当建立银行业突发事件的发现、报告岗位责任制度。银行业监督管理机构发现可能引发系统性银行业风险、严重影响社会稳定的突发事件的,应当立即向国务院银行业监督管理机构负责人报告;国务院银行业监督管理机构负责人认为需要向国务院报告的,应当立即向国务院报告,并告知中国人民银行、国务院财政部门等有关部门。国务院银行业监督管理机构应当会同中国人民银行、国务院财政部门等有关部门建立银行业突发事件处置制度,制定银行业突发事件处置预案,明确处置机构和人员及其职责、处置措施和处置程序,及时、有效地处置银行业突发事件。国务院银行业监督管理机构负责统一编制全国银行业金融机构的统计数据、报表,并按照国家有关规定予以公布。国务院银行业监督管理机构对银行业自律组织的活动进行指导和监督。银行业自律组织的章程应当报国务院银行业监督管理机构备案。国务院银行业监督管理机构可以开展与银行业监督管理有关的国际交流、合作活动。①

从上述《银行业监督管理法》的规定来看，在国家施行金融业分业经营管理体制的背景下，金融监督管理也采取了对银行、保险和证券业分别由专门机构监督管理的模式。但在法律调整模式上，有关保险业和证券业的监管，统一规定在了《保险法》和《证券法》之中，而对于银行业的监管，则专门出台了《银行业监督管理法》，这是由银行业所涉及的业务范围的广泛性所决定的。例如，就银行开展的存款业务来说，就涉及所有的单位和个人。与此同时，金融监管法的功能主要在于维护金融秩序，而金融调控法的功能则主要是把握金融业发展的全局，为实现宏观调控目标服务。为此，金融监督不能为监督而监督，要在金融调控下实施监督才是有效的监督。另外，《保险法》《证券法》《银行业监督管理法》中有关金融监管的规定，把金融经营规则的制定权授予金融监管机构，实际上给金融监管机构引导金融业的改革预留了空间，但在具体的实践中，应当是既要考虑国际上通行的惯例，也要考虑中国的实际。总的来说，应在总体上控制金融风险的基础上，适度放宽金融监管，这样才有利于国家的宏观调控，有利于金融业的健康发展。

简要评析

在现代市场经济条件下，金融调控是最能体现宏观调控间接调控特征的宏观调控手段。从本章梳理情况看，中国的金融法治起始于1995年集中立法，此后逐步完善，已经基本形成了独立的金融法体系。从法律部门的归属来看，属于部门经济法的主要为《中国人民银行法》和政

① 《银行业监督管理法》第15~18条、第20~32条。

策性银行法,其他商业性的金融法属于特别商事法的范畴。但这些商业性的金融法,必须在宏观调控之下运行,以便保障金融秩序的稳定。目前的主要问题是没有政策性银行法,使实践中的政策性金融业务处于不确定状态。为此,国家需要出台政策性银行法,使政策性银行业务纳入法治的轨道。从改革的实践来看,金融法治的目标在于如何防控基于金融风险而引发的经济危机,为此,就要克服金融虚拟经济隐含的金融危机,引导金融机构为实体经济服务,并严厉打击金融领域的违法犯罪。与此同时,鉴于金融调控的滞后性,金融调控必须与财政调控相互衔接,才能发挥宏观调控的作用,然而,在此方面的立法则显得不足。另外,随着中国国际贸易地位的提升,人民币国际化是必然的趋势,如何化解人民币国际化中的金融风险,也是下一步金融法治的重中之重。

第十九章　对外经济调控法律制度的完善

改革开放的目标和方针之一就是对外开放。在此方针指引之下,中国的对外经济调控首先是通过对外开放政策和法律的制定和实施,立足于吸引外资发展中国的经济;其次是大力促进中国对外贸易的发展。特别在 2001 年中国加入世界贸易组织以来,中国的对外贸易迅速增长,一跃成为世界第二大贸易国,对外贸易对于宏观经济发展的贡献度越来越高。但是,从宏观调控角度来看,与国际收支平衡有关的对外贸易应当是一种基本平衡的贸易,国民经济发展不能过度地依赖于进出口贸易。与此同时,2012 年党的十八大以来,随着中国“一带一路”倡议的提出,中国企业和个人也越来越多地走向世界,给对外经济调控及其法治提出了新的课题和挑战。所有这些,均需要法律的支持与规制。

第一节　对外贸易调控法律的完善

一、对外贸易法的制定和实施

为了扩大对外开放，发展对外贸易，维护对外贸易秩序，保护对外贸易经营者的合法权益，促进社会主义市场经济的健康发展，1994 年 5 月 12 日第八届全国人民代表大会常务委员会第七次会议通过《对外贸易法》，该法施行以来，先后经过 2004 年 4 月 6 日的修订和 2016 年 11 月 7 日的修正。① 该法共包括 11 章 70 条。其内容除总则、附则外，主要包括对外贸易经营者、货物进出口与技术进出口、国际服务贸易、与对外贸易有关的知识产权保护、对外贸易秩序、对外贸易调查、对外贸易救济、对外贸易促进等。

二、对外贸易调控的法律规定

概括起来，《对外贸易法》中与宏观调控相关的内容包括以下十个方面。

第一，关于《对外贸易法》的适用范围及对外贸易的法律界定。根据《对外贸易法》规定，该法的适用范围是对外贸易以及与对外贸易有关的知识产权保护。《对外贸易法》所称对外贸易，是指货物进出口、技术进出口和国际服务贸易。与军品、裂变和聚变物质或者衍生此类物质的物质有关的对外贸易管理以及文化产品的进出口管理，法律、行政法

---

① 2004 年结合中国“入世”，对《对外贸易法》进行了全面修订，重新公布，于 2004 年 7 月 1 日起施行。2016 年修正将第 10 条第 2 款修改为：“从事对外劳务合作的单位，应当具备相应的资质。具体办法由国务院规定。”

规另有规定的,依照其规定。国家对边境地区与接壤国家边境地区之间的贸易以及边民互市贸易,采取灵活措施,给予优惠和便利。具体办法由国务院规定。中华人民共和国的单独关税区不适用《对外贸易法》。①

第二,关于管理主体与管理原则。国务院对外贸易主管部门依照《对外贸易法》主管全国对外贸易工作。国家实行统一的对外贸易制度,鼓励发展对外贸易,维护公平、自由的对外贸易秩序。中华人民共和国根据平等互利的原则,促进和发展同其他国家和地区的贸易关系,缔结或者参加关税同盟协定、自由贸易区协定等区域经济贸易协定,参加区域经济组织。中华人民共和国在对外贸易方面根据所缔结或者参加的国际条约、协定,给予其他缔约方、参加方最惠国待遇、国民待遇等待遇,或者根据互惠、对等原则给予对方最惠国待遇、国民待遇等待遇。任何国家或者地区在贸易方面对中华人民共和国采取歧视性的禁止、限制或者其他类似措施的,中华人民共和国可以根据实际情况对该国家或者该地区采取相应的措施。②

第三,关于对外贸易经营者。《对外贸易法》所称对外贸易经营者,是指依法办理工商登记或者其他执业手续,依照《对外贸易法》和其他有关法律、行政法规的规定从事对外贸易经营活动的法人、其他组织或者个人。从事货物进出口或者技术进出口的对外贸易经营者,应当向国务院对外贸易主管部门或者其委托的机构办理备案登记;但是,法律、行政法规和国务院对外贸易主管部门规定不需要备案登记的除外。备案登记的具体办法由国务院对外贸易主管部门规定。对外贸易经营者未按照规定办理备案登记的,海关不予办理进出口货物的报关验放手续。从事国际服务贸易,应当遵守对外贸易法和其他有关法律、行政法规的

---

① 《对外贸易法》第 2 条、第 67 条、第 68 条、第 69 条。

② 《对外贸易法》第 3 ~7 条。

规定。从事对外劳务合作的单位,应当具备相应的资质。具体办法由国务院规定。[①] 国家可以对部分货物的进出口实行国营贸易管理。实行国营贸易管理货物的进出口业务只能由经授权的企业经营;但是,国家允许部分数量的国营贸易管理货物的进出口业务由非授权企业经营的除外。实行国营贸易管理的货物和经授权经营企业的目录,由国务院对外贸易主管部门会同国务院其他有关部门确定、调整并公布。对外贸易经营者可以接受他人的委托,在经营范围内代为办理对外贸易业务。对外贸易经营者应当按照国务院对外贸易主管部门或者国务院其他有关部门依法作出的规定,向有关部门提交与其对外贸易经营活动有关的文件及资料。有关部门应当为提供者保守商业秘密。[②]

第四,关于货物进出口与技术进出口。国家准许货物与技术的自由进出口。但是,法律、行政法规另有规定的除外。国务院对外贸易主管部门基于监测进出口情况的需要,可以对部分自由进出口的货物实行进出口自动许可并公布其目录。实行自动许可的进出口货物,收货人、发货人在办理海关报关手续前提出自动许可申请的,国务院对外贸易主管部门或者其委托的机构应当予以许可;未办理自动许可手续的,海关不予放行。进出口属于自由进出口的技术,应当向国务院对外贸易主管部门或者其委托的机构办理合同备案登记。国家基于下列原因,可以限制或者禁止有关货物、技术的进口或者出口:(1)为维护国家安全、社会公共利益或者公共道德,需要限制或者禁止进口或者出口的;(2)为保护人的健康或者安全,保护动物、植物的生命或者健康,保护环境,需要限制或者禁止进口或者出口的;(3)为实施与黄金或者白银进出口有关的

① 2012年5月16日,国务院第203次常务会议通过《对外劳务合作管理条例》,以620号令公布,自2012年8月1日起施行。该条例共6章53条。除总则、附则外,就从事对外劳务合作的企业与劳务人员、与对外劳务合作有关的合同、政府的服务和管理以及法律责任进行了规定。

② 《对外贸易法》第8~13条。

措施,需要限制或者禁止进口或者出口的;(4)国内供应短缺或者为有效保护可能用竭的自然资源,需要限制或者禁止出口的;(5)输往国家或者地区的市场容量有限,需要限制出口的;(6)出口经营秩序出现严重混乱,需要限制出口的;(7)为建立或者加快建立国内特定产业,需要限制进口的;(8)对任何形式的农业、牧业、渔业产品有必要限制进口的;(9)为保障国家国际金融地位和国际收支平衡,需要限制进口的;(10)依照法律、行政法规的规定,其他需要限制或者禁止进口或者出口的;(11)根据中国缔结或者参加的国际条约、协定的规定,其他需要限制或者禁止进口或者出口的。国家对与裂变、聚变物质或者衍生此类物质的物质有关的货物、技术进出口,以及与武器、弹药或者其他军用物资有关的进出口,可以采取任何必要的措施,维护国家安全。在战时或者为维护国际和平与安全,国家在货物、技术进出口方面可以采取任何必要的措施。国务院对外贸易主管部门会同国务院其他有关部门,依照《对外贸易法》限制或禁止性的规定,制定、调整并公布限制或者禁止进出口的货物、技术目录。国务院对外贸易主管部门或者由其会同国务院其他有关部门,经国务院批准,可以在《对外贸易法》中限制与禁止性规定的范围内,临时决定限制或者禁止目录以外的特定货物、技术的进口或者出口。国家对限制进口或者出口的货物,实行配额、许可证等方式管理;对限制进口或者出口的技术,实行许可证管理。实行配额、许可证管理的货物、技术,应当按照国务院规定经国务院对外贸易主管部门或者经其会同国务院其他有关部门许可,方可进口或者出口。国家对部分进口货物可以实行关税配额管理。进出口货物配额、关税配额,由国务院对外贸易主管部门或者国务院其他有关部门在各自的职责范围内,按照公开、公平、公正和效益的原则进行分配。具体办法由国务院规定。国家实行统一的商品合格评定制度,根据有关法律、行政法规的规定,对进出口商品进行认证、检验、检疫。国家对进出口货物进行原产地管理。具体办法由国务院规定。对文物和野生动物、植物及其产品等,其他法律、行政法规有禁止或者限制进出口规定的,依照有关法律、行政法规的规定执行。①

第五,关于国际服务贸易。中华人民共和国在国际服务贸易方面根据所缔结或者参加的国际条约、协定中所作的承诺,给予其他缔约方、参加方市场准入和国民待遇。国务院对外贸易主管部门和国务院其他有关部门,依照《对外贸易法》和其他有关法律、行政法规的规定,对国际服务贸易进行管理。国家基于下列原因,可以限制或者禁止有关的国际服务贸易:(1)为维护国家安全、社会公共利益或者公共道德,需要限制或者禁止的;(2)为保护人的健康或者安全,保护动物、植物的生命或者健康,保护环境,需要限制或者禁止的;(3)为建立或者加快建立国内特定服务产业,需要限制的;(4)为保障国家外汇收支平衡,需要限制的;(5)依照法律、行政法规的规定,其他需要限制或者禁止的;(6)根据中国缔结或者参加的国际条约、协定的规定,其他需要限制或者禁止的。国家对与军事有关的国际服务贸易,以及与裂变、聚变物质或者衍生此类物质的物质有关的国际服务贸易,可以采取任何必要的措施,维护国家安全。在战时或者为维护国际和平与安全,国家在国际服务贸易方面可以采取任何必要的措施。国务院对外贸易主管部门会同国务院其他有关部门,依照《对外贸易法》和其他有关法律、行政法规的规定,制定、调整并公布国际服务贸易市场准入目录。②

第六,关于与对外贸易有关的知识产权保护。国家依照有关知识产权的法律、行政法规,保护与对外贸易有关的知识产权。进口货物侵犯知识产权,并危害对外贸易秩序的,国务院对外贸易主管部门可以采取在一定期限内禁止侵权人生产、销售的有关货物进口等措施。知识产权权利人有阻止被许可人对许可合同中的知识产权的有效性提出质疑、进

---

① 《对外贸易法》第14~23条。

② 《对外贸易法》第24~28条。

行强制性“一揽子”许可、在许可合同中规定排他性返授条件等行为之一，并危害对外贸易公平竞争秩序的，国务院对外贸易主管部门可以采取必要的措施消除危害。其他国家或者地区在知识产权保护方面未给予中华人民共和国的法人、其他组织或者个人国民待遇，或者不能对来源于中华人民共和国的货物、技术或者服务提供充分有效的知识产权保护的，国务院对外贸易主管部门可以依照《对外贸易法》和其他有关法律、行政法规的规定，并根据中华人民共和国缔结或者参加的国际条约、协定，对与该国家或者该地区的贸易采取必要的措施。①

第七，关于对外贸易秩序。在对外贸易经营活动中，不得违反有关反垄断的法律、行政法规的规定实施垄断行为。在对外贸易经营活动中实施垄断行为，危害市场公平竞争的，依照有关反垄断的法律、行政法规的规定处理。有上述违法行为，并危害对外贸易秩序的，国务院对外贸易主管部门可以采取必要的措施消除危害。在对外贸易经营活动中，不得实施以不正当的低价销售商品、串通投标、发布虚假广告、进行商业贿赂等不正当竞争行为。在对外贸易经营活动中实施不正当竞争行为的，依照有关反不正当竞争的法律、行政法规的规定处理。有违法行为，并危害对外贸易秩序的，国务院对外贸易主管部门可以采取禁止该经营者有关货物、技术进出口等措施消除危害。在对外贸易活动中，法定的禁止行为有：(1)伪造、变造进出口货物原产地标记，伪造、变造或者买卖进出口货物原产地证书、进出口许可证、进出口配额证明或者其他进出口证明文件；(2)骗取出口退税；(3)走私；(4)逃避法律、行政法规规定的认证、检验、检疫；(5)违反法律、行政法规规定的其他行为。对外贸易经营者在对外贸易经营活动中，应当遵守国家有关外汇管理的规定。违反《对外贸易法》规定，危害对外贸易秩序的，国务院对外贸易主管部门可

① 《对外贸易法》第29~31条。

以向社会公告。①

第八,关于对外贸易调查。为了维护对外贸易秩序,国务院对外贸易主管部门可以自行或者会同国务院其他有关部门,依照法律、行政法规的规定对下列事项进行调查:(1)货物进出口、技术进出口、国际服务贸易对国内产业及其竞争力的影响;(2)有关国家或者地区的贸易壁垒;(3)为确定是否应当依法采取反倾销、反补贴或者保障措施等对外贸易救济措施,需要调查的事项;(4)规避对外贸易救济措施的行为;(5)对外贸易中有关国家安全利益的事项;(6)为执行《对外贸易法》第7条、第29条第2款、第30条、第31条、第32条第3款、第33条第3款的规定②,需要调查的事项;(7)其他影响对外贸易秩序,需要调查的事项。启动对外贸易调查,由国务院对外贸易主管部门发布公告。调查可以采取书面问卷、召开听证会、实地调查、委托调查等方式进行。国务院对外贸易主管部门根据调查结果,提出调查报告或者作出处理裁定,并发布公告。有关单位和个人应当对对外贸易调查给予配合、

① 《对外贸易法》第32~36条。

② 《对外贸易法》第7条规定:任何国家或者地区在贸易方面对中华人民共和国采取歧视性的禁止、限制或者其他类似措施的,中华人民共和国可以根据实际情况对该国家或者该地区采取相应的措施。第29条第2款规定:进口货物侵犯知识产权,并危害对外贸易秩序的,国务院对外贸易主管部门可以采取在一定期限内禁止侵权人生产、销售的有关货物进口等措施。第30条规定:知识产权权利人有阻止被许可人对许可合同中的知识产权的有效性提出质疑、进行强制性“一揽子”许可、在许可合同中规定排他性返授条件等行为之一,并危害对外贸易公平竞争秩序的,国务院对外贸易主管部门可以采取必要的措施消除危害。第31条规定:其他国家或者地区在知识产权保护方面未给予中华人民共和国的法人、其他组织或者个人国民待遇,或者不能对来源于中华人民共和国的货物、技术或者服务提供充分有效的知识产权保护的,国务院对外贸易主管部门可以依照本法和其他有关法律、行政法规的规定,并根据中华人民共和国缔结或者参加的国际条约、协定,对与该国家或者该地区的贸易采取必要的措施。第32条第3款规定:有前款违法行为,并危害对外贸易秩序的,国务院对外贸易主管部门可以采取必要的措施消除危害。第33条第3款规定:有前款违法行为,并危害对外贸易秩序的,国务院对外贸易主管部门可以采取禁止该经营者有关货物、技术进出口等措施消除危害。

协助。①

第九，关于对外贸易救济。国家根据对外贸易调查结果，可以采取适当的对外贸易救济措施。其他国家或者地区的产品以低于正常价值的倾销方式进入我国市场，对已建立的国内产业造成实质损害或者产生实质损害威胁，或者对建立国内产业造成实质阻碍的，国家可以采取反倾销措施，消除或者减轻这种损害或者损害的威胁或者阻碍。其他国家或者地区的产品以低于正常价值出口至第三国市场，对我国已建立的国内产业造成实质损害或者产生实质损害威胁，或者对我国建立国内产业造成实质阻碍的，应国内产业的申请，国务院对外贸易主管部门可以与该第三国政府进行磋商，要求其采取适当的措施。进口的产品直接或者间接地接受出口国家或者地区给予的任何形式的专向性补贴，对已建立的国内产业造成实质损害或者产生实质损害威胁，或者对建立国内产业造成实质阻碍的，国家可以采取反补贴措施，消除或者减轻这种损害或者损害的威胁或者阻碍。因进口产品数量大量增加，对生产同类产品或者与其直接竞争的产品的国内产业造成严重损害或者严重损害威胁的，国家可以采取必要的保障措施，消除或者减轻这种损害或者损害的威胁，并可以对该产业提供必要的支持。因其他国家或者地区的服务提供者向我国提供的服务增加，对提供同类服务或者与其直接竞争的服务的国内产业造成损害或者产生损害威胁的，国家可以采取必要的救济措施，消除或者减轻这种损害或者损害的威胁。因第三国限制进口而导致某种产品进入我国市场的数量大量增加，对已建立的国内产业造成损害或者产生损害威胁，或者对建立国内产业造成阻碍的，国家可以采取必要的救济措施，限制该产品进口。与中华人民共和国缔结或者共同参加经济贸易条约、协定的国家或者地区，违反条约、协定的规定，使中华人民共和国根据该条约、协定享有的利益丧失或者受损，或者阻碍条约、协

① 《对外贸易法》第37～39条。

定目标实现的，中华人民共和国政府有权要求有关国家或者地区政府采取适当的补救措施，并可以根据有关条约、协定中止或者终止履行相关义务。国务院对外贸易主管部门依照《对外贸易法》和其他有关法律的规定，进行对外贸易的双边或者多边磋商、谈判和争端的解决。国务院对外贸易主管部门和国务院其他有关部门应当建立货物进出口、技术进出口和国际服务贸易的预警应急机制，应对对外贸易中的突发和异常情况，维护国家经济安全。国家对规避《对外贸易法》规定的对外贸易救济措施的行为，可以采取必要的反规避措施。①

第十，关于对外贸易促进。国家制定对外贸易发展战略，建立和完善对外贸易促进机制。国家根据对外贸易发展的需要，建立和完善为对外贸易服务的金融机构，设立对外贸易发展基金、风险基金。国家通过进出口信贷、出口信用保险、出口退税及其他促进对外贸易的方式，发展对外贸易。国家建立对外贸易公共信息服务体系，向对外贸易经营者和其他社会公众提供信息服务。国家采取措施鼓励对外贸易经营者开拓国际市场，采取对外投资、对外工程承包和对外劳务合作等多种形式，发展对外贸易。对外贸易经营者可以依法成立和参加有关协会、商会。有关协会、商会应当遵守法律、行政法规，按照章程对其成员提供与对外贸易有关的生产、营销、信息、培训等方面的服务，发挥协调和自律作用，依法提出有关对外贸易救济措施的申请，维护成员和行业的利益，向政府有关部门反映成员有关对外贸易的建议，开展对外贸易促进活动。中国国际贸易促进组织按照章程开展对外联系，举办展览，提供信息、咨询服务和其他对外贸易促进活动。国家扶持和促进中小企业开展对外贸易。国家扶持和促进民族自治地方和经济不发达地区发展对外贸易。②

① 《对外贸易法》第40～50条。

② 《对外贸易法》第51～59条。

第二节　境外向境内投资调控的规定

为了吸引外商投资,改革开放以来,国家主要通过企业法和产业法的制定和实施鼓励境外向中国境内投资。与此同时,也对其投资做出了相应的限制或禁止。

一、企业法方面的相关规定

在企业法方面,主要体现在《外资企业法》《中外合资经营企业法》《中外合作经营企业法》"三法合一"和《台湾同胞投资保护法》的基本规定之中。

(一)"三资"企业法的制定和实施

改革开放之初的 1979 年 7 月 1 日,第五届全国人民代表大会第二次会议通过《中外合资经营企业法》。该法系改革开放以来最早制定的经济法律。该法在实施中,先后经过 1990 年 4 月 4 日、2001 年 3 月 15 日、2016 年 9 月 3 日三次修正。之后,中国又制定了《外资企业法》①和《中外合作经营企业法》②,进而形成了"三资"企业法的立法格局。根据该三法的规定,中国允许外国公司、企业和其他经济组织或个人,按照平等互利的原则,经中国政府批准,在中华人民共和国境内,同中国的公司、企业或其他经济组织共同举办合营企业。允许外国的企业和其他经

---

① 该法于 1986 年 4 月 12 日,第六届全国人民代表大会第四次会议通过,于 2000 年 10 月 31 日第一次修正;于 2016 年 9 月 3 日第二次修正。

② 该法 1988 年 4 月 13 日,第七届全国人民代表大会第一次会议通过,先后于 2000 年 10 月 31 日、2016 年 9 月 3 日、2016 年 11 月 7 日、2017 年 11 月 4 日进行过四次修正。

济组织或者个人在中国境内举办外资企业，保护外资企业的合法权益。《外资企业法》所称的外资企业是指依照中国有关法律在中国境内设立的全部资本由外国投资者投资的企业，不包括外国的企业和其他经济组织在中国境内的分支机构。中外合作者举办合作企业，应当依照《中外合作经营企业法》的规定，在合作企业合同中约定投资或者合作条件、收益或者产品的分配、风险和亏损的分担、经营管理的方式和合作企业终止时财产的归属等事项。合作企业符合中国法律关于法人条件的规定的，依法取得中国法人资格。"三资"企业法及其实施细则，对企业的设立、遵循原则、内部管理、对外商投资的保护等进行了规定，为"三资"企业的健康发展提供了法律保障，促进了"三资"企业的发展，达到了吸引外资来中国投资的目的。

（二）外商投资法的制定

"三资"企业法的制定和实施，为扩大对外开放、积极利用外资提供了有效法律保障。截至 2018 年 10 月，我国外商投资企业累计近 95 万家，实际利用外资累计超过 2.1 万亿美元，外商投资已成为推动我国经济社会发展的重要力量。近年来，我国对外开放和利用外资面临新的形势，党中央、国务院作出了实行高水平的贸易和投资自由化便利化政策，全面实行准入前国民待遇加负面清单管理制度，大幅度放宽市场准入，推动形成全面开放新格局的决策部署。为此，近 40 年实施的"三资"企业法已难以适应构建开放型经济新体制的需要，急需在总结实践经验的基础上，制定统一的外资基础性法律，为新形势下进一步扩大对外开放、积极有效利用外资提供更加有力的法治保障。根据党的十八届三中、四中全会对统一内外资法律、完善涉外法律法规体系提出明确要求，制定外资基础性法律列入《全国人大常委会 2018 年立法工作计划》。为贯彻落实党中央、国务院决策部署，商务部、国家发展和改革委员会、司法部经征求中央财办、外交部、财政部、人民银行等 72 个中央有关单位以及地方人民政府等方面的意见,起草形成了《中华人民共和国外商投资法(草案)》,除总则、附则外,对投资促进、投资保护、投资管理和法律责任进行了规定,共计6章39条。该草案提交人大审议,并进行社会各界意见公开征求后,于2019年3月15日由第十三届全国人民代表大会第二次会议通过《外商投资法》,自2020年1月1日起施行。该法施行后5年内可以继续保留原企业组织形式等。《外商投资法》共5章42条。届时,运行40年的"三资"企业法成为历史,新的外商投资法律环境将形成。

在法律适用方面,《外商投资法》规定,在中华人民共和国境内(以下简称中国境内)的外商投资,适用本法。本法所称外商投资,是指外国的自然人、企业或者其他组织(以下简称外国投资者)直接或者间接在中国境内进行的投资活动,包括下列情形:(1)外国投资者单独或者与其他投资者共同在中国境内设立外商投资企业;(2)外国投资者取得中国境内企业的股份、股权、财产份额或者其他类似权益;(3)外国投资者单独或者与其他投资者共同在中国境内投资新建项目;(4)法律、行政法规或者国务院规定的其他方式的投资。本法所称外商投资企业,是指全部或者部分由外国投资者投资,依照中国法律在中国境内经登记注册设立的企业。任何国家或者地区在投资方面对中华人民共和国采取歧视性的禁止、限制或者其他类似措施的,中华人民共和国可以根据实际情况对该国家或者该地区采取相应的措施。对外国投资者在中国境内投资银行业、证券业、保险业等金融行业,或者在证券市场、外汇市场等金融市场进行投资的管理,国家另有规定的,依照其规定。①

在总的政策和制度方面,《外商投资法》规定,国家坚持对外开放的基本国策,鼓励外国投资者依法在中国境内投资。国家实行高水平投资

---

① 《外商投资法》第2条、第40~41条。

自由化便利化政策，建立和完善外商投资促进机制，营造稳定、透明、可预期和公平竞争的市场环境。国家对外商投资实行准入前国民待遇加负面清单管理制度。准入前国民待遇，是指在投资准入阶段给予外国投资者及其投资不低于本国投资者及其投资的待遇；所称负面清单，是指国家规定在特定领域对外商投资实施的准入特别管理措施。国家对负面清单之外的外商投资，给予国民待遇。负面清单由国务院发布或者批准发布。中华人民共和国缔结或者参加的国际条约、协定对外国投资者准入待遇有更优惠规定的，可以按照相关规定执行。国家依法保护外国投资者在中国境内的投资、收益和其他合法权益。在中国境内进行投资活动的外国投资者、外商投资企业，应当遵守中国法律法规，不得危害中国国家安全、损害社会公共利益。国务院商务主管部门、投资主管部门按照职责分工，开展外商投资促进、保护和管理工作；国务院其他有关部门在各自职责范围内，负责外商投资促进、保护和管理的相关工作。县级以上地方人民政府有关部门依照法律法规和本级人民政府确定的职责分工，开展外商投资促进、保护和管理工作。外商投资企业职工依法建立工会组织，开展工会活动，维护职工的合法权益。外商投资企业应当为本企业工会提供必要的活动条件。①

在促进投资方面，《外商投资法》规定，外商投资企业依法平等适用国家支持企业发展的各项政策。制定与外商投资有关的法律、法规、规章，应当采取适当方式征求外商投资企业的意见和建议。与外商投资有关的规范性文件、裁判文书等，应当依法及时公布。国家建立健全外商投资服务体系，为外国投资者和外商投资企业提供法律法规、政策措施、投资项目信息等方面的咨询和服务。国家与其他国家和地区、国际组织建立多边、双边投资促进合作机制，加强投资领域的国际交流与合作。国家根据需要，设立特殊经济区域，或者在部分地区实行外商投资试验

---

① 《外商投资法》第3~8条。

性政策措施,促进外商投资,扩大对外开放。国家根据国民经济和社会发展需要,鼓励和引导外国投资者在特定行业、领域、地区投资。外国投资者、外商投资企业可以依照法律、行政法规或者国务院的规定享受优惠待遇。国家保障外商投资企业依法平等参与标准制定工作,强化标准制定的信息公开和社会监督。国家制定的强制性标准平等适用于外商投资企业。国家保障外商投资企业依法通过公平竞争参与政府采购活动。政府采购依法对外商投资企业在中国境内生产的产品、提供的服务平等对待。外商投资企业可以依法通过公开发行股票、公司债券等证券和其他方式进行融资。县级以上地方人民政府可以根据法律、行政法规、地方性法规的规定,在法定权限内制定外商投资促进和便利化政策措施。各级人民政府及其有关部门应当按照便利、高效、透明的原则,简化办事程序,提高办事效率,优化政务服务,进一步提高外商投资服务水平。有关主管部门应当编制和公布外商投资指引,为外国投资者和外商投资企业提供服务和便利。①

在投资保护方面,《外商投资法》规定,国家对外国投资者的投资不实行征收。在特殊情况下,国家为了公共利益的需要,可以依照法律规定对外国投资者的投资实行征收或者征用。征收、征用应当依照法定程序进行,并及时给予公平、合理的补偿。外国投资者在中国境内的出资、利润、资本收益、资产处置所得、知识产权许可使用费、依法获得的补偿或者赔偿、清算所得等,可以依法以人民币或者外汇自由汇入、汇出。国家保护外国投资者和外商投资企业的知识产权,保护知识产权权利人和相关权利人的合法权益;对知识产权侵权行为,严格依法追究法律责任。国家鼓励在外商投资过程中基于自愿原则和商业规则开展技术合作。技术合作的条件由投资各方遵循公平原则平等协商确定。行政机关及其工作人员不得利用行政手段强制转让技术。行政机关及其工作人员

① 《外商投资法》第9~19条。

对于履行职责过程中知悉的外国投资者、外商投资企业的商业秘密,应当依法予以保密,不得泄露或者非法向他人提供。各级人民政府及其有关部门制定涉及外商投资的规范性文件,应当符合法律法规的规定;没有法律、行政法规依据的,不得减损外商投资企业的合法权益或者增加其义务,不得设置市场准入和退出条件,不得干预外商投资企业的正常生产经营活动。地方各级人民政府及其有关部门应当履行向外国投资者、外商投资企业依法作出的政策承诺以及依法订立的各类合同。因国家利益、社会公共利益需要改变政策承诺、合同约定的,应当依照法定权限和程序进行,并依法对外国投资者、外商投资企业因此受到的损失予以补偿。国家建立外商投资企业投诉工作机制,及时处理外商投资企业或者其投资者反映的问题,协调完善相关政策措施。外商投资企业或者其投资者认为行政机关及其工作人员的行政行为侵犯其合法权益的,可以通过外商投资企业投诉工作机制申请协调解决。外商投资企业或者其投资者认为行政机关及其工作人员的行政行为侵犯其合法权益的,除依照前款规定通过外商投资企业投诉工作机制申请协调解决外,还可以依法申请行政复议、提起行政诉讼。外商投资企业可以依法成立和自愿参加商会、协会。商会、协会依照法律法规和章程的规定开展相关活动,维护会员的合法权益。①

在投资管理方面,《外商投资法》规定,外商投资准入负面清单规定禁止投资的领域,外国投资者不得投资。外商投资准入负面清单规定限制投资的领域,外国投资者进行投资应当符合负面清单规定的条件。外商投资准入负面清单以外的领域,按照内外资一致的原则实施管理。外商投资需要办理投资项目核准、备案的,按照国家有关规定执行。外国投资者在依法需要取得许可的行业、领域进行投资的,应当依法办理相关许可手续。有关主管部门应当按照与内资一致的条

① 《外商投资法》第20~27条。

件和程序,审核外国投资者的许可申请,法律、行政法规另有规定的除外。外商投资企业的组织形式、组织机构及其活动准则,适用《公司法》《合伙企业法》等法律的规定。外商投资企业开展生产经营活动,应当遵守法律、行政法规有关劳动保护、社会保险的规定,依照法律、行政法规和国家有关规定办理税收、会计、外汇等事宜,并接受相关主管部门依法实施的监督检查。外国投资者并购中国境内企业或者以其他方式参与经营者集中的,应当依照《反垄断法》的规定接受经营者集中审查。国家建立外商投资信息报告制度。外国投资者或者外商投资企业应当通过企业登记系统以及企业信用信息公示系统向商务主管部门报送投资信息。外商投资信息报告的内容和范围按照确有必要的原则确定;通过部门信息共享能够获得的投资信息,不得再行要求报送。国家建立外商投资安全审查制度,对影响或者可能影响国家安全的外商投资进行安全审查。依法作出的安全审查决定为最终决定。①

二、对外商投资产业调控的规定

为了指导外商投资方向,使外商投资方向与我国国民经济和社会发展规划相适应,并有利于保护投资者的合法权益,1995 年 6 月 20 日原国家计划委员会、国家经济贸易委员会、对外贸易经济合作部发布了《指导外商投资方向暂行规定》。2002 年 2 月 11 日国务院根据国家有关外商投资的法律规定和产业政策要求,废除《指导外商投资方向暂行规定》,出台《指导外商投资方向规定》(国务院令第 346 号),自 2002 年 4 月 1 日起施行。该规定共计 17 条,适用于在我国境内投资举办中外合资经营企业、中外合作经营企业和外资企业(以下简称外商投资企业)的项目以及其他形

---

① 《外商投资法》第 28 ~35 条。

式的外商投资项目(以下简称外商投资项目)。华侨和我国香港特别行政区、澳门特别行政区、台湾地区的投资者举办的投资项目,比照该规定执行。①

根据《指导外商投资方向规定》《外商投资产业指导目录》和《中西部地区外商投资优势产业目录》由国家发展计划委员会、国家经济贸易委员会、对外贸易经济合作部会同国务院有关部门制订,经国务院批准后公布;根据实际情况,需要对《外商投资产业指导目录》和《中西部地区外商投资优势产业目录》进行部分调整时,由国家经济贸易委员会、国家发展计划委员会、对外贸易经济合作部会同国务院有关部门适时修订并公布。《外商投资产业指导目录》和《中西部地区外商投资优势产业目录》是指导审批外商投资项目和外商投资企业适用有关政策的依据。②

关于项目类别,《指导外商投资方向规定》外商投资项目分为鼓励、允许、限制和禁止四类。鼓励类、限制类和禁止类的外商投资项目,列入《外商投资产业指导目录》。不属于鼓励类、限制类和禁止类的外商投资项目,为允许类外商投资项目。允许类外商投资项目不列入《外商投资产业指导目录》。其中,属于鼓励类外商投资项目的情形包括:(1)属于农业新技术、农业综合开发和能源、交通、重要原材料工业的;(2)属于高新技术、先进适用技术,能够改进产品性能、提高企业技术经济效益或者生产国内生产能力不足的新设备、新材料的;(3)适应市场需求,能够提高产品档次、开拓新兴市场或者增加产品国际竞争能力的;(4)属于新技术、新设备,能够节约能源和原材料、综合利用资源和再生资源以及防治环境污染的;(5)能够发挥中西部地区的人力和资源优势,并符合国家产业政策的;(6)法律、行政法规规定的其他情形。属于限制类外商

① 《指导外商投资方向规定》第1~2条、第16~17条。

② 《指导外商投资方向规定》第3条。

投资项目的情形包括:(1)技术水平落后的;(2)不利于节约资源和改善生态环境的;(3)从事国家规定实行保护性开采的特定矿种勘探、开采的;(4)属于国家逐步开放的产业的;(5)法律、行政法规规定的其他情形。属于禁止类外商投资项目情形包括:(1)危害国家安全或者损害社会公共利益的;(2)对环境造成污染损害,破坏自然资源或者损害人体健康的;(3)占用大量耕地,不利于保护、开发土地资源的;(4)危害军事设施安全和使用效能的;(5)运用我国特有工艺或者技术生产产品的;(6)法律、行政法规规定的其他情形。①

《外商投资产业指导目录》可以对外商投资项目规定"限于合资、合作"、"中方控股"或者"中方相对控股"。限于合资、合作,是指仅允许中外合资经营、中外合作经营;中方控股,是指中方投资者在外商投资项目中的投资比例之和为51%及以上;中方相对控股,是指中方投资者在外商投资项目中的投资比例之和大于任何一方外国投资者的投资比例。鼓励类外商投资项目,除依照有关法律、行政法规的规定享受优惠待遇外,从事投资额大、回收期长的能源、交通、城市基础设施(煤炭、石油、天然气、电力、铁路、公路、港口、机场、城市道路、污水处理、垃圾处理等)建设、经营的,经批准,可以扩大与其相关的经营范围。产品全部直接出口的允许类外商投资项目,视为鼓励类外商投资项目;产品出口销售额占其产品销售总额70%以上的限制类外商投资项目,经省、自治区、直辖市及计划单列市人民政府或者国务院主管部门批准,可以视为允许类外商投资项目。对于确能发挥中西部地区优势的允许类和限制类外商投资项目,可以适当放宽条件;其中,列入《中西部地区外商投资优势产业目录》的,可以享受鼓励类外商投资项目优惠政策。根据现行审批权限,外商投资项目按照项目性质分别由发展计划部门和经贸部门审批、备案;外商投资企业的合同、章程由外经贸部门审批、备案。其中,限制类

---

① 《指导外商投资方向规定》第4~7条。

限额以下的外商投资项目由省、自治区、直辖市及计划单列市人民政府的相应主管部门审批,同时报上级主管部门和行业主管部门备案,此类项目的审批权不得下放。属于服务贸易领域逐步开放的外商投资项目,按照国家有关规定审批。涉及配额、许可证的外商投资项目,须先向外经贸部门申请配额、许可证。法律、行政法规对外商投资项目的审批程序和办法另有规定的,依照其规定。对违反本规定审批的外商投资项目,上级审批机关应当自收到该项目的备案文件之日起 30 个工作日内予以撤销,其合同、章程无效,企业登记机关不予注册登记,海关不予办理进出口手续。外商投资项目申请人以欺骗等不正当手段,骗取项目批准的,根据情节轻重,依法追究法律责任;审批机关应当撤销对该项目的批准,并由有关主管机关依法作出相应的处理。审批机关工作人员滥用职权、玩忽职守的,依照刑法关于滥用职权罪、玩忽职守罪的规定,依法追究刑事责任;尚不够刑事处罚的,依法给予记大过以上的行政处分。①

以上情况说明,改革开放以来,我国对于外商投资项目一直以《产业指导目录》予以产业指导,体现了宏观调控对外商投资的调控。对此,2017 年 6 月 28 日国家发展和改革委员会和商务部共同发布第 4 号令,在废止 2015 年 3 月 10 日国家发布的《外商投资产业指导目录》(2015 年修订)的同时,经党中央、国务院同意,发布了新的《外商投资产业指导目录》及市场准入负面清单,以便于对外商和台湾同胞对大陆的投资予以指引。依《外商投资产业指导目录》(2017 年修订),属于鼓励外商投资的产业项目及投资方向共涉及 12 个行业 348 个项目或投资方向;

① 《指导外商投资方向规定》第 8 ~15 条。

涉及限制类的投资项目及方向共计35个；[①]涉及禁止类的投资项目及方

---

① 2017年修订限制外商投资产业目录：(1)农作物新品种选育和种子生产(中方控股)；(2)石油、天然气(含煤层气，油页岩、油砂、页岩气等除外)的勘探、开发(限于合资、合作)；(3)特殊和稀缺煤类勘查、开采(中方控股)；(4)石墨勘查、开采；(5)出版物印刷(中方控股)；(6)稀土冶炼、分离(限于合资、合作)，钨冶炼；(7)汽车整车、专用汽车制造：中方股比不低于50%，同一家外商可在国内建立两家及两家以下生产同类(乘用车类、商用车类)整车产品的合资企业，如与中方合资伙伴联合兼并国内其他汽车生产企业以及建立生产纯电动汽车整车产品的合资企业可不受两家的限制；(8)船舶(含分段)的设计、制造与修理(中方控股)；(9)干线、支线飞机设计、制造与维修，3吨级及以上直升机设计与制造，地面、水面效应航行器制造及无人机、浮空器设计与制造(中方控股)；(10)通用飞机设计、制造与维修(限于合资、合作)；(11)卫星电视广播地面接收设施及关键件生产；(12)核电站的建设、经营(中方控股)；(13)电网的建设、经营(中方控股)；(14)城市人口50万以上的城市燃气、热力和供排水管网的建设、经营(中方控股)；(15)铁路干线路网的建设、经营(中方控股)；(16)铁路旅客运输公司(中方控股)；(17)国内水上运输公司(中方控股)，国际海上运输公司(限于合资、合作)；(18)民用机场的建设、经营(中方相对控股)；(19)公共航空运输公司(中方控股，且一家外商及其关联企业投资比例不得超过25%，法定代表人须具有中国国籍)；(20)通用航空公司(法定代表人须具有中国国籍，其中农、林、渔业通用航空公司限于合资，其他通用航空公司限于中方控股)；(21)电信公司：限于WTO承诺开放的业务，增值电信业务(外资比例不超过50%，电子商务除外)，基础电信业务(中方控股)；(22)稻谷、小麦、玉米收购、批发；(23)船舶代理(中方控股)；(24)加油站(同一外国投资者设立超过30家分店、销售来自多个供应商的不同种类和品牌成品油的连锁加油站，由中方控股)建设、经营；(25)银行(单个境外金融机构及被其控制或共同控制的关联方作为发起人或战略投资者向单个中资商业银行投资入股比例不得超过20%，多个境外金融机构及被其控制或共同控制的关联方作为发起人或战略投资者投资入股比例合计不得超过25%；投资农村中小金融机构的境外金融机构必须是银行类金融机构；设立外国银行分行、外商独资银行、中外合资银行的境外投资者、唯一或控股股东必须为境外商业银行，非控股股东可以为境外金融机构)；(26)保险公司(寿险公司外资比例不超过50%)；(27)证券公司(设立时限于从事人民币普通股、外资股和政府债券、公司债券的承销与保荐，外资股的经纪，政府债券、公司债券的经纪和自营；设立满2年后符合条件的公司可申请扩大业务范围；中方控股)、证券投资基金管理公司(中方控股)；(28)期货公司(中方控股)；(29)市场调查(限于合资、合作，其中广播电视收听、收视调查要求中方控股)；(30)测绘公司(中方控股)；(31)学前、普通高中和高等教育机构(限于中外合作办学、中方主导)；(32)医疗机构(限于合资、合作)；(33)广播电视节目、电影的制作业务(限于合作)；(34)电影院的建设、经营(中方控股)；(35)演出经纪机构(中方控股)中方主导是指校长或者主要行政负责人应当具有中国国籍，中外合作办学机构的理事会、董事会或者联合管理委员会的中方组成人员不得少于1/2。

向共计28个。①

三、对台湾同胞投资的特别规定

为了保护和鼓励台湾同胞投资,促进海峡两岸的经济发展,1994年3月5日第八届全国人民代表大会常务委员会第六次会议通过《台湾同胞投资保护法》,该法于2016年9月3日进行了修正,②共16条。该法是处理台湾同胞向祖国大陆投资的基本法律。根据该法规定,台湾同胞投资适用《台湾同胞投资保护法》;《台湾同胞投资保护法》未规定的,国家其他有关法律、行政法规对台湾同胞投资有规定的,依照该规定执行。

① 2017年修订禁止外商投资产业目录:(1)中国稀有和特有的珍贵优良品种的研发、养殖、种植以及相关繁殖材料的生产(包括种植业、畜牧业、水产业的优良基因);(2)农作物、种畜禽、水产苗种转基因品种选育及其转基因种子(苗)生产;(3)中国管辖海域及内陆水域水产品捕捞;(4)钨、钼、锡、锑、萤石勘查、开采;(5)稀土勘查、开采、选矿;(6)放射性矿产的勘查、开采、选矿;(7)中药饮片的蒸、炒、炙、煅等炮制技术的应用及中成药保密处方产品的生产;(8)放射性矿产冶炼、加工,核燃料生产;(9)武器弹药制造;(10)宣纸、墨锭生产;(11)空中交通管制;(12)邮政公司、信件的国内快递业务;(13)烟叶、卷烟、复烤烟叶及其他烟草制品的批发、零售;(14)社会调查;(15)中国法律事务咨询(提供有关中国法律环境影响的信息除外);(16)人体干细胞、基因诊断与治疗技术开发和应用;(17)大地测量、海洋测绘、测绘航空摄影、地面移动测量、行政区域界线测绘、地形图、世界政区地图、全国政区地图、省级及以下政区地图、全国性教学地图、地方性教学地图和真三维地图编制、导航电子地图编制,区域性的地质填图、矿产地质、地球物理、地球化学、水文地质、环境地质、地质灾害、遥感地质等调查;(18)国家保护的原产于中国的野生动、植物资源开发;(19)义务教育机构;(20)新闻机构(包括但不限于通讯社);(21)图书、报纸、期刊的编辑、出版业务;(22)音像制品和电子出版物的编辑、出版、制作业务;(23)各级广播电台(站)、电视台(站)、广播电视频道(率)、广播电视传输覆盖网(发射台、转播台、广播电视卫星、卫星上行站、卫星收转站、微波站、监测台、有线广播电视传输覆盖网),广播电视视频点播业务和卫星电视广播地面接收设施安装服务;(24)广播电视节目制作经营(含引进业务)公司;(25)电影制作公司、发行公司、院线公司;(26)互联网新闻信息服务、网络出版服务、网络视听节目服务、互联网上网服务营业场所、互联网文化经营(音乐除外)、互联网公众发布信息服务;(27)经营文物拍卖的拍卖企业、文物商店;(28)人文社会科学研究机构。

② 2016年修改增加一条,作为第14条:"举办台湾同胞投资企业不涉及国家规定实施准入特别管理措施的,对本法第8条第1款规定的审批事项,适用备案管理。国家规定的准入特别管理措施由国务院发布或者批准发布。"

《台湾同胞投资保护法》所称台湾同胞投资是指台湾地区的公司、企业、其他经济组织或者个人作为投资者在其他省、自治区和直辖市投资。国家依法保护台湾同胞投资者的投资、投资收益和其他合法权益。台湾同胞投资必须遵守国家的法律、法规。国家对台湾同胞投资者的投资不实行国有化和征收;在特殊情况下,根据社会公共利益的需要,对台湾同胞投资者的投资可以依照法律程序实行征收,并给予相应的补偿。台湾同胞投资者投资的财产、工业产权、投资收益和其他合法权益,可以依法转让和继承。台湾同胞投资,可以举办合资经营企业、合作经营企业和全部资本由台湾同胞投资者投资的企业(以下统称台湾同胞投资企业),也可以采用法律、行政法规规定的其他投资形式。举办台湾同胞投资企业,应当符合国家的产业政策,有利于国民经济的发展。设立台湾同胞投资企业,应当向国务院规定的部门或者国务院规定的地方人民政府提出申请,接到申请的审批机关应当自接到全部申请文件之日起 45 日内决定批准或者不批准。设立台湾同胞投资企业的申请经批准后,申请人应当自接到批准证书之日起 30 日内,依法向企业登记机关登记注册,领取营业执照。台湾同胞投资企业依照法律、行政法规和经审批机关批准的合同章程进行经营管理活动,其经营管理的自主权不受干涉。在台湾同胞投资企业集中的地区,可以依法成立台湾同胞投资企业协会,其合法权益受法律保护。台湾同胞投资者依法获得的投资收益、其他合法收入和清算后的资金,可以依法汇回台湾或者汇往境外。台湾同胞投资企业依照国务院关于鼓励台湾同胞投资的有关规定,享受优惠待遇。举办台湾同胞投资企业不涉及国家规定实施准入特别管理措施的,对《台湾同胞投资保护法》第 8 条第 1 款规定的审批事项,①适用备案管理。国家

---

① 《台湾同胞投资企业法》第 8 条第 1 款规定:设立台湾同胞投资企业,应当向国务院规定的部门或者国务院规定的地方人民政府提出申请,接到申请的审批机关应当自接到全部申请文件之日起 45 日内决定批准或者不批准。

规定的准入特别管理措施由国务院发布或者批准发布。①

第三节　境内向境外投资调控的规定

2017年8月4日,国务院办公厅向各省、自治区、直辖市人民政府,国务院各部委、各直属机构转发国家发展改革委、商务部、人民银行、外交部《关于进一步引导和规范境外投资方向的指导意见》的通知(国办发〔2017〕74号),并将该通知向全社会公布。该指导意见指出,近年来,我国企业境外投资步伐明显加快,规模和效益显著提升,为带动相关产品、技术、服务"走出去",促进国内经济转型升级,深化与相关国家互利合作,推进"一带一路"建设和开展国际产能合作发挥了重要作用。当前国际国内环境正在发生深刻变化,我国企业开展境外投资既存在较好机遇,也面临诸多风险和挑战。为加强对境外投资的宏观指导,进一步引导和规范境外投资方向,推动境外投资持续合理有序健康发展,有效防范各类风险,更好地适应国民经济与社会发展需要,现提出以下意见:

一、指导思想

全面贯彻党的十八大和十八届三中、四中、五中、六中全会精神,深入贯彻习近平总书记系列重要讲话精神和治国理政新理念新思想新战略,认真落实党中央、国务院决策部署,统筹推进"五位一体"总体布局和协调推进"四个全面"战略布局,坚持以人民为中心的发展思想,坚持稳中求进工作总基调,牢固树立和贯彻落实创新、协调、绿色、开放、共享的发展理念,坚定奉行互利共赢的开放战略,不断创造更全面、更深入、

---

① 《台湾同胞投资企业法》第2~5条、第7~11条、第13~14条。

更多元的对外开放格局,以供给侧结构性改革为主线,以"一带一路"建设为统领,深化境外投资体制机制改革,进一步引导和规范企业境外投资方向,促进企业合理有序开展境外投资活动,防范和应对境外投资风险,推动境外投资持续健康发展,实现与投资目的国互利共赢、共同发展。

二、基本原则

1. 坚持企业主体。在境外投资领域充分发挥市场在资源配置中的决定性作用和更好发挥政府作用,以企业为主体、市场为导向,按照商业原则和国际惯例开展境外投资,企业在政府引导下自主决策、自负盈亏、自担风险。

2. 坚持深化改革。创新体制机制,提高境外投资便利化水平,深入推进简政放权、放管结合、优化服务改革,坚持以备案制为主的境外投资管理方式,在资本项下实行有管理的市场化运行机制,按"鼓励发展 + 负面清单"模式引导和规范企业境外投资方向。

3. 坚持互利共赢。引导企业充分考虑投资目的国国情和实际需求,注重与当地政府和企业开展互利合作,创造良好的经济社会效益,促进互惠互利、合作共赢。

4. 坚持防范风险。坚持稳中求进工作总基调,统筹国家经济外交整体战略,坚持依法合规,合理把握境外投资重点和节奏,积极做好境外投资事前、事中、事后监管,切实防范各类风险。

三、鼓励开展的境外投资

支持境内有能力、有条件的企业积极稳妥开展境外投资活动,推进"一带一路"建设,深化国际产能合作,带动国内优势产能、优质装备、适用技术输出，提升我国技术研发和生产制造能力，弥补我国能源资源短缺，推动中国相关产业提质升级。(1)重点推进有利于“一带一路”建设和周边基础设施互联互通的基础设施境外投资；(2)稳步开展带动优势产能、优质装备和技术标准输出的境外投资；(3)加强与境外高新技术和先进制造业企业的投资合作，鼓励在境外设立研发中心；(4)在审慎评估经济效益的基础上稳妥参与境外油气、矿产等能源资源勘探和开发；(5)着力扩大农业对外合作，开展农林牧副渔等领域互利共赢的投资合作；(6)有序推进商贸、文化、物流等服务领域境外投资，支持符合条件的金融机构在境外建立分支机构和服务网络，依法合规开展业务。

四、限制开展的境外投资

限制境内企业开展与国家和平发展外交方针、互利共赢开放战略以及宏观调控政策不符的境外投资，包括：(1)赴与我国未建交、发生战乱或者我国缔结的双多边条约或协议规定需要限制的敏感国家和地区开展境外投资；(2)房地产、酒店、影城、娱乐业、体育俱乐部等境外投资；(3)在境外设立无具体实业项目的股权投资基金或投资平台；(4)使用不符合投资目的国技术标准要求的落后生产设备开展境外投资；(5)不符合投资目的国环保、能耗、安全标准的境外投资。其中，前三类须经境外投资主管部门核准。

五、禁止开展的境外投资

禁止境内企业参与危害或可能危害国家利益和国家安全等的境外投资，包括：(1)涉及未经国家批准的军事工业核心技术和产品输出的境外投资；(2)运用我国禁止出口的技术、工艺、产品的境外投资；(3)赌博业、色情业等境外投资；(4)我国缔结或参加的国际条约规定禁止的境外投资;(5)其他危害或可能危害国家利益和国家安全的境外投资。

六、保障措施

1. 实施分类指导。对鼓励开展的境外投资,要在税收、外汇、保险、海关、信息等方面进一步提高服务水平,为企业创造更加良好的便利化条件。对限制开展的境外投资,要引导企业审慎参与,并结合实际情况给予必要的指导和提示。对禁止开展的境外投资,要采取切实有效的措施予以严格管控。

2. 完善管理机制。加强境外投资真实性、合规性审查,防范虚假投资行为。建立境外投资黑名单制度,对违规投资行为实施联合惩戒。建立部门间信息共享机制。指导境内企业加强对其控制的境外企业的监督和管理,建立健全境外投资决策、财务管理和违规责任追究制度。建立国有企业境外投资资本金制度。完善国有企业境外投资审计制度,维护境外国有资产安全。

3. 提高服务水平。制定境外投资经营行为规范,引导企业建立健全境外合规经营风险审查、管控和决策体系,深入了解境外投资合作政策法规和国际惯例,遵守当地法律法规,合法经营。加强与有关国家在投资保护、金融、人员往来等方面机制化合作,为企业开展境外投资创造良好外部环境。支持境内资产评估、法律服务、会计服务、税务服务、投资顾问、设计咨询、风险评估、认证、仲裁等相关中介机构发展,为企业境外投资提供市场化、社会化、国际化的商业咨询服务,降低企业境外投资经营风险。

4. 强化安全保障。定期发布《国别投资经营便利化状况报告》,加强对企业赴高风险国家和地区投资的指导和监督,及时警示和通报有关国家政治、经济和社会重大风险,提出应对预案和防范措施,切实维护我国企业境外合法权益。督促企业开展境外项目安全风险评估,做好项目安全风险预测应对,建立完善安保制度,加强安保培训,提升企业境外投资安全风险防范能力。

简要评析

对外开放一直是改革开放的目标之一。为此,有关对外开放的政策法制建设一直是中国宏观调控法的重要内容之一,大体上分为两个阶段:第一个阶段是通过立法促进外资对中国的投资,此方面的立法从20世纪80年代初的涉及外商投资的“三资”企业法开始,同时辅之以相应的产业指导,一直持续到现在。这些法律对于促进外商来中国投资起到了积极的促进作用。但是,“三资”企业法已经不适应新的外商投资政策,为此,新的“三法合一”的《外商投资法》已经通过,实施过渡期为5年。届时,中国外商投资将迎来新的法治治理环境。第二个阶段是从中央提出“一带一路”倡议以来,对外经济领域出现了中国企业向境外大规模投资的情况。但是,通过本章的梳理发现,有关中国企业向境外投资的法律规范尚处于政策指导阶段,相关法律制度的建设是今后努力的方向。此外值得一提的是,中国自2001年加入世界贸易组织,有关对外贸易须遵守的规则,除对外贸易法以外,还包括中国加入世界贸易组织所签署的一系列协定。而在新的形势下,随着中国在国际经济领域话语权分量的增加,中国积极参与国际经济规则的制定,参与国际宏观调控及其法治是对外经济贸易调控新的发展方向。

第二十章　自然资源调控法律制度的完善

自然资源,是指自然界客观存在并能够被人类实际控制和利用的自然物质。法律上所指的自然资源既包括原始存在的自然资源,也包括经过人工创造形成的自然资源,典型的如,植树造林、填海造地。自然资源具体包括:土地资源、水资源、森林资源、矿产资源,还包括生态资源等。自然资源是人类生产的基本要素或生产的对象,但人类对于自然资源不合理的开采和利用,就会形成环境污染或生态环境问题,进而影响国民经济和社会的发展。与此同时,对于不可再生资源而言,开采的数量与存量成反比关系,在资源稀缺的情况下,对国民经济发展的影响甚至对国家安全的影响都是显而易见的。为此,国家有必要从宏观调控角度对自然资源的开采和利用制定相应的政策和法律,以保障国民经济的可持续发展。改革开放以来,国家十分重视自然资源方面的立法。迄今为止,根据全国人大网站公布的现行有效的法律法规信息,在自然资源方面的立法主要包括:《土地管理法》《水法》《水土保持法》《森林法》《矿产资源法》《煤炭法》《深海海底区域资源勘探开发法》《节约能源法》《野生动物保护法》《种子法》《畜牧法》《渔业法》《草原法》《防沙治沙法》。从法律调整的官方制度安排来看,自然资源保护法不是一个独立的法律部门,而是隶属于经济法,即自然资源法属于经济法的范畴。因而,在资源保护法的相关规定中,包含许多与宏观调控法有关的内容,既有总体上的政策方针和原则的规定,也有一些制度建设安排。有些是宏观调控中规划调控、财税调控、金融调控、价格调控的思想在自然资源保护法中的具体应用,有些是各资源法所独有,以下将逐一分析。

第一节　自然资源法的制定与实施

《土地管理法》于 1986 年 6 月 25 日第六届全国人民代表大会常务委员会第十六次会议通过,根据 1988 年 12 月 29 日第七届全国人民代表大会常务委员会第五次会议《关于修改〈中华人民共和国土地管理法〉的决定》第一次修正,1998 年 8 月 29 日第九届全国人民代表大会常务委员会第四次会议修订,根据 2004 年 8 月 28 日第十届全国人民代表大会常务委员会第十一次会议《关于修改〈中华人民共和国土地管理法〉的决定》第二次修正。[①] 该法的立法目的是:加强土地管理,维护土地的社会主义公有制,保护、开发土地资源,合理利用土地,切实保护耕地,促进社会经济的可持续发展。截至 2018 年年底,《土地管理法》已经列入全国人大修法议程,修正草案进行了初步审议。现行《土地管理

① 2004 年的修改包括:一是将第 2 条第 4 款修改为:"国家为了公共利益的需要,可以依法对土地实行征收或者征用并给予补偿。"二是将第 43 条第 2 款、第 45 条、第 46 条、第 47 条、第 49 条、第 51 条、第 78 条、第 79 条中的"征用"修改为"征收"。

法》共8章86条。其内容涉及对土地的所有权和使用权、土地利用总体规划、耕地保护、建设用地、监督检查及法律责任的规定。

《水法》于1988年1月21日第六届全国人民代表大会常务委员会第24次会议通过;2002年8月29日第九届全国人民代表大会常务委员会第二十九次会议修订案通过,并于2002年10月1日起施行;根据2009年8月27日第十一届全国人民代表大会常务委员会第十次会议通过的《关于修改部分法律的决定》第一次修正;根据2016年7月2日第十二届全国人民代表大会常务委员会第二十一次会议通过的《关于修改〈中华人民共和国节约能源法〉等六部法律的决定》第二次修正。[①] 该法的立法目的是:合理开发、利用、节约和保护水资源,防治水害,实现水资源的可持续利用,适应国民经济和社会发展的需要。现行《水法》共8章82条。其内容涉及对水资源规划、水资源利用、水资源水域和水工程的保护、水资源配置和节约使用、水事纠纷处理与执法监督检查及法律责任的规定。

《水土保持法》于1991年6月29日第七届全国人民代表大会常务委员会第二十次会议通过,2010年12月25日第十一届全国人民代表大会常务委员会第十八次会议修订。[②] 该法的立法目的是:预防和治理水土流失,保护和合理利用水土资源,减轻水、旱、风沙灾害,改善生态环境,保障经济社会可持续发展。在中华人民共和国境内从事水土保持活动,应当遵守该法。该法所称水土保持,是指对自然因素和人为活动造成水土流失所采取的预防和治理措施。现行《水土保持法》共7章60

---

① 2009年的修改主要涉及与《治安管理处罚法》的衔接。2016年的修改将第19条修改为:建设水工程,必须符合流域综合规划。在国家确定的重要江河、湖泊和跨省、自治区、直辖市的江河、湖泊上建设水工程,未取得有关流域管理机构签署的符合流域综合规划要求的规划同意书的,建设单位不得开工建设;在其他江河、湖泊上建设水工程,未取得县级以上地方人民政府水行政主管部门按照管理权限签署的符合流域综合规划要求的规划同意书的,建设单位不得开工建设。水工程建设涉及防洪的,依照防洪法的有关规定执行;涉及其他地区和行业的,建设单位应当事先征求有关地区和部门的意见。

② 2010年对《水土保持法》进行全面修改后重新公布,于2011年3月1日起施行。

条。其内容涉及对水土保持规划、水土保持预防、水土保持治理、监测和监督及法律责任的规定。

《森林法》于1984年9月20日第六届全国人民代表大会常务委员会第七次会议通过;根据1998年4月29日第九届全国人民代表大会常务委员会第二次会议《关于修改〈中华人民共和国森林法〉的决定》第一次修正;根据2009年8月27日第十一届全国人民代表大会常务委员会第十次会议《关于修改部分法律的决定》第二次修正。① 该法的立法目的是:保护、培育和合理利用森林资源,加快国土绿化,发挥森林蓄水保土、调节气候、改善环境和提供林产品的作用,适应社会主义建设和人民生活的需要。在中华人民共和国领域内从事森林、林木的培育种植、采伐利用和森林、林木、林地的经营管理活动,都必须遵守该法。《森林法》规定的森林分为以下五类,(1)防护林:以防护为主要目的的森林、林木和灌木丛,包括水源涵养林,水土保持林,防风固沙林,农田、牧场防护林,护岸林,护路林;(2)用材林:以生产木材为主要目的的森林和林木,包括以生产竹材为主要目的的竹林;(3)经济林:以生产果品,食用油料、饮料、调料,工业原料和药材等为主要目的的林木;(4)薪炭林:以生产燃料为主要目的的林木;(5)特种用途林:以国防、环境保护、科学实验等为主要目的的森林和林木,包括国防林、实验林、母树林、环境保护林、风景林,名胜古迹和革命纪念地的林木,自然保护区的森林。现行《森林法》共7章49条。其内容涉及对森林经营管理、森林保护、植树造林、森林采伐及法律责任的规定。

《矿产资源法》于1986年3月19日第六届全国人民代表大会常务

---

① 1998年对施行14年的《森林法》进行了较大的修改,涉及适用范围、国家所有重点森林、林木和林地的确权、科技兴林、减轻林农负担、森林生态效益补偿基金、森林、林木、林地使用权流转、占用、征用林地管理和森林植被恢复、森林公安和武警部队配备及职责、建立自然保护区保护天然林资源、珍贵树木及其制品和衍生品进口管理以及法律责任的完善。2009年对《森林法》的修正主要涉及将第18条"征用"改为"征收、征用"。

委员会第十五次会议通过;根据 1996 年 8 月 29 日第八届全国人民代表大会常务委员会第二十一次会议《关于修改〈中华人民共和国矿产资源法〉的决定》第一次修正;2009 年 8 月 27 日第十一届全国人民代表大会常务委员会第十次会议《关于修改部分法律的决定》第二次修正。① 该法的立法目的是:发展矿业,加强矿产资源的勘查、开发利用和保护工作,保障社会主义现代化建设的当前和长远的需要。在中华人民共和国领域及管辖海域勘查、开采矿产资源,必须遵守该法。外商投资勘查、开采矿产资源,法律、行政法规另有规定的,从其规定。现行《矿产资源法》共 7 章 53 条。其内容涉及对矿产资源勘察的登记和开采的审批、矿产资源的勘察、矿产资源的开采、集体矿山企业和个体采矿及法律责任的规定。

《煤炭法》于 1996 年 8 月 29 日第八届全国人民代表大会常务委员会第二十一次会议通过;根据 2009 年 8 月 27 日第十一届全国人民代表大会常务委员会第十次会议《关于修改部分法律的决定》第一次修正;根据 2011 年 4 月 22 日第十一届全国人民代表大会常务委员会第二十次会议《关于修改〈中华人民共和国煤炭法〉的决定》第二次修正;根据 2013 年 6 月 29 日第十二届全国人民代表大会常务委员会第三次会议《关于修改〈中华人民共和国文物保护法〉等十二部法律的决定》第三次修正;根据 2016 年 11 月 7 日第十二届全国人民代表大会常务委员会第二十四次会议《关于修改〈中华人民共和国对外贸易法〉等十二部

---

① 1996 年的修改涉及矿产资源的国家所有、国有矿山企业开采矿产资源的主体地位、探矿权、采矿权有偿取得和转让、实行统一区块登记管理、采矿权许可证、开采规模限制、政府和企业维护矿山秩序责任及法律责任等 18 个方面进行了完善。2009 年对《矿产资源法》的修正主要涉及与《治安管理处罚法》和《刑法》的衔接。

法律的决定》第四次修正。[①] 该法的立法目的是：合理开发利用和保护煤炭资源，规范煤炭生产、经营活动，促进和保障煤炭行业的发展。在中华人民共和国领域和中华人民共和国管辖的其他海域从事煤炭生产、经营活动，适用该法。现行《煤炭法》共 8 章 67 条。其内容涉及对煤炭生产开发规划与煤矿建设、煤炭生产与煤矿安全、煤炭经营、煤矿矿区保护、监督检查及法律责任的规定。

《深海海底区域资源勘探开发法》于 2016 年 2 月 26 日第十二届全国人民代表大会常务委员会第十九次会议通过。自 2016 年 5 月 1 日起施行。该法的立法目的是：规范深海海底区域资源勘探、开发活动，推进深海科学技术研究、资源调查，保护海洋环境，促进深海海底区域资源可持续利用，维护人类共同利益。中华人民共和国的公民、法人或者其他组织从事深海海底区域资源勘探、开发和相关环境保护、科学技术研究、资源调查活动，适用该法。该法所称深海海底区域，是指中华人民共和国和其他国家管辖范围以外的海床、洋底及其底土。《深海海底区域资源勘探开发法》共 7 章 29 条。其内容涉及对勘探、开发、环境保护、科学技术研究与资源调查、监督检查及法律责任的规定。

《节约能源法》于 1997 年 11 月 1 日第八届全国人民代表大会常务委员会第二十八次会议通过；2007 年 10 月 28 日第十届全国人民代表大会常务委员会第三十次会议全面修订后，于 2008 年 4 月 1 日起施行；根

---

① 2009 年修改涉及与《刑法》规定的衔接。2011 年修改将第 44 条修改为："煤矿企业应当依法为职工参加工伤保险缴纳工伤保险费。鼓励企业为井下作业职工办理意外伤害保险，支付保险费。"2013 年修改：一是将第 22 条修改为："煤矿投入生产前，煤矿企业应当依照有关安全生产的法律、行政法规的规定取得安全生产许可证。未取得安全生产许可证的，不得从事煤炭生产。"二是删去了影响企业发展的许可和经营管理的相关规定共计 13 条。三是将第 69 条改为第 59 条，并将"吊销其煤炭生产许可证"修改为"责令停止生产"。将第 70 条改为第 60 条，并删去"吊销其煤炭生产许可证"。四是将第 72 条改为第 61 条，并删去"可以依法吊销煤炭生产许可证或者取消煤炭经营资格"。2016 年对《煤炭法》的修正中删去对开办煤矿企业应具备的条件及审批程序的第 18 条、第 19 条规定。

据2016年7月2日第十二届全国人民代表大会常务委员会第二十一次会议通过的《关于修改〈中华人民共和国节约能源法〉等六部法律的决定》修正。该法的立法目的是:推动全社会节约能源,提高能源利用效率,保护和改善环境,促进经济社会全面协调可持续发展。其中,该法所称能源,是指煤炭、石油、天然气、生物质能和电力、热力以及其他直接或者通过加工、转换而取得有用能的各种资源。在2016年对《节约能源法》进行修正中,在第15条增加"政府投资项目不符合强制性节能标准的,依法负责项目审批的机关不得批准建设。"第68条取消"核准建设"的表述。现行《节约能源法》共7章87条。其内容涉及对节能管理、合理使用与节约能源、节能技术进步、激励措施及法律责任的规定。

《野生动物保护法》于1988年11月8日第七届全国人民代表大会常务委员会第四次会议通过,根据2004年8月28日第十届全国人民代表大会常务委员会第十一次会议《关于修改〈中华人民共和国野生动物保护法〉的决定》第一次修正,根据2009年8月27日第十一届全国人民代表大会常务委员会第十次会议《关于修改部分法律的决定》第二次修正,2016年7月2日第十二届全国人民代表大会常务委员会第二十一次会议进行全面修订,根据2018年10月26日第十三届全国人民代表大会常务委员会第六次会议《关于修改〈中华人民共和国野生动物保护法〉等十五部法律的决定》第三次修正。① 该法的立法目的是:保护野生动物,拯救珍贵、濒危野生动物,维护生物多样性和生态平衡,推进生态

① 2016年对《野生动物保护法》进行修订,其中对法律责任一章修订加重了违法者、执法人员的责任。2018年修改内容:一是将第7条中的"林业"修改为"林业草原"。二是将第35条第2款中的"依法实施进出境检疫。海关凭允许进出口证明书、检疫证明按照规定办理通关手续"修改为"海关依法实施进出境检疫,凭允许进出口证明书、检疫证明按照规定办理通关手续"。三是将第37条第1款中的"依法实施进境检疫。海关凭进口批准文件或者允许进出口证明书以及检疫证明按照规定办理通关手续"修改为"海关依法实施进境检疫,凭进口批准文件或者允许进出口证明书以及检疫证明按照规定办理通关手续"。四是将第48条、第49条、第51条中的"工商行政管理部门"修改为"市场监督管理部门"。五是删去第52条中的"检验检疫"。

文明建设。在中华人民共和国领域及管辖的其他海域,从事野生动物保护及相关活动,适用该法。该法规定保护的野生动物,是指珍贵、濒危的陆生、水生野生动物和有重要生态、科学、社会价值的陆生野生动物。该法规定的野生动物及其制品,是指野生动物的整体(含卵、蛋)、部分及其衍生物。珍贵、濒危的水生野生动物以外的其他水生野生动物的保护,适用《渔业法》等有关法律的规定。现行《野生动物保护法》共5章58条。其内容涉及对野生动物及其栖息地保护、野生动物管理及法律责任的规定。

《种子法》于2000年7月8日第九届全国人民代表大会常务委员会第十六次会议通过;根据2004年8月28日第十届全国人民代表大会常务委员会第十一次会议《关于修改〈中华人民共和国种子法〉的决定》第一次修正;根据2013年6月29日第十二届全国人民代表大会常务委员会第三次会议《关于修改〈中华人民共和国文物保护法〉等十二部法律的决定》第二次修正;2015年11月4日第十二届全国人民代表大会常务委员会第十七次会议修订,修订后重新公布,于2016年1月1日起施行。该法的立法目的是:保护和合理利用种质资源,规范品种选育、种子生产经营和管理行为,保护植物新品种权,维护种子生产经营者、使用者的合法权益,提高种子质量,推动种子产业化,发展现代种业,保障国家粮食安全,促进农业和林业的发展。在中华人民共和国境内从事品种选育、种子生产经营和管理等活动,适用该法。该法所称种子,是指农作物和林木的种植材料或者繁殖材料,包括籽粒、果实、根、茎、苗、芽、叶、花等。现行《种子法》共10章94条。其内容涉及对种质资源保护、品种选育、审定与登记、新品种保护、种子生产经营、种子监督管理、种子进出口和对外合作、扶持措施及法律责任的规定。

《畜牧法》于2005年12月29日第十届全国人民代表大会常务委员会第十九次会议通过;根据2015年4月24日第十二届全国人民代表大

会常务委员会第十四次会议《关于修改计量法等五部法律的决定》修正。① 该法的立法目的是：规范畜牧业生产经营行为，保障畜禽产品质量安全，保护和合理利用畜禽遗传资源，维护畜牧业生产经营者的合法权益，促进畜牧业持续健康发展。在中华人民共和国境内从事畜禽的遗传资源保护利用、繁育、饲养、经营、运输等活动，适用该法。该法所称畜禽，是指列入依照该法第11条规定公布的畜禽遗传资源目录的畜禽。蜂、蚕的资源保护利用和生产经营，适用该法有关规定。该法第11条规定，国务院畜牧兽医行政主管部门负责组织畜禽遗传资源的调查工作，发布国家畜禽遗传资源状况报告，公布经国务院批准的畜禽遗传资源目录。该法所称畜禽遗传资源，是指畜禽及其卵子（蛋）、胚胎、精液、基因物质等遗传材料。该法所称种畜禽，是指经过选育、具有种用价值、适于繁殖后代的畜禽及其卵子（蛋）、胚胎、精液等。现行《畜牧法》共8章73条。其内容涉及对畜禽遗传资源保护、中畜禽品种选育与生产经营、畜禽养殖、畜禽交易与运输、质量安全保障及法律责任的规定。

《渔业法》于1986年1月20日第六届全国人民代表大会常务委员会第十四次会议通过；根据2000年10月31日第九届全国人民代表大会常务委员会第十八次会议《关于修改〈中华人民共和国渔业法〉的决定》第一次修正；根据2004年8月28日第十届全国人民代表大会常务委员会第十一次会议《关于修改〈中华人民共和国渔业法〉的决定》第二次修正；根据2009年8月27日第十一届全国人民代表大会常务委员会第十次会议《关于修改部分法律的决定》第三次修正；根据2013年12月28日第十二届全国人民代表大会常务委员会第六次会议《关于修改〈中

① 2015年对《畜牧法》的修正中将第24条第1款修改为："申请取得生产家畜卵子、冷冻精液、胚胎等遗传材料的生产经营许可证，应当向省级人民政府畜牧兽医行政主管部门提出申请。受理申请的畜牧兽医行政主管部门应当自收到申请之日起60个工作日内依法决定是否发给生产经营许可证。"删除"报国务院畜牧兽医行政主管部门审批"的规定。

华人民共和国海洋环境保护法〉等七部法律的决定》第四次修正。[①] 该法的立法目的是：加强渔业资源的保护、增殖、开发和合理利用，发展人工养殖，保障渔业生产者的合法权益，促进渔业生产的发展，适应社会主义建设和人民生活的需要。在中华人民共和国的内水、滩涂、领海、专属经济区以及中华人民共和国管辖的一切其他海域从事养殖和捕捞水生动物、水生植物等渔业生产活动，都必须遵守本法。现行《渔业法》共6章50条。其内容涉及对养殖业、捕捞业、渔业资源的增殖和保护及法律责任的规定。

《草原法》于1985年6月18日第六届全国人民代表大会常务委员会第十一次会议通过；2002年12月28日第九届全国人民代表大会常务委员会第三十一次会议修订，自2003年3月1日起施行；根据2009年8月27日第十一届全国人民代表大会常务委员会第十次会议《关于修改部分法律的决定》第一次修正；根据2013年6月29日第十二届全国人民代表大会常务委员会第三次会议《关于修改〈中华人民共和国文物保护法〉等十二部法律的决定》第二次修正。该法的立法目的是：保护、建设和合理利用草原，改善生态环境，维护生物多样性，发展现代畜牧业，促进经济和社会的可持续发展。在中华人民共和国领域内从事草原规划、保护、建设、利用和管理活动，适用该法。该法所称草原，是指天然草原和人工草地。该法所称的天然草原包括草地、草山和草坡，人工草地包括改良草地和退耕还草地，不包括城镇草地。现行《草原法》共9章75条。其内容涉及对草原权属、规划、建设、利用、保护、监督检查及法律责任的规定。

《防沙治沙法》于2001年8月31日第九届全国人民代表大会常务委员会第二十三次会议通过，根据2018年10月26日第十三届全国人

---

① 2013年对《渔业法》的修正中，在第23条第2款增加"海洋大型拖网、围网作业的捕捞许可证，由省、自治区、直辖市人民政府渔业行政主管部门批准发放"的规定。

民代表大会常务委员会第六次会议《关于修改〈中华人民共和国野生动物保护法〉等十五部法律的决定》修正。① 该法的立法目的是：预防土地沙化，治理沙化土地，维护生态安全，促进经济和社会的可持续发展。在中华人民共和国境内，从事土地沙化的预防、沙化土地的治理和开发利用活动，必须遵守该法。该法所称土地沙化是指因气候变化和人类活动所导致的天然沙漠扩张和沙质土壤上植被破坏、沙土裸露的过程。土地沙化，是指主要因人类不合理活动所导致的天然沙漠扩张和沙质土壤上植被及覆盖物被破坏，形成流沙及沙土裸露的过程。沙化土地，包括已经沙化的土地和具有明显沙化趋势的土地。具体范围，由国务院批准的全国防沙治沙规划确定。现行的《防沙治沙法》除总则、附则外，就防沙治沙规划、土地沙化的预防、沙化土地的治理、保障措施和法律责任进行了规定。共计 7 章 47 条。

第二节　自然资源调控法律规定

经过梳理，现行有效的法律中对自然资源调控的法律规定，主要包括以下几个方面。

一、自然资源产权保护的规定

《土地管理法》规定，中华人民共和国实行土地的社会主义公有制，即全民所有制和劳动群众集体所有制。全民所有，即国家所有土地的所有权由国务院代表国家行使。任何单位和个人不得侵占、买卖或者以其他形式非法转让土地。土地使用权可以依法转让。国家为了公共利益

① 2018 年修改结合国务院机构改革对相关管理机构称谓重新调整。

的需要,可以依法对土地实行征收或者征用并给予补偿。国家依法实行国有土地有偿使用制度。但是,国家在法律规定的范围内划拨国有土地使用权的除外。城市市区的土地属于国家所有。农村和城市郊区的土地,除由法律规定属于国家所有的以外,属于农民集体所有;宅基地和自留地、自留山,属于农民集体所有。国有土地和农民集体所有的土地,可以依法确定给单位或者个人使用。使用土地的单位和个人,有保护、管理和合理利用土地的义务。农民集体所有的土地依法属于村农民集体所有的,由村集体经济组织或者村民委员会经营、管理;已经分别属于村内两个以上农村集体经济组织的农民集体所有的,由村内各该农村集体经济组织或者村民小组经营、管理;已经属于乡(镇)农民集体所有的,由乡(镇)农村集体经济组织经营、管理。农民集体所有的土地,由县级人民政府登记造册,核发证书,确认所有权。农民集体所有的土地依法用于非农业建设的,由县级人民政府登记造册,核发证书,确认建设用地使用权。单位和个人依法使用的国有土地,由县级以上人民政府登记造册,核发证书,确认使用权;其中,中央国家机关使用的国有土地的具体登记发证机关,由国务院确定。确认林地、草原的所有权或者使用权,确认水面、滩涂的养殖使用权,分别依照《森林法》《草原法》《渔业法》的有关规定办理。依法改变土地权属和用途的,应当办理土地变更登记手续。依法登记的土地的所有权和使用权受法律保护,任何单位和个人不得侵犯。农民集体所有的土地由本集体经济组织的成员承包经营,从事种植业、林业、畜牧业、渔业生产。土地承包经营期限为30年。发包方和承包方应当订立承包合同,约定双方的权利和义务。承包经营土地的农民有保护和按照承包合同约定的用途合理利用土地的义务。农民的土地承包经营权受法律保护。在土地承包经营期限内,对个别承包经营者之间承包的土地进行适当调整的,必须经村民会议2/3以上成员或者2/3以上村民代表的同意,并报乡(镇)人民政府和县级人民政府农业行政主管部门批准。国有土地可以由单位或者个人承包经营,从事种植业、林业、畜牧业、渔业生产。农民集体所有的土地，可以由本集体经济组织以外的单位或者个人承包经营，从事种植业、林业、畜牧业、渔业生产。发包方和承包方应当订立承包合同，约定双方的权利和义务。土地承包经营的期限由承包合同约定。承包经营土地的单位和个人，有保护和按照承包合同约定的用途合理利用土地的义务。农民集体所有的土地由本集体经济组织以外的单位或者个人承包经营的，必须经村民会议2/3 以上成员或者 2/3 以上村民代表的同意，并报乡（镇）人民政府批准。①

《草原法》也做了类似的规定。《草原法》规定，草原属于国家所有，由法律规定属于集体所有的除外。国家所有的草原，由国务院代表国家行使所有权。任何单位或者个人不得侵占、买卖或者以其他形式非法转让草原。国家所有的草原，可以依法确定给全民所有制单位、集体经济组织等使用。使用草原的单位，应当履行保护、建设和合理利用草原的义务。依法确定给全民所有制单位、集体经济组织等使用的国家所有的草原，由县级以上人民政府登记，核发使用权证，确认草原使用权。未确定使用权的国家所有的草原，由县级以上人民政府登记造册，并负责保护管理。集体所有的草原，由县级人民政府登记，核发所有权证，确认草原所有权。依法改变草原权属的，应当办理草原权属变更登记手续。依法登记的草原所有权和使用权受法律保护，任何单位或者个人不得侵犯。集体所有的草原或者依法确定给集体经济组织使用的国家所有的草原，可以由本集体经济组织内的家庭或者联户承包经营。在草原承包经营期内，不得对承包经营者使用的草原进行调整；个别确需适当调整的，必须经本集体经济组织成员的村（牧）民会议 2/3 以上成员或者 2/3 以上村（牧）民代表的同意，并报乡（镇）人民政府和县级人民政府草原行政主管部门批准。集体所有的草原或者依法确定给集体经济组织使

① 《土地管理法》第 2 条、第 8 ~15 条。

用的国家所有的草原由本集体经济组织以外的单位或者个人承包经营的，必须经本集体经济组织成员的村(牧)民会议2/3以上成员或者2/3以上村(牧)民代表的同意，并报乡(镇)人民政府批准。承包经营草原，发包方和承包方应当签订书面合同。草原承包合同的内容应当包括双方的权利和义务、承包草原四至界限、面积和等级、承包期和起止日期、承包草原用途和违约责任等。承包期届满，原承包经营者在同等条件下享有优先承包权。承包经营草原的单位和个人，应当履行保护、建设和按照承包合同约定的用途合理利用草原的义务。草原承包经营权受法律保护，可以按照自愿、有偿的原则依法转让。草原承包经营权转让的受让方必须具有从事畜牧业生产的能力，并应当履行保护、建设和按照承包合同约定的用途合理利用草原的义务。草原承包经营权转让应当经发包方同意。承包方与受让方在转让合同中约定的转让期限，不得超过原承包合同剩余的期限。①

在其他相关法中，也重点强调了自然资源国家所有和集体所有之公有制属性。其中，《水法》规定，水资源属于国家所有。水资源的所有权由国务院代表国家行使。农村集体经济组织的水塘和由农村集体经济组织修建管理的水库中的水，归各该农村集体经济组织使用。②《矿产资源法》规定，矿产资源属于国家所有，由国务院行使国家对矿产资源的所有权。地表或者地下的矿产资源的国家所有权，不因其所依附的土地的所有权或者使用权的不同而改变。国家保障矿产资源的合理开发利用。禁止任何组织或者个人用任何手段侵占或者破坏矿产资源。各级人民政府必须加强矿产资源的保护工作。勘查、开采矿产资源，必须依法分别申请、经批准取得探矿权、采矿权，并办理登记；但是，已经依法申请取得采矿权的矿山企业在划定的矿区范围内为本企业的生产而进行

---

① 《草原法》第9～15条。

② 《水法》第3条。

的勘查除外。国家保护探矿权和采矿权不受侵犯,保障矿区和勘查作业区的生产秩序、工作秩序不受影响和破坏。从事矿产资源勘查和开采的,必须符合规定的资质条件。①《煤炭法》规定,煤炭资源属于国家所有。地表或者地下的煤炭资源的国家所有权,不因其依附的土地的所有权或者使用权的不同而改变。②《野生动物保护法》规定,野生动物资源属于国家所有。国家保障依法从事野生动物科学研究、人工繁育等保护及相关活动的组织和个人的合法权益。③《种子法》规定,国家对种质资源享有主权,任何单位和个人向境外提供种质资源,或者与境外机构、个人开展合作研究利用种质资源的,应当向省、自治区、直辖市人民政府农业、林业主管部门提出申请,并提交国家共享惠益的方案;受理申请的农业、林业主管部门经审核,报国务院农业、林业主管部门批准。从境外引进种质资源的,依照国务院农业、林业主管部门的有关规定办理。④

值得强调的是,截至目前,《森林法》是唯一规定允许自然资源归个人所有的法律。《森林法》规定,森林资源属于国家所有,由法律规定属于集体所有的除外。国家所有的和集体所有的森林、林木和林地,个人所有的林木和使用的林地,由县级以上地方人民政府登记造册,发放证书,确认所有权或者使用权。国务院可以授权国务院林业主管部门,对国务院确定的国家所有的重点林区的森林、林木和林地登记造册,发放证书,并通知有关地方人民政府。森林、林木、林地的所有者和使用者的合法权益,受法律保护,任何单位和个人不得侵犯。⑤

总之,在自然资源产权构架上,我国立法在坚持社会主义公有制基础上,采取了所有权——有偿使用权——承包经营权的基本立法路径。

---

① 《矿产资源法》第3条。
② 《煤炭法》第3条。
③ 《野生动物保护法》第3条。
④ 《种子法》第11条。
⑤ 《森林法》第3条。

为国家调节和控制自然资源的利用奠定了法律基础。

二、资源管理与调控方针、原则和政策的规定

通过立法结构分析，在自然资源保护法中有关资源管理与调控的方针、原则和公共政策是立法的必要内容。该立法内容的作用是可以把握法治治理的总方向、总路线。为此，《土地管理法》规定，十分珍惜、合理利用土地和切实保护耕地是我国的基本国策。各级人民政府应当采取措施，全面规划，严格管理，保护、开发土地资源，制止非法占用土地的行为。[①]《水法》规定，开发、利用、节约、保护水资源和防治水害，应当全面规划、统筹兼顾、标本兼治、综合利用、讲求效益，发挥水资源的多种功能，协调好生活、生产经营和生态环境用水。国家鼓励单位和个人依法开发、利用水资源，并保护其合法权益。开发、利用水资源的单位和个人有依法保护水资源的义务。国家厉行节约用水，大力推行节约用水措施，推广节约用水新技术、新工艺，发展节水型工业、农业和服务业，建立节水型社会。各级人民政府应当采取措施，加强对节约用水的管理，建立节约用水技术开发推广体系，培育和发展节约用水产业。单位和个人有节约用水的义务。国家保护水资源，采取有效措施，保护植被，植树种草，涵养水源，防治水土流失和水体污染，改善生态环境。国家鼓励和支持开发、利用、节约、保护、管理水资源和防治水害的先进科学技术的研究、推广和应用。在开发、利用、节约、保护、管理水资源和防治水害等方面成绩显著的单位和个人，由人民政府给予奖励。[②]《水土保持法》规定，水土保持工作实行预防为主、保护优先、全面规划、综合治理、因地制宜、突出重点、科学管理、注重效益的方针。[③]《森林法》规定，林业建设

---

① 《土地管理法》第3条。

② 《水法》第4条、第6条、第8～11条。

③ 《水土保持法》第3条。

实行以营林为基础,普遍护林,大力造林,采育结合,永续利用的方针。[①]《矿产资源法》规定,国家对矿产资源的勘查、开发实行统一规划、合理布局、综合勘查、合理开采和综合利用的方针。国家对集体矿山企业和个体采矿实行积极扶持、合理规划、正确引导、加强管理的方针,鼓励集体矿山企业开采国家指定范围内的矿产资源,允许个人采挖零星分散资源和只能用作普通建筑材料的砂、石、粘土以及为生活自用采挖少量矿产。[②]《煤炭法》规定,国家对煤炭开发实行统一规划、合理布局、综合利用的方针。煤矿企业必须坚持安全第一、预防为主的安全生产方针,建立健全安全生产的责任制度和群防群治制度。[③]《深海海底区域资源勘探开发法》规定,深海海底区域资源勘探、开发活动应当坚持和平利用、合作共享、保护环境、维护人类共同利益的原则。国家鼓励和支持在深海海底区域资源勘探、开发和相关环境保护、资源调查、科学技术研究和教育培训等方面,开展国际合作。[④]《节约能源法》规定,节约资源是我国的基本国策。国家实施节约与开发并举、把节约放在首位的能源发展战略。国家鼓励、支持节能科学技术的研究、开发、示范和推广,促进节能技术创新与进步。国家开展节能宣传和教育,将节能知识纳入国民教育和培训体系,普及节能科学知识,增强全民的节能意识,提倡节约型的消费方式。[⑤]《野生动物保护法》规定,国家对野生动物实行保护优先、规范利用、严格监管的原则,鼓励开展野生动物科学研究,培育公民保护野生动物的意识,促进人与自然和谐发展。[⑥]《种子法》规定,国家扶持种质资源保护工作和选育、生产、更新、推广使用良种,鼓励品种选育和种子生产经营相结合,奖励在种质资源保护工作和良种选育、推广等工

---

① 《森林法》第5条。

② 《矿产资源法》第7条、第35条。

③ 《煤炭法》第4条、第7条。

④ 《深海海底区域资源勘探开发法》第3条、第6条。

⑤ 《节约能源法》第4条、第8条。

⑥ 《野生动物保护法》第4条。

作中成绩显著的单位和个人。[①]《畜牧法》规定，国家支持畜牧业发展，发挥畜牧业在发展农业、农村经济和增加农民收入中的作用。县级以上人民政府应当采取措施，加强畜牧业基础设施建设，鼓励和扶持发展规模化养殖，推进畜牧产业化经营，提高畜牧业综合生产能力，发展优质、高效、生态、安全的畜牧业。国家帮助和扶持少数民族地区、贫困地区畜牧业的发展，保护和合理利用草原，改善畜牧业生产条件。国家采取措施，培养畜牧兽医专业人才，发展畜牧兽医科学技术研究和推广事业，开展畜牧兽医科学技术知识的教育宣传工作和畜牧兽医信息服务，推进畜牧业科技进步。[②]《渔业法》规定，国家对渔业生产实行以养殖为主，养殖、捕捞、加工并举，因地制宜，各有侧重的方针。[③]《草原法》规定，国家对草原实行科学规划、全面保护、重点建设、合理利用的方针，促进草原的可持续利用和生态、经济、社会的协调发展。草原防火工作贯彻预防为主、防消结合的方针。各级人民政府应当建立草原防火责任制，规定草原防火期，制定草原防火扑火预案，切实做好草原火灾的预防和扑救工作。[④]《防沙治沙法》规定，防沙治沙工作应当遵循以下原则：(1)统一规划，因地制宜，分步实施，坚持区域防治与重点防治相结合；(2)预防为主，防治结合，综合治理；(3)保护和恢复植被与合理利用自然资源相结合；(4)遵循生态规律，依靠科技进步；(5)改善生态环境与帮助农牧民脱贫致富相结合；(6)国家支持与地方自力更生相结合，政府组织与社会各界参与相结合，鼓励单位、个人承包防治；(7)保障防沙治沙者的合法权益。[⑤]

---

① 《种子法》第4条。
② 《畜牧法》第3~4条。
③ 《渔业法》第3条。
④ 《草原法》第3条、第53条。
⑤ 《防沙治沙法》第3条。

三、自然资源调控基础制度的规定

在自然资源立法中,需要解决对特殊资源状况标准、统计等基础制度的建立问题,以便为宏观管理与调控出台相关政策奠定基础。为此,《草原法》规定,国家建立草原调查制度。县级以上人民政府草原行政主管部门会同同级有关部门定期进行草原调查;草原所有者或者使用者应当支持、配合调查,并提供有关资料。国务院草原行政主管部门会同国务院有关部门制定全国草原等级评定标准。县级以上人民政府草原行政主管部门根据草原调查结果、草原的质量,依据草原等级评定标准,对草原进行评等定级。国家建立草原统计制度。县级以上人民政府草原行政主管部门和同级统计部门共同制定草原统计调查办法,依法对草原的面积、等级、产草量、载畜量等进行统计,定期发布草原统计资料。草原统计资料是各级人民政府编制草原保护、建设、利用规划的依据。[①]《防沙治沙法》规定,国务院林业草原行政主管部门组织其他有关行政主管部门对全国土地沙化情况进行监测、统计和分析,并定期公布监测结果。县级以上地方人民政府林业草原或者其他有关行政主管部门,应当按照土地沙化监测技术规程,对沙化土地进行监测,并将监测结果向本级人民政府及上一级林业草原或者其他有关行政主管部门报告。县级以上地方人民政府林业草原或者其他有关行政主管部门,在土地沙化监测过程中,发现土地发生沙化或者沙化程度加重的,应当及时报告本级人民政府。收到报告的人民政府应当责成有关行政主管部门制止导致土地沙化的行为,并采取有效措施进行治理。各级气象主管机构应当组织对气象干旱和沙尘暴天气进行监测、预报,发现气象干旱或者沙尘暴天气征兆时,应当及时报告当地人民政府。收到报告的人民政府应当

---

① 《草原法》第22~24条。

采取预防措施，必要时公布灾情预报，并组织林业草原、农（牧）业等有关部门采取应急措施，避免或者减轻风沙危害。①

四、规划及计划调控的规定

从自然资源的立法情况看，对自然资源利用实施规划及计划调控，是国家对自然资源管理的基本手段。为此，所有的自然资源法对此均进行了比较详细的规定，有的还列专章予以规定。② 其中，《土地管理法》规定，各级人民政府应当依据国民经济和社会发展规划、国土整治和资源环境保护的要求、土地供给能力以及各项建设对土地的需求，组织编制土地利用总体规划。土地利用总体规划的规划期限由国务院规定。城市建设用地规模应当符合国家规定的标准，充分利用现有建设用地，不占或者尽量少占农用地。城市总体规划、村庄和集镇规划，应当与土地利用总体规划相衔接，城市总体规划、村庄和集镇规划中建设用地规模不得超过土地利用总体规划确定的城市和村庄、集镇建设用地规模。在城市规划区内、村庄和集镇规划区内，城市和村庄、集镇建设用地应当符合城市规划、村庄和集镇规划。江河、湖泊综合治理和开发利用规划，应当与土地利用总体规划相衔接。在江河、湖泊、水库的管理和保护范围以及蓄洪滞洪区内，土地利用应当符合江河、湖泊综合治理和开发利用规划，符合河道、湖泊行洪、蓄洪和输水的要求。各级人民政府应当加强土地利用计划管理，实行建设用地总量控制。土地利用年度计划，根据国民经济和社会发展计划、国家产业政策、土地利用总体规划以及建设用地和土地利用的实际状况编制。土地利用年度计划的编制审批程

---

① 《防沙治沙法》第14～15条。

② 例如，《草原法》专设第三章"规划"，共9条。该章在规定国家对草原保护、建设、利用实行统一规划制度的同时，还就规划编制的原则、内容、与相关规划的衔接、执行、调查、评定标准、统计及国家建立草原生产、生态监测预警系统等进行了规定。

序与土地利用总体规划的编制审批程序相同,一经审批下达,必须严格执行。国家鼓励单位和个人按照土地利用总体规划,在保护和改善生态环境、防止水土流失和土地荒漠化的前提下,开发未利用的土地;适宜开发为农用地的,应当优先开发成农用地。国家依法保护开发者的合法权益。开垦未利用的土地,必须经过科学论证和评估,在土地利用总体规划划定的可开垦的区域内,经依法批准后进行。禁止毁坏森林、草原开垦耕地,禁止围湖造田和侵占江河滩地。根据土地利用总体规划,对破坏生态环境开垦、围垦的土地,有计划有步骤地退耕还林、还牧、还湖。在土地利用总体规划确定的城市和村庄、集镇建设用地规模范围内,为实施该规划而将农用地转为建设用地的,按土地利用年度计划分批次由原批准土地利用总体规划的机关批准。在已批准的农用地转用范围内,具体建设项目用地可以由市、县人民政府批准。乡镇企业、乡(镇)村公共设施、公益事业、农村村民住宅等乡(镇)村建设,应当按照村庄和集镇规划,合理布局,综合开发,配套建设;建设用地,应当符合乡(镇)土地利用总体规划和土地利用年度计划,并依照《土地管理法》的规定办理审批手续。农民集体所有的土地的使用权不得出让、转让或者出租用于非农业建设;但是,符合土地利用总体规划并依法取得建设用地的企业,因破产、兼并等情形致使土地使用权依法发生转移的除外。在土地利用总体规划制定前已建的不符合土地利用总体规划确定的用途的建筑物、构筑物,不得重建、扩建。①

《水法》规定,国家制定全国水资源战略规划。开发、利用、节约、保护水资源和防治水害,应当按照流域、区域统一制定规划。规划分为流域规划和区域规划。流域规划包括流域综合规划和流域专业规划;区域规划包括区域综合规划和区域专业规划。综合规划,是指根据经济社会

① 《土地管理法》第17条、第22~24条、第38~39条、第44条、第59条、第63~64条。

发展需要和水资源开发利用现状编制的开发、利用、节约、保护水资源和防治水害的总体部署。专业规划，是指防洪、治涝、灌溉、航运、供水、水力发电、竹木流放、渔业、水资源保护、水土保持、防沙治沙、节约用水等规划。国民经济和社会发展规划以及城市总体规划的编制、重大建设项目的布局，应当与当地水资源条件和防洪要求相适应，并进行科学论证；在水资源不足的地区，应当对城市规模和建设耗水量大的工业、农业和服务业项目加以限制。国家对水工程建设移民实行开发性移民的方针，按照前期补偿、补助与后期扶持相结合的原则，妥善安排移民的生产和生活，保护移民的合法权益。移民安置应当与工程建设同步进行。建设单位应当根据安置地区的环境容量和可持续发展的原则，因地制宜，编制移民安置规划，经依法批准后，由有关地方人民政府组织实施。所需移民经费列入工程建设投资计划。国务院水行政主管部门会同国务院环境保护行政主管部门、有关部门和有关省、自治区、直辖市人民政府，按照流域综合规划、水资源保护规划和经济社会发展要求，拟定国家确定的重要江河、湖泊的水功能区划，报国务院批准。跨省、自治区、直辖市的其他江河、湖泊的水功能区划，由有关流域管理机构会同江河、湖泊所在地的省、自治区、直辖市人民政府水行政主管部门、环境保护行政主管部门和其他有关部门拟定，分别经有关省、自治区、直辖市人民政府审查提出意见后，由国务院水行政主管部门会同国务院环境保护行政主管部门审核，报国务院或者其授权的部门批准。该规定以外的其他江河、湖泊的水功能区划，由县级以上地方人民政府水行政主管部门会同同级人民政府环境保护行政主管部门和有关部门拟定，报同级人民政府或者其授权的部门批准，并报上一级水行政主管部门和环境保护行政主管部门备案。县级以上人民政府水行政主管部门或者流域管理机构应当按照水功能区对水质的要求和水体的自然净化能力，核定该水域的纳污能力，向环境保护行政主管部门提出该水域的限制排污总量意见。县级以上地方人民政府水行政主管部门和流域管理机构应当对水功能区的水质状况进行监测，发现重点污染物排放总量超过控制指标的，或者水功能区的水质未达到水域使用功能对水质的要求的，应当及时报告有关人民政府采取治理措施，并向环境保护行政主管部门通报。国务院发展计划主管部门和国务院水行政主管部门负责全国水资源的宏观调配。全国的和跨省、自治区、直辖市的水中长期供求规划，由国务院水行政主管部门会同有关部门制订，经国务院发展计划主管部门审查批准后执行。地方的水中长期供求规划，由县级以上地方人民政府水行政主管部门会同同级有关部门依据上一级水中长期供求规划和本地区的实际情况制订，经本级人民政府发展计划主管部门审查批准后执行。水中长期供求规划应当依据水的供求现状、国民经济和社会发展规划、流域规划、区域规划，按照水资源供需协调、综合平衡、保护生态、厉行节约、合理开源的原则制定。用水应当计量，并按照批准的用水计划用水。用水实行计量收费和超定额累进加价制度。①

《水土保持法》规定，县级以上人民政府应当加强对水土保持工作的统一领导，将水土保持工作纳入本级国民经济和社会发展规划，对水土保持规划确定的任务，安排专项资金，并组织实施。国家在水土流失重点预防区和重点治理区，实行地方各级人民政府水土保持目标责任制和考核奖惩制度。水土保持规划应当在水土流失调查结果及水土流失重点预防区和重点治理区划定的基础上，遵循统筹协调、分类指导的原则编制。水土保持规划的内容应当包括水土流失状况、水土流失类型区划分、水土流失防治目标、任务和措施等。水土保持规划包括对流域或者区域预防和治理水土流失、保护和合理利用水土资源作出的整体部署，以及根据整体部署对水土保持专项工作或者特定区域预防和治理水土流失作出的专项部署。水土保持规划应当与土地利用总体规划、水资源规划、城乡规划和环境保护规划等相协调。地方各级人民政府应当按

---

① 《水法》第 14 条、第 23 条、第 29 条、第 32 条、第 44 条、第 49 条。

照水土保持规划,采取封育保护、自然修复等措施,组织单位和个人植树种草,扩大林草覆盖面积,涵养水源,预防和减轻水土流失。国家鼓励单位和个人按照水土保持规划参与水土流失治理,并在资金、技术、税收等方面予以扶持。①

《森林法》规定,各级人民政府应当制定林业长远规划。国有林业企业事业单位和自然保护区,应当根据林业长远规划,编制森林经营方案,报上级主管部门批准后实行。林业主管部门应当指导农村集体经济组织和国有的农场、牧场、工矿企业等单位编制森林经营方案。各级人民政府应当制定植树造林规划,因地制宜地确定本地区提高森林覆盖率的奋斗目标。各级人民政府应当组织各行各业和城乡居民完成植树造林规划确定的任务。国家制定统一的年度木材生产计划。年度木材生产计划不得超过批准的年采伐限额。计划管理的范围由国务院规定。②

《矿产资源法》规定,区域地质调查按照国家统一规划进行。区域地质调查的报告和图件按照国家规定验收,提供有关部门使用。在开采主要矿产的同时,对具有工业价值的共生和伴生矿产应当统一规划,综合开采,综合利用,防止浪费;对暂时不能综合开采或者必须同时采出而暂时还不能综合利用的矿产以及含有有用组分的尾矿,应当采取有效的保护措施,防止损失破坏。③

《煤炭法》规定,国务院煤炭管理部门根据全国矿产资源勘查规划编制全国煤炭资源勘查规划。国务院煤炭管理部门根据全国矿产资源规划规定的煤炭资源,组织编制和实施煤炭生产开发规划。省、自治区、直辖市人民政府煤炭管理部门根据全国矿产资源规划规定的煤炭资源,组织编制和实施本地区煤炭生产开发规划,并报国务院煤炭管理部门备案。煤炭生产开发规划应当根据国民经济和社会发展的需要制定,并纳

---

① 《水土保持法》第4条、第10条、第13条、第16条、第33条。

② 《森林法》第16条、第26条、第30条。

③ 《矿产资源法》第23条、第30条。

入国民经济和社会发展计划。①

《深海海底区域资源勘探开发法》规定,国家制定有关深海海底区域资源勘探、开发规划,并采取经济、技术政策和措施,鼓励深海科学技术研究和资源调查,提升资源勘探、开发和海洋环境保护的能力。②

《野生动物保护法》规定,国家保护野生动物及其栖息地。县级以上人民政府应当制定野生动物及其栖息地相关保护规划和措施,并将野生动物保护经费纳入预算。县级以上人民政府及其有关部门在编制有关开发利用规划时,应当充分考虑野生动物及其栖息地保护的需要,分析、预测和评估规划实施可能对野生动物及其栖息地保护产生的整体影响,避免或者减少规划实施可能造成的不利后果。禁止在相关自然保护区域建设法律法规规定不得建设的项目。机场、铁路、公路、水利水电、围堰、围填海等建设项目的选址选线,应当避让相关自然保护区域、野生动物迁徙洄游通道;无法避让的,应当采取修建野生动物通道、过鱼设施等措施,消除或者减少对野生动物的不利影响。建设项目可能对相关自然保护区域、野生动物迁徙洄游通道产生影响的,环境影响评价文件的审批部门在审批环境影响评价文件时,涉及国家重点保护野生动物的,应当征求国务院野生动物保护主管部门意见;涉及地方重点保护野生动物的,应当征求省、自治区、直辖市人民政府野生动物保护主管部门意见。③

《种子法》规定,省级以上人民政府应当根据科教兴农方针和农业、林业发展的需要制定种业发展规划并组织实施。国家有计划地普查、收集、整理、鉴定、登记、保存、交流和利用种质资源,定期公布可供利用的种质资源目录。具体办法由国务院农业、林业主管部门规定。④

---

① 《煤炭法》第 14 ~16 条。

② 《深海海底区域资源勘探开发法》第 4 条。

③ 《野生动物保护法》第 5 条、第 13 条。

④ 《种子法》第 5 条、第 9 条。

《畜牧法》规定,国务院畜牧兽医行政主管部门根据畜禽遗传资源分布状况,制定全国畜禽遗传资源保护和利用规划,制定并公布国家级畜禽遗传资源保护名录,对原产我国的珍贵、稀有、濒危的畜禽遗传资源实行重点保护。省级人民政府畜牧兽医行政主管部门根据全国畜禽遗传资源保护和利用规划及本行政区域内畜禽遗传资源状况,制定和公布省级畜禽遗传资源保护名录,并报国务院畜牧兽医行政主管部门备案。县级以上人民政府畜牧兽医行政主管部门应当根据畜牧业发展规划和市场需求,引导和支持畜牧业结构调整,发展优势畜禽生产,提高畜禽产品市场竞争力。国家支持草原牧区开展草原围栏、草原水利、草原改良、饲草饲料基地等草原基本建设,优化畜群结构,改良牲畜品种,转变生产方式,发展舍饲圈养、划区轮牧,逐步实现畜草平衡,改善草原生态环境。①

《渔业法》规定,各级人民政府应当把渔业生产纳入国民经济发展计划,采取措施,加强水域的统一规划和综合利用。国家对水域利用进行统一规划,确定可以用于养殖业的水域和滩涂。单位和个人使用国家规划确定用于养殖业的全民所有的水域、滩涂的,使用者应当向县级以上地方人民政府渔业行政主管部门提出申请,由本级人民政府核发养殖证,许可其使用该水域、滩涂从事养殖生产。核发养殖证的具体办法由国务院规定。集体所有的或者全民所有由农业集体经济组织使用的水域、滩涂,可以由个人或者集体承包,从事养殖生产。县级以上人民政府渔业行政主管部门应当对其管理的渔业水域统一规划,采取措施,增殖渔业资源。县级以上人民政府渔业行政主管部门可以向受益的单位和个人征收渔业资源增殖保护费,专门用于增殖和保护渔业资源。渔业资源增殖保护费的征收办法由国务院渔业行政主管部门会同财政部门制

① 《畜牧法》第12条、第35条。

定,报国务院批准后施行。①

《草原法》规定,各级人民政府应当加强对草原保护、建设和利用的管理,将草原的保护、建设和利用纳入国民经济和社会发展计划。国家对草原保护、建设、利用实行统一规划制度。国务院草原行政主管部门会同国务院有关部门编制全国草原保护、建设、利用规划,报国务院批准后实施。县级以上地方人民政府草原行政主管部门会同同级有关部门依据上一级草原保护、建设、利用规划编制本行政区域的草原保护、建设、利用规划,报本级人民政府批准后实施。经批准的草原保护、建设、利用规划确需调整或者修改时,须经原批准机关批准。对退化、沙化、盐碱化、石漠化和水土流失的草原,地方各级人民政府应当按照草原保护、建设、利用规划,划定治理区,组织专项治理。大规模的草原综合治理,列入国家国土整治计划。②

《防沙治沙法》规定,防沙治沙实行统一规划。从事防沙治沙活动,以及在沙化土地范围内从事开发利用活动,必须遵循防沙治沙规划。防沙治沙规划应当对遏制土地沙化扩展趋势,逐步减少沙化土地的时限、步骤、措施等作出明确规定,并将具体实施方案纳入国民经济和社会发展5年计划和年度计划。国务院林业草原行政主管部门会同国务院农业、水利、土地、生态环境等有关部门编制全国防沙治沙规划,报国务院批准后实施。省、自治区、直辖市人民政府依据全国防沙治沙规划,编制本行政区域的防沙治沙规划,报国务院或者国务院指定的有关部门批准后实施。沙化土地所在地区的市、县人民政府,应当依据上一级人民政府的防沙治沙规划,组织编制本行政区域的防沙治沙规划,报上一级人民政府批准后实施。防沙治沙规划的修改,须经原批准机关批准;未经批准,任何单位和个人不得改变防沙治沙规划。编制防沙治沙规划,应

---

① 《渔业法》第3条、第11条、第28条。

② 《草原法》第4条、第17条、第31条。

当根据沙化土地所处的地理位置、土地类型、植被状况、气候和水资源状况、土地沙化程度等自然条件及其所发挥的生态、经济功能,对沙化土地实行分类保护、综合治理和合理利用。在规划期内不具备治理条件的以及因保护生态的需要不宜开发利用的连片沙化土地,应当规划为沙化土地封禁保护区,实行封禁保护。沙化土地封禁保护区的范围,由全国防沙治沙规划以及省、自治区、直辖市防沙治沙规划确定。防沙治沙规划应当与土地利用总体规划相衔接;防沙治沙规划中确定的沙化土地用途,应当符合本级人民政府的土地利用总体规划。①

五、产业指导的规定

自然资源的产业指导,主要涉及国家对资源利用的基本政策指引。它涉及国家对自然资源利用的鼓励、限制和禁止性规定,是自然资源调节与控制的重要体现。为此,各自然资源法均对此进行了相关的规定。

《煤炭法》规定,国家制定优惠政策,支持煤炭工业发展,促进煤矿建设。煤矿建设项目应当符合煤炭生产开发规划和煤炭产业政策。②

《野生动物保护法》规定,禁止出售、购买、利用国家重点保护野生动物及其制品。因科学研究、人工繁育、公众展示展演、文物保护或者其他特殊情况,需要出售、购买、利用国家重点保护野生动物及其制品的,应当经省、自治区、直辖市人民政府野生动物保护主管部门批准,并按照规定取得和使用专用标识,保证可追溯,但国务院对批准机关另有规定的除外。实行国家重点保护野生动物及其制品专用标识的范围和管理办法,由国务院野生动物保护主管部门规定。出售、利用非国家重点保护野生动物的,应当提供狩猎、进出口等合法来源证明。出售上述规定

① 《防沙治沙法》第 10 ~13 条。

② 《煤炭法》第 17 条。

的野生动物的，还应当依法附有检疫证明。① 禁止生产、经营使用国家重点保护野生动物及其制品制作的食品，或者使用没有合法来源证明的非国家重点保护野生动物及其制品制作的食品。禁止为食用非法购买国家重点保护的野生动物及其制品。禁止为出售、购买、利用野生动物或者禁止使用的猎捕工具发布广告。禁止为违法出售、购买、利用野生动物制品发布广告。禁止网络交易平台、商品交易市场等交易场所，为违法出售、购买、利用野生动物及其制品或者禁止使用的猎捕工具提供交易服务。②

《种子法》规定，国家加大对种业发展的支持。对品种选育、生产、示范推广、种质资源保护、种子储备以及制种大县给予扶持。国家鼓励推广使用高效、安全制种采种技术和先进适用的制种采种机械，将先进适用的制种采种机械纳入农机具购置补贴范围。国家积极引导社会资金投资种业。国家加强种业公益性基础设施建设。对优势种子繁育基地内的耕地，划入基本农田保护区，实行永久保护。优势种子繁育基地由国务院农业主管部门商所在省、自治区、直辖市人民政府确定。对从事农作物和林木品种选育、生产的种子企业，按照国家有关规定给予扶持。③

《畜牧法》规定，国家支持农村集体经济组织、农民和畜牧业合作经济组织建立畜禽养殖场、养殖小区，发展规模化、标准化养殖。乡（镇）土地利用总体规划应当根据本地实际情况安排畜禽养殖用地。农村集体经济组织、农民、畜牧业合作经济组织按照乡（镇）土地利用总体规划建立的畜禽养殖场、养殖小区用地按农业用地管理。畜禽养殖场、养殖

① 指因科学研究、人工繁育、公众展示展演、文物保护或者其他特殊情况，需要出售、购买、利用国家重点保护野生动物及其制品和出售、利用非国家重点保护野生动物的之情形。

② 《野生动物保护法》第 27 条、第 30 ~32 条。

③ 《种子法》第 63 ~65 条。

小区用地使用权期限届满,需要恢复为原用途的,由畜禽养殖场、养殖小区土地使用权人负责恢复。在畜禽养殖场、养殖小区用地范围内需要兴建永久性建(构)筑物,涉及农用地转用的,依照《土地管理法》的规定办理。国家设立的畜牧兽医技术推广机构,应当向农民提供畜禽养殖技术培训、良种推广、疫病防治等服务。县级以上人民政府应当保障国家设立的畜牧兽医技术推广机构从事公益性技术服务的工作经费。国家鼓励畜禽产品加工企业和其他相关生产经营者为畜禽养殖者提供所需的服务。国家鼓励发展养蜂业,维护养蜂生产者的合法权益。有关部门应当积极宣传和推广蜜蜂授粉农艺措施。①

《渔业法》规定,国家鼓励和支持水产优良品种的选育、培育和推广。水产新品种必须经全国水产原种和良种审定委员会审定,由国务院渔业行政主管部门公告后推广。水产苗种的进口、出口由国务院渔业行政主管部门或者省、自治区、直辖市人民政府渔业行政主管部门审批。水产苗种的生产由县级以上地方人民政府渔业行政主管部门审批。但是,渔业生产者自育、自用水产苗种的除外。②

《草原法》规定,国家提倡在农区、半农半牧区和有条件的牧区实行牲畜圈养。草原承包经营者应当按照饲养牲畜的种类和数量,调剂、储备饲草饲料,采用青贮和饲草饲料加工等新技术,逐步改变依赖天然草地放牧的生产方式。在草原禁牧、休牧、轮牧区,国家对实行舍饲圈养的给予粮食和资金补助,具体办法由国务院或者国务院授权的有关部门规定。③

《防沙治沙法》规定,不具有土地所有权或者使用权的单位和个人从事营利性治沙活动的,应当先与土地所有权人或者使用权人签订协议,依法取得土地使用权。在治理活动开始之前,从事营利性治沙活动

---

① 《畜牧法》第37～38条、第47条。

② 《渔业法》第16条。

③ 《草原法》第35条。

的单位和个人应当向治理项目所在地的县级以上地方人民政府林业草原行政主管部门或者县级以上地方人民政府指定的其他行政主管部门提出治理申请,并附具下列文件:(1)被治理土地权属的合法证明文件和治理协议;(2)符合防沙治沙规划的治理方案;(3)治理所需的资金证明。本法所称治理方案,应当包括以下内容:(1)治理范围界限;(2)分阶段治理目标和治理期限;(3)主要治理措施;(4)经当地水行政主管部门同意的用水来源和用水量指标;(5)治理后的土地用途和植被管护措施;(6)其他需要载明的事项。从事营利性治沙活动的单位和个人,必须按照治理方案进行治理国家保护沙化土地治理者的合法权益。在治理者取得合法土地权属的治理范围内,未经治理者同意,其他任何单位和个人不得从事治理或者开发利用活动。①

六、财税、金融和价格调控的规定

在宏观调控中,财税、金融和价格是重要的调控工具。为了支持经营者有利于自然资源保护的生产经营活动,相关的资源法对此进行了规定。其中,在财税调控方面,《野生动物保护法》规定,因保护本法规定保护的野生动物,造成人员伤亡、农作物或者其他财产损失的,由当地人民政府给予补偿。具体办法由省、自治区、直辖市人民政府制定。有关地方人民政府可以推动保险机构开展野生动物致害赔偿保险业务。有关地方人民政府采取预防、控制国家重点保护野生动物造成危害的措施以及实行补偿所需经费,由中央财政按照国家有关规定予以补助。②《种子法》规定,由财政资金支持形成的育种发明专利权和植物新品种权,除涉及国家安全、国家利益和重大社会公共利益的外,授权项目承担

① 《防沙治沙法》第 26 ~28 条。

② 《野生动物保护法》第 19 条。

者依法取得。由财政资金支持为主形成的育种成果的转让、许可等应当依法公开进行，禁止私自交易。①《畜牧法》规定，国务院和省级人民政府应当在其财政预算内安排支持畜牧业发展的良种补贴、贴息补助等资金，并鼓励有关金融机构通过提供贷款、保险服务等形式，支持畜禽养殖者购买优良畜禽、繁育良种、改善生产设施、扩大养殖规模，提高养殖效益。②《渔业法》规定，国家在财政、信贷和税收等方面采取措施，鼓励、扶持远洋捕捞业的发展，并根据渔业资源的可捕捞量，安排内水和近海捕捞力量。③《防沙治沙法》规定，国务院和沙化土地所在地区的地方各级人民政府应当在本级财政预算中按照防沙治沙规划通过项目预算安排资金，用于本级人民政府确定的防沙治沙工程。在安排扶贫、农业、水利、道路、矿产、能源、农业综合开发等项目时，应当根据具体情况，设立若干防沙治沙子项目。国务院和省、自治区、直辖市人民政府应当制定优惠政策，鼓励和支持单位和个人防沙治沙。县级以上地方人民政府应当按照国家有关规定，根据防沙治沙的面积和难易程度，给予从事防沙治沙活动的单位和个人资金补助、财政贴息以及税费减免等政策优惠。单位和个人投资进行防沙治沙的，在投资阶段免征各种税收；取得一定收益后，可以免征或者减征有关税收。因保护生态的特殊要求，将治理后的土地批准划为自然保护区或者沙化土地封禁保护区的，批准机关应当给予治理者合理的经济补偿。国家根据防沙治沙的需要，组织设立防沙治沙重点科研项目和示范、推广项目，并对防沙治沙、沙区能源、沙生经济作物、节水灌溉、防止草原退化、沙地旱作农业等方面的科学研究与技术推广给予资金补助、税费减免等政策优惠。④ 在金融调控方面，《种子法》规定，国家鼓励和引导金融机构为种子生产经营和收储提供信贷

---

① 《种子法》第13条。
② 《畜牧法》第36条。
③ 《渔业法》第21条。
④ 《防沙治沙法》第32～33条、第35～36条。

支持。国家支持保险机构开展种子生产保险。省级以上人民政府可以采取保险费补贴等措施,支持发展种业生产保险。①

第三节 自然资源保护的特别调控规定

在自然资源法中,除一般宏观调控工具的应用外,针对资源调控的特殊性,我国资源法还规定了相关的特殊调控手段。概括起来,主要包括以下几个方面。

一、土地调控规定

《土地管理法》规定,国家实行土地用途管制制度。国家建立全国土地管理信息系统,对土地利用状况进行动态监测。国家保护耕地,严格控制耕地转为非耕地。国家实行占用耕地补偿制度。非农业建设经批准占用耕地的,按照"占多少,垦多少"的原则,由占用耕地的单位负责开垦与所占用耕地的数量和质量相当的耕地;没有条件开垦或者开垦的耕地不符合要求的,应当按照省、自治区、直辖市的规定缴纳耕地开垦费,专款用于开垦新的耕地。省、自治区、直辖市人民政府应当制定开垦耕地计划,监督占用耕地的单位按照计划开垦耕地或者按照计划组织开垦耕地,并进行验收。国家实行基本农田保护制度。下列耕地应当根据土地利用总体规划划入基本农田保护区,严格管理:一是经国务院有关主管部门或者县级以上地方人民政府批准确定的粮、棉、油生产基地内的耕地;二是有良好的水利与水土保持设施的耕地,正在实施改造计划以及可以改造的中、低产田;三是蔬菜生产基地;四是农业科研、教学试

① 《种子法》第66~67条。

验田;五是国务院规定应当划入基本农田保护区的其他耕地。各省、自治区、直辖市划定的基本农田应当占本行政区域内耕地的80%以上。基本农田保护区以乡(镇)为单位进行划区定界,由县级人民政府土地行政主管部门会同同级农业行政主管部门组织实施。国家鼓励土地整理。县、乡(镇)人民政府应当组织农村集体经济组织,按照土地利用总体规划,对田、水、路、林、村综合整治,提高耕地质量,增加有效耕地面积,改善农业生产条件和生态环境。地方各级人民政府应当采取措施,改造中、低产田,整治闲散地和废弃地。征收基本农田,基本农田以外的耕地超过35公顷的,其他土地超过70公顷的,由国务院批准。征收上述规定以外的土地的,由省、自治区、直辖市人民政府批准,并报国务院备案。征收土地的,按照被征收土地的原用途给予补偿。征收耕地的补偿费用包括土地补偿费、安置补助费以及地上附着物和青苗的补偿费。征收耕地的土地补偿费,为该耕地被征收前3年平均年产值的6~10倍。征收耕地的安置补助费,按照需要安置的农业人口数计算。需要安置的农业人口数,按照被征收的耕地数量除以征地前被征收单位平均每人占有耕地的数量计算。每一个需要安置的农业人口的安置补助费标准,为该耕地被征收前3年平均年产值的4~6倍。但是,每公顷被征收耕地的安置补助费,最高不得超过被征收前3年平均年产值的15倍。征收其他土地的土地补偿费和安置补助费标准,由省、自治区、直辖市参照征收耕地的土地补偿费和安置补助费的标准规定。被征收土地上的附着物和青苗的补偿标准,由省、自治区、直辖市规定。征收城市郊区的菜地,用地单位应当按照国家有关规定缴纳新菜地开发建设基金。依照土地管理法规定支付土地补偿费和安置补助费,尚不能使需要安置的农民保持原有生活水平的,经省、自治区、直辖市人民政府批准,可以增加安置补助费。但是,土地补偿费和安置补助费的总和不得超过土地被征收前3年平均年产值的30倍。国务院根据社会、经济发展水平,在特殊情况下,可以提高征收耕地的土地补偿费和安置补助费的标准。大中型水利、水电工程建设征收土地的补偿费标准和移民安置办法,由国务院另行规定。有下列情形之一的,由有关人民政府土地行政主管部门报经原批准用地的人民政府或者有批准权的人民政府批准,可以收回国有土地使用权:一是为公共利益需要使用土地的;二是为实施城市规划进行旧城区改建,需要调整使用土地的;三是土地出让等有偿使用合同约定的使用期限届满,土地使用者未申请续期或者申请续期未获批准的;四是因单位撤销、迁移等原因,停止使用原划拨的国有土地的;五是公路、铁路、机场、矿场等经核准报废的。依照前两项规定收回国有土地使用权的,对土地使用权人应当给予适当补偿。①

二、水资源调控规定

《水法》规定,国家对水资源依法实行取水许可制度和有偿使用制度。但是,农村集体经济组织及其成员使用本集体经济组织的水塘、水库中的水的除外。国务院水行政主管部门负责全国取水许可制度和水资源有偿使用制度的组织实施。国家对水资源实行流域管理与行政区域管理相结合的管理体制。国务院水行政主管部门负责全国水资源的统一管理和监督工作。国务院水行政主管部门在国家确定的重要江河、湖泊设立的流域管理机构(以下简称流域管理机构),在所管辖的范围内行使法律、行政法规规定的和国务院水行政主管部门授予的水资源管理和监督职责。县级以上地方人民政府水行政主管部门按照规定的权限,负责本行政区域内水资源的统一管理和监督工作。国家建立饮用水水源保护区制度。省、自治区、直辖市人民政府应当划定饮用水水源保护区,并采取措施,防止水源枯竭和水体污染,保证城乡居民饮用水安

---

① 《土地管理法》第4条、第30~31条、第34条、第41条、第45条、第47条、第51条、第58条。

全。国家实行河道采砂许可制度。河道采砂许可制度实施办法,由国务院规定。在河道管理范围内采砂,影响河势稳定或者危及堤防安全的,有关县级以上人民政府水行政主管部门应当划定禁采区和规定禁采期,并予以公告。禁止围湖造地。已经围垦的,应当按照国家规定的防洪标准有计划地退地还湖。禁止围垦河道。确需围垦的,应当经过科学论证,经省、自治区、直辖市人民政府水行政主管部门或者国务院水行政主管部门同意后,报本级人民政府批准。国家对用水实行总量控制和定额管理相结合的制度。省、自治区、直辖市人民政府有关行业主管部门应当制订本行政区域内行业用水定额,报同级水行政主管部门和质量监督检验行政主管部门审核同意后,由省、自治区、直辖市人民政府公布,并报国务院水行政主管部门和国务院质量监督检验行政主管部门备案。县级以上地方人民政府发展计划主管部门会同同级水行政主管部门,根据用水定额、经济技术条件以及水量分配方案确定的可供本行政区域使用的水量,制订年度用水计划,对本行政区域内的年度用水实行总量控制。用水实行计量收费和超定额累进加价制度。①

三、水土流失调控规定

《水土保持法》规定,国务院水行政主管部门应当定期组织全国水土流失调查并公告调查结果。省、自治区、直辖市人民政府水行政主管部门负责本行政区域的水土流失调查并公告调查结果,公告前应当将调查结果报国务院水行政主管部门备案。县级以上人民政府应当依据水土流失调查结果划定并公告水土流失重点预防区和重点治理区。对水土流失潜在危险较大的区域,应当划定为水土流失重点预防区;对水土流失严重的区域,应当划定为水土流失重点治理区。禁止在25度以上

---

① 《水法》第7条、第12条、第33条、第39~40条、第47条、第49条。

陡坡地开垦种植农作物。在25度以上陡坡地种植经济林的,应当科学选择树种,合理确定规模,采取水土保持措施,防止造成水土流失。省、自治区、直辖市根据本行政区域的实际情况,可以规定小于25度的禁止开垦坡度。禁止开垦的陡坡地的范围由当地县级人民政府划定并公告。在5度以上坡地植树造林、抚育幼林、种植中药材等,应当采取水土保持措施。在禁止开垦坡度以下、5度以上的荒坡地开垦种植农作物,应当采取水土保持措施。具体办法由省、自治区、直辖市根据本行政区域的实际情况规定。国家鼓励和支持承包治理荒山、荒沟、荒丘、荒滩,防治水土流失,保护和改善生态环境,促进土地资源的合理开发和可持续利用,并依法保护土地承包合同当事人的合法权益。承包治理荒山、荒沟、荒丘、荒滩和承包水土流失严重地区农村土地的,在依法签订的土地承包合同中应当包括预防和治理水土流失责任的内容。国家鼓励和支持在山区、丘陵区、风沙区以及容易发生水土流失的其他区域,采取下列有利于水土保持的法定措施:一是免耕、等高耕作、轮耕轮作、草田轮作、间作套种等;二是封禁抚育、轮封轮牧、舍饲圈养;三是发展沼气、节柴灶,利用太阳能、风能和水能,以煤、电、气代替薪柴等;四是从生态脆弱地区向外移民;五是其他有利于水土保持的措施。县级以上人民政府水行政主管部门应当加强水土保持监测工作,发挥水土保持监测工作在政府决策、经济社会发展和社会公众服务中的作用。县级以上人民政府应当保障水土保持监测工作经费。国务院水行政主管部门应当完善全国水土保持监测网络,对全国水土流失进行动态监测。对可能造成严重水土流失的大中型生产建设项目,生产建设单位应当自行或者委托具备水土保持监测资质的机构,对生产建设活动造成的水土流失进行监测,并将监测情况定期上报当地水行政主管部门。从事水土保持监测活动应当遵守国家有关技术标准、规范和规程,保证监测质量。国务院水行政主管部门和省、自治区、直辖市人民政府水行政主管部门应当根据水土保持监测情况,定期对下列事项进行公告:一是水土流失类型、面积、强度、分布状况和变化趋势;二是水土流失造成的危害;三是水土流失预防和治理情况。①

四、森林调控规定

《森林法》规定,国家对森林资源实行以下保护性措施:一是对森林实行限额采伐,鼓励植树造林、封山育林,扩大森林覆盖面积;二是根据国家和地方人民政府有关规定,对集体和个人造林、育林给予经济扶持或者长期贷款;三是提倡木材综合利用和节约使用木材,鼓励开发、利用木材代用品;四是征收育林费,专门用于造林育林;五是煤炭、造纸等部门,按照煤炭和木浆纸张等产品的产量提取一定数额的资金,专门用于营造坑木、造纸等用材林;六是建立林业基金制度。国家设立森林生态效益补偿基金,用于提供生态效益的防护林和特种用途林的森林资源、林木的营造、抚育、保护和管理。森林生态效益补偿基金必须专款专用,不得挪作他用。具体办法由国务院规定。各级林业主管部门负责组织森林资源清查,建立资源档案制度,掌握资源变化情况。国家根据用材林的消耗量低于生长量的原则,严格控制森林年采伐量。国家所有的森林和林木以国有林业企业事业单位、农场、厂矿为单位,集体所有的森林和林木、个人所有的林木以县为单位,制定年采伐限额,由省、自治区、直辖市林业主管部门汇总,经同级人民政府审核后,报国务院批准。国家禁止、限制出口珍贵树木及其制品、衍生物。禁止、限制出口的珍贵树木及其制品、衍生物的名录和年度限制出口总量,由国务院林业主管部门会同国务院有关部门制定,报国务院批准。出口该规定限制出口的珍贵树木或者其制品、衍生物的,必须经出口人所在地省、自治区、直辖市人民政府林业主管部门审核,报国务院林业主管部门批准,海关凭国务院

---

① 《水土保持法》第11~12条、第20条、第23条、第34条、第39~42条。

林业主管部门的批准文件放行。进出口的树木或者其制品、衍生物属于中国参加的国际公约限制进出口的濒危物种的,并必须向国家濒危物种进出口管理机构申请办理允许进出口证明书,海关并凭允许进出口证明书放行。①

五、矿产资源调控规定

《矿产资源法》规定,国家实行探矿权、采矿权有偿取得的制度;但是,国家对探矿权、采矿权有偿取得的费用,可以根据不同情况规定予以减缴、免缴。具体办法和实施步骤由国务院规定。开采矿产资源,必须按照国家有关规定缴纳资源税和资源补偿费。国家对矿产资源勘查实行统一的区块登记管理制度。矿产资源勘查登记工作,由国务院地质矿产主管部门负责;特定矿种的矿产资源勘查登记工作,可以由国务院授权有关主管部门负责。矿产资源勘查区块登记管理办法由国务院制定。国务院矿产储量审批机构或者省、自治区、直辖市矿产储量审批机构负责审查批准供矿山建设设计使用的勘探报告,并在规定的期限内批复报送单位。勘探报告未经批准,不得作为矿山建设设计的依据。矿产资源勘查成果档案资料和各类矿产储量的统计资料,实行统一的管理制度,按照国务院规定汇交或者填报。设立矿山企业,必须符合国家规定的资质条件,并依照法律和国家有关规定,由审批机关对其矿区范围、矿山设计或者开采方案、生产技术条件、安全措施和环境保护措施等进行审查;审查合格的,方予批准。开采下列矿产资源的,由国务院地质矿产主管部门审批,并颁发采矿许可证:一是国家规划矿区和对国民经济具有重要价值的矿区内的矿产资源;二是前项规定区域以外可供开采的矿产储量规模在大型以上的矿产资源;三是国家规定实行保护性开采的特定矿

① 《森林法》第8条、第14条、第29条、第38条。

种;四是领海及中国管辖的其他海域的矿产资源;五是国务院规定的其他矿产资源。开采石油、天然气、放射性矿产等特定矿种的,可以由国务院授权的有关主管部门审批,并颁发采矿许可证。非经国务院授权的有关主管部门同意,不得在下列地区开采矿产资源:一是港口、机场、国防工程设施圈定地区以内;二是重要工业区、大型水利工程设施、城镇市政工程设施附近一定距离以内;三是铁路、重要公路两侧一定距离以内;四是重要河流、堤坝两侧一定距离以内;五是国家划定的自然保护区、重要风景区,国家重点保护的不能移动的历史文物和名胜古迹所在地;六是国家规定不得开采矿产资源的其他地区。国务院规定由指定的单位统一收购的矿产品,任何其他单位或者个人不得收购;开采者不得向非指定单位销售。①

六、煤炭开采调控规定

《煤炭法》规定,开采煤炭资源必须符合煤矿开采规程,遵守合理的开采顺序,达到规定的煤炭资源回采率。煤炭资源回采率由国务院煤炭管理部门根据不同的资源和开采条件确定。国家鼓励煤矿企业进行复采或者开采边角残煤和极薄煤。关闭煤矿和报废矿井,应当依照有关法律、法规和国务院煤炭管理部门的规定办理。国家建立煤矿企业积累煤矿衰老期转产资金的制度。国家鼓励和扶持煤矿企业发展多种经营。国家提倡和支持煤矿企业和其他企业发展煤电联产、炼焦、煤化工、煤建材等,进行煤炭的深加工和精加工。国家鼓励煤矿企业发展煤炭洗选加工,综合开发利用煤层气、煤矸石、煤泥、石煤和泥炭。国家发展和推广洁净煤技术。国家采取措施取缔土法炼焦。禁止新建土法炼焦窑炉;现有的土法炼焦限期改造。煤炭的进出口依照国务院的规定,实行统一管

---

① 《矿产资源法》第 5 条、第 12 ~16 条、第 20 条、第 34 条。

理。具备条件的大型煤矿企业经国务院对外经济贸易主管部门依法许可,有权从事煤炭出口经营。①

七、深海海底区域资源勘探开发调控规定

《深海海底区域资源勘探开发法》规定,中华人民共和国的公民、法人或者其他组织在向国际海底管理局申请从事深海海底区域资源勘探、开发活动前,应当向国务院海洋主管部门提出申请,并提交下列材料:一是申请者基本情况;二是拟勘探、开发区域位置、面积、矿产种类等说明;三是财务状况、投资能力证明和技术能力说明;四是勘探、开发工作计划,包括勘探、开发活动可能对海洋环境造成影响的相关资料,海洋环境严重损害等的应急预案;五是国务院海洋主管部门规定的其他材料。国务院海洋主管部门应当对申请者提交的材料进行审查,对于符合国家利益并具备资金、技术、装备等能力条件的,应当在60个工作日内予以许可,并出具相关文件。获得许可的申请者在与国际海底管理局签订勘探、开发合同成为承包者后,方可从事勘探、开发活动。承包者应当自勘探、开发合同签订之日起30日内,将合同副本报国务院海洋主管部门备案。国务院海洋主管部门应当将承包者及其勘探、开发的区域位置、面积等信息通报有关机关。承包者对勘探、开发合同区域内特定资源享有相应的专属勘探、开发权。承包者应当履行勘探、开发合同义务,保障从事勘探、开发作业人员的人身安全,保护海洋环境。承包者从事勘探、开发作业应当保护作业区域内的文物、铺设物等。承包者从事勘探、开发作业还应当遵守中华人民共和国有关安全生产、劳动保护方面的法律、行政法规。承包者在转让勘探、开发合同的权利、义务前,或者在对勘探、开发合同作出重大变更前,应当报经国务院海洋主管部门同意。承

① 《煤炭法》第22条、第26~29条、第46条。

包者应当自勘探、开发合同转让、变更或者终止之日起30日内,报国务院海洋主管部门备案。国务院海洋主管部门应当及时将勘探、开发合同转让、变更或者终止的信息通报有关机关。承包者应当在合理、可行的范围内,利用可获得的先进技术,采取必要措施,防止、减少、控制勘探、开发区域内的活动对海洋环境造成的污染和其他危害。承包者应当按照勘探、开发合同的约定和要求、国务院海洋主管部门规定,调查研究勘探、开发区域的海洋状况,确定环境基线,评估勘探、开发活动可能对海洋环境的影响;制定和执行环境监测方案,监测勘探、开发活动对勘探、开发区域海洋环境的影响,并保证监测设备正常运行,保存原始监测记录。承包者从事勘探、开发活动应当采取必要措施,保护和保全稀有或者脆弱的生态系统,以及衰竭、受威胁或者有灭绝危险的物种和其他海洋生物的生存环境,保护海洋生物多样性,维护海洋资源的可持续利用。国家支持深海科学技术研究和专业人才培养,将深海科学技术列入科学技术发展的优先领域,鼓励与相关产业的合作研究。国家支持企业进行深海科学技术研究与技术装备研发。国家支持深海公共平台的建设和运行,建立深海公共平台共享合作机制,为深海科学技术研究、资源调查活动提供专业服务,促进深海科学技术交流、合作及成果共享。国家鼓励单位和个人通过开放科学考察船舶、实验室、陈列室和其他场地、设施,举办讲座或者提供咨询等多种方式,开展深海科学普及活动。从事深海海底区域资源调查活动的公民、法人或者其他组织,应当按照有关规定将有关资料副本、实物样本或者目录汇交国务院海洋主管部门和其他相关部门。负责接受汇交的部门应当对汇交的资料和实物样本进行登记、保管,并按照有关规定向社会提供利用。①

① 《深海海底区域资源勘探开发法》第7~10条、第12~18条。

八、野生动物保护调控规定

《野生动物保护法》规定,国家对野生动物实行分类分级保护。国家对珍贵、濒危的野生动物实行重点保护。国家重点保护的野生动物分为一级保护野生动物和二级保护野生动物。国家重点保护野生动物名录,由国务院野生动物保护主管部门组织科学评估后制定,并每5年根据评估情况确定对名录进行调整。国家重点保护野生动物名录报国务院批准公布。地方重点保护野生动物,是指国家重点保护野生动物以外,由省、自治区、直辖市重点保护的野生动物。地方重点保护野生动物名录,由省、自治区、直辖市人民政府组织科学评估后制定、调整并公布。有重要生态、科学、社会价值的陆生野生动物名录,由国务院野生动物保护主管部门组织科学评估后制定、调整并公布。县级以上人民政府野生动物保护主管部门,应当定期组织或者委托有关科学研究机构对野生动物及其栖息地状况进行调查、监测和评估,建立健全野生动物及其栖息地档案。对野生动物及其栖息地状况的调查、监测和评估应当包括的法定内容有:一是野生动物野外分布区域、种群数量及结构;二是野生动物栖息地的面积、生态状况;三是野生动物及其栖息地的主要威胁因素;四是野生动物人工繁育情况等其他需要调查、监测和评估的内容。国务院野生动物保护主管部门应当会同国务院有关部门,根据野生动物及其栖息地状况的调查、监测和评估结果,确定并发布野生动物重要栖息地名录。省级以上人民政府依法划定相关自然保护区域,保护野生动物及其重要栖息地,保护、恢复和改善野生动物生存环境。对不具备划定相关自然保护区域条件的,县级以上人民政府可以采取划定禁猎(渔)区、规定禁猎(渔)期等其他形式予以保护。禁止或者限制在相关自然保护区域内引入外来物种、营造单一纯林、过量施洒农药等人为干扰、威胁野生动物生息繁衍的行为。相关自然保护区域,依照有关法律法规的规定划定和管理。①

九、种业发展调控规定

《种子法》规定，省级以上人民政府建立种子储备制度，主要用于发生灾害时的生产需要及余缺调剂，保障农业和林业生产安全。对储备的种子应当定期检验和更新。种子储备的具体办法由国务院规定。转基因植物品种的选育、试验、审定和推广应当进行安全性评价，并采取严格的安全控制措施。国务院农业、林业主管部门应当加强跟踪监管并及时公告有关转基因植物品种审定和推广的信息。具体办法由国务院规定。国家对主要农作物和主要林木实行品种审定制度。主要农作物品种和主要林木品种在推广前应当通过国家级或者省级审定。由省、自治区、直辖市人民政府林业主管部门确定的主要林木品种实行省级审定。申请审定的品种应当符合特异性、一致性、稳定性要求。主要农作物品种和主要林木品种的审定办法由国务院农业、林业主管部门规定。审定办法应当体现公正、公开、科学、效率的原则，有利于产量、品质、抗性等的提高与协调，有利于适应市场和生活消费需要的品种的推广。在制定、修改审定办法时，应当充分听取育种者、种子使用者、生产经营者和相关行业代表意见。国家实行植物新品种保护制度。对国家植物品种保护名录内经过人工选育或者发现的野生植物加以改良，具备新颖性、特异性、一致性、稳定性和适当命名的植物品种，由国务院农业、林业主管部门授予植物新品种权，保护植物新品种权所有人的合法权益。植物新品种权的内容和归属、授予条件、申请和受理、审查与批准，以及期限、终止和无效等依照《种子法》、有关法律和行政法规规定执行。国家鼓励和支持种业科技创新、植物新品种培育及成果转化。取得植物新品种权的

---

① 《野生动物保护法》第 10 ~12 条。

品种得到推广应用的，育种者依法获得相应的经济利益。①

十、畜牧业发展调控规定

《畜牧法》规定，国家建立畜禽遗传资源保护制度。各级人民政府应当采取措施，加强畜禽遗传资源保护，畜禽遗传资源保护经费列入财政预算。畜禽遗传资源保护以国家为主，鼓励和支持有关单位、个人依法发展畜禽遗传资源保护事业。国家扶持畜禽品种的选育和优良品种的推广使用，支持企业、院校、科研机构和技术推广单位开展联合育种，建立畜禽良种繁育体系。县级以上地方人民政府根据农产品批发市场发展规划，对在畜禽集散地建立畜禽批发市场给予扶持。畜禽批发市场选址，应当符合法律、行政法规和国务院畜牧兽医行政主管部门规定的动物防疫条件，并距离种畜禽场和大型畜禽养殖场3公里以外。②

十一、渔业发展调控规定

《渔业法》规定，国家根据捕捞量低于渔业资源增长量的原则，确定渔业资源的总可捕捞量，实行捕捞限额制度。国务院渔业行政主管部门负责组织渔业资源的调查和评估，为实行捕捞限额制度提供科学依据。中华人民共和国内海、领海、专属经济区和其他管辖海域的捕捞限额总量由国务院渔业行政主管部门确定，报国务院批准后逐级分解下达；国家确定的重要江河、湖泊的捕捞限额总量由有关省、自治区、直辖市人民政府确定或者协商确定，逐级分解下达。捕捞限额总量的分配应当体现公平、公正的原则，分配办法和分配结果必须向社会公开，并接受监督。

---

① 《种子法》第6~7条、第15条、第25条。

② 《畜牧法》第9条、第18条、第51条。

国务院渔业行政主管部门和省、自治区、直辖市人民政府渔业行政主管部门应当加强对捕捞限额制度实施情况的监督检查，对超过上级下达的捕捞限额指标的，应当在其次年捕捞限额指标中予以核减。①

十二、草原调控规定

《草原法》规定，牧区的草原承包经营者应当实行划区轮牧，合理配置畜群，均衡利用草原。县级以上地方人民政府草原行政主管部门对割草场和野生草种基地应当规定合理的割草期、采种期以及留茬高度和采割强度，实行轮割轮采。国家实行基本草原保护制度。下列草原应当划为基本草原，实施严格管理：一是重要放牧场；二是割草地；三是用于畜牧业生产的人工草地、退耕还草地以及改良草地、草种基地；四是对调节气候、涵养水源、保持水土、防风固沙具有特殊作用的草原；五是作为国家重点保护野生动植物生存环境的草原；六是草原科研、教学试验基地；七是国务院规定应当划为基本草原的其他草原。基本草原的保护管理办法，由国务院制定。国务院草原行政主管部门或者省、自治区、直辖市人民政府可以按照自然保护区管理的有关规定在下列地区建立草原自然保护区：一是具有代表性的草原类型；二是珍稀濒危野生动植物分布区；三是具有重要生态功能和经济科研价值的草原。国家对草原实行以草定畜、草畜平衡制度。县级以上地方人民政府草原行政主管部门应当按照国务院草原行政主管部门制定的草原载畜量标准，结合当地实际情况，定期核定草原载畜量。各级人民政府应当采取有效措施，防止超载过牧。②

---

① 《渔业法》第22条。

② 《草原法》第34条、第36条、第42~43条、第45条。

十三、防沙治沙调控规定

沙化土地所在地区的县级以上地方人民政府应当按照防沙治沙规划,划出一定比例的土地,因地制宜地营造防风固沙林网、林带,种植多年生灌木和草本植物。由林业草原行政主管部门负责确定植树造林的成活率、保存率的标准和具体任务,并逐片组织实施,明确责任,确保完成。除了抚育更新性质的采伐外,不得批准对防风固沙林网、林带进行采伐。在对防风固沙林网、林带进行抚育更新性质的采伐之前,必须在其附近预先形成接替林网和林带。对林木更新困难地区已有的防风固沙林网、林带,不得批准采伐。禁止在沙化土地上砍挖灌木、药材及其他固沙植物。沙化土地所在地区的县级人民政府,应当制定植被管护制度,严格保护植被,并根据需要在乡(镇)、村建立植被管护组织,确定管护人员。在沙化土地范围内,各类土地承包合同应当包括植被保护责任的内容。草原地区的地方各级人民政府,应当加强草原的管理和建设,由林业草原行政主管部门会同畜牧业行政主管部门负责指导、组织农牧民建设人工草场,控制载畜量,调整牲畜结构,改良牲畜品种,推行牲畜圈养和草场轮牧,消灭草原鼠害、虫害,保护草原植被,防止草原退化和沙化。草原实行以产草量确定载畜量的制度。由林业草原行政主管部门会同畜牧业行政主管部门负责制定载畜量的标准和有关规定,并逐级组织实施,明确责任,确保完成。沙化土地所在地区的县级以上地方人民政府水行政主管部门,应当加强流域和区域水资源的统一调配和管理,在编制流域和区域水资源开发利用规划和供水计划时,必须考虑整个流域和区域植被保护的用水需求,防止因地下水和上游水资源的过度开发利用,导致植被破坏和土地沙化。该规划和计划经批准后,必须严格实施。沙化土地所在地区的地方各级人民政府应当节约用水,发展节水型农牧业和其他产业。沙化土地所在地区的县级以上地方人民政府,不得批准在沙漠边缘地带和林地、草原开垦耕地；已经开垦并对生态产生不良影响的，应当有计划地组织退耕还林还草。在沙化土地范围内从事开发建设活动的，必须事先就该项目可能对当地及相关地区生态产生的影响进行环境影响评价，依法提交环境影响报告；环境影响报告应当包括有关防沙治沙的内容。在沙化土地封禁保护区范围内，禁止一切破坏植被的活动。禁止在沙化土地封禁保护区范围内安置移民。对沙化土地封禁保护区范围内的农牧民，县级以上地方人民政府应当有计划地组织迁出，并妥善安置。沙化土地封禁保护区范围内尚未迁出的农牧民的生产生活，由沙化土地封禁保护区主管部门妥善安排。未经国务院或者国务院指定的部门同意，不得在沙化土地封禁保护区范围内进行修建铁路、公路等建设活动。①

简要评析

随着改革和经济发展的深入，中国已进入经济新常态。该新常态的一个重要特点就是自然资源保护对生产、经营、服务及消费的制约。通过本章梳理发现，改革开放以来，国家在自然资源保护的立法方面相对比较健全，相关重要自然资源的保护均有专项法律规定。特别是对土地资源和水资源实施了最严格的法律保护措施。但是，在如此高度重视自然资源保护的情况下，为什么还会出现自然资源屡遭过度开采，甚至违法破坏的情况？法律执行力仍然存在问题。如果深层次地分析，经济发展与自然资源保护之间的矛盾始终会是法律执行中的难点。为此，国家在新的机构改革方案中，专门设立了自然资源部，显示了在经济新常态下，国家对自然资源保护和利用的高度重视。从改革的发展目标来看，

---

① 《防沙治沙法》第 16 ~22 条。

对于自然资源的调控应当按照稀缺程度分类管理并贯彻节约和合理科学利用的原则。这是改革开放以来,自然资源管理的一条基本经验。而对于自然资源利用的市场化改革,必须采取审慎的态度对待。这是因为,自然资源的过度市场化,必然导致自然资源的日益枯竭,特别是对于不可再生资源而言,应该是重点保护的对象,这是今后进一步修改各项自然资源法的应有之义。

第二十一章　能源调控法律制度的完善

在人类对自然资源的利用中,一部分直接用于生产生活的原材料使用,另一部分则通过工业加工转化为能源供生产生活使用。因此,有关能源方面的立法与自然资源保护法相关,又和环境保护密切相关,具有自己鲜明的特点。为此,改革开放以来,为了促进能源的有效利用和可再生能源的开发,国家先后出台《节约能源法》《可再生能源法》《清洁生产促进法》《循环经济促进法》等。其中,涉及对能源有效利用的一系列宏观调控方针政策与制度安排。

第一节　能源法的制定和修改

鉴于自然资源的有限性,节约资源和能源是人类自然资源和能源保护的基本共识。中国的《节约能源法》于 1997 年 11 月 1 日第八届全国人民代表大会常务委员会第二十八次会议通过;2007 年 10 月 28 日第十届全国人民代表大会常务委员会第三十次会议全面修订后,于 2008 年 4 月 1 日起施行;根据 2016 年 7 月 2 日第十二届全国人民代表大会常务委员会第二十一次会议通过的《关于修改〈中华人民共和国节约能源法〉等六部法律的决定》第一次修正;根据 2018 年 10 月 26 日第十三届全国人民代表大会常务委员会第六次会议《关于修改〈中华人民共和国野生动物保护法〉等十五部法律的决定》第二次修正。[①] 该法的立法目的是:推动全社会节约能源,提高能源利用效率,保护和改善环境,促进经济社会全面协调可持续发展。其中,该法所称能源,是指煤炭、石油、天然气、生物质能和电力、热力以及其他直接或者通过加工、转换而取得有用能的各种资源。现行《节约能源法》共 7 章 87 条,其内容涉及对节能管理、合理使用与节约能源、节能技术进步、激励措施及法律责任的规定。

改革开放以来,关于工业生产的发展,走过了由粗放式生产到精细化生产的历史性转变。在目前,正在向新型工业化方向发展。而新型工业化的标志之一,就是走与资源节约和环境保护相结合的工业化发展道路。为此,为了促进清洁生产,提高资源利用效率,减少和避免污染物的产生,保护和改善环境,保障人体健康,促进经济与社会可持续发展,2002 年 6 月 29 日第九届全国人民代表大会常务委员会第二十八次会议通过《清洁生产促进法》。该法施行 10 年后,根据 2012 年 2 月 29 日第十一届全国人民代表大会常务委员会第二十五次会议《关于修改〈中华人民共和国清洁生产促进法〉的决定》进行了修正。[②] 修正后的《清洁生

---

① 2016 年对《节约能源法》修正中,在第 15 条增加"政府投资项目不符合强制性节能标准的,依法负责项目审批的机关不得批准建设"。第 68 条取消"核准建设"的表述。2018 年修改将第 18 条、第 19 条、第 74 条中的"产品质量监督部门"修改为"市场监督管理部门"。将第 70 条、第 73 条中的"产品质量监督部门"修改为"市场监督管理部门",删去"由工商行政管理部门"。

② 2012 年的修改内容涉及 20 个方面,修改后重新公布,自 2012 年 7 月 1 日起施行。

产促进法》共6章40条,除总则、附则外,主要就清洁生产的推行、清洁生产的实施、鼓励措施、法律责任进行了规定。该法所称清洁生产,是指不断采取改进设计、使用清洁的能源和原料、采用先进的工艺技术与设备、改善管理、综合利用等措施,从源头削减污染,提高资源利用效率,减少或者避免生产、服务和产品使用过程中污染物的产生和排放,以减轻或者消除对人类健康和环境的危害。在中华人民共和国领域内,从事生产和服务活动的单位以及从事相关管理活动的部门依照本法规定,组织、实施清洁生产。

就自然资源的利用而言,可分为不可再生资源利用和可再生资源利用两大类。其中,对于不可再生资源的利用侧重于控制;对于可再生资源利用则应侧重于调节。为了促进可再生能源的开发利用,增加能源供应,改善能源结构,保障能源安全,保护环境,实现经济社会的可持续发展,2005年2月28日第十届全国人民代表大会常务委员会第十四次会议通过《可再生能源法》,自2006年1月1日起施行。该法根据2009年12月26日第十一届全国人民代表大会常务委员会第十二次会议《关于修改〈中华人民共和国可再生能源法〉的决定》修正,自2010年4月1日起施行。《可再生能源法》根据本决定作相应修改并对条款顺序作相应调整,重新公布。重新公布的《可再生能源法》共计8章33条,除总则、附则外,就资源调查与发展规划、产业指导与技术支持、推广与应用、价格管理与费用补偿、经济激励与监督措施和法律责任进行了规定。《可再生能源法》所称可再生能源,是指风能、太阳能、水能、生物质能、地热能、海洋能等非化石能源。水力发电对该法的适用,由国务院能源主管部门规定,报国务院批准。通过低效率炉灶直接燃烧方式利用秸秆、薪柴、粪便等,不适用该法。该法适用于中华人民共和国领域和管辖的其他海域。该法涉及一些用语含义的法律界定:(1)生物质能,是指利用自然界的植物、粪便以及城乡有机废物转化成的能源。(2)可再生能源独立电力系统,是指不与电网连接的单独运行的可再生能源电力系统。

(3)能源作物,是指经专门种植,用以提供能源原料的草本和木本植物。(4)生物液体燃料,是指利用生物质资源生产的甲醇、乙醇和生物柴油等液体燃料。

在资源与环境保护领域,倡导节约与环保已经成为全社会共识。但循环经济理念与概念的提出,则从经济角度提出了一种新的经济业态,并使其与资源有效利用及环境保护有机地结合起来。另外,达到循环经济的基本条件是技术上的可行性。这是一种新型的经济社会关系,集经济、技术、社会要素为一体,需要通过政策法律有效地推进。与此同时,改革开放以来,经济发展中的粗放式生产也急需向精细化的方向予以改进。《循环经济促进法》就是在这样的背景下产生的。

《循环经济促进法》由第十一届全国人民代表大会常务委员会第四次会议于2008年8月29日通过,自2009年1月1日起施行,根据2018年10月26日第十三届全国人民代表大会常务委员会第六次会议《关于修改〈中华人民共和国野生动物保护法〉等十五部法律的决定》修正。[①]该法的立法目的是:促进循环经济发展,提高资源利用效率,保护和改善环境,实现可持续发展。该法所称循环经济,是指在生产、流通和消费等过程中进行的减量化、再利用、资源化活动的总称。其中,所谓减量化,是指在生产、流通和消费等过程中减少资源消耗和废物产生。所谓再利用,是指将废物直接作为产品或者经修复、翻新、再制造后继续作为产品使用,或者将废物的全部或者部分作为其他产品的部件予以使用。所谓资源化,是指将废物直接作为原料进行利用或者对废物进行再生利用。该法共7章58条,除总则、附则外,主要就基本管理制度、减量化、再利用和资源化、激励措施和法律责任进行了规定。为宏观调控促进循环经济发展提供了基本的法律依据。

① 2018年的修改,仅结合国务院机构改革情况,对管理机构名称予以调整,未涉及对具体政策和制度的完善。

第二节　能源调控基本方针和政策的规定

《节约能源法》规定，节约资源是中国的基本国策。国家实施节约与开发并举、把节约放在首位的能源发展战略。国家鼓励、支持节能科学技术的研究、开发、示范和推广，促进节能技术创新与进步。国家开展节能宣传和教育，将节能知识纳入国民教育和培训体系，普及节能科学知识，增强全民的节能意识，提倡节约型的消费方式。①

《清洁生产促进法》规定，国家鼓励和促进清洁生产。国务院和县级以上地方人民政府，应当将清洁生产促进工作纳入国民经济和社会发展规划、年度计划以及环境保护、资源利用、产业发展、区域开发等规划。国务院清洁生产综合协调部门负责组织、协调全国的清洁生产促进工作。国务院环境保护、工业、科学技术、财政部门和其他有关部门，按照各自的职责，负责有关的清洁生产促进工作。县级以上地方人民政府负责领导本行政区域内的清洁生产促进工作。县级以上地方人民政府确定的清洁生产综合协调部门负责组织、协调本行政区域内的清洁生产促进工作。县级以上地方人民政府其他有关部门，按照各自的职责，负责有关的清洁生产促进工作。国家鼓励开展有关清洁生产的科学研究、技术开发和国际合作，组织宣传、普及清洁生产知识，推广清洁生产技术。国家鼓励社会团体和公众参与清洁生产的宣传、教育、推广、实施及监督。②

《可再生能源法》规定，国家将可再生能源的开发利用列为能源发展的优先领域，通过制定可再生能源开发利用总量目标和采取相应措

① 《节约能源法》第4条、第8条。

② 《清洁生产促进法》第4～6条。

施，推动可再生能源市场的建立和发展。国家鼓励各种所有制经济主体参与可再生能源的开发利用，依法保护可再生能源开发利用者的合法权益。国务院能源主管部门对全国可再生能源的开发利用实施统一管理。国务院有关部门在各自的职责范围内负责有关的可再生能源开发利用管理工作。县级以上地方人民政府管理能源工作的部门负责本行政区域内可再生能源开发利用的管理工作。县级以上地方人民政府有关部门在各自的职责范围内负责有关的可再生能源开发利用管理工作。①

《循环经济促进法》规定，发展循环经济是国家经济社会发展的一项重大战略，应当遵循统筹规划、合理布局，因地制宜、注重实效，政府推动、市场引导，企业实施、公众参与的方针。发展循环经济应当在技术可行、经济合理和有利于节约资源、保护环境的前提下，按照减量化优先的原则实施。在废物再利用和资源化过程中，应当保障生产安全，保证产品质量符合国家规定的标准，并防止产生再次污染。国务院循环经济发展综合管理部门负责组织协调、监督管理全国循环经济发展工作；国务院生态环境等有关主管部门按照各自的职责负责有关循环经济的监督管理工作。县级以上地方人民政府循环经济发展综合管理部门负责组织协调、监督管理本行政区域的循环经济发展工作；县级以上地方人民政府生态环境等有关主管部门按照各自的职责负责有关循环经济的监督管理工作。国家制定产业政策，应当符合发展循环经济的要求。县级以上人民政府编制国民经济和社会发展规划及年度计划，县级以上人民政府有关部门编制环境保护、科学技术等规划，应当包括发展循环经济的内容。国家鼓励和支持开展循环经济科学技术的研究、开发和推广，鼓励开展循环经济宣传、教育、科学知识普及和国际合作。县级以上人民政府应当建立发展循环经济的目标责任制，采取规划、财政、投资、政府采购等措施，促进循环经济发展。企事业单位应当建立健全管理制

① 《可再生能源法》第 4 ~5 条。

度，采取措施，降低资源消耗，减少废物的产生量和排放量，提高废物的再利用和资源化水平。公民应当增强节约资源和保护环境意识，合理消费，节约资源。国家鼓励和引导公民使用节能、节水、节材和有利于保护环境的产品及再生产品，减少废物的产生量和排放量。公民有权举报浪费资源、破坏环境的行为，有权了解政府发展循环经济的信息并提出意见和建议。国家鼓励和支持行业协会在循环经济发展中发挥技术指导和服务作用。县级以上人民政府可以委托有条件的行业协会等社会组织开展促进循环经济发展的公共服务。国家鼓励和支持中介机构、学会和其他社会组织开展循环经济宣传、技术推广和咨询服务，促进循环经济发展。①

第三节 能源调控基础制度规定

《节约能源法》规定，国务院标准化主管部门和国务院有关部门依法组织制定并适时修订有关节能的国家标准、行业标准，建立健全节能标准体系。国务院标准化主管部门会同国务院管理节能工作的部门和国务院有关部门制定强制性的用能产品、设备能源效率标准和生产过程中耗能高的产品的单位产品能耗限额标准。国家鼓励企业制定严于国家标准、行业标准的企业节能标准。省、自治区、直辖市制定严于强制性国家标准、行业标准的地方节能标准，由省、自治区、直辖市人民政府报经国务院批准；本法另有规定的除外。建筑节能的国家标准、行业标准由国务院建设主管部门组织制定，并依照法定程序发布。省、自治区、直辖市人民政府建设主管部门可以根据本地实际情况，制定严于国家标准或者行业标准的地方建筑节能标准，并报国务院标准化主管部门和国务

① 《循环经济促进法》第3～11条。

院建设主管部门备案。县级以上各级人民政府统计部门应当会同同级有关部门，建立健全能源统计制度，完善能源统计指标体系，改进和规范能源统计方法，确保能源统计数据真实、完整。国务院统计部门会同国务院管理节能工作的部门，定期向社会公布各省、自治区、直辖市以及主要耗能行业的能源消费和节能情况等信息。①

《清洁生产促进法》规定，国务院有关部门可以根据需要批准设立节能、节水、废物再生利用等环境与资源保护方面的产品标志，并按照国家规定制定相应标准。生产大型机电设备、机动运输工具以及国务院工业部门指定的其他产品的企业，应当按照国务院标准化部门或者其授权机构制定的技术规范，在产品的主体构件上注明材料成分的标准牌号。企业应当对生产和服务过程中的资源消耗以及废物的产生情况进行监测，并根据需要对生产和服务实施清洁生产审核。有下列情形之一的企业，应当实施强制性清洁生产审核：(1)污染物排放超过国家或者地方规定的排放标准，或者虽未超过国家或者地方规定的排放标准，但超过重点污染物排放总量控制指标的；(2)超过单位产品能源消耗限额标准构成高耗能的；(3)使用有毒、有害原料进行生产或者在生产中排放有毒、有害物质的。污染物排放超过国家或者地方规定的排放标准的企业，应当按照环境保护相关法律的规定治理。实施强制性清洁生产审核的企业，应当将审核结果向所在地县级以上地方人民政府负责清洁生产综合协调的部门、环境保护部门报告，并在本地区主要媒体上公布，接受公众监督，但涉及商业秘密的除外。县级以上地方人民政府有关部门应当对企业实施强制性清洁生产审核的情况进行监督，必要时可以组织对企业实施清洁生产的效果进行评估验收，所需费用纳入同级政府预算。承担评估验收工作的部门或者单位不得向被评估验收企业收取费用。实施清洁生产审核的具体办法，由国务院清洁生产综合协调部门、环境

① 《节约能源法》第13~14条、第21条。

保护部门会同国务院有关部门制定。①

《可再生能源法》规定,国务院能源主管部门负责组织和协调全国可再生能源资源的调查,并会同国务院有关部门组织制定资源调查的技术规范。国务院有关部门在各自的职责范围内负责相关可再生能源资源的调查,调查结果报国务院能源主管部门汇总。可再生能源资源的调查结果应当公布;但是,国家规定需要保密的内容除外。国务院能源主管部门根据全国能源需求与可再生能源资源实际状况,制定全国可再生能源开发利用中长期总量目标,报国务院批准后执行,并予公布。国务院能源主管部门根据前款规定的总量目标和省、自治区、直辖市经济发展与可再生能源资源实际状况,会同省、自治区、直辖市人民政府确定各行政区域可再生能源开发利用中长期目标,并予以公布。②

《循环经济促进法》规定,国务院循环经济发展综合管理部门会同国务院统计、生态环境等有关主管部门建立和完善循环经济评价指标体系。上级人民政府根据前款规定的循环经济主要评价指标,对下级人民政府发展循环经济的状况定期进行考核,并将主要评价指标完成情况作为对地方人民政府及其负责人考核评价的内容。国家建立健全循环经济统计制度,加强资源消耗、综合利用和废物产生的统计管理,并将主要统计指标定期向社会公布。国务院标准化主管部门会同国务院循环经济发展综合管理和生态环境等有关主管部门建立健全循环经济标准体系,制定和完善节能、节水、节材和废物再利用、资源化等标准。国家建立健全能源效率标识等产品资源消耗标识制度。国务院循环经济发展综合管理部门会同国务院生态环境等有关主管部门,定期发布鼓励、限制和淘汰的技术、工艺、设备、材料和产品名录。禁止生产、进口、销售列入淘汰名录的设备、材料和产品,禁止使用列入淘汰名录的技术、工艺、

---

① 《清洁生产促进法》第 13 条、第 21 条、第 27 条。
② 《可再生能源法》第 6 ~7 条。

设备和材料。从事工艺、设备、产品及包装物设计,应当按照减少资源消耗和废物产生的要求,优先选择采用易回收、易拆解、易降解、无毒无害或者低毒低害的材料和设计方案,并应当符合有关国家标准的强制性要求。对在拆解和处置过程中可能造成环境污染的电器电子等产品,不得设计使用国家禁止使用的有毒有害物质。禁止在电器电子等产品中使用的有毒有害物质名录,由国务院循环经济发展综合管理部门会同国务院生态环境等有关主管部门制定。设计产品包装物应当执行产品包装标准,防止过度包装造成资源浪费和环境污染。工业企业应当采用先进或者适用的节水技术、工艺和设备,制定并实施节水计划,加强节水管理,对生产用水进行全过程控制。工业企业应当加强用水计量管理,配备和使用合格的用水计量器具,建立水耗统计和用水状况分析制度。国家鼓励和支持企业使用高效节油产品。电力、石油加工、化工、钢铁、有色金属和建材等企业,必须在国家规定的范围和期限内,以洁净煤、石油焦、天然气等清洁能源替代燃料油,停止使用不符合国家规定的燃油发电机组和燃油锅炉。内燃机和机动车制造企业应当按照国家规定的内燃机和机动车燃油经济性标准,采用节油技术,减少石油产品消耗量。开采矿产资源,应当统筹规划,制定合理的开发利用方案,采用合理的开采顺序、方法和选矿工艺。采矿许可证颁发机关应当对申请人提交的开发利用方案中的开采回采率、采矿贫化率、选矿回收率、矿山水循环利用率和土地复垦率等指标依法进行审查;审查不合格的,不予颁发采矿许可证。采矿许可证颁发机关应当依法加强对开采矿产资源的监督管理。建筑设计、建设、施工等单位应当按照国家有关规定和标准,对其设计、建设、施工的建筑物及构筑物采用节能、节水、节地、节材的技术工艺和小型、轻型、再生产品。有条件的地区,应当充分利用太阳能、地热能、风能等可再生能源。国家鼓励利用无毒无害的固体废物生产建筑材料,鼓励使用散装水泥,推广使用预拌混凝土和预拌砂浆。禁止损毁耕地烧砖。在国务院或者省、自治区、直辖市人民政府规定的期限和区域内,禁止生产、销售和使用粘土砖。①

第四节　能源调控规划与计划的规定

《节约能源法》规定，国务院和县级以上地方各级人民政府应当将节能工作纳入国民经济和社会发展规划、年度计划，并组织编制和实施节能中长期专项规划、年度节能计划。国务院和县级以上地方各级人民政府每年向本级人民代表大会或者其常务委员会报告节能工作。国务院有关交通运输主管部门按照各自的职责负责全国交通运输相关领域的节能监督管理工作。国务院有关交通运输主管部门会同国务院管理节能工作的部门分别制定相关领域的节能规划。国务院和县级以上地方各级人民政府管理机关事务工作的机构会同同级有关部门制定和组织实施本级公共机构节能规划。公共机构节能规划应当包括公共机构既有建筑节能改造计划。国务院管理节能工作的部门会同国务院科技主管部门发布节能技术政策大纲，指导节能技术研究、开发和推广应用。②

《清洁生产促进法》规定，国家鼓励和促进清洁生产。国务院和县级以上地方人民政府，应当将清洁生产促进工作纳入国民经济和社会发展规划、年度计划以及环境保护、资源利用、产业发展、区域开发等规划。国务院清洁生产综合协调部门会同国务院环境保护、工业、科学技术部门和其他有关部门，根据国民经济和社会发展规划及国家节约资源、降低能源消耗、减少重点污染物排放的要求，编制国家清洁生产推行规划，报经国务院批准后及时公布。国家清洁生产推行规划应当包括：推行清

---

① 《循环经济促进法》第 14 条、第 17 ~23 条。

② 《节约能源法》第 5 条、第 41 条、第 48 条、第 56 条。

洁生产的目标、主要任务和保障措施,按照资源能源消耗、污染物排放水平确定开展清洁生产的重点领域、重点行业和重点工程。国务院有关行业主管部门根据国家清洁生产推行规划确定本行业清洁生产的重点项目,制定行业专项清洁生产推行规划并组织实施。县级以上地方人民政府根据国家清洁生产推行规划、有关行业专项清洁生产推行规划,按照本地区节约资源、降低能源消耗、减少重点污染物排放的要求,确定本地区清洁生产的重点项目,制定推行清洁生产的实施规划并组织落实。①

《可再生能源法》规定,国务院能源主管部门会同国务院有关部门,根据全国可再生能源开发利用中长期总量目标和可再生能源技术发展状况,编制全国可再生能源开发利用规划,报国务院批准后实施。国务院有关部门应当制定有利于促进全国可再生能源开发利用中长期总量目标实现的相关规划。省、自治区、直辖市人民政府管理能源工作的部门会同本级人民政府有关部门,依据全国可再生能源开发利用规划和本行政区域可再生能源开发利用中长期目标,编制本行政区域可再生能源开发利用规划,经本级人民政府批准后,报国务院能源主管部门和国家电力监管机构备案,并组织实施。经批准的规划应当公布;但是,国家规定需要保密的内容除外。经批准的规划需要修改的,须经原批准机关批准。编制可再生能源开发利用规划,应当遵循因地制宜、统筹兼顾、合理布局、有序发展的原则,对风能、太阳能、水能、生物质能、地热能、海洋能等可再生能源的开发利用作出统筹安排。规划内容应当包括发展目标、主要任务、区域布局、重点项目、实施进度、配套电网建设、服务体系和保障措施等。组织编制机关应当征求有关单位、专家和公众的意见,进行科学论证。②

《循环经济促进法》规定,国家制定产业政策,应当符合发展循环经

---

① 《清洁生产促进法》第4条、第8条。

② 《可再生能源法》第8~9条。

济的要求。县级以上人民政府编制国民经济和社会发展规划及年度计划,县级以上人民政府有关部门编制环境保护、科学技术等规划,应当包括发展循环经济的内容。国务院循环经济发展综合管理部门会同国务院生态环境等有关主管部门编制全国循环经济发展规划,报国务院批准后公布施行。设区的市级以上地方人民政府循环经济发展综合管理部门会同本级人民政府生态环境等有关主管部门编制本行政区域循环经济发展规划,报本级人民政府批准后公布施行。循环经济发展规划应当包括规划目标、适用范围、主要内容、重点任务和保障措施等,并规定资源产出率、废物再利用和资源化率等指标。①

第五节　能源调控产业指导规定

《节约能源法》规定,国家实行有利于节能和环境保护的产业政策,限制发展高耗能、高污染行业,发展节能环保型产业。国务院和省、自治区、直辖市人民政府应当加强节能工作,合理调整产业结构、企业结构、产品结构和能源消费结构,推动企业降低单位产值能耗和单位产品能耗,淘汰落后的生产能力,改进能源的开发、加工、转换、输送、储存和供应,提高能源利用效率。国家鼓励、支持开发和利用新能源、可再生能源。国家对落后的耗能过高的用能产品、设备和生产工艺实行淘汰制度。淘汰的用能产品、设备、生产工艺的目录和实施办法,由国务院管理节能工作的部门会同国务院有关部门制定并公布。生产过程中耗能高的产品的生产单位,应当执行单位产品能耗限额标准。对超过单位产品能耗限额标准用能的生产单位,由管理节能工作的部门按照国务院规定的权限责令限期治理。对高耗能的特种设备,按照国务院的规定实行节

---

① 《循环经济促进法》第 6 条、第 12 条。

能审查和监管。禁止生产、进口、销售国家明令淘汰或者不符合强制性能源效率标准的用能产品、设备;禁止使用国家明令淘汰的用能设备、生产工艺。国家对家用电器等使用面广、耗能量大的用能产品,实行能源效率标识管理。实行能源效率标识管理的产品目录和实施办法,由国务院管理节能工作的部门会同国务院市场监督管理部门制定并公布。生产者和进口商应当对列入国家能源效率标识管理产品目录的用能产品标注能源效率标识,在产品包装物上或者说明书中予以说明,并按照规定报国务院市场监督管理部门和国务院管理节能工作的部门共同授权的机构备案。生产者和进口商应当对其标注的能源效率标识及相关信息的准确性负责。禁止销售应当标注而未标注能源效率标识的产品。禁止伪造、冒用能源效率标识或者利用能源效率标识进行虚假宣传。用能产品的生产者、销售者,可以根据自愿原则,按照国家有关节能产品认证的规定,向经国务院认证认可监督管理部门认可的从事节能产品认证的机构提出节能产品认证申请;经认证合格后,取得节能产品认证证书,可以在用能产品或者其包装物上使用节能产品认证标志。禁止使用伪造的节能产品认证标志或者冒用节能产品认证标志。国务院和省、自治区、直辖市人民政府推进能源资源优化开发利用和合理配置,推进有利于节能的行业结构调整,优化用能结构和企业布局。国务院管理节能工作的部门会同国务院有关部门制定电力、钢铁、有色金属、建材、石油加工、化工、煤炭等主要耗能行业的节能技术政策,推动企业节能技术改造。国家鼓励工业企业采用高效、节能的电动机、锅炉、窑炉、风机、泵类等设备,采用热电联产、余热余压利用、洁净煤以及先进的用能监测和控制等技术。电网企业应当按照国务院有关部门制定的节能发电调度管理的规定,安排清洁、高效和符合规定的热电联产、利用余热余压发电的机组以及其他符合资源综合利用规定的发电机组与电网并网运行,上网电价执行国家有关规定。禁止新建不符合国家规定的燃煤发电机组、燃油发电机组和燃煤热电机组。国家鼓励在新建建筑和既有建筑节能改造中使用新型墙体材料等节能建筑材料和节能设备，安装和使用太阳能等可再生能源利用系统。国家鼓励开发、生产、使用节能环保型汽车、摩托车、铁路机车车辆、船舶和其他交通运输工具，实行老旧交通运输工具的报废、更新制度。国家鼓励开发和推广应用交通运输工具使用的清洁燃料、石油替代燃料。国务院管理节能工作的部门会同国务院有关部门制定并公布节能技术、节能产品的推广目录，引导用能单位和个人使用先进的节能技术、节能产品。国务院管理节能工作的部门会同国务院有关部门组织实施重大节能科研项目、节能示范项目、重点节能工程。县级以上各级人民政府应当按照因地制宜、多能互补、综合利用、讲求效益的原则，加强农业和农村节能工作，增加对农业和农村节能技术、节能产品推广应用的资金投入。农业、科技等有关主管部门应当支持、推广在农业生产、农产品加工储运等方面应用节能技术和节能产品，鼓励更新和淘汰高耗能的农业机械和渔业船舶。国家鼓励、支持在农村大力发展沼气，推广生物质能、太阳能和风能等可再生能源利用技术，按照科学规划、有序开发的原则发展小型水力发电，推广节能型的农村住宅和炉灶等，鼓励利用非耕地种植能源植物，大力发展薪炭林等能源林。①

《清洁生产促进法》规定，国务院和省、自治区、直辖市人民政府的有关部门，应当组织和支持建立促进清洁生产信息系统和技术咨询服务体系，向社会提供有关清洁生产方法和技术、可再生利用的废物供求以及清洁生产政策等方面的信息和服务。国务院清洁生产综合协调部门会同国务院环境保护、工业、科学技术、建设、农业等有关部门定期发布清洁生产技术、工艺、设备和产品导向目录。国务院清洁生产综合协调部门、环境保护部门和省、自治区、直辖市人民政府负责清洁生产综合协调的部门、环境保护部门会同同级有关部门，组织编制重点行业或者地

---

① 《节约能源法》第 7 条、第 16 ~20 条、第 29 ~33 条、第 40 条、第 45 条、第 58 ~59 条。

区的清洁生产指南，指导实施清洁生产。国家对浪费资源和严重污染环境的落后生产技术、工艺、设备和产品实行限期淘汰制度。国务院有关部门按照职责分工，制定并发布限期淘汰的生产技术、工艺、设备以及产品的名录。企业应当在经济技术可行的条件下对生产和服务过程中产生的废物、余热等自行回收利用或者转让给有条件的其他企业和个人利用。企业可以根据自愿原则，按照国家有关环境管理体系等认证的规定，委托经国务院认证认可监督管理部门认可的认证机构进行认证，提高清洁生产水平。①

《可再生能源法》规定，国务院能源主管部门根据全国可再生能源开发利用规划，制定、公布可再生能源产业发展指导目录。国家将可再生能源开发利用的科学技术研究和产业化发展列为科技发展与高技术产业发展的优先领域，纳入国家科技发展规划和高技术产业发展规划，并安排资金支持可再生能源开发利用的科学技术研究、应用示范和产业化发展，促进可再生能源开发利用的技术进步，降低可再生能源产品的生产成本，提高产品质量。国家鼓励和支持可再生能源并网发电。建设可再生能源并网发电项目，应当依照法律和国务院的规定取得行政许可或者报送备案。建设应当取得行政许可的可再生能源并网发电项目，有多人申请同一项目许可的，应当依法通过招标确定被许可人。国家实行可再生能源发电全额保障性收购制度。国务院能源主管部门会同国家电力监管机构和国务院财政部门，按照全国可再生能源开发利用规划，确定在规划期内应当达到的可再生能源发电量占全部发电量的比重，制定电网企业优先调度和全额收购可再生能源发电的具体办法，并由国务院能源主管部门会同国家电力监管机构在年度中督促落实。电网企业应当与按照可再生能源开发利用规划建设，依法取得行政许可或者报送备案的可再生能源发电企业签订并网协议，全额收购其电网覆盖范围内

---

① 《清洁生产促进法》第10～12条、第26条、第29条。

符合并网技术标准的可再生能源并网发电项目的上网电量。发电企业有义务配合电网企业保障电网安全。电网企业应当加强电网建设,扩大可再生能源电力配置范围,发展和应用智能电网、储能等技术,完善电网运行管理,提高吸纳可再生能源电力的能力,为可再生能源发电提供上网服务。国家扶持在电网未覆盖的地区建设可再生能源独立电力系统,为当地生产和生活提供电力服务。国家鼓励清洁、高效地开发利用生物质燃料,鼓励发展能源作物。利用生物质资源生产的燃气和热力,符合城市燃气管网、热力管网的入网技术标准的,经营燃气管网、热力管网的企业应当接收其入网。国家鼓励生产和利用生物液体燃料。石油销售企业应当按照国务院能源主管部门或者省级人民政府的规定,将符合国家标准的生物液体燃料纳入其燃料销售体系。国家鼓励单位和个人安装和使用太阳能热水系统、太阳能供热采暖和制冷系统、太阳能光伏发电系统等太阳能利用系统。国务院建设行政主管部门会同国务院有关部门制定太阳能利用系统与建筑结合的技术经济政策和技术规范。房地产开发企业应当根据前款规定的技术规范,在建筑物的设计和施工中,为太阳能利用提供必备条件。对已建成的建筑物,住户可以在不影响其质量与安全的前提下安装符合技术规范和产品标准的太阳能利用系统;但是,当事人另有约定的除外。国家鼓励和支持农村地区的可再生能源开发利用。县级以上地方人民政府管理能源工作的部门会同有关部门,根据当地经济社会发展、生态保护和卫生综合治理需要等实际情况,制定农村地区可再生能源发展规划,因地制宜地推广应用沼气等生物质资源转化、户用太阳能、小型风能、小型水能等技术。县级以上人民政府应当对农村地区的可再生能源利用项目提供财政支持。①

《循环经济促进法》规定,国家制定产业政策,应当符合发展循环经济的要求。县级以上人民政府应当统筹规划区域经济布局,合理调整产

① 《可再生能源法》第10条、第12条、第14~18条。

业结构,促进企业在资源综合利用等领域进行合作,实现资源的高效利用和循环使用。各类产业园区应当组织区内企业进行资源综合利用,促进循环经济发展。国家鼓励各类产业园区的企业进行废物交换利用、能量梯级利用、土地集约利用、水的分类利用和循环使用,共同使用基础设施和其他有关设施。新建和改造各类产业园区应当依法进行环境影响评价,并采取生态保护和污染控制措施,确保本区域的环境质量达到规定的标准。企业应当按照国家规定,对生产过程中产生的粉煤灰、煤矸石、尾矿、废石、废料、废气等工业废物进行综合利用。企业应当发展串联用水系统和循环用水系统,提高水的重复利用率。企业应当采用先进技术、工艺和设备,对生产过程中产生的废水进行再生利用。企业应当采用先进或者适用的回收技术、工艺和设备,对生产过程中产生的余热、余压等进行综合利用。建设利用余热、余压、煤层气以及煤矸石、煤泥、垃圾等低热值燃料的并网发电项目,应当依照法律和国务院的规定取得行政许可或者报送备案。电网企业应当按照国家规定,与综合利用资源发电的企业签订并网协议,提供上网服务,并全额收购并网发电项目的上网电量。建设单位应当对工程施工中产生的建筑废物进行综合利用;不具备综合利用条件的,应当委托具备条件的生产经营者进行综合利用或者无害化处置。国家鼓励和支持农业生产者和相关企业采用先进或者适用技术,对农作物秸秆、畜禽粪便、农产品加工业副产品、废农用薄膜等进行综合利用,开发利用沼气等生物质能源。县级以上人民政府及其林业草原主管部门应当积极发展生态林业,鼓励和支持林业生产者和相关企业采用木材节约和代用技术,开展林业废弃物和次小薪材、沙生灌木等综合利用,提高木材综合利用率。国家支持生产经营者建立产业废物交换信息系统,促进企业交流产业废物信息。企业对生产过程中产生的废物不具备综合利用条件的,应当提供给具备条件的生产经营者进行综合利用。国家鼓励和推进废物回收体系建设。地方人民政府应当按照城乡规划,合理布局废物回收网点和交易市场,支持废物回收企业和其他组织开展废物的收集、储存、运输及信息交流。废物回收交易市场应当符合国家环境保护、安全和消防等规定。对废电器电子产品、报废机动车船、废轮胎、废铅酸电池等特定产品进行拆解或者再利用，应当符合有关法律、行政法规的规定。回收的电器电子产品，经过修复后销售的，必须符合再利用产品标准，并在显著位置标识为再利用产品。回收的电器电子产品，需要拆解和再生利用的，应当交售给具备条件的拆解企业。国家支持企业开展机动车零部件、工程机械、机床等产品的再制造和轮胎翻新。销售的再制造产品和翻新产品的质量必须符合国家规定的标准，并在显著位置标识为再制造产品或者翻新产品。县级以上人民政府应当统筹规划建设城乡生活垃圾分类收集和资源化利用设施，建立和完善分类收集和资源化利用体系，提高生活垃圾资源化率。县级以上人民政府应当支持企业建设污泥资源化利用和处置设施，提高污泥综合利用水平，防止产生再次污染。①

第六节　财税、金融、价格调控规定

《节约能源法》规定，中央财政和省级地方财政安排节能专项资金，支持节能技术研究开发、节能技术和产品的示范与推广、重点节能工程的实施、节能宣传培训、信息服务和表彰奖励等。国家对生产、使用列入《节约能源法》第 58 条②规定的推广目录的需要支持的节能技术、节能产品，实行税收优惠等扶持政策。国家通过财政补贴支持节能照明器具

① 《循环经济促进法》第 6 条、第 29 ~41 条。

② 《节约能源法》第 58 条规定，国务院管理节能工作的部门会同国务院有关部门制定并公布节能技术、节能产品的推广目录，引导用能单位和个人使用先进的节能技术、节能产品。国务院管理节能工作的部门会同国务院有关部门组织实施重大节能科研项目、节能示范项目、重点节能工程。

等节能产品的推广和使用。国家实行有利于节约能源资源的税收政策，健全能源矿产资源有偿使用制度，促进能源资源的节约及其开采利用水平的提高。国家运用税收等政策，鼓励先进节能技术、设备的进口，控制在生产过程中耗能高、污染重的产品的出口。国家引导金融机构增加对节能项目的信贷支持，为符合条件的节能技术研究开发、节能产品生产以及节能技术改造等项目提供优惠贷款。国家推动和引导社会有关方面加大对节能的资金投入，加快节能技术改造。国家实行有利于节能的价格政策，引导用能单位和个人节能。国家运用财税、价格等政策，支持推广电力需求侧管理、合同能源管理、节能自愿协议等节能办法。国家实行峰谷分时电价、季节性电价、可中断负荷电价制度，鼓励电力用户合理调整用电负荷；对钢铁、有色金属、建材、化工和其他主要耗能行业的企业，分淘汰、限制、允许和鼓励类实行差别电价政策。①

《清洁生产促进法》规定，国务院应当制定有利于实施清洁生产的财政税收政策。中央预算应当加强对清洁生产促进工作的资金投入，包括中央财政清洁生产专项资金和中央预算安排的其他清洁生产资金，用于支持国家清洁生产推行规划确定的重点领域、重点行业、重点工程实施清洁生产及其技术推广工作，以及生态脆弱地区实施清洁生产的项目。中央预算用于支持清洁生产促进工作的资金使用的具体办法，由国务院财政部门、清洁生产综合协调部门会同国务院有关部门制定。县级以上地方人民政府应当统筹地方财政安排的清洁生产促进工作的资金，引导社会资金，支持清洁生产重点项目。对从事清洁生产研究、示范和培训，实施国家清洁生产重点技术改造项目和《清洁生产促进法》第 28 条规定②的

---

① 《节约能源法》第 60 ~63 条、第 65 ~66 条。

② 《清洁生产促进法》第 28 条规定，本法第 27 条第 2 款规定以外的企业（指实施强制性清洁生产审核以外的企业），可以自愿与清洁生产综合协调部门和环境保护部门签订进一步节约资源、削减污染物排放量的协议。该清洁生产综合协调部门和环境保护部门应当在本地区主要媒体上公布该企业的名称以及节约资源、防治污染的成果。

自愿节约资源、削减污染物排放量协议中载明的技术改造项目，由县级以上人民政府给予资金支持。在依照国家规定设立的中小企业发展基金中，应当根据需要安排适当数额用于支持中小企业实施清洁生产。依法利用废物和从废物中回收原料生产产品的，按照国家规定享受税收优惠。企业用于清洁生产审核和培训的费用，可以列入企业经营成本。①

《可再生能源法》规定，可再生能源发电项目的上网电价，由国务院价格主管部门根据不同类型可再生能源发电的特点和不同地区的情况，按照有利于促进可再生能源开发利用和经济合理的原则确定，并根据可再生能源开发利用技术的发展适时调整。上网电价应当公布。依照《可再生能源法》第13条第3款规定实行招标的可再生能源发电项目的上网电价，按照中标确定的价格执行；②但是，不得高于依照前款规定确定的同类可再生能源发电项目的上网电价水平。电网企业依照《可再生能源》第19条规定③确定的上网电价收购可再生能源电量所发生的费用，高于按照常规能源发电平均上网电价计算所发生费用之间的差额，由在全国范围对销售电量征收可再生能源电价附加补偿。电网企业为收购可再生能源电量而支付的合理的接网费用以及其他合理的相关费用，可以计入电网企业输电成本，并从销售电价中回收。国家投资或者补贴建设的公共可再生能源独立电力系统的销售电价，执行同一地区分类销售电价，其合理的运行和管理费用超出销售电价的部分，依照《可再生能源法》第20条的规定补偿。进入城市管网的可再生能源热力和燃气的价

① 《清洁生产促进法》第7条、第9条、第31~34条。

② 《可再生能源法》第13条第3款规定，建设应当取得行政许可的可再生能源并网发电项目，有多人申请同一项目许可的，应当依法通过招标确定被许可人。

③ 《可再生能源法》第19条规定，可再生能源发电项目的上网电价，由国务院价格主管部门根据不同类型可再生能源发电的特点和不同地区的情况，按照有利于促进可再生能源开发利用和经济合理的原则确定，并根据可再生能源开发利用技术的发展适时调整。上网电价应当公布。依照本法第13条第3款规定实行招标的可再生能源发电项目的上网电价，按照中标确定的价格执行；但是，不得高于依照前款规定确定的同类可再生能源发电项目的上网电价水平。

格,按照有利于促进可再生能源开发利用和经济合理的原则,根据价格管理权限确定。国家财政设立可再生能源发展基金,资金来源包括国家财政年度安排的专项资金和依法征收的可再生能源电价附加收入等。可再生能源发展基金用于补偿本法第20条①、第22条规定②的差额费用,并用于支持以下事项:(1)可再生能源开发利用的科学技术研究、标准制定和示范工程;(2)农村、牧区的可再生能源利用项目;(3)偏远地区和海岛可再生能源独立电力系统建设;(4)可再生能源的资源勘查、评价和相关信息系统建设;(5)促进可再生能源开发利用设备的本地化生产。本法第21条规定③的接网费用以及其他相关费用,电网企业不能通过销售电价回收的,可以申请可再生能源发展基金补助。可再生能源发展基金征收使用管理的具体办法,由国务院财政部门会同国务院能源、价格主管部门制定。对列入国家可再生能源产业发展指导目录、符合信贷条件的可再生能源开发利用项目,金融机构可以提供有财政贴息的优惠贷款。国家对列入可再生能源产业发展指导目录的项目给予税收优惠。具体办法由国务院规定。电力企业应当真实、完整地记载和保存可再生能源发电的有关资料,并接受电力监管机构的检查和监督。电力监管机构进行检查时,应当依照规定的程序进行,并为被检查单位保守商业秘密和其他秘密。④

《循环经济促进法》规定,县级以上人民政府应当建立发展循环经济的目标责任制,采取规划、财政、投资、政府采购等措施,促进循环经济

① 《可再生能源法》第20条规定,电网企业依照本法第19条规定确定的上网电价收购可再生能源电量所发生的费用,高于按照常规能源发电平均上网电价计算所发生费用之间的差额,附加在销售电价中分摊、具体办法由国务院价格主管部门制定。

② 《可再生能源法》第22条规定,国家投资或者补贴建设的公共可再生能源独立电力系统的销售电价,执行同一地区分类销售电价,其合理的运行和管理费用超出销售电价的部分,依照本法第20条的规定分摊。

③ 《可再生能源法》第21条规定,电网企业为收购可再生能源电量而支付的合理的接网费用以及其他合理的相关费用,可以计入电网企业输电成本,并从销售电价中回收。

④ 《可再生能源法》第19~27条。

发展。国家机关及使用财政性资金的其他组织应当厉行节约、杜绝浪费，带头使用节能、节水、节地、节材和有利于保护环境的产品、设备和设施，节约使用办公用品。国务院和县级以上地方人民政府管理机关事务工作的机构会同本级人民政府有关部门制定本级国家机关等机构的用能、用水定额指标，财政部门根据该定额指标制定支出标准。国务院和省、自治区、直辖市人民政府设立发展循环经济的有关专项资金，支持循环经济的科技研究开发、循环经济技术和产品的示范与推广、重大循环经济项目的实施、发展循环经济的信息服务等。具体办法由国务院财政部门会同国务院循环经济发展综合管理等有关主管部门制定。国务院和省、自治区、直辖市人民政府及其有关部门应当将循环经济重大科技攻关项目的自主创新研究、应用示范和产业化发展列入国家或者省级科技发展规划和高技术产业发展规划，并安排财政性资金予以支持。利用财政性资金引进循环经济重大技术、装备的，应当制定消化、吸收和创新方案，报有关主管部门审批并由其监督实施；有关主管部门应当根据实际需要建立协调机制，对重大技术、装备的引进和消化、吸收、创新实行统筹协调，并给予资金支持。国家对促进循环经济发展的产业活动给予税收优惠，并运用税收等措施鼓励进口先进的节能、节水、节材等技术、设备和产品，限制在生产过程中耗能高、污染重的产品的出口。具体办法由国务院财政、税务主管部门制定。企业使用或者生产列入国家清洁生产、资源综合利用等鼓励名录的技术、工艺、设备或者产品的，按照国家有关规定享受税收优惠。县级以上人民政府循环经济发展综合管理部门在制定和实施投资计划时，应当将节能、节水、节地、节材、资源综合利用等项目列为重点投资领域。对符合国家产业政策的节能、节水、节地、节材、资源综合利用等项目，金融机构应当给予优先贷款等信贷支持，并积极提供配套金融服务。对生产、进口、销售或者使用列入淘汰名录的技术、工艺、设备、材料或者产品的企业，金融机构不得提供任何形式的授信支持。国家实行有利于资源节约和合理利用的价格政策，引导单位和个人节约和合理使用水、电、气等资源性产品。国务院和省、自治区、直辖市人民政府的价格主管部门应当按照国家产业政策,对资源高消耗行业中的限制类项目,实行限制性的价格政策。对利用余热、余压、煤层气以及煤矸石、煤泥、垃圾等低热值燃料的并网发电项目,价格主管部门按照有利于资源综合利用的原则确定其上网电价。省、自治区、直辖市人民政府可以根据本行政区域经济社会发展状况,实行垃圾排放收费制度。收取的费用专项用于垃圾分类、收集、运输、贮存、利用和处置,不得挪作他用。国家鼓励通过以旧换新、押金等方式回收废物。国家实行有利于循环经济发展的政府采购政策。使用财政性资金进行采购的,应当优先采购节能、节水、节材和有利于保护环境的产品及再生产品。县级以上人民政府及其有关部门应当对在循环经济管理、科学技术研究、产品开发、示范和推广工作中做出显著成绩的单位和个人给予表彰和奖励。企业事业单位应当对在循环经济发展中做出突出贡献的集体和个人给予表彰和奖励。①

简要评析

中国的人口众多,既是消费大国,也是能源消耗大国。改革开放以来,随着人民生活水平的提高,能源供给与生产生活对能源的需求矛盾日益凸显。而这种矛盾,不仅仅是规模性的,也存在结构性问题。随着环保问题的凸显,清洁能源的生产供给成为趋势。解决规模性问题的基本途径就是节能,解决结构性问题,就要实施清洁能源的生产和消费之路。尽量减少以煤炭为基础的能源消耗,加大非煤能源的生产和供给。

本章梳理了截至 2018 年全国人大制定实施的四部能源方面的法

① 《循环经济促进法》第 8 条、第 25 条、第 42 ~48 条。

律。总体来看,国家把能源的合理有效利用定位为长期的国策,相关政策和制度的配置基本符合中国的国情,满足了实践对法律的需求。然而,一些法律虽然经过修改,仍然有继续完善的空间,典型的如《循环经济促进法》,其施行近10年来,基本达到目的,取得了较好的效果,经济效果和环境效果明显。① 但是,也面临一些突出问题。为此,有报道称,2009年1月1日起施行的《循环经济促进法》,已经不能很好地适应中国经济社会发展的需要,立法机关已启动相关程序,对其进行修改。在中国循环经济协会主办的论坛上,多位专家对《循环经济促进法》如何修订进行了研讨。国家发展和改革委员会体改所循环经济室主任杨春平对修订《循环经济促进法》提出四项建议:一是要认真评估《循环经济促进法》实施后的成效、作用和存在的问题;二是要对中国循环经济实践进行认真总结;三是要从全球视野深化对循环经济的认识;四是要强化《循环经济法》的执行力度和法规配套性。中国工程院院士、清华大学教授钱易认为,修订循环经济促进法,要将生态文明建设等新内容纳入法律,梳理新旧名词内涵外延。进一步丰富法律内涵,要涵盖小循环、中循环、大循环,并着重加强中循环,建设生态工业园区。此外,要强化法律的约束力,明确政府、企业、消费者等相关方的法律责任,如增加生产者责任延伸制度。同时完善配套的制度和政策。全国人大常委会委员、中科院战略咨询院副院长王毅表示,应珍惜有限的立法资源,把握修法机会,高质量地完成修法工作。与时俱进,拿出符合时代特色的循环经

① 对此,国家发展和改革委员会副秘书长范恒山在"2017中国循环经济发展论坛"上的讲话指出,发展循环经济带来了多方面的效益,尤其在资源利用、环境保护及促进就业方面十分明显。在资源利用上,资源产出率提高20%以上,回收利用各类再生资源近2.6亿吨,相当于节能近2亿吨标准煤,减少废水排放90亿吨,减少固体废物排放12亿吨,在能源消耗上,单位国内生产总值能耗降低20.9%。在经济总量和就业上,2016年中国资源循环利用产业产值2.3万亿元,从业人员达到2000多万人。参见孟赤兵主编:《中国循环经济年度报告2017》(总第10卷),冶金工业出版社2018年版,第11~13页。

济法,切实提高资源利用效率。[①] 对此,《循环经济促进法》虽然在 2018 年进行了修改,但是,此次修改仅仅结合国务院机构改革对相关管理机构进行了重新表述,其并未涉及对具体内容的修改,因此,《循环经济促进法》还有继续修改的空间。与此同时,在国家法治治理中,能源法的施行,需要通过严格执法彰显法律强制的威力,对能源市场化的改革要保持适度性。

① 刘毅:《循环经济促进法将修订》,载《人民日报》2016 年 7 月 16 日,第 10 版。

第二十二章　环境调控法律制度的完善

改革开放40年来,随着经济和社会的迅速发展,有关生态环境破坏带来的环境问题日益严重,环境问题已经成为制约经济和社会发展的基本要素。为此,国家十分重视环境保护方面的立法。现行的环境保护方面的法律主要包括:《环境保护法》《海洋环境保护法》《大气污染防治法》《水污染防治法》《固体废物污染环境防治法》《环境噪声污染防治法》《放射性污染防治法》《环境影响评价法》《土壤污染防治法》等。党的十八大把生态文明建设纳入了"五大建设"体系当中,加大了环境调控的力度。从我国环境保护类法律的立法情况来看,主要体现的思想是行政管理。因而,在国家法律体系中将其归位于行政法的范畴,但也有一些规定和制度安排体现了宏观调控思想的内容,是宏观调控法治的重要组成部分。

第一节 环境保护法的制定和实施

《环境保护法》于 1989 年 12 月 26 日第七届全国人民代表大会常务委员会第十一次会议通过;2014 年 4 月 24 日第十二届全国人民代表大会常务委员会第八次会议进行全面修订,修订后于 2015 年 1 月 1 日起施行新的《环境保护法》。① 该法的立法目的是:保护和改善环境,防治污染和其他公害,保障公众健康,推进生态文明建设,促进经济社会可持续发展。该法所指的环境,是指影响人类生存和发展的各种天然的和经过人工改造的自然因素的总体,包括大气、水、海洋、土地、矿藏、森林、草原、湿地、野生生物、自然遗迹、人文遗迹、自然保护区、风景名胜区、城市和乡村等。现行《环境保护法》共 7 章 70 条。其内容涉及对监督管理、保护和改善环境、防治污染和其他公害、信息公开和公众参与及法律责任的规定。

《海洋环境保护法》于 1982 年 8 月 23 日第五届全国人民代表大会常务委员会第二十四次会议通过;1999 年 12 月 25 日第九届全国人民代表大会常务委员会第十三次会议进行全面修订,修订后于 2000 年 4 月日施行新的《海洋环境保护法》;根据 2013 年 12 月 28 日第十二届全国人民代表大会常务委员会第六次会议《关于修改〈中华人民共和国海洋环境保护法〉等七部法律的决定》第一次修正;根据 2016 年 11 月 7 日第十二届全国人民代表大会常务委员会第二十四次会议《关于修改〈中华人民共和国海洋环境保护法〉的决定》第二次修正;根据 2017 年 11 月 4 日第十二届全国人民代表大会常务委员会第三十次会议《关于修改〈中

---

① 2014 年第十二届全国人民代表大会常务委员会第八次会议对 1989 年《环境保护法》作了较大修订,首次将"优先"保护作为一项基本原则,明确了环境公益诉讼等内容。

华人民共和国会计法〉等十一部法律的决定》第三次修正。① 该法的立法目的是：保护和改善海洋环境，保护海洋资源，防治污染损害，维护生态平衡，保障人体健康，促进经济和社会的可持续发展。该法适用于中华人民共和国内水、领海、毗连区、专属经济区、大陆架以及中华人民共和国管辖的其他海域。在中华人民共和国管辖海域内从事航行、勘探、开发、生产、旅游、科学研究及其他活动，或者在沿海陆域内从事影响海洋环境活动的任何单位和个人，都必须遵守该法。在中华人民共和国管辖海域以外，造成中华人民共和国管辖海域污染的，也适用该法。在2017年的修正中，取消了相关行政审批事项，改审批为备案。现行《海洋环境保护法》共10章97条。其内容涉及海洋环境监督管理、海洋生态保护、防治陆源污染物对海洋环境的污染损害、防治海洋工程建设对海洋环境的污染损害、防治倾倒废弃物对海洋环境的污染损害、防治船舶及有关作业对海洋环境的污染损害及法律责任的规定。

《大气污染防治法》于1987年9月5日第六届全国人民代表大会常务委员会第二十二次会议通过；根据1995年8月29日第八届全国人民代表大会常务委员会第十五次会议《关于修改〈中华人民共和国大气污

---

① 2013年修改内容：一是将第43条修改为："海岸工程建设项目的单位，必须在建设项目可行性研究阶段，对海洋环境进行科学调查，根据自然条件和社会条件，合理选址，编报环境影响报告书。环境影响报告书报环境保护行政主管部门审查批准。环境保护行政主管部门在批准环境影响报告书之前，必须征求海洋、海事、渔业行政主管部门和军队环境保护部门的意见。"二是将第54条修改为："勘探开发海洋石油，必须按有关规定编制溢油应急计划，报国家海洋行政主管部门的海区派出机构备案。"三是删去第80条中的"审核和"。

2016年修改决定内容包括十九个方面。

2017年修改内容：一是将第30条第1款修改为："入海排污口位置的选择，应当根据海洋功能区划、海水动力条件和有关规定，经科学论证后，报设区的市级以上人民政府环境保护行政主管部门备案。"第2款修改为："环境保护行政主管部门应当在完成备案后15个工作日内将入海排污口设置情况通报海洋、海事、渔业行政主管部门和军队环境保护部门。"二是第77条增加1款，作为第2款："海洋、海事、渔业行政主管部门和军队环境保护部门发现入海排污口设置违反本法第30条第1款、第3款规定的，应当通报环境保护行政主管部门依照前款规定予以处罚。"

染防治法〉的决定》第一次修正;2000 年 4 月 29 日第九届全国人民代表大会常务委员会第十五次会议第一次修订;2015 年 8 月 29 日第十二届全国人民代表大会常务委员会第十六次会议第二次修订;根据 2018 年 10 月 26 日,全国人民代表大会常务委员会《关于修改〈中华人民共和国野生动物保护法〉等十五部法律的决定》第二次修正。[①] 该法的立法目的是:保护和改善环境,防治大气污染,保障公众健康,推进生态文明建设,促进经济社会可持续发展。现行《大气污染防治法》共 8 章 129 条。其内容涉及对大气污染防治标准和限期达标规划、大气污染防治的监督管理、大气污染防治措施、重点区域大气污染联合防治、重污染天气应对及法律责任的规定。

《水污染防治法》于 1984 年 5 月 11 日第六届全国人民代表大会常务委员会第五次会议通过。根据 1996 年 5 月 15 日第八届全国人民代表大会常务委员会第十九次会议《关于修改〈中华人民共和国水污染防治法〉的决定》第一次修正;2008 年 2 月 28 日第十届全国人民代表大会常务委员会第三十二次会议进行全面修订,自 2008 年 6 月 1 日起施行新的《水污染防治法》;根据 2017 年 6 月 27 日第十二届全国人民代表大会常务委员会第二十八次会议《关于修改〈中华人民共和国水污染防治法〉的决定》第二次修正。[②] 该法的立法目的是:保护和改善环境,防治水污染,保护水生态,保障饮用水安全,维护公众健康,推进生态文明建设,促进经济社会可持续发展。该法的适用范围是中华人民共和国领域

① 2015 年修订中,增加"重点区域大气污染联合防治"一章、增加"重污染天气应对"一章,法律责任加重处罚提高违法成本,对受罚款处罚拒不改正的实行按日计罚制度。2018 年修正主要涉及国务院机构调整及相关机关职责划分,对管理机关或部门的表述进行了规范。

② 详见 2017 年 6 月 7 日第十二届全国人民代表大会常务委员会第二十八次会议作出的《关于修改〈中华人民共和国水污染防治法〉的决定》。修改内容主要包括:强化地方政府责任、加强流域水污染联合防治与生态保护、完善水污染防治监督管理制度、强化重点领域水污染防治措施、强化饮用水安全保障制度及严格法律责任六个方面。

内的江河、湖泊、运河、渠道、水库等地表水体以及地下水体的污染防治。海洋污染防治适用《海洋环境保护法》。该法中的法定用语的含义：(1)水污染，是指水体因某种物质的介入，而导致其化学、物理、生物或者放射性等方面特性的改变，从而影响水的有效利用，危害人体健康或者破坏生态环境，造成水质恶化的现象；(2)水污染物，是指直接或者间接向水体排放的，能导致水体污染的物质；(3)有毒污染物，是指那些直接或者间接被生物摄入体内后，可能导致该生物或者其后代发病、行为反常、遗传异变、生理机能失常、机体变形或者死亡的污染物；(4)污泥，是指污水处理过程中产生的半固态或者固态物质；(5)渔业水体，是指划定的鱼虾类的产卵场、索饵场、越冬场、洄游通道和鱼虾贝藻类的养殖场的水体。现行《水污染防治法》共 8 章 103 条。其内容涉及对水污染防治的标准和规划、水污染防治的监督管理、水污染防治措施、饮用水水源和其他特殊水体保护、水污染事故处理及法律责任的规定。

《固体废物污染环境防治法》于 1995 年 10 月 30 日第八届全国人民代表大会常务委员会第十六次会议通过；2004 年 12 月 29 日第十届全国人民代表大会常务委员会第十三次会议全面修订，修订后于 2005 年 4 月 1 日施行新的《固体废物污染环境防治法》；根据 2013 年 6 月 29 日第十二届全国人民代表大会常务委员会第三次会议《关于修改〈中华人民共和国文物保护法〉等十二部法律的决定》第一次修正；根据 2015 年 4 月 24 日第十二届全国人民代表大会常务委员会第十四次会议《关于修改〈中华人民共和国港口法〉等七部法律的决定》第二次修正；根据 2016 年 11 月 7 日第十二届全国人民代表大会常务委员会第二十四次会议关于《修改〈中华人民共和国对外贸易法〉等十二部法律的决定》第三次修正。① 该法适用于中华人民共和国境内固体废物污染环境的防治。固体废物污染海洋环境的防治和放射性固体废物污染环境的防治不适用该法。该法的立法目的是：防治固体废物污染环境，保障人体健康，维护生态安全，促进经济社会可持续发展。该法相关用语的法定含义：(1)固体废物，是指在生产、生活和其他活动中产生的丧失原有利用价值或者虽未丧失利用价值但被抛弃或者放弃的固态、半固态和置于容器中的气态的物品、物质以及法律、行政法规规定纳入固体废物管理的物品、物质。(2)工业固体废物，是指在工业生产活动中产生的固体废物。(3)生活垃圾，是指在日常生活中或者为日常生活提供服务的活动中产生的固体废物以及法律、行政法规规定视为生活垃圾的固体废物。(4)危险废物，是指列入国家危险废物名录或者根据国家规定的危险废物鉴别标准和鉴别方法认定的具有危险特性的固体废物。(5)贮存，是指将固体废物临时置于特定设施或者场所中的活动。(6)处置，是指将固体废物焚烧和用其他改变固体废物的物理、化学、生物特性的方法，达到减少已产生的固体废物数量、缩小固体废物体积、减少或者消除其危险成分的活动，或者将固体废物最终置于符合环境保护规定要求的填埋场的活动。(7)利用，是指从固体废物中提取物质作为原材料或者燃料

---

① 2004 年在 1995 年的基础上进行较大修订后重新公布，自 2005 年 4 月 1 日起施行，其他三次修正仅对个别条款的修改。

2013 年修改内容：将第 44 条第 2 款修改为："禁止擅自关闭、闲置或者拆除生活垃圾处置的设施、场所；确有必要关闭、闲置或者拆除的，必须经所在地的市、县人民政府环境卫生行政主管部门和环境保护行政主管部门核准，并采取措施，防止污染环境。"

2016 年修改内容：一是将第 44 条第 2 款修改为："禁止擅自关闭、闲置或者拆除生活垃圾处置的设施、场所；确有必要关闭、闲置或者拆除的，必须经所在地的市、县级人民政府环境卫生行政主管部门商所在地环境保护行政主管部门同意后核准，并采取措施，防止污染环境。"二是将第 59 条第 1 款修改为："转移危险废物的，必须按照国家有关规定填写危险废物转移联单。跨省、自治区、直辖市转移危险废物的，应当向危险废物移出地省、自治区、直辖市人民政府环境保护行政主管部门申请。移出地省、自治区、直辖市人民政府环境保护行政主管部门应当商经接受地省、自治区、直辖市人民政府环境保护行政主管部门同意后，方可批准转移该危险废物。未经批准的，不得转移。"

的活动。其中,现行《固体废物污染环境防治法》共6章91条。其内容涉及对固体废物污染环境防治的监督管理、固体废物污染环境的防治、生活垃圾污染环境的防治、危险废物污染环境防治的特别规定及法律责任的规定。

《噪声污染防治法》于1996年10月29日由中华人民共和国第八届全国人民代表大会常务委员会第二十次会议通过,自1997年3月1日起施行;2018年12月29日,根据第十三届全国人民代表大会常务委员会第七次会议通过的《关于修改〈中华人民共和国劳动法〉等七部法律的决定》进行了修正。[①] 该法的立法目的是:防治环境噪声污染,保护和改善生活环境,保障人体健康,促进经济和社会发展。该法适用于中华人民共和国领域内环境噪声污染的防治。因从事本职生产、经营工作受到噪声危害的防治,不适用该法。该法所称环境噪声,是指在工业生产、建筑施工、交通运输和社会生活中所产生的干扰周围生活环境的声音。该法所称环境噪声污染,是指所产生的环境噪声超过国家规定的环境噪声排放标准,并干扰他人正常生活、工作和学习的现象。该法中的法定用语的含义是:(1)"噪声排放"是指噪声源向周围生活环境辐射噪声;(2)"噪声敏感建筑物"是指医院、学校、机关、科研单位、住宅等需要保持安静的建筑物;(3)"噪声敏感建筑物集中区域"是指医疗区、文教科研区和以机关或者居民住宅为主的区域;(4)"夜间"是指晚22点至凌晨6点;(5)"机动车辆"是指汽车和摩托车。《噪声污染防治法》共8章64条。其内容涉及对环境噪声污染防治的监督管理、工业噪声污染防

① 2018年修正案:一是将相关条款中的"环境保护行政主管部门"修改为"生态环境主管部门"。二是将第14条第2款中的"经原审批环境影响报告书的环境保护行政主管部门验收"修改为"按照国家规定的标准和程序进行验收";将第43条第1款中的"工商行政管理部门"修改为"市场监督管理部门";将第48条中的"由批准该建设项目的环境影响报告书的环境保护行政主管部门责令停止生产或者使用,可以并处罚款"修改为"由县级以上生态环境主管部门责令限期改正,并对单位和个人处以罚款;造成重大环境污染或者生态破坏的,责令停止生产或者使用,或者报经有批准权的人民政府批准,责令关闭"。

治、建筑施工噪声污染防治、交通运输噪声污染防治、社会生活噪声污染防治及法律责任的规定。

《放射性污染防治法》由中华人民共和国第十届全国人民代表大会常务委员会第三次会议于2003年6月28日通过,自2003年10月1日起施行。该法适用于中华人民共和国领域和管辖的其他海域在核设施选址、建造、运行、退役和核技术、铀(钍)矿、伴生放射性矿开发利用过程中发生的放射性污染的防治活动。军用设施、装备的放射性污染防治,由国务院和军队的有关主管部门依照本法规定的原则和国务院、中央军事委员会规定的职责实施监督管理。劳动者在职业活动中接触放射性物质造成的职业病的防治,依照《职业病防治法》的规定执行。该法的立法目的是:防治放射性污染,保护环境,保障人体健康,促进核能、核技术的开发与和平利用。该法中的法定用语的含义:(1)放射性污染,是指由于人类活动造成物料、人体、场所、环境介质表面或者内部出现超过国家标准的放射性物质或者射线;(2)核设施,是指核动力厂(核电厂、核热电厂、核供汽供热厂等)和其他反应堆(研究堆、实验堆、临界装置等);核燃料生产、加工、贮存和后处理设施;放射性废物的处理和处置设施等;(3)核技术利用,是指密封放射源、非密封放射源和射线装置在医疗、工业、农业、地质调查、科学研究和教学等领域中的使用;(4)放射性同位素,是指某种发生放射性衰变的元素中具有相同原子序数但质量不同的核素;(5)放射源,是指除研究堆和动力堆核燃料循环范畴的材料以外,永久密封在容器中或者有严密包层并呈固态的放射性材料;(6)射线装置,是指X线机、加速器、中子发生器以及含放射源的装置;(7)伴生放射性矿,是指含有较高水平天然放射性核素浓度的非铀矿(如稀土矿和磷酸盐矿等);(8)放射性废物,是指含有放射性核素或者被放射性核素污染,其浓度或者比活度大于国家确定的清洁解控水平,预期不再使用的废弃物。《放射性污染防治法》共8章63条。其内容涉及对放射性污染防治的监督管理、核设施的放射性污染防治、核技术利用的放射性污染防治、铀（钍）矿和伴生放射性矿开发利用的放射性污染防治、放射性废物管理及法律责任的规定。

《环境影响评价法》于2002年10月28日第九届全国人民代表大会常务委员会第三十次会议通过；根据2016年7月2日第十二届全国人民代表大会常务委员会第二十一次会议《关于修改〈中华人民共和国节约能源法〉等六部法律的决定》第一次修正；2018年12月29日，根据第十三届全国人民代表大会常务委员会第七次会议通过的《关于修改〈中华人民共和国劳动法〉等七部法律的决定》第二次修正。[①] 该法的立法目的是：实施可持续发展战略，预防因规划和建设项目实施后对环境造成不良影响，促进经济、社会和环境的协调发展。该法所称环境影响评价，是指对规划和建设项目实施后可能造成的环境影响进行分析、预测和评估，提出预防或者减轻不良环境影响的对策和措施，进行跟踪监测的方法与制度。省、自治区、直辖市人民政府可以根据本地的实际情况，要求对本辖区的县级人民政府编制的规划进行环境影响评价。具体办法由省、自治区、直辖市参照该法第2章的规定制定。军事设施建设项目的环境影响评价办法，由中央军事委员会依照本法的原则制定。现行的《环境影响评价法》共5章37条。其内容涉及对规划的环境影响评价、建设项目的环境影响评价及法律责任的规定。

《土壤污染防治法》于2018年8月31日第十三届全国人民代表大会常务委员会第五次会议通过。该法是环境调控方面的最新立法。该法的立法目的是保护和改善生态环境，防治土壤污染，保障公众健康，推动土壤资源永续利用，推进生态文明建设，促进经济社会可持续发展。在中华人民共和国领域及管辖的其他海域从事土壤污染防治及相关活

---

① 2016年对《环境影响评价法》的修正主要涉及九个方面。详见2016年7月2日第十二届全国人民代表大会常务委员会第二十一次会议通过《关于修改〈中华人民共和国节约能源法〉等六部法律的决定》。2018年的修正主要根据国务院机构改革，将环境保护管理部门统称为“生态环境主管部门”。

动,适用该法。该法所称土壤污染,是指因人为因素导致某种物质进入陆地表层土壤,引起土壤化学、物理、生物等方面特性的改变,影响土壤功能和有效利用,危害公众健康或者破坏生态环境的现象。该法共7章99条,除总则、附则外,就规划、标准、普查和监测;预防和保护;风险管控和修复;保障和监督;法律责任进行了规定。

第二节 环境调控基本原则、方针的规定

《环境保护法》规定,保护环境是国家的基本国策。国家采取有利于节约和循环利用资源、保护和改善环境、促进人与自然和谐的经济、技术政策和措施,使经济社会发展与环境保护相协调。环境保护坚持保护优先、预防为主、综合治理、公众参与、损害担责的原则。①《大气污染防治法》规定,防治大气污染,应当以改善大气环境质量为目标,坚持源头治理,规划先行,转变经济发展方式,优化产业结构和布局,调整能源结构。防治大气污染,应当加强对燃煤、工业、机动车船、扬尘、农业等大气污染的综合防治,推行区域大气污染联合防治,对颗粒物、二氧化硫、氮氧化物、挥发性有机物、氨等大气污染物和温室气体实施协同控制。②《水污染防治法》规定,水污染防治应当坚持预防为主、防治结合、综合治理的原则,优先保护饮用水水源,严格控制工业污染、城镇生活污染,防治农业面源污染,积极推进生态治理工程建设,预防、控制和减少水环境污染和生态破坏。③《固体废物污染环境防治法》规定,国家对固体废物污染环境的防治,实行减少固体废物的产生量和危害性、充分合理利用固体废物和无害化处置固体废物的原则,促进清洁生产和循环经济发

① 《环境保护法》第4~5条。
② 《大气污染防治法》第2条。
③ 《水污染防治法》第3条。

展。国家采取有利于固体废物综合利用活动的经济、技术政策和措施，对固体废物实行充分回收和合理利用。国家鼓励、支持采取有利于保护环境的集中处置固体废物的措施，促进固体废物污染环境防治产业发展。国家对固体废物污染环境防治实行污染者依法负责的原则。产品的生产者、销售者、进口者、使用者对其产生的固体废物依法承担污染防治责任。①《放射性污染防治法》规定，国家对放射性污染的防治，实行预防为主、防治结合、严格管理、安全第一的方针。②《环境影响评价法》规定，环境影响评价必须客观、公开、公正，综合考虑规划或者建设项目实施后对各种环境因素及其所构成的生态系统可能造成的影响，为决策提供科学依据。国家鼓励有关单位、专家和公众以适当方式参与环境影响评价。③《土壤污染防治法》规定，土壤污染防治应当坚持预防为主、保护优先、分类管理、风险管控、污染担责、公众参与的原则。④ 此外，大部分环境保护类法均有鼓励科学研究和对环境保护作出突出贡献的单位和个人给予奖励的规定。⑤

第三节　环境调控基础制度规定

在环境法中，有关环境调控的基础性规定，主要体现在环境标准的制度建设方面。它是国家对环境进行管理和调控的前提。对此，《环境保护法》规定，国务院环境保护主管部门制定国家环境质量标准。省、自

① 《固体废物污染环境防治法》第3条、第5条。

② 《放射性污染防治法》第3条。

③ 《环境影响评价法》第4~5条。

④ 《土壤污染防治法》第3条。

⑤ 例如，《环境保护法》第7条规定，国家支持环境保护科学技术研究、开发和应用，鼓励环境保护产业发展，促进环境保护信息化建设，提高环境保护科学技术水平。第11条规定，对保护和改善环境有显著成绩的单位和个人，由人民政府给予奖励。

治区、直辖市人民政府对国家环境质量标准中未作规定的项目，可以制定地方环境质量标准；对国家环境质量标准中已作规定的项目，可以制定严于国家环境质量标准的地方环境质量标准。地方环境质量标准应当报国务院环境保护主管部门备案。国家鼓励开展环境基准研究。国务院环境保护主管部门根据国家环境质量标准和国家经济、技术条件，制定国家污染物排放标准。省、自治区、直辖市人民政府对国家污染物排放标准中未作规定的项目，可以制定地方污染物排放标准；对国家污染物排放标准中已作规定的项目，可以制定严于国家污染物排放标准的地方污染物排放标准。地方污染物排放标准应当报国务院环境保护主管部门备案。①

《海洋环境保护法》规定，国家根据海洋环境质量状况和国家经济、技术条件，制定国家海洋环境质量标准。沿海省、自治区、直辖市人民政府对国家海洋环境质量标准中未作规定的项目，可以制定地方海洋环境质量标准。沿海地方各级人民政府根据国家和地方海洋环境质量标准的规定和本行政区近岸海域环境质量状况，确定海洋环境保护的目标和任务，并纳入人民政府工作计划，按相应的海洋环境质量标准实施管理。国家和地方水污染物排放标准的制定，应当将国家和地方海洋环境质量标准作为重要依据之一。在国家建立并实施排污总量控制制度的重点海域，水污染物排放标准的制定，还应当将主要污染物排海总量控制指标作为重要依据。排污单位在执行国家和地方水污染物排放标准的同时，应当遵守分解落实到本单位的主要污染物排海总量控制指标。对超过主要污染物排海总量控制指标的重点海域和未完成海洋环境保护目标、任务的海域，省级以上人民政府环境保护行政主管部门、海洋行政主管部门，根据职责分工暂停审批新增相应种类污染物排放总量的建设项目环境影响报告书（表）。国家海洋行政主管部门根据废弃物的毒性、

---

① 《环境保护法》第15～16条。

有毒物质含量和对海洋环境影响程度，制定海洋倾倒废弃物评价程序和标准。向海洋倾倒废弃物，应当按照废弃物的类别和数量实行分级管理。可以向海洋倾倒的废弃物名录，由国家海洋行政主管部门拟定，经国务院环境保护行政主管部门提出审核意见后，报国务院批准。①

《大气污染防治法》规定，国务院生态环境主管部门或者省、自治区、直辖市人民政府制定大气环境质量标准，应当以保障公众健康和保护生态环境为宗旨，与经济社会发展相适应，做到科学合理。国务院生态环境主管部门或者省、自治区、直辖市人民政府制定大气污染物排放标准，应当以大气环境质量标准和国家经济、技术条件为依据。制定大气环境质量标准、大气污染物排放标准，应当组织专家进行审查和论证，并征求有关部门、行业协会、企业事业单位和公众等方面的意见。省级以上人民政府生态环境主管部门应当在其网站上公布大气环境质量标准、大气污染物排放标准，供公众免费查阅、下载。大气环境质量标准、大气污染物排放标准的执行情况应当定期进行评估，根据评估结果对标准适时进行修订。制定燃煤、石油焦、生物质燃料、涂料等含挥发性有机物的产品、烟花爆竹以及锅炉等产品的质量标准，应当明确大气环境保护要求。制定燃油质量标准，应当符合国家大气污染物控制要求，并与国家机动车船、非道路移动机械大气污染物排放标准相互衔接，同步实施。该规定所称非道路移动机械，是指装配有发动机的移动机械和可运输工业设备。②

《水污染防治法》规定，国务院环境保护主管部门制定国家水环境质量标准。省、自治区、直辖市人民政府可以对国家水环境质量标准中未作规定的项目，制定地方标准，并报国务院环境保护主管部门备案。国务院环境保护主管部门会同国务院水行政主管部门和有关省、自治

---

① 《海洋环境保护法》第 10 ~11 条、第 56 条。

② 《大气污染防治法》第 8 ~13 条。

区、直辖市人民政府,可以根据国家确定的重要江河、湖泊流域水体的使用功能以及有关地区的经济、技术条件,确定该重要江河、湖泊流域的省界水体适用的水环境质量标准,报国务院批准后施行。国务院环境保护主管部门根据国家水环境质量标准和国家经济、技术条件,制定国家水污染物排放标准。省、自治区、直辖市人民政府对国家水污染物排放标准中未作规定的项目,可以制定地方水污染物排放标准;对国家水污染物排放标准中已作规定的项目,可以制定严于国家水污染物排放标准的地方水污染物排放标准。地方水污染物排放标准须报国务院环境保护主管部门备案。向已有地方水污染物排放标准的水体排放污染物的,应当执行地方水污染物排放标准。国务院环境保护主管部门应当会同国务院水行政等部门和有关省、自治区、直辖市人民政府,建立重要江河、湖泊的流域水环境保护联合协调机制,实行统一规划、统一标准、统一监测、统一的防治措施。①

《固体废物污染环境防治法》规定,国务院环境保护行政主管部门会同国务院有关行政主管部门根据国家环境质量标准和国家经济、技术条件,制定国家固体废物污染环境防治技术标准。国务院环境保护主管部门和省、自治区、直辖市人民政府,应当根据水污染防治的要求和国家或者地方的经济、技术条件,适时修订水环境质量标准和水污染物排放标准。国务院环境保护行政主管部门应当会同国务院有关部门制定国家危险废物名录,规定统一的危险废物鉴别标准、鉴别方法和识别标志。②

《噪声污染防治法》规定,国务院生态环境行政主管部门分别不同的功能区制定国家声环境质量标准。县级以上地方人民政府根据国家声环境质量标准,划定本行政区域内各类声环境质量标准的适用区域,

① 《水污染防治法》第 12 ~14 条、第 28 条。

② 《固体废物污染环境防治法》第 11 条、第 15 条、第 51 条。

并进行管理。国务院生态环境行政主管部门根据国家声环境质量标准和国家经济、技术条件,制定国家环境噪声排放标准。①

《放射性污染防治法》规定,国家放射性污染防治标准由国务院环境保护行政主管部门根据环境安全要求、国家经济技术条件制定。国家放射性污染防治标准由国务院环境保护行政主管部门和国务院标准化行政主管部门联合发布。进口核设施,应当符合国家放射性污染防治标准;没有相应的国家放射性污染防治标准的,采用国务院环境保护行政主管部门指定的国外有关标准。②

《环境影响评价法》的规定,国家加强环境影响评价的基础数据库和评价指标体系建设,鼓励和支持对环境影响评价的方法、技术规范进行科学研究,建立必要的环境影响评价信息共享制度,提高环境影响评价的科学性。国务院生态环境行政主管部门应当会同国务院有关部门,组织建立和完善环境影响评价的基础数据库和评价指标体系。③

《土壤污染防治法》规定,国务院生态环境主管部门根据土壤污染状况、公众健康风险、生态风险和科学技术水平,并按照土地用途,制定国家土壤污染风险管控标准,加强土壤污染防治标准体系建设。省级人民政府对国家土壤污染风险管控标准中未作规定的项目,可以制定地方土壤污染风险管控标准;对国家土壤污染风险管控标准中已作规定的项目,可以制定严于国家土壤污染风险管控标准的地方土壤污染风险管控标准。地方土壤污染风险管控标准应当报国务院生态环境主管部门备案。土壤污染风险管控标准是强制性标准。国家支持对土壤环境背景值和环境基准的研究。制定土壤污染风险管控标准,应当组织专家进行审查和论证,并征求有关部门、行业协会、企业事业单位和公众等方面的意见。土壤污染风险管控标准的执行情况应当定期评估,并根据评估结

---

① 《噪声污染防治法》第 10 ~11 条。

② 《放射性污染防治法》第 9 条、第 22 条。

③ 《环境影响评价法》第 6 条。

果对标准适时修订。省级以上人民政府生态环境主管部门应当在其网站上公布土壤污染风险管控标准,供公众免费查阅、下载。国务院统一领导全国土壤污染状况普查。国务院生态环境主管部门会同国务院农业农村、自然资源、住房城乡建设、林业草原等主管部门,每10年至少组织开展一次全国土壤污染状况普查。国务院有关部门、设区的市级以上地方人民政府可以根据本行业、本行政区域实际情况组织开展土壤污染状况详查。①

第四节　环境调控规划及计划的规定

《环境保护法》规定,县级以上人民政府应当将环境保护工作纳入国民经济和社会发展规划。国务院环境保护主管部门会同有关部门,根据国民经济和社会发展规划编制国家环境保护规划,报国务院批准并公布实施。县级以上地方人民政府环境保护主管部门会同有关部门,根据国家环境保护规划的要求,编制本行政区域的环境保护规划,报同级人民政府批准并公布实施。环境保护规划的内容应当包括生态保护和污染防治的目标、任务、保障措施等,并与主体功能区规划、土地利用总体规划和城乡规划等相衔接。编制有关开发利用规划,建设对环境有影响的项目,应当依法进行环境影响评价。未依法进行环境影响评价的开发利用规划,不得组织实施;未依法进行环境影响评价的建设项目,不得开工建设。地方各级人民政府应当根据环境保护目标和治理任务,采取有效措施,改善环境质量。未达到国家环境质量标准的重点区域、流域的有关地方人民政府,应当制定限期达标规划,并采取措施按期达标。②

① 《土壤污染防治法》第12~14条。

② 《环境保护法》第13条、第19条、第28条。

《海洋环境保护法》规定，国家海洋行政主管部门会同国务院有关部门和沿海省、自治区、直辖市人民政府根据全国海洋主体功能区规划，拟定全国海洋功能区划，报国务院批准。沿海地方各级人民政府应当根据全国和地方海洋功能区划，保护和科学合理地使用海域。国家根据海洋功能区划制定全国海洋环境保护规划和重点海域区域性海洋环境保护规划。毗邻重点海域的有关沿海省、自治区、直辖市人民政府及行使海洋环境监督管理权的部门，可以建立海洋环境保护区域合作组织，负责实施重点海域区域性海洋环境保护规划、海洋环境污染的防治和海洋生态保护工作。国家根据防止海洋环境污染的需要，制定国家重大海上污染事故应急计划。国家海洋行政主管部门负责制定全国海洋石油勘探开发重大海上溢油应急计划，报国务院环境保护行政主管部门备案。国家海事行政主管部门负责制定全国船舶重大海上溢油污染事故应急计划，报国务院环境保护行政主管部门备案。沿海可能发生重大海洋环境污染事故的单位，应当依照国家的规定，制定污染事故应急计划，并向当地环境保护行政主管部门、海洋行政主管部门备案。沿海县级以上地方人民政府及其有关部门在发生重大海上污染事故时，必须按照应急计划解除或者减轻危害。勘探开发海洋石油，必须按有关规定编制溢油应急计划，报国家海洋行政主管部门的海区派出机构备案。①

《大气污染防治法》规定，县级以上人民政府应当将大气污染防治工作纳入国民经济和社会发展规划，加大对大气污染防治的财政投入。地方各级人民政府应当对本行政区域的大气环境质量负责，制订规划，采取措施，控制或者逐步削减大气污染物的排放量，使大气环境质量达到规定标准并逐步改善。未达到国家大气环境质量标准城市的人民政府应当及时编制大气环境质量限期达标规划，采取措施，按照国务院或者省级人民政府规定的期限达到大气环境质量标准。编制城市大气环

---

① 《海洋环境保护法》第 7 ~8 条、第 18 条、第 54 条。

境质量限期达标规划,应当征求有关行业协会、企业事业单位、专家和公众等方面的意见。城市大气环境质量限期达标规划应当向社会公开。直辖市和设区的市的大气环境质量限期达标规划应当报国务院生态环境主管部门备案。城市人民政府每年在向本级人民代表大会或者其常务委员会报告环境状况和环境保护目标完成情况时,应当报告大气环境质量限期达标规划执行情况,并向社会公开。城市大气环境质量限期达标规划应当根据大气污染防治的要求和经济、技术条件适时进行评估、修订。①

《水污染防治法》规定,县级以上人民政府应当将水环境保护工作纳入国民经济和社会发展规划。防治水污染应当按流域或者按区域进行统一规划。国家确定的重要江河、湖泊的流域水污染防治规划,由国务院环境保护主管部门会同国务院经济综合宏观调控、水行政等部门和有关省、自治区、直辖市人民政府编制,报国务院批准。该规定外的其他跨省、自治区、直辖市江河、湖泊的流域水污染防治规划,根据国家确定的重要江河、湖泊的流域水污染防治规划和本地实际情况,由有关省、自治区、直辖市人民政府环境保护主管部门会同同级水行政等部门和有关市、县人民政府编制,经有关省、自治区、直辖市人民政府审核,报国务院批准。省、自治区、直辖市内跨县江河、湖泊的流域水污染防治规划,根据国家确定的重要江河、湖泊的流域水污染防治规划和本地实际情况,由省、自治区、直辖市人民政府环境保护主管部门会同同级水行政等部门编制,报省、自治区、直辖市人民政府批准,并报国务院备案。经批准的水污染防治规划是防治水污染的基本依据,规划的修订须经原批准机关批准。县级以上地方人民政府应当根据依法批准的江河、湖泊的流域水污染防治规划,组织制定本行政区域的水污染防治规划。有关市、县级人民政府应当按照水污染防治规划确定的水环境质量改善目标的要

① 《大气污染防治法》第3条、第14～17条。

求，制定限期达标规划，采取措施按期达标。有关市、县级人民政府应当将限期达标规划报上一级人民政府备案，并向社会公开。①

《固体废物污染环境防治法》规定，县级以上人民政府应当将固体废物污染环境防治工作纳入国民经济和社会发展计划，并采取有利于固体废物污染环境防治的经济、技术政策和措施。国务院有关部门、县级以上地方人民政府及其有关部门组织编制城乡建设、土地利用、区域开发、产业发展等规划，应当统筹考虑减少固体废物的产生量和危害性、促进固体废物的综合利用和无害化处置。国务院环境保护行政主管部门会同国务院经济综合宏观调控部门组织编制危险废物集中处置设施、场所的建设规划，报国务院批准后实施。县级以上地方人民政府应当依据危险废物集中处置设施、场所的建设规划组织建设危险废物集中处置设施、场所。②

《噪声污染防治法》规定，国务院和地方各级人民政府应当将环境噪声污染防治工作纳入环境保护规划，并采取有利于声环境保护的经济、技术政策和措施。地方各级人民政府在制定城乡建设规划时，应当充分考虑建设项目和区域开发、改造所产生的噪声对周围生活环境的影响，统筹规划，合理安排功能区和建设布局，防止或者减轻环境噪声污染。③

《放射性污染防治法》规定，县级以上人民政府应当将放射性污染防治工作纳入环境保护规划。国务院核设施主管部门会同国务院环境保护行政主管部门根据地质条件和放射性固体废物处置的需要，在环境影响评价的基础上编制放射性固体废物处置场所选址规划，报国务院批准后实施。有关地方人民政府应当根据放射性固体废物处置场所选址规划，提供放射性固体废物处置场所的建设用地，并采取有效措施支持

---

① 《水污染防治法》第 4 条、第 16 ~17 条。

② 《固体废物污染环境防治法》第 4 条、第 54 条。

③ 《噪声污染防治法》第 4 ~5 条。

放射性固体废物的处置。①

《环境影响评价法》规定，国务院有关部门、设区的市级以上地方人民政府及其有关部门，对其组织编制的土地利用的有关规划，区域、流域、海域的建设、开发利用规划，应当在规划编制过程中组织进行环境影响评价，编写该规划有关环境影响的篇章或者说明。规划有关环境影响的篇章或者说明，应当对规划实施后可能造成的环境影响作出分析、预测和评估，提出预防或者减轻不良环境影响的对策和措施，作为规划草案的组成部分一并报送规划审批机关。未编写有关环境影响的篇章或者说明的规划草案，审批机关不予审批。国务院有关部门、设区的市级以上地方人民政府及其有关部门，对其组织编制的工业、农业、畜牧业、林业、能源、水利、交通、城市建设、旅游、自然资源开发的有关专项规划（以下简称专项规划），应当在该专项规划草案上报审批前，组织进行环境影响评价，并向审批该专项规划的机关提出环境影响报告书。上述所列专项规划中的指导性规划，按照《环境影响评价法》第 7 条的规定进行环境影响评价。依照《环境影响评价法》规定进行环境影响评价的规划的具体范围，由国务院生态环境行政主管部门会同国务院有关部门规定，报国务院批准。②

《土壤污染防治法》规定，县级以上人民政府应当将土壤污染防治工作纳入国民经济和社会发展规划、环境保护规划。设区的市级以上地方人民政府生态环境主管部门应当会同发展改革、农业农村、自然资源、住房城乡建设、林业草原等主管部门，根据环境保护规划要求、土地用途、土壤污染状况普查和监测结果等，编制土壤污染防治规划，报本级人民政府批准后公布实施。国务院农业农村、林业草原主管部门应当制定规划，完善相关标准和措施，加强农用地农药、化肥使用指导和使用总量

---

① 《放射性污染防治法》第 5 条、第 44 条。

② 《环境影响评价法》第 7 ~9 条。

控制,加强农用薄膜使用控制。县级以上地方人民政府及其有关部门应当按照土地利用总体规划和城乡规划,严格执行相关行业企业布局选址要求,禁止在居民区和学校、医院、疗养院、养老院等单位周边新建、改建、扩建可能造成土壤污染的建设项目。对建设用地土壤污染风险管控和修复名录中需要实施修复的地块,土壤污染责任人应当结合土地利用总体规划和城乡规划编制修复方案,报地方人民政府生态环境主管部门备案并实施。修复方案应当包括地下水污染防治的内容。①

第五节 环境调控产业指导规定

《环境保护法》规定,企业事业单位和其他生产经营者,为改善环境,依照有关规定转产、搬迁、关闭的,人民政府应当予以支持。国家依照法律规定实行排污许可管理制度。实行排污许可管理的企业事业单位和其他生产经营者应当按照排污许可证的要求排放污染物;未取得排污许可证的,不得排放污染物。国家对严重污染环境的工艺、设备和产品实行淘汰制度。任何单位和个人不得生产、销售或者转移、使用严重污染环境的工艺、设备和产品。禁止引进不符合中国环境保护规定的技术、设备、材料和产品。各级人民政府及其农业等有关部门和机构应当指导农业生产经营者科学种植和养殖,科学合理施用农药、化肥等农业投入品,科学处置农用薄膜、农作物秸秆等农业废弃物,防止农业面源污染。禁止将不符合农用标准和环境保护标准的固体废物、废水施入农田。施用农药、化肥等农业投入品及进行灌溉,应当采取措施,防止重金属和其他有毒有害物质污染环境。畜禽养殖场、养殖小区、定点屠宰企业等的选址、建设和管理应当符合有关法律法规规定。从事畜禽养殖和

---

① 《土壤污染防治法》第 11 条、第 26 条、第 32 条、第 64 条。

屠宰的单位和个人应当采取措施,对畜禽粪便、尸体和污水等废弃物进行科学处置,防止污染环境。县级人民政府负责组织农村生活废弃物的处置工作。①

《海洋环境保护法》规定,国家鼓励发展生态渔业建设,推广多种生态渔业生产方式,改善海洋生态状况。新建、改建、扩建海水养殖场,应当进行环境影响评价。海水养殖应当科学确定养殖密度,并应当合理投饵、施肥,正确使用药物,防止造成海洋环境的污染。禁止在沿海陆域内新建不具备有效治理措施的化学制浆造纸、化工、印染、制革、电镀、酿造、炼油、岸边冲滩拆船以及其他严重污染海洋环境的工业生产项目。②

《大气污染防治法》规定,国家对严重污染大气环境的工艺、设备和产品实行淘汰制度。国务院经济综合主管部门会同国务院有关部门确定严重污染大气环境的工艺、设备和产品淘汰期限,并纳入国家综合性产业政策目录。生产者、进口者、销售者或者使用者应当在规定期限内停止生产、进口、销售或者使用列入前款规定目录中的设备和产品。工艺的采用者应当在规定期限内停止采用列入前款规定目录中的工艺。被淘汰的设备和产品,不得转让给他人使用。③

在燃煤和其他能源污染控制方面,国务院有关部门和地方各级人民政府应当采取措施,调整能源结构,推广清洁能源的生产和使用;优化煤炭使用方式,推广煤炭清洁高效利用,逐步降低煤炭在一次能源消费中的比重,减少煤炭生产、使用、转化过程中的大气污染物排放。国家推行煤炭洗选加工,降低煤炭的硫分和灰分,限制高硫分、高灰分煤炭的开采。新建煤矿应当同步建设配套的煤炭洗选设施,使煤炭的硫分、灰分含量达到规定标准;已建成的煤矿除所采煤炭属于低硫分、低灰分或者根据已达标排放的燃煤电厂要求不需要洗选的以外,应当限期建成配套

---

① 《环境保护法》第 23 条、第 45 ~46 条、第 49 条。

② 《海洋环境保护法》第 28 条、第 45 条。

③ 《大气污染防治法》第 27 条。

的煤炭洗选设施。禁止开采含放射性和砷等有毒有害物质超过规定标准的煤炭。国家采取有利于煤炭清洁高效利用的经济、技术政策和措施,鼓励和支持洁净煤技术的开发和推广。国家鼓励煤矿企业等采用合理、可行的技术措施,对煤层气进行开采利用,对煤矸石进行综合利用。从事煤层气开采利用的,煤层气排放应当符合有关标准规范。国家禁止进口、销售和燃用不符合质量标准的煤炭,鼓励燃用优质煤炭。单位存放煤炭、煤矸石、煤渣、煤灰等物料,应当采取防燃措施,防止大气污染。地方各级人民政府应当采取措施,加强民用散煤的管理,禁止销售不符合民用散煤质量标准的煤炭,鼓励居民燃用优质煤炭和洁净型煤,推广节能环保型炉灶。石油炼制企业应当按照燃油质量标准生产燃油。禁止进口、销售和燃用不符合质量标准的石油焦。燃煤电厂和其他燃煤单位应当采用清洁生产工艺,配套建设除尘、脱硫、脱硝等装置,或者采取技术改造等其他控制大气污染物排放的措施。国家鼓励燃煤单位采用先进的除尘、脱硫、脱硝、脱汞等大气污染物协同控制的技术和装置,减少大气污染物的排放。电力调度应当优先安排清洁能源发电上网。①

在工业污染的控制方面。钢铁、建材、有色金属、石油、化工等企业生产过程中排放粉尘、硫化物和氮氧化物的,应当采用清洁生产工艺,配套建设除尘、脱硫、脱硝等装置,或者采取技术改造等其他控制大气污染物排放的措施。生产、进口、销售和使用含挥发性有机物的原材料和产品的,其挥发性有机物含量应当符合质量标准或者要求。国家鼓励生产、进口、销售和使用低毒、低挥发性有机溶剂。产生含挥发性有机物废气的生产和服务活动,应当在密闭空间或者设备中进行,并按照规定安装、使用污染防治设施;无法密闭的,应当采取措施减少废气排放。工业涂装企业应当使用低挥发性有机物含量的涂料,并建立台账,记录生产原料、辅料的使用量、废弃量、去向以及挥发性有机物含量。台账保存期

---

① 《大气污染防治法》第32~37条、第41~42条。

限不得少于3年。石油、化工以及其他生产和使用有机溶剂的企业,应当采取措施对管道、设备进行日常维护、维修,减少物料泄漏,对泄漏的物料应当及时收集处理。储油储气库、加油加气站、原油成品油码头、原油成品油运输船舶和油罐车、气罐车等,应当按照国家有关规定安装油气回收装置并保持正常使用。钢铁、建材、有色金属、石油、化工、制药、矿产开采等企业,应当加强精细化管理,采取集中收集处理等措施,严格控制粉尘和气态污染物的排放。工业生产企业应当采取密闭、围挡、遮盖、清扫、洒水等措施,减少内部物料的堆存、传输、装卸等环节产生的粉尘和气态污染物的排放。工业生产、垃圾填埋或者其他活动产生的可燃性气体应当回收利用,不具备回收利用条件的,应当进行污染防治处理。可燃性气体回收利用装置不能正常作业的,应当及时修复或者更新。在回收利用装置不能正常作业期间确需排放可燃性气体的,应当将排放的可燃性气体充分燃烧或者采取其他控制大气污染物排放的措施,并向当地环境保护主管部门报告,按照要求限期修复或者更新。国家建立机动车和非道路移动机械环境保护召回制度。生产、进口企业获知机动车、非道路移动机械排放大气污染物超过标准,属于设计、生产缺陷或者不符合规定的环境保护耐久性要求的,应当召回;未召回的,由国务院质量监督部门会同国务院环境保护主管部门责令其召回。国家积极推进民用航空器的大气污染防治,鼓励在设计、生产、使用过程中采取有效措施减少大气污染物排放。民用航空器应当符合国家规定的适航标准中的有关发动机排出物要求。①

在农业和其他污染防治方面,地方各级人民政府应当推动转变农业生产方式,发展农业循环经济,加大对废弃物综合处理的支持力度,加强对农业生产经营活动排放大气污染物的控制。农业生产经营者应当改进施肥方式,科学合理施用化肥并按照国家有关规定使用农药,减少氨、

---

① 《大气污染防治法》第43~49条、第58条、第67条。

挥发性有机物等大气污染物的排放。禁止在人口集中地区对树木、花草喷洒剧毒、高毒农药。畜禽养殖场、养殖小区应当及时对污水、畜禽粪便和尸体等进行收集、贮存、清运和无害化处理,防止排放恶臭气体。省、自治区、直辖市人民政府应当划定区域,禁止露天焚烧秸秆、落叶等产生烟尘污染的物质。国务院生态环境主管部门应当会同国务院卫生行政部门,根据大气污染物对公众健康和生态环境的危害和影响程度,公布有毒有害大气污染物名录,实行风险管理。排放上述规定名录中所列有毒有害大气污染物的企业事业单位,应当按照国家有关规定建设环境风险预警体系,对排放口和周边环境进行定期监测,评估环境风险,排查环境安全隐患,并采取有效措施防范环境风险。向大气排放持久性有机污染物的企业事业单位和其他生产经营者以及废弃物焚烧设施的运营单位,应当按照国家有关规定,采取有利于减少持久性有机污染物排放的技术方法和工艺,配备有效的净化装置,实现达标排放。企业事业单位和其他生产经营者在生产经营活动中产生恶臭气体的,应当科学选址,设置合理的防护距离,并安装净化装置或者采取其他措施,防止排放恶臭气体。排放油烟的餐饮服务业经营者应当安装油烟净化设施并保持正常使用,或者采取其他油烟净化措施,使油烟达标排放,并防止对附近居民的正常生活环境造成污染。禁止在居民住宅楼、未配套设立专用烟道的商住综合楼以及商住综合楼内与居住层相邻的商业楼层内新建、改建、扩建产生油烟、异味、废气的餐饮服务项目。任何单位和个人不得在当地人民政府禁止的区域内露天烧烤食品或者为露天烧烤食品提供场地。禁止在人口集中地区和其他依法需要特殊保护的区域内焚烧沥青、油毡、橡胶、塑料、皮革、垃圾以及其他产生有毒有害烟尘和恶臭气体的物质。禁止生产、销售和燃放不符合质量标准的烟花爆竹。任何单位和个人不得在城市人民政府禁止的时段和区域内燃放烟花爆竹。国家鼓励和倡导文明、绿色祭祀。火葬场应当设置除尘等污染防治设施并保持正常使用,防止影响周边环境。从事服装干洗和机动车维修等服务活动的经营者,应当按照国家有关标准或者要求设置异味和废气处理装置等污染防治设施并保持正常使用,防止影响周边环境。国家鼓励、支持消耗臭氧层物质替代品的生产和使用,逐步减少直至停止消耗臭氧层物质的生产和使用。国家对消耗臭氧层物质的生产、使用、进出口实行总量控制和配额管理。具体办法由国务院规定。①

《水污染防治法》和《大气污染防治法》相同,也分别对工业污染和农业污染进行了规定。其中,在工业污染方面规定,国务院有关部门和县级以上地方人民政府应当合理规划工业布局,要求造成水污染的企业进行技术改造,采取综合防治措施,提高水的重复利用率,减少废水和污染物排放量。国家对严重污染水环境的落后工艺和设备实行淘汰制度。国务院经济综合宏观调控部门会同国务院有关部门,公布限期禁止采用的严重污染水环境的工艺名录和限期禁止生产、销售、进口、使用的严重污染水环境的设备名录。生产者、销售者、进口者或者使用者应当在规定的期限内停止生产、销售、进口或者使用列入该规定的设备名录中的设备。工艺的采用者应当在规定的期限内停止采用列入该规定的工艺名录中的工艺。依照法律规定被淘汰的设备,不得转让给他人使用。国家禁止新建不符合国家产业政策的小型造纸、制革、印染、染料、炼焦、炼硫、炼砷、炼汞、炼油、电镀、农药、石棉、水泥、玻璃、钢铁、火电以及其他严重污染水环境的生产项目。②

在农业污染方面,国家支持农村污水、垃圾处理设施的建设,推进农村污水、垃圾集中处理。地方各级人民政府应当统筹规划建设农村污水、垃圾处理设施,并保障其正常运行。制定化肥、农药等产品的质量标准和使用标准,应当适应水环境保护要求。县级以上地方人民政府农业主管部门和其他有关部门,应当采取措施,指导农业生产者科学、合理地

① 《大气污染防治法》第73~75条、第77~85条。

② 《水污染防治法》第44条、第46~47条。

施用化肥和农药，推广测土配方施肥技术和高效低毒低残留农药，控制化肥和农药的过量使用，防止造成水污染。国家支持畜禽养殖场、养殖小区建设畜禽粪便、废水的综合利用或者无害化处理设施。畜禽养殖场、养殖小区应当保证其畜禽粪便、废水的综合利用或者无害化处理设施正常运转，保证污水达标排放，防止污染水环境。畜禽散养密集区所在地县、乡级人民政府应当组织对畜禽粪便污水进行分户收集、集中处理利用。①

《固体废物污染环境防治法》规定，国务院环境保护行政主管部门应当会同国务院经济综合宏观调控部门和其他有关部门对工业固体废物对环境的污染作出界定，制定防治工业固体废物污染环境的技术政策，组织推广先进的防治工业固体废物污染环境的生产工艺和设备。国务院经济综合宏观调控部门应当会同国务院有关部门组织研究、开发和推广减少工业固体废物产生量和危害性的生产工艺和设备，公布限期淘汰产生严重污染环境的工业固体废物的落后生产工艺、落后设备的名录。生产者、销售者、进口者、使用者必须在国务院经济综合宏观调控部门会同国务院有关部门规定的期限内分别停止生产、销售、进口或者使用列入上述规定的名录中的设备。生产工艺的采用者必须在国务院经济综合宏观调控部门会同国务院有关部门规定的期限内停止采用列入前款规定的名录中的工艺。列入限期淘汰名录被淘汰的设备，不得转让给他人使用。县级以上人民政府有关部门应当制定工业固体废物污染环境防治工作规划，推广能够减少工业固体废物产生量和危害性的先进生产工艺和设备，推动工业固体废物污染环境防治工作。国家实行工业固体废物申报登记制度。产生工业固体废物的单位必须按照国务院环境保护行政主管部门的规定，向所在地县级以上地方人民政府环境保护行政主管部门提供工业固体废物的种类、产生量、流向、贮存、处置等有

① 《水污染防治法》第52~53条、第55~56条。

关资料。上述规定的申报事项有重大改变的,应当及时申报。县级以上人民政府应当统筹安排建设城乡生活垃圾收集、运输、处置设施,提高生活垃圾的利用率和无害化处置率,促进生活垃圾收集、处置的产业化发展,逐步建立和完善生活垃圾污染环境防治的社会服务体系。①

《噪声污染防治法》规定,国家对环境噪声污染严重的落后设备实行淘汰制度。国务院经济综合主管部门应当会同国务院有关部门公布限期禁止生产、禁止销售、禁止进口的环境噪声污染严重的设备名录。生产者、销售者或者进口者必须在国务院经济综合主管部门会同国务院有关部门规定的期限内分别停止生产、销售或者进口列入该规定的名录中的设备。国务院有关主管部门对可能产生环境噪声污染的工业设备,应当根据声环境保护的要求和国家的经济、技术条件,逐步在依法制定的产品的国家标准、行业标准中规定噪声限值。该规定的工业设备运行时发出的噪声值,应当在有关技术文件中予以注明。②

《放射性污染防治法》规定,国家对从事放射性污染防治的专业人员实行资格管理制度;对从事放射性污染监测工作的机构实行资质管理制度。运输放射性物质和含放射源的射线装置,应当采取有效措施,防止放射性污染。具体办法由国务院规定。含有放射性物质的产品,应当符合国家放射性污染防治标准;不符合国家放射性污染防治标准的,不得出厂和销售。使用伴生放射性矿渣和含有天然放射性物质的石材做建筑和装修材料,应当符合国家建筑材料放射性核素控制标准。生产、销售、使用放射性同位素和射线装置的单位,应当按照国务院有关放射性同位素与射线装置放射防护的规定申请领取许可证,办理登记手续。转让、进口放射性同位素和射线装置的单位以及装备有放射性同位素的仪表的单位,应当按照国务院有关放射性同位素与射线装置放射防护的

① 《固体废物污染环境防治法》第27~29条、第32条、第38条。

② 《噪声污染防治法》第18条、第26条。

规定办理有关手续。生产、销售、使用放射性同位素和加速器、中子发生器以及含放射源的射线装置的单位,应当在申请领取许可证前编制环境影响评价文件,报省、自治区、直辖市人民政府环境保护行政主管部门审查批准;未经批准,有关部门不得颁发许可证。生产、使用放射性同位素和射线装置的单位,应当按照国务院环境保护行政主管部门的规定对其产生的放射性废物进行收集、包装、贮存。生产放射源的单位,应当按照国务院环境保护行政主管部门的规定回收和利用废旧放射源;使用放射源的单位,应当按照国务院环境保护行政主管部门的规定将废旧放射源交回生产放射源的单位或者送交专门从事放射性固体废物贮存、处置的单位。生产、销售、使用、贮存放射源的单位,应当建立健全安全保卫制度,指定专人负责,落实安全责任制,制定必要的事故应急措施。发生放射源丢失、被盗和放射性污染事故时,有关单位和个人必须立即采取应急措施,并向公安部门、卫生行政部门和环境保护行政主管部门报告。公安部门、卫生行政部门和环境保护行政主管部门接到放射源丢失、被盗和放射性污染事故报告后,应当报告本级人民政府,并按照各自的职责立即组织采取有效措施,防止放射性污染蔓延,减少事故损失。当地人民政府应当及时将有关情况告知公众,并做好事故的调查、处理工作。开发利用或者关闭铀(钍)矿的单位,应当在申请领取采矿许可证或者办理退役审批手续前编制环境影响报告书,报国务院环境保护行政主管部门审查批准。开发利用伴生放射性矿的单位,应当在申请领取采矿许可证前编制环境影响报告书,报省级以上人民政府环境保护行政主管部门审查批准。①

《环境影响评价法》规定,国家根据建设项目对环境的影响程度,对建设项目的环境影响评价实行分类管理。建设单位应当按照下列规定组织编制环境影响报告书、环境影响报告表或者填报环境影响登记表(以下统称环境影响评价文件):(1)可能造成重大环境影响的,应当编

---

① 《放射性污染防治法》第 14 ~15 条、第 17 条、第 28 ~29 条、第 32 ~34 条。

制环境影响报告书,对产生的环境影响进行全面评价;(2)可能造成轻度环境影响的,应当编制环境影响报告表,对产生的环境影响进行分析或者专项评价;(3)对环境影响很小、不需要进行环境影响评价的,应当填报环境影响登记表。建设项目的环境影响评价分类管理名录,由国务院环境保护行政主管部门制定并公布。接受委托为建设项目环境影响评价提供技术服务的机构,应当经国务院环境保护行政主管部门考核审查合格后,颁发资质证书,按照资质证书规定的等级和评价范围,从事环境影响评价服务,并对评价结论负责。为建设项目环境影响评价提供技术服务的机构的资质条件和管理办法,由国务院环境保护行政主管部门制定。国务院环境保护行政主管部门对已取得资质证书的为建设项目环境影响评价提供技术服务的机构的名单,应当予以公布。为建设项目环境影响评价提供技术服务的机构,不得与负责审批建设项目环境影响评价文件的环境保护行政主管部门或者其他有关审批部门存在任何利益关系。环境保护行政主管部门应当对建设项目投入生产或者使用后所产生的环境影响进行跟踪检查,对造成严重环境污染或者生态破坏的,应当查清原因、查明责任。对属于为建设项目环境影响评价提供技术服务的机构编制不实的环境影响评价文件的,依照《环境影响评价法》第 32 条①的规定追究其法律责任;属于审批部门工作人员失职、渎职,对依法不应批准的建设项目环境影响评价文件予以批准的,依照《环境影响评价法》第 34 条②的规定追究其法律责任。③

---

① 《环境影响评价法》第 32 条规定,接受委托为建设项目环境影响评价提供技术服务的机构在环境影响评价工作中不负责任或者弄虚作假,致使环境影响评价文件失实的,由授予环境影响评价资质的环境保护行政主管部门降低其资质等级或者吊销其资质证书,并处所收费用 1 倍以上 3 倍以下的罚款;构成犯罪的,依法追究刑事责任。

② 《环境影响评价法》第 34 条规定,环境保护行政主管部门或者其他部门的工作人员徇私舞弊,滥用职权,玩忽职守,违法批准建设项目环境影响评价文件的,依法给予行政处分;构成犯罪的,依法追究刑事责任。

③ 《环境影响评价法》第 16 条、第 19 条、第 28 条。

《土壤污染防治法》规定，任何组织和个人都有保护土壤、防止土壤污染的义务。土地使用权人从事土地开发利用活动，企业事业单位和其他生产经营者从事生产经营活动，应当采取有效措施，防止、减少土壤污染，对所造成的土壤污染依法承担责任。国家支持土壤污染风险管控和修复、监测等污染防治科学技术研究开发、成果转化和推广应用，鼓励土壤污染防治产业发展，加强土壤污染防治专业技术人才培养，促进土壤污染防治科学技术进步。①

第六节　环境调控财税价格金融规定

《环境保护法》规定，各级人民政府应当加大保护和改善环境、防治污染和其他公害的财政投入，提高财政资金的使用效益。国家采取财政、税收、价格、政府采购等方面的政策和措施，鼓励和支持环境保护技术装备、资源综合利用和环境服务等环境保护产业的发展。企业事业单位和其他生产经营者，在污染物排放符合法定要求的基础上，进一步减少污染物排放的，人民政府应当依法采取财政、税收、价格、政府采购等方面的政策和措施予以鼓励和支持。国家建立、健全生态保护补偿制度。国家加大对生态保护地区的财政转移支付力度。有关地方人民政府应当落实生态保护补偿资金，确保其用于生态保护补偿。国家指导受益地区和生态保护地区人民政府通过协商或者按照市场规则进行生态保护补偿。国家鼓励和引导公民、法人和其他组织使用有利于保护环境的产品和再生产品，减少废弃物的产生。国家机关和使用财政资金的其他组织应当优先采购和使用节能、节水、节材等有利于保护环境的产品、设备和设施。排放污染物的企业事业单位和其他生产经营者，应当按照

① 《土壤污染防治法》第4条、第9条。

国家有关规定缴纳排污费。排污费应当全部专项用于环境污染防治,任何单位和个人不得截留、挤占或者挪作他用。依照法律规定征收环境保护税的,不再征收排污费。各级人民政府应当在财政预算中安排资金,支持农村饮用水水源地保护、生活污水和其他废弃物处理、畜禽养殖和屠宰污染防治、土壤污染防治和农村工矿污染治理等环境保护工作。国家鼓励投保环境污染责任保险。①

《海洋环境保护法》规定,直接向海洋排放污染物的单位和个人,必须按照国家规定缴纳排污费。依照法律规定缴纳环境保护税的,不再缴纳排污费。向海洋倾倒废弃物,必须按照国家规定缴纳倾倒费。根据该法规定征收的排污费、倾倒费,必须用于海洋环境污染的整治,不得挪作他用。具体办法由国务院规定。②

《大气污染防治法》规定,国家采取财政、税收、政府采购等措施推广应用节能环保型和新能源机动车船、非道路移动机械,限制高油耗、高排放机动车船、非道路移动机械的发展,减少化石能源的消耗。各级人民政府及其农业行政等有关部门应当鼓励和支持采用先进适用技术,对秸秆、落叶等进行肥料化、饲料化、能源化、工业原料化、食用菌基料化等综合利用,加大对秸秆还田、收集一体化农业机械的财政补贴力度。县级人民政府应当组织建立秸秆收集、贮存、运输和综合利用服务体系,采用财政补贴等措施支持农村集体经济组织、农民专业合作经济组织、企业等开展秸秆收集、贮存、运输和综合利用服务。③

《水污染防治法》规定,国家通过财政转移支付等方式,建立健全对位于饮用水水源保护区区域和江河、湖泊、水库上游地区的水环境生态保护补偿机制。城镇污水应当集中处理。县级以上地方人民政府应当

---

① 《环境保护法》第8条、第21~22条、第31条、第36条、第43条、第50条、第52条。

② 《海洋环境保护法》第12条。

③ 《大气污染防治法》第50条、第76条。

通过财政预算和其他渠道筹集资金，统筹安排建设城镇污水集中处理设施及配套管网，提高本行政区域城镇污水的收集率和处理率。国务院建设主管部门应当会同国务院经济综合宏观调控、环境保护主管部门，根据城乡规划和水污染防治规划，组织编制全国城镇污水处理设施建设规划。县级以上地方人民政府组织建设、经济综合宏观调控、环境保护、水行政等部门编制本行政区域的城镇污水处理设施建设规划。县级以上地方人民政府建设主管部门应当按照城镇污水处理设施建设规划，组织建设城镇污水集中处理设施及配套管网，并加强对城镇污水集中处理设施运营的监督管理。城镇污水集中处理设施的运营单位按照国家规定向排污者提供污水处理的有偿服务，收取污水处理费用，保证污水集中处理设施的正常运行。收取的污水处理费用应当用于城镇污水集中处理设施的建设运行和污泥处理处置，不得挪作他用。城镇污水集中处理设施的污水处理收费、管理以及使用的具体办法，由国务院规定。①

《放射性污染防治法》规定，铀（钍）矿开发利用单位应当制定铀（钍）矿退役计划。铀矿退役费用由国家财政预算安排。产生放射性固体废物的单位，应当按照国务院环境保护行政主管部门的规定，对其产生的放射性固体废物进行处理后，送交放射性固体废物处置单位处置，并承担处置费用。放射性固体废物处置费用收取和使用管理办法，由国务院财政部门、价格主管部门会同国务院环境保护行政主管部门规定。②

《土壤污染防治法》规定，国家采取有利于土壤污染防治的财政、税收、价格、金融等经济政策和措施。各级人民政府应当加强对土壤污染的防治，安排必要的资金用于下列事项：（1）土壤污染防治的科学技术研究开发、示范工程和项目；（2）各级人民政府及其有关部门组织实施

① 《水污染防治法》第8条、第49条。

② 《放射性污染防治法》第38条、第45条。

的土壤污染状况普查、监测、调查和土壤污染责任人认定、风险评估、风险管控、修复等活动;(3)各级人民政府及其有关部门对涉及土壤污染的突发事件的应急处置;(4)各级人民政府规定的涉及土壤污染防治的其他事项。使用资金应当加强绩效管理和审计监督,确保资金使用效益。国家加大土壤污染防治资金投入力度,建立土壤污染防治基金制度。设立中央土壤污染防治专项资金和省级土壤污染防治基金,主要用于农用地土壤污染防治和土壤污染责任人或者土地使用权人无法认定的土壤污染风险管控和修复以及政府规定的其他事项。对本法实施之前产生的,并且土壤污染责任人无法认定的污染地块,土地使用权人实际承担土壤污染风险管控和修复的,可以申请土壤污染防治基金,集中用于土壤污染风险管控和修复。土壤污染防治基金的具体管理办法,由国务院财政主管部门会同国务院生态环境、农业农村、自然资源、住房城乡建设、林业草原等主管部门制定。国家鼓励金融机构加大对土壤污染风险管控和修复项目的信贷投放。国家鼓励金融机构在办理土地权利抵押业务时开展土壤污染状况调查。从事土壤污染风险管控和修复的单位依照法律、行政法规的规定,享受税收优惠。国家鼓励并提倡社会各界为防治土壤污染捐赠财产,并依照法律、行政法规的规定,给予税收优惠。①

第七节　环境特别调控规定

一、环境监测规定

《环境保护法》规定,国家建立、健全环境监测制度。国务院环境保

---

① 《土壤污染防治法》第69~74条。

护主管部门制定监测规范，会同有关部门组织监测网络，统一规划国家环境质量监测站（点）的设置，建立监测数据共享机制，加强对环境监测的管理。有关行业、专业等各类环境质量监测站（点）的设置应当符合法律法规规定和监测规范的要求。监测机构应当使用符合国家标准的监测设备，遵守监测规范。监测机构及其负责人对监测数据的真实性和准确性负责。省级以上人民政府应当组织有关部门或者委托专业机构，对环境状况进行调查、评价，建立环境资源承载能力监测预警机制。国家建立跨行政区域的重点区域、流域环境污染和生态破坏联合防治协调机制，实行统一规划、统一标准、统一监测、统一的防治措施。该规定以外的跨行政区域的环境污染和生态破坏的防治，由上级人民政府协调解决，或者由有关地方人民政府协商解决。国家加强对大气、水、土壤等的保护，建立和完善相应的调查、监测、评估和修复制度。国家建立、健全环境与健康监测、调查和风险评估制度；鼓励和组织开展环境质量对公众健康影响的研究，采取措施预防和控制与环境污染有关的疾病。国务院环境保护主管部门统一发布国家环境质量、重点污染源监测信息及其他重大环境信息。省级以上人民政府环境保护主管部门定期发布环境状况公报。①

《海洋环境保护法》国家海洋行政主管部门按照国家环境监测、监视规范和标准，管理全国海洋环境的调查、监测、监视，制定具体的实施办法，会同有关部门组织全国海洋环境监测、监视网络，定期评价海洋环境质量，发布海洋巡航监视通报。依照该规定行使海洋环境监督管理权的部门分别负责各自所辖水域的监测、监视。其他有关部门根据全国海洋环境监测网的分工，分别负责对入海河口、主要排污口的监测。国务院有关部门应当向国务院环境保护行政主管部门提供编制全国环境质量公报所必需的海洋环境监测资料。环境保护行政主管部门应当向有

① 《环境保护法》第 17 ~18 条、第 20 条、第 32 条、第 39 条、第 54 条。

关部门提供与海洋环境监督管理有关的资料。国家海洋行政主管部门按照国家制定的环境监测、监视信息管理制度，负责管理海洋综合信息系统，为海洋环境保护监督管理提供服务。①

《大气污染防治法》规定，国务院生态环境主管部门负责制定大气环境质量和大气污染源的监测和评价规范，组织建设与管理全国大气环境质量和大气污染源监测网，组织开展大气环境质量和大气污染源监测，统一发布全国大气环境质量状况信息。县级以上地方人民政府生态环境主管部门负责组织建设与管理本行政区域大气环境质量和大气污染源监测网，开展大气环境质量和大气污染源监测，统一发布本行政区域大气环境质量状况信息。企业事业单位和其他生产经营者应当按照国家有关规定和监测规范，对其排放的工业废气和《大气污染防治法》第 78 条②规定名录中所列有毒有害大气污染物进行监测，并保存原始监测记录。其中，重点排污单位应当安装、使用大气污染物排放自动监测设备，与生态环境主管部门的监控设备联网，保证监测设备正常运行并依法公开排放信息。监测的具体办法和重点排污单位的条件由国务院生态环境主管部门规定。重点排污单位名录由设区的市级以上地方人民政府环境保护主管部门按照国务院环境保护主管部门的规定，根据本行政区域的大气环境承载力、重点大气污染物排放总量控制指标的要求以及排污单位排放大气污染物的种类、数量和浓度等因素，商有关部门确定，并向社会公布。重点排污单位应当对自动监测数据的真实性和准确性负责。生态环境主管部门发现重点排污单位的大气污染物排放自动监测设备传输数据异常，应当及时进行调查。禁止侵占、损毁或者擅

---

① 《海洋环境保护法》第 14 ~ 16 条。

② 《大气污染防治法》第 78 条规定，国务院环境保护主管部门应当会同国务院卫生行政部门，根据大气污染物对公众健康和生态环境的危害和影响程度，公布有毒有害大气污染物名录，实行风险管理。排放前款规定名录中所列有毒有害大气污染物的企业事业单位，应当按照国家有关规定建设环境风险预警体系，对排放口和周边环境进行定期监测，评估环境风险，排查环境安全隐患，并采取有效措施防范环境风险。

自移动、改变大气环境质量监测设施和大气污染物排放自动监测设备。国务院环境保护主管部门会同有关部门，建立和完善大气污染损害评估制度。①

《水污染防治法》规定，国家建立水环境质量监测和水污染物排放监测制度。国务院环境保护主管部门负责制定水环境监测规范，统一发布国家水环境状况信息，会同国务院水行政等部门组织监测网络，统一规划国家水环境质量监测站（点）的设置，建立监测数据共享机制，加强对水环境监测的管理。国家确定的重要江河、湖泊流域的水资源保护工作机构负责监测其所在流域的省界水体的水环境质量状况，并将监测结果及时报国务院环境保护主管部门和国务院水行政主管部门；有经国务院批准成立的流域水资源保护领导机构的，应当将监测结果及时报告流域水资源保护领导机构。国务院环境保护主管部门和省、自治区、直辖市人民政府环境保护主管部门应当会同同级有关部门根据流域生态环境功能需要，明确流域生态环境保护要求，组织开展流域环境资源承载能力监测、评价，实施流域环境资源承载能力预警。县级以上地方人民政府应当根据流域生态环境功能需要，组织开展江河、湖泊、湿地保护与修复，因地制宜建设人工湿地、水源涵养林、沿河沿湖植被缓冲带和隔离带等生态环境治理与保护工程，整治黑臭水体，提高流域环境资源承载能力。从事开发建设活动，应当采取有效措施，维护流域生态环境功能，严守生态保护红线。国务院环境保护主管部门应当会同国务院卫生主管部门，根据对公众健康和生态环境的危害和影响程度，公布有毒有害水污染物名录，实行风险管理。排放上述规定名录中所列有毒有害水污染物的企业事业单位和其他生产经营者，应当对排污口和周边环境进行监测，评估环境风险，排查环境安全隐患，并公开有毒有害水污染物信

---

① 《大气污染防治法》第23～26条、第28条。

息,采取有效措施防范环境风险。[①]

《固体废物污染环境防治法》规定,国务院环境保护行政主管部门建立固体废物污染环境监测制度,制定统一的监测规范,并会同有关部门组织监测网络。大、中城市人民政府环境保护行政主管部门应当定期发布固体废物的种类、产生量、处置状况等信息。[②]

《噪声污染防治法》规定,国务院生态环境行政主管部门应当建立环境噪声监测制度,制定监测规范,并会同有关部门组织监测网络。[③]

《放射性污染防治法》规定,国家对从事放射性污染防治的专业人员实行资格管理制度;对从事放射性污染监测工作的机构实行资质管理制度。核设施营运单位应当对核设施周围环境中所含的放射性核素的种类、浓度以及核设施流出物中的放射性核素总量实施监测,并定期向国务院环境保护行政主管部门和所在地省、自治区、直辖市人民政府环境保护行政主管部门报告监测结果。国务院环境保护行政主管部门负责对核动力厂等重要核设施实施监督性监测,并根据需要对其他核设施的流出物实施监测。监督性监测系统的建设、运行和维护费用由财政预算安排。[④]

《土壤污染防治法》规定,国家实行土壤环境监测制度。国务院生态环境主管部门制定土壤环境监测规范,会同国务院农业农村、自然资源、住房城乡建设、水利、卫生健康、林业草原等主管部门组织监测网络,统一规划国家土壤环境监测站(点)的设置。地方人民政府农业农村、林业草原主管部门应当会同生态环境、自然资源主管部门对下列农用地地块进行重点监测:(1)产出的农产品污染物含量超标的;(2)作为或者曾作为污水灌溉区的;(3)用于或者曾用于规模化养殖,固体废物堆放、

---

① 《水污染防治法》第25~26条、第29条、第32条。

② 《固体废物污染环境防治法》第12条。

③ 《噪声污染防治法》第20条。

④ 《放射性污染防治法》第14条、第24条。

填埋的；(4)曾作为工矿用地或者发生过重大、特大污染事故的；(5)有毒有害物质生产、贮存、利用、处置设施周边的；(6)国务院农业农村、林业草原、生态环境、自然资源主管部门规定的其他情形。地方人民政府生态环境主管部门应当会同自然资源主管部门对下列建设用地地块进行重点监测：(1)曾用于生产、使用、贮存、回收、处置有毒有害物质的；(2)曾用于固体废物堆放、填埋的；(3)曾发生过重大、特大污染事故的；(4)国务院生态环境、自然资源主管部门规定的其他情形。①

二、环境调控目标责任制规定

《环境保护法》规定，国家实行环境保护目标责任制和考核评价制度。县级以上人民政府应当将环境保护目标完成情况纳入对本级人民政府负有环境保护监督管理职责的部门及其负责人和下级人民政府及其负责人的考核内容，作为对其考核评价的重要依据。考核结果应当向社会公开。②《大气污染防治法》规定，国务院生态环境主管部门会同国务院有关部门，按照国务院的规定，对省、自治区、直辖市大气环境质量改善目标、大气污染防治重点任务完成情况进行考核。省、自治区、直辖市人民政府制定考核办法，对本行政区域内地方大气环境质量改善目标、大气污染防治重点任务完成情况实施考核。考核结果应当向社会公开。③《水污染防治法》规定，省、市、县、乡建立河长制，分级分段组织领导本行政区域内江河、湖泊的水资源保护、水域岸线管理、水污染防治、水环境治理等工作。国家实行水环境保护目标责任制和考核评价制度，将水环境保护目标完成情况作为对地方人民政府及其负责人考核评价

① 《土壤污染防治法》第 15 ~17 条。
② 《环境保护法》第 26 条。
③ 《大气污染防治法》第 4 条。

的内容。[①]《土壤污染防治法》规定，地方各级人民政府应当对本行政区域土壤污染防治和安全利用负责。国家实行土壤污染防治目标责任制和考核评价制度，将土壤污染防治目标完成情况作为考核评价地方各级人民政府及其负责人、县级以上人民政府负有土壤污染防治监督管理职责的部门及其负责人的内容。[②]

三、区域环境调控规定制度

《环境保护法》规定，国家在重点生态功能区、生态环境敏感区和脆弱区等区域划定生态保护红线，实行严格保护。各级人民政府对具有代表性的各种类型的自然生态系统区域，珍稀、濒危的野生动植物自然分布区域，重要的水源涵养区域，具有重大科学文化价值的地质构造、著名溶洞和化石分布区、冰川、火山、温泉等自然遗迹，以及人文遗迹、古树名木，应当采取措施予以保护，严禁破坏。[③]《海洋环境保护法》规定，国家在重点海洋生态功能区、生态环境敏感区和脆弱区等海域划定生态保护红线，实行严格保护。国家建立并实施重点海域排污总量控制制度，确定主要污染物排海总量控制指标，并对主要污染源分配排放控制数量。具体办法由国务院制定。跨区域的海洋环境保护工作，由有关沿海地方人民政府协商解决，或者由上级人民政府协调解决。跨部门的重大海洋环境保护工作，由国务院环境保护行政主管部门协调；协调未能解决的，由国务院作出决定。国务院和沿海地方各级人民政府应当采取有效措施，保护红树林、珊瑚礁、滨海湿地、海岛、海湾、入海河口、重要渔业水域等具有典型性、代表性的海洋生态系统，珍稀、濒危海洋生物的天然集中分布区，具有重要经济价值的海洋生物生存区域及有重大科学文化价值

① 《水污染防治法》第5~6条。
② 《土壤污染防治法》第5条。
③ 《环境保护法》第29条。

的海洋自然历史遗迹和自然景观。对具有重要经济、社会价值的已遭到破坏的海洋生态,应当进行整治和恢复。国务院有关部门和沿海省级人民政府应当根据保护海洋生态的需要,选划、建立海洋自然保护区。国家级海洋自然保护区的建立,须经国务院批准。凡具有下列条件之一的,应当建立海洋自然保护区:(1)典型的海洋自然地理区域、有代表性的自然生态区域,以及遭受破坏但经保护能恢复的海洋自然生态区域;(2)海洋生物物种高度丰富的区域,或者珍稀、濒危海洋生物物种的天然集中分布区域;(3)具有特殊保护价值的海域、海岸、岛屿、滨海湿地、入海河口和海湾等;(4)具有重大科学文化价值的海洋自然遗迹所在区域;(5)其他需要予以特殊保护的区域。凡具有特殊地理条件、生态系统、生物与非生物资源及海洋开发利用特殊需要的区域,可以建立海洋特别保护区,采取有效的保护措施和科学的开发方式进行特殊管理。国家建立健全海洋生态保护补偿制度。开发利用海洋资源,应当根据海洋功能区划合理布局,严格遵守生态保护红线,不得造成海洋生态环境破坏。国家海洋行政主管部门按照科学、合理、经济、安全的原则选划海洋倾倒区,经国务院环境保护行政主管部门提出审核意见后,报国务院批准。临时性海洋倾倒区由国家海洋行政主管部门批准,并报国务院环境保护行政主管部门备案。国家海洋行政主管部门在选划海洋倾倒区和批准临时性海洋倾倒区之前,必须征求国家海事、渔业行政主管部门的意见。国家海洋行政主管部门监督管理倾倒区的使用,组织倾倒区的环境监测。对经确认不宜继续使用的倾倒区,国家海洋行政主管部门应当予以封闭,终止在该倾倒区的一切倾倒活动,并报国务院备案。①

《大气污染防治法》规定,城市人民政府可以划定并公布高污染燃料禁燃区,并根据大气环境质量改善要求,逐步扩大高污染燃料禁燃区范围。高污染燃料的目录由国务院生态环境主管部门确定。在禁燃区

① 《海洋环境保护法》第3条、第9条、第20~24条、第57~58条。

内,禁止销售、燃用高污染燃料;禁止新建、扩建燃用高污染燃料的设施,已建成的,应当在城市人民政府规定的期限内改用天然气、页岩气、液化石油气、电或者其他清洁能源。城市建设应当统筹规划,在燃煤供热地区,推进热电联产和集中供热。在集中供热管网覆盖地区,禁止新建、扩建分散燃煤供热锅炉;已建成的不能达标排放的燃煤供热锅炉,应当在城市人民政府规定的期限内拆除。城市人民政府可以根据大气环境质量状况,划定并公布禁止使用高排放非道路移动机械的区域。国务院交通运输主管部门可以在沿海海域划定船舶大气污染物排放控制区,进入排放控制区的船舶应当符合船舶相关排放要求。国家建立重点区域大气污染联防联控机制,统筹协调重点区域内大气污染防治工作。国务院环境保护主管部门根据主体功能区划、区域大气环境质量状况和大气污染传输扩散规律,划定国家大气污染防治重点区域,报国务院批准。重点区域内有关省、自治区、直辖市人民政府应当确定牵头的地方人民政府,定期召开联席会议,按照统一规划、统一标准、统一监测、统一的防治措施的要求,开展大气污染联合防治,落实大气污染防治目标责任。国务院生态环境主管部门应当加强指导、督促。省、自治区、直辖市可以参照前述规定划定本行政区域的大气污染防治重点区域。国务院生态环境主管部门会同国务院有关部门、国家大气污染防治重点区域内有关省、自治区、直辖市人民政府,根据重点区域经济社会发展和大气环境承载力,制定重点区域大气污染联合防治行动计划,明确控制目标,优化区域经济布局,统筹交通管理,发展清洁能源,提出重点防治任务和措施,促进重点区域大气环境质量改善。国务院经济综合主管部门会同国务院环境保护主管部门,结合国家大气污染防治重点区域产业发展实际和大气环境质量状况,进一步提高环境保护、能耗、安全、质量等要求。重点区域内有关省、自治区、直辖市人民政府应当实施更严格的机动车大气污染物排放标准,统一在用机动车检验方法和排放限值,并配套供应合格的车用燃油。编制可能对国家大气污染防治重点区域的大气环境造成严重污染的有关工业园区、开发区、区域产业和发展等规划，应当依法进行环境影响评价。规划编制机关应当与重点区域内有关省、自治区、直辖市人民政府或者有关部门会商。重点区域内有关省、自治区、直辖市建设可能对相邻省、自治区、直辖市大气环境质量产生重大影响的项目，应当及时通报有关信息，进行会商。会商意见及其采纳情况作为环境影响评价文件审查或者审批的重要依据。国家大气污染防治重点区域内新建、改建、扩建用煤项目的，应当实行煤炭的等量或者减量替代。国务院生态环境主管部门应当组织建立国家大气污染防治重点区域的大气环境质量监测、大气污染源监测等相关信息共享机制，利用监测、模拟以及卫星、航测、遥感等新技术分析重点区域内大气污染来源及其变化趋势，并向社会公开。国务院生态环境主管部门和国家大气污染防治重点区域内有关省、自治区、直辖市人民政府可以组织有关部门开展联合执法、跨区域执法、交叉执法。①

《水污染防治法》规定，国家建立饮用水水源保护区制度。饮用水水源保护区分为一级保护区和二级保护区；必要时，可以在饮用水水源保护区外围划定一定的区域作为准保护区。饮用水水源保护区的划定，由有关市、县人民政府提出划定方案，报省、自治区、直辖市人民政府批准；跨市、县饮用水水源保护区的划定，由有关市、县人民政府协商提出划定方案，报省、自治区、直辖市人民政府批准；协商不成的，由省、自治区、直辖市人民政府环境保护主管部门会同同级水行政、国土资源、卫生、建设等部门提出划定方案，征求同级有关部门的意见后，报省、自治区、直辖市人民政府批准。跨省、自治区、直辖市的饮用水水源保护区，由有关省、自治区、直辖市人民政府商有关流域管理机构划定；协商不成的，由国务院环境保护主管部门会同同级水行政、国土资源、卫生、建设等部门提出划定方案，征求国务院有关部门的意见后，报国务院批准。

---

① 《大气污染防治法》第 38 ~39 条、第 61 条、第 64 条、第 86 ~92 条。

国务院和省、自治区、直辖市人民政府可以根据保护饮用水水源的实际需要,调整饮用水水源保护区的范围,确保饮用水安全。有关地方人民政府应当在饮用水水源保护区的边界设立明确的地理界标和明显的警示标志。国务院和省、自治区、直辖市人民政府根据水环境保护的需要,可以规定在饮用水水源保护区内,采取禁止或者限制使用含磷洗涤剂、化肥、农药以及限制种植养殖等措施。①

《土壤污染防治法》规定,国家建立农用地分类管理制度。按照土壤污染程度和相关标准,将农用地划分为优先保护类、安全利用类和严格管控类。县级以上地方人民政府应当依法将符合条件的优先保护类耕地划为永久基本农田,实行严格保护。在永久基本农田集中区域,不得新建可能造成土壤污染的建设项目;已经建成的,应当限期关闭拆除。对安全利用类农用地地块,地方人民政府农业农村、林业草原主管部门,应当结合主要作物品种和种植习惯等情况,制定并实施安全利用方案。安全利用方案应当包括下列内容:(1)农艺调控、替代种植;(2)定期开展土壤和农产品协同监测与评价;(3)对农民、农民专业合作社及其他农业生产经营主体进行技术指导和培训;(4)其他风险管控措施。对严格管控类农用地地块,地方人民政府农业农村、林业草原主管部门应当采取下列风险管控措施:(1)提出划定特定农产品禁止生产区域的建议,报本级人民政府批准后实施;(2)按照规定开展土壤和农产品协同监测与评价;(3)对农民、农民专业合作社及其他农业生产经营主体进行技术指导和培训;(4)其他风险管控措施。各级人民政府及其有关部门应当鼓励对严格管控类农用地采取调整种植结构、退耕还林还草、退耕还湿、轮作休耕、轮牧休牧等风险管控措施,并给予相应的政策支持。安全利用类和严格管控类农用地地块的土壤污染影响或者可能影响地下水、饮用水水源安全的,地方人民政府生态环境主管部门应当会同农

① 《水污染防治法》第63条、第73条。

业农村、林业草原等主管部门制定防治污染的方案，并采取相应的措施。对安全利用类和严格管控类农用地地块，土壤污染责任人应当按照国家有关规定以及土壤污染风险评估报告的要求，采取相应的风险管控措施，并定期向地方人民政府农业农村、林业草原主管部门报告。对建设用地土壤污染风险管控和修复名录中需要实施修复的地块，土壤污染责任人应当结合土地利用总体规划和城乡规划编制修复方案，报地方人民政府生态环境主管部门备案并实施。修复方案应当包括地下水污染防治的内容。风险管控、修复活动完成后，土壤污染责任人应当另行委托有关单位对风险管控效果、修复效果进行评估，并将效果评估报告报地方人民政府生态环境主管部门备案。对达到土壤污染风险评估报告确定的风险管控、修复目标的建设用地地块，土壤污染责任人、土地使用权人可以申请省级人民政府生态环境主管部门移出建设用地土壤污染风险管控和修复名录。省级人民政府生态环境主管部门应当会同自然资源等主管部门对风险管控效果评估报告、修复效果评估报告组织评审，及时将达到土壤污染风险评估报告确定的风险管控、修复目标且可以安全利用的地块移出建设用地土壤污染风险管控和修复名录，按照规定向社会公开，并定期向国务院生态环境主管部门报告。未达到土壤污染风险评估报告确定的风险管控、修复目标的建设用地地块，禁止开工建设任何与风险管控、修复无关的项目。①

四、环境污染排放的总量控制制度

《环境保护法》规定，国家实行重点污染物排放总量控制制度。重点污染物排放总量控制指标由国务院下达，省、自治区、直辖市人民政府分解落实。企业事业单位在执行国家和地方污染物排放标准的同时，应

---

① 《土壤污染防治法》第 49 条、第 50 条、第 53 ~56 条、第 64 ~66 条。

当遵守分解落实到本单位的重点污染物排放总量控制指标。对超过国家重点污染物排放总量控制指标或者未完成国家确定的环境质量目标的地区，省级以上人民政府环境保护主管部门应当暂停审批其新增重点污染物排放总量的建设项目环境影响评价文件。①

《大气污染防治法》规定，国家对重点大气污染物排放实行总量控制。重点大气污染物排放总量控制目标，由国务院生态环境主管部门在征求国务院有关部门和各省、自治区、直辖市人民政府意见后，会同国务院经济综合主管部门报国务院批准并下达实施。省、自治区、直辖市人民政府应当按照国务院下达的总量控制目标，控制或者削减本行政区域的重点大气污染物排放总量。确定总量控制目标和分解总量控制指标的具体办法，由国务院生态环境主管部门会同国务院有关部门规定。省、自治区、直辖市人民政府可以根据本行政区域大气污染防治的需要，对国家重点大气污染物之外的其他大气污染物排放实行总量控制。国家逐步推行重点大气污染物排污权交易。对超过国家重点大气污染物排放总量控制指标或者未完成国家下达的大气环境质量改善目标的地区，省级以上人民政府生态环境主管部门应当会同有关部门约谈该地区人民政府的主要负责人，并暂停审批该地区新增重点大气污染物排放总量的建设项目环境影响评价文件。约谈情况应当向社会公开。②

《水污染防治法》规定，排放水污染物，不得超过国家或者地方规定的水污染物排放标准和重点水污染物排放总量控制指标。国家对重点水污染物排放实施总量控制制度。重点水污染物排放总量控制指标，由国务院环境保护主管部门在征求国务院有关部门和各省、自治区、直辖市人民政府意见后，会同国务院经济综合宏观调控部门报国务院批准并下达实施。省、自治区、直辖市人民政府应当按照国务院的规定削减和

---

① 《环境保护法》第 44 条。

② 《大气污染防治法》第 21 ~22 条。

控制本行政区域的重点水污染物排放总量。具体办法由国务院环境保护主管部门会同国务院有关部门规定。省、自治区、直辖市人民政府可以根据本行政区域水环境质量状况和水污染防治工作的需要,对国家重点水污染物之外的其他水污染物排放实行总量控制。对超过重点水污染物排放总量控制指标或者未完成水环境质量改善目标的地区,省级以上人民政府环境保护主管部门应当会同有关部门约谈该地区人民政府的主要负责人,并暂停审批新增重点水污染物排放总量的建设项目的环境影响评价文件。约谈情况应当向社会公开。①

五、环境影响评价与"三同时"规定

《环境保护法》规定,建设项目中防治污染的设施,应当与主体工程同时设计、同时施工、同时投产使用。防治污染的设施应当符合经批准的环境影响评价文件的要求,不得擅自拆除或者闲置。②《海洋环境保护法》规定,海岸工程建设项目单位,必须对海洋环境进行科学调查,根据自然条件和社会条件,合理选址,编制环境影响报告书(表)。在建设项目开工前,将环境影响报告书(表)报环境保护行政主管部门审查批准。环境保护行政主管部门在批准环境影响报告书(表)之前,必须征求海洋、海事、渔业行政主管部门和军队环境保护部门的意见。海洋工程建设项目必须符合全国海洋主体功能区规划、海洋功能区划、海洋环境保护规划和国家有关环境保护标准。海洋工程建设项目单位应当对海洋环境进行科学调查,编制海洋环境影响报告书(表),并在建设项目开工前,报海洋行政主管部门审查批准。海洋行政主管部门在批准海洋环境影响报告书(表)之前,必须征求海事、渔业行政主管部门和军队环

① 《水污染防治法》第10条、第20条。
② 《环境保护法》第41条。

境保护部门的意见。海洋工程建设项目的环境保护设施,必须与主体工程同时设计、同时施工、同时投产使用。环境保护设施未经海洋行政主管部门验收,或者经验收不合格的,建设项目不得投入生产或者使用。拆除或者闲置环境保护设施,必须事先征得海洋行政主管部门的同意。① 《水污染防治法》规定,新建、改建、扩建直接或者间接向水体排放污染物的建设项目和其他水上设施,应当依法进行环境影响评价。建设单位在江河、湖泊新建、改建、扩建排污口的,应当取得水行政主管部门或者流域管理机构同意;涉及通航、渔业水域的,环境保护主管部门在审批环境影响评价文件时,应当征求交通、渔业主管部门的意见。建设项目的水污染防治设施,应当与主体工程同时设计、同时施工、同时投入使用。水污染防治设施应当符合经批准或者备案的环境影响评价文件的要求。②

六、排污许可规定

《大气污染防治法》规定,排放工业废气或者本法第 78 条规定③名录中所列有毒有害大气污染物的企业事业单位、集中供热设施的燃煤热源生产运营单位以及其他依法实行排污许可管理的单位,应当取得排污许可证。排污许可的具体办法和实施步骤由国务院规定。企业事业单位和其他生产经营者向大气排放污染物的,应当依照法律法规和国务院环境保护主管部门的规定设置大气污染物排放口。禁止通过偷排、篡改

---

① 《海洋环境保护法》第 43 条、第 47 ~48 条。

② 《水污染防治法》第 19 条。

③ 《大气污染防治法》第 78 条规定,国务院环境保护主管部门应当会同国务院卫生行政部门,根据大气污染物对公众健康和生态环境的危害和影响程度,公布有毒有害大气污染物名录,实行风险管理。排放前款规定名录中所列有毒有害大气污染物的企业事业单位,应当按照国家有关规定建设环境风险预警体系,对排放口和周边环境进行定期监测,评估环境风险,排查环境安全隐患,并采取有效措施防范环境风险。

或者伪造监测数据、以逃避现场检查为目的的临时停产、非紧急情况下开启应急排放通道、不正常运行大气污染防治设施等逃避监管的方式排放大气污染物。①《水污染防治法》规定,直接或者间接向水体排放工业废水和医疗污水以及其他按照规定应当取得排污许可证方可排放的废水、污水的企业事业单位和其他生产经营者,应当取得排污许可证;城镇污水集中处理设施的运营单位,也应当取得排污许可证。排污许可证应当明确排放水污染物的种类、浓度、总量和排放去向等要求。排污许可的具体办法由国务院规定。禁止企业事业单位和其他生产经营者无排污许可证或者违反排污许可证的规定向水体排放上述规定的废水、污水。向水体排放污染物的企业事业单位和其他生产经营者,应当按照法律、行政法规和国务院环境保护主管部门的规定设置排污口;在江河、湖泊设置排污口的,还应当遵守国务院水行政主管部门的规定。实行排污许可管理的企业事业单位和其他生产经营者应当按照国家有关规定和监测规范,对所排放的水污染物自行监测,并保存原始监测记录。重点排污单位还应当安装水污染物排放自动监测设备,与环境保护主管部门的监控设备联网,并保证监测设备正常运行。具体办法由国务院环境保护主管部门规定。应当安装水污染物排放自动监测设备的重点排污单位名录,由设区的市级以上地方人民政府环境保护主管部门根据本行政区域的环境容量、重点水污染物排放总量控制指标的要求以及排污单位排放水污染物的种类、数量和浓度等因素,商同级有关部门确定。实行排污许可管理的企业事业单位和其他生产经营者应当对监测数据的真实性和准确性负责。环境保护主管部门发现重点排污单位的水污染物排放自动监测设备传输数据异常,应当及时进行调查。②

① 《大气污染防治法》第 19 ~20 条。

② 《水污染防治法》第 21 ~24 条。

七、环境调控预警规定

《大气污染防治法》规定，国家建立重污染天气监测预警体系。国务院生态环境主管部门会同国务院气象主管机构等有关部门、国家大气污染防治重点区域内有关省、自治区、直辖市人民政府，建立重点区域重污染天气监测预警机制，统一预警分级标准。可能发生区域重污染天气的，应当及时向重点区域内有关省、自治区、直辖市人民政府通报。省、自治区、直辖市、设区的市人民政府环境保护主管部门会同气象主管机构等有关部门建立本行政区域重污染天气监测预警机制。县级以上地方人民政府应当将重污染天气应对纳入突发事件应急管理体系。省、自治区、直辖市、设区的市人民政府以及可能发生重污染天气的县级人民政府，应当制定重污染天气应急预案，向上一级人民政府环境保护主管部门备案，并向社会公布。省、自治区、直辖市、设区的市人民政府环境保护主管部门应当会同气象主管机构建立会商机制，进行大气环境质量预报。可能发生重污染天气的，应当及时向本级人民政府报告。省、自治区、直辖市、设区的市人民政府依据重污染天气预报信息，进行综合研判，确定预警等级并及时发出预警。预警等级根据情况变化及时调整。任何单位和个人不得擅自向社会发布重污染天气预报预警信息。预警信息发布后，人民政府及其有关部门应当通过电视、广播、网络、短信等途径告知公众采取健康防护措施，指导公众出行和调整其他相关社会活动。县级以上地方人民政府应当依据重污染天气的预警等级，及时启动应急预案，根据应急需要可以采取责令有关企业停产或者限产、限制部分机动车行驶、禁止燃放烟花爆竹、停止工地土石方作业和建筑物拆除施工、停止露天烧烤、停止幼儿园和学校组织的户外活动、组织开展人工影响天气作业等应急措施。应急响应结束后，人民政府应当及时开展应急预案实施情况的评估，适时修改完善应急预案。发生造成大气污染的突发环境事件,人民政府及其有关部门和相关企业事业单位,应当依照《突发事件应对法》《环境保护法》的规定,做好应急处置工作。环境保护主管部门应当及时对突发环境事件产生的大气污染物进行监测,并向社会公布监测信息。①

《放射性污染防治法》规定,国家建立健全核事故应急制度。核设施主管部门、环境保护行政主管部门、卫生行政部门、公安部门以及其他有关部门,在本级人民政府的组织领导下,按照各自的职责依法做好核事故应急工作。中国人民解放军和中国人民武装警察部队按照国务院、中央军事委员会的有关规定在核事故应急中实施有效的支援。国家建立放射性同位素备案制度。具体办法由国务院规定。②

简要评析

本章经过梳理发现,中国的环境调控法在经过初次立法后,都根据改革实践进行了新的修改。平均大幅修改时间为 10 年左右。总体评价,中国目前的环境保护类法律比较完善,关键是执行问题。为此,党的十八大把生态文明建设纳入国家战略发展目标以来,国家加大了对环境保护的执法力度,收到了一定的效果。党的十九大提出,建设生态文明是中华民族永续发展的千年大计,把坚持人与自然和谐共生作为新时代坚持和发展中国特色社会主义基本方略的重要内容。在经济新常态下,生态环境保护与自然资源保护一样,已成为制约经济和社会发展的基本要素,而且两个方面的立法应当相互衔接。在节能减排方面,经济发展与环境保护的矛盾十分突出,因此,任务十分艰巨,相关的立法需要继续

---

① 《大气污染防治法》第 93 ~97 条。

② 《放射性污染防治法》第 26 条、第 29 条。

完善。

从法律部门的分工来看,环境法属于行政法的范畴,但与宏观调控有密切的联系。因此,环境保护类法律与宏观调控法存在交叉与竞合,其中,宏观调控法应立足于总体发展政策与制度的把控,而行政法则应侧重于行政执法。另外,新的《民事诉讼法》将自然资源和环境保护类案件列为公益诉讼范畴,①人民法院专设自然资源和环境保护审判机构,从司法角度,更好地保护自然资源和生态环境。在此方面,在今后法律法规的完善中应当有所体现。

① 根据2017年《民事诉讼法》第55条规定,对污染环境、侵害众多消费者合法权益等损害社会公共利益的行为,法律规定的机关和有关组织可以向人民法院提起诉讼。人民检察院在履行职责中发现破坏生态环境和资源保护、食品药品安全领域侵害众多消费者合法权益等损害社会公共利益的行为,在没有前款规定的机关和组织或者前款规定的机关和组织不提起诉讼的情况下,可以向人民法院提起诉讼。前款规定的机关或者组织提起诉讼的,人民检察院可以支持起诉。

第二十三章　科技事业调控法律制度的完善

科技事业发展需要法律支持。相关的法律法规规定涉及科技组织法、科技管理法、科技协作法的规定。其中,一些规定涉及宏观调控。截至目前,国家在科技方面的法律有四部,即《专利法》、《科学技术普及法》、《科学技术进步法》和《促进科技成果转化法》。按照社会主义法律体系的制度安排,《专利法》属于民商法中的知识产权法,其他三部法律属于行政法的范畴。在这四部重要的科技立法中,有关宏观调控方面的规定,为国家实施科技调控奠定了法律基础。

第一节　科技法的制定和实施

《专利法》于 1984 年 3 月 12 日第六届全国人民代表大会常务委员会第四次会议通过;根据 1992 年 9 月 4 日第七届全国人民代表大会常

务委员会第二十七次会议《关于修改〈中华人民共和国专利法〉的决定》第一次修正；根据2000年8月25日第九届全国人民代表大会常务委员会第十七次会议《关于修改〈中华人民共和国专利法〉的决定》第二次修正；根据2008年12月27日第十一届全国人民代表大会常务委员会第六次会议《关于修改〈中华人民共和国专利法〉的决定》第三次修正。[①] 截至2018年年底，《专利法》的新一轮修正已进入立法程序。《专利法》的立法目的是：保护专利权人的合法权益，鼓励发明创造，推动发明创造的应用，提高创新能力，促进科学技术进步和经济社会发展。现行的《专利法》共8章76条。其内容涉及对授予专利权的条件，专利的申请，专利申请的审查和批准，专利权的期限、终止和无效，专利实施的强制许可及专利权保护的规定。

《科学技术普及法》于2002年6月29日第九届全国人民代表大会常务委员会第二十八次会议通过，自公布之日起施行。该法的立法目的是：为了实施科教兴国战略和可持续发展战略，加强科学技术普及工作，提高公民的科学文化素质，推动经济发展和社会进步。该法适用于国家和社会普及科学技术知识、倡导科学方法、传播科学思想、弘扬科学精神的活动。现行的《科学技术普及法》共6章34条。其内容涉及对组织管理、社会责任、保障措施及法律责任的规定。

《科学技术进步法》于1993年7月2日第八届全国人民代表大会常务委员会第二次会议通过；2007年12月29日第十届全国人民代表大会常务委员会第三十一次会议修订，自2008年7月1日起施行新的《科学技术进步法》。[②] 该法的立法目的是：促进科学技术进步，发挥科学技术

---

① 详见2008年12月27日第十一届全国人民代表大会常务委员会第六次会议通过《关于修改〈中华人民共和国专利法〉的决定》。根据该决定，修改内容涉及36条。

② 2007年第十届全国人民代表大会第三次会议，对《科学技术进步法》进行了大幅度修改，条款从原来的57条增加为75条，各章的内容有所调整，并专门增加了"企业技术进步"一章，增加了对科学技术研究失败宽容等内容的规定。

第一生产力的作用，促进科学技术成果向现实生产力转化，推动科学技术为经济建设和社会发展服务。涉及国防科学技术的其他有关事项，由国务院、中央军事委员会规定。现行《科学技术进步法》共8章75条，其内容涉及对科学研究、技术开发与科学技术应用，企业技术进步，科学技术研究开发机构，科学技术人员，保障措施及法律责任的规定。

《促进科技成果转化法》于1996年5月15日第八届全国人民代表大会常务委员会第十九次会议通过；根据2015年8月29日第十二届全国人民代表大会常务委员会第十六次会议《关于修改〈中华人民共和国促进科技成果转化法〉的决定》修正。① 该法的立法目的是：促进科技成果转化为现实生产力，规范科技成果转化活动，加速科学技术进步，推动经济建设和社会发展。该法所称科技成果，是指通过科学研究与技术开发所产生的具有实用价值的成果。职务科技成果，是指执行研究开发机构、高等院校和企业等单位的工作任务，或者主要是利用上述单位的物质技术条件所完成的科技成果。该法所称科技成果转化，是指为提高生产力水平而对科技成果所进行的后续试验、开发、应用、推广直至形成新技术、新工艺、新材料、新产品，发展新产业等活动。现行《促进科技成果转化法》共6章52条。其内容涉及对组织实施、保障措施、技术权益及法律责任的规定。

第二节　国家宏观科技政策的规定

《专利法》规定，本法所称的发明创造是指发明、实用新型和外观设计。发明，是指对产品、方法或者其改进所提出的新的技术方案。实用

---

① 为了适应我国经济社会发展和科技体制改革的不断深入，推动科技与经济结合、实施创新驱动发展战略，2015年对《促进科技成果转化法》进行了较大范围修改，共修改44条。

新型,是指对产品的形状、构造或者其结合所提出的适于实用的新的技术方案。外观设计,是指对产品的形状、图案或者其结合以及色彩与形状、图案的结合所作出的富有美感并适于工业应用的新设计。国务院专利行政部门负责管理全国的专利工作;统一受理和审查专利申请,依法授予专利权。省、自治区、直辖市人民政府管理专利工作的部门负责本行政区域内的专利管理工作。申请专利的发明创造涉及国家安全或者重大利益需要保密的,按照国家有关规定办理。对违反法律、社会公德或者妨害公共利益的发明创造,不授予专利权。对违反法律、行政法规的规定获取或者利用遗传资源,并依赖该遗传资源完成的发明创造,不授予专利权。执行本单位的任务或者主要是利用本单位的物质技术条件所完成的发明创造为职务发明创造。职务发明创造申请专利的权利属于该单位;申请被批准后,该单位为专利权人。非职务发明创造,申请专利的权利属于发明人或者设计人;申请被批准后,该发明人或者设计人为专利权人。利用本单位的物质技术条件所完成的发明创造,单位与发明人或者设计人订有合同,对申请专利的权利和专利权的归属作出约定的,从其约定。对发明人或者设计人的非职务发明创造专利申请,任何单位或者个人不得压制。两个以上单位或者个人合作完成的发明创造、一个单位或者个人接受其他单位或者个人委托所完成的发明创造,除另有协议的以外,申请专利的权利属于完成或者共同完成的单位或者个人;申请被批准后,申请的单位或者个人为专利权人。同样的发明创造只能授予一项专利权。但是,同一申请人同日对同样的发明创造既申请实用新型专利又申请发明专利,先获得的实用新型专利权尚未终止,且申请人声明放弃该实用新型专利权的,可以授予发明专利权。两个以上的申请人分别就同样的发明创造申请专利的,专利权授予最先申请的人。专利申请权和专利权可以转让。中国单位或者个人向外国人、外国企业或者外国其他组织转让专利申请权或者专利权的,应当依照有关法律、行政法规的规定办理手续。转让专利申请权或者专利权的,当事人应当订立书面合同,并向国务院专利行政部门登记,由国务院专利行政部门予以公告。专利申请权或者专利权的转让自登记之日起生效。发明和实用新型专利权被授予后,除本法另有规定的以外,任何单位或者个人未经专利权人许可,都不得实施其专利,即不得为生产经营目的制造、使用、许诺销售、销售、进口其专利产品,或者使用其专利方法以及使用、许诺销售、销售、进口依照该专利方法直接获得的产品。外观设计专利权被授予后,任何单位或者个人未经专利权人许可,都不得实施其专利,即不得为生产经营目的制造、许诺销售、销售、进口其外观设计专利产品。任何单位或者个人实施他人专利的,应当与专利权人订立实施许可合同,向专利权人支付专利使用费。被许可人无权允许合同规定以外的任何单位或者个人实施该专利。发明专利申请公布后,申请人可以要求实施其发明的单位或者个人支付适当的费用。国有企业事业单位的发明专利,对国家利益或者公共利益具有重大意义的,国务院有关主管部门和省、自治区、直辖市人民政府报经国务院批准,可以决定在批准的范围内推广应用,允许指定的单位实施,由实施单位按照国家规定向专利权人支付使用费。专利申请权或者专利权的共有人对权利的行使有约定的,从其约定。没有约定的,共有人可以单独实施或者以普通许可方式许可他人实施该专利;许可他人实施该专利的,收取的使用费应当在共有人之间分配。除该规定的情形外,行使共有的专利申请权或者专利权应当取得全体共有人的同意。被授予专利权的单位应当对职务发明创造的发明人或者设计人给予奖励;发明创造专利实施后,根据其推广应用的范围和取得的经济效益,对发明人或者设计人给予合理的报酬。发明人或者设计人有权在专利文件中写明自己是发明人或者设计人。专利权人有权在其专利产品或者该产品的包装上标明专利标识。在中国没有经常居所或者营业所的外国人、外国企业或者外国其他组织在中国申请专利的,依照其所属国同中国签订的协议或者共同参加的国际条约,或者依照互惠原则,根据本法办理。在中国没有经常居所或者营业所的外国人、外国企业或者外国其他组织在中国申请专利和办理其他专利事务的，应当委托依法设立的专利代理机构办理。中国单位或者个人在国内申请专利和办理其他专利事务的，可以委托依法设立的专利代理机构办理。专利代理机构应当遵守法律、行政法规，按照被代理人的委托办理专利申请或者其他专利事务；对被代理人发明创造的内容，除专利申请已经公布或者公告的以外，负有保密责任。专利代理机构的具体管理办法由国务院规定。任何单位或者个人将在中国完成的发明或者实用新型向外国申请专利的，应当事先报经国务院专利行政部门进行保密审查。保密审查的程序、期限等按照国务院的规定执行。中国单位或者个人可以根据中华人民共和国参加的有关国际条约提出专利国际申请。申请人提出专利国际申请的，应当遵守前款规定。国务院专利行政部门依照中华人民共和国参加的有关国际条约、本法和国务院有关规定处理专利国际申请。对违反《专利法》规定向外国申请专利的发明或者实用新型，在中国申请专利的，不授予专利权。国务院专利行政部门及其专利复审委员会应当按照客观、公正、准确、及时的要求，依法处理有关专利的申请和请求。国务院专利行政部门应当完整、准确、及时发布专利信息，定期出版专利公报。在专利申请公布或者公告前，国务院专利行政部门的工作人员及有关人员对其内容负有保密责任。①

《科学技术普及法》规定，科普是公益事业，是社会主义物质文明和精神文明建设的重要内容。发展科普事业是国家的长期任务。国家扶持少数民族地区、边远贫困地区的科普工作。国家保护科普组织和科普工作者的合法权益，鼓励科普组织和科普工作者自主开展科普活动，依法兴办科普事业。国家支持社会力量兴办科普事业。社会力量兴办科普事业可以按照市场机制运行。科普工作应当坚持群众性、社会性和经常性，结合实际，因地制宜，采取多种形式。科普工作应当坚持科学精

---

① 《专利法》第2～21条。

神，反对和抵制伪科学。任何单位和个人不得以科普为名从事有损社会公共利益的活动。国家支持和促进科普工作对外合作与交流。科普是全社会的共同任务。社会各界都应当组织参加各类科普活动。国家加强农村的科普工作。农村基层组织应当根据当地经济与社会发展的需要，围绕科学生产、文明生活，发挥乡镇科普组织、农村学校的作用，开展科普工作。国家鼓励境内外的社会组织和个人设立科普基金，用于资助科普事业。国家鼓励境内外的社会组织和个人捐赠财产资助科普事业；对捐赠财产用于科普事业或者投资建设科普场馆、设施的，依法给予优惠。各级人民政府、科学技术协会和有关单位都应当支持科普工作者开展科普工作，对在科普工作中做出重要贡献的组织和个人，予以表彰和奖励。①

《科学技术进步法》规定，国家坚持科学发展观，实施科教兴国战略，实行自主创新、重点跨越、支撑发展、引领未来的科学技术工作指导方针，构建国家创新体系，建设创新型国家。国家保障科学技术研究开发的自由，鼓励科学探索和技术创新，保护科学技术人员的合法权益。全社会都应当尊重劳动、尊重知识、尊重人才、尊重创造。学校及其他教育机构应当坚持理论联系实际，注重培养受教育者的独立思考能力、实践能力、创新能力，以及追求真理、崇尚创新、实事求是的科学精神。经济建设和社会发展应当依靠科学技术，科学技术进步工作应当为经济建设和社会发展服务。国家鼓励科学技术研究开发，推动应用科学技术改造传统产业、发展高新技术产业和社会事业。国家发展科学技术普及事业，普及科学技术知识，提高全体公民的科学文化素质。国家鼓励机关、企业事业组织、社会团体和公民参与和支持科学技术进步活动。国家鼓励科学技术研究开发与高等教育、产业发展相结合，鼓励自然科学与人文社会科学交叉融合和相互促进。国家加强跨地区、跨行业和跨领域的

---

① 《科学技术普及法》第4～9条、第13条、第20条第1款、第26～27条、第29条。

科学技术合作,扶持民族地区、边远地区、贫困地区的科学技术进步。国家加强军用与民用科学技术计划的衔接与协调,促进军用与民用科学技术资源、技术开发需求的互通交流和技术双向转移,发展军民两用技术。国家制定和实施知识产权战略,建立和完善知识产权制度,营造尊重知识产权的社会环境,依法保护知识产权,激励自主创新。企业事业组织和科学技术人员应当增强知识产权意识,增强自主创新能力,提高运用、保护和管理知识产权的能力。国家建立和完善有利于自主创新的科学技术评价制度。科学技术评价制度应当根据不同科学技术活动的特点,按照公平、公正、公开的原则,实行分类评价。中华人民共和国政府发展同外国政府、国际组织之间的科学技术合作与交流,鼓励科学技术研究开发机构、高等学校、科学技术人员、科学技术社会团体和企业事业组织依法开展国际科学技术合作与交流。国家建立科学技术奖励制度,对在科学技术进步活动中做出重要贡献的组织和个人给予奖励。具体办法由国务院规定。国家鼓励国内外的组织或者个人设立科学技术奖项,对科学技术进步给予奖励。国家遵循科学技术活动服务国家目标与鼓励自由探索相结合的原则,超前部署和发展基础研究、前沿技术研究和社会公益性技术研究,支持基础研究、前沿技术研究和社会公益性技术研究持续、稳定发展。科学技术研究开发机构、高等学校、企业事业组织和公民有权依法自主选择课题,从事基础研究、前沿技术研究和社会公益性技术研究。科学技术人员是社会主义现代化建设事业的重要力量。国家采取各种措施,提高科学技术人员的社会地位,通过各种途径,培养和造就各种专门的科学技术人才,创造有利的环境和条件,充分发挥科学技术人员的作用。各级人民政府和企业事业组织应当采取措施,提高科学技术人员的工资和福利待遇;对有突出贡献的科学技术人员给予优厚待遇。各级人民政府和企业事业组织应当保障科学技术人员接受继续教育的权利,并为科学技术人员的合理流动创造环境和条件,发挥其专长。科学技术人员应当弘扬科学精神,遵守学术规范,恪守职业道德,诚实守信;不得在科学技术活动中弄虚作假,不得参加、支持迷信活动。国家鼓励科学技术人员自由探索、勇于承担风险。原始记录能够证明承担探索性强、风险高的科学技术研究开发项目的科学技术人员已经履行了勤勉尽责义务仍不能完成该项目的,给予宽容。①

《促进科技成果转化法》规定,科技成果转化活动应当有利于加快实施创新驱动发展战略,促进科技与经济的结合,有利于提高经济效益、社会效益和保护环境、合理利用资源,有利于促进经济建设、社会发展和维护国家安全。科技成果转化活动应当尊重市场规律,发挥企业的主体作用,遵循自愿、互利、公平、诚实信用的原则,依照法律法规规定和合同约定,享有权益,承担风险。科技成果转化活动中的知识产权受法律保护。科技成果转化活动应当遵守法律法规,维护国家利益,不得损害社会公共利益和他人合法权益。国家对科技成果转化合理安排财政资金投入,引导社会资金投入,推动科技成果转化资金投入的多元化。国务院和地方各级人民政府应当加强科技、财政、投资、税收、人才、产业、金融、政府采购、军民融合等政策协同,为科技成果转化创造良好环境。地方各级人民政府根据本法规定的原则,结合本地实际,可以采取更加有利于促进科技成果转化的措施。国家鼓励科技成果首先在中国境内实施。中国单位或者个人向境外的组织、个人转让或者许可其实施科技成果的,应当遵守相关法律、行政法规以及国家有关规定。国家为了国家安全、国家利益和重大社会公共利益的需要,可以依法组织实施或者许可他人实施相关科技成果。②

---

① 《科学技术进步法》第 2 ~8 条、第 14 ~15 条、第 19 条、第 48 ~50 条、第 55 ~56 条。

② 《科技成果转化法》第 3 ~7 条。

第三节　科学技术调控的法律规定

一、规划及计划调控规定

《科学技术普及法》规定，各级人民政府领导科普工作，应将科普工作纳入国民经济和社会发展计划，为开展科普工作创造良好的环境和条件。县级以上人民政府应当建立科普工作协调制度。国务院科学技术行政部门负责制定全国科普工作规划，实行政策引导，进行督促检查，推动科普工作发展。国务院其他行政部门按照各自的职责范围，负责有关的科普工作。县级以上地方人民政府科学技术行政部门及其他行政部门在同级人民政府领导下按照各自的职责范围，负责本地区有关的科普工作。①

《科学技术进步法》规定，国务院领导全国科学技术进步工作，制定科学技术发展规划，确定国家科学技术重大项目、与科学技术密切相关的重大项目，保障科学技术进步与经济建设和社会发展相协调。地方各级人民政府应当采取有效措施，推进科学技术进步。国务院科学技术行政部门负责全国科学技术进步工作的宏观管理和统筹协调；国务院其他有关部门在各自的职责范围内，负责有关的科学技术进步工作。县级以上地方人民政府科学技术行政部门负责本行政区域的科学技术进步工作；县级以上地方人民政府其他有关部门在各自的职责范围内，负责有关的科学技术进步工作。国家建立科学技术进步工作协调机制，研究科学技术进步工作中的重大问题，协调国家科学技术基金和国家科学技术计划项目的设立及相互衔接，协调军用与民用科学技术资源配置、科学

---

① 《科学技术普及法》第10~11条。

技术研究开发机构的整合以及科学技术研究开发与高等教育、产业发展相结合等重大事项。国家完善科学技术决策的规则和程序，建立规范的咨询和决策机制，推进决策的科学化、民主化。制定科学技术发展规划和重大政策，确定科学技术的重大项目、与科学技术密切相关的重大项目，应当充分听取科学技术人员的意见，实行科学决策。县级以上人民政府及其有关部门制定的与产业发展相关的科学技术计划，应当体现产业发展的需求。县级以上人民政府及其有关部门确定科学技术计划项目，应当鼓励企业参与实施和平等竞争；对具有明确市场应用前景的项目，应当鼓励企业联合科学技术研究开发机构、高等学校共同实施。①

《促进科技成果转化法》规定，国务院和地方各级人民政府应当将科技成果的转化纳入国民经济和社会发展计划，并组织协调实施有关科技成果的转化。利用财政资金设立应用类科技项目和其他相关科技项目，有关行政部门、管理机构应当改进和完善科研组织管理方式，在制定相关科技规划、计划和编制项目指南时应当听取相关行业、企业的意见；在组织实施应用类科技项目时，应当明确项目承担者的科技成果转化义务，加强知识产权管理，并将科技成果转化和知识产权创造、运用作为立项和验收的重要内容和依据。②

二、财税调控规定

《科学技术普及法》规定，各级人民政府应当将科普经费列入同级财政预算，逐步提高科普投入水平，保障科普工作顺利开展。各级人民政府有关部门应当安排一定的经费用于科普工作。省、自治区、直辖市人民政府和其他有条件的地方人民政府，应当将科普场馆、设施建设纳

---

① 《科学技术进步法》第10～13条、第31条。

② 《促进科技成果转化法》第9～10条。

入城乡建设规划和基本建设计划;对现有科普场馆、设施应当加强利用、维修和改造。以政府财政投资建设的科普场馆,应当配备必要的专职人员,常年向公众开放,对青少年实行优惠,并不得擅自改作他用;经费困难的,同级财政应当予以补贴,使其正常运行。尚无条件建立科普场馆的地方,可以利用现有的科技、教育、文化等设施开展科普活动,并设立科普画廊、橱窗等。国家支持科普工作,依法对科普事业实行税收优惠。科普组织开展科普活动、兴办科普事业,可以依法获得资助和捐赠。①

《科学技术进步法》规定,国家加大财政性资金投入,并制定产业、税收、金融、政府采购等政策,鼓励、引导社会资金投入,推动全社会科学技术研究开发经费持续稳定增长。国家鼓励利用财政性资金设立的科学技术基金项目或者科学技术计划项目所形成的知识产权首先在境内使用。该类知识产权向境外的组织或者个人转让或者许可境外的组织或者个人独占实施的,应当经项目管理机构批准;法律、行政法规对批准机构另有规定的,依照其规定。对境内公民、法人或者其他组织自主创新的产品、服务或者国家需要重点扶持的产品、服务,在性能、技术等指标能够满足政府采购需求的条件下,政府采购应当购买;首次投放市场的,政府采购应当率先购买。政府采购的产品尚待研究开发的,采购人应当运用招标方式确定科学技术研究开发机构、高等学校或者企业进行研究开发,并予以订购。按照国家有关规定享受税收优惠的企业为:(1)从事高新技术产品研究开发、生产的企业;(2)投资于中小型高新技术企业的创业投资企业;(3)法律、行政法规规定的与科学技术进步有关的其他企业。利用财政性资金设立的科学技术研究开发机构开展科学技术研究开发活动,应当为国家目标和社会公共利益服务;有条件的,应当向公众开放普及科学技术的场馆或者设施,开展科学技术普及活动。利用财政性资金设立的科学技术研究开发机构应当建立职责明确、

---

① 《科学技术普及法》第23~25条。

评价科学、开放有序、管理规范的现代院所制度，实行院长或者所长负责制，建立科学技术委员会咨询制和职工代表大会监督制等制度，并吸收外部专家参与管理、接受社会监督；院长或者所长的聘用引入竞争机制。利用财政性资金设立的科学技术研究开发机构，应当建立有利于科学技术资源共享的机制，促进科学技术资源的有效利用。社会力量设立的非营利性科学技术研究开发机构按照国家有关规定享受税收优惠。利用财政性资金设立的科学技术基金项目、科学技术计划项目的管理机构，应当为参与项目的科学技术人员建立学术诚信档案，作为对科学技术人员聘任专业技术职务或者职称、审批科学技术人员申请科学技术研究开发项目等的依据。国家逐步提高科学技术经费投入的总体水平；国家财政用于科学技术经费的增长幅度，应当高于国家财政经常性收入的增长幅度。全社会科学技术研究开发经费应当占国内生产总值适当的比例，并逐步提高。财政性科学技术资金应当主要用于法定事项的投入：(1)科学技术基础条件与设施建设；(2)基础研究；(3)对经济建设和社会发展具有战略性、基础性、前瞻性作用的前沿技术研究、社会公益性技术研究和重大共性关键技术研究；(4)重大共性关键技术应用和高新技术产业化示范；(5)农业新品种、新技术的研究开发和农业科学技术成果的应用、推广；(6)科学技术普及。对利用财政性资金设立的科学技术研究开发机构，国家在经费、实验手段等方面给予支持。审计机关、财政部门应当依法对财政性科学技术资金的管理和使用情况进行监督检查。任何组织或者个人不得虚报、冒领、贪污、挪用、截留财政性科学技术资金。确定利用财政性资金设立的科学技术基金项目，应当坚持宏观引导、自主申请、平等竞争、同行评审、择优支持的原则；确定利用财政性资金设立的科学技术计划项目的项目承担者，应当按照国家有关规定择优确定。利用财政性资金设立的科学技术基金项目、科学技术计划项目的管理机构，应当建立评审专家库，建立、健全科学技术基金项目、科学技术计划项目的专家评审制度和评审专家的遴选、回避、问责制度。①

《促进科技成果转化法》规定，对利用财政资金设立的具有市场应用前景、产业目标明确的科技项目，政府有关部门、管理机构应当发挥企业在研究开发方向选择、项目实施和成果应用中的主导作用，鼓励企业、研究开发机构、高等院校及其他组织共同实施。科技成果转化财政经费，主要用于科技成果转化的引导资金、贷款贴息、补助资金和风险投资以及其他促进科技成果转化的资金用途。国家依照有关税收法律、行政法规规定对科技成果转化活动实行税收优惠。②

三、金融调控规定

《科学技术进步法》规定，国家鼓励金融机构开展知识产权质押业务，鼓励和引导金融机构在信贷等方面支持科学技术应用和高新技术产业发展，鼓励保险机构根据高新技术产业发展的需要开发保险品种。政策性金融机构应当在其业务范围内，为科学技术应用和高新技术产业发展优先提供金融服务。国家利用财政性资金设立基金，为企业自主创新与成果产业化贷款提供贴息、担保。政策性金融机构应当在其业务范围内对国家鼓励的企业自主创新项目给予重点支持。国家完善资本市场，建立健全促进自主创新的机制，支持符合条件的高新技术企业利用资本市场推动自身发展。国家鼓励设立创业投资引导基金，引导社会资金流向创业投资企业，对企业的创业发展给予支持。③

《促进科技成果转化法》规定，国家鼓励银行业金融机构在组织形式、管理机制、金融产品和服务等方面进行创新，鼓励开展知识产权质押

---

① 《科学技术进步法》第 9 条、第 21 条、第 25 条、第 36 条、第 44 条第 2 款、第 45 ~ 47 条、第 57 条、第 59 ~62 条。

② 《促进科技成果转化法》第 24 条、第 33 ~34 条。

③ 《科学技术进步法》第 18 条、第 34 ~35 条。

贷款、股权质押贷款等贷款业务，为科技成果转化提供金融支持。国家鼓励政策性金融机构采取措施，加大对科技成果转化的金融支持。国家鼓励保险机构开发符合科技成果转化特点的保险品种，为科技成果转化提供保险服务。国家完善多层次资本市场，支持企业通过股权交易、依法发行股票和债券等直接融资方式为科技成果转化项目进行融资。国家鼓励创业投资机构投资科技成果转化项目。国家设立的创业投资引导基金，应当引导和支持创业投资机构投资初创期科技型中小企业。国家鼓励设立科技成果转化基金或者风险基金，其资金来源由国家、地方、企业、事业单位以及其他组织或者个人提供，用于支持高投入、高风险、高产出的科技成果的转化，加速重大科技成果的产业化。科技成果转化基金和风险基金的设立及其资金使用，依照国家有关规定执行。①

四、产业指导规定

《科学技术进步法》规定，国家鼓励根据国家的产业政策和技术政策引进国外先进技术、装备。利用财政性资金和国有资本引进重大技术、装备的，应当进行技术消化、吸收和再创新。国家鼓励和支持农业科学技术的基础研究和应用研究，传播和普及农业科学技术知识，加快农业科学技术成果转化和产业化，促进农业科学技术进步。县级以上人民政府应当采取措施，支持公益性农业科学技术研究开发机构和农业技术推广机构进行农业新品种、新技术的研究开发和应用。地方各级人民政府应当鼓励和引导农村群众性科学技术组织为种植业、林业、畜牧业、渔业等的发展提供科学技术服务，对农民进行科学技术培训。国务院可以根据需要批准建立国家高新技术产业开发区，并对国家高新技术产业开发区的建设、发展给予引导和扶持，使其形成特色和优势，发挥集聚效

---

① 《促进科技成果转化法》第35～39条。

应。国家推动科学技术研究开发与产品、服务标准制定相结合,科学技术研究开发与产品设计、制造相结合;引导科学技术研究开发机构、高等学校、企业共同推进国家重大技术创新产品、服务标准的研究、制定和依法采用。国家培育和发展技术市场,鼓励创办从事技术评估、技术经纪等活动的中介服务机构,引导建立社会化、专业化和网络化的技术交易服务体系,推动科学技术成果的推广和应用。国家建立以企业为主体,以市场为导向,企业同科学技术研究开发机构、高等学校相结合的技术创新体系,引导和扶持企业技术创新活动,发挥企业在技术创新中的主体作用。国家依法保护企业研究开发所取得的知识产权。企业应当不断提高运用、保护和管理知识产权的能力,增强自主创新能力和市场竞争能力。国有企业应当建立健全有利于技术创新的分配制度,完善激励约束机制。国有企业负责人对企业的技术进步负责。对国有企业负责人的业绩考核,应当将企业的创新投入、创新能力建设、创新成效等情况纳入考核的范围。县级以上地方人民政府及其有关部门应当创造公平竞争的市场环境,推动企业技术进步。国务院有关部门和省、自治区、直辖市人民政府应当通过制定产业、财政、能源、环境保护等政策,引导、促使企业研究开发新技术、新产品、新工艺,进行技术改造和设备更新,淘汰技术落后的设备、工艺,停止生产技术落后的产品。①

《促进科技成果转化法》规定,对法定科技成果转化项目,国家通过政府采购、研究开发资助、发布产业技术指导目录、示范推广等方式予以支持:(1)能够显著提高产业技术水平、经济效益或者能够形成促进社会经济健康发展的新产业的;(2)能够显著提高国家安全能力和公共安全水平的;(3)能够合理开发和利用资源、节约能源、降低消耗以及防治环境污染、保护生态、提高应对气候变化和防灾减灾能力的;(4)能够改

① 《科学技术进步法》第22~24条、第26条、第27条第1款、第30条、第38~40条。

善民生和提高公共健康水平的;(5)能够促进现代农业或者农村经济发展的;(6)能够加快民族地区、边远地区、贫困地区社会经济发展的。国家通过制定政策措施,提倡和鼓励采用先进技术、工艺和装备,不断改进、限制使用或者淘汰落后技术、工艺和装备。国家加强标准制定工作,对新技术、新工艺、新材料、新产品依法及时制定国家标准、行业标准,积极参与国际标准的制定,推动先进适用技术推广和应用。国家建立有效的军民科技成果相互转化体系,完善国防科技协同创新体制机制。军品科研生产应当依法优先采用先进适用的民用标准,推动军用、民用技术相互转移、转化。各级人民政府组织实施的重点科技成果转化项目,可以由有关部门组织采用公开招标的方式实施转化。有关部门应当对中标单位提供招标时确定的资助或者其他条件。国家培育和发展技术市场,鼓励创办科技中介服务机构,为技术交易提供交易场所、信息平台以及信息检索、加工与分析、评估、经纪等服务。国家支持根据产业和区域发展需要建设公共研究开发平台,为科技成果转化提供技术集成、共性技术研究开发、中间试验和工业性试验、科技成果系统化和工程化开发、技术推广与示范等服务。国家支持科技企业孵化器、大学科技园等科技企业孵化机构发展,为初创期科技型中小企业提供孵化场地、创业辅导、研究开发与管理咨询等服务。①

第四节　科技特别调控规定

《专利法》规定,有法定情形之一的,国务院专利行政部门根据具备实施条件的单位或者个人的申请,可以给予实施发明专利或者实用新型专利的强制许可:(1)专利权人自专利权被授予之日起满3年,且自提出

① 《科技成果转化法》第12~15条、第30~32条。

专利申请之日起满 4 年,无正当理由未实施或者未充分实施其专利的;(2)专利权人行使专利权的行为被依法认定为垄断行为,为消除或者减少该行为对竞争产生的不利影响的。在国家出现紧急状态或者非常情况时,或者为了公共利益的目的,国务院专利行政部门可以给予实施发明专利或者实用新型专利的强制许可。为了公共健康目的,对取得专利权的药品,国务院专利行政部门可以给予制造并将其出口到符合中华人民共和国参加的有关国际条约规定的国家或者地区的强制许可。一项取得专利权的发明或者实用新型比前已经取得专利权的发明或者实用新型具有显著经济意义的重大技术进步,其实施又有赖于前一发明或者实用新型的实施的,国务院专利行政部门根据后一专利权人的申请,可以给予实施前一发明或者实用新型的强制许可。在依照该规定给予实施强制许可的情形下,国务院专利行政部门根据前一专利权人的申请,也可以给予实施后一发明或者实用新型的强制许可。强制许可涉及的发明创造为半导体技术的,其实施限于公共利益的目的和专利权人行使专利权的行为被依法认定为垄断行为,为消除或者减少该行为对竞争产生的不利影响的情形。除依照《专利法》规定给予的强制许可外,强制许可的实施应当主要为了供应国内市场。依照《专利法》规定申请强制许可的单位或者个人应当提供证据,证明其以合理的条件请求专利权人许可其实施专利,但未能在合理的时间内获得许可。国务院专利行政部门作出的给予实施强制许可的决定,应当及时通知专利权人,并予以登记和公告。给予实施强制许可的决定,应当根据强制许可的理由规定实施的范围和时间。强制许可的理由消除并不再发生时,国务院专利行政部门应当根据专利权人的请求,经审查后作出终止实施强制许可的决定。取得实施强制许可的单位或者个人不享有独占的实施权,并且无权允许他人实施。取得实施强制许可的单位或者个人应当付给专利权人合理的使用费,或者依照中华人民共和国参加的有关国际条约的规定处理使用费问题。付给使用费的,其数额由双方协商;双方不能达成协议的,由国务院专利行政部门裁决。专利权人对国务院专利行政部门关于实施强制许可的决定不服的,专利权人和取得实施强制许可的单位或者个人对国务院专利行政部门关于实施强制许可的使用费的裁决不服的,可以自收到通知之日起3个月内向人民法院起诉。①

《科学技术普及法》规定,科学技术协会是科普工作的主要社会力量。科学技术协会组织开展群众性、社会性、经常性的科普活动,支持有关社会组织和企业事业单位开展科普活动,协助政府制定科普工作规划,为政府科普工作决策提供建议。②

《科学技术进步法》规定,国家设立自然科学基金,资助基础研究和科学前沿探索,培养科学技术人才。国家设立科技型中小企业创新基金,资助中小企业开展技术创新。国家在必要时可以设立其他基金,资助科学技术进步活动。从事法定活动的,按照国家有关规定享受税收优惠:(1)从事技术开发、技术转让、技术咨询、技术服务;(2)进口国内不能生产或者性能不能满足需要的科学研究或者技术开发用品;(3)为实施国家重大科学技术专项、国家科学技术计划重大项目,进口国内不能生产的关键设备、原材料或者零部件;(4)法律、国家有关规定规定的其他科学研究、技术开发与科学技术应用活动。利用财政性资金设立的科学技术基金项目或者科学技术计划项目所形成的发明专利权、计算机软件著作权、集成电路布图设计专有权和植物新品种权,除涉及国家安全、国家利益和重大社会公共利益的外,授权项目承担者依法取得。项目承担者应当依法实施前款规定的知识产权,同时采取保护措施,并就实施和保护情况向项目管理机构提交年度报告;在合理期限内没有实施的,国家可以无偿实施,也可以许可他人有偿实施或者无偿实施。项目承担者依法取得的该法规定的知识产权,为了国家安全、国家利益和重大社

① 《专利法》第48~58条。

② 《科学技术普及法》第12条。

会公共利益的需要,可以无偿实施,也可以许可他人有偿实施或者无偿实施。项目承担者因实施该条规定的知识产权所产生的利益分配,依照有关法律、行政法规的规定执行;法律、行政法规没有规定的,按照约定执行。国家实行科学技术保密制度,保护涉及国家安全和利益的科学技术秘密。国家实行珍贵、稀有、濒危的生物种质资源、遗传资源等科学技术资源出境管理制度。国家禁止危害国家安全、损害社会公共利益、危害人体健康、违反伦理道德的科学技术研究开发活动。国家统筹规划科学技术研究开发机构的布局,建立和完善科学技术研究开发体系。国家鼓励在国外工作的科学技术人员回国从事科学技术研究开发工作。利用财政性资金设立的科学技术研究开发机构、高等学校聘用在国外工作的杰出科学技术人员回国从事科学技术研究开发工作的,应当为其工作和生活提供方便。外国的杰出科学技术人员到中国从事科学技术研究开发工作的,按照国家有关规定,可以依法优先获得在华永久居留权。国家遵循统筹规划、优化配置的原则,整合和设置国家科学技术研究实验基地。国家鼓励设置综合性科学技术实验服务单位,为科学技术研究开发机构、高等学校、企业和科学技术人员提供或者委托他人提供科学技术实验服务。国家根据科学技术进步的需要,按照统筹规划、突出共享、优化配置、综合集成、政府主导、多方共建的原则,制定购置大型科学仪器、设备的规划,并开展对以财政性资金为主购置的大型科学仪器、设备的联合评议工作。国务院科学技术行政部门应当会同国务院有关主管部门,建立科学技术研究基地、科学仪器设备和科学技术文献、科学技术数据、科学技术自然资源、科学技术普及资源等科学技术资源的信息系统,及时向社会公布科学技术资源的分布、使用情况。科学技术资源的管理单位应当向社会公布所管理的科学技术资源的共享使用制度和使用情况,并根据使用制度安排使用;但是,法律、行政法规规定应当保密的,依照其规定。科学技术资源的管理单位不得侵犯科学技术资源使用者的知识产权,并应当按照国家有关规定确定收费标准。管理单位和使用者之间的其他权利义务关系由双方约定。①

《促进科技成果转化法》规定，国家建立、完善科技报告制度和科技成果信息系统，向社会公布科技项目实施情况以及科技成果和相关知识产权信息，提供科技成果信息查询、筛选等公益服务。公布有关信息不得泄露国家秘密和商业秘密。对不予公布的信息，有关部门应当及时告知相关科技项目承担者。利用财政资金设立的科技项目的承担者应当按照规定及时提交相关科技报告，并将科技成果和相关知识产权信息汇交到科技成果信息系统。国家鼓励利用非财政资金设立的科技项目的承担者提交相关科技报告，将科技成果和相关知识产权信息汇交到科技成果信息系统，县级以上人民政府负责相关工作的部门应当为其提供方便。研究开发机构、高等院校的主管部门以及财政、科学技术等相关行政部门应当建立有利于促进科技成果转化的绩效考核评价体系，将科技成果转化情况作为对相关单位及人员评价、科研资金支持的重要内容和依据之一，并对科技成果转化绩效突出的相关单位及人员加大科研资金支持。国家设立的研究开发机构、高等院校应当建立符合科技成果转化工作特点的职称评定、岗位管理和考核评价制度，完善收入分配激励约束机制。国家设立的研究开发机构、高等院校应当向其主管部门提交科技成果转化情况年度报告，说明本单位依法取得的科技成果数量、实施转化情况以及相关收入分配情况，该主管部门应当按照规定将科技成果转化情况年度报告报送财政、科学技术等相关行政部门。国家设立的研究开发机构、高等院校转化科技成果所获得的收入全部留归本单位，在对完成、转化职务科技成果做出重要贡献的人员给予奖励和报酬后，主要用于科学技术研究开发与成果转化等相关工作。科技成果完成单位未规定、也未与科技人员约定奖励和报酬的方式和数额的，按照法定标准对完成、转化职务科技成果做出重要贡献的人员给予奖励和报酬：

① 《科学技术进步法》第16～17条、第20～21条、第43条、第45条。

(1)将该项职务科技成果转让、许可给他人实施的,从该项科技成果转让净收入或者许可净收入中提取不低于50%的比例;(2)利用该项职务科技成果作价投资的,从该项科技成果形成的股份或者出资比例中提取不低于50%的比例;(3)将该项职务科技成果自行实施或者与他人合作实施的,应当在实施转化成功投产后连续3~5年,每年从实施该项科技成果的营业利润中提取不低于5%的比例。国家设立的研究开发机构、高等院校规定或者与科技人员约定奖励和报酬的方式和数额应当符合该规定的标准。国有企业、事业单位依照本法规定对完成、转化职务科技成果做出重要贡献的人员给予奖励和报酬的支出计入当年本单位工资总额,但不受当年本单位工资总额限制、不纳入本单位工资总额基数。①

简要评析

总体来说,科学技术的研究和开发具有公益性质。但与市场衔接的部分形成科技生产力,成为生产的基本要素。新技术的有效的专利保护,一方面可调动科技工作者的积极性、创造性,另一方面又能促进新技术的产生。在企业公司投资中,专利技术可以做技术投资,在国内外贸易中,技术转让形成技术市场,由此,需要宏观调控及其法治保障。本章梳理了国家颁布的与科技有关的法律,从中可以看出,在科技立法中,不仅表现为宏观调控相关手段的应用,也有一些特殊调控制度的安排。基本上满足了科技事业和科技市场发展的需求,保障了科技人员的权益。但在科技法的进一步完善中,需要在如何组织国家重大科技攻关项目研究和促进科技成果转化并发挥效益上继续完善。

---

① 《促进科技成果转化法》第11条、第20~21条、第43条、第45条。

第二十四章　教育事业调控法律制度的完善

教育兴国一直是中国发展的战略之一。20世纪80年代至21世纪初,国家针对改革开放对教育事业发展的需要,先后出台了《教育法》《教师法》《义务教育法》《高等教育法》《职业教育法》《民办教育促进法》等法律,形成了以《教育法》为牵头的完整的教育法体系。这些法律经过20多年的实施,先后经过了修改、修正。教育法属于行政法范畴。但教育事业的社会属性决定了在一系列教育法的立法实践中,包含有宏观调控的内容。

第一节　教育法的制定和实施

《教育法》于1995年3月18日第八届全国人民代表大会第三次会议通过;根据2009年8月27日第十一届全国人民代表大会常务委员会第十次会议《关于修改部分法律的决定》第一次

修正;根据2015年12月27日第十二届全国人民代表大会常务委员会第十八次会议《关于修改〈中华人民共和国教育法〉的决定》第二次修正,自2016年6月1日起施行。《教育法》的立法目的是:发展教育事业,提高全民族的素质,促进社会主义物质文明和精神文明建设,根据宪法,制定本法。在中华人民共和国境内的各级各类教育,适用该法。军事学校教育由中央军事委员会根据该法的原则规定。宗教学校教育由国务院另行规定。境外的组织和个人在中国境内办学和合作办学的办法,由国务院规定。现行的《教育法》共10章86条。其内容涉及对教育基本制度、学校及其他教育机构、教师和其他教育工作者、受教育者、教育与社会、教育投入与条件保障、教育对外交流与合作及法律责任的规定。

《教师法》于1993年10月31日第八届全国人民代表大会常务委员会第四次会议通过,根据2009年8月27日第十一届全国人民代表大会常务委员会第十次会议《关于修改部分法律的决定》修正。《教师法》的立法目的是:保障教师的合法权益,建设具有良好思想品德修养和业务素质的教师队伍,促进社会主义教育事业的发展。该法适用于在各级各类学校和其他教育机构中专门从事教育教学工作的教师。该法法定用语的含义是:(1)各级各类学校,是指实施学前教育、普通初等教育、普通中等教育、职业教育、普通高等教育以及特殊教育、成人教育的学校;(2)其他教育机构,是指少年宫以及地方教研室、电化教育机构等;(3)中小学教师,是指幼儿园、特殊教育机构、普通中小学、成人初等中等教育机构、职业中学以及其他教育机构的教师。学校和其他教育机构中的教育教学辅助人员,其他类型的学校的教师和教育教学辅助人员,可以根据实际情况参照该法的有关规定执行。军队所属院校的教师和教育教学辅助人员,由中央军事委员会依照该法制定有关规定。外籍教师的聘任办法由国务院教育行政部门规定。现行的《教师法》共9章43条,内容涉及对教师权利和义务、资格和任用、培养和培训、考核、待遇、奖励及法律责任的规定。

《义务教育法》于1986年4月12日第六届全国人民代表大会第四次会议通过;2006年6月29日第十届全国人民代表大会常务委员会第二十二次会议进行全面修订后,于2006年9月1日起施行新的《义务教育法》;根据2015年4月24日第十二届全国人民代表大会常务委员会第十四次会议《关于修改〈义务教育法〉等五部法律的决定》第一次修正。根据2018年12月29日第十三届全国人民代表大会常务委员会第七次会议《关于修改〈中华人民共和国产品质量法〉等五部法律的决定》第二次修正。① 该法的立法目的是:保障适龄儿童、少年接受义务教育的权利,保证义务教育的实施,提高全民族素质。社会组织或者个人依法举办的民办学校实施义务教育的,依照民办教育促进法有关规定执行;民办教育促进法未作规定的,适用该法。现行《义务教育法》共8章63条。其内容主要涉及对义务教育中的学生、学校、教师、教育科学、经费保障及法律责任的规定。

《高等教育法》于1998年8月29日第九届全国人民代表大会常务委员会第四次会议通过;根据2015年12月27日第十二届全国人民代表大会常务委员会第十八次会议《关于修改〈中华人民共和国高等教育法〉的决定》第一次修正。根据2018年12月29日第十三届全国人民代表大会常务委员会第七次会议通过的《关于修改〈中华人民共和国电力法〉等四部法律的决定》第二次修正。② 该法的立法目的是:发展高等教

① 2015年的修改,将第40条修改为:"教科书价格由省、自治区、直辖市人民政府价格行政部门会同同级出版行政部门按照微利原则确定。"2018年修改时,将第40条中的"出版行政部门"修改为"出版主管部门"。

② 2015年的修改主要涉及下放行政审批权,强化高等学校学术委员会作用,完善高等教育投入机制,高等教育实行以举办者投入为主、受教育者合理分担培养成本、高等学校多种渠道筹措经费的机制等。2018年修改将第17条中的"高等学校根据实际需要,报主管的教育行政部门批准,可以对本学校的修业年限作出调整"修改为"高等学校根据实际需要,可以对本学校的修业年限作出调整"。

育事业，实施科教兴国战略，促进社会主义物质文明和精神文明建设。在中华人民共和国境内从事高等教育活动，适用该法。该法所称高等教育，是指在完成高级中等教育基础上实施的教育。该法所称高等学校是指大学、独立设置的学院和高等专科学校，其中包括高等职业学校和成人高等学校。该法所称其他高等教育机构是指除高等学校和经批准承担研究生教育任务的科学研究机构以外的从事高等教育活动的组织。该法有关高等学校的规定适用于其他高等教育机构和经批准承担研究生教育任务的科学研究机构，但是对高等学校专门适用的规定除外。现行《高等教育法》共8章69条。其内容主要涉及对高等教育基础制度、设立、组织和活动、教育和其他教育工作者、学生、投入和条件保障的规定。

《职业教育法》于1996年5月15日第八届全国人民代表大会常务委员会第十九次会议通过，自1996年9月1日起施行。该法的立法目的是，为了实施科教兴国战略，发展职业教育，提高劳动者素质，促进社会主义现代化建设。该法适用于各级各类职业学校教育和各种形式的职业培训。国家机关实施的对国家机关工作人员的专门培训由法律、行政法规另行规定。现行《职业教育法》共5章40条。其内容主要涉及对职业教育体系、实施和保障条件的规定。

《民办教育促进法》于2002年12月28日第九届全国人民代表大会常务委员会第三十一次会议通过；根据2013年6月29日第十二届全国人民代表大会常务委员会第三次会议《关于修改〈中华人民共和国文物保护法〉等十二部法律的决定》第一次修正；根据2016年11月7日第十二届全国人民代表大会常务委员会第二十四次会议《关于修改〈中华人民共和国民办教育促进法〉的决定》第二次修正；①根据2018年10月26

① 2016年的修改内容较多。核心内容是第一章增加1条，作为第9条："民办学校中的中国共产党基层组织，按照中国共产党章程的规定开展党的活动，加强党的建设。"详见2016年11月7日第十二届全国人民代表大会常务委员会第二十四次会议《关于修改〈中华人民共和国民办教育促进法〉的决定》。

日第十三届全国人民代表大会常务委员会第六次会议通过的《关于修改〈中华人民共和国野生动物保护法〉等十五部法律的决定》第三次修正。① 该法的立法目的是：实施科教兴国战略，促进民办教育事业的健康发展，维护民办学校和受教育者的合法权益。国家机构以外的社会组织或者个人，利用非国家财政性经费，面向社会举办学校及其他教育机构的活动，适用该法。该法未作规定的，依照教育法和其他有关教育法律执行。该法所称的民办学校包括依法举办的其他民办教育机构。该法所称的校长包括其他民办教育机构的主要行政负责人。境外的组织和个人在中国境内合作办学的办法，由国务院规定。现行《民办教育促进法》共10章67条，其内容主要涉及对设立、学校的组织与活动、教师与受教育者、学校资产与财务管理、管理与监督、扶持与奖励、变更与终止及法律责任的规定。

第二节　教育事业发展政策的规定

《教育法》规定，国家坚持以马克思列宁主义、毛泽东思想和建设有中国特色社会主义理论为指导，遵循宪法确定的基本原则，发展社会主义的教育事业。教育是社会主义现代化建设的基础，国家保障教育事业优先发展。全社会应当关心和支持教育事业的发展。全社会应当尊重教师。教育必须为社会主义现代化建设服务、为人民服务，必须与生产劳动和社会实践相结合，培养德、智、体、美等方面全面发展的社会主义建设者和接班人。教育应当坚持立德树人，对受教育者加强社会主义核心价值观教育，增强受教育者的社会责任感、创新精神和实践能力。国

---

① 此次修改之处，一是将第26条第2款中的“经政府批准的职业技能鉴定机构”修改为“经备案的职业技能鉴定机构”，二是将第64条中的“工商行政管理”修改为“市场监督管理”。

家在受教育者中进行爱国主义、集体主义、中国特色社会主义的教育,进行理想、道德、纪律、法治、国防和民族团结的教育。教育应当继承和弘扬中华民族优秀的历史文化传统,吸收人类文明发展的一切优秀成果。教育活动必须符合国家和社会公共利益。国家实行教育与宗教相分离。任何组织和个人不得利用宗教进行妨碍国家教育制度的活动。中华人民共和国公民有受教育的权利和义务。公民不分民族、种族、性别、职业、财产状况、宗教信仰等,依法享有平等的受教育机会。国家根据各少数民族的特点和需要,帮助各少数民族地区发展教育事业。国家扶持边远贫困地区发展教育事业。国家扶持和发展残疾人教育事业。国家适应社会主义市场经济发展和社会进步的需要,推进教育改革,推动各级各类教育协调发展、衔接融通,完善现代国民教育体系,健全终身教育体系,提高教育现代化水平。国家采取措施促进教育公平,推动教育均衡发展。国家支持、鼓励和组织教育科学研究,推广教育科学研究成果,促进教育质量提高。国家通用语言文字为学校及其他教育机构的基本教育教学语言文字,学校及其他教育机构应当使用国家通用语言文字进行教育教学。民族自治地方以少数民族学生为主的学校及其他教育机构,从实际出发,使用国家通用语言文字和本民族或者当地民族通用的语言文字实施双语教育。国家采取措施,为少数民族学生为主的学校及其他教育机构实施双语教育提供条件和支持。国家对发展教育事业做出突出贡献的组织和个人,给予奖励。①

《教师法》规定,教师是履行教育教学职责的专业人员,承担教书育人,培养社会主义事业建设者和接班人、提高民族素质的使命。教师应当忠诚于人民的教育事业。各级人民政府应当采取措施,加强教师的思想政治教育和业务培训,改善教师的工作条件和生活条件,保障教师的

① 《教育法》第3~13条。

合法权益,提高教师的社会地位。全社会都应当尊重教师。①

《义务教育法》规定,国家实行九年义务教育制度。义务教育是国家统一实施的所有适龄儿童、少年必须接受的教育,是国家必须予以保障的公益性事业。实施义务教育,不收学费、杂费。国家建立义务教育经费保障机制,保证义务教育制度实施。义务教育必须贯彻国家的教育方针,实施素质教育,提高教育质量,使适龄儿童、少年在品德、智力、体质等方面全面发展,为培养有理想、有道德、有文化、有纪律的社会主义建设者和接班人奠定基础。凡具有中华人民共和国国籍的适龄儿童、少年,不分性别、民族、种族、家庭财产状况、宗教信仰等,依法享有平等接受义务教育的权利,并履行接受义务教育的义务。各级人民政府及其有关部门应当履行《义务教育法》规定的各项职责,保障适龄儿童、少年接受义务教育的权利。适龄儿童、少年的父母或者其他法定监护人应当依法保证其按时入学接受并完成义务教育。依法实施义务教育的学校应当按照规定标准完成教育教学任务,保证教育教学质量。社会组织和个人应当为适龄儿童、少年接受义务教育创造良好的环境。国务院和县级以上地方人民政府应当合理配置教育资源,促进义务教育均衡发展,改善薄弱学校的办学条件,并采取措施,保障农村地区、民族地区实施义务教育,保障家庭经济困难的和残疾的适龄儿童、少年接受义务教育。国家组织和鼓励经济发达地区支援经济欠发达地区实施义务教育。义务教育实行国务院领导,省、自治区、直辖市人民政府统筹规划实施,县级人民政府为主管理的体制。县级以上人民政府教育行政部门具体负责义务教育实施工作;县级以上人民政府其他有关部门在各自的职责范围内负责义务教育实施工作。人民政府教育督导机构对义务教育工作执行法律法规情况、教育教学质量以及义务教育均衡发展状况等进行督导,督导报告向社会公布。任何社会组织或者个人有权对违反本法的行

---

① 《教师法》第3~4条。

为向有关国家机关提出检举或者控告。发生违反义务教育法的重大事件,妨碍义务教育实施,造成重大社会影响的,负有领导责任的人民政府或者人民政府教育行政部门负责人应当引咎辞职。对在义务教育实施工作中做出突出贡献的社会组织和个人,各级人民政府及其有关部门按照有关规定给予表彰、奖励。①

《高等教育法》规定,国家坚持以马克思列宁主义、毛泽东思想、邓小平理论为指导,遵循宪法确定的基本原则,发展社会主义的高等教育事业。高等教育必须贯彻国家的教育方针,为社会主义现代化建设服务、为人民服务,与生产劳动和社会实践相结合,使受教育者成为德、智、体、美等方面全面发展的社会主义建设者和接班人。高等教育的任务是培养具有社会责任感、创新精神和实践能力的高级专门人才,发展科学技术文化,促进社会主义现代化建设。国家按照社会主义现代化建设和发展社会主义市场经济的需要,根据不同类型、不同层次高等学校的实际,推进高等教育体制改革和高等教育教学改革,优化高等教育结构和资源配置,提高高等教育的质量和效益。国家根据少数民族的特点和需要,帮助和支持少数民族地区发展高等教育事业,为少数民族培养高级专门人才。公民依法享有接受高等教育的权利。国家采取措施,帮助少数民族学生和经济困难的学生接受高等教育。高等学校必须招收符合国家规定的录取标准的残疾学生入学,不得因其残疾而拒绝招收。国家依法保障高等学校中的科学研究、文学艺术创作和其他文化活动的自由。在高等学校中从事科学研究、文学艺术创作和其他文化活动,应当遵守法律。国家鼓励高等学校之间、高等学校与科学研究机构以及企业事业组织之间开展协作,实行优势互补,提高教育资源的使用效益。国家鼓励和支持高等教育事业的国际交流与合作。高等教育实行以举办者投入为主、受教育者合理分担培养成本、高等学校多种渠道筹措经费

---

① 《义务教育法》第2~10条。

的机制。国务院和省、自治区、直辖市人民政府依照《教育法》第56条的规定,[①]保证国家举办的高等教育的经费逐步增长。国家鼓励企业事业组织、社会团体及其他社会组织和个人向高等教育投入。[②]

《职业教育法》规定,职业教育是国家教育事业的重要组成部分,是促进经济、社会发展和劳动就业的重要途径。国家发展职业教育,推进职业教育改革,提高职业教育质量,建立、健全适应社会主义市场经济和社会进步需要的职业教育制度。实施职业教育必须贯彻国家教育方针,对受教育者进行思想政治教育和职业道德教育,传授职业知识,培养职业技能,进行职业指导,全面提高受教育者的素质。公民有依法接受职业教育的权利。国家采取措施,发展农村职业教育,扶持少数民族地区、边远贫困地区职业教育的发展。国家采取措施,帮助妇女接受职业教育,组织失业人员接受各种形式的职业教育,扶持残疾人职业教育的发展。实施职业教育应当根据实际需要,同国家制定的职业分类和职业等级标准相适应,实行学历证书、培训证书和职业资格证书制度。国家实行劳动者在就业前或者上岗前接受必要的职业教育的制度。国家鼓励并组织职业教育的科学研究。国家对在职业教育中作出显著成绩的单位和个人给予奖励。[③]

《民办教育促进法》规定,民办教育事业属于公益性事业,是社会主义教育事业的组成部分。国家对民办教育实行积极鼓励、大力支持、正确引导、依法管理的方针。各级人民政府应当将民办教育事业纳入国民经济和社会发展规划。民办学校应当遵守法律、法规,贯彻国家的教育方针,保证教育质量,致力于培养社会主义建设事业的各类人才。民办

---

① 《教育法》第56条规定,各级人民政府的教育经费支出,按照事权和财权相统一的原则,在财政预算中单独列项。各级人民政府教育财政拨款的增长应当高于财政经常性收入的增长,并使按在校学生人数平均的教育费用逐步增长,保证教师工资和学生人均公用经费逐步增长。

② 《高等教育法》第3~5条、第7~10条、第12条、第60条。

③ 《职业教育法》第3~5条、第7~10条。

学校应当贯彻教育与宗教相分离的原则。任何组织和个人不得利用宗教进行妨碍国家教育制度的活动。民办学校与公办学校具有同等的法律地位,国家保障民办学校的办学自主权。国家保障民办学校举办者、校长、教职工和受教育者的合法权益。国家鼓励捐资办学。国家对为发展民办教育事业做出突出贡献的组织和个人,给予奖励和表彰。国家采取措施,支持和鼓励社会组织和个人到少数民族地区、边远贫困地区举办民办学校,发展教育事业。①

第三节　教育调控的规定

一、规划及计划调控的规定

《教育法》规定,国务院教育行政部门主管全国教育工作,统筹规划、协调管理全国的教育事业。县级以上地方各级人民政府教育行政部门主管本行政区域内的教育工作。县级以上各级人民政府其他有关部门在各自的职责范围内,负责有关的教育工作。国家制定教育发展规划,并举办学校及其他教育机构。地方各级人民政府及其有关行政部门必须把学校的基本建设纳入城乡建设规划,统筹安排学校的基本建设用地及所需物资,按照国家有关规定实行优先、优惠政策。②

《教师法》规定,各级人民政府教育行政部门、学校主管部门和学校应当制定教师培训规划,对教师进行多种形式的思想政治、业务培训。③

《义务教育法》规定,县级以上地方人民政府根据本行政区域内居住的适龄儿童、少年的数量和分布状况等因素,按照国家有关规定,制

① 《民办教育促进法》第3~6条、第52条。
② 《教育法》第15条、第26条、第64条。
③ 《教师法》第19条。

定、调整学校设置规划。新建居民区需要设置学校的，应当与居民区的建设同步进行。①

《高等教育法》规定，国家根据经济建设和社会发展的需要，制定高等教育发展规划，举办高等学校，并采取多种形式积极发展高等教育事业。国家鼓励企业事业组织、社会团体及其他社会组织和公民等社会力量依法举办高等学校，参与和支持高等教育事业的改革和发展。设立高等学校，应当符合国家高等教育发展规划，符合国家利益和社会公共利益。②

《职业教育法》规定，各级人民政府应当将发展职业教育纳入国民经济和社会发展规划。行业组织和企业、事业组织应当依法履行实施职业教育的义务。县级以上各级人民政府和有关部门应当将职业教育教师的培养和培训工作纳入教师队伍建设规划，保证职业教育教师队伍适应职业教育发展的需要。③

《民办教育促进法》规定，各级人民政府应当将民办教育事业纳入国民经济和社会发展规划。国务院教育行政部门负责全国民办教育工作的统筹规划、综合协调和宏观管理。国务院人力资源社会保障行政部门及其他有关部门在国务院规定的职责范围内分别负责有关的民办教育工作。④

二、财政税收调控规定

《教育法》规定，国务院和县级以上地方各级人民政府应当向本级人民代表大会或者其常务委员会报告教育工作和教育经费预算、决算情

① 《义务教育法》第 15 条。
② 《高等教育法》第 6 条、第 24 条。
③ 《职业教育法》第 6 条、第 36 条第 1 款。
④ 《民办教育促进法》第 3 条第 3 款、第 7 条。

况,接受监督。国家、社会对符合入学条件、家庭经济困难的儿童、少年、青年,提供各种形式的资助。国家建立以财政拨款为主、其他多种渠道筹措教育经费为辅的体制,逐步增加对教育的投入,保证国家举办的学校教育经费的稳定来源。企业事业组织、社会团体及其他社会组织和个人依法举办的学校及其他教育机构,办学经费由举办者负责筹措,各级人民政府可以给予适当支持。国家财政性教育经费支出占国民生产总值的比例应当随着国民经济的发展和财政收入的增长逐步提高。具体比例和实施步骤由国务院规定。全国各级财政支出总额中教育经费所占比例应当随着国民经济的发展逐步提高。各级人民政府的教育经费支出,按照事权和财权相统一的原则,在财政预算中单独列项。各级人民政府教育财政拨款的增长应当高于财政经常性收入的增长,并使按在校学生人数平均的教育费用逐步增长,保证教师工资和学生人均公用经费逐步增长。国务院及县级以上地方各级人民政府应当设立教育专项资金,重点扶持边远贫困地区、少数民族地区实施义务教育。税务机关依法足额征收教育费附加,由教育行政部门统筹管理,主要用于实施义务教育。省、自治区、直辖市人民政府根据国务院的有关规定,可以决定开征用于教育的地方附加费,专款专用。国家鼓励境内、境外社会组织和个人捐资助学。国家财政性教育经费、社会组织和个人对教育的捐赠,必须用于教育,不得挪用、克扣。①

《教师法》规定,教师的平均工资水平应当不低于或者高于国家公务员的平均工资水平,并逐步提高。建立正常晋级增薪制度,具体办法由国务院规定。中小学教师和职业学校教师享受教龄津贴和其他津贴,具体办法由国务院教育行政部门会同有关部门制定。地方各级人民政府对教师以及具有中专以上学历的毕业生到少数民族地区和边远贫困地区从事教育教学工作的,应当予以补贴。教师退休或者退职后,享受

---

① 《教育法》第 16 条、第 38 条、第 54 ~58 条、第 60 ~61 条。

国家规定的退休或者退职待遇。县级以上地方人民政府可以适当提高长期从事教育教学工作的中小学退休教师的退休金比例。各级人民政府应当采取措施,改善国家补助、集体支付工资的中小学教师的待遇,逐步做到在工资收入上与国家支付工资的教师同工同酬,具体办法由地方各级人民政府根据本地区的实际情况规定。①

《义务教育法》规定,各级人民政府保障教师工资福利和社会保险待遇,改善教师工作和生活条件;完善农村教师工资经费保障机制。教师的平均工资水平应当不低于当地公务员的平均工资水平。特殊教育教师享有特殊岗位补助津贴。在民族地区和边远贫困地区工作的教师享有艰苦贫困地区补助津贴。国家将义务教育全面纳入财政保障范围,义务教育经费由国务院和地方各级人民政府依照本法规定予以保障。国务院和地方各级人民政府将义务教育经费纳入财政预算,按照教职工编制标准、工资标准和学校建设标准、学生人均公用经费标准等,及时足额拨付义务教育经费,确保学校的正常运转和校舍安全,确保教职工工资按照规定发放。国务院和地方各级人民政府用于实施义务教育财政拨款的增长比例应当高于财政经常性收入的增长比例,保证按照在校学生人数平均的义务教育费用逐步增长,保证教职工工资和学生人均公用经费逐步增长。学校的学生人均公用经费基本标准由国务院财政部门会同教育行政部门制定,并根据经济和社会发展状况适时调整。制定、调整学生人均公用经费基本标准,应当满足教育教学基本需要。省、自治区、直辖市人民政府可以根据本行政区域的实际情况,制定不低于国家标准的学校学生人均公用经费标准。特殊教育学校(班)学生人均公用经费标准应当高于普通学校学生人均公用经费标准。义务教育经费投入实行国务院和地方各级人民政府根据职责共同负担,省、自治区、直辖市人民政府负责统筹落实的体制。农村义务教育所需经费,由各级人

---

① 《教师法》第25~27条、第30~31条。

民政府根据国务院的规定分项目、按比例分担。各级人民政府对家庭经济困难的适龄儿童、少年免费提供教科书并补助寄宿生生活费。义务教育经费保障的具体办法由国务院规定。地方各级人民政府在财政预算中将义务教育经费单列。县级人民政府编制预算,除向农村地区学校和薄弱学校倾斜外,应当均衡安排义务教育经费。国务院和省、自治区、直辖市人民政府规范财政转移支付制度,加大一般性转移支付规模和规范义务教育专项转移支付,支持和引导地方各级人民政府增加对义务教育的投入。地方各级人民政府确保将上级人民政府的义务教育转移支付资金按照规定用于义务教育。国务院和县级以上地方人民政府根据实际需要,设立专项资金,扶持农村地区、民族地区实施义务教育。国家鼓励社会组织和个人向义务教育捐赠,鼓励按照国家有关基金会管理的规定设立义务教育基金。义务教育经费严格按照预算规定用于义务教育;任何组织和个人不得侵占、挪用义务教育经费,不得向学校非法收取或者摊派费用。县级以上人民政府建立健全义务教育经费的审计监督和统计公告制度。①

《高等教育法》规定,国务院教育行政部门会同国务院其他有关部门根据在校学生年人均教育成本,规定高等学校年经费开支标准和筹措的基本原则;省、自治区、直辖市人民政府教育行政部门会同有关部门制订本行政区域内高等学校年经费开支标准和筹措办法,作为举办者和高等学校筹措办学经费的基本依据。②

《职业教育法》规定,省、自治区、直辖市人民政府应当制定本地区职业学校学生人数平均经费标准;国务院有关部门应当会同国务院财政部门制定本部门职业学校学生人数平均经费标准。职业学校举办者应当按照学生人数平均经费标准足额拨付职业教育经费。各级人民政府、

---

① 《义务教育法》第31条、第42~50条。

② 《高等教育法》第62条。

国务院有关部门用于举办职业学校和职业培训机构的财政性经费应当逐步增长。任何组织和个人不得挪用、克扣职业教育的经费。省、自治区、直辖市人民政府按照教育法的有关规定决定开征的用于教育的地方附加费,可以专项或者安排一定比例用于职业教育。各级人民政府可以将农村科学技术开发、技术推广的经费,适当用于农村职业培训。①

《民办教育促进法》规定,县级以上各级人民政府可以设立专项资金,用于资助民办学校的发展,奖励和表彰有突出贡献的集体和个人。县级以上各级人民政府可以采取购买服务、助学贷款、奖助学金和出租、转让闲置的国有资产等措施对民办学校予以扶持;对非营利性民办学校还可以采取政府补贴、基金奖励、捐资激励等扶持措施。民办学校享受国家规定的税收优惠政策;其中,非营利性民办学校享受与公办学校同等的税收优惠政策。人民政府委托民办学校承担义务教育任务,应当按照委托协议拨付相应的教育经费。②

三、金融调控规定

《教育法》规定,国家鼓励运用金融、信贷手段,支持教育事业的发展。③《高等教育法》规定,国家设立奖学金,并鼓励高等学校、企业事业组织、社会团体以及其他社会组织和个人按照国家有关规定设立各种形式的奖学金,对品学兼优的学生、国家规定的专业的学生以及到国家规定的地区工作的学生给予奖励。国家设立高等学校学生勤工助学基金和贷学金,并鼓励高等学校、企业事业组织、社会团体以及其他社会组织和个人设立各种形式的助学金,对家庭经济困难的学生提供帮助。获得

---

① 《职业教育法》第27条、第30~31条。

② 《民办教育促进法》第45~47条、第50条。

③ 《教育法》第62条。

贷学金及助学金的学生,应当履行相应的义务。[①]《职业教育法》规定,国家鼓励金融机构运用信贷手段,扶持发展职业教育。[②]《民办教育促进法》规定,国家鼓励金融机构运用信贷手段,支持民办教育事业的发展。[③]

四、产业指导规定

《教育法》规定,国家采取优惠措施,鼓励和扶持学校在不影响正常教育教学的前提下开展勤工俭学和社会服务,兴办校办产业。[④]《高等教育法》规定,高等学校根据自身条件,自主开展科学研究、技术开发和社会服务。国家鼓励高等学校同企业事业组织、社会团体及其他社会组织在科学研究、技术开发和推广等方面进行多种形式的合作。国家对高等学校进口图书资料、教学科研设备以及校办产业实行优惠政策。高等学校所办产业或者转让知识产权以及其他科学技术成果获得的收益,用于高等学校办学。[⑤]《职业教育法》规定,职业学校、职业培训机构实施职业教育应当实行产教结合,为本地区经济建设服务,与企业密切联系,培养实用人才和熟练劳动者。职业学校、职业培训机构可以举办与职业教育有关的企业或者实习场所。[⑥]

---

① 《高等教育法》第55条。
② 《职业教育法》第34条。
③ 《民办教育促进法》第49条。
④ 《教育法》第59条。
⑤ 《高等教育法》第35条第1款、第2款,第63条。
⑥ 《职业教育法》第23条。

第四节　教育特别调控规定

《教育法》规定，国家实行学前教育、初等教育、中等教育、高等教育的学校教育制度。国家建立科学的学制系统。学制系统内的学校和其他教育机构的设置、教育形式、修业年限、招生对象、培养目标等，由国务院或者由国务院授权教育行政部门规定。国家制定学前教育标准，加快普及学前教育，构建覆盖城乡，特别是农村的学前教育公共服务体系。各级人民政府应当采取措施，为适龄儿童接受学前教育提供条件和支持。国家实行九年制义务教育制度。各级人民政府采取各种措施保障适龄儿童、少年就学。适龄儿童、少年的父母或者其他监护人以及有关社会组织和个人有义务使适龄儿童、少年接受并完成规定年限的义务教育。国家实行职业教育制度和继续教育制度。各级人民政府、有关行政部门和行业组织以及企业事业组织应当采取措施，发展并保障公民接受职业学校教育或者各种形式的职业培训。国家鼓励发展多种形式的继续教育，使公民接受适当形式的政治、经济、文化、科学、技术、业务等方面的教育，促进不同类型学习成果的互认和衔接，推动全民终身学习。国家实行国家教育考试制度。国家教育考试由国务院教育行政部门确定种类，并由国家批准的实施教育考试的机构承办。国家实行学业证书制度。经国家批准设立或者认可的学校及其他教育机构按照国家有关规定，颁发学历证书或者其他学业证书。国家实行学位制度。学位授予单位依法对达到一定学术水平或者专业技术水平的人员授予相应的学位，颁发学位证书。各级人民政府、基层群众性自治组织和企业事业组织应当采取各种措施，开展扫除文盲的教育工作。按照国家规定具有接受扫除文盲教育能力的公民，应当接受扫除文盲的教育。国家实行教育督导制度和学校及其他教育机构教育评估制度。学校及其他教育机构的设立、变更和终止,应当按照国家有关规定办理审核、批准、注册或者备案手续。国家推进教育信息化,加快教育信息基础设施建设,利用信息技术促进优质教育资源普及共享,提高教育教学水平和教育管理水平。县级以上人民政府及其有关部门应当发展教育信息技术和其他现代化教学方式,有关行政部门应当优先安排,给予扶持。国家鼓励学校及其他教育机构推广运用现代化教学方式。国家鼓励开展教育对外交流与合作,支持学校及其他教育机构引进优质教育资源,依法开展中外合作办学,发展国际教育服务,培养国际化人才。教育对外交流与合作坚持独立自主、平等互利、相互尊重的原则,不得违反中国法律,不得损害国家主权、安全和社会公共利益。中国境内公民出国留学、研究、进行学术交流或者任教,依照国家有关规定办理。中国境外个人符合国家规定的条件并办理有关手续后,可以进入中国境内学校及其他教育机构学习、研究、进行学术交流或者任教,其合法权益受国家保护。中国对境外教育机构颁发的学位证书、学历证书及其他学业证书的承认,依照中华人民共和国缔结或者加入的国际条约办理,或者按照国家有关规定办理。①

《教师法》规定,国家实行教师资格制度。中国公民凡遵守宪法和法律,热爱教育事业,具有良好的思想品德,具备本法规定的学历或者经国家教师资格考试合格,有教育教学能力,经认定合格的,可以取得教师资格。取得教师资格应当具备的相应学历是:(1)取得幼儿园教师资格,应当具备幼儿师范学校毕业及其以上学历;(2)取得小学教师资格,应当具备中等师范学校毕业及其以上学历;(3)取得初级中学教师、初级职业学校文化、专业课教师资格,应当具备高等师范专科学校或者其他大学专科毕业及其以上学历;(4)取得高级中学教师资格和中等专业学校、技工学校、职业高中文化课、专业课教师资格,应当具备高等师范院

① 《教育法》第17~25条、第28条、第66~70条。

校本科或者其他大学本科毕业及其以上学历;取得中等专业学校、技工学校和职业高中学生实习指导教师资格应当具备的学历,由国务院教育行政部门规定;(5)取得高等学校教师资格,应当具备研究生或者大学本科毕业学历;(6)取得成人教育教师资格,应当按照成人教育的层次、类别,分别具备高等、中等学校毕业及其以上学历。不具备本法规定的教师资格学历的公民,申请获取教师资格,必须通过国家教师资格考试。国家教师资格考试制度由国务院规定。中小学教师资格由县级以上地方人民政府教育行政部门认定。中等专业学校、技工学校的教师资格由县级以上地方人民政府教育行政部门组织有关主管部门认定。普通高等学校的教师资格由国务院或者省、自治区、直辖市教育行政部门或者由其委托的学校认定。具备本法规定的学历或者经国家教师资格考试合格的公民,要求有关部门认定其教师资格的,有关部门应当依照《教师法》规定的条件予以认定。取得教师资格的人员首次任教时,应当有试用期。受到剥夺政治权利或者故意犯罪受到有期徒刑以上刑事处罚的,不能取得教师资格;已经取得教师资格的,失去教师资格。各级师范学校毕业生,应当按照国家有关规定从事教育教学工作。国家鼓励非师范高等学校毕业生到中小学或者职业学校任教。国家实行教师职务制度,具体办法由国务院规定。学校和其他教育机构应当逐步实行教师聘任制。教师的聘任应当遵循双方地位平等的原则,由学校和教师签订聘任合同,明确规定双方的权利、义务和责任。实施教师聘任制的步骤、办法由国务院教育行政部门规定。各级人民政府和有关部门应当办好师范教育,并采取措施,鼓励优秀青年进入各级师范学校学习。各级教师进修学校承担培训中小学教师的任务。非师范学校应当承担培养和培训中小学教师的任务。各级师范学校学生享受专业奖学金。各级人民政府应当采取措施,为少数民族地区和边远贫困地区培养、培训教师。地方各级人民政府和国务院有关部门,对城市教师住房的建设、租赁、出售实行优先、优惠。县、乡两级人民政府应当为农村中小学教师解决住房提供方便。教师的医疗同当地国家公务员享受同等的待遇;定期对教师进行身体健康检查,并因地制宜安排教师进行休养。医疗机构应当对当地教师的医疗提供方便。①

《高等教育法》规定,高等教育包括学历教育和非学历教育。高等教育采用全日制和非全日制教育形式。国家支持采用广播、电视、函授及其他远程教育方式实施高等教育。高等学历教育分为专科教育、本科教育和研究生教育。高等学历教育应当符合法定学业标准:(1)专科教育应当使学生掌握本专业必备的基础理论、专门知识,具有从事本专业实际工作的基本技能和初步能力;(2)本科教育应当使学生比较系统地掌握本学科、专业必需的基础理论、基本知识,掌握本专业必要的基本技能、方法和相关知识,具有从事本专业实际工作和研究工作的初步能力;(3)硕士研究生教育应当使学生掌握本学科坚实的基础理论、系统的专业知识,掌握相应的技能、方法和相关知识,具有从事本专业实际工作和科学研究工作的能力。博士研究生教育应当使学生掌握本学科坚实宽广的基础理论、系统深入的专业知识、相应的技能和方法,具有独立从事本学科创造性科学研究工作和实际工作的能力。专科教育的基本修业年限为2~3年,本科教育的基本修业年限为4~5年,硕士研究生教育的基本修业年限为2~3年,博士研究生教育的基本修业年限为3~4年。非全日制高等学历教育的修业年限应当适当延长。高等学校根据实际需要,可以对本学校的修业年限作出调整。国家实行高等教育自学考试制度,经考试合格的,发给相应的学历证书或者其他学业证书。国家实行学位制度。学位分为学士、硕士和博士。公民通过接受高等教育或者自学,其学业水平达到国家规定的学位标准,可以向学位授予单位申请授予相应的学位。设立实施本科及以上教育的高等学校,由国务院教育行政部门审批;设立实施专科教育的高等学校,由省、自治区、直辖

---

① 《教师法》第10~11条、第13~18条、第21条、第28~29条。

市人民政府审批，报国务院教育行政部门备案；设立其他高等教育机构，由省、自治区、直辖市人民政府教育行政部门审批。审批设立高等学校和其他高等教育机构应当遵守国家有关规定。审批设立高等学校，应当委托由专家组成的评议机构评议。高等学校和其他高等教育机构分立、合并、终止，变更名称、类别和其他重要事项，由《高等教育法》规定的审批机关审批；修改章程，应当根据管理权限，报国务院教育行政部门或者省、自治区、直辖市人民政府教育行政部门核准。国家支持具备条件的高等学校成为国家科学研究基地。国家举办的高等学校实行中国共产党高等学校基层委员会领导下的校长负责制。中国共产党高等学校基层委员会按照中国共产党章程和有关规定，统一领导学校工作，支持校长独立负责地行使职权，其领导职责主要是：执行中国共产党的路线、方针、政策，坚持社会主义办学方向，领导学校的思想政治工作和德育工作，讨论决定学校内部组织机构的设置和内部组织机构负责人的人选，讨论决定学校的改革、发展和基本管理制度等重大事项，保证以培养人才为中心的各项任务的完成。社会力量举办的高等学校的内部管理体制按照国家有关社会力量办学的规定确定。高等学校应当建立本学校办学水平、教育质量的评价制度，及时公开相关信息，接受社会监督。教育行政部门负责组织专家或者委托第三方专业机构对高等学校的办学水平、效益和教育质量进行评估。评估结果应当向社会公开。①

《职业教育法》规定，国家根据不同地区的经济发展水平和教育普及程度，实施以初中后为重点的不同阶段的教育分流，建立、健全职业学校教育与职业培训并举，并与其他教育相互沟通、协调发展的职业教育体系。职业学校教育分为初等、中等、高等职业学校教育。初等、中等职业学校教育分别由初等、中等职业学校实施；高等职业学校教育根据需

---

① 《高等教育法》第 15 ~17 条、第 21 ~22 条、第 29 条、第 35 条第 3 款、第 39 条、第 44 条。

要和条件由高等职业学校实施,或者由普通高等学校实施。其他学校按照教育行政部门的统筹规划,可以实施同层次的职业学校教育。职业培训包括从业前培训、转业培训、学徒培训、在岗培训、转岗培训及其他职业性培训,可以根据实际情况分为初级、中级、高级职业培训。职业培训分别由相应的职业培训机构、职业学校实施。其他学校或者教育机构可以根据办学能力,开展面向社会的、多种形式的职业培训。残疾人职业教育除由残疾人教育机构实施外,各级各类职业学校和职业培训机构及其他教育机构应当按照国家有关规定接纳残疾学生。普通中学可以因地制宜地开设职业教育的课程,或者根据实际需要适当增加职业教育的教学内容。国家鼓励事业组织、社会团体、其他社会组织及公民个人按照国家有关规定举办职业学校、职业培训机构。境外的组织和个人在中国境内举办职业学校、职业培训机构的办法,由国务院规定。联合举办职业学校、职业培训机构,举办者应当签订联合办学合同。政府主管部门、行业组织、企业、事业组织委托学校、职业培训机构实施职业教育的,应当签订委托合同。①

《民办教育促进法》规定,设立民办学校应当符合当地教育发展的需求,具备《教育法》和其他有关法律、法规规定的条件。民办学校的设置标准参照同级同类公办学校的设置标准执行。举办实施学历教育、学前教育、自学考试助学及其他文化教育的民办学校,由县级以上人民政府教育行政部门按照国家规定的权限审批;举办实施以职业技能为主的职业资格培训、职业技能培训的民办学校,由县级以上人民政府人力资源社会保障行政部门按照国家规定的权限审批,并抄送同级教育行政部门备案。民办学校的举办者可以自主选择设立非营利性或者营利性民办学校。但是,不得设立实施义务教育的营利性民办学校。非营利性民办学校的举办者不得取得办学收益,学校的办学结余全部用于办学。营

① 《职业教育法》第12~16条、第21~22条。

利性民办学校的举办者可以取得办学收益,学校的办学结余依照《公司法》等有关法律、行政法规的规定处理。民办学校取得办学许可证后,进行法人登记,登记机关应当依法予以办理。①

简要评析

教育兴国,百年大计。教育是关系人才培养的国家基础建设工程。为此,党和国家历来重视教育,把培养社会主义建设事业的接班人作为教育事业发展的总方针、总政策。改革开放以来,有关教育的改革一度忽视了教育的社会属性。但随着改革的深入,一定程度上得以纠正。从宏观调控角度讲,主要体现在如何应用宏观调控手段支持教育事业的发展,并确立相关的特殊调控制度。从本章梳理来看,截至目前的各项立法,基本满足了这方面的法律需求。然而,尚有一些不足之处需要改进。一是对于最基础的幼儿教育,没有国家统一的法律规定,只有一些地方性法规,需要完善国家层面的立法;二是现有的立法没有从根本上理清教育事业与产业的关系;三是针对新时代新矛盾,国家应当从宏观调控的居民福利增长角度,进一步提升免费教育的程度,以便减轻居民家庭教育负担,提升人民的幸福感;四是在教育国际化浪潮中,在"西学中用"中,应结合中国国情,合理借鉴发达国家的经验,克服盲目崇拜西方思潮对青少年成长的不良影响。

---

① 《民办教育促进法》第11～12条、第19条。

第二十五章　文化事业调控法律制度的完善

文化事业是社会发展事业的重要组成部分。在市场经济条件下,文化事业总体上讲,应属于公益性事业的一部分,负有传播文化,提升公民文化素质的责任,属于精神文明建设的范畴。但是,文化事业的发展,也有其与产业化结合的内容。改革开放以来,国家层面制定了一些有利于文化事业发展的政策。在法律调整方面,主要出台了四部法律,即《公共图书馆法》《公共文化服务保障法》《非物质文化遗产法》《文物保护法》。其中,有一些涉及宏观调控方面的法律规定。

第一节　文化事业调控法的制定和实施

《公共图书馆法》由中华人民共和国第十二届全国人民代表大会常务委员会第三十次会议

于2017年11月4日通过，自2018年1月1日起施行；根据2018年10月26日第十三届全国人民代表大会常务委员会第六次会议《关于修改〈中华人民共和国野生动物保护法〉等十五部法律的决定》修正。[①] 该法的立法目的是：促进公共图书馆事业发展，发挥公共图书馆功能，保障公民基本文化权益，提高公民科学文化素质和社会文明程度，传承人类文明，坚定文化自信。该法所称公共图书馆，是指向社会公众免费开放，收集、整理、保存文献信息并提供查询、借阅及相关服务，开展社会教育的公共文化设施。该法规定的文献信息包括图书报刊、音像制品、缩微制品、数字资源等。《公共图书馆法》共6章55条，主要涉及对公共图书馆的设立、运行、服务及法律责任的规定。

《公共文化服务保障法》由中华人民共和国第十二届全国人民代表大会常务委员会第二十五次会议于2016年12月25日通过，自2017年3月1日起施行。该法的立法目的是：加强公共文化服务体系建设，丰富人民群众精神文化生活，传承中华优秀传统文化，弘扬社会主义核心价值观，增强文化自信，促进中国特色社会主义文化繁荣发展，提高全民族文明素质。该法所称公共文化服务，是指由政府主导、社会力量参与，以满足公民基本文化需求为主要目的而提供的公共文化设施、文化产品、文化活动以及其他相关服务。境外自然人、法人和其他组织在中国境内从事公共文化服务的，应当符合相关法律、行政法规的规定。该法所称公共文化设施是指用于提供公共文化服务的建筑物、场地和设备，主要包括图书馆、博物馆、文化馆（站）、美术馆、科技馆、纪念馆、体育场馆、工人文化宫、青少年宫、妇女儿童活动中心、老年人活动中心、乡镇（街道）和村（社区）基层综合性文化服务中心、农家（职工）书屋、公共阅报栏（屏）、广播电视播出传输覆盖设施、公共数字文化服务点等。县级以上地方人民政府应当将本行政区域内的公共文化设施目录及有关信息予

---

① 该次修改，将第51条中的“出版行政主管部门”修改为“出版主管部门”。

以公布。《公共文化服务保障法》共6章65条,主要涉及公共文化设施建设与管理、公共文化服务提供、保障措施及法律责任的规定。

《非物质文化遗产法》由中华人民共和国第十一届全国人民代表大会常务委员会第十九次会议于2011年2月25日通过,自2011年6月1日起施行。该法的立法目的是:继承和弘扬中华民族优秀传统文化,促进社会主义精神文明建设,加强非物质文化遗产保护、保存工作。该法所称非物质文化遗产,是指各族人民世代相传并视为其文化遗产组成部分的各种传统文化表现形式,以及与传统文化表现形式相关的实物和场所。包括:(1)传统口头文学以及作为其载体的语言;(2)传统美术、书法、音乐、舞蹈、戏剧、曲艺和杂技;(3)传统技艺、医药和历法;(4)传统礼仪、节庆等民俗;(5)传统体育和游艺;(6)其他非物质文化遗产。属于非物质文化遗产组成部分的实物和场所,凡属文物的,适用《文物保护法》的有关规定。建立地方非物质文化遗产代表性项目名录的办法,由省、自治区、直辖市参照本法有关规定制定。使用非物质文化遗产涉及知识产权的,适用有关法律、行政法规的规定。对传统医药、传统工艺美术等的保护,其他法律、行政法规另有规定的,依照其规定。《非物质文化遗产法》共6章45条,内容主要涉及非物质文化遗产的调查、非物质文化遗产代表性项目名录、非物质文化遗产的传承与传播及法律责任的规定。

《文物保护法》于1982年11月19日第五届全国人民代表大会常务委员会第二十五次会议通过;根据1991年6月29日第七届全国人民代表大会常务委员会第二十次会议《关于修改〈中华人民共和国文物保护法〉第三十条、第三十一条的决定》第一次修正;2002年10月28日第九届全国人民代表大会常务委员会第三十次会议进行全面修订后,于公布之日起施行新的《文物保护法》;根据2007年12月29日第十届全国人民代表大会常务委员会第三十一次会议《关于修改〈中华人民共和国文物保护法〉的决定》第二次修正;根据2013年6月29日第十二届全国人民代表大会常务委员会第三次会议《关于修改〈中华人民共和国文物保护法〉等十二部法律的决定》第三次修正；根据2015年4月24日第十二届全国人民代表大会常务委员会第十四次会议《关于修改〈中华人民共和国文物保护法〉的决定》第四次修正；根据2017年11月4日第十二届全国人民代表大会常务委员会第三十次会议《关于修改〈中华人民共和国会计法〉等十一部法律的决定》第五次修正。[①] 该法的立法目的是：加强对文物的保护，继承中华民族优秀的历史文化遗产，促进科学研究工作，进行爱国主义和革命传统教育，建设社会主义精神文明和物质文明。在中华人民共和国境内，下列文物受国家保护：(1)具有历史、艺术、科学价值的古文化遗址、古墓葬、古建筑、石窟寺和石刻、壁画；(2)与重大历史事件、革命运动或者著名人物有关的以及具有重要纪念意义、教育意义或者史料价值的近代现代重要史迹、实物、代表性建筑；(3)历史上各时代珍贵的艺术品、工艺美术品；(4)历史上各时代重要的文献资料以及具有历史、艺术、科学价值的手稿和图书资料等；(5)反映历史上各时代、各民族社会制度、社会生产、社会生活的代表性实物。文物认定的标准和办法由国务院文物行政部门制定，并报国务院批准。具有科学价值的古脊椎动物化石和古人类化石同文物一样受国家保护。古文化遗址、古墓葬、古建筑、石窟寺、石刻、壁画、近代现代重要史迹和代表性建筑等不可移动文物，根据它们的历史、艺术、科学价值，可以分别确定为全国重点文物保护单位，省级文物保护单位，市、县级文物保护单位。历史上各时代重要实物、艺术品、文献、手稿、图书资料、代表性实物等可移动文物，分为珍贵文物和一般文物；珍贵文物分为一级文物、二级文物、三级文物。现行的《文物保护法》共8章80条，其内容涉及对不可移动文物、考古发掘、馆藏文物、民间收藏文物、文物出境进境及法律责任的规定。

---

① 《文物保护法》自施行以来，先后六次修改。其中，2017年11月的修改，主要结合改革取消了相关的行政审批规定。

第二节　公共图书事业调控的规定

在事业发展定位与发展方针政策方面,《公共图书馆法》规定,公共图书馆是社会主义公共文化服务体系的重要组成部分,应当将推动、引导、服务全民阅读作为重要任务。公共图书馆应当坚持社会主义先进文化前进方向,坚持以人民为中心,坚持以社会主义核心价值观为引领,传承发展中华优秀传统文化,继承革命文化,发展社会主义先进文化。国家扶持革命老区、民族地区、边疆地区和贫困地区公共图书馆事业的发展。国家鼓励和支持发挥科技在公共图书馆建设、管理和服务中的作用,推动运用现代信息技术和传播技术,提高公共图书馆的服务效能。国家鼓励和支持在公共图书馆领域开展国际交流与合作。公共图书馆应当遵守有关知识产权保护的法律、行政法规规定,依法保护和使用文献信息。馆藏文献信息属于文物、档案或者国家秘密的,公共图书馆应当遵守有关文物保护、档案管理或者保守国家秘密的法律、行政法规规定。公共图书馆行业组织应当依法制定行业规范,加强行业自律,维护会员合法权益,指导、督促会员提高服务质量。对在公共图书馆事业发展中作出突出贡献的组织和个人,按照国家有关规定给予表彰和奖励。国家建立覆盖城乡、便捷实用的公共图书馆服务网络。公共图书馆服务网络建设坚持政府主导,鼓励社会参与。县级以上地方人民政府应当根据本行政区域内人口数量、人口分布、环境和交通条件等因素,因地制宜确定公共图书馆的数量、规模、结构和分布,加强固定馆舍和流动服务设施、自助服务设施建设。①

在规划、财政调控方面,县级以上人民政府应当将公共图书馆事业

① 《公共图书馆法》第3条、第7~13条。

纳入本级国民经济和社会发展规划，将公共图书馆建设纳入城乡规划和土地利用总体规划，加大对政府设立的公共图书馆的投入，将所需经费列入本级政府预算，并及时、足额拨付。国家鼓励公民、法人和其他组织自筹资金设立公共图书馆。县级以上人民政府应当积极调动社会力量参与公共图书馆建设，并按照国家有关规定给予政策扶持。国家鼓励公民、法人和其他组织依法向公共图书馆捐赠，并依法给予税收优惠。境外自然人、法人和其他组织可以依照有关法律、行政法规的规定，通过捐赠方式参与境内公共图书馆建设。国家采取政府购买服务等措施，对公民、法人和其他组织设立的公共图书馆提供服务给予扶持。①

在公共服务方面，公共图书馆应当按照平等、开放、共享的要求向社会公众提供服务。公共图书馆应当免费向社会公众提供法定服务：(1)文献信息查询、借阅；(2)阅览室、自习室等公共空间设施场地开放；(3)公益性讲座、阅读推广、培训、展览；(4)国家规定的其他免费服务项目。政府设立的公共图书馆应当设置少年儿童阅览区域，根据少年儿童的特点配备相应的专业人员，开展面向少年儿童的阅读指导和社会教育活动，并为学校开展有关课外活动提供支持。有条件的地区可以单独设立少年儿童图书馆。政府设立的公共图书馆应当考虑老年人、残疾人等群体的特点，积极创造条件，提供适合其需要的文献信息、无障碍设施设备和服务等。政府设立的公共图书馆应当根据自身条件，为国家机关制定法律、法规、政策和开展有关问题研究，提供文献信息和相关咨询服务。公共图书馆应当通过开展阅读指导、读书交流、演讲诵读、图书互换共享等活动，推广全民阅读。公共图书馆向社会公众提供文献信息，应当遵守有关法律、行政法规的规定，不得向未成年人提供内容不适宜的文献信息。公共图书馆不得从事或者允许其他组织、个人在馆内从事危害国家安全、损害社会公共利益和其他违反法律法规的活动。公共图书

---

① 《公共图书馆法》第4条、第6条、第45条。

馆应当通过其网站或者其他方式向社会公告本馆的服务内容、开放时间、借阅规则等;因故闭馆或者更改开放时间的,除遇不可抗力外,应当提前公告。公共图书馆在公休日应当开放,在国家法定节假日应当有开放时间。政府设立的公共图书馆应当通过流动服务设施、自助服务设施等为社会公众提供便捷服务。国家构建标准统一、互联互通的公共图书馆数字服务网络,支持数字阅读产品开发和数字资源保存技术研究,推动公共图书馆利用数字化、网络化技术向社会公众提供便捷服务。政府设立的公共图书馆应当加强数字资源建设、配备相应的设施设备,建立线上线下相结合的文献信息共享平台,为社会公众提供优质服务。政府设立的公共图书馆应当加强馆内古籍的保护,根据自身条件采用数字化、影印或者缩微技术等推进古籍的整理、出版和研究利用,并通过巡回展览、公益性讲座、善本再造、创意产品开发等方式,加强古籍宣传,传承发展中华优秀传统文化。公共图书馆应当改善服务条件、提高服务水平,定期公告服务开展情况,听取读者意见,建立投诉渠道,完善反馈机制,接受社会监督。公共图书馆应当妥善保护读者的个人信息、借阅信息以及其他可能涉及读者隐私的信息,不得出售或者以其他方式非法向他人提供。读者应当遵守公共图书馆的相关规定,自觉维护公共图书馆秩序,爱护公共图书馆的文献信息、设施设备,合法利用文献信息;借阅文献信息的,应当按照规定时限归还。对破坏公共图书馆文献信息、设施设备,或者扰乱公共图书馆秩序的,公共图书馆工作人员有权予以劝阻、制止;经劝阻、制止无效的,公共图书馆可以停止为其提供服务。国家鼓励公民参与公共图书馆志愿服务。县级以上人民政府文化主管部门应当对公共图书馆志愿服务给予必要的指导和支持。国家支持公共图书馆加强与学校图书馆、科研机构图书馆以及其他类型图书馆的交流与合作,开展联合服务。国家支持学校图书馆、科研机构图书馆以及其他类型图书馆向社会公众开放。①

在特别调控制度安排方面，国家设立国家图书馆，主要承担国家文献信息战略保存、国家书目和联合目录编制、为国家立法和决策服务、组织全国古籍保护、开展图书馆发展研究和国际交流、为其他图书馆提供业务指导和技术支持等职能。国家图书馆同时具有《公共图书馆法》规定的公共图书馆的功能。②

第三节　公共文化服务保障的规定

在公共文化服务方针政策方面，公共文化服务应当坚持社会主义先进文化前进方向，坚持以人民为中心，坚持以社会主义核心价值观为引领；应当按照"百花齐放、百家争鸣"的方针，支持优秀公共文化产品的创作生产，丰富公共文化服务内容。国家扶助革命老区、民族地区、边疆地区、贫困地区的公共文化服务，促进公共文化服务均衡协调发展。各级人民政府应当根据未成年人、老年人、残疾人和流动人口等群体的特点与需求，提供相应的公共文化服务。国家鼓励和支持公共文化服务与学校教育相结合，充分发挥公共文化服务的社会教育功能，提高青少年思想道德和科学文化素质。国家鼓励和支持发挥科技在公共文化服务中的作用，推动运用现代信息技术和传播技术，提高公众的科学素养和公共文化服务水平。国家鼓励和支持在公共文化服务领域开展国际合作与交流。国家鼓励和支持公民、法人和其他组织参与公共文化服务。对在公共文化服务中作出突出贡献的公民、法人和其他组织，依法给予表彰和奖励。③

---

① 《公共图书馆法》第 33 ~44 条、第 46 条、第 48 条。

② 《公共图书馆法》第 22 条。

③ 《公共文化服务保障法》第 3 条、第 8 ~13 条。

在调控基础制度建设方面，国务院根据公民基本文化需求和经济社会发展水平，制定并调整国家基本公共文化服务指导标准。省、自治区、直辖市人民政府根据国家基本公共文化服务指导标准，结合当地实际需求、财政能力和文化特色，制定并调整本行政区域的基本公共文化服务实施标准。国务院和省、自治区、直辖市人民政府制定政府购买公共文化服务的指导性意见和目录。国务院有关部门和县级以上地方人民政府应当根据指导性意见和目录，结合实际情况，确定购买的具体项目和内容，及时向社会公布。①

在规划调控方面，县级以上人民政府应当将公共文化服务纳入本级国民经济和社会发展规划，按照公益性、基本性、均等性、便利性的要求，加强公共文化设施建设，完善公共文化服务体系，提高公共文化服务效能。县级以上地方人民政府应当将公共文化设施建设纳入本级城乡规划，根据国家基本公共文化服务指导标准、省级基本公共文化服务实施标准，结合当地经济社会发展水平、人口状况、环境条件、文化特色，合理确定公共文化设施的种类、数量、规模以及布局，形成场馆服务、流动服务和数字服务相结合的公共文化设施网络。公共文化设施的选址，应当征求公众意见，符合公共文化设施的功能和特点，有利于发挥其作用。公共文化设施的建设用地，应当符合土地利用总体规划和城乡规划，并依照法定程序审批。任何单位和个人不得侵占公共文化设施建设用地或者擅自改变其用途。因特殊情况需要调整公共文化设施建设用地的，应当重新确定建设用地。调整后的公共文化设施建设用地不得少于原有面积。新建、改建、扩建居民住宅区，应当按照有关规定、标准，规划和建设配套的公共文化设施。国家统筹规划公共数字文化建设，构建标准统一、互联互通的公共数字文化服务网络，建设公共文化信息资源库，实现基层网络服务共建共享。国家支持开发数字文化产品，推动利用宽带

---

① 《公共文化服务保障法》第5条、第41条。

互联网、移动互联网、广播电视网和卫星网络提供公共文化服务。地方各级人民政府应当加强基层公共文化设施的数字化和网络建设，提高数字化和网络服务能力。①

在财政调控方面，国务院和地方各级人民政府应当根据公共文化服务的事权和支出责任，将公共文化服务经费纳入本级预算，安排公共文化服务所需资金。国务院和省、自治区、直辖市人民政府应当增加投入，通过转移支付等方式，重点扶助革命老区、民族地区、边疆地区、贫困地区开展公共文化服务。国家鼓励和支持经济发达地区对革命老区、民族地区、边疆地区、贫困地区的公共文化服务提供援助。免费或者优惠开放的公共文化设施，按照国家规定享受补助。国家鼓励社会资本依法投入公共文化服务，拓宽公共文化服务资金来源渠道。国家采取政府购买服务等措施，支持公民、法人和其他组织参与提供公共文化服务。公民、法人和其他组织通过公益性社会团体或者县级以上人民政府及其部门，捐赠财产用于公共文化服务的，依法享受税收优惠。国家鼓励通过捐赠等方式设立公共文化服务基金，专门用于公共文化服务。②

在公共文化服务方面，各级人民政府应当充分利用公共文化设施，促进优秀公共文化产品的提供和传播，支持开展全民阅读、全民普法、全民健身、全民科普和艺术普及、优秀传统文化传承活动。设区的市级、县级地方人民政府应当根据国家基本公共文化服务指导标准和省、自治区、直辖市基本公共文化服务实施标准，结合当地实际，制定公布本行政区域公共文化服务目录并组织实施。国家鼓励经营性文化单位提供免费或者优惠的公共文化产品和文化活动。公共文化设施应当根据其功能、特点，按照国家有关规定，向公众免费或者优惠开放。公共文化设施开放收取费用的，应当每月定期向中小学生免费开放。公共文化设施开

① 《公共文化服务保障法》第 4 条、第 15 ~16 条、第 33 条。

② 《公共文化服务保障法》第 45 ~50 条。

放或者提供培训服务等收取费用的,应当报经县级以上人民政府有关部门批准;收取的费用,应当用于公共文化设施的维护、管理和事业发展,不得挪作他用。公共文化设施管理单位应当公示服务项目和开放时间;临时停止开放的,应当及时公告。国家鼓励和支持机关、学校、企业事业单位的文化体育设施向公众开放。地方各级人民政府应当采取多种方式,因地制宜提供流动文化服务。国家重点增加农村地区图书、报刊、戏曲、电影、广播电视节目、网络信息内容、节庆活动、体育健身活动等公共文化产品供给,促进城乡公共文化服务均等化。面向农村提供的图书、报刊、电影等公共文化产品应当符合农村特点和需求,提高针对性和时效性。地方各级人民政府应当根据当地实际情况,在人员流动量较大的公共场所、务工人员较为集中的区域以及留守妇女儿童较为集中的农村地区,配备必要的设施,采取多种形式,提供便利可及的公共文化服务。国家鼓励公民主动参与公共文化服务,自主开展健康文明的群众性文化体育活动;地方各级人民政府应当给予必要的指导、支持和帮助。居民委员会、村民委员会应当根据居民的需求开展群众性文化体育活动,并协助当地人民政府有关部门开展公共文化服务相关工作。国家机关、社会组织、企业事业单位应当结合自身特点和需要,组织开展群众性文化体育活动,丰富职工文化生活。地方各级人民政府应当加强面向在校学生的公共文化服务,支持学校开展适合在校学生特点的文化体育活动,促进德智体美教育。地方各级人民政府应当支持军队基层文化建设,丰富军营文化体育活动,加强军民文化融合。国家加强民族语言文字文化产品的供给,加强优秀公共文化产品的民族语言文字译制及其在民族地区的传播,鼓励和扶助民族文化产品的创作生产,支持开展具有民族特色的群众性文化体育活动。国家鼓励和支持公民、法人和其他组织通过兴办实体、资助项目、赞助活动、提供设施、捐赠产品等方式,参与提供公共文化服务。国家倡导和鼓励公民、法人和其他组织参与文化志愿服务。公共文化设施管理单位应当建立文化志愿服务机制,组织开展文化志愿服务活动。县级以上地方人民政府有关部门应当对文化志愿活动给予必要的指导和支持，并建立管理评价、教育培训和激励保障机制。①

第四节　非物质文化遗产保护的规定

在非物质文化遗产保护的基本方针政策方面，《非物质文化遗产保护法》规定，国家对非物质文化遗产采取认定、记录、建档等措施予以保存，对体现中华民族优秀传统文化，具有历史、文学、艺术、科学价值的非物质文化遗产采取传承、传播等措施予以保护。保护非物质文化遗产，应当注重其真实性、整体性和传承性，有利于增强中华民族的文化认同，有利于维护国家统一和民族团结，有利于促进社会和谐和可持续发展。使用非物质文化遗产，应当尊重其形式和内涵。禁止以歪曲、贬损等方式使用非物质文化遗产。国家扶持民族地区、边远地区、贫困地区的非物质文化遗产保护、保存工作。县级以上人民政府应当加强对非物质文化遗产保护工作的宣传，提高全社会保护非物质文化遗产的意识。国家鼓励和支持公民、法人和其他组织参与非物质文化遗产保护工作。对在非物质文化遗产保护工作中做出显著贡献的组织和个人，按照国家有关规定予以表彰、奖励。②

在宏观调控基础制度建设方面，县级以上人民政府根据非物质文化遗产保护、保存工作需要，组织非物质文化遗产调查。非物质文化遗产调查由文化主管部门负责进行。县级以上人民政府其他有关部门可以对其工作领域内的非物质文化遗产进行调查。文化主管部门和其他有关部门进行非物质文化遗产调查，应当对非物质文化遗产予以认定、记

① 《公共文化服务保障法》第27～29条、第31～32条、第34～40条、第42～43条。
② 《非物质文化遗产法》第3～5条、第8～10条。

录、建档,建立健全调查信息共享机制。文化主管部门和其他有关部门进行非物质文化遗产调查,应当收集属于非物质文化遗产组成部分的代表性实物,整理调查工作中取得的资料,并妥善保存,防止损毁、流失。其他有关部门取得的实物图片、资料复制件,应当汇交给同级文化主管部门。文化主管部门应当全面了解非物质文化遗产有关情况,建立非物质文化遗产档案及相关数据库。除依法应当保密的外,非物质文化遗产档案及相关数据信息应当公开,便于公众查阅。公民、法人和其他组织可以依法进行非物质文化遗产调查。境外组织或者个人在中华人民共和国境内进行非物质文化遗产调查,应当报经省、自治区、直辖市人民政府文化主管部门批准;调查在两个以上省、自治区、直辖市行政区域进行的,应当报经国务院文化主管部门批准;调查结束后,应当向批准调查的文化主管部门提交调查报告和调查中取得的实物图片、资料复制件。境外组织在中华人民共和国境内进行非物质文化遗产调查,应当与境内非物质文化遗产学术研究机构合作进行。进行非物质文化遗产调查,应当征得调查对象的同意,尊重其风俗习惯,不得损害其合法权益。对通过调查或者其他途径发现的濒临消失的非物质文化遗产项目,县级人民政府文化主管部门应当立即予以记录并收集有关实物,或者采取其他抢救性保存措施;对需要传承的,应当采取有效措施支持传承。国务院建立国家级非物质文化遗产代表性项目名录,将体现中华民族优秀传统文化,具有重大历史、文学、艺术、科学价值的非物质文化遗产项目列入名录予以保护。省、自治区、直辖市人民政府建立地方非物质文化遗产代表性项目名录,将本行政区域内体现中华民族优秀传统文化,具有历史、文学、艺术、科学价值的非物质文化遗产项目列入名录予以保护。省、自治区、直辖市人民政府可以从本省、自治区、直辖市非物质文化遗产代表性项目名录中向国务院文化主管部门推荐列入国家级非物质文化遗产代表性项目名录的项目。公民、法人和其他组织认为某项非物质文化遗产体现中华民族优秀传统文化,具有重大历史、文学、艺术、科学价值的,可以向省、自治区、直辖市人民政府或者国务院文化主管部门提出列入国家级非物质文化遗产代表性项目名录的建议。相同的非物质文化遗产项目,其形式和内涵在两个以上地区均保持完整的,可以同时列入国家级非物质文化遗产代表性项目名录。国务院文化主管部门应当组织专家评审小组和专家评审委员会,对推荐或者建议列入国家级非物质文化遗产代表性项目名录的非物质文化遗产项目进行初评和审议。初评意见应当经专家评审小组成员过半数通过。专家评审委员会对初评意见进行审议,提出审议意见。评审工作应当遵循公开、公平、公正的原则。国务院文化主管部门应当将拟列入国家级非物质文化遗产代表性项目名录的项目予以公示,征求公众意见。公示时间不得少于 20 日。国务院文化主管部门根据专家评审委员会的审议意见和公示结果,拟订国家级非物质文化遗产代表性项目名录,报国务院批准、公布。[①]

在规划及计划调控方面,县级以上人民政府应当将非物质文化遗产保护、保存工作纳入本级国民经济和社会发展规划,并将保护、保存经费列入本级财政预算。国务院文化主管部门应当组织制定保护规划,对国家级非物质文化遗产代表性项目予以保护。省、自治区、直辖市人民政府文化主管部门应当组织制定保护规划,对本级人民政府批准公布的地方非物质文化遗产代表性项目予以保护。制定非物质文化遗产代表性项目保护规划,应当对濒临消失的非物质文化遗产代表性项目予以重点保护。对非物质文化遗产代表性项目集中、特色鲜明、形式和内涵保持完整的特定区域,当地文化主管部门可以制定专项保护规划,报经本级人民政府批准后,实行区域性整体保护。确定对非物质文化遗产实行区域性整体保护,应当尊重当地居民的意愿,并保护属于非物质文化遗产组成部分的实物和场所,避免遭受破坏。实行区域性整体保护涉及非物质文化遗产集中地村镇或者街区空间规划的,应当由当地城乡规划主管

① 《非物质文化遗产法》第 11 ~24 条。

部门依据相关法规制定专项保护规划。国务院文化主管部门和省、自治区、直辖市人民政府文化主管部门应当对非物质文化遗产代表性项目保护规划的实施情况进行监督检查;发现保护规划未能有效实施的,应当及时纠正、处理。①

在财税调控方面,图书馆、文化馆、博物馆、科技馆等公共文化机构和非物质文化遗产学术研究机构、保护机构以及利用财政性资金举办的文艺表演团体、演出场所经营单位等,应当根据各自业务范围,开展非物质文化遗产的整理、研究、学术交流和非物质文化遗产代表性项目的宣传、展示。国家鼓励和支持发挥非物质文化遗产资源的特殊优势,在有效保护的基础上,合理利用非物质文化遗产代表性项目开发具有地方、民族特色和市场潜力的文化产品和文化服务。开发利用非物质文化遗产代表性项目的,应当支持代表性传承人开展传承活动,保护属于该项目组成部分的实物和场所。县级以上地方人民政府应当对合理利用非物质文化遗产代表性项目的单位予以扶持。单位合理利用非物质文化遗产代表性项目的,依法享受国家规定的税收优惠。②

第五节　文物保护调控的规定

在文物保护的方针政策方面,《文物保护法》规定,文物工作贯彻保护为主、抢救第一、合理利用、加强管理的方针。③

在文物产权调控方面,中华人民共和国境内地下、内水和领海中遗存的一切文物,属于国家所有。古文化遗址、古墓葬、石窟寺属于国家所有。国家指定保护的纪念建筑物、古建筑、石刻、壁画、近代现代代表性

① 《非物质文化遗产法》第6条、第25~27条。

② 《非物质文化遗产法》第35条、第37条。

③ 《文物保护法》第4条。

建筑等不可移动文物，除国家另有规定的以外，属于国家所有。国有不可移动文物的所有权不因其所依附的土地所有权或者使用权的改变而改变。属于国家所有的可移动文物包括：(1)中国境内出土的文物，国家另有规定的除外；(2)国有文物收藏单位以及其他国家机关、部队和国有企业、事业组织等收藏、保管的文物；(3)国家征集、购买的文物；(4)公民、法人和其他组织捐赠给国家的文物；(5)法律规定属于国家所有的其他文物。属于国家所有的可移动文物的所有权不因其保管、收藏单位的终止或者变更而改变。国有文物所有权受法律保护，不容侵犯。属于集体所有和私人所有的纪念建筑物、古建筑和祖传文物以及依法取得的其他文物，其所有权受法律保护。文物的所有者必须遵守国家有关文物保护的法律、法规的规定。一切机关、组织和个人都有依法保护文物的义务。各级人民政府应当重视文物保护，正确处理经济建设、社会发展与文物保护的关系，确保文物安全。基本建设、旅游发展必须遵守文物保护工作的方针，其活动不得对文物造成损害。文物是不可再生的文化资源。国家加强文物保护的宣传教育，增强全民文物保护的意识，鼓励文物保护的科学研究，提高文物保护的科学技术水平。有法定事迹的单位或者个人，由国家给予精神鼓励或者物质奖励：(1)认真执行文物保护法律、法规，保护文物成绩显著的；(2)为保护文物与违法犯罪行为作坚决斗争的；(3)将个人收藏的重要文物捐献给国家或者为文物保护事业作出捐赠的；(4)发现文物及时上报或者上交，使文物得到保护的；(5)在考古发掘工作中作出重大贡献的；(6)在文物保护科学技术方面有重要发明创造或者其他重要贡献的；(7)在文物面临破坏危险时，抢救文物有功的；(8)长期从事文物工作，作出显著成绩的。①

在规划、计划与财政调控方面，国家发展文物保护事业。县级以上人民政府应当将文物保护事业纳入本级国民经济和社会发展规划，所需

① 《文物保护法》第5~7条、第9条、第11~12条。

经费列入本级财政预算。国家用于文物保护的财政拨款随着财政收入增长而增加。国有博物馆、纪念馆、文物保护单位等的事业性收入,专门用于文物保护,任何单位或者个人不得侵占、挪用。国家鼓励通过捐赠等方式设立文物保护社会基金,专门用于文物保护,任何单位或者个人不得侵占、挪用。各级人民政府制定城乡建设规划,应当根据文物保护的需要,事先由城乡建设规划部门会同文物行政部门商定对本行政区域内各级文物保护单位的保护措施,并纳入规划。从事考古发掘的单位,为了科学研究进行考古发掘,应当提出发掘计划,报国务院文物行政部门批准;对全国重点文物保护单位的考古发掘计划,应当经国务院文物行政部门审核后报国务院批准。国务院文物行政部门在批准或者审核前,应当征求社会科学研究机构及其他科研机构和有关专家的意见。需要配合建设工程进行的考古发掘工作,应当由省、自治区、直辖市文物行政部门在勘探工作的基础上提出发掘计划,报国务院文物行政部门批准。国务院文物行政部门在批准前,应当征求社会科学研究机构及其他科研机构和有关专家的意见。确因建设工期紧迫或者有自然破坏危险,对古文化遗址、古墓葬急需进行抢救发掘的,由省、自治区、直辖市人民政府文物行政部门组织发掘,并同时补办审批手续。①

在文物收藏、买卖与产业调控方面,文物收藏单位以外的公民、法人和其他组织可以收藏通过法定方式取得的文物:(1)依法继承或者接受赠与;(2)从文物商店购买;(3)从经营文物拍卖的拍卖企业购买;(4)公民个人合法所有的文物相互交换或者依法转让;(5)国家规定的其他合法方式。文物收藏单位以外的公民、法人和其他组织收藏的该文物可以依法流通。公民、法人和其他组织禁止买卖的文物:(1)国有文物,但是国家允许的除外;(2)非国有馆藏珍贵文物;(3)国有不可移动文物中的壁画、雕塑、建筑构件等,但是依法拆除的国有不可移动文物中的壁画、

① 《文物保护法》第10条、第16条、第28条、第30条。

雕塑、建筑构件等不属于应由文物收藏单位收藏的除外；(4)来源不符合《文物保护法》允许收藏的文物。国家禁止出境的文物，不得转让、出租、质押给外国人。文物商店应当由省、自治区、直辖市人民政府文物行政部门批准设立，依法进行管理。文物商店不得从事文物拍卖经营活动，不得设立经营文物拍卖的拍卖企业。依法设立的拍卖企业经营文物拍卖的，应当取得省、自治区、直辖市人民政府文物行政部门颁发的文物拍卖许可证。经营文物拍卖的拍卖企业不得从事文物购销经营活动，不得设立文物商店。文物行政部门的工作人员不得举办或者参与举办文物商店或者经营文物拍卖的拍卖企业。文物收藏单位不得举办或者参与举办文物商店或者经营文物拍卖的拍卖企业。禁止设立中外合资、中外合作和外商独资的文物商店或者经营文物拍卖的拍卖企业。除经批准的文物商店、经营文物拍卖的拍卖企业外，其他单位或者个人不得从事文物的商业经营活动。文物商店不得销售、拍卖企业不得拍卖法律禁止买卖的文物。拍卖企业拍卖的文物，在拍卖前应当经省、自治区、直辖市人民政府文物行政部门审核，并报国务院文物行政部门备案。省、自治区、直辖市人民政府文物行政部门应当建立文物购销、拍卖信息与信用管理系统。文物商店购买、销售文物，拍卖企业拍卖文物，应当按照国家有关规定作出记录，并于销售、拍卖文物后30日内报省、自治区、直辖市人民政府文物行政部门备案。拍卖文物时，委托人、买受人要求对其身份保密的，文物行政部门应当为其保密；但是，法律、行政法规另有规定的除外。文物行政部门在审核拟拍卖的文物时，可以指定国有文物收藏单位优先购买其中的珍贵文物。购买价格由文物收藏单位的代表与文物的委托人协商确定。银行、冶炼厂、造纸厂以及废旧物资回收单位，应当与当地文物行政部门共同负责拣选掺杂在金银器和废旧物资中的文物。拣选文物除供银行研究所必需的历史货币可以由人民银行留用外,应当移交当地文物行政部门。移交拣选文物,应当给予合理补偿。①

在不可移动文物的特别调控方面,国务院文物行政部门在省级、市、县级文物保护单位中,选择具有重大历史、艺术、科学价值的确定为全国重点文物保护单位,或者直接确定为全国重点文物保护单位,报国务院核定公布。省级文物保护单位,由省、自治区、直辖市人民政府核定公布,并报国务院备案。市级和县级文物保护单位,分别由设区的市、自治州和县级人民政府核定公布,并报省、自治区、直辖市人民政府备案。尚未核定公布为文物保护单位的不可移动文物,由县级人民政府文物行政部门予以登记并公布。保存文物特别丰富并且具有重大历史价值或者革命纪念意义的城市,由国务院核定公布为历史文化名城。保存文物特别丰富并且具有重大历史价值或者革命纪念意义的城镇、街道、村庄,由省、自治区、直辖市人民政府核定公布为历史文化街区、村镇,并报国务院备案。历史文化名城和历史文化街区、村镇所在地的县级以上地方人民政府应当组织编制专门的历史文化名城和历史文化街区、村镇保护规划,并纳入城市总体规划。历史文化名城和历史文化街区、村镇的保护办法,由国务院制定。各级文物保护单位,分别由省、自治区、直辖市人民政府和市、县级人民政府划定必要的保护范围,作出标志说明,建立记录档案,并区别情况分别设置专门机构或者专人负责管理。全国重点文物保护单位的保护范围和记录档案,由省、自治区、直辖市人民政府文物行政部门报国务院文物行政部门备案。县级以上地方人民政府文物行政部门应当根据不同文物的保护需要,制定文物保护单位和未核定为文物保护单位的不可移动文物的具体保护措施,并公告施行。②

① 《文物保护法》第50~59条。

② 《文物保护法》第13~15条。

简要评析

文化的含义十分丰富,对国民经济和社会发展的影响力非常深远。国民经济和社会发展存在的问题,最终都会归结到文化层面。国际间国家实力的竞争,最终体现为国家文化软实力的竞争。中华民族延绵5000多年之久,就是凭着自身的文化传统得以生存和发展的。为此,从宏观调控角度把控国家文化事业和产业发展的方向至关重要。从本章梳理情况看,既有的四部法律主要围绕文化公共服务和作为文化重要载体的非物质文化遗产及文物的保护进行了立法。在该四部立法中,既有宏观调控手段对文化事业、产业发展的支持,也有一些特殊调控制度的安排。加上之前梳理的《电影产业促进法》,构成目前文化立法的主要架构。现在的问题是,有关社会主义价值观的体现,不能仅仅是一种原则性的倡导。面对文化传播中出现的种种乱象,宏观调控法应当更多地有所作为,尤其是对于中华文化及红色文化的保护和传播应当予以专项立法。

第二十六章　卫生事业调控法律制度的完善

生老病死是人类无法克服的自然规律，因此，在社会事业发展中，医疗卫生事业与每个公民的生存发展密切相关。随着改革开放的深入发展，医疗卫生事业发展重点是解决好百姓“看病难”、“看病贵”和“看病不安全”的突出问题。因此，从立法角度分析，一方面要通过出台法律维护医疗秩序；另一方面要为医疗事业发展提供法律保障。为此，国家先后出台了《执业医师法》《药品管理法》《职业病防治法》《中医药法》《精神卫生法》。这些法律均属于行政法的范畴，但其中也有与宏观调控有关的规定，从而，为国家从宏观调控角度调控医疗事业发展提供了法律依据。

第一节　卫生事业法的制定和实施

《执业医师法》于 1998 年 6 月 26 日第九届

全国人民代表大会常务委员会第三次会议通过，自1999年5月1日起施行；根据2009年8月27日第十一届全国人民代表大会常务委员会第十次会议《关于修改部分法律的决定》修正。[①] 该法的立法目的是加强医师队伍的建设，提高医师的职业道德和业务素质，保障医师的合法权益，保护人民健康。依法取得执业医师资格或者执业助理医师资格，经注册在医疗、预防、保健机构中执业的专业医务人员适用该法。该法所称医师，包括执业医师和执业助理医师。计划生育技术服务机构中的医师适用该法。在乡村医疗卫生机构中向村民提供预防、保健和一般医疗服务的乡村医生，符合该法有关规定的，可以依法取得执业医师资格或者执业助理医师资格；不具备该法规定的执业医师资格或者执业助理医师资格的乡村医生，由国务院另行制定管理办法。军队医师执行该法的实施办法，由国务院、中央军事委员会依据该法的原则制定。境外人员在中国境内申请医师考试、注册、执业或者从事临床示教、临床研究等活动的，按照国家有关规定办理。现行的《执业医师法》共6章48条，主要对执业医师的考试和注册、执业规则、考核和培训及法律责任作出了法律规定。

《药品管理法》于1984年9月20日第六届全国人民代表大会常务委员会第七次会议通过；2001年2月28日第九届全国人民代表大会常务委员会第二十次会议进行全面修订，修订后于2001年12月1日施行新的《药品管理法》；根据2013年12月28日第十二届全国人民代表大会常务委员会第六次会议《关于修改〈中华人民共和国海洋环境保护法〉等七部法律的决定》第一次修正；根据2015年4月24日第十二届全国人民代表大会常务委员会第十四次会议《关于修改〈中华人民共和国药品管理法〉的决定》第二次修正。[②] 该法的立法目的是，加强药

① 2009年8月的修改，主要涉及《治安管理处罚法》出台后，相关条款的衔接问题。

② 《药品管理法》1984年施行以来，先后修改三次。其中，2015年的修改，按照党的十八届三中、四中全会关于深化体制改革的精神，取消了对药品生产、经营的工商登记前置审批，并对药品价格实施了竞争性价格规定。

品监督管理,保证药品质量,保障人体用药安全,维护人民身体健康和用药的合法权益。在中华人民共和国境内从事药品的研制、生产、经营、使用和监督管理的单位或者个人,必须遵守本法。该法法定用语的含义是:药品,是指用于预防、治疗、诊断人的疾病,有目的地调节人的生理机能并规定有适应症或者功能主治、用法和用量的物质,包括中药材、中药饮片、中成药、化学原料药及其制剂、抗生素、生化药品、放射性药品、血清、疫苗、血液制品和诊断药品等。辅料,是指生产药品和调配处方时所用的赋形剂和附加剂。药品生产企业,是指生产药品的专营企业或者兼营企业。药品经营企业,是指经营药品的专营企业或者兼营企业。中药材的种植、采集和饲养的管理办法,由国务院另行制定。国家对预防性生物制品的流通实行特殊管理。具体办法由国务院制定。中国人民解放军执行本法的具体办法,由国务院、中央军事委员会依据本法制定。现行的《药品管理法》共 10 章 104 条,其内容涉及药品生产企业管理、药品经营企业管理、医疗机构的药剂管理、药品管理、药品包装管理、药品价格和广告管理、药品监督及法律责任的规定。

《职业病防治法》于 2001 年 10 月 27 日第九届全国人民代表大会常务委员会第二十四次会议通过;根据 2011 年 12 月 31 日第十一届全国人民代表大会常务委员会第二十四次会议《关于修改〈中华人民共和国职业病防治法〉的决定》第一次修正;根据 2016 年 7 月 2 日第十二届全国人民代表大会常务委员会第二十一次会议《关于修改〈中华人民共和国节约能源法〉等六部法律的决定》第二次修正;根据 2017 年 11 月 4 日第十二届全国人民代表大会常务委员会第三十次会议《关于修改〈中华人民共和国会计法〉等十一部法律的决定》第三次修正。[①] 该法的立法

① 《职业病防治法》出台以来,先后经过三次修改。其中,2017 年 11 月的修改主要结合政府的"放管服"改革,取消了对职业健康检查机构的审批规定。

目的,是预防、控制和消除职业病危害,防治职业病,保护劳动者健康及其相关权益,促进经济社会发展。该法适用于中华人民共和国领域内的职业病防治活动。该法所称职业病,是指企业、事业单位和个体经济组织等用人单位的劳动者在职业活动中,因接触粉尘、放射性物质和其他有毒、有害因素而引起的疾病。职业病的分类和目录由国务院卫生行政部门会同国务院安全生产监督管理部门、劳动保障行政部门制定、调整并公布。该法法定用语的含义:职业病危害,是指对从事职业活动的劳动者可能导致职业病的各种危害。职业病危害因素包括:职业活动中存在的各种有害的化学、物理、生物因素以及在作业过程中产生的其他职业有害因素。职业禁忌,是指劳动者从事特定职业或者接触特定职业病危害因素时,比一般职业人群更易于遭受职业病危害和罹患职业病或者可能导致原有自身疾病病情加重,或者在从事作业过程中诱发可能导致对他人生命健康构成危险的疾病的个人特殊生理或者病理状态。该法规定的用人单位以外的单位,产生职业病危害的,其职业病防治活动可以参照该法执行。劳务派遣用工单位应当履行该法规定的用人单位的义务。中国人民解放军参照执行该法的办法,由国务院、中央军事委员会制定。对医疗机构放射性职业病危害控制的监督管理,由卫生行政部门依照该法的规定实施。现行的《职业病防治法》共 7 章 88 条,其主要涉及职业病的前期预防、劳动过程中的防护和管理、职业病诊断和职业病人保障、监督检查及法律责任的规定。

《中医药法》于 2016 年 12 月 25 日第十二届全国人民代表大会常务委员会第二十五次会议通过,自 2017 年 7 月 1 日起施行。该法的立法目的是,为了继承和弘扬中医药,保障和促进中医药事业发展,保护人民健康。该法所称中医药,是包括汉族和少数民族医药在内的中国各民族医药的统称,是反映中华民族对生命、健康和疾病的认识,具有悠久历史传统和独特理论及技术方法的医药学体系。中医药的管理,该法未作规定的,适用《执业医师法》《药品管理法》等相关法律、行政法规的规定。

军队的中医药管理,由军队卫生主管部门依照该法和军队有关规定组织实施。民族自治地方可以根据《中华人民共和国民族区域自治法》和该法的有关规定,结合实际,制定促进和规范本地方少数民族医药事业发展的办法。盲人按照国家有关规定取得盲人医疗按摩人员资格的,可以以个人开业的方式或者在医疗机构内提供医疗按摩服务。《中医药法》共9章63条,内容主要涉及中医药服务、中医保护与发展、中医药人才培养、中医药科学研究、中医药传承与文化传播、保障措施及法律责任的规定。

《精神卫生法》于2012年10月26日第十一届全国人民代表大会常务委员会第二十九次会议通过,根据2018年4月27日第十三届全国人民代表大会常务委员会第二次会议《关于修改〈中华人民共和国国境卫生检疫法〉等六部法律的决定》修正。[①] 共7章85条,除总则外,内容包括心理健康促进和精神障碍预防、诊断和治疗、康复、保障措施和法律责任。《精神卫生法》的立法目的是:发展精神卫生事业,规范精神卫生服务,维护精神障碍患者的合法权益。在中华人民共和国境内开展维护和增进公民心理健康、预防和治疗精神障碍、促进精神障碍患者康复的活动。该法所称精神障碍,是指由各种原因引起的感知、情感和思维等精神活动的紊乱或者异常,导致患者明显的心理痛苦或者社会适应等功能损害。该法所称严重精神障碍,是指疾病症状严重,导致患者社会适应等功能严重损害、对自身健康状况或者客观现实不能完整认识,或者不能处理自身事务的精神障碍。该法所称精神障碍患者的监护人,是指依照民法通则的有关规定可以担任监护人的人。军队的精神卫生工作,由国务院和中央军事委员会依据本法制定管理办法。

---

① 2018年的修改内容:一是将第8条第2款中的"人力资源社会保障"修改为"医疗保障"。二是将第68条第2款中的"人力资源社会保障、卫生、民政"修改为"医疗保障",第3款中的"民政"修改为"医疗保障"。

第二节　执业医师调控的法律规定

在执业医师调控的基本方针、原则方面,《执业医师法》规定,医师应当具备良好的职业道德和医疗执业水平,发扬人道主义精神,履行防病治病、救死扶伤、保护人民健康的神圣职责。全社会应当尊重医师。医师依法履行职责,受法律保护。国家对在医疗、预防、保健工作中作出贡献的医师,给予奖励。医师的医学专业技术职称和医学专业技术职务的评定、聘任,按照国家有关规定办理。医师可以依法组织和参加医师协会。①

在医师资格调控方面,国家实行医师资格考试制度。医师资格考试分为执业医师资格考试和执业助理医师资格考试。医师资格统一考试的办法,由国务院卫生行政部门制定。医师资格考试由省级以上人民政府卫生行政部门组织实施。具有法定条件之一的,可以参加执业医师资格考试:(1)具有高等学校医学专业本科以上学历,在执业医师指导下,在医疗、预防、保健机构中试用期满 1 年的;(2)取得执业助理医师执业证书后,具有高等学校医学专科学历,在医疗、预防、保健机构中工作满 2 年的;具有中等专业学校医学专业学历,在医疗、预防、保健机构中工作满 5 年的。具有高等学校医学专科学历或者中等专业学校医学专业学历,在执业医师指导下,在医疗、预防、保健机构中试用期满 1 年的,可以参加执业助理医师资格考试。以师承方式学习传统医学满 3 年或者经多年实践医术确有专长的,经县级以上人民政府卫生行政部门确定的传统医学专业组织或者医疗、预防、保健机构考核合格并推荐,可以参加执业医师资格或者执业助理医师资格考试。考试的内容和办法由国务

---

① 《执业医师法》第 3 条、第 5 ~7 条。

院卫生行政部门另行制定。医师资格考试成绩合格,取得执业医师资格或者执业助理医师资格。国家实行医师执业注册制度。取得医师资格的,可以向所在地县级以上人民政府卫生行政部门申请注册。医师经注册后,可以在医疗、预防、保健机构中按照注册的执业地点、执业类别、执业范围执业,从事相应的医疗、预防、保健业务。未经医师注册取得执业证书,不得从事医师执业活动。申请个体行医的执业医师,须经注册后在医疗、预防、保健机构中执业满 5 年,并按照国家有关规定办理审批手续;未经批准,不得行医。县级以上地方人民政府卫生行政部门对个体行医的医师,应当按照国务院卫生行政部门的规定,经常监督检查,凡发现有本法第 16 条规定的情形的①,应当及时注销注册,收回医师执业证书。县级以上地方人民政府卫生行政部门应当将准予注册和注销注册的人员名单予以公告,并由省级人民政府卫生行政部门汇总,报国务院卫生行政部门备案。②

在计划调控方面,县级以上人民政府卫生行政部门应当制定医师培训计划,对医师进行多种形式的培训,为医师接受继续医学教育提供条件。县级以上人民政府卫生行政部门应当采取有力措施,对在农村和少数民族地区从事医疗、预防、保健业务的医务人员实施培训。医疗、预防、保健机构应当按照规定和计划保证本机构医师的培训和继续医学教育。县级以上人民政府卫生行政部门委托的承担医师考核任务的医疗卫生机构,应当为医师的培训和接受继续医学教育提供和创造条件。③

---

① 《执业医师法》第 16 条规定,医师注册后有下列情形之一的,其所在的医疗、预防、保健机构应当在 30 日内报告准予注册的卫生行政部门,卫生行政部门应当注销注册,收回医师执业证书:(1)死亡或者被宣告失踪的;(2)受刑事处罚的;(3)受吊销医师执业证书行政处罚的;(4)依照本法第 31 条规定暂停执业活动期满,再次考核仍不合格的;(5)中止医师执业活动满 2 年的;(6)有国务院卫生行政部门规定不宜从事医疗、预防、保健业务的其他情形的。被注销注册的当事人有异议的,可以自收到注销注册通知之日起 15 日内,依法申请复议或者向人民法院提起诉讼。

② 《执业医师法》第 8 ~14 条、第 19 ~20 条。

③ 《执业医师法》第 34 ~35 条。

第三节　药品调控的法律规定

总体来说,国家对药品的生产、经营等采取了严格的行政许可和检验、监督管理措施。涉及宏观调控的内容包括以下几个方面:

在药品管理调控方针、政策方面,《药品管理法》规定,国家发展现代药和传统药,充分发挥其在预防、医疗和保健中的作用。国家保护野生药材资源,鼓励培育中药材。国家鼓励研究和创制新药,保护公民、法人和其他组织研究、开发新药的合法权益。①

在规划与产业调控方面,国务院药品监督管理部门应当配合国务院经济综合主管部门,执行国家制定的药品行业发展规划和产业政策。药品监督管理部门批准开办药品生产企业,除依据法律规定的条件外,还应当符合国家制定的药品行业发展规划和产业政策,防止重复建设。②

在药品价格调控方面,依法实行市场调节价的药品,药品的生产企业、经营企业和医疗机构应当按照公平、合理和诚实信用、质价相符的原则制定价格,为用药者提供价格合理的药品。药品的生产企业、经营企业和医疗机构应当遵守国务院价格主管部门关于药价管理的规定,制定和标明药品零售价格,禁止暴利和损害用药者利益的价格欺诈行为。药品的生产企业、经营企业、医疗机构应当依法向政府价格主管部门提供其药品的实际购销价格和购销数量等资料。医疗机构应当向患者提供所用药品的价格清单;医疗保险定点医疗机构还应当按照规定的办法如实公布其常用药品的价格,加强合理用药的管理。具体办法由国务院卫生行政部门规定。禁止药品的生产企业、经营企业和医疗机构在药品购

---

① 《药品管理法》第3~4条。

② 《药品管理法》第5条第3款、第7条第3款。

销中账外暗中给予、收受回扣或者其他利益。禁止药品的生产企业、经营企业或者其代理人以任何名义给予使用其药品的医疗机构的负责人、药品采购人员、医师等有关人员以财物或者其他利益。禁止医疗机构的负责人、药品采购人员、医师等有关人员以任何名义收受药品的生产企业、经营企业或者其代理人给予的财物或者其他利益。药品价格《药品管理法》未规定的,适用《中华人民共和国价格法》的规定。①

在药品特别调控方面,研制新药,必须按照国务院药品监督管理部门的规定如实报送研制方法、质量指标、药理及毒理试验结果等有关资料和样品,经国务院药品监督管理部门批准后,方可进行临床试验。药物临床试验机构资格的认定办法,由国务院药品监督管理部门、国务院卫生行政部门共同制定。完成临床试验并通过审批的新药,由国务院药品监督管理部门批准,发给新药证书。药物的非临床安全性评价研究机构和临床试验机构必须分别执行药物非临床研究质量管理规范、药物临床试验质量管理规范。药物非临床研究质量管理规范、药物临床试验质量管理规范由国务院确定的部门制定。生产新药或者已有国家标准的药品的,须经国务院药品监督管理部门批准,并发给药品批准文号;但是,生产没有实施批准文号管理的中药材和中药饮片除外。实施批准文号管理的中药材、中药饮片品种目录由国务院药品监督管理部门会同国务院中医药管理部门制定。药品生产企业在取得药品批准文号后,方可生产该药品。药品必须符合国家药品标准。中药饮片依照本法第 10 条第 2 款②的规定执行。国务院药品监督管理部门颁布的《中华人民共和

① 《药品管理法》第 55 ~58 条、第 62 条。

② 《药品管理法》第 10 条第 2 款规定,中药饮片必须按照国家药品标准炮制;国家药品标准没有规定的,必须按照省、自治区、直辖市人民政府药品监督管理部门制定的炮制规范炮制。省、自治区、直辖市人民政府药品监督管理部门制定的炮制规范应当报国务院药品监督管理部门备案。

国药典》和药品标准为国家药品标准。① 国务院药品监督管理部门组织药典委员会,负责国家药品标准的制定和修订。国务院药品监督管理部门的药品检验机构负责标定国家药品标准品、对照品。国务院药品监督管理部门组织药学、医学和其他技术人员,对新药进行审评,对已经批准生产的药品进行再评价。国家对麻醉药品、精神药品、医疗用毒性药品、放射性药品,实行特殊管理。管理办法由国务院制定。国家实行中药品种保护制度。具体办法由国务院制定。国家对药品实行处方药与非处方药分类管理制度。具体办法由国务院制定。禁止进口疗效不确、不良反应大或者其他原因危害人体健康的药品。药品进口,须经国务院药品监督管理部门组织审查,经审查确认符合质量标准、安全有效的,方可批准进口,并发给进口药品注册证书。医疗单位临床急需或者个人自用进口的少量药品,按照国家有关规定办理进口手续。国家实行药品储备制度。国内发生重大灾情、疫情及其他突发事件时,国务院规定的部门可以紧急调用企业药品。对国内供应不足的药品,国务院有权限制或者禁止出口。地区性民间习用药材的管理办法,由国务院药品监督管理部门会同国务院中医药管理部门制定。②

第四节　职业病防治调控的法律规定

职业病的防治涉及行政法和劳动法的交叉。其中,宏观调控方面的

---

① 《中华人民共和国药典》由国家药典委员会制定。其最新版本为2015年版。该版药典进一步扩大药品品种的收载和修订,共收载品种5608种。一部收载品种2598种,其中新增品种440种。二部收载品种2603种,其中新增品种492种。三部收载品种137种,其中新增品种13种、修订品种105种。首次将上版药典附录整合为通则,并与药用辅料单独成卷作为新版药典四部。四部收载通则总数317个,其中制剂通则38个、检测方法240个、指导原则30个、标准物质和对照品相关通则9个;药用辅料收载270种,其中新增137种、修订97种。

② 《药品管理法》第29~33条、第35~39条、第43条、第44条、第47条。

法律保障必不可少。

在职业病防治方针、政策方面,《职业病防治法》规定,职业病防治工作坚持预防为主、防治结合的方针,建立用人单位负责、行政机关监管、行业自律、职工参与和社会监督的机制,实行分类管理、综合治理。劳动者依法享有职业卫生保护的权利。用人单位应当为劳动者创造符合国家职业卫生标准和卫生要求的工作环境和条件,并采取措施保障劳动者获得职业卫生保护。工会组织依法对职业病防治工作进行监督,维护劳动者的合法权益。用人单位制定或者修改有关职业病防治的规章制度,应当听取工会组织的意见。用人单位应当建立、健全职业病防治责任制,加强对职业病防治的管理,提高职业病防治水平,对本单位产生的职业病危害承担责任。用人单位的主要负责人对本单位的职业病防治工作全面负责。用人单位必须依法参加工伤保险。国务院和县级以上地方人民政府劳动保障行政部门应当加强对工伤保险的监督管理,确保劳动者依法享受工伤保险待遇。国家鼓励和支持研制、开发、推广、应用有利于职业病防治和保护劳动者健康的新技术、新工艺、新设备、新材料,加强对职业病的机理和发生规律的基础研究,提高职业病防治科学技术水平;积极采用有效的职业病防治技术、工艺、设备、材料;限制使用或者淘汰职业病危害严重的技术、工艺、设备、材料。国家鼓励和支持职业病医疗康复机构的建设。国家实行职业卫生监督制度。县级以上人民政府职业卫生监督管理部门应当加强对职业病防治的宣传教育,普及职业病防治的知识,增强用人单位的职业病防治观念,提高劳动者的职业健康意识、自我保护意识和行使职业卫生保护权利的能力。任何单位和个人有权对违反本法的行为进行检举和控告。有关部门收到相关的检举和控告后,应当及时处理。对防治职业病成绩显著的单位和个人,给予奖励。①

---

① 《职业病防治法》第3~9条、第11条、第13条。

在调控基础制度安排方面，有关防治职业病的国家职业卫生标准，由国务院卫生行政部门组织制定并公布。国务院卫生行政部门应当组织开展重点职业病监测和专项调查，对职业健康风险进行评估，为制定职业卫生标准和职业病防治政策提供科学依据。县级以上地方人民政府卫生行政部门应当定期对本行政区域的职业病防治情况进行统计和调查分析。国家建立职业病危害项目申报制度。用人单位工作场所存在职业病目录所列职业病的危害因素的，应当及时、如实向所在地安全生产监督管理部门申报危害项目，接受监督。职业病危害因素分类目录由国务院卫生行政部门会同国务院安全生产监督管理部门制定、调整并公布。职业病危害项目申报的具体办法由国务院安全生产监督管理部门制定。①

在规划、计划调控方面，国务院和县级以上地方人民政府应当制定职业病防治规划，将其纳入国民经济和社会发展计划，并组织实施。②

在特别调控方面，国家对从事放射性、高毒、高危粉尘等作业实行特殊管理。具体管理办法由国务院制定。职业病诊断标准和职业病诊断、鉴定办法由国务院卫生行政部门制定。职业病伤残等级的鉴定办法由国务院劳动保障行政部门会同国务院卫生行政部门制定。③

第五节　中医药事业发展调控的法律规定

目前，在中国中医药的治疗虽然存在一定的争议，但是，中医药治疗已经是中国医疗体系的重要组成部分，已是不争的事实。而且，中医药事业的发展关系到中华文化的传承。为此，需要从立法角度对中医药医疗予以规范并促进其发展。《中医药法》的出台，为中医药事业更好地

---

① 《职业病防治法》第 12 条、第 16 条。

② 《职业病防治法》第 10 条。

③ 《职业病防治法》第 19 条、第 45 条。

发展提供了法律保障,其中的一些内容与宏观调控有关。

在中医药事业发展方针、政策方面,《中医药法》规定,中医药事业是我国医药卫生事业的重要组成部分。国家大力发展中医药事业,实行中西医并重的方针,建立符合中医药特点的管理制度,充分发挥中医药在中国医药卫生事业中的作用。发展中医药事业应当遵循中医药发展规律,坚持继承和创新相结合,保持和发挥中医药特色和优势,运用现代科学技术,促进中医药理论和实践的发展。国家鼓励中医西医相互学习,相互补充,协调发展,发挥各自优势,促进中西医结合。国家加强中医药服务体系建设,合理规划和配置中医药服务资源,为公民获得中医药服务提供保障。国家支持社会力量投资中医药事业,支持组织和个人捐赠、资助中医药事业。国家发展中医药教育,建立适应中医药事业发展需要、规模适宜、结构合理、形式多样的中医药教育体系,培养中医药人才。国家支持中医药科学研究和技术开发,鼓励中医药科学技术创新,推广应用中医药科学技术成果,保护中医药知识产权,提高中医药科学技术水平。国家支持中医药对外交流与合作,促进中医药的国际传播和应用。对在中医药事业中做出突出贡献的组织和个人,按照国家有关规定给予表彰、奖励。国家保护中药饮片传统炮制技术和工艺,支持应用传统工艺炮制中药饮片,鼓励运用现代科学技术开展中药饮片炮制技术研究。国家鼓励和支持中药新药的研制和生产。国家保护传统中药加工技术和工艺,支持传统剂型中成药的生产,鼓励运用现代科学技术研究开发传统中成药。国家鼓励医疗机构根据本医疗机构临床用药需要配制和使用中药制剂,支持应用传统工艺配制中药制剂,支持以中药制剂为基础研制中药新药。国家完善中医药学校教育体系,支持专门实施中医药教育的高等学校、中等职业学校和其他教育机构的发展。中医药学校教育的培养目标、修业年限、教学形式、教学内容、教学评价及学术水平评价标准等,应当体现中医药学科特色,符合中医药学科发展规律。国家发展中医药师承教育,支持有丰富临床经验和技术专长的中医医师、中药专业技术人员在执业、业务活动中带徒授业,传授中医药理论和技术方法,培养中医药专业技术人员。国家加强对中医医师和城乡基层中医药专业技术人员的培养和培训。国家发展中西医结合教育,培养高层次的中西医结合人才。国家鼓励科研机构、高等学校、医疗机构和药品生产企业等,运用现代科学技术和传统中医药研究方法,开展中医药科学研究,加强中西医结合研究,促进中医药理论和技术方法的继承和创新。国家采取措施支持对中医药古籍文献、著名中医药专家的学术思想和诊疗经验以及民间中医药技术方法的整理、研究和利用。国家鼓励组织和个人捐献有科学研究和临床应用价值的中医药文献、秘方、验方、诊疗方法和技术。国家建立和完善符合中医药特点的科学技术创新体系、评价体系和管理体制,推动中医药科学技术进步与创新。国家采取措施,加强对中医药基础理论和辨证论治方法,常见病、多发病、慢性病和重大疑难疾病、重大传染病的中医药防治,以及其他对中医药理论和实践发展有重大促进作用的项目的科学研究。国家发展中医养生保健服务,支持社会力量举办规范的中医养生保健机构。中医养生保健服务规范、标准由国务院中医药主管部门制定。县级以上人民政府应当加强中医药文化宣传,普及中医药知识,鼓励组织和个人创作中医药文化和科普作品。国家采取措施,加大对少数民族医药传承创新、应用发展和人才培养的扶持力度,加强少数民族医疗机构和医师队伍建设,促进和规范少数民族医药事业发展。①

在中医药事业调控基础制度安排方面,开展中医药服务,应当以中医药理论为指导,运用中医药技术方法,并符合国务院中医药主管部门制定的中医药服务基本要求。县级以上人民政府应当发展中医药预防、保健服务,并按照国家有关规定将其纳入基本公共卫生服务项目统筹实

---

① 《中医药法》第3第、第6~10条、第27条、第29条、第31条第1款、第34~36条、第38~41条、第45条、第52条。

施。县级以上人民政府应当发挥中医药在突发公共卫生事件应急工作中的作用,加强中医药应急物资、设备、设施、技术与人才资源储备。医疗卫生机构应当在疾病预防与控制中积极运用中医药理论和技术方法。国家制定中药材种植养殖、采集、贮存和初加工的技术规范、标准,加强对中药材生产流通全过程的质量监督管理,保障中药材质量安全。国家建立道地中药材[①]评价体系,支持道地中药材品种选育,扶持道地中药材生产基地建设,加强道地中药材生产基地生态环境保护,鼓励采取地理标志产品保护等措施保护道地中药材。国务院药品监督管理部门应当组织并加强对中药材质量的监测,定期向社会公布监测结果。国务院有关部门应当协助做好中药材质量监测有关工作。采集、贮存中药材以及对中药材进行初加工,应当符合国家有关技术规范、标准和管理规定。国家鼓励发展中药材现代流通体系,提高中药材包装、仓储等技术水平,建立中药材流通追溯体系。药品生产企业购进中药材应当建立进货查验记录制度。中药材经营者应当建立进货查验和购销记录制度,并标明中药材产地。国家保护药用野生动植物资源,对药用野生动植物资源实行动态监测和定期普查,建立药用野生动植物资源种质基因库,鼓励发展人工种植养殖,支持依法开展珍贵、濒危药用野生动植物的保护、繁育及其相关研究。生产符合国家规定条件的来源于古代经典名方的中药复方制剂,在申请药品批准文号时,可以仅提供非临床安全性研究资料。具体管理办法由国务院药品监督管理部门会同中医药主管部门制定。古代经典名方,是指至今仍广泛应用、疗效确切、具有明显特色与优势的古代中医典籍所记载的方剂。具体目录由国务院中医药主管部门会同药品监督管理部门制定。国家建立中医药传统知识保护数据库、保护名录和保护制度。国家加强中医药标准体系建设,根据中医药特点对需要

---

① 《中医药法》所称道地中药材,是指经过中医临床长期应用优选出来的,产在特定地域,与其他地区所产同种中药材相比,品质和疗效更好,且质量稳定,具有较高知名度的中药材。

统一的技术要求制定标准并及时修订。中医药国家标准、行业标准由国务院有关部门依据职责制定或者修订，并在其网站上公布，供公众免费查阅。国家推动建立中医药国际标准体系。①

在中医药事业规划调控方面，县级以上人民政府应当将中医药事业纳入国民经济和社会发展规划，建立健全中医药管理体系，统筹推进中医药事业发展。县级以上人民政府应当将中医医疗机构建设纳入医疗机构设置规划，举办规模适宜的中医医疗机构，扶持有中医药特色和优势的医疗机构发展。合并、撤销政府举办的中医医疗机构或者改变其中医医疗性质，应当征求上一级人民政府中医药主管部门的意见。②

在财政、价格、社会保障调控方面，县级以上人民政府应当为中医药事业发展提供政策支持和条件保障，将中医药事业发展经费纳入本级财政预算。县级以上人民政府及其有关部门制定基本医疗保险支付政策、药物政策等医药卫生政策，应当有中医药主管部门参加，注重发挥中医药的优势，支持提供和利用中医药服务。县级以上人民政府及其有关部门应当按照法定价格管理权限，合理确定中医医疗服务的收费项目和标准，体现中医医疗服务成本和专业技术价值。县级以上地方人民政府有关部门应当按照国家规定，将符合条件的中医医疗机构纳入基本医疗保险定点医疗机构范围，将符合条件的中医诊疗项目、中药饮片、中成药和医疗机构中药制剂纳入基本医疗保险基金支付范围。③

第六节　精神卫生调控的法律规定

在总的方针、政策方面，《精神卫生法》规定，精神卫生工作实行预

---

① 《中医药法》第 17 ~18 条、第 21 条、第 23 ~25 条、第 30 条、第 43 条第 1 款、第 50 条。

② 《中医药法》第 4 条、第 11 条。

③ 《中医药法》第 47 ~49 条。

防为主的方针,坚持预防、治疗和康复相结合的原则。精神障碍患者的人格尊严、人身和财产安全不受侵犯。精神障碍患者的教育、劳动、医疗以及从国家和社会获得物质帮助等方面的合法权益受法律保护。有关单位和个人应当对精神障碍患者的姓名、肖像、住址、工作单位、病历资料以及其他可能推断出其身份的信息予以保密;但是,依法履行职责需要公开的除外。全社会应当尊重、理解、关爱精神障碍患者。任何组织或者个人不得歧视、侮辱、虐待精神障碍患者,不得非法限制精神障碍患者的人身自由。新闻报道和文学艺术作品等不得含有歧视、侮辱精神障碍患者的内容。精神卫生工作实行政府组织领导、部门各负其责、家庭和单位尽力尽责、全社会共同参与的综合管理机制。县级以上人民政府领导精神卫生工作,将其纳入国民经济和社会发展规划,建设和完善精神障碍的预防、治疗和康复服务体系,建立健全精神卫生工作协调机制和工作责任制,对有关部门承担的精神卫生工作进行考核、监督。乡镇人民政府和街道办事处根据本地区的实际情况,组织开展预防精神障碍发生、促进精神障碍患者康复等工作。国务院卫生行政部门主管全国的精神卫生工作。县级以上地方人民政府卫生行政部门主管本行政区域的精神卫生工作。县级以上人民政府司法行政、民政、公安、教育、医疗保障等部门在各自职责范围内负责有关的精神卫生工作。精神障碍患者的监护人应当履行监护职责,维护精神障碍患者的合法权益。禁止对精神障碍患者实施家庭暴力,禁止遗弃精神障碍患者。中国残疾人联合会及其地方组织依照法律、法规或者接受政府委托,动员社会力量,开展精神卫生工作。村民委员会、居民委员会依照本法的规定开展精神卫生工作,并对所在地人民政府开展的精神卫生工作予以协助。国家鼓励和支持工会、共产主义青年团、妇女联合会、红十字会、科学技术协会等团体依法开展精神卫生工作。国家鼓励和支持开展精神卫生专门人才的培养,维护精神卫生工作人员的合法权益,加强精神卫生专业队伍建设。国家鼓励和支持开展精神卫生科学技术研究,发展现代医学、我国传统医学、心理学,提高精神障碍预防、诊断、治疗、康复的科学技术水平。国家鼓励和支持开展精神卫生领域的国际交流与合作。各级人民政府和县级以上人民政府有关部门应当采取措施,鼓励和支持组织、个人提供精神卫生志愿服务,捐助精神卫生事业,兴建精神卫生公益设施。对在精神卫生工作中作出突出贡献的组织、个人,按照国家有关规定给予表彰、奖励。①

在心理健康促进和精神障碍预防方面,《精神卫生法》规定,各级人民政府和县级以上人民政府有关部门应当采取措施,加强心理健康促进和精神障碍预防工作,提高公众心理健康水平。各级人民政府和县级以上人民政府有关部门制定的突发事件应急预案,应当包括心理援助的内容。发生突发事件,履行统一领导职责或者组织处置突发事件的人民政府应当根据突发事件的具体情况,按照应急预案的规定,组织开展心理援助工作。县级以上地方人民政府人力资源社会保障、教育、卫生、司法行政、公安等部门应当在各自职责范围内分别对本法第 15 条至第 18 条规定②的单位履行精神障碍预防义务的情况进行督促和指导。村民委员会、居民委员会应当协助所在地人民政府及其有关部门开展社区心理

---

① 《精神卫生法》第 3 ~12 条。

② 《精神卫生法》第 15 条规定,用人单位应当创造有益于职工身心健康的工作环境,关注职工的心理健康;对处于职业发展特定时期或者在特殊岗位工作的职工,应当有针对性地开展心理健康教育。第 16 条规定,各级各类学校应当对学生进行精神卫生知识教育;配备或者聘请心理健康教育教师、辅导人员,并可以设立心理健康辅导室,对学生进行心理健康教育。学前教育机构应当对幼儿开展符合其特点的心理健康教育。发生自然灾害、意外伤害、公共安全事件等可能影响学生心理健康的事件,学校应当及时组织专业人员对学生进行心理援助。教师应当学习和了解相关的精神卫生知识,关注学生心理健康状况,正确引导、激励学生。地方各级人民政府教育行政部门和学校应当重视教师心理健康。学校和教师应当与学生父母或者其他监护人、近亲属沟通学生心理健康情况。第 17 条规定,医务人员开展疾病诊疗服务,应当按照诊断标准和治疗规范的要求,对就诊者进行心理健康指导;发现就诊者可能患有精神障碍的,应当建议其到符合本法规定的医疗机构就诊。第 18 条规定,监狱、看守所、拘留所、强制隔离戒毒所等场所,应当对服刑人员,被依法拘留、逮捕、强制隔离戒毒的人员等,开展精神卫生知识宣传,关注其心理健康状况,必要时提供心理咨询和心理辅导。

健康指导、精神卫生知识宣传教育活动,创建有益于居民身心健康的社区环境。乡镇卫生院或者社区卫生服务机构应当为村民委员会、居民委员会开展社区心理健康指导、精神卫生知识宣传教育活动提供技术指导。国家鼓励和支持新闻媒体、社会组织开展精神卫生的公益性宣传,普及精神卫生知识,引导公众关注心理健康,预防精神障碍的发生。国务院卫生行政部门建立精神卫生监测网络,实行严重精神障碍发病报告制度,组织开展精神障碍发生状况、发展趋势等的监测和专题调查工作。精神卫生监测和严重精神障碍发病报告管理办法,由国务院卫生行政部门制定。国务院卫生行政部门应当会同有关部门、组织,建立精神卫生工作信息共享机制,实现信息互联互通、交流共享。①

在精神障碍的诊断和治疗方面,《精神卫生法》规定,开展精神障碍诊断、治疗活动,应当具备下列条件,并依照医疗机构的管理规定办理有关手续:(1)有与从事的精神障碍诊断、治疗相适应的精神科执业医师、护士;(2)有满足开展精神障碍诊断、治疗需要的设施和设备;(3)有完善的精神障碍诊断、治疗管理制度和质量监控制度。从事精神障碍诊断、治疗的专科医疗机构还应当配备从事心理治疗的人员。精神障碍分类、诊断标准和治疗规范,由国务院卫生行政部门组织制定。县级以上地方人民政府卫生行政部门应当定期就下列事项对本行政区域内从事精神障碍诊断、治疗的医疗机构进行检查:(1)相关人员、设施、设备是否符合本法要求;(2)诊疗行为是否符合本法以及诊断标准、治疗规范的规定;(3)对精神障碍患者实施住院治疗的程序是否符合本法规定;(4)是否依法维护精神障碍患者的合法权益。县级以上地方人民政府卫生行政部门进行前款规定的检查,应当听取精神障碍患者及其监护人的意见;发现存在违反本法行为的,应当立即制止或者责令改正,并依法作出处理。监狱、强制隔离戒毒所等场所应当采取措施,保证患有精神

---

① 《精神卫生法》第13~14条、第19~20条、第22条、第24条。

障碍的服刑人员、强制隔离戒毒人员等获得治疗。①

在保障措施方面,《精神卫生法》规定,县级以上人民政府卫生行政部门会同有关部门依据国民经济和社会发展规划的要求,制定精神卫生工作规划并组织实施。精神卫生监测和专题调查结果应当作为制定精神卫生工作规划的依据。省、自治区、直辖市人民政府根据本行政区域的实际情况,统筹规划,整合资源,建设和完善精神卫生服务体系,加强精神障碍预防、治疗和康复服务能力建设。县级人民政府根据本行政区域的实际情况,统筹规划,建立精神障碍患者社区康复机构。县级以上地方人民政府应当采取措施,鼓励和支持社会力量举办从事精神障碍诊断、治疗的医疗机构和精神障碍患者康复机构。各级人民政府应当根据精神卫生工作需要,加大财政投入力度,保障精神卫生工作所需经费,将精神卫生工作经费列入本级财政预算。国家加强基层精神卫生服务体系建设,扶持贫困地区、边远地区的精神卫生工作,保障城市社区、农村基层精神卫生工作所需经费。县级以上人民政府卫生行政部门应当组织医务人员进行精神卫生知识培训,提高其识别精神障碍的能力。县级以上人民政府教育行政部门对教师进行上岗前和在岗培训,应当有精神卫生的内容,并定期组织心理健康教育教师、辅导人员进行专业培训。县级以上人民政府卫生行政部门应当组织医疗机构为严重精神障碍患者免费提供基本公共卫生服务。精神障碍患者的医疗费用按照国家有关社会保险的规定由基本医疗保险基金支付。医疗保险经办机构应当按照国家有关规定将精神障碍患者纳入城镇职工基本医疗保险、城镇居民基本医疗保险或者新型农村合作医疗的保障范围。县级人民政府应当按照国家有关规定对家庭经济困难的严重精神障碍患者参加基本医疗保险给予资助。医疗保障、财政等部门应当加强协调,简化程序,实现属于基本医疗保险基金支付的医疗费用由医疗机构与医疗保险经办机

① 《精神卫生法》第 25 ~26 条、第 50 条、第 52 条。

构直接结算。精神障碍患者通过基本医疗保险支付医疗费用后仍有困难,或者不能通过基本医疗保险支付医疗费用的,医疗保障部门应当优先给予医疗救助。对符合城乡最低生活保障条件的严重精神障碍患者,民政部门应当会同有关部门及时将其纳入最低生活保障。对属于农村五保供养对象的严重精神障碍患者,以及城市中无劳动能力、无生活来源且无法定赡养、抚养、扶养义务人,或者其法定赡养、抚养、扶养义务人无赡养、抚养、扶养能力的严重精神障碍患者,民政部门应当按照国家有关规定予以供养、救助。该规定以外的严重精神障碍患者确有困难的,民政部门可以采取临时救助等措施,帮助其解决生活困难。县级以上地方人民政府及其有关部门应当采取有效措施,保证患有精神障碍的适龄儿童、少年接受义务教育,扶持有劳动能力的精神障碍患者从事力所能及的劳动,并为已经康复的人员提供就业服务。国家对安排精神障碍患者就业的用人单位依法给予税收优惠,并在生产、经营、技术、资金、物资、场地等方面给予扶持。县级以上人民政府及其有关部门、医疗机构、康复机构应当采取措施,加强对精神卫生工作人员的职业保护,提高精神卫生工作人员的待遇水平,并按照规定给予适当的津贴。精神卫生工作人员因工致伤、致残、死亡的,其工伤待遇以及抚恤按照国家有关规定执行。①

简要评析

从本章梳理情况看,有关卫生事业发展的法律规定,主要围绕医疗秩序的形成及职业病、中医药治疗和精神卫生等特殊领域进行了立法。但对于改革开放以来,医疗产业化问题以及如何解决百姓的看病难问题

---

① 《精神卫生法》第61~63条、第66~71条。

回应不够。相关问题的解决处于政策调整状态。在梳理的立法中,体现了宏观调控手段的应用及特殊调控制度的安排。从今后的发展趋势看,医疗资源配置下移,以及将基本的社保医疗和健康医疗分类调控,将医疗事业和医疗产业分而治之,是改革发展的方向。为此,医疗调控及其法治也应当予以积极回应。另外,在社会和谐稳定方面,有关医患关系一直是社会高度关注的问题,对此,社会上比较普遍地同情患者,却忽略了对医生医疗风险及权益的保障。为此,国家应出台专门的政策和法律,将普通的标准化医疗与试验性医疗加以区分,推行试验性医疗的责任豁免及医疗保险制度,保护医生的合法权益,促进卫生事业的健康发展。

第二十七章　体育事业调控法律制度的完善

在中国社会主义事业建设中，中华人民共和国成立之初，党和国家就为体育事业发展确立了“发展体育运动，增强人民体质”的基本工作方针。而对于竞技体育，特别是参加国际性比赛的竞技性体育则采取了“举国体制”式的管理模式，在此体制下，运动员的竞技比赛主要是“为国争光”。与此同时，学校体育教学的推行以及广泛的群众性体育活动的开展，使体育事业的发展更多地体现出体育事业的社会属性和政治属性。20 世纪 90 年代后期，随着改革的深入发展，体育事业的发展被赋予了国民经济新增长点的内涵，由此，体育产业化成为体育事业发展的组成部分。在此背景下，从宏观调控角度分析，体育事业的产业部分成为国民经济发展的组成部分，而体现体育本质的社会属性部分，则成为了社会发展的组成部分。为了反映这一改革成果，国家颁布了《体育法》。《体育法》是体育事业发展的基本法。依据《体育法》，国务院颁发了相关的行政法规。其中,与体育事业调控有关的主要包括《全民健身条例》、《公共文化体育设施条例》和《彩票管理条例》。对此,可以简称为"一法三条例"。

第一节　体育法的制定和实施

《体育法》于1995年8月29日第八届全国人民代表大会常务委员会第十五次会议通过,根据2009年8月27日第十一届全国人民代表大会常务委员会第十次会议《关于修改部分法律的决定》第一次修正,根据2016年11月7日第十二届全国人民代表大会常务委员会第二十四次会议《关于修改〈中华人民共和国对外贸易法〉等十二部法律的决定》第二次修正。[①] 该法的立法目的是发展体育事业,增强人民体质,提高体育运动水平,促进社会主义物质文明和精神文明建设。军队开展体育活动的具体办法由中央军事委员会依照该法制定。现行的《体育法》共8章54条,主要就社会体育、学校体育、竞技体育、体育社会团体、保障条件和法律责任进行了基本的法律规定。

《全民健身条例》于2009年8月30日国务院令第560号公布施行,根据2013年7月18日《国务院关于废止和修改部分行政法规的决定》第一次修订,根据2016年2月6日《国务院关于修改部分行政法规的决定》第二次修订。该条例的立法目的是,促进全民健身活动的开展,保障公民在全民健身活动中的合法权益,提高公民身体素质。现行的《全民健身条例》共6章40条,主要就全民健身计划、全民健身保障和法律责

---

① 《体育法》1995年10月1日施行以来,先后进行两次修改。其中,2009年的修改,取消了1995年《体育法》中明显不适合社会主义市场经济和社会发展的规定,删除了原第47条。该条规定,"用于全国性、国际性体育竞赛的体育器材和用品,必须经国务院体育行政部门指定的机构审定"。2016年的修改内容:删去第32条。

任进行了规定。

《公共文化体育设施条例》于 2003 年 6 月 18 日国务院第 12 次常务会议通过,国务院令第 382 号公布,自 2003 年 8 月 1 日起施行。该条例的立法目的是,促进公共文化体育设施的建设,加强对公共文化体育设施的管理和保护,充分发挥公共文化体育设施的功能,繁荣文化体育事业,满足人民群众开展文化体育活动的基本需求。该条例所称公共文化体育设施,是指由各级人民政府举办或者社会力量举办的,向公众开放用于开展文化体育活动的公益性的图书馆、博物馆、纪念馆、美术馆、文化馆(站)、体育场(馆)、青少年宫、工人文化宫等的建筑物、场地和设备。该条例所称公共文化体育设施管理单位,是指负责公共文化体育设施的维护,为公众开展文化体育活动提供服务的社会公共文化体育机构。国家机关、学校等单位内部的文化体育设施向公众开放的,由国务院文化行政主管部门、体育行政主管部门会同有关部门依据该条例的原则另行制定管理办法。该条例共 6 章 34 条,主要就公共文化体育设施的规划和建设、使用和服务、管理和保护及法律责任进行了规定。

《彩票管理条例》于 2009 年 4 月 22 日国务院第 58 次常务会议通过,国务院令第 554 号公布,自 2009 年 7 月 1 日起施行。该条例的立法目的是,加强彩票管理,规范彩票市场发展,维护彩票市场秩序,保护彩票参与者的合法权益,促进社会公益事业发展。该条例所称彩票,是指国家为筹集社会公益资金,促进社会公益事业发展而特许发行、依法销售,自然人自愿购买,并按照特定规则获得中奖机会的凭证。彩票不返还本金、不计付利息。该条例规范的彩票是指经国务院特许发行的福利彩票和体育彩票。《彩票管理条例》共 6 章 45 条,主要就彩票发行和销售管理、彩票开奖和兑奖管理、彩票资金管理和法律责任进行了规定。

第二节　体育法的基本规定

在体育事业发展方针、政策方面,《体育法》规定,国家发展体育事业,开展群众性的体育活动,提高全民族身体素质。体育工作坚持以开展全民健身活动为基础,实行普及与提高相结合,促进各类体育协调发展。国家对青年、少年、儿童的体育活动给予特别保障,增进青年、少年、儿童的身心健康。国家扶持少数民族地区发展体育事业,培养少数民族体育人才。国家发展体育教育和体育科学研究,推广先进、实用的体育科学技术成果,依靠科学技术发展体育事业。国家对在体育事业中做出贡献的组织和个人,给予奖励。国家鼓励开展对外体育交往。对外体育交往坚持独立自主、平等互利、相互尊重的原则,维护国家主权和尊严,遵守中华人民共和国缔结或者参加的国际条约。国家提倡公民参加社会体育活动,增进身心健康。社会体育活动应当坚持业余、自愿、小型多样,遵循因地制宜和科学文明的原则。地方各级人民政府应当为公民参加社会体育活动创造必要的条件,支持、扶助群众性体育活动的开展。城市应当发挥居民委员会等社区基层组织的作用,组织居民开展体育活动。农村应当发挥村民委员会、基层文化体育组织的作用,开展适合农村特点的体育活动。国家机关、企业事业组织应当开展多种形式的体育活动,举办群众性体育竞赛。工会等社会团体应当根据各自特点,组织体育活动。国家鼓励、支持民族、民间传统体育项目的发掘、整理和提高。全社会应当关心、支持老年人、残疾人参加体育活动。各级人民政府应当采取措施,为老年人、残疾人参加体育活动提供方便。教育行政部门和学校应当将体育作为学校教育的组成部分,培养德、智、体等方面全面发展的人才。国家促进竞技体育发展,鼓励运动员提高体育运动技术水平,在体育竞赛中创造优异成绩,为国家争取荣誉。国家鼓励、支持开展业余体育训练，培养优秀的体育后备人才。参加国内、国际重大体育竞赛的运动员和运动队，应当按照公平、择优的原则选拔和组建。具体办法由国务院体育行政部门规定。国家对优秀运动员在就业或者升学方面给予优待。国家鼓励、支持体育社会团体按照其章程，组织和开展体育活动，推动体育事业的发展。公共体育设施应当向社会开放，方便群众开展体育活动，对学生、老年人、残疾人实行优惠办法，提高体育设施的利用率。国家发展体育专业教育，建立各类体育专业院校、系、科，培养运动、训练、教学、科学研究、管理以及从事群众体育等方面的专业人员。国家鼓励企业事业组织、社会团体和公民依法举办体育专业教育。①

在规划及计划调控方面，《体育法》规定，国家坚持体育为经济建设、国防建设和社会发展服务。体育事业应当纳入国民经济和社会发展计划。国家推进体育管理体制改革。国家鼓励企业事业组织、社会团体和公民兴办和支持体育事业。国家推行全民健身计划，实施体育锻炼标准，进行体质监测。国家实行社会体育指导员技术等级制度。社会体育指导员对社会体育活动进行指导。县级以上地方各级人民政府应当按照国家对城市公共体育设施用地定额指标的规定，将城市公共体育设施建设纳入城市建设规划和土地利用总体规划，合理布局，统一安排。城市在规划企业、学校、街道和居住区时，应当将体育设施纳入建设规划。乡、民族乡、镇应当随着经济发展，逐步建设和完善体育设施。②

在财政调控方面，《体育法》规定，县级以上各级人民政府应当将体育事业经费、体育基本建设资金列入本级财政预算和基本建设投资计划，并随着国民经济的发展逐步增加对体育事业的投入。国家鼓励企业事业组织和社会团体自筹资金发展体育事业，鼓励组织和个人对体育事业的捐赠和赞助。国家有关部门应当加强对体育资金的管理，任何组织

① 《体育法》第2条、第5~10条、第12~17条、第24~26条、第28条、第35条、第45~46条。

② 《体育法》第3条、第11条、第44条。

和个人不得挪用、克扣体育资金。①

在特别调控方面,《体育法》规定,全国性的单项体育协会对本项目的运动员实行注册管理。经注册的运动员,可以根据国务院体育行政部门的规定,参加有关的体育竞赛和运动队之间的人员流动。国家实行运动员技术等级、裁判员技术等级和教练员专业技术职务等级制度。国家对体育竞赛实行分级分类管理。全国综合性运动会由国务院体育行政部门管理或者由国务院体育行政部门会同有关组织管理。全国单项体育竞赛由该项运动的全国性协会负责管理。地方综合性运动会和地方单项体育竞赛的管理办法由地方人民政府制定。在竞技体育活动中发生纠纷,由体育仲裁机构负责调解、仲裁。体育仲裁机构的设立办法和仲裁范围由国务院另行规定。在中国境内举办的重大体育竞赛,其名称、徽记、旗帜及吉祥物等标志按照国家有关规定予以保护。各级体育总会是联系、团结运动员和体育工作者的群众性体育组织,应当在发展体育事业中发挥作用。中国奥林匹克委员会是以发展和推动奥林匹克运动为主要任务的体育组织,代表中国参与国际奥林匹克事务。体育科学社会团体是体育科学技术工作者的学术性群众组织,应当在发展体育科技事业中发挥作用。全国性的单项体育协会管理该项运动的普及与提高工作,代表中国参加相应的国际单项体育组织。②

第三节　全民健身条例的规定

在全民健身方针、政策方面,《全民健身条例》规定,国家推动基层文化体育组织建设,鼓励体育类社会团体、体育类民办非企业单位等群

① 《体育法》第40~42条。

② 《体育法》第29~32条、第34条、第36~39条。

众性体育组织开展全民健身活动。公民有依法参加全民健身活动的权利。地方各级人民政府应当依法保障公民参加全民健身活动的权利。对在发展全民健身事业中做出突出贡献的组织和个人,按照国家有关规定给予表彰、奖励。每年8月8日为全民健身日。县级以上人民政府及其有关部门应当在全民健身日加强全民健身宣传。国家机关、企业事业单位和其他组织应当在全民健身日结合自身条件组织本单位人员开展全民健身活动。县级以上人民政府体育主管部门应当在全民健身日组织开展免费健身指导服务。公共体育设施应当在全民健身日向公众免费开放;国家鼓励其他各类体育设施在全民健身日向公众免费开放。①

在体育宏观调控基础制度建设方面,《全民健身条例》规定,国家定期开展公民体质监测和全民健身活动状况调查。公民体质监测由国务院体育主管部门会同有关部门组织实施;其中,对学生的体质监测由国务院教育主管部门组织实施。全民健身活动状况调查由国务院体育主管部门组织实施。国务院根据公民体质监测结果和全民健身活动状况调查结果,修订全民健身计划。县级以上地方人民政府根据公民体质监测结果和全民健身活动状况调查结果,修订全民健身实施计划。②

在规划、计划与产业调控方面,《全民健身条例》规定,县级以上地方人民政府应当将全民健身事业纳入本级国民经济和社会发展规划,有计划地建设公共体育设施,加大对农村地区和城市社区等基层公共体育设施建设的投入,促进全民健身事业均衡协调发展。国家支持、鼓励、推动与人民群众生活水平相适应的体育消费以及体育产业的发展。国务院制定全民健身计划,明确全民健身工作的目标、任务、措施、保障等内容。县级以上地方人民政府根据本地区的实际情况制定本行政区域的全民健身实施计划。制定全民健身计划和全民健身实施计划,应当充分

---

① 《全民健身条例》第3~4条、第7条、第12条。

② 《全民健身条例》第9~10条。

考虑学生、老年人、残疾人和农村居民的特殊需求。全民健身计划由县级以上人民政府体育主管部门会同有关部门组织实施。县级以上地方人民政府应当加强组织和协调,对本行政区域全民健身计划实施情况负责。县级以上人民政府体育主管部门应当在本级人民政府任期届满时会同有关部门对全民健身计划实施情况进行评估,并将评估结果向本级人民政府报告。公共体育设施的规划、建设、使用、管理、保护和公共体育设施管理单位提供服务,应当遵守《公共文化体育设施条例》的规定。公共体育设施的规划、建设应当与当地经济发展水平相适应,方便群众就近参加健身活动;农村地区公共体育设施的规划、建设还应当考虑农村生产劳动和文化生活习惯。企业、个体工商户经营高危险性体育项目的,应当符合下列条件,并向县级以上地方人民政府体育主管部门提出申请:(1)相关体育设施符合国家标准;(2)具有达到规定数量的取得国家职业资格证书的社会体育指导人员和救助人员;(3)具有相应的安全保障制度和措施。县级以上地方人民政府体育主管部门应当自收到申请之日起30日内进行实地核查,做出批准或者不予批准的决定。批准的,应当发给许可证;不予批准的,应当书面通知申请人并说明理由。国务院体育主管部门应当会同有关部门制定、调整高危险性体育项目目录,经国务院批准后予以公布。①

在财政、金融调控方面,《全民健身条例》规定,国家鼓励对全民健身事业提供捐赠和赞助。自然人、法人或者其他组织对全民健身事业提供捐赠的,依法享受税收优惠。县级以上人民政府应当将全民健身工作所需经费列入本级财政预算,并随着国民经济的发展逐步增加对全民健身的投入。按照国家有关彩票公益金的分配政策由体育主管部门分配使用的彩票公益金,应当根据国家有关规定用于全民健身事业。学校应当在课余时间和节假日向学生开放体育设施。公办学校应当积极创造

---

① 《全民健身条例》第2条、第8条、第11条、第27条、第32条。

条件向公众开放体育设施;国家鼓励民办学校向公众开放体育设施。县级人民政府对向公众开放体育设施的学校给予支持,为向公众开放体育设施的学校办理有关责任保险。学校可以根据维持设施运营的需要向使用体育设施的公众收取必要的费用。国家鼓励全民健身活动组织者和健身场所管理者依法投保有关责任保险。国家鼓励参加全民健身活动的公民依法投保意外伤害保险。①

在特别调控方面,《全民健身条例》规定,国务院体育主管部门应当定期举办全国性群众体育比赛活动;国务院其他有关部门、全国性社会团体等,可以根据需要举办相应的全国性群众体育比赛活动。地方人民政府应当定期举办本行政区域的群众体育比赛活动。县级人民政府体育主管部门应当在传统节日和农闲季节组织开展与农村生产劳动和文化生活相适应的全民健身活动。鼓励全民健身活动站点、体育俱乐部等群众性体育组织开展全民健身活动,宣传科学健身知识;县级以上人民政府体育主管部门和其他有关部门应当给予支持。广播电台、电视台、报刊和互联网站等应当加强对全民健身活动的宣传报道,普及科学健身知识,增强公民健身意识。学校应当按照《体育法》和《学校体育工作条例》的规定,根据学生的年龄、性别和体质状况,组织实施体育课教学,开展广播体操、眼保健操等体育活动,指导学生的体育锻炼,提高学生的身体素质。学校应当保证学生在校期间每天参加1小时的体育活动。学校每学年至少举办一次全校性的运动会;有条件的,还可以有计划地组织学生参加远足、野营、体育夏(冬)令营等活动。国家加强社会体育指导人员队伍建设,对全民健身活动进行科学指导。国家对不以收取报酬为目的向公众提供传授健身技能、组织健身活动、宣传科学健身知识等服务的社会体育指导人员实行技术等级制度。县级以上地方人民政府体育主管部门应当免费为其提供相关知识和技能培训,并建立档案。国

① 《全民健身条例》第6条、第26条、第28条、第33条。

家对以健身指导为职业的社会体育指导人员实行职业资格证书制度。以对高危险性体育项目进行健身指导为职业的社会体育指导人员，应当依照国家有关规定取得职业资格证书。①

第四节 公共文化体育设施条例的规定

在公共文化体育设施调控方针、政策方面，《公共文化体育设施条例》规定，公共文化体育设施管理单位必须坚持为人民服务、为社会主义服务的方向，充分利用公共文化体育设施，传播有益于提高民族素质、有益于经济发展和社会进步的科学技术和文化知识，开展文明、健康的文化体育活动。任何单位和个人不得利用公共文化体育设施从事危害公共利益的活动。对在公共文化体育设施的建设、管理和保护工作中做出突出贡献的单位和个人，由县级以上地方人民政府或者有关部门给予奖励。②

在调控基础制度方面，《公共文化体育设施条例》规定，公共文化体育设施的数量、种类、规模以及布局，应当根据国民经济和社会发展水平、人口结构、环境条件以及文化体育事业发展的需要，统筹兼顾，优化配置，并符合国家关于城乡公共文化体育设施用地定额指标的规定。公共文化体育设施用地定额指标，由国务院土地行政主管部门、建设行政主管部门分别会同国务院文化行政主管部门、体育行政主管部门制定。③

在计划、财政、产业调控方面，《公共文化体育设施条例》规定，国家有计划地建设公共文化体育设施。对少数民族地区、边远贫困地区和农村地区的公共文化体育设施的建设予以扶持。各级人民政府举办的公共文化体育设施的建设、维修、管理资金，应当列入本级人民政府基本建

---

① 《全民健身条例》第 13 ~14 条、第 18 条、第 20 ~22 条、第 31 条。

② 《公共文化体育设施条例》第 3 条、第 8 条。

③ 《公共文化体育设施条例》第 10 条。

设投资计划和财政预算。国家鼓励企业、事业单位、社会团体和个人等社会力量举办公共文化体育设施。国家鼓励通过自愿捐赠等方式建立公共文化体育设施社会基金,并鼓励依法向人民政府、社会公益性机构或者公共文化体育设施管理单位捐赠财产。捐赠人可以按照税法的有关规定享受优惠。国家鼓励机关、学校等单位内部的文化体育设施向公众开放。国务院发展和改革行政主管部门应当会同国务院文化行政主管部门、体育行政主管部门,将全国公共文化体育设施的建设纳入国民经济和社会发展计划。县级以上地方人民政府应当将本行政区域内的公共文化体育设施的建设纳入当地国民经济和社会发展计划。公共文化体育设施的建设预留地,由县级以上地方人民政府土地行政主管部门、城乡规划行政主管部门按照国家有关用地定额指标,纳入土地利用总体规划和城乡规划,并依照法定程序审批。任何单位或者个人不得侵占公共文化体育设施建设预留地或者改变其用途。因特殊情况需要调整公共文化体育设施建设预留地的,应当依法调整城乡规划,并依照前款规定重新确定建设预留地。重新确定的公共文化体育设施建设预留地不得少于原有面积。公共文化体育设施管理单位提供服务可以适当收取费用,收费项目和标准应当经县级以上人民政府有关部门批准。需要收取费用的公共文化体育设施管理单位,应当根据设施的功能、特点对学生、老年人、残疾人等免费或者优惠开放,具体办法由省、自治区、直辖市制定。公共文化设施管理单位可以将设施出租用于举办文物展览、美术展览、艺术培训等文化活动。公共体育设施管理单位不得将设施的主体部分用于非体育活动。但是,因举办公益性活动或者大型文化活动等特殊情况临时出租的除外。临时出租时间一般不得超过 10 日;租用期满,租用者应当恢复原状,不得影响该设施的功能、用途。①

在特别调控方面,《公共文化体育设施条例》规定,新建、改建、扩建

① 《公共文化体育设施条例》第 4 ~6 条、第 9 条、第 14 条、第 20 ~22 条。

居民住宅区，应当按照国家有关规定规划和建设相应的文化体育设施。居民住宅区配套建设的文化体育设施，应当与居民住宅区的主体工程同时设计、同时施工、同时投入使用。任何单位或者个人不得擅自改变文化体育设施的建设项目和功能，不得缩小其建设规模和降低其用地指标。公共文化体育设施管理单位应当将公共文化体育设施的名称、地址、服务项目等内容报所在地县级人民政府文化行政主管部门、体育行政主管部门备案。县级人民政府文化行政主管部门、体育行政主管部门应当向公众公布公共文化体育设施名录。①

第五节　彩票管理条例的规定

在彩票管理调控方针、政策方面，《彩票管理条例》规定，国务院特许发行福利彩票、体育彩票。未经国务院特许，禁止发行其他彩票。禁止在中华人民共和国境内发行、销售境外彩票。彩票的发行、销售和开奖，应当遵循公开、公平、公正和诚实信用的原则。②

在规划调控方面，《彩票管理条例》规定，彩票发行机构申请开设、停止福利彩票、体育彩票的具体品种（以下简称彩票品种）或者申请变更彩票品种审批事项的，应当依照彩票管理条例规定的程序报国务院财政部门批准。国务院财政部门应当根据彩票市场健康发展的需要，按照合理规划彩票市场和彩票品种结构、严格控制彩票风险的原则，对彩票发行机构的申请进行审查。③

在财政调控方面，《彩票管理条例》规定，彩票发行机构申请开设彩票品种，应当经国务院民政部门或者国务院体育行政部门审核同意，向

---

① 《公共文化体育设施条例》第 15 条、第 24 条。

② 《彩票管理条例》第 3 ~4 条。

③ 《彩票管理条例》第 7 条。

国务院财政部门提交下列申请材料：(1)申请书；(2)彩票品种的规则；(3)发行方式、发行范围；(4)市场分析报告及技术可行性分析报告；(5)开奖、兑奖操作规程；(6)风险控制方案。国务院财政部门应当自受理申请之日起90个工作日内，通过专家评审、听证会等方式对开设彩票品种听取社会意见，对申请进行审查并作出书面决定。彩票发行机构申请变更彩票品种的规则、发行方式、发行范围等审批事项的，应当经国务院民政部门或者国务院体育行政部门审核同意，向国务院财政部门提出申请并提交与变更事项有关的材料。国务院财政部门应当自受理申请之日起45个工作日内，对申请进行审查并作出书面决定。彩票发行机构申请停止彩票品种的，应当经国务院民政部门或者国务院体育行政部门审核同意，向国务院财政部门提出书面申请并提交与停止彩票品种有关的材料。国务院财政部门应当自受理申请之日起10个工作日内，对申请进行审查并作出书面决定。因维护社会公共利益的需要，在紧急情况下，国务院财政部门可以采取必要措施，决定变更彩票品种审批事项或者停止彩票品种。彩票发行机构、彩票销售机构应当依照政府采购法律、行政法规的规定，采购符合标准的彩票设备和技术服务。彩票设备和技术服务的标准，由国务院财政部门会同国务院民政部门、体育行政部门依照国家有关标准化法律、行政法规的规定制定。需要销毁彩票的，由彩票发行机构报国务院财政部门批准后，在国务院民政部门或者国务院体育行政部门的监督下销毁。彩票资金包括彩票奖金、彩票发行费和彩票公益金。彩票资金构成比例由国务院决定。彩票品种中彩票资金的具体构成比例，由国务院财政部门按照国务院的决定确定。随着彩票发行规模的扩大和彩票品种的增加，可以降低彩票发行费比例。彩票发行机构、彩票销售机构应当按照国务院财政部门的规定开设彩票资金账户，用于核算彩票资金。国务院财政部门和省、自治区、直辖市人民政府财政部门应当建立彩票发行、销售和资金管理信息系统，及时掌握彩票销售和资金流动情况。彩票奖金用于支付彩票中奖者。彩票单注奖金的最高限额,由国务院财政部门根据彩票市场发展情况决定。逾期未兑奖的奖金,纳入彩票公益金。彩票公益金专项用于社会福利、体育等社会公益事业,不用于平衡财政一般预算。彩票公益金按照政府性基金管理办法纳入预算,实行收支两条线管理。彩票发行机构、彩票销售机构应当按照国务院财政部门的规定,及时上缴彩票公益金和彩票发行费中的业务费,不得截留或者挪作他用。财政部门应当及时核拨彩票发行机构、彩票销售机构的业务费。彩票公益金的分配政策,由国务院财政部门会同国务院民政、体育行政等有关部门提出方案,报国务院批准后执行。彩票发行费、彩票公益金的管理、使用单位,应当依法接受财政部门、审计机关和社会公众的监督。彩票公益金的管理、使用单位,应当每年向社会公告公益金的使用情况。国务院财政部门和省、自治区、直辖市人民政府财政部门应当每年向本级人民政府报告上年度彩票公益金的筹集、分配和使用情况,并向社会公告。①

简要评析

从本章梳理来看,体育方面的"一法三条例",除涉及体育彩票的规定具有特殊性外,其他方面的立法主要是从公益的角度来规定体育事业发展的,属于宏观调控方面的规定,也有所体现。但是,对于体育产业发展的规定明显缺位,需要在今后的完善中,结合体育部门的特点予以政策引导和法律规制。例如,应对俱乐部运营问题作出专项的法律调整。以便使体育产业的发展,不脱离"发展体育运动,增强人民体质"的本质特征。此外,在体育事业发展中,体育事业或产业发展不是孤立的,它与

---

① 《彩票管理条例》第 8 ~10 条、第 12 ~13 条、第 19 条、第 28 ~31 条、第 33 ~37 条。

卫生健康、教育、旅游文化建设密切相关。为此,在宏观调控及其法治完善中,应通盘出台综合性的政策与法律,使体育事业发展能更好地为国民经济和社会发展提供服务。

第二十八章　就业与社会保障调控法律制度的完善

按照现有法律体系的安排,《劳动与社会保障法》属于社会法的范畴。其中,涉及劳动关系调整的法律主要包括《劳动法》《劳动合同法》《就业促进法》等。其中,有关就业促进法的规定,涉及一系列为实现宏观调控充分就业目的而促进就业的政策和制度安排。而社会保障是指国家和社会依法通过国民收入进行分配和再分配,对社会成员特别是生活有特殊困难的个人和家庭的基本生活权利给予保障的社会安全制度。社会保障的本质是维护社会公平进而促进社会稳定发展。

在市场经济条件下,社会保障制度的确立、推行和完善,可以弥补市场调节的不足,使劳动者在遭遇失业、疾病、工伤等导致劳动者个人及家庭陷入困境时能得到政府和社会的帮助。与此同时,对于诸如老年人、残疾人、妇女等弱势群体有必要建立相应的社会保障制度,对于军人有必要建立优抚安置制度。为此,世界各国均实行了社会保障制度,出台了相应的法律。一般来说,社会保障由社会保险、社会救济、社会福利、优抚安置等组成。其中,社会保险是社会保障的核心内容。改革开放以来,中国逐步完善了与社会主义市场经济发展相适应的社会保险制度,出台了相应的政策、法律和法规。按照中国社会主义法律体系的制度安排,《社会保障法》属于社会法的基本范畴,但离不开国家宏观调控政策的支持,社会保障制度的推行,需要宏观调控规划及计划、财政、金融等工具的调节。因而,相关法律规定中,有许多与宏观调控有关的规定,属于宏观调控法的重要内容。

第一节　就业促进调控的法律规定

如笔者前述,充分就业是宏观调控的目标之一。尤其像中国这样的大国,每年需要解决的就业人口达1000多万。如果就业问题解决不好,就可能引发社会的不安定。因此,在中国,充分就业是仅次于经济增长的宏观调控目标。计划经济时期,劳动力的就业主要靠国家计划安置。改革开放以来,随着劳动力就业的市场化改革,从1995年起,《劳动法》和《劳动合同法》的制定和实施,使劳动者的身份实现了由固定身份向契约化身份的转变。这种转变,起先在企业推行,如今则涉及事业单位用人制度的改革。这种改革,一方面使劳动者获得了自由选择劳动的权利;但另一方面也会使劳动者遭遇就业困难时,在生活上和精神上陷入困境,需要国家予以帮助。为此,如何通过国家的宏观调控千方百计地促进就业,就成为党和国家必须高度关注的问题。也就是在这样的背景下,经过十几年劳动制度的改革试验,国家出台了《就业促进法》。

《就业促进法》由中华人民共和国第十届全国人民代表大会常务委员会第二十九次会议于2007年8月30日通过,自2008年1月1日起施行;根据2015年4月24日第十二届全国人民代表大会常务委员会第十四次会议《关于修改〈中华人民共和国电力法〉等六部法律的决定》修正。① 该法的立法目的是:促进就业,促进经济发展与扩大就业相协调,促进社会和谐稳定。该法共9章69条。该法除总则、附则外,主要就政策支持、公平就业、就业服务和管理、职业教育和培训、就业援助、监督检查、法律责任涉及的基本问题进行了法律规定。从而为宏观调控促进就业提供了基本的法律依据。

在促进就业基本方针政策方面,《就业促进法》规定,国家把扩大就业放在经济社会发展的突出位置,实施积极的就业政策,坚持劳动者自主择业、市场调节就业、政府促进就业的方针,多渠道扩大就业。劳动者依法享有平等就业和自主择业的权利。劳动者就业,不因民族、种族、性别、宗教信仰等不同而受歧视。县级以上人民政府把扩大就业作为经济和社会发展的重要目标,纳入国民经济和社会发展规划,并制定促进就业的中长期规划和年度工作计划。县级以上人民政府通过发展经济和调整产业结构、规范人力资源市场、完善就业服务、加强职业教育和培训、提供就业援助等措施,创造就业条件,扩大就业。国务院建立全国促进就业工作协调机制,研究就业工作中的重大问题,协调推动全国的促进就业工作。国务院劳动行政部门具体负责全国的促进就业工作。省、自治区、直辖市人民政府根据促进就业工作的需要,建立促进就业工作协调机制,协调解决本行政区域就业工作中的重大问题。县级以上人民政府有关部门按照各自的职责分工,共同做好促进就业工作。国家倡导劳动者树立正确的择业观念,提高就业能力和创业能力;鼓励劳动者自主创业、自谋职业。各级人民政府和有关部门应当简化程序,提高效率,为劳动者自主创业、自谋职业提供便利。用人单位依法享有自主用人的权利。用人单位应当依照《就业促进法》法以及其他法律、法规的规定,

---

① 2015年的修改内容是将第40条第2款修改为:“设立职业中介机构应当在工商行政管理部门办理登记后,向劳动行政部门申请行政许可。”

保障劳动者的合法权益。工会、共产主义青年团、妇女联合会、残疾人联合会以及其他社会组织,协助人民政府开展促进就业工作,依法维护劳动者的劳动权利。各级人民政府和有关部门对在促进就业工作中作出显著成绩的单位和个人,给予表彰和奖励。①

在政策支持方面,《促进就业法》规定,县级以上人民政府应当把扩大就业作为重要职责,统筹协调产业政策与就业政策。国家鼓励各类企业在法律、法规规定的范围内,通过兴办产业或者拓展经营,增加就业岗位。国家鼓励发展劳动密集型产业、服务业,扶持中小企业,多渠道、多方式增加就业岗位。国家鼓励、支持、引导非公有制经济发展,扩大就业,增加就业岗位。国家发展国内外贸易和国际经济合作,拓宽就业渠道。县级以上人民政府在安排政府投资和确定重大建设项目时,应当发挥投资和重大建设项目带动就业的作用,增加就业岗位。国家实行有利于促进就业的财政政策,加大资金投入,改善就业环境,扩大就业。县级以上人民政府应当根据就业状况和就业工作目标,在财政预算中安排就业专项资金用于促进就业工作。就业专项资金用于职业介绍、职业培训、公益性岗位、职业技能鉴定、特定就业政策和社会保险等的补贴,小额贷款担保基金和微利项目的小额担保贷款贴息,以及扶持公共就业服务等。就业专项资金的使用管理办法由国务院财政部门和劳动行政部门规定。国家建立健全失业保险制度,依法确保失业人员的基本生活,并促进其实现就业。国家鼓励企业增加就业岗位,扶持失业人员和残疾人就业,对法定企业、人员依法给予税收优惠:(1)吸纳符合国家规定条件的失业人员达到规定要求的企业;(2)失业人员创办的中小企业;(3)安置残疾人员达到规定比例或者集中使用残疾人的企业;(4)从事个体经营的符合国家规定条件的失业人员;(5)从事个体经营的残疾人;(6)国务院规定给予税收优惠的其他企业、人员。对第四项、第五项

① 《就业促进法》第2~10条。

规定的人员，有关部门应当在经营场地等方面给予照顾，免除行政事业性收费。国家实行有利于促进就业的金融政策，增加中小企业的融资渠道；鼓励金融机构改进金融服务，加大对中小企业的信贷支持，并对自主创业人员在一定期限内给予小额信贷等扶持。国家实行城乡统筹的就业政策，建立健全城乡劳动者平等就业的制度，引导农业富余劳动力有序转移就业。县级以上地方人民政府推进小城镇建设和加快县域经济发展，引导农业富余劳动力就地就近转移就业，在制定小城镇规划时，将本地区农业富余劳动力转移就业作为重要内容。县级以上地方人民政府引导农业富余劳动力有序向城市异地转移就业，劳动力输出地和输入地人民政府应当互相配合，改善农村劳动者进城就业的环境和条件。国家支持区域经济发展，鼓励区域协作，统筹协调不同地区就业的均衡增长。国家支持民族地区发展经济，扩大就业。各级人民政府统筹做好城镇新增劳动力就业、农业富余劳动力转移就业和失业人员就业工作。各级人民政府采取措施，逐步完善和实施与非全日制用工等灵活就业相适应的劳动和社会保险政策，为灵活就业人员提供帮助和服务。地方各级人民政府和有关部门应当加强对失业人员从事个体经营的指导，提供政策咨询、就业培训和开业指导等服务。①

在公平就业方面，《促进就业法》规定，各级人民政府创造公平就业的环境，消除就业歧视，制定政策并采取措施对就业困难人员给予扶持和援助。用人单位招用人员、职业中介机构从事职业中介活动，应当向劳动者提供平等的就业机会和公平的就业条件，不得实施就业歧视。国家保障妇女享有与男子平等的劳动权利。用人单位招用人员，除国家规定的不适合妇女的工种或者岗位外，不得以性别为由拒绝录用妇女或者提高对妇女的录用标准。用人单位录用女职工，不得在劳动合同中规定限制女职工结婚、生育的内容。各民族劳动者享有平等的劳动权利。用

① 《就业促进法》第 11 ~24 条。

人单位招用人员,应当依法对少数民族劳动者给予适当照顾。国家保障残疾人的劳动权利。各级人民政府应当对残疾人就业统筹规划,为残疾人创造就业条件。用人单位招用人员,不得歧视残疾人。用人单位招用人员,不得以是传染病病原携带者为由拒绝录用。但是,经医学鉴定传染病病原携带者在治愈前或者排除传染嫌疑前,不得从事法律、行政法规和国务院卫生行政部门规定禁止从事的易使传染病扩散的工作。农村劳动者进城就业享有与城镇劳动者平等的劳动权利,不得对农村劳动者进城就业设置歧视性限制。①

在就业服务和管理方面,《促进就业法》规定,县级以上人民政府培育和完善统一开放、竞争有序的人力资源市场,为劳动者就业提供服务。县级以上人民政府鼓励社会各方面依法开展就业服务活动,加强对公共就业服务和职业中介服务的指导和监督,逐步完善覆盖城乡的就业服务体系。县级以上人民政府加强人力资源市场信息网络及相关设施建设,建立健全人力资源市场信息服务体系,完善市场信息发布制度。县级以上人民政府建立健全公共就业服务体系,设立公共就业服务机构,为劳动者免费提供法定服务:(1)就业政策法规咨询;(2)职业供求信息、市场工资指导价位信息和职业培训信息发布;(3)职业指导和职业介绍;(4)对就业困难人员实施就业援助;(5)办理就业登记、失业登记等事务;(6)其他公共就业服务。公共就业服务机构应当不断提高服务的质量和效率,不得从事经营性活动。公共就业服务经费纳入同级财政预算。县级以上地方人民政府对职业中介机构提供公益性就业服务的,按照规定给予补贴。国家鼓励社会各界为公益性就业服务提供捐赠、资助。地方各级人民政府和有关部门不得举办或者与他人联合举办经营性的职业中介机构。地方各级人民政府和有关部门、公共就业服务机构举办的招聘会,不得向劳动者收取费用。县级以上人民政府和有关部门

① 《就业促进法》第25~31条。

加强对职业中介机构的管理,鼓励其提高服务质量,发挥其在促进就业中的作用。从事职业中介活动,应当遵循合法、诚实信用、公平、公开的原则。用人单位通过职业中介机构招用人员,应当如实向职业中介机构提供岗位需求信息。禁止任何组织或者个人利用职业中介活动侵害劳动者的合法权益。设立职业中介机构应当具备法定条件:(1)有明确的章程和管理制度;(2)有开展业务必备的固定场所、办公设施和一定数额的开办资金;(3)有一定数量具备相应职业资格的专职工作人员;(4)法律、法规规定的其他条件。设立职业中介机构应当在工商行政管理部门办理登记后,向劳动行政部门申请行政许可。未经依法许可和登记的机构,不得从事职业中介活动。国家对外商投资职业中介机构和向劳动者提供境外就业服务的职业中介机构另有规定的,依照其规定。职业中介机构禁止性行为:(1)提供虚假就业信息;(2)为无合法证照的用人单位提供职业中介服务;(3)伪造、涂改、转让职业中介许可证;(4)扣押劳动者的居民身份证和其他证件,或者向劳动者收取押金;(5)其他违反法律、法规规定的行为。县级以上人民政府建立失业预警制度,对可能出现的较大规模的失业,实施预防、调节和控制。国家建立劳动力调查统计制度和就业登记、失业登记制度,开展劳动力资源和就业、失业状况调查统计,并公布调查统计结果。统计部门和劳动行政部门进行劳动力调查统计和就业、失业登记时,用人单位和个人应当如实提供调查统计和登记所需要的情况。①

在职业教育和培训方面,《促进就业法》规定,国家依法发展职业教育,鼓励开展职业培训,促进劳动者提高职业技能,增强就业能力和创业能力。县级以上人民政府根据经济社会发展和市场需求,制定并实施职业能力开发计划。县级以上人民政府加强统筹协调,鼓励和支持各类职业院校、职业技能培训机构和用人单位依法开展就业前培训、在职培训、再就业培训和创业培训;鼓励劳动者参加各种形式的培训。县级以上地

① 《就业促进法》第32～43条。

方人民政府和有关部门根据市场需求和产业发展方向,鼓励、指导企业加强职业教育和培训。职业院校、职业技能培训机构与企业应当密切联系,实行产教结合,为经济建设服务,培养实用人才和熟练劳动者。企业应当按照国家有关规定提取职工教育经费,对劳动者进行职业技能培训和继续教育培训。国家采取措施建立健全劳动预备制度,县级以上地方人民政府对有就业要求的初高中毕业生实行一定期限的职业教育和培训,使其取得相应的职业资格或者掌握一定的职业技能。地方各级人民政府鼓励和支持开展就业培训,帮助失业人员提高职业技能,增强其就业能力和创业能力。失业人员参加就业培训的,按照有关规定享受政府培训补贴。地方各级人民政府采取有效措施,组织和引导进城就业的农村劳动者参加技能培训,鼓励各类培训机构为进城就业的农村劳动者提供技能培训,增强其就业能力和创业能力。国家对从事涉及公共安全、人身健康、生命财产安全等特殊工种的劳动者,实行职业资格证书制度,具体办法由国务院规定。①

在就业援助方面,《促进就业法》规定,各级人民政府建立健全就业援助制度,采取税费减免、贷款贴息、社会保险补贴、岗位补贴等办法,通过公益性岗位安置等途径,对就业困难人员实行优先扶持和重点帮助。就业困难人员是指因身体状况、技能水平、家庭因素、失去土地等原因难以实现就业,以及连续失业一定时间仍未能实现就业的人员。就业困难人员的具体范围,由省、自治区、直辖市人民政府根据本行政区域的实际情况规定。政府投资开发的公益性岗位,应当优先安排符合岗位要求的就业困难人员。被安排在公益性岗位工作的,按照国家规定给予岗位补贴。地方各级人民政府加强基层就业援助服务工作,对就业困难人员实施重点帮助,提供有针对性的就业服务和公益性岗位援助。地方各级人民政府鼓励和支持社会各方面为就业困难人员提供技能培训、岗

① 《就业促进法》第44~51条。

位信息等服务。各级人民政府采取特别扶助措施,促进残疾人就业。用人单位应当按照国家规定安排残疾人就业,具体办法由国务院规定。县级以上地方人民政府采取多种就业形式,拓宽公益性岗位范围,开发就业岗位,确保城市有就业需求的家庭至少有1人实现就业。法定劳动年龄内的家庭人员均处于失业状况的城市居民家庭,可以向住所地街道、社区公共就业服务机构申请就业援助。街道、社区公共就业服务机构经确认属实的,应当为该家庭中至少1人提供适当的就业岗位。国家鼓励资源开采型城市和独立工矿区发展与市场需求相适应的产业,引导劳动者转移就业。对因资源枯竭或者经济结构调整等原因造成就业困难人员集中的地区,上级人民政府应当给予必要的扶持和帮助。①

在监督检查方面,《促进就业法》规定,各级人民政府和有关部门应当建立促进就业的目标责任制度。县级以上人民政府按照促进就业目标责任制的要求,对所属的有关部门和下一级人民政府进行考核和监督。审计机关、财政部门应当依法对就业专项资金的管理和使用情况进行监督检查。劳动行政部门应当对本法实施情况进行监督检查,建立举报制度,受理对违反本法行为的举报,并及时予以核实处理。② 以上的相关规定,涉及对政府行政部门、中介机构和用人单位行为的约束,体现了对劳动者权益的保障。如能有效地执行,无疑会大大促进劳动力的就业,并能切实解决不能就业者的生活保障问题,为社会的稳定发展奠定法律基础。

---

① 《就业促进法》第52 ~57 条。

② 《就业促进法》第58 ~60 条。

第二节 社会保险法的制定和实施

一、中国社会保险法的制定及基本政策

中国在计划经济时期不存在与市场经济相关的社会保险问题，企业职工及国家工作人员的医疗、工伤、养老等均按照国家规定办理，由国家或单位负担。改革开放以来，特别是实施市场经济体制以来，随着企业地位的独立以及劳动关系性质的变化，需要建立起与市场经济相适应的社会保险制度。为此，从1993年起，国务院及其劳动人事职能部门先后颁发了一系列法规规章。其主要包括：《企业职工养老保险基金管理规定》（1993年）、《社会保险统计管理规定》（1993年）、《企业职工生育保险试行办法》（1994年）、《国务院关于建立城镇职工基本医疗保险制度的决定》（1998年）、《失业保险条例》（1999年）、《社会保险费征缴监督检查办法》（1999年）、《社会保险基金财务制度》（1999年）、《社会保险基金会计制度》（1999年）、《社会保险基金财政专户会计核算暂行办法》（1999年）、《失业保险金申报发放办法》（2001年）、《社会保险基金行政监督办法》（2001年）、《社会保险基金监督举报工作管理办法》（2001年）、《社会保险行政争议处理办法》（2001年）、《工伤保险条例》（2003年）、《社会保险稽核办法》（2003年）、《社会保险业务档案管理规定（试行）》（2009年）、《社会保障行政复议办法》（2010年）等，经过十多年的探索，在总结既有法制经验的基础上，为了规范社会保险关系，维护公民参加社会保险和享受社会保险待遇的合法权益，使公民共享发展成果，促进社会和谐稳定，根据宪法规定，《社会保险法》于2010年10月28日第十一届全国人民代表大会常务委员会第十七次会议通过，自2011年7月1日起施行；根据2018年12月29日第十三届全国人民代表大会常务

委员会第七次会议《关于修改〈中华人民共和国社会保险法〉的决定》修正。① 该法除总则、附则外,共包括 12 章 98 条。其内容涉及基本养老保险、基本医疗保险、工伤保险、失业保险、生育保险、社会保险费征缴、社会保险基金、社会保险经办、社会保险监督、法律责任等内容。在法律适用范围上,进城务工的农村居民依照该法规定参加社会保险。征收农村集体所有的土地,应当足额安排被征地农民的社会保险费,按照国务院规定将被征地农民纳入相应的社会保险制度。外国人在中国境内就业的,参照《社会保险法》规定参加社会保险。② 通过《社会保险法》的制定和实施,初步建立起了具有中国特色的社会保险制度。《社会保险法》实施后,依据《社会保险法》,国务院修订了《工伤保险条例》(2010 年),出台了《全国社会保险基金条例》(2016 年),人力资源和社会保障部于 2011 年先后出台了《实施〈社会保险法〉若干规定》、《社会保险基金支付暂行办法》和《社会保障个人权益记录管理办法》等配套性规定。

在基本政策和制度方面,《社会保险法》规定,国家建立基本养老保险、基本医疗保险、工伤保险、失业保险、生育保险等社会保险制度,保障公民在年老、疾病、工伤、失业、生育等情况下依法从国家和社会获得物质帮助的权利。社会保险制度坚持广覆盖、保基本、多层次、可持续的方针,社会保险水平应当与经济社会发展水平相适应。中华人民共和国境内的用人单位和个人依法缴纳社会保险费,有权查询缴费记录、个人权

---

① 此次修正包括三点:一是将第 57 条中的"工商行政管理部门"修改为"市场监督管理部门"。二是将第 64 条第 1 款中的"各项社会保险基金按照社会保险险种分别建账,分账核算,执行国家统一的会计制度"修改为"除基本医疗保险基金与生育保险基金合并建账及核算外,其他各项社会保险基金按照社会保险险种分别建账,分账核算。社会保险基金执行国家统一的会计制度"。三是将第 66 条中的"社会保险基金预算按照社会保险项目分别编制"修改为"除基本医疗保险基金与生育保险基金预算合并编制外,其他社会保险基金预算按照社会保险项目分别编制"。

② 《社会保险法》第 95 ~97 条。

益记录,要求社会保险经办机构提供社会保险咨询等相关服务。个人依法享受社会保险待遇,有权监督本单位为其缴费情况。县级以上人民政府将社会保险事业纳入国民经济和社会发展规划。国家多渠道筹集社会保险资金。县级以上人民政府对社会保险事业给予必要的经费支持。国家通过税收优惠政策支持社会保险事业。国家对社会保险基金实行严格监管。国务院和省、自治区、直辖市人民政府建立健全社会保险基金监督管理制度,保障社会保险基金安全、有效运行。县级以上人民政府采取措施,鼓励和支持社会各方面参与社会保险基金的监督。国务院社会保险行政部门负责全国的社会保险管理工作,国务院其他有关部门在各自的职责范围内负责有关的社会保险工作。县级以上地方人民政府社会保险行政部门负责本行政区域的社会保险管理工作,县级以上地方人民政府其他有关部门在各自的职责范围内负责有关的社会保险工作。社会保险经办机构提供社会保险服务,负责社会保险登记、个人权益记录、社会保险待遇支付等工作。工会依法维护职工的合法权益,有权参与社会保险重大事项的研究,参加社会保险监督委员会,对与职工社会保险权益有关的事项进行监督。①

二、社会保险调控的相关规定

(一)宏观调控基础制度的建立

在基本养老保险方面,《社会保险法》规定,职工应当参加基本养老保险,由用人单位和职工共同缴纳基本养老保险费。无雇工的个体工商户、未在用人单位参加基本养老保险的非全日制从业人员以及其他灵活就业人员可以参加基本养老保险,由个人缴纳基本养老保险费。公务员和参照公务员法管理的工作人员养老保险的办法由国务院规定。基本

① 《社会保险法》第2~9条。

养老保险实行社会统筹与个人账户相结合。基本养老保险基金由用人单位和个人缴费以及政府补贴等组成。用人单位应当按照国家规定的本单位职工工资总额的比例缴纳基本养老保险费,记入基本养老保险统筹基金。职工应当按照国家规定的本人工资的比例缴纳基本养老保险费,记入个人账户。无雇工的个体工商户、未在用人单位参加基本养老保险的非全日制从业人员以及其他灵活就业人员参加基本养老保险的,应当按照国家规定缴纳基本养老保险费,分别记入基本养老保险统筹基金和个人账户。国家建立基本养老金正常调整机制。根据职工平均工资增长、物价上涨情况,适时提高基本养老保险待遇水平。国家建立和完善新型农村社会养老保险制度。新型农村社会养老保险实行个人缴费、集体补助和政府补贴相结合。新型农村社会养老保险待遇由基础养老金和个人账户养老金组成。参加新型农村社会养老保险的农村居民,符合国家规定条件的,按月领取新型农村社会养老保险待遇。国家建立和完善城镇居民社会养老保险制度。省、自治区、直辖市人民政府根据实际情况,可以将城镇居民社会养老保险和新型农村社会养老保险合并实施。①

在基本医疗保险方面,《社会保险法》规定,职工应当参加职工基本医疗保险,由用人单位和职工按照国家规定共同缴纳基本医疗保险费。无雇工的个体工商户、未在用人单位参加职工基本医疗保险的非全日制从业人员以及其他灵活就业人员可以参加职工基本医疗保险,由个人按照国家规定缴纳基本医疗保险费。国家建立和完善新型农村合作医疗

---

① 《社会保险法》第10~12条、第18条、第20~22条。

制度。新型农村合作医疗的管理办法,由国务院规定。[1] 国家建立和完善城镇居民基本医疗保险制度。城镇居民基本医疗保险实行个人缴费和政府补贴相结合。享受最低生活保障的人、丧失劳动能力的残疾人、低收入家庭60周岁以上的老年人和未成年人等所需个人缴费部分,由政府给予补贴。职工基本医疗保险、新型农村合作医疗和城镇居民基本医疗保险的待遇标准按照国家规定执行。参加职工基本医疗保险的个人,达到法定退休年龄时累计缴费达到国家规定年限的,退休后不再缴纳基本医疗保险费,按照国家规定享受基本医疗保险待遇,未达到国家规定年限的,可以缴费至国家规定年限。[2]

在工伤保险方面,《社会保险法》规定,职工应当参加工伤保险,由用人单位缴纳工伤保险费,职工不缴纳工伤保险费。国家根据不同行业的工伤风险程度确定行业的差别费率,并根据使用工伤保险基金、工伤发生率等情况在每个行业内确定费率档次。行业差别费率和行业内费率档次由国务院社会保险行政部门制定,报国务院批准后公布施行。社

---

① 2003年1月16日,国务院办公厅转发卫生部、财政部、农业部《关于建立新型农村合作医疗制度的意见》。该意见提出,新型农村合作医疗制度是由政府组织、引导、支持,农民自愿参加,个人、集体和政府多方筹资,以大病统筹为主的农民医疗互助共济制度。从2003年起,各省、自治区、直辖市至少要选择2~3个县(市)先行试点,取得经验后逐步推开。到2010年,实现在全国建立基本覆盖农村居民的新型农村合作医疗制度的目标,减轻农民因疾病带来的经济负担,提高农民健康水平。该意见要求,建立新型农村合作医疗制度要遵循以下原则:(1)自愿参加,多方筹资。农民以家庭为单位自愿参加新型农村合作医疗,遵守有关规章制度,按时足额缴纳合作医疗经费;乡(镇)、村集体要给予资金扶持;中央和地方各级财政每年要安排一定专项资金予以支持。(2)以收定支,保障适度。新型农村合作医疗制度要坚持以收定支,收支平衡的原则,既保证这项制度持续有效运行,又使农民能够享有最基本的医疗服务。(3)先行试点,逐步推广。建立新型农村合作医疗制度必须从实际出发,通过试点总结经验,不断完善,稳步发展。要随着农村社会经济的发展和农民收入的增加,逐步提高新型农村合作医疗制度的社会化程度和抗风险能力。该意见还对新型农村合作医疗制度推行的组织管理、筹资标准、资金管理、医疗服务管理及组织实施等问题作出指导性意见。通过该意见的实施,截至2017年,中国农村新型农村合作医疗已经基本全覆盖。

② 《社会保险法》第23~27条。

会保险经办机构根据用人单位使用工伤保险基金、工伤发生率和所属行业费率档次等情况，确定用人单位缴费费率。①

在失业保险方面，《社会保险法》规定，职工应当参加失业保险，由用人单位和职工按照国家规定共同缴纳失业保险费。失业人员符合下列条件的，从失业保险基金中领取失业保险金：一是失业前用人单位和本人已经缴纳失业保险费满1年的；二是非因本人意愿中断就业的；三是已经进行失业登记，并有求职要求的。失业人员失业前用人单位和本人累计缴费满1年不足5年的，领取失业保险金的期限最长为12个月；累计缴费满5年不足10年的，领取失业保险金的期限最长为18个月；累计缴费10年以上的，领取失业保险金的期限最长为24个月。重新就业后，再次失业的，缴费时间重新计算，领取失业保险金的期限与前次失业应当领取而尚未领取的失业保险金的期限合并计算，最长不超过24个月。失业保险金的标准，由省、自治区、直辖市人民政府确定，不得低于城市居民最低生活保障标准。②

在生育保险方面，《社会保险法》规定，职工应当参加生育保险，由用人单位按照国家规定缴纳生育保险费，职工不缴纳生育保险费。用人单位已经缴纳生育保险费的，其职工享受生育保险待遇；职工未就业配偶按照国家规定享受生育医疗费用待遇。所需资金从生育保险基金中支付。生育保险待遇包括生育医疗费用和生育津贴。生育医疗费用包括：一是生育的医疗费用；二是计划生育的医疗费用；三是法律、法规规定的其他项目费用。职工有下列情形之一的，可以按照国家规定享受生育津贴：一是女职工生育享受产假；二是享受计划生育手术休假；三是法律、法规规定的其他情形。生育津贴按照职工所在用人单位上年度职工月平均工资计发。③

---

① 《社会保险法》第33～34条。

② 《社会保险法》第44～47条。

③ 《社会保险法》第53～56条。

在社会保险费征缴方面,《社会保险法》规定,用人单位应当自成立之日起30日内凭营业执照、登记证书或者单位印章,向当地社会保险经办机构申请办理社会保险登记。社会保险经办机构应当自收到申请之日起15日内予以审核,发给社会保险登记证件。用人单位的社会保险登记事项发生变更或者用人单位依法终止的,应当自变更或者终止之日起30日内,到社会保险经办机构办理变更或者注销社会保险登记。市场监督管理部门、民政部门和机构编制管理机关应当及时向社会保险经办机构通报用人单位的成立、终止情况,公安机关应当及时向社会保险经办机构通报个人的出生、死亡以及户口登记、迁移、注销等情况。用人单位应当自用工之日起30日内为其职工向社会保险经办机构申请办理社会保险登记。未办理社会保险登记的,由社会保险经办机构核定其应当缴纳的社会保险费。自愿参加社会保险的无雇工的个体工商户、未在用人单位参加社会保险的非全日制从业人员以及其他灵活就业人员,应当向社会保险经办机构申请办理社会保险登记。国家建立全国统一的个人社会保障号码。个人社会保障号码为公民身份号码。①

在社会保险经办方面,《社会保险法》规定,统筹地区设立社会保险经办机构。社会保险经办机构根据工作需要,经所在地的社会保险行政部门和机构编制管理机关批准,可以在本统筹地区设立分支机构和服务网点。社会保险经办机构的人员经费和经办社会保险发生的基本运行费用、管理费用,由同级财政按照国家规定予以保障。社会保险经办机构应当建立健全业务、财务、安全和风险管理制度。社会保险经办机构应当按时足额支付社会保险待遇。社会保险经办机构通过业务经办、统计、调查获取社会保险工作所需的数据,有关单位和个人应当及时、如实提供。社会保险经办机构应当及时为用人单位建立档案,完整、准确地记录参加社会保险的人员、缴费等社会保险数据,妥善保管登记、申报的

① 《社会保险法》第57~58条。

原始凭证和支付结算的会计凭证。社会保险经办机构应当及时、完整、准确地记录参加社会保险的个人缴费和用人单位为其缴费,以及享受社会保险待遇等个人权益记录,定期将个人权益记录单免费寄送本人。用人单位和个人可以免费向社会保险经办机构查询、核对其缴费和享受社会保险待遇记录,要求社会保险经办机构提供社会保险咨询等相关服务。①

(二)规划及财政调控规定

在发展规划及计划调控方面,《社会保险法》规定,县级以上人民政府将社会保险事业纳入国民经济和社会发展规划。全国社会保险信息系统按照国家统一规划,由县级以上人民政府按照分级负责的原则共同建设。②

在财政调控方面,《社会保险法》规定,国家多渠道筹集社会保险资金。县级以上人民政府对社会保险事业给予必要的经费支持。国家通过税收优惠政策支持社会保险事业。基本养老保险基金由用人单位和个人缴费以及政府补贴等组成。国有企业、事业单位职工参加基本养老保险前,视同缴费年限期间应当缴纳的基本养老保险费由政府承担。基本养老保险基金出现支付不足时,政府给予补贴。新型农村社会养老保险实行个人缴费、集体补助和政府补贴相结合。城镇居民基本医疗保险实行个人缴费和政府补贴相结合。享受最低生活保障的人、丧失劳动能力的残疾人、低收入家庭 60 周岁以上的老年人和未成年人等所需个人缴费部分,由政府给予补贴。县级以上人民政府加强社会保险费的征收工作。社会保险费实行统一征收,实施步骤和具体办法由国务院规定。社会保险经办机构的人员经费和经办社会保险发生的基本运行费用、管

① 《社会保险法》第 72 ~74 条。
② 《社会保险法》第 5 条、第 75 条。

理费用,由同级财政按照国家规定予以保障。财政部门、审计机关按照各自职责,对社会保险基金的收支、管理和投资运营情况实施监督。任何组织或者个人有权对违反社会保险法律、法规的行为进行举报、投诉。社会保险行政部门、卫生行政部门、社会保险经办机构、社会保险费征收机构和财政部门、审计机关对属于本部门、本机构职责范围的举报、投诉,应当依法处理;对不属于本部门、本机构职责范围的,应当书面通知并移交有权处理的部门、机构处理。有权处理的部门、机构应当及时处理,不得推诿。①

(三)社会保险基金的特别规定

按照《社会保险法》规定,社会保险基金包括基本养老保险基金、基本医疗保险基金、工伤保险基金、失业保险基金和生育保险基金。除基本医疗保险基金与生育保险基金合并建账及核算外,其他各项社会保险基金按照社会保险险种分别建账,分账核算。社会保险基金执行国家统一的会计制度。社会保险基金专款专用,任何组织和个人不得侵占或者挪用。基本养老保险基金逐步实行全国统筹,其他社会保险基金逐步实行省级统筹,具体时间、步骤由国务院规定。社会保险基金通过预算实现收支平衡。县级以上人民政府在社会保险基金出现支付不足时,给予补贴。社会保险基金按照统筹层次设立预算。除基本医疗保险基金与生育保险基金预算合并编制外,其他社会保险基金预算按照社会保险项目分别编制。社会保险基金预算、决算草案的编制、审核和批准,依照法律和国务院规定执行。社会保险基金存入财政专户,具体管理办法由国务院规定。社会保险基金在保证安全的前提下,按照国务院规定投资运营实现保值增值。社会保险基金不得违规投资运营,不得用于平衡其他

① 《社会保险法》第5条、第11条、第13条、第20条、第25条、第59条、第72条、第78条、第82条。

政府预算,不得用于兴建、改建办公场所和支付人员经费、运行费用、管理费用,或者违反法律、行政法规规定挪作其他用途。社会保险经办机构应当定期向社会公布参加社会保险情况以及社会保险基金的收入、支出、结余和收益情况。国家设立全国社会保障基金,由中央财政预算拨款以及国务院批准的其他方式筹集的资金构成,用于社会保障支出的补充、调剂。全国社会保障基金由全国社会保障基金管理运营机构负责管理运营,在保证安全的前提下实现保值增值。全国社会保障基金应当定期向社会公布收支、管理和投资运营的情况。国务院财政部门、社会保险行政部门、审计机关对全国社会保障基金的收支、管理和投资运营情况实施监督。①

为了规范全国社会保障基金的管理运营,加强对全国社会保障基金的监督,在保证安全的前提下实现保值增值,根据《社会保险法》,《全国社会保障基金条例》经 2016 年 2 月 3 日国务院第 122 次常务会议通过,自 2016 年 5 月 1 日起施行。按照该条例规定,在总的制度安排和政策方针上,国家设立全国社会保障基金。全国社会保障基金由中央财政预算拨款、国有资本划转、基金投资收益和以国务院批准的其他方式筹集的资金构成。全国社会保障基金是国家社会保障储备基金,用于人口老龄化高峰时期的养老保险等社会保障支出的补充、调剂。国家根据人口老龄化趋势和经济社会发展状况,确定和调整全国社会保障基金规模。全国社会保障基金的筹集和使用方案,由国务院确定。国务院财政部门、国务院社会保险行政部门负责拟订全国社会保障基金的管理运营办法,报国务院批准后施行。全国社会保障基金理事会负责全国社会保障基金的管理运营。②

在全国社会保障基金的管理运营方面,《社会保险法》规定,全国社会保障基金理事会应当审慎、稳健管理运营全国社会保障基金,按照国

---

① 《社会保险法》第 64 ~71 条。

② 《全国社会保障基金条例》第 2 ~5 条。

务院批准的比例在境内外市场投资运营全国社会保障基金。全国社会保障基金理事会投资运营全国社会保障基金,应当坚持安全性、收益性和长期性原则,在国务院批准的固定收益类、股票类和未上市股权类等资产种类及其比例幅度内合理配置资产。全国社会保障基金理事会制定全国社会保障基金的资产配置计划、确定重大投资项目,应当进行风险评估,并集体讨论决定。全国社会保障基金理事会应当制定风险管理和内部控制办法,在管理运营的各个环节对风险进行识别、衡量、评估、监测和应对,有效防范和控制风险。风险管理和内部控制办法应当报国务院财政部门、国务院社会保险行政部门备案。全国社会保障基金理事会应当依法制定会计核算办法,并报国务院财政部门审核批准。全国社会保障基金理事会应当定期向国务院财政部门、国务院社会保险行政部门报告全国社会保障基金管理运营情况,提交财务会计报告。全国社会保障基金理事会可以将全国社会保障基金委托投资或者以国务院批准的其他方式投资。全国社会保障基金理事会将全国社会保障基金委托投资的,应当选择符合法定条件的专业投资管理机构、专业托管机构分别担任全国社会保障基金投资管理人、托管人。全国社会保障基金理事会应当按照公开、公平、公正的原则选聘投资管理人、托管人,发布选聘信息、组织专家评审、集体讨论决定并公布选聘结果。全国社会保障基金理事会应当制定投资管理人、托管人选聘办法,并报国务院财政部门、国务院社会保险行政部门备案。全国社会保障基金理事会应当与聘任的投资管理人、托管人分别签订委托投资合同、托管合同,并报国务院财政部门、国务院社会保险行政部门、国务院外汇管理部门、国务院证券监督管理机构、国务院银行业监督管理机构备案。全国社会保障基金理事会应当制定投资管理人、托管人考评办法,根据考评办法对投资管理人投资、托管人保管全国社会保障基金的情况进行考评。考评结果作为是否继续聘任的依据。全国社会保障基金投资管理人履行下列职责:一是运用全国社会保障基金进行投资;二是按照规定提取全国社会保障基金投资管理风险准备金；三是向全国社会保障基金理事会报告投资情况；四是法律、行政法规和国务院有关部门规章规定的其他职责。全国社会保障基金托管人履行下列职责：一是安全保管全国社会保障基金财产；二是按照托管合同的约定，根据全国社会保障基金投资管理人的投资指令，及时办理清算、交割事宜；三是按照规定和托管合同的约定，监督全国社会保障基金投资管理人的投资；四是执行全国社会保障基金理事会的指令，并报告托管情况；五是法律、行政法规和国务院有关部门规章规定的其他职责。全国社会保障基金财产应当独立于全国社会保障基金理事会、投资管理人、托管人的固有财产，独立于投资管理人投资和托管人保管的其他财产。全国社会保障基金投资管理人、托管人不得有下列行为：一是将全国社会保障基金财产混同于其他财产投资、保管；二是泄露因职务便利获取的全国社会保障基金未公开的信息，利用该信息从事或者明示、暗示他人从事相关交易活动；三是法律、行政法规和国务院有关部门规章禁止的其他行为。全国社会保障基金按照国家规定享受税收优惠。①

在全国社会保障基金的监督方面，《社会保险法》规定，国家建立健全全国社会保障基金监督制度。任何单位和个人不得侵占、挪用或者违规投资运营全国社会保障基金。国务院财政部门、国务院社会保险行政部门按照各自职责对全国社会保障基金的收支、管理和投资运营情况实施监督；发现存在问题的，应当依法处理；不属于本部门职责范围的，应当依法移送国务院外汇管理部门、国务院证券监督管理机构、国务院银行业监督管理机构等有关部门处理。国务院外汇管理部门、国务院证券监督管理机构、国务院银行业监督管理机构按照各自职责对投资管理人投资、托管人保管全国社会保障基金情况实施监督；发现违法违规行为的，应当依法处理，并及时通知国务院财政部门、国务院社会保险行政部

---

① 《全国社会保障基金条例》第 6 ~17 条。

门。对全国社会保障基金境外投资管理人、托管人的监督,由国务院证券监督管理机构、国务院银行业监督管理机构按照与投资管理人、托管人所在国家或者地区有关监督管理机构签署的合作文件的规定执行。审计署应当对全国社会保障基金每年至少进行一次审计。审计结果应当向社会公布。全国社会保障基金理事会应当通过公开招标的方式选聘会计师事务所,对全国社会保障基金进行审计。全国社会保障基金理事会应当通过其官方网站、全国范围内发行的报纸每年向社会公布全国社会保障基金的收支、管理和投资运营情况,接受社会监督。[①]

第三节　社会救助的规定

一、社会救助的基本规定

截至 2018 年,全国人大尚没有社会救助的法律规定。为了加强社会救助,保障公民的基本生活,促进社会公平,维护社会和谐稳定,根据宪法,国务院于 2014 年 2 月 21 日出台了《社会救助暂行办法》,自 2014 年 5 月 1 日起施行。该办法是目前开展社会救助工作的基本法律依据。《社会救助暂行办法》共 12 章 70 条,主要就最低生活保障、特困人员供养、受灾人员救助、医疗救助、教育救助、住房救助、就业救助、临时救助、社会力量参与、监督管理及法律责任等问题进行了规定。2019 年 3 月 2 日,根据 2018 年国务院机构改革方案,国务院颁发《关于修改部分行政法规的决定》(国务院令第 709 号),对《社会救助暂行办法》涉及的管理部门进行了调整。

---

① 《全国社会保障基金条例》第 18 ~24 条。

（一）社会救助的原则与基本政策

《社会救助暂行办法》规定，社会救助制度坚持托底线、救急难、可持续，与其他社会保障制度相衔接，社会救助水平与经济社会发展水平相适应。社会救助工作应当遵循公开、公平、公正、及时的原则。国务院民政部门统筹全国社会救助体系建设。国务院民政、应急管理卫生健康、教育、住房城乡建设、人力资源社会保障、医疗保障等部门，按照各自职责负责相应的社会救助管理工作。县级以上地方人民政府民政、卫生计生、教育、住房城乡建设、人力资源社会保障等部门，按照各自职责负责本行政区域内相应的社会救助管理工作。乡镇人民政府、街道办事处负责有关社会救助的申请受理、调查审核，具体工作由社会救助经办机构或者经办人员承担。村民委员会、居民委员会协助做好有关社会救助工作。县级以上人民政府应当将社会救助纳入国民经济和社会发展规划，建立健全政府领导、民政部门牵头、有关部门配合、社会力量参与的社会救助工作协调机制，完善社会救助资金、物资保障机制，将政府安排的社会救助资金和社会救助工作经费纳入财政预算。社会救助资金实行专项管理，分账核算，专款专用，任何单位或者个人不得挤占挪用。社会救助资金的支付，按照财政国库管理的有关规定执行。县级以上人民政府应当按照国家统一规划建立社会救助管理信息系统，实现社会救助信息互联互通、资源共享。国家鼓励、支持社会力量参与社会救助。对在社会救助工作中作出显著成绩的单位、个人，按照国家有关规定给予表彰、奖励。①

（二）最低生活保障的规定

《社会救助暂行办法》规定，国家对共同生活的家庭成员人均收入

① 《社会救助暂行办法》第2~8条。

低于当地最低生活保障标准,且符合当地最低生活保障家庭财产状况规定的家庭,给予最低生活保障。最低生活保障标准,由省、自治区、直辖市或者设区的市级人民政府按照当地居民生活必需的费用确定、公布,并根据当地经济社会发展水平和物价变动情况适时调整。最低生活保障家庭收入状况、财产状况的认定办法,由省、自治区、直辖市或者设区的市级人民政府按照国家有关规定制定。申请最低生活保障的法定程序:一是由共同生活的家庭成员向户籍所在地的乡镇人民政府、街道办事处提出书面申请;家庭成员申请有困难的,可以委托村民委员会、居民委员会代为提出申请。二是乡镇人民政府、街道办事处应当通过入户调查、邻里访问、信函索证、群众评议、信息核查等方式,对申请人的家庭收入状况、财产状况进行调查核实,提出初审意见,在申请人所在村、社区公示后报县级人民政府民政部门审批。三是县级人民政府民政部门经审查,对符合条件的申请予以批准,并在申请人所在村、社区公布;对不符合条件的申请不予批准,并书面向申请人说明理由。对批准获得最低生活保障的家庭,县级人民政府民政部门按照共同生活的家庭成员人均收入低于当地最低生活保障标准的差额,按月发给最低生活保障金。对获得最低生活保障后生活仍有困难的老年人、未成年人、重度残疾人和重病患者,县级以上地方人民政府应当采取必要措施给予生活保障。最低生活保障家庭的人口状况、收入状况、财产状况发生变化的,应当及时告知乡镇人民政府、街道办事处。县级人民政府民政部门以及乡镇人民政府、街道办事处应当对获得最低生活保障家庭的人口状况、收入状况、财产状况定期核查。最低生活保障家庭的人口状况、收入状况、财产状况发生变化的,县级人民政府民政部门应当及时决定增发、减发或者停发最低生活保障金;决定停发最低生活保障金的,应当书面说明理由。①

① 《社会救助暂行办法》第9~13条。

（三）特困人员供养的规定

《社会救助暂行办法》规定，国家对无劳动能力、无生活来源且无法定赡养、抚养、扶养义务人，或者其法定赡养、抚养、扶养义务人无赡养、抚养、扶养能力的老年人、残疾人以及未满16周岁的未成年人，给予特困人员供养。特困人员供养的内容包括：一是提供基本生活条件；二是对生活不能自理的给予照料；三是提供疾病治疗；四是办理丧葬事宜。特困人员供养标准，由省、自治区、直辖市或者设区的市级人民政府确定、公布。特困人员供养应当与城乡居民基本养老保险、基本医疗保障、最低生活保障、孤儿基本生活保障等制度相衔接。申请特困人员供养，由本人向户籍所在地的乡镇人民政府、街道办事处提出书面申请；本人申请有困难的，可以委托村民委员会、居民委员会代为提出申请。特困人员供养的审批程序按本办法第11条规定办理。乡镇人民政府、街道办事处应当及时了解掌握居民的生活情况，发现符合特困供养条件的人员，应当主动为其依法办理供养。特困供养人员不再符合供养条件的，村民委员会、居民委员会或者供养服务机构应当告知乡镇人民政府、街道办事处，由乡镇人民政府、街道办事处审核并报县级人民政府民政部门核准后，终止供养并予以公示。特困供养人员可以在当地的供养服务机构集中供养，也可以在家分散供养。特困供养人员可以自行选择供养形式。①

（四）受灾人员救助的规定

《社会救助暂行办法》规定，国家建立健全自然灾害救助制度，对基本生活受到自然灾害严重影响的人员，提供生活救助。自然灾害救助实行属地管理，分级负责。设区的市级以上人民政府和自然灾害多发、易

---

① 《社会救助暂行办法》第14～19条。

发地区的县级人民政府应当根据自然灾害特点、居民人口数量和分布等情况,设立自然灾害救助物资储备库,保障自然灾害发生后救助物资的紧急供应。自然灾害发生后,县级以上人民政府或者人民政府的自然灾害救助应急综合协调机构应当根据情况紧急疏散、转移、安置受灾人员,及时为受灾人员提供必要的食品、饮用水、衣被、取暖、临时住所、医疗防疫等应急救助。灾情稳定后,受灾地区县级以上人民政府应当评估、核定并发布自然灾害损失情况。受灾地区人民政府应当在确保安全的前提下,对住房损毁严重的受灾人员进行过渡性安置。自然灾害危险消除后,受灾地区人民政府应急管理等部门应当及时核实本行政区域内居民住房恢复重建补助对象,并给予资金、物资等救助。自然灾害发生后,受灾地区人民政府应当为因当年冬寒或者次年春荒遇到生活困难的受灾人员提供基本生活救助。①

(五)医疗救助的规定

《社会救助暂行办法》规定,国家建立健全医疗救助制度,保障医疗救助对象获得基本医疗卫生服务。可以申请相关医疗救助的人员有:一是最低生活保障家庭成员;二是特困供养人员;三是县级以上人民政府规定的其他特殊困难人员。医疗救助采取下列方式:一是对救助对象参加城镇居民基本医疗保险或者新型农村合作医疗的个人缴费部分,给予补贴;二是对救助对象经基本医疗保险、大病保险和其他补充医疗保险支付后,个人及其家庭难以承担的符合规定的基本医疗自负费用,给予补助。医疗救助标准由县级以上人民政府按照经济社会发展水平和医疗救助资金情况确定、公布。申请医疗救助的,应当向乡镇人民政府、街道办事处提出,经审核、公示后,由县级人民政府医疗保障部门审批。最低生活保障家庭成员和特困供养人员的医疗救助,由县级人民政府医疗

---

① 《社会救助暂行办法》第20~26条。

保障部门直接办理。县级以上人民政府应当建立健全医疗救助与基本医疗保险、大病保险相衔接的医疗费用结算机制，为医疗救助对象提供便捷服务。国家建立疾病应急救助制度，对需要急救但身份不明或者无力支付急救费用的急重危伤病患者给予救助。符合规定的急救费用由疾病应急救助基金支付。疾病应急救助制度应当与其他医疗保障制度相衔接。①

（六）教育救助的规定

《社会救助暂行办法》规定，国家对在义务教育阶段就学的最低生活保障家庭成员、特困供养人员，给予教育救助。对在高中教育（含中等职业教育）、普通高等教育阶段就学的最低生活保障家庭成员、特困供养人员，以及不能入学接受义务教育的残疾儿童，根据实际情况给予适当教育救助。教育救助根据不同教育阶段需求，采取减免相关费用、发放助学金、给予生活补助、安排勤工助学等方式实施，保障教育救助对象基本学习、生活需求。教育救助标准，由省、自治区、直辖市人民政府根据经济社会发展水平和教育救助对象的基本学习、生活需求确定、公布。申请教育救助，应当按照国家有关规定向就读学校提出，按规定程序审核、确认后，由学校按照国家有关规定实施。②

（七）住房救助的规定

《社会救助暂行办法》规定，国家对符合规定标准的住房困难的最低生活保障家庭、分散供养的特困人员，给予住房救助。住房救助通过配租公共租赁住房、发放住房租赁补贴、农村危房改造等方式实施。住房困难标准和救助标准，由县级以上地方人民政府根据本行政区域经济

① 《社会救助暂行办法》第27～32条。

② 《社会救助暂行办法》第33～36条。

社会发展水平、住房价格水平等因素确定、公布。城镇家庭申请住房救助的,应当经由乡镇人民政府、街道办事处或者直接向县级人民政府住房保障部门提出,经县级人民政府民政部门审核家庭收入、财产状况和县级人民政府住房保障部门审核家庭住房状况并公示后,对符合申请条件的申请人,由县级人民政府住房保障部门优先给予保障。农村家庭申请住房救助的,按照县级以上人民政府有关规定执行。各级人民政府按照国家规定通过财政投入、用地供应等措施为实施住房救助提供保障。①

(八)就业救助的规定

《社会救助暂行办法》规定,国家对最低生活保障家庭中有劳动能力并处于失业状态的成员,通过贷款贴息、社会保险补贴、岗位补贴、培训补贴、费用减免、公益性岗位安置等办法,给予就业救助。最低生活保障家庭有劳动能力的成员均处于失业状态的,县级以上地方人民政府应当采取有针对性的措施,确保该家庭至少有 1 人就业。申请就业救助的,应当向住所地街道、社区公共就业服务机构提出,公共就业服务机构核实后予以登记,并免费提供就业岗位信息、职业介绍、职业指导等就业服务。最低生活保障家庭中有劳动能力但未就业的成员,应当接受人力资源社会保障等有关部门介绍的工作;无正当理由,连续 3 次拒绝接受介绍的与其健康状况、劳动能力等相适应的工作的,县级人民政府民政部门应当决定减发或者停发其本人的最低生活保障金。吸纳就业救助对象的用人单位,按照国家有关规定享受社会保险补贴、税收优惠、小额担保贷款等就业扶持政策。②

---

① 《社会救助暂行办法》第 37 ~41 条。

② 《社会救助暂行办法》第 42 ~46 条。

（九）临时救助的规定

《社会救助暂行办法》规定，国家对因火灾、交通事故等意外事件，① 家庭成员突发重大疾病等原因，导致基本生活暂时出现严重困难的家庭，或者因生活必需支出突然增加超出家庭承受能力，导致基本生活暂时出现严重困难的最低生活保障家庭，以及遭遇其他特殊困难的家庭，给予临时救助。申请临时救助的，应当向乡镇人民政府、街道办事处提出，经审核、公示后，由县级人民政府民政部门审批；救助金额较小的，县级人民政府民政部门可以委托乡镇人民政府、街道办事处审批。情况紧急的，可以按照规定简化审批手续。临时救助的具体事项、标准，由县级以上地方人民政府确定、公布。国家对生活无着的流浪、乞讨人员提供临时食宿、急病救治、协助返回等救助。公安机关和其他有关行政机关的工作人员在执行公务时发现流浪、乞讨人员的，应当告知其向救助管理机构求助。对其中的残疾人、未成年人、老年人和行动不便的其他人员，应当引导、护送到救助管理机构；对突发急病人员，应当立即通知急

---

① 2009 年 9 月 10 日，财政部、保监会、公安部、卫生部、农业部共同制定了《道路交通事故社会救助基金管理试行办法》，并经国务院同意发布，自 2010 年 1 月 1 日起施行。该办法就救助基金筹集、救助基金垫付费用、救助基金管理及法律责任进行了规定。按照该办法规定，道路交通事故社会救助基金（以下简称救助基金），是指依法筹集用于垫付机动车道路交通事故中受害人人身伤亡的丧葬费用、部分或者全部抢救费用的社会专项基金。救助基金实行统一政策、地方筹集、分级管理、分工负责。财政部会同有关部门制定救助基金的有关政策，并对各省、自治区、直辖市（以下简称省级）救助基金的筹集、使用和管理进行指导和监督。省级人民政府应当设立救助基金。救助基金主管部门及省级以下救助基金管理级次由省级人民政府确定。地方财政部门负责对同级救助基金的筹集、使用和管理进行指导和监督。地方保险监督管理机构负责对保险公司是否按照规定及时足额向救助基金管理机构缴纳救助基金实施监督检查。地方公安机关交通管理部门负责通知救助基金管理机构垫付道路交通事故中受害人的抢救费用。地方农业机械化主管部门负责协助救助基金管理机构向涉及农业机械的道路交通事故责任人追偿。地方卫生主管部门负责监督医疗机构按照《道路交通事故受伤人员临床诊疗指南》及时抢救道路交通事故中的受害人及依法申请救助基金垫付抢救费用。救助基金主管部门依法确定救助基金管理机构，并对救助基金管理机构筹集、使用和管理救助基金情况实施监督检查。

救机构进行救治。①

(十)社会力量参与的规定

《社会救助暂行办法》规定,国家鼓励单位和个人等社会力量通过捐赠、设立帮扶项目、创办服务机构、提供志愿服务等方式,参与社会救助。社会力量参与社会救助,按照国家有关规定享受财政补贴、税收优惠、费用减免等政策。县级以上地方人民政府可以将社会救助中的具体服务事项通过委托、承包、采购等方式,向社会力量购买服务。县级以上地方人民政府应当发挥社会工作服务机构和社会工作者作用,为社会救助对象提供社会融入、能力提升、心理疏导等专业服务。社会救助管理部门及相关机构应当建立社会力量参与社会救助的机制和渠道,提供社会救助项目、需求信息,为社会力量参与社会救助创造条件、提供便利。②

二、慈善法的制定和实施

在国外,慈善事业一直是社会力量参与社会救助的主要方式。在中国,有关社会募集性救助一直由中国红十字会负责组织实施。③ 改革开放以来,随着民间经济实力的增长,中国的社会慈善事业得到了发展。为了发展慈善事业,弘扬慈善文化,规范慈善活动,保护慈善组织、捐赠人、志愿者、受益人等慈善活动参与者的合法权益,促进社会进步,共享

---

① 《社会救助暂行办法》第 47 ~51 条。

② 《社会救助暂行办法》第 52 ~56 条。

③ 中国红十字会是中华人民共和国统一的红十字组织,是从事人道主义工作的社会救助团体。按照《红十字会法》(1993 年制定,2009 年修正,2017 年修订)规定,红十字会的职责之一,就是开展救援、救灾工作,建立红十字救援体系。在战争、武装冲突和自然灾害、事故灾难、公共卫生事件等突发实践中,对伤病人员和其他受害者提供紧急救援和人道救助;红十字会可以依法进行募捐活动。募捐活动应当符合《慈善法》的有关规定。

发展成果,2016年3月16日第十二届全国人民代表大会第四次会议通过了《慈善法》,自2016年9月1日起施行。《慈善法》包括12章121条。除总则、附则外,主要内容涉及对慈善组织、慈善募捐、慈善捐赠、慈善信托、慈善财产、慈善服务、信息公开、促进措施、监督管理及法律责任等。《慈善法》的适用范围是自然人、法人和其他组织开展慈善活动以及与慈善有关的活动。其他法律有特别规定的,依照其规定。《慈善法》所称慈善活动,是指自然人、法人和其他组织以捐赠财产或者提供服务等方式,自愿开展的下列公益活动:(1)扶贫、济困;(2)扶老、救孤、恤病、助残、优抚;(3)救助自然灾害、事故灾难和公共卫生事件等突发事件造成的损害;(4)促进教育、科学、文化、卫生、体育等事业的发展;(5)防治污染和其他公害,保护和改善生态环境;(6)符合慈善法规定的其他公益活动。《慈善法》所称慈善组织,是指依法成立、符合慈善法规定,以面向社会开展慈善活动为宗旨的非营利性组织。慈善组织可以采取基金会、社会团体、社会服务机构等组织形式。按照法治治理原理,慈善组织属于社会自治性组织,其依法成立后,主要靠自治管理。但也需要宏观调控政策的支持与政府职能部门的监管。另外,城乡社区组织、单位可以在本社区、单位内部开展群众性互助互济活动。慈善组织以外的其他组织可以开展力所能及的慈善活动。

(一)慈善活动的原则与政策规定

《慈善法》规定,开展慈善活动,应当遵循合法、自愿、诚信、非营利的原则,不得违背社会公德,不得危害国家安全、损害社会公共利益和他人合法权益。国家鼓励和支持自然人、法人和其他组织践行社会主义核心价值观,弘扬中华民族传统美德,依法开展慈善活动。国务院民政部门主管全国慈善工作,县级以上地方各级人民政府民政部门主管本行政区域内的慈善工作;县级以上人民政府有关部门依照本法和其他有关法律法规,在各自的职责范围内做好相关工作。每年9月5日为“中华慈善日”。①

(二)慈善活动调控的基础制度规定

《慈善法》规定,设立慈善组织,应当向县级以上人民政府民政部门申请登记,民政部门应当自受理申请之日起30日内作出决定。符合本法规定条件的,准予登记并向社会公告;不符合本法规定条件的,不予登记并书面说明理由。本法公布前已经设立的基金会、社会团体、社会服务机构等非营利性组织,可以向其登记的民政部门申请认定为慈善组织,民政部门应当自受理申请之日起20日内作出决定。符合慈善组织条件的,予以认定并向社会公告;不符合慈善组织条件的,不予认定并书面说明理由。有特殊情况需要延长登记或者认定期限的,报经国务院民政部门批准,可以适当延长,但延长的期限不得超过60日。慈善组织应当根据法律法规以及章程的规定,建立健全内部治理结构,明确决策、执行、监督等方面的职责权限,开展慈善活动。慈善组织应当执行国家统一的会计制度,依法进行会计核算,建立健全会计监督制度,并接受政府有关部门的监督管理。慈善组织应当每年向其登记的民政部门报送年度工作报告和财务会计报告。报告应当包括年度开展募捐和接受捐赠情况、慈善财产的管理使用情况、慈善项目实施情况以及慈善组织工作人员的工资福利情况。慈善组织不得从事、资助危害国家安全和社会公共利益的活动,不得接受附加违反法律法规和违背社会公德条件的捐赠,不得对受益人附加违反法律法规和违背社会公德的条件。慈善组织依法成立行业组织。慈善行业组织应当反映行业诉求,推动行业交流,提高慈善行业公信力,促进慈善事业发展。慈善组织的组织形式、登记管理的具体办法由国务院制定。② 国有企业实施慈善捐赠应当遵守有

---

① 《慈善法》第4~7条。

② 2016年8月31日,民政部出台《慈善组织认定办法》。

关国有资产管理的规定，履行批准和备案程序。设立慈善信托、确定受托人和监察人，应当采取书面形式。受托人应当在慈善信托文件签订之日起7日内，将相关文件向受托人所在地县级以上人民政府民政部门备案。未按照前述规定将相关文件报民政部门备案的，不享受税收优惠。慈善信托的受托人违反信托义务或者难以履行职责的，委托人可以变更受托人。变更后的受托人应当自变更之日起7日内，将变更情况报原备案的民政部门重新备案。慈善信托的受托人管理和处分信托财产，应当按照信托目的，恪尽职守，履行诚信、谨慎管理的义务。慈善信托的受托人应当根据信托文件和委托人的要求，及时向委托人报告信托事务处理情况、信托财产管理使用情况。慈善信托的受托人应当每年至少一次将信托事务处理情况及财务状况向其备案的民政部门报告，并向社会公开。慈善组织开展慈善活动，应当依照法律法规和章程的规定，按照募捐方案或者捐赠协议使用捐赠财产。慈善组织确需变更募捐方案规定的捐赠财产用途的，应当报民政部门备案；确需变更捐赠协议约定的捐赠财产用途的，应当征得捐赠人同意。具有公开募捐资格的基金会以外的慈善组织开展慈善活动的年度支出和管理费用的标准，由国务院民政部门会同国务院财政、税务等部门依照前款规定的原则制定。开展医疗康复、教育培训等慈善服务，需要专门技能的，应当执行国家或者行业组织制定的标准和规程。①

（三）政府信息公开与促进规定

在信息公开方面，《慈善法》规定，县级以上人民政府建立健全慈善信息统计和发布制度。县级以上人民政府民政部门应当在统一的信息平台，及时向社会公开慈善信息，并免费提供慈善信息发布服务。慈善

① 《慈善法》第10条、第12～13条、第15条、第19～20条、第43条、第45条、第47～48条、第55条、第60条、第63条。

组织和慈善信托的受托人应当在前款规定的平台发布慈善信息,并对信息的真实性负责。县级以上人民政府民政部门和其他有关部门应当及时向社会公开下列慈善信息:一是慈善组织登记事项;二是慈善信托备案事项;三是具有公开募捐资格的慈善组织名单;四是具有出具公益性捐赠税前扣除票据资格的慈善组织名单;五是对慈善活动的税收优惠、资助补贴等促进措施;六是向慈善组织购买服务的信息;七是对慈善组织、慈善信托开展检查、评估的结果;八是对慈善组织和其他组织以及个人的表彰、处罚结果;九是法律法规规定应当公开的其他信息。①

在促进措施方面,《慈善法》规定,县级以上人民政府应当根据经济社会发展情况,制定促进慈善事业发展的政策和措施。县级以上人民政府有关部门应当在各自职责范围内,向慈善组织、慈善信托受托人等提供慈善需求信息,为慈善活动提供指导和帮助。县级以上人民政府民政部门应当建立与其他部门之间的慈善信息共享机制。慈善组织及其取得的收入依法享受税收优惠。自然人、法人和其他组织捐赠财产用于慈善活动的,依法享受税收优惠。企业慈善捐赠支出超过法律规定的准予在计算企业所得税应纳税所得额时当年扣除的部分,允许结转以后 3 年内在计算应纳税所得额时扣除。境外捐赠用于慈善活动的物资,依法减征或者免征进口关税和进口环节增值税。受益人接受慈善捐赠,依法享受税收优惠。慈善组织、捐赠人、受益人依法享受税收优惠的,有关部门应当及时办理相关手续。捐赠人向慈善组织捐赠实物、有价证券、股权和知识产权的,依法免征权利转让的相关行政事业性费用。国家对开展扶贫济困的慈善活动,实行特殊的优惠政策。慈善组织开展《慈善法》第 3 条第 1 项、第 2 项规定②的慈善活动需要慈善服务设施用地的,可以依法申请使用国有划拨土地或者农村集体建设用地。慈善服务设施用

① 《慈善法》第 69 ~70 条。

② 《慈善法》第 3 条第 1 项指扶贫、济困慈善;第 2 项指扶老、救孤、恤病、助残、优抚慈善。

地非经法定程序不得改变用途。国家为慈善事业提供金融政策支持，鼓励金融机构为慈善组织、慈善信托提供融资和结算等金融服务。各级人民政府及其有关部门可以依法通过购买服务等方式，支持符合条件的慈善组织向社会提供服务，并依照有关政府采购的法律法规向社会公开相关情况。国家采取措施弘扬慈善文化，培育公民慈善意识。学校等教育机构应当将慈善文化纳入教育教学内容。国家鼓励高等学校培养慈善专业人才，支持高等学校和科研机构开展慈善理论研究。广播、电视、报刊、互联网等媒体应当积极开展慈善公益宣传活动，普及慈善知识，传播慈善文化。国家鼓励企业事业单位和其他组织为开展慈善活动提供场所和其他便利条件。经受益人同意，捐赠人对其捐赠的慈善项目可以冠名纪念，法律法规规定需要批准的，从其规定。国家建立慈善表彰制度，对在慈善事业发展中做出突出贡献的自然人、法人和其他组织，由县级以上人民政府或者有关部门予以表彰。①

（四）对慈善活动的监督管理

《慈善法》规定，县级以上人民政府民政部门应当依法履行职责，对慈善活动进行监督检查，对慈善行业组织进行指导。县级以上人民政府民政部门对涉嫌违反本法规定的慈善组织，有权采取下列措施：一是对慈善组织的住所和慈善活动发生地进行现场检查；二是要求慈善组织作出说明，查阅、复制有关资料；三是向与慈善活动有关的单位和个人调查与监督管理有关的情况；四是经本级人民政府批准，可以查询慈善组织的金融账户；五是法律、行政法规规定的其他措施。县级以上人民政府民政部门对慈善组织、有关单位和个人进行检查或者调查时，检查人员或者调查人员不得少于2人，并应当出示合法证件和检查、调查通知书。县级以上人民政府民政部门应当建立慈善组织及其负责人信用记录制

---

① 《慈善法》第77~91条。

度,并向社会公布。民政部门应当建立慈善组织评估制度,鼓励和支持第三方机构对慈善组织进行评估,并向社会公布评估结果。慈善行业组织应当建立健全行业规范,加强行业自律。任何单位和个人发现慈善组织、慈善信托有违法行为的,可以向民政部门、其他有关部门或者慈善行业组织投诉、举报。民政部门、其他有关部门或者慈善行业组织接到投诉、举报后,应当及时调查处理。国家鼓励公众、媒体对慈善活动进行监督,对假借慈善名义或者假冒慈善组织骗取财产以及慈善组织、慈善信托的违法违规行为予以曝光,发挥舆论和社会监督作用。①

第四节　社会优抚与福利制度的规定

在中国,社会优抚的对象是军人。而在社会福利范畴的界定上,不同于经济学上讲的对普通居民的社会福利,而是指对老年人、残疾人、孤儿、伤残军人等特殊群体予以帮助的一项特殊的福利事业。为此,改革开放以来,出台了相应的政策和法律。

一、军人抚恤优待的规定

为了保障国家对军人的抚恤优待,激励军人保卫祖国、建设祖国的献身精神,加强国防和军队建设,根据《国防法》《兵役法》等有关法律,2004 年 8 月 1 日,国务院、中央军事委员会第 413 号令公布《军人抚恤优待条例》并同时废除了 1988 年 7 月 18 日国务院发布的《军人抚恤优待条例》。该条例实施 7 年后,根据 2011 年 7 月 29 日国务院、中央军事委员会《关于修改〈军人抚恤优待条例〉的决定》予以修订,自 2011 年 8 月

---

① 《慈善法》第 92 ~97 条。

1日起施行。修订后的《军人抚恤优待条例》共6章54条。2019年3月2日,国务院颁发《关于修改部分行政法规的决定》(国务院令第709号),结合2018年国务院机构调整方案,将条例中涉及的“民政部门”统一修改为“退役军人事务部门”。该条例主要就军人死亡抚恤、残疾抚恤、优待及法律责任进行了规定。

中国人民解放军现役军人(以下简称现役军人)、服现役或者退出现役的残疾军人以及复员军人、退伍军人、烈士遗属、因公牺牲军人遗属、病故军人遗属、现役军人家属,是该条例规定的抚恤优待对象,依照该条例的规定享受抚恤优待。该条例适用于中国人民武装警察部队。军队离休、退休干部和退休士官的抚恤优待,依照该条例有关现役军人抚恤优待的规定执行。因参战伤亡的民兵、民工的抚恤,因参加军事演习、军事训练和执行军事勤务伤亡的预备役人员、民兵、民工以及其他人员的抚恤,参照该条例的有关规定办理。该条例所称的复员军人,是指在1954年10月31日之前入伍、后经批准从部队复员的人员;带病回乡退伍军人,是指在服现役期间患病,尚未达到评定残疾等级条件并有军队医院证明,从部队退伍的人员。

在总的政策和制度方面,按照《军人抚恤优待条例》规定,军人的抚恤优待,实行国家和社会相结合的方针,保障军人的抚恤优待与国民经济和社会发展相适应,保障抚恤优待对象的生活不低于当地的平均生活水平。全社会应当关怀、尊重抚恤优待对象,开展各种形式的拥军优属活动。国家鼓励社会组织和个人对军人抚恤优待事业提供捐助。国家和社会应当重视和加强军人抚恤优待工作。军人抚恤优待所需经费由国务院和地方各级人民政府分级负担。中央和地方财政安排的军人抚恤优待经费,专款专用,并接受财政、审计部门的监督。国务院民政部门主管全国的军人抚恤优待工作;县级以上地方人民政府民政部门主管本行政区域内的军人抚恤优待工作。国家机关、社会团体、企业事业单位应当依法履行各自的军人抚恤优待责任和义务。各级人民政府对在军人抚恤优待工作中作出显著成绩的单位和个人,给予表彰和奖励。①

在死亡抚恤方面,《军人抚恤优待条例》规定,现役军人死亡被批准为烈士、被确认为因公牺牲或者病故的,其遗属依照本条例的规定享受抚恤。现役军人死亡,符合下列情形之一的,批准为烈士:(1)对敌作战死亡,或者对敌作战负伤在医疗终结前因伤死亡的;(2)因执行任务遭敌人或者犯罪分子杀害,或者被俘、被捕后不屈遭敌人杀害或者被折磨致死的;(3)为抢救和保护国家财产、人民生命财产或者执行反恐怖任务和处置突发事件死亡的;(4)因执行军事演习、战备航行飞行、空降和导弹发射训练、试航试飞任务以及参加武器装备科研试验死亡的;(5)在执行外交任务或者国家派遣的对外援助、维持国际和平任务中牺牲的;(6)其他死难情节特别突出,堪为楷模的。现役军人在执行对敌作战、边海防执勤或者抢险救灾任务中失踪,经法定程序宣告死亡的,按照烈士对待。批准烈士,属于因战死亡的,由军队团级以上单位政治机关批准;属于非因战死亡的,由军队军级以上单位政治机关批准;属于上述第6项其他规定情形的,由中国人民解放军总政治部批准。现役军人死亡,符合下列情形之一的,确认为因公牺牲:(1)在执行任务中或者在上下班途中,由于意外事件死亡的;(2)被认定为因战、因公致残后因旧伤复发死亡的;(3)因患职业病死亡的;(4)在执行任务中或者在工作岗位上因病猝然死亡,或者因医疗事故死亡的;(5)其他因公死亡的。现役军人在执行对敌作战、边海防执勤或者抢险救灾以外的其他任务中失踪,经法定程序宣告死亡的,按照因公牺牲对待。现役军人因公牺牲,由军队团级以上单位政治机关确认;属于上述第5项其他规定情形的,由军队军级以上单位政治机关确认。现役军人除因患职业病死亡、在执行任务中或者在工作岗位上因病猝然死亡,或者因医疗事故死亡情形以外,因其他疾病死亡的,确认为病故。现役军人非执行任务死亡或者失踪,

① 《军人抚恤优待条例》第3~6条。

经法定程序宣告死亡的,按照病故对待。现役军人病故,由军队团级以上单位政治机关确认。对烈士遗属、因公牺牲军人遗属、病故军人遗属,由县级人民政府退役军人事务部门分别发给《中华人民共和国烈士证明书》《中华人民共和国军人因公牺牲证明书》《中华人民共和国军人病故证明书》。现役军人死亡被批准为烈士的,依照《烈士褒扬条例》的规定发给烈士遗属烈士褒扬金。现役军人死亡,根据其死亡性质和死亡时的月工资标准,由县级人民政府退役军人事务部门发给其遗属一次性抚恤金,标准是:烈士和因公牺牲的,为上一年度全国城镇居民人均可支配收入的20倍加本人40个月的工资;病故的,为上一年度全国城镇居民人均可支配收入的2倍加本人40个月的工资。月工资或者津贴低于排职少尉军官工资标准的,按照排职少尉军官工资标准计算。获得荣誉称号或者立功的烈士、因公牺牲军人、病故军人,其遗属在应当享受的一次性抚恤金的基础上,由县级人民政府民政部门按照下列比例增发一次性抚恤金:(1)获得中央军事委员会授予荣誉称号的,增发35%;(2)获得军队军区级单位授予荣誉称号的,增发30%;(3)立一等功的,增发25%;(4)立二等功的,增发15%;(5)立三等功的,增发5%。多次获得荣誉称号或者立功的烈士、因公牺牲军人、病故军人,其遗属由县级人民政府退役军人事务部门按照其中最高等级奖励的增发比例,增发一次性抚恤金。对生前作出特殊贡献的烈士、因公牺牲军人、病故军人,除按照该条例规定发给其遗属一次性抚恤金外,军队可以按照有关规定发给其遗属一次性特别抚恤金。一次性抚恤金发给烈士、因公牺牲军人、病故军人的父母(抚养人)、配偶、子女;没有父母(抚养人)、配偶、子女的,发给未满18周岁的兄弟姐妹和已满18周岁但无生活费来源且由该军人生前供养的兄弟姐妹。对符合下列条件之一的烈士遗属、因公牺牲军人遗属、病故军人遗属,发给定期抚恤金:(1)父母(抚养人)、配偶无劳动能力、无生活费来源,或者收入水平低于当地居民平均生活水平的;(2)子女未满18周岁或者已满18周岁但因上学或者残疾无生活费来源的;

(3)兄弟姐妹未满18周岁或者已满18周岁但因上学无生活费来源且由该军人生前供养的。对符合享受定期抚恤金条件的遗属,由县级人民政府退役军人事务部门发给《定期抚恤金领取证》。定期抚恤金标准应当参照全国城乡居民家庭人均收入水平确定。定期抚恤金的标准及其调整办法,由国务院退役军人事务部门会同国务院财政部门规定。县级以上地方人民政府对依靠定期抚恤金生活仍有困难的烈士遗属、因公牺牲军人遗属、病故军人遗属,可以增发抚恤金或者采取其他方式予以补助,保障其生活不低于当地的平均生活水平。享受定期抚恤金的烈士遗属、因公牺牲军人遗属、病故军人遗属死亡的,增发6个月其原享受的定期抚恤金,作为丧葬补助费,同时注销其领取定期抚恤金的证件。现役军人失踪,经法定程序宣告死亡的,在其被批准为烈士、确认为因公牺牲或者病故后,又经法定程序撤销对其死亡宣告的,由原批准或者确认机关取消其烈士、因公牺牲军人或者病故军人资格,并由发证机关收回有关证件,终止其家属原享受的抚恤待遇。①

在残疾抚恤方面,《军人抚恤优待条例》规定,现役军人残疾被认定为因战致残、因公致残或者因病致残的,依照该条例的规定享受抚恤。因对敌作战,或者对敌作战负伤导致残疾的,认定为因战致残;因在执行任务中或者在上下班途中,由于意外事件导致残疾的,认定为因公致残;义务兵和初级士官因患职业病或者在执行任务中或者在工作岗位上因病或者因医疗事故情形以外的疾病导致残疾的,认定为因病致残。残疾的等级,根据劳动功能障碍程度和生活自理障碍程度确定,由重到轻分为1级至10级。残疾等级的具体评定标准由国务院退役军人事务部门、人力资源社会保障部门、卫生部门会同军队有关部门规定。现役军人因战、因公致残,医疗终结后符合评定残疾等级条件的,应当评定残疾等级。义务兵和初级士官因病致残符合评定残疾等级条件,本人(精神

---

① 《军人抚恤优待条例》第7~20条。

病患者由其利害关系人)提出申请的,也应当评定残疾等级。因战、因公致残,残疾等级被评定为 1 级至 10 级的,享受抚恤;因病致残,残疾等级被评定为 1 级至 6 级的,享受抚恤。因战、因公、因病致残性质的认定和残疾等级的评定权限是:(1)义务兵和初级士官的残疾,由军队军级以上单位卫生部门认定和评定;(2)现役军官、文职干部和中级以上士官的残疾,由军队军区级以上单位卫生部门认定和评定;(3)退出现役的军人和移交政府安置的军队离休、退休干部需要认定残疾性质和评定残疾等级的,由省级人民政府民政部门认定和评定。评定残疾等级,应当依据医疗卫生专家小组出具的残疾等级医学鉴定意见。残疾军人由认定残疾性质和评定残疾等级的机关发给《中华人民共和国残疾军人证》。现役军人因战、因公致残,未及时评定残疾等级,退出现役后或者医疗终结满 3 年后,本人(精神病患者由其利害关系人)申请补办评定残疾等级,有档案记载或者有原始医疗证明的,可以评定残疾等级。现役军人被评定残疾等级后,在服现役期间或者退出现役后残疾情况发生严重恶化,原定残疾等级与残疾情况明显不符,本人(精神病患者由其利害关系人)申请调整残疾等级的,可以重新评定残疾等级。退出现役的残疾军人,按照残疾等级享受残疾抚恤金。残疾抚恤金由县级人民政府民政部门发给。因工作需要继续服现役的残疾军人,经军队军级以上单位批准,由所在部队按照规定发给残疾抚恤金。残疾军人的抚恤金标准应当参照全国职工平均工资水平确定。残疾抚恤金的标准以及 1 级至 10 级残疾军人享受残疾抚恤金的具体办法,由国务院民政部门会同国务院财政部门规定。县级以上地方人民政府对依靠残疾抚恤金生活仍有困难的残疾军人,可以增发残疾抚恤金或者采取其他方式予以补助,保障其生活不低于当地的平均生活水平。退出现役的因战、因公致残的残疾军人因旧伤复发死亡的,由县级人民政府退役军人事务部门按照因公牺牲军人的抚恤金标准发给其遗属一次性抚恤金,其遗属享受因公牺牲军人遗属抚恤待遇。退出现役的因战、因公、因病致残的残疾军人因病死亡的，对其遗属增发12个月的残疾抚恤金，作为丧葬补助费；其中，因战、因公致残的1级至4级残疾军人因病死亡的，其遗属享受病故军人遗属抚恤待遇。退出现役的1级至4级残疾军人，由国家供养终身；其中，对需要长年医疗或者独身一人不便分散安置的，经省级人民政府退役军人事务部门批准，可以集中供养。对分散安置的1级至4级残疾军人发给护理费，护理费的标准为：(1)因战、因公1级和2级残疾的，为当地职工月平均工资的50%；(2)因战、因公3级和4级残疾的，为当地职工月平均工资的40%；(3)因病1级至4级残疾的，为当地职工月平均工资的30%。退出现役的残疾军人的护理费，由县级以上地方人民政府退役军人事务部门发给；未退出现役的残疾军人的护理费，经军队军级以上单位批准，由所在部队发给。残疾军人需要配制假肢、代步三轮车等辅助器械，正在服现役的，由军队军级以上单位负责解决；退出现役的，由省级人民政府退役军人事务部门负责解决。①

在优待方面，《军人抚恤优待条例》规定，烈士遗属依照《烈士褒扬条例》的规定享受优待。义务兵服现役期间，其家庭由当地人民政府发给优待金或者给予其他优待，优待标准不低于当地平均生活水平。义务兵和初级士官入伍前是国家机关、社会团体、企业事业单位职工(含合同制人员)的，退出现役后，允许复工复职，并享受不低于本单位同岗位(工种)、同工龄职工的各项待遇；服现役期间，其家属继续享受该单位职工家属的有关福利待遇。义务兵和初级士官入伍前的承包地(山、林)等，应当保留；服现役期间，除依照国家有关规定和承包合同的约定缴纳有关税费外，免除其他负担。义务兵从部队发出的平信，免费邮递。国家对1级至6级残疾军人的医疗费用按照规定予以保障，由所在医疗保险统筹地区社会保险经办机构单独列账管理。具体办法由国务院退役军人事务部门会同国务院人力资源社会保障部门、财政部门规定。7

① 《军人抚恤优待条例》第21~31条。

级至10级残疾军人旧伤复发的医疗费用，已经参加工伤保险的，由工伤保险基金支付，未参加工伤保险，有工作的由工作单位解决，没有工作的由当地县级以上地方人民政府负责解决；7级至10级残疾军人旧伤复发以外的医疗费用，未参加医疗保险且本人支付有困难的，由当地县级以上地方人民政府酌情给予补助。残疾军人、复员军人、带病回乡退伍军人以及因公牺牲军人遗属、病故军人遗属享受医疗优惠待遇。具体办法由省、自治区、直辖市人民政府规定。中央财政对抚恤优待对象人数较多的困难地区给予适当补助，用于帮助解决抚恤优待对象的医疗费用困难问题。在国家机关、社会团体、企业事业单位工作的残疾军人，享受与所在单位工伤人员同等的生活福利和医疗待遇。所在单位不得因其残疾将其辞退、解聘或者解除劳动关系。现役军人凭有效证件、残疾军人凭《中华人民共和国残疾军人证》优先购票乘坐境内运行的火车、轮船、长途公共汽车以及民航班机；残疾军人享受减收正常票价50%的优待。现役军人凭有效证件乘坐市内公共汽车、电车和轨道交通工具享受优待，具体办法由有关城市人民政府规定。残疾军人凭《中华人民共和国残疾军人证》免费乘坐市内公共汽车、电车和轨道交通工具。现役军人、残疾军人凭有效证件参观游览公园、博物馆、名胜古迹享受优待，具体办法由公园、博物馆、名胜古迹管理单位所在地的县级以上地方人民政府规定。因公牺牲军人、病故军人的子女、兄弟姐妹，本人自愿应征并且符合征兵条件的，优先批准服现役。义务兵和初级士官退出现役后，报考国家公务员、高等学校和中等职业学校，在与其他考生同等条件下优先录取。残疾军人、因公牺牲军人子女、1级至4级残疾军人的子女，驻边疆国境的县（市）、沙漠区、国家确定的边远地区中的三类地区和军队确定的特、一、二类岛屿部队现役军人的子女报考普通高中、中等职业学校、高等学校，在录取时按照国家有关规定给予优待；接受学历教育的，在同等条件下优先享受国家规定的各项助学政策。现役军人子女的入学、入托，在同等条件下优先接收。具体办法由国务院退役军人事务部门会同国务院教育部门规定。残疾军人、复员军人、带病回乡退伍军人、因公牺牲军人遗属、病故军人遗属承租、购买住房依照有关规定享受优先、优惠待遇。居住农村的抚恤优待对象住房有困难的,由地方人民政府帮助解决。具体办法由省、自治区、直辖市人民政府规定。经军队师(旅)级以上单位政治机关批准随军的现役军官家属、文职干部家属、士官家属,由驻军所在地的公安机关办理落户手续。随军前是国家机关、社会团体、企业事业单位职工的,驻军所在地人民政府人力资源社会保障部门应当接收和妥善安置;随军前没有工作单位的,驻军所在地人民政府应当根据本人的实际情况作出相应安置;对自谋职业的,按照国家有关规定减免有关费用。驻边疆国境的县(市)、沙漠区、国家确定的边远地区中的三类地区和军队确定的特、一、二类岛屿部队的现役军官、文职干部、士官,其符合随军条件无法随军的家属,所在地人民政府应当妥善安置,保障其生活不低于当地的平均生活水平。随军的烈士遗属、因公牺牲军人遗属和病故军人遗属移交地方人民政府安置的,享受本条例和当地人民政府规定的抚恤优待。复员军人生活困难的,按照规定的条件,由当地人民政府退役军人事务部门给予定期定量补助,逐步改善其生活条件。国家兴办优抚医院、光荣院,治疗或者集中供养孤老和生活不能自理的抚恤优待对象。各类社会福利机构应当优先接收抚恤优待对象。①

二、社会福利事业调控的规定

目前,关于社会福利调控的法律规定,主要涉及社会福利机构和社会福利基金管理两个方面。

---

① 《军人抚恤优待条例》第32~45条。

(一)社会福利机构的规定

为了加强对社会福利机构的管理,促进社会福利事业的健康发展,根据有关法律,民政部于1999年12月30日发布了《社会福利机构管理暂行办法》,依民政部令第55号令《民政部关于修改部分规章的决定》修改,并于2015年5月5日施行。该办法所称社会福利机构是指国家、社会组织和个人举办的,为老年人、残疾人、孤儿和弃婴提供养护、康复、托管等服务的机构。按照该办法规定,社会福利机构应当遵守国家法律、法规和政策,坚持社会福利性质,保障服务对象的合法权益。社会福利机构享受国家有关优惠政策。国务院民政部门负责指导全国社会福利机构的管理工作。县级以上地方人民政府民政部门是社会福利机构的业务主管部门,对社会福利机构进行管理、监督和检查。①

在社会福利机构的设立上方面,《社会福利机构管理暂行办法》规定,县级以上地方人民政府民政部门应当根据本行政区域内社会福利事业发展需要,制定社会福利机构设置规划。社会福利机构的设置应当符合社会福利机构的设置规划和社会福利机构设置的基本标准。依法成立的组织或具有完全民事行为能力的个人(以下简称申办人)凡具备相应的条件,可以依照本办法的规定,向社会福利机构所在地的县级以上人民政府民政部门提出举办社会福利机构的筹办申请。申办人申请筹办社会福利机构时,应当提交下列材料:一是申请书、可行性研究报告;二是申办人的资格证明文件;三是拟办社会福利机构资金来源的说明;四是拟办社会福利机构固定场所的证明文件。申办人应当持以上材料,向社会福利机构所在地的县级以上人民政府民政部门提出申请,由受理申请的民政部门进行审批。香港、澳门、台湾地区的组织和个人,华侨以及国外的申办人采取合资、合作的形式举办社会福利机构,应当向省级

① 《社会福利机构管理暂行办法》第3~5条。

人民政府民政部门提出筹办申请。并报省级人民政府外经贸部门审核。民政部门应当自受理申请之日起 30 日内,根据当地社会福利机构设置规划和社会福利机构设置的基本标准进行审查,作出同意筹办或者不予同意筹办的决定,并将审批结果以书面形式通知申办人。经同意筹办的社会福利机构具备开业条件时,应当向民政部门申请领取《社会福利机构设置批准证书》。申请领取《社会福利机构设置批准证书》的机构,应当符合社会福利机构设置的下列基本标准:一是有固定的服务场所、必备的生活设施及室外活动场地;二是符合国家消防安全和卫生防疫标准,符合《老年人建筑设计规范》和《方便残疾人使用的城市道路和建筑物设计规范》;三是有与其服务内容和规模相适应的开办经费;四是有完善的章程,机构的名称应符合登记机关的规定和要求;五是有与开展服务相适应的管理和服务人员,医务人员应当符合卫生行政部门规定的资格条件,护理人员、工作人员应当符合有关部门规定的健康标准。申请领取《社会福利机构设置批准证书》时,应当提交下列文件:一是申请《社会福利机构设置批准证书》的书面报告;二是民政部门发给的社会福利机构筹办批准书;三是服务场所的所有权证明或租用合同书;四是建设、消防、卫生防疫等有关部门的验收报告或者审查意见书;五是验资证明及资产评估报告;六是机构的章程和规章制度;七是管理人员、专业技术人员和护理人员的名单及有效证件的复印件以及工作人员的健康状况证明;八是要求提供的其他材料。民政部门自受理申请之日起 30 日内,对所报文件进行审查,并根据社会福利机构设置的基本标准进行实地验收。合格的,发给《社会福利机构设置批准证书》;不合格的,将审查结果以书面形式通知申办人。申办人取得《社会福利机构设置批准证书》后,应当到登记机关办理登记手续。①

在社会福利机构的管理方面,《社会福利机构管理暂行办法》规定,

① 《社会福利机构管理暂行办法》第 6 ~14 条。

社会福利机构应当与服务对象或者其家属(监护人)签订服务协议书,明确双方的责任、权利和义务。社会组织和个人举办以孤儿、弃婴为服务对象的社会福利机构,必须与当地县级以上人民政府民政部门共同举办;社会福利机构收养孤儿或者弃婴时,应当经民政业务主管部门逐一审核批准,并签订代养协议书。社会福利机构应当建立健全各项规章制度和服务标准。各项规章制度和服务标准应当张榜公布,并报民政部门备案。社会福利机构应当在每年 3 月 31 日前,提交本年度的工作报告和下一年度的工作计划。社会福利机构中不具备上岗资格的护理人员、特教人员应当接受岗前培训,经考核合格后持证上岗。社会福利机构应当加强财务管理,其收益应当按照国家的有关政策规定分配使用,自觉接受财政、审计、监察等部门的监督。社会福利机构的资产受国家法律保护,任何组织和个人不得侵占。社会福利机构将其所属的固定资产租赁或者转让时,须经民政部门和登记机关同意后,办理有关手续。社会福利机构应当严格按照公益事业捐赠法的规定开展捐赠活动。不得接受任何带有政治性等附加条件的捐赠。社会福利机构在对外交往中应当遵守国家的有关法律、规定,严格履行报批手续。社会福利机构变更章程、名称、服务项目和住所时,应当报民政部门审批。更换主要负责人,应当报民政部门备案。社会福利机构分立、合并或者解散,应当提前 3 个月向民政部门提出申请,报送有关部门确认的清算报告及相关材料,并由民政部门报请当地政府对其资产进行评估和处置后,办理有关手续。县级以上人民政府民政部门应当定期对社会福利机构的工作进行年度检查。①

(二)社会福利基金管理的规定

为加强社会福利基金的管理,提高社会福利基金的社会效益和经济

① 《社会福利机构管理暂行办法》第 15 ~25 条。

效益,根据国家有关规定,财政部和民政部于1998年10月5日,联合发布了《社会福利基金使用管理暂行办法》,并同时废除了1994年民政部颁发的《有奖募捐社会福利资金管理使用办法》。该办法所称社会福利基金,是指根据国家有关规定发行中国福利彩票筹集的专项用于发展社会福利事业的预算外资金。各级民政部门按规定管理和支配的社会福利基金,适用本办法。

按照《社会福利基金使用管理暂行办法》规定,社会福利基金收入包括:一是销售中国福利彩票(以下简称彩票)总额扣除兑奖和管理费用后的净收入;二是彩票销售中不设奖池的弃奖收入;三是社会福利基金的银行存款利息。社会福利基金实行按比例分级留成使用的原则。中央级留成比例为彩票销售总额的5%;省、地两级的留成比例不得超过彩票销售总额的5%;县级留成比例不得低于彩票销售总额的20%。社会福利基金必须全额纳入预算外资金财政专户管理,实行收支两条线。各级民政部门经同级财政部门批准,可在指定银行开设预算外资金收入过渡账户和支出账户。本着社会福利基金筹集与管理分开的原则,收入过渡账户和支出账户应归口民政财务部门管理。各级彩票发行机构在彩票销售结算时,应按规定的留成比例计提社会福利基金,并在一个月内从结算账户转入本级预算外资金收入过渡账户。民政部门应按财政部门规定,及时将收入过渡账户中的社会福利基金缴入同级财政专户,不得截留、挪用。存款利息、弃奖收入直接转入本级预算外资金收入过渡账户,不参与分成和上交。彩票代销单位必须将售票收入中计提的社会福利基金全额上交当地彩票发行机构,不得坐支、截留。民政部门年初要按规定编制社会福利基金收支计划,报送同级财政部门。年终要编制社会福利基金收支决算,报同级财政部门审批。民政部门要按照财政部门规定的时间,将社会福利基金收入全额缴入同级财政部门在银行开设的预算外资金专户。支出时,由同级财政部门根据年度收支计划和民政部门的用款要求,及时办理社会福利基金的拨付。社会福利基金的收取须使用省级以上财政部门统一印制或监制的收费、基金票据。①

在基金使用方面,《社会福利基金使用管理暂行办法》规定,社会福利基金的使用必须严格执行国家有关法律、法规和财务规章制度,坚持勤俭节约和量入为出的原则。各级民政部门必须按照社会福利基金收支计划安排使用社会福利基金,不得超计划使用。社会福利基金当年投放率一般不低于70%,结余部分结转财政专户下年专项使用。社会福利基金的使用范围:一是用于资助为老年人、残疾人、孤儿、革命伤残军人等特殊群体服务的社会福利事业,帮助有特殊困难的人,支持社区服务、社会福利企业和其他社会公益、慈善事业的发展;二是对老化、陈旧社会福利设施和社会福利事业单位的维修和更新改造予以适当资助;三是对公众关注、有利于弘扬社会主义精神文明、能体现扶弱济困宗旨的其他社会公益事业给予适当资助,但全年资助总量应控制在本级留成社会福利基金的10%之内;四是同等条件下,社会福利基金要优先资助老、少、边、穷和灾区的社会福利事业。社会福利基金对社区服务项目的资助,要严格按照民政部、财政部的有关规定进行审查,达不到要求的不予资助。上级民政部门留用的社会福利基金对下级民政部门提供资助时,应适当与下级的彩票销售以及当地政府的投入相挂钩。按规定投放的社会福利基金,必须专款专用,任何单位和个人不得以任何形式挤占和挪用。资助数额较大的项目,应按项目的工程进度分期拨款。社会福利基金不得用于投资办企业(社会福利企业除外),不得拆借和委托放贷,不得参与股票和期货交易,也不得为任何单位的任何经济合同提供担保。社会福利基金资助建设的社会福利设施,必须建立永久性标志,标明资助单位、资助金额、竣工时间等内容,社会福利基金资助购买的设备、器材也应标明捐赠字样。社会福利基金资助建设的社会福利设施因故变卖转让,并因此改变服务性质的,其变价收入中与原社会福利基金

① 《社会福利基金使用管理暂行办法》第4~12条。

资助数额相等的部分应归还社会福利基金。①

在社会福利基金的审批和检查方面,《社会福利基金使用管理暂行办法》规定,社会福利基金的分配与投放,由各级社会福利基金项目评审委员会(以下简称评委会)集体研究、民主决策、审查批准。申请社会福利基金资助的项目必须向评委会提供可行性研究报告、资金来源及落实情况、政府有关部门批件。其中属基本建设类的项目,必须具备完整的基建审批手续,列入当地基建计划,工程竣工后要向提供资助的工作机构报送竣工验收报告,并附有关资料。各级民政部门应将上述资料长期妥善保管。向上一级民政部门申请资助的项目,须先由本级评委会审议通过,并提交本级评委会的评审意见及申请报告。上级民政部门接到申请后,应进行考察初审、形成建议,再由评委会进行审议。对决定资助的项目,要下达批复通知并安排拨款。民政部门要定期向同级财政部门报送社会福利基金的收支、管理情况,接受财政、计划(物价)、金融、审计、监察等部门的监督检查。社会福利基金的管理、使用情况,要定期向社会公布,接受社会各界的监督。上级评委会对下级评委会要定期进行业务指导和监督检查。各级民政部门对受资助项目的社会福利基金使用情况,要定期进行监督检查,对违反使用规定的,可缓拨、停拨社会福利基金,直至收回已拨资金;对建成后改变基本功能转作非社会福利用途的,要责成有关部门严肃查处和纠正。②

第五节 特定弱势群体社会保障调控的规定

依各国法律,对特殊弱势群体的社会保障,主要涉及对老年人、妇女

① 《社会福利基金使用管理暂行办法》第13~21条。

② 《社会福利基金使用管理暂行办法》第22~28条。

和残疾人社会保障权益的专门规定，我国亦然。

一、特定弱势群体社会保障法的制定和实施

为了保障老年人合法权益，发展老龄事业，弘扬中华民族敬老、养老、助老的美德，根据宪法，1996 年 8 月 29 日第八届全国人民代表大会常务委员会第二十一次会议通过《老年人权益保障法》。该法根据 2009 年 8 月 27 日第十一届全国人民代表大会常务委员会第十次会议《关于修改部分法律的决定》第一次修正；2012 年 12 月 28 日第十一届全国人民代表大会常务委员会第三十次会议进行修订后，自 2013 年 7 月 1 日起施行；根据 2015 年 4 月 24 日第十二届全国人民代表大会常务委员会第十四次会议《关于修改〈中华人民共和国电力法〉等六部法律的决定》第二次修正。《老年人权益保障法》所称老年人是指 60 周岁以上的公民。《老年人权益保障法》共 8 章 85 条。除总则、附则外，就老年人的家庭赡养与扶养、社会保障、社会服务、社会优待、宜居环境、参与社会发展和法律责任进行了规定。

为了保障妇女的合法权益，促进男女平等，充分发挥妇女在社会主义现代化建设中的作用，根据宪法和我国的实际情况，1992 年 4 月 3 日第七届全国人民代表大会第五次会议通过《中华人民共和国妇女权益保障法》（以下简称《妇女权益保障法》），自 1992 年 10 月 1 日起施行。根据 2005 年 8 月 28 日第十届全国人民代表大会常务委员会第十七次会议《关于修改〈中华人民共和国妇女权益保障法〉的决定》第一次修正；根据 2018 年 10 月 26 日第十三届全国人民代表大会常务委员会第六次会议《关于修改〈中华人民共和国野生动物保护法〉等十五部法律的决定》第二次修正。《妇女权益保障法》共计 9 章 61 条，除总则、附则外，就妇女的政治权利、文化教育权益、劳动和社会保障权益、财产权益、人身权利、婚姻家庭权益和法律责任进行了规定。

为了维护残疾人的合法权益,发展残疾人事业,保障残疾人平等地充分参与社会生活,共享社会物质文化成果,根据宪法,1990 年 12 月 28 日第七届全国人民代表大会常务委员会第十七次会议通过《残疾人保障法》,2008 年 4 月 24 日第十一届全国人民代表大会常务委员会第二次会议修订后于 2008 年 7 月 1 日起施行,根据 2018 年 10 月 26 日第十三届全国人民代表大会常务委员会第六次会议《关于修改〈中华人民共和国野生动物保护法〉等十五部法律的决定》修正。《残疾人保障法》共计 9 章 68 条。除总则、附则外,就残疾人的康复、教育、劳动就业、文化生活、社会保障、无障碍环境和法律责任作出了规定。《残疾人保障法》所指的残疾人,是指在心理、生理、人体结构上,某种组织、功能丧失或者不正常,全部或者部分丧失以正常方式从事某种活动能力的人。残疾人包括视力残疾、听力残疾、言语残疾、肢体残疾、智力残疾、精神残疾、多重残疾和其他残疾的人。残疾标准由国务院规定。

根据官方对法律体系的定位,上述三法属于社会法的范畴。但从具体规定情况看,《老年人权益保障法》和《残疾人保障法》均设专章就社会保障作出了规定。《妇女权益保障法》规定的内容也涉及与社会保障有关的内容。由于对老年人、妇女和残疾人的社会保障必然涉及财政资金和相关公共政策的支持,因此,与社会保障有关的规定,属于宏观调控法的范畴。从部门法角度分析,则属于经济法和社会法交叉的部分。

二、特定弱势群体社会保障调控的法律规定

《老年人权益保障法》规定,国家通过基本养老保险制度,保障老年人的基本生活。国家通过基本医疗保险制度,保障老年人的基本医疗需要。享受最低生活保障的老年人和符合条件的低收入家庭中的老年人参加新型农村合作医疗和城镇居民基本医疗保险所需个人缴费部分,由政府给予补贴。有关部门制定医疗保险办法,应当对老年人给予照顾。

国家逐步开展长期护理保障工作，保障老年人的护理需求。对生活长期不能自理、经济困难的老年人，地方各级人民政府应当根据其失能程度等情况给予护理补贴。国家对经济困难的老年人给予基本生活、医疗、居住或者其他救助。老年人无劳动能力、无生活来源、无赡养人和扶养人，或者其赡养人和扶养人确无赡养能力或者扶养能力的，由地方各级人民政府依照有关规定给予供养或者救助。对流浪乞讨、遭受遗弃等生活无着的老年人，由地方各级人民政府依照有关规定给予救助。地方各级人民政府在实施廉租住房、公共租赁住房等住房保障制度或者进行危旧房屋改造时，应当优先照顾符合条件的老年人。国家建立和完善老年人福利制度，根据经济社会发展水平和老年人的实际需要，增加老年人的社会福利。国家鼓励地方建立 80 周岁以上低收入老年人高龄津贴制度。国家建立和完善计划生育家庭老年人扶助制度。农村可以将未承包的集体所有的部分土地、山林、水面、滩涂等作为养老基地，收益供老年人养老。老年人依法享有的养老金、医疗待遇和其他待遇应当得到保障，有关机构必须按时足额支付，不得克扣、拖欠或者挪用。国家根据经济发展以及职工平均工资增长、物价上涨等情况，适时提高养老保障水平。国家鼓励慈善组织以及其他组织和个人为老年人提供物质帮助。老年人可以与集体经济组织、基层群众性自治组织、养老机构等组织或者个人签订遗赠扶养协议或者其他扶助协议。负有扶养义务的组织或者个人按照遗赠扶养协议，承担该老年人生养死葬的义务，享有受遗赠的权利。①

《妇女权益保障法》规定，国家保障妇女享有与男子平等的劳动权利和社会保障权利。国家发展社会保险、社会救助、社会福利和医疗卫生事业，保障妇女享有社会保险、社会救助、社会福利和卫生保健等权益。国家推行生育保险制度，建立健全与生育相关的其他保障制度。地

---

① 《老年人权益保障法》第 28 ~36 条。

方各级人民政府和有关部门应当按照有关规定为贫困妇女提供必要的生育救助。①

《残疾人保障法》规定,国家保障残疾人享有各项社会保障的权利。政府和社会采取措施,完善对残疾人的社会保障,保障和改善残疾人的生活。残疾人及其所在单位应当按照国家有关规定参加社会保险。残疾人所在城乡基层群众性自治组织、残疾人家庭,应当鼓励、帮助残疾人参加社会保险。对生活确有困难的残疾人,按照国家有关规定给予社会保险补贴。各级人民政府对生活确有困难的残疾人,通过多种渠道给予生活、教育、住房和其他社会救助。县级以上地方人民政府对享受最低生活保障待遇后生活仍有特别困难的残疾人家庭,应当采取其他措施保障其基本生活。各级人民政府对贫困残疾人的基本医疗、康复服务、必要的辅助器具的配置和更换,应当按照规定给予救助。对生活不能自理的残疾人,地方各级人民政府应当根据情况给予护理补贴。地方各级人民政府对无劳动能力、无扶养人或者扶养人不具有扶养能力、无生活来源的残疾人,按照规定予以供养。国家鼓励和扶持社会力量举办残疾人供养、托养机构。残疾人供养、托养机构及其工作人员不得侮辱、虐待、遗弃残疾人。县级以上人民政府对残疾人搭乘公共交通工具,应当根据实际情况给予便利和优惠。残疾人可以免费携带随身必备的辅助器具。盲人持有效证件免费乘坐市内公共汽车、电车、地铁、渡船等公共交通工具。盲人读物邮件免费寄递。国家鼓励和支持提供电信、广播电视服务的单位对盲人、听力残疾人、言语残疾人给予优惠。各级人民政府应当逐步增加对残疾人的其他照顾和扶助。政府有关部门和残疾人组织应当建立和完善社会各界为残疾人捐助和服务的渠道,鼓励和支持发展残疾人慈善事业,开展志愿者助残等公益活动。②

---

① 《妇女权益保障法》第22条、第28~29条。

② 《残疾人保障法》第46~51条。

简要评析

在市场经济条件下,社会保障事业被视为“兜底工程”,它有利于在全社会建立起“防底坝”,使处于生活困难的个人和家庭能得到政府和社会的帮助。因此,有关社会保障政策和法律的制定和实施,必须从宏观调控的高度,才能有效地推进。

从本章梳理情况看,中国目前的就业促进和社会保障制度相对比较健全。然而,保障基本水平的政策思路虽然符合中国人口众多的国情,但随着今后社会的发展,应当根据社会公共需求逐步提高相应的保障水平。在社会救助方面,目前的国务院暂行规定,覆盖了社会救助的各个领域,但需要在暂行规定基础上,上升到国家法律的高度。为此,国家应适时地制定和实施社会救助法。对此,第十三届人大常委会已经将社会救助法列入立法规划。与此同时,应大力实施《慈善法》,鼓励更多富裕的人参与到社会救助和自愿者行动当中。

第二十九章　国家经济安全调控制度的完善

如前所述，随着市场经济的发展，经济安全问题越来越受到党和国家的重视。在实现宏观调控各项经济和社会发展目标的同时，经济安全也被纳入到国民经济和社会发展的目标当中。从安全法的制定和实施情况看，改革开放以来，自 1983 年制定《海上交通安全法》以后，全国人大常委会先后制定《道路交通安全法》《矿山安全法》《安全生产法》《特种设备安全法》《食品安全法》《农产品质量安全法》《网络安全法》《核安全法》《国家安全法》。至 2018 年为止，形成了以《国家安全法》为牵头的安全法体系。其中，经济安全是国家安全的基础，一些安全法关系到国民经济和社会发展秩序的稳定。本章集中梳理有关国家经济安全调控方面的法律规定。

第一节　国家安全法的基本规定

2015 年 7 月 1 日，为了维护国家安全，保卫人民民主专政的政权和中国特色社会主义制度，保护人民的根本利益，保障改革开放和社会主义现代化建设的顺利进行，实现中华民族伟大复兴，根据宪法，第十二届全国人民代表大会常务委员会第十五次会议通过《国家安全法》，该法自公布之日起施行。该法除总则、附则外，就维护国家安全的任务、维护国家安全的职责、国家安全制度、国家安全保障、公民、组织的义务和权利进行了规定。《国家安全法》共计 7 章 84 条。该法所指的国家安全，是指国家政权、主权、统一和领土完整、人民福祉、经济社会可持续发展和国家其他重大利益相对处于没有危险和不受内外威胁的状态，以及保障持续安全状态的能力。由此看出，《国家安全法》从全方位规定了国家安全保障涉及的基本问题及规范，其中，涉及对经济安全的规定。

在总的政策和制度方面，《国家安全法》肯定了经济安全在国家安全中的基础地位。该法规定，国家安全工作应当坚持总体国家安全观，以人民安全为宗旨，以政治安全为根本，以经济安全为基础，以军事、文化、社会安全为保障，以促进国际安全为依托，维护各领域国家安全，构建国家安全体系，走中国特色国家安全道路。①

在维护国家安全的基本任务方面，《国家安全法》规定，国家维护和发展广大人民的根本利益，保卫人民安全，创造良好生存发展条件和安定工作生活环境，保障公民的生命财产安全和其他合法权益。国家维护国家基本经济制度和社会主义市场经济秩序，健全预防和化解经济安全风险的制度机制，保障关系国民经济命脉的重要行业和关键领域、重点

① 《国家安全法》第3条。

产业、重大基础设施和重大建设项目以及其他重大经济利益安全。国家健全金融宏观审慎管理和金融风险防范、处置机制，加强金融基础设施和基础能力建设，防范和化解系统性、区域性金融风险，防范和抵御外部金融风险的冲击。国家合理利用和保护资源能源，有效管控战略资源能源的开发，加强战略资源能源储备，完善资源能源运输战略通道建设和安全保护措施，加强国际资源能源合作，全面提升应急保障能力，保障经济社会发展所需的资源能源持续、可靠和有效供给。国家健全粮食安全保障体系，保护和提高粮食综合生产能力，完善粮食储备制度、流通体系和市场调控机制，健全粮食安全预警制度，保障粮食供给和质量安全。国家加强自主创新能力建设，加快发展自主可控的战略高新技术和重要领域核心关键技术，加强知识产权的运用、保护和科技保密能力建设，保障重大技术和工程的安全。国家建设网络与信息安全保障体系，提升网络与信息安全保护能力，加强网络和信息技术的创新研究和开发应用，实现网络和信息核心技术、关键基础设施和重要领域信息系统及数据的安全可控；加强网络管理，防范、制止和依法惩治网络攻击、网络入侵、网络窃密、散布违法有害信息等网络违法犯罪行为，维护国家网络空间主权、安全和发展利益。国家完善生态环境保护制度体系，加大生态建设和环境保护力度，划定生态保护红线，强化生态风险的预警和防控，妥善处置突发环境事件，保障人民赖以生存发展的大气、水、土壤等自然环境和条件不受威胁和破坏，促进人与自然和谐发展。国家根据经济社会发展和国家发展利益的需要，不断完善维护国家安全的任务。①

在维护国家安全的职责方面，《国家安全法》规定，全国人民代表大会依照宪法规定，决定战争和和平的问题，行使宪法规定的涉及国家安全的其他职权。全国人民代表大会常务委员会依照宪法规定，决定战争状态的宣布，决定全国总动员或者局部动员，决定全国或者个别省、自治

① 《国家安全法》第16条、第19~25条、第30条、第34条。

区、直辖市进入紧急状态，行使宪法规定的和全国人民代表大会授予的涉及国家安全的其他职权。中华人民共和国主席根据全国人民代表大会的决定和全国人民代表大会常务委员会的决定，宣布进入紧急状态，宣布战争状态，发布动员令，行使宪法规定的涉及国家安全的其他职权。国务院根据宪法和法律，制定涉及国家安全的行政法规，规定有关行政措施，发布有关决定和命令；实施国家安全法律法规和政策；依照法律规定决定省、自治区、直辖市的范围内部分地区进入紧急状态；行使宪法法律规定的和全国人民代表大会及其常务委员会授予的涉及国家安全的其他职权。中央军事委员会领导全国武装力量，决定军事战略和武装力量的作战方针，统一指挥维护国家安全的军事行动，制定涉及国家安全的军事法规，发布有关决定和命令。中央国家机关各部门按照职责分工，贯彻执行国家安全方针政策和法律法规，管理指导本系统、本领域国家安全工作。地方各级人民代表大会和县级以上地方各级人民代表大会常务委员会在本行政区域内，保证国家安全法律法规的遵守和执行。地方各级人民政府依照法律法规规定管理本行政区域内的国家安全工作。香港特别行政区、澳门特别行政区应当履行维护国家安全的责任。人民法院依照法律规定行使审判权，人民检察院依照法律规定行使检察权，惩治危害国家安全的犯罪。国家安全机关、公安机关依法搜集涉及国家安全的情报信息，在国家安全工作中依法行使侦查、拘留、预审和执行逮捕以及法律规定的其他职权。有关军事机关在国家安全工作中依法行使相关职权。国家机关及其工作人员在履行职责时，应当贯彻维护国家安全的原则。国家机关及其工作人员在国家安全工作和涉及国家安全活动中，应当严格依法履行职责，不得超越职权、滥用职权，不得侵犯个人和组织的合法权益。①

在国家安全制度方面，中央国家安全领导机构实行统分结合、协调

① 《国家安全法》第35～43条。

高效的国家安全制度与工作机制。国家建立国家安全重点领域工作协调机制，统筹协调中央有关职能部门推进相关工作。国家建立国家安全工作督促检查和责任追究机制，确保国家安全战略和重大部署贯彻落实。各部门、各地区应当采取有效措施，贯彻实施国家安全战略。国家根据维护国家安全工作需要，建立跨部门会商工作机制，就维护国家安全工作的重大事项进行会商研判，提出意见和建议。国家建立中央与地方之间、部门之间、军地之间以及地区之间关于国家安全的协同联动机制。国家建立国家安全决策咨询机制，组织专家和有关方面开展对国家安全形势的分析研判，推进国家安全的科学决策。国家健全统一归口、反应灵敏、准确高效、运转顺畅的情报信息收集、研判和使用制度，建立情报信息工作协调机制，实现情报信息的及时收集、准确研判、有效使用和共享。国家安全机关、公安机关、有关军事机关根据职责分工，依法搜集涉及国家安全的情报信息。国家机关各部门在履行职责过程中，对于获取的涉及国家安全的有关信息应当及时上报。开展情报信息工作，应当充分运用现代科学技术手段，加强对情报信息的鉴别、筛选、综合和研判分析。情报信息的报送应当及时、准确、客观，不得迟报、漏报、瞒报和谎报。国家制定完善应对各领域国家安全风险预案。国家建立国家安全风险评估机制，定期开展各领域国家安全风险调查评估。有关部门应当定期向中央国家安全领导机构提交国家安全风险评估报告。国家健全国家安全风险监测预警制度，根据国家安全风险程度，及时发布相应风险预警。对可能即将发生或者已经发生的危害国家安全的事件，县级以上地方人民政府及其有关主管部门应当立即按照规定向上一级人民政府及其有关主管部门报告，必要时可以越级上报。国家建立国家安全审查和监管的制度和机制，对影响或者可能影响国家安全的外商投资、特定物项和关键技术、网络信息技术产品和服务、涉及国家安全事项的建设项目，以及其他重大事项和活动，进行国家安全审查，有效预防和化解国家安全风险。中央国家机关各部门依照法律、行政法规行使国家安全审查职责,依法作出国家安全审查决定或者提出安全审查意见并监督执行。省、自治区、直辖市依法负责本行政区域内有关国家安全审查和监管工作。国家建立统一领导、协同联动、有序高效的国家安全危机管控制度。发生危及国家安全的重大事件,中央有关部门和有关地方根据中央国家安全领导机构的统一部署,依法启动应急预案,采取管控处置措施。发生危及国家安全的特别重大事件,需要进入紧急状态、战争状态或者进行全国总动员、局部动员的,由全国人民代表大会、全国人民代表大会常务委员会或者国务院依照宪法和有关法律规定的权限和程序决定。国家决定进入紧急状态、战争状态或者实施国防动员后,履行国家安全危机管控职责的有关机关依照法律规定或者全国人民代表大会常务委员会规定,有权采取限制公民和组织权利、增加公民和组织义务的特别措施。履行国家安全危机管控职责的有关机关依法采取处置国家安全危机的管控措施,应当与国家安全危机可能造成的危害的性质、程度和范围相适应;有多种措施可供选择的,应当选择有利于最大限度保护公民、组织权益的措施。国家健全国家安全危机的信息报告和发布机制。国家安全危机事件发生后,履行国家安全危机管控职责的有关机关,应当按照规定准确、及时报告,并依法将有关国家安全危机事件发生、发展、管控处置及善后情况统一向社会发布。国家安全威胁和危害得到控制或者消除后,应当及时解除管控处置措施,做好善后工作。①

在国家安全保障方面,《国家安全法》规定,国家健全国家安全保障体系,增强维护国家安全的能力。国家健全国家安全法律制度体系,推动国家安全法治建设。国家加大对国家安全各项建设的投入,保障国家安全工作所需经费和装备。承担国家安全战略物资储备任务的单位,应当按照国家有关规定和标准对国家安全物资进行收储、保管和维护,定期调整更换,保证储备物资的使用效能和安全。鼓励国家安全领域科技

① 《国家安全法》第 44 ~68 条。

创新,发挥科技在维护国家安全中的作用。国家采取必要措施,招录、培养和管理国家安全工作专门人才和特殊人才。根据维护国家安全工作的需要,国家依法保护有关机关专门从事国家安全工作人员的身份和合法权益,加大人身保护和安置保障力度。国家安全机关、公安机关、有关军事机关开展国家安全专门工作,可以依法采取必要手段和方式,有关部门和地方应当在职责范围内提供支持和配合。国家加强国家安全新闻宣传和舆论引导,通过多种形式开展国家安全宣传教育活动,将国家安全教育纳入国民教育体系和公务员教育培训体系,增强全民国家安全意识。①

在公民、组织的义务和权利方面,《国家安全法》规定,公民和组织应当履行下列维护国家安全的义务:(1)遵守宪法、法律法规关于国家安全的有关规定;(2)及时报告危害国家安全活动的线索;(3)如实提供所知悉的涉及危害国家安全活动的证据;(4)为国家安全工作提供便利条件或者其他协助;(5)向国家安全机关、公安机关和有关军事机关提供必要的支持和协助;(6)保守所知悉的国家秘密;(7)法律、行政法规规定的其他义务。任何个人和组织不得有危害国家安全的行为,不得向危害国家安全的个人或者组织提供任何资助或者协助。机关、人民团体、企业事业组织和其他社会组织应当对本单位的人员进行维护国家安全的教育,动员、组织本单位的人员防范、制止危害国家安全的行为。企业事业组织根据国家安全工作的要求,应当配合有关部门采取相关安全措施。公民和组织支持、协助国家安全工作的行为受法律保护。因支持、协助国家安全工作,本人或者其近亲属的人身安全面临危险的,可以向公安机关、国家安全机关请求予以保护。公安机关、国家安全机关应当会同有关部门依法采取保护措施。公民和组织因支持、协助国家安全工作导致财产损失的,按照国家有关规定给予补偿;造成人身伤害或者

① 《国家安全法》第69~76条。

死亡的，按照国家有关规定给予抚恤优待。公民和组织对国家安全工作有向国家机关提出批评建议的权利，对国家机关及其工作人员在国家安全工作中的违法失职行为有提出申诉、控告和检举的权利。在国家安全工作中，需要采取限制公民权利和自由的特别措施时，应当依法进行，并以维护国家安全的实际需要为限度。①

第二节　食品安全调控的法律规定

一、《食品安全法》的制定和实施

2009 年 2 月 28 日，为了保证食品安全，保障公众身体健康和生命安全，第十一届全国人民代表大会常务委员会第七次会议通过《食品安全法》；2015 年 4 月 24 日第十二届全国人民代表大会常务委员会第十四次会议对该法进行了全面修订，自 2015 年 10 月 1 日起施行；2018 年 12 月 29 日，第十三届全国人民代表大会常务委员会第七次会议作出《关于修改〈中华人民共和国产品质量法〉等五部法律的决定》，对《食品安全法》作出修改。修改内容主要结合 2018 年国务院机构改革情况，对相关条款中的管理机关予以新的表述。《食品安全法》的适用范围是，在中华人民共和国境内从事下列活动，应当遵守本法：(1)食品生产和加工(以下简称食品生产)，食品销售和餐饮服务(以下简称食品经营)；(2)食品添加剂的生产经营；(3)用于食品的包装材料、容器、洗涤剂、消毒剂和用于食品生产经营的工具、设备(以下简称食品相关产品)的生产经营；(4)食品生产经营者使用食品添加剂、食品相关产品；(5)食品的贮存和运输；(6)对食品、食品添加剂、食品相关产品的安全管理。供食用的源

① 《国家安全法》第 77 ~83 条。

于农业的初级产品(以下简称食用农产品)的质量安全管理,遵守《中华人民共和国农产品质量安全法》的规定。但是,食用农产品的市场销售、有关质量安全标准的制定、有关安全信息的公布和本法对农业投入品作出规定的,应当遵守本法的规定。转基因食品和食盐的食品安全管理,本法未作规定的,适用其他法律、行政法规的规定。铁路、民航运营中食品安全的管理办法由国务院食品药品监督管理部门会同国务院有关部门依照本法制定。保健食品的具体管理办法由国务院食品药品监督管理部门依照本法制定。食品相关产品生产活动的具体管理办法由国务院质量监督部门依照本法制定。国境口岸食品的监督管理由出入境检验检疫机构依照本法以及有关法律、行政法规的规定实施。军队专用食品和自供食品的食品安全管理办法由中央军事委员会依照本法制定。国务院根据实际需要,可以对食品安全监督管理体制作出调整。①

《食品安全法》涉及一系列专业用语的适用。其中,食品,指各种供人食用或者饮用的成品和原料以及按照传统既是食品又是中药材的物品,但是不包括以治疗为目的的物品。食品安全,指食品无毒、无害,符合应当有的营养要求,对人体健康不造成任何急性、亚急性或者慢性危害。预包装食品,指预先定量包装或者制作在包装材料、容器中的食品。食品添加剂,指为改善食品品质和色、香、味以及为防腐、保鲜和加工工艺的需要而加入食品中的人工合成或者天然物质,包括营养强化剂。用于食品的包装材料和容器,指包装、盛放食品或者食品添加剂用的纸、竹、木、金属、搪瓷、陶瓷、塑料、橡胶、天然纤维、化学纤维、玻璃等制品和直接接触食品或者食品添加剂的涂料。用于食品生产经营的工具、设备,指在食品或者食品添加剂生产、销售、使用过程中直接接触食品或者食品添加剂的机械、管道、传送带、容器、用具、餐具等。用于食品的洗涤剂、消毒剂,指直接用于洗涤或者消毒食品、餐具、饮具以及直接接触食

① 《国家安全法》第2条、第151～153条。

品的工具、设备或者食品包装材料和容器的物质。食品保质期，指食品在标明的贮存条件下保持品质的期限。食源性疾病，指食品中致病因素进入人体引起的感染性、中毒性等疾病，包括食物中毒。食品安全事故，指食源性疾病、食品污染等源于食品，对人体健康有危害或者可能有危害的事故。[①]《食品安全法》共计 10 章 154 条。除总则、附则外，对食品安全风险监测和评估、食品安全标准、食品生产经营、食品检验、食品进出口、食品安全事故处置、监督管理和法律责任进行了规定。

二、食品安全调控规定

在总的政策制度方面，《食品安全法》规定，食品安全工作实行预防为主、风险管理、全程控制、社会共治的原则，建立科学、严格的监督管理制度。食品生产经营者对其生产经营食品的安全负责。食品生产经营者应当依照法律、法规和食品安全标准从事生产经营活动，保证食品安全，诚信自律，对社会和公众负责，接受社会监督，承担社会责任。国务院设立食品安全委员会，其职责由国务院规定。国务院食品安全监督管理部门依照本法和国务院规定的职责，对食品生产经营活动实施监督管理。国务院卫生行政部门依照本法和国务院规定的职责，组织开展食品安全风险监测和风险评估，会同国务院食品安全监督管理部门制定并公布食品安全国家标准。国务院其他有关部门依照本法和国务院规定的职责，承担有关食品安全工作。县级以上地方人民政府对本行政区域的食品安全监督管理工作负责，统一领导、组织、协调本行政区域的食品安全监督管理工作以及食品安全突发事件应对工作，建立健全食品安全全程监督管理工作机制和信息共享机制。县级以上地方人民政府依照本法和国务院的规定，确定本级食品安全监督管理、卫生行政部门和其他

① 《国家安全法》第 150 条。

有关部门的职责。有关部门在各自职责范围内负责本行政区域的食品安全监督管理工作。县级人民政府食品安全监督管理部门可以在乡镇或者特定区域设立派出机构。县级以上地方人民政府实行食品安全监督管理责任制。上级人民政府负责对下一级人民政府的食品安全监督管理工作进行评议、考核。县级以上地方人民政府负责对本级食品安全监督管理部门和其他有关部门的食品安全监督管理工作进行评议、考核。县级以上人民政府应当将食品安全工作纳入本级国民经济和社会发展规划,将食品安全工作经费列入本级政府财政预算,加强食品安全监督管理能力建设,为食品安全工作提供保障。县级以上人民政府食品安全监督管理部门和其他有关部门应当加强沟通、密切配合,按照各自职责分工,依法行使职权,承担责任。食品行业协会应当加强行业自律,按照章程建立健全行业规范和奖惩机制,提供食品安全信息、技术等服务,引导和督促食品生产经营者依法生产经营,推动行业诚信建设,宣传、普及食品安全知识。消费者协会和其他消费者组织对违反本法规定,损害消费者合法权益的行为,依法进行社会监督。各级人民政府应当加强食品安全的宣传教育,普及食品安全知识,鼓励社会组织、基层群众性自治组织、食品生产经营者开展食品安全法律、法规以及食品安全标准和知识的普及工作,倡导健康的饮食方式,增强消费者食品安全意识和自我保护能力。新闻媒体应当开展食品安全法律、法规以及食品安全标准和知识的公益宣传,并对食品安全违法行为进行舆论监督。有关食品安全的宣传报道应当真实、公正。国家鼓励和支持开展与食品安全有关的基础研究、应用研究,鼓励和支持食品生产经营者为提高食品安全水平采用先进技术和先进管理规范。国家对农药的使用实行严格的管理制度,加快淘汰剧毒、高毒、高残留农药,推动替代产品的研发和应用,鼓励使用高效低毒低残留农药。任何组织或者个人有权举报食品安全违法行为,依法向有关部门了解食品安全信息,对食品安全监督管理工作提出意见和建议。对在食品安全工作中做出突出贡献的单位和个人,按照国家有关规定给予表彰、奖励。①

在食品安全风险监测和评估方面,《食品安全法》规定,国家建立食品安全风险监测制度,对食源性疾病、食品污染以及食品中的有害因素进行监测。国务院卫生行政部门会同国务院食品安全监督管理等部门,制定、实施国家食品安全风险监测计划。国务院食品安全监督管理部门和其他有关部门获知有关食品安全风险信息后,应当立即核实并向国务院卫生行政部门通报。对有关部门通报的食品安全风险信息以及医疗机构报告的食源性疾病等有关疾病信息,国务院卫生行政部门应当会同国务院有关部门分析研究,认为必要的,及时调整国家食品安全风险监测计划。省、自治区、直辖市人民政府卫生行政部门会同同级食品安全监督管理等部门,根据国家食品安全风险监测计划,结合本行政区域的具体情况,制定、调整本行政区域的食品安全风险监测方案,报国务院卫生行政部门备案并实施。承担食品安全风险监测工作的技术机构应当根据食品安全风险监测计划和监测方案开展监测工作,保证监测数据真实、准确,并按照食品安全风险监测计划和监测方案的要求报送监测数据和分析结果。食品安全风险监测工作人员有权进入相关食用农产品种植养殖、食品生产经营场所采集样品、收集相关数据。采集样品应当按照市场价格支付费用。食品安全风险监测结果表明可能存在食品安全隐患的,县级以上人民政府卫生行政部门应当及时将相关信息通报同级食品安全监督管理等部门,并报告本级人民政府和上级人民政府卫生行政部门。食品安全监督管理等部门应当组织开展进一步调查。国家建立食品安全风险评估制度,运用科学方法,根据食品安全风险监测信息、科学数据以及有关信息,对食品、食品添加剂、食品相关产品中生物性、化学性和物理性危害因素进行风险评估。国务院卫生行政部门负责组织食品安全风险评估工作,成立由医学、农业、食品、营养、生物、环境

① 《食品安全法》第3~13条。

等方面的专家组成的食品安全风险评估专家委员会进行食品安全风险评估。食品安全风险评估结果由国务院卫生行政部门公布。对农药、肥料、兽药、饲料和饲料添加剂等的安全性评估,应当有食品安全风险评估专家委员会的专家参加。食品安全风险评估不得向生产经营者收取费用,采集样品应当按照市场价格支付费用。有下列情形之一的,应当进行食品安全风险评估:(1)通过食品安全风险监测或者接到举报发现食品、食品添加剂、食品相关产品可能存在安全隐患的;(2)为制定或者修订食品安全国家标准提供科学依据需要进行风险评估的;(3)为确定监督管理的重点领域、重点品种需要进行风险评估的;(4)发现新的可能危害食品安全因素的;(5)需要判断某一因素是否构成食品安全隐患的;(6)国务院卫生行政部门认为需要进行风险评估的其他情形。国务院食品安全监督管理、农业行政等部门在监督管理工作中发现需要进行食品安全风险评估的,应当向国务院卫生行政部门提出食品安全风险评估的建议,并提供风险来源、相关检验数据和结论等信息、资料。属于本法规定需要评估情形的,国务院卫生行政部门应当及时进行食品安全风险评估,并向国务院有关部门通报评估结果。省级以上人民政府卫生行政、农业行政部门应当及时相互通报食品、食用农产品安全风险监测信息。国务院卫生行政、农业行政部门应当及时相互通报食品、食用农产品安全风险评估结果等信息。食品安全风险评估结果是制定、修订食品安全标准和实施食品安全监督管理的科学依据。经食品安全风险评估,得出食品、食品添加剂、食品相关产品不安全结论的,国务院食品安全监督管理等部门应当依据各自职责立即向社会公告,告知消费者停止食用或者使用,并采取相应措施,确保该食品、食品添加剂、食品相关产品停止生产经营;需要制定、修订相关食品安全国家标准的,国务院卫生行政部门应当会同国务院食品安全监督管理部门立即制定、修订。国务院食品安全监督管理部门应当会同国务院有关部门,根据食品安全风险评估结果、食品安全监督管理信息,对食品安全状况进行综合分析。对经综合分析表明可能具有较高程度安全风险的食品，国务院食品安全监督管理部门应当及时提出食品安全风险警示，并向社会公布。县级以上人民政府食品安全监督管理部门和其他有关部门、食品安全风险评估专家委员会及其技术机构，应当按照科学、客观、及时、公开的原则，组织食品生产经营者、食品检验机构、认证机构、食品行业协会、消费者协会以及新闻媒体等，就食品安全风险评估信息和食品安全监督管理信息进行交流沟通。①

在食品安全标准方面，《食品安全法》规定，制定食品安全标准，应当以保障公众身体健康为宗旨，做到科学合理、安全可靠。食品安全标准是强制执行的标准。除食品安全标准外，不得制定其他食品强制性标准。食品安全标准应当包括下列内容：(1)食品、食品添加剂、食品相关产品中的致病性微生物，农药残留、兽药残留、生物毒素、重金属等污染物质以及其他危害人体健康物质的限量规定；(2)食品添加剂的品种、使用范围、用量；(3)专供婴幼儿和其他特定人群的主辅食品的营养成分要求；(4)对与卫生、营养等食品安全要求有关的标签、标志、说明书的要求；(5)食品生产经营过程的卫生要求；(6)与食品安全有关的质量要求；(7)与食品安全有关的食品检验方法与规程；(8)其他需要制定为食品安全标准的内容。食品安全国家标准由国务院卫生行政部门会同国务院食品安全监督管理部门制定、公布，国务院标准化行政部门提供国家标准编号。食品中农药残留、兽药残留的限量规定及其检验方法与规程由国务院卫生行政部门、国务院农业行政部门会同国务院食品安全监督管理部门制定。屠宰畜、禽的检验规程由国务院农业行政部门会同国务院卫生行政部门制定。制定食品安全国家标准，应当依据食品安全风险评估结果并充分考虑食用农产品安全风险评估结果，参照相关的国际标准和国际食品安全风险评估结果，并将食品安全国家标准草案向社会

① 《食品安全法》第14~23条。

公布,广泛听取食品生产经营者、消费者、有关部门等方面的意见。

食品安全国家标准应当经国务院卫生行政部门组织的食品安全国家标准审评委员会审查通过。食品安全国家标准审评委员会由医学、农业、食品、营养、生物、环境等方面的专家以及国务院有关部门、食品行业协会、消费者协会的代表组成,对食品安全国家标准草案的科学性和实用性等进行审查。对地方特色食品,没有食品安全国家标准的,省、自治区、直辖市人民政府卫生行政部门可以制定并公布食品安全地方标准,报国务院卫生行政部门备案。食品安全国家标准制定后,该地方标准即行废止。国家鼓励食品生产企业制定严于食品安全国家标准或者地方标准的企业标准,在本企业适用,并报省、自治区、直辖市人民政府卫生行政部门备案。省级以上人民政府卫生行政部门应当在其网站上公布制定和备案的食品安全国家标准、地方标准和企业标准,供公众免费查阅、下载。对食品安全标准执行过程中的问题,县级以上人民政府卫生行政部门应当会同有关部门及时给予指导、解答。省级以上人民政府卫生行政部门应当会同同级食品安全监督管理、农业行政等部门,分别对食品安全国家标准和地方标准的执行情况进行跟踪评价,并根据评价结果及时修订食品安全标准。省级以上人民政府食品安全监督管理、农业行政等部门应当对食品安全标准执行中存在的问题进行收集、汇总,并及时向同级卫生行政部门通报。食品生产经营者、食品行业协会发现食品安全标准在执行中存在问题的,应当立即向卫生行政部门报告。①

在食品生产经营的一般要求方面,《食品安全法》规定,食品生产经营应当符合食品安全标准,并符合下列要求:(1)具有与生产经营的食品品种、数量相适应的食品原料处理和食品加工、包装、贮存等场所,保持该场所环境整洁,并与有毒、有害场所以及其他污染源保持规定的距离;(2)具有与生产经营的食品品种、数量相适应的生产经营设备或者

① 《食品安全法》第24~32条。

设施，有相应的消毒、更衣、盥洗、采光、照明、通风、防腐、防尘、防蝇、防鼠、防虫、洗涤以及处理废水、存放垃圾和废弃物的设备或者设施；(3)有专职或者兼职的食品安全专业技术人员、食品安全管理人员和保证食品安全的规章制度；(4)具有合理的设备布局和工艺流程，防止待加工食品与直接入口食品、原料与成品交叉污染，避免食品接触有毒物、不洁物；(5)餐具、饮具和盛放直接入口食品的容器，使用前应当洗净、消毒，炊具、用具用后应当洗净，保持清洁；(6)贮存、运输和装卸食品的容器、工具和设备应当安全、无害，保持清洁，防止食品污染，并符合保证食品安全所需的温度、湿度等特殊要求，不得将食品与有毒、有害物品一同贮存、运输；(7)直接入口的食品应当使用无毒、清洁的包装材料、餐具、饮具和容器；(8)食品生产经营人员应当保持个人卫生，生产经营食品时，应当将手洗净，穿戴清洁的工作衣、帽等；销售无包装的直接入口食品时，应当使用无毒、清洁的容器、售货工具和设备；(9)用水应当符合国家规定的生活饮用水卫生标准；(10)使用的洗涤剂、消毒剂应当对人体安全、无害；(11)法律、法规规定的其他要求。非食品生产经营者从事食品贮存、运输和装卸的，应当符合前款第六项的规定。禁止生产经营下列食品、食品添加剂、食品相关产品：(1)用非食品原料生产的食品或者添加食品添加剂以外的化学物质和其他可能危害人体健康物质的食品，或者用回收食品作为原料生产的食品；(2)致病性微生物，农药残留、兽药残留、生物毒素、重金属等污染物质以及其他危害人体健康的物质含量超过食品安全标准限量的食品、食品添加剂、食品相关产品；(3)用超过保质期的食品原料、食品添加剂生产的食品、食品添加剂；(4)超范围、超限量使用食品添加剂的食品；(5)营养成分不符合食品安全标准的专供婴幼儿和其他特定人群的主辅食品；(6)腐败变质、油脂酸败、霉变生虫、污秽不洁、混有异物、掺假掺杂或者感官性状异常的食品、食品添加剂；(7)病死、毒死或者死因不明的禽、畜、兽、水产动物肉类及其制品；(8)未按规定进行检疫或者检疫不合格的肉类，或者未经检验或者检验不合格的肉类制品;(9)被包装材料、容器、运输工具等污染的食品、食品添加剂;(10)标注虚假生产日期、保质期或者超过保质期的食品、食品添加剂;(11)无标签的预包装食品、食品添加剂;(12)国家为防病等特殊需要明令禁止生产经营的食品;(13)其他不符合法律、法规或者食品安全标准的食品、食品添加剂、食品相关产品。国家对食品生产经营实行许可制度。从事食品生产、食品销售、餐饮服务,应当依法取得许可。但是,销售食用农产品,不需要取得许可。县级以上地方人民政府食品安全监督管理部门应当依照《中华人民共和国行政许可法》的规定,审核申请人提交的本法第 33 条第 1 款第 1 项至第 4 项规定要求的相关资料①,必要时对申请人的生产经营场所进行现场核查;对符合规定条件的,准予许可;对不符合规定条件的,不予许可并书面说明理由。食品生产加工小作坊和食品摊贩等从事食品生产经营活动,应当符合本法规定的与其生产经营规模、条件相适应的食品安全要求,保证所生产经营的食品卫生、无毒、无害,食品安全监督管理部门应当对其加强监督管理。县级以上地方人民政府应当对食品生产加工小作坊、食品摊贩等进行综合治理,加强服务和统一规划,改善其生产经营环境,鼓励和支持其改进生产经营条件,进入集中交易市场、店铺等固定场所经营,或者在指定的临时经营区域、时段经营。食品生产加工小作坊和食品摊贩等的具体管理办法由省、自治区、直辖市制定。利用新的食品原料生产食品,或者生产食品添加剂新品种、食品相关产品新品种,应当向国务院卫生行政部

---

① 《食品安全法》第 33 条第 1 款第 1 ~4 项是指:(1)具有与生产经营的食品品种、数量相适应的食品原料处理和食品加工、包装、贮存等场所,保持该场所环境整洁,并与有毒、有害场所以及其他污染源保持规定的距离;(2)具有与生产经营的食品品种、数量相适应的生产经营设备或者设施,有相应的消毒、更衣、盥洗、采光、照明、通风、防腐、防尘、防蝇、防鼠、防虫、洗涤以及处理废水、存放垃圾和废弃物的设备或者设施;(3)有专职或者兼职的食品安全专业技术人员、食品安全管理人员和保证食品安全的规章制度;(4)具有合理的设备布局和工艺流程,防止待加工食品与直接入口食品、原料与成品交叉污染,避免食品接触有毒物、不洁物。

门提交相关产品的安全性评估材料。国务院卫生行政部门应当自收到申请之日起60日内组织审查;对符合食品安全要求的,准予许可并公布;对不符合食品安全要求的,不予许可并书面说明理由。生产经营的食品中不得添加药品,但是可以添加按照传统既是食品又是中药材的物质。按照传统既是食品又是中药材的物质目录由国务院卫生行政部门会同国务院食品安全监督管理部门制定、公布。国家对食品添加剂生产实行许可制度。从事食品添加剂生产,应当具有与所生产食品添加剂品种相适应的场所、生产设备或者设施、专业技术人员和管理制度,并依照本法第35条第2款规定的程序①,取得食品添加剂生产许可。生产食品添加剂应当符合法律、法规和食品安全国家标准。食品添加剂应当在技术上确有必要且经过风险评估证明安全可靠,方可列入允许使用的范围;有关食品安全国家标准应当根据技术必要性和食品安全风险评估结果及时修订。食品生产经营者应当按照食品安全国家标准使用食品添加剂。生产食品相关产品应当符合法律、法规和食品安全国家标准。对直接接触食品的包装材料等具有较高风险的食品相关产品,按照国家有关工业产品生产许可证管理的规定实施生产许可。食品安全监督管理部门应当加强对食品相关产品生产活动的监督管理。国家建立食品安全全程追溯制度。食品生产经营者应当依照本法的规定,建立食品安全追溯体系,保证食品可追溯。国家鼓励食品生产经营者采用信息化手段采集、留存生产经营信息,建立食品安全追溯体系。国务院食品安全监督管理部门会同国务院农业行政等有关部门建立食品安全全程追溯协作机制。地方各级人民政府应当采取措施鼓励食品规模化生产和连锁

---

① 县级以上地方人民政府食品安全监督管理部门应当依照《行政许可法》的规定,审核申请人提交的本法第33条第1款第1项至第4项规定要求的相关资料,必要时对申请人的生产经营场所进行现场核查;对符合规定条件的,准予许可;对不符合规定条件的,不予许可并书面说明理由。

经营、配送。国家鼓励食品生产经营企业参加食品安全责任保险。①

在食品生产经营过程控制方面,《食品安全法》规定,食品生产经营企业应当建立健全食品安全管理制度,对职工进行食品安全知识培训,加强食品检验工作,依法从事生产经营活动。食品生产经营企业的主要负责人应当落实企业食品安全管理制度,对本企业的食品安全工作全面负责。食品生产经营企业应当配备食品安全管理人员,加强对其培训和考核。经考核不具备食品安全管理能力的,不得上岗。食品安全监督管理部门应当对企业食品安全管理人员随机进行监督抽查考核并公布考核情况。监督抽查考核不得收取费用。食品生产经营者应当建立并执行从业人员健康管理制度。患有国务院卫生行政部门规定的有碍食品安全疾病的人员,不得从事接触直接入口食品的工作。从事接触直接入口食品工作的食品生产经营人员应当每年进行健康检查,取得健康证明后方可上岗工作。食品生产企业应当就下列事项制定并实施控制要求,保证所生产的食品符合食品安全标准:(1)原料采购、原料验收、投料等原料控制;(2)生产工序、设备、贮存、包装等生产关键环节控制;(3)原料检验、半成品检验、成品出厂检验等检验控制;(4)运输和交付控制。食品生产经营者应当建立食品安全自查制度,定期对食品安全状况进行检查评价。生产经营条件发生变化,不再符合食品安全要求的,食品生产经营者应当立即采取整改措施;有发生食品安全事故潜在风险的,应当立即停止食品生产经营活动,并向所在地县级人民政府食品安全监督管理部门报告。国家鼓励食品生产经营企业符合良好生产规范要求,实施危害分析与关键控制点体系,提高食品安全管理水平。对通过良好生产规范、危害分析与关键控制点体系认证的食品生产经营企业,认证机构应当依法实施跟踪调查;对不再符合认证要求的企业,应当依法撤销认证,及时向县级以上人民政府食品安全监督管理部门通报,并向社会

① 《食品安全法》第33~43条。

公布。认证机构实施跟踪调查不得收取费用。食用农产品生产者应当按照食品安全标准和国家有关规定使用农药、肥料、兽药、饲料和饲料添加剂等农业投入品，严格执行农业投入品使用安全间隔期或者休药期的规定，不得使用国家明令禁止的农业投入品。禁止将剧毒、高毒农药用于蔬菜、瓜果、茶叶和中草药材等国家规定的农作物。食用农产品的生产企业和农民专业合作经济组织应当建立农业投入品使用记录制度。县级以上人民政府农业行政部门应当加强对农业投入品使用的监督管理和指导，建立健全农业投入品安全使用制度。食品生产者采购食品原料、食品添加剂、食品相关产品，应当查验供货者的许可证和产品合格证明；对无法提供合格证明的食品原料，应当按照食品安全标准进行检验；不得采购或者使用不符合食品安全标准的食品原料、食品添加剂、食品相关产品。食品生产企业应当建立食品原料、食品添加剂、食品相关产品进货查验记录制度，如实记录食品原料、食品添加剂、食品相关产品的名称、规格、数量、生产日期或者生产批号、保质期、进货日期以及供货者名称、地址、联系方式等内容，并保存相关凭证。记录和凭证保存期限不得少于产品保质期满后6个月；没有明确保质期的，保存期限不得少于2年。食品生产企业应当建立食品出厂检验记录制度，查验出厂食品的检验合格证和安全状况，如实记录食品的名称、规格、数量、生产日期或者生产批号、保质期、检验合格证号、销售日期以及购货者名称、地址、联系方式等内容，并保存相关凭证。记录和凭证保存期限应当符合本法第50条第2款的规定。[①] 食品、食品添加剂、食品相关产品的生产者，应当按照食品安全标准对所生产的食品、食品添加剂、食品相关产品进行检验，检验合格后方可出厂或者销售。食品经营者采购食品，应当查验供

① 食品生产企业应当建立食品原料、食品添加剂、食品相关产品进货查验记录制度，如实记录食品原料、食品添加剂、食品相关产品的名称、规格、数量、生产日期或者生产批号、保质期、进货日期以及供货者名称、地址、联系方式等内容，并保存相关凭证。记录和凭证保存期限不得少于产品保质期满后6个月；没有明确保质期的，保存期限不得少于2年。

货者的许可证和食品出厂检验合格证或者其他合格证明(以下简称合格证明文件)。食品经营企业应当建立食品进货查验记录制度,如实记录食品的名称、规格、数量、生产日期或者生产批号、保质期、进货日期以及供货者名称、地址、联系方式等内容,并保存相关凭证。记录和凭证保存期限应当符合本法第50条第2款的规定。实行统一配送经营方式的食品经营企业,可以由企业总部统一查验供货者的许可证和食品合格证明文件,进行食品进货查验记录。从事食品批发业务的经营企业应当建立食品销售记录制度,如实记录批发食品的名称、规格、数量、生产日期或者生产批号、保质期、销售日期以及购货者名称、地址、联系方式等内容,并保存相关凭证。记录和凭证保存期限应当符合本法第50条第2款的规定。食品经营者应当按照保证食品安全的要求贮存食品,定期检查库存食品,及时清理变质或者超过保质期的食品。食品经营者贮存散装食品,应当在贮存位置标明食品的名称、生产日期或者生产批号、保质期、生产者名称及联系方式等内容。餐饮服务提供者应当制定并实施原料控制要求,不得采购不符合食品安全标准的食品原料。倡导餐饮服务提供者公开加工过程,公示食品原料及其来源等信息。餐饮服务提供者在加工过程中应当检查待加工的食品及原料,发现有本法第34条第6项规定情形的①,不得加工或者使用。餐饮服务提供者应当定期维护食品加工、贮存、陈列等设施、设备;定期清洗、校验保温设施及冷藏、冷冻设施。餐饮服务提供者应当按照要求对餐具、饮具进行清洗消毒,不得使用未经清洗消毒的餐具、饮具;餐饮服务提供者委托清洗消毒餐具、饮具的,应当委托符合本法规定条件的餐具、饮具集中消毒服务单位。学校、托幼机构、养老机构、建筑工地等集中用餐单位的食堂应当严格遵守法律、法规和食品安全标准;从供餐单位订餐的,应当从取得食品生产经营

---

① 腐败变质、油脂酸败、霉变生虫、污秽不洁、混有异物、掺假掺杂或者感官性状异常的食品、食品添加剂。

许可的企业订购,并按照要求对订购的食品进行查验。供餐单位应当严格遵守法律、法规和食品安全标准,当餐加工,确保食品安全。学校、托幼机构、养老机构、建筑工地等集中用餐单位的主管部门应当加强对集中用餐单位的食品安全教育和日常管理,降低食品安全风险,及时消除食品安全隐患。餐具、饮具集中消毒服务单位应当具备相应的作业场所、清洗消毒设备或者设施,用水和使用的洗涤剂、消毒剂应当符合相关食品安全国家标准和其他国家标准、卫生规范。餐具、饮具集中消毒服务单位应当对消毒餐具、饮具进行逐批检验,检验合格后方可出厂,并应当随附消毒合格证明。消毒后的餐具、饮具应当在独立包装上标注单位名称、地址、联系方式、消毒日期以及使用期限等内容。食品添加剂生产者应当建立食品添加剂出厂检验记录制度,查验出厂产品的检验合格证和安全状况,如实记录食品添加剂的名称、规格、数量、生产日期或者生产批号、保质期、检验合格证号、销售日期以及购货者名称、地址、联系方式等相关内容,并保存相关凭证。记录和凭证保存期限应当符合本法第50条第2款的规定。食品添加剂经营者采购食品添加剂,应当依法查验供货者的许可证和产品合格证明文件,如实记录食品添加剂的名称、规格、数量、生产日期或者生产批号、保质期、进货日期以及供货者名称、地址、联系方式等内容,并保存相关凭证。记录和凭证保存期限应当符合本法第50条第2款的规定。集中交易市场的开办者、柜台出租者和展销会举办者,应当依法审查入场食品经营者的许可证,明确其食品安全管理责任,定期对其经营环境和条件进行检查,发现其有违反本法规定行为的,应当及时制止并立即报告所在地县级人民政府食品安全监督管理部门。网络食品交易第三方平台提供者应当对入网食品经营者进行实名登记,明确其食品安全管理责任;依法应当取得许可证的,还应当审查其许可证。网络食品交易第三方平台提供者发现入网食品经营者有违反本法规定行为的,应当及时制止并立即报告所在地县级人民政府食品安全监督管理部门;发现严重违法行为的,应当立即停止提供网络交易平台服务。国家建立食品召回制度。食品生产者发现其生产的食品不符合食品安全标准或者有证据证明可能危害人体健康的,应当立即停止生产,召回已经上市销售的食品,通知相关生产经营者和消费者,并记录召回和通知情况。食品经营者发现其经营的食品有前款规定情形的,应当立即停止经营,通知相关生产经营者和消费者,并记录停止经营和通知情况。食品生产者认为应当召回的,应当立即召回。由于食品经营者的原因造成其经营的食品有前款规定情形的,食品经营者应当召回。食品生产经营者应当对召回的食品采取无害化处理、销毁等措施,防止其再次流入市场。但是,对因标签、标志或者说明书不符合食品安全标准而被召回的食品,食品生产者在采取补救措施且能保证食品安全的情况下可以继续销售;销售时应当向消费者明示补救措施。食品生产经营者应当将食品召回和处理情况向所在地县级人民政府食品安全监督管理部门报告;需要对召回的食品进行无害化处理、销毁的,应当提前报告时间、地点。食品安全监督管理部门认为必要的,可以实施现场监督。食品生产经营者未依照本条规定召回或者停止经营的,县级以上人民政府食品安全监督管理部门可以责令其召回或者停止经营。食用农产品批发市场应当配备检验设备和检验人员或者委托符合本法规定的食品检验机构,对进入该批发市场销售的食用农产品进行抽样检验;发现不符合食品安全标准的,应当要求销售者立即停止销售,并向食品安全监督管理部门报告。食用农产品销售者应当建立食用农产品进货查验记录制度,如实记录食用农产品的名称、数量、进货日期以及供货者名称、地址、联系方式等内容,并保存相关凭证。记录和凭证保存期限不得少于6个月。进入市场销售的食用农产品在包装、保鲜、贮存、运输中使用保鲜剂、防腐剂等食品添加剂和包装材料等食品相关产品,应当符合食品安全国家标准。①

① 《食品安全法》第44~66条。

在食品标签、说明书和广告方面,《食品安全法》规定,预包装食品的包装上应当有标签。标签应当标明下列事项:(1)名称、规格、净含量、生产日期;(2)成分或者配料表;(3)生产者的名称、地址、联系方式;(4)保质期;(5)产品标准代号;(6)贮存条件;(7)所使用的食品添加剂在国家标准中的通用名称;(8)生产许可证编号;(9)法律、法规或者食品安全标准规定应当标明的其他事项。专供婴幼儿和其他特定人群的主辅食品,其标签还应当标明主要营养成分及其含量。食品安全国家标准对标签标注事项另有规定的,从其规定。食品经营者销售散装食品,应当在散装食品的容器、外包装上标明食品的名称、生产日期或者生产批号、保质期以及生产经营者名称、地址、联系方式等内容。生产经营转基因食品应当按照规定显著标示。食品添加剂应当有标签、说明书和包装。标签、说明书应当载明本法第 67 条第 1 款第 1 ~ 6 项、第 8 项、第 9 项规定的事项①,以及食品添加剂的使用范围、用量、使用方法,并在标签上载明"食品添加剂"字样。食品和食品添加剂的标签、说明书,不得含有虚假内容,不得涉及疾病预防、治疗功能。生产经营者对其提供的标签、说明书的内容负责。食品和食品添加剂的标签、说明书应当清楚、明显,生产日期、保质期等事项应当显著标注,容易辨识。食品和食品添加剂与其标签、说明书的内容不符的,不得上市销售。食品经营者应当按照食品标签标示的警示标志、警示说明或者注意事项的要求销售食品。食品广告的内容应当真实合法,不得含有虚假内容,不得涉及疾病预防、治疗功能。食品生产经营者对食品广告内容的真实性、合法性负责。县级以上人民政府食品安全监督管理部门和其他有关部门以及食品检验机构、食品行业协会不得以广告或者其他形式向消费者推荐食

---

① (1)名称、规格、净含量、生产日期;(2)成分或者配料表;(3)生产者的名称、地址、联系方式;(4)保质期;(5)产品标准代号;(6)贮存条件;(7)所使用的食品添加剂在国家标准中的通用名称;(8)生产许可证编号;(9)法律、法规或者食品安全标准规定应当标明的其他事项。

品。消费者组织不得以收取费用或者其他牟取利益的方式向消费者推荐食品。①

在特殊食品规范上,《食品安全法》规定,国家对保健食品、特殊医学用途配方食品和婴幼儿配方食品等特殊食品实行严格监督管理。保健食品声称保健功能,应当具有科学依据,不得对人体产生急性、亚急性或者慢性危害。保健食品原料目录和允许保健食品声称的保健功能目录,由国务院食品安全监督管理部门会同国务院卫生行政部门、国家中医药管理部门制定、调整并公布。保健食品原料目录应当包括原料名称、用量及其对应的功效;列入保健食品原料目录的原料只能用于保健食品生产,不得用于其他食品生产。使用保健食品原料目录以外原料的保健食品和首次进口的保健食品应当经国务院食品安全监督管理部门注册。但是,首次进口的保健食品中属于补充维生素、矿物质等营养物质的,应当报国务院食品安全监督管理部门备案。其他保健食品应当报省、自治区、直辖市人民政府食品安全监督管理部门备案。进口的保健食品应当是出口国(地区)主管部门准许上市销售的产品。依法应当注册的保健食品,注册时应当提交保健食品的研发报告、产品配方、生产工艺、安全性和保健功能评价、标签、说明书等材料及样品,并提供相关证明文件。国务院食品安全监督管理部门经组织技术审评,对符合安全和功能声称要求的,准予注册;对不符合要求的,不予注册并书面说明理由。对使用保健食品原料目录以外原料的保健食品作出准予注册决定的,应当及时将该原料纳入保健食品原料目录。依法应当备案的保健食品,备案时应当提交产品配方、生产工艺、标签、说明书以及表明产品安全性和保健功能的材料。保健食品的标签、说明书不得涉及疾病预防、治疗功能,内容应当真实,与注册或者备案的内容相一致,载明适宜人群、不适宜人群、功效成分或者标志性成分及其含量等,并声明"本品不

① 《食品安全法》第67~73条。

能代替药物”。保健食品的功能和成分应当与标签、说明书相一致。保健食品广告除应当符合本法第73条第1款的规定外①，还应当声明“本品不能代替药物”；其内容应当经生产企业所在地省、自治区、直辖市人民政府食品安全监督管理部门审查批准，取得保健食品广告批准文件。省、自治区、直辖市人民政府食品安全监督管理部门应当公布并及时更新已经批准的保健食品广告目录以及批准的广告内容。特殊医学用途配方食品应当经国务院食品安全监督管理部门注册。注册时，应当提交产品配方、生产工艺、标签、说明书以及表明产品安全性、营养充足性和特殊医学用途临床效果的材料。特殊医学用途配方食品广告适用《中华人民共和国广告法》和其他法律、行政法规关于药品广告管理的规定。②婴幼儿配方食品生产企业应当实施从原料进厂到成品出厂的全过程质量控制，对出厂的婴幼儿配方食品实施逐批检验，保证食品安全。生产婴幼儿配方食品使用的生鲜乳、辅料等食品原料、食品添加剂等，应当符合法律、行政法规的规定和食品安全国家标准，保证婴幼儿生长发育所需的营养成分。婴幼儿配方食品生产企业应当将食品原料、食品添加剂、产品配方及标签等事项向省、自治区、直辖市人民政府食品安全监督管理部门备案。婴幼儿配方乳粉的产品配方应当经国务院食品安全监督管理部门注册。注册时，应当提交配方研发报告和其他表明配方科学性、安全性的材料。不得以分装方式生产婴幼儿配方乳粉，同一企业不得用同一配方生产不同品牌的婴幼儿配方乳粉。保健食品、特殊医学用途配方食品、婴幼儿配方乳粉的注册人或者备案人应当对其提交材料的真实性负责。省级以上人民政府食品安全监督管理部门应当及时公布

① 食品广告的内容应当真实合法，不得含有虚假内容，不得涉及疾病预防、治疗功能。食品生产经营者对食品广告内容的真实性、合法性负责。

② 《广告法》(2015年)第46条规定，发布医疗、药品、医疗器械、农药、兽药和保健食品广告，以及法律、行政法规规定应当进行审查的其他广告，应当在发布前由有关部门(以下简称广告审查机关)对广告内容进行审查；未经审查，不得发布。

注册或者备案的保健食品、特殊医学用途配方食品、婴幼儿配方乳粉目录,并对注册或者备案中获知的企业商业秘密予以保密。保健食品、特殊医学用途配方食品、婴幼儿配方乳粉生产企业应当按照注册或者备案的产品配方、生产工艺等技术要求组织生产。生产保健食品,特殊医学用途配方食品、婴幼儿配方食品和其他专供特定人群的主辅食品的企业,应当按照良好生产规范的要求建立与所生产食品相适应的生产质量管理体系,定期对该体系的运行情况进行自查,保证其有效运行,并向所在地县级人民政府食品安全监督管理部门提交自查报告。①

在食品检验方面,《食品安全法》规定,食品检验机构按照国家有关认证认可的规定取得资质认定后,方可从事食品检验活动。但是,法律另有规定的除外。食品检验机构的资质认定条件和检验规范,由国务院食品安全监督管理部门规定。符合本法规定的食品检验机构出具的检验报告具有同等效力。县级以上人民政府应当整合食品检验资源,实现资源共享。食品检验由食品检验机构指定的检验人独立进行。检验人应当依照有关法律、法规的规定,并按照食品安全标准和检验规范对食品进行检验,尊重科学,恪守职业道德,保证出具的检验数据和结论客观、公正,不得出具虚假检验报告。食品检验实行食品检验机构与检验人负责制。食品检验报告应当加盖食品检验机构公章,并有检验人的签名或者盖章。食品检验机构和检验人对出具的食品检验报告负责。县级以上人民政府食品安全监督管理部门应当对食品进行定期或者不定期的抽样检验,并依据有关规定公布检验结果,不得免检。进行抽样检验,应当购买抽取的样品,委托符合本法规定的食品检验机构进行检验,并支付相关费用;不得向食品生产经营者收取检验费和其他费用。对依照本法规定实施的检验结论有异议的,食品生产经营者可以自收到检验结论之日起7个工作日内向实施抽样检验的食品安全监督管理部门或

① 《食品安全法》第74~83条。

者其上一级食品安全监督管理部门提出复检申请,由受理复检申请的食品安全监督管理部门在公布的复检机构名录中随机确定复检机构进行复检。复检机构出具的复检结论为最终检验结论。复检机构与初检机构不得为同一机构。复检机构名录由国务院认证认可监督管理、食品安全监督管理、卫生行政、农业行政等部门共同公布。采用国家规定的快速检测方法对食用农产品进行抽查检测,被抽查人对检测结果有异议的,可以自收到检测结果时起4小时内申请复检。复检不得采用快速检测方法。食品生产企业可以自行对所生产的食品进行检验,也可以委托符合本法规定的食品检验机构进行检验。食品行业协会和消费者协会等组织、消费者需要委托食品检验机构对食品进行检验的,应当委托符合本法规定的食品检验机构进行。食品添加剂的检验,适用本法有关食品检验的规定。①

在食品进出口方面,《食品安全法》规定,国家出入境检验检疫部门对进出口食品安全实施监督管理。进口的食品、食品添加剂、食品相关产品应当符合我国食品安全国家标准。进口的食品、食品添加剂应当经出入境检验检疫机构依照进出口商品检验相关法律、行政法规的规定检验合格。进口的食品、食品添加剂应当按照国家出入境检验检疫部门的要求随附合格证明材料。进口尚无食品安全国家标准的食品,由境外出口商、境外生产企业或者其委托的进口商向国务院卫生行政部门提交所执行的相关国家(地区)标准或者国际标准。国务院卫生行政部门对相关标准进行审查,认为符合食品安全要求的,决定暂予适用,并及时制定相应的食品安全国家标准。进口利用新的食品原料生产的食品或者进口食

① 《食品安全法》第84~90条。

品添加剂新品种、食品相关产品新品种,依照本法第37条的规定办理。[①] 出入境检验检疫机构按照国务院卫生行政部门的要求,对前款规定的食品、食品添加剂、食品相关产品进行检验。检验结果应当公开。境外出口商、境外生产企业应当保证向我国出口的食品、食品添加剂、食品相关产品符合本法以及我国其他有关法律、行政法规的规定和食品安全国家标准的要求,并对标签、说明书的内容负责。进口商应当建立境外出口商、境外生产企业审核制度,重点审核前款规定的内容;审核不合格的,不得进口。发现进口食品不符合我国食品安全国家标准或者有证据证明可能危害人体健康的,进口商应当立即停止进口,并依照本法第63条的规定召回。[②] 境外发生的食品安全事件可能对我国境内造成影响,或者在进口食品、食品添加剂、食品相关产品中发现严重食品安全问题的,国家出入境检验检疫部门应当及时采取风险预警或者控制措施,并向国务院食品安全监督管理、卫生行政、农业行政部门通报。接到通报的部门应当及时采取相应措施。县级以上人民政府食品安全监督管理部门

① 《食品安全法》第37条规定,利用新的食品原料生产食品,或者生产食品添加剂新品种、食品相关产品新品种,应当向国务院卫生行政部门提交相关产品的安全性评估材料。国务院卫生行政部门应当自收到申请之日起60日内组织审查;对符合食品安全要求的,准予许可并公布;对不符合食品安全要求的,不予许可并书面说明理由。

② 《食品安全法》第63条规定,国家建立食品召回制度。食品生产者发现其生产的食品不符合食品安全标准或者有证据证明可能危害人体健康的,应当立即停止生产,召回已经上市销售的食品,通知相关生产经营者和消费者,并记录召回和通知情况。食品经营者发现其经营的食品有前款规定情形的,应当立即停止经营,通知相关生产经营者和消费者,并记录停止经营和通知情况。食品生产者认为应当召回的,应当立即召回。由于食品经营者的原因造成其经营的食品有前款规定情形的,食品经营者应当召回。食品生产经营者应当对召回的食品采取无害化处理、销毁等措施,防止其再次流入市场。但是,对因标签、标志或者说明书不符合食品安全标准而被召回的食品,食品生产者在采取补救措施且能保证食品安全的情况下可以继续销售;销售时应当向消费者明示补救措施。食品生产经营者应当将食品召回和处理情况向所在地县级人民政府食品安全监督管理部门报告;需要对召回的食品进行无害化处理、销毁的,应当提前报告时间、地点。食品安全监督管理部门认为必要的,可以实施现场监督。食品生产经营者未依照本条规定召回或者停止经营的,县级以上人民政府食品安全监督管理部门可以责令其召回或者停止经营。

对国内市场上销售的进口食品、食品添加剂实施监督管理。发现存在严重食品安全问题的,国务院食品安全监督管理部门应当及时向国家出入境检验检疫部门通报。国家出入境检验检疫部门应当及时采取相应措施。向我国境内出口食品的境外出口商或者代理商、进口食品的进口商应当向国家出入境检验检疫部门备案。向我国境内出口食品的境外食品生产企业应当经国家出入境检验检疫部门注册。已经注册的境外食品生产企业提供虚假材料,或者因其自身的原因致使进口食品发生重大食品安全事故的,国家出入境检验检疫部门应当撤销注册并公告。国家出入境检验检疫部门应当定期公布已经备案的境外出口商、代理商、进口商和已经注册的境外食品生产企业名单。进口的预包装食品、食品添加剂应当有中文标签;依法应当有说明书的,还应当有中文说明书。标签、说明书应当符合本法以及我国其他有关法律、行政法规的规定和食品安全国家标准的要求,并载明食品的原产地以及境内代理商的名称、地址、联系方式。预包装食品没有中文标签、中文说明书或者标签、说明书不符合本条规定的,不得进口。进口商应当建立食品、食品添加剂进口和销售记录制度,如实记录食品、食品添加剂的名称、规格、数量、生产日期、生产或者进口批号、保质期、境外出口商和购货者名称、地址及联系方式、交货日期等内容,并保存相关凭证。记录和凭证保存期限应当符合本法第 50 条第 2 款的规定。出口食品生产企业应当保证其出口食品符合进口国(地区)的标准或者合同要求。出口食品生产企业和出口食品原料种植、养殖场应当向国家出入境检验检疫部门备案。国家出入境检验检疫部门应当收集、汇总下列进出口食品安全信息,并及时通报相关部门、机构和企业:(1)出入境检验检疫机构对进出口食品实施检验检疫发现的食品安全信息;(2)食品行业协会和消费者协会等组织、消费者反映的进口食品安全信息;(3)国际组织、境外政府机构发布的风险预警信息及其他食品安全信息,以及境外食品行业协会等组织、消费者反映的食品安全信息;(4)其他食品安全信息。国家出入境检验检疫部门应当对进出口食品的进口商、出口商和出口食品生产企业实施信用管理，建立信用记录，并依法向社会公布。对有不良记录的进口商、出口商和出口食品生产企业，应当加强对其进出口食品的检验检疫。国家出入境检验检疫部门可以对向我国境内出口食品的国家（地区）的食品安全管理体系和食品安全状况进行评估和审查，并根据评估和审查结果，确定相应检验检疫要求。①

在食品安全事故处置方面，《食品安全法》规定，国务院组织制定国家食品安全事故应急预案。县级以上地方人民政府应当根据有关法律、法规的规定和上级人民政府的食品安全事故应急预案以及本行政区域的实际情况，制定本行政区域的食品安全事故应急预案，并报上一级人民政府备案。食品安全事故应急预案应当对食品安全事故分级、事故处置组织指挥体系与职责、预防预警机制、处置程序、应急保障措施等作出规定。食品生产经营企业应当制定食品安全事故处置方案，定期检查本企业各项食品安全防范措施的落实情况，及时消除事故隐患。发生食品安全事故的单位应当立即采取措施，防止事故扩大。事故单位和接收病人进行治疗的单位应当及时向事故发生地县级人民政府食品安全监督管理、卫生行政部门报告。县级以上人民政府农业行政等部门在日常监督管理中发现食品安全事故或者接到事故举报，应当立即向同级食品安全监督管理部门通报。发生食品安全事故，接到报告的县级人民政府食品安全监督管理部门应当按照应急预案的规定向本级人民政府和上级人民政府食品安全监督管理部门报告。县级人民政府和上级人民政府食品安全监督管理部门应当按照应急预案的规定上报。任何单位和个人不得对食品安全事故隐瞒、谎报、缓报，不得隐匿、伪造、毁灭有关证据。医疗机构发现其接收的病人属于食源性疾病病人或者疑似病人的，应当按照规定及时将相关信息向所在地县级人民政府卫生行政部门报

---

① 《食品安全法》第91~101条。

告。县级人民政府卫生行政部门认为与食品安全有关的,应当及时通报同级食品安全监督管理部门。县级以上人民政府卫生行政部门在调查处理传染病或者其他突发公共卫生事件中发现与食品安全相关的信息,应当及时通报同级食品安全监督管理部门。县级以上人民政府食品安全监督管理部门接到食品安全事故的报告后,应当立即会同同级卫生行政、农业行政等部门进行调查处理,并采取下列措施,防止或者减轻社会危害:(1)开展应急救援工作,组织救治因食品安全事故导致人身伤害的人员;(2)封存可能导致食品安全事故的食品及其原料,并立即进行检验;对确认属于被污染的食品及其原料,责令食品生产经营者依照本法第63条的规定召回或者停止经营;(3)封存被污染的食品相关产品,并责令进行清洗消毒;(4)做好信息发布工作,依法对食品安全事故及其处理情况进行发布,并对可能产生的危害加以解释、说明。发生食品安全事故需要启动应急预案的,县级以上人民政府应当立即成立事故处置指挥机构,启动应急预案,依照前款和应急预案的规定进行处置。发生食品安全事故,县级以上疾病预防控制机构应当对事故现场进行卫生处理,并对与事故有关的因素开展流行病学调查,有关部门应当予以协助。县级以上疾病预防控制机构应当向同级食品安全监督管理、卫生行政部门提交流行病学调查报告。发生食品安全事故,设区的市级以上人民政府食品安全监督管理部门应当立即会同有关部门进行事故责任调查,督促有关部门履行职责,向本级人民政府和上一级人民政府食品安全监督管理部门提出事故责任调查处理报告。涉及两个以上省、自治区、直辖市的重大食品安全事故由国务院食品安全监督管理部门依照前款规定组织事故责任调查。调查食品安全事故,应当坚持实事求是、尊重科学的原则,及时、准确查清事故性质和原因,认定事故责任,提出整改措施。调查食品安全事故,除了查明事故单位的责任,还应当查明有关监督管理部门、食品检验机构、认证机构及其工作人员的责任。食品安全事故调查部门有权向有关单位和个人了解与事故有关的情况,并要求提供相关资料和样品。有关单位和个人应当予以配合,按照要求提供相关资料和样品,不得拒绝。任何单位和个人不得阻挠、干涉食品安全事故的调查处理。

在监督管理方面,《食品安全法》规定,县级以上人民政府食品安全监督管理部门根据食品安全风险监测、风险评估结果和食品安全状况等,确定监督管理的重点、方式和频次,实施风险分级管理。县级以上地方人民政府组织本级食品安全监督管理、农业行政等部门制定本行政区域的食品安全年度监督管理计划,向社会公布并组织实施。食品安全年度监督管理计划应当将下列事项作为监督管理的重点:(1)专供婴幼儿和其他特定人群的主辅食品;(2)保健食品生产过程中的添加行为和按照注册或者备案的技术要求组织生产的情况,保健食品标签、说明书以及宣传材料中有关功能宣传的情况;(3)发生食品安全事故风险较高的食品生产经营者;(4)食品安全风险监测结果表明可能存在食品安全隐患的事项。县级以上人民政府食品安全监督管理部门履行食品安全监督管理职责,有权采取下列措施,对生产经营者遵守本法的情况进行监督检查:(1)进入生产经营场所实施现场检查;(2)对生产经营的食品、食品添加剂、食品相关产品进行抽样检验;(3)查阅、复制有关合同、票据、账簿以及其他有关资料;(4)查封、扣押有证据证明不符合食品安全标准或者有证据证明存在安全隐患以及用于违法生产经营的食品、食品添加剂、食品相关产品;(5)查封违法从事生产经营活动的场所。对食品安全风险评估结果证明食品存在安全隐患,需要制定、修订食品安全标准的,在制定、修订食品安全标准前,国务院卫生行政部门应当及时会同国务院有关部门规定食品中有害物质的临时限量值和临时检验方法,作为生产经营和监督管理的依据。县级以上人民政府食品安全监督管理部门在食品安全监督管理工作中可以采用国家规定的快速检测方法对食品进行抽查检测。对抽查检测结果表明可能不符合食品安全标准的食品,应当依照本法第 87 条的规定进行检验。[①] 抽查检测结果确定有关食品不符合食品安全标准的,可以作为行政处罚的依据。县级以上人民政府食品安全监督管理部门应当建立食品生产经营者食品安全信用档案,记录许可颁发、日常监督检查结果、违法行为查处等情况,依法向社会公布并实时更新;对有不良信用记录的食品生产经营者增加监督检查频次,对违法行为情节严重的食品生产经营者,可以通报投资主管部门、证券监督管理机构和有关的金融机构。食品生产经营过程中存在食品安全隐患,未及时采取措施消除的,县级以上人民政府食品安全监督管理部门可以对食品生产经营者的法定代表人或者主要负责人进行责任约谈。食品生产经营者应当立即采取措施,进行整改,消除隐患。责任约谈情况和整改情况应当纳入食品生产经营者食品安全信用档案。县级以上人民政府食品安全监督管理等部门应当公布本部门的电子邮件地址或者电话,接受咨询、投诉、举报。接到咨询、投诉、举报,对属于本部门职责的,应当受理并在法定期限内及时答复、核实、处理;对不属于本部门职责的,应当移交有权处理的部门并书面通知咨询、投诉、举报人。有权处理的部门应当在法定期限内及时处理,不得推诿。对查证属实的举报,给予举报人奖励。有关部门应当对举报人的信息予以保密,保护举报人的合法权益。举报人举报所在企业的,该企业不得以解除、变更劳动合同或者其他方式对举报人进行打击报复。县级以上人民政府食品安全监督管理等部门应当加强对执法人员食品安全法律、法规、标准和专业知识与执法能力等的培训,并组织考核。不具备相应知识和能力的,不得从事食品安全执法工作。食品生产经营者、食品行业协会、消费者协会等发现食品安全执法人员在执法过程中有违反法律、法规规

① 《食品安全法》第 87 条规定,县级以上人民政府食品安全监督管理部门应当对食品进行定期或者不定期的抽样检验,并依据有关规定公布检验结果,不得免检。进行抽样检验,应当购买抽取的样品,委托符合本法规定的食品检验机构进行检验,并支付相关费用;不得向食品生产经营者收取检验费和其他费用。

定的行为以及不规范执法行为的,可以向本级或者上级人民政府食品安全监督管理等部门或者监察机关投诉、举报。接到投诉、举报的部门或者机关应当进行核实,并将经核实的情况向食品安全执法人员所在部门通报;涉嫌违法违纪的,按照本法和有关规定处理。县级以上人民政府食品安全监督管理等部门未及时发现食品安全系统性风险,未及时消除监督管理区域内的食品安全隐患的,本级人民政府可以对其主要负责人进行责任约谈。地方人民政府未履行食品安全职责,未及时消除区域性重大食品安全隐患的,上级人民政府可以对其主要负责人进行责任约谈。被约谈的食品安全监督管理等部门、地方人民政府应当立即采取措施,对食品安全监督管理工作进行整改。责任约谈情况和整改情况应当纳入地方人民政府和有关部门食品安全监督管理工作评议、考核记录。国家建立统一的食品安全信息平台,实行食品安全信息统一公布制度。国家食品安全总体情况、食品安全风险警示信息、重大食品安全事故及其调查处理信息和国务院确定需要统一公布的其他信息由国务院食品安全监督管理部门统一公布。食品安全风险警示信息和重大食品安全事故及其调查处理信息的影响限于特定区域的,也可以由有关省、自治区、直辖市人民政府食品安全监督管理部门公布。未经授权不得发布上述信息。县级以上人民政府食品安全监督管理、农业行政部门依据各自职责公布食品安全日常监督管理信息。公布食品安全信息,应当做到准确、及时,并进行必要的解释说明,避免误导消费者和社会舆论。县级以上地方人民政府食品安全监督管理、卫生行政、农业行政部门获知本法规定需要统一公布的信息,应当向上级主管部门报告,由上级主管部门立即报告国务院食品安全监督管理部门;必要时,可以直接向国务院食品安全监督管理部门报告。县级以上人民政府食品安全监督管理、卫生行政、农业行政部门应当相互通报获知的食品安全信息。任何单位和个人不得编造、散布虚假食品安全信息。县级以上人民政府食品安全监督管理部门发现可能误导消费者和社会舆论的食品安全信息,应当立即组织有关部门、专业机构、相关食品生产经营者等进行核实、分析，并及时公布结果。县级以上人民政府食品安全监督管理等部门发现涉嫌食品安全犯罪的，应当按照有关规定及时将案件移送公安机关。对移送的案件，公安机关应当及时审查；认为有犯罪事实需要追究刑事责任的，应当立案侦查。公安机关在食品安全犯罪案件侦查过程中认为没有犯罪事实，或者犯罪事实显著轻微，不需要追究刑事责任，但依法应当追究行政责任的，应当及时将案件移送食品安全监督管理等部门和监察机关，有关部门应当依法处理。公安机关商请食品安全监督管理、生态环境等部门提供检验结论、认定意见以及对涉案物品进行无害化处理等协助的，有关部门应当及时提供，予以协助。①

第三节　农产品质量安全调控的法律规定

一、《农产品质量安全法》的制定和实施

2006 年 4 月 29 日，为保障农产品质量安全，维护公众健康，促进农业和农村经济发展，第十届全国人民代表大会常务委员会第二十一次会议通过《农产品质量安全法》，自 2006 年 11 月 1 日起施行；根据 2018 年 10 月 26 日第十三届全国人民代表大会常务委员会第六次会议《关于修改〈中华人民共和国野生动物保护法〉等十五部法律的决定》修正。此次修正的内容：一是将第 15 条中的“环境保护行政主管部门”修改为“生态环境主管部门”；二是将第 40 条中的“食品药品监督管理部门”修改为“市场监督管理部门”；三是将第 52 条中的“工商行政管理部门”修改为“市场监督管理部门”。《农产品质量安全法》所称农产品，是指来

① 《食品安全法》第 109 ~121 条。

源于农业的初级产品,即在农业活动中获得的植物、动物、微生物及其产品。所称农产品质量安全,是指农产品质量符合保障人的健康、安全的要求。该法除总则、附则外,就农产品质量安全标准、农产品产地、农产品生产、农产品包装和标识、监督检查和法律责任进行了规定。生猪屠宰的管理按照国家有关规定执行。[①] 该法总计 8 章 56 条。

二、农产品质量安全调控的规定

在总的政策制度方面,《农产品质量安全法》规定,县级以上人民政府农业行政主管部门负责农产品质量安全的监督管理工作;县级以上人民政府有关部门按照职责分工,负责农产品质量安全的有关工作。县级以上人民政府应当将农产品质量安全管理工作纳入本级国民经济和社会发展规划,并安排农产品质量安全经费,用于开展农产品质量安全工作。县级以上地方人民政府统一领导、协调本行政区域内的农产品质量安全工作,并采取措施,建立健全农产品质量安全服务体系,提高农产品质量安全水平。国务院农业行政主管部门应当设立由有关方面专家组成的农产品质量安全风险评估专家委员会,对可能影响农产品质量安全的潜在危害进行风险分析和评估。国务院农业行政主管部门应当根据农产品质量安全风险评估结果采取相应的管理措施,并将农产品质量安全风险评估结果及时通报国务院有关部门。国务院农业行政主管部门和省、自治区、直辖市人民政府农业行政主管部门应当按照职责权限,发布有关农产品质量安全状况信息。国家引导、推广农产品标准化生产,鼓励和支持生产优质农产品,禁止生产、销售不符合国家规定的农产品质量安全标准的农产品。国家支持农产品质量安全科学技术研究,推行科学的质量安全管理方法,推广先进安全的生产技术。各级人民政府及

---

① 《农产品质量安全法》第 2 条、第 55 条。

有关部门应当加强农产品质量安全知识的宣传，提高公众的农产品质量安全意识，引导农产品生产者、销售者加强质量安全管理，保障农产品消费安全。①

在农产品质量安全标准方面，《农产品质量安全法》规定，国家建立健全农产品质量安全标准体系。农产品质量安全标准是强制性的技术规范。农产品质量安全标准的制定和发布，依照有关法律、行政法规的规定执行。制定农产品质量安全标准应当充分考虑农产品质量安全风险评估结果，并听取农产品生产者、销售者和消费者的意见，保障消费安全。农产品质量安全标准应当根据科学技术发展水平以及农产品质量安全的需要，及时修订。农产品质量安全标准由农业行政主管部门商有关部门组织实施。②

在农产品产地方面，《农产品质量安全法》规定，县级以上地方人民政府农业行政主管部门按照保障农产品质量安全的要求，根据农产品品种特性和生产区域大气、土壤、水体中有毒有害物质状况等因素，认为不适宜特定农产品生产的，提出禁止生产的区域，报本级人民政府批准后公布。具体办法由国务院农业行政主管部门商国务院生态环境主管部门制定。农产品禁止生产区域的调整，依照前款规定的程序办理。县级以上人民政府应当采取措施，加强农产品基地建设，改善农产品的生产条件。县级以上人民政府农业行政主管部门应当采取措施，推进保障农产品质量安全的标准化生产综合示范区、示范农场、养殖小区和无规定动植物疫病区的建设。禁止在有毒有害物质超过规定标准的区域生产、捕捞、采集食用农产品和建立农产品生产基地。禁止违反法律、法规的规定向农产品产地排放或者倾倒废水、废气、固体废物或者其他有毒有害物质。农业生产用水和用作肥料的固体废物，应当符合国家规定的标

---

① 《农产品质量安全法》第 3 ~10 条。

② 《农产品质量安全法》第 11 ~14 条。

准。农产品生产者应当合理使用化肥、农药、兽药、农用薄膜等化工产品,防止对农产品产地造成污染。①

在农产品生产方面,《农产品质量安全法》规定,国务院农业行政主管部门和省、自治区、直辖市人民政府农业行政主管部门应当制定保障农产品质量安全的生产技术要求和操作规程。县级以上人民政府农业行政主管部门应当加强对农产品生产的指导。对可能影响农产品质量安全的农药、兽药、饲料和饲料添加剂、肥料、兽医器械,依照有关法律、行政法规的规定实行许可制度。国务院农业行政主管部门和省、自治区、直辖市人民政府农业行政主管部门应当定期对可能危及农产品质量安全的农药、兽药、饲料和饲料添加剂、肥料等农业投入品进行监督抽查,并公布抽查结果。县级以上人民政府农业行政主管部门应当加强对农业投入品使用的管理和指导,建立健全农业投入品的安全使用制度。农业科研教育机构和农业技术推广机构应当加强对农产品生产者质量安全知识和技能的培训。农产品生产企业和农民专业合作经济组织应当建立农产品生产记录,如实记载下列事项:(1)使用农业投入品的名称、来源、用法、用量和使用、停用的日期;(2)动物疫病、植物病虫草害的发生和防治情况;(3)收获、屠宰或者捕捞的日期。农产品生产记录应当保存2年。禁止伪造农产品生产记录。国家鼓励其他农产品生产者建立农产品生产记录。农产品生产者应当按照法律、行政法规和国务院农业行政主管部门的规定,合理使用农业投入品,严格执行农业投入品使用安全间隔期或者休药期的规定,防止危及农产品质量安全。禁止在农产品生产过程中使用国家明令禁止使用的农业投入品。农产品生产企业和农民专业合作经济组织,应当自行或者委托检测机构对农产品质量安全状况进行检测;经检测不符合农产品质量安全标准的农产品,不得销售。农民专业合作经济组织和农产品行业协会对其成员应当及时提

① 《农产品质量安全法》第15~19条。

供生产技术服务,建立农产品质量安全管理制度,健全农产品质量安全控制体系,加强自律管理。①

在农产品包装和标识方面,《农产品质量安全法》规定,农产品生产企业、农民专业合作经济组织以及从事农产品收购的单位或者个人销售的农产品,按照规定应当包装或者附加标识的,须经包装或者附加标识后方可销售。包装物或者标识上应当按照规定标明产品的品名、产地、生产者、生产日期、保质期、产品质量等级等内容;使用添加剂的,还应当按照规定标明添加剂的名称。具体办法由国务院农业行政主管部门制定。农产品在包装、保鲜、贮存、运输中所使用的保鲜剂、防腐剂、添加剂等材料,应当符合国家有关强制性的技术规范。属于农业转基因生物的农产品,应当按照农业转基因生物安全管理的有关规定进行标识。依法需要实施检疫的动植物及其产品,应当附具检疫合格标志、检疫合格证明。销售的农产品必须符合农产品质量安全标准,生产者可以申请使用无公害农产品标志。农产品质量符合国家规定的有关优质农产品标准的,生产者可以申请使用相应的农产品质量标志。禁止冒用前款规定的农产品质量标志。②

在监督检查方面,《农产品质量安全法》规定,有下列情形之一的农产品,不得销售:(1)含有国家禁止使用的农药、兽药或者其他化学物质的;(2)农药、兽药等化学物质残留或者含有的重金属等有毒有害物质不符合农产品质量安全标准的;(3)含有的致病性寄生虫、微生物或者生物毒素不符合农产品质量安全标准的;(4)使用的保鲜剂、防腐剂、添加剂等材料不符合国家有关强制性的技术规范的;(5)其他不符合农产品质量安全标准的。国家建立农产品质量安全监测制度。县级以上人民政府农业行政主管部门应当按照保障农产品质量安全的要求,制定并

① 《农产品质量安全法》第20~27条。
② 《农产品质量安全法》第28~32条。

组织实施农产品质量安全监测计划,对生产中或者市场上销售的农产品进行监督抽查。监督抽查结果由国务院农业行政主管部门或者省、自治区、直辖市人民政府农业行政主管部门按照权限予以公布。监督抽查检测应当委托符合本法第 35 条规定条件的农产品质量安全检测机构进行①,不得向被抽查人收取费用,抽取的样品不得超过国务院农业行政主管部门规定的数量。上级农业行政主管部门监督抽查的农产品,下级农业行政主管部门不得另行重复抽查。农产品质量安全检测应当充分利用现有的符合条件的检测机构。从事农产品质量安全检测的机构,必须具备相应的检测条件和能力,由省级以上人民政府农业行政主管部门或者其授权的部门考核合格。具体办法由国务院农业行政主管部门制定。农产品质量安全检测机构应当依法经计量认证合格。农产品生产者、销售者对监督抽查检测结果有异议的,可以自收到检测结果之日起 5 日内,向组织实施农产品质量安全监督抽查的农业行政主管部门或者其上级农业行政主管部门申请复检。采用国务院农业行政主管部门会同有关部门认定的快速检测方法进行农产品质量安全监督抽查检测,被抽查人对检测结果有异议的,可以自收到检测结果时起 4 小时内申请复检。复检不得采用快速检测方法。因检测结果错误给当事人造成损害的,依法承担赔偿责任。农产品批发市场应当设立或者委托农产品质量安全检测机构,对进场销售的农产品质量安全状况进行抽查检测;发现不符合农产品质量安全标准的,应当要求销售者立即停止销售,并向农业行政主管部门报告。农产品销售企业对其销售的农产品,应当建立健全进货检查验收制度;经查验不符合农产品质量安全标准的,不得销售。国家鼓励单位和个人对农产品质量安全进行社会监督。任何单位和个

---

① 《农产品质量安全法》第 35 条规定,农产品质量安全检测应当充分利用现有的符合条件的检测机构。从事农产品质量安全检测的机构,必须具备相应的检测条件和能力,由省级以上人民政府农业行政主管部门或者其授权的部门考核合格。具体办法由国务院农业行政主管部门制定。农产品质量安全检测机构应当依法经计量认证合格。

人都有权对违反本法的行为进行检举、揭发和控告。有关部门收到相关的检举、揭发和控告后,应当及时处理。县级以上人民政府农业行政主管部门在农产品质量安全监督检查中,可以对生产、销售的农产品进行现场检查,调查了解农产品质量安全的有关情况,查阅、复制与农产品质量安全有关的记录和其他资料;对经检测不符合农产品质量安全标准的农产品,有权查封、扣押。发生农产品质量安全事故时,有关单位和个人应当采取控制措施,及时向所在地乡级人民政府和县级人民政府农业行政主管部门报告;收到报告的机关应当及时处理并报上一级人民政府和有关部门。发生重大农产品质量安全事故时,农业行政主管部门应当及时通报同级市场监督管理部门。县级以上人民政府农业行政主管部门在农产品质量安全监督管理中,发现有本法第 33 条所列不得销售情形之一的农产品,应当按照农产品质量安全责任追究制度的要求,查明责任人,依法予以处理或者提出处理建议。进口的农产品必须按照国家规定的农产品质量安全标准进行检验;尚未制定有关农产品质量安全标准的,应当依法及时制定,未制定之前,可以参照国家有关部门指定的国外有关标准进行检验。①

第四节　网络安全调控的法律规定

一、《网络安全法》的制定和实施

2016 年 11 月 7 日,为了保障网络安全,维护网络空间主权和国家安全、社会公共利益,保护公民、法人和其他组织的合法权益,促进经济社会信息化健康发展,第十二届全国人民代表大会常务委员会第二十四次

① 《农产品质量安全法》第 33 ~34 条、第 36 ~42 条。

会议通过《网络安全法》,自 2017 年 6 月 1 日起施行。该法除总则、附则外,就网络安全支持与促进、网络运行安全、网络信息安全、监测预警与应急处置和法律责任作出规定。《网络安全法》共计 7 章 79 条。该法的适用范围是,在中华人民共和国境内建设、运营、维护和使用网络,以及网络安全的监督管理活动。存储、处理涉及国家秘密信息的网络的运行安全保护,除应当遵守本法外,还应当遵守保密法律、行政法规的规定。军事网络的安全保护,由中央军事委员会另行规定。《网络安全法》规定的法定用语的含义:(1)网络,是指由计算机或者其他信息终端及相关设备组成的按照一定的规则和程序对信息进行收集、存储、传输、交换、处理的系统。(2)网络安全,是指通过采取必要措施,防范对网络的攻击、侵入、干扰、破坏和非法使用以及意外事故,使网络处于稳定可靠运行的状态,以及保障网络数据的完整性、保密性、可用性的能力。(3)网络运营者,是指网络的所有者、管理者和网络服务提供者。(4)网络数据,是指通过网络收集、存储、传输、处理和产生的各种电子数据。(5)个人信息,是指以电子或者其他方式记录的能够单独或者与其他信息结合识别自然人个人身份的各种信息,包括但不限于自然人的姓名、出生日期、身份证件号码、个人生物识别信息、住址、电话号码等。①

二、网络安全调控的法律规定

在总的方针、政策及制度建设方面,《网络安全法》规定,国家坚持网络安全与信息化发展并重,遵循积极利用、科学发展、依法管理、确保安全的方针,推进网络基础设施建设和互联互通,鼓励网络技术创新和应用,支持培养网络安全人才,建立健全网络安全保障体系,提高网络安全保护能力。国家制定并不断完善网络安全战略,明确保障网络安全的

---

① 《网络安全法》第 2 条、第 76 ~78 条。

基本要求和主要目标，提出重点领域的网络安全政策、工作任务和措施。国家采取措施，监测、防御、处置来源于中华人民共和国境内外的网络安全风险和威胁，保护关键信息基础设施免受攻击、侵入、干扰和破坏，依法惩治网络违法犯罪活动，维护网络空间安全和秩序。国家倡导诚实守信、健康文明的网络行为，推动传播社会主义核心价值观，采取措施提高全社会的网络安全意识和水平，形成全社会共同参与促进网络安全的良好环境。国家积极开展网络空间治理、网络技术研发和标准制定、打击网络违法犯罪等方面的国际交流与合作，推动构建和平、安全、开放、合作的网络空间，建立多边、民主、透明的网络治理体系。国家网信部门负责统筹协调网络安全工作和相关监督管理工作。国务院电信主管部门、公安部门和其他有关机关依照本法和有关法律、行政法规的规定，在各自职责范围内负责网络安全保护和监督管理工作。县级以上地方人民政府有关部门的网络安全保护和监督管理职责，按照国家有关规定确定。网络运营者开展经营和服务活动，必须遵守法律、行政法规，尊重社会公德，遵守商业道德，诚实信用，履行网络安全保护义务，接受政府和社会的监督，承担社会责任。建设、运营网络或者通过网络提供服务，应当依照法律、行政法规的规定和国家标准的强制性要求，采取技术措施和其他必要措施，保障网络安全、稳定运行，有效应对网络安全事件，防范网络违法犯罪活动，维护网络数据的完整性、保密性和可用性。网络相关行业组织按照章程，加强行业自律，制定网络安全行为规范，指导会员加强网络安全保护，提高网络安全保护水平，促进行业健康发展。国家保护公民、法人和其他组织依法使用网络的权利，促进网络接入普及，提升网络服务水平，为社会提供安全、便利的网络服务，保障网络信息依法有序自由流动。任何个人和组织使用网络应当遵守宪法法律，遵守公共秩序，尊重社会公德，不得危害网络安全，不得利用网络从事危害国家安全、荣誉和利益，煽动颠覆国家政权、推翻社会主义制度，煽动分裂国家、破坏国家统一，宣扬恐怖主义、极端主义，宣扬民族仇恨、民族歧视，传播暴力、淫秽色情信息，编造、传播虚假信息扰乱经济秩序和社会秩序，以及侵害他人名誉、隐私、知识产权和其他合法权益等活动。国家支持研究开发有利于未成年人健康成长的网络产品和服务，依法惩治利用网络从事危害未成年人身心健康的活动，为未成年人提供安全、健康的网络环境。任何个人和组织有权对危害网络安全的行为向网信、电信、公安等部门举报。收到举报的部门应当及时依法作出处理；不属于本部门职责的，应当及时移送有权处理的部门。有关部门应当对举报人的相关信息予以保密，保护举报人的合法权益。①

在网络安全支持与促进方面，《网络安全法》规定，国家建立和完善网络安全标准体系。国务院标准化行政主管部门和国务院其他有关部门根据各自的职责，组织制定并适时修订有关网络安全管理以及网络产品、服务和运行安全的国家标准、行业标准。国家支持企业、研究机构、高等学校、网络相关行业组织参与网络安全国家标准、行业标准的制定。国务院和省、自治区、直辖市人民政府应当统筹规划，加大投入，扶持重点网络安全技术产业和项目，支持网络安全技术的研究开发和应用，推广安全可信的网络产品和服务，保护网络技术知识产权，支持企业、研究机构和高等学校等参与国家网络安全技术创新项目。国家推进网络安全社会化服务体系建设，鼓励有关企业、机构开展网络安全认证、检测和风险评估等安全服务。国家鼓励开发网络数据安全保护和利用技术，促进公共数据资源开放，推动技术创新和经济社会发展。国家支持创新网络安全管理方式，运用网络新技术，提升网络安全保护水平。各级人民政府及其有关部门应当组织开展经常性的网络安全宣传教育，并指导、督促有关单位做好网络安全宣传教育工作。大众传播媒介应当有针对性地面向社会进行网络安全宣传教育。国家支持企业和高等学校、职业学校等教育培训机构开展网络安全相关教育与培训，采取多种方式培养

① 《网络安全法》第3～14条。

网络安全人才,促进网络安全人才交流。①

在网络运行安全的一般规定方面,《网络安全法》规定,国家实行网络安全等级保护制度。网络运营者应当按照网络安全等级保护制度的要求,履行下列安全保护义务,保障网络免受干扰、破坏或者未经授权的访问,防止网络数据泄露或者被窃取、篡改:(1)制定内部安全管理制度和操作规程,确定网络安全负责人,落实网络安全保护责任;(2)采取防范计算机病毒和网络攻击、网络侵入等危害网络安全行为的技术措施;(3)采取监测、记录网络运行状态、网络安全事件的技术措施,并按照规定留存相关的网络日志不少于6个月;(4)采取数据分类、重要数据备份和加密等措施;(5)法律、行政法规规定的其他义务。网络产品、服务应当符合相关国家标准的强制性要求。网络产品、服务的提供者不得设置恶意程序;发现其网络产品、服务存在安全缺陷、漏洞等风险时,应当立即采取补救措施,按照规定及时告知用户并向有关主管部门报告。网络产品、服务的提供者应当为其产品、服务持续提供安全维护;在规定或者当事人约定的期限内,不得终止提供安全维护。网络产品、服务具有收集用户信息功能的,其提供者应当向用户明示并取得同意;涉及用户个人信息的,还应当遵守本法和有关法律、行政法规关于个人信息保护的规定。网络关键设备和网络安全专用产品应当按照相关国家标准的强制性要求,由具备资格的机构安全认证合格或者安全检测符合要求后,方可销售或者提供。国家网信部门会同国务院有关部门制定、公布网络关键设备和网络安全专用产品目录,并推动安全认证和安全检测结果互认,避免重复认证、检测。网络运营者为用户办理网络接入、域名注册服务,办理固定电话、移动电话等入网手续,或者为用户提供信息发布、即时通信等服务,在与用户签订协议或者确认提供服务时,应当要求用户提供真实身份信息。用户不提供真实身份信息的,网络运营者不得为其

---

① 《网络安全法》第15~20条。

提供相关服务。国家实施网络可信身份战略,支持研究开发安全、方便的电子身份认证技术,推动不同电子身份认证之间的互认。网络运营者应当制定网络安全事件应急预案,及时处置系统漏洞、计算机病毒、网络攻击、网络侵入等安全风险;在发生危害网络安全的事件时,立即启动应急预案,采取相应的补救措施,并按照规定向有关主管部门报告。开展网络安全认证、检测、风险评估等活动,向社会发布系统漏洞、计算机病毒、网络攻击、网络侵入等网络安全信息,应当遵守国家有关规定。任何个人和组织不得从事非法侵入他人网络、干扰他人网络正常功能、窃取网络数据等危害网络安全的活动;不得提供专门用于从事侵入网络、干扰网络正常功能及防护措施、窃取网络数据等危害网络安全活动的程序、工具;明知他人从事危害网络安全的活动的,不得为其提供技术支持、广告推广、支付结算等帮助。网络运营者应当为公安机关、国家安全机关依法维护国家安全和侦查犯罪的活动提供技术支持和协助。国家支持网络运营者之间在网络安全信息收集、分析、通报和应急处置等方面进行合作,提高网络运营者的安全保障能力。有关行业组织建立健全本行业的网络安全保护规范和协作机制,加强对网络安全风险的分析评估,定期向会员进行风险警示,支持、协助会员应对网络安全风险。网信部门和有关部门在履行网络安全保护职责中获取的信息,只能用于维护网络安全的需要,不得用于其他用途。①

在关键信息基础设施的运行安全方面,《网络安全法》规定,国家对公共通信和信息服务、能源、交通、水利、金融、公共服务、电子政务等重要行业和领域,以及其他一旦遭到破坏、丧失功能或者数据泄露,可能严重危害国家安全、国计民生、公共利益的关键信息基础设施,在网络安全等级保护制度的基础上,实行重点保护。关键信息基础设施的具体范围和安全保护办法由国务院制定。国家鼓励关键信息基础设施以外的网

① 《网络安全法》第21~30条。

络运营者自愿参与关键信息基础设施保护体系。按照国务院规定的职责分工,负责关键信息基础设施安全保护工作的部门分别编制并组织实施本行业、本领域的关键信息基础设施安全规划,指导和监督关键信息基础设施运行安全保护工作。建设关键信息基础设施应当确保其具有支持业务稳定、持续运行的性能,并保证安全技术措施同步规划、同步建设、同步使用。除本法第21条的规定外,①关键信息基础设施的运营者还应当履行下列安全保护义务:(1)设置专门安全管理机构和安全管理负责人,并对该负责人和关键岗位的人员进行安全背景审查;(2)定期对从业人员进行网络安全教育、技术培训和技能考核;(3)对重要系统和数据库进行容灾备份;(4)制定网络安全事件应急预案,并定期进行演练;(5)法律、行政法规规定的其他义务。关键信息基础设施的运营者采购网络产品和服务,可能影响国家安全的,应当通过国家网信部门会同国务院有关部门组织的国家安全审查。关键信息基础设施的运营者采购网络产品和服务,应当按照规定与提供者签订安全保密协议,明确安全和保密义务与责任。关键信息基础设施的运营者在中华人民共和国境内运营中收集和产生的个人信息和重要数据应当在境内存储。因业务需要,确需向境外提供的,应当按照国家网信部门会同国务院有关部门制定的办法进行安全评估;法律、行政法规另有规定的,依照其规定。关键信息基础设施的运营者应当自行或者委托网络安全服务机构对其网络的安全性和可能存在的风险每年至少进行一次检测评估,并将检测评估情况和改进措施报送相关负责关键信息基础设施安全保护工

---

① 《网络安全法》第21条规定,国家实行网络安全等级保护制度。网络运营者应当按照网络安全等级保护制度的要求,履行下列安全保护义务,保障网络免受干扰、破坏或者未经授权的访问,防止网络数据泄露或者被窃取、篡改:(1)制定内部安全管理制度和操作规程,确定网络安全负责人,落实网络安全保护责任;(2)采取防范计算机病毒和网络攻击、网络侵入等危害网络安全行为的技术措施;(3)采取监测、记录网络运行状态、网络安全事件的技术措施,并按照规定留存相关的网络日志不少于6个月;(4)采取数据分类、重要数据备份和加密等措施;(5)法律、行政法规规定的其他义务。

作的部门。国家网信部门应当统筹协调有关部门对关键信息基础设施的安全保护采取下列措施：(1)对关键信息基础设施的安全风险进行抽查检测，提出改进措施，必要时可以委托网络安全服务机构对网络存在的安全风险进行检测评估；(2)定期组织关键信息基础设施的运营者进行网络安全应急演练，提高应对网络安全事件的水平和协同配合能力；(3)促进有关部门、关键信息基础设施的运营者以及有关研究机构、网络安全服务机构等之间的网络安全信息共享；(4)对网络安全事件的应急处置与网络功能的恢复等，提供技术支持和协助。①

在网络信息安全方面，《网络安全法》规定，网络运营者应当对其收集的用户信息严格保密，并建立健全用户信息保护制度。网络运营者收集、使用个人信息，应当遵循合法、正当、必要的原则，公开收集、使用规则，明示收集、使用信息的目的、方式和范围，并经被收集者同意。网络运营者不得收集与其提供的服务无关的个人信息，不得违反法律、行政法规的规定和双方的约定收集、使用个人信息，并应当依照法律、行政法规的规定和与用户的约定，处理其保存的个人信息。网络运营者不得泄露、篡改、毁损其收集的个人信息；未经被收集者同意，不得向他人提供个人信息。但是，经过处理无法识别特定个人且不能复原的除外。网络运营者应当采取技术措施和其他必要措施，确保其收集的个人信息安全，防止信息泄露、毁损、丢失。在发生或者可能发生个人信息泄露、毁损、丢失的情况时，应当立即采取补救措施，按照规定及时告知用户并向有关主管部门报告。个人发现网络运营者违反法律、行政法规的规定或者双方的约定收集、使用其个人信息的，有权要求网络运营者删除其个人信息；发现网络运营者收集、存储的其个人信息有错误的，有权要求网络运营者予以更正。网络运营者应当采取措施予以删除或者更正。任何个人和组织不得窃取或者以其他非法方式获取个人信息，不得非法出

---

① 《网络安全法》第31～39条。

售或者非法向他人提供个人信息。依法负有网络安全监督管理职责的部门及其工作人员,必须对在履行职责中知悉的个人信息、隐私和商业秘密严格保密,不得泄露、出售或者非法向他人提供。任何个人和组织应当对其使用网络的行为负责,不得设立用于实施诈骗,传授犯罪方法,制作或者销售违禁物品、管制物品等违法犯罪活动的网站、通信群组,不得利用网络发布涉及实施诈骗,制作或者销售违禁物品、管制物品以及其他违法犯罪活动的信息。网络运营者应当加强对其用户发布的信息的管理,发现法律、行政法规禁止发布或者传输的信息的,应当立即停止传输该信息,采取消除等处置措施,防止信息扩散,保存有关记录,并向有关主管部门报告。任何个人和组织发送的电子信息、提供的应用软件,不得设置恶意程序,不得含有法律、行政法规禁止发布或者传输的信息。电子信息发送服务提供者和应用软件下载服务提供者,应当履行安全管理义务,知道其用户有前款规定行为的,应当停止提供服务,采取消除等处置措施,保存有关记录,并向有关主管部门报告。网络运营者应当建立网络信息安全投诉、举报制度,公布投诉、举报方式等信息,及时受理并处理有关网络信息安全的投诉和举报。网络运营者对网信部门和有关部门依法实施的监督检查,应当予以配合。国家网信部门和有关部门依法履行网络信息安全监督管理职责,发现法律、行政法规禁止发布或者传输的信息的,应当要求网络运营者停止传输,采取消除等处置措施,保存有关记录;对来源于中华人民共和国境外的上述信息,应当通知有关机构采取技术措施和其他必要措施阻断传播。①

在监测预警与应急处置方面,《网络安全法》规定,国家建立网络安全监测预警和信息通报制度。国家网信部门应当统筹协调有关部门加强网络安全信息收集、分析和通报工作,按照规定统一发布网络安全监

① 《网络安全法》第40~50条。

测预警信息。负责关键信息基础设施安全保护工作的部门,应当建立健全本行业、本领域的网络安全监测预警和信息通报制度,并按照规定报送网络安全监测预警信息。国家网信部门协调有关部门建立健全网络安全风险评估和应急工作机制,制定网络安全事件应急预案,并定期组织演练。负责关键信息基础设施安全保护工作的部门应当制定本行业、本领域的网络安全事件应急预案,并定期组织演练。网络安全事件应急预案应当按照事件发生后的危害程度、影响范围等因素对网络安全事件进行分级,并规定相应的应急处置措施。网络安全事件发生的风险增大时,省级以上人民政府有关部门应当按照规定的权限和程序,并根据网络安全风险的特点和可能造成的危害,采取下列措施:(1)要求有关部门、机构和人员及时收集、报告有关信息,加强对网络安全风险的监测;(2)组织有关部门、机构和专业人员,对网络安全风险信息进行分析评估,预测事件发生的可能性、影响范围和危害程度;(3)向社会发布网络安全风险预警,发布避免、减轻危害的措施。发生网络安全事件,应当立即启动网络安全事件应急预案,对网络安全事件进行调查和评估,要求网络运营者采取技术措施和其他必要措施,消除安全隐患,防止危害扩大,并及时向社会发布与公众有关的警示信息。省级以上人民政府有关部门在履行网络安全监督管理职责中,发现网络存在较大安全风险或者发生安全事件的,可以按照规定的权限和程序对该网络的运营者的法定代表人或者主要负责人进行约谈。网络运营者应当按照要求采取措施,进行整改,消除隐患。因网络安全事件,发生突发事件或者生产安全事故的,应当依照《突发事件应对法》《安全生产法》等有关法律、行政法规的规定处置。因维护国家安全和社会公共秩序,处置重大突发社会安全事件的需要,经国务院决定或者批准,可以在特定区域对网络通信采取限制等临时措施。①

---

① 《网络安全法》第 51 ~58 条。

第五节　安全生产调控的法律规定

一、《安全生产法》的制定和实施

2002年6月29日，为了加强安全生产工作，防止和减少生产安全事故，保障人民群众生命和财产安全，促进经济社会持续健康发展，第九届全国人民代表大会常务委员会第二十八次会议通过《安全生产法》，自2002年11月1日起施行；根据2009年8月27日第十一届全国人民代表大会常务委员会第十次会议关于《关于修改部分法律的决定》第一次修正；根据2014年8月31日第十二届全国人民代表大会常务委员会第十次会议《关于修改〈中华人民共和国安全生产法〉的决定》第二次修正。《安全生产法》的适用范围：在中华人民共和国领域内从事生产经营活动的单位（以下统称生产经营单位）的安全生产，适用本法；有关法律、行政法规对消防安全和道路交通安全、铁路交通安全、水上交通安全、民用航空安全以及核与辐射安全、特种设备安全另有规定的，适用其规定。[①]《安全生产法》除总则、附则外，就生产经营单位的安全生产保障、从业人员的安全生产权利义务、安全生产的监督管理、生产安全事故的应急救援与调查处理和法律责任做出规定。《安全生产法》总计7章114条。《安全生产法》法律用语的含义：危险物品，是指易燃易爆物品、危险化学品、放射性物品等能够危及人身安全和财产安全的物品。重大危险源，是指长期地或者临时地生产、搬运、使用或者储存危险物品，且危险物品的数量等于或者超过临界量的单元（包括场所和设施）。《安全生产法》规定的生产安全一般事故、较大事故、重大事故、特别重大事

① 《安全生产法》第2条。

故的划分标准由国务院规定。国务院安全生产监督管理部门和其他负有安全生产监督管理职责的部门应当根据各自的职责分工，制定相关行业、领域重大事故隐患的判定标准。①

二、安全生产调控规定

在总的方针政策及制度安排方面，《安全生产法》规定，安全生产工作应当以人为本，坚持安全发展，坚持安全第一、预防为主、综合治理的方针，强化和落实生产经营单位的主体责任，建立生产经营单位负责、职工参与、政府监管、行业自律和社会监督的机制。生产经营单位必须遵守本法和其他有关安全生产的法律、法规，加强安全生产管理，建立、健全安全生产责任制和安全生产规章制度，改善安全生产条件，推进安全生产标准化建设，提高安全生产水平，确保安全生产。生产经营单位的主要负责人对本单位的安全生产工作全面负责。生产经营单位的从业人员有依法获得安全生产保障的权利，并应当依法履行安全生产方面的义务。工会依法对安全生产工作进行监督。生产经营单位的工会依法组织职工参加本单位安全生产工作的民主管理和民主监督，维护职工在安全生产方面的合法权益。生产经营单位制定或者修改有关安全生产的规章制度，应当听取工会的意见。国务院和县级以上地方各级人民政府应当根据国民经济和社会发展规划制定安全生产规划，并组织实施。安全生产规划应当与城乡规划相衔接。国务院和县级以上地方各级人民政府应当加强对安全生产工作的领导，支持、督促各有关部门依法履行安全生产监督管理职责，建立健全安全生产工作协调机制，及时协调、解决安全生产监督管理中存在的重大问题。乡、镇人民政府以及街道办事处、开发区管理机构等地方人民政府的派出机关应当按照职责，加强

① 《安全生产法》第112～113条。

对本行政区域内生产经营单位安全生产状况的监督检查,协助上级人民政府有关部门依法履行安全生产监督管理职责。国务院安全生产监督管理部门依照本法,对全国安全生产工作实施综合监督管理;县级以上地方各级人民政府安全生产监督管理部门依照本法,对本行政区域内安全生产工作实施综合监督管理。国务院有关部门依照本法和其他有关法律、行政法规的规定,在各自的职责范围内对有关行业、领域的安全生产工作实施监督管理;县级以上地方各级人民政府有关部门依照本法和其他有关法律、法规的规定,在各自的职责范围内对有关行业、领域的安全生产工作实施监督管理。安全生产监督管理部门和对有关行业、领域的安全生产工作实施监督管理的部门,统称负有安全生产监督管理职责的部门。国务院有关部门应当按照保障安全生产的要求,依法及时制定有关的国家标准或者行业标准,并根据科技进步和经济发展适时修订。生产经营单位必须执行依法制定的保障安全生产的国家标准或者行业标准。各级人民政府及其有关部门应当采取多种形式,加强对有关安全生产的法律、法规和安全生产知识的宣传,增强全社会的安全生产意识。有关协会组织依照法律、行政法规和章程,为生产经营单位提供安全生产方面的信息、培训等服务,发挥自律作用,促进生产经营单位加强安全生产管理。依法设立的为安全生产提供技术、管理服务的机构,依照法律、行政法规和执业准则,接受生产经营单位的委托为其安全生产工作提供技术、管理服务。生产经营单位委托前款规定的机构提供安全生产技术、管理服务的,保证安全生产的责任仍由本单位负责。国家实行生产安全事故责任追究制度,依照本法和有关法律、法规的规定,追究生产安全事故责任人员的法律责任。国家鼓励和支持安全生产科学技术研究和安全生产先进技术的推广应用,提高安全生产水平。国家对在改善安全生产条件、防止生产安全事故、参加抢险救护等方面取得显著成绩的单位和个人,给予奖励。①

在生产经营单位的安全生产保障方面,《安全生产法》规定,生产经营单位应当具备本法和有关法律、行政法规和国家标准或者行业标准规定的安全生产条件;不具备安全生产条件的,不得从事生产经营活动。生产经营单位的主要负责人对本单位安全生产工作负有下列职责:(1)建立、健全本单位安全生产责任制;(2)组织制定本单位安全生产规章制度和操作规程;(3)组织制定并实施本单位安全生产教育和培训计划;(4)保证本单位安全生产投入的有效实施;(5)督促、检查本单位的安全生产工作,及时消除生产安全事故隐患;(6)组织制定并实施本单位的生产安全事故应急救援预案;(7)及时、如实报告生产安全事故。生产经营单位的安全生产责任制应当明确各岗位的责任人员、责任范围和考核标准等内容。生产经营单位应当建立相应的机制,加强对安全生产责任制落实情况的监督考核,保证安全生产责任制的落实。生产经营单位应当具备的安全生产条件所必需的资金投入,由生产经营单位的决策机构、主要负责人或者个人经营的投资人予以保证,并对由于安全生产所必需的资金投入不足导致的后果承担责任。有关生产经营单位应当按照规定提取和使用安全生产费用,专门用于改善安全生产条件。安全生产费用在成本中据实列支。安全生产费用提取、使用和监督管理的具体办法由国务院财政部门会同国务院安全生产监督管理部门征求国务院有关部门意见后制定。矿山、金属冶炼、建筑施工、道路运输单位和危险物品的生产、经营、储存单位,应当设置安全生产管理机构或者配备专职安全生产管理人员。该规定以外的其他生产经营单位,从业人员超过100人的,应当设置安全生产管理机构或者配备专职安全生产管理人员;从业人员在100人以下的,应当配备专职或者兼职的安全生产管理人员。生产经营单位的安全生产管理机构以及安全生产管理人员履行

---

① 《安全生产法》第3~16条。

下列职责：(1)组织或者参与拟订本单位安全生产规章制度、操作规程和生产安全事故应急救援预案；(2)组织或者参与本单位安全生产教育和培训，如实记录安全生产教育和培训情况；(3)督促落实本单位重大危险源的安全管理措施；(4)组织或者参与本单位应急救援演练；(5)检查本单位的安全生产状况，及时排查生产安全事故隐患，提出改进安全生产管理的建议；(6)制止和纠正违章指挥、强令冒险作业、违反操作规程的行为；(7)督促落实本单位安全生产整改措施。生产经营单位的安全生产管理机构以及安全生产管理人员应当恪尽职守，依法履行职责。生产经营单位作出涉及安全生产的经营决策，应当听取安全生产管理机构以及安全生产管理人员的意见。生产经营单位不得因安全生产管理人员依法履行职责而降低其工资、福利等待遇或者解除与其订立的劳动合同。危险物品的生产、储存单位以及矿山、金属冶炼单位的安全生产管理人员的任免，应当告知主管的负有安全生产监督管理职责的部门。生产经营单位的主要负责人和安全生产管理人员必须具备与本单位所从事的生产经营活动相应的安全生产知识和管理能力。危险物品的生产、经营、储存单位以及矿山、金属冶炼、建筑施工、道路运输单位的主要负责人和安全生产管理人员，应当由主管的负有安全生产监督管理职责的部门对其安全生产知识和管理能力考核合格，考核不得收费。危险物品的生产、储存单位以及矿山、金属冶炼单位应当有注册安全工程师从事安全生产管理工作。鼓励其他生产经营单位聘用注册安全工程师从事安全生产管理工作。注册安全工程师按专业分类管理，具体办法由国务院人力资源和社会保障部门、国务院安全生产监督管理部门会同国务院有关部门制定。生产经营单位应当对从业人员进行安全生产教育和培训，保证从业人员具备必要的安全生产知识，熟悉有关的安全生产规章制度和安全操作规程，掌握本岗位的安全操作技能，了解事故应急处理措施，知悉自身在安全生产方面的权利和义务。未经安全生产教育和培训合格的从业人员，不得上岗作业。生产经营单位使用被派遣劳动者的,应当将被派遣劳动者纳入本单位从业人员统一管理,对被派遣劳动者进行岗位安全操作规程和安全操作技能的教育和培训。劳务派遣单位应当对被派遣劳动者进行必要的安全生产教育和培训。生产经营单位接收中等职业学校、高等学校学生实习的,应当对实习学生进行相应的安全生产教育和培训,提供必要的劳动防护用品。学校应当协助生产经营单位对实习学生进行安全生产教育和培训。生产经营单位应当建立安全生产教育和培训档案,如实记录安全生产教育和培训的时间、内容、参加人员以及考核结果等情况。生产经营单位采用新工艺、新技术、新材料或者使用新设备,必须了解、掌握其安全技术特性,采取有效的安全防护措施,并对从业人员进行专门的安全生产教育和培训。生产经营单位的特种作业人员必须按照国家有关规定经专门的安全作业培训,取得相应资格,方可上岗作业。特种作业人员的范围由国务院安全生产监督管理部门会同国务院有关部门确定。生产经营单位新建、改建、扩建工程项目(以下统称建设项目)的安全设施,必须与主体工程同时设计、同时施工、同时投入生产和使用。安全设施投资应当纳入建设项目概算。矿山、金属冶炼建设项目和用于生产、储存、装卸危险物品的建设项目,应当按照国家有关规定进行安全评价。建设项目安全设施的设计人、设计单位应当对安全设施设计负责。矿山、金属冶炼建设项目和用于生产、储存、装卸危险物品的建设项目的安全设施设计应当按照国家有关规定报经有关部门审查,审查部门及其负责审查的人员对审查结果负责。矿山、金属冶炼建设项目和用于生产、储存、装卸危险物品的建设项目的施工单位必须按照批准的安全设施设计施工,并对安全设施的工程质量负责。矿山、金属冶炼建设项目和用于生产、储存危险物品的建设项目竣工投入生产或者使用前,应当由建设单位负责组织对安全设施进行验收;验收合格后,方可投入生产和使用。安全生产监督管理部门应当加强对建设单位验收活动和验收结果的监督核查。生产经营单位应当在有较大危险因素的生产经营场所和有关设施、设备上,设置明显的安全警示标志。安全设备的设计、制造、安装、使用、检测、维修、改造和报废,应当符合国家标准或者行业标准。生产经营单位必须对安全设备进行经常性维护、保养,并定期检测,保证正常运转。维护、保养、检测应当作好记录,并由有关人员签字。生产经营单位使用的危险物品的容器、运输工具,以及涉及人身安全、危险性较大的海洋石油开采特种设备和矿山井下特种设备,必须按照国家有关规定,由专业生产单位生产,并经具有专业资质的检测、检验机构检测、检验合格,取得安全使用证或者安全标志,方可投入使用。检测、检验机构对检测、检验结果负责。国家对严重危及生产安全的工艺、设备实行淘汰制度,具体目录由国务院安全生产监督管理部门会同国务院有关部门制定并公布。法律、行政法规对目录的制定另有规定的,适用其规定。省、自治区、直辖市人民政府可以根据本地区实际情况制定并公布具体目录,对前款规定以外的危及生产安全的工艺、设备予以淘汰。生产经营单位不得使用应当淘汰的危及生产安全的工艺、设备。生产、经营、运输、储存、使用危险物品或者处置废弃危险物品的,由有关主管部门依照有关法律、法规的规定和国家标准或者行业标准审批并实施监督管理。生产经营单位生产、经营、运输、储存、使用危险物品或者处置废弃危险物品,必须执行有关法律、法规和国家标准或者行业标准,建立专门的安全管理制度,采取可靠的安全措施,接受有关主管部门依法实施的监督管理。生产经营单位对重大危险源应当登记建档,进行定期检测、评估、监控,并制定应急预案,告知从业人员和相关人员在紧急情况下应当采取的应急措施。生产经营单位应当按照国家有关规定将本单位重大危险源及有关安全措施、应急措施报有关地方人民政府安全生产监督管理部门和有关部门备案。生产经营单位应当建立健全生产安全事故隐患排查治理制度,采取技术、管理措施,及时发现并消除事故隐患。事故隐患排查治理情况应当如实记录,并向从业人员通报。县级以上地方各级人民政府负有安全生产监督管理职责的部门应当建立健全重大事故隐患治理督办制度,督促生产经营单位消除重大事故隐患。生产、经营、储存、使用危险物品的车间、商店、仓库不得与员工宿舍在同一座建筑物内,并应当与员工宿舍保持安全距离。生产经营场所和员工宿舍应当设有符合紧急疏散要求、标志明显、保持畅通的出口。禁止锁闭、封堵生产经营场所或者员工宿舍的出口。生产经营单位进行爆破、吊装以及国务院安全生产监督管理部门会同国务院有关部门规定的其他危险作业,应当安排专门人员进行现场安全管理,确保操作规程的遵守和安全措施的落实。生产经营单位应当教育和督促从业人员严格执行本单位的安全生产规章制度和安全操作规程;并向从业人员如实告知作业场所和工作岗位存在的危险因素、防范措施以及事故应急措施。生产经营单位必须为从业人员提供符合国家标准或者行业标准的劳动防护用品,并监督、教育从业人员按照使用规则佩戴、使用。生产经营单位的安全生产管理人员应当根据本单位的生产经营特点,对安全生产状况进行经常性检查;对检查中发现的安全问题,应当立即处理;不能处理的,应当及时报告本单位有关负责人,有关负责人应当及时处理。检查及处理情况应当如实记录在案。生产经营单位的安全生产管理人员在检查中发现重大事故隐患,依照前款规定向本单位有关负责人报告,有关负责人不及时处理的,安全生产管理人员可以向主管的负有安全生产监督管理职责的部门报告,接到报告的部门应当依法及时处理。生产经营单位应当安排用于配备劳动防护用品、进行安全生产培训的经费。两个以上生产经营单位在同一作业区域内进行生产经营活动,可能危及对方生产安全的,应当签订安全生产管理协议,明确各自的安全生产管理职责和应当采取的安全措施,并指定专职安全生产管理人员进行安全检查与协调。生产经营单位不得将生产经营项目、场所、设备发包或者出租给不具备安全生产条件或者相应资质的单位或者个人。生产经营项目、场所发包或者出租给其他单位的,生产经营单位应当与承包单位、承租单位签订专门的安全生产管理协议,或者在承包合同、租赁合同中约定各自的安全生产管理职责;生产经营单位对承包单位、承租单位的安全生产工作统一协调、管理，定期进行安全检查，发现安全问题的，应当及时督促整改。生产经营单位发生生产安全事故时，单位的主要负责人应当立即组织抢救，并不得在事故调查处理期间擅离职守。生产经营单位必须依法参加工伤保险，为从业人员缴纳保险费。国家鼓励生产经营单位投保安全生产责任保险。①

在从业人员的安全生产权利义务方面，《安全生产法》规定，生产经营单位与从业人员订立的劳动合同，应当载明有关保障从业人员劳动安全、防止职业危害的事项，以及依法为从业人员办理工伤保险的事项。生产经营单位不得以任何形式与从业人员订立协议，免除或者减轻其对从业人员因生产安全事故伤亡依法应承担的责任。生产经营单位的从业人员有权了解其作业场所和工作岗位存在的危险因素、防范措施及事故应急措施，有权对本单位的安全生产工作提出建议。从业人员有权对本单位安全生产工作中存在的问题提出批评、检举、控告；有权拒绝违章指挥和强令冒险作业。生产经营单位不得因从业人员对本单位安全生产工作提出批评、检举、控告或者拒绝违章指挥、强令冒险作业而降低其工资、福利等待遇或者解除与其订立的劳动合同。从业人员发现直接危及人身安全的紧急情况时，有权停止作业或者在采取可能的应急措施后撤离作业场所。生产经营单位不得因从业人员在前款紧急情况下停止作业或者采取紧急撤离措施而降低其工资、福利等待遇或者解除与其订立的劳动合同。因生产安全事故受到损害的从业人员，除依法享有工伤保险外，依照有关民事法律尚有获得赔偿的权利的，有权向本单位提出赔偿要求。从业人员在作业过程中，应当严格遵守本单位的安全生产规章制度和操作规程，服从管理，正确佩戴和使用劳动防护用品。从业人员应当接受安全生产教育和培训，掌握本职工作所需的安全生产知识，提高安全生产技能，增强事故预防和应急处理能力。从业人员发现事故

① 《安全生产法》第17~48条。

隐患或者其他不安全因素,应当立即向现场安全生产管理人员或者本单位负责人报告;接到报告的人员应当及时予以处理。工会有权对建设项目的安全设施与主体工程同时设计、同时施工、同时投入生产和使用进行监督,提出意见。工会对生产经营单位违反安全生产法律、法规,侵犯从业人员合法权益的行为,有权要求纠正;发现生产经营单位违章指挥、强令冒险作业或者发现事故隐患时,有权提出解决的建议,生产经营单位应当及时研究答复;发现危及从业人员生命安全的情况时,有权向生产经营单位建议组织从业人员撤离危险场所,生产经营单位必须立即作出处理。工会有权依法参加事故调查,向有关部门提出处理意见,并要求追究有关人员的责任。生产经营单位使用被派遣劳动者的,被派遣劳动者享有本法规定的从业人员的权利,并应当履行本法规定的从业人员的义务。①

在安全生产的监督管理方面,《安全生产法》规定,县级以上地方各级人民政府应当根据本行政区域内的安全生产状况,组织有关部门按照职责分工,对本行政区域内容易发生重大生产安全事故的生产经营单位进行严格检查。安全生产监督管理部门应当按照分类分级监督管理的要求,制订安全生产年度监督检查计划,并按照年度监督检查计划进行监督检查,发现事故隐患,应当及时处理。负有安全生产监督管理职责的部门依照有关法律、法规的规定,对涉及安全生产的事项需要审查批准(包括批准、核准、许可、注册、认证、颁发证照等,下同)或者验收的,必须严格依照有关法律、法规和国家标准或者行业标准规定的安全生产条件和程序进行审查;不符合有关法律、法规和国家标准或者行业标准规定的安全生产条件的,不得批准或者验收通过。对未依法取得批准或者验收合格的单位擅自从事有关活动的,负责行政审批的部门发现或者接到举报后应当立即予以取缔,并依法予以处理。对已经依法取得批准的

---

① 《安全生产法》第 49 ~58 条。

单位,负责行政审批的部门发现其不再具备安全生产条件的,应当撤销原批准。负有安全生产监督管理职责的部门对涉及安全生产的事项进行审查、验收,不得收取费用;不得要求接受审查、验收的单位购买其指定品牌或者指定生产、销售单位的安全设备、器材或者其他产品。安全生产监督管理部门和其他负有安全生产监督管理职责的部门依法开展安全生产行政执法工作,对生产经营单位执行有关安全生产的法律、法规和国家标准或者行业标准的情况进行监督检查,行使以下职权:(1)进入生产经营单位进行检查,调阅有关资料,向有关单位和人员了解情况;(2)对检查中发现的安全生产违法行为,当场予以纠正或者要求限期改正;对依法应当给予行政处罚的行为,依照本法和其他有关法律、行政法规的规定作出行政处罚决定;(3)对检查中发现的事故隐患,应当责令立即排除;重大事故隐患排除前或者排除过程中无法保证安全的,应当责令从危险区域内撤出作业人员,责令暂时停产停业或者停止使用相关设施、设备;重大事故隐患排除后,经审查同意,方可恢复生产经营和使用;(4)对有根据认为不符合保障安全生产的国家标准或者行业标准的设施、设备、器材以及违法生产、储存、使用、经营、运输的危险物品予以查封或者扣押,对违法生产、储存、使用、经营危险物品的作业场所予以查封,并依法作出处理决定。监督检查不得影响被检查单位的正常生产经营活动。生产经营单位对负有安全生产监督管理职责的部门的监督检查人员(以下统称安全生产监督检查人员)依法履行监督检查职责,应当予以配合,不得拒绝、阻挠。安全生产监督检查人员应当忠于职守,坚持原则,秉公执法。安全生产监督检查人员执行监督检查任务时,必须出示有效的监督执法证件;对涉及被检查单位的技术秘密和业务秘密,应当为其保密。安全生产监督检查人员应当将检查的时间、地点、内容、发现的问题及其处理情况,作出书面记录,并由检查人员和被检查单位的负责人签字;被检查单位的负责人拒绝签字的,检查人员应当将情况记录在案,并向负有安全生产监督管理职责的部门报告。负有安全生产监督管理职责的部门在监督检查中，应当互相配合，实行联合检查；确需分别进行检查的，应当互通情况，发现存在的安全问题应当由其他有关部门进行处理的，应当及时移送其他有关部门并形成记录备查，接受移送的部门应当及时进行处理。负有安全生产监督管理职责的部门依法对存在重大事故隐患的生产经营单位作出停产停业、停止施工、停止使用相关设施或者设备的决定，生产经营单位应当依法执行，及时消除事故隐患。生产经营单位拒不执行，有发生生产安全事故的现实危险的，在保证安全的前提下，经本部门主要负责人批准，负有安全生产监督管理职责的部门可以采取通知有关单位停止供电、停止供应民用爆炸物品等措施，强制生产经营单位履行决定。通知应当采用书面形式，有关单位应当予以配合。负有安全生产监督管理职责的部门依照前款规定采取停止供电措施，除有危及生产安全的紧急情形外，应当提前24小时通知生产经营单位。生产经营单位依法履行行政决定、采取相应措施消除事故隐患的，负有安全生产监督管理职责的部门应当及时解除前款规定的措施。监察机关依照行政监察法的规定，对负有安全生产监督管理职责的部门及其工作人员履行安全生产监督管理职责实施监察。承担安全评价、认证、检测、检验的机构应当具备国家规定的资质条件，并对其作出的安全评价、认证、检测、检验的结果负责。负有安全生产监督管理职责的部门应当建立举报制度，公开举报电话、信箱或者电子邮件地址，受理有关安全生产的举报；受理的举报事项经调查核实后，应当形成书面材料；需要落实整改措施的，报经有关负责人签字并督促落实。任何单位或者个人对事故隐患或者安全生产违法行为，均有权向负有安全生产监督管理职责的部门报告或者举报。居民委员会、村民委员会发现其所在区域内的生产经营单位存在事故隐患或者安全生产违法行为时，应当向当地人民政府或者有关部门报告。县级以上各级人民政府及其有关部门对报告重大事故隐患或者举报安全生产违法行为的有功人员，给予奖励。具体奖励办法由国务院安全生产监督管理部门会同国务院财政部门制定。新闻、出版、广播、电影、电视等单位有进行安全生产公益宣传教育的义务，有对违反安全生产法律、法规的行为进行舆论监督的权利。负有安全生产监督管理职责的部门应当建立安全生产违法行为信息库，如实记录生产经营单位的安全生产违法行为信息；对违法行为情节严重的生产经营单位，应当向社会公告，并通报行业主管部门、投资主管部门、国土资源主管部门、证券监督管理机构以及有关金融机构。①

在生产安全事故的应急救援与调查处理方面，《安全生产法》规定，国家加强生产安全事故应急能力建设，在重点行业、领域建立应急救援基地和应急救援队伍，鼓励生产经营单位和其他社会力量建立应急救援队伍，配备相应的应急救援装备和物资，提高应急救援的专业化水平。国务院安全生产监督管理部门建立全国统一的生产安全事故应急救援信息系统，国务院有关部门建立健全相关行业、领域的生产安全事故应急救援信息系统。县级以上地方各级人民政府应当组织有关部门制定本行政区域内生产安全事故应急救援预案，建立应急救援体系。生产经营单位应当制定本单位生产安全事故应急救援预案，与所在地县级以上地方人民政府组织制定的生产安全事故应急救援预案相衔接，并定期组织演练。危险物品的生产、经营、储存单位以及矿山、金属冶炼、城市轨道交通运营、建筑施工单位应当建立应急救援组织；生产经营规模较小的，可以不建立应急救援组织，但应当指定兼职的应急救援人员。危险物品的生产、经营、储存、运输单位以及矿山、金属冶炼、城市轨道交通运营、建筑施工单位应当配备必要的应急救援器材、设备和物资，并进行经常性维护、保养，保证正常运转。生产经营单位发生生产安全事故后，事故现场有关人员应当立即报告本单位负责人。单位负责人接到事故报告后，应当迅速采取有效措施，组织抢救，防止事故扩大，减少人员伤亡和财产损失，并按照国家有关规定立即如实报告当地负有安全生产监督

---

① 《安全生产法》第59～75条。

管理职责的部门，不得隐瞒不报、谎报或者迟报，不得故意破坏事故现场、毁灭有关证据。负有安全生产监督管理职责的部门接到事故报告后，应当立即按照国家有关规定上报事故情况。负有安全生产监督管理职责的部门和有关地方人民政府对事故情况不得隐瞒不报、谎报或者迟报。

有关地方人民政府和负有安全生产监督管理职责的部门的负责人接到生产安全事故报告后，应当按照生产安全事故应急救援预案的要求立即赶到事故现场，组织事故抢救。参与事故抢救的部门和单位应当服从统一指挥，加强协同联动，采取有效的应急救援措施，并根据事故救援的需要采取警戒、疏散等措施，防止事故扩大和次生灾害的发生，减少人员伤亡和财产损失。事故抢救过程中应当采取必要措施，避免或者减少对环境造成的危害。任何单位和个人都应当支持、配合事故抢救，并提供一切便利条件。事故调查处理应当按照科学严谨、依法依规、实事求是、注重实效的原则，及时、准确地查清事故原因，查明事故性质和责任，总结事故教训，提出整改措施，并对事故责任者提出处理意见。事故调查报告应当依法及时向社会公布。事故调查和处理的具体办法由国务院制定。事故发生单位应当及时全面落实整改措施，负有安全生产监督管理职责的部门应当加强监督检查。生产经营单位发生生产安全事故，经调查确定为责任事故的，除了应当查明事故单位的责任并依法予以追究外，还应当查明对安全生产的有关事项负有审查批准和监督职责的行政部门的责任，对有失职、渎职行为的，依照本法第 87 条的规定追究法律责任①。任

---

① 《安全生产法》第 87 条规定，负有安全生产监督管理职责的部门的工作人员，有下列行为之一的，给予降级或者撤职的处分；构成犯罪的，依照刑法有关规定追究刑事责任：(1)对不符合法定安全生产条件的涉及安全生产的事项予以批准或者验收通过的；(2)发现未依法取得批准、验收的单位擅自从事有关活动或者接到举报后不予取缔或者不依法予以处理的；(3)对已经依法取得批准的单位不履行监督管理职责，发现其不再具备安全生产条件而不撤销原批准或者发现安全生产违法行为不予查处的；(4)在监督检查中发现重大事故隐患，不依法及时处理的。负有安全生产监督管理职责的部门的工作人员有前款规定以外的滥用职权、玩忽职守、徇私舞弊行为的，依法给予处分；构成犯罪的，依照刑法有关规定追究刑事责任。

何单位和个人不得阻挠和干涉对事故的依法调查处理。县级以上地方各级人民政府安全生产监督管理部门应当定期统计分析本行政区域内发生生产安全事故的情况,并定期向社会公布。①

第六节　特种设备安全调控的法律规定

一、特种设备安全法的制定和实施

2013 年 6 月 29 日,为了加强特种设备安全工作,预防特种设备事故,保障人身和财产安全,促进经济社会发展,第十二届全国人民代表大会常务委员会第三次会议通过《特种设备安全法》,自 2014 年 1 月 1 日起施行。《特种设备安全法》的适用范围是,特种设备的生产(包括设计、制造、安装、改造、修理)、经营、使用、检验、检测和特种设备安全的监督管理活动。特种设备行政许可、检验的收费,依照法律、行政法规的规定执行。军事装备、核设施、航空航天器使用的特种设备安全的监督管理不适用本法。铁路机车、海上设施和船舶、矿山井下使用的特种设备以及民用机场专用设备安全的监督管理,房屋建筑工地、市政工程工地用起重机械和场(厂)内专用机动车辆的安装、使用的监督管理,由有关部门依照本法和其他有关法律的规定实施。《特种设备安全法》所称特种设备,是指对人身和财产安全有较大危险性的锅炉、压力容器(含气瓶)、压力管道、电梯、起重机械、客运索道、大型游乐设施、场(厂)内专用机动车辆,以及法律、行政法规规定适用本法的其他特种设备。国家对特种设备实行目录管理。特种设备目录由国务院负责特种设备安全

① 《安全生产法》第 76 ~86 条。

监督管理的部门制定，报国务院批准后执行。① 《特种设备安全法》总计7章101条。除总则、附则外，生产、经营、使用，检验、检测，监督管理，事故应急救援与调查处理和法律责任进行了规定。

二、特种设备安全调控规定

在总的原则和制度安排方面，《特种设备安全法》规定，特种设备安全工作应当坚持安全第一、预防为主、节能环保、综合治理的原则。国家对特种设备的生产、经营、使用，实施分类的、全过程的安全监督管理。国务院负责特种设备安全监督管理的部门对全国特种设备安全实施监督管理。县级以上地方各级人民政府负责特种设备安全监督管理的部门对本行政区域内特种设备安全实施监督管理。国务院和地方各级人民政府应当加强对特种设备安全工作的领导，督促各有关部门依法履行监督管理职责。县级以上地方各级人民政府应当建立协调机制，及时协调、解决特种设备安全监督管理中存在的问题。特种设备生产、经营、使用单位应当遵守本法和其他有关法律、法规，建立、健全特种设备安全和节能责任制度，加强特种设备安全和节能管理，确保特种设备生产、经营、使用安全，符合节能要求。特种设备生产、经营、使用、检验、检测应当遵守有关特种设备安全技术规范及相关标准。特种设备安全技术规范由国务院负责特种设备安全监督管理的部门制定。特种设备行业协会应当加强行业自律，推进行业诚信体系建设，提高特种设备安全管理水平。国家支持有关特种设备安全的科学技术研究，鼓励先进技术和先进管理方法的推广应用，对做出突出贡献的单位和个人给予奖励。负责特种设备安全监督管理的部门应当加强特种设备安全宣传教育，普及特种设备安全知识，增强社会公众的特种设备安全意识。任何单位和个人

---

① 《特种设备安全法》第2条、第99～100条。

有权向负责特种设备安全监督管理的部门和有关部门举报涉及特种设备安全的违法行为，接到举报的部门应当及时处理。①

在生产、经营、使用的一般规定方面，特种设备生产、经营、使用单位及其主要负责人对其生产、经营、使用的特种设备安全负责。特种设备生产、经营、使用单位应当按照国家有关规定配备特种设备安全管理人员、检测人员和作业人员，并对其进行必要的安全教育和技能培训。特种设备安全管理人员、检测人员和作业人员应当按照国家有关规定取得相应资格，方可从事相关工作。特种设备安全管理人员、检测人员和作业人员应当严格执行安全技术规范和管理制度，保证特种设备安全。特种设备生产、经营、使用单位对其生产、经营、使用的特种设备应当进行自行检测和维护保养，对国家规定实行检验的特种设备应当及时申报并接受检验。特种设备采用新材料、新技术、新工艺，与安全技术规范的要求不一致，或者安全技术规范未作要求、可能对安全性能有重大影响的，应当向国务院负责特种设备安全监督管理的部门申报，由国务院负责特种设备安全监督管理的部门及时委托安全技术咨询机构或者相关专业机构进行技术评审，评审结果经国务院负责特种设备安全监督管理的部门批准，方可投入生产、使用。国务院负责特种设备安全监督管理的部门应当将允许使用的新材料、新技术、新工艺的有关技术要求，及时纳入安全技术规范。国家鼓励投保特种设备安全责任保险。②

在生产安全方面，《特种设备安全法》规定，国家按照分类监督管理的原则对特种设备生产实行许可制度。特种设备生产单位应当具备下列条件，并经负责特种设备安全监督管理的部门许可，方可从事下列生产活动：(1)有与生产相适应的专业技术人员；(2)有与生产相适应的设备、设施和工作场所；(3)有健全的质量保证、安全管理和岗位责任等制

① 《特种设备安全法》第3～12条。

② 《特种设备安全法》第13～17条。

度。特种设备生产单位应当保证特种设备生产符合安全技术规范及相关标准的要求,对其生产的特种设备的安全性能负责。不得生产不符合安全性能要求和能效指标以及国家明令淘汰的特种设备。锅炉、气瓶、氧舱、客运索道、大型游乐设施的设计文件,应当经负责特种设备安全监督管理的部门核准的检验机构鉴定,方可用于制造。特种设备产品、部件或者试制的特种设备新产品、新部件以及特种设备采用的新材料,按照安全技术规范的要求需要通过型式试验进行安全性验证的,应当经负责特种设备安全监督管理的部门核准的检验机构进行型式试验。特种设备出厂时,应当随附安全技术规范要求的设计文件、产品质量合格证明、安装及使用维护保养说明、监督检验证明等相关技术资料和文件,并在特种设备显著位置设置产品铭牌、安全警示标志及其说明。电梯的安装、改造、修理,必须由电梯制造单位或者其委托的依照本法取得相应许可的单位进行。电梯制造单位委托其他单位进行电梯安装、改造、修理的,应当对其安装、改造、修理进行安全指导和监控,并按照安全技术规范的要求进行校验和调试。电梯制造单位对电梯安全性能负责。特种设备安装、改造、修理的施工单位应当在施工前将拟进行的特种设备安装、改造、修理情况书面告知直辖市或者设区的市级人民政府负责特种设备安全监督管理的部门。特种设备安装、改造、修理竣工后,安装、改造、修理的施工单位应当在验收后30日内将相关技术资料和文件移交特种设备使用单位。特种设备使用单位应当将其存入该特种设备的安全技术档案。锅炉、压力容器、压力管道元件等特种设备的制造过程和锅炉、压力容器、压力管道、电梯、起重机械、客运索道、大型游乐设施的安装、改造、重大修理过程,应当经特种设备检验机构按照安全技术规范的要求进行监督检验;未经监督检验或者监督检验不合格的,不得出厂或者交付使用。国家建立缺陷特种设备召回制度。因生产原因造成特种设备存在危及安全的同一性缺陷的,特种设备生产单位应当立即停止生产,主动召回。国务院负责特种设备安全监督管理的部门发现特种设备存在应当召回而未召回的情形时，应当责令特种设备生产单位召回。①

在经营安全方面，《特种设备安全法》规定，特种设备销售单位销售的特种设备，应当符合安全技术规范及相关标准的要求，其设计文件、产品质量合格证明、安装及使用维护保养说明、监督检验证明等相关技术资料和文件应当齐全。特种设备销售单位应当建立特种设备检查验收和销售记录制度。禁止销售未取得许可生产的特种设备，未经检验和检验不合格的特种设备，或者国家明令淘汰和已经报废的特种设备。特种设备出租单位不得出租未取得许可生产的特种设备或者国家明令淘汰和已经报废的特种设备，以及未按照安全技术规范的要求进行维护保养和未经检验或者检验不合格的特种设备。特种设备在出租期间的使用管理和维护保养义务由特种设备出租单位承担，法律另有规定或者当事人另有约定的除外。进口的特种设备应当符合我国安全技术规范的要求，并经检验合格；需要取得我国特种设备生产许可的，应当取得许可。进口特种设备随附的技术资料和文件应当符合本法第21条的规定②，其安装及使用维护保养说明、产品铭牌、安全警示标志及其说明应当采用中文。特种设备的进出口检验，应当遵守有关进出口商品检验的法律、行政法规。进口特种设备，应当向进口地负责特种设备安全监督管理的部门履行提前告知义务。③

在使用安全方面，《特种设备安全法》规定，特种设备使用单位应当使用取得许可生产并经检验合格的特种设备。禁止使用国家明令淘汰和已经报废的特种设备。特种设备使用单位应当在特种设备投入使用

---

① 《特种设备安全法》第18～26条。

② 《特种设备安全法》第21条规定，特种设备出厂时，应当随附安全技术规范要求的设计文件、产品质量合格证明、安装及使用维护保养说明、监督检验证明等相关技术资料和文件，并在特种设备显著位置设置产品铭牌、安全警示标志及其说明。

③ 《特种设备安全法》第27～31条。

前或者投入使用后30日内,向负责特种设备安全监督管理的部门办理使用登记,取得使用登记证书。登记标志应当置于该特种设备的显著位置。特种设备使用单位应当建立岗位责任、隐患治理、应急救援等安全管理制度,制定操作规程,保证特种设备安全运行。特种设备使用单位应当建立特种设备安全技术档案。安全技术档案应当包括以下内容:(1)特种设备的设计文件、产品质量合格证明、安装及使用维护保养说明、监督检验证明等相关技术资料和文件;(2)特种设备的定期检验和定期自行检查记录;(3)特种设备的日常使用状况记录;(4)特种设备及其附属仪器仪表的维护保养记录;(5)特种设备的运行故障和事故记录。电梯、客运索道、大型游乐设施等为公众提供服务的特种设备的运营使用单位,应当对特种设备的使用安全负责,设置特种设备安全管理机构或者配备专职的特种设备安全管理人员;其他特种设备使用单位,应当根据情况设置特种设备安全管理机构或者配备专职、兼职的特种设备安全管理人员。特种设备的使用应当具有规定的安全距离、安全防护措施。与特种设备安全相关的建筑物、附属设施,应当符合有关法律、行政法规的规定。特种设备属于共有的,共有人可以委托物业服务单位或者其他管理人管理特种设备,受托人履行本法规定的特种设备使用单位的义务,承担相应责任。共有人未委托的,由共有人或者实际管理人履行管理义务,承担相应责任。特种设备使用单位应当对其使用的特种设备进行经常性维护保养和定期自行检查,并作出记录。特种设备使用单位应当对其使用的特种设备的安全附件、安全保护装置进行定期校验、检修,并作出记录。特种设备使用单位应当按照安全技术规范的要求,在检验合格有效期届满前1个月向特种设备检验机构提出定期检验要求。特种设备检验机构接到定期检验要求后,应当按照安全技术规范的要求及时进行安全性能检验。特种设备使用单位应当将定期检验标志置于该特种设备的显著位置。未经定期检验或者检验不合格的特种设备,不得继续使用。特种设备安全管理人员应当对特种设备使用状况进行经常性检查,发现问题应当立即处理;情况紧急时,可以决定停止使用特种设备并及时报告本单位有关负责人。特种设备作业人员在作业过程中发现事故隐患或者其他不安全因素,应当立即向特种设备安全管理人员和单位有关负责人报告;特种设备运行不正常时,特种设备作业人员应当按照操作规程采取有效措施保证安全。特种设备出现故障或者发生异常情况,特种设备使用单位应当对其进行全面检查,消除事故隐患,方可继续使用。客运索道、大型游乐设施在每日投入使用前,其运营使用单位应当进行试运行和例行安全检查,并对安全附件和安全保护装置进行检查确认。电梯、客运索道、大型游乐设施的运营使用单位应当将电梯、客运索道、大型游乐设施的安全使用说明、安全注意事项和警示标志置于易于为乘客注意的显著位置。公众乘坐或者操作电梯、客运索道、大型游乐设施,应当遵守安全使用说明和安全注意事项的要求,服从有关工作人员的管理和指挥;遇有运行不正常时,应当按照安全指引,有序撤离。锅炉使用单位应当按照安全技术规范的要求进行锅炉水(介)质处理,并接受特种设备检验机构的定期检验。从事锅炉清洗,应当按照安全技术规范的要求进行,并接受特种设备检验机构的监督检验。电梯的维护保养应当由电梯制造单位或者依照本法取得许可的安装、改造、修理单位进行。电梯的维护保养单位应当在维护保养中严格执行安全技术规范的要求,保证其维护保养的电梯的安全性能,并负责落实现场安全防护措施,保证施工安全。电梯的维护保养单位应当对其维护保养的电梯的安全性能负责;接到故障通知后,应当立即赶赴现场,并采取必要的应急救援措施。电梯投入使用后,电梯制造单位应当对其制造的电梯的安全运行情况进行跟踪调查和了解,对电梯的维护保养单位或者使用单位在维护保养和安全运行方面存在的问题,提出改进建议,并提供必要的技术帮助;发现电梯存在严重事故隐患时,应当及时告知电梯使用单位,并向负责特种设备安全监督管理的部门报告。电梯制造单位对调查和了解的情况,应当作出记录。特种设备进行改造、修理,按照规定需要变更使用登记的,应当办理变更登记,方可继续使用。特种设备存在严重事故隐患,无改造、修理价值,或者达到安全技术规范规定的其他报废条件的,特种设备使用单位应当依法履行报废义务,采取必要措施消除该特种设备的使用功能,并向原登记的负责特种设备安全监督管理的部门办理使用登记证书注销手续。前款规定报废条件以外的特种设备,达到设计使用年限可以继续使用的,应当按照安全技术规范的要求通过检验或者安全评估,并办理使用登记证书变更,方可继续使用。允许继续使用的,应当采取加强检验、检测和维护保养等措施,确保使用安全。移动式压力容器、气瓶充装单位,应当具备下列条件,并经负责特种设备安全监督管理的部门许可,方可从事充装活动:(1)有与充装和管理相适应的管理人员和技术人员;(2)有与充装和管理相适应的充装设备、检测手段、场地厂房、器具、安全设施;(3)有健全的充装管理制度、责任制度、处理措施。充装单位应当建立充装前后的检查、记录制度,禁止对不符合安全技术规范要求的移动式压力容器和气瓶进行充装。气瓶充装单位应当向气体使用者提供符合安全技术规范要求的气瓶,对气体使用者进行气瓶安全使用指导,并按照安全技术规范的要求办理气瓶使用登记,及时申报定期检验。①

在检验、检测方面,《特种设备安全法》规定,从事本法规定的监督检验、定期检验的特种设备检验机构,以及为特种设备生产、经营、使用提供检测服务的特种设备检测机构,应当具备下列条件,并经负责特种设备安全监督管理的部门核准,方可从事检验、检测工作:(1)有与检验、检测工作相适应的检验、检测人员;(2)有与检验、检测工作相适应的检验、检测仪器和设备;(3)有健全的检验、检测管理制度和责任制度。特种设备检验、检测机构的检验、检测人员应当经考核,取得检验、检测人员资格,方可从事检验、检测工作。特种设备检验、检测机构的检验、检

① 《特种设备安全法》第32~49条。

测人员不得同时在两个以上检验、检测机构中执业；变更执业机构的，应当依法办理变更手续。特种设备检验、检测工作应当遵守法律、行政法规的规定，并按照安全技术规范的要求进行。特种设备检验、检测机构及其检验、检测人员应当依法为特种设备生产、经营、使用单位提供安全、可靠、便捷、诚信的检验、检测服务。特种设备检验、检测机构及其检验、检测人员应当客观、公正、及时地出具检验、检测报告，并对检验、检测结果和鉴定结论负责。特种设备检验、检测机构及其检验、检测人员在检验、检测中发现特种设备存在严重事故隐患时，应当及时告知相关单位，并立即向负责特种设备安全监督管理的部门报告。负责特种设备安全监督管理的部门应当组织对特种设备检验、检测机构的检验、检测结果和鉴定结论进行监督抽查，但应当防止重复抽查。监督抽查结果应当向社会公布。特种设备生产、经营、使用单位应当按照安全技术规范的要求向特种设备检验、检测机构及其检验、检测人员提供特种设备相关资料和必要的检验、检测条件，并对资料的真实性负责。特种设备检验、检测机构及其检验、检测人员对检验、检测过程中知悉的商业秘密，负有保密义务。特种设备检验、检测机构及其检验、检测人员不得从事有关特种设备的生产、经营活动，不得推荐或者监制、监销特种设备。特种设备检验机构及其检验人员利用检验工作故意刁难特种设备生产、经营、使用单位的，特种设备生产、经营、使用单位有权向负责特种设备安全监督管理的部门投诉，接到投诉的部门应当及时进行调查处理。①

在监督管理方面，《特种设备安全法》规定，负责特种设备安全监督管理的部门依照本法规定，对特种设备生产、经营、使用单位和检验、检测机构实施监督检查。负责特种设备安全监督管理的部门应当对学校、幼儿园以及医院、车站、客运码头、商场、体育场馆、展览馆、公园等公众聚集场所的特种设备，实施重点安全监督检查。负责特种设备安全监督

---

① 《特种设备安全法》第50～56条。

管理的部门实施本法规定的许可工作，应当依照本法和其他有关法律、行政法规规定的条件和程序以及安全技术规范的要求进行审查；不符合规定的，不得许可。负责特种设备安全监督管理的部门在办理本法规定的许可时，其受理、审查、许可的程序必须公开，并应当自受理申请之日起30日内，作出许可或者不予许可的决定；不予许可的，应当书面向申请人说明理由。负责特种设备安全监督管理的部门对依法办理使用登记的特种设备应当建立完整的监督管理档案和信息查询系统；对达到报废条件的特种设备，应当及时督促特种设备使用单位依法履行报废义务。负责特种设备安全监督管理的部门在依法履行监督检查职责时，可以行使下列职权：(1)进入现场进行检查，向特种设备生产、经营、使用单位和检验、检测机构的主要负责人和其他有关人员调查、了解有关情况；(2)根据举报或者取得的涉嫌违法证据，查阅、复制特种设备生产、经营、使用单位和检验、检测机构的有关合同、发票、账簿以及其他有关资料；(3)对有证据表明不符合安全技术规范要求或者存在严重事故隐患的特种设备实施查封、扣押；(4)对流入市场的达到报废条件或者已经报废的特种设备实施查封、扣押；(5)对违反本法规定的行为作出行政处罚决定。负责特种设备安全监督管理的部门在依法履行职责过程中，发现违反本法规定和安全技术规范要求的行为或者特种设备存在事故隐患时，应当以书面形式发出特种设备安全监察指令，责令有关单位及时采取措施予以改正或者消除事故隐患。紧急情况下要求有关单位采取紧急处置措施的，应当随后补发特种设备安全监察指令。负责特种设备安全监督管理的部门在依法履行职责过程中，发现重大违法行为或者特种设备存在严重事故隐患时，应当责令有关单位立即停止违法行为、采取措施消除事故隐患，并及时向上级负责特种设备安全监督管理的部门报告。接到报告的负责特种设备安全监督管理的部门应当采取必要措施，及时予以处理。对违法行为、严重事故隐患的处理需要当地人民政府和有关部门的支持、配合时，负责特种设备安全监督管理的部门应当报告当地人民政府,并通知其他有关部门。当地人民政府和其他有关部门应当采取必要措施,及时予以处理。地方各级人民政府负责特种设备安全监督管理的部门不得要求已经依照本法规定在其他地方取得许可的特种设备生产单位重复取得许可,不得要求对已经依照本法规定在其他地方检验合格的特种设备重复进行检验。负责特种设备安全监督管理的部门的安全监察人员应当熟悉相关法律、法规,具有相应的专业知识和工作经验,取得特种设备安全行政执法证件。特种设备安全监察人员应当忠于职守、坚持原则、秉公执法。负责特种设备安全监督管理的部门实施安全监督检查时,应当有 2 名以上特种设备安全监察人员参加,并出示有效的特种设备安全行政执法证件。负责特种设备安全监督管理的部门对特种设备生产、经营、使用单位和检验、检测机构实施监督检查,应当对每次监督检查的内容、发现的问题及处理情况作出记录,并由参加监督检查的特种设备安全监察人员和被检查单位的有关负责人签字后归档。被检查单位的有关负责人拒绝签字的,特种设备安全监察人员应当将情况记录在案。负责特种设备安全监督管理的部门及其工作人员不得推荐或者监制、监销特种设备;对履行职责过程中知悉的商业秘密负有保密义务。国务院负责特种设备安全监督管理的部门和省、自治区、直辖市人民政府负责特种设备安全监督管理的部门应当定期向社会公布特种设备安全总体状况。①

在事故应急救援与调查处理方面,《特种设备安全法》规定,国务院负责特种设备安全监督管理的部门应当依法组织制定特种设备重特大事故应急预案,报国务院批准后纳入国家突发事件应急预案体系。县级以上地方各级人民政府及其负责特种设备安全监督管理的部门应当依法组织制定本行政区域内特种设备事故应急预案,建立或者纳入相应的应急处置与救援体系。特种设备使用单位应当制定特种设备事故应急

① 《特种设备安全法》第 57 ~68 条。

专项预案,并定期进行应急演练。特种设备发生事故后,事故发生单位应当按照应急预案采取措施,组织抢救,防止事故扩大,减少人员伤亡和财产损失,保护事故现场和有关证据,并及时向事故发生地县级以上人民政府负责特种设备安全监督管理的部门和有关部门报告。县级以上人民政府负责特种设备安全监督管理的部门接到事故报告,应当尽快核实情况,立即向本级人民政府报告,并按照规定逐级上报。必要时,负责特种设备安全监督管理的部门可以越级上报事故情况。对特别重大事故、重大事故,国务院负责特种设备安全监督管理的部门应当立即报告国务院并通报国务院安全生产监督管理部门等有关部门。与事故相关的单位和人员不得迟报、谎报或者瞒报事故情况,不得隐匿、毁灭有关证据或者故意破坏事故现场。事故发生地人民政府接到事故报告,应当依法启动应急预案,采取应急处置措施,组织应急救援。特种设备发生特别重大事故,由国务院或者国务院授权有关部门组织事故调查组进行调查。发生重大事故,由国务院负责特种设备安全监督管理的部门会同有关部门组织事故调查组进行调查。发生较大事故,由省、自治区、直辖市人民政府负责特种设备安全监督管理的部门会同有关部门组织事故调查组进行调查。发生一般事故,由设区的市级人民政府负责特种设备安全监督管理的部门会同有关部门组织事故调查组进行调查。事故调查组应当依法、独立、公正开展调查,提出事故调查报告。组织事故调查的部门应当将事故调查报告报本级人民政府,并报上一级人民政府负责特种设备安全监督管理的部门备案。有关部门和单位应当依照法律、行政法规的规定,追究事故责任单位和人员的责任。事故责任单位应当依法落实整改措施,预防同类事故发生。事故造成损害的,事故责任单位应当依法承担赔偿责任。①

① 《特种设备安全法》第69 ~73 条。

第七节　矿山安全调控的法律规定

一、《矿山安全法》的制定和实施

1992年11月7日，为了保障矿山生产安全，防止矿山事故，保护矿山职工人身安全，促进采矿业的发展，第七届全国人民代表大会常务委员会第二十八次会议通过《矿山安全法》，自1993年5月1日起施行；根据2009年8月27日第十一届全国人民代表大会常务委员会第十次会议《关于修改部分法律的决定》修正。《矿山安全法》的适用范围是，在中华人民共和国领域和中华人民共和国管辖的其他海域从事矿产资源开采活动。[①]《矿山安全法》总计8章50条。该法除总则、附则外，就矿山建设的安全保障、矿山开采的安全保障、矿山企业的安全管理、矿山安全的监督和管理、矿山事故处理和法律责任进行了规定。

二、矿山安全调控规定

在总的政策和制度安排方面，《矿山安全法》规定，矿山企业必须具有保障安全生产的设施，建立、健全安全管理制度，采取有效措施改善职工劳动条件，加强矿山安全管理工作，保证安全生产。国务院劳动行政主管部门对全国矿山安全工作实施统一监督。县级以上地方各级人民政府劳动行政主管部门对本行政区域内的矿山安全工作实施统一监督。县级以上人民政府管理矿山企业的主管部门对矿山安全工作进行管理。国家鼓励矿山安全科学技术研究，推广先进技术，改进安全设施，提高矿

① 《矿山安全法》第2条。

山安全生产水平。对坚持矿山安全生产，防止矿山事故，参加矿山抢险救护，进行矿山安全科学技术研究等方面取得显著成绩的单位和个人，给予奖励。①

在矿山建设的安全保障方面，《矿山安全法》规定，矿山建设工程的安全设施必须和主体工程同时设计、同时施工、同时投入生产和使用。矿山建设工程的设计文件，必须符合矿山安全规程和行业技术规范，并按照国家规定经管理矿山企业的主管部门批准；不符合矿山安全规程和行业技术规范的，不得批准。矿山建设工程安全设施的设计必须有劳动行政主管部门参加审查。矿山安全规程和行业技术规范，由国务院管理矿山企业的主管部门制定。矿山设计下列项目必须符合矿山安全规程和行业技术规范：(1)矿井的通风系统和供风量、风质、风速；(2)露天矿的边坡角和台阶的宽度、高度；(3)供电系统；(4)提升、运输系统；(5)防水、排水系统和防火、灭火系统；(6)防瓦斯系统和防尘系统；(7)有关矿山安全的其他项目。每个矿井必须有两个以上能行人的安全出口，出口之间的直线水平距离必须符合矿山安全规程和行业技术规范。矿山必须有与外界相通的、符合安全要求的运输和通信设施。矿山建设工程必须按照管理矿山企业的主管部门批准的设计文件施工。矿山建设工程安全设施竣工后，由管理矿山企业的主管部门验收，并须有劳动行政主管部门参加；不符合矿山安全规程和行业技术规范的，不得验收，不得投入生产。②

在矿山开采的安全保障方面，《矿山安全法》规定，矿山开采必须具备保障安全生产的条件，执行开采不同矿种的矿山安全规程和行业技术规范。矿山设计规定保留的矿柱、岩柱，在规定的期限内，应当予以保护，不得开采或者毁坏。矿山使用的有特殊安全要求的设备、器材、防护

---

① 《矿山安全法》第3~6条。

② 《矿山安全法》第7~12条。

用品和安全检测仪器,必须符合国家安全标准或者行业安全标准;不符合国家安全标准或者行业安全标准的,不得使用。矿山企业必须对机电设备及其防护装置、安全检测仪器,定期检查、维修,保证使用安全。矿山企业必须对作业场所中的有毒有害物质和井下空气含氧量进行检测,保证符合安全要求。矿山企业必须对下列危害安全的事故隐患采取预防措施:(1)冒顶、片帮、边坡滑落和地表塌陷;(2)瓦斯爆炸、煤尘爆炸;(3)冲击地压、瓦斯突出、井喷;(4)地面和井下的火灾、水害;(5)爆破器材和爆破作业发生的危害;(6)粉尘、有毒有害气体、放射性物质和其它有害物质引起的危害;(7)其他危害。矿山企业对使用机械、电气设备,排土场、石山、尾矿库与矿山闭坑后可能引起的危害,应当采取预防措施。①

在矿山企业的安全管理方面,《矿山安全法》规定,矿山企业必须建立、健全安全生产责任制。矿长对本企业的安全生产工作负责。矿长应当定期向职工代表大会或者职工大会报告安全生产工作,发挥职工代表大会的监督作用。矿山企业职工必须遵守有关矿山安全的法律、法规和企业规章制度。矿山企业职工有权对危害安全的行为,提出批评、检举和控告。矿山企业工会依法维护职工生产安全的合法权益,组织职工对矿山安全工作进行监督。矿山企业违反有关安全的法律、法规,工会有权要求企业行政方面或者有关部门认真处理。矿山企业召开讨论有关安全生产的会议,应当有工会代表参加,工会有权提出意见和建议。矿山企业工会发现企业行政方面违章指挥、强令工人冒险作业或者生产过程中发现明显重大事故隐患和职业危害,有权提出解决的建议;发现危及职工生命安全的情况时,有权向矿山企业行政方面建议组织职工撤离危险现场,矿山企业行政方面必须及时作出处理决定。矿山企业必须对职工进行安全教育、培训;未经安全教育、培训的,不得上岗作业。矿山

① 《矿山安全法》第13～19条。

企业安全生产的特种作业人员必须接受专门培训,经考核合格取得操作资格证书的,方可上岗作业。矿长必须经过考核,具备安全专业知识,具有领导安全生产和处理矿山事故的能力。矿山企业安全工作人员必须具备必要的安全专业知识和矿山安全工作经验。矿山企业必须向职工发放保障安全生产所需的劳动防护用品。矿山企业不得录用未成年人从事矿山井下劳动。矿山企业对女职工按照国家规定实行特殊劳动保护,不得分配女职工从事矿山井下劳动。矿山企业必须制定矿山事故防范措施,并组织落实。矿山企业应当建立由专职或者兼职人员组成的救护和医疗急救组织,配备必要的装备、器材和药物。矿山企业必须从矿产品销售额中按照国家规定提取安全技术措施专项费用。安全技术措施专项费用必须全部用于改善矿山安全生产条件,不得挪作他用。①

在矿山安全的监督和管理方面,《矿山安全法》规定,县级以上各级人民政府劳动行政主管部门对矿山安全工作行使下列监督职责:(1)检查矿山企业和管理矿山企业的主管部门贯彻执行矿山安全法律、法规的情况;(2)参加矿山建设工程安全设施的设计审查和竣工验收;(3)检查矿山劳动条件和安全状况;(4)检查矿山企业职工安全教育、培训工作;(5)监督矿山企业提取和使用安全技术措施专项费用的情况;(6)参加并监督矿山事故的调查和处理;(7)法律、行政法规规定的其他监督职责。县级以上人民政府管理矿山企业的主管部门对矿山安全工作行使下列管理职责:(1)检查矿山企业贯彻执行矿山安全法律、法规的情况;(2)审查批准矿山建设工程安全设施的设计;(3)负责矿山建设工程安全设施的竣工验收;(4)组织矿长和矿山企业安全工作人员的培训工作;(5)调查和处理重大矿山事故;(6)法律、行政法规规定的其他管理职责。劳动行政主管部门的矿山安全监督人员有权进入矿山企业,在现场检查安全状况;发现有危及职工安全的紧急险情时,应当要求矿山企

① 《矿山安全法》第20~32条。

业立即处理。①

在矿山事故处理方面,《矿山安全法》规定,发生矿山事故,矿山企业必须立即组织抢救,防止事故扩大,减少人员伤亡和财产损失,对伤亡事故必须立即如实报告劳动行政主管部门和管理矿山企业的主管部门。发生一般矿山事故,由矿山企业负责调查和处理。发生重大矿山事故,由政府及其有关部门、工会和矿山企业按照行政法规的规定进行调查和处理。矿山企业对矿山事故中伤亡的职工按照国家规定给予抚恤或者补偿。矿山事故发生后,应当尽快消除现场危险,查明事故原因,提出防范措施。现场危险消除后,方可恢复生产。②

简要评析

从理论上讲,经济安全的范畴,涉及经济领域各行各业生产、经营和消费的安全问题,经济领域的安全也会波及社会的安定,因此,宏观调控机关及机构必须担负起经济安全的责任。其主要职责:一是制定安全标准并把好市场准入关;二是进行经济运行的安全监测,一旦发现问题即应予以及时预警,促使市场主体采取措施防止安全事故的发生;三是对已经发生的安全事件或事故依法予以及时处理,并及时总结教训,完善相应的政策制度。在具体政策制度设计上,与通常“以调为主,兼顾控制”不同,经济安全的调控应“以预防控制为主,兼顾协调”。在安全事件或事故的处理上,虽着手于微观个案,但提升到宏观总体认识高度即形成了国家经济安全的理念及其制度完善。

从本章梳理情况看,改革开放以来,国家经济安全法的制定和实施

① 《矿山安全法》第 33 ~35 条。

② 《矿山安全法》第 36 ~39 条。

比较健全,相关领域均有安全法的保障。特别是对于关系百姓生命健康的《食品安全法》而言,法律规范的内容比较详尽,体现了“以人为本”的法律关怀。而《网络安全法》的制定和实施,则体现了法律对于网络普及以来安全问题的回应。尽管如此,面临国内外经济形势的变化,面临新技术、新经济业态的涌现,国家经济安全调控法治还需要不断地完善。第十三届全国人大常委会的立法规划中已经将《农产品质量安全法》《安全生产法》列为修法项目。与此同时,《数据安全法》和《粮食安全保障法》的出台,将会更加完善国家经济安全法律保障体系。

第四篇　新时代新任务探析

第三十章　新时代背景下宏观调控法的完善

2012 年以来，中国的经济和社会发展经历了深刻的变化。在 2012 年党的十八大后，党中央根据国际国内经济形势提出了经济发展面临的“经济新常态”，提出了在经济发展新阶段有关“降速度、调结构、通过大众创新创业产生新的驱动力、社会和谐稳定以及积极参与国际宏观调控”等重大战略；在 2017 年党的十九大上，党中央向国内外宣布中国特色社会主义进入新时代，中国社会主要矛盾已经由人民日益增长的物质文化需要同落后的社会生产之间的矛盾，转化为人民日益增长的美好生活需要和不平衡不充分的发展之间的矛盾。并且，有关“新时代”的表述得到 2018 年《宪法》修正案的确认。[①] 在此发展背景下，认真总结改革开放40年宏观调控及其法治建设的经验和教训，对经济新常态和新时代国家法治治理予以积极的回应，是宏观调控法必然的历史性任务。对此，有学者对此进行了研究。[②] 笔者则根据以上的理论和实证分析，做以下探讨。

第一节　中国宏观调控及其法治的历史总结

通过笔者对中国宏观调控及其法治建设理论的阐述及立法实践的梳理与简要分析，中国的宏观调控及其法治建设是中国改革开放的产物，是中国特色社会主义建设必不可少的重要组成部分。中国宏观调控及其法治建设既有对国外市场经济国家法治治理经验的借鉴，又有结合本国实际的制度创新，是中国社会主义建设制度的完善，进而体现出鲜明的道路自信、理论自信、制度自信和文化自信，形成独特的中国发展模式。综合起来，具有以下几方面的经验。

---

① 对此，2018年修改后的《宪法》序言中在阐述中国社会主义建设时总结道，"中国新民主主义革命的胜利和社会主义事业的成就，是中国共产党领导中国各族人民，在马克思列宁主义、毛泽东思想的指引下，坚持真理，修正错误，战胜许多艰难险阻而取得的。我国将长期处于社会主义初级阶段。国家的根本任务是，沿着中国特色社会主义道路，集中力量进行社会主义现代化建设。中国各族人民将继续在中国共产党领导下，在马克思列宁主义、毛泽东思想、邓小平理论、'三个代表'重要思想、科学发展观、习近平新时代中国特色社会主义思想指引下，坚持人民民主专政，坚持社会主义道路，坚持改革开放，不断完善社会主义的各项制度，发展社会主义市场经济，发展社会主义民主，健全社会主义法治，贯彻新发展理念，自力更生，艰苦奋斗，逐步实现工业、农业、国防和科学技术的现代化，推动物质文明、政治文明、精神文明、社会文明、生态文明协调发展，把我国建设成为富强民主文明和谐美丽的社会主义现代化强国，实现中华民族伟大复兴"。

② 参见席月民：《宏观调控新常态中的法治考量》，载《上海财经大学学报》2017年第2期。

一、坚持正确的政治方向

回顾中华人民共和国成立 70 年,特别是改革开放 40 年的发展历程,一条基本经验就是宏观调控及其法治理论和实践都是在党中央的统一领导下有步骤地进行的,是社会主义制度的自我完善,是为了人民福祉的增长。但是,党中央对宏观调控理论的形成和实践的总体把握,有一个不断完善的过程,经历了由"宏观管理"——"宏观控制"——"宏观调节"——"宏观调控"到"社会发展调控"的历史演变,即使到目前为止,中国的宏观调控及其法治建设也还在不断地完善之中。并且,始终坚持从中华人民共和国成立以来党和国家所确立的一系列根本政治制度,即中国共产党的统一领导制度、民主党派的参政议政民主监督制度、人民代表大会制度、人民政协的政治协商制度、民族区域自治制度以及基层民主制度。保持了由计划经济过渡或发展到市场经济的历史延续性。对此,中国经历了两次大的挑战:一是在 20 世纪 90 年代末期,面对"苏东剧变",中国顶住国内外压力,坚持走具有中国特色的社会主义发展道路,开启了社会主义市场经济发展的新篇章;二是党的十八大召开前夕,面对各种错误思潮,在党的十八大报告中明确指出:"在改革开放 30 多年一以贯之的接力探索中,我们坚定不移高举中国特色社会主义伟大旗帜,既不走封闭僵化的老路,也不走改旗易帜的邪路。中国特色社会主义道路,中国特色社会主义理论体系,中国特色社会主义制度,是党和人民 90 多年奋斗、创造、积累的根本成就,必须倍加珍惜、始终坚持、不断发展。""要把制度建设摆在突出位置,充分发挥中国社会主义政治制度优越性,积极借鉴人类政治文明有益成果,绝不照搬西方政治制度模式。"对此,宏观调控及其法治予以了积极回应。改革开放以来国家出台的各项宏观调控政策、法律法规和规章及规范性文件,均坚持了党中央确定的政治发展方向。而在新时代,要解决好人民日益增长的美好生活需要和不平衡不充分的发展之间的矛盾，单靠市场机制是难以解决的，必须辅之以国家的宏观调控及其法治，才能解决不平衡不充分发展的问题。在判断宏观调控及其法治是否坚持正确的政治方向方面，就是要在党中央的统一领导下，在既有政治制度框架下，为满足人民日益增长的美好生活需要而宏观决策及推进宏观调控的法治治理。

二、坚持以市场为基础

要发展社会主义市场经济，就要以市场为基础。但以市场为基础的前提是承认社会主义初级阶段商品经济的客观存在。为此，在40年的改革开放中，在党中央的统一领导下，先后进行了“计划与市场双轨制”、“计划商品经济”及“社会主义市场经济”的改革探索，相应地，宏观调控及其法治也在不同的发展阶段予以了积极的回应，形成了阶段性成果。发展至今，一切能由市场解决的问题，均应当交由市场决定，由市场按照价值规律进行调节，而宏观调控及其法治的作用在于，保障市场经济的健康发展，实现宏观调控目标，授权相关职能部门，根据全国市场的总体运行情况，依法应用各项宏观调控政策工具、经济杠杆对市场进行间接引导，而对于新型市场的形成和发展则通过各项促进型政策和立法予以积极支持，通过培育新产业、新经济增长点，促进了经济的发展。与此同时，针对“市场失灵”，予以必要的控制或干预。概言之，这种市场发展的基本模式就是，国家以市场为基础，在尊重商品经济规律基础上调节市场，市场引导企业和消费行为，即“国家调节市场，市场引导企业和消费”。在这一模式的形成和发展过程中，宏观调控中的“调节”是矛盾的主要方面，“控制”则是矛盾次要的方面。而要实现对市场的“调节”，就要使诸如生产资料、劳动力、资本、技术、信息等生产要素实现商品化，并建立起与市场经济相一致的基础制度，以便为市场经济发展创造条件，解放生产力，使企业独立地生产、经营和服务，并自负盈亏，自担风险。同时,也能使消费者能够依法自主消费。在40年的改革开放过程中,党中央不断地解放思想,破除旧制度的约束,出台新的政策,确立新的制度。中国市场经济的发展已经基本上实现了由"政府推进"到"市场主体依法自主"的历史性转变。与此同时,也要看到,当市场出现严重失灵时,宏观调控所面临的主要矛盾则由"调节"转化为"控制"。例如,近年来,国家进行的供给侧结构性改革,就是针对煤炭、钢铁等行业的产能过剩问题进行的宏观控制。其标志就是政府不仅对相关企业行业解决产能过剩问题提出了应对政策,也具体地下达了相关的约束性的减能、减人和增效指标。① 总之,40年改革开放宏观调控及其法治的一条基本经验,就是根据不同时期面临的市场问题,以市场为基础,处理好"调节"与"控制"的关系,该调则调,该控则控。而在当前这一历史阶段,面临经济新常态就是要尽量减少行政控制力,实施政府的去行政化改革,为市场发展创造良好的经济环境。并同时履行好政策法律指引、市场监管等职责。

三、坚持履行国家应负的社会职责

在计划经济时期,对关系人民切身利益的住房、医疗、教育、体育及文化等社会事业的发展,均实行了较低水平的国家保障。改革开放以来,国家在将《社会发展计划》②予以单列的基础上,进行了一系列的市场化、产业化改革。但人民却遭遇了"住房难、上学难、看病难、养老难"的问题。在文化事业发展领域,也随着市场化、产业化和多元化倾向出

---

① 例如,国家《关于2017年国民经济和社会发展计划执行情况与2018年国民经济和社会发展计划草案的报告》提出,2018年继续推进"三去一降一补"。加大"僵尸企业"破产清算和重整力度,综合运用市场化法治化手段,严格执行节能、环保、质量、安全等标准,继续化解钢铁、煤炭、煤电行业过剩产能,淘汰落后产能。2018年再压减钢铁产能3000万吨左右,退出煤炭产能1.5亿吨左右,淘汰关停不达标的30万千瓦以下煤电机组。

② 2005年以来,《社会发展计划》更改为《社会发展规划》。

现了诸多的混乱，一些负能量的东西充斥于各种媒体。由此说明，在社会事业发展领域，市场化、产业化和多元化的改革在一定程度上出现了偏差。事实证明，有关社会事业发展不能完全交由市场调节，国家必须履行对科技、教育、文化、医疗、体育等公共事业的公共服务和公共管理的职责，在满足人民基本需求的基础上，进行适度的市场化、产业化改革。同时，国家必须承担起兜底的责任，让人民共同感受和分享到改革的成果。

与此同时，市场经济发展也带来了基于“市场失灵”而引发的国家对社会保障的兜底责任问题。对此，中国借鉴国外的市场经济经验，并结合中国国情，建立起了职工养老保险、医疗保险、失业保险、工伤保险、生育保险和住房公积金等社会保障制度。其中养老保险、医疗保险和失业保险，这三种险是由企业和个人共同缴纳的保费，工伤保险和生育保险完全是由企业承担，个人不需要缴纳。同时，辅之以各项城市最低生活保障等的社会救助制度。这就为市场经济发展筑起了“防堤坝”，使人民不会因市场因素导致生活陷入困境。而在广大的农村，经过几年的努力，也实现了社会保险的全覆盖。

四、坚持发展理念的不断创新

中国经济法学界一致认为，经济法是重点解决发展问题的法，尤其在宏观调控法法域显得更加突出。这是因为，借鉴经济学的原理，与传统法学及其部门重点研究和解决“存量利益”①不同的是，经济法学及其

---

① 传统法学主要指民商法、行政法和刑法，按照传统法的原理和实践，形成了民事责任、行政责任和刑事责任的法律责任体系和格局，为各国法律实践所普遍采用，中国亦然。但是，传统法责任体系的缺陷在于其只能是“填补性”的责任追究，按照经济学的说法，就是只能解决“存量利益”问题。即使是超过“填补性”原则的惩罚，也往往难以弥补违法者行为所造成的实际损失。由此说明，传统法律调整经济和社会关系的局限性，需要改革完善。

部门重点研究和解决的是国家和社会“增量利益”的实现问题。为此，宏观调控及其法治建设要实现国家和全社会的“增量利益”，就要立足于国家和全社会的发展。但改革是一场深刻的革命，需要思想解放，需要发展理念的不断更新。改革开放初期，中央提出“对内搞活，对外开放”的发展理念，其核心问题是要解决中国当时经济的短缺和人民的温饱问题，并使中国经济走向全世界。在2000年之后已经基本解决经济短缺和人民温饱问题的基础上，党的十七大提出了科学发展观，其核心是要解决使经济又好又快且可持续发展的问题，其重点是强调社会发展中新出现的各类矛盾的和谐处理，强调“以人为本”，强调人和自然的和谐相处，强调人和人之间的和谐相处。2015年10月党的十八届五中全会结合“十三五”时期发展目标的实现问题，提出了牢固树立并切实贯彻创新、协调、绿色、开放、共享的新发展理念。2016年3月5日，习近平总书记在全国人民代表大会会议期间参加上海代表团审议时强调，在五大发展理念中，创新发展理念是方向、是钥匙，要瞄准世界科技前沿，全面提升自主创新能力，力争在基础科技领域作出大的创新、在关键核心技术领域取得大的突破。同时，创新发展居于首要位置，是引领发展的第一动力。2018年3月，《宪法》修正案把“贯彻新发展理念”写入了宪法序言。对此，有论述指出，坚持创新发展，必须把创新摆在国家发展全局的核心位置，不断推进理论创新、制度创新、科技创新、文化创新等各方面创新，让创新贯穿党和国家一切工作，让创新在全社会蔚然成风。坚持协调发展，必须牢牢把握中国特色社会主义事业总体布局，正确处理发展中的重大关系，重点促进城乡区域协调发展，促进经济社会协调发展，促进新型工业化、信息化、城镇化、农业现代化同步发展，在增强国家硬实力的同时注重提升国家软实力，不断增强发展的整体性。坚持绿色发展，必须坚持节约资源和保护环境的基本国策，坚持可持续发展，坚定走生产发展、生活富裕、生态良好的文明发展道路，加快建设资源节约型、环境友好型社会，形成人与自然和谐发展现代化建设新格局，推进美丽中国建设,为全球生态安全作出新贡献。坚持开放发展,必须顺应中国经济深度融入世界经济的趋势,奉行互利共赢的开放战略,发展更高层次的开放型经济,积极参与全球经济治理和公共产品供给,提高中国在全球经济治理中的制度性话语权,构建广泛的利益共同体。坚持共享发展,必须坚持发展为了人民、发展依靠人民、发展成果由人民共享,作出更有效的制度安排,使全体人民在共建共享发展中有更多获得感,增强发展动力,增进人民团结,朝着共同富裕方向稳步前进。在五大理念的关系上,创新是引领发展的第一动力,协调是持续健康发展的内在要求,绿色是永续发展的必要条件,开放是国家繁荣发展的必由之路,共享是中国特色社会主义的本质要求。① 为此,宏观调控及其法治建设应当紧跟国家发展理念的更新展开研究和实践。

五、坚持社会主义法治原则

改革开放以来,强调了社会主义法治原则,并取得了相应的成果。到 2011 年形成了与中国特色社会主义建设相适应的中国特色社会主义法律体系,基本解决了"有法可依"问题,使中国进入了实施国家法治治理的新阶段。按照《中国特色社会主义法律体系》白皮书的阐述,这一法律体系,由层级性立法和部门立法所组成。其核心内容是必须在准确把握中国"依法治国"的特定含义,即依法治国必须在与党的领导和人民当家作主相结合的基础上,坚持社会主义的一系列法治原则。第一,要坚持中共中央的统一领导。在依法治国战略的实施中,要在中共中央的统一领导之下有序地开展工作。具体到宏观调控领域,就是一切宏观调控及其法治建设均要在中共中央的统一部署安排下进行,党中央要领

① 任理轩:《关系中国发展全局的一场深刻变革——深入学习贯彻习近平同志关于"五大发展理念"的重要论述》,载《人民日报》2015 年 11 月 4 日,第 7 版。

导宏观调控立法,重大决策必须通过中共中央批准后才能施行。第二,宏观调控及其法治建设要体现人民当家作主的政治原则,充分发挥人民代表大会的作用,以全体人民利益的实现为基本出发点和落脚点,以人民群众的满意度作为判断宏观调控及其法治决策与制度实施是否正确的基本标准。第三,要把法治和德治相结合。要通过宏观调控及其法治建设大力弘扬社会主义核心价值观,弘扬社会主流道德观念,为实现法治奠定良好的社会基础。第四,要在宏观调控及其法治实践中,坚持民主协商原则,有序推进民主建设。第五,要坚持社会主义法治的统一原则。要树立中央宏观调控及其法治的权威性,保障中央宏观调控决策实施的执行力和有效性,要做到"有令必行"。与此同时,各项宏观调控政策和措施的制定和实施,也必须"于法有据",不得与宪法和法律相抵触。

第二节　新时代宏观调控及其法治面临的形势和任务

一、顺应经济新常态,保持国民经济发展的总量平衡

在市场经济条件下,经济常态应当是指在保持一定规模经济的状态下,社会总需求与总供给的大致平衡。如果从微观角度考察,市场生产、经营和服务的供给,应当以社会消费力为基础,即以消费决定生产,才能实现商品交易,并使生产、经营和服务能够进行再生产或扩大再生产。但这只是一种理论假设。现实中,一旦激活了市场主体的创造力,在消费力既定的情况下,必然会产生供给的剩余,这是市场经济的普遍规律。供给剩余的表现,一方面极大地丰富和繁荣了市场,另一方面也会造成市场投资者财富的浪费。与此同时,市场发展形成的惯性,也会造成自然资源的减少和环境保护的压力,并最终导致市场的失败,这符合马克

思主义的唯物论和辩证法。为此,一旦一国渡过了经济短缺期,其经济发展的常态就会由消费力不足的矛盾,转化为供给力过剩的矛盾,规模经济发展的矛盾就会转化为以提升质量为主的结构调整矛盾。为此,笔者认为,所谓经济新常态,就是在资源与环境的制约下,通过控制经济规模、调整经济结构、化解生产过剩矛盾,创新体制机制,最终达到提升经济发展质量的目的,这是经济发展阶段理论的具体应用。就中国发展的实际情况而言,改革开放极大地激活了市场,一方面,经济得以高速发展,已成为世界第二大经济体;但另一方面,经济的高速发展也付出了资源和环境的代价。在今后的国民经济发展中,宏观调控及其法治建设在解决供需平衡问题上,必须把资源和环境保护放在前面,必须把发展速度降至适度水平,必须大力调整产业结构,必须从宏观角度调节市场的生产剩余,必要时予以行政干预,以实现经济发展由经济增长型向经济质量型转变的战略目标。与此同时,在未来的 30 年中,也不排除扩大内需战略的实施,在条件成熟时,可以推出国民收入的倍增计划,以便于通过提升国民的消费力和公共消费达到国民经济供需平衡的宏观调控目标。

二、大力发展市场经济,支持新型产业的发展

党的十八届三中全会提出了市场决定论并同时要求完善宏观调控。该政策提出的背景是,在过去政府的市场管理和经济调控存在对市场经济发展不力的体制机制,尤其是作为宏观调控的职能部门,主要职责本应是进行宏观调控的政策研究和政策指导,然而,个别掌控了资源分配行政审批许可权的行政人员却利用权力引发了腐败案件。为此,党中央国务院果断决策进行了新一轮的机构改革,并通过大幅度削减行政许可,明确权力清单和责任清单的举措,消除对市场经济发展不利的体制机制障碍,取得了较明显的成效。各地则围绕如何营造有利于市场发展

的环境进行改革创新。但是,大幅度削减行政许可,不等于不需要行政许可,为了国家安全和经济稳定,必要的市场准入和限制是不可放弃的。就宏观调控及其法治建设而言,主要任务在于通过产业指导,引领规范既有市场行为,大力培育支持新型产业的发展,只有这样,才能保障市场经济的健康发展。①

三、统筹协调城乡和区域不平衡矛盾,走共同富裕发展道路

党的十九大确立了新时代所面临的主要矛盾已经由人民日益增长的物质文化需要同落后的社会生产之间的矛盾转变为人民日益增长的美好生活需要和不平衡不充分的发展之间的矛盾。对此,笔者认为,虽然对不平衡不充分可以从不同角度予以理解。但就宏观调控及其法治建设而言,面临的主要任务就是要采取措施,解决好城乡发展和区域发展之间不平衡不充分的矛盾,走共同富裕的道路,以满足人民日益增长的美好需要。然而,无论是城乡发展差距,还是区域不平衡,自然地理禀赋要素的影响以及资源分布的不均衡性,均是客观存在的。这就需要宏

---

① 在此方面,最具有战略意义的是,2015 年 5 月 8 日,国务院出台了实施强国战略的第一个 10 年纲领,即《中国制造 2025》,按照该纲领所预设的战略目标,立足国情,立足现实,力争通过"三步走"实现制造强国的战略目标。第一步:力争用 10 年时间,迈入制造强国行列。到 2020 年,基本实现工业化,制造业大国地位进一步巩固,制造业信息化水平大幅提升。掌握一批重点领域关键核心技术,优势领域竞争力进一步增强,产品质量有较大提高。制造业数字化、网络化、智能化取得明显进展。重点行业单位工业增加值能耗、物耗及污染物排放明显下降。到 2025 年,制造业整体素质大幅提升,创新能力显著增强,全员劳动生产率明显提高,"两化"(工业化和信息化)融合迈上新台阶。重点行业单位工业增加值能耗、物耗及污染物排放达到世界先进水平。形成一批具有较强国际竞争力的跨国公司和产业集群,在全球产业分工和价值链中的地位明显提升。第二步:到 2035 年,我国制造业整体达到世界制造强国阵营中等水平。创新能力大幅提升,重点领域发展取得重大突破,整体竞争力明显增强,优势行业形成全球创新引领能力,全面实现工业化。第三步:中华人民共和国成立 100 年时,制造业大国地位更加巩固,综合实力进入世界制造强国前列。制造业主要领域具有创新引领能力和明显竞争优势,建成全球领先的技术体系和产业体系。

观调控及其法治建设统筹兼顾城乡及区域发展战略,在使发达地区保持优势的基础上,对欠发达地区和不发达地区予以精准扶持、区间调控和持续性支持。还要发扬社会主义的优越性,继续大力推行发达地区对不发达地区的对口支援,积极支持针对不发达地区的各种公益事业的发展,使全国各地区人民,各族人民过上美好的生活,都能享受到改革发展带来的红利,走共同富裕的道路。

四、大力发展各项社会事业,增进人民的公共福利

改革开放以来的发展证明,经济发展不是为经济而经济,不能单纯地追求 GDP 增长。国民经济发展的落脚点是各项公共社会事业的发展,科学、教育、文化、卫生医疗、体育是其主要的方面,广义地讲,也包括民政、政法等社会事业的建设。只有社会事业发展了,才能真正表现国家的强盛。从各项政策和法律文件的规定来看,目前,中国各项社会事业的发展,还是立足于满足社会的基本需求,对较高需求则引入了市场机制。但随着今后经济的发展,应当立足于国家重大科技的研发及科学技术的普及;立足于学前教育和义务免费教育面的扩大;立足于主流及正能量文化的传播;立足于基本医疗的免费;立足于大众体育事业的发展,以及各种公共设施的完善,使社会事业发展由基本保障向社会福利方向发展。为此,宏观调控及其法治建设要对社会事业发展予以有力的支持。

五、实施大健康战略,增强全国人民的素质

关于人民的健康问题,在过去,主要在于立足医疗改革,以解决人民看病难、看病贵和养老难的问题。但在今后国家的战略转移是实施“大健康”的战略,使人民强身健体,尽量少得病、少看病。而有关健康的概念,也将由身体健康更多地向心理及精神健康的方向转变。因为,有了

心理及精神的健康,才会为提升人民的道德素养奠定良好的基础,才会使人民在利益冲突面前正确对待利益的得失,使人人和谐相处,使社会正气蔚然成风。因此,国家现在提倡的大健康战略的实施,不仅涉及医疗卫生事业和体育事业的发展,而是将精神文明建设和道德建设与人民身心健康紧密结合起来的新事业。为此,今后宏观调控及其法治建设的任务之一,就是要为实施大健康事业出台政策,规划措施,使人民在物质文明的基础上,达到精神文明同样提升的高度,概言之,就是要在努力增强人民的素质,提升全民族的素养方面,迈出大的步伐。在此方面,全国人大常委会已经在 2018 年年底,就《基本医疗卫生与健康促进法(草案)》征求了社会意见,可望在 2019 年通过施行。

六、积极参与国际宏观调控,形成有利于中华民族伟大复兴的国际环境

改革开放以来,对外经济贸易在国民经济中的比重越来越高。2001 年中国加入世界贸易组织以来,中国越来越多地参与国际经济事务,加入各项国际经济条约和协定。并且,在涉外投资领域,也实现了由主要吸引外资到主动走出国门对外投资的战略性转变。特别是"一带一路"倡议的实施,涉及亚、非、欧 60 多个国家。在此背景下,中国参与国际宏观调控及其法治建设是必然的趋势。一方面,中国在国际经济事务中的话语权越来越重要,中国提出的建立人类命运共同体的主张,也越来越受到世界各国的欢迎;但另一方面,中国需要履行的国际经济义务也越来越多。一个有利于中华民族伟大复兴的国际环境正在逐步形成。然而,前进的道路不会平坦,中国参与国际经济事务的程度越高,周期性的世界经济危机对中国国民经济的影响就越大,而一些欧美国家不甘心丧失对世界经济的统治地位,会不断地采取单边或多边的"贸易保护主义"措施对中国的经济发展予以阻挠,以西方倡导的"普世价值观"抵制中国文化的传播,甚至不惜寻找借口以经济制裁甚至军事打击相威胁。

因此，今后国际宏观调控及其法治建设方面，必须从政治、经济、文化和军事方面综合考虑，才能取得胜利。与此同时，还要注意经济的增长力，不能过度地依赖于进出口贸易及国际合作。对于关系国计民生和国家安全的诸如粮食、重要核心技术、重要战略物资、军事技术和装备、网络数据技术等，还是要牢牢地掌握在自己手中，贯彻“自力更生为主，外援为辅”的方针。为此，在积极审慎地参与国际经济事务的同时，加强重要领域和重要核心技术的管控，建立起强大的军事国防力量，是国家强盛并实现中华民族伟大复兴的坚强保障。宏观调控及其法治建设要对国家国防与军事建设提供有力且持续的经济保障。

第三节　中国宏观调控及其法治建设的完善

通过笔者的总结，一个与完善中国宏观调控体系相适应的宏观调控法律体系正在逐步形成，按照党中央的部署安排，我国正在进入国家法治治理的新阶段。由此，笔者认为，中国宏观调控法的完善，涉及立法、执法、法律监督和法学研究四个方面的任务。

一、完善立法，建立起科学的宏观调控法体系

自 2011 年中国宣布中国特色社会主义法律体系基本形成以来，学界及实务部门普遍认为，中国进入了后立法时代。并且，学界普遍认为，“后立法时代”的一个显著特征，就是对经济立法的抑制性。其基本理由：一是在以往的立法中，经济立法占据了多数，已经基本满足了实践需求；二是以往的经济立法多数由政府部门主导，是立法中存在部门保护主义的主要原因，因而，抑制经济立法有利于克服部门保护主义；三是法治治理具有国家治理与民间自治的共治性特征。在市场经济条件下，许

多经济规则可在既有的法律框架下，通过市场主体内部的经济规章、纪律，甚至交易习惯等自治性规范解决，不需要国家立法。另外，笔者注意到，在立法研究中，学界基本上是严格按照立法法的要求，将立法和政策做了严格的切割。这与经济法学界认为经济法从某种意义上讲就是经济政策法的主张大相径庭。对此，笔者认为，虽然在以往的立法实践中，经济立法所占的比重比较多，但是在今后很长一段时间内，中国还应当坚持以经济建设为中心的宏观调控及其法治政策，因此，涉及经济立法的废、立、改工作不仅不能削弱，而且，还应当进一步加强，尤其在宏观调控法领域有许多需要完善的地方。

首先，在重点领域的立法方面，填补空缺十分重要。通过笔者的梳理，在中国宏观调控法领域，目前最大的空缺，就是没有发展规划及计划、产业指导及区域发展基本法律的立法。这些领域的法律政策调整或处于分散立法的状态，或处于法律政策阶位较低的调整状态。对此，虽然党的十八届四中全会已经将“发展规划法”等经济立法作为重点领域的立法任务，但到目前为止进展不大，急需完善。

其次，在有关政策与法律的关系上，由党中央和中央政府依法出台各项宏观调控政策的法律属性，典型的如产业政策法的制定和实施。经济法对经济政策法律的定性，是对宏观调控相机抉择实践的理论概括，体现了宏观调控法治灵活性的一面，具有合理性。

最后，在解决宏观调控法域涉及内容庞杂的问题上，有必要在既有立法实践的基础上，通过出台“宏观调控法总则”（或纲要）的方式予以解决。“宏观调控法总则”（或纲要）出台的最大好处，就是可以从总的方面，讲清楚中国宏观调控的含义、基本原则、基本制度、法律体系等基本问题，从而，为总则下的各领域法律提供依据，即避免重复立法，也避免相关立法之间的冲突。此方面相关的理论探讨在前面已经探讨过，在此不再赘述。

二、加强执法，树立起宏观调控的权威

按照法治原理，立法是实现法治的前提，但立法如果得不到执行就等于一纸空文。为此，早在改革开放初期，党中央就提出“有法可依，有法必依，违法必究、执法必严”的十六字法制建设方针。经过40年的法制建设，到目前已经基本做到“有法可依”。但在“有法必依，违法必究，执法必严”方面，还存在诸多问题。为此，党中央从十七大开始强调党的依法执政，并强化政府的依法行政，强调关键领域和岗位的法治思维以及社会各界及公民自觉遵法守法。而党的十八届四中全会以来，以习近平为核心的党中央，更是把执法上升到了国家现代化法治治理的高度予以积极地推进。就宏观调控及其法治建设而言，关键是要树立起宏观调控及其法治的权威，使宏观调控有令必行，其直接规范对象就是被直接调控的中央各部委机关、地方各级党政机关以及相关的职能机构。

三、创新监督机制，杜绝腐败现象的发生

根据笔者的梳理，既有宏观调控法有关法律责任的规定，基本上承继了传统法律责任体系，主要以行政责任和刑事责任为主，在涉及产业损害时也涉及民事责任问题。必须创新法律监督机制，才能有效地预防宏观调控领域的违法犯罪。为此，改革实践中创造了一些行之有效的法律监督机制。一是采取考核基础上的问责制。这种制度实际上是经济法中经济责任制在宏观调控领域的延伸。它要求通过宏观调控任务的分解，将责任落到具体的职能部门和工作人员头上，然后对于完成情况予以考核，对考核结果予以奖惩，对负有责任的部门、领导及直接责任人予以问责。通过此项责任制度的设立可以解决被直接调控者的懒政或

不作为行为。二是约谈制度。在发现相关部门或机构有违规、违法倾向时,由有关执法职能部门或组织部门出面约谈相关机关或机构的党政领导,促使其主动纠正错误。该项制度的推行,有利于解决相关机关、机构的滥用职权或乱作为问题。与此同时,中央有关职能部门对相关企业的约谈,则有利于经济秩序的稳定和宏观调控措施的实施。三是有关巡视制度的普遍推行。以习近平为核心的党中央,为反腐整风,实施了中央巡视制度,通过巡视对中央职能部门和地方进行监督,查处了一批涉及中央和地方党政领导的大案要案甚至是窝案,取得了反腐斗争的初步胜利,并为了防止腐败与违反乱纪问题的反弹,这项制度已经被确定下来,将长期坚持,继续完善。

值得强调的是,经过改革试验,2018 年 3 月,全国人民代表大会在废除原有的《行政监察法》的基础上,通过了《监察法》,确立了新的监察制度。该法将监察对象扩大到了所有公职人员的范畴,赋予了监察机关调查、留置及侦办案件的权力,体现了今后国家法治治理的决心,为宏观调控法治奠定了法律基础。

四、重视法学研究,为宏观调控及其法治提供理论保障

如前所述,按照既有法律体系的制度安排,宏观调控法属于部门经济法的研究范畴,有关宏观调控法的理论和实践回应性研究,主要体现在经济法学领域。但根据笔者的研究,作为一个高阶位的法域,中国的宏观调控法实际上与所有法律部门均有联系。尤其是宪法、行政法、社会法与宏观调控法联系密切,即使是民商法也不能避开宏观调控及其法治对民商事关系的产生、变更和消灭的制约和影响。站在宏观调控及其法治建设角度分析,中国目前的法律体系结构内部存在不协调、不充分和不全面的问题。为此,法学界应当摆脱西方法学思维的羁绊,加强宏观调控及其法治的理论研究,以中国特色社会主义宏观调控及其法治的

实践为基础，总结出其所蕴含的道路自信、理论自信、制度自信和文化自信，以便为新时代宏观调控及其法治提供理论保障。而在此方面，中国的法学研究还有较大的差距，任重道远。

主要参考文献

一、著作类

[1]《邓小平文选》,人民出版社 1983 年版。

[2]《邓小平文选》(第 2 卷、第 3 卷),人民出版社 1993 年版。

[3]《江泽民文选》(第 2 卷),人民出版社 2006 年版。

[4]《习近平总书记系列重要讲话读本》,学习日报出版社、人民出版社 2016 年版。

[5]《习近平谈治国理政》,外文出版社 2017 年版。

[6]董玉明:《与改革同行——经济法理论与实践问题研究》,知识产权出版社 2007 年版。

[7]董玉明、李冰强等:《宏观调控视野下的体育政策法规理论与实践问题研究》,法律出版社 2012 年版。

[8]董玉明:《中国经济法学导论》,光明日报出版社 2011 年版。

[9]邓子基主编:《财政学》(第 2 版),高等

教育出版社 2005 年版。

[10]金瑞林主编:《环境法学》,北京大学出版社 1990 年版。

[11]姜昕、杨临宏:《产业政策法》,中国社会科学出版社 2008 年版。

[12]卢炯星主编:《宏观经济法》,厦门大学出版社 2005 年版。

[13]李兴山主编:《宏观经济运行与调控》,中共中央学校出版社 2002 年版。

[14]李一鸣、罗永明主编:《宏观经济调控研究》,西南财经大学出版社 2006 年版。

[15]李扬、张晓晶:《论新常态》,人民出版社 2015 年版。

[16]罗玉中主编:《科技法学》,华中科技大学出版社 2005 年版。

[17]刘振彪:《国家宏观调控演变》,湖南人民出版社 2004 年版。

[18]漆多俊主编:《宏观调控法研究》,中国方正出版社 2002 年版。

[19]全国人大常委会办公厅公报编辑室:《中国加入世界贸易组织法律文件》(中文本)(上),中国民主法制出版社 2002 年版。

[20]吴殿廷主编:《区域经济学》,科学出版社 2003 年版。

[21]王惠忠、庄卫民主编:《宏观经济调控》,立信会计出版社 1995 年版。

[22]魏杰主编:《经济学》(上),高等教育出版社 1995 年版。

[23]汪同三、齐建国主编:《产业政策与经济增长》,社会科学出版社 1996 年版。

[24]吴亚卓、吴英杰:《宏观经济调控研究》,北京邮电大学出版社 2005 年版。

[25]席酉民主编:《经济管理基础》,高等教育出版社 1998 年版。

[26]于光远:《经济、社会发展战略——一个应该研究的重要问题》,中国社会科学出版社 1982 年版。

[27]杨伟民主编:《发展规划的理论和实践》,清华大学出版社 2010

年版。

[28]袁永新主编:《宏观经济运行与调控》,经济科学出版社 2005 年版。

[29]张朝尊、陈益寿、黎惠民:《社会主义中观经济学》,成都出版社 1992 年版。

[30]赵宏中、董玉明:《产业法的经济学分析》,武汉理工大学出版社 2015 年版。

[31]张忠军主编:《经济法》,中国财政经济出版社 2002 年版。

[32]中国人民大学法律系经济法教研室编:《中国经济法教程》,中国人民大学出版社 1985 年版。

[33]王黎明主编:《国外中小企业法律政策汇编》,机械工业出版社 2008 年版。

二、外国译著类

[1][苏联]斯大林:《苏联社会主义经济问题》,中共中央马克思列宁斯大林著作,上海译局译,人民出版社 1952 年版。

[2][美]保罗·萨缪尔森、威廉·诺德豪斯:《经济学》(第 18 版),萧琛主译,人民邮电出版社 2008 年版。

[3][美]德内拉·梅多斯、乔根·兰德斯、丹尼斯·梅多斯:《增长的极限》,李涛、王智勇译,机械工业出版社 2015 年版。

[4][美]雷切尔·卡森:《寂静的春天》,韩正译,商务印书馆 2017 年版。

[5][英]亚当·斯密:《国民财富的性质和原因的研究》,郭大力、王亚南译,商务印书馆 1974 年版。

[6][英]约翰·梅纳德·凯恩斯:《就业、利息和货币通论》,高鸿业译,商务印书馆 1999 年版。

[7][美]詹姆斯·M. 布坎南、戈登·图洛克:《同意的计算——立宪民主的逻辑基础》,陈金光译,上海人民出版社 2017 年版。

三、论文类

[1]编撰经济法典第一研究小组:《编撰经济法典的历史回眸》,载《南华大学学报》2015 年第 1 期。

[2]编撰经济法典第二研究小组:《我国编撰经济法典的评估》,载《南华大学学报》2015 年第 1 期。

[3]陈云良:《从授权到控权:经济法的中国化路径》,载《政法论坛》2015 年第 2 期。

[4]董玉明:《区域经济法律调整的二元结构解析》,载《山西大学学报》2004 年第 3 期。

[5]董玉明:《论宏观调控的目标定位》,载吴志攀主编:《经济法学家》(第 11 卷),北京大学出版社 2015 年版。

[6]董玉明:《中观经济的法律调整与经济法的完善》,载董玉明:《与改革同行——经济法理论与实践问题研究》,知识产权出版社 2007 年版。

[7]董玉明:《和谐社会构建与社会调控法论纲》,载包桂荣主编:《和谐社会视野下的经济法治研究》(上册),远方出版社 2007 年版。

[8]董玉明:《论宏观调控政策的程序法保障》,载吴志攀主编:《经济法学家》(2007),北京大学出版社 2008 年版。

[9]董玉明、冀惠珍:《环境调控法论纲》,载《山西大学学报》2002 年第 2 期。

[10]董玉明、孙磊:《试论我国行业管理法的地位和体系》,载《法商研究》2014 年第 1 期。

[11]董玉明、汪丽丽:《社会保障调控法论纲》,载董玉明主编:《与

改革同行——经济法理论与实践问题研究》，知识产权出版社 2007 年版。

[12]樊纲、张曙光、王利民：《双轨过渡与“双轨调控”——改革以来我国宏观经济波动特点研究》(上)，载《经济研究》1993 年第 10 期。

[13]郭树清：《发展中国的宏观经济管理》，载《改革》1993 年第 4 期。

[14]匡家在：《转轨条件下宏观调控的目标次序》，载《中央财经大学学报》2004 年第 3 期。

[15]李长健：《论宏观调控与宏观调控法的理论基础》，载《经济师》2005 年第 5 期。

[16]李德水：《完善宏观调控体系——学习十六届三中全会决定的体会》，载《中国信息报》2003 年 11 月 3 日版。

[17]李文华等：《自然资源科学的具体特点及其发展的回顾》，载《自然资源研究的理论与方法》，科学出版社 1985 年版。

[18]任理轩：《关系中国发展全局的一场深刻变革——深入学习贯彻习近平同志关于“五大发展理念”的重要论述》，载《人民日报》2015 年 11 月 4 日版。

[19]史际春：《地方法治与地方宏观调控》，载《广东社会科学》2016 年第 5 期。

[20]史际春、肖竹：《论分权、法治的宏观调控》，载《中国法学》2006 年第 4 期。

[21]谭伟良：《公共卫生富民强市战略的有效实现途径》，载《江苏卫生事业管理》2001 年第 6 期。

[22]解安、吴练达：《我国宏观调控内容的政治学分析》，载《学术界》2005 年第 3 期。

[23]席月民：《宏观调控新常态中的法治考量》，载《上海财经大学学报》2017 年第 2 期。

[24]杨紫烜:《关于制定〈中华人民共和国宏观调控法〉的议案》,载杨紫烜、徐杰主编:《经济法学研究》,北京大学出版社 2001 年版。

[25]张守文:《宏观调控权的法律解析》,载《北京大学学报》2001 年第 3 期。

[26]张勇:《广义论、狭义论与特色论:中国宏观调控认知分歧与方法论反思》,载《新视野》2016 年第 4 期。

[27]李杨、张晓晶:《"新常态":经济发展的逻辑与前景》,载《经济研究》2015 年第 5 期。

附录：中华人民共和国宏观调控法纲要（学者建议稿）

目　　录

第一章　总　　则

第一条　[立法目的]

为了规范宏观调控秩序，实现宏观调控目标，促进国民经济和社会稳定持续健康发展，依据《中华人民共和国宪法》《中国共产党章程》等法律法规规定，制定本法。

第二条 [适用范围]

国家宏观调控领导机关和职能部门从事宏观调控管理活动,相关主体参与宏观调控民主协商和监督,遵守本法。

第三条 [宏观调控定位与指导思想]

宏观调控是具有中国特色的社会主义市场经济的组成部分。宏观调控坚持中国共产党的统一领导,以马克思列宁主义、毛泽东思想、邓小平理论、“三个代表”重要思想、科学发展观、习近平新时代中国特色社会主义思想为指导。

宏观调控坚持社会主义发展道路,借鉴国外市场经济发展的先进经验,吸取国外市场经济发展的教训,结合中国国情,完善宏观调控。

第四条 [宏观调控在解决新时代社会主要矛盾中的地位]

新时代中国社会主要矛盾是人民日益增长的美好生活需要和不平衡不充分发展之间的矛盾。宏观调控对于解决社会主要矛盾,具有积极重要的作用。

第五条 [宏观调控的主要任务]

新时代宏观调控的主要任务是:保持经济总量平衡,促进重大经济结构协调和生产力布局优化,减缓经济周期波动影响,防范区域性、系统性风险,稳定市场预期,实现经济持续健康发展。健全以国家发展战略和规划为导向,以财政政策和货币政策为主要手段的宏观调控体系,推进宏观调控目标制定和政策手段运用机制化,加强财政政策、货币政策与产业、价格等政策手段协调,提高相机抉择水平,增强宏观调控前瞻性、针对性、协同性。形成参与国际宏观经济政策协调机制,推动国际经济治理结构完善。

第六条 [基本原则]

国家宏观调控管理机关从事宏观调控须遵守以下基本原则:

(一)坚持中国共产党统一领导;

(二)坚持社会主义方向,维护中国基本经济制度;

（三）坚持市场决定和满足公共需求；

（四）坚持国家适度干预；

（五）坚持维护社会整体利益和国家利益。

第七条 ［宏观调控体制］

国家实行以价格调控、自然资源和生态环境调控为基础，以发展规划及年度计划为导向，以财税调控和金融调控为两翼，以其他调控为配合的综合宏观调控体制。

国家建立与社会主义市场经济相适应的会计核算、审计、统计、计量、标准化及对国民经济和社会发展的预测、预警等基础制度，保障宏观经济信息的科学性和准确性。

国家逐步完善宏观调控体系。

第八条 ［宏观调控管理体制］

国家建立中国共产党中央（以下简称中共中央）统一领导下的，各中央宏观调控职能部门或机构分工负责的管理体制。

宏观调控权专属于中央。

第九条 ［宏观调控权责配置］

中共中央依据《中华人民共和国宪法》和《中国共产党党章》的规定，行使对宏观调控的统一领导权。宏观调控重大政策和法律经中共中央批准后执行。属于全国人民代表大会及其常务委员会立法或审议的事项，由中共中央提出立法或相关建议，由全国人民代表大会及其常务委员会审议批准后执行。

全国人民代表大会及其常务委员会依法行使宏观调控立法权和监督权。

国务院及其宏观调控职能部门，依法行使宏观调控管理权。国家宏观调控职能部门主要包括国家发展改革委、财政部、中国人民银行、商务部等综合经济和社会管理部门。其他各职能部门根据法律规定和国务院授权履行宏观调控管理职责。

属于中共中央和国务院合署办公的机构，根据中共中央和国务院授权履行宏观调控职责。

国家级群团组织及相关协会，依照法律规定和中共中央、全国人民代表大会及其常务委员会和国务院授权，履行宏观调控职责。

地方各级人民代表大会及其常务委员会、地方人民政府，在中共中央、全国人民代表大会及其常务委员会和国务院授权范围内行使宏观调控权。

第十条 [民主协商]

中国人民政治协商会议、各民主党派中央依据《中华人民共和国宪法》和《中国人民政治协商会议章程》、各党派章程规定，参与宏观调控重大决策的民主协商，提出意见和建议。中共中央制定宏观调控重大政策，应征求中国人民政治协商会议和各民主党派中央的意见。

中共中央、国务院及其职能部门，制定实施宏观调控重大政策应征求专家、相关职能部门、地方政府及职能部门、相关企业、事业单位和社会团体的意见。

全国人民代表大会及其常务委员会、国务院及其职能部门制定宏观调控法律、行政法规、规章及其他规范性文件，行使监督权，依照《中华人民共和国立法法》及相关规定的程序进行。

第十一条 [民主监督]

任何组织和个人，均享有对宏观调控提出批评、建议的权利。

依法享有民主监督权的有关机关和组织，履行民主监督职责。

第十二条 [奖励与惩罚]

国家对宏观调控作出突出贡献的单位和个人予以奖励。对宏观调控工作中工作不力的单位和个人予以问责。构成违法的，依照有关法律、行政法规规定处罚。

第二章 宏观调控目标

第十三条 [宏观调控的总目标]

宏观调控的年度总目标是:通过发展规划和年度计划的执行实现国民经济总需求和总供给的平衡。

宏观调控的中长期目标是:通过宏观调控政策与工具的运用,实现国民经济和社会发展规划确定的中长期发展战略目标。

第十四条 [经济增长目标]

国家根据不同时期国民经济和社会发展的情况,确定合理的经济增长率,采取有效的宏观调控措施,保持稳步的经济增长。

第十五条 [充分就业目标]

国家采取有效的宏观调控措施控制失业率,为劳动者提供充分的就业机会。对失业者提供社会保险,履行再就业培训职责,促进失业者再就业。再就业困难的,提供公益岗位就业。

第十六条 [物价稳定]

国家对市场价格实施监测,采取有效的宏观调控措施,保持价格总水平合理性,使价格总水平上涨幅度控制在合理区间,避免过度通货膨胀。

第十七条 [国际收支平衡]

国家采取有效宏观调控措施,保持国际收支平衡,避免对外贸易的过度顺差或逆差。

第十八条 [国家经济安全]

国家采取有效宏观调控措施,依法保障金融、粮食食品、生产、网络、涉外经济等领域的经济安全。

第十九条 [社会发展调控目标]

国家运用宏观调控政策和工具,支持教育、科技、文化、卫生、体育、社会保障、民政等社会事业的发展。

第二十条　[特别调控目标]

为解决经济和社会发展的突出问题和矛盾，国家可以发动攻坚战，采取特别调控措施，对特定对象或区域实施精准调控和区间调控。

第二十一条　[国际调控的参与]

国家根据国际经济发展形势，确定对外经济发展战略目标，积极参与国际经济调控规则的制定。

积极组织中国主导的上海合作组织、博鳌论坛、"一带一路"建设等，促进国际经济组织成员之间的合作和发展。

第三章　宏观调控政策

第二十二条　[市场经济发展政策]

中共中央、国务院根据市场经济发展的需求，深化政治、经济和社会体制改革，制定有利于市场经济发展政策，推进社会主义市场经济发展。凡是由市场能够解决的交由市场调节。

国家宏观调控职能部门根据中共中央、国务院制定的市场经济发展政策，制定和实施市场经济发展的发展规划及计划、产业指导政策和实施方案。

第二十三条　[社会公共服务与管理政策]

中共中央、国务院根据社会事业发展的需求，制定社会发展政策，推进各项社会事业的繁荣和发展。凡是能够社会自治的交由社会自治。

国家宏观调控和社会事业管理职能部门，根据中共中央、国务院制定的社会发展政策，制定和实施各社会事业发展的发展规划及计划、政策指导意见和实施方案。

属于产业与事业交叉的领域，实施"事企分开""政事分开"宏观调控措施。公共服务产品的生产与服务，可以根据实际情况适度引入社会资本，实施市场机制。

第二十四条 [收入分配政策]

国家通过有效的宏观调控措施,克服收入分配中的贫富悬殊,逐步提高一次分配和二次分配中劳动者的收入,促进收入分配的合理化。针对消费不足,可以实施国民收入倍增计划。

第二十五条 [财政政策与金融政策]

为实现宏观调控目标,国家根据一定时期供需变化,可以相机抉择地采取扩张性财政政策、紧缩性财政政策或稳健的财政政策。

为实现宏观调控目标,国家根据一定时期供需变化,在稳定货币基础上,相机抉择地采取扩张性货币金融政策、紧缩性货币金融政策。

前款规定的财政政策与货币金融政策应当相协调。

第二十六条 [税收政策]

为实现宏观调控目标,在遵循税收法定原则基础上,授权国务院及税收职能部门制定和实施税收政策,适度调控经济和社会。但关税政策的制定和实施,依照《中华人民共和国海关法》和《中华人民共和国进出口关税条例》执行。

第二十七条 [产业政策]

中共中央、国务院根据农业发展的需求,每年制定和实施旨在解决“三农问题”的产业发展政策,或者根据需要制定和实施相关产业政策。

国务院及宏观调控职能部门,根据经济形势的变化,制定和实施产业标准、产业规划和产业指导意见,颁发产业指导目录和名录,指导各行业、各类企业的发展。

为提升经济发展质量,在保持适度经济规模基础上,国家根据经济情况的变化,可采取供给侧改革或促进消费需求增长政策,保持经济结构的合理化。

第二十八条 [投资政策]

国家实行多元化的投资体制机制政策。

涉及国家核心利益和公益性事业,由政府投资经营。

涉及公益性产品生产经营的投资,以政府投资为主,社会资本参与为辅。完全许可社会资本投资经营的,实施政府财政兜底措施。

涉及商业性公共产品和私人消费服务领域的投资,实施政府、社会资本的混合或单独投资政策。

第二十九条 [涉外经济贸易投资政策]

实施对外开放的长期国策。

在保证国家经济安全的前提下,设立自由贸易区,积极引进外商投资,保护外商的合法权益,对外商投资的规模和结构进行宏观调控。

积极推进中国企业和个人对境外的投资。制定境外投资产业政策,提出对外投资的禁止和限制项目,预防对外投资经济和社会风险。

涉外经济贸易投资,遵循国家间的平等、对等原则,妥善处理经济和贸易争端。

控制国民经济发展的外贸依存度,预防国际经济危机对国内经济发展的影响。

第三十条 [自然资源保护政策]

国家根据自然资源的稀缺程度和自然资源在实现国家发展战略实施的重要性程度,依法对自然资源实施分类调控管理的政策。对稀缺程度高和重要的自然资源实施严格保护的政策。对于稀缺程度低和非重要的自然资源实施市场调节政策。

第三十一条 [能源生产和消费政策]

国家依法推行节能、清洁生产和循环经济政策。

对不可再生能源的生产和消费实施保护控制性生产和消费政策;对可再生能源依法实施有效利用政策。

国家实施支持非煤能源的技术研发、生产和消费政策。

第三十二条 [生态环境保护政策]

国家依法实施生态保护政策。

国家制定有利于环保产业发展的政策。

第三十三条 [社会发展政策]

国务院及其社会管理职能部门,根据社会发展情况,制定和实施人口增长、劳动力与人才流动、科技、教育、文化、卫生、体育、民政等社会发展调控政策。

第三十四条 [宏观调控政策的效力]

相关职能部门依法制定和实施的宏观调控政策具有法律效力。但与宪法和法律相抵触的除外。

国务院及其职能部门制定和实施的政策不得与中共中央制定的政策相抵触。

第四章 宏观调控工具

第一节 经 济 手 段

第三十五条 [经济手段的含义]

宏观调控的经济手段,是指为实现宏观调控目的,宏观调控职能部门对国民经济和社会发展经济变量的调节。

第三十六条 [发展规划及计划调控]

依照《中华人民共和国宪法》规定,运用发展规划及计划手段,组织国民经济和社会发展是我国的一项基本经济制度。

宏观调控的发展规划,包括国民经济和社会发展五年规划纲要、区域发展规划和专项规划。国家根据需要可制定五年以上十年以下(包括十年)的长期发展规划。

发展规划主要是国家发展政策的阐述,并根据宏观调控需求,设置必要的经济和社会调控指标。发展规划及年度执行计划中的指标分为约束性指标和指导性指标。约束性指标和指导性指标的具体设置,由国务院及其宏观调控职能部门确定。

发展规划及计划文本由国家发展改革委负责组织有关部门编制。具体编制办法由国务院规定。发展规划及计划的审批,属于国务院职权的由国务院按规定审批。属于全国人民代表大会及其常务委员会审批的，按照全国人民代表大会及其常委会相关组织法和监督法执行。属于国民经济和社会发展中长期发展规划纲要的，由中共中央提出建议后，由全国人民代表大会依法审议、批准后执行。

发展规划及年度计划的执行，实行目标责任制。发展规划及计划政策与指标，应分解于国务院及其各职能部门、相关国家级机构和省级人民政府，并实行绩效考核。

发展规划及计划执行中期，依法进行中期评估与调整。

第三十七条 [财政税收调控]

中央预算按照《中华人民共和国预算法》规定执行。中央预算的财政增减数额，按照中央事权、国民经济和社会发展的需求和合理性、适度性原则确定。

财政收入调控手段，主要包括税率调控、非税收入调控和国债调控。税率、非税收入和国债调控，由国务院及其财政税收机关负责，重大调控事项，依法报告全国人民代表大会常务委员会审议、批准后执行。按政策规定，由中共中央负责审批的事项，根据国务院报告和全国人民代表大会常务委员会审议情况予以审批。

财政支出调控手段，主要包括常规性的中央国家机关、机构运行支出、国防支出、外交支出、教育及其他事业发展支出、社会保障支出、国家重大经济建设项目支出等，财政支出的分配数额，执行国家预算。需要调整的，须由国务院报告全国人民代表大会常务委员会审批后执行。政府采购执行《中华人民共和国政府采购法》。财政转移支付和专项转移支付、执行相关规定，具体执行办法，由国务院制定。

第三十八条 [货币金融调控]

人民币货币发行回笼数额、银行存贷利率、贷款规模与结构调控和外汇汇率调控，由货币政策委员会根据市场需求和社会发展需求以及宏观调控目标确定，报国务院批准后执行。政策性银行、商业银行必须执行国务院人民币货币发行回笼数额、银行存贷利率、贷款规模与结构调控的规定。外汇汇率调节实施市场调节,必要时,由国家外汇管理部门予以调控。重大事项报中共中央审批后执行。

中国人民银行依照《中华人民共和国中国人民银行法》规定,根据货币市场发展的需要,可以实施存款准备金、中央银行基准利率、再贴现、向商业银行提供贷款、公开市场业务等货币政策工具,调控金融市场。

政策性银行按照无息或低息原则,为公共产品和事业的生产、经营和发展提供金融服务。财政部门可依照宏观调控政策,对相关贷款企业、事业单位和个人提供贷款贴息。

第三十九条 [价格调控]

国家对个人所需消费品、生产消费品及私人服务消费实施市场价格调控政策。发生总体或区域局部市场价格剧烈波动时,由物价部门依《中华人民共和国价格法》规定,对市场价格予以干预,直至市场价格恢复正常。国家通过商品流转税率的调节,稳定市场价格。

为实现宏观调控目标,保证公共消费的均等化,国家对公共产品消费价格实行指导价或指令价措施。

公共产品生产和消费可以引进市场机制的部分,由政府公共管理机构与企业根据政府指导价和市场发展需求协商确定。

第四十条 [产业、行业调控]

国家制定产业、行业标准和产业发展指导目录、名录,规范企业规模与结构,引导企业发展。

国家实施有利于产业发展的政策。相关产业政策的实施应充分运用发展规划及计划、财税、金融、价格等宏观调控政策工具。

国家对农业采取特殊调控政策,实施严格的耕地保护调控措施,保持粮食市场基本需求,保证粮食安全和农产品质量的安全,保护农产品生产者、经营者的合法利益。

国家对产业政策执行受损的企业、事业单位和个人予以合理的补偿。补偿标准由具体执行产业政策的地方政府或企业根据受损情况合理确定。受损企业、事业单位和个人有争议的,可以和产业政策执行的地方政府或企业协商,协商不成的,可以通过诉讼途径解决。严禁任何组织或个人阻止产业政策的实施。

第四十一条 [自然资源调控]

国家根据自然资源的市场供给稀缺和资源再生情况,实施分类调控的宏观调控措施。对市场供给稀缺和不可再生的自然资源,实施严格的利用规模与结构的调控。对于市场供给充足和可再生资源,实施市场调节。

第四十二条 [能源利用调控]

大力推行水资源、电力资源、风能资源、太阳能资源等清洁能源的合理利用。谨慎利用核能源的开发和利用。利用先进技术改造煤炭能源的利用。能源宏观调控政策应对能源利用的规模和结构数量进行调控。

第四十三条 [生态环境调控]

国家根据全国生态环境状况,实施分类调控和区间调控政策。对于生态环境保护的重点区域,实施严格的生态环境保护措施,严禁任何组织和个人开发。对于生态环境保护的限制利用区域,实施开发利用的规模和结构调控措施。对于生态环境可利用区域,实施市场调控政策。

国家通过宏观调控措施,支持旨在保护环境的科学研究、技术推广和环保产业发展。

第四十四条 [社会保障调控]

国家建立社会保障基金制度。社会保障基金由政府、企业和个人三方投入构成。国家根据经济发展情况,采取宏观调控措施,逐步增加政府的投入,减少企业和个人的负担。

第二节 行政手段

第四十五条 [行政手段的含义]

宏观调控的行政手段,是指为实现宏观调控目的,政府利用行政公权力对国民经济和社会活动进行的强制性干预及控制。行政强制手段的运用,按照《中华人民共和国行政强制法》《中华人民共和国行政处罚法》的规定执行。

第四十六条 [行政手段运用的必要性条件]

宏观调控行政手段的运用,应强调其必要性条件。在下列情形下,宏观调控部门可采取行政手段:

(一)建立经济和社会发展秩序;

(二)保护国家核心利益和社会公共利益;

(三)维护国家经济安全;

(四)出现市场及社会危机现象;

(五)出现重大突发事件;

(六)对违法者的行政处罚;

(七)法律和行政法规规定的其他情形。

前款第(四)、(五)项情形下行政手段的运用应有时效性。当市场和社会恢复秩序后,行政手段依法解除。

第四十七条 [市场调控]

国家对市场生产、经营和服务主体实施工商税务和组织机构代码登记制度,颁发营业执照、税务登记等证照,以确认市场主体的法律主体资格。

国家实施负面清单制度,引导市场主体的经营范围和投资方向。

国家对关系国计民生和经济安全的生产、经营与服务项目,实施行政许可审批制度。

国家对市场运行实施风险监测、控制与监管制度。当出现市场危机时，宏观调控职能部门可依法采取禁止或限制市场行为、价格冻结、强行兑换货币、强行关闭市场、强行救市等行政干预措施。

当市场恢复正常时，前款规定的行政干预措施应及时撤销。

第四十八条　［重大突发事件的控制］

国家建立重大突发事件的预防、预警制度。相关责任主体依法制定预防重大突发事件的应对方案。

发生重大自然灾害和影响市场发展及社会稳定的突发事件，宏观调控职能部门，可依法采取行政干预措施，组织全国力量克服重大自然灾害造成的损失，及时协调处理突发事件，维护社会稳定发展。

第三节　法律手段

第四十九条　［法律手段的含义］

宏观调控的法律手段，是指为实现宏观调控目的，规范和引导宏观调控行为，宏观调控职能部门依照《中华人民共和国立法法》规定，通过立法确认宏观调控主体的法律地位、管理体制、职责权限、管理制度和法律责任的法律调整方式。

国家经济手段和行政手段的运用，必须依照宪法和宏观调控法律授权和程序规定进行。

第五十条　［宏观调控法的形式］

除宪法基本规定外，宏观调控法的立法形式包括：

（一）全国人民代表大会及其常务委员会制定和实施的宏观调控法律；

（二）国务院制定和实施的宏观调控行政法规；

（三）国务院相关宏观调控机关或机构制定和实施的全国性规章；

（四）宏观调控职能部门制定和实施的规范性文件。

前款规定的法律和行政法规经过立法程序后，报中共中央审批后发布执行。

中共中央依照《中华人民共和国宪法》和《中国共产党党章》规定,制定和实施党内法规,重点规范党政领导干部宏观调控行为。对党政领导干部执行宏观调控政策法律行为实施问责制,并根据考核情况予以奖惩。

第五十一条 [宏观调控法的授权立法、修改和废除]

宏观调控法的立法,可以根据实际情况授权国务院、国务院宏观调控职能部门和省级地方人民代表大会常务会及省级政府制定具体规定。

根据宏观调控政策的变化,宏观调控立法机关对宏观调控法应当及时修改或废除。

第五十二条 [宏观调控法治治理]

宏观调控法法治治理目标是,不断完善宏观调控法体系,明确宏观调控法执法的责任主体,强化政策法律的执行力,保证宏观调控目标的实现。

对于法治治理中发现的政策和法律问题,要及时通过对宏观调控政策和法律的废除、修改或制定新的政策或法律予以完善。

第五十三条 [宏观调控政策法律的培训和宣传]

按照谁制定政策法律谁负责宣传解释的原则,由宏观调控政策制定机关和法律制定机关,在公开有关政策法律信息的基础上,履行政策法律培训、释义和宣传职责。但属于国家机密的除外。

公共新闻媒体应及时报道宏观调控政策法律信息,普及宏观调控及其法治知识。

第五十四条 [宏观调控特殊手段的应用]

宏观调控职能部门在制定和实施宏观调控政策法律时,应充分应用宏观调控的经济、行政和法律手段。根据宏观调控涉及对象和事项或行业与专业领域的不同,配置特殊的宏观调控制度和手段。

第五章 宏观调控主体的职责与权利

第五十五条 [中共中央领导职责]

根据《中华人民共和国宪法》和《中国共产党党章》及相关法律和党

内法规规定，中共中央对宏观调控负有统一领导权，并履行下列职责：

（一）结合新形势、新任务，把握宏观调控的政治方向、路线，对宏观调控进行顶层设计，出台政策性指导文件；

（二）对国民经济和社会发展五年规划纲要提出建议；

（三）对宏观调控法的立法，按规定予以审议批准；

（四）监督宏观调控政策法律执行情况，按照党管干部的原则及党内法规和法律规定，对党政领导干部进行约谈、问责与奖惩；

（五）听取全国人大常委会、国务院及其职能部门的工作汇报，进行工作指导；

（六）就宏观调控重大决策与全国政协和各民主党派中央进行协商，听取各民主党派和各方面的意见和建议；

（七）法律和党内法规规定的其他职责。

中共中央履行前款职责，实行职能部门负责和民主集中制原则，中共中央宏观调控的指导性意见以中共中央及其职能部门颁发的正式文件为准。涉及全国性的指导性文件，可由中共中央、国务院联合颁发。

第五十六条 ［全国人民代表大会及其常务委员会的职责］

全国人民代表大会及其常务委员会是国家权力机关，依照《中华人民共和国宪法》、相关组织法、人大监督法及有关法律履行下列职责：

（一）根据中共中央建议对国民经济和社会发展五年规划纲要履行审议、批准和执行监督职责；

（二）根据国务院及国家发展和改革委员会提出的年度国民经济和社会发展计划草案，履行审议、批准和执行监督职责；

（三）根据国务院及财政部门提出的预算草案，对国民经济和社会发展年度预算履行审议、批准和执行监督职责；

（四）按照《中华人民共和国立法法》和立法规划，履行有关宏观调控的立法职责，并对施行法律的执行情况履行监督职责；

（五）根据中共中央、国务院的建议，通过有关宏观调控重大事项的

决定、决议;

(六)依照法律规定,就财政税收、金融、国有资产、审计等事项,听取宏观调控职能部门的工作汇报,提出完善建议;

(七)法律规定的其他职责。

第五十七条 [国务院的职责]

国务院是国家宏观调控的管理机关,依照宪法和法律的规定,依法进行宏观调控管理,履行以下列职责:

(一)结合新形势、新任务,研究宏观调控政策,向中共中央提出宏观调控政策建议,涉及全国性的指导性文件,可与中共中央联合颁发;

(二)中共中央颁发宏观调控政策后,制定落实性政策文件,依照法律规定的职权,也可独立颁发有关宏观调控的指导意见;

(三)组织国务院相关职能部门,起草国民经济和社会发展五年规划、区域发展规划、专项规划、年度计划和预算草案,提交全国人民代表大会审议、批准后组织实施,但国民经济和社会发展五年规划草案须经中共中央组织讨论、审议后,由中共中央向全国人民代表大会提交建议案,有关区域发展规划专项规划可以独立颁发;

(四)履行宏观调控立法职责,按照《中华人民共和国立法法》和相关法律规定,属于全国人民代表大会立法的,履行起草法律草案的职责;属于国务院立法的,按照立法规划及时制定和实施相关宏观调控法;对于法律授权国务院出台具体实施办法的,应依法履行立法职责;对于国务院相关部委出台的全国性规章和规范性文件履行审查职责;

(五)对于宏观调控职能部门履行宏观调控职责出现的问题进行协调处理;

(六)监督宏观调控政策法律法规的执行情况,履行问责、考核和奖惩职责;

(七)听取国务院宏观调控职能部门的工作汇报,进行工作指导,对宏观调控重大事项作出决议、决定和行政命令;

(八)依法履行信息公开职责,接受社会各方监督;

(九)宪法、法律规定的其他职责。

国务院履行前款职责,应贯彻民主集中制原则。国务院有关宏观调控的指导性意见,以正式颁发的行政法规和规范性文件为准。

第五十八条 [国务院综合宏观调控职能部门职责]

国务院综合宏观调控职能部门是宏观调控的主要管理部门。国务院综合宏观调控职能部门尽职尽责,对完善宏观调控意义重大。根据有关政策法律,国务院综合宏观调控职能部门在宏观调控中履行下列职责:

(一)搜集宏观调控信息,提出宏观调控政策建议,供中共中央、国务院决策参考;

(二)贯彻落实中共中央、国务院政策,出台具体实施意见;

(三)根据《中华人民共和国立法法》规定及法律授权,制定和实施宏观调控方面的全国性规章,颁发规范性文件;

(四)按照国务院立法规划,负责起草法律或行政法规草案;

(五)依法对市场运行情况进行检测、监督,并相机抉择配置宏观调控政策工具,以避免市场风险;

(六)依法对财政资金使用情况、项目实施情况进行监督和资金项目绩效评估,完善财政资金使用机制;

(七)依法公开宏观调控信息,接受社会监督;

(八)法律行政法规规定的其他职责。

国务院综合宏观调控职能部门履行前款职责,应当与其他相关职能部门和地方政府进行协商,关系社会公共利益的决策,应当广泛听取社会各方意见。

第五十九条 [国务院其他职能部门的职责]

国务院其他职能部门是指对某一行业或专业领域进行管理的部门。依照法律、行政法规及国务院授权,在宏观调控中履行下列职责:

(一)搜集整理部门、行业专业宏观调控信息,提出宏观调控政策建议,供中共中央、国务院及综合宏观调控职能部门决策参考;

(二)贯彻落实中共中央、国务院政策,出台具体实施意见;

(三)根据《中华人民共和国立法法》规定及法律授权,制定和实施宏观调控方面的全国性规章,颁发规范性文件;

(四)按照国务院立法规划,负责起草法律或行政法规草案;

(五)依法对行业、专业领域法定事项进行检测、监督,并相机抉择配置宏观调控政策工具,保证国民经济和社会事业的健康发展,必要时,可以采取行政强制措施,以避免市场和社会风险;

(六)维护经济和社会发展秩序,履行行政执法职责,及时查处行业、专业领域的违法行为,按规定实施综合执法或联合执法措施,提高执法效率;

(七)依法公开宏观调控信息,接受社会监督;

(八)法律行政法规规定的其他职责。

国务院其他职能部门履行前款职责时,应当与其他相关职能部门和地方政府进行协商,关系社会公共利益的决策,应当广泛听取社会各方意见。

第六十条 [中国人民政治协商会议的职责]

中国人民政治协商会议是我国社会各界参与政治协商的政治组织机构。按照《中华人民共和国宪法》和《中国人民政治协商会议章程》及相关法律、行政法规的规定,全国政治协商会议及其职能机构在宏观调控中履行参政议政、民主监督职责。具体履行下列职责:

(一)参与对国民经济和社会发展规划纲要、国民经济和社会发展年度计划和预决算报告的讨论,提出完善建议;

(二)对中共中央、国务院宏观调控重大决策提出建议意见;

(三)对全国人民代表大会和国务院拟立法的草案,组织政协委员中的法律专家论证后,提出修改意见;

(四)通过提案、社情民意反映等方式,对国务院及其宏观调控职能部门的工作提出完善建议;

(五)组织不同界别的政协委员,对重点提案和重要事项进行调查研究,提出完善建议;

(六)加强对政协委员宏观调控法知识的培训,提高建言献策的质量;

(七)法律、行政法规规定的其他职责。

中国人民政治协商会议履行前款职责时,应充分发挥各界别政协委员参政议政、民主监督的积极性,通过建立考评机制,提高提案和社情民意反映的质量。

第六十一条 [各民主党派的职责]

中国各民主党派是中国的参政党。在中国共产党领导下,参政议政、民主监督是各民主党派的基本职责。与此同时,各民主党派也是中国人民政治协商会议的重要界别,通过中国人民政治协商会议发挥参政议政、民主监督的职责。按照宪法和各民主党派的章程以及中共中央统战部的政策文件规定,各民主党派中央围绕宏观调控履行下列职责:

(一)在全国政协会议期间,参与对国民经济和社会发展规划纲要、国民经济和社会发展年度计划和预决算报告的讨论,提出完善建议;

(二)应中共中央邀请,参与宏观调控重大决策的论证,提出建议意见;

(三)对全国人大和国务院拟立法的草案,组织本党专家论证后,提出修改意见;

(四)通过提案、社情民意反映等方式,对国务院及其宏观调控职能部门的工作提出完善建议;

(五)组织本党力量对宏观调控相关事项展开调查研究,向有关职能部门提出完善建议;

(六)加强对本党党员宏观调控法知识的培训,提高建言献策的质量；

（七）法律、行政法规规定的其他职责。

各民主党派在履行前款规定的职责时，要充分发挥本党党员人大代表和政协委员的作用，加强对人大代表、政协委员的培训、培养，提高参政议政水平。

第六十二条 ［其他监督主体的职责］

依照法律、行政法规规定，拥有法定职责的组织，依法履行对宏观调控的监督职责，参与有关监督活动，提出完善建议。

新闻媒体依法对宏观调控履行及时报道，履行宣传和监督的职责。

第六十三条 ［被直接调控者的职责］

本法所指的被直接调控者，是指在宏观调控过程中负有完成宏观调控任务的单位和个人。

国务院及其职能部门以及地方政府是完成宏观调控任务的主要主体。

金融机构、国有资产管理机构、社会保障机构、行业组织、大型国有或民营企业等对宏观调控任务完成负有直接责任的，为宏观调控的被直接调控者。

被直接调控者中的个人，是指负有完成宏观调控任务的单位的党政领导。

按照责任制原则，为完成宏观调控任务，宏观调控的被直接调控者按照法律、行政法规规定，在职权范围内履行宏观调控职责。

第六十四条 ［被间接调控者的义务和权利］

企业生产者、经营者、服务者和消费者是宏观调控的被间接调控者，是宏观调控政策法律最终落实的主体。按照法律和行政法规规定，被间接调控者负有向宏观调控职能部门如实提供经济信息的义务。在宏观调控目标实现中，按照宏观调控政策和法律的引导，选择自己的市场行为，并享有下列权利：

(一)获得宏观调控知识的权利;

(二)获得宏观调控信息的权利;

(三)获得各种优惠激励政策的权利;

(四)获得良好公共服务的权利;

(五)由于产业政策实施,在遭遇产业损失时,有获得损失补偿的权利;

(六)法律、行政法规规定的其他权利。

第六章 宏观调控运行、考核与奖惩

第六十五条 [宏观调控目标任务的确定]

宏观调控目标与任务由政策含义、目标与任务期限、指标、项目、资金支持和实施主体等要素构成,包括静态、动态和专项三种形式。

按照宪法和法律规定,静态宏观调控目标与任务的形成,由国民经济和社会发展五年规划纲要、区域发展规划和专项规划确定。中共中央根据形势发展要求,可以在政策文件中提出五年以上的长期发展战略目标,展望期一般为十年或十年以上,最多不超过二十年。依法制定的国民经济和社会发展年度计划或实施方案是发展规划的落实性计划。

根据国民经济和社会发展情况,各项目标和任务须依法进行中期评估,动态调整。任何组织和个人无权擅自调整。

中共中央、国务院根据形势发展的需求,组织实施专项攻坚规划。

第六十六条 [目标任务的分解]

宏观调控目标任务确定后,实施中央统筹、省负总责、市县落实的执行管理体制。目标任务应依法进行分解,按照“责权利效”相一致原则,将目标和任务分解到具体的部门、单位和责任人,实施责任制。对于约束性指标和任务,可以由宏观调控管理部门与责任单位与党政领导签订责任书,实施“一票否决”。

第六十七条 [约谈、督查与问责]

为完成宏观调控目标与任务,宏观调控管理部门针对目标和任务完成中存在的突出问题,对责任主体进行约谈,促使责任主体纠正偏差。

依法实施巡查、督查制度。巡查、督查工作由宏观调控职能部门组织进行。巡查、督查工作的重点是宏观调控目标和任务完成情况,主要包括责任主体尽责、项目与资金落实、工作进度、经验与工作创新等情况。对于巡查、督查工作中发现的问题要及时研究。对工作不力的按照有关规定予以问责。发现违纪、违法行为的依照相关法律和中共党内法规及时处理并予以通报。构成犯罪的,移交司法部门追究刑事责任。

第六十八条 [考核、奖励与处罚]

目标与任务完成期结束,宏观调控管理部门应组织考核。对照目标与任务完成情况进行评比,评出优、良、中、差。按照《中华人民共和国公务员法》和中共党内法规规定予以奖惩。

对于完成宏观调控目标和任务中,有突出贡献的企业、事业单位和个人,予以表彰。在下一轮宏观调控中予以激励政策倾斜。

第七章 附 则

第六十九条 [宏观调控职能部门的法律适用]

本法所指的宏观调控职能部门包括中共中央、国务院合署办公机构和负有宏观调控职责的直属机构。

第七十条 [港澳特别行政区的法律适用]

按照特别行政区法律规定,港澳特别行政区高度自治。但宏观调控政策法律法规涉及港澳地区的,由港澳特别行政区特首落实,对中央政府负责。港澳地区企业和个人在内陆地区投资的,遵守本法的规定。

第七十一条 [施行日期]

本法自 年 月 日起施行。

后　记

完成书稿的时间，被定格于2018年12月31日。然而，此项工作早在2008年就已经开始酝酿启动了，当时的设想是组织学术团队出一套有关中国宏观调控法的系列丛书，但由于种种原因未成。2016年获得国家社科基金项目“经济新常态下经济法的回应性研究”以来，笔者感到需要对包括宏观调控法在内的经济法的一些基本理论和实践问题做一个总结，以便为完成课题任务奠定基础。本书稿就是这一设想的阶段性成果。与此同时，恰逢2018年是改革开放40周年，2019年又是中华人民共和国成立70周年。在这样一个国内外瞩目的重要节点，也需要对自己坚持20余年研究的宏观调控法有一个学术总结。这次学术总结，不仅梳理了20余年教学科研的心得，也梳理了40年来国家制定和实施的与宏观调控法相关且主要的政策法律文献，并根据自己多年来参政议政的实践，进行了简要的评析，对新时代面临的形势和任务进行了探讨。总之，要对自己、对学界、对社会有一个交代。

本书的立意,不在于用枯燥的理论阐述指导实践,而是实实在在地向实践学习,反映中国宏观调控及其法治建设的历程、经验及问题,展示在中国共产党领导下中国社会主义市场经济事业发展的逻辑与模式。

在宏观调控理论与实践部分,采纳了与改革实践一致的观点,围绕对市场经济条件下宏观调控概念的理解展开论述,将宏观调控范畴扩大到社会发展领域,并对中国宏观调控的社会主义本质属性进行了探讨。本书总体认为,与社会主义市场经济建设相适应的宏观调控的制度创新,源于党中央对社会主义初级阶段基本国情的判断,是中国社会主义制度的自我完善。中国的宏观调控模式继承了自中华人民共和国成立以来推行的社会主义基本经济制度,又结合市场经济发展的需求,采取了与国际通行的基本方式,实施综合调控机制,具有鲜明的中国特色。

在宏观调控法理论研究部分,与既有宏观调控法研究成果不同,本书结合改革实践对若干问题进行了探讨,其主要包括十一个方面:一是对中国宏观调控概念的定位及其阐释;二是中国宏观调控法在国际经济和社会领域的延伸;三是中国宏观调控法的政治属性分析;四是将宏观调控法的价值定位于引领改革、民主协商和促进发展三个方面;五是对中共中央统一领导权的探讨;六是将宏观调控决策权分为具有非决定意义的决策权和具有决定意义的决策权两类并加以分析;七是将相关主体的监督权分为无法律义务的监督权和有法律义务的监督权并加以分析;八是对宏观调控实施的直接责任进行了分析;九是结合改革实践提出以基础法、国民经济和社会发展规划牵头法、财税金融两翼法和其他配合协调法构建中国宏观调控法体系的思路并加以分析;十是系统梳理了中国宏观调控及其法治政策的"宏观管理—宏观控制—宏观调节—宏观调控—社会发展调控"和"经济法制—经济法治—经济法及其宏观调控法法治治理"的历史演变;十一是结合新时代要求,对中国宏观调控法面临的问题与对策进行了探讨。

在法律政策梳理与分析方面,鉴于篇幅有限,除《外商投资法》和个别新规定外，主要通过对截至 2018 年年底 250 余项法律政策文件及其相关文件的简要梳理，展现中国宏观调控政策法律及制度的历史变革及最新规定，并予以简要的评析。通过梳理分析发现，随着新时代改革的进一步深化，许多制度的变革还会继续下去，在基本政治、经济和社会制度稳定的前提下，政策和法律的立、改、废、释已成为宏观调控及其法治的常态。政策与法律的叠加效应也是常态。这是由经济发展的不确定性和中国的国情所决定的。但毫无疑问的是，通过全国人民代表大会及其常务委员会层面的立法，以法律的形式引领宏观调控及其法治完善是必然的趋势。为此，第十三届全国人民代表大会常务委员会出台了立法规划。从可预期的立法规划看出，所有的税收立法均要告别"暂行规定"的历史，一批重要的经济社会法律将会修改，而外商投资法、军民融合发展法、文化产业促进法、学前教育法、基本医疗卫生与健康促进法、数据安全法、社会救助法、安全生产法、粮食安全保障法、乡村振兴法、国土空间开发保护法等法律的陆续出台，将会把宏观调控政策实践经验上升到法律的高度，并影响今后宏观调控法治治理的工作走向。另外，根据以往的立法经验，按照党中央的部署安排，还可能有一些实践急需的立法项目会临时加入立法议程。由此说明，2019 年以后的宏观调控及其法治完善，还会持续下去，宏观调控法的理论研究应当紧跟宏观调控及其法治完善的步伐，予以积极的回应。

在著作最后，笔者以自己对中国宏观调控法的理解和实践为基础，起草了《中华人民共和国宏观调控法纲要（学者建议稿）》，供有关学界继续讨论和立法机关决策参考。

本书稿的撰写持续十几年之久，断断续续，不断修改。尤其是国家政策法律不断修改完善，对实践的回应也在持续之中。直到 2018 年春节与法律出版社商定出版事宜后，才于 3 月初开始了紧张的整理，形成初稿后，又根据出版社意见进行了补充完善。其间，我的在校研究生帮助查找资料，校对文稿，在此一并感谢。特别感谢已毕业研究生张晓璐、崔培艳，以及在校的张星星、刘丽娜、刘育芳等为整理本著作付出的辛苦。感谢著作中引用文献涉及的所有学界朋友，为本书的完成提供了学术思想资源。

感谢法律出版社及其本著作的编辑为出版此著作做出的努力。

董玉明

2019 年 3 月 15 日于山西大学法学院

经济法学研究室主任办公室

图书在版编目(CIP)数据

中国宏观调控法基本问题研究：以改革开放40年政策法律分析为视角 / 董玉明著. -- 北京：法律出版社，2019

ISBN 978-7-5197-0324-0

Ⅰ.①中… Ⅱ.①董… Ⅲ.①宏观经济调控－经济法－研究－中国 Ⅳ.①D922.290.4

中国版本图书馆CIP数据核字(2019)第012184号

中国宏观调控法基本问题研究
——以改革开放40年政策法律分析为视角
ZHONGGUO HONGGUAN TIAOKONGFA JIBEN WENTI YANJIU
—YI GAIGE KAIFANG 40 NIAN ZHENGCE FALÜ FENXI WEI SHIJIAO

董玉明 著

策划编辑 陈 妮
责任编辑 马丽娟
装帧设计 贾丹丹

出版 法律出版社
总发行 中国法律图书有限公司
经销 新华书店
印刷 北京虎彩文化传播有限公司
责任校对 李景美
责任印制 吕亚莉

编辑统筹 法治与经济出版分社
开本 A5
印张 41.25
字数 1098千
版本 2019年3月第1版
印次 2019年3月第1次印刷

法律出版社/北京市丰台区莲花池西里7号(100073)
网址/www.lawpress.com.cn
投稿邮箱/info@lawpress.com.cn
举报维权邮箱/jbwq@lawpress.com.cn
销售热线/400-660-8393
咨询电话/010-63939796

中国法律图书有限公司/北京市丰台区莲花池西里7号(100073)
全国各地中法图分、子公司销售电话：
统一销售客服/400-660-8393/6393
第一法律书店/010-83938432/8433 西安分公司/029-85330678 重庆分公司/023-67453036
上海分公司/021-62071639/1636 深圳分公司/0755-83072995

书号:ISBN 978-7-5197-0324-0 **定价**:298.00元